TRAITÉ
DE LA
JUSTICE CRIMINELLE
DE FRANCE.
TOME PREMIER.

TRAITÉ
DE LA
JUSTICE CRIMINELLE
DE FRANCE,

Où l'on examine tout ce qui concerne les Crimes & les Peines en général & en particulier ; les Juges établis pour décider les Affaires Criminelles ; les Parties publiques & privées ; les Accusés ; les Ministres de la Justice Criminelle ; les Experts, les Témoins ; & les autres Personnes nécessaires pour l'instruction des Procès-criminels ; & aussi tout ce qui regarde la maniere de procéder dans la poursuite des Crimes.

Par M. Jousse, *Conseiller au Présidial d'Orléans.*

TOME PREMIER.

A PARIS,

Chez Debure Pere, Libraire, Quai des Augustins, à l'Image S. Paul.

M. DCC. LXXI.

AVEC APPROBATION ET PRIVILEGE DU ROI.

TABLE GÉNÉRALE

Du Traité de la Justice Criminelle de France, &c.

TOME PREMIER.

PREFACE.

PREMIERE PARTIE.

Des Crimes & des Peines.

SECONDE PARTIE.

TROISIEME PARTIE.

LIVRE PREMIER.

De l'ordre judiciaire touchant les matieres criminelles en général.

TOME SECOND.

TROISIEME PARTIE.

LIVRE SECOND.

De la Procédure criminelle en général.

CHAPITRE PREMIER.

De ce qui précede le Réglement à l'extraordinaire.

CHAPITRE SECOND.

De ce qui se fait depuis le Réglement à l'extraordinaire, jusqu'au Jugement.

CHAPITRE

CHAPITRE TROISIEME.

Des Sentences, Jugemens & Arrêts.

CHAPITRE QUATRIEME.

De la Procédure particuliere à certains crimes, & pour certaines personnes.

CHAPITRE CINQUIEME.

Des différentes manieres de se pourvoir contre les Jugements.

CHAPITRE SIXIEME.

TOME TROISIEME.

TROISIEME PARTIE.

LIVRE TROISIEME.

QUATRIEME PARTIE.

Des Crimes en particulier.

TOME QUATRIEME.

SUITE

DE LA QUATRIEME PARTIE.

Fin de la Table génerale des Titres.

ERRATA ET ADDENDA.

TOME PREMIER.

PRÉFACE, *Pag.* xxxix, *lig.* 14, pouvoit, *lisez* peut.

Pag. liij, *lig.* 13, mort vers 1745, *lisez* mort en 1749.

Pag. lxiij, *lig. ult.* Paris *in*-12, *lisez* Paris 1755, *in*-12.

Pag. 15, *lig.* 24, la qualité du crime, *lisez* la quantité dans le crime.

120, *lig.* 4 *à fine*, *après ces mots*, pour ce recours, *ajoutez*, (Ainsi jugé par deux Arrêts des 5 Avril 1686, & 22 Janvier 1687, rapportés au Traité des Matieres Criminelles de Lacombe, de la sixieme édition, qui est de l'année 1769.)

132, *lig.* 9, en la ville, *lisez* en la Vie de Louis-le-Gros.

251, *lig.* 10, se font, *lisez* doivent se faire.

270, *lig.* 31, Déclaration du 15 Janvier 1573, *art.* 4, *effacez ces mots.*

277, *lig.* 7, Déclaration du 15 Janvier 1573, *art.* 4, *effacez aussi ces mots.*

382, *lig. pen. après ces mots* le 8 Janvier 1766, *ajoutez* & depuis transféré à Caen.

383, *lig.* 14 *alineâ*, *ajoutez*, autre établie à Caen par Lettres-Patentes du 9 Octobre 1768, pour les Généralités de Rouen, Caen & Alençon,

492, *à la marge* 421, *lisez* 214.

535, *lig.* 14, d'ailleurs compétent, *lisez* d'ailleurs incompétent.

537, *lig.* 23, de l'Ordonnance de 1671, *lisez* de l'Ordonnance de 1670.

587, *lig.* 5, n. 18 & suiv., *lisez*, n. 25 & suiv.

614, *lig.* 14, les exceptions péremptoires proprement dites, *lisez* les exceptions péremptoires improprement dites.

617, *lig.* 13 *& les 9 suivantes*, il faut ôter tout cet alineâ, & mettre à la place ce qui suit, *alineâ*.

Autre Arrêt du 21 Juin 1758, rapporté par Denisart en ses Collections de Jurisprudence au mot *Subornation*, à l'occasion d'une accusation d'adultere & d'inceste. On rendit plainte en subornation de témoins, & l'on soutint qu'avant de passer plus avant sur l'instruction au fond, il falloit instruire sur cette demande en subornation. Le Premier Juge n'ayant point déféré à cette demande, il y eut appel; & par l'Arrêt la Sentence fut infirmée en ce qu'il n'avoit pas été sursis à l'instruction de l'accusation principale, jusqu'après le jugement de la subornation des témoins. Voyez encore ce qui est dit, *tom.* 2, *pag.* 687, au sujet des inscriptions de faux, *n.* 83.

Je crois que la véritable résolution de cette question dépend

Pag. des circonſtances ; & que ſi, indépendamment des témoins qu'on accuſe d'avoir été ſubornés, il y en a d'autres qui font charge contre l'accuſé, ou du moins un commencement de preuve, dans ce cas la plainte en ſubornation des témoins ne doit pas arrêter l'inſtruction du procès-criminel contre l'accuſé ; ſauf à alleguer enſuite de ſa part cette ſubornation comme fait juſtificatif. Mais s'il n'y a dans le procès qu'une même eſpece de témoins qu'on attaque de ſubornation, dont on demande à faire la preuve, & que cette preuve ſoit prompte & facile, il paroît que dans ce cas on doit ſurſeoir à l'inſtruction au fond, quand même les témoins ſubornés auroient déja été entendus, & faire l'inſtruction de la ſubornation de ces témoins, pour éviter des frais qui ſeroient inutiles dans le cas où cette ſubornation ſeroit prouvée.

619, *lig.* 15, n. 122, *liſez* n. 114 & ſuiv.

Ibid, *lig.* 20, n. 121 & ſuiv., *liſez* n. 114 & ſuiv.

628, *lig.* 35, *in fine*, *ajoutez de ſuite*, ainſi jugé par Arrêt du 26 Février 1707, rendu au rapport de M. Dreux en ſaveur du Seigneur de Rocheux, qui avoit rendu plainte devant ſon Bailli, & qui demanda la nullité de la procédure, & à être renvoyé devant le Juge royal le plus prochain des lieux.

654 Après le Titre III, & avant les mots Chapitre premier, *mettez en titre* Des Preuves.

778, *lig.* 15 *à fine* au titre *De la déclaration de l'accuſé qui dépoſe* : *liſez* de la déclaration du témoin qui dépoſe.

TOME SECOND.

Pag. 51, *lig.* 13, n. 166, *liſez* part. 3, liv. 3, tit. 1, *n.* 166.

93, *lig.* 7 *à fine*, être paraphée, *liſez* être cottée.

Ibid. *lig.* 6 *à fine*, art. 9 & 11, *liſez* art. 9.

202, *lig.* 20 *après ces mots*, condamnation par corps, *ajoutez de ſuite*, Voyez ce qui eſt dit au titre des Lettres de grace, ci-après, part. 3, liv. 2, tit. 20, n. 33, pag. 389.

257, *lig.* 27, *adde alineâ*, l'accuſé pour ſubir interrogatoire doit être ſans canne & ſans épée ; & s'il eſt homme de Loi, il doit être ſans robe.

379, *lig.* 23, ceſſe auſſi d'être, *ôtez le mot* auſſi.

460, *lig.* 4 *après ces mots*, que ces délais courent, *ajoutez de ſuite*, ainſi jugé par deux Arrêts des 3 Mai & 10 Juin 1684, rapportés par Lacombe en ſon Traité des Matieres Criminelles, *pag.* 499 *de l'édition de* 1769.

466, *lig. derniere*, *ajoutez de ſuite* : (Ainſi jugé contre le Sieur Dacheux

Dacheux par Arrêt du Parlement du 7 Septembre 1737.

Pag. 680, *lig.* 23, *après le titre*, §. II., *ajoutez en titre*, Des Pieces de comparaison.

712, *lig.* 4, *ajoutez alinéa* : Un Arrêt de Réglement du Parlement du 27 Mars 1770, ordonne que dans le cas où il s'agira de faire le procès à un défunt pour homicide de soi-même, après avoir fait par les Juges la levée du cadavre, & avoir dressé procès-verbal de l'état de ce cadavre, l'avoir fait visiter par Médecin & Chirurgien, le tout conformément à l'Ordonnance de 1670, aux titres 4 & 5, & avoir entendu lors de la levée dudit cadavre, ceux qui étoient en état de déposer de la cause de la mort, du lieu du délit, & des vie & mœurs dudit défunt, & tout ce qui pourra contribuer à la connoissance du fait; lesdits Juges ordonneront l'inhumation dudit cadavre en terre profane, sans pouvoir la retarder ou différer par aucun embaumement, & sous quelque prétexte que ce puisse être : Fait défenses à toutes personnes de quelqu'état & condition qu'elles soient, d'apporter aucun trouble ou empêchement, sous quelque prétexte que ce puisse être, aux procès-verbaux de visite de l'état des cadavres, & à leurs inhumations, sous les peines portées par l'Arrêt de la Cour du premier Septembre 1725; pour, après toutes lesdites formalités, le procès être instruit contre la mémoire seulement dudit défunt, en la forme prescrite par le titre 22 de l'Ordonnance de 1670, & ainsi qu'il est ordonné par l'article 9 de la Déclaration du 14 Mai 1724, concernant la Religion.

839, *lig.* 5, art. 6, *lisez* art. 16.

TOME TROISIEME.

Pag. 36, *lig.* 31, qu. 100, n. 86, *lisez* qu. 100, n. 68.

186 *& suivantes, jusqu'à la pag.* 415 *au titre*, Partie IV, Livre III. *otez ces mots* Livre III.

TOME QUATRIEME.

Pag. 308, *lig.* 25 *in fine*, *ajoutez alinéa*.

On appelle du nom général de *Baraterie*, toute tromperie ou malversation qui se commet par le Patron ou le Capitaine d'un vaisseau, pour faire perdre les marchandises à ceux à qui elles appartiennent.

405, *lig.* 10 *in fine*, *ajoutez alinéa* : Si l'accusé n'étoit pas nommé dans la plainte, il faudroit nécessairement le décréter, quand il y a des charges contre lui, afin de lier par ce moyen l'instance avec le plaignant.

PRIVILEGE DU ROI.

LOUIS, par la grace de Dieu, Roi de France & de Navarre : A nos amés & féaux Conseillers, les Gens tenants nos Cours de Parlement, Maîtres des Requêtes ordinaires de notre Hôtel, Grand-Conseil, Prévôt de Paris, Baillifs, Sénéchaux, leurs Lieutenants-Civils, & autres nos Justiciers qu'il appartiendra : Salut, notre amé le Sieur JEAN DEBURE Pere, Libraire, nous a fait exposer qu'il desireroit faire imprimer & donner au public plusieurs Ouvrages qui ont pour titres, *Traité de la Compétence des fonctions & des devoirs des Juges, Avocats & Procureurs du Roi : Traité de la Jurisdiction Ecclésiastique gracieuse & volontaire : Traité de l'Administration spirituelle des Paroisses : Nouveau Traité des Matieres Criminelles par M. Jousse*, s'il Nous plaisoit lui accorder nos Lettres de Privilege pour ce nécessaires. A ces causes, voulant favorablement traiter l'Exposant, Nous lui avons permis & permettons par ces présentes, de faire imprimer lesdits Ouvrages autant de fois que bon lui semblera, de les vendre, faire vendre & débiter par tout notre Royaume pendant le temps de six années consécutives, à compter du jour de la date des Présentes. Faisons défenses à tous Imprimeurs, Libraires, & autres personnes, de quelque qualité & condition qu'elles soient, d'en introduire d'impression étrangere dans aucun lieu de notre obéissance : comme aussi d'imprimer, ou faire imprimer, vendre, faire vendre, débiter, ni contrefaire lesdits Ouvrages, ni d'en faire aucun extrait sous quelque prétexte que ce puisse être, sans la permission expresse & par écrit dudit Exposant, ou de ceux qui auront droit de lui, à peine de confiscation des Exemplaires contrefaits, de trois mille livres d'amende contre chacun des contrevenans, dont un tiers à Nous, un tiers à l'Hôtel-Dieu de Paris, & l'autre tiers audit Exposant, ou à celui qui aura droit de lui, & de tous dépens, dommages & intérêts, à la charge que ces Présentes seront enregistrées tout au long sur le registre de la Communauté des Imprimeurs & Libraires de Paris, dans trois mois de la date d'icelles, que l'impression desdits Ouvrages sera faite dans notre Royaume, & non ailleurs, en beau papier & beaux caracteres, conformément aux Réglements de la Librairie, & notamment à celui du dix Avril mil sept cent vingt-cinq, à peine de déchéance du présent Privilege ; qu'avant de les exposer en vente, les manuscrits qui auront servi de copies à l'impression desdits Ouvrages, seront remis dans le même état où l'Approbation y aura été donnée, ès mains de notre très-cher & féal Chevalier, Chancelier Garde des Sceaux de France, le Sieur DE MAUPEOU ; qu'il en sera ensuite remis deux Exemplaires dans notre Bibliotheque publique, un dans celle de notre Château du Louvre, & un dans celle dudit Sieur DE MAUPEOU ; le tout à peine de nullité des Présentes : du contenu desquelles vous mandons & enjoignons de faire jouir ledit Exposant & ses ayans-cause, pleinement & paisiblement, sans souffrir qu'il leur soit fait aucun trouble ou empêchement. Voulons que la copie des Présentes, qui sera imprimée tout au long, au commencement ou à la fin desdits Ouvrages, soit tenue pour dûement signifiée, & qu'aux copies collationnées par l'un de nos amés & féaux Conseillers, Secrétaires, foi soit ajoutée comme à l'original. Commandons au premier notre Huissier ou Sergent sur ce requis, de faire pour l'exécution d'icelles, tous actes requis & nécessaires, sans demander autre permission, & nonobstant clameur de haro, charte normande & lettres à ce contraires ; car tel est notre plaisir. DONNÉ à Paris le treizieme jour du mois de Décembre l'an de grace mil sept cent soixante-neuf, & de notre Regne le cinquante-cinquieme. Par le Roi en son Conseil.

LE BEGUE.

Registré sur le Régistre XVIII de la Chambre Royale & Syndicale des Libraires & Imprimeurs de Paris, N°. 422, Fol. 76, conformément au Réglement de 1723. A Paris, ce 16 Décembre 1769. KNAPEN, Adjoint.

APPROBATION.

J'AI lu par ordre de Monseigneur le Chancelier les manuscrits ci-après ; sçavoir, *Traité de la compétence, des fonctions & des devoirs des Juges ; Traité de la Jurisdiction Ecclésiastique ; Traité de l'Administration des Paroisses ; le Nouveau Traité des Matieres Criminelles*, & je n'y ai rien trouvé qui doive en empêcher l'impression. A Paris ce vingt-huit Juillet mil sept cent soixante-huit. COQUELEY-DE-CHAUSSEPIERRE.

PREFACE.

PRÉFACE.

PREMIERE PARTIE.

De l'origine & de la nécessité des peines ; & des formes judiciaires.

ON ne peut douter qu'un des moyens les plus efficaces pour faire subsister solidement un Etat, est de récompenser les bons citoyens, & de punir les méchants ; & que s'il est juste d'exciter la vertu par des récompenses, il est aussi de l'intérêt public, & de la sagesse d'un bon gouvernement, de punir les crimes, de réprimer les entreprises qui peuvent troubler l'ordre & la tranquillité de l'Etat, & de prévenir les maux & les injustices que les hommes peuvent se faire les uns aux autres par des actions criminelles. (*a*)

§. I. *Punition des crimes, nécessaire dans un Etat.*

En effet, la punition des crimes est la fin & le but principal de l'administration de la Justice, qui est de conserver les sujets du Roi dans une paix & une tranquillité durable, & d'entretenir entre eux le bien de la société, sans lequel aucun gouvernement ne sauroit subsister ; ce qui ne peut se faire, si les excès & délits

(a) *Interest reipublicæ ut delicta puniantur.* (L. 51, §. 2, D. *ad leg. Aquil.* L. 14, Cod. *de pœnis* ; L. 95, §. 1, D. *de solution.*)

qui la troublent, ne sont réprimés par une punition prompte & exemplaire.

Si les hommes n'étoient point troublés par les passions & par l'aveuglement de leur cœur, la honte seule devroit être un motif suffisant pour les empêcher de faire des actions injustes ; mais ces passions sont si fortes dans quelques-uns d'eux, & les dominent tellement, qu'il a fallu nécessairement employer des motifs plus puissants, tels que ceux de la crainte des châtiments, pour les empêcher de commettre des crimes qui favorisent leurs passions.

Tous les crimes qui regnent dans la société, tirent leur source de la légereté & de l'inconstance de l'esprit humain, du défaut d'éducation, & de la corruption du cœur, & même du mépris de la Religion & des Loix ; d'où naissent l'avarice, l'oisiveté, la débauche, la vengeance, l'ambition, & tous les autres désordres de la vie ; & ces passions ont le plus souvent un empire si puissant sur le cœur de certaines personnes, que la crainte même des châtiments & des supplices n'est pas suffisante pour les contenir, & pour les empêcher de commettre des actions criminelles.

C'est dans cette vue que les Loix, dont l'objet est de régler la société civile, & de réprimer toutes les entreprises qui peuvent en déranger l'ordre & l'économie, ont cru devoir apporter un remede proportionné au mal, en établissant des peines pour les différentes especes de crimes ; & afin que cette punition se fit suivant les regles d'une justice exacte, elles ont imposé en certains cas la peine de mort, & quelquefois même celle d'une mort cruelle, pour empêcher de commettre certains crimes plus dangereux que les autres, par leur énormité, & par leurs ſuites. Elles ont auſſi, par le même motif, établi dans quelques cas des peines différentes, quoique pour les mêmes crimes, ſuivant les circonſtances; & elles ont augmenté la ſévérité de ces peines, à l'égard de certains crimes, lorſqu'ils devenoient plus fréquents dans la province. (a)

Le premier objet des Loix en établiſſant ces peines, & qui regarde tous les criminels en général, à la réſerve de ceux qui ſont condamnés au dernier ſupplice, eſt de corriger les coupables que l'on punit, afin qu'ils s'attendent à de nouvelles peines, s'ils retombent dans de nouveaux crimes. (b)

Le ſecond, qui ne regarde que les grands crimes & ceux qui ſont punis du dernier ſupplice, eſt de mettre ceux qui en ſont coupables, hors d'état de commettre de nouveaux troubles dans la ſociété, en les puniſſant de mort, ou d'une autre peine capitale.

Et le troiſieme, qui eſt commun à toutes ſortes de peines & de ſupplices, eſt l'exemple; afin de contenir par la vue & la crainte des peines exercées ſur des coupables, ceux qui ne ſont pas retenus par d'autres motifs, & qui ne s'abſtiennent de faire le mal que par crainte.

En effet, on ne peut douter qu'un des plus ſûrs moyens pour empêcher les crimes, & pour diminuer le nombre des coupables, eſt de punir ceux qui

---

(a) Voyez la L. 16, §. 10, D. *de pœnis.*

(b) *Pœna conſtituitur in emendationem hominum* (L. 20, D. *de pœnis.*)

les ont commis, d'une maniere qui serve d'exemple aux autres ; (*a*) & c'est pour cela que les exécutions se font ordinairement, non dans les prisons, mais dans les places publiques, & dans les lieux les plus fréquentés, avec un appareil accompagné de tout ce qui est capable d'intimider le peuple. Et quoique cette crainte des supplices ne soit pas encore un remede suffisant pour empêcher les crimes, (*b*) ainsi qu'on vient de l'observer ; néanmoins il est vrai de dire que les punitions rendent ces crimes moins fréquents ; au-lieu que s'ils demeuroient impunis, leur multitude augmenteroit tous les jours, & tourneroit, à la fin, au renversement de l'État. Il arrive même quelquefois que la vue de ces punitions sert à contenir les méchants, & les engage à éviter le crime, de la même maniere que s'ils le haïssoient véritablement.

Afin d'inspirer plus d'horreur pour certains crimes, les Loix ont encore été plus loin ; & elles punissent quelquefois, pour le crime de leur pere, les enfants, & autres proches parents des criminels ; comme dans le crime de Leze-Majesté. Car quoique, suivant la regle ordinaire, il n'y a que celui qui a commis le crime, qui en doive porter la peine ; (*c*) néanmoins

(a) *Ut exemplo deterriti minus delinquant.* (L. *si quis* 6, §. *si quos* 1, D. *de pœnis.*)

Omnis pœna non tam pertinet ad delictum, quàm ad exemplum. (Quintilien.)

(b) *Etenim, inquit Cicero, (de legibus* 1, n. 40, *) pœna, sive metus supplicii, non ipsa turpitudo deterret ab ipsâ injuriosâ facinerosâque vitâ,* &c. *juxta illud horatii.* (Sermon. 7, lib. 2, v. 74.)

tolle periclum ;
Jam vaga prosiliet frænis natura remotis.

(c) Voyez la L. *Sancimus* 22, Cod. *de pœnis.*

quand il s'agit du crime de Leze-Majesté au premier chef, les enfants, quoiqu'innocents, de celui qui est coupable de ce crime, ne laissent pas d'éprouver en partie la peine qui y est attachée; & on les punit ordinairement, ou du bannissement, ou par la privation des biens qui devoient leur appartenir suivant la loi de nature. (*d*)

De même, quoique dans la regle générale, les furieux & les insensés ne doivent point être punis pour raison des crimes qu'ils ont commis; néanmoins il en est autrement en crime de Leze-Majesté, & quelquefois aussi dans le crime de parricide. (*e*)

La minorité, quoique peu éloignée de l'enfance, n'est point aussi un moyen d'excuse dans le crime de Leze-Majesté, & dans les autres crimes énormes. (*f*)

(*d*) La peine de ceux qui tuerent dans Bruges Charles Comte de Flandre, (en 1127) s'étendit à leurs parents. (Duhaillan en la Vie de Louis-le-Gros, *tom. 1, liv. 8, n. 2, pag. 352, édition de 1627.*

Voyez le Chapitre *Vergentibus in princ.* extrà *de hæreticis*; & ce que j'ai dit à ce sujet au titre *Du crime de Leze-Majesté humaine*, ci-après, *liv. 4, tit.* 28, n. 34. Voyez aussi sur cette question, si l'on peut punir les enfants pour le crime de leur pere, Tourcil, en ses Essais de Jurisprudence, *quest.* 18.

Denis d'Halicarnasse, *liv.* 8, *n.* 92, dit, en parlant de ceux qui ont puni les enfants pour la faute de leurs peres, que quoique cette punition ait quelque raison de politique, à l'imitation des Loix Grecques & Macédoniennes; cependant on a vu par expérience, que Dieu n'a jamais donné d'enfants, ou les a bientôt ôtés à ceux qui ont fait mourir le fils pour la faute du pere.

(*e*) Voyez les Arrêts de Duluc, *liv.* 12, *tit.* 11; la Roche-Flavin, en ses Arrêts, *liv.* 2, *tit.* 12, *art.* 5, au mot *Furieux*; & ce qui est dit ci-après, *part.* 4, *tit.* 28, en parlant du crime de Leze-Majesté, *n.* 66.

Voyez encore au titre *Des Sentences & Jugements*, ci-après, *part.* 3, *liv.* 2, *tit.* 25, *n.* 230 & 238.

Il n'y a point d'instruction particuliere dans l'Ordonnance criminelle pour la punition des foux; parce qu'elle a supposé qu'ils ne doivent point être punis.

(*f*) Voyez Jason *in L. properandum*, §. *sed & si quidem*, *n.* 2, *in fine*, Cod. *de judiciis*.

Bien plus, il y a des cas où les exemples de punition s'exercent sur des cadavres, ou contre la mémoire d'un défunt; comme dans le crime de Leze-Majesté Divine & humaine, duel, homicide de soi-même, ou rébellion à Justice avec force ouverte. (*a*)

On a même encore été plus loin; & il est arrivé quelquefois que l'on a fait le procès à des animaux (*b*) pour homicides par eux commis.

Enfin, on fait quelquefois le procès aux choses inanimées; comme quand on brûle des Libelles, & autres Ecrits séditieux; quand on brise des Statues, ou que l'on rase des Châteaux, Forteresses, & autres Edifices, *&c.*

§. II. *Punitions doivent se faire avec un certain ordre.*

Toutes les différentes peines dont on vient de parler, ont été établies, avec raison, pour maintenir la paix & la tranquillité dans un Etat. Mais s'il est intéressant pour le maintien de cette paix, que les crimes

---

(*a*) Voyez l'Ordonnance de 1670, *tit.* 22, *art.* 1.

(*b*) Voyez Guipape, *quest.* 238, où il observe que, quoique les bêtes soient incapables de commettre des crimes, il y a néanmoins des cas où elles sont punies de mort; ce qui est conforme à la Loi de Moïse. (Exode, *cap.* 21, *n.* 28; & à celle de Dracon. L. 11.)

Cet Auteur raconte à ce sujet, qu'en revenant de Bourgogne, il vit un porc pendu aux fourches patibulaires de la ville de Châlons, & qu'il apprit que cet animal avoit été condamné pour avoir tué un enfant. Chorier en sa Jurisprudence sur Guipape, *pag.* 282, cite plusieurs traits semblables & curieux. On peut voir dans le Premier Voyage Littéraire de Dom Martenne, *seconde partie*, *pag.* 166, une Sentence du 16 Mai 1499, rendue par le Bailli de l'Abbaye de Notre-Dame de Beaupré, Ordre de Citeaux, sur la riviere du Tarin, contre un taureau, qui le condamne à être pendu, pour avoir tué un jeune homme de l'âge de 14 à 15 ans.

Voyez encore un autre cas où l'on punit de mort, des animaux, ci-après, *part.* 4, *tit.* 49, *n.* 12.

ſoient punis ; & ſi la juſtice exige que cette punition ſe faſſe ſuivant une ſage proportion, & ſuivant les loix d'une exacte équité, il n'eſt pas moins néceſſaire qu'elle ſoit faite avec ordre, & en obſervant certaines formalités ; car il n'eſt jamais permis aux parties offenſées de ſe faire juſtice par elles-mêmes, ſi ce n'eſt dans le cas d'une légitime défenſe.

L'exercice de la Puiſſance ſouveraine dans la punition des crimes, fait ſans doute une des parties les plus eſſentielles de l'adminiſtration de la Juſtice. Son objet principal eſt de conſerver les particuliers dans la poſſeſſion paiſible de leurs biens, de réprimer les entrepriſes injuſtes, & d'aſſurer l'honneur & la vie des innocents injuſtement opprimés ; & comme il arrive ſouvent que la punition des crimes tend à priver ceux qui en ſont convaincus, de la vie, ou de la liberté naturelle à tous les hommes, les Loix ont ſagement fixé des regles pour conduire les Magiſtrats dans la pourſuite & l'inſtruction des procès criminels ; & ces regles ſont telles, qu'il n'eſt jamais permis aux Juges de s'en écarter.

En effet, ſi les Souverains ont établi des regles pour ſe conduire dans la conſervation des biens & des droits qui font l'objet de la procédure civile, il étoit juſte, à plus forte raiſon, qu'ils le fiſſent pour les cas où il s'agit de la vie, & de l'honneur, qui ſont beaucoup au-deſſus des biens : & il eſt évident qu'on doit, en ſe conformant à ces regles, apporter beaucoup de ſoin & de précaution dans la pourſuite & l'examen des affaires criminelles. (*c*)

(c) *Non ſatis eſt ad pœnam infligendam, quòd judex ſciat ; ſed ut ordine juris ſciat.*

Ces formalités sont tellement nécessaires dans l'ordre de la Justice criminelle, qu'aussi-tôt qu'on vient à s'en écarter, les actes perdent le nom de justice, & prennent celui de force & de violence. Elles sont même tellement essentielles dans l'administration de cette justice distributive, que sans ces formalités, elle ne peut subsister; comme dit Airault, non plus que l'ombre sans le corps; l'ordre sans la distribution, & l'angle sans la ligne. Ainsi, il est vrai de dire que la justice criminelle, de même que la justice civile, consiste plutôt en la formalité des actes, que dans les actes mêmes, & que c'est l'art d'apporter aux négociations humaines leur vraie forme, & leur solemnité légitime; de maniere que ce n'est autre chose que l'ordre même.

C'est pour cela sans doute, que chez les Grecs & les Romains, & chez la plus grande partie des Nations anciennes, les accusations s'instruisoient publiquement, & en présence de tout le monde; ce qui se pratique encore aujourd'hui en Angleterre; afin que chacun étant spectateur & témoin de ce qui se faisoit, pût juger lui-même de la conduite tenue par ceux à qui l'instruction de ces accusations étoit confiée, & voir si cette conduite étoit légitime, ou non.

Car, comme il ne suffit pas que la loi commande ce qui est bon & juste en soi, & qu'il faut encore qu'elle l'insinue, & grave dans les cœurs par des raisons solides, afin que les Sujets y obéissent de bon gré, & non par crainte; de même, il ne suffit pas que les crimes soient punis; il faut encore que les accusés se jugent & se condamnent eux-mêmes, en quelque sorte; ce qui arrive, lorsqu'ils voient qu'on a observé

ſervé à leur égard l'ordre & les ſolemnités néceſſaires, & que la notoriété de leurs crimes eſt fondée ſur des preuves claires & évidentes. (*a*)

Pour prouver la vérité de cette maxime, il eſt bon d'examiner les différentes parties de la procédure criminelle.

Examen de la procédure criminelle en général, pour prouver la néceſſité des formalités qui y ont été établies.

On appelle en général *procédure*, tout ce qui ſe fait en Juſtice pour l'exercice d'une action; ſoit pour parvenir au jugement d'une conteſtation, ſoit pour l'exécution de ce jugement.

Et l'on donne le nom d'*ordre judiciaire* à tout ce qui ſe fait, ſoit de la part du Juge; ſoit de la part des parties; ſoit de la part des Miniſtres prépoſés pour faire rendre la juſtice, ou pour la faire exécuter.

Cette procédure peut être conſidérée, ou du côté de l'intérêt privé, ou du côté de l'intérêt public.

La procédure conſidérée du côté de l'intérêt privé, eſt tout ce qui ſe fait pour rendre à une partie offenſée, ce qui lui eſt dû, pour raiſon de l'offenſe qu'elle a reçue, ou des dommages & intérêts qu'elle a ſoufferts, & pour lui en faire la réparation néceſſaire.

La procédure conſidérée par rapport à l'intérêt public, eſt tout ce qui ſe fait en Juſtice ſur la pourſuite de la partie publique, pour parvenir à la punition exemplaire d'un crime; ou à une abſolution.

L'une & l'autre conſiſtent dans les différents actes néceſſaires pour conſtater que celui qu'on a pourſuivi, a été condamné, ou abſous avec juſtice.

Et parce que ces actes & cette procédure doivent ſe faire de certaines manieres, & avec de certaines

(*a*) Voyez Airault en ſon Inſtruction Judiciaire, *liv.* 1, *part.* 2, *n.* 14.

formes prescrites par les Ordonnances, on appelle *formalités* la maniere de faire ces actes; & on se sert aussi quelquefois de ce nom, pour signifier les actes mêmes.

Il ne faut pas cependant confondre les actes avec la maniere dont ces actes doivent être faits; ou, ce qui est la même chose, avec les formalités de ces mêmes actes; & il faut bien prendre garde de croire, comme font la plupart des personnes qui n'ont aucune connoissance de l'ordre judiciaire, que les actes & la procédure qui se font dans la poursuite des demandes, ou plaintes en Justice, sont des choses inutiles & arbitraires.

Parmi ces différents actes, ou formalités qui constituent l'ordre judiciaire, il y en a d'essentiels, & d'autres qu'on peut regarder comme arbitraires.

Les actes, ou formalités essentielles, sont celles qui sont admises par toutes les Nations, sans lesquelles la procédure ne peut absolument subsister, & dont l'omission rend l'instruction absolument nulle. Elles sont tellement nécessaires, que non-seulement elles ne dépendent point de l'arbitrage du Juge; mais que les parties mêmes ne peuvent y renoncer. Telles sont les preuves, le décret, *&c.*

Les actes, ou formalités indifférentes, ou arbitraires, sont celles dont l'observation est variable, & que l'on peut changer, ou omettre; limiter, ou étendre; suivant les circonstances des crimes, la qualité des personnes, ou suivant le style de la Loi, qui varie.

Pour se former une idée juste des actes, ainsi que des formalités, il faut considérer dans chaque acte ce qu'il a d'essentiel, & qui le rend nécessaire dans la procédure ; & ce qu'il peut avoir de particulier ou d'arbitraire dans la maniere dont il est rédigé.

Il faut observer pour cela, que tout ce qu'on peut considérer dans l'ordre judiciaire en matiere criminelle, se réduit à ce qui regarde le crime en lui-même; l'accusateur, ou plaignant; l'accusé ; les Juges ; les preuves; les défenses, ou exceptions; le jugement, & son exécution. Tous les actes de la procédure se rapportent à ceux-ci.

§. III. *Des Actes essentiels de la Procédure criminelle.*

Il est certain d'abord qu'il y a dans l'ordre judiciaire des actes tellement fondamentaux, que sans eux, le jugement ne peut subsister. Ainsi :

1°. Il est nécessaire qu'il y ait un crime dumoins dénoncé à Justice, puisque c'est le fondement de toute la procédure criminelle, & que sans cela, elle ne peut pas plus subsister que la forme sans la matiere, & l'accident sans le sujet.

2°. Il faut qu'il y ait un accusé, soit que l'accusation se poursuive contre une, ou plusieurs personnes vivantes; soit contre un Corps, ou Communauté; ou contre le cadavre, ou la mémoire d'un défunt ; & soit que la personne soit connue, ou non, pourvu qu'elle soit d'ailleurs désignée. (*a*) Sur quoi néanmoins il faut observer, que quoiqu'on puisse rendre plainte, & obtenir des Lettres-Monitoires contre une personne inconnue & désignée, & même la décréter sous cette qualification ; néanmoins on ne peut réguliérement lui faire son procès par contumace; ni encore moins la juger qu'après qu'elle a été connue.

(*a*) Voyez l'article 8 du titre 10 de l'Ordonnance de 1670; & Julius Clarus, *quest.* 52, *n.* 8.

3°. Il faut qu'il y ait un ou plusieurs accusateurs, ou plaignants pour la punition du crime ; soit que cet accusateur soit un Ministre public ; soit que le plaignant soit une personne privée, comme autrefois chez les Romains, & même aujourd'hui parmi nous le mari dans la poursuite du crime d'adultere contre sa femme ; (a) soit enfin que la poursuite du crime se fasse d'office par le Juge.

Dans les procès criminels même, qui se poursuivent d'office par le Juge, il est vrai de dire que le Juge est accusateur ; mais comme il agit alors pour l'intérêt public, on ne peut pas dire qu'il soit en ce cas juge & partie.

En effet, suivant l'Ordonnance d'Orléans, *art.* 64, le Juge peut faire de son office, tout ce qui est nécessaire au procès ; & encore aujourd'hui, il peut informer, & faire emprisonner en flagrant délit ; écrouer un homme prévenu de crime, arrêté à la clameur publique, *&c.* ; ce qui est conforme à la Loi derniere au Digeste *De Quæstionibus*, où l'on voit que les criminels étoient quelquefois emprisonnés sans qu'il y eut aucun accusateur. (b)

C'est aussi ce qui est établi par Ulpien en la Loi 7, au Digeste *De Officio præsidis*, où il dit, que la fonction du Juge est de faire perquisition des sacri-

(a) *Nemo sine accusatore damnandus.* (L. *rescripto* 6, §. *si quis accusatorem*, D. *de muner. & honor.* L. *si adulterium* 38, §. *incertum*, D. *ad leg. jul. de adult.*

(b) Voyez la L. 4, D. *ad* L. *jul. pecul.* ; & la L. 13, D. *de officio præsidis*, pour prouver que le Juge peut informer par lui-même sans le ministere d'un accusateur, ou d'un plaignant. Voyez aussi Cujas en ses Observations, *liv.* 1, *chap.* 33 ; & ce qui est dit au titre *Des Informations d'Office*, ci-après, *part.* 3, *liv.* 2, *tit.* 2, *n.* 1 *& suiv.*

léges, des larrons, des plagiaires, des voleurs, &c. sans attendre qu'on les accuse. Justinien en la Constitution 128, §. *finali*, commande aussi aux Magistrats de faire par eux-mêmes la recherche des crimes, c'est-à-dire, d'informer d'office.

Il est vrai que dans ces cas, il doit y avoir une dénonciation, ou une notoriété publique qui tiennent lieu d'indices; mais comme il n'y a point alors d'accusateur, ou de plaignant, il est vrai de dire que le Juge en fait en quelque sorte les fonctions.

La raison pour laquelle le Juge peut agir par lui-même dans ce cas, c'est que l'on considere en sa personne un intérêt qui le constitue, & le fait regarder comme défenseur & protecteur de la chose publique, & non comme simple particulier; de sorte que quelque poursuite qu'il fasse pour raison de son office, il est censé la faire en la cause d'autrui, & non en la sienne.

C'est pourquoi, dans tous les cas où le Juge agit d'office, il est vrai de dire, que la commune renommée, ou la clameur publique, ou la République, est censée accuser par le Magistrat.

Lorsque le Juge informe sur une dénonciation, il faut que le dénonciateur soit connu; car on ne doit point avoir égard aux dénonciations qui sont sans nom d'auteur; autrement le Juge courroit risque d'informer légérement, & sans aucune preuve. (c)

Il est donc essentiel dans la poursuite d'un crime, qu'il y ait un accusateur, ou du moins quelqu'un

(c) Voyez la Lettre de Pline à Trajan, à l'occasion des Chrétiens; avec la réponse de cet Empereur. (Pline, *epist. lib.* 10, *ep.* 98.)

qui en tienne lieu ; & c'est une formalité essentielle de la procédure criminelle.

4°. Il faut qu'il y ait un ou plusieurs Juges pour l'instruction & le jugement des crimes ; afin de recevoir les plaintes des offensés, de prononcer sur la contestation, & de pouvoir absoudre l'accusé : car comme on l'a déja dit, il n'est pas permis de se faire justice par soi-même ; autrement ce ne seroit plus une justice, mais une guerre ; & d'ailleurs les parties ne pourroient être contraintes à faire satisfaction aux personnes qu'elles ont offensées, si elles n'y étoient astreintes par une autorité publique.

Cette punition des crimes n'appartient en France qu'au Roi seul, en qui réside la souveraine puissance ; mais parce qu'il seroit difficile qu'il pût exercer cette puissance par lui-même, il a bien voulu confier son autorité à cet égard à des Magistrats qui l'exercent en son nom.

Il est très important que ces Magistrats soient éclairés, pour pouvoir prononcer une peine légitime, & qui soit proportionnée au crime & à la preuve ; & c'est pour cela que l'Ordonnance de 1670, (*tit.* 25, *art.* 10,) exige que ces Juges soient en certain nombre pour pouvoir juger une affaire criminelle ; parce qu'il est censé qu'il y a plus de lumieres dans un Tribunal composé de plusieurs Juges, que s'il n'y en avoit qu'un seul. C'est en conséquence de cette même regle, que les Ordonnances veulent que dans les Parlements, les jugements soient rendus par dix Juges au moins ; dans les Présidiaux, & dans les Maréchaussées, par sept Juges ; dans les Bailliages & Sénéchaussées, par trois, quand les conclusions sont à peine afflictive, &

par cinq en crime de duel; quoique dans ces deux derniers cas le jugement soit à la charge de l'appel. Ce nombre de Juges, quoiqu'arbitraire, dépend du gouvernement & de la diversité des loix du pays.

De même, c'est encore une disposition arbitraire, que les Juges puissent être recusés, ou non; mais quoique cette faculté de recuser un Juge, ne soit pas essentielle en soi, & que la procédure pût être valable sans cela; néanmoins rien n'est si équitable que d'accorder ce droit à l'accusé; afin de prévenir les jugements qui pourroient être rendus par inimitié, & par des motifs de haine, de vengeance, ou d'animosité, qui ne sont malheureusement que trop ordinaires dans la plupart des hommes.

Les Juges qui doivent instruire & juger les affaires criminelles, sont les Juges ordinaires; néanmoins il est arrivé quelquefois par des considérations particulieres, qu'on a donné aux accusés des Commissaires particuliers pour les juger : nous en avons plusieurs exemples dans notre Histoire. (*a*)

(*a*) Voyez 1°. le procès fait au Grand-Maître de Montaigu, qui eut la tête tranchée aux Halles à Paris le 17 Octobre 1409, dans Mezerai en son Abrégé, & dans Duhaillan en son Histoire de France, *liv.* 19, où il rapporte la répartie qui fut faite à ce sujet au Roi François I, par un Moine de Marcoussi. Rouillard en son Histoire de Melun, *pag.* 512, dit aussi que ce Montaigu fut injustement exécuté.

2°. Le procès fait en l'année 1452 à Jacques Cœur, Argentier du Roi, en conséquence de Lettres de Commission adressées à Antoine de Chabannes Comte de Dammartin, à Guillaume Gouffier premier Chambellan du Roi Charles VII, & à d'autres Commissaires pour informer contre lui. Par jugement du 19 Mai 1453, il fut déclaré coupable de déprédation des Finances, & du crime de Leze-Majesté. Le Roi lui remit la peine de mort; mais il fut condamné à payer cent mille écus pour les sommes par lui retenues, & trois cents mille écus d'amende envers le Roi.

3°. Le procès fait au Cardinal Balue, & à l'Evêque de Verdun au mois

Autres actes essentiels, touchant la maniere de procéder dans la poursuite des crimes.

Quant à la maniere de procéder dans la poursuite des crimes, j'ai observé ci-dessus qu'il y a des actes absolument essentiels, & sans lesquels la procédure ne peut subsister. Tels sont les actes suivants.

---

d'Août 1459, dans les Observations de Denis Godefroi sur Philippe de Commines, où il dit que le Roi envoya quelques Conseillers au Parlement pour les interroger, & qu'ils confesserent tout. Le Roi députa Guillaume Cousinet, Pierre Gruel, & Guillaume Lefranc, vers le Pape Paul II, pour obtenir Vicariat, afin de faire le procès audit Cardinal, & à l'Evêque de Verdun.

4°. Le procès fait dans la ville de Melun en l'année 1540, à l'Amiral Chabot, en vertu d'une Commission donnée à vingt-quatre, tant Présidents que Conseillers de divers Parlements, à laquelle présida Guillaume Poyet, Chancelier de France. Par le Jugement qui intervint, il fut déclaré coupable de péculat, & condamné à être renfermé dans la prison de Vincennes, & privé de tous ses emplois & dignités; mais depuis il fut rétabli par Arrêt du 29 Mars 1541. (Voyez Pasquier en ses Recherches, *liv. 6, chap. 9*; Mezerai en son Abregé en l'année 1540; & les Mémoires du Maréchal de Tavannes.)

5°. Anne Dubourg, Conseiller au Parlement de Paris, & auparavant Docteur-Régent en l'Université d'Orléans, ayant parlé trop librement en la Mercuriale du Parlement, du Roi Henri II, fut aussi jugé par des Commissaires, nonobstant sa demande à fin d'être renvoyé devant ses Juges naturels, qui étoit la Cour du Parlement. Il fut condamné à être brûlé vif par Jugement du 21 Décembre 1559; néanmoins il fut seulement pendu & étranglé; & fut ainsi jugé pour le délit commun par l'Evêque de Paris. Monsieur Brulard, Procureur-Général, prit contre lui des conclusions, comme criminel de Leze-Majesté, & comme ayant des intelligences secrettes avec les ennemis de l'Etat. (Voyez Louis de la Planche, en son Histoire de l'état de la France sous François II; l'Histoire de Pierre Matthieu, en la Vie de Henri II, *pag.* 26; & Pierre de Laplace, en son Commentaire de l'état de la Religion & de la République sous les Rois Henri II, François II, & Charles IX, *pag.* 26.

6°. Voyez encore le procès fait par Commissaires à M. de Marillac, en vertu d'une Commission décernée par le Roi Louis XIII, en date du 13 Mai 1631. Il fut condamné à avoir la tête tranchée par Jugement Souverain du 10 Mai 1632; ce qui fut exécuté en la Place de Greve. (Journal du Cardinal de Richelieu, *tom* 2, *pag.* 1.)

Comme ces Commissions extraordinaires ont été établies contre les regles ordinaires de la Justice, elles ont été rarement mises en usage, & même abolies par l'Edit du mois d'Octobre 1648. Voyez ce qui est dit à ce sujet au titre *De la Compétence particuliere des Juges en matiere criminelle*, ci-après, *part.* 2, *tit.* 1, *n.* 646.)

Il

Des Preuves.

Il faut des preuves pour condamner, même dans les crimes notoires, ou manifestes ; & une information pour y parvenir. Car tout l'objet de la procédure judiciaire en matiere criminelle, se réduit à constater le délit, & à en découvrir l'auteur, pour lui infliger la peine qu'il mérite. Ce sont principalement ces deux faits qu'il s'agit de prouver ; & qui sont absolument essentiels à l'accusation.

La maniere la plus simple pour y parvenir, seroit que l'accusé, sur l'accusation, ou plainte, ou sur l'information d'office, parût devant le Juge pour rendre compte de la maniere dont la chose s'est passée, si cet accusé n'avoit aucun intérêt de déguiser la vérité.

Mais comme la vérité des faits qui font l'objet de la Justice criminelle, ne peut ordinairement se tirer de la bouche de l'accusé, qui, le plus souvent, a intérêt de tenir cette vérité cachée, il a fallu avoir recours à la preuve, tirée de la déposition des témoins.

L'ordre de la procédure, demande que l'on constate d'abord l'existence du crime, ou corps de délit ; car si le crime n'est constant, il est inutile d'en chercher l'auteur.

Le corps de délit se constate, ou par des Experts, ou par le transport & examen du Juge, & quelquefois aussi par la déposition des témoins ; mais rarement par la confession de l'accusé ; si ce n'est dans les cas où l'on ne peut le prouver d'une autre maniere. (a)

(a) Voyez l'Ordonnance de 1670, *tit.* 1, *art.* 19 ; & ce qui est dit ci-après, *part.* 3, *liv.* 2, *tit.* 3, au titre *Du Corps de Délit, & de la maniere de le constater.*

A l'égard de l'information pour découvrir l'auteur du crime, elle se fait ordinairement par témoins, & quelquefois par comparaison d'écritures ; mais ces informations ne sont pas nécessaires, lorsqu'on a une preuve suffisante par les interrogatoires de l'accusé. (Ordonnance de 1670, *tit.* 25, *art.* 5.)

Ainsi toutes les contestations des parties, c'est-à-dire, tous les faits qui sont à prouver dans une instruction, ou procédure criminelle, sont de deux sortes ; car il s'agit, de la part de l'accusateur, ou plaignant, de constater d'abord le corps de délit, de prouver ensuite que c'est l'accusé qui l'a commis, & d'établir les conséquences qui s'en tirent ; & de la part de l'accusé, d'établir & prouver ses moyens de défenses.

On appelle *question de fait*, celle où il s'agit de faire connoître la vérité des faits ; & *question de droit*, celle où il s'agit de raisonnement sur les faits prouvés, ou convenus, pour en tirer les conséquences qui peuvent servir au droit des parties.

Les questions *de droit* se résolvent par les Ordonnances, les Coutumes & le Droit écrit, & quelquefois par la Jurisprudence des Arrêts, & même assez souvent par des arguments tirés de la Logique, ou de la Physique.

A l'égard des questions *de fait*, elles se décident par des preuves qui font connoître la vérité des faits contestés.

Ces preuves sont de trois sortes.

La premiere, est celle qui résulte *de la confession libre de l'accusé* ; quelquefois cependant on emploie la rigueur des tourments pour obliger l'accusé d'avouer.

La seconde, est celle qui est fondée sur la déposition des témoins, ou sur le rapport des Experts, qu'on appelle *preuve testimoniale*, ou *preuve par Experts*.

Et la troisieme, est celle qui résulte de l'examen des écrits & signatures, qu'on appelle *preuve littérale*, & qui, à proprement parler, est renfermée dans les deux autres; c'est-à-dire, dans la premiere, quand l'acte qui renferme le délit, est reconnu par l'accusé pour être écrit de sa main; & dans la seconde, quand il dénie sa signature, & que sur cette dénégation, il est prouvé qu'il en est l'auteur, soit par la déposition de témoins qui l'ont vu signer, soit par le rapport d'Experts, qui, par la comparaison qu'ils en font avec d'autres actes, déclarent que cet écrit est de sa main.

Outre ces trois genres de preuves, il y en a une autre particuliere, qu'on appelle *preuve par argument*, ou *preuve conjecturale*, qui consiste à conclure par des arguments, l'existence, ou la vérité d'un fait par la liaison immédiate, ou prochaine qu'il a avec d'autres faits connus: c'est une espece d'analyse morale, que les Juges employent, lorsqu'ils sont dans l'impossibilité de constater le fait principal par des dépositions de témoins, & qu'ils ont la preuve d'autres faits qui conduisent à la connoissance de ce fait principal par la liaison qu'ils ont avec lui.

On peut appeller cette espece de preuve, *preuve indirecte*, à la différence de celle qui résulte de la confession de l'accusé, ou de la déposition des témoins, ou du rapport des Experts, qu'on peut appeller *preuve directe*.

Quand il s'agit de constater le corps de délit, on

employe aussi quelquefois un autre genre de preuve, qui est le transport du Juge sur les lieux où le crime a été commis ; & le procès-verbal que le Juge en dresse, fait à cet égard une preuve complette.

Il est évident que ces preuves sont absolument nécessaires ; puisqu'on ne peut condamner un accusé, à moins qu'il n'y ait un délit, & qu'il ne soit prouvé que cet accusé est celui qui l'a commis ; autrement ce seroit violer toutes les loix de la raison & de la justice.

A l'égard du nombre des témoins, & de celui des Experts, nécessaire pour constater une preuve, soit testimoniale, soit littérale ; il est certain que ce nombre étoit originairement arbitraire ; & qu'au lieu de celui auquel on s'est fixé pour chaque espece de preuves, on pouvoit en exiger un plus grand nombre, ou même regarder comme complette, la déposition ou rapport d'un seul témoin, ou Expert ; néanmoins, comme le plus souvent il est très difficile qu'on puisse trouver trois témoins d'un même fait ; & que d'un autre côté il y auroit trop d'inconvéniens à regarder comme vérité la déposition, ou le rapport d'une seule personne, c'est avec raison que les Loix les ont fixés au nombre de deux ; & cette regle paroît avoir été adoptée dans tous les temps, & presque par toutes les Nations.

Cette même regle a pareillement lieu à l'égard de la preuve indirecte, ou par arguments ; car quoique cette preuve soit en quelque façon arbitraire par rapport au nombre & la nature des indices dont elle doit être composée ; néanmoins, il n'en est pas de même pour la preuve de chaque indice en particulier, & l'on regarde que chacun de ces indices n'est prouvé d'une maniere complette, que lorsqu'il est prouvé par la déposition de deux témoins, ainsi que dans la preuve directe.

Une autre formalité nécessaire dans l'ordre judiciaire, est que l'accusé soit entendu; afin que s'il a quelque chose à proposer pour sa défense, il puisse le faire. D'un autre côté, ces défenses doivent être communiquées à la partie adverse, pour en convenir, ou les contester; afin que par-là les demandes & les défenses, étant établies de part & d'autre, le Juge puisse rendre sa Sentence en connoissance de cause, & juridiquement.

Du Décret, & de l'Interrogatoire.

Mais comme il n'arrive presque jamais que celui qui a commis un crime, ou qui est accusé d'en avoir commis un, se présente de lui-même devant le Juge, pour exposer le fait dans la vérité, & pour être ensuite jugé par lui, il est nécessaire que l'accusateur, ou plaignant, c'est-à-dire, celui qui intente une accusation, ou une plainte contre quelqu'un, fasse comparoître en Justice la partie accusée; & il a fallu une voie pour l'y contraindre, afin de confesser, ou de nier la vérité de cette accusation, & de donner ses moyens de défenses. Cette voie nécessaire pour obliger la partie de paroître devant le Juge, est le premier acte essentiel du procès; & c'est ce qu'on appelle le *Décret*.

Cet acte a toujours paru tellement nécessaire, qu'il a de tout temps été en usage chez toutes les Nations, & qu'il n'y a aucun Tribunal où celui qui a quelque demande à former, ne soit obligé d'avertir, ou de faire avertir sa partie de paroître devant le Juge qui doit prononcer ſur cette demande. C'eſt un principe que la loi de nature exige, & qui eſt ſuivi dans tous les Etats policés. (*a*)

En effet, cette obligation d'entendre l'accuſé, procede d'une juſtice naturelle, & d'une raiſon d'équité qui eſt née avec nous d'une maniere immuable, & qui depuis l'origine du monde, a été adoptée par tous les hommes. (*b*)

Il ne dépend pas même du Prince, ou du Souverain, de priver un accuſé de ce droit. (*c*)

C'eſt pourquoi, lors même que le Prince donne

(a) *Nemo debet inauditus damnari.* (Deuteron. *chap.* 17, *v.* 8; Evang. S. Jean, *chap.* 7, *v.* 51; & *chap.* 8, *v.* 10.)

Damnari aliquem indictâ causâ vetant, nec id æquitatis ratio patitur. (L. 1, D. *de requiren. vel abſent.*)

Tacite, en parlant de Ciconius Varron, & de Petronius Turpilianus que Galba fit mourir, dit, que *inauditi, atque indefenſi, tanquam innocentes perierant.* (Tacite Hiſtor. *lib.* 1, *n.* 3.)

Valere Maxime, en parlant du meurtre d'Aulus Albinus, que ſes ſoldats avoient fait mourir ſans vouloir l'entendre, dit, qu'en mettant la main ſur leur Capitaine, ils avoient à la vérité tranſgreſſé la loi des armes; mais qu'en refuſant de l'entendre en ſes défenſes, ils avoient violé la nature, & corrompu le droit des gens, qui fait la loi des Nations les plus domptées, & des armées les plus puiſſantes. (Valere Maxime, *liv.* 9, *chap.* 8, *n.* 3.)

Ciceron *in oratione pro domo ſuâ ad pontif.*, *n.* 17, dit, que ce qu'il y avoit de plus cruel dans la proſcription de Sylla, étoit *pœna nominatim ſine judicio conſtituta.* Le même s'écrie, *in oratione contra Verrem*, lib. 2, n. 24; qu'en condamnant ſon Hôte Sthenius Thermitanus, ſans citation, ni ajournement, il avoit montré en violant la nature, qu'il étoit lui-même dénaturé, & plus brute que l'homme le plus ſauvage; & pour comble des injuſtices dont il l'accuſe, il conclud en ces termes: *crimen ſine accuſatore, ſententia ſine conſilio, damnatio ſine defenſione.* Voyez auſſi Airault en ſon Inſtruction Judiciaire, *liv.* 1, *part.* 1, *pag.* 14 & 15, à l'occaſion des condamnations de Cicilien, Evêque de Carthage, & de S. Jean Chriſoſtome.

(b) *Defenſio eſt juris naturalis, & ideo non poteſt tolli nec denegari.* (L. 3, §. *ſi ad diem*, D. *de re militari*, L. *unius*, §. *cognitionum*, D. *de quæſtion.*; Farinacius, *quæſt.* 39, *n.* 1 & *ſeq.*)

(c) Voyez Farinacius, *quæſt.* 39, *n.* 18 & *ſeq.*

une Commission pour faire le procès à quelqu'un sans aucune solemnité, il n'est jamais censé en exclure la citation, ou défense de l'accusé. (*d*)

C'est par cette raison, sans doute, que chez les Romains, on ne condamnoit jamais un accusé absent, quand il s'agissoit de crimes capitaux ; ni même ceux qui méritoient la peine des mines. Tout ce que pouvoient faire alors les Juges, étoit de citer l'accusé, & de prononcer contre lui des peines pécuniaires. (*e*)

Mais dans les crimes qui ne méritoient qu'une peine pécuniaire, ou infamante, on pouvoit condamner les absents après les avoir cités & assignés à comparoître en Justice pour être entendus en leurs défenses. (*f*)

Dans nos mœurs, c'est une maxime constante que l'accusé ne peut être puni sans avoir été entendu, ou dumoins, sans avoir été cité ; & cette maxime est tellement constante, dit Airault, (Instruction Judiciaire, *liv.* 1, *part.* 1, *n.* 11,) que ce seroit violer l'univers, & renverser ciel & terre, que d'en user autrement.

C'est pourquoi, lorsqu'un accusé n'a pas été cité, ou que la citation n'a pas été faite dans les formes, la procédure & l'instruction, ainsi que la sentence

---

(*d*) Voyez Clement, *sæpe*, *de verbor. significat.* Bartol, *in L. felicem in pr. D. de donat. Item.* Clementin. *Pastoralis*, *de re judic.*

Si in civilibus non potest princeps procedere contra subditum non citatum, idem & multò magis dicendum est in criminalibus in quibus de majori præjudicio tractatur. (Julius Clarus, *quæst.* 31, *n.* 2.)

(*e*) *Ut in causa capitali nemo damnetur.* (Voyez la L. 1, D. *de requirendis vel absentibus damnandis* ; & les Capitulaires de Charlemagne, L. 7, *cap.* 204, 354 & 364, *pag.* 1068 & 1101 *u tome* 1 *de l'édition de Baluse.*)

(*f*) Même Loi 1, D. *de requir. vel absent.*

qui intervient, sont nulles de droit. Et cela a lieu, non-seulement à l'égard des Juges ordinaires ; mais même à l'égard de ceux qui sont commis par le Prince. (a)

Quant à la maniere de décréter, on peut, ou arrêter l'accusé prisonnier, ou simplement le citer, & l'assigner devant le Juge. Cette citation se fait par un exploit, & peut être faite de plusieurs manieres,

---

(a) On trouve néanmoins dans notre Histoire quelques exemples d'accusés qui ont été punis sans aucune forme de procès.

1°. L'Amiral de Châtillon, le Duc de Guise, & le Cardinal son frere, le Maréchal d'Ancre, d'Albigny, & le Comte de Beuil, furent mis à mort par le commandement absolu du Roi. (Voyez les Mémoires de Tavannes, *pag.* 224; Voyez aussi touchant le procès fait au Comte de Beuil & à son fils, le Mercure François, *tom.* 7, *pag.* 111 *& suiv.*)

2°. En l'année 1632, le Vicomte de l'Etrange fut arrêté prisonnier dans le Languedoc, ayant les armes à la main contre le service du Roi. On adressa une Commission, *signée* LOUIS & d'un Secrétaire d'Etat, à M. de Machault, Maître des Requêtes, & Intendant de Justice en Languedoc, par laquelle il lui étoit mandé de faire trancher la tête audit Vicomte, déclaré criminel de Leze-Majesté par la Commission, & ce sans forme, ni figure de procès. M. de Machault le fit exécuter sans lui faire son procès, & sans l'interroger. (*Extrait d'un manuscrit du temps.*)

3°. Lorsque le Maréchal de Châtillon étoit Général d'Armée, sur les informations qui étoient faites par un Prévôt des Bandes, & après les avoir vues, il jugeoit seul les accusés, & donnoit Commission lui seul, sans être assisté ni de Mestres-de-Camp, ni de l'Intendant de la Justice, à l'un des Prévôts des Bandes, pour faire exécuter son jugement, fut-il à mort. (*Extrait du même manuscrit.*)

4°. Le samedi 7 Janvier 1640, le nommé Gorré fut roué vif en la ville de Rouen dans la place du grand Marché ; & quatre autres furent pendus, accusés de sédition, & eurent la question ordinaire & extraordinaire. Il y eut dans la condamnation, & exécution trois choses extraordinaires. La premiere, c'est que M. le Chancelier les condamna tous cinq à la mort lui seul, & sans être assisté de Maîtres des Requêtes, ni autres : la seconde, est qu'il les condamna sans les voir : la troisieme, est qu'il rendit l'Arrêt sans le faire prononcer par écrit. Le Prévôt de l'Isle le leur prononça verbalement. (*Extrait du même manuscrit.*)

Mais cet usage de condamner les accusés sans les entendre, n'a plus lieu aujourd'hui, & ce changement est fondé sur les raisons les plus solides.

&

& avec certaines formalités qui ſont différentes, ſelon les différentes Nations; & qui même peuvent quelquefois changer, ſuivant le temps, & les circonſtances. Mais quoique ces formalités puiſſent varier, néanmoins l'équité & la juſtice, ont fait regarder comme une choſe abſolument néceſſaire d'aſſujettir ces actes à de certaines formalités pour en aſſurer l'authenticité.

De même, l'équité naturelle exige que la partie décrétée ait un délai pour comparoître ſur la citation qui lui eſt faite; & cette formalité n'eſt nullement arbitraire. Il eſt juſte, en effet, qu'une partie aſſignée, ait un temps convenable, non-ſeulement pour ſe diſpoſer à comparoître devant le Juge; mais encore pour rechercher les moyens, & les pieces qui lui ſont néceſſaires pour ſa défenſe.

Mais quant à la longueur de ce délai, elle eſt arbitraire, & elle dépend de l'éloignement du domicile de la partie qu'on fait aſſigner. L'Ordonnance de 1670 a fixé à cet égard les délais que la raiſon & l'équité ont jugé les plus convenables, ſuivant qu'il s'obſerve dans les aſſignations en matiere civile.

C'eſt à-peu-près ſur les mêmes motifs que ſont fondés les autres délais que l'Ordonnance accorde, ou qu'elle laiſſe à l'arbitrage du Juge, ſoit pour entendre les témoins, les récoler, & confronter; ſoit pour citer l'accuſé contumax; ſoit pour juſtifier une exoine, un fait juſtificatif, *&c.*

Des Exoines.

Quelquefois la partie décrétée eſt dans l'impuiſſance de comparoître, parce qu'elle eſt abſente, ou malade, ou pour quelqu'autre empêchement. Alors comme il ne ſeroit pas juſte que l'impoſſibilité où elle eſt de paroître, lui fût préjudiciable, c'eſt avec beaucoup de raiſon que l'Ordonnance a établi que l'accuſé pourra, dans ce cas, propoſer ſon exoine; dont l'effet eſt d'empêcher les Juges de paſſer outre au jugement, juſqu'à ce que l'accuſé ſoit en état de paroître, & de propoſer ſes défenſes.

Des Contumaces. Il arrive auſſi quelquefois, que l'accuſé qu'on veut arrêter priſonnier, ne ſe trouve point chez lui, ou qu'étant cité, il refuſe de comparoître à Juſtice; alors comme cette fuite, ou refus de comparoître, ne doit point lui être utile, on ſaiſit & annote ſes biens, & l'on inſtruit le procès contre lui par la voie de la contumace. Si la preuve eſt ſuffiſante par l'information, on ne laiſſe pas de le condamner, quoiqu'il n'ait point été entendu; & cette procédure prend ſon fondement dans les principes de la raiſon & de l'équité. Dans ce cas, on le cite à comparoître dans un certain délai, même plus long que les délais ordinaires, & on lui donne encore un ſecond délai de huitaine, afin qu'il ait le temps de ſe repréſenter; tant il eſt vrai que cette néceſſité d'entendre l'accuſé, eſt regardée comme une formalité eſſentielle, & indiſpenſable. Mais toutes ces formalités de la contumace ceſſent, lorſque l'accuſé s'évade après avoir été entendu.

Des Défenſes, ou Exceptions. Outre les preuves que l'accuſé peut employer verbalement pour ſa défenſe dans ſes interrogatoires, ou à la confrontation, il peut encore en employer par d'autres actes particuliers.

Ces preuves ſe font, ou par titres, ou par témoins. On ſe ſert même quelquefois de la preuve par arguments, ou indirecte, pour les établir, de la même maniere, que s'il s'agissoit de le convaincre du crime; & il faut suivre à cet égard les mêmes regles. Les cas les plus ordinaires où l'accusé emploie ces preuves en sa faveur, sont 1°. quand il s'agit de décliner la Jurisdiction : 2°. de recuser des Juges, ou des Experts : 3°. de proposer des reproches contre des témoins : 4°. de prouver des faits justificatifs. La faveur de l'innocence de l'accusé est même si grande, que cette quatrieme espece de preuve s'ordonne quelquefois d'office par les Juges.

Lorsque la question, tant de fait que de droit, a été suffisamment éclaircie, le Juge rend sa Sentence qui condamne l'accusé, ou qui l'absout; ou bien, on prononce à son égard un plus ample informé. *Du Jugement.*

Si le Juge déclare l'accusé convaincu du crime, il faut qu'il prononce contre lui une peine; & quoique cette peine soit souvent arbitraire, elle doit néanmoins avoir une juste proportion avec le crime. Il faut aussi que le jugement soit signé de tous les Juges, du moins dans les Cours qui ne sont pas Souveraines, afin d'assurer d'autant plus l'authenticité de ce jugement.

De plus, comme cette condamnation peut être prononcée, ou en dernier ressort, ou à la charge de l'appel, il a fallu établir pour la premiere, des formalités plus rigoureuses que pour la seconde.

Ainsi, 1°. quand l'affaire doit être jugée en dernier ressort, du moins par les premiers Juges, il faut que ce soit pour des crimes très graves, ou commis par des personnes viles. De-là l'origine des cas prévôtaux, & présidiaux, établis par les articles 12 & 15 du titre 1 de l'Ordonnance Criminelle de 1670; & par les articles 1, 2, 3, 4 & 5 de la Déclaration du Roi du 5 Février 1731.

2°. Il faut faire juger la compétence de l'accusé, lorsqu'il doit être jugé en dernier ressort; à la réserve des Cours pour lesquelles cette formalité n'a pas lieu, & en qui l'on suppose plus de lumieres, que dans les premiers Juges.

3°. Il doit y avoir un plus grand nombre de Juges quand il s'agit de juger en dernier ressort, que quand le jugement est à la charge de l'appel. (a)

4°. Enfin les Jugements en dernier ressort sont assujettis à plus de formalités, du moins quand il s'agit de condamner; & il faut alors que le jugement passe de deux voix; au-lieu que dans les jugements d'absolution, ou qui ne prononcent aucune peine contre l'accusé, il suffit que le jugement passe d'une voix.

De l'exécution du Jugement.

Lorsque le jugement a été rendu, il est nécessaire qu'il soit exécuté; du moins s'il est en dernier ressort, ou s'il n'y en a point d'appel de la part de l'accusé, à moins que cet appel n'ait lieu de plein droit. Ainsi, il faut que les Juges & les parties puissent le faire exécuter par toutes les voies nécessaires, dans le cas où la partie condamnée refuseroit de s'y soumettre. Ces voies, qu'on appelle *exécution*, se font, ou sur la personne, ou sur les biens du condamné; & elles sont absolument nécessaires pour que le jugement puisse avoir son effet; autrement il seroit illusoire, s'il dépendoit du condamné de l'exécuter, ou non; & si le plaignant, ou l'accusateur, n'avoient un moyen suffisant pour l'y contraindre.

(a) Voyez les articles 10 & 11 du titre 25 de l'Ordonnance de 1670.

Cette contrainte, quand elle se fait sur les biens, a été assujettie aux mêmes formalités qu'en matiere civile; & quoique la maniere de faire ces contraintes, ou saisies, puisse être regardée comme arbitraire; néanmoins il y a des conditions tellement nécessaires dans ces sortes d'actes, que sans ces formalités, elles ne pourroient subsister. Telle est la garde des effets saisis, & établissement du Commissaire, l'enlevement de ces effets, & la vente.

Voilà pour ce qui regarde les conditions, ou formalités essentielles à la procédure criminelle, & sans lesquelles elle ne peut subsister.

§. IV. *Des autres actes non essentiels de la procédure criminelle.*

Mais outre ces formalités, il y en a encore d'autres qui, quoiqu'arbitraires, sont néanmoins fondées en grande raison d'équité : telles sont les suivantes.

1°. L'instruction doit se faire en secret. Elle se faisoit en public chez les Romains, ainsi qu'il a été dit ci-dessus; & même on l'a ainsi observé long-temps en France; mais les inconvénients qu'on y a trouvés, ont fait changer cet usage. L'Ordonnance de 1539 a aboli toutes procédures criminelles publiques, & a voulu qu'elles se fissent secrétement, tant pour éviter le tumulte, & les acclamations du peuple, que les violences & voies de fait qui pourroient se commettre contre les parties, & quelquefois contre les Juges; & aussi afin que les accusés ne soient pas informés de tout ce qui se passe; ce qui pourroit leur donner la facilité de corrompre les témoins, & de les engager à se retracter.

2°. C'est aussi une chose arbitraire que l'instruction se fasse par un, ou par deux Officiers; néanmoins il est juste que dans les procès qui doivent être jugés en dernier ressort, cette instruction se fasse par plusieurs Juges, ainsi qu'il s'observe dans quelques Cours Souveraines, dans les Maréchaussées, & dans quelques Présidiaux. Il seroit même à souhaiter que cette loi fût générale, quand le jugement doit être rendu en dernier ressort.

3°. Une autre procédure qu'on peut aussi d'abord regarder comme arbitraire, est le récolement, & la confrontation des témoins. Cependant rien n'est plus sagement établi; car le récolement sert à confirmer, ou expliquer, la déposition du témoin; & à l'égard de la confrontation, il est naturel & conforme aux premieres regles de l'équité, que l'accusé soit entendu sur ces dépositions, & récolements; & que les témoins lui soient présentés pour lui soutenir face-à-face la vérité de leur témoignage; & aussi afin que s'il a quelque chose à dire contre eux, il puisse le faire; & quelquefois même, afin que les témoins puissent le reconnoître pour être celui dont ils ont entendu parler.

4°. C'est aussi une chose arbitraire, de donner, ou non, un conseil à l'accusé; & quoiqu'il y eut de bonnes raisons pour lui permettre d'en avoir un, néanmoins on a trouvé qu'il y avoit moins d'inconvénient à lui refuser ce conseil, que de le lui accorder, dumoins avant son interrogatoire; (a) & c'est pour cela que l'Ordonnance ne le permet pas avant ce temps-là, si ce n'est dans quelques cas où il

---

(a) Voyez ce que j'observe à ce sujet au titre *Des Interrogatoires*, ci-après, *part.* 3, *liv.* 2, *tit.* 13, *n.* 9; & au titre *De la maniere d'exercer l'action criminelle en general*, ibid. *part.* 3, *liv.* 3, *tit.* 1, *n.* 126 *& suiv.*

seroit difficile de faire autrement, & qui sont marqués en l'article 8 du titre 11 de l'Ordonnance de 1670.

5°. De même, quoique la question, pour obliger l'accusé à avouer, soit une chose arbitraire en elle-même; cependant elle paroît avoir été établie par des raisons solides d'équité, qu'il seroit trop long d'examiner ici. (*b*)

6°. Enfin les formalités établies pour chaque acte en particulier; *v. g.* le serment, la signature de l'acte, la persistance de l'accusé, du témoin, ou de l'Expert, quoique arbitraires, ont aussi été établies pour assurer d'autant plus la vérité, & l'authenticité de l'acte.

7°. Il y a encore d'autres actes, ou formalités arbitraires qui ont aussi leur fondement dans la raison, ou dans le plus de convenance; *v. g.* si l'accusé tiendra prison pendant le procès : si les témoins seront assignés à la requête de la partie civile, ou publique, & autres semblables. (*c*)

On pourroit encore joindre à ces formalités, celle des saisies, & annotations des biens des contumaxs. Mais cette sorte de formalité n'est pas absolument nécessaire comme les précédentes, & peut s'omettre sans craindre la nullité de la contumace; parce que cette saisie ne se fait que pour l'intérêt de l'accusateur, ou plaignant.

Le nombre des Juges pour juger un accusé, suivant les différents Tribunaux, & suivant les différentes pei-

(*b*) Voyez ce qui est dit ci-après au titre *De la Question, ou Torture*, part. 3, liv. 2, tit. 2, n. 1, aux notes.

(c) Voyez l'article 12 du titre 15, & l'article 1 du titre 6 de l'Ordonnance de 1670.

nes qui peuvent se prononcer, est aussi une formalité indifférente, & il faut en cela suivre l'usage de chaque Gouvernement. En France, il est fixé à un plus grand nombre de Juges dans les Parlements, & autres Cours supérieures, que dans les Sieges Présidiaux; & ce nombre est encore moindre dans les Bailliages & Sénéchaussées, & dans les Justices de Seigneurs; dumoins quand il s'agit de prononcer une peine afflictive. (*a*)

Enfin, il y a des formalités purement accessoires & bursales qui doivent précéder, ou être joinres aux actes; *v. g.* les commissions du Greffe, les *pareatis*, le sceau, le papier & parchemin timbré, & autres semblables; mais la plus grande partie de ces formalités n'ont gueres lieu en matiere criminelle, dumoins au regard de la partie publique.

Il n'appartient qu'au Souverain, ou à la République, d'établir les formalités qui doivent être observées dans l'usage de la Justice; car les formalités sont des Loix; or, il n'appartient qu'au Souverain de faire des Loix & des Ordonnances dans son Royaume.

Ainsi, quoique l'Eglise ait sa jurisdiction particuliere, & qu'elle connoisse de certaines matieres, & entre certaines personnes; néanmoins c'est au Prince à prescrire la forme qu'elle doit suivre dans l'instruction & le jugement des affaires qui sont de sa compétence; & c'est ainsi que s'en explique l'Ordonnance de 1667, *tit.* 1, *art.* 1.

Conséquences des regles qui viennent d'être établies.

On voit, par tout ce qui vient d'être dit, qu'il est également faux & injuste, de penser que les procédures qui se font en Justice, sont purement arbitraires,

(*a*) Voyez ce qui a été dit ci-dessus, pag. xiv.

si par ce mot on entend les actes mêmes qui se font dans l'ordre judiciaire; & qu'ainsi la maxime, qu'il ne faut point s'attacher aux formes, ne doit jamais s'entendre des actes, dont l'existence est toujours nécessaire, pour la validité de la procédure.

On ne peut entendre non plus cette maxime, des formalités requises pour la validité des actes en eux-mêmes; soit que ces formalités soient intrinseques, comme l'élection de domicile dans les décrets, soit qu'elles soient extrinseques, comme le sceau, *&c.* En effet, quoique ces formalités ayent été arbitraires dans leur origine, & qu'elles varient même, tantôt d'une maniere, & tantôt d'une autre, suivant les différentes Nations, & quelquefois même, suivant les différents temps, & les différentes circonstances chez les mêmes Peuples, on doit néanmoins s'y conformer exactement; parce qu'elles ont été établies par des raisons d'équité, soit pour empêcher les surprises qui ne sont que trop ordinaires, soit pour assurer l'authenticité des actes qui tendent à faire condamner un accusé, & à le priver de la vie, ou de la liberté; ou à l'affliger dans son honneur, ou dans ses biens; & c'est pour cela que ces formalités sont bien plus rigoureuses, & en plus grand nombre en matiere criminelle, qu'en matiere civile.

En matiere d'instruction, & de procédure judiciaire, tant civile que criminelle, il faut toujours suivre la loi du lieu où le procès s'instruit; ce qui même doit avoir lieu dans le cas de délégation; car il faut suivre alors la forme & le stile de la jurisdiction du Juge qui délegue, & non de celui qui est délégué. (*a*)

(*a*) Ainsi jugé par Arrêt du Parlement de Paris du mois de Mars 1536, rapporté par Carondas en ses Réponses, *liv.* 4, *chap.* 33.

Mais quant à la peine, il faut ſuivre la loi du lieu où le crime eſt commis; quand même le coupable seroit étranger, ſi le procès lui eſt fait par le Juge de ce lieu; & quand même l'action pour laquelle cet étranger eſt pourſuivi criminellement, ne ſeroit point un crime dans ſon pays. (a)

L'obſervation de toutes les différentes formalités dont on vient de parler, eſt tellement néceſſaire, que ſi on les omet dans l'inſtruction d'un procés criminel, la procédure doit être déclarée nulle, ainſi qu'on le peut voir dans les différentes diſpoſitions de l'Ordonnance de 1670.

Elles doivent même être obſervées dans les crimes manifeſtes, & prouvés par la confeſſion de l'accuſé; dumoins quant aux formalités eſſentielles, telles que ſont celles qui font la baſe de l'inſtruction.

Si l'on commence, diſoit Céſar, au rapport de Salluſte, à mettre la main au ſang, en négligeant les ſolemnités à l'égard des méchants, on ſe laiſſera après cela aller facilement à en faire de même à l'égard des gens de bien; parce qu'ordinairement tous les mauvais actes viennent de commencements qui étoient bons & louables. (b)

La juſtice qui s'exerce par la voie des armes, eſt la ſeule où l'on n'obſerve point de formalités; encore y en a-t-il même quelques-unes qui s'y obſervent, comme ſont les manifeſtes, les négociations

---

(a) Voyez ſur cette queſtion Alciat, en ſon Traité *De Præſumptionibus*, *reg.* 3, *præſumpt.* 33, *n.* 5; & Julius Clarus, *quæſt.* 85, *n.* 1-5.

(b) *Omnia mala exempla ex bonis initiis orta ſunt. . . . poſt ubi paulatim licentia crevit, juxta bonos & malos libidinoſe interficere, cæteros metu terrere*, &c. (Voyez Saluſte, *in bello Catilinario*, *in oratione Cæſaris ad Senatum.*)

précédentes, les déclarations de guerre, *&c.*

Il est vrai qu'il est arrivé quelquefois des inconvénients pour les avoir trop exactement observées; mais il s'agit ici de ce qui est ordinaire, & qui étant injuste en soi, ne peut produire que des effets très dangereux.

Il y a cependant des cas où l'on peut omettre les formalités, même les plus essentielles; mais cela ne doit avoir lieu qu'à l'extrémité, & quand il seroit dangereux de faire autrement; (*c*) il faut pour cela plusieurs conditions, suivant Airault en son Instruction Judiciaire, *liv.* 1, *part.* 4, *n.* 1.

Si l'on peut dans quelques cas omettre les formalités.

La premiere condition est, que ceux qui veulent user de cette puissance, soient Princes légitimes & naturels; car les Juges, & ceux qui exercent la Justice au nom du Souverain, ne peuvent user de ce droit.

La seconde, que ceux qu'on veut punir, soient sujets du Prince, & non étrangers, qui, n'étant point assujettis aux Loix du Royaume, ni liés au Prince par aucun serment de fidélité, doivent être traités & punis avec plus d'appareil.

La troisieme, qu'il s'agisse de quelque grand crime, comme de crime de Leze-Majesté au premier chef.

La quatrieme, que le criminel soit puissant & factieux, & si redoutable qu'il fût totalement impossible d'en avoir raison par la voie de la justice ordinaire.

(*c*) Voyez Airault en son Instruction Judiciaire, *liv.* 1, *part.* 3, *n.* 1-5, où il vérifie cela par plusieurs exemples tirés des Lacédémoniens, des Athéniens, & des Syracusains. Voyez aussi ce qui a été dit ci-dessus, *pag.* xxiv *aux notes*, où j'ai rapporté plusieurs exemples de particuliers condamnés sans aucune forme de procès.

La cinquieme est, de ne faire cette punition que par avis de conseil; car une chose déliberée, tient en quelque sorte lieu de Sentence, & de Jugement entre les parties.

La sixieme est, qu'il faut après l'exécution faire le procès à l'accusé, ou à son cadavre, ou sa mémoire; afin de faire connoître au peuple la justice de la conduite qui a été tenue à l'égard de cet accusé, en lui faisant son procès en regle, & en manifestant les pratiques, les conjurations, l'autorité & la puissance de celui qui a été ainsi exécuté, ou puni. Cette maniere d'agir, contente les esprits, & détourne les entreprises que le mécontentement pourroit occasionner, si l'on voyoit tenir une autre conduite à l'égard du condamné.

Les formalités arbitraires peuvent aussi être omises en certains cas; *v. g.* quand elles ont été établies uniquement pour l'intérêt des parties qui veulent bien y renoncer. Ainsi:

1°. Quoique les délais soient établis par des raisons de justice, néanmoins cette justice ne regarde ordinairement que l'accusé. Ainsi, quand il consent de subir interrogatoire avant l'échéance du délai, il le peut; & alors l'omission de ce délai, même dans le cas où il est établi par l'Ordonnance, n'est point une nullité.

Il n'en seroit pas de même si l'accusé consentoit à renoncer au récolement, & à la confrontation des témoins dans un crime qui mérite peine afflictive, ou infamante; parce qu'encore qu'il soit vrai de dire que ce récolement, & cette confrontation n'ont été établis qu'en faveur de l'accusé; cependant c'est une formalité tellement essentielle pour prouver que la condamnation a été légitimement prononcée, & qu'on a pris toutes les précautions possibles pour en établir la justice, que ce seroit une nullité fondamentale, que de ne le pas faire, si ce n'est dans le cas de l'article 5 du titre 25 de l'Ordonnance de 1670.

2°. De même, la saisie & annotation des biens d'un contumax, étant établie pour l'intérêt de la partie poursuivante, il est évident que cette formalité peut être omise, & que cette omission ne forme point une nullité dans l'instruction de la contumace.

Il n'y a donc, à proprement parler, que les formalités purement arbitraires, auxquelles on n'est pas obligé de s'attacher nécessairement, & dont l'omission peut s'excuser, quoiqu'il n'y en ait que très peu d'exemples en matiere de grand-criminel, si ce n'est peut être la formalité du papier timbré; toutes les autres formalités même arbitraires, qui s'y observent, ayant été établies par de bonnes raisons.

Mais si toutes ces formalités doivent être observées exactement, & de point en point quand il s'agit de condamner un accusé, il n'en est pas de même quand il s'agit de l'absoudre; car l'absolution peut être accordée à un accusé, même sur une procédure nulle, (pourvu cependant qu'on y ait observé les formalités essentielles & intrinseques;) & il n'est pas nécessaire alors de la recommencer, si ce n'est dans le cas où le Prince a établi des formalités pour éteindre le crime; *v. g.* dans le cas des lettres d'abolition, de rémission, & autres.

Il n'y a que le Prince, ou le Souverain, qui puisse absoudre par cette derniere voie; lui seul peut de sa grace & volonté, donner la vie & remettre ou commuer la peine, à qui & ainsi qu'il lui plaît.

Il faut même, au sujet de ces sortes d'absolutions, faire une distinction; c'est qu'on ne doit absoudre sans connoissance de cause, que ceux qui seroient dans le cas d'être punis, si l'on entroit dans l'examen de leur procès. En effet, s'ils étoient innocents, pourquoi ne les pas juger, puisqu'il ne peut résulter du jugement qu'une absolution, & une libération honorable à l'accusé. (*a*)

Il y a néanmoins quelques cas où l'on peut absoudre un accusé sans examen. (*b*)

Le premier est, lorsque celui dont il faudroit examiner le procès, est d'une probité & d'une vertu qui soit exempte de tout soupçon.

Le second est, lorsque la personne qui a commis un crime, est si puissante qu'il ne seroit pas possible de la punir en quelque maniere, & avec quelques formalités que ce soit; car alors il est plus prudent de prendre le parti d'absoudre, & de dissimuler en rejettant la faute d'un autre côté, que de vouloir tenter une condamnation qui seroit inutile. Nous avons plusieurs exemples de cette conduite chez les Grecs & les Romains. (*c*)

Le troisieme cas où l'on peut absoudre sans cause, est lorsqu'il s'agit de pacification, ou de traité de paix;

(a) *Satius est innocentem accusari quàm nocentem causam non dicere, quod innocens si accusatus sit, absolvi potest; nocens nisi accusetur, condemnari non potest.* (Saluste.)

(*b*) Voyez Airault en son Instruction Judiciaire, *liv.* 1, *part.* 6, *n.* 6 & *suivants.*

(*c*) Voyez Airault, *ibid.* n. 10, 11 & 12.

car alors l'uſage des Souverains eſt d'accorder des abſolutions générales, & des défenſes de faire aucunes recherches à l'égard des coupables pour tout ce qui s'eſt paſſé.

Il arrive auſſi quelquefois, lorſque le Souverain veut uſer de clémence à l'égard de quelques perſonnes recommandables, ſans néanmoins les abſoudre, qu'il laiſſe pourſuivre le procès, & agir les Juges juſqu'à la prononciation du jugement contre ces perſonnes, ou immédiatement après; & qu'enſuite il adoucit la peine, ou la leur remet. Nous avons un grand nombre d'exemples de cette conduite.

On a vu par ce qui a été dit ci-deſſus, qu'on ne pouvoit légitimement condamner un accuſé qu'en lui faiſant ſon procès dans toutes les regles, & en obſervant toutes les formalités preſcrites par les Loix, & qu'autrement ce ſeroit renverſer toute juſtice; mais il ne faut pas croire que cette voie ſoit toujours ſûre & infaillible; car il eſt arrivé quelquefois qu'en obſervant exactement toutes les formalités établies pour condamner un accuſé, des perſonnes ont été condamnées injuſtement; comme dans le cas où la preuve eſt établie ſur des dépoſitions de faux témoins, ou ſur des indices trompeurs. (*d*) Mais ſi d'un côté il eſt arrivé dans quelques occaſions, qu'on ait condamné quelqu'un injuſtement, il arrive auſſi très ſouvent que des perſonnes innocentes d'un crime dont elles ſont accuſées, ſont punies juſtement, & ſubiſſent légitimement la peine de mort qu'elles ont

(*d*) Voyez les procès de Langlade, de Lebrun, *&c.*; & ce qui eſt dit au titre *Des Lettres de révifion*, ci-après, *part.* 3, *liv.* 2, *tit.* 39, *n.* 35 *& ſuiv.*

méritée d'ailleurs, comme étant coupables d'autres crimes pour lesquels la Justice Divine les amene par un autre chemin à la peine qu'ils méritent. J'en ai vu plusieurs exemples par moi-même, & je pourrois en citer un grand nombre dans l'antiquité, & dans notre Histoire; (a) Dieu le permettant ainsi pour humilier les Juges, & les convaincre de la foiblesse de l'esprit humain, dans le temps même qu'il exerce par eux sa justice sur les méchants.

De la Procédure Criminelle qui s'observoit chez les Romains.

Je crois devoir observer ici que la procédure qui s'observe parmi nous dans la poursuite des crimes, est beaucoup plus rigoureuse que celle qui s'observoit chez les Romains. (b) Car,

1°. Pour les moindres délits qui méritent une simple punition exemplaire, la procédure est aussi secrete, que s'il s'agissoit d'un crime de Leze-Majesté; ce qui n'avoit pas lieu à Rome, où la procédure se faisoit en public, même pour les grands crimes, ainsi qu'il a été observé.

2°. On peut cumuler parmi nous plusieurs accusations ensemble; ce qui n'avoit pas lieu au Droit Romain.

3°. Les Romains permettoient à l'accusé d'avoir un conseil; ce qui n'a pas lieu en France, si ce n'est en certains cas marqués par l'article 8 du titre 14 de l'Ordonnance de 1670.

4°. On permet en France à l'accusateur, ou plaignant, de faire preuve de son accusation; & l'on ne

(a) Voyez l'Histoire Ecclésiastique de Nicéphore, *liv.* 1, *chap.* 34, où il cite là-dessus un exemple remarquable.

(b) Voyez Loiseau, Traité des Offices, *liv.* 1, *chap.* 14, *n.* 28.

permet

permet pas à l'accusé de prouver son innocence, si ce n'est après que l'instruction de son procès est entiérement achevée.

5°. L'Ordonnance de 1670 exige que l'accusé nomme sur le champ les témoins qu'il veut faire entendre pour ses faits justificatifs; ce qui est une rigueur pour cet accusé, qui peut quelquefois lui être préjudiciable.

6°. En Droit, un procès criminel ne pouvoit durer qu'un an, ou tout au plus deux; après lequel temps l'accusé étoit renvoyé absous sans autre connoissance de cause, & l'accusateur puni comme calomniateur: mais en France les procès criminels durent quelquefois plusieurs années.

7°. Chez les Romains, on prononçoit toujours l'absolution de l'accusé, lorsque l'accusation n'étoit point confirmée par des preuves suffisantes; au-lieu qu'en France on absout rarement, quand le Procureur du Roi est partie; mais on lui permet d'informer plus amplement *usquequò*, & on laisse pendant ce temps-là l'accusé *in reatu*.

8°. Enfin le calomniateur, suivant le Droit Romain, étoit toujours puni de la peine du talion; au-lieu que parmi nous, il en est quitte le plus souvent pour une peine pécuniaire.

De l'Ordonnance Criminelle de 1670.

L'Ordonnance criminelle du mois d'Août 1670, qui fixe la procédure qu'on doit observer dans la poursuite des crimes, mérite à juste titre le nom de Loi: elle en a toutes les vertus; le seul amour du bien public l'a dictée, l'équité y regne par-tout; toutes les dispositions en sont claires & faciles; elle est bien divisée; elle a été composée par six Avocats des plus habiles, qui n'avoient en vue que le bien public, & examinée par des Commissaires du Conseil, & du Parlement, choisis par le Roi entre les Magistrats les plus éclairés, & les plus integres, parmi lesquels M. Pussort, Conseiller d'Etat, & M. de Lamoignon, alors premier Président, tiennent le premier rang. Dans tous les cas où il y a eu quelques articles controversés, le Roi s'est donné la peine de les examiner, & de les régler lui-même. Quand on apporte toutes ces précautions à la composition des Loix, elles ne peuvent manquer d'être bonnes, & d'acquerir une gloire immortelle au Prince sous le regne duquel elles sont faites.

Auteurs qui ont écrit sur l'Ordonnance Criminelle.

Quelques Auteurs nous ont donné des Commentaires, ou des Notes sur cette Ordonnance.

Bornier, Lieutenant-particulier en la Sénéchaussée de Montpellier, est le premier qui a travaillé sur cette Loi. On ne peut douter que son Commentaire ne soit sçavant, & ne renferme de très bonnes choses; mais il faut convenir aussi qu'il ne remplit presque point son objet. Outre qu'il est long, diffus & sans ordre, il contient une grande quantité de Notes inutiles, & quelquefois peu exactes; en sorte qu'on n'en retire presque aucun avantage. Cet Ouvrage a paru pour la premiere fois en 1678, & a eu depuis plusieurs éditions à Paris en 1681, 1686, 1694, 1703, 1719, & enfin en 1755 en deux tomes *in-4°*.

Le second qui nous a donné des observations sur l'Ordonnance de 1670, est François de Boutaric, Professeur en Droit François en l'Université de Toulouse. Son Ouvrage est imprimé à Toulouse en 1743 *in-4°*. Ses Observations sont peu étendues, & souvent très sommaires; ce sont plutôt des Notes qu'un Commentaire.

Le troisieme est M. Sallé, Avocat au Parlement de Paris, dont nous avons un Commentaire intitulé, *Esprit de l'Ordonnance Criminelle de 1670*, imprimé à Paris en 1758 *in*-4°. Les Réglements que cet Auteur rapporte sous chacun des articles qui y ont donné lieu, sont ce qu'il y a de plus utile dans l'Ouvrage.

4°. On peut mettre au nombre de ces Commentaires, celui que nous avons donné au public pour la premiere fois en 1752, & qui depuis a été réimprimé en 1756 & 1763, avec des augmentations assez considérables.

5°. On doit joindre à ces Auteurs Me. Muyart-de-Vouglans, Avocat au Parlement de Paris, qui a fait paroître en 1762 un Ouvrage *in*-4°. imprimé à Paris, dont le titre est, *Instruction Criminelle suivant les Loix & Ordonnances du Royaume*, *pour servir de suite aux Institutes au Droit Criminel*, *& au Traité des Crimes*, du même Auteur, imprimé en 1757. Cette Instruction contient un exposé clair & méthodique des dispositions de l'Ordonnance, avec des Sommaires très utiles pour en faciliter l'intelligence.

6°. L'Ouvrage de M. Serpillon, Lieutenant-Criminel à Autun, qui a pour titre, *Code Criminel*, imprimé à Lyon en 1767, 4 vol. *in*-4°. qui peuvent se relier en deux, contient non-seulement un Commentaire sur l'Ordonnance de 1670; mais encore la résolution d'un grand nombre de questions & de recherches sur les matieres criminelles, qui sont le fruit d'un travail & d'une expérience de quarante années, où cet illustre Magistrat, également distingué par les qualités de l'esprit & du cœur, a rassemblé un grand nombre de connoissances qui sont très instructives pour tous ceux qui s'appliquent à cette partie de notre Jurisprudence françoise.

Mais le meilleur Commentaire sur l'Ordonnance Criminelle, est sans contredit le Procès-Verbal qui fut dressé lors de la rédaction de cette Ordonnance & de celle de 1767. On ne peut trop s'attacher à la lecture de cet excellent Ouvrage, qui peut mieux que tout autre nous faire connoître l'esprit & la disposition des Ordonnances de 1667 & 1670. La derniere édition qui a été faite de cet Ouvrage, est de l'année 1740 *in*-4°.

On ne peut douter que les matieres criminelles ne soient plus importantes que les matieres civiles, puisque dans celles-ci, le public & les particuliers n'y ont pas un intérêt aussi considérable, que dans les matieres criminelles. L'objet de la Jurisprudence civile est à la vérité de dispenser les biens, & de rendre à chacun ce qui lui est dû, suivant les loix d'une exacte équité; de maintenir les conventions des hommes, & de donner l'exécution à leurs dernieres volontés; mais la Justice criminelle est d'autant plus importante que, non-seulement elle conserve les particuliers dans la possession de leurs biens, ainsi que la civile; mais encore elle assure le repos public, & contient par la crainte des châtimens, ceux qui ne sont pas retenus par la considération de leur devoir. (*a*)

C'est sans doute en conséquence de cette distinction que chez les Romains les affaires civiles se terminoient par la voie des Arbitres; au-lieu que les

(*a*) Voyez le préambule de l'Ordonnance de 1670.

affaires criminelles ne se traitoient jamais qu'en présence des Magistrats qui y présidoient. (*b*)

Il est aisé de voir par tout ce qui vient d'être dit, qu'il n'est rien de plus important que d'avoir un Traité complet sur les matieres criminelles. C'est ce que j'ai tâché d'exécuter dans l'Ouvrage que je donne aujourd'hui au public ; & c'est sans doute une témérité de ma part de l'avoir entrepris, après tant d'excellents Traités que nous avons en ce genre ; mais la plus grande partie de ces Traités n'ont point été faits pour la France, quoiqu'ils nous soient d'ailleurs d'un grand secours pour notre Jurisprudence. Mon objet, en entreprenant ce travail, a été de donner sur les matieres criminelles, un Ouvrage qui pût renfermer un corps assez complet de tout ce qui regarde cette partie de notre Droit François. Je crains de n'y avoir pas réussi ; mais du moins je crois pouvoir assurer que le Traité que je donne aujourd'hui, est le plus complet qui ait paru dans ce Royaume sur cette matiere.

Avant d'exposer le plan de cet Ouvrage, j'ai cru qu'il ne seroit pas inutile de donner une notice des principaux Auteurs qui ont écrit jusqu'ici sur les matieres criminelles, tant en Italie qu'en France, Allemagne, Flandres, Espagne, *&c.* & de faire l'examen de ceux qui se sont le plus distingués dans ce genre de travail.

(b) *Omnia judicia*, (dit Ciceron, *in oratione pro A. Cæcina*, n. 2.) *aut distrahendarum controversiarum, aut puniendorum maleficiorum causâ, reperta sunt, quorum alterum levius est propterea quòd minùs lædit, & persæpe disceptatore domestico dijudicatur ; alterum est vehementissimum, quod ad graviores res pertinet & non honorariam operam amici, sed severitatem judicis & vim requirit.*

SECONDE PARTIE.

Examen des principaux Ouvrages qui ont paru sur les matieres criminelles.

I.

Auteurs Etrangers. (a)

Italiens.

1. ÆGIDIUS BOSSIUS.

Gilles Bossio, (*Ægidius Bossius*,) Jurisconsulte, & Sénateur à Milan, mort en 1546, âgé de 58 ans, est un des premiers qui nous ait donné un Traité suivi sur les matieres criminelles. Son Ouvrage a pour titre: *Tractatus varii ad criminales causas, fiscum & principis autoritatem pertinentes.* Lugduni 1562, *in-fol.* & Basileæ 1578, *in-fol.*

Farinacius, (*qu.* 10, *n.* 43,) dit de cet Auteur, qu'il est, *Eximiæ autoritatis in materia criminali.*

2. JODOCUS DAMHOUDERIUS.

Josse Damhouder, (*Jodocus Damhouderius*,) de Bruges, mort en 1581, âgé de 74 ans, Conseiller du Roi d'Espagne, a écrit sur les matieres criminelles, d'une maniere méthodique & assez étendue. Son Ouvrage a pour titre :

(*a*) Je commence par les Auteurs Etrangers; & sur-tout par les Italiens; parce que ce sont eux qui ont commencé à écrire sur cette matiere, & qui nous ont donné là-dessus les Traités les plus étendus, & les mieux suivis.

Praxis rerum criminalium, Antuerpiæ 1554, *cum figuris. Idem* 1570, *cum figuris in-4°.*

Il y a eu un grand nombre d'autres éditions de cet Ouvrage. Une des dernieres est de Bruxelles 1680, *in-fol.* aussi avec figures.

Nous en avons une traduction françoise, dont je connois trois éditions, l'une de 1573 à Lyon, *in-16.*; une autre de 1555 *in-8°.*; & une autre de 1572 à Anvers, *in-fol.*

3. TIBERIUS DECIANUS.

Tiberius Decianus, né à Udine, ville du Frioul, mort en 1581, âgé de 73 ans, Assesseur à Vicence, & depuis à Padoue.

Son Livre qui a pour titre *Tractatus criminalis utramque censuram continens*, est un des meilleurs, des plus méthodiques, & des plus étendus que nous ayons sur ces matieres. Il y en a plusieurs éditions, dont les principales sont de l'année 1579, à Venise *in-fol.*; de 1591 à Francfort, *cum notis* D. Cornelii Broderodii, en 2 vol. *in-fol.*; & de 1590, à Venise, aussi en 2 vol. *in-fol.*

4. JULIUS CLARUS.

Julius Clarus, né à Alexandrie en 1525, & mort en 1575, Conseiller à Milan, peut être regardé comme le meilleur de tous ceux qui ont écrit sur les matieres criminelles, par la clarté & la précision qui regnent dans son Ouvrage. Il a pour titre :

Practica Criminalis. Cet Ouvrage parut pour la premiere fois en 1559 : il y en a une édition à Lyon de l'année 1600 *in-fol.* avec des additions de Baiardus, & autres; une autre de l'année 1613; & un grand nombre d'autres éditions, dont la meilleure est celle de Lyon 1672 *in-fol. cum notis Baiardi, Giacharii, Manfredi, Goveani, Joannis Guioti*, &c.

Voyez l'Epitaphe de cet Auteur dans le *Theatrum Freheri*, tom. 2, pag. 870.

5. PROSPER FARINACIUS,

Jurisconsulte Romain, né le 30 Octobre 1544, & mort le même jour en 1618, âgé de 74 ans, très excellent Criminaliste, & celui qui a traité le plus amplement des matieres criminelles. Son Ouvrage renferme plutôt des questions détachées, qu'un Traité suivi & méthodique; mais les questions qu'il agite y sont traitées dans toute leur étendue, & d'une maniere à ne rien desirer. Il a pour titre :

Praxis & Theoria criminalis, & alia opera criminalia. Duaci 1618, 6 vol. *in-fol. Idem* Antuerpiæ 1620, 9 vol. *in-fol.*

Il y en a une autre édition à Nuremberg de l'année 1723 en 10 vol. *in-fol.*

Cet Auteur, qui étoit auparavant Conseiller dans la Sacrée-Consulte du Pape Clément VIII, fut nommé par Paul V, Procureur-Général-Fiscal de la Chambre Apostolique le 13 Février 1606, comme il le dit lui-même à la fin de son Traité *De Homicidio*, étant alors âgé de 62 ans.

Voici le jugement que porte de lui Nicius Erithæus *in Pinacotheca*, verbo *Prosper Farinacius.*

» *Scripsit de testibus, de falsitate*, &c. *ita doctè, ita* » *eruditè, ita feliciter, ut ex remotissimis orbis terræ* » *partibus, plures non tam urbis visendæ quam ejus*

» cognoscendi

» *cognoscendi gratiâ Romam venerint. Neque quisquam est rerum capitalium judex, neque eorum patronus, neque advocatus, quin libros ab eo editos habeat, quin legat, quin inde ad persequendos vel tuendos reos arma depromat. Mortuus est senex filio ex concubina relicto.* »

Ainsi, il est par lui-même un exemple de la fragilité humaine, comme il le dit au commencement de son Traité *De Delictis Carnis.* (a)

Auteurs Allemands.

6. BENEDICTUS CARPZOVIUS,

Conseiller du Duc de Savoie, né à Wittemberg en 1595, *& mort en* 1666.

Son Ouvrage, qui est d'un grand usage en Allemagne, a pour titre:

Practica nova Imperialis Saxonica rerum criminalium, in tres partes divisa, 1635, *in-fol.*

Il y en a plusieurs autres éditions à Leipsick, & à Wittemberg en 1651. La derniere qui soit à ma connoissance, est de Basle 1751, *in-fol.*

Godofredus Suevus a fait un Abrégé de cet Ouvrage, qui est imprimé à Leipsick en 1655 *in*-4°., & en 1669 *in*-8°.

7. *CONSTITUTIO CRIMINALIS CAROLI V, Imperatoris.*

Cette Constitution qui est de l'année 1531, est

(a) Voici comme il commence ce Traité: *Delicta carnis omnes tangunt, & etiam, crede mihi, Jurisconsultos, & quidem insignes*, &c.

d'une très grande utilité pour l'instruction, l'examen, & le jugement des affaires criminelles ; & les Juges ne peuvent trop la lire & l'étudier.

Elle contient 220 articles, & a été donnée en Allemand ; mais nous en avons des Traductions en latin, & en françois. C'est dommage que la Traduction latine soit en si mauvais latin. Voici les principales éditions latines & françoises de cette Constitution.

Georgii Remi Nemesis Carolina Caroli V, sacrique Imperii Romani ordinum leges capitales, scholiis auctæ. Herbonæ 1594 *in*-8°. & 1600, *ibid.*; & Coloniæ 1699 *in*-4°.

Bernardi Zieritzii Brandeburgensis ad Caroli V, Constitutionem Criminalem notæ & observationes. Francofurti 1625 *in*-4°.

Il y a encore plusieurs autres commentateurs de cette Ordonnance, dont les principaux sont Jean-Paul Kressius, *Hanovriæ* 1730 *in*-4°. en latin; Georges Beyer, *Lipsiæ* 1722 *in*-4°. aussi en latin, *&c.*

Voici les Traductions françoises dont j'ai connoissance.

Constitution Caroline, ou Ordonnance criminelle de l'Empereur Charles-Quint, traduite nouvellement d'allemand en françois. Montbelliard 1612, *in*-12.

Code Criminel de l'Empereur Charles V, vulgairement appellé la Caroline, *à l'usage des Conseils-de-Guerre des troupes Suisses, avec des notes.* La Neuville 1742 *in*-4°.

I.

Auteurs François.

1. JEAN MILLAU, (*Joannes Millæus*) *de Souvigny en Bourbonnois.*

Il fut d'abord Juge de Souvigny, & devint ensuite Lieutenant des Eaux & Forêts de la Table de Marbre à Paris.

C'est un des premiers Auteurs François qui ait écrit sur les matieres criminelles. Son Ouvrage contient des choses assez curieuses. Il a pour titre :

Joannis Millæi Sylvigniaci, magni aquarum sylvarumque omnium Francicarum Quæstoris in tribunali marmoreo palatii apud Parisios subpræfecti, Praxis criminis persequendi, cum figuris. Paris. Colinæus 1541, petit *in-fol.*

Il y en a eu plusieurs autres éditions à Paris en 1550; & depuis *in*-8°., *&c.*

2. PIERRE AYRAULT, *Lieutenant-Criminel à Angers.*

L'Ouvrage que nous avons de cet Auteur sur les matieres criminelles, est intitulé :

L'Ordre & la formalité qui doit être observée aux matieres criminelles. Paris 1598 *in*-4°. *Item* 1615, Paris *in*-4°.

L'Auteur avoit donné dès l'année 1591 un Traité intitulé : *L'Ordre & la formalité des procès faits aux cadavres, aux cendres, à la mémoire, aux bêtes brutes, aux choses inanimées, & aux contumaxs.*

Angers *in*-4°. ; mais ce Traité a depuis été compris dans celui qui précede.

Il y a dans cet Ouvrage, d'excellentes choses, mais qui se trouvent noyées dans une très grande & vaste érudition. L'Ouvrage en général est très utile pour les Juges, & sur-tout pour ceux qui sont chargés de faire l'instruction des procès criminels.

3. CLAUDE LE BRUN-DE-LA-ROCHETTE.

Il étoit Avocat à Villefranche en Beaujolois.

Nous avons de lui un Ouvrage intitulé :

Le Procès civil & criminel, imprimé à Lyon en 1609 *in*-4°., & dont il y a eu depuis plusieurs autres éditions à Lyon, & à Rouen *in*-4°. & *in*-8°.

4. FRANÇOIS LANGE, *de Reims*,

Avocat au Parlement de Paris, mort en 1684, âgé de 74 ans.

Cet Auteur a écrit depuis l'Ordonnance criminelle de 1670. Ce qu'il nous a donné sur les crimes, quoique très abrégé, est rédigé avec beaucoup de clarté & de précision ; à la différence des additions qui y ont été faites.

Son Ouvrage est intitulé : *Le Praticien François*, dont les quatre dernieres éditions sont avant l'année 1681, Paris *in*-4°. & qui ont été suivies d'un très grand nombre d'autres, puisqu'on en compte jusqu'à dix, au moins, faites à Paris ; & plusieurs autres à Lyon & ailleurs ; ce qui prouve combien le public a fait cas de cet Ouvrage.

5. ANTOINE BRUNEAU,

Avocat au Parlement de Paris, né à Chevreuse vers 1650.

Il nous a donné un Ouvrage intitulé :

Observations sur les Matieres criminelles. Paris, 1715 *in*-4°.

Cet Auteur est un de ceux qui a écrit en françois avec le plus d'étendue sur les matieres criminelles. Son Livre contient beaucoup de choses utiles ; mais il n'y a aucun ordre, si ce n'est dans la suite des Titres des deux Parties qui composent cet Ouvrage ; & dans chacune en particulier, il y a un grand nombre d'Observations le plus souvent singulieres, déplacées & étrangeres au sujet qu'il traite.

6. GUI DU ROUSSEAU DE LA COMBE,

Avocat au Parlement de Paris, mort vers 1745.

Est un de ceux qui a le mieux écrit sur les matieres criminelles. Quoique son Ouvrage puisse être très utile à ceux qui font une étude particuliere de cette partie de notre Jurisprudence françoise, on y trouve néanmoins plusieurs maximes, & décisions, & même en assez grand nombre, qui ne sont pas exactes. Son Ouvrage a pour titre :

Traité des Matieres Criminelles. Paris 1740 *in*-4°.

Mais il ne faut pas croire que ce soit la premiere édition de cet Ouvrage, qui est originairement de N. de Merville, ancien Avocat au Parlement de Paris, mort en 1740, qui la donna au public en 1732, d'après les Observations de Bruneau, sous ce titre :

» *Traité des Matieres Criminelles sur l'Ordonnance* » *du mois d'Août* 1670. Paris 1732 *in*-4°.

Cet Ouvrage, augmenté par Rousseau de la Combe, a été réimprimé plusieurs fois, & en dernier lieu en 1769 *in*-4°. qui est la sixieme édition.

7. PIERRE-FRANÇOIS MUYART DE VOUGLANS,

Avocat au Parlement de Paris.

Outre le Commentaire sur l'Ordonnance de 1670, dont il a été parlé ci-dessus, *pag.* xliij, cet Auteur a donné au public un Ouvrage sur les matieres criminelles, dans lequel il regne beaucoup d'ordre & de méthode. Il a pour titre :

» *Institutes au Droit Criminel, avec un Traité parti-* » *culier des Crimes ;* imprimé à Paris en 1757 *in*-4°.

Cet Ouvrage a précédé son Commentaire sur l'Ordonnance de 1670, & en fait le premier volume.

8. JEAN-ANTOINE SOULATGES,

Avocat au Parlement.

Traité des Crimes, divisé en deux Parties. *Toulouse* 1762, trois volumes *in*-12.

9. LES LOIX CRIMINELLES,

Paris 1739, deux volumes *in*-4°.

Cet Ouvrage, qui est estimé, n'est point un Traité suivi sur les matieres criminelles, comme le titre semble l'indiquer, mais seulement un commentaire sur les titres 1, 2 & 26 de l'Ordonnance de 1670. Il y est aussi dit quelque chose des conflits & réglements de Juges en matiere criminelle; & des autres especes d'appels, dont il n'eſt point parlé dans cette Ordonnance.

M. Claude-Joſeph Prévôt eſt Auteur de ce Livre qui a paru ſous le nom de M. Meſlé, ainſi qu'il eſt marqué par le Privilege. M. Prévôt, qui étoit également eſtimable par la ſageſſe & la ſimplicité de ſes mœurs, & par ſa vaſte érudition, ſur-tout dans les matieres criminelles, eſt mort en 1753, âgé de 61 ans, univerſellement regretté de tous les gens de bien.

10. François Serpillon,

Lieutenant-Général-Criminel à Autun.

Code Criminel. Lyon 1767, 2 vol. *in*-4°.

(Voyez ce que j'ai dit ci-deſſus, *pag.* xliij ſur cet Ouvrage.)

Praticiens.

Outre les Auteurs François dont je viens de parler, nous avons encore quelques Praticiens qui ont écrit ſur les matieres criminelles. Voici les principaux.

1. Antoine Mazuer,

Avocat à Moulins, & depuis Profeſſeur en Droit.

Practica Forenſis 1519 *in*-8°., réimprimée depuis à Paris en 1546 *in*-8°. avec des additions; & enſuite à Francfort en 1571 *in*-8°., & à Lyon en 1577 avec les Notes de Caſtritius. Il y en a encore d'autres éditions.

Cet Ouvrage à été traduit en françois par Antoine Fontanon, avec des Notes, & ſe trouve imprimé à Paris en 1586 *in*-4°., & à Lyon en 1594.

Plusieurs Sçavants, tels que Dumoulin, Tiraqueau, Chopin, Covarruvias, & Mornac, parlent avec éloge de cet Ouvrage de Mazuer.

2. JEAN IMBERT DE LA ROCHETTE,

Lieutenant particulier à Fontenai-le-Comte.

Institutiones Forenses. Parisiis 1535 *in*-4°.

Réimprimé depuis plusieurs fois à Utrecht, à Lyon, à Geneve, & à Francfort.

Les mêmes avec la Traduction Françoise, enrichie d'Observations, par Pierre Guenois. *Paris* 1604 *in*-4°.

Il y a aussi plusieurs éditions de cette Traduction Françoise, dont la meilleure est de Paris 1623 *in*-4°. à laquelle on a joint les Notes de Bernard Automne.

Dumoulin, & Mornac parlent d'Imbert comme d'un Auteur très sçavant, & d'une très grande expérience.

3. PIERRE LIZET,

Premier Président au Parlement de Paris, mort en 1554, âgé de 72 ans.

Pratique civile & criminelle. Paris 1584 *in*-8°.

La même, Paris 1609 avec les Notes de Carondas *in*-8°.

Il y a dans cet Ouvrage beaucoup de choses excellentes sur les matieres criminelles.

Autres Auteurs qui ont écrit sur les Matieres criminelles.

I.

Auteurs Etrangers.

1. ANTONIUS MATHÆUS, *Professeur à Utrecht.*

De Criminibus ad libros 47 & 48. Digestorum *Ultrajecti* 1644 *in*-4°.

Idem Amstelodami 1661 *in*-4°.

Idem. Vesaliæ 1672 *in*-4°.

C'est un excellent commentaire sur les livres 47 & 48 du Digeste.

2. PETRUS FOLLERIUS, *de San-Severino près de Salerne.*

Practica criminalis dialogicè contenta secundùm dispositionem capitulorum, constitutionum pragmaticarum, & rituum regni Neapolitani. Venetiis 1568 *in*-8°.

Idem. avec les Notes de Balthasar de Angelis 1644 *in-fol.*

Idem Venetiis *in-fol.*

3. HENRICUS BOCERUS, *Professeur à Tubinges, florissoit en* 1618.

Tractatus de quæstionibus & torturis reorum, de homicidio, furto, &c. Tubingæ 1607 *in*-8°.

Idem. 1612 *in*-8°.

Idem. Tubingæ 1630 *in*-8°.

Idem. Editio 3ª Francofurti 1631 *in*-12.

Autres Traités du même Auteur.

De Bello & Duello. Tubingæ 1607 *in*-8°.

De diffidationibus, latrociniis, & incendiariis. Tubingæ 1607 *in*-8°.

De crimine læsæ-majestatis. Tubingæ 1608 *in*-8°.

De Adulterio. Tubingæ 1625 *in*-8°.

De omnis generis homicidio. Tubingæ 1629 *in*-8°.

4. GODOFREDUS A BAVO, *Président au Sénat de Savoie.*

Theorica criminalis ad praxim forensem accomodata. Camberii 1607.

Idem. Francofurti 1610 *in*-8°.

Idem. Ultrajecti 1646 *in*-8°.

Idem. Coloniæ Allobrogum 1615 *in*-4°.

5. LAURENTIUS MATTHÆU ET SANZ, *Conseiller à Valence, & ensuite au Conseil Souverain d'Espagne; & enfin Chancelier du Royaume d'Arragon.*

Tractatus seu Controversiæ de re criminali. Lugduni 1686, deux tomes, en un *in-fol.*

Idem. Lugduni editio 4° 1738 *in-fol.*

6. JOANNES-BERNARDUS DIAZ, *Evêque de Calahorre en Espagne, mort en 1556.*

Practica criminalis canonica, in quâ omnia ferè flagitia quæ à Clericis committi possunt, cum eorum pœnis describuntur. Lugduni 1543 *in*-4°.

Idem. cum annotationibus Jo. Huetii. *Atuerpiæ* 1568 *in*-12°.

Idem. Venetiis 1593 *in*-4°.

7. CAROLUS ANTONIUS THESAURUS, *Jésuite, & Professeur de Droit Canon à Turin, & ensuite à Pise; & depuis Pénitencier Apostolique dans l'Eglise de S. Pierre de Rome.*

De pœnis Ecclesiasticis, seu canonicis. Romæ 1638 *in-4°.*

8. JOANNES ZANGERUS,

Professeur à Witemberg, & Conseiller de l'Electeur de Saxe, né en 1557, & mort en 1607.

Tractatus de quæstionibus seu torturis reorum. Francofurti 1598 *in-4°.*
Idem. Francofurti 1617 *in-4°.*
Idem. Witebergæ 1665 *in-4°.*
Idem. Francofurti 1665 *in-fol.*
Idem. Editio postrema recognita & aucta ex manuscriptis autoris. *Witebergæ* 1675 *in-4°.*
Ouvrage très utile & bien composé.

9. MARTINUS-ANTONIUS DELRIO,

Conseiller en la Cour de Brabant, & depuis Jésuite, né à Anvers en 1551, & mort à Louvain en 1608.

Disquisitionum magicarum libri sex. Lovanii 1599, trois volumes en un; & depuis à Mayenne.
Idem. Coloniæ 1657 *in-4°.*

10. PAULUS ZACCHIAS,

Médecin à Rome, mort en 1659, âgé de 75 ans.

Quæstiones medico-legales 1621, & seqq. Romæ, *in-4°.*

Idem. Amstelodami 1651 *in-fol.*

Idem. Lugduni 1661 & 1666, 2 vol. *in-fol.*

Idem. 1674 *in-fol. Lugduni*, trois volumes en un.

Idem. Francofurti 1688 *in-fol.*

Idem. Lugduni 1726 *in-fol.*

Cet Ouvrage est rempli d'érudition, de jugement, & de solidité, & peut être très utile aux Jurisconsultes.

II.

Auteurs François qui ont donné des Traités particuliers sur les matieres criminelles.

1. BENIGNE MILLETOT,

Conseiller au Parlement de Dijon, mort en 1622.

Traité du Délit commun, & du Cas privilégié, 1611 *in-8°.*

Le même considérablement augmenté. *Dijon* 1615, *in-8°.*

2. BOUVET,

Prévôt général des Armes du Roi de France en Italie.

Manieres admirables pour découvrir toutes sortes de crimes & de sortileges, avec l'Instruction solide pour bien juger un procès criminel. Paris 1659 *in-12.*

3. PIERRE BOUGLER DE BRETENCOUR,

Juge d'Aumale en Normandie.

Explication des articles & chefs du crime de Leze-Majesté, extraits des anciennes Ordonnances. Paris 1622 *in-12.*

4. AUGUSTIN NICOLAS,

Maître des Requêtes au Parlement de Franche-Comté.

Si la Torture est un moyen sûr pour vérifier les crimes; Dissertation morale & juridique. *Amsterdam* 1682 *in*-8°.

Le même, traduit en latin. *Strasbourg* 1697 *in*-12.

5. FRANÇOIS DESMARETS,

La Religion du Serment contre l'équivoque dans les dépositions des témoins, & interrogatoires des accusés. Paris 1682 *in*-12.

6. LOUIS NUBLÉ, *d'Amboise*,

Avocat au Parlement de Paris, mort Doyen des Avocats en 1686, âgé de 83 ans.

» *Dissertation pour prouver que le péculat ne doit pas être puni de mort.*

Autre pour prouver que les Juges ne peuvent pas prononcer la peine de mort dans le cas où elle n'est pas ordonnée par nos Rois.

7. LE P. N. S. I. *Théologien Romain.*

Avis aux Criminalistes sur les abus qui se glissent dans les procès de sorcellerie, traduit du latin en françois sur la seconde édition de Francfort de l'année 1637, par F. B. de Velledor M. A. D. *Lyon* 1660 *in*-12.

8. JACQUES RAVENEAU,

Maître Ecrivain à Paris.

Traité des inscriptions de faux & reconnoissances d'écritures. Paris 1666 *in*-12.

9. DE BLEGNY, *Maître Ecrivain à Paris.*

Traité contenant la maniere de procéder à toutes vérifications d'Ecritures. Paris 1698 *in-12.*

10. DESVAUX.

L'Art des Rapports, 1703 *in-12.*

11. CLAUDE-JOSEPH PRÉVÔT,

Avocat au Parlement.

Principes de Jurisprudence sur les visites & rapports judiciaires des Médecins & Chirurgiens, Apothicaires & Sages-Femmes. Paris 1753 *in-12.*

Voyez ce qui a été dit ci-dessus *pag.* lv, en parlant de cet Auteur.

12. ROUAULT.

Traité des Monitoires; où l'on traite de leur origine; de leurs effets; des formalités qui doivent y être observées; & des cas dans lesquels on est obligé, ou exempt de venir à révélation. Paris 1740 *in-12.*

13. *CODE PÉNAL,*

Ou Recueil des principales Ordonnances, Edits & Déclarations sur les crimes & délits. Paris 1752 *in-12.*

Le même, seconde édition. *Paris. in-12.*

14. TRAITÉ DES DÉLITS ET DES PEINES, *Lausanne*, 1766 *in*-12, sans approbation, ni nom d'Imprimeur ; & réimprimé depuis avec quelques changements. (*a*)

Je ne croirois pas devoir mettre ici cet Ouvrage au nombre de ceux qui ont été donnés sur les Matieres criminelles, s'il n'avoit trouvé un grand nombre d'approbateurs qui l'ont vanté, comme une production excellente, & qui étoit digne d'un applaudissement universel ; mais les personnes les plus sensées n'en ont pas jugé de même. Quoique ce Livre ne méritât presque pas la peine d'être critiqué, à cause des paradoxes, & des erreurs dont il est rempli ; néanmoins M. Muyart-de-Vouglans, célebre Jurisconsulte de nos jours, dont il a été parlé ci-dessus, animé d'un louable motif de bien public, a cru devoir prendre la peine de le réfuter, & il l'a fait d'une maniere également solide & judicieuse, (*b*) pour désabuser, s'il étoit possible,

(*a*) Cet Ouvrage est annoncé dans la Préface, comme traduit de l'Italien, sans faire mention ni du nom de l'Auteur, ni du lieu & année de l'impression, ni du nom de l'Imprimeur ; & pour prouver qu'il est traduit de l'Italien, on a fait imprimer dans la premiere édition de l'Ouvrage françois, la Table des Chapitres en Langue Italienne ; ce qui ne faisoit pas une preuve bien convaincante de l'existence de l'Ouvrage original, d'après laquelle on dit avoir fait cette traduction. Il est vrai que depuis ce temps-là, l'Ouvrage prétendu original, a paru entier en Italien, imprimé à Harlem en 1766, avec un jugement d'un célebre Professeur sur ce Livre, aussi écrit en Italien, ainsi que la réponse à ce jugement ; mais il semble qu'il ne seroit pas difficile de prouver, que le texte Italien de cet Ouvrage, par les Gallicismes sans nombre qui y regnent, est plutôt une traduction italienne faite sur le françois, qu'une traduction françoise faite d'après l'italien.

(*b*) Dans une Brochure de 118 pages imprimée à Paris en 1767 *in*-12, qui a pour titre : *Réfutation des principes hazardés dans le Traité des Délits & des Peines*, traduit de l'Italien.

ceux qui se seroient peut-être laissés trop prévenir en faveur de cette production. En effet, ce Traité des Délits & des Peines, au lieu de répandre quelque jour sur la matiere des crimes, & sur la maniere dont ils doivent être punis, tend au contraire à établir un systeme des plus dangereux, & des idées nouvelles, qui, si elles étoient adoptées, n'iroient à rien moins qu'à renverser les Loix reçues jusqu'ici par les Nations les plus policées, & donneroient atteinte à la Religion, aux mœurs, & aux maximes sacrées du Gouvernement.

TROISIEME PARTIE.

Plan de l'Ouvrage.

La Justice Criminelle renferme deux parties principales qu'il est important de distinguer.

La premiere comprend, 1°. tout ce qui regarde les différentes especes de crimes & délits, & leurs peines: 2°. les regles nécessaires pour proportionner les peines aux crimes, suivant leur nature, & suivant qu'ils sont plus ou moins graves: & aussi suivant la nécessité de l'exemple, & les autres considérations qui peuvent contribuer à augmenter ces peines, ou à les diminuer par des égards que méritent la foiblesse de l'âge, ou les autres circonstances prises du temps, du lieu, de la qualité, & de la disposition des accusés, & qui distinguent ceux qui ont commis le crime de propos délibéré, ou par promptitude, ou cas fortuit, *&c.*: 3°. les différentes manieres dont on peut participer aux

aux crimes, & les distinctions qu'on doit faire entre les principaux accusés & leurs complices : 4°. les différentes preuves qu'on peut mettre en usage, soit pour punir, soit pour tirer la vérité de la bouche de l'accusé, par la voie de la torture, *&c.* : 5°. enfin, quelles sont les différentes manieres dont les accusés peuvent se justifier, ou obtenir la rémission de leurs crimes ; soit par les lettres de grace du Souverain, ou par les autres moyens qui sont en usage pour cela ; & en général tout ce qui a rapport à cette matiere.

La seconde Partie qui regarde la Justice Criminelle, renferme l'instruction des procès criminels, & tout ce qui en dépend ; comme sont les plaintes & dénonciations ; les informations ; les décrets ; les interrogatoires des accusés ; les récolements & confrontations ; & en général, tout ce qui est nécessaire pour l'instruction & le jugement des procès criminels.

On peut considérer dans les procès criminels *les personnes*, & *la question à juger.*

Les *personnes* sont :

1°. Les parties ; sçavoir, les accusateurs, ou plaignants ; & les accusés.

2°. Les Juges.

3°. Les Ministres de la Justice ; *v. g.*, les Greffiers, les Commissaires, les Sergents, ou Archers, les Geoliers, les Exécuteurs des Sentences criminelles, *&c.*

4°. Les témoins & experts nécessaires pour constater les preuves.

5°. Les défenseurs des parties, qui sont les Avocats, les Procureurs, & les Curateurs nommés par Justice.

La question, qu'il s'agit de juger dans un procès criminel, consiste dans la punition du crime, lorsque ce crime est suffisamment constaté, & qu'il est prouvé que l'accusé en est coupable ; ou dans l'absolution de l'accusé, lorsqu'il n'y a point de preuve contre lui, ou qu'il oppose des moyens légitimes pour sa justification.

Il résulte de ces considérations, que tout ce qui a rapport à la Justice criminelle, peut se réduire aux trois objets suivants :

1°. A ce qui concerne les crimes & les peines ; les accusés, & leurs complices ; l'action criminelle en général ; les preuves, & la maniere dont les crimes peuvent être excusés.

2°. Aux personnes préposées pour la punition des crimes, ou pour l'instruction des procès criminels, les jugements, & leur exécution.

3°. A la maniere d'instruire & de juger les procès criminels.

Mais pour une plus grande commodité je partagerai cet Ouvrage en quatre Parties.

Division de l'Ouvrage.

DANS LA PREMIERE PARTIE, j'examine 1°. ce qui concerne les crimes & délits en général ; leur division, & les circonstances qui peuvent contribuer à les rendre plus ou moins graves.

2°. Les différentes manieres dont on peut être coupable d'un crime, & y participer ; & tout ce qui regarde les complices des crimes, leurs fauteurs & adhérents.

3°. Quelles sont les différentes especes de peines employées pour la punition des crimes & délits; les suites de ces peines; & tout ce qui concerne cette matiere.

DANS LA SECONDE PARTIE, je parle 1°. des différents Tribunaux, tant ordinaires qu'extraordinaires, qui sont établis pour le jugement des affaires criminelles, & de tout ce qui regarde la compétence de ces Tribunaux; j'examine ensuite quelles sont les différentes fonctions & devoirs des personnes préposées pour l'instruction, le jugement, & l'exécution des procès criminels, comme Juges, Procureurs du Roi, ou Fiscaux, Greffiers, Commissaires, Sergents, ou Archers, Geoliers, ou Concierges des prisons, Messagers & conducteurs de prisonniers, Exécuteurs des Jugements criminels; des témoins & experts, Avocats, Procureurs, & Curateurs établis par Justice pour la défense des accusés.

2°. Je traite de la compétence des Juges en général, & comment elle se regle; de la prévention; des déclinatoires, renvois & revendications; évocations, conflits & réglements de Juges; récusations & prises à partie.

LA TROISIEME PARTIE est divisée en trois Livres, dont le premier traite de l'ordre judiciaire qui s'observe dans les matieres criminelles: le second, de la procédure criminelle en général; & le troisieme, de la maniere d'exercer & d'instruire les actions criminelles.

Le premier Livre, est divisé en trois Titres.

Dans le premier, je traite de l'action criminelle considérée en général, & de tout ce qui y a rapport;

quelles personnes peuvent l'intenter ; contre qui, & comment s'éteint cette action.

Le second Titre traite des différentes exceptions, défenses & faits justificatifs qui peuvent être employés les accusés, ou en leur faveur.

Et dans le troisieme, je parle des différentes preuves qui sont en usage dans les matieres criminelles ; soit pour constater le crime ; soit pour établir que l'accusé en est coupable ; soit pour sa justification, ou défense. Ces preuves sont tirées, ou de la confession de l'accusé, ou de la déposition des témoins, (ce qu'on appelle preuve testimoniale,) ou des écrits, (ce qui forme la preuve littérale.) J'examine aussi la différence qu'il y a entre la preuve directe, & la preuve par argument, ou conjecturale ; & je traite à cette occasion de tout ce qui a rapport aux différents indices qui peuvent avoir lieu en matiere criminelle.

Le second Livre est divisé en six Chapitres.

Dans le premier, je traite des différents actes qui précedent le réglement à l'extraordinaire ; c'est-à-dire, des informations en général ; des informations d'office ; du corps de délit, & de la maniere de le constater ; des plaintes, accusations, & dénonciations ; des procès-verbaux de transport des Juges en la maison de l'accusé, & du scellé sur ses effets ; des perquisitions des accusés, ou des choses volées, en la maison d'autrui ; des effets trouvés en la possession de l'accusé, ou servant à conviction ; des informations de témoins ; des Monitoires ; des reconnoissances d'écritures ; des décrets ; des écroues & recommandations ; des prisons ; des interrogatoires ; des exoines ; de la compétence des accusés qui doivent être jugés en dernier refſort ; des Sentences de proviſion pour aliments, *&c.*

Le ſecond Chapitre traite de ce qui ſe fait depuis le réglement à l'extraordinaire, juſqu'au jugement diffinitif ; c'eſt-à-dire, du réglement à l'extraordinaire, & des cas où on peut juger les procès par la voie de grand-criminel ſans ce réglement ; des jugements qui admettent la partie publique à prendre droit par l'interrogatoire de l'accuſé, & l'accuſé par les charges ; des récolements & confrontations ; des reproches de témoins ; des lettres de grace, abolition, rappel de ban, ou de galeres, *&c.* ; des défauts & contumaces ; des jugements & procès-verbaux de torture ; de la conversion des procès-civils en criminel ; de la réception en procès ordinaire ; & des concluſions des Procureurs du Roi, ou Fiſcaux.

Dans le troiſieme Chapitre, je parle des différentes Sentences, Jugements & Arrêts ; & j'examine à ce ſujet quelles ſont les conſidérations néceſſaires aux Juges dans l'examen & le jugement des affaires criminelles.

Dans le quatrieme Chapitre, je traite de la procédure particuliere qu'on doit obſerver à l'égard de certains crimes, & de certaines perſonnes.

J'examine dans le cinquieme, quelles ſont les différentes manieres dont on peut ſe pourvoir contre les jugements ; comme ſont les oppoſitions, les défenſes, les appellations, les demandes en caſſation, les lettres de réviſion, les requêtes civiles, les faits juſtificatifs, & les procédures à l'effet de purger la mémoire d'un défunt.

Enfin, dans le ſixieme Chapitre, je parle de tout ce qui concerne les frais & dépens en matiere criminelle.

Le troisieme Livre traite de l'instruction criminelle; que je subdivise en trois Titres.

Dans le premier, je parle de la maniere d'exercer l'action criminelle en général; ou de la procédure sur les actions criminelles; & je traite à ce sujet :

1°. De la différence des causes civiles aux causes criminelles.

2°. De l'instruction & poursuite des procès criminels en général.

3°. De la maniere de poursuivre l'action criminelle considérée par rapport aux Juges, & par rapport aux crimes : je parle à cette occasion du concours & de la cumulation des actions; des cas où une accusation peut être réitérée; des plaintes réciproques, ou récriminations.

4°. De la maniere d'exercer l'action criminelle, considérée tant du côté de l'accusateur, ou plaignant, que du côté de l'accusé.

5°. De la maniere d'exercer cette action, considérée du côté de la forme, & de la procédure, soit par la partie civile, soit par la partie publique, où il est parlé des informations par addition; des jonctions de procédures; & des interventions & demandes incidentes.

6°. Des Audiences criminelles; des délais; présentations; cautions; défauts & congés; jugements; reprises d'instances; désaveux de Procureur; péremption; désertion d'appel, *&c.*

Dans le second Titre, je traite de l'instruction criminelle en particulier; des Officiers à qui appartient cette instruction; des qualités, fonctions & pouvoirs du Juge à qui cette instruction a été confiée; en quel lieu se doit faire l'instruction ; si l'on peut instruire les Dimanches & Fêtes ; du secret des procédures ; des cas où le Juge d'instruction peut commettre un Greffier ; des délégations ; des formalités des actes ; des devoirs du Juge d'instruction ; des minutes & grosses, *&c.*

Enfin, dans le troisieme Titre, je donne la maniere de bien faire l'extrait d'un procès criminel, & d'en faire le rapport.

LA QUATRIEME PARTIE de l'Ouvrage traite de tous les crimes & délits en particulier, tant ceux qui offensent la Majesté Divine, & la Majesté Royale, que ceux qui offensent les particuliers, soit dans leurs personnes, soit dans leur honneur, ou leurs biens ; & ceux qui troublent l'ordre public, & la société civile.

TRAITÉ
DE LA
JUSTICE CRIMINELLE.

PREMIERE PARTIE.
Des Crimes & des Peines.
TITRE PREMIER.
Des Crimes & Délits en général.

1. QUOIQUE dans l'usage ordinaire on confonde assez souvent le mot de *Crime* avec celui de *Délit*, néanmoins à parler exactement, ces deux mots ne sont point synonymes en notre Langue.

Délit est un terme générique qui renferme sous lui les *crimes* & les *maléfices*.

On entend par *crime*, toute action injuste & défendue par les Loix, qui tend à blesser la société & à troubler la tranquillité publique, & qui mérite une peine plus ou moins sévere suivant les circonstances.

Sous le mot de *maléfice*, on comprend toute injure ou dommage fait au prochain, soit de propos délibéré, soit par imprudence.

Dans l'usage du Barreau on se sert ordinairement du mot de *délit* pour exprimer les crimes légers & ceux qui n'exigent qu'une simple réparation civile ou une peine pécuniaire; mais on emploie le mot de *crime* pour exprimer les délits considérables & qui méritent une punition exemplaire, comme sont les vols, les homicides, *&c.*

Les crimes considérés par les différentes manieres de les commettre, sont de quatre sortes; car il y en a qui se commettent par *effet*, d'autres par *paroles* seulement, d'autres par *écrit*, & d'autres par le seul *consentement*, ce qu'on exprime ordinairement par ces mots *re*, *verbis*, *litteris* & *consensu*. Ceux qui se commettent par *effet* sont les homicides & assassinats, les empoisonnements, les adulteres, les vols, les sacrileges, les batteries, les excès & violences, & autres semblables. Les délits qui se commettent par *paroles*, sont les blasphêmes, les injures verbales, *&c.* Ceux qui se commettent par écrit, sont les libelles diffamatoires & les faussetés. Enfin on devient criminel par le seul *consentement*, quand on participe à l'entreprise de quelque crime, soit par quelque mauvais conseil, soit en la favorisant & donnant les moyens de l'exécuter. (Voyez la Loi 16. D. *De Pœnis.*)

Il y a aussi des délits qui se commettent par omission *in omittendo*; comme quand un Juge néglige ou refuse de rendre la justice; ou lorsqu'un mari voit sa femme injurier & maltraiter quelqu'un, sans se mettre en devoir de l'en empêcher, & ainsi des autres.

ARTICLE PREMIER.

De la division des crimes.

2. Les Romains distinguoient deux especes de *crimes* ou *délits*; qui les comprenoient tous en général: la premiere espece étoit de ceux qu'on appelloit *délits publics*; & la seconde de ceux qu'on appelloit *délits privés*.

Les *crimes* ou *délits publics* étoient ceux dont la poursuite étoit permise à toutes sortes de personnes, sans même qu'on y eût aucun intérêt; & les *délits privés* étoient ceux dont la poursuite n'étoit permise qu'aux personnes intéressées. (§. 1. instit. *de publicis judic.* L. 1. D. *eod. tit.* L. *ult.* D. *de privat. delict.* L. *ult.* D. *de furtis.*)

Parmi les crimes publics il y en avoit de *capitaux* & de *non capitaux*. Les crimes *capitaux* étoient ceux qui étoient punis du dernier supplice, ou de la condamnation aux mines, ou de la peine appellée en Droit *interdiction de l'eau & du feu*, à laquelle succéda depuis la peine de la *déportation*.

Les crimes *publics non capitaux* étoient ceux qui étoient seulement punis de quelque peine infamante, outre la pécuniaire. (§. 2. instit. *de publicis judic.* L. 2. D. *eod. tit.*)

Les crimes de lèze-majesté, de péculat, de faux, d'adultere & plusieurs autres, étoient des crimes publics (L. 1. D. *de public. judic.*) Au contraire, les injures, les libelles diffamatoires, le larcin, le stellionat, & quelques autres, étoient regardés comme délits privés (L. *fin.* D. *de privatis delictis.*)

3. Il faut observer qu'il n'y avoit de crimes publics chez les Romains que ceux qui étoient déclarés tels par quelque Loi. On les appelloit crimes publics, parce que la punition en étoit importante au public, & que par cette raison tous ceux qui vouloient se rendre accusateurs d'un crime de cette nature y étoient reçus, & pouvoient en poursuivre l'instruction & la preuve pour parvenir à la punition, quoique ceux qui y avoient intérêt ne s'en plaignissent point. Au contraire, dans les délits privés il n'y avoit que les parties intéressées qui pussent s'en plaindre & en poursuivre la punition; parce qu'on jugeoit que la punition de ces crimes n'étoit pas de la même importance pour le public.

Les crimes, soit publics, soit privés, se subdivisoient en crimes *ordinaires* & en crimes *extraordinaires*. Les crimes ou délits *ordinaires* étoient ceux qui avoient une peine certaine & fixée par les Loix; & les crimes ou délits *extraordinaires* étoient ceux qui n'avoient point de peines certaines, mais dont la punition étoit arbitraire. (Farin. *quæst.* 18, *n.* 21.)

Premiere maniere de considérer les crimes en France.

Cette différence des crimes publics & privés, & des crimes ordinaires & extraordinaires, n'est point en usage parmi nous, & nous n'avons conservé du Droit Romain à cet égard que la division des crimes en capitaux & non capitaux; parce qu'en France personne n'a droit de poursuivre l'instruction & l'accusation d'un crime, que la partie intéressée, ou bien l'Officier public chargé de ce soin; & que d'ailleurs presque toutes les peines sont arbitraires dans ce Royaume.

4. On peut cependant distinguer aussi parmi nous les crimes, en crimes *publics* & en crimes *privés*; mais en les considérant sous un autre rapport.

Ainsi les crimes *publics* sont ceux qui troublent l'ordre & la sureté publique, comme sont les crimes de lèze-majesté divine, ou humaine; l'héresie; la fausse-monnoie; le vol de grand-chemin, ou avec effraction; le port d'armes & les assemblées illicites; les meurtres & assassinats; les empoisonnements; les rébellions à justice; les blasphêmes; & autres de cette nature; les injures graves avec voies de fait & mauvais traitements commis dans un grand-chemin, sont aussi de ce nombre, ainsi qu'il a été jugé dans l'affaire de la Dame de Liancourt, rapportée aux Causes Célebres, *tom. 4, p. 348.* Mais quoique ces crimes ne puissent être poursuivis que par la partie publique, ils peuvent cependant être dénoncés par toutes sortes de personnes aux Procureurs du Roi ou Fiscaux, qui sont chargés d'en faire la poursuite à leur requête. Nous mettons aussi au rang des crimes publics, & dont les Procureurs du Roi ou Fiscaux peuvent & doivent poursuivre la punition, quelques crimes qui n'étoient pas publics dans le Droit Romain, comme le larcin, le crime de réceleur de larrons ou d'effets volés; de ceux qui coupent des arbres furtivement; des vagabonds; de ceux qui s'attroupent pour commettre quelque violence ou enlever quelque chose de force; l'enlevement de bétail; le bris de prison, *&c.*; car il n'y a aucun de ces crimes dont le Procureur du Roi ou autre Ministre public ne puisse poursuivre la punition, quand même la partie offensée ne s'en plaindroit point, ou se désisteroit de sa plainte, & s'accommoderoit avec le coupable. (Voyez ce qui est dit ci-après d'une maniere plus étendue, au titre de l'*action qui naît des crimes*, n. 11.)

5. A l'égard des crimes ou délits que nous regardons comme *privés*, ce sont ceux qui n'intéressent que les particuliers offensés, & non le repos & la sureté publique; comme sont les simples injures, les voies de fait légeres, & autres délits de cette espece, que la partie publique n'est pas obligée, ni même en droit de

poursuivre à sa requête, mais seulement les parties intéressées, pour la réparation civile à laquelle seule elles peuvent conclure.

Seconde maniere de considérer les crimes.

6. Outre cette premiere maniere de distinguer les crimes en France, on peut les considérer du côté de leurgravité; & selon cette maniere de considérer les crimes, on les divise en graves & légers.

Les délits ou crimes *graves*, sont ceux qui méritent une peine considérable, & parmi ceux-ci on en distingue de différents degrés; car les uns méritent une peine capitale, & sont appellés crimes *atroces*, comme les vols de grand-chemin, les assassinats prémédités, *&c.*; d'autres méritent une peine *grave*, mais plus ou moins grande, suivant les circonstances, & sont appellés simplement crimes *qualifiés*, & ainsi des autres.

Les délits ou crimes *légers* sont *v. g.* les injures verbales, & en général tous ceux qui ne méritent qu'une peine légere.

La légéreté ou gravité des crimes dépend beaucoup des circonstances & de l'arbitrage des Juges. (Voyez Menoch. *de arbitr. jud. casu* 266, Farin, *quæst.* 18, *n.* 62.) Or, pour sçavoir la maniere dont ils doivent se conduire en cette matiere, il faut observer les regles qui seront établies ci-après, *n.* 12 *& suiv.*

Troisieme maniere de considérer les crimes.

On peut aussi considérer les crimes du côté de l'intérêt public, qui est beaucoup plus blessé par de certains crimes que par d'autres. Ainsi les rébellions à justice troublent plus le repos public que les larcins; & la fausse-monnoie plus qu'un simple crime de faux.

Quatrieme maniere de considérer les crimes.

7. Les crimes peuvent encore être considérés du côté du préjudice qu'ils causent. Ainsi un incendie qui fait périr un grand nombre de personnes, est plus grave que celui qui ne feroit que consumer une maison.

Cinquieme maniere de considérer les crimes.

Une autre maniere de considérer les crimes, est par la différence de leur objet, selon qu'ils attaquent, ou la Majesté Divine, ou le Souverain, ou les particuliers. Ainsi les blasphêmes, les impiétés, l'athéisme, & les autres crimes de Lèze-Majesté Divine attaquent Dieu même. Ainsi les attentats contre le Prince & contre l'Etat, qu'on appelle crime de Lèze-Majesté, attaquent le Souverain & l'ordre du Gouvernement. Ainsi les vols, les meurtres, l'adultere, les libelles diffamatoires & autres offensent les particuliers, soit dans leur personne, soit dans leur honneur ou dans leurs biens.

Dans les crimes qui offensent les particuliers, on peut encore considérer différents degrés pris de la qualité des personnes offensées. Ainsi l'offense commise à l'égard d'une personne élevée en dignité, est plus grave que celle commise envers un simple particulier ; & il en est de même de celle commise à l'égard d'un Evêque, d'un Prêtre, d'un Religieux, *&c.* (L. 6, §. 3, D. *de pœnis.*)

L'offense commise envers un Magistrat, & sur-tout dans ses fonctions, est aussi plus considérable que celle commise envers un autre particulier, (suivant la L. *prætor.* §. *ult.* D. *de injuriis.*) De même celui qui tue ou maltraite grièvement un enfant, est plus criminel que celui qui commettroit cette action à l'égard d'une personne âgée & en état de se défendre. Un ami qui tueroit son ami, est aussi plus coupable que celui qui tueroit une personne étrangere, & ainsi des autres.

Sixieme maniere de considérer les crimes.

8. On peut aussi considérer les crimes par la différence des peines qu'ils méritent ; car il y en a qui, quoiqu'ils offensent la Majesté Divine, sont cependant punis moins sévérement que d'autres crimes qui offensent simplement les particuliers. Ainsi les blasphêmes ne sont pas punis de mort comme le sont les homicides. Sous cette maniere d'envisager les crimes, on les distingue en crimes *capitaux* & *non capitaux*. Les crimes *capitaux* sont ceux qui méritent une peine capitale, telle que la mort naturelle ou civile : les crimes *non capitaux* sont ceux qui méritent toute autre peine que la capitale ; c'est-à-dire, qui ne sont point punis par une condamnation au dernier supplice, ni de la peine des galeres à perpétuité, ou du bannissement perpétuel hors du Royaume ; mais seulement de la peine des galeres à temps, du bannissement à

temps, du fouet, de l'amende-honorable, du pilori ou carcan, du blâme, de l'admonition & autres peines moindres, comme sont les pécuniaires.

Septieme maniere de considérer les crimes.

9. Les crimes peuvent encore être considérés relativement aux différents Juges qui en peuvent connoître. Ainsi il y a des crimes dont la connoissance est attribuée aux Juges d'Eglise; d'autres dont les Baillis & Sénéchaux Royaux connoissent à l'exclusion de tous autres Juges; d'autres dont la connoissance est attribuée aux Présidiaux & aux Prévôts des Maréchaux; d'autres dont les Officiers des Seigneurs peuvent connoître concurremment avec les autres Juges, & ainsi des autres. Voyez ce qui est dit à ce sujet, ci-après au titre *de la compétence des Juges en matiere criminelle.*

Sous cette manière de considérer les crimes, on les divise :

1°. En crimes ou délits *purement ecclésiastiques*, & en crimes *séculiers.*

Les délits *purement ecclésiastiques*, sont ceux qui contreviennent à l'ordre ou discipline ecclésiastique, & qui peuvent être suffisamment punis de peines canoniques. La connoissance de ces crimes ou délits appartient aux Juges d'Eglise.

Les crimes ou délits *séculiers*, sont ceux dont la connoissance appartient aux Juges laïques.

2°. En délits *communs* & délits *privilégiés.* Les *délits communs*, qu'on appelle aussi *délits mixtes*, sont ceux dont la connoissance appartient également aux Juges d'Eglise & aux Juges séculiers, c'est-à-dire, aux Juges d'Eglise, quand ils sont commis par des Ecclésiastiques, & aux Juges séculiers quand ils sont commis par des laïques. Ces délits méritent des peines plus considérables que les peines canoniques : mais ils ne sont pas cependant de nature à mériter des peines afflictives ou infamantes; autrement ils formeroient des délits privilégiés.

10. Les délits ou cas *privilégiés*, sont ceux qui méritent une peine afflictive ou infamante, & dont les Canonistes conviennent que les seuls Juges séculiers peuvent connoître; mais dont l'instruction doit être faite conjointement par le Juge d'Eglise & par le Juge laïque, lorsque le renvoi en est demandé par les Ecclésiastiques, quoique ceux qui en sont coupables ne puissent être punis de

peines civiles que par le Juge laïque. Voyez plusieurs exemples de cas privilégiés ci-après, au titre *de la compétence des Juges criminels*. (n. 387 & suiv.)

3°. En crimes ou *cas royaux*, & en crimes ou *cas prévotaux* : les *cas royaux* sont les crimes dont la connoissance est attribuée aux Baillis & Sénéchaux à l'exclusion de tout autre Juge ; & les crimes ou *cas Prévotaux*, sont ceux dont la connoissance appartient aux Juges Présidiaux & aux Prévôts des Maréchaux par concurrence. Voyez ce qui est dit touchant cette maniere de considérer les crimes, ci-après au titre *de la compétence des Juges criminels*. (n. 88 & 181.)

4°. En *délits Militaires ; délits de Marine ; délits commis au fait des Bois, de la Chasse & de la Pêche ; délits commis au fait des Finances & droits du Roi*. Voyez tout ce qui est dit sur cette maniére de considérer les crimes, au titre *des délits en général*. (n. 1, 7, 32, 58, 79 & suiv.)

Huitieme maniere de considérer les crimes.

11. Enfin on peut considérer les crimes par rapport aux différentes manieres dont ils peuvent être prouvés contre l'accusé ; & sous ce rapport on les divise,

1°. En délits ou crimes *permanents*, & en crimes *passagers*. Les délits *permanents* sont ceux dont il reste des vestiges, comme l'homicide, l'effraction, l'incendie, *&c*. Les crimes *passagers* sont ceux dont il ne reste aucune trace, comme les injures verbales, le vol sans effraction, *&c*. Voyez ce qui est dit à ce sujet ci-après, au titre *du corps de délit & de la maniere de le constater*. (n. 1 & 5.)

2°. En crimes *manifestes* ou *notoires*, comme sont ceux qui sont commis en public & devant un grand nombre de personnes, & en crimes *cachés*, dont la preuve ne se fait que très difficilement, comme sont les crimes d'adultere, de faux, de vol, de simonie, de poison, d'incendie, & la plûpart des crimes en général. (Voyez touchant les crimes notoires, ce qui est dit au titre *des informations d'office*. n. 6.)

Les délits peuvent encore être distingués en *personnels* & *réels*. Les délits *personnels*, sont l'homicide, le rapt, le viol & tous les excès qui se commettent sur les personnes. Les délits *réels* sont ceux qui se commettent sur les choses ou possessions, tels que l'incendie, le vol, *&c*.

ART.

ARTICLE II.

De ce qui contribue à rendre les crimes, même ceux d'une même espece, plus ou moins graves.

12\. On peut considérer deux causes principales qui contribuent à rendre les crimes d'une même espece plus ou moins graves, & par conséquent plus ou moins punissables.

Premiere Cause. 1°. Le mouvement ou principe qui engage à le commettre. 2°. Les circonstances qui l'accompagnent.

Il y a trois manieres dont on peut se porter ou s'engager dans quelque crime ou délit; le dessein prémédité, la colere, & l'imprudence. (L. 11, §. 2, D. *de pœnis.*); & c'est cette différence des mouvements ou motifs, qui rend le crime ou délit plus ou moins grave. De ces trois motifs, il est aisé de reconnoître que la colere rend plus criminel que l'imprudence; & que le dessein prémédité est un motif beaucoup plus punissable que la colere ou le premier mouvement. (L. 5, §. 2, D. *de officio Proconsulis.*)

Les crimes qui se commettent de dessein prémédité, sont ceux où il intervient du dol ou de la fraude de la part de celui qui les commet; & c'est ce dol ou cette fraude qui rend criminel l'auteur du délit. Voyez, touchant le dol & la fraude, ce qui est dit ci-après au titre des *Sentences & Jugements* (n. 196 & suiv.)

13\. Il y a des crimes qu'on ne peut commettre que par un dessein prémédité, comme l'assassinat, le duel, l'empoisonnement, le rapt, le vol, & plusieurs autres. D'autres crimes peuvent se commettre, ou par dessein prémédité, ou par emportement, ou par imprudence sans dessein prémédité; comme l'homicide, les blessures, *&c.* Tel est aussi le crime de celui qui tueroit un homme croyant tirer sur une bête,

Dans les crimes commis de dessein prémédité, il y en a qui sont plus criminels les uns que les autres, quoique de même espece. Ainsi l'avortement qu'une fille se procure pour sauver son honneur, est moins grave que celui qu'une femme se procureroit pour de l'argent qu'elle auroit reçu des héritiers de son mari, afin de l'empêcher d'avoir un fils qui fût son héritier (L. 39, D. *de pœnis*).

De même, celui qui commet un homicide pour de l'argent

qu'on lui donne à cet effet, est plus punissable que celui qui commettroit ce même crime par un motif de colere, ou de vengeance, ou autre semblable.

14. C'est une regle générale qu'il n'y a point de crime, sans une volonté de le commettre; ainsi les délits commis par des insensés, ou par accident, ne sont point des crimes, quelque préjudice qu'ils causent d'ailleurs.

De même, les délits commis par témérité, sans aucune malice ni mauvaise volonté, sont du nombre des délits qu'on appelle *légers*, tels que sont la désobéissance à la Loi; le port d'armes; le jeu; & autres semblables (Farinacius, *quæst.* 18, *n.* 93.)

Une seconde regle générale, est que les crimes commis par la crainte de la mort, ou de la prison, ou de quelque grande douleur, ou dans la circonstance d'une extrême disette, sont plus excusables que ceux qui sont commis sans ces motifs. Ainsi celui qui vole par nécessité, est moins criminel que celui qui dérobe pour avoir de quoi satisfaire son avarice; de même celui qui se parjure pour éviter la mort, commet un moindre crime que s'il nioit un dépôt pour s'enrichir en le retenant; & ainsi des autres.

Au contraire, les délits commis par une mauvaise volonté, sont regardés comme graves, lorsqu'ils causent un préjudice considérable au prochain ou à l'État; mais si ce préjudice est léger, le crime cesse d'être regardé comme grave. (Farin. *quæst.* 18, *n.* 94, 95.)

Une autre regle générale en matiere de crimes, est que ceux qui se commettent par action, sont plus graves que ceux qui se commettent par négligence, ou omission. (Jul. Clarus. *quæst.* 1, *n.* 10; Farin. *quæst.* 18, *n.* 22, 24.)

15. Tous les crimes ont leur source dans la concupiscence ou dans la colere. C'est de la colere que naissent les injures, les voies de fait, les homicides, les trahisons, les empoisonnements, les calomnies, les conspirations, les subornations, & les autres crimes par lesquels on nuit au prochain; & c'est la concupiscence qui donne lieu à l'ivresse, à l'adultere, au viol, à la séduction, au vol, à la simonie, & à tous les autres crimes qui flattent les sens, ou l'avarice, ou l'ambition; & quoique quelques-uns des différents crimes dont on vient de parler, puissent avoir ensemble pour cause les deux motifs de concupiscence & de colere; néanmoins

il est vrai de dire que tous les crimes en général se rapportent à l'un de ces deux principes.

Seconde cause. Les circonstances qui accompagnent le crime, sont la seconde cause, qui, par leur différence, rend le crime plus ou moins grave, & par conséquent plus ou moins punissable. Ces circonstances se tirent,

1°. De la qualité de la personne offensée. Ainsi les délits qui se commettent envers un pere, un mari, une femme, & autres proches parents, sont punis plus sévérement que ceux qui se commettent envers des étrangers. (L. 28, §. 8, D. *de pœnis.* Farin. *quæst.* 18, *n.* 81.)

De même, l'offense ou injure faite à un Magistrat, ou autre personne élevée en dignité, sur-tout si ce Magistrat étoit dans ses fonctions, est plus punissable que si elle avoit été faite à un simple particulier.

Une injure qui donneroit atteinte à la réputation d'un Officier public, devient aussi très considérable; *v. g.* si l'on appelloit faussaire un Notaire, *&c.*; si l'on traitoit de prostituée une femme d'un rang distingué & d'une probité reconnue.

16. 2°. Le crime devient plus grand par la qualité du coupable. Ainsi les Ecclésiastiques, les Magistrats & les autres personnes élevées en dignité, qui commettent quelque crime, même hors leurs fonctions, doivent être punis plus sévérement que les autres; parce qu'ils doivent un plus grand exemple à cause de leur dignité, dont le violement les rend par là plus criminels. (Farin. *quæst.* 18, *n.* 82.); & cette punition doit être encore plus sévere s'ils abusent de leurs fonctions pour commettre le crime; *v. g.* si un Confesseur vouloit séduire sa pénitente en employant pour cela son ministere; ou si un Magistrat abusoit de ses fonctions pour commettre quelque crime. Il en est de même du Médecin qui empoisonneroit son malade; du tuteur qui abuseroit de sa pupille; du valet qui commettroit un adultere avec sa maîtresse, ou qui débaucheroit la fille de son maître; du Geolier qui séduiroit sa prisonniere; du Juge qui exigeroit de l'argent d'une de ses parties; du Notaire qui feroit un faux acte; de l'Orfévre qui fabriqueroit de la fausse-monnoie; du vassal qui trahiroit son Seigneur; du citoyen qui livreroit sa patrie aux ennemis; du sujet qui oseroit attaquer son Prince, *&c.*; & il faut dire la même chose en général de tous

ceux qui manquent à leur devoir ou à leur foi, & qui par là sont plus punissables que d'autres.

17. C'est en conséquence de ce même principe, que les injures ou voies de fait commises par des enfants envers leurs peres & meres, ou par des serviteurs envers leurs maîtres, sont plus graves que celles commises par d'autres personnes; & qu'elles sont punies de peines plus séveres.

3°. La récidive, rend aussi plus coupable celui qui a déja commis le même crime, suivant la Loi 28, §. 33, D. *de pœnis*. Voyez ce qui est dit à ce sujet au titre *des Sentences, Jugements & Arrêts*, (n. 187 & suiv.).

4°. La circonstance du lieu, contribue aussi à augmenter le crime. Ainsi un vol commis dans une Eglise, ou dans une maison royale, ou sur un grand-chemin, est plus grave que s'il étoit commis dans une maison particuliere. De même une injure est plus criminelle lorsqu'elle est faite à quelqu'un à l'Audience, ou en jugement, que si elle lui étoit faite en particulier (L. 16, §. 4. D. *de pœnis*.)

Un crime commis dans un lieu public, & à la vue d'un plus grand nombre de personnes, est aussi plus grand que si on le commettoit en secret; non-seulement parce que les crimes secrets sont moins nuisibles à la société, en ce qu'ils ne donnent pas un exemple contagieux; mais encore parce qu'il faut un plus grand fond de malice pour commettre une mauvaise action en public, comme si l'on en faisoit gloire, que pour la commettre en particulier.

18. Au reste, cette regle que les crimes commis en secret & en particulier, sont moins punissables que s'ils étoient commis en public, n'est pas générale, & souffre quelques exceptions. Pour sçavoir ce qu'on doit observer à cet égard, il faut distinguer entre la cause du crime; c'est-à-dire, la volonté de celui qui le commet, & l'événement ou l'effet de ce même crime.

Premiere distinction. Si l'on considere la volonté de celui qui a commis le crime, il faut encore distinguer, ou s'il s'agit des crimes défendus en général; comme sont les vols, les homicides, & autres semblables; ou bien s'il s'agit des choses, qui, étant permises en général, sont néanmoins défendues en certains cas; comme le mariage, qui étant permis réguliérement & en général, est néanmoins défendu entre proches parents. Dans le premier de ces deux cas, celui qui commet le crime en public ou en particulier, est également punissable; parce que dans les choses qui sont défendues en général, on suppose toujours également une mauvaise volonté dans le délinquant; & quoiqu'on dise communément que c'est un plus grand crime de tuer par le poison que par le fer, suivant la Loi 1, cod. *de malef. & mathem.* néanmoins cette distinction ne vient pas de ce que c'est un plus grand crime de faire une mauvaise action en secret qu'en public; mais parce que le crime de poison renferme en soi une trahison qui le rend plus criminel. De même si l'on punit le vol plus sévérement que le larcin, ce n'est pas parce que le premier se fait en public; mais parce qu'il est accompagné de violence, suivant la Loi 1, D. *vi bonor. rap.* Quant au second cas; c'est-à-dire, dans l'espece des choses, qui, étant permises en général, sont néanmoins défendues en certains cas, c'est un plus grand crime de commettre l'action en secret qu'en public; parce qu'alors on suppose une plus grande malice ou mauvaise volonté dans le premier que dans le second. (L. *non existimo*, 54, D. *de administrat. tutor.* & L. *finali.* D. *de ritu nuptiarum.*)

19. *Seconde distinction.* Mais si l'on considere le crime du côté de l'événement, ou de l'effet, c'est au contraire un plus grand crime de le commettre en public qu'en particulier, à cause du mauvais exemple. D'où il suit que dans le premier de ces cas, ceux qui commettent l'action en public, sont plus punissables que s'ils la commettoient en particulier; parce qu'alors ils offensent davantage le public, & causent un plus grand scandale, & qu'ils respectent moins l'autorité des Loix & donnent un plus mauvais exemple aux autres, que s'ils avoient commis cette action en particulier. (Farin. *qu.* 18, *n.* 71.)

5°. La circonstance du temps, contribue aussi à changer la nature du crime. Ainsi celui qui commet un vol pendant la nuit, commet un plus grand crime que celui qui le commet de jour. De même, celui qui s'enivre, ou qui commet un viol un jour de Fête ou de Dimanche, est plus coupable que celui qui commettroit ces mêmes crimes un jour ordinaire.

6°. La qualité du crime, c'est-à-dire, la maniere dont il a été commis, marque aussi une malice plus ou moins grande, & par conséquent sert à augmenter ou diminuer ce crime. Ainsi un vol est plus grave lorsque le voleur a enfoncé les portes, ou percé une muraille, ou qu'il s'est servi de fausses clefs, que s'il étoit entré par une porte ouverte.

De même, un vol, quoique simple, devient plus considérable lorsqu'il est fait à l'occasion d'un incendie ou d'une inondation.

Pareillement, un homicide commis avec attroupement & violence publique, est plus grave que s'il étoit commis par une seule personne, & sans violence ni attroupement.

Par la même raison, le vol fait, ou par escalade dans une maison, ou avec port d'armes & violence publique, est un plus grand crime qu'un vol simple & ordinaire fait sans armes.

Il en est de même, à plus forte raison, de celui qui frappe ou qui tue un homme par trahison & de guet-à-pens; car il devient plus punissable que s'il l'avoit tué dans la chaleur d'un premier mouvement, ou même de propos délibéré. En effet, c'est un plus grand crime de tuer quelqu'un par trahison, que de propos délibéré, parce qu'on peut prendre des précautions pour se garantir d'un ennemi; au-lieu qu'il est presque impossible de se garantir d'une trahison. D'ailleurs la trahison renferme, & le propos délibéré, & le caractere de la trahison; au-lieu que le propos délibéré peut être sans trahison. (Farin. *quæst.* 18, *n.* 73, *& seq.*).

20. C'est en conséquence du même principe que les crimes commis par hypocrisie ou sous un faux prétexte de religion ou de piété, sont beaucoup plus graves que les autres. (*C. certe & ibi glossa in verbo* malum. 12, *quæst.* 1. Farinacius, *quæst.* 18, *n.* 72 (a).

Celui qui non-seulement tue un homme, mais qui le frappe à coups redoublés, devient plus criminel; & ce crime devient encore plus considérable si l'homicide, après avoir tué son ennemi, venoit à le couper en morceaux, comme il y en a des exemples.

Le genre d'armes ou d'instruments avec lesquels on frappe ou

(a) Cette maxime a fait dire à Cicéron (*Liv.* 1, *des Offices*, *chap.* 43, *sur la fin*,) qu'il n'y avoit point d'injustice plus grave que celle des personnes, qui, en faisant le mal, veulent passer pour gens de bien.

tue son ennemi, augmente aussi le crime. Ainsi celui qui frappe avec une pierre, ou un bâton, commet un moindre crime que celui qui frappe avec une épée.

De même, l'endroit où l'on blesse quelqu'un, contribue à rendre le crime plus ou moins grand. Ainsi celui qui blesse au visage, (sur-tout si c'est une femme) ou qui frappe sur la tête, est plus criminel que s'il la blessoit au bras, ou dans quelqu'autre endroit du corps.

Par la même raison, celui qui donne un soufflet, commet une injure plus grave que s'il frappoit d'un coup de poing.

Enfin celui qui se masque ou se déguise pour commettre un crime, devient plus punissable que s'il commettoit ce crime à visage découvert.

21. Les crimes à l'égard *des choses*, sont aussi de différents degrés; ainsi le vol ou la profanation d'une chose sacrée, est plus grave que si c'étoit d'une chose profane; une effraction faite à une Eglise, ou à une Maison Royale, est aussi un plus grand crime que si cette effraction étoit faite à un lieu profane, ou à une maison particuliere. Les vols de charrues, ou de chevaux mis aux champs & des autres choses abandonnées à la foi publique, sont aussi plus graves que ceux qui sont faits dans les maisons, ou entre les mains des personnes à qui ces effets auroient été confiés.

7°. La qualité du crime, sert aussi à le rendre plus punissable. Ainsi c'est un plus grand crime de frapper de plusieurs blessures que d'une seule: ainsi l'abigeat se punit plus sévérement que le vol d'un simple animal. (*L. 16*, *§. 7*, D. *de pœnis*).

De même celui qui vole une somme considérable (toutes choses d'ailleurs égales) est puni plus sévérement que celui qui vole une somme légere. Plusieurs Coutumes en ont des dispositions. (Voyez ce que j'ai dit à ce sujet au titre *du vol*. n. 7).

Par la même raison, celui qui tue plusieurs personnes, est plus coupable que celui qui n'en tue qu'une; & de même, celui qui fait une blessure considérable est puni plus sévérement que celui qui en fait une moindre.

22. 8°. L'événement ou l'effet du crime, contribue aussi à le rendre plus ou moins punissable; car quoique la suite ou l'événement d'une action soit une circonstance indifférente qui ne change point le motif de cette action; néanmoins on y a ordinairement

égard dans l'usage de la société ; en sorte que de deux actions qu'on suppose être du même caractere & produites par un même mouvement, celle qui sera suivie d'un événement qui trouble davantage l'ordre public, sera autrement considérée dans la police de l'état, que celle qui le trouble moins. Ainsi, par exemple, dans une querelle de plusieurs particuliers qui ont dessein de tuer leur ennemi, si l'un d'eux le blesse seulement, quoiqu'il ait la volonté de le tuer, & que l'autre le tue en effet, l'événement d'une simple blessure dans l'un, & l'événement de l'homicide dans l'autre, font dans la police une telle différence entre les deux crimes, que celui qui n'a fait que blesser, sera puni légérement, & que celui qui a tué sera poursuivi comme homicide & ne pourra éviter la mort qu'en obtenant des Lettres de grace du Prince. Il ne faut pas même croire qu'il y ait rien d'injuste dans cette maniere de punir si différemment ces deux coupables ; parce qu'outre que ces deux crimes troublent différemment l'ordre public par la différence des événements, c'est qu'il est quelquefois difficile & même impossible de discerner le mouvement & le principe qui a fait agir le coupable, & de savoir s'il y a eu en cela plus d'imprudence ou d'emportement que de dessein prémédité. Ainsi, lorsque l'action & l'événement & les autres circonstances laissent ignorer la disposition & l'intention de celui qui a commis le crime, il seroit injuste de supposer que son dessein a été plus criminel que ne le marquent l'événement & les circonstances ; & lorsqu'il peut y avoir raison de douter, on présume que ç'a été plutôt par imprudence que par emportement, & par emportement plutôt que par un vrai dessein.

23. C'est en conséquence de cette regle que la plupart des crimes qui ne sont point suivis d'effet, ne sont pas punis de la même peine que quand l'effet s'est ensuivi.

Mais quand le crime est tel qu'il ne peut être commis, ni par emportement, ni par imprudence, & qu'il est l'effet d'un dessein prémédité, comme l'assassinat, le meurtre de guet-à-pens, & les autres crimes semblables ; si le dessein conçu dans l'esprit a produit une action qui ait paru à l'extérieur ; & que la volonté du coupable ait été accompagnée des derniers efforts, en sorte qu'il ne fût plus besoin d'un nouvel acte de sa part, pour produire l'effet, quoique l'événement n'ait pas répondu à ses

ses desirs ; cette action alors est considérée dans la police comme un trouble qui blesse l'ordre public ; & les Loix prennent pour événement les simples entreprises des crimes de cette nature, & les punissent de la même maniere que si elles étoient suivies d'exécution. Voyez ce qui est dit à ce sujet au titre *de l'assassinat & meurtre de guet-à-pens*, (n. 5.) ; & au titre *des Sentences & Jugements* (n. 266 & suiv.)

Pour juger de l'événement ou de l'effet dans un crime, il faut observer que le crime ou délit doit être considéré dans le temps qu'il a été commis, & non par rapport à ce qui est arrivé par la négligence, ou par le soin de celui qui l'a souffert.

ARTICLE III.

Autre division des Crimes.

24. Les crimes peuvent encore être considérés selon les différentes manieres dont ils troublent l'ordre public & la société civile. On peut, sous ce rapport, distinguer quatre especes ou classes principales de crimes.

La premiere de ces quatre classes, comprend les crimes d'athéisme, d'hérésie, & tout ce qui peut troubler la Religion ; les blasphêmes ; les impiétés ; les parjures ; l'abus des Sacrements ; la simonie ; les attentats sur les Prêtres en leurs fonctions ; la profanation des vases sacrés ; en un mot, tout ce qui peut offenser la Majesté Divine directement ou indirectement, en violant le respect qu'on doit aux choses sacrées, & aux Ministres de la Religion ; les sortileges, & autres.

La seconde classe renferme les crimes de leze-majesté, & tous ceux qui peuvent donner atteinte à l'autorité de l'Etat & à celle du Roi, soit en ses droits, soit en sa personne, ou en celle de ses Officiers. Tels sont les crimes de haute trahison, ou de leze-majesté au premier chef ; les crimes de fausse monnoie ; les séditions ; les assemblées illicites ; levées de troupes sans commission ; désertions ; rébellions aux mandements émanés du Roi, ou de ses Officiers ; port d'armes ; prévarication des Juges & Ministres de la Justice ; péculat ; concussion ; contrebande ; rébellion à justice, *&c.*

La troisieme classe comprend en général tous les délits qui

blessent les particuliers, soit dans leurs personnes, soit dans leur honneur, ou dans leurs biens.

Les crimes qui attaquent la vie & la personne, sont l'assassinat, le duel, l'homicide, l'empoisonnement, les viols, les rapts & voies de fait sur les personnes; & en général tous les coups qui blessent ou alterent l'usage des membres, ou qui nuisent à la santé.

Les crimes & délits qui attaquent l'honneur, sont toutes les entreprises contre l'honneur des personnes, ou qui peuvent lui donner atteinte: telles sont les injures verbales, les libelles diffamatoires, l'adultere, la séduction, *&c.*

Les crimes & délits qui offensent les particuliers dans leurs biens, sont les diverses entreprises, les violences, les voies de fait, les fraudes, & autres manieres par lesquelles on entreprend sur le bien d'autrui, par force ou autre voie illicite; comme sont les vols, le recel, l'usure, le faux, le stellionat, les banqueroutes frauduleuses, l'enlevement de bétail, le coupement d'arbres, l'incendie, l'enlevement de bornes, & tous les crimes & délits en général qui causent quelque perte ou quelque dommage.

25. Enfin la quatrieme & derniere classe comprend les crimes qui, sans blesser les intérêts des particuliers, troublent l'ordre public & l'économie du Gouvernement: ce qui comprend l'ivresse; les jeux défendus; les fainéants & vagabonds; les prodigues; ceux qui se tuent par désespoir; la prostitution publique, & les personnes qui tombent dans les crimes honteux qu'on n'ose nommer.

Il y a des crimes & délits qui sont propres à certaines personnes. Telle est la concussion; la réception des présents, *&c.* qui sont propres aux Juges & aux autres personnes revêtues de l'autorité publique; la prévarication qui est propre aux Ministres de la Justice; & ainsi des autres.

Ces quatre différentes especes de crimes, comprennent dans leur détail tous les crimes de quelque nature que ce soit; & il n'y en a aucun qui ne se rapporte à quelqu'une de ces quatre classes, quoique quelques-uns se trouvent renfermés en même temps dans plusieurs classes: tel est le larcin d'une chose sacrée, qui est un crime composé des deux caracteres de la premiere & de la troisieme classe; l'hérésie prêchée publiquement, qui attaque la Majesté Divine & l'ordre du Gouvernement, & qui se rapporte à la premiere & à la seconde classe ; les vols & assassinats de grands-chemins, qui attaquent la sureté publique, & offensent les particuliers, & qui se rapportent à la troisieme & quatrieme classe ; la fausse monnoie, qui a le caractere de la seconde & de la quatrieme classe, & autres semblables. Il faut aussi observer que quoiqu'il y ait quelques crimes qui paroissent n'être point compris dans aucune des quatre classes dont on vient de parler ; comme, par exemple, le changement de nom : néanmoins il est vrai de dire que ce crime n'arrive jamais que par un motif qui lui donne le caractere de l'une de ces quatre especes ; *v. g.* pour tromper son prochain, ou pour lui causer quelque préjudice ; à moins qu'il ne soit accompagné de circonstances qui peuvent le rendre licite.

TITRE II.

Des différentes manieres dont on peut participer aux crimes : où il est traité des complices des crimes, & de leurs fauteurs, participes, & adhérants.

1. APRÈS avoir vu quelles sont les différentes especes de crimes, & ce qui peut contribuer à les rendre plus ou moins graves, il faut examiner les différentes manieres dont on peut y participer.

On peut être complice d'un crime en plusieurs manieres.

1°. En y coopérant & prêtant secours.

2° En obligeant, persuadant ou engageant de le commettre; soit par ordre, ou conseil, ou mandat, *&c.*

3°. En y adhérant, après qu'il est commis; soit par applaudissement, ou par récompense, ou en partageant, ou récelant ce qui en provient, tels que des effets volés; ou bien en facilitant l'évasion & la fuite du coupable, ou en lui donnant retraite pour le dérober aux poursuites de la Justice.

4°. C'est encore participer en quelque sorte à un crime, que de ne pas l'empêcher, en le révélant, lorsqu'on sçait que quelqu'un prend des mesures pour le commettre; sur-tout lorsqu'il s'agit d'un crime qu'il est intéressant pour l'Etat de ne pas laisser commettre.

5°. On regarde comme complice en matiere d'écrits & libelles, ceux qui les impriment, ou qui les vendent & débitent, ou qui les rendent publics, de quelque autre maniere que ce soit. Je parlerai particuliérement de cette espece de complicité, ci-après au titre *des injures* (n. 197 & suiv.)

§. I.

De ceux qui participent à un crime en y coopérant.

2. La coopération au crime, ou l'aide & assistance que l'on fournit au criminel, peut se faire en trois manieres différentes.

1°. *Avant le crime.*

En prêtant les armes, le poison, les ferrements, l'échelle, ou autres instruments nécessaires pour le commettre.

En prêtant son cheval, son domestique, ou autres personnes, pour en faciliter l'exécution.

En offrant sa maison pour y commettre le crime; ou à l'effet d'y délibérer sur les mesures nécessaires à son exécution; ou pour y recevoir le coupable.

En s'associant avec celui qui doit commettre le crime, afin d'empêcher que quelqu'un ne le détourne de le mettre à exécution.

En montrant au meurtrier la maison de celui qu'on veut tuer, pour lui faciliter l'exécution de son crime.

En retenant celui qu'on doit mettre à mort, jusqu'à l'arrivée de celui qui doit le tuer.

En portant des lettres qui contiennent des mesures & des complots touchant le crime.

Ou enfin en gardant les hardes & bagages de ceux qui doivent le commettre.

2°. *Pendant le crime.*

3. En donnant du secours & de l'assistance au criminel, dans le temps même de l'action, & en l'aidant à la commettre.

En empêchant celui qui est attaqué de se défendre; ou lui ôtant ses armes, pour donner plus de facilité à l'agresseur de le tuer.

En le retenant pour l'empêcher de s'enfuir, & d'éviter le coup qu'on veut lui porter.

En empêchant & écartant ceux qui veulent venir au secours de celui qu'on attaque.

En tenant l'échelle, ou aidant le voleur à monter par dessus le mur, ou à forcer les portes.

En faisant le guet pendant le temps du crime.

Enfin en assistant le meurtrier par sa présence avec des armes, afin d'intimider la personne attaquée.

3°. *Après le crime.*

4. En partageant les effets volés. Voyez ce qui est dit à ce sujet, au titre *du vol*, (n. 15). En recelant, cachant chez soi, ou vendant

les choses volées. Voyez *ibid.* (n. 170.) En protégeant le coupable, & le cachant en sa maison. Voyez *ibid.* (n. 169.)

En favorisant sa fuite, & empêchant qu'il ne soit arrêté. Voyez *ibid.* (n. 159.)

En l'aidant à enterrer, ou cacher le cadavre de la personne homicidée, pour empêcher que le crime ne soit découvert.

De la punition de ceux qui participent au crime en y coopérant.

5. Pour sçavoir la peine que méritent ceux qui cooperent au crime, soit avant, soit après qu'il est commis, il faut distinguer avec Julius Clarus (*question* 90, *n.* 1 & 2) trois cas.

Le premier cas est celui où le crime a été commis en conséquence d'un complot, ou d'une délibération précédente, faite du consentement du complice. Dans ce premier cas, la peine du complice doit être la même que celle du principal auteur du crime; & cela doit avoir lieu indistinctement, en quelque-temps qu'il y ait coopéré, soit avant, soit pendant, ou après le crime: car quoique ce complice n'ait point commis le crime par lui-même; néanmoins il a eu l'intention de le commettre; sur-tout s'il avoit résolu dès le commencement d'y prêter son secours; par exemple, s'il avoit promis des chevaux pour se sauver, à celui qu'il savoit devoir commettre ce crime, &c. (Voyez Julius Clarus, *question* 90, *n.* 1.)

6. Le second cas est celui où il n'y a point eu de complot précédent. Alors si le complice a été la cause prochaine & immédiate du crime: (*a*) *v. g.* s'il a été présent dans le temps qu'il a été commis, & qu'il en ait facilité l'exécution, soit par sa présence, soit par quelqu'autre acte de sa part, il doit être condamné à la même peine que le principal auteur du crime. (Farin. *quæst.* 130, *n.* 42, & *seq.*) Mais si ce complice n'a pas été la cause prochaine du crime, & qu'il n'en ait été que la cause éloignée; comme s'il a seulement fourni les choses nécessaires pour le commettre, il doit être puni d'une peine moindre que le principal délinquant; surtout s'il n'a prêté son secours qu'après le délit commis: car il est

(a) On entend par cause prochaine celle sans laquelle le crime n'eût pu être commis; & par cause éloignée, celle sans laquelle le crime eût été également commis. (Farinac. *quæst.* 130, *n.* 54, 55.)

vrai de dire, que celui qui ne prête son secours au criminel qu'après qu'il a commis le crime, ne peut être regardé comme ayant prêté son aide au criminel ; & par conséquent il ne doit point être puni de la même maniere que le principal auteur du crime, mais d'une peine moins severe. (Tel est encore le sentiment de Farinacius, *quæst.* 132, *n.* 1.)

7. Un troisieme cas, enfin, c'est lorsqu'il est incertain & douteux s'il y a eu un complot précédent, auquel le complice ait eu part. Alors si ce complice a retiré chez lui le coupable, ou a facilité son évasion ; & que le crime soit de nature à mériter la peine de mort, on pourra le condamner à la question préparatoire ; du moins sans réserve de preuves. En effet, le secours que prête une personne pour faire sauver celui qui est coupable d'un crime, forme une preuve considérable contre celui qui a prêté ce secours, même après le délit commis, qu'il est participant de ce même crime. Ce qui n'a pas lieu cependant dans le cas où la qualité des personnes & les circonstances du fait, feroient présumer le contraire ; comme si celui qui a fait sauver le coupable, étoit son proche parent, ou son ami particulier, ou s'il étoit son domestique, & que ce motif l'eut naturellement engagé à faire sauver son proche parent, son ami, ou son maître, des mains de la Justice, sans avoir d'ailleurs participé au crime. (Voyez Julius Clarus, *quæst.* 90, *n.* 2.)

8. Celui qui fait le guet pendant le temps que le crime est commis, est regardé comme servant de cause prochaine à l'action du crime ; & doit par conséquent être puni de la même peine que les principaux auteurs de ce crime.

A l'égard de celui qui garde les hardes & paquets des principaux délinquants, pendant le temps qu'ils commettent le crime, il ne paroît pas qu'il doive être puni de la même peine que les auteurs même du crime ; mais seulement d'une peine plus légere. (Voyez Farinacius, *qu.* 130, *n.* 39, 40.)

Quant à ceux qui partagent ou recelent les effets volés ; pour sçavoir s'ils doivent être punis de la même peine que les principaux voleurs, voyez ce qui est dit au titre *du vol*, (n. 170, & 178.) & aussi ce qui est dit au sujet de ceux qui recelent les criminels, *ibid* (n. 187.)

9. Il arrive quelquefois, que celui qui prête son assistance pour commettre un crime, est puni plus sévérement que le principal

auteur; ce qui a lieu toutes les fois qu'il résulte de cette assistance, un plus grand crime du côté de ce complice, que du côté du principal auteur du crime; comme dans le cas d'un fils qui prêteroit son secours pour tuer son pere. (Farinac. *qu.* 131, *n.* 14.)

Au reste, dans tous les cas dont on vient de parler, il faut pour que le complice puisse être puni, qu'il ait coopéré au crime sciemment & en connoissance de cause; car s'il l'avoit fait de bonne foi, & sans sçavoir ce dont il s'agit, il cesseroit d'être punissable. (Farinac. *qu.* 130, *n.* 32.)

10. Cette connoissance, complicité ou connivence, se présume par les circonstances; *v. g.* par le profit qui en doit revenir à la personne qui a donné son assistance; ou par l'intérêt qu'elle peut y avoir; ou par les autres motifs qui peuvent l'avoir engagée à participer au crime: ce qui dépend aussi de la considération du temps, du fait, & de la qualité des personnes.

Mais on ne doit pas regarder comme complice & participe d'un crime, celui qui ne l'a commis, que parce qu'il y a été contraint par force & par violence. (L. *si uxor.* 13, §. 7, D. *ad* L. *Jul. de adulter.*)

11. Un autre motif qui peut rendre ces sortes d'assistances ou secours, excusables de la peine ordinaire, c'est lorsque le secours prêté par le complice, n'a point été suivi d'effet; car alors la peine doit être moindre; & même si le délit est léger, on ne le punit point ordinairement. (*Ita*, Farin. *quæst.* 130, *n.* 59 & 60).

A l'égard de celui qui est simplement présent dans le temps que le délit se commet, il ne paroît pas qu'il doive être puni en aucune maniere; sur-tout s'il n'a pu empêcher que ce délit ait été commis. Néanmoins s'il paroît que par sa présence il ait voulu l'autoriser, ou qu'il se soit associé avec les auteurs du crime, ou qu'il ait porté avec lui des armes qui le fasse présumer; dans ce cas il doit être puni comme complice, ou de la même peine que les principaux auteurs, ou d'une peine moindre. (Voyez ce qui est dit *infra*, n. 37.).

12. Mais de ce qu'une personne se trouve dans la compagnie de celui qui vient de commettre un meurtre, il ne s'ensuit pas qu'il soit complice de ce meurtre, si c'est par hasard, ou sans aucun dessein prémédité, qu'il s'est trouvé dans la compagnie du meurtrier; & que le contraire ne paroisse point par des circonstances qui fassent présumer qu'il ait participé au crime. (Voyez

au

au surplus ce que j'ai dit à ce sujet au titre *de l'homicide*, n. 123.)

§. II.

De ceux qui participent au crime, en donnant ordre, ou commission à quelqu'un de le commettre; & comment ils sont punis.

13. Il y a cette différence entre le conseil & le mandat, ou la commission que l'on donne à quelqu'un de faire une chose; que le conseil se donne pour l'utilité de celui à qui on le donne; au-lieu que le mandat se fait pour l'avantage du mandant.

C'est proprement cette distinction qui établit la différence qu'il y a entre ces deux actes; quand même ils seroient conçus en des termes différents de ceux par lesquels on les exprime ordinairement.

14. Le mandat, soit qu'il se donne verbalement, ou par écrit, est ordinairement conçu en termes impératifs, en forme d'ordre, ou de mandement, lorsqu'il se donne par un Supérieur à un inférieur; *v. g.* à un fils, ou à un serviteur : mais il peut aussi se faire d'une maniere rogatoire; & cela ne change rien à son essence. Quelquefois même il se fait par convention, en donnant ou promettant de l'argent, ou autre récompense, au mandataire.

1°. On doit regarder comme une regle générale, que celui qui donne ordre, ou commission à quelqu'un de commettre un crime, doit être puni de la même peine que celui qui le commet; & qu'ils sont l'un & l'autre également & solidairement sujets aux dommages & intérêts envers les parties civiles. (*Ita*, Julius Clarus, *quæst. 83, n. 1*; Farin. *quæst. 135, n. 1, & seq.*) La Coutume réformée de Bretagne, *art.* 625, en a une disposition.

15. Cette regle a lieu à plus forte raison dans les crimes atroces; comme dans le crime de leze-majesté, de parricide; & autres semblables.

Et c'est en conséquence de cette même maxime, que ceux qui louent ou engagent des personnes pour assassiner quelqu'un, ou pour recourre un prisonnier des mains de la Justice, sont punis de mort, comme les assassins même, & les auteurs de la recousse. (Ordonnance de Blois, *art.* 195; Ordonnance de 1670, *tit.* 16, *art.* 4).

16. Il en est de même dans le cas où il y auroit plusieurs man-

dants, ou plusieurs mandataires; car alors ils seroient tous sujets à la même peine. (Farin. *quæst.* 135, *n.* 10.)

Ceux qui servent de médiateurs, entre le mandant & le mandataire, pour porter les lettres à l'effet de commettre le crime, sont aussi punis de la même peine que les auteurs même du délit. (Farin. *quæst.* 138, *n.* 41, *& quæst.* 135, *n.* 14.)

17. 2°. Le mandat se prouve, non-seulement par des preuves directes, soit par témoins, ou par écrit; mais aussi quelquefois par de simples indices & conjectures; pourvu que ces indices soient du nombre de ceux qu'on appelle *violents* (Farin. *quæst.* 134, *n.* 11); *v. g.* si quelqu'un a un ennemi capital, & qu'il ait été vu parlant en secret à l'oreille d'un particulier, & que sur-le-champ ce particulier ait tué cet ennemi; cela forme alors un indice que ce particulier l'a tué de l'ordre du premier; sur-tout si ce particulier est un domestique, ou dans la dépendance de celui qui lui a parlé à l'oreille. (Jul. Clarus, *qu.* 89, *n.* 7; & Farin. *qu.* 134, *n.* 56 *& seq.*)

L'argent donné par celui qui a un ennemi capital, à celui qui tue cet ennemi, fait aussi quelquefois présumer que ce meurtre a été commis à l'instigation du premier; sur-tout si le crime a été commis peu de temps après.

18. Mais dans le doute, le mandat ne se présume point; & si le crime qui est commis procure un avantage à celui qui a engagé de le commettre, & à celui qui l'a commis, on présume plutôt que c'est un conseil qu'un mandat. (Farin. *qu.* 129, *n.* 13, *& qu.* 134, *n.* 28.)

On ne peut informer contre le mandant, à moins qu'il ne soit constant qu'il y ait un mandataire. (Farin. *qu.* 3, *n.* 1-10.) De même on ne peut informer contre le complice, ou fauteur d'un crime, à moins qu'il ne soit constant qu'il y a un principal auteur de ce crime. (Farin. *qu.* 131, *n.* 54, *& qu.* 135, *n.* 31; & Jul. Clarus, *qu.* 90, *n.* 8).

De la ratification à l'égard d'un crime commis.

19. La ratification, ou approbation que l'on donne à un crime après qu'il a été commis, est comparée au mandat; mais pour que cette ratification puisse donner lieu à la peine, il faut, 1°. que le crime ait été commis au nom de celui qui le ratifie; 2°. Que

celui qui le ratifie, le ratifie comme ayant été commis en son nom; parce qu'alors cette ratification équivaut à une confession extrajudiciaire. (Farin. *qu.* 135, *n.* 43, 60 & *seq.*). Mais dans le doute, lorsque quelqu'un ratifie un crime, il est censé le ratifier, comme ayant été commis en son nom; ainsi c'est à lui à prouver qu'il n'a pas été commis en son nom, ou de son ordre. (Farin. *ib.* *n.* 93. Julius Clarus, *qu.* 87, *n.* 5). Il y a même des cas où la simple ratification peut être regardée comme équivalente à un mandat, sans une confession de cette espece, lorsque cela se présume d'ailleurs par les circonstances; comme s'il y avoit une inimitié capitale entre celui qui a ratifié le crime, & la personne offensée; ou que ce crime ait procuré un avantage considérable à celui qui l'a ratifié. (Farin. *qu.* 135, *n.* 90, 91.)

20. La simple ratification d'un crime, quand il n'est pas prouvé que celui qui le ratifie a donné lieu de le commettre, ne doit pas être punie de la même peine que celui qui a commis le crime; mais d'une autre peine moindre, suivant les circonstances du fait, & de la qualité des personnes. (Covarruvias in Clementin. *si furiosus*, *part.* 2, §. 1, *n.* 5.)

Des circonstances qui excusent de la peine ordinaire, celui qui a donné ordre, ou commission de commettre un crime.

21. Il y a plusieurs cas où celui qui a donné ordre de commettre un crime, ne doit point être puni de la même peine que celui qui l'a commis. Ces cas sont :

1°. Si celui qui a donné cet ordre, l'a révoqué avant que le crime ait été commis. (Farin. *qu.* 135, *n.* 174). Mais il faut pour cela que cette révocation ait été notifiée au mandataire; & elle ne se présume point, ni par l'absence du mandant, ni par la longueur du temps qui s'est écoulé entre le mandat & le crime commis. (Farin. *ib.* *n.* 183 - 185.)

Il faut même observer que dans les crimes atroces, la révocation du mandat, n'excuse point le mandant de la peine ordinaire; comme dans les crimes de leze-majesté, d'assassinat, &c. (Farin. *qu.* 135, *n.* 176.)

22. En général, la révocation du mandat excuse, à la vérité, de la peine ordinaire; mais elle n'excuse point d'une autre peine

moindre, sur-tout dans les grands crimes. (Farin. *ib. n.* 187; 188).

2°. Le mandant ne doit point être puni de la même peine que le mandataire, lorsque celui-ci a excédé le mandat qui lui a été donné; *v. g.* si le mandant avoit donné seulement commission de battre quelqu'un, & que le mandataire l'eût tué. (Farin. *qu.* 135, *n.* 153, & *seq. usque ad* 157).

Il en est de même, si le mandat avoit été donné pour enlever une femme, ou une fille, & que le mandataire par ses violences lui eût causé la mort. (*Ib. qu.* 158).

23. Mais cette exception n'a pas lieu dans le cas où il n'a pas été au pouvoir du mandataire d'excéder les bornes du mandat; comme si on l'avoit chargé simplement de blesser, & que cette blessure eût causé la mort de l'offensé; parce que le mandant ne pouvoit ignorer que souvent les blessures occasionnent la mort de ceux qui les ont reçues. (Farin. *qu.* 135, *n.* 168 & *seq.* Jul. Clarus, *qu.* 89, *n.* 5).

Elle n'a pas lieu non plus dans les cas où le mandataire excéderoit son pouvoir en présence du mandant, sans aucune contradiction, ni réclamation de la part de ce dernier. (Farin. *qu* 135, *n.* 165).

24. Il faut aussi observer que dans tous les cas où le mandataire, au-lieu d'excéder les bornes du mandat, a fait moins qu'il ne lui a été ordonné; le mandant est toujours tenu de ce moins, & il est punissable, pour raison de ce qui a été commis alors par le mandataire. (Farin. *qu.* 135, *n.* 167).

3°. Un troisieme cas où le mandant ne doit point être puni de la peine que mérite le crime qu'il a chargé de commettre, est lorsque ce crime n'a point été suivi d'exécution. (Farin. *qu.* 3, *n.* 8).

25. Mais cette regle n'a pas lieu dans les crimes atroces, dans lesquels le mandant doit être puni de la peine ordinaire due au crime, lorsque le mandataire a fait tout ce qui dépendoit de lui pour l'exécuter, quoique son attentat n'ait point été suivi d'effet; comme dans l'assassinat prémédité; car alors le mandataire & le mandant, doivent être punis de la même peine que si le crime eût eu son exécution. (Ordonnance de Blois, *art.* 195. Ordonnance de 1670, *tit.* 16, *art.* 4).

26. Et quand même le mandataire, dans ces sortes de crimes,

ne feroit pas venu à un acte prochain qui prouvât, qu'il a tenté de commettre le crime, le mandant ne feroit pas moins puniſſable; mais alors il doit être puni d'une peine moindre, & proportionnée aux circonſtances. (Menochius *de arbitrar. jud.* qu. 352, n. 6. Farin. *ib. qu.* 3, *n.* 8. Carrerius *in pract. criminali*, §. 5, n. 81. Covarruvias *in clement. ſi furioſus in princ.* part. 2, n. 2, verſ. 6). Ce qui doit même avoir lieu, ſuivant quelques Auteurs, dans le cas où le mandataire auroit refuſé d'exécuter le mandat. (Menochius *de arbitrar. jud. caſu* 360, n. 44.)

27. 4°. Un autre cas où le mandat n'eſt pas puni de la peine ordinaire due au crime; c'eſt lorſqu'il y a dans la perſonne du mandataire une qualité qui rend à ſon égard le crime plus grand qu'à l'égard du mandant; comme ſi le mandant donnoit commiſſion à un fils de tuer ſon pere, qui feroit un étranger par rapport au mandant. (Farin. *qu.* 135, *n.* 34 *& ſeq.*)

5°. De même, celui qui donne ordre, ou commiſſion à quelqu'un de commettre un adultere avec une femme, pour faire injure au mari, ne doit point être puni de la même maniere que celui qui le commet; parce que dans ces ſortes de crimes, on ne peut pas dire que le mandant faſſe le même mal que celui qui en eſt le principal auteur. (Farin. *ib. n.* 39.)

28. Au reſte, il faut obſerver, à l'égard du mandataire, que le mandat ne peut jamais l'excuſer. Mais ſi le mandat eſt un commandement fait par un ſupérieur à ſon inférieur; comme d'un maître à un valet, ou d'un pere à un fils; alors, comme il renferme une eſpece de néceſſité d'obéir de la part du mandataire, ce dernier peut être excuſé de la peine ordinaire, du moins dans les crimes légers; & il devient ſeulement puniſſable d'une peine arbitraire, plus ou moins grande, ſuivant la nature du crime, & à proportion du degré d'autorité & de puiſſance qu'avoit celui dont l'ordre eſt émané, ſur celui qui l'a exécuté.

29. Une autre obſervation à faire en cette matiere, eſt que le mandataire qui a commis un crime, n'a aucun recours contre celui qui lui a donné charge de le commettre; parce que ces ſortes de conventions, étant contraires aux bonnes mœurs, ſont réprouvées. (L. 6, §. 3, L. 12, §. 11, & L. 22, §. 6. D. *mandat*, §. 7, *inſtitut. de mandato.* Mazuer *in practic.*, tit. 2, n. 26.)

§. III.

De ceux qui participent au crime, en conseillant de le commettre: & de la peine qu'ils méritent.

30. Conseiller un crime, c'est exciter, exhorter, & engager à le commettre; ce qui peut se faire en deux manieres:

1°. En excitant simplement à le commettre.

2°. En instruisant de tous les moyens propres pour y parvenir.

C'est encore une maniere de conseiller le crime, que de le louer, comme une bonne action; ou de le soutenir par des écrits, comme une chose permise & légitime.

Le conseil differe de la coopération au crime, en ce que celui-ci s'exécute par des faits; au-lieu que le conseil ne se fait que par des paroles, ou par des écrits.

31. On peut regarder, comme une regle générale, que celui qui conseille à quelqu'un de commettre un crime, doit être puni de la même peine que celui qui le commet (*Ita.* Farin. *qu.* 129, *n.* 23 *&* 25); & cela a lieu principalement dans le cas où il paroît que sans ce conseil, le coupable n'eût point commis le crime. (Jul. Clarus, *qu.* 88, *n.* 1 *&* 2); ce qui se présume ou par la qualité du coupable, ou par le peu de temps qui s'est écoulé entre le conseil & l'action; & par les autres circonstances; comme si c'étoit un pere qui eût conseillé plusieurs fois à ses enfants de tuer une telle personne, & qu'en conséquence les enfants eussent commis ce meurtre.

32. Cette peine a lieu, à plus forte raison, 1°. dans le cas où celui qui a conseillé le crime, ne s'est pas contenté simplement de le conseiller, mais qu'il a de plus indiqué tous les moyens nécessaires pour y réussir.

2°. Elle a lieu principalement dans les crimes atroces; comme dans le cas d'une femme qui conseilleroit à son amant de tuer son mari. (Boerius, *décis.* 262.)

3°. Et à plus forte raison, à l'égard de ceux qui conseillent le crime, & qui aident à le commettre. (Farinacius, *qu.* 129, *n.* 54.)

Dans tous ces exemples, ceux qui ont conseillé le crime, sont non-seulement punis de la même peine que ceux qui en sont les principaux auteurs ; mais ils sont aussi tenus comme eux de tous les dommages & intérêts envers les parties civiles. (Farin. *ib.* *n.* 58, 59.)

33. Il faut cependant observer que la regle établie ci-dessus, cesse d'avoir lieu dans plusieurs cas. Savoir :

1°. Lorsque celui qui a donné le conseil, l'a donné de bonne foi, ou par légéreté, & en badinant, sans en sentir les suites. (Farin. *qu.* 129, *n.* 71.)

2°. Si le conseil a été donné d'une maniere qui pouvoit recevoir une interprétation favorable, & non criminelle. (Farin. *ib.* *n.* 72.)

3°. Si le conseil n'a point été suivi d'exécution. (Farin. *qu.* 129, *n.* 81). Ce qui souffre néanmoins exception, à l'égard des crimes atroces ; comme dans les crimes de leze-majesté, assassinat prémédité, *&c* ; car dans ces cas, celui qui a donné le conseil, quoique non suivi d'exécution, doit être puni de la même peine que celui qui a tenté de le commettre. (Voyez ce qui est dit là-dessus, en parlant de ces crimes de *leze-majesté*, (n. 61.) & au crime d'*assassinat & meurtre de guet-à-pens*, (n. 5.)

34. 4°. Un autre cas, où le conseil ne doit point être puni de la même peine que celui qui a commis le crime ; c'est lorsque celui qui a donné ce conseil, n'a pas conseillé directement le crime ; mais un autre fait qui en étoit une cause éloignée ; *v. g.* s'il avoit conseillé de tirer vengeance contre un tel, ou de le traiter en ennemi ; & que celui à qui il a donné ce conseil, eût tué cette personne. (Farin. *qu.* 129, *n.* 65 *&* 96.)

5°. Lorsqu'il y a une qualité aggravante de la part de celui qui a commis le crime, celui qui a donné le conseil ne doit pas non plus être puni de la même peine ; comme si quelqu'un avoit donné conseil à Titius de battre une autre personne, & que Titius, au lieu de se contenter de battre cette personne, l'eût tuée. (Farin. *qu.* 129, *n.* 101.)

§. I V.

De ceux qui participent au crime, en le favorisant & en y adhérant ; & comment ils doivent être punis.

35. 1°. Ceux qui adherent & donnent leur consentement à un crime,

doivent être punis de la même peine que ceux qui l'ont commis. Mais cette regle n'a lieu que dans les crimes atroces ; comme dans les crimes de leze-majesté, & de parricide ; & non dans les crimes légers. (Farin. *qu.* 129, *n.* 32 & 34.)

2°. Celui qui favorise, ou qui approuve un crime, doit aussi être puni de la même peine que celui qui l'a commmis, lorsque cette faveur, ou approbation a donné lieu de le commettre. Mais si elle n'a rien ajouté à la détermination où étoit le coupable de mettre le crime à exécution, cette approbation exempte celui qui l'a donnée, de la peine ordinaire du crime, & le soumet à une peine moindre, & proportionnée aux circonstances & à la qualité du crime. (Farin. *qu.* 129, *n.* 40, 42.)

36. 3°. A l'égard de ceux, qui dans leurs discours, ou écrits, soutiennent des maximes dangereuses & criminelles ; *v. g.* qu'il est permis de tuer un Souverain dans certains cas, *&c.* ; ou qui soutiennent comme orthodoxes des propositions hérétiques, ils doivent être punis, suivant quelques Auteurs, de la même maniere que ceux qui auroient commis les crimes dont ils prennent la défense ; mais d'autres prétendent qu'ils doivent être punis d'une peine moindre. (*Ita.* Farin. *qu.* 132, *n.* 25, 28.)

§. V.

De ceux qui ont connoissance du crime, & qui pouvant empêcher de le commettre, soit en le révélant, ou autrement, ne l'empêchent point : & de la peine qu'ils méritent.

37. Quoique, suivant le sentiment général des Criminalistes, on ne soit point obligé, dans le for extérieur, de révéler un crime qu'on sait devoir être commis, ni de l'empêcher quand on le peut, suivant Jul. Clarus, *qu.* 87, *n.* 1 & 3 ; Menochius *de arbitrar. jud. cas.* 355, *n.* 7 ; & Farin. *qu.* 51, *n.* 4 & *seq.* ; néanmoins cette regle souffre quelques exceptions.

1°. Dans les grands crimes, comme de leze-majesté, assassinat, *&c.* celui qui peut empêcher le crime, en le révélant, ou autrement, & qui ne l'empêche point, du moins lorsqu'il peut le faire sans courir aucun danger évident, devient coupable, & doit être puni extraordinairement, suivant les circonstances & la qualité des personnes.

La

38. La seule connoissance même du complot, ou du crime qui doit se commettre, & qu'on ne révele point, quand il s'agit de crime de leze-majesté, suffit pour rendre criminel, & pour faire mériter, à celui qui a négligé de faire cette révélation, la peine de mort, suivant l'Ordonnance de Louis XI, du mois de Décembre 1477. Nous avons dans l'histoire, des exemples célebres de ces sortes de punitions. (Voyez ce qui est dit à ce sujet, en traitant *du crime de leze-majesté* n. 58.)

2°. La femme qui, sachant qu'on doit assassiner son mari, garderoit le silence sans le révéler, doit aussi être regardée comme coupable de cet assassinat. (Boerius, *déc.* 262, *n.* 5, Farin. *qu.* 51, *n.* 36.)

Et il en est de même du fils, qui tairoit l'homicide projetté de son pere. (L. 6, D. *ad legem Pompeiam de parricidiis.*)

39. A l'égard des autres degrés de parenté, comme frere, *&c.* la peine est moindre que la peine ordinaire. (Voyez la Loi 3, D. *eod. titulo.*)

Les serviteurs qui savent qu'on doit commettre quelque crime contre leur maître, & qui ne le révelent point, ou qui ne l'empêchent point, le pouvant faire, deviennent en quelque sorte complices de ce crime, & doivent être punis pour cela. (Farin. *qu.* 51, *n.* 26 *& seq.*)

Les sujets, ou vassaux, qui voient offenser leur Seigneur, sont aussi coupables, s'ils ne se mettent point en devoir de l'empêcher; & ils deviennent punissables d'une peine arbitraire, suivant les circonstances & la qualité du fait. (Farin. *qu.* 130, *n.* 63).

40. 3°. Si les personnes qui n'empêchent point le crime, sont tenues de le faire par le devoir de leur état, & qu'elles aient l'autorité & le pouvoir nécessaires à cet effet, elles deviennent coupables en ne l'empêchant point; comme si un pere, ou un maître, ou un mari, étoit présent à un crime commis par son fils, son serviteur, ou sa femme, & qu'il le vît commettre sans se mettre en devoir de l'empêcher. (Farin. *qu.* 134, *n.* 91. *Ita etiam.* Loisel, en ses maximes, *liv.* 6, *tit.* 1, *n.* 4.)

Farinacius va encore plus loin, & prétend qu'il en doit être de même d'un ami, & d'un parent en général, lorsqu'il voit attaquer son parent, & son ami en sa présence, & qu'il ne l'empêche point; du moins lorsqu'il peut le faire, sans courir aucun danger. (Voyez *qu.* 51, *n.* 40 *& suiv.* & *qu.* 134, *n.* 91.)

41. Un Magistrat, un Seigneur, ou une autre personne constituée en autorité, qui voit maltraiter un de ses sujets, vassaux ou justiciables, sans se mettre en devoir de l'empêcher, devient aussi punissable, à cause de sa négligence. (Farinac. *qu.* 130, *n.* 68 & 69.)

La maxime qu'on vient d'établir, a lieu, à plus forte raison, lorsque le maître, le seigneur, le mari, *&c.* restent long-temps présents, & pendant tout le temps que dure le crime, ou l'offense faite à celui dont ils devoient prendre la défense; parce qu'alors ils semblent, par leur présence & leur silence, autoriser cette offense.

4°. La simple connoissance même, qu'un pere, ou un mari, ou un maître, a du délit qui doit être commis par son fils, sa femme, ou son serviteur, sans se mettre en devoir de l'empêcher, suffit pour rendre ce pere, ce maître, ou ce mari coupable du délit. (*Ita.* Farin. *qu.* 134, *n.* 87 & 90). Cet Auteur ajoute cependant qu'ils ne doivent point alors être punis de la même peine que les auteurs du crime, mais d'une autre peine moindre, suivant les circonstances.)

42. Par la même raison, les Magistrats, Seigneurs, ou autres Supérieurs, qui, sçachant que des personnes commettent des excès dans leur province, ou justice, négligent de poursuivre & de faire punir les coupables, doivent aussi être punis de peine arbitraire, suivant les circonstances. (Farinac. *qu.* 51, *n.* 47, & *qu.* 130, *n.* 67; Jul. Clarus, *qu.* 87, *n.* 4.) Voyez à ce sujet Boerius, en sa question 83, *n.* 11, où il raconte qu'un Officier Royal fut privé de son office, pour avoir souffert qu'un enfant en maltraitât un autre griévement en sa présence, sans se mettre en devoir de l'empêcher.

Et il en est de même d'un Evêque, qui, sachant qu'un Ecclésiastique de son Diocèse enseigne une mauvaise doctrine, négligeroit de le faire punir. (Jul. Clarus, *ibid. qu.* 87, *n.* 4.) Dans tous ces cas, la négligence est une espece d'autorisation du crime. Julius Clarus, dans cet endroit, prétend même que dans ce cas, le Supérieur qui favorise un crime par voie d'autorité, ou de défenses, doit être puni d'une peine plus sévere que celui qui l'a commis. Il ajoute cependant que cela n'a lieu que quand il s'agit de crimes considérables; mais que dans les crimes moindres, il doit seulement être puni de la même peine.

Au surplus, on doit observer, que pour que ces sortes de connoissances suivies d'inaction & de négligence, soient punissables, il faut qu'elles soient prouvées; autrement elles ne se présument point. (Farinac. *qu.* 134, *n.* 94, *& seq.*)

Des femmes des voleurs, & autres criminels de profession, si elles sont tenues de les réveler.

43. On ne punit point les femmes des voleurs & autres criminels de profession, quand même elles auroient connoissance des crimes commis par leurs maris, & qu'elles sauroient que les effets par eux apportés en leurs maisons, sont des effets volés: si d'ailleurs, il n'est prouvé qu'elles ont participé au crime, soit en se servant pour leur usage des effets volés, ou en les vendant, *&c.*

A l'égard des concubines des voleurs qui demeurent avec eux, elles ne peuvent être excusées par le même motif; & cette simple connoissance des crimes commis par ceux qui les entretiennent, suffit pour rendre ces femmes coupables, & pour les faire punir, non de la même peine que les principaux auteurs du crime, (à moins qu'elles n'y aient participé par elles-mêmes), mais d'une autre peine moindre, & proportionnée aux circonstances, & à la qualité des personnes. (Voyez ce qui est dit ci-après au titre *du vol.* n. 177.)

TITRE III.

Des Peines.

1. LES peines, sont les diverses punitions qu'on fait souffrir aux malfaiteurs, soit pour les corriger, soit pour les châtier de leurs crimes, & empêcher qu'ils n'y retombent. Il y a cependant quelques peines qui ne s'employent point pour punir le crime; mais seulement pour en avoir une preuve plus ample, soit contre l'accusé, soit contre ses complices : telle est la question, ou torture.

CHAPITRE PREMIER.

De la division des Peines.

2. Les peines peuvent être considérées, ou par rapport à l'accusé; ou par rapport aux Juges.

Des peines considérées par rapport à l'accusé.

Les peines considérées par rapport à l'accusé, peuvent regarder, 1°. la personne de l'accusé. 2°. Son honneur & sa réputation. 3°. Ses biens.

1° Les peines qui regardent la personne de l'accusé, sont la mort naturelle, l'amputation de quelque membre, la question, le fouet, la flétrissure, le carcan, *&c.*

2°. Celles qui punissent l'accusé dans son honneur & sa réputation seulement, sont l'amende-honorable, & le blâme.

3°. Celles qui l'affligent dans ses biens, sont la confiscation, & les autres peines pécuniaires.

On peut encore diviser les peines par rapport aux accusés, en *capitales*, *afflictives*, & *infamantes*.

3. Les peines *capitales*, sont celles qui font perdre la vie, ou qui privent pour toujours de la liberté, ou du droit de citoyen. Telles sont, la mort naturelle; le bannissement à perpétuité hors du Royaume; les galeres perpétuelles, & la reclusion à perpétuité en un hôpital, ou maison de force. La peine d'être traîné sur la

claie, & toute autre condamnation contre le cadavre, ou contre la mémoire d'un défunt, au cas de l'art. 1 du tit. 22 de l'Ord. 1670, peuvent aussi être mises au nombre des peines capitales. Toutes les peines capitales sont aussi afflictives, & infamantes, & emportent de droit la confiscation des biens, & la mort naturelle, ou civile.

4. Les peines *afflictives*, & qui ne sont point capitales, sont celles qui affligent le corps, ou qui gênent la liberté. Les peines qui affligent le corps, se nomment *peines corporelles*; telles sont la question, ou torture, le fouet, la flétrissure, le carcan & le pilori.

Les peines *afflictives non corporelles*, ou simplement *afflictives*, sont celles qui privent de la liberté; telles sont les galeres, le bannissement, & la reclusion en une maison de force. Toutes ces peines, tant corporelles qu'afflictives, sont aussi infamantes, à la réserve seulement de la question.

5. Enfin les peines qui sont purement *infamantes*, sont celles qui affligent seulement l'accusé dans son honneur & sa réputation, & qui le rendent infame. Telle est la peine de l'amende-honorable; celle du bannissement à temps; le blâme, & l'amende en matiere criminelle, quand elle est prononcée en dernier ressort, ou confirmée par Arrêt. (*Ordon.* 1670, *tit.* 25, *art.* 7.)

Il y a encore d'autres peines en usage, qui ne sont ni afflictives, ni infamantes. Telles sont les admonitions, & corrections qui se font en Justice; l'aumône, *&c.*; ou lorsqu'on fait de simples injonctions, ou défenses à l'accusé.

On entend par peine ou *punition exemplaire*, toute punition & correction qui peut servir d'exemple, de quelque nature qu'elle soit, légere ou grave. Il est parlé de cette punition dans les articles 14 & 19 du titre 13 de l'Ordonnance de 1670.

Des peines considérées par rapport aux Juges.

6. Les peines considérées par rapport aux Juges qui les prononcent, sont ou *légales*; ou *fondées sur l'usage des Tribunaux*; ou *arbitraires*.

Les peines *légales*, sont celles qui sont établies par les Loix & Ordonnances du Royaume, pour certains crimes; comme la peine de mort pour le vol domestique (*a*).

(*a*) Voyez ce qui est dit à ce sujet, au titre *des Sentences & Jugements*. (n. 166.)

Les peines *fondées sur l'usage des Tribunaux*, sont celles qui se prononcent presque uniformément dans tous les Tribunaux, pour certains crimes, quoique ces peines ne soient établies par aucune Loi du Royaume; comme la peine de l'authentique *sed hodie*, *Cod. ad* L. *Jul. de adult.* contre les femmes adulteres; & ainsi des autres. (*a*)

7. Les peines *arbitraires*, sont celles qui dépendent de la prudence du Juge, & qui s'infligent à proportion de la grandeur du crime. Elles dépendent du lieu; du temps; de la cause; de la quantité, ou qualité du délit; de la personne; de l'état; du sexe; de la récidive; de la mauvaise volonté; & des autres circonstances qui peuvent contribuer à rendre le crime plus ou moins grave. (*b*)

Les peines considérées sous ce même rapport, peuvent aussi être distinguées en *peines ordinaires*, & en *peines extraordinaires*.

8. Les peines *ordinaires*, sont celles qui sont déterminées par la Loi, ou par l'usage, pour les crimes qu'il s'agit de punir.

Les peines *extraordinaires*, sont d'autres peines moindres, qui s'infligent pour les mêmes crimes, par des raisons de tempérament, ou d'équité, tirées ou des circonstances particulieres qui rendent ces crimes plus excusables; ou du défaut de preuves suffisantes.

9. Mais une des principales manieres de diviser les peines, est en *peines publiques*, & en *peines privées*.

Les peines *publiques*, sont celles qui se prononcent pour la réparation de l'intérêt, ou de l'ordre public offensé; & ces premieres se prononcent, ou d'office par les Juges, ou sur la requisition de la partie publique.

Les peines *privées*, sont celles qui se prononcent par les Juges, sur la requête de la partie civile, pour la réparation du tort, & dommage qui lui a été causé.

CHAPITRE II.

Des peines qui sont en usage en France.

10. Les peines qui sont en usage en France dans les Tribunaux ordinaires de Justice, sont:

(*a*) Voyez ce qui est dit là-dessus, au titre des *Sentences & Jugements*. (n. 181.)

(*b*) Voyez ce qui est dit à ce sujet, au titre des *Sentences & Jugements*. (n. 187, 195 & suiv.)

Le feu.
La peine d'être tiré à quatre chevaux.
La roue.
La potence.
La tête tranchée.
La peine d'être traîné sur la claie.
La question avec ou sans réserve de preuve.
Les galeres à temps ou à perpétuité.
Le bannissement perpétuel ou à temps.
Le poing coupé.
La levre coupée.
La langue coupée, ou percée d'un fer chaud.
Le fouet.
La flétrissure.
L'amende-honorable.
Le pilori.
Le carcan.
La reclusion à temps, ou à toujours, dans une maison de force.
La peine d'être mené par les rues avec un chapeau de paille.
Le blâme.
L'admonition.
L'amende simple.
Et l'aumône.

Ordre des peines.

11. Voici quel est l'ordre de ces peines, suivant l'article 13 du titre 25 de l'Ordonnance 1670.

1. La mort naturelle.
2. La question avec la réserve des preuves en leur entier.
3. Les galeres perpétuelles; ou la reclusion à perpétuité en une maison de force, à l'égard des femmes.
4. Le bannissement perpétuel.
5. La question sans réserve de preuves.
6. Les galeres à temps; ou la reclusion à temps dans une maison de force, à l'égard des femmes.
7. Le fouet.
8. L'amende-honorable.

9. Le carcan, ou le pilori. (*a*)
10. Le bannissement à temps.
11. Le blâme.
12. L'admonition. (*b*)

12. Parmi les peines de mort naturelle, il y en a de différents degrés. Ainsi la peine d'être brûlé vif, est un plus grand supplice que celui d'être roué; & la roue est un plus grand supplice que la potence. C'est aussi une plus grande peine d'être pendu que d'avoir la tête tranchée. (Voyez Chassanée sur la Coutume de Bourgogne, *rubr.* 1, §. 5, in verbo, *il en perdra la vie*, *n.* 1, 2, *pag.* 181, de l'édition de 1587.)

Il faut aussi observer que la plus petite peine corporelle à l'égard des personnes de condition honnête, est plus grande qu'une peine pécuniaire, quelque considérable qu'elle soit (L. *in servorum* 10, §. 2, D. *de pœnis*); mais il n'en est pas de même à l'égard des personnes viles, & de basse condition.

L'Ordonnance regarde avec raison la peine de la question sans réserve de preuves, comme plus sévere que celle des galeres à temps; parce que cette question peut avoir trait à la mort, dans le cas où l'accusé avoue à la question.

13. Une derniere observation à faire, c'est que la peine d'être enfermée dans une maison de force à perpétuité ou à temps, à l'égard des femmes, est équivalente à celle des galeres perpétuelles, ou à temps. (Voyez *infrà*, n. 41 & 69.) Aussi cette peine doit être mise dans le même rang que celle des galeres, & immédiatement après; sçavoir, la peine de la reclusion à perpétuité, après la peine des galeres perpétuelles; & la peine de la reclusion à temps, après la peine des galeres à temps.

(*a*) *Nota* qu'après l'amende-honorable, il faut mettre la peine du carcan & celle du pilori, qui peut lui être comparée, dont l'Ordonnance, à la vérité, ne fait pas mention; mais il y a lieu de croire que c'est uniquement par oubli; cette peine étant plus grande que celle du bannissement à temps: car le carcan est une peine corporelle (*infrà*, n. 65.); au-lieu que le bannissement à temps, n'est qu'une simple peine afflictive (*infrà* n. 77.) Voyez aussi Farinac. *quæst.* 19, *n.* 29.) La déclaration du Roi du 11 Juillet 1747, compare cette peine du carcan, ou du pilori, à celle de la flétrissure.

(*b*) A l'égard du plus amplement informé, & s'il doit être mis dans l'ordre des peines, Voyez au titre *des Sentences & Jugements.* (n. 19.)

Outre

14. Outre ces peines, il y en a d'autres particulieres, qui ſont en uſage dans les Tribunaux ou Conſeils-de-Guerre, & qu'on peut appeller pour cette raiſon *peines militaires*; comme ſont la condamnation à avoir la tête caſſée; l'eſtrapade; celle de paſſer par les baguettes; d'être mis ſur un cheval de bois, *&c.*

Il y en a auſſi de particulieres *pour la Marine*; comme celles de la cale; de courir la bouline; du cabeſtan; d'être mis à la boucle, ou aux fers.

L'Edit du mois de Mars 1685, & celui du mois de Mars 1724, concernant les eſclaves de l'Amérique, établiſſent auſſi des peines particulieres *contre les eſclaves*; comme celles d'avoir les oreilles & le jarret coupé. (Voyez l'art. 38 de l'Edit du mois de Mars 1685; & l'art. 32 de l'Edit du mois de Mars 1724.)

15. Les Juges d'Egliſe infligent auſſi des peines qui leur ſont particulieres, & que l'on nomme *peines canoniques*; comme ſont l'excommunication; la dégradation des ordres ſacrés; la privation de bénéfice; la ſuſpenſe, & l'interdiction des fonctions Eccléſiaſtiques; le jeûne au pain & à l'eau, *&c.* (Voyez ci-après *n.* 254.)

Il n'eſt pas permis aux Juges, de quelque qualité qu'ils ſoient, de prononcer d'autres peines que celles qui ſont uſitées dans le Royaume. Ainſi, par Arrêt du 21 Juillet 1456, rapporté par Papon, *liv.* 23, *tit.* 10, aux additions, *n.* 1, une Sentence du Prévôt de Paris, qui avoit condamné un Anglois à être noyé, fut infirmée.

16. Il y a des peines que certains Juges ne peuvent prononcer. Ainſi les Juges d'Egliſe ne peuvent prononcer contre des Laïques, que des peines canoniques; & ils ne peuvent prononcer aucunes peines afflictives, ou infamantes contre des Eccléſiaſtiques; comme, par exemple, la peine de banniſſement hors du Diocèſe; ainſi jugé par Arrêt du 5 Juillet 1631, rapporté au Journal des Audiences, *tom.* 1. (Voyez ce qui eſt dit à ce ſujet, au titre *des Perſonnes prépoſées pour l'adminiſtration de la Juſtice criminelle*, n. 410 & ſuiv.)

Les femmes peuvent être condamnées à toutes les peines ci-deſſus indiſtinctement, ainſi que les hommes, à la réſerve des galeres, de la roue, & de la peine d'être tirées à quatre chevaux.

On prétend néanmoins qu'au Parlement de Paris on ne condamne jamais les femmes au banniſſement hors du Royaume, *ne liberos pariant in terrâ alienâ.* (Voyez *infra*, n. 42).

17. Toutes ces peines peuvent se prononcer contre les personnes nobles, & même contre les Prêtres, & autres Ecclésiastiques, ainsi que contre les roturiers, sans aucune distinction à cet égard. Il en faut seulement excepter la peine d'avoir la tête tranchée, qui n'a lieu que contre les personnes nobles, convaincues d'homicide, *&c.* & qui leur tient lieu du supplice de la potence, qui se prononce dans ce cas contre les roturiers. (Instituts de Loisel, *tit.* 28, *art.* 28. Voyez ce qui est dit ci-après au titre *des Sentences & Jugements*, n. 252 & suiv.)

Il faut aussi observer qu'il y a certaines peines qui ne se prononcent presque jamais contre les personnes nobles. Telle est la peine du fouet, & celle du carcan. (*Ita* Farin. *qu.* 98, *n.* 98 & 99. Voyez cependant ce qui est dit ci-après, *n.* 61).

18. A l'égard de l'assassinat prémédité, du vol de grand-chemin & des autres vols, on ne fait aucune distinction pour la peine entre les nobles, & les roturiers. (Voyez au titre *des Sentences & Jugements*, n. 254 & suiv.)

La noblesse, sert cependant à faire diminuer en plusieurs cas la peine due au crime. (Voyez ce qui est dit à ce sujet, *ibid.* *n.* 252).

SECTION PREMIERE.

Des peines publiques.

ARTICLE PREMIER.

Des peines capitales.

1°. *La peine du feu.*

19. La peine d'être brûlé vif, n'a lieu que pour les crimes de magie; blasphêmes exécrables; hérésie; crimes contre nature; inceste au premier degré; parricide, *&c.*

Cette peine se prononçoit aussi anciennement dans plusieurs autres cas. (Voyez Fornier, en son Traité *rerum quotidianarum*, *lib.* 1, *cap.* 7 : il y en a plusieurs exemples (*a*).

(*a*) Une femme qui avoit mal parlé de Clovis, fut condamnée à être brûlée vive, attachée à un poteau. (Voyez l'Histoire de Grégoire de Tours,

20. Quelquefois on joint à la peine du feu, celle de l'amende-honorable, & du poing coupé ; comme dans le cas de sacrilege, ou de parricide.

Il y a des cas où l'on condamne les coupables à être jettés au feu, mais seulement après avoir été étranglés ; comme quand une femme est convaincue d'avoir fait tuer son mari, *&c.*

2°. *Roué vif.*

21. Ce supplice est fort ancien, & il en est fait mention dans quelques Auteurs anciens. (Voyez Cœlius Rhodiginus, *lection. antiq.* lib. 10, cap. 5 ; & *Langlœi semestria*, lib. 10, cap. 3). Quelques-uns prétendent qu'il n'a été usité en France que sous François I, en conséquence de l'Ordonnance du mois de Janvier 1535 ; mais il paroît qu'il y avoit déja long-temps qu'on y condamnoit en Allemagne & en Flandre. En effet, Duchesne, dans ses preuves de l'Histoire de la Maison de Limbourg, à la page 67 de la Vie d'Engebert Archevêque de Cologne raconte que Frédéric, Comte d'Isenberg, pour avoir tué cet Archevêque, à la sollicitation de Césarius Moine de l'Abbaye d'Heisterback, fut condamné au supplice de la roue, qu'il souffrit avec d'autres tourments. Ce fait arriva environ l'an 1226.

22. Un autre passage de Grégoire de Tours, prouve aussi que ce supplice étoit connu auparavant, & dès le temps de Childebert II (*a*).

Livre 5, *Chapitre* 40, & *Livre* 6, *Chapitre* 35 & 36.)

En 1331, une Demoiselle fut brûlée à Paris, pour crime de faux. (Voyez Bouchel en sa Pratique criminelle, *tit.* 28, *chap.* 1.)

En 1438, une femme fut trouvée en Vimeux, convaincue d'avoir tué, & fait cuire plusieurs petits enfants, & de les avoir mangés ; pour quoi elle fut brûlée à Abbeville. (Voyez l'Histoire de Charles VII, de Godefroi, *pag.* 342.)

Le nommé Guillotin, l'un des chefs de la sédition de Bordeaux, fut condamné à être brûlé vif. (Voyez l'Histoire de M. de Thou, *lib.* 5, *pag.* 157, de l'édition latine.)

En l'année 1600, Nicole Mignon, pour avoir conspiré contre la vie de Henri IV, fut condamnée à être brûlée. (Voyez l'Histoire de la Paix de Cayet, *liv.* 3, *n.* 8, *pag.* 143.)

(*a*) *Grindionem apprehensum intextum rotæ, in sublime sustulerunt.* (*Gregor. Turon.* lib. 5, cap. 19.)

Cette peine ne se prononce ordinairement que contre les voleurs de grands-chemins ; les assassins, & meurtriers de guet-à-pens ; ceux qui volent de nuit dans les maisons, avec violence publique, & mauvais traitements ; les parricides ; les valets qui tuent leurs maîtres ; & quelquefois dans le cas de leze-majesté ; comme il s'est pratiqué en 1593, à l'égard de Pierre Barriere, & en 1602 à l'égard du sieur de Fontanelle, complice de la conjuration du Maréchal de Biron.

On ne condamne gueres à expirer sur la roue, que pour les crimes les plus atroces ; on ordonne ordinairement que les coupables seront étranglés.

23. L'usage même est de ne pas rouer vif les voleurs de grand-chemin, s'il n'y a assassinat joint. On ordonne le plus souvent qu'ils seront étranglés dans le temps de l'exécution ; ou qu'ils recevront quelques coups vifs ; ou bien qu'ils seront étranglés immédiatement après ; ou enfin qu'ils resteront une ou deux heures sur la roue avant d'être étranglés ; le tout, suivant les circonstances. Toutes ces restrictions se font par un *retentum*, signé des Juges, qui se met au bas de la Sentence, & qui ne se lit point au condamné.

Les femmes ne sont jamais condamnées à ce supplice, ainsi qu'on l'a observé. Au-lieu de cela, on les condamne à être pendues, ou brûlées, suivant la nature du crime.

3°. *Ecartelé, ou tiré à quatre chevaux.*

24. Ce supplice est très ancien, & il en est parlé dans Aulugelle, *liv.* 20, *ch.* 1. (Voyez *infra*, *n.* 265.)

Sous l'Empereur Charlemagne, le Comte Ganelon, pour trahison contre l'Etat, fut condamné à Aix-la-Chapelle, à être tiré à quatre chevaux. (Voyez Gaguin en son Histoire, *liv.* 4, *p.* 49.)

Il n'a lieu ordinairement que pour les crimes de leze-majesté au premier chef, quoique cependant il ait été employé quelquefois pour punir les attentats faits à la personne des Princes du Sang (*a*) ; comme on le fit en 1582 à l'égard de Salcede, pour

(a) *Fuit hoc supplicium pronuntiatum contra necatorem veneficum Francisci Viennensium Delphini, Galliarum Regis Francisci I primogenitum.* (Voyez Langlæi Semestria, *lib.* 10, *cap.* 4.) c'étoit en l'année 1536.

avoir attenté à la personne du Duc d'Anjou, frere du Roi; & en 1563, contre Jean Poltrot, pour avoir assassiné le Duc de Guise. On l'emploie même quelquefois contre des chefs de conjuration; ainsi qu'il s'est pratiqué en l'année 1548 contre Lavergne, l'un des principaux chefs de la conjuration de Bordeaux.

25. Dans le cas de crime de leze-majesté au premier chef, ce supplice est ordinairement accompagné de plusieurs autres peines qui en augmentent la rigueur; comme de faire amende-honorable; d'être tenaillé avec des tenailles ardentes aux mamelles, bras, cuisses & jambes, sur lesquelles on jette du plomb fondu, de l'huile bouillante, de la poix-raisine, de la cire, & du soufre fondus ensemble; les membres après l'exécution jettés au feu pour y être consumés; & les cendres jettées au vent. Outre ces peines qui s'exercent sur la personne du coupable, on ordonne encore que sa maison, ou celle en laquelle il est né, sera rasée, avec défenses de la rétablir à l'avenir; son nom supprimé, avec défenses à ses parents de le porter; ses pere & mere bannis à perpétuité hors du Royaume, ainsi que sa femme & ses enfants; & outre cela, ses biens confisqués au profit du Roi, même dans les pays où la confiscation n'a lieu; ainsi qu'il s'est pratiqué en 1594, contre Jean Châtel; en 1610, contre François Ravaillac; & en 1757, contre Robert-François Damiens.

26. Quelquefois la peine du tenaillement se joint au supplice de la roue, ce qui fut pratiqué à l'égard de Pierre Barriere, pour attentat par lui commis contre la vie d'Henri IV. On le pratique aussi pour d'autres crimes atroces pour lesquels le coupable est condamné au supplice de la roue. (Voyez ce qui est dit à ce sujet au titre *du Crime de leze-majesté humaine*, n. 23.)

4°. *La potence.*

27. Ce supplice ne s'emploie guere que contre les roturiers. Il a lieu pour les crimes de simple homicide; fausse monnoie; banqueroute frauduleuse; rapt; supposition de part; faux par officiers dans leurs fonctions; vol avec effraction; vol domestique; assemblées illicites; séditions & émotions populaires, *&c.*

On prétend que ce genre de peine n'avoit pas lieu anciennement contre les femmes; & que le premier exemple de ce supplice, à leur égard, est en l'année 1449, où l'on pendit deux hommes & une femme, convaincus d'avoir volé plusieurs petits enfants ; mais qu'avant ce temps-là, on n'avoit point encore vu à Paris pendre des femmes. (Voyez le Journal de Charles VII, en fin de l'Histoire de Juvenal des Ursins ; & l'Histoire du même Charles VII, par Godefroi, *pag.* 137 & 347).

Néanmoins on a un exemple du contraire, en la personne d'Epilingue, qui fut condamnée à être pendue en l'année 898, pour avoir voulu empoisonner le Roi. (Voyez Duchesne, *tom.* 2, *Hist. Fr. pag.* 584.) Mezerai, en son abrégé de l'Histoire de France, année 1396, dit qu'en ce temps-là on ne pendoit point dans les villes, mais qu'on y coupoit la tête ; & qu'en plusieurs endroits, on menoit le condamné au gibet, à pied, & devant le jour.

5°. *La tête tranchée.*

28. Ce supplice, qui est très ancien, n'a guere lieu parmi nous, qu'à l'égard des personnes nobles, & s'emploie ordinairement dans les mêmes cas où les roturiers sont condamnés à la potence ; comme pour homicide simple, rapt, sédition, *&c.* avec cette distinction cependant, que lorsqu'il s'agit de crimes qui deshonorent, & rendent infame par leur nature, comme le vol avec effraction, le vol de grand-chemin, l'assassinat prémédité, *&c.* les nobles sont condamnés aux mêmes peines que les roturiers. (Voyez ci-dessus, *n.* 17).

29. En Espagne, ce supplice s'exécute un peu différemment de ce qui s'observe en France (*a*).

6°. *Etre passé par les armes.*

30 C'est un supplice de mort qui se pratique à l'armée, contre les soldats, dans certaines circonstances, & pour certains délits de guerre. (Voyez les articles 15, 16, 20 & 23 de l'Ordonnance

(*a*) Lorsque Roderic de Calderon fut décapité à Madrid en l'année 1621, il s'assit sur la sellette, permettant à l'exécuteur de lui lier les bras, les pieds, & le corps, & il se découvrit la gorge pour recevoir le coup ; ensuite de quoi l'exécuteur lui jetta un taffetas sur les yeux, & lui coupa le col par-devant, suivant la mode d'Espagne, *&c.* (Voyez le Mercure François, *tom.* 7, *p.* 170, 175 & suiv.)

du premier Juillet 1727). Ce supplice consiste à tuer *le coupable* à coups de fusil.

7°. *Confiscation de corps & biens.*

31. Cette peine, qui est établie par quelques Ordonnances, & entre autres, par celle de l'année 1545, touchant le crime de péculat; par celle de Blois, *art.* 48 & 202, contre les usurpateurs de bénéfices, & usuriers; & par celle du mois d'Août 1539, *art.* 56, contre ceux qui gardent les corps des bénéficiers décédés; *&c.* ne doit point s'entendre de la mort naturelle, mais seulement de la mort civile. (Voyez Lebret, Traité de la Souveraineté, *liv.* 2, *ch.* 3, *p.* 98; & le Factum de M. Pélisson, en faveur de M. Fouquet, touchant le péculat, *p.* 24 *& suiv.* de l'édition *in*-4°.)

Ainsi dans les différents cas où cette peine est prononcée par les Ordonnances, il faut toujours l'entendre des galeres perpétuelles, ou du bannissement à perpétuité hors le Royaume, suivant les circonstances du crime, & la qualité de l'accusé.

8°. *Galeres à perpétuité.*

32. Cette peine, qui emporte la mort civile & la confiscation de biens, a lieu principalement pour les crimes d'usure, de faux témoignages, de concussion, d'abigeat, de récidive de vol simple par gens déja flétris, *&c.*

Elle se prononce aussi le plus souvent dans les crimes pour lesquels l'accusé a été appliqué à la question, avec réserve de preuves sans rien avouer.

A l'égard de la peine des galeres à temps, voyez ce qui est dit ci-après (*n.* 67).

Observations sur la peine des galeres en général.

33. 1°. La peine des galeres considérée seule, & sans la marque ou flétrissure, qui doit toujours y être jointe, ainsi qu'il sera observé ci-après, ne doit point être regardée comme corporelle; & l'Ordonnance de 1670, *tit.* 26, *art.* 6, la distingue des peines de ce genre.

34. 2°. On a prétendu autrefois que les Juges des Seigneurs ne pouvoient condamner en la peine des galeres ; & plusieurs Auteurs ont adopté cette opinion, sur le fondement que l'exécution de cette peine se fait hors le territoire des Seigneurs ; & que comme c'est une espece d'ordre, ou de mandement donné par les Juges des Seigneurs aux Officiers qui ont le gouvernement des galeres, ces Officiers ne sont point tenus de l'exécuter ; parce que ces derniers ne dépendent de ces Juges en aucune maniere, & qu'ils ne sont soumis qu'aux ordres du Roi. On trouve même quelques Arrêts, & entre autres, un Arrêt de réglement du 20 Juillet 1641, rapporté par Henris, *tom.* 1, *liv.* 2, *ch.* 4, *qu.* 31, conformes à cette opinion, & qui défendent aux Juges des Seigneurs de condamner en la peine des galeres, comme étant une chose qui ne peut appartenir qu'aux Juges Royaux.

35. Mais depuis, la Jurisprudence a changé, & cette question ne souffre plus aujourd'hui aucune difficulté, ainsi que l'observe Bretonnier sur Henris, en l'endroit qui vient d'être cité. Tel est aussi le sentiment de presque tous nos Criminalistes modernes. En effet, qui peut le plus, peut le moins ; & puisque les Juges des Seigneurs peuvent condamner à mort, à plus forte raison peuvent-ils condamner aux galeres à temps, ou à perpétuité : d'ailleurs, l'Ordonnance de 1670 ne fait à cet égard aucune distinction entre les Juges des Seigneurs, & les Juges Royaux. Il a même été rendu depuis quelques années, un Arrêt en la Tournelle, le 27 Décembre 1734, confirmatif d'une Sentence du Bailli du Fort-aux-Dames transféré à Montmartre, par laquelle le nommé Jean Mulard le jeune, cabaretier, a été condamné aux galeres perpétuelles. J'ai vu aussi une Lettre de M. le Chancelier Daguesseau à M. Joly de Fleuri, Procureur-Général, en date du 8 Août 1739, où il lui marque que cela ne doit pas souffrir la moindre difficulté.

36. 3°. Lorsqu'un accusé a commis un crime qui mérite la peine des galeres, & que cet accusé est estropié, ou manchot, ou aveugle, ou qu'il a quelque autre infirmité qui le met hors d'état de servir, il ne doit pas moins être condamné à cette peine, & conduit avec la chaîne jusqu'au lieu de sa destination, où l'on visite les galeriens, & où l'on renferme dans des hôpitaux ceux qui sont hors d'état de servir. (Voyez l'Edit du mois d'Août 1685, touchant les peines auxquelles les faux-sauniers doivent être condamnés.)

Néanmoins

Néanmoins dans ce cas d'infirmité des condamnés, les Cours commuent ordinairement la peine, en celle du bannissement : il y en a un grand nombre d'Arrêts.

37. 4°. La condamnation aux galeres ne se prononce jamais contre les femmes, à cause de la foiblesse de leur sexe, ainsi que je l'ai déja observé ; mais au-lieu de cette peine, on prononce contre elles, celle de la reclusion dans une maison de force, à temps, ou à toujours, suivant les circonstances. (Voyez ci-après *n.* 41 & 69).

5°. Tous ceux qui sont condamnés aux galeres, soit à temps, soit à perpétuité, doivent auparavant être marqués, avec un fer chaud, des lettres GAL, sur l'épaule, suivant l'*art.* 5 de la Déclaration du 4 Mars 1724.

38. 6°. Dans les condamnations aux galeres, soit à temps, soit à toujours, les Juges ne doivent point y joindre la peine de l'amende, qui se prononce dans toutes les autres condamnations à peine afflictive. Tel est l'usage du Parlement de Paris ; & il a été ainsi jugé par Arrêt du 16 Avril 1676, en infirmant une Sentence du Lieutenant-Criminel d'Angers ; & par un autre Arrêt, du 12 Avril de la même année, sur un Appel du Lieutenant-Criminel de Lyon ; autre du 4 Avril 1676, sur un Jugement du Prévôt de Sens : ce qui est fondé sur ce que le condamné paie alors de son corps. Néanmoins quand le procès est fait par un Juge Royal, dont le domaine est engagé ; ou par un Juge de Seigneur ; en condamnant aux galeres, soit à temps, soit à perpétuité, on doit toujours condamner l'accusé en une amende, pour indemniser le Seigneur-engagiste, ou le Seigneur haut-Justicier du lieu où le procès a été fait. Il paroît aussi que la maxime de ne point condamner en l'amende ceux contre lesquels on prononce la peine des galeres, ne doit point avoir lieu dans le cas où la condamnation aux galeres est prononcée contre un accusé contumax.

39. 7°. Celui qui est condamné aux galeres, à temps, ou à perpétuité, ne peut être retenu prisonnier par la partie civile, pour les dommages & intérêts, auxquels cet accusé a été condamné envers elle. (Voyez au titre *des Sentences & Jugements*, n. 37, & *infra* n. 23.)

8°. Il est défendu, à ceux qui ont été condamnés aux galeres, de se retirer en aucun cas, ni dans aucun temps, après le temps de leur condamnation expiré, dans la ville, fauxbourgs, &

banlieue de Paris, ni à la suite de la Cour, sous les peines portées par la Déclaration du 31 Mai 1682; c'est-à-dire, à peine d'être condamnés de nouveau aux galeres, à temps, ou à perpétuité. (Déclarations des 8 Janvier 1719; 5 Juillet 1722, & 5 Février 1731, *art.* 2.)

40. 9°. Les condamnés aux galeres, qui se mutilent eux-mêmes, afin d'être incapables de servir, doivent être punis de mort, suivant une Déclaration du 4 Septembre 1677.

9° *Reclusion à perpétuité dans une maison de force.*

41. Cette peine a été établie contre les femmes & les filles, pour leur tenir lieu de la peine des galeres perpétuelles, auxquelles elles ne peuvent être condamnées, à cause de la foiblesse de leur sexe; & elle se prononce contre elles dans les mêmes cas, où l'on a coutume de condamner les hommes aux galeres à perpétuité. (Voyez les Déclarations du 29 Avril 1687; 4 Mars, & 18 Avril 1724.) Cette peine emporte également mort civile contre les femmes qui y ont été condamnées. Il y a même quelques cas où cette peine se prononce contre des hommes. (Voyez *infrà*, n. 126.)

A l'égard des foux & insensés, qu'on fait enfermer pour toujours, en vertu d'un jugement; comme alors cette condamnation ne se prononce point par forme de peine, ni après une instruction criminelle, cette peine n'est ni capitale, ni infamante. (Voyez sur la reclusion à temps, ce qui est dit *infrà*, n. 69.)

10°. *Bannissement à perpétuité hors du Royaume.*

42. Cette peine, que l'on peut comparer à celle de la *déportation*, qui étoit en usage chez les Romains, produit les mêmes effets, & emporte la mort civile contre la personne du condamné; & par conséquent la confiscation de ses biens. Ainsi celui qui est banni du Royaume à perpétuité, ne peut agir, ni succéder, ni tester, *quia jus civitatis amisit.*

Quelques-uns prétendent, ainsi qu'il a été observé ci-dessus (n. 16.) que l'usage du Parlement de Paris, est de ne point prononcer la peine du bannissement à perpétuité hors du Royaume contre les femmes; mais seulement de les bannir à perpétuité hors le ressort du Parlement, avec confiscation de leurs biens. Mais on ne voit pas cependant sur quoi cette prétention peut être fondée; au contraire, la Déclaration du 4 Août 1682, rendue contre les Bohémiens & leurs femmes, prononce la peine du bannissement à perpétuité hors du Royaume, contre les femmes.

43. Le bannissement perpétuel hors le ressort d'un Parlement, d'un Baillage Royal, d'une Généralité, ou d'une Justice particuliere, n'emporte point mort civile. (Voyez Ricard des donat., *part.* 1, *ch.* 3, *sect.* 4, *n.* 253; & Brodeau sur Louet, lettre B. *ch.* 17, *n.* 3; & lettre S. *ch.* 25, *n.* 18. Ainsi jugé par Arrêt du 20 Avril 1622, rapporté par Bardet, *tom.* 1, *liv.* 2, *ch.* 27; & par un autre du 7 Septembre 1624, rapporté au Journal des Audiences, *tom.* 1, *liv.* 1, *ch.* 28; rendus l'un & l'autre dans le cas d'un bannissement perpétuel hors le Parlement. Voyez aussi l'Ordonnance criminelle du Prince Léopold, du mois de Juillet 1701, rendue pour la Lorraine, *tit.* 15, *art.* 8, qui le suppose à l'égard du bannissement à perpétuité hors le ressort des Justices des Seigneurs. Tel est aussi le sentiment de Legrand, sur la Coutume de Troyes, *art.* 133, *n.* 37, où il cite plusieurs autorités.

44. On prétend néanmoins que la Jurisprudence constante du Parlement de Paris, est que le bannissement à perpétuité hors le Parlement, contre une fille, ou une femme, emporte mort civile & confiscation de biens; ce qui est fondé sans doute sur l'usage où l'on est dans le même Parlement, de ne plus bannir les femmes hors du Royaume.

On trouve même un Arrêt du 9 Janvier 1620, rapporté par Tronçon sur la Coutume de Paris, *art.* 95, qui a jugé que le bannissement perpétuel du Bailliage de Chartres, & de la Prévôté & Vicomté de Paris, avec amende-honorable, emportoit mort civile, de même que le bannissement perpétuel hors du Royaume.

45. Quelques Auteurs ont prétendu que les Juges Royaux ne pouvoient bannir hors le Royaume, & que cette peine ne pouvoit être prononcée que par les Juges Souverains. Il y en a un Arrêt du 28 Novembre 1625, rapporté par Bouchel en ses Arrêts, *liv.* 1, *chap.* 41; & un autre du 21 Octobre 1673, contre le Lieutenant-Criminel de Sainte-Menehoult. Autre Arrêt du 21 Octobre 1666, contre le Prévôt de Vinci. Tel est aussi le sentiment de Coquille, sur la Coutume de Nevers, *tit.* 1, *art.* 15.

Mais la maxime contraire, que les Juges Royaux peuvent bannir, même à perpétuité hors le Royaume, doit être regardée comme constante. Voyez Mornac, *ad L. ult. D. de jurisdictione*, sur la fin; & Carondas sur la somme rurale de Bouteiller, *liv.* 2, *tit.* 1. La Déclaration du 4 Août 1682, rendue contre les Bohémiens, en a une disposition précise; & elle enjoint expressément aux Baillis & Sénéchaux Royaux, ou leurs Lieutenants, de bannir les Bohémiens hors du Royaume, en cas de récidive: ce qui suppose nécessairement que les Juges Royaux peuvent prononcer cette espece de bannissement. La même chose est ordonnée par un Edit précédent du mois de Décembre 1666; & il a été ainsi réglé au Parlement de Dijon, par un Arrêt rendu en la Tournelle, le 5 Juillet 1732, rapporté par M. Serpillon, en son Code Criminel, *pag.* 1555. Voyez aussi l'Ordonnance criminelle de Léopold, *titre* 14, *art.* 13, qui en a une disposition. *Ita etiam* Lapeyrere en ses Décisions Sommaires, édition de 1689, lettre A, n. 34. Voyez encore Legrand sur Troyes, *tit.* 7, *art.* 133; & Mornac *ad liv.* 1, D. *de jurisd. omn. jud. ex lege in agris* 16, D. *de acquir. rerum domin.* (a)

46. A l'égard des Juges de Seigneurs, ils ne peuvent condamner à la peine du bannissement hors le Royaume; mais ils peuvent seulement bannir hors leur territoire. Voyez Mornac sur la Loi derniere. D. *de jurisdictione*, sur la fin; le Code Fabr. *lib.* 9, *tit.* 25, *defin.* 11; Coquille, *quæst.* 11; Carondas sur la Somme Rurale de Bouteiller, *liv.* 2, *tit.* 1; Dumoulin sur la Coutume d'Auxerre, *ch.* 1, *art.* 1; & il a été ainsi jugé par Arrêt du Parlement du 19 Mai 1676, contre le Juge de Benouille. Autre Arrêt rendu en la Tournelle le 11 Septembre 1717, & rapporté au Journal des Audiences, *tom.* 6, *liv.* 7, *ch.* 54, qui défend au Juge de Vouvans de bannir hors l'étendue de son ressort. Plusieurs Coutumes en ont aussi des dispositions. Voyez Poitou, *art.* 2; Senlis, *art.* 98, *&c.*; ainsi que l'Ordonnance criminelle de Léopold, *tit.* 14, *art.* 13.

(a) Par Sentence rendue au Bailliage de Brie-Comte-Robert, au mois d'Août, ou de Septembre 1763, le Sieur Thieullin, Curé d'une des Paroisses de ladite ville, a été condamné au bannissement à perpétuité hors du Royaume, & son bénéfice déclaré impétrable, pour avoir refusé l'Extrême-Onction à un de ses paroissiens. Cette Sentence est par contumace.

47. La Jurisprudence est différente au Parlement de Rouen, où l'on admet que les Juges de Seigneurs peuvent bannir hors le Royaume. Il en a même été fait un arrêté en cette Cour le 22 Décembre 1612, pour servir de réglement à l'avenir. (Voyez Basnage sur la Coutume de Normandie, *art. 243, pag. 218, édition de 1709.*)

Quelques Auteurs prétendent que les Juges de Seigneurs peuvent bannir à perpétuité, de leur territoire. (Voyez Coquille, *quæst.* 11; & la Coutume de Senlis, *art.* 98). On trouve néanmoins un Arrêt du Parlement du 28 Juillet 1671, qui fait défenses au Juge de Marillac, de bannir à perpétuité hors la Justice de Marillac.

Mais cette espece de bannissement à perpétuité n'emporte pas mort civile. (Voyez ci-dessus, *n.* 43.)

Touchant les bannissements à temps, Voyez ce qui est dit, *infrà*, (n. 77.)

Observations sur le bannissement en général.

48. 1°. Les femmes mariées, & sous puissance de mari, peuvent être bannies, comme les autres.

Et il en est de même des Religieux: il y en a plusieurs Arrêts, & entre autres un, par lequel un Religieux Cordelier a été condamné au bannissement pour trois ans, du ressort de la Prévôté de Paris. Autre Arrêt du Parlement d'Aix, du 20 Juin 1698, qui prononce aussi un bannissement contre un Religieux.

2°. Ceux & celles qui enfreignent leur ban, doivent être condamnés en la peine des galeres. (Voyez ce qui est dit au titre *Des rébellions à justice*, n. 53.)

3°. On doit lire aux bannis les Déclarations qui prononcent contr'eux la peine établie pour le cas d'infraction de ban: il y a à ce sujet un Arrêt de réglement du Parlement de Paris du 12 Mars 1685.

49. 4°. Il est défendu à tous ceux qui ont été condamnés au bannissement par quelques Juges, & de quelques lieux que ce puisse être, de se retirer pendant le temps de leur bannissement, dans la ville, Prévôté & Vicomté de Paris, ni de demeurer pendant ledit temps à la suite de la Cour, ni même après le temps de leur bannissement, si outre la peine du bannissement ils avoient subi la peine du carcan, ou quelqu'autre peine corporelle; ou

s'ils avoient été condamnés deux fois au bannissement ; à peine d'être punis comme infracteurs de ban. (Voyez ci-après au titre *Rébellion à justice*, n. 55.)

5°. On permet quelquefois à ceux qui ont été condamnés au bannissement, de rester pendant un certain temps dans le lieu de leur bannissement, pour y vaquer à leurs affaires. (Ainsi jugé par Arrêt du Parlement du 10 Décembre 1712, qui permet à un banni de demeurer pendant deux mois dans le lieu dont il étoit banni, pour y vaquer à ses affaires.)

50. 6°. Ceux qui sont condamnés au bannissement peuvent être retenus en prison pour les dommages & intérêts auxquels ils sont condamnés envers la partie civile, jusqu'au paiement de ces mêmes dommages & intérêts (Voyez *infrà*, n. 239.)

7°. Autrefois quand un accusé étoit banni au Parlement de Grenoble, hors le ressort de ce Parlement, on faisoit conduire l'accusé jusqu'à la frontiere. Cet usage a été réformé par une Déclaration du Roi du premier Mars 1709, rapporté au Recueil des Réglemens de Justice, *in-4°.*, *tom.* 2, *pag.* 1095.

8°. Touchant la peine établie contre ceux qui cachent & recelent les bannis, voyez ce qui est dit ci-après au titre *du Vol*. (n. 197.)

9°. On ne doit pas prononcer l'admonition contre ceux qui sont condamnés au bannissement. (Voyez ci-après, n. 113.)

11°. *Trainé sur la claie.*

51. Cette peine ne s'inflige que contre les cadavres des criminels convaincus de leze-majesté divine, ou humaine, dans le cas où il échet de faire le procès aux défunts, comme dans les crimes de duel ; de suicide ; ou de rébellion à Justice avec force ouverte. (*Ordon. 1670, tit. 22, art. 1.*)

Les crimes de leze-majesté divine, pour lesquels on doit faire le procès aux défunts, sont le crime d'*hérésie*, & celui de *relaps*. (Déclarations des 29 Avril 1685, & 14 Mai 1724, *art.* 9. Voyez aussi la L. 4, §. 4, Cod. *de hæreticis* ; & le Droit Canon, *caus.* 24, *quæst.* 2, *cap.* 6.) A l'égard des crimes de leze-majesté humaine, pour lesquels les coupables sont sujets à cette peine ; cela n'a lieu qu'à l'égard de ceux qui attentent à la personne sacrée du Prince, & de ceux qui prennent les armes contre lui, ou qui ont des intelligences avec les ennemis de l'État; ce qu'on appelle en France *perduellion*, ou *félonie*, & en Angleterre *haute trahison*. (Voyez Airault en son Instruction Judiciaire, *liv. 4, part. 1, n. 17.* Voyez aussi la loi derniere. D. *ad L. juliam majest.*)

52. Les condamnations rendues contre le cadavre d'un défunt, portent qu'il sera traîné sur une claie, la face contre terre, par les rues & carrefours du lieu où le jugement a été rendu; & ensuite pendu à une potence, & jetté à la voirie; & que ses biens seront confisqués.

Quand le cadavre n'a pu être conservé, on fait une figure d'homme, ou de femme, qui représente le défunt, sur laquelle on exécute le jugement, de même que si c'étoit le cadavre.

Cette peine est capitale, & emporte la confiscation de biens. L'article 9 de la Déclaration du 14 Mai 1724, qu'on vient de citer, la compare à la peine de galeres à perpétuité.

12°. *Condamnation de la mémoire d'un défunt.*

53. Cette peine est semblable à la précédente : elle ne s'inflige que dans les mêmes cas, & elle a les mêmes effets.

Les condamnations contre la mémoire d'un défunt, se rendent *ad perpetuam rei memoriam*, afin de laisser à la postérité une note générale & éternelle du crime, contre celui qui l'a commis; par exemple, à l'égard des nobles, en les déclarant roturiers, & leurs descendants; & en ordonnant que leurs armoiries seront brisées; leurs châteaux, ou maisons abattues; leurs bois coupés, & leurs noms supprimés. (*a*)

ARTICLE II.

Des Peines corporelles.

1°. *La langue coupée, ou percée.*

54. Cette peine se prononce contre les blasphémateurs du saint nom de Dieu, de la Sainte Vierge, & des Saints, lorsque

(*a*) Voyez l'exemple du procès fait en 1617, à la mémoire du Maréchal d'Ancre dans Bouchel, en son livre de la Justice Criminelle de France, *pag.* 296.)

les coupables sont retombés plusieurs fois dans le même crime. (Voyez ce qui est dit à ce sujet au titre des *Blasphémateurs*, n. 5.)

2°. *La lévre coupée, ou fendue.*

C'est aussi une peine qui se prononce contre les blasphémateurs, dans le cas de plusieurs récidives. (Voyez ce qui est dit au même titre des *Blasphémateurs*, n. 5.)

3°. *Les oreilles, ou le jarret coupé.*

55. Cette peine se prononce contre les esclaves fugitifs, qui, aux termes de l'article 38 de l'Edit du mois de Mars 1685, & de l'article 32 de l'Edit du mois de Mars 1724, doivent être condamnés à avoir les oreilles coupées, s'ils sont en fuite pendant un mois ; & qui en cas de récidive pendant un autre mois, doivent être condamnés à avoir le jarret coupé. (*a*)

4°. *Le poing coupé, ou brûlé.*

56. La peine d'avoir le poing coupé, a ordinairement lieu dans le crime de sacrilege énorme ; *v. g.* de profanation des saintes Hosties, & des vases sacrés ; de parricide ; d'assassinat de mari ; & quelquefois en crime de faux par personnes publiques. Autrefois on condamnoit aussi les faux-monnoyeurs à cette peine. (*b*)

57. A l'égard de la peine du poing brûlé, elle ne se prononce que contre les coupables de crime de leze-majesté au premier chef, ainsi qu'il s'est pratiqué à l'égard de Ravaillac & de Damiens. (*c*)

(*a*) *Servo fugitivo unus pes amputatur.*(*Cujacius & glossa Gothofredi ad novellam* 134, cap. 13, liv. 3, Cod. *de servo fugitivo, & ibi glossa.*)

(*b*) *Falsi monetarii manum perdant*, &c. (Voyez les Capitulaires des Rois de France, *pag.* 604, *n.* 19, & 783, de l'édition de Baluze. *Manus furibus praeciduntur, Longobardorum legibus*, tit. 98.)

(*c*) Voyez le Jugement rendu contre Balthasar Girard, le 11 Juillet 1584, pour avoir tué le Prince d'Orange, dans Pierre Mathieu en la vie de Henri III, *pag.* 567 *de l'édition de* 1631. Il fut condamné à être tenaillé, & coupé en quatre quartiers, & à avoir le poing coupé.

Celui rendu contre Pierre Barriere en l'année 1593, dans Dupleix, en la vie de Henri IV, *tom.* 4, *pag.* 129.

Mais

Mais cette peine, ainsi que celle d'avoir le poing coupé, ne se prononce plus aujourd'hui que contre des personnes condamnées à mort, pour les crimes dont on vient de parler : elles s'exécutent seulement à la suite de l'amende-honorable, & immédiatement avant le dernier supplice auquel ces personnes sont condamnées.

5°. *La question.*

58. La question doit aussi être mise au nombre des peines corporelles ; (Jul. Clarus, *quæst.* 70, *n.* 3.) quoiqu'elle ne s'inflige point comme une peine contre l'accusé ; mais seulement comme un moyen pour tirer de lui la vérité. C'est pour cela que quelque rigoureuse que soit la question préparatoire, avec ou sans réserves de preuves, elle n'emporte cependant par elle-même aucune note d'infamie. Cette observation fut faite par M. le Premier Président, lors de la rédaction de l'Ordonnance de 1670. (Voyez le procès-verbal de cette Ordonnance, *tit.* 20, sur l'*art.* 2, *pag.* 224.) Et c'est aussi pour cela sans doute que quelques Auteurs ont prétendu que la question préparatoire ne devoit pas être donnée par la main de l'Exécuteur, à la différence de la question préalable ; afin de ne pas imprimer une note d'infamie à celui qui n'est pas encore condamné, ainsi qu'il est porté par un Arrêt du 8 Mars 1624, rapporté par Basset, *tom.* 1, *liv.* 6, *tit.* 12, *chap.* 2. (Voyez ce qui est dit ailleurs touchant la question, au titre *De la Question, ou torture*, n. 6, & *toto titulo*, où l'on trouvera tout ce qui a rapport à cette matiere.)

6°. *La flétrissure, ou marque avec un fer chaud.*

59. Cette peine est presque toujours jointe à celle du fouet, ou à celle des galeres, & ne se prononce presque jamais seule. Elle a été introduite, afin qu'on puisse reconnoître à cette marque ceux qui ont

---

Celui donné contre Jean Chatel en 1594, dans Dupleix, *ibid. tom.* 4, *pag.* 164.

Celui donné en 1610, contre François Ravaillac.

Par un autre Arrêt du 27 Décembre 1677, Charlotte Boucher, veuve de Nicolas de Clersin, convaincue d'avoir fait prendre deux fois du poison à son mari, a été condamnée à avoir le poing droit coupé, &c. (Voyez ci-après au titre *du Parricide*, n. 8.)

subi l'un ou l'autre de ces supplices, & qu'on les punisse plus sévérement, en cas de récidive. Ceux qui sont flétris pour vol, doivent être marqués sur l'épaule avec un fer chaud, de la lettre V; & ceux qui sont condamnés aux galeres, sont marqués des lettres G A L. (Voyez la Déclaration du 4 Mars 1724, *art.* 1, 3 & 5.)

Autrefois on marquoit les voleurs, qui étoient condamnés au fouet, d'une fleur de lis, qui est la marque du Souverain; comme à Rome, dans l'Etat Ecclésiastique, on les marque de deux clefs en sautoir, qui sont les armes de la Papauté. Mais cette marque a été changée en celle d'un V, par la Déclaration du 4 Mars 1724, dont on vient de parler. L'usage de la fleur de lys n'a plus lieu que dans le cas où l'on condamne au fouet, & à la flétrissure, pour autre crime que pour vol.

7°. *Le fouet.*

60. Cette peine, à laquelle on joint presque toujours la flétrissure, & le bannissement à temps, ne se prononce gueres que contre des personnes viles & de basse condition, dans les cas où elles méritent quelque peine afflictive. Elle a lieu aussi contre les voleurs simples, ainsi que contre les filoux, coupeurs de bourses, & autres gens de cette espece. (Farin. *qu.* 19, *n.* 29; Déclar. du 4 Mars 1724, *art.* 1.)

La Roque, en son Traité de la Noblesse, *chap.* 95, dit que les nobles sont décolés; si ce n'est qu'ils aient commis trahison, larcin, parjure, ou fabrique de faux témoins; car la condition contribue à aggraver le crime, suivant la Loi 2, §. 1, D. *de re militari*; & la Loi *quædam delicta* 14, D. *de pœnis*.

On a cependant l'exemple d'une Demoiselle noble, qui ayant été condamnée au fouet pour vol, par Sentence du Châtelet de Paris, fut seulement condamnée au bannissement à temps, sur l'appel au Parlement, quoique le fouet soit la peine du vol simple, suivant la Déclaration du Roi du 4 Mars 1724: mais à cause de la qualité de cette personne, le Parlement crut pouvoir l'exempter de cette peine.

61. Le fouet étoit autrefois en France, la peine des esclaves. (Voyez les Capitulaires de Charles le Chauve, de l'édition de Baluze, *tom.* 1, *p.* 8, 16, 127, 1266.) Le nombre des coups qu'on infligeoit au coupable, ne dépendoit point, comme aujourd'hui, de la

volonté de l'exécuteur ; mais il étoit marqué par la Sentence du Juge. (Voyez la Loi Salique, *tit.* 13, *cap.* 1, *tit.* 27, *cap.* 56 ; & *tit.* 42, *cap.* 1, 3, 15.)

De même, la grosseur des verges étoit spécifiée par la Loi. (*a*).

62. De toutes les peines des Romains, la moindre étoit celle des coups de bâton, parce qu'elle se recevoit sur les habits ; au-lieu que la flagellation se recevoit sur la chair nue, comme parmi nous. C'étoit la peine destinée aux affranchis, & aux personnes libres de la basse condition, pour des fautes légeres. Dans la Loi 9, §. 1, D. *de officio Proconsulis*, elle est marquée comme la plus légere de toutes les peines, après la simple correction de paroles. Voyez la Loi *in servum*, D. *de pœnis* ; les Loix 7, & 28, §. *non omnes*, D. *eod. tit.* & la L. *sed est* 9, *penult.* D. *de injuriis*.)

Quelquefois on condamne au fouet, jusqu'à effusion de sang. (Voyez Boné en ses Plaidoyers, *part.* 2, *pag.* 169.)

8°. *Fouet sous la custode.*

63. Le fouet sous la custode, est une peine qui s'inflige contre des mineurs, & quelquefois même contre des majeurs, en faisant fouetter l'accusé, non par l'Exécuteur de la Justice, dans les carrefours & places publiques, comme on le pratique à l'égard du fouet ordinaire ; mais par le géolier, ou questionnaire, dans la géole, ou chambre de la question. Il est parlé de cette peine dans l'Edit du mois de Juin 1601, servant de réglement pour les Chasses, *art.* 12, 17, 18, 20, *&c*, qui paroît confirmé en cela par l'*art.* 13 du titre des Chasses de l'Ordonnance des Eaux & Forêts, du mois d'Août 1669.

Cette peine, quoique corporelle, n'emporte point cependant note d'infamie. (Voyez l'Auteur des Loix Criminelles, *tom.* 1, *ch.* 25, *pag.* 296, *n.* 12.) C'est plutôt une correction, qu'une peine. (Voyez Bardet, *tom.* 1, *liv.* 1, *ch.* 42.) Nous avons plusieurs exemples de cette espece de condamnation. Un Arrêt du Parlement du - Octobre 1673, y a condamné une fille, & en deux cents livres d'amende. Un autre Arrêt, du 20 Février 1673, con-

---

(*a*) *Virgas paratas habere debet (carnifex) quæ in similitudinem minimi digiti grossitudinem habeant*, &c. (Voyez Loi Salique, *tit.* 42, *cap.* 8.)

damne au fouet sous la custode, un accusé, & le remet à ses parents.

9°. *Pendu sous les aisselles.*

64. C'est une peine qui se prononce quelquefois contre les impuberes, pour avoir participé à des crimes considérables ; lorsque la foiblesse de leur âge ne permet pas de prononcer contre eux la peine ordinaire. On en a plusieurs exemples (*a*).

On ne peut douter que cette peine ne soit infamante, & même du nombre de celles dont l'appel est de droit. (Voyez l'Auteur des Loix Criminelles, *tom.* 1, *ch.* 25, *pag.* 296, *n.* 14.)

10°. *Le Carcan & le Pilori.*

65. Ces peines doivent être mises au nombre des peines corporelles. (Voyez Jul. Clar. *qu.* 70, *n.* 8 ; Farin. *qu.* 19, *n.* 29 ; & les Déclarations des 8 Janvier 1719, & 5 Juillet 1722, où la peine du carcan est mise au nombre des peines corporelles.) Il est dit, dans la Déclaration du 11 Juillet 1749, que c'est une peine approchante de la flétrissure ; & qu'à l'égard des condamnés par contumace, elle doit être écrite en un tableau, comme celle du fouet. C'est pourquoi, pour pouvoir infliger ces peines, il faut que le procès soit instruit par récolement & confrontation, suivant une Déclaration du 12 Mai 1717.

La peine du carcan a lieu en plusieurs cas. Elle s'ordonne le plus souvent seule ; *v. g.* contre ceux qui commettent des monopoles ; les colporteurs de livres défendus ; les voleurs de raisins ; pour vin piqueté par rouliers ; pour insolences commises par des serviteurs envers leurs maîtres, *&c.* Quelquefois cependant elle est jointe à la peine du bannissement, ou autres peines ; comme dans le cas de polygamie, maquerellage, *&c.*

66. Les autres cas, pour lesquels on condamne ordinairement au carcan, sont la filouterie, la banqueroute frauduleuse, la polygamie, & autres crimes semblables, qui exigent une honte publi-

(*a*) Arrêt du Parlement du 22 Décembre 1683, contre un petit garçon de la Ferté-Bernard, qui le condamne à être pendu sous les aisselles, pour crime de poison. Autre de l'année 1722, contre le frere de Cartouche, fameux voleur, lequel même en mourut.

que, & une punition exemplaire. On y joint ordinairement deux écriteaux, l'un pardevant, & l'autre parderriere, sur lesquels on écrit le crime qui a donné lieu à la condamnation.

Cette peine se prononce contre les femmes, de même que contre les hommes. (Arrêt du Parlement du 3 Mars 1758, contre Anne Lemoine.)

A l'égard de la peine du pilori, elle ne se prononce gueres que contre les banqueroutiers; & cela dans les villes où il y a des piloris.

ARTICLE III.

Des peines afflictives non corporelles.

1°. *Les Galeres à temps.*

67. La peine des galeres à temps se prononce pour un grand nombre de crimes; comme pour faux hors le cas d'une fonction publique; récidive de vol simple; infraction de ban; enlevement de bornes; vol d'église; vols faits aux champs contre la foi publique, *&c.* Elle a aussi lieu contre les mendiants, avec insolence, ou attroupement, contre les vagabonds, *&c.*

Le temps auquel on condamne ordinairement à cette peine, est de trois, cinq, six, ou neuf années; autrefois il ne pouvoit être moindre de dix ans. (Edit de Novembre 1564, rapporté en la conférence des Ordonnances, *liv.* 9, *tit.* 20, §. 14.)

68. Quelques Auteurs prétendent que si les condamnés aux galeres à temps sont détenus prisonniers pendant un certain temps, avant d'être conduits aux galeres, il leur doit être tenu compte du temps de leur prison sur le temps des galeres; & ils se fondent sur la Loi *omnes* 23, & sur la Loi derniere, *Cod. de pœnis.* Mais il ne paroît pas que cette opinion soit suivie dans l'usage. (Voyez *infra*, n. 240.)

Il faut observer que les Capitaines des galeres, ne peuvent retenir un galerien plus long-temps qu'il n'est porté par son Jugement de condamnation; à peine de privation de leur état. (Ordonnance de Blois, *art.* 200.) Voyez, au surplus, ce qui est dit touchant les galeres en général, ci-dessus, *n.* 32 *& suiv.*)

2°. *La reclusion à temps dans une maison de force.*

69. Cette peine, qui est établie contre les femmes, & les filles, est une peine afflictive & infamante, qui se prononce contre elles pour le même temps, & dans les mêmes cas où la peine des galeres à temps se prononce contre les hommes. (Voyez la Déclaration du 4 Mars 1724, touchant les voleurs; & celle du 18 Juillet de la même année, concernant les mendiants & vagabonds.) Cette peine, d'être renfermé à temps, a même lieu quelquefois contre des hommes. (Voyez *infra*, n. 126.)

On pourroit douter si cette peine, d'être renfermée pour un temps dans une maison de force, à l'égard des filles & femmes publiques, est une peine afflictive, ou infamante; mais il paroît par les termes de la Déclaration du 26 Juillet 1713, qu'on ne peut la regarder comme telle; puisque cette peine se prononce sur une simple instruction, faite sans récolement, ni confrontation; & que l'appel s'en porte, non à la Tournelle criminelle mais à l'Audience de la Grand'Chambre, aux termes de la même Déclaration.

Cette derniere regle a lieu, à plus forte raison, à l'égard de ceux qui sont condamnés à être renfermés, pour cause de folie, & de démence, ainsi que je l'ai déja observé.

3°. *Etre authentiquée.*

70. Cette peine, qui ne se prononce que contre les femmes adulteres, & qui ordonne que celles qui sont convaincues de ce crime, seront renfermées dans un monastere, & rasées, *&c*, est mise au nombre des peines afflictives. (Arrêt du 23 Mai 1702, rapporté par Augeard.) C'est pour cela que l'usage à Paris, est d'interroger, sur la sellette, les femmes prévenues de ce crime, lorsqu'il y a des conclusions à ce genre de peine.

Mais la peine d'être authentiquée, qui est prononcée contre une femme, ne la rend pas morte civilement. (Voyez la novelle 32, *propter lenocinium*, sur la fin, qui en a une disposition. Ainsi jugé par Arrêt, du 21 Juin 1684, rapporté au Journal des Audiences, *tom.* 4, *liv.* 7, *ch.* 3.)

4°. *Amende-Honorable.*

71. L'amende-honorable est une peine qui se prononce contre les personnes convaincues, qui ont causé un scandale public, soit contre l'autorité, & l'honneur de Dieu; soit contre le Roi, & l'honneur public: comme sont les séditieux, les sacrileges, les faussaires, les usuriers publics, & les banqueroutiers frauduleux, *&c.*

Cette peine consiste dans un aveu public, que fait le coupable, du crime pour lequel il est condamné.

L'amende-honorable est de deux sortes: savoir; *l'amende-honorable simple*, qu'on appelle aussi quelquefois *amende-honorable seche; & l'amende honorable* IN FIGURIS.

72. L'amende-honorable simple, est celle qui se fait à l'Audience, ou à la Chambre du Conseil, nue tête, & à genoux seulement, sans assistance de l'exécuteur, ni autre marque d'ignominie. Elle n'est faite, ni à Dieu, ni au Roi, ni à Justice; mais seulement aux parties offensées.

L'amende-honorable IN FIGURIS, est celle qui se fait par l'accusé, à genoux, avec une torche à la main, nud en chemise, & quelquefois avec la corde au col, devant la porte du Palais, ou Auditoire, ou de la principale Eglise du lieu; & quelquefois devant l'une & l'autre, suivant la nature du crime. Le plus souvent elle se prononce, sur-tout celle *in figuris*, à la suite de quelque condamnation capitale; comme pour crime de sacrilege énorme; leze-majesté; blasphêmes abominables; parricide; empoisonnement de mari à femme, *&c.*; & alors elle s'exécute immédiatement avant le supplice.

73. Quelquefois cette derniere espece d'amende-honorable s'inflige seule; & alors elle n'en est pas moins *afflictive & infamante*; & même l'appel en est de droit, ainsi qu'il résulte de la disposition des *art.* 6 & 11, *du tit.* 26 de l'Ordonnance de 1670, où l'amende-honorable est mise dans l'ordre des peines avant le bannissement à temps, qui est aussi une peine afflictive, & infamante. C'est en conséquence de cette maxime, que par Arrêt du 16 Mars 1534, rapporté par Bouchel en sa Bibliotheque du Droit François, au mot *Nobles*, il a été fait défenses au sieur de Cremailles, Maître des Comptes, de prendre la qualité de Chevalier; attendu

qu'il avoit été condamné à faire amende honorable ; ce qui avoit été exécuté.

Cette peine de l'amende-honorable se prononce contre les femmes, de même que contre les hommes. (Arrêt du 26 Mars 1554, rapporté par Levest, *lettre* B, *art.* 61, qui condamne une femme à faire amende-honorable, nuds pieds, la torche à la main, &c.)

74. Quelquefois même on condamne des Corps, ou Communautés, à faire amende-honorable par leur Syndic, ou Député. (Voyez au titre *De la maniere de faire les procès aux Corps & Communautés*, n. 7.)

Le Jugement qui condamne un criminel à faire amende-honorable, doit indiquer les termes dans lesquels elle doit être faite.

Si l'accusé refuse de faire cette amende-honorable, en conséquence de l'Arrêt ou Jugement en dernier ressort, qui l'y condamne, il peut être condamné à une peine plus sévere. (Voyez ce qui est dit à ce sujet, au titre *Des Sentences & Jugements*, n. 46.)

75. Au reste, il ne faut pas confondre l'amende-honorable, dont on vient de parler, avec la satisfaction, ou réparation d'honneur, que les Juges ordonnent quelquefois être faite aux personnes offensées, soit dans leurs maisons, ou ailleurs, en présence d'un certain nombre de personnes choisies. L'amende-honorable, dont parle l'Ordonnance, est celle qui se fait au Roi & à la Justice ; au-lieu que la réparation d'honneur se fait aux personnes privées ; & c'est pourquoi cette derniere n'est point infamante. (Voyez Loiseau, *en* son Traité des Offices, *liv.* 1, *ch.* 13, *n.* 59 ; & ce qui a été dit ci-dessus, (*n.* 27.) Voyez aussi Coquille, sur la Coutume de Nivernois, *tit.* 15 *art.* 1 ; & il a été ainsi jugé par Arrêt du 5 Juin 1628, rapporté au Journal des Audiences, *tom.* 1.)

76. La condamnation à faire brûler un cierge, pendant une messe, ou autre office ; & à y assister à genoux pendant ce temps-là, pour irrévérences commises dans l'Eglise, n'est point aussi une peine infamante : c'est pourquoi on joint ordinairement à cette peine, celle de l'aumone, qui n'emporte aussi par elle-même aucune note d'infamie.

La mort du plaignant, n'empêche pas que celui qui est condamné à lui faire une réparation d'honneur, ou amende-honorable, ne soit obligé de la faire. (Voyez Legrand, sur la Coutume me de Troyes, *tit.* 7, *art.* 120, *n.* 42; où il dit que cela a ainsi été jugé par Arrêt.)

5°. *Bannissement à temps.*

77. La peine du bannissement à temps, qui répond assez à la rélégation qui étoit en usage chez les Romains (*a*), ne s'ordonne jamais que pour avoir lieu hors la Jurisdiction du Juge qui prononce la condamnation.

Cette peine est non-seulement infamante, mais elle doit aussi être mise au nombre des peines afflictives. En effet, l'Edit d'Angoulême, du 10 Novembre 1542, porte : « que les appellations de » toutes Sentences & Jugements de torture, ou autres peines » afflictives de corps; comme de mort civile, ou naturelle; fustigation; mutilation de membres; *bannissement perpétuel*, ou *à* » *temps*; condamnation à œuvres, ou services publics; amende-» honorable à Justice, & non autres, seront portées nuement » ès Cours de Parlement ». Voyez aussi l'*art.* 22 de l'Edit de Cremieu.

78. Il est vrai que l'article 11 du titre 26 de l'Ordonnance de 1670, semble distinguer le bannissement, des peines afflictives; néanmoins le contraire est évident, à l'égard du bannissement à perpétuité; puisque cette peine emporte même mort civile. A l'égard du bannissement à temps, on ne peut gueres aussi s'empêcher de le regarder comme peine afflictive, ainsi qu'il résulte de la disposition de l'Edit qu'on vient de citer; & c'est sur ce fondement, que nous observons à Orléans, d'interroger l'accusé sur la sellette, lorsque les conclusions du Procureur du Roi sont au bannissement à temps.

79. Le bannissement à temps hors le territoire, emporte infamie, lors même qu'il est prononcé par un Juge de Seigneur. (Voyez Coquille, *qu.* 11.)

La peine du bannissement à temps se prononce ordinairement pour trois, cinq, six, ou neuf années, suivant les circonstances, & la qualité du crime.

Quelques-uns prétendent que si ceux qui sont condamnés au bannissement à temps, sont détenus prisonniers, avant d'être ren-

(*a*) Voyez *infrà*, *n.* 281.

voyés pour l'exécution de leur banniſſement, il leur doit être tenu compte du temps de leur banniſſement, ſuivant la Loi *omnes* 23, & la Loi derniere, au Code *de pœnis*; à moins que par l'Arrêt ou Jugement, ils ſoient condamnés en quelque peine pécuniaire, & qu'il ſoit ordonné, qu'après cette peine pécuniaire payée, ils ſeront bannis. (Voyez Jul. Clar. *qu.* 71, aux additions; & ce qui eſt dit ci-après, *n.* 39.)

80. Au reſte, ce qui vient d'être dit, que le banniſſement même à temps, emporte infamie, ne s'entend que du banniſſement prononcé en Jugement, ſur une information criminelle; & non de celui qui émane directement de la volonté du Souverain, ſoit par lettre de cachet, ou autre ordre, que l'on nomme ordinairement *exil*, ou *rélégation*, qui étant ordonné par des raiſons particulieres, n'emporte aucune note d'infamie.

Voyez ce qui eſt dit, touchant le banniſſement en général, ci-deſſus (*n.* 48 & *ſuiv.*)

Quoique le banniſſement, quand il eſt à temps, ne ſe prononce que hors le reſſort du Juge qui y condamne; néanmoins il y a quelques exemples de condamnations de banniſſement à temps hors le Royaume, prononcées par Arrêts. (Voyez Louet, *lettre* B, *ch.* 17, *n.* 3.) Mais ces condamnations n'emportent point mort civile; ainſi qu'il a été obſervé ci-deſſus, (*n.* 42.)

6°. *De l'Exil.*

81. L'exil differe du banniſſement, en ce que le premier renferme un endroit déterminé, où celui qui eſt condamné à cette peine, doit ſe retirer; au-lieu que le banniſſement eſt une expulſion d'une certaine province, qui renferme la permiſſion de ſe retirer partout où l'on veut, excepté dans l'endroit d'où l'on eſt exilé.

L'exil ne ſe prononce gueres par les Juges ordinaires, ſur une procédure criminelle; mais il s'ordonne le plus ſouvent en vertu d'ordres de Sa Majeſté, & de lettres de cachet; ainſi qu'il a été obſervé ci-deſſus.

82. Cette peine peut être prononcée, ou pour un certain temps, ou pour un temps indéterminé. Dans ce dernier cas, l'exil dure juſqu'à ce qu'il ſoit révoqué.

Il y a auſſi une différence importante à faire, entre l'exil, & le banniſſement; c'eſt que l'exil, ſoit à temps, ſoit à toujours, n'emporte aucune note d'infamie contre le condamné.

L'exil, soit à temps, ou à toujours, n'est point révoqué de plein droit, par la mort du Prince qui l'a prononcé. (Voyez Menochius, *de arbitrar. quæst.* qu. 69, *ubi plane*; Jul. Clar. *qu.* 71, *n.* 14; & Covarruvias, *var. resolut.* cap. 113, n. 1 & seq.)

7°. *Oeuvres serviles.*

83. La condamnation à des œuvres serviles, doit aussi être mise au nombre des peines afflictives; ainsi qu'il résulte de l'Edit du 10 Novembre 1542, cité ci-dessus (*n.* 77.)

84. La condamnation aux Colonies, qui étoit prononcée par la Déclaration du 12 Mars 1719, contre les vagabonds, & gens sans aveu, & qui depuis a été supprimée, doit être mise au nombre des œuvres serviles. Cette condamnation est regardée comme peine afflictive, ainsi qu'il résulte de la même Déclaration.

Il en est de même de la condamnation à servir le Roi dans ses troupes, qui se prononce quelquefois par forme de peine, & dont il y a plusieurs exemples.

8°. *Dégradation de Noblesse.*

85. La dégradation de noblesse, est une peine qui tend, non-seulement à déclarer roturier, un noble convaincu de certains crimes; mais encore à priver de noblesse, toute sa postérité. Il est parlé de cette peine dans les articles 48 & 183 de l'Ordonnance de Blois. Elle peut aussi être mise au nombre des peines afflictives. Cette peine a lieu principalement contre les personnes nobles, coupables de crime de leze-majesté, & elle ne se prononce gueres seule; mais elle est presque toujours jointe à une peine capitale. On emploie aussi cette peine dans les condamnations de la mémoire qui se fait contre les personnes nobles.

86. Il y a une autre espece de dégradation de noblesse, mais qui est personnelle au coupable, & qui ne s'étend point à sa postérité. Il en est parlé dans l'article 23 de l'Edit des duels du mois d'Août 1579; & dans l'article 8 de la Déclaration du 10 Février 1723. Cette peine ne se prononce que dans le cas de duel, contre un accusé contumax, & contre un noble qui en frappe un autre.

87. On joint ordinairement, à la peine de la dégradation de noblesse, contre le coupable de crime de leze-majesté, celle d'avoir son château, ou sa maison rasée ; ses armes biffées, & ses bois coupés jusqu'à une certaine hauteur ; avec privation de droits & privileges. (Voyez l'Ordonnance de Blois, *art.* 183 ; l'*art.* 23 de l'Edit des duels de 1679, & l'*art.* 8 de la Déclaration du 10 Février 1723, qu'on vient de citer (*a*).

ARTICLE IV.

Des Peines infamantes.

1°. *Etre promenée par les rues avec un chapeau de paille.*

88. La peine d'être promenée à cheval, ou sur un âne, par les rues, avec un chapeau de paille, ne se prononce gueres que contre les maquerelles : on y joint ordinairement la peine du fouet, ou celle de bannissement.

(*a*) Un Arrêt du Grand-Conseil du 22 Février 1620, condamne le Sieur Vicomte de Sedieres pour assassinat commis en la personne du Sieur de Montlaur son beau-frere, Conseiller d'Etat, Sénéchal & Gouverneur de Montpellier, à avoir la tête tranchée, & sa tête attachée ensuite au bout d'une lance à la ville la plus proche du lieu où l'assassinat a été commis : ordonne que les murailles, tours, donjons, & autres forteresses du château de Sedieres seront rasés, & les fondements arrachés ; les fossés comblés, & les pont-levis ôtés & enlevés ; & que du prix provenant desdites démolitions, ensemble de la vente des bois de haute-futaie, il en sera bâti une Chapelle, & les ornements d'icelle achetés ; laquelle Chapelle sera édifiée au lieu le plus proche de l'endroit où l'assassinat a été commis, & ladite Chapelle dotée de 200 livres de rente fonciere annuelle & perpétuelle ; au paiement & continuation de laquelle sera & demeurera obligée à perpétuité, tant ladite maison de Sedieres, domaines & revenus d'icelle, qu'autres biens immeubles dudit Sieur de Sedieres, pour faire prier Dieu pour l'ame dudit défunt Sieur de Montlaur, & dans laquelle & au-dessus de la porte, sera mis une table d'airain, où sera gravé le présent Arrêt ; de laquelle Chapelle la présentation appartiendra aux héritiers dudit Sieur de Montlaur. Condamne en outre le Sieur de Sedieres en 3000 livres en œuvres pies ; en 30000 livres de réparations civiles envers la veuve dudit Sieur de Montlaur ; & le surplus des biens dudit Sieur de Sedieres confisqués.

2°. *Assister à la potence.*

89. Cette peine a lieu ordinairement contre les impuberes, qui ont été complices de quelque crime avec d'autres accusés condamnés à mort, lorsque la foiblesse de l'âge ne permet pas de leur infliger quelque peine corporelle.

3°. *Le Blâme.*

90. Le blâme est une reprimande qui se prononce contre l'accusé, étant nue tête, & à genoux. Il est mis au nombre des peines infamantes, suivant l'article 28 du Réglement de la Cour du 3 Septembre 1667; & suivant un Arrêt du 18 Juin 1701, rapporté au Journal des Audiences, rendu contre un Officier commensal vétéran, dont le privilege a été déclaré éteint, pour raison de l'infamie résultante de la peine du blâme prononcé contre lui.

La peine du blâme ne se prononce gueres seule; mais on y joint ordinairement une amende pécuniaire.

4°. *L'Amende.*

91. L'amende est une peine pécuniaire, au profit du fisc, qui se prononce dans la plus grande partie des procès criminels, contre les accusés convaincus de quelque crime : elle se joint le plus souvent à d'autres peines. Touchant l'origine des amendes, voyez Loiseau, Traité des Offices, *liv.* 1, *ch.* 14, *n.* 86, *& suiv.*

Suivant le Droit Romain, l'amende seule n'emporte point d'infamie. (L. 1, Cod. *de modo mulctarum.*) Mais dans nos mœurs, la condamnation d'amende est infamante; pourvu, 1°. qu'elle soit prononcée sur une procédure extraordinaire; parce qu'alors elle procede d'une cause infamante. 2°. Elle doit être confirmée par Arrêt, ou prononcée par un Jugement en dernier ressort. (Voyez l'Ordonnance de 1670, *tit.* 25, *art.* 7.)

Il faut cependant excepter de cette regle les amendes des Eaux & Forêts, qui n'emportent point note d'infamie, quoique rendues sur des procédures criminelles; suivant l'Auteur des Loix criminelles, *tom.* 1, *ch.* 25, *pag.* 299, *n.* 9. Mais il paroît que l'opinion de cet Auteur, ne doit s'entendre que des condamnations d'amende qui interviennent sur une Procédure criminelle ordinaire; &

non après un Jugement de réglement & de confrontation : il en est de même des amendes de Police, & des Aides. Un Arrêt de la Cour des Aides, du 13 Juin 1739, défend même aux Officiers de l'Election de Mondidier, & à tous autres Elus, d'obliger le Fermier de prendre la voie extraordinaire, lorsqu'il ne s'agira que d'amende, ou de peines pécuniaires; & leur enjoint de juger en ce cas, sur les procès-verbaux des Commis. Un autre Arrêt de la Tournelle, du 17 Décembre 1727, rendu sur les conclusions de M. Gilbert, Avocat-Général, fait défenses aux Juges de Nemours de condamner en aucune amende, en matiere criminelle, quand les procès ne sont point instruits par récolement & confrontation.

93. L'amende ne se prononce gueres seule, sur une procédure extraordinaire; mais on la joint presque toujours à quelqu'autre peine; comme celle du blâme, qui est la moindre des peines infamantes. Néanmoins il semble qu'elle peut s'infliger seule, indépendamment de toute autre peine; ainsi qu'il résulte évidemment des articles 6 & 7 du titre 25 de l'Ordonnance criminelle de 1670.

Les Cours Souveraines peuvent condamner un accusé en l'amende, sans qu'elle emporte note d'infamie; mais alors elles ne manquent jamais d'ajouter dans l'Arrêt cette clause : *sans que l'amende puisse porter aucune note d'infamie*; autrement cette peine seroit infamante. A l'égard des Juges inférieurs, même royaux, ils ne peuvent user de ce droit. (Voyez Basnage, sur la Coutume de Normandie, titre *de Jurisdiction*, *art.* 13; Mainard, *liv.* 2, *ch.* 18.)

94. J'ai observé ci-dessus (*n.* 38) qu'on ne doit prononcer aucune condamnation d'amende envers le Roi, contre les criminels condamnés aux galeres, à moins qu'ils ne soient contumax.

On ne peut condamner en même temps un accusé en l'amende, & en l'aumône; si ce n'est en certains cas. (Voyez ce qui est dit *infra*, n. 120.)

Quand il y a plusieurs accusés, complices du même crime, les condamnations d'amende doivent être prononcées solidairement contre eux; sauf le recours des accusés, les uns contre les autres.

95. L'amende ainsi prononcée, est payable par corps; ce qui résulte de l'article 29 du titre 13 de l'Ordonnance de 1670 : & si l'accusé est prisonnier, il peut être retenu en prison jusqu'à ce qu'il l'ait payée; comme il est porté au même article.

Le bénéfice de cession n'a pas même lieu dans ce cas. (Ainsi jugé par Arrêt du Parlement de Provence du 27 Octobre 1679, rapporté par Boniface, *tom.* 5, *liv.* 5, *tit.* 10, *ch.* 2. Autre Arrêt du Parlement de Toulouse du 30 Mars 1699, rapporté par Catelan, *tom.* 2, *liv.* 6, *ch.* 15.)

Mais il faut observer que l'hypotheque, pour raison de cette amende, n'a lieu que du jour de la Sentence de condamnation; & non du jour du crime commis. (Déclaration des 13 Juillet 1700, & 16 Août 1707.)

96. A l'égard du privilege sur les meubles, fruits, revenus, & autres effets mobiliers des condamnés, le Roi, pour raison de l'amende, est préféré à tous créanciers; à la réserve des propriétaires des maisons pour les loyers; du marchand qui révendique sa marchandise, dont il n'auroit été payé, & qui se trouveroit encore en nature, sous balle, & sous corde; des gages de domestiques, pour la derniere année; & de ce qui peut-être dû aux Bouchers, & aux Boulangers, pour les six derniers mois. (même Déclaration du 16 Août 1707.)

97. Cette préférence de l'amende, a lieu même avant les frais de justice; ainsi réglé par Arrêt du Conseil du 3 Septembre 1695, qui ordonne que les amendes appartenantes aux Fermiers des domaines par leurs baux, sur les biens des condamnés, leur seront payés par préférence aux frais de justice; lesquels ne pourront être payés que sur le surplus des biens desdits condamnés. Autre Arrêt du Conseil du 11 Juillet 1684, rapporté au Recueil des réglements, imprimé par ordre de M. le Chancelier Pontchartrain, en 2 vol. *in*-4°. *tom.* 1, *pag.* 123, qui fait défenses au Lieutenant-Criminel du Siege Royal de Murat, & à tous autres, d'employer à l'avenir, dans les Jugements qu'ils rendront, portant condamnation d'amende, ces mots, *de laquelle seront distraits les frais de justice.*

98. L'amende est aussi préférée à la confiscation, & doit se prendre sur les biens confisqués. (Voyez ce qui est dit *infra*, n. 204.)

A l'égard des intérêts civils, ils sont toujours préférés à l'amende. (Voyez *infra*, n. 244.)

L'amende, quand elle n'est point fixée par la Loi, doit être prononcée plus ou moins forte, suivant les circonstances & la nature du crime, & suivant la qualité de l'accusé. Dans les cas où il n'y a point de partie civile, elle doit au moins être équivalente aux frais du procès : mais s'il y a une partie civile, elle doit être moins forte.

Une Déclaration du 21 Mars 1570, défend aux Cours, & autres Juges, de faire application des amendes à des réparations pour des prisonniers ; nécessités du Palais ; ou sous quelque autre prétexte que ce soit. Autre Déclaration du 21 Janvier 1685. (Voyez *infra*, n. 120.)

99. Les amendes & autres condamnations pécuniaires, prononcées en matiere criminelle, s'exécutent par provision, & nonobstant l'appel, en donnant caution ; si, outre les dépens, dans les justices de Seigneurs, elles n'excedent la somme de 40 liv. envers la partie & de 20 liv. envers le Seigneur : dans les Jurisdictions Royales, qui ne ressortissent nuement au Parlement, si elles n'excedent 50 liv. envers la partie, & 25 liv. envers le Roi ; & dans les Bailliages & Sénéchaussées, où il y a Présidial, Sieges des Duchés-Pairies, & autres, ressortissants nuement aux Cours de Parlements, 100 liv. envers la partie, & 50 liv. envers le Roi. (Ordonnance de 1670, *tit.* 25, *art.* 6.) Cet article ajoute que les receveurs des amendes se chargeront des sommes qui seront adjugées au Roi, par forme de consignation, sans frais, ni droits ; & qu'ils seront tenus de les employer en recette après les deux années de la condamnation, s'ils ne justifient les avoir restituées en vertu d'Arrêts des Cours.

100 Les amendes appartiennent à ceux qui sont fermiers au temps de la condamnation définitive. (Voyez Gui Pape, *décis.* 535 ; Leprêtre, *cent.* 1, *ch.* 41, *n.* 9 ; Robert *rer. jud. liv.* 3, *ch.* 18 ; Papon, *liv.* 1, *tit.* 7, *n.* 8 ; Dumoulin, sur le septieme conseil d'Alexandre, *vol.* 3 ; & Coquille, *qu.* 14.)

Même les amendes consignées & payées par provision. (Déclar. du 6 Novembre 1706. Voyez aussi ce qui est dit *infra*, n. 187.)

Les condamnations en l'amende pécuniaire, cessent d'avoir lieu, si l'accusé vient à mourir sur l'appel, & même après l'appel confirmé, lorsque le Jugement ne lui a point été prononcé, ni signifié. (Voyez Imbert, en son Enchiridion, au mot *Confession des accusés*, sur la fin.) C'est une suite de ce que l'amende fait partie de la peine ; laquelle n'a son effet, que lorsque le Jugement qui y condamne, a été prononcé, ou signifié à l'accusé. (Voyez ce qui est dit *infra*, n. 146 & suiv.) Si l'amende avoit été payée par provision par l'accusé, elle pourroit être répétée par ses héritiers.

Enfin

101 Enfin il faut observer que l'amende pécuniaire, faute de paiement de la part du condamné, ne peut être changée en une peine corporelle, si ce n'est en quelque cas. (Voyez ce qui est dit à ce sujet au titre *des Sentences & Jugements*, n. 303.)

5°. *Privation d'Office.*

102 La privation d'office, prononcée contre un officier, peut se faire de deux manieres ; 1°. en le privant de l'office qu'il possede : 2°. en le déclarant incapable d'en posséder à l'avenir. La premiere de ces deux prononciations ne se fait gueres sans l'autre ; mais quand même cette derniere n'y seroit pas jointe, elle se fait de droit.

La premiere de ces deux manieres de prononcer, rend l'office, dont l'officier étoit pourvu, vacant de droit ; mais il n'en est pas de même de la seconde, qui déclare seulement l'officier incapable d'en posséder à l'avenir : car celle-ci ne prive pas de droit l'officier de l'office dont il est pourvu ; mais elle l'oblige seulement de s'en défaire, & en attendant elle l'empêche d'en faire aucunes fonctions. (Voyez Loiseau, Traité des Offices, *liv.* 1, *ch.* 13, *n.* 30, 31.) C'est pourquoi dans ces sortes de condamnations, par lesquelles on déclare un accusé, pourvu d'un office, incapable d'en pouvoir posséder aucun à l'avenir ; on enjoint ordinairement à cet accusé de se défaire de son office dans un tel temps ; & cette clause est même une précaution que les Juges ne doivent jamais manquer de prendre pour éviter toute difficulté ; ce qui se fait quelquefois par un *retentum* particulier, lorsqu'on veut ménager la réputation du condamné.

103 La privation d'office, qui se fait en vertu d'une condamnation prononcée par forme de peine, sur une information criminelle, emporte infamie. (*Ita* Farin. *qu.* 19, *n.* 42 ; & Loiseau, en son Traité des Offices, *liv.* 1, *ch.* 13, *n.* 64 & 65.) D'où il suit, par une conséquence nécessaire, que ceux qui ont été condamnés à cette peine, ne peuvent plus posséder aucun office à l'avenir. (Loiseau, *ibid.* n. 69.)

Au reste, il n'y a que les Juges Royaux qui puissent priver un Officier royal de son office ; les Juges des Seigneurs ne le peuvent. (Voyez Loiseau, *ib.* n. 29.) Ces derniers ne peuvent pas non plus obliger un Officier royal de se défaire de son office ; mais ils peuvent seulement le déclarer incapable de tout office. (Loiseau, *ibid.* n. 34.)

6°. *Privation de Bénéfice.*

104 La privation de bénéfice, est une espece de privation d'office; qui se prononce par les Juges d'Eglise, dans les cas marqués par le droit Canon. On peut voir là-dessus J. Clarus, *qu.* 73, *n.* 1, 8; Dumoulin, sur la regle *de infirmis resignantibus*, n. 373, & 374; Despeisses, *to.* 3, *pag.* 454; & Rebuffe, *in praxi. tit. de modis amittendi beneficia*, n. 50, *& seq.*) Cette peine se prononce aussi par les Juges Royaux en plusieurs cas.

L'incapacité de posséder aucun bénéfice, & l'obligation de se défaire de celui qu'on possede, est aussi une peine qui peut être prononcée, soit par les Juges Royaux, soit par les Juges d'Eglise.

105 Pour qu'un Juge d'Eglise puisse priver un Ecclésiastique de son bénéfice, il faut que cet Ecclésiastique soit convaincu d'un délit privilégié, autrement il y auroit abus dans la Sentence du Juge d'Eglise; mais pour pouvoir obliger l'accusé de se défaire de son bénéfice, & le déclarer incapable d'en posséder à l'avenir, il suffit qu'il soit convaincu d'un délit commun. C'est ainsi que l'établit M. l'Avocat-Général Gilbert de Voisins, dans un Arrêt rendu en la Grand'Chambre du Parlement, le dix Février 1742, contre le sieur Boucher, ancien Vicaire de la paroisse de Joui, & prétendant droit à la Cure de Bievre, appellant comme d'abus d'une Sentence rendue contre lui, par l'Official de Paris, dont l'espece est rapportée par Lacombe, en son Traité des matieres Criminelles, *part.* 2, *ch.* 6, *sect.* 5; édition de 1744.

106 Lorsqu'il intervient contre un accusé, une Sentence qui le prive de son bénéfice, de laquelle il n'y a point d'appel, le bénéfice devient aussitôt impétrable, & le collateur en peut disposer. Mais lorsqu'il est seulement enjoint au bénéficier de se défaire de son bénéfice, ce Jugement oblige seulement celui qui en est revêtu d'en disposer; & le met, pendant ce temps-là, hors d'état d'en faire aucune fonction. (Voyez Dumoulin, sur la regle, *de infirmis resignantibus*, n. 373 & 374.)

Quand un Ecclésiastique est privé de son bénéfice, il est tenu d'en rapporter les fruits, à compter du jour du crime commis, suivant Jul. Clar. *qu.* 73, *n.* 9.

Il faut aussi observer qu'une Sentence d'Official, qui déclare un

Ecclésiastique incapable de posséder aucun bénéfice dans le Diocèse, a lieu aussi pour les bénéfices situés hors le Diocèse. (Arrêt du 6 Mai 1649, rapporté par Soefve, *to.* 1, *cent.* 3, *ch.* 11.)

On prétend que les Officiaux peuvent priver un bénéficier, pour un temps, des menues distributions de son bénéfice; mais ce seroit un abus, de la part des Juges d'Eglise, de priver un bénéficier des gros fruits de ce même bénéfice. (Voyez les nouveaux Mémoires du Clergé, *to.* 7, *pag.* 1301 & 1302.)

7°. *Privation de Privileges.*

107 Cette peine, qui se prononce le plus souvent contre des Villes, Corps, & Communautés, convaincues de rébellion, violence, ou autre crime, suivant l'article 4 du titre 31 de l'Ordonnance 1670, peut être mise au nombre des peines qui emportent une note d'infamie; puisqu'elle provient d'un délit infamant, *ex causa & delicto infamante*, comme dit Papon, *liv.* 19, *tit.* 7, *n.* 6, & Loiseau, titre des Offices, *liv.* 1, *ch.* 13, *n.* 61.

L'infamie étant attachée à la nature de l'action, on joint quelquefois à cette peine, celle de la démolition des murs, ou autres édifices distingués; la mise d'une inscription deshonorante, &c.

8°. *La condamnation à vuider les lieux, sinon à avoir ses meubles jettés sur le carreau.*

108 La condamnation à avoir ses meubles jettés sur le carreau, & à être expulsé de la maison qu'on habite, est une peine qui s'inflige ordinairement contre ceux qui tiennent des maisons & lieux publics de débauche, ou bordel public; & aussi contre les filles, & femmes de mauvaise vie; aux termes de la Déclaration du Roi, du 26 Juillet 1713. Cette peine ne peut gueres être regardée comme infamante, (du moins d'une infamie de droit, qui est celle dont il s'agit ici); ce qui résulte de la même Déclaration, où l'on voit que cette peine peut être prononcée sur une procédure criminelle ordinaire, & sans récollement, ni confrontation de témoins.

9°. *Libelles & Ecrits supprimés, ou lacérés, ou brûlés par la main de l'Exécuteur de la Haute-Justice.*

109 Cette condamnation se prononce contre des écrits séditieux, mais sans aucune instruction criminelle, sur une simple Requête de la partie publique, & sur la lecture, ou examen de l'écrit, ou libelle. On enjoint par le même Jugement, à tous ceux qui ont des exemplaires de l'écrit supprimé ou lacéré, de les apporter au Greffe de la Jurisdiction, & on défend de l'imprimer, vendre, & débiter, à peine d'amende, *&c.*

Lorsque l'on connoît les auteurs de l'écrit, & ceux qui l'ont imprimé, vendu, ou débité, on procede quelquefois criminellement contre eux. (Voyez ce qui est dit à ce sujet, au titre *des injures*, n. 197 & suiv.)

ARTICLE V.

Des autres Peines publiques non infamantes.

110 Outre les peines dont on vient de parler, il y en a encore quelques autres qui s'infligent sur la plainte de la partie publique; mais qui n'emportent avec elles aucune note d'infamie. Telles sont :

1°. *L'Admonition.*

111 Cette peine consiste dans une reprimande, que fait le Juge à l'accusé, dans la Chambre du Conseil, par laquelle il l'avertit d'être plus circonspect à l'avenir, & de ne plus retomber dans la même faute que celle pour laquelle il est admonesté, à peine d'être puni plus sévérement. Cette peine n'est point infamante, ainsi qu'il a été jugé par un grand nombre d'Arrêts qui ont été rendus pour des Officiers en charge, & qui ont décidé que cette condamnation ne les empêchoit pas de continuer leurs fonctions. (Arrêt du 26 Mai 1671, contre le Prévôt d'Auxerre; autre du 14 Avril 1682, contre le Prieur des Carmes de Paris; autre du 27 Janvier 1683, contre un Huissier; autre du 8 Juin de la même année, contre le Doyen d'une Collégiale; autre du 7 Avril 1691, contre un Procureur au Parlement; autre du 29 Novembre 1692,

contre le Prévôt de la Maréchaussée d'Auvergne ; autre du 27 Juillet 1703, contre un Exempt de Tours ; autre du 8 Janvier 1706, contre un Sergent.) C'est pourquoi cette peine se prononce sur une simple information, sans qu'il soit nécessaire de procéder au récolement, & à la confrontation des témoins, suivant un Arrêt du 4 Janvier 1706. D'ailleurs l'appel des Sentences qui prononcent l'admonition, se porte aux Enquêtes, suivant l'arrêté des mercuriales des premier Février 1609, & 12 Janvier 1611 ; & suivant deux Arrêts de réglement des 3 Septembre 1667, & 6 Août 1720.

112 On lit néanmoins dans une consultation de M.M. Tribard, Milley, & Soyer, du 21 Février 1743, imprimée en la même année chez Paulus Dumenil, ce qui suit : » Un des Avocats de » Saumur pour un fait qui avoit trait à la procédure, avoit été » admonesté par Arrêt rendu en la Tournelle : les autres Avocats » ne voulurent plus faire leurs fonctions avec lui. Il y résista, en » disant que l'admonition n'emportoit aucune note d'infamie ; » mais on lui répliqua que pour exercer une profession à laquelle » la confiance publique étoit continuellement attachée par la cor- » respondance des autres Avocats, dès qu'ils cessoient de vouloir » persévérer dans cette correspondance, ils faisoient alors tom- » ber cette confiance ; & en effet cet Avocat succomba sur les » conclusions de M. Gilbert de Voisins, par Arrêt de la Grand- » Chambre. » L'Arrêt n'est point datté dans cette consultation.

113 On ne peut condamner en même temps au bannissement, & à l'admonition. (Arrêt du Parlement, du 4 Décembre 1673, qui le défend au Lieutenant-Criminel de la Justice de la Bussiere.)

L'amende jointe à une admonition ne peut opérer plus que l'admonition même. Loiseau, en son Traité des Offices, *liv. 1, chap. 13, n. 60*, fait voir que l'amende en matiere criminelle n'est pas infamante par elle-même, & qu'elle ne l'est que quand elle est jointe à la condamnation à une peine, qui, de soi, est infamante. Tel est le vrai sens de l'article 7, du titre 25, de l'Ordonnance 1670.

Il est même défendu aux Juges en prononçant l'admonition, d'y joindre le mot d'amende, comme on le voit dans les Arrêts des 20 Juillet 1708, 26 Août 1709, & 3 Septembre 1702.

2°. *Interdiction d'Officiers, ou suspension de leurs fonctions.*

114. C'est une peine qui se prononce contre un Officier public, pour négligence, ou malversation par lui commise dans l'exercice de sa charge. Par cette peine on l'interdit, ou on le suspend de ses fonctions pendant un certain temps; comme d'un, trois, ou six mois, plus ou moins, suivant la nature de la faute, & les circonstances.

Cette peine n'est point infamante, même pendant qu'elle dure; de sorte que pendant ce temps-là rien n'empêche que l'Officier ainsi interdit ne puisse acquérir & se faire recevoir dans un autre office. (*Ita* Loiseau en son Traité des Offices, *liv. 1, chap. 13, n. 79, & 80.*)

115. Lorsque l'exercice de celui qui est ainsi interdit, ou suspendu de ses fonctions pour un temps, est un exercice nécessaire, il faut nommer un Commissaire pour l'exercer pendant le temps de la suspension de cet Officier: on accorde au Commissaire ainsi nommé, une partie des droits ou revenus de l'office pour son travail. (Loiseau, *ibid. n. 85.*)

Quand un Officier est ainsi interdit de ses fonctions, le jugement qui l'interdit, doit être publié par un cri public, & inscrit au tableau des Officiers, du nombre desquels est l'interdit. (Voyez Brodeau sur Louet, Lettre 5, *chap. 16, n. 9 & 10.*)

3°. *Etre condamné à faire brûler un cierge devant un Autel, &c.*

116. Cette peine est une réparation qui se prononce quelquefois contre des accusés pour irrévérences par eux commises dans l'Eglise. (Voyez ce que j'ai dit à ce sujet, n. 76, ci-dessus.

4°. *Abstention de certains lieux.*

117. L'abstention de certains lieux est une peine qui se prononce ordinairement dans le cas d'injures & outrages entre gentilshommes ou Officiers de robe, par laquelle on condamne l'offensant, soit d'office, soit sur la requête ou plainte de l'offensé, à

s'abstenir pendant un certain temps des lieux où l'offensé fait sa résidence ordinaire. Il est parlé de cette peine dans l'article 12 du réglement de M.M. les Maréchaux de France au sujet des réparations d'honneur du 22 Août 1653 ; & dans l'article 6 de l'Edit du mois de Décembre 1704, touchant les injures de voies de fait commises entre Officiers de robe, *&c.*

Cette peine n'emporte aucune note d'infamie contre le condamné. (Voyez Loiseau, traité des Offices, *liv.* 1, *chap.* 13, *n.* 56.)

5°. *L'Aumône.*

118. L'aumône est une peine pécuniaire qui s'inflige pour des délits légers, & qui ne méritent pas d'être punis de peine infamante. Elle se prononce le plus souvent contre des accusés, qui ont obtenu des lettres de grace pour raison d'homicides par eux commis, & dont on n'ordonne l'entérinement que sous la charge de cette aumône, qui est plus ou moins forte, suivant les circonstances du crime, & la qualité des parties. Elle se prononce aussi quelquefois contre des Officiers pour négligence & abus par eux commis dans leurs fonctions; & dans ce dernier cas, on y joint ordinairement la peine de l'admonition.

Cette peine n'étant point infamante, peut se prononcer sur une instruction ordinaire, sans qu'il soit besoin de récoler, ni confronter les témoins. (Ainsi jugé en la Chambre criminelle du Baillage d'Orléans, par Sentence du 24 Février 1746.)

119. On trouve même plusieurs Arrêts rendus en matiere civile qui condamnent en une aumône. (Arrêt du 16 Février 1673, rapporté au Journal des Audiences, *tom.* 3, *liv.* 7, *chap.* 1. Autres des 19 Janvier & 9 Mars 1682, rapportés *ibid. tom.* 4, *liv.* 5, *chap.* 1, qui condamnent un Commissaire à une aumône en matiere civile pour parjure. Voyez encore un Arrêt du 17 Août 1714 au Journal des Audiences; & un autre du 23 Avril 1749, qui condamne le nommé Ramet à se charger de l'enfant qu'il avoit eu de la fille Jeanne Thomas, & le condamne en trois livres d'aumône.)

120. » Par une Déclaration du Roi du 21 Janvier 1685, il est défendu aux Cours & autres Juges, en condamnant des accusés en » des amendes envers le Roi, de prononcer aucunes condamnations d'aumônes pour employer en œuvres pies ; si ce n'est dans » le cas où il aura été commis sacrilege, & où ladite condamna-

» tion pour œuvres pies, sera partie de la réparation. Cette Déclaration ajoute que néanmoins les Cours & Juges Royaux, » attendu qu'il n'échet pas d'amendes contre les porteurs de » lettres de rémission, ou en d'autres cas, où il n'échet pas non » plus d'amende envers le Roi, pourront condamner, selon qu'ils » l'estimeront en leur conscience, lesdits porteurs de lettres de » rémission, ou accusés, en des aumônes, lesquelles, quant aux » porteurs des lettres de rémission, seront uniquement appliquées » au pain des prisonniers ; & qu'à l'égard des autres aumônes, » esquelles les accusés pourront être condamnés, soit pour sacrilege, soit pour autres cas esquels il n'échet point d'amende, » lesdites aumônes ne pourront être appliquées à autres usages » qu'au pain des prisonniers, ainsi qu'il est accoutumé, ou au » profit de l'Hôtel-Dieu, Hôpitaux-Généraux des lieux, Religieux » & Religieuses mandiants, & autres lieux pitoyables, à peine » de désobéissance. »

Un Arrêt de la Cour du 28 Juillet 1692, défend aussi, en condamnant des accusés en l'amende, de les condamner en même-temps à l'aumône. *Idem* par Arrêt du 2 Août 1692.

121. Un autre Arrêt rendu en la Tournelle le 6 Mars 1714, au rapport de M. Catinat, infirme une Sentence du Juge de Montmorillon, par laquelle un Prêtre avoit été déclaré atteint & convaincu d'avoir abusé du tribunal de la pénitence pour séduire ses paroissiennes, en ce que dans la condamnation de 150 livres d'aumône contre lui prononcée, le Juge en avoit ordonné l'application en œuvres pies.

La condamnation d'aumône se paie par corps, ainsi que les autres condamnations pécuniaires en matiere criminelle ; mais il faut que cette condamnation par corps soit prononcée ; & alors l'accusé qui y a été condamné, peut être retenu prisonnier jusqu'au paiement de cette aumône. (Voyez Ordonnance 1670, *tit.* 13, *art.* 29.)

6°. *Peine du double, triple, &c.*

122. Ces peines du double, du triple, & du quadruple, qui étoient en usage chez les Romains pour la punition des larcins, *&c.*, n'ont gueres lieu parmi nous, si ce n'est dans le cas de fraude des droits du Roi, & aussi pour complicité de banqueroute. (Voyez l'article

l'article 13 du titre 11 de l'Ordonnance du Commerce de 1673; les réglements touchant les insinuations, le centieme denier, &c.

7°. *Saisie du temporel des Ecclésiastiques.*

123. Cette peine se prononce contre les Ecclésiastiques, dans les cas où ils refusent de remplir les fonctions de leur ministere contre leur devoir, s'ils en sont requis judiciairement. Il en est parlé dans l'article 3, du titre 6; & dans l'article 5, du titre 7 de l'Ordonnance de 1670.

Lorsque ce refus est réitéré, les Juges peuvent ordonner la distribution de ce temporel au profit des Hôpitaux, ou des pauvres du lieu. (Même Ordonnance, *tit. 7, art. 6.*)

8°. *De la prison; & si elle doit être mise au nombre des peines.*

124. La prison, même pour crime, n'est établie que pour la garde des criminels pendant l'instruction de leur procès, & non pour les punir, suivant cette maxime, *carcer ad continendos homines non ad puniendos haberi debet*, (*L. aut damnum* 8, §. *solent*. 9. D. *de pœnis.*) Ainsi elle ne peut gueres être regardée comme une peine que les Juges peuvent infliger. Un Arrêt du Parlement du 20 Juillet 1685, fait défenses au Lieutenant-Criminel d'Amiens, de plus à l'avenir condamner les accusés à tenir prison pour peine.

Cependant il y a quelques cas où la prison parmi nous est prononcée pour un certain temps comme une peine. (L'Edit de réglement des Chasses du mois de Juin 1601, *art. 17*, en a une disposition. Voyez aussi le réglement de M.M. les Maréchaux de France, du 22 Août 1653, touchant le point d'honneur, *art. 8*, 9 & *10*; & l'Edit du mois de Décembre 1704, *art. 2, 3*, & *4.*)

125. Mais la prison ne doit point dans ces cas être regardée comme infamante.

A l'égard de la condamnation à une prison perpétuelle, elle ne se prononce point dans les Tribunaux ordinaires, & elle n'est gueres connue parmi nous que dans un seul cas; sçavoir, dans le cas de la commutation de la peine de mort, ou des galeres, qui se fait par lettres du Prince; encore cette peine ne s'exécute-elle point alors en retenant le coupable dans les prisons ordinaires, mais dans des maisons de force.

Au reste, il ne faut pas confondre ici la peine de la prison avec la condamnation, à être renfermé pour un temps, ou à perpétuité dans une maison de force, qui se prononce tous les jours contre des filles ou femmes par forme de peine, & dont j'ai parlé ci-dessus (n. 41 & 69.)

126. Il y a même des cas où cette condamnation dans une maison de force, soit pour un temps, soit pour toujours, se prononce par forme de peine contre d'autres personnes, que contre des filles ou femmes; ce qui se fait par des considérations particulieres; comme si l'accusé étoit condamné à cette peine pour sauver l'honneur de la famille; ou s'il étoit en si bas âge, qu'il y auroit, pour ainsi dire, de l'inhumanité à lui faire subir la peine de la Loi dans toute sa rigueur.

127. Les Juges Ecclésiastiques condamnent quelquefois à être renfermé en prison, soit dans un monastere, ou ailleurs. (Papon, *liv.* 23, *tit.* 1, aux additions, *n.* 1; & Fevret en son Traité de l'Abus, *liv.* 8, *chap.* 4, *n.* 9; la Coutume de Nevers, *chap.* 2, *art.* 8, en a une disposition. Voyez aussi Hericourt, Loix Ecclésiastiques, *part.* 1, *chap.* 23, *n.* 3, & Lacombe, Jurisprudence Canonique, aux mots *Peines canoniques*, n. 4, où cet Auteur prétend que le Juge d'Eglise peut condamner même à une prison perpétuelle. Mais cette peine n'emporte point de confiscation. (Coutume de Nevers, *ibid.* Lepretre, *centur.* 2, *chap.* 25.) Voyez ce qui est dit ci-après au titre *De la compétence des Juges en criminel*, (n. 417.)

9°. *De la peine du Talion.*

128. La peine du talion est une peine introduite par le Droit contre les accusateurs convaincus de calomnie; elle est la même qu'auroit subi l'accusé, s'il avoit été convaincu du crime porté par l'accusation. Il est aussi parlé de cette peine dans les livres saints, sous ces mots *oculum pro oculo, dentem pro dente.* (Voyez Exode, *chap.* 21, *n.* 24, Levit. *chap.* 24, *n.* 20, & Denteron, *chap.* 19, *n.* 21.)

La peine du talion étoit ordonnée par l'Edit du 27 Juin 1551, *art.* 31, dans le temps que le crime d'hérésie étoit puni de mort, & que le dénonciateur avoit part en la confiscation : car cet article ordonne que le dénonciateur convaincu de calomnie, sera puni de la peine du talion.

Coquille prétend aussi que cette peine doit avoir lieu dans le cas d'inscription de faux, lorsque l'accusateur est convaincu de calomnie. (Voyez Coquille sur la Coutume de Nevers, *chap. 1, art. 23.*)

129. Mais cette peine a cessé d'être en usage parmi nous, à cause des inconveniens qu'il y avoit de la pratiquer; & parce que sa rigueur empêchoit bien des personnes de se rendre dénonciateurs. (Papon, *liv. 24, tit. 1, n. 3;* Jul. Clarus, *qu. 81, n. 3;* Coquille sur la Coutume de Nevers, *tit. 1, art. 23.*)

Il y a cependant quelques cas où l'on en fait encore usage; *v. g.* en fait de crime de lèze-majesté. (Mornac *ad L. 1,* D. *de calumniatoribus;*) & à l'égard des faux témoins. (Voyez ce qui est dit là-dessus au titre *des faux témoins* ci-après, n. 4.)

10°. *Du Décret; & si c'est une peine.*

130. Le décret d'ajournement personnel, & à plus forte raison le décret de prise de corps, est l'acte qui commence à mettre l'accusé *inter reos;* & dans ce sens, on peut regarder l'un & l'autre de ces décrets comme une espece de peine.

L'effet de chacun de ces décrets est d'emporter de droit interdiction. (Ordon. *1670, tit. 10, art. 11;*) C'est-à-dire, qu'un Officier décrété d'ajournement personnel, ou de prise de corps, ne peut plus faire aucune fonction de son office pendant tout le temps que ce décret subsiste; & il en est de même à plus forte raison des Ecclésiastiques, en ce qui regarde les fonctions de leur état. (Voyez ce qui est dit à ce sujet au titre *des décrets*, n. 3.)

131. Mais un simple décret d'assigné pour être oui, ne met ni l'Officier, ni l'Ecclésiastique *in reatu*, & n'empêche pas qu'ils ne puissent continuer leurs fonctions. (Voyez, *ibid.* n. 2.) Voyez aussi ce qui est dit au même titre, *des décrets*, (n. 56 & suiv.) touchant la maniere dont finit l'interdiction & incapacité portée par les décrets d'ajournement personnel, ou de prise de corps.

11°. *Du plus amplement informé; & si c'est une peine.*

132. Il y a deux sortes de plus amplement informé; sçavoir, le plus

amplement informé à temps, qui se prononce pour un, ou trois, ou six mois, ou pour un an, plus ou moins; & le plus amplement informé indéfini, ou *usquequo.*

L'un & l'autre de ces plus amplement informé, ne peut être regardé en lui-même comme une peine, même dans les accusations publiques, qui sont les seules dont il s'agit ici. Mais comme il laisse subsister le décret en l'état où il est, à moins qu'il ne soit autrement porté par le Jugement qui ordonne le plus amplement informé; si l'accusé étoit décrété d'ajournement personnel, ou de prise de corps; ou qu'étant décrété de prise de corps, il soit renvoyé en état d'ajournement personnel par le Jugement du plus amplement informé, il est constant qu'alors l'accusé demeure toujours *in reatu*; & par conséquent, si c'est un Officier, ou un Ecclésiastique, qu'il demeure interdit de ses fonctions pendant tout le temps du plus amplement informé, jusqu'à l'expiration du temps nécessaire pour acquérir la prescription du crime.

133. On a même jugé qu'un plus amplement informé indéfini, prononcé contre une femme prévenue d'avoir empoisonné un particulier, devoit être privée des avantages qui lui avoient été faits par ce particulier, & même d'une donation contre-vifs, dont il s'étoit seulement réservé l'usufruit. (Ainsi jugé par Arrêt rendu en la Grand'Chambre du Parlement de Paris, le 3 Juin 1766, sur les conclusions de M. Barentin, Avocat-Général, en faveur des héritiers du sieur Desvaux, contre Marguerite Garnier, veuve du sieur Nicolas Durand, contre laquelle il avoit été prononcé un plus amplement informé indéfini, par Arrêt du 19 Juin 1744.)

134. Mais la difficulté est de sçavoir si l'accusé, étant élargi purement, & simplement par le Jugement, qui prononce contre lui un plus amplement informé indéfini, à la charge seulement de se représenter en faisant ses soumissions, & élisant domicile à cet effet, sans le renvoyer en état d'ajournement personnel, est censé dès-là rester toujours en état d'ajournement personnel; ou si par cette maniere de prononcer, le décret, même d'ajournement personnel, est levé. Il paroît que dans cette maniere de prononcer, le décret d'ajournement personnel, ou du moins l'incapacité qui y est attachée, subsiste toujours; & c'est ce qui résulte de l'Arrêt du 3 Juin 1766, dont je viens de parler, par lequel la femme Durand a été privée des avantages qui lui avoient été faits par celui dont elle étoit accusée d'avoir occasionné la mort.

ARTICLE VI.

Des suites & effets des peines capitales.

§. I.

De la mort civile.

135. La mort civile est celle, qui sans priver de la vie naturelle, fait perdre tous les droits attachés à la qualité de citoyen. Cette mort est encourue, 1°. par la condamnation à mort par contumace, exécutée par effigie. 2°. Par le bannissement perpétuel hors du Royaume. 3°. Par une condamnation aux galeres à perpétuité. 4°. Elle a lieu aussi à l'égard des personnes condamnées à être renfermées à perpétuité dans un hôpital, ou autre maison de force; & il n'est pas nécessaire dans ces trois derniers cas, que les peines aient été prononcées au condamné, & exécutées sur la personne; mais il suffit qu'elles aient été exécutées par contumace contre lui, s'il laisse écouler cinq années sans se représenter à Justice.

On prétend néanmoins que les Jugements rendus par des Conseils-de-Guerre n'emportent point mort civile. (Voyez ce qui est dit *infra*, n. 182.)

136. Mais le contraire est porté par une Ordonnance militaire du 17 Janvier 1730, qui décide que les condamnations à mort par contumace, prononcées par les Conseils-de-Guerre pour crime de désertion, emportent mort civile : ce qui est conforme à une précédente Ordonnance du 2 Juillet 1716, rendue contre les déserteurs, *art. 6*, qui porte qu'ils seront réputés morts civilement du jour que les Jugements de contumace auront été affichés dans la place, ou lieu principal des villes, bourgs, ou villages d'où seront les condamnés : & c'est aussi ce qui a été depuis jugé par Arrêt du Parlement du 9 Juin 1761, rendu en la premiere Chambre des Enquêtes, au rapport de M. de Laverdy.

137. La profession religieuse produit aussi la mort civile. Mais comme cette espece de mort n'appartient point aux matieres criminelles, je n'en dirai rien ici, quoique ses effets soient les mêmes que quand elle est produite par une condamnation capitale.

La mort civile est indépendamment de la confiscation, dont je parlerai dans l'article suivant; en sorte que dans les Coutumes où la confiscation n'a pas lieu, la mort civile n'y a pas moins son effet; de maniere que les biens du condamné passent à ses héritiers, comme s'il étoit mort naturellement.

138. Les effets de la mort civile, sont de priver ceux qui y sont condamnés de tous les droits qui sont établis par la disposition du Droit civil. (Voyez Dolive en ses questions, *liv. 5, ch. 8.*)

1°. Ils ne peuvent agir en justice. (L. 5, D. *de publ. jud.* 18, §. 2, 3 & 4, D. *de jure fisci*;) ni exercer à plus forte raison le retrait lignager. La Coutume de Senlis, *art.* 96, en a une disposition expresse.

2°. Ils ne peuvent hériter, ni recueillir aucune succession. (Louet *lettre* S, *ch.* 15, *n.* 15 & 16.)

3°. Ils sont incapables de recevoir aucun legs, si ce n'est pour aliments. (Lebret, *liv.* 2, *décis.* 6; Ricard en son Traité des Donations, *tom.* 1, *part.* 1, *ch.* 3, *sect.* 4, *n.* 265.)

139. 4°. Ils ne peuvent disposer par testament; ce qui a lieu, à plus forte raison, à l'égard de ceux qui sont condamnés à la mort naturelle. (L. 8, §. 1, D. *qui testam. fac. poss.* §. 2, *ibid*; §. 4, *ibid.* (*a*).

5°. Ils ne peuvent faire, ni recevoir aucune donation, ou substitution entrevifs. (Ricard, *tom.* 1, *ch.* 3, *sect.* 4, *n.* 230 & *suiv.*)

6°. Enfin par la mort civile, tous les biens du condamné passent au fisc, ou aux héritiers de ce condamné, dans les pays où la confiscation n'a pas lieu. Quelques Auteurs prétendent même qu'alors la confiscation a lieu sans aucune charge de la légitime. (Voyez Bacquet, tome des Droits de Justice, *ch.* 15, *n.* 2; & Brodeau sur l'article 183 de la Coutume de Paris.) Néanmoins Ricard en son Traité des Donations, *tom.* 1, *part.* 3, *ch.* 8, *sect. n.* 1103 & 1104, est d'un sentiment contraire.

140. Mais la mort civile ne prive point le condamné des facultés qui dépendent du droit des gens; comme de pouvoir passer des con-

---

(*a*) On lit néanmoins dans notre histoire que le Connêtable Saint-Pol en l'année 1475, après la prononciation de son arrêt de mort, fit un testament tel quel, & sous le bon plaisir du Roi, que Denis Hasselin écrivit sous lui, &c. (Chronique de Louis XI, *pag.* 118.)

trats de vente, achat, louage, & échange; exiger les arrérages de ses rentes, &c. (Voyez Richer en son Traité de la Mort civile, *pag.* 251; & l'Auteur des Causes célebres, *tom.* 15, *pag.* 588.)

A plus forte raison, elle ne les prive point des facultés qui sont fondées sur le droit naturel, comme de pouvoir contracter mariage. (Arrêt du 13 Août 1720, en faveur du sieur d'Acheux.)

Mais toute la différence qu'il y a, c'est que ces sortes de mariages n'ont aucuns effets civils. (Arrêt du 13 Février 1625, rapporté au Journal des Audiences; Lebret, *liv.* 1, *décis.* 6; Bardet, *tom.* 1, *liv.* 2, *ch.* 32:) & que les enfants qui en naissent ne peuvent succéder à leurs peres & meres. (Déclaration du 26 Novembre 1639, *art.* 5 & 6; Louet, *lettre* C, *ch.* 25, *n.* 3. Arrêt du Parlement de Rouen, du 15 Juin 1718, rapporté par Auzanet en ses Arrêts, *ch.* 69, *pag.* 217. Autre Arrêt du mois de Février 1745, confirmatif d'une Sentence du Châtelet de Paris.) La Coutume de Normandie, *art.* 277, renferme néanmoins une disposition contraire.

141. Au reste, il faut observer que les enfants issus de tels mariages, ne sont pas toujours privés des effets civils, ni incapables de succéder. Car s'il y a de la bonne foi de la part de celui des conjoints qui s'est marié à la personne condamnée, & que cette bonne foi soit bien prouvée, cela suffit pour rendre ces enfants légitimes, & capables de toutes successions; ainsi qu'il a été jugé par Arrêt du 25 Mars 1709, rapporté au Journal des Audiences. (Voyez Lacombe en son Traité de Jurisprudence civile, au mot *enfants.*)

142. Quelques Auteurs pensent même qu'un pere mort civilement conserve toujours le droit de puissance paternelle sur ses enfants; en sorte que ses enfants ne peuvent se marier sans son consentement. (Arrêt du 14 Août 1673, rapporté par Laroche-flavin, *liv.* 2, *lettre* M, *art.* 36, *pag.* 119 de l'édition de 1682, qui a cassé un mariage, parce que la fille n'avoit pas pris le consentement de son pere, quoique mort civilement par contumace.) Tel est aussi le sentiment de Catelan, *liv.* 4, *ch.* 8.

Mais d'autres pensent, au contraire, que ce consentement n'est pas nécessaire, & c'est ainsi que le décide l'Auteur du Traité de la Mort civile, *liv.* 3, *ch.* 6, *pag.* 257. Tel est aussi le sentiment de M. Pothier en son Traité du Contrat de Mariage, *tom.* 1, *part.* 4, *ch.* 1, *sect.* 2, *art.* 1, §. 1, *n.* 331.)

143. Il faut aussi observer que les effets de la mort civile n'ont pas

lieu d'un Royaume à un autre. Aussi celui qui a été condamné dans un pays étranger à une peine qui emporte mort civile, n'est point privé des actes, & effets civils en France, ni à l'égard des biens qui y sont situés : telle est la maxime du Parlement de Paris. (Voyez Ricard, Traité des Donations, *tom.* 1, *part.* 1, *ch.* 3, *sect.* 4, *n.* 262, 263 ; & Boniface, *tom.* 2, *part.* 3, *tit.* 1, *liv.* 1, *ch.* 16.)

A l'égard de la question de sçavoir si les biens acquis par un condamné, mort civilement depuis son Jugement de condamnation, appartiennent à ses héritiers, ou au fisc. Voyez ce qui est dit ci-après, (*n.* 199.)

Autres observations touchant la mort civile.

144. 1°. La mort civile ne donne point ouverture au douaire. (D'Argentré sur l'article 433 de la Coutume de Bretagne ; Auzanet sur l'article 255 de la Coutume de Paris :) mais bien à toutes les autres conventions matrimoniales. (Voyez Louet, & Brodeau, *lettre* C, *ch.* 26, *n.* 3.

2°. Elle donne ouverture aux substitutions. (Arrêt du Parlement du 25 Mai 1660, rapporté au Journal des Audiences : Ordonnance des substitutions du mois d'Août 1747, *tit.* 1, *art.* 24.) Voyez *omnino* sur cette question Henris, avec les observations de Bretonnier, *tom.* 2, *liv.* 4, *qu.* 36.

3°. L'usufruit est consolidé à la propriété par la mort civile de l'usufruitier. (Gui-Pape, *qu.* 547 & 413, *aux notes.* Arrêt du 3 Mai 1631, rapporté par Boné, *part.* 2, *art.* 21.)

145. 4°. Mais une pension viagere n'est point éteinte par la mort civile de celui à qui elle est due. (Ainsi jugé par Arrêt de la Tournelle, du 5 Décembre 1699, rendu sur les Conclusions de M. Joly de Fleury, Avocat-Général.)

5°. La mort civile de l'homme vivant, & mourant, ne donne point ouverture au fief. (Arrêt du 6 Février 1642, rapporté au Journal des Audiences ; Dumoulin sur l'article 51 de la Coutume de Paris, *glos.* 2, *n.* 81.)

146. 6°. La mort civile du condamné commence à courir du jour de son Jugement de condamnation, lorsque ce Jugement a été rendu en dernier ressort : mais on demande si cette mort civile est encourue dès l'instant que le Jugement de condamnation a été rendu, ou

ou s'il faut que ce Jugement ait été prononcé au condamné; en sorte que s'il vient à décéder, soit dans les prisons du Parlement, soit en chemin, dans le temps qu'il est renvoyé sur les lieux, après la condamnation rendue contre lui en dernier ressort, & avant qu'elle lui ait été prononcée, il doive être regardé comme étant mort innocent, & *integri statûs*; sur quoi il est bon d'observer que les Jugements de condamnation à des peines capitales, & autres, dont il est fait mention dans l'article 6 du titre 16 de l'Ordonnance de 1670, ne se prononcent point aux accusés par les premiers Juges, si-non lorsque l'appel de ces Jugements, (qui se fait toujours de plein droit, suivant le même article 6,) a été jugé au Parlement, soit que ces Jugements y aient été confirmés, soit qu'ils y aient été infirmés.

147. Ceux qui soutiennent que la mort civile doit avoir lieu contre le condamné dès l'instant du Jugement de condamnation, rendu contre lui en dernier ressort, disent que c'est la condamnation qui fait le coupable, & qui le rend sujet à toutes les peines qui sont une suite de cette condamnation, & que la prononciation n'y ajoute rien; que l'instruction étant complette contre l'accusé, qui n'est plus dans le cas de pouvoir être entendu dans ses défenses, tout est consommé de sa part; & que s'il en étoit autrement, ce seroit donner lieu à prendre des mesures pour enlever, ou empoisonner des accusés, après leur condamnation, soit dans la prison, soit dans la route, pendant le temps de leur transport; ce qui empêcheroit l'exemple, & priveroit le fisc des droits de confiscation qui lui appartiennent.

148. Mais ceux qui défendent l'opinion contraire, disent que la mort naturelle de l'accusé éteint le crime, (suivant la L. 6, D. *de publicis judiciis*; & la Loi 20, D. *de pœnis*;) & que par conséquent elle doit empêcher l'effet de la condamnation; que d'ailleurs un Jugement n'est parfait que par sa prononciation, & seulement lorsqu'il est public, ou connu de la partie qui y a intérêt, ainsi qu'il résulte de l'artice 11 du titre 35 de l'Ordonnance de 1667, & de l'article 28 du titre 17 de l'Ordonnance de 1670, comparé avec l'article 16 du même titre; qu'ainsi le condamné qui meurt avant la prononciation de son Jugement, meurt *integri statûs*; en sorte que ses biens appartiennent, non au fisc, mais aux héritiers de ce condamné, suivant la Loi 2, §. 1, *in fine*, D. *de bonis eorum qui ante sentent.* qui en a une disposition.

149. Cette derniere opinion paroît la plus conforme aux principes, & doit être suivie. C'est aussi celle de Tiraqueau, *de jure primo genit.* qu. 48, n. 3; & de Carondas sur la Cout. Paris, §. 292, p. 153 *verso*; & en ses Observations du Droit François, au mot *Arrêt*, où il ajoute même que cela a été ainsi jugé par Arrêt au profit des héritiers d'un nommé Triboulet.

Autre Arrêt du Parlement de Toulouse, du 21 Mai 1566, rapporté par Larocheflavin en ses Arrêts, *liv.* 6, au mot *confiscation*, tit. 23, art. 5; & par Mainard en ses questions, *liv.* 4, *ch.* 25, à l'occasion d'un particulier condamné à mort, avec confiscation de ses biens, pour avoir tué sa femme, par Sentence du Juge ordinaire, confirmée par Arrêt, mais non prononcée, & différée, pour certaines causes particulieres, pendant lequel délai le condamné étoit venu à mourir : le Seigneur Haut-Justicier, ayant demandé la confiscation des biens, il fut débouté de sa demande.

Autre Arrêt du 10 Février 1632, rendu au Parlement de Rouen, & rapporté par Basnage sur la Coutume de Normandie, *art.* 143, qui a jugé qu'une femme condamnée à mort, par Sentence confirmée par Arrêt, & qui étoit morte subitement dans le chemin pendant son transport, étoit morte *integri status*.

150. On peut aussi tirer cette maxime de l'Ordonnance de Moulins, *art.* 53, qui porte que l'hypotheque des Sentences aura lieu du jour de la condamnation en dernier ressort prononcée. D'où il suit qu'il en doit être de même de toutes les autres condamnations; parce qu'il n'y a que la prononciation qui en est faite, qui donne la perfection à cette condamnation, & qui donne lieu aux droits qui en sont une suite.

151. D'ailleurs il est constant qu'un Jugement, en quelque matiere que ce soit, ne peut produire d'effet, qu'après la signification, ou prononciation, qui en est faite à celui contre lequel il a été obtenu quand il est défaillant, si c'est en matiere civile, suivant l'*art.* 11 du *tit.* 35 de l'Ordonnance de 1667; & si c'est en matiere criminelle, du jour que la Sentence est signifiée, ou affichée, suivant les *art.* 16 & 17 *du tit.* 17 de l'Ordonnance de 1670; parce que cette signification tient lieu de prononciation : donc *à pari* quand l'accusé est présent, il faut que la Sentence lui soit prononcée, pour qu'elle puisse avoir son effet.

Tel est aussi le sentiment de Brodeau, sur Louet, *lettre C*, *ch.* 47, *n.* 8; où il rapporte un Arrêt de la Tournelle, du 20

Décembre 1613, dans une espece qui décide la question. L'*art.* 2 *du tit.* 2 de la Coutume de Nevers en a une disposition.

152. Quelques Auteurs même ont été plus loin, & ont prétendu que lorsque le condamné à mort naturelle, ou civile, venoit à décéder avant l'exécution de son Jugement, quoique ce Jugement lui eût été prononcé, il mouroit encore *integris status*. Qu'en effet, un condamné pouvoit espérer sa grace jusqu'au moment de l'exécution ; & que puisqu'il étoit capable de la recevoir, il ne pouvoit en être privé qu'au dernier soupir de sa vie ; que le corps, qui est le principal, n'étant point confisqué, les biens, qui sont l'accessoire, ne le peuvent pas être non plus, suivant la L. 178, D. *de regulis juris* ; que par conséquent les héritiers du condamné pouvoient jouir de l'événement de cette mort, ainsi survenue avant l'exécution de la condamnation, & qu'ils ne devoient point être privés du droit de lui succéder.

153. Telle est l'opinion de Chassanée, sur la Coutume de Bourgogne, au titre des *confiscations*, rubriq. 2, §. 1, n. 1 ; où cet Auteur avance que pour que la confiscation ait lieu contre une personne condamnée à mort, il faut que la sentence ait été exécutée.

154. Mais il est difficile de pouvoir embrasser cette opinion. Car on ne voit pas comment l'exécution peut ajouter quelque chose à la condamnation de mort naturelle, ou civile, quand une fois elle a été prononcée à l'accusé. La mort d'un accusé empêche, à la vérité, que l'exécution ne puisse avoir lieu contre sa personne ; mais rien n'empêche qu'elle ne puisse avoir lieu sur ses biens, qui en sont tout-à-fait indépendants ; de même que dans les Jugements de condamnation par contumace, quoique l'exécution ne puisse se faire sur la personne du condamné ; néanmoins elle a lieu sur ses biens. En effet, il est constant que si un banni à perpétuité venoit à mourir avant son départ, & après que le Jugement lui a eté prononcé, ses biens ne laisseroient pas d'appartenir aux Seigneurs, au profit desquels ils ont été confisqués. (Voyez la Coutume de Nivernois, titre des *confiscations*, art. 2 ; & Coquille, sur cet article :) & par conséquent, il en doit être de même d'un condamné à mort, ou aux galeres à perpétuité. Tel est le sentiment de Carondas en ses réponses du Droit François, au mot *arrêt*.

155. Au reste, il faut observer que quoique la mort civile, & par

conséquent la confiscation, ne coure que du jour du Jugement de condamnation, rendu contre l'accusé, & à lui prononcé, néanmoins il n'a pas la liberté pour cela de disposer de ses biens, pendant l'instruction de son procès, & avant la Sentence de condamnation; ainsi qu'on le verra dans un moment.

7°. Une autre observation à faire sur cette matiere, c'est qu'un accusé coutumax, qui a déja été condamné à une peine qui emporte mort civile, peut être condamné de nouveau à la même peine, pour raison d'un nouveau crime. (Ainsi jugé par Arrêt du Parlement de Dijon, du 4 Mai 1656, rapporté par Raviot, *qu.* 256, *n.* 29, *tom.* 2, *pag.* 332.) C'est pourquoi il est vrai de dire en ce cas, que l'accusé a éprouvé deux fois la peine de mort.

Des aliénations faites par un accusé. (a)

156. On peut regarder, comme une regle générale, qu'un accusé prévenu de crime, même capital, ne perd point son état, tant qu'il n'y a point contre lui de Sentence de condamnation. Ainsi il peut recevoir ce qui lui est dû, & en donner quittance; il peut aussi passer toutes sortes de contrats, & par conséquent vendre, emprunter, & aliéner ses biens; & ces actes ne sont point nuls par eux-mêmes. (*Ita*, Lepretre *cent.* 1, *ch.* 84, *n.* 1, 2 & 3.) Mais leur validité, ou invalidité, dépend de l'événement; en sorte qu'ils sont valables, si l'accusé vient à n'être pas condamné à une peine capitale, ou s'il vient à mourir avant que le Jugement définitif de sa condamnation lui ait été prononcé; & au contraire, ces actes sont nuls, si cet accusé vient à être condamné à une peine capitale, & que ce Jugement lui soit prononcé. (Lepretre, *ibid. cent.* 1, *ch.* 84, *n.* 9 & *suiv.*)

(a) Voyez sur ces aliénations Basnage sur l'*art.* 143 de la Coutume de Normandie. Soefve, *tom.* 2, *cent.* 4, *chap.* 35. Les Décisions de Lebret, tit. Des mat. crimin. décis. 4, & Traité de la Souveraineté, *liv.* 3, *chap.* 15. Papon en ses Notes, *tit* 1, *liv.* 5, des Donations. Legrand sur la Coutume de Troyes, *art.* 120, *glos.* 2, *n.* 15. Despeisses, *tom.* 1, *part.* 1, *sect.* 1, *n.* 9. Le Commentateur de Henris, *tom.* 2, *pag.* 417. Le Journal des Audiences, *tom.* 3, *liv.* 3, *chap.* 3, & *tom.* 1, *liv.* 2, *chap.* 113. Bardet, *tom.* 1, *liv.* 1, *chap.* 63. Lepretre, *cent.* 1, *ch.* 84, & en ses Arrêts, *pag.* 64, & Bruneau, Traité des Matieres Criminelles, *pag.* 549.

157. Mais pour sçavoir plus particuliérement si les aliénations faites par un accusé, sont valables, ou non, il faut distinguer si ces aliénations sont faites à titre gratuit, ou à titre onéreux; & si les dispositions sont faites à titre gratuit, *v. g.* si c'est une donation, il faut encore considérer le temps, où elles ont été faites.

1°. Les aliénations à titre gratuit, faites par un accusé depuis l'accusation, intentée contre lui, sont nulles, lorsque l'accusation a été suivie d'une condamnation à peine capitale. (L. 15, D. *de donationibus*; & L. 45, D. *de jure fisci*. Farin. *qu.* 164, *n.* 19 & *seq.* Lemaître en son Traité des Criées, *ch.* 12. Ainsi jugé par un Arrêt de la Grand'Chambre, du 22 Mai 1599, contre un condamné à mort, rapporté par M. Lepretre, *cent.* 1, *ch.* 4, *n.* 12; & par un autre Arrêt, rapporté par Henris, *tom.* 1, *liv.* 4, *qu.* 36.)

158. Ce qui a lieu, à plus forte raison, pour les donations & transports, faits par l'accusé depuis la signification du décret intervenu contre lui; parce qu'au moyen de ce décret, il est mis *inter reos*. C'est la disposition de l'article 14 du titre 16 de l'Ordonnance criminelle de Léopold, de l'année 1701, rendue pour la Lorraine: « qui déclare toutes ventes, cessions, donations, & transports » faits par les condamnés à mort civile, ou naturelle, de leurs » biens meubles, & immeubles, du jour de la signification du » premier décret, nulles, & de nul effet, comme faites en fraude » condamnation; & en cas de crime de leze-majesté au premier » chef, du jour du crime commis ».

159. Et à plus forte raison encore, cette regle a-t-elle lieu lorsque ces aliénations sont faites depuis la Sentence de condamnation, si cette Sentence vient sur l'appel à être confirmée.

2°. Si les dispositions faites par l'accusé, sont faites à titre onéreux, elles sont valables tant que l'accusation de ce crime n'est point intentée; ou même tant qu'on ne connoît pas celui qui en est accusé; ce qui ne se connoit que par l'exécution du décret rendu contre lui.

Mais cette regle n'a lieu que dans le cas où l'aliénation auroit été faite de bonne foi, & non en fraude du fisc, ou des créanciers. (*Ita.* Jul. Clar. *qu.* 78, 11, 19; & Farin. *qu.* 164, *n*, 59.)

160. Quelques Auteurs prétendent même qu'en général la confiscation est acquise au Seigneur, à compter dès l'instant du délit qui a donné lieu à la confiscation. (Voyez Dupineau sur Anjou, *art.* 23 Troncon sur Paris, *art.* 183; Brodeau sur Paris, *art.* 183, *n.* 24;

& que la Sentence ne fait que déclarer le droit acquis par le crime auquel elle est relative. *Ita etiam.* Covarruvias, *in-4 décret. part.* 2, *cap.* 6, §. 8, *n.* 9 & 10.)

L'aliénation est aussi valable, lorsqu'ayant été faite par l'accusé, quoique de mauvaise foi, l'acquéreur n'étoit point participant de la fraude. (Jul. Clarus, *ibid. qu.* 78, *n.* 18; & Farin. *qu.* 164, *n.* 75 & *seq.* 83;) ou du moins, l'acquéreur doit recouvrer les deniers qu'il a payés pour le prix de la vente. (Farin. *qu.* 164, *n.* 91, Ricard, Traité des donations, *tom.* 1, *part.* 1, *ch.* 3, *n.* 244 & 245.)

161. Les aliénations faites par l'accusé, depuis son crime, & même depuis la plainte, & le décret rendu contre lui, qui se font par un motif d'équité, ou de nécessité, comme pour payer ses dettes, ou pour se procurer des nourritures nécessaires, ou pour fournir aux frais nécessaires à sa défense, dans l'instruction de son procès, sont aussi valables, & ne peuvent être attaquées comme nulles par le fisc. (Jul. Clarus. *qu.* 78, *n.* 21. Farin. *qu.* 64, *n.* 96, 97.)

3°. Les donations & autres aliénations faites par l'accusé, à titre gratuit, avant que le crime ait été commis, sont aussi valables. (Jul. Clarus, *qu.* 78, *n.* 16; & Farin. *qu.* 164, *n.* 1.)

162. Et il en est de même, suivant quelques Auteurs, des donations faites par l'accusé depuis son crime; pourvu qu'elles soient faites avant l'accusation intentée contre lui. (Farin. *qu.* 168, *n.* 2, 9, 10.)

Mais cette regle cesse d'avoir lieu, lorsque ces donations & transports faites depuis le crime, quoiqu'avant l'accusation, sont faites en fraude du fisc, ou de la partie civile. (L. 45, D. *de jure fisci*; Farin, *qu.* 164, *n.* 46 & *seq.*) Et il en est de même des aliénations par vente, si elles sont faites en fraude. (Farin. *ib. qu.* 164, *n.* 50.)

163. L'aliénation est présumée frauduleuse, lorsqu'elle est faite généralement sur tous les biens de l'accusé; (Farin. *qu.* 164, *n.* 122.) ou si elle est faite sans cause, ou à vil prix; ou si elle est faite à un proche parent; ou si l'accusé est resté en possession des biens par lui donnés, & en a perçus les fruits, &c. (Voyez Jul. Clarus, *qu.* 78, *n.* 17; & Farin. *qu.* 164, *n.* 122 & *seq.* & *n.* 136, jusqu'au n. 168.)

164. Il se présente ici une autre question, qui est de sçavoir si un bénéficier accusé de crime capital, peut résigner son bénéfice

pendant la poursuite du procès, & avant la condamnation? Tournet en ses Arrêts, *lettre V*, *ch.* 2, décide pour l'affirmative, & avance qu'un bénéficier accusé de crime capital, peut résigner son bénéfice depuis le crime par lui commis, pourvu qu'il le résigne avant la condamnation intervenue contre lui, & même pendant l'appel; & il ajoute que c'est la commune opinion, à moins que le crime ne fût si abominable, qu'il fît vaquer le bénéfice, *de jure & facto.* Tel est aussi le sentiment de Guimier, sur la Pragmatique Sanction, §. *item insuper*, au mot *deponere*; quoique de Dumoulin, sur la regle *de infirmis resignantibus*, n. 366 *& seq.* soit d'un avis contraire.

165. Mais il faut faire là-dessus une distinction importante; c'est que si ce bénéficier, accusé de crime capital, a été prévenu par la Collation de l'ordinaire du Pape par dévolut, il ne peut plus le résigner; & cela a été ainsi jugé par Arrêt du 5 Décembre 1625, & par un autre du 11 Juillet 1726, rapportés tous les deux au Journal des Audiences, *tom.* 1, *liv.* 2, *ch.* 125. Si, au contraire, le bénéficier ainsi accusé de crime capital, a prévenu lui-même avant sa condamnation, & résigné son bénéfice à une personne capable; alors cette résignation faite *in favorem*, est valable; ainsi qu'il a été jugé par Arrêt du 27 Juillet 1694, rapporté au cinquieme tome du Journal des Audiences.

166. Loiseau, en son Traité des Offices, *liv.* 1, *ch.* 13, *n.* 15 *& suiv.* avance en général, tant à l'égard des offices, qu'à l'égard des bénéfices, que la validité de la résignation, après l'accusation intentée, est suspendue jusqu'à la Sentence définitive; & que cette résignation devient nulle, si la condamnation emporte forfaiture, ou dévolut; & qu'au contraire, elle est valable, si l'accusé vient à déceder avant le Jugement, ou sur l'appel.

167. Il y a des crimes qui font vaquer le bénéfice de plein droit; comme l'hérésie, le crime de leze-majesté, l'assassinat prémédité, le rapt, l'inceste spirituel, la simonie, & autres, qui sont marqués par le Droit Canon. (Loiseau, Traité des Offices, *liv.* 1, *ch.* 13, *n.* 14.) Dans ces crimes, le dévolut peut être obtenu par la seule action, ou perpétration du crime; au-lieu que dans les autres délits, il ne peut être obtenu avant la condamnation à mort naturelle, ou civile; & que dans ce dernier cas, le titulaire peut résigner même pendant l'appel, jusqu'à ce que le Jugement de condamnation lui ait été prononcé, ainsi qu'il a été observé.

Une autre regle est, qu'un Ecclésiastique, condamné par Sentence, dont il y a appel, ne peut prétendre aucun bénéfice pendant l'appel ; nonobstant la maxime établie en matiere criminelle que *appellatio extinguit judicatum.* (Ainsi jugé par Arrêt du 19 Décembre 1647, rapporté par Soefve, *tom.* 1, *cent.* 2, *ch.* 48.)

Des Successions échues à l'accusé pendant l'instruction.

168. Une autre observation importante sur cette matiere, est qu'un accusé de crime, suivi de condamnation à peine capitale, ne peut *pendente accusatione*, recueillir aucune donation, ou legs, ni aucune succession qui lui seroit échue depuis l'accusation contre lui intentée. (Voyez Ricard, Traité des Donations, *tom.* 1, *part.* 1, *ch.* 3, *sect.* 4, *n.* 230 *& suiv.* & Louet, *lettre C*, *ch.* 25, *n.* 7 *& suiv.*) On trouve en effet au Journal des Audiences, *tom.* 1, un Arrêt du 10 Janvier 1630, qui a jugé, conformément à cette opinion, qu'un accusé, condamné par Sentence à la peine de mort, confirmée sur l'appel, avoit été incapable de recueillir une succession qui lui étoit échue pendant l'appel. Autre Arrêt du 10 Juin 1659, rapporté par Soefve, *tom.* 2, *cent.* 2, *ch.* 1, qui a même jugé qu'une Sentence intervenue contre un fils parricide, condamné à mort, avoit un effet rétroactif au jour de l'action commise, pour le rendre indigne de succéder à son pere avant la Sentence de condamnation ; ce qui a toujours lieu dans les crimes atroces, ainsi que s'en explique M. l'Avocat-Général Bignon, dans cet Arrêt.

169. Autre Arrêt du 16 Juillet 1676, rendu contre la Dame Marquise de Brinvilliers, condamnée à mort, par lequel elle fut déclarée indigne des successions de ses pere, freres, & sœurs, à cause des crimes d'empoisonnement par elle commis contre son pere & ses deux freres.

Il faut néanmoins excepter les legs qui sont faits pour aliments. (Ainsi jugé par Arrêt du Parlement de Paris, du 5 Septembre 1699, rapporté par Richer en son Traité de la Mort civile, *pag.* 474, qui a jugé qu'un condamné aux galeres à perpétuité, ou au bannissement perpétuel, peut recevoir des legs pour aliments. Voyez aussi Ricard, Traité des Donations, *tom.* 1, *part.* 1, *ch.* 3, *sect.* 4, *n.* 265.)

170. Tout ce qui vient d'être dit des accusés, condamnés à une peine capitale,

capitale, suivie de prononciation, a pareillement lieu à l'égard de ceux qui sont condamnés par contumace à une peine qui emporte mort civile, lorsqu'ils décedent, sans s'être représentés dans les cinq années, à compter du jour de l'exécution de la Sentence ou Jugement de contumace; car alors ils sont réputés mort civilement du jour de l'exécution de cette Sentence, ou Jugement, suivant l'article 29 du titre 17 de l'Ordonnance de 1670. (Ainsi jugé par Arrêt du 25 Juin 1619, rapporté par Bardet, *tom.* 1, *liv.* 1, *ch.* 63, & par Auzanet en ses Arrêts, *ch.* 94; qui a décidé qu'un fils parricide, condamné à mort par contumace, suivie d'exécution par effigie, & qui étoit décédé sans se représenter dans les cinq ans, étoit incapable de succéder à son pere, à compter du jour du crime commis. Autre Arrêt du 15 Mai 1665, rapporté au Journal des Audiences. Autre du 31 Mars 1678, rapporté au Journal du Palais, *tom.* 1, *pag.* 888. Autre Arrêt du Parlement de Rouen, du 30 Juin 1690, rapporté par Basnage sur l'article 143 de la Coutume de Normandie.)

171. Il a même été jugé que la mort civile d'un accusé, condamné par contumace, & depuis condamné contradictoirement, après s'être représenté, avoit un effet rétroactif du jour de l'exécution du premier Jugement rendu par contumace; & l'on prétend que cette Jurisprudence se trouve autorisée par plusieurs Arrêts; & entre autres, par un Arrêt du 23 Juillet 1626, rapporté par Bardet, *tom.* 1, *liv.* 2, *ch.* 90. Mais ce sentiment paroît contraire à l'article 18 du titre 17 de l'Ordonnance de 1670, qui porte que les contumaces, & par conséquent le Jugement qui en fait partie, sont mis au néant par la représentation de l'accusé.

172. C'est en conséquence de ces mêmes principes, que le mariage d'un condamné à mort, décédé sans s'être représenté dans les cinq années de la contumace, ne produit aucun effet civil; mais il en seroit autrement, si l'accusé s'étoit représenté dans les cinq années. (Arrêt du 25 Mars 1709, rapporté au Journal des Audiences.)

Lorsque l'accusé est encore dans les cinq années de la faculté qu'il a de se représenter, la mort civile est *in suspenso*. (Arrêt du 17 Mars 1716, rapporté au Journal des Audiences, qui a jugé que la fille d'un condamné par contumace à une peine de mort civile, ne pouvoit, dans les cinq ans de la contumace, demander dans la succession de son aïeul, la part de son pere; & que c'étoit le cas d'ordonner le séquestre, & de donner à cette fille une pension sur la portion séquestrée.)

173. Mais il faut observer que dans le crime de duel, les condamnés par contumace, sont incapables de toutes successions, qui peuvent leur écheoir depuis le Jugement de condamnation contre eux rendu, encore qu'ils soient dans les cinq années, suivant l'article 27 de l'Edit des duels, du mois d'Août 1679.

A l'égard des condamnés qui meurent sur l'appel du Jugement de condamnation, & avant que ce Jugement leur ait été prononcé, ils meurent *integri status*. (Voyez ce qui a été dit ci-dessus, *n.* 146 *& suiv.*)

Si la mort civile se prescrit.

174. Quoiqu'en général toutes les peines, quand elles sont une fois prononcées, & non exécutées, se prescrivent par trente ans; néanmoins il n'en est pas de même de la mort civile, elle ne se prescrit point. Cette différence vient de ce que la mort civile, étant une peine qui ne s'exécute pas sur la personne du condamné, est encourue de plein droit dès l'instant de la prononciation, ou exécution du Jugement de contumace; au-lieu que les autres peines, *v. g.* les corporelles ne pouvant s'exécuter que par un fait extérieur, n'existent qu'en puissance, jusqu'à ce qu'elles soient réduites en acte. Or le condamné prescrit contre cette puissance, comme contre tout autre droit en général. (Ainsi jugé par Arrêt du 6 Mars 1738, rapporté au Recueil des Arrêts de Lacombe, contre le sieur d'Acheux, condamné à mort par contumace, & qui avoit prescrit la peine prononcée contre lui; par cet Arrêt il fut déclaré incapable des successions qui lui étoient échues, même depuis la prescription acquise. (Voyez Lebrun, Traité des Successions, *liv.* 1, *ch.* 2, *sect.* 3, *dist.* 3, *n.* 11; Basnage sur l'article 235 de la Coutume de Normandie; & Domat en ses Loix Civiles, *part.* 2, *liv.* 1, *titr.* 1, *sect.* 2, *art.* 36.)

Il en est de même de l'infamie qui résulte des peines infamantes. (Voyez ci-après, *n.* 215 *& suiv.*)

§. II.

Autre suite de la condamnation à une peine capitale.

De la Confiscation.

175. La Confiscation des biens d'un accusé, est une suite de la condamnation prononcée contre lui à une peine capitale, qui emporte mort civile. C'est une dépendance nécessaire de la confiscation du corps. Suivant cette regle établie en l'article 183 de la Coutume de Paris, & dans quelques autres Coutumes, que qui confisque le corps, confisque aussi les biens; regle qui a lieu dans toutes les Coutumes qui n'ont point de dispositions contraires.

L'effet de la confiscation est que les enfants, ou héritiers de celui dont les biens ont été confisqués, ne lui succedent point, & ne peuvent demander leur légitime, ni aucune portion dans ses biens, ni même leur nourriture; quoique quelques Auteurs pensent le contraire. (Voyez ce qui a été dit ci-dessus, *n.* 141.)

176. Cette peine paroît avoir été introduite comme une seconde punition, outre celle du corps, afin de détourner d'autant plus les hommes de l'envie de commettre des crimes, en voyant cette peine passer jusques dans la personne de leurs enfants, ou héritiers, par la privation des biens qui devoient naturellement leur appartenir.

Quelques Auteurs prétendent aussi qu'elle a été introduite pour dédommager le fisc des frais des procès criminels. (*Ita.* Chassan. *in consf. Burgund. rubr.* 2, §. 1, *n.* 31.) Mais l'autre motif paroît plus naturel; puisque le premier cesse d'avoir lieu dans toutes les condamnations qui n'emportent point mort civile; & que d'ailleurs il y a plusieurs Provinces dans le Royaume où la confiscation n'a pas lieu, comme dans les pays de droit écrit, & dans quelques Coutumes, telles que celles de Boulonnois, Calais, Saint-Sever, Bearn, Angoumois, Auvergne, Lodunois, la Rochelle, Lisle, Tournai, Cambrai, Bayonne, & Flandres. (Voyez Papon, *liv.* 24, *tit.* 13, *n.* 1, *& la note.*)

177. D'autres Coutumes admettent seulement la confiscation pour les meubles; comme celles de Normandie, de Bretagne, du Maine, & de Ponthieu.

Quelques autres, comme celle de Poitou, *art.* 200, confisquent seulement les meubles, & non les immeubles, si ce n'est dans les crimes de leze-majesté divine, & humaine. D'autres admettent la confiscation pour les meubles & acquêts, & n'en excluent que les propres : telle est la Coutume du Perche.

178. D'autres rejettent la confiscation dans tous les cas, hors le crime de leze-majesté au premier chef, telle que la Coutume de Berri, *tit.* 2, *art.* 1. D'autres enfin, en n'admettant point la confiscation, en exceptent seulement le crime de leze-majesté, & l'hérésie : telle est la Coutume d'Anjou, *art.* 142 ; celle de la Marche, *art.* 338 ; & celle de Touraine, *art.* 379, qui y ajoute aussi le crime de fausse monnoie.

Il y a même quelques Parlements, comme celui de Toulouse, qui, quoique régis par le Droit civil, ont néanmoins admis la confiscation ; mais avec cette restriction, que sur les biens confisqués, on en préleve le tiers exempt de toutes charges, en faveur de la veuve, & des enfants du condamné. (Voyez les observations sur Henris en ses questions posthumes, *consult.* 7, *tom.* 2, *pag.* 903, de l'édition de 1708.)

179. Dans les Provinces où la confiscation n'a pas lieu, les héritiers du condamné à mort naturelle, ou civile, lui succedent ; mais alors on doit adjuger au profit du Roi, ou des Seigneurs Haut-Justiciers du lieu où le procès a été jugé, une amende convenable & proportionnée aux frais qui lui en coûte pour le poursuivre.

Il faut cependant observer que cette amende doit être modérée, & ne pas absorber la plus grande partie des biens du condamné ; autrement on pourroit la faire reformer, & réduire, ainsi qu'il a été jugé dans la Coutume d'Anjou, par Arrêt du 13 Février 1588. L'Ordonnance des Fermes du mois de Juillet 1681, titre commun des Fermes, *art.* 45, veut que la confiscation de tous les biens soit prononcée contre les coupables de crimes qui emportent confiscation ; & que si les biens sont situés dans un pays où la confiscation n'a pas lieu, les coupables soient condamnés en une amende qui soit au moins du quart de la valeur des biens.

180. Il faut aussi observer que dans le crime de duel, s'il se trouve avoir été commis dans une Province où la confiscation n'a pas lieu, on doit prendre sur les biens du criminel une amende au profit des hôpitaux, dont la valeur ne puisse être moindre que

des deux tiers des biens, suivant la Déclaration du 28 Octobre 1711, touchant les duels.

C'est la Coutume du lieu où les biens sont situés, qui décide si la confiscation a lieu, ou non; & non le lieu du délit. (Brodeau sur la Coutume de Paris, *art.* 183; Ragueau sur celle de Bourges, *tit.* 2, *art.* 1.) Ni celui où le procès a été jugé. (Voyez *infra*, *n.* 188.) *Idem* pour les meubles. (Voyez Duplessis, sur l'article 133 de la Coutume de Paris.)

181. La confiscation est, comme on l'a dit, une suite du Jugement, quand ce Jugement condamne à une peine capitale & qui emporte mort civile; & il n'est pas nécessaire que cette confiscation soit prononcée par le Jugement de condamnation; parce qu'elle se fait de plein droit, quand même le Jugement seroit rendu dans un Tribunal dont la Coutume rejetteroit la confiscation. (Voyez Imbert, *liv.* 3, *ch.* 18, *n.* 9. Larocheflavin, *liv.* 6, au mot *confiscation*, tit. 23, art. 1; Despeisses, *tom.* 2, *pag.* 123, *col.* 2; & Brodeau, sur l'*art.* 183 de Paris.) Mainard, *liv.* 8, *ch.* 86, est cependant d'un avis contraire.

182. Les Jugements de condamnation à mort naturelle, ou civile, rendus en pays étranger, n'emportent point confiscation en France. (Ainsi jugé par Arrêt rendu, à la Pentecôte 1576. Voyez Brodeau sur la Coutume de Paris, *art.* 183, *n.* 15. Autre Arrêt du 21 Novembre 1641, rapporté par Boniface, *tom.* 2, *liv.* 1, *tit.* 1, *ch.* 16. Voyez aussi le Journal des Audiences, *tom.* 1, *liv.* 1, *ch.* 82; & ce qui a été dit ci-dessus, *n.* 143.)

Quelques Auteurs prétendent que les Jugements de condamnation à une peine capitale, rendus par des Officiers Militaires, emportent la confiscation des biens. C'est ainsi que le pense Coquille, *qu.* 16, & sur la Coutume de Nevers, *tit.* 2, *art.* 1; Brodeau sur Paris, *art.* 183, *n.* 14: & c'est aussi la disposition de l'article 6 de l'Ordonnance du 17 Janvier 1730, qui porte que les condamnations prononcées contre les déserteurs emportent mort civile. Tel est encore le sentiment de Richer, en son Traité de la mort civile, *pag.* 34.

183. Néanmoins la négative paroît beaucoup plus probable, & elle se trouve autorisée par un Arrêt du Parlement du 22 Juin 1712, rapporté au Journal des Audiences, qui en enthérinant des Lettres de grace, accordées à un dragon, par lesquelles le Roi l'avoit rétabli en sa bonne renommée, & en ses biens, ajoute, sans que

lesdites Letres puissent être tirées à conséquence pour ce qui regarde la confiscation, en conséquence des Jugements militaires (a). (Voyez aussi Dumoulin sur l'article 198 de l'ancienne Coutume de Paris; Loiseau, Traité des Offices, *liv 1, ch. 6*; & ce qui a été dit ci-dessus, *n. 136.*)

184. Il faut aussi observer que la confiscation n'a lieu que du jour que le Jugement a été prononcé à l'accusé. (Voyez ce qui est dit ci dessus, *n. 146.*)

Ainsi un Seigneur ne pourroit demander la confiscation des biens d'un accusé de crime capital, décédé avant la condamnation. (Louet, *lettre* A, *ch. 18, n. 6.*)

Quant aux aliénations faites par le condamné avant son Jugement, pour sçavoir si elles sont valables, ou non. Voyez ce qui a été dit ci-dessus, *n. 156, & suiv.*)

185. La confiscation des biens d'un condamné domicilié dans une Coutume, où la confiscation a lieu, appartient aux Seigneurs Haut-Justiciers du lieu où ces biens confisqués se trouvent, sans faire à cet égard aucune distinction entre les meubles & les immeubles, quand même ces meubles se trouveroient dans des Coutumes où la confiscation n'a pas lieu; parce qu'alors les Seigneurs ne les prennent que comme vacants. (Mazuer, *titre des peines, n. 16*; Coutume d'Orléans, *art. 331.*)

(a) Voici la copie d'une lettre écrite à ce sujet le 16 Mai 1737, par M. Joly de Fleury, Procureur-Général du Parlement de Paris, à M. d'Hericourt, Intendant des Galeres à Brest, contenant les Forçats condamnés aux galeres à perpétuité pour les délits militaires.

» J'ai reçu M. votre lettre au sujet du nommé Lamecin. Il est vrai que suivant les principes ordinaires de l'ordre judiciaire, la peine des galeres » perpétuelles emporte mort civile, & confiscation de biens; mais ce principe n'a aucune application aux condamnations qui émanent des conseils-de-guerre, & notamment pour delits militaires; cela a été plusieurs fois » décidé, sur-tout par rapport à la désertion. Je ne prend aucun intérêt à » Lamecin, je ne le connois que par des lettres qu'on m'a écrites pour lui faire » rendre justice par sa famille, & c'est un des devoirs de mon état. Sa famille » a reconnu que n'étant pas mort civilement, & n'étant condamné que pour » désertion, il devoit hériter comme eux. On lui a déja fait tenir de l'argent, » qu'il a peut-être mangé fort mal-à-propos; mais mon ministere ne tend » qu'à lui faire rendre justice, & pour consommer tout, on a besoin de la » procuration dont j'ai l'honneur de vous envoyer le projet.

Mais il en seroit autrement, si le condamné étoit domicilié dans un pays où la confiscation n'a pas lieu ; les meubles appartiendroient alors à ses héritiers, en quelques lieux qu'ils fussent assis ; ce qui est fondé sur cette regle que *mobilia sequuntur personam.* Voyez Loisel en ses Institutions coutumieres, *liv. 6, tit. 2, n. 20* ; où il dit que tous les meubles du condamné appartiennent au Seigneur Haut-Justicier du lieu où l'accusé a son domicile. *Ita etiam,* Chassan. *in cons. burg.* titre des confiscations, *rubr. 2,* §. *1, n. 13.*

186. Dans cette supposition, si l'accusé vient à changer de domicile depuis le crime par lui commis, on prétend que la confiscation des meubles doit appartenir au Seigneur de l'ancien domicile de l'accusé. (Voyez Gui-Pape, *decis. 535. in notis.*) *Contra* Tiraqueau *in tract. de retract.* §. 5, gl. 4, vers. *quid si sunt fructus jurisdictionis,* n. 18.)

Quand le Seigneur vient à changer, la confiscation n'appartient point au nouveau Seigneur, mais à celui qui étoit Seigneur au temps que le crime a été commis. (Brodeau sur Paris, *art. 183, n. 24* ; Despeisses, *pag. 119, n. 6* ; Pontanus sur Blois, *art. 5,* §. 2, au mot *fructus* ; & Jul. Clar. qu. 78, *in supplem*, n. 144.)

187. Les biens confisqués appartiennent au Fermier du temps où le premier Jugement, & non l'Arrêt sur l'appel, a été rendu. (Legrand sur Troyes, *art. 120, glos. 2, n. 8.*) D'autres prétendent que c'est au Fermier du temps du délit. (Ainsi jugé par Arrêt du Parlement de Dijon du 7 Décembre 1706. Voyez aussi Mainard en ses questions not. *liv. 6, ch. 23* ; & ce qui a été dit ci-dessus, *n. 100*, en parlant de l'amende.)

Si parmi les biens du condamné il y a des rentes, pour sçavoir si elles sont meubles, ou immeubles, il faut distinguer si elles sont foncieres, ou constituées. Les rentes foncieres sont immeubles ; mais à l'égard des rentes constituées, cela varie, suivant les Coutumes. Quelques-unes les réputent meubles, & les autres immeubles ; il faut suivre pour cela la Coutume du domicile du Créancier, excepté à l'égard des rentes constituées qui ont une assiette ; comme les rentes constituées sur l'hôtel-de-ville de Paris, pour lesquelles il faut suivre la Coutume des lieux où elles se perçoivent.

188. De même, quand il s'agit de sommes mobiliaires dûes au condamné, on doit aussi suivre la Coutume du domicile de ce con-

damné. (Bacquet, des Droits de Justice, *ch. 13, n. 16, 17*; Loiseau, Traité des Seigneuries, *ch. 12, n. 91*; Coquille sur Nevers, *ch. 2, art. 2.*)

A l'égard des biens situés hors du Royaume, soit meubles, soit immeubles, ils ne tombent point dans la confiscation.

La confiscation a lieu au profit des Seigneurs Haut-Justiciers, quand même le délinquant auroit été condamné par un Juge Royal; parce que les biens appartiennent aux Seigneurs des lieux où ils sont situés. Ainsi le Seigneur de la Justice où le procès a été jugé, n'a aucun droit sur les biens confisqués, s'ils ne se trouvent dans son territoire; mais le Juge prononce ordinairement dans ce cas une amende au profit du Seigneur du lieu où le procès s'est instruit. Cette amende doit se prendre sur les biens du condamné, soit que ses biens soient confisqués, ou non; & elle est en partie pour indemniser le Seigneur des frais du Procès. C'est pourquoi quand il y a une partie civile, cette amende doit être moins forte; mais il faut toujours en prononcer une au profit du Seigneur, parce que c'est un émolument de sa justice.

189. Si le criminel dont les biens sont confisqués, est lui-même Haut-Justicier, la confiscation appartient au Seigneur de la Justice supérieure; parce que la Justice inférieure est censée avoir fait partie du territoire de la supérieure, & en avoir été distraite. (Voyez Coquille sur la Coutume de Nevers, *tit. 2, art. 2.*)

Lorsque la Haute-Justice appartient en même temps à plusieurs Seigneurs, ils doivent partager les biens confisqués qui sont dans leur territoire, au *prorata* du droit, ou de la portion qu'ils ont dans la justice.

Anciennement la confiscation appartenoit au Roi pour les crimes qui étoient de la compétence de ses Officiers, & cela afin de l'indemniser des frais du procès qu'il faisoit faire. (Voyez la Coutume d'Amiens, *art. 226*; & Buridan sur Vermandois, *art. 11.*)

190. Mais aujourd'hui cela n'a plus lieu, si-non à l'égard des confiscations causées pour crime de leze-majesté, dans lesquels le Roi profite seul de la confiscation des biens du condamné. (Voyez ce qui est dit à ce sujet au titre *du crime de leze-majesté humaine*, n. 31.) Ce qui ne s'entend cependant que pour le crime de leze-majesté au premier chef, & non au second chef.

Il faut aussi entendre cette regle du crime de leze-majesté humaine,

maine ; car dans les crimes de leze-majesté divine, la confiscation appartient aux Seigneurs Hauts-Justiciers.

En matiere de faux, commise au grand sceau, & aux Lettres de Chancelerie, la confiscation appartient à M. le Chancelier à cause de sa charge. (Brodeau sur Paris, *art. 183, n. 27* ; Laroche-flavin, *liv. 6, tit. 23, n. 2.*)

Sur quels biens la confiscation a lieu.

191. La confiscation s'étend en général sur tous les biens qui auroient passé aux héritiers du condamné, s'il fût mort de sa mort naturelle ; ce qui comprend en général tous les biens meubles, & immeubles, & dettes actives qui lui appartenoient ; même ce qui lui étoit dû sous condition, quoiqu'il ait été condamné *pendente conditione* ; pourvu que la condition regarde le condamné, suivant la Loi *inter socium 26, §. ult. D. de pact. dotal.*)

Mais le Seigneur à qui cette confiscation appartient, ne peut la prendre que sur les biens qui appartenoient au condamné lors de la condamnation. (Arrêt du 31 Mars 1678, rapporté au Journal du Palais, *tom. 1, pag. 898.*)

192. Les rentes foncieres, les baux emphitéotiques, & même les biens dont le condamné mort civilement jouissoit en usufruit, appartiennent aussi au Seigneur, au profit duquel la confiscation a lieu ; parce que l'usufruit ne s'éteint point par la mort civile, mais seulement par la mort naturelle. (*Ita.* Ragueau sur la Coutume de Bourges, *tit. 2, art. 1* ; & Farin. *qu. 25, n. 148 - 150.*)

A l'égard des pensions alimentaires, elles ne sont point sujettes à la confiscation. (Arrêt du 24 Mars 1672, rapporté par Boniface, *tom. 3, liv. 1, tit. 3, ch. 10* ; & au Journal du Palais, *in-fol. tom. 1, pag. 193.*)

Si le condamné étoit pourvu d'un titre Clérical, ce titre seroit sujet à confiscation. (Voyez l'Arrêt du 24 Mars 1672, qui vient d'être cité.) On peut même saisir ce titre pour le paiement de l'amende. (Arrêt du 9 Mars 1679, rapporté par Boniface, *tom. 3, liv. 6, tit. 9, ch. 1.*)

193. Mais les biens qui ont été donnés par un pere à son fils, qui vient ensuite à être condamné à mort naturelle, ou civile, ne sont point sujets à confiscation ; & ils doivent appartenir au pere par

droit de retour. (Buridan sur Vermandois, *art.* 11 ; Coquille sur Nevers, *tit.* 2, *art.* 1.)

Quant à la question de sçavoir si les revenus des biens du condamné appartiennent au fisc, non-seulement du jour de la condamnation, mais encore à compter du jour du crime commis. Voyez ce qui a été dit ci-dessus, *n.* 156, touchant la validité ou invalidité des aliénations faites par le condamné.

194. Les biens substitués ne sont point sujets à confiscation. (Ainsi jugé par Arrêt du 23 Décembre 1554; & par un autre de l'année 1576. Voyez Tournet sur Paris, *art.* 183 ; *quia reus alienare non potuit, ideo nec confiscare, crimen enim est species contractûs.* Autre Arrêt du Parlement de Grenoble du 9 Juillet 1631, rapporté par Basset en ses Arrêts, *tom.* 1, *liv.* 3, *tit.* 12, *ch.* 1.)

Quelques-uns néanmoins prétendent que le fisc doit en jouir en usufruit, jusqu'à ce que la condition de la substitution soit arrivée ; mais ce sentiment doit être rejetté ; parce que la confiscation de corps & de biens, étant comparée à la mort naturelle, donne ouverture à la substitution. (Voyez ce qui a été dit ci-dessus, *n.* 144.)

195. En crime de leze-majesté au premier chef, la confiscation a lieu sur les biens substitués. (Déclaration du 10 Août 1539, donnée à Villers-Cotterets, *art.* 1 & 2 ; Tronçon sur Paris, *art.* 183, où il rapporte à ce sujet un Arrêt du 23 Août 1613. Voyez aussi Brodeau sur Louet, L. C. *ch.* 53, *n.* 8 & 9.)

Le mari condamné ne confisque point le douaire de sa femme, ni ses autres conventions matrimoniales. (L. *si quis post.* Cod. *de bonis damnat.* Farin. *qu.* 25, *n.* 279. Ce qui est fondé sur ce que la confiscation ne s'étend que sur les biens du condamné, & non sur ceux qui appartiennent à autrui, suivant cette regle de droit *Nemo ex alterius delicto debet prægravari.*

196. Il sembleroit, suivant la même regle, que le délit du mari ne devroit point préjudicier à la part que la femme a dans la Communauté : & tel est le sentiment de Dumoulin sur l'article 30 de la Coutume d'Auxerre ; ce qui est conforme à la Loi *si reo*, §. *ult*, D. *de fidejussoribus* ; & à la Loi *nec permittendum*, D. *pro socio.* Cette opinion est aussi celle de Bacquet en son Traité des Droits de Justice, *ch.* 15, *n.* 16, 84 & *suiv.* Néanmoins les Coutumes varient à cet égard ; & il y en a qui portent que dans ce cas le mari confisque tous les biens de la Communauté. Tel étoit l'ancien

usage du Royaume, & telle est aussi la disposition de la Coutume de Troyes, *art.* 135. D'autres Coutumes, comme celle d'Orléans, *art.* 209, portent que le mari confisque seulement la moitié de la Communauté.

197. A l'égard de la femme condamnée, elle ne confisque que ses propres, dont le mari par conséquent cesse d'avoir la jouissance du jour de la condamnation. (Voyez l'article 530 de la Coutume de Normandie.) Mais quant à la part qu'elle a dans la communauté, les Coutumes varient aussi à cet égard. Celle d'Orléans, *art.* 209, porte que la femme condamnée & exécutée pour crime ne confisque point la part qu'elle a dans la communauté; de sorte que la moitié des biens dont cette communauté est composée, appartient aux héritiers de la femme, dans tous les cas où elle est condamnée pour crime qui emporte confiscation de biens. Un Arrêt du 14 Mai 1703, rapporté au Journal des Audiences, a jugé que le total de la communauté appartenoit dans ce cas au mari. Dans les autres Coutumes qui n'ont point de dispositions semblables, la confiscation des biens de la femme doit se prendre sur la moitié des biens de la communauté, dont l'autre moitié demeure au mari.

198. Au reste, il faut observer que tout ce qui vient d'être dit au sujet de la confiscation des biens du condamné, ne regarde que les biens que ce condamné possedoit au temps de la condamnation; mais à l'égard des successions qui lui sont échues depuis cette condamnation, & pendant sa vie naturelle, comme elles ne peuvent lui appartenir au moyen de la mort civile qu'il a encourue, il s'ensuit qu'elles ne peuv[ent] [a]ppartenir au confiscataire.

199. Quant aux autres biens que le condamné peut acquérir par lui-même depuis sa condamnation, soit par vente, échange, commerce, ou par son travail, (comme il arrive tous les jours à ceux qui sont condamnés aux galeres perpétuelles,) ces biens appartiennent, après la mort naturelle de ce condamné, non à ses héritiers, (car ceux qui sont morts civilement n'en peuvent avoir,) ni au confiscataire; mais aux Seigneurs qui jouissent du droit de deshérence. (Voyez Dumoulin sur Bourbonnois, *art.* 322.) Lebrun, Traité des Successions aux additions, *liv.* 1, *ch.* 2, 5, 3, *dist.* 2, *n.* 26, est à la vérité d'un avis contraire; mais il ne paroît pas que son sentiment doive être suivi.

200. Dans les condamnations par contumace exécutées, qui empor-

tent mort civile, la condamnation s'exécute sur les biens du condamné. Ainsi les Seigneurs à qui la confiscation appartient, peuvent en recevoir les fruits des mains des séquestres ou commissaires; & dans les pays où la confiscation n'a pas lieu, les héritiers peuvent s'en mettre en possession; mais ni ces héritiers, ni ces Seigneurs confiscataires, ne les ont point irrévocablement. Si les condamnés se présentent, ou sont constitués prisonniers dans les cinq ans, la contumace est anéantie, & ils rentrent dans leurs biens jusqu'à la nouvelle Sentence de condamnation qui pourra intervenir contre eux. (Ordonnance de 1670, *tit.* 17, *art.* 26.)

Des charges de la confiscation.

201. 1°. La confiscation qui se fait au profit du Roi, ou des Seigneurs Haut-Justiciers, n'a lieu qu'aux mêmes charges & conditions sous lesquelles le condamné possédoit ces biens; parce qu'à cet égard le fisc est regardé comme héritier du condamné. Ainsi la confiscation ne peut nuire à celui qui auroit l'usufruit de ces biens, ni aux personnes à qui ils doivent retourner par droit de substitution. (Voyez Brodeau sur Louet, *lettre* C, *ch.* 53, *n.* 8; Arrêt du Parlement de Dijon de l'année 1567, rapporté par Bouvot, *tom.* 2, au mot *confiscation*, qu. 3; autre Arrêt du Parlement de Grenoble du 8 Juillet 1631, rapporté par Basset, *tom.* 1, *liv.* 3, *tit.* 13, *ch.* 2.)

2°. La confiscation n'a lieu au profit des Seigneurs, qu'à la charge de payer les dettes du condamné, & en général tout ce dont il étoit redevable au temps de sa condamnation. La Coutume de Poitou, *art.* 202, en a une disposition; & il faut mettre au nombre de ces dettes, les reprises & conventions matrimoniales de la femme; ce qui est fondé sur cette maxime de droit, que *bona non estimantur nisi deducto ære alieno*, suivant la Loi 39, §. 1, D. *de verbor. significat.*

202. Il y a cependant quelques cas où la confiscation a lieu, même au préjudice des créanciers, quand il s'agit de certains crimes; tels sont:

1. Le crime de leze-majesté au premier chef, où le Roi prend tous les biens du condamné, sans aucune charge de dettes, ni de substitution, ni de fidéicommis. (Loisel en ses Institutions coutumieres, *liv.* 6, *tit.* 2, maxime 21; Brodeau, *lettre* C, *ch.* 53, *n.* 8

& 9 ; Coquille sur Nevers, *ch.* 2, *art.* 1.) *Secus* du Douaire coutumier ou prefix. (Brodeau sur l'article 183 de la Coutume de Paris.)

2. Lorsqu'un Office est confisqué pour crime commis par l'Officier dans ses fonctions. (Arrêts du Conseil du 23 Décembre 1676 & 27 Juillet 1680.)

3. Dans le cas de fausseté commise au sceau des Lettres de Chancelerie, (Brodeau sur l'article 183 de la Coutume de Paris.)

4. Dans le cas de félonie du Vassal envers son Seigneur. (Loisel, *liv.* 4, *tit.* 3, *n.* 99.)

203. Quant à la question de sçavoir si les Seigneurs confiscataires doivent contribuer aux dettes contractées par le condamné depuis la poursuite de l'instance criminelle seulement, ou à celles qu'il a contractées depuis le délit commis, & avant la poursuite de l'instance. Voyez Boerius, *décis.* 277 ; & ce que j'ai dit ci-dessus, *n.* 156 *& suiv.* en parlant des aliénations faites par un accusé condamné à mort naturelle, ou civile.)

204. 3°. La confiscation n'a lieu qu'à la charge de payer la réparation civile prononcée au profit de l'offensé, ou de ses enfants & héritiers, ainsi que les frais de Justice ; (Lebret, Traité de la Souveraineté, *liv.* 3, *ch.* 13 ; Despeisses, *tom.* 3, *pag.* 127, *n.* 29.) Sur quoi il faut observer qu'un Seigneur confiscataire des biens du condamné ne seroit pas recevable à interjetter appel de la Sentence de condamnation, en ce qu'elle auroit adjugé des dommages & intérêts trop considérables au profit de la partie civile ; parce que les Seigneurs, à qui la confiscation appartient, doivent prendre les biens du condamné en l'état qu'ils se trouvent au temps du Jugement du procès criminel ; c'est-à-dire, avec les charges pécuniaires dont ces biens se trouvent grévés lors de la condamnation.

4°. Il faut sur les biens confisqués prélever l'amende adjugée au Roi, ou au profit du Seigneur de la Justice, en laquelle le Jugement de condamnation a été rendu. Mais si l'amende est trop forte, le Seigneur pourra la faire modérer. (Voyez ce qui a été dit à ce sujet, *n.* 179.)

205. 5°. Les Seigneurs confiscataires, ainsi que les héritiers dans les Coutumes où la confiscation n'a pas lieu, doivent contribuer au paiement des dettes, réparations civiles, amende & autres charges, à proportion de ce qui revient à chacun d'eux dans les

biens du condamné ; & à cet effet, il doit être fait estimation de ces biens. (Tournet sur Paris, *art.* 183 ; Coquille en ses Institutions, titre des droits de Justice, *pag.* 17, & sur la Coutume de Nevers, *tit.* 2, *art.* 5 ; Taisand sur la Coutume de Bourgogne, *tit.* 2, *art.* 3.) Mais ils n'y sont pas tenus solidairement ; parce que les Seigneurs ne sont pas *hæredes*, *sed successores bonorum.* (Bacquet, titre des droits de Justice, *ch.* 13, *n.* 7 *& suiv.* Lebret, Traité de la Souveraineté du Roi, *liv.* 3, *ch.* 13.)

Il faut aussi observer que les Seigneurs ne peuvent être tenus de ces dettes au-delà de ce qu'ils amendent. (Lebret, *ibid.* Farinac. *qu.* 25, *n.* 182 *& seq.*)

De la procédure qui doit se tenir touchant la confiscation.

206. Après le Jugement qui prononce la confiscation des biens du condamné, ou du moins après la condamnation de mort naturelle ou civile prononcée contre un accusé, ou après les cinq années expirées, à compter de l'exécution du Jugement, si ce Jugement a été rendu par contumace, les Receveurs du Domaine, les donataires, & les Seigneurs à qui la confiscation appartient, doivent, pour pouvoir se mettre en possession des biens confisqués, se pourvoir en Justice. (Ordonnance de 1670, *tit.* 17, *art.* 32 ;) & il faut pour cela se pourvoir, non devant le Juge qui a prononcé la confiscation, mais devant les Juges des lieux où les biens sont situés. Cette demande doit être poursuivie avec le Procureur du Roi, ou du Seigneur de la Justice du lieu, & avec les autres parties qui y ont intérêt, s'il y a opposition de leur part.

207. Dans les endroits où la confiscation appartient au Roi, c'est devant les Trésoriers que cette poursuite se doit faire. (Déclaration du 4 Janvier 1734 ; Arrêt du Parlement du 26 Février 1755 ;) & devant les Baillis & Sénéchaux Royaux, ou autres Juges du Domaine, dans les endroits où la connoissance du Domaine n'appartient point aux Trésoriers, comme à Orléans, à cause de l'appanage : mais les Prévôts Royaux n'en peuvent connoître.

208. Le Seigneur ou le donataire, pour pouvoir entrer dans les biens confisqués, doit commencer par faire faire inventaire de ces biens, & de leur état & valeur ; autrement il pourroit être poursuivi pour toutes les dettes, quand même elles excéderoient les biens du condamné. D'ailleurs quand le Jugement de condam-

nation est rendu par contumace, cette précaution est absolument nécessaire, afin que si le condamné venoit à obtenir par la suite des Lettres pour ester à droit, & un Jugement qui prononçât sa justification, il puisse rentrer dans la jouissance & possession de ses biens. C'est pourquoi dans ce second cas, l'Ordonnance prononce contre les donataires qui manqueront à cette formalité, la peine d'être déchus de leurs droits sur les biens confisqués, qui dans ce cas doivent être adjugés aux pauvres du lieu, & contre les Receveurs du Domaine du Roi une amende de dix mille livres, applicable moitié au Roi, & moitié aux pauvres du lieu. (Ordonnance de 1670, *tit.* 17, *art.* 32.)

209. Pour pouvoir diriger ces actions, il faut créer un curateur à la mort civile du condamné. (Ainsi réglé par Arrêt de la Cour du 13 Juillet 1735, au sujet du sieur Dulux, condamné à mort par contumace; autre Arrêt du premier Mars 1659; autre du 29 Janvier 1712.)

Les Sentences portant condamnation de mort naturelle, ou civile, ou qui prononcent quelque confiscation, doivent être communiquées aux Trésoriers ou Receveurs du Domaine, afin qu'ils puissent faire valoir leurs droits; & il en est de même des Jugements qui prononcent quelque amende au profit du Roi, suivant une Déclaration du 21 Mars 1671.

210. A l'égard des confiscations adjugées au profit des hôpitaux, comme dans le cas de duel, les Procureurs du Roi des lieux, ou leurs Substituts, ainsi que les Administrateurs des hôpitaux, sont tenus d'en faire la recherche, pourquoi ils ont action pendant 20 ans, *&c.* (Edit des duels du mois d'Août 1679, *art.* 13.)

Le Roi est tenu de mettre hors de ses mains les biens qui lui échéent par confiscation, & qui ne relevent point de lui, afin de ne causer aucun préjudice aux Seigneurs féodaux qui se trouveroient privés de leurs droits, si ces biens restoient en sa main. (*Ita.* Papon, *liv.* 5, *tit.* 10, *n.* 7.)

211. Mais ordinairement lorsqu'il échet quelque confiscation au Roi, il en fait don à quelqu'un de ses sujets; & quelquefois même aux parents du condamné. Au reste, il n'est pas permis de requérir ces sortes de dons avant que la Sentence de condamnation ait été rendue, même dans les crimes où les biens sont confisqués de plein droit du jour qu'ils ont été commis. (Ordonnance d'Orléans,

art. 87; Ordonnance de Blois, *art.* 204; Brodeau sur la Coutume de Paris, *art.* 183, *n.* 34; & Mornac, *ad* L. 4, Cod. *ne fiscus vel resp.*)

Les donataires des confiscations, sont obligés de faire enregistrer leur brevet à la Chambre des Comptes, dans le ressort de laquelle les biens sont situés, suivant l'article 18 de la Déclaration du 10 Juillet 1566, rendue en interprétation de l'Ordonnance de Moulins, *art.* 80.

212. Dans la concurrence des donataires, lorsqu'il y en a plusieurs, le premier qui fait vérifier son don dans les six mois à la Chambre des Comptes, est préféré à un autre donataire qui n'y auroit pas fait faire cette vérification dans ledit temps. (Dumoulin sur la Coutume de Paris, §. 24, *qu.* 5.) Ce qui suppose cependant que les deux donataires soient de même date; car si l'un d'eux est le premier en date, il doit être préféré à celui qui en fait faire la vérification avant lui, pourvu que ce premier ait fait vérifier son don dans les six mois.

La confiscation empêche le retrait lignager, lorsque le Seigneur s'est mis en possession des biens confisqués. (Basnage sur Normandie, *art.* 452, où il cite un Arrêt du Parlement de Rouen du 17 Mai 1657, qui l'a ainsi jugé;) & il en est de même dans le cas où le Seigneur vendroit ces biens après la confiscation.

213. *Question.* Lorsqu'un accusé où ses héritiers ont obtenu par le moyen des lettres de révision un Jugement de justification, les biens confisqués, dont les Seigneurs ou donataires se sont mis en possession dans le temps qu'ils pouvoient le faire légitimement, doivent-ils être rendus à l'accusé, ou à ses héritiers, comme s'il n'y avoit point eu de confiscation?

Je crois qu'on doit suivre à cet égard la disposition portée en l'article 28 du titre 17 de l'Ordonnance de 1670, qui veut que dans ce cas les meubles & immeubles confisqués sur l'accusé lui soient rendus; & tel est le sentiment de Bacquet en son Traité des droits de Justice, *ch.* 16, *n.* 6; c'est aussi l'opinion de Carondas en ses notes sur la Pratique civile & criminelle de Lizet, *liv.* 1, *tit.* 8, *pag.* 73, où cet Auteur ajoute cependant qu'il faut que les lettres contiennent la restitution du condamné en ses biens, pour que cette restitution ait lieu. Voyez aussi Dumoulin sur la Coutume de Paris, *art.* 33, *glos.* 1, *n.* 36 *& seq*; Brodeau sur l'article 183 de Paris, *n.* 29

n. 29 & 30; Basnage sur Normandie, *art.* 143; Despeisses, *tom.* 3, *pag.* 126, *n.* 28; & ce qui est dit ci-après au titre *Des Lettres de grace*, &c. (*n.* 73.)

214. Les biens confisqués, dont le Roi accorde la remise aux enfants du condamné, leur sont propres comme s'ils les avoient eus de la succession de leur pere. (Lebrun, Traité des successions, *liv.* 2, *ch.* 1, *sect.* 1, *n.* 87.)

Mais quand la confiscation est accordée aux parents collatéraux du condamné, alors ce sont des acquets. (Arrêt du 15 Mai 1640, rapporté au Journal des Audiences. Lebrun, *ibid.*)

ARTICLE VII.

Des suites & effets des Peines corporelles & infamantes.

De l'Infamie.

215. Il y a deux sortes d'infamies; l'une appellée *infamie de Droit*, qui est la vraie infamie imposée par le Droit; & l'autre appellée *infamie de fait*, qui provient d'une action infamante par elle-même, & qui perd de réputation chez les gens de bien, celui qui est l'auteur de cette action, quoiqu'il n'y ait aucune disposition de Droit qui y attache expressément la peine d'infamie, suivant la Loi 2, *in princ.* D. *de obseq. parent. & patro. præstand.*

Les usuriers, les femmes de mauvaise vie, ceux qui ont fait faillite, les cessionnaires, sont notés de cette infamie de fait, ainsi que ceux, qui, sur l'accusation d'un crime infamant, sont renvoyés avec un plus amplement informé. L'effet de cette infamie est de fermer à ceux qui en sont notés, l'entrée aux charges de judicature. (Loiseau, Traité des Offices, *liv.* 1, *chap.* 13, *n.* 45;) ainsi qu'aux charges publiques d'Echevins, Consuls, Administrateurs d'Hôpitaux, *&c.*; & sert aussi dans quelques cas pour exclure de ces charges ceux qui en sont pourvus. (Voyez l'*art.* 5, *du tit.* 9 de l'Ordonnance du commerce de 1673.) Mais la simple infamie de fait ne prive pas l'officier de son office. (Loiseau, *ibid*, *n.* 46.)

216. A l'égard de l'infamie de Droit, qui est la seule dont il s'agit ici, c'est celle qui est encourue *ipso jure*, par une condamnation

à une peine corporelle, ou infamante, soit des galeres, soit du fouet, du carcan, bannissement, blâme, &c.

En Droit l'infamie étoit encourue *ipso facto* dans les crimes publics & notoires, suivant la Loi 1, D. *de his qui notantur infamiâ*; mais en France cette regle n'a pas lieu, & il faut nécessairement une sentence de condamnation.

L'effet produit par l'infamie de Droit encourue par une condamnation infamante, est de rendre celui contre lequel elle est prononcée, incapable des dignités & charges publiques, suivant la Loi 1. D. *ad legem Juliam de vi privatâ*. (Voyez Loiseau, Traité des offices, *liv.* 1, *chap.* 13, *n.* 37--40.)

217. Ainsi quoique cette infamie ne prive pas de plein droit un Officier de l'office dont il est pourvu, néanmoins elle le prive de plein droit des fonctions qui y sont attachées; & à l'égard du titre de l'office, elle l'oblige de le résigner, comme étant incapable de pouvoir l'exercer à l'avenir. (Loiseau, *ibid.*)

Il faut aussi observer qu'on n'admet point les infames aux Ordres sacrés. (Voyez Hericourt en ses Loix Ecclésiastiques, *liv.* 2, *chap.* 4, *art.* 2, *n.* 34.)

Un autre effet qui résulte de l'infamie de Droit, est que ceux qui l'ont encourue, ne peuvent être témoins en matiere civile ou criminelle; ou du moins leur témoignage est suspect, & ne doit être admis qu'au défaut d'autres. (Voyez Jul. Clar. *quæst.* 24, *n.* 13, & ce qui est dit à ce sujet ci-après au titre *Des preuves*, *n.* 100.)

218. L'infamie est encourue, non du jour de la condamnation à une peine infamante, mais seulement dès l'instant qu'elle est prononcée à l'accusé, ou à lui signifiée. (Voyez *suprà*, *n.* 146, ce que j'ai dit au sujet de la mort civile.)

219. Mais il peut y avoir de la difficulté à sçavoir si dans les sentences qui se prononcent à l'accusé avant l'appel, comme les sentences de bannissement à temps, à cause de la faculté qu'a l'accusé d'y acquiescer; c'est depuis la sentence prononcée, ou seulement depuis l'arrêt confirmatif, que l'infamie est encourue par l'accusé.

1°. Quand il n'y a point d'appel, & que cet appel est libre, comme dans le cas du bannissement à temps, on ne peut douter que cette infamie ne soit encourue dès l'instant de la prononciation, ou signification faite à l'accusé de la sentence du premier Juge ; autrement il dépendroit de l'accusé, en n'appellant point, d'éviter la note d'infamie qui lui est infligée par la sentence.

220. 2°. Lorsqu'il y a appel, il est vrai que l'infamie n'est point encourue par provision, jusqu'à ce que la sentence soit confirmée par l'arrêt, qui est le cas de l'article 7 du titre 25 de l'Ordonnance 1670 ; mais il ne s'ensuit pas delà que l'infamie ne soit encourue que du jour de l'arrêt, dans le cas où la sentence a été prononcée à l'accusé avant l'appel ; car alors l'arrêt a un effet rétroactif du jour de la sentence. (Voyez la Loi *Chirographis*, §. 1, D. *De administrat tutelæ.*) Néanmoins si l'appellant vient à décéder sur l'appel, & lorsqu'il est encore à temps de le faire juger, dans ce cas il meurt *integri statûs*, suivant ce qui a été dit ci-dessus, *n.* 146, *& suiv.* en parlant de la mort civile.

221. Dans les Sentences de bannissement, même à temps, rendues par contumace, l'infamie ne se prescrit point, même après 30 ans, lorsque ces Sentences ont été duement signifiées, quoique la peine soit prescrite. (Voyez ce qui a été dit ci-dessus, *n.* 174.)

Il faut aussi observer que dans les Sentences de bannissement à temps, ou des galeres à temps, l'infamie ne cesse pas après le temps du bannissement, ou des galeres expiré ; parce que cette infamie n'est point attachée à la peine, mais à la condamnation qui rend infame. Or, une infamie une fois encourue subsiste toujours. (Ainsi jugé par Arrêt du Parlement de Paris du 9 Mai 1731, rendu en la quatrieme Chambre des Enquêtes. Voyez aussi Coquille, *quæst.* 11.)

CHAPITRE III.

Des Peines privées.

222. Les peines privées, sont celles qui se prononcent, non par un motif d'intérêt public, mais pour l'intérêt particulier des personnes offensées, & qui ne peuvent être requises que par elles. Telles sont la reparation honorable, la condamnation à nourrir un enfant, les défenses d'injurier, la condamnation à des intérêts civils, &c.

ARTICLE PREMIER.

De la Réparation honorable.

223. La Réparation honorable est la satisfaction qu'un accusé, qui a offensé quelqu'un, est obligé de faire à celui qu'il a offensé.

Quand l'injure est legere, cette réparation se fait par un acte que l'on met au Greffe, par lequel on déclare que l'on tient celui qu'on a injurié pour une personne d'honneur.

Si l'injure est grave, celui qui l'a proférée est condamné à faire cette déclaration en présence de deux ou plusieurs personnes au choix de l'offensé ; à lui demander pardon, & à passer un acte de cette déclaration devant Notaire, & à ses dépens.

Cette espece de réparation n'est point infamante, ainsi qu'il a été dit ci-dessus, *n. 73.*)

Les Officiaux peuvent condamner à faire ces sortes de reparations honorables, mais seulement en leur Auditoire ; car leur autorité ne s'étend point au-delà. (Voyez Fevret, Traité *de l'Abus, liv. 7, chap. 4, n. 6* ; Hericourt, *Loix Ecclésiastiques, part. 1, chap. 23, n. 6.*)

ARTICLE II.

De la Condamnation à nourrir l'Enfant dont on est pere.

224. Cette peine se prononce contre ceux qui ont eu des habitudes avec quelque fille, ou veuve, suivies de grossesse. Dans ce cas on condamne toujours celui qu'on a prouvé être pere de l'enfant, à payer les frais de couche de la plaignante, à nourrir l'enfant, à l'élever dans la Religion Catholique, Apostolique & Romaine, & à en rapporter un certificat tous les trois, ou six mois au Procureur du Roi, ou Fiscal : le tout sans préjudice des dommages & intérêts de la fille ou femme, s'il y a lieu.

Quand le condamné est mineur, & n'a aucuns biens acquis, qu'il est hors d'état de faire nourrir l'enfant, & que son pere & sa mere, ou son tuteur, refusent de contribuer à sa nourriture, alors cet enfant reste à la fille ; & si de son côté elle ne peut le nourrir, ou qu'elle n'ait pas de quoi le faire nourrir, & que personne ne veuille s'en charger, il faut le mettre à l'Hôpital.

ARTICLE III.

Des simples défenses d'injurier, ou récidiver.

225. C'est la moindre des peines qui se prononce contre les personnes qui en ont offensé d'autres. Elle n'a lieu que dans le cas de simple injures verbales, & légeres : on y joint ordinairement la condamnation de dépens contre l'aggresseur.

ARTICLE IV.

Des intérêts civils.

226. C'est une peine pécuniaire qui se prononce en matiere criminelle, sur la requête d'un offensé, contre celui qui, par un délit, quel qu'il soit, lui a causé quelque préjudice dans sa personne, ou dans son honneur, ou dans ses biens ; soit que cette action ait été faite de propos délibéré, ou seulement par imprudence.

Cette peine se prononce, ou conjointement avec d'autres peines publiques ou privées, ou séparement par forme de condamnation principale.

Il y a cette différence entre les dommages & intérêts, & les dépens, que les dépens consistent en ce qu'on a déboursé ; au-lieu que les dommages & intérêts consistent en ce qu'on auroit dû gagner, & qu'on n'a pû gagner ; ou en ce qu'on avoit & ce qu'on a perdu.

Les provisions, les restitutions des choses volées, les dommages & intérêts, & les dépens, sont des intérêts civils. (Voyez l'Ordonnance 1667, *tit.* 32 & *tit.* 34, *art.* 1 & 9 ; & l'Ordonnance de 1670, *tit.* 13, *art.* 23 & 29.)

227. On appelle aussi intérêts civils les sommes qui sont adjugées à la partie civile qui a poursuivi la vengeance de la mort d'un proche parent, pour tenir lieu de dédommagement de cette mort.

Il ne faut pas confondre les dommages & intérêts avec la réparation civile. Les dommages & intérêts sont regardés comme un dédommagement accordé à celui qui les obtient, pour raison d'une perte qu'il a soufferte dans sa fortune, & qui de la part du condamné peut avoir une cause innocente ; au-lieu que la réparation civile a toujours pour cause un crime ou délit dont le condamné s'est rendu coupable, & pour objet la reparation d'un tort souffert par l'offensé.

228. Pour pouvoir exiger des intérêts civils à cause de la mort d'un proche parent, il n'est pas nécessaire de se porter héritier ; & la veuve qui les demande en Justice, ne fait pas pour cela un acte de commune ; parce que les uns & les autres ne perçoivent point ces intérêts à titre de gain, mais à titre d'indemnité, à cause de la perte qu'ils souffrent pour raison de cette mort. (Voyez Louet, *lettre D. chap.* 1 ; & ce qui est dit *infrà*, au titre *De l'homicide*, *n.* 129.)

Mais il n'en est pas de même des injures ; car les héritiers de l'injurié ne peuvent exiger l'intérêt civil pour raison de l'injure faite personnellement à leur proche parent, qu'en leur qualité d'héritier. (Voyez ce qui est dit ci-après au titre *des injures*, *n.* 151.)

229. Les intérêts civils doivent toujours s'estimer à proportion du dommage que souffrent les parties plaignantes ; & aussi eu égard à la qualité des parties, & aux facultés de celui qui a commis le crime, qui donne lieu à ces intérêts civils. (Farinac. *qu.* 119, *n.* 93--107.) Surquoi il faut observer qu'on ne considere point dans cette estimation, la bonne ou mauvaise volonté du coupable, mais uniquement les effets du crime ; c'est-à-dire, le tort qu'il a causé aux parties offensées ; ce qui fait que les crimes, quoiqu'involontaires & commis par imprudence, ne donnent pas moins lieu aux dommages & intérêts, que s'ils avoient été commis par vengeance & mauvaise volonté. (Ainsi jugé par Arrêt du 26 Mars 1678, rapporté par Boniface, *tom.* 5, *liv.* 5, *tit.* 2, *chap.* 2.)

230. En effet, si par rapport aux conséquences il importe au public qu'on mette une grande différence entre le dommage qui a été causé à quelqu'un par une mauvaise volonté, & celui qui n'a été causé que par imprudence, & qu'on punisse différemment le coupable, suivant qu'il a agi pour l'un ou l'autre de ces motifs, il est évident que cette différence importe peu à celui qui souffre ce préjudice, qui, par rapport à lui, est égal, soit que le coupable l'ait fait par mauvaise volonté, ou seulement par imprudence. Ainsi, si un accusé a mis par vengeance le feu à la maison de son ennemi, il sera puni comme incendiaire pour l'exemple

& la sureté publique, & on le condamnera en outre pour l'indemnité de la partie civile à des dommages & intérêts, proportionnés au dommage que l'incendie lui a causé; mais si cet accusé a mis le feu à la maison sans dessein, & par un pur accident, alors il ne sera point condamné comme incendiaire; parce que le crime est dans la volonté; mais on le condamnera à indemniser celui qui a souffert le dommage; parce que ce dommage est dans le fait, indépendemment de la volonté. (Voyez la Coutume de Bretagne, *art. 643*, *& suiv.*)

231. Dans le cas d'une blessure considérable, qui rend l'offensé impotent, & incapable de gagner sa vie, celui qui a blessé doit être condamné à payer une pension au blessé pour le soutenir & entretenir pendant tout le temps de la vie de ce blessé; & cette pension doit être proportionnée à l'état & qualité du blessé, & aux facultés de l'auteur du crime. C'est la disposition de l'article 652 de la Coutume de Bretagne, qui excepte néanmoins le cas où cette blessure auroit été faite par l'accusé pour sa défense, & en repoussant des excès égaux ou plus grands que ceux faits par lui. Voyez aussi Farin. *qu.* 119, *n.* 108-110, *& n.* 115-119.

232. Dans tous les cas où le dommage fait par l'accusé a été fait à son corps défendant, & dans la nécessité d'une juste défense, il ne doit point être tenu d'aucuns intérêts civils; mais s'il a excédé le cas d'une défense légitime, il doit être puni, & condamné à des intérêts civils, mais seulement *pro ratione excessus*.

233. Quelquefois les dommages & intérêts s'estiment par experts, comme dans le cas où il s'agit de constater l'état d'une blessure, d'un incendie, *&c*; mais le plus souvent ils s'estiment d'office par le Juge, lorsque la nature du dommage est évidente; & même quoique les Procureurs du Roi ou Fiscaux ne soient point dans l'usage de fixer dans leurs conclusions ces sortes de dommages & intérêts, néanmoins il en est autrement en matiere criminelle; parce que les intérêts civils dans ce cas sont partie de la peine. (Ainsi jugé par Arrêt du Grand-Conseil du 23 Avril 1706, sur l'appel d'une Sentence rendue au Bailliage de Tours. Voyez le Dictionnaire des Arrêts, au mot *Dommages & intérêts*, édition de 1727, *n.* 14, à la fin.)

L'article 650 de la Coutume de Bretagne, établit une regle importante pour l'estimation des intérêts civils; c'est que l'intérêt civil doit toujours être plus fort que l'amende adjugée au fisc,

234. Lorsqu'une femme non autorisée par son mari, a été condamnée à des intérêts civils en matiere criminelle, cette condamnation, ni même celle des dépens auxquels elle a succombé, ne peuvent être prises sur les effets de la communauté; parce que le mari en est maître pendant tout le temps qu'elle dure; il y en a un Arrêt formel, rendu en la Chambre de la Tournelle le 17 Juillet 1709; & il faut dans ce cas attendre la mort de la femme, ou la dissolution de la communauté. Telle est aussi la disposition de l'article 200 de la Coutume d'Orléans, & de l'article 7, *chapitre* 8 de celle de Montargis, qui est encore plus favorable au mari: elles portent, l'une & l'autre, que si la femme est condamnée sans son mari, le mari, & les biens que lui & sa femme ont & possedent constant leur mariage, n'en sont point tenus durant la communauté de biens.

235. Néanmoins quelques Coutumes ont des dispositions contraires, & portent que ces dommages & intérêts seront pris sur les biens de la Communauté. (Telle est la Coutume d'Anjou, *art.* 145.)

On trouve aussi plusieurs Arrêts qui ont condamné des maris à payer des dommages & intérêts, & des dépens, auxquels leurs femmes avoient été condamnées en matiere d'injures, quoique ces maris n'eussent point autorisé leurs femmes, ni été parties en l'instence. Ainsi jugé par Arrêt du 13 Mars 1693, rendu contre la Dame Marquise de Trenel; & par un autre Arrêt de la Tournelle du 11 Décembre 1703; ce qui est conforme aux Arrêts rapportés par Papon, *liv.* 7, *tit.* 1, *n.* 17 & 17. On prétend même que tel est l'usage du Châtelet de Paris, lorsqu'il s'agit d'excès & rixes être gens de basse condition; & que dans ce cas on a coutume de saisir les meubles de la communauté pour payer la condamnation, sans avoir égard à l'opposition du mari. On cite à ce sujet un Arrêt du 11 Mars 1699 pour confirmer cet usage.

236. Lorsqu'il y a plusieurs accusés condamnés pour le même délit en des intérêts civils, la condamnation doit être solidaire contre tous les accusés, sauf le recours des accusés des uns contre les autres. (L. *si plures*, D. *de injuriis.* Voyez aussi Papon, *liv.* 24, *tit.* 13, *n.* 4; ainsi jugé par Arrêt du 7 Octobre 1735;) & la contrainte par corps a lieu pour ce recours.

On prétend même que cette solidité est de droit dans ce cas, & qu'il n'est pas nécessaire qu'elle soit prononcée. (Voyez Cod. Fabr, *liv.* 7, *tit.* 21, *definit.* 1, *n.* 1. *Contrà* Corbin, *décis.* 310.)

Les

237. Les intérêts civils sont payables par corps ; & si celui qui y a été condamné, est en prison, il ne peut être élargi qu'en payant ces intérêts, à moins que la partie civile ne consente cet élargissement. (Ordonnance de Louis XII du mois de Mars 1498, *art.* 125 ; Ordonnance de 1670, *tit.* 13, *art.* 29.) Et même le bénéfice de cession n'a pas lieu dans ce cas. (Berault sur la Coutume de Normandie, *art.* 20 ; Lizet en sa Pratique criminelle, *pag.* 76 *verso* ; Bardet, *tom.* 1, *liv.* 1, *ch.* 24 ; Coquille, *qu.* 195 ; Louet, C, *ch.* 56, *n.* 11.) Les Lettres de repi n'ont pas lieu non plus pour ces sortes de condamnations. (Déclaration du 23 Décembre 1699, *art.* 10.)

Et il en est de même des dépens adjugés en matiere criminelle, lorsque ces dépens sont adjugés par forme de dommages & intérêts. (Ainsi jugé par Arrêt du 3 Avril 1695, rapporté par Basnage sur la Coutume de Normandie, *art.* 595.)

238. Cette regle, que les intérêts civils sont payables par corps, a lieu pareillement contre les femmes. (Ainsi jugé par Arrêt du 5 Juin 1671, rapporté au Journal du Palais, contre une femme qui avoit crevé un œil à un homme ;) & c'est aussi ce qui résulte de l'article 9 du titre 34 de l'Ordonnance de 1667. Mais cela n'auroit peut-être pas lieu contre des femmes d'une condition distinguée.

Les mineurs sont aussi contraignables par corps pour intérêts civils. (Arrêt de la Tournelle du 18 Mai 1675, rapporté au Journal du Palais, *tom.* 1, *pag.* 667.)

239. Quant à la question de sçavoir si un condamné aux galeres, ou au bannissement à perpétuité, peut être retenu en prison pour les dommages & intérêts auxquels il est aussi condamné, l'affaire s'est présentée à juger en l'année 1697, & y a été décidée par un célebre Arrêt. Le Chevalier de Normanville avoit été condamné par Arrêt au bannissement perpétuel hors du Royaume, & en quatre mille livres de dommages & intérêts envers la partie civile, qui le retenoit en prison pour le paiement de ces dommages & intérêts. De la part de la partie civile, on soutenoit que la condamnation au paiement des intérêts civils seroient inutiles, si on laissoit la liberté au prisonnier qui n'auroit aucuns biens pour répondre du paiement ; & de la part du prisonnier, on soutenoit au contraire que tous ses biens étant confisqués, tout ce qui pouvoit être pécuniaire ne le concernoit plus, & qu'il falloit le mettre en état d'exécuter son ban, sur quoi in-

tervint Arrêt le 15 Février 1697, sur les conclusions de M. d'Aguesseau, Avocat - Général, & depuis Chancelier, qui ordonne que le prisonnier seroit mis hors de prison. Pareil Arrêt avoit déja été rendu auparavant en l'année 1681, au profit du sieur de Miossans; quoique le contraire eût été jugé auparavant par un Arrêt du 20 Mars 1660, rapporté au Journal des Audiences, & par un autre Arrêt du 31 Décembre 1666, rapporté par Soefve.

240. Il en est de même dans le cas d'un accusé qui auroit été condamné aux galeres à temps. En effet, on doit tenir pour regle infaillible que l'intérêt public doit en tout être préféré à l'intérêt particulier; ce qui ne seroit pas si un condamné aux galeres étoit mis hors d'état d'exécuter son Jugement par une détention en prison pour des intérêts civils qui ne regardent qu'un particulier. Mais après le temps des galeres fini, le créancier peut faire emprisonner le condamné pour raison de ces intérêts civils. (Arrêt du 30 Mai 1673, rapporté au Journal du Palais, *tom.* 1, *pag.* 393.)

241. On suit une regle différente à l'égard du condamné au bannissement à temps; & celui-ci peut être retenu prisonnier pour le paiement d'intérêts civils avant d'exécuter son ban. On trouve à la vérité deux Arrêts du Parlement de Bordeaux des 12 & 15 Septembre 1671, rapportés au Journal du Palais, *tom.* 1, *pag.* 132, qui ont jugé pour la négative, & que dans ce cas on ne pouvoit retenir le banni en prison; mais le contraire a été jugé au Parlement de Paris, par Arrêt du 12 Janvier 1712, & par un autre Arrêt de la Tournelle du 30 Mars 1743. Par ce moyen on ménage la vengeance publique, & l'intérêt de la partie civile. Cet Arrêt de 1743 a été rendu sur les conclusions de M. Gilbert de Voisins, & à jugé non-seulement que le condamné au bannissement à temps pouvoit être retenu en prison pour réparations civiles, & ne pouvoit être élargi pour exécuter d'abord son ban, mais encore que le bannissement ne courroit pas pendant le temps de la détention.

242. La même chose avoit été jugée par un Arrêt précédent du 12 Février 1717, rendu en la Chambre de Justice contre le nommé Lievin, Notaire à Paris.

Cette regle doit avoir lieu à plus forte raison à l'égard de l'amende; & le temps du bannissement ne commence dans ce cas à courir que du jour du paiement de cette amende. (Ainsi jugé par l'Arrêt du 29 Décembre 1594, qui condamne le pere de Jean

Châtel à être banni pour 9 ans, & en deux mille écus d'amende envers le Roi. Il est dit par l'Arrêt que le temps du bannissement ne commencera à courir que du jour de l'amende payée.)

243. Lorsque ceux qui ont été condamnés en des intérêts civils, & qui sont retenus prisonniers faute de paiement, sont pauvres, & hors d'état de payer, les Juges ordonnent quelquefois qu'ils auront issue des prisons, en donnant caution; sur-tout s'ils y ont été un certain temps. (Papon, *liv.* 24, *tit.* 10, *n.* 10;) & même on se contente quelquefois de leur caution juratoire. (Corbin, *qu.* 217, *in fine.*)

244. Les intérêts civils & même les dépens sont préférés à l'amende, & à plus forte raison à la confiscation. En effet, les intérêts civils sont l'indemnité de la partie civile, & les dépens sont les frais nécessaires pour l'instruction que cette partie civile a été obligée d'avancer; au-lieu que l'amende est purement pénale. (Voyez les Loix 17 & 37, D. *de jure fisci.* Ainsi jugé par Arrêt du 10 Mars 1660, rapporté au Journal des Audiences; & c'est ce qui résulte de la Déclaration du Roi du 13 Juillet 1700, & de celle du 16 Août 1707, qui portent que le Roi n'a hypotheque pour l'amende que du jour de la Sentence de condamnation. Voyez aussi l'Edit du mois de Février 1691. Autre Arrêt du 2 Août 1684; autre Arrêt du 3 Mars 1667, rapporté par Soefve, *tom.* 2, *centur.* 3, *ch.* 91; autre du 28 Février 1681. Voyez encore Papon, *liv.* 24, *tit.* 16, *n.* 1; Richer, Traité de la mort civile, *pag.* 423, *dist.* 7; & Coquille, *qu.* 13, où il excepte cependant les crimes de péculat, usure, faux poids, & fausses mesures.

245. Il faut aussi observer que dans tous les cas où la veuve & les enfants exercent l'action en dommages & intérêts, à raison de la mort de leur pere ou mari, & qu'ils le font *jure sanguinis tantùm, non jure successionis*, & sans se porter héritiers du défunt, alors ils touchent la réparation civile sans charges ni contribution aux dettes du défunt. (Institut. de Loisel, *liv.* 3, *tit.* 3, *n.* 22; Brodeau sur Louet, *lettre* D, *ch.* 1, *n.* 32; Belordeau sur l'article 655 de la Coutume de Bretagne; Louis sur Maine, *art.* 238; Arrêt du 31 Décembre 1610, rapporté par Guerin, Tournet & Tronçon, sur l'article 317 de la Coutume de Paris; Chopin sur la Coutume d'Anjou, *liv.* 1, *ch.* 73, *n.* 4, & sur Paris, *liv.* 2, *tit.* *n.* 23, en marge; & Boerius, *décis.* 121, *n.* 45. La Coutume de

Cambrai, *tit.* 12, *art.* 16, en a une disposition. Voyez ce qui est dit ci-après au titre *de l'homicide*, n. 130 & 131.)

246. On prétend que l'hypotheque pour raison des intérêts civils, a lieu du jour du crime commis, suivant la disposition des Loix. (Voyez la Loi *post contractum* 15, D. *de donation.*) Et que telle est la Jurisprudence des Arrêts. Mais il faut faire à cet égard une distinction entre les grands crimes & les délits légers. Les premiers operent par le seul fait l'incapacité de disposer, & emportent par conséquent hypotheque du jour qu'ils ont été commis; & l'incapacité qu'ils produisent ne s'étend pas seulement aux aliénations à titre gratuit, mais encore à celles faites à titre onéreux faites depuis le crime. (Voyez de l'Hommeau, *maxime* 308.) Ainsi par Arrêt du 11 Septembre 1708, il a été jugé que des intérêts civils adjugés à une mere contre l'assassin de son fils, emportoient hypotheque du jour du décret de prise de corps prononcé contre le meurtrier.

247. Mais à l'égard des délits ordinaires, & qui ne sont point au nombre des grands crimes, il faut distinguer entre les aliénations faites à titre onéreux, & celles faites à titre gratuit. L'hypotheque pour raison des aliénations faites à titre onéreux, n'a lieu que du jour de l'accusation; mais pour celles faites à titre gratuit, elle a lieu du jour du crime commis, comme étant suspectes de fraude. La Coutume de Bretagne, *art.* 188, porte même indistinctement que l'hypotheque qui naît *ex delicto* commence à courir du jour que le crime a été commis. *Ita etiam.* Mornac sur la Loi 5, D. *si ex noxali causâ*, où il cite un Arrêt du 14 Février 1603.

Dans les crimes légers l'hypotheque n'a lieu que du jour de la condamnation, suivant la regle générale. (Voyez les Arrêts de Catellan, *liv.* 6, *ch.* 31; & Bruneau en son Traité des Criées, *pag.* 534 de l'édition de 1704.)

248. Un autre privilege des intérêts civils, est qu'ils ne peuvent être saisis par les créanciers de celui au profit de qui ils ont été adjugés. (Voyez Basnage sur l'article 143 de la Coutume de Normandie; ainsi jugé par Arrêt du 8 Avril 1666, rapporté par Desmaisons en son Recueil d'Arrêts; & par un autre du 8 Août 1721.)

C'est aussi une maxime que ces intérêts ne se compensent point avec d'autres dettes. (*Ita.* Mornac, *in* L. *ult.* C. *de hæred. vel act. vend.* Arrêt du 15 Mars 1664; autre du 8 Août 1721, qui vient d'être cité.)

On peut même, dans une transaction faite pour intérêts civils, convenir que faute de paiement de la somme consentie après un certain temps limité, les intérêts en seront payés, & cette convention a été jugée légitime par Arrêt du 11 Juin 1682, rapporté au Journal du Palais.

On peut aussi pour intérêts civils empêcher l'entérinement des

249 lettres de grace. (Voyez au titre *Des lettres de grace* ci-après, *n.* 54.)

A l'égard de la question de sçavoir par quel temps se prescrivent les intérêts civils, il faut distinguer si ces intérêts ont été adjugés, ou non, contre le condamné. Lorsque ces intérêts ont été une fois adjugés en vertu d'un Jugement, ils ne se prescrivent que par 30 ans, à compter du jour du Jugement rendu, ou de l'exécution de la Sentence de contumace, & la prescription ne court point contre les mineurs : mais si la demande pour raison de ces intérêts n'a point été intentée en justice, ou qu'ayant été intentée, elle n'ait point été suivie dans les 20 ans, dans ce cas la prescription est acquise après ce temps, & cette prescription a lieu tant contre les mineurs que contre les majeurs. (Voyez ce qui est dit ci-après au titre *de l'action qui naît des peines*, n. 94.)

250 Il est bon d'observer que la mort du condamné à une peine capitale & à des intérêts civils, qui survient avant l'exécution du Jugement de condamnation, & même avant que ce Jugement lui soit prononcé, ne peut empêcher l'exécution du Jugement à l'égard de la partie au profit de laquelle ces intérêts ont été prononcés ; & que cette partie peut exercer son droit, nonobstant le décès de l'accusé, en faisant signifier le Jugement à ses héritiers ou ayant cause ; à la différence de la mort civile, & de la confiscation qui en est une suite, lesquelles ne peuvent avoir leur effet que du jour que le Jugement a été exécuté contre le condamné, ou qu'il lui a été prononcé, ainsi qu'il a été observé ci-dessus, *n.* 146 *& suiv.* Cette différence vient de ce que les droits qui sont acquis par un Jugement au profit d'un tiers, ont tout leur effet du jour que la Sentence est rendue par défaut ou contumace, & qu'il suffit pour cela de le signifier au condamné, ou à ses héritiers ou ayant cause ; au-lieu que la mort civile ne peut avoir son effet que du jour de l'exécution du Jugement, ou réellement, ou en figure, ou du moins du jour qu'il a été prononcé au condamné.

Il faut aussi observer qu'un accusateur qui a obtenu un Jugement de contumace contre un accusé, qui le condamne en des sommes pécuniaires pour des dommages & intérêts, & réparations civiles, est en droit de faire saisir les biens meubles & immeubles de ce condamné, même avant les cinq ans. (Ainsi jugé par Arrêt rendu en la Tournelle le 20 Juin 1731, contre le sieur Lairault de Saint-Germain, pour raison de dépens. Voyez l'article 26 du titre 17 de l'Ordonnance de 1670.)

251. Dans les condamnations par contumace exécutées, qui emportent mort civile, la partie civile peut aussitôt après l'exécution du Jugement se faire aussi rembourser de ses frais sur les biens du condamné, & obtenir le paiement de ses intérêts civils; mais suivant la Jurisprudence du Parlement de Paris, elle ne peut les obtenir qu'en donnant caution, laquelle est déchargée de plein droit après les cinq ans. Les amendes mêmes doivent être payées dans ce cas sur les biens du candamné.

252. Si le contumax condamné se représente, ou est constitué prisonnier dans les cinq ans, il semble que la partie civile ne doit plus être en droit de retenir que les frais de contumace, qui doivent toujours être acquittés par le condamné, suivant l'article 19 du titre 17 de l'Ordonnance de 1670. On peut néanmoins distinguer ici deux cas; le premier qui est celui où le condamné ne se représente qu'après l'année: dans ce premier cas, il semble que comme les fruits des immeubles doivent alors appartenir aux Seigneurs, (puisqu'aux termes de l'article 30 du même titre 17, il est permis aux Receveurs du domaine & aux Seigneurs de percevoir les fruits des biens des condamnés, ce qui est encore établi en l'article 31 de ce titre,) il en résulte que la partie civile qui a obtenu des dommages & intérêts est en droit de les retenir sur ces fruits; mais dans le second cas qui est celui où le condamné se représente dans l'année, dont il est fait mention en l'article 26 du même titre, comme alors les fruits de ses immeubles doivent lui être rendus, ainsi que le prix de la vente de ses meubles, en consignant l'amende à laquelle il a été condamné, il semble par la même raison que la partie civile ne peut plus retenir par provision sur ces meubles les intérêts civils qui lui ont été adjugés.

253. Néanmoins tout bien considéré, je pense que les intérêts civils qui ont été touchés par l'offensé pendant la contumace de l'accusé, qui vient à se représenter dans les cinq ans, peuvent être

retenus provisionnellement par cet offensé jusqu'au Jugement définitif, qui doit intervenir depuis que la contumace a été mise au néant.

CHAPITRE IV.

Des Peines Canoniques.

254. Les peines canoniques sont celles que les Officiaux & autres Juges d'Eglise peuvent imposer, à l'exclusion de tous autres Juges.

Il y en a de deux sortes, les unes qui sont *purement spirituelles*, comme l'excommunication, la dégradation, la déposition, la suspense, & l'interdit. C'est ce qu'on appelle censures ecclésiastiques, dont la premiere, qui est l'excommunication, peut être prononcée également contre les Laïques & contre les Ecclésiastiques, ainsi que l'interdit; au-lieu que la déposition, la dégradation, & la suspense, ne peuvent tomber que sur les Ecclésiastiques. Les autres peines canoniques participent du temporel, comme le jeune, les prieres, & la retraite dans un Seminaire.

255. Entre ces peines il y en a encore d'autres que les Juges d'Eglise peuvent prononcer contre les Ecclésiastiques; mais non à l'exclusion de tous autres Juges. Telles sont la privation du bénéfice, la réparation honorable, la prison dans un Monastere, la privation pour un temps de rang dans l'Eglise, la privation de voix délibérative en Chapitre, la privation des distributions ou d'une partie du revenu du bénéfice, l'aumône, *&c.* Je ne dirai rien de ces dernieres peines, parce qu'il en a été parlé ci-dessus.

La privation de sépulture est aussi une peine qui peut être prononcée, tant par les Juges d'Eglise que par les Juges Laïques; & elle peut avoir lieu dans les cas de droit, tant contre les Laïques que contre les Ecclésiastiques.

De l'Excommunication.

256. L'excommunication est la plus grande des peines que les Juges d'Eglise peuvent imposer. C'est une censure Ecclésiastique qui prive un fidele, en tout ou en partie, de la participation des Sacrements, & des autres droits qu'il a sur les biens communs de l'Eglise.

On distingue deux sortes d'excommunications, l'une *majeure*; & l'autre *mineure*.

L'*excommunication majeure* est celle qui prive le condamné de la communion des fideles, & de la participation aux Sacrements. L'*excommunication mineure* est celle qui prive celui qui l'a encourue, de la participation aux Sacrements, & du droit de pouvoir être nommé à un bénéfice, sans le retrancher de la communion des fideles.

257. Lorsque dans une Loi, ou dans une Sentence rendue par un Juge Ecclésiastique, on prononce la peine de l'excommunication, sans ajouter si c'est majeure ou mineure, cela s'entend toujours de l'excommunication majeure.

Il y a plusieurs cas pour lesquels les Loix Canoniques imposent la peine de l'excommunication. On les peut voir dans Jul. Clarus, *qu.* 77, *omninò*; dans le Canon *si quis suadente* 17, *qu.* 14; & dans la glose sur le Canon *eos*, *De sententiâ excommunicat*, in-6°.

On peut voir aussi dans le Droit Canonique, & dans les Auteurs qui ont écrit sur cette matiere, la procédure qui doit être observée pour pouvoir prononcer ces sortes d'excommunications. (Voyez sur-tout Van Espen, *in tractatu juris eccles. universi. tom.* 1, *part.* 3, *tit.* 11, *cap.* 3 & *seq.* Hericourt, Loix Ecclésiastiques, *part.* 1, *ch.* 22, *n.* 63; Lacombe, Jurisprudence Canonique au mot *censures*, n. 4, & les nouveaux Mémoires du Clergé, *tom.* 7, *pag.* 607-610.)

De la déposition, & dégradation.

258. La *déposition* est un Jugement Ecclésiastique qui prive pour toujours un Ecclésiastique, constitué dans les Ordres, du droit de faire les fonctions de son ordre; & en général de tout office, bénéfice & privilege Clérical; en sorte qu'il devient comme un simple Laïque. (Voyez à ce sujet Van Espen, *tom.* 1, *part.* 2, *tit.* 30, *cap.* 6, *n.* 5; voyez aussi dans Jul. Clarus, *qu.* 74, *n.* 2 & *qu.* 36, *n.* 46, quels sont les cas pour lesquels cette peine peut être prononcée.)

A l'égard de la *dégradation*, c'est une cérémonie par laquelle l'Evêque dégradoit anciennement de leur caractere, avec certaines formalités, les Prêtres & autres Clercs condamnés à mort. (Voyez Hericourt en ses Loix Ecclésiastiques, *part.* 1, *ch.* 22, *n.* 86 & la note

note.) Cette cérémonie n'est plus aujourd'hui en usage. (Voyez Van Espen, *tom. 1, part. 3, tit. 11, n. 46 & seq.* & ce qui est dit ci-après au titre *des Sentences & Jugements*, n. 40.)

De la Suspense.

259. La *suspense* est une peine par laquelle on défend à un Ecclésiastique constitué dans les Ordres, d'exercer pour un temps le pouvoir que lui a confié l'Eglise, à cause de son ordre, ou de son bénéfice.

Elle differe de la déposition, en ce que la suspense n'ôte à celui qui l'a encourue, le droit de faire les fonctions de son ordre, que pendant un temps limité; au-lieu que la déposition prive pour toujours l'Ecclésiastique du droit d'exercer ses fonctions.

Comme le bénéfice est indépendant de l'ordre, & l'ordre indépendant du bénéfice, la suspense de l'ordre n'emporte pas celle du bénéfice, ni la suspense du bénéfice celle de l'ordre. C'est pourquoi les Officiaux dans leurs Jugements doivent déclarer précisément si la suspense qu'ils prononcent est imposée sur l'ordre, ou sur le bénéfice, ou sur tous les deux ensemble. La suspense du bénéfice suspend le condamné du droit d'en percevoir les fruits.

260. La suspense peut être limitée par rapport au temps, aux lieux, & aux fonctions. Ainsi un Ecclésiastique peut être suspendu seulement pour un certain temps, comme de trois, ou six mois; ou pour une certaine Eglise; ou pour certaines fonctions, comme de célébrer la messe : mais quand elle n'est point ainsi limitée, elle dure jusqu'à ce qu'elle ait été levée, & comprend tous les lieux & toutes les fonctions Ecclésiastiques. (Hericourt, Loix Ecclésiastiques, *part. 1, chap. 22, n. 66.*) Voyez aussi Van Espen, *in tractatu juris Eccles. univ. tom. 1, part. 3, cap. 10.*)

De l'Interdit.

261. L'*interdit* est une censure Ecclésiastique, par laquelle on prive les fideles de certains biens spirituels en général, ou dans un certain lieu.

On distingue trois sortes d'interdits, *le local*, *le personnel* & *le mixte.*

L'*interdit local*, est celui par lequel le Juge Ecclésiastique défend de faire les fonctions spirituelles, ou certaines fonctions spirituelles dans une ville, ou autre lieu.

L'*interdit personnel* est celui qui empêche les Prêtres, Clercs & autres Ecclésiastiques, de faire certaines fonctions de leur ordre, ou de leurs bénéfices, & aux Laïques quelques actes extérieurs de Religion.

L'*interdit mixte* est composé de réel & de personnel, & tombe sur la personne & sur le lieu; comme quand un supérieur Ecclésiastique interdit une Eglise & ceux qui la desservent.

Touchant l'interdit, & les cas pour lesquels il peut être prononcé. Voyez Jul. Clarus, *qu. 76*, *n. 2 & 3*; & Van Espen, *tom. 1*, *part. 3*, *tit. 11*, *cap. 9*.

De la privation de Sépulture.

262. La privation de sépulture a lieu, suivant les Canons, en plusieurs cas.

1°. Contre ceux qui sont condamnés à mort par Justice, suivant le Chapitre *quæsitum*, caus. 13, qu. 2.

2°. Contre les homicides d'eux-mêmes, suivant la Loi 1, au D. *de cadaver. punit.* Can. *placuit* caus. 23, qu. 5.

3°. Contre ceux qui ont été tués en duel; (Can. *placuit*, caus. 23, qu. 5. Edit des duels du mois d'Août 1679, *art. 13.*)

4°. Contre les excommuniés dénoncés qui meurent sans avoir demandé l'abolution. (Cap. *excommunicamus*, §. *credentes*, extrà *de hæreticis.*)

5°. Contre les hérétiques. (Edit du mois de Décembre 1606, *art. 10*, cap. *excommunicamus*, §. *credentes*, extrà *de hæreticis.*)

6°. Contre les usuriers publics qui meurent dans ce crime. (Cap. *cum tu manifestos*, extrà *de usur.* Cap. *quamquàm de usuris*, in-6.)

CHAPITRE V.

Des anciens Supplices qui étoient en usage en France, en Allemagne, &c.

263. Outre les peines corporelles & afflictives dont il a été parlé ci-dessus, & qui sont actuellement en usage en France, il y en avoit encore d'autres qu'on y infligeoit anciennement, mais qui ont cessé d'avoir lieu. Telles sont :

1°. *Etre écorché vif.*

Philippe & Gautier de Launoi freres, & gentilshommes de Normandie, accusés d'adultere avec les femmes des trois fils de Philippe le Bel, furent par Arrêt du Parlement condamnés à être écorchés tous vifs. (Mezerai, Abrégé de l'Histoire de France, *tom. 1, pag. 500*, sur l'année 1314.)

2°. *Enterré vif.*

En l'année 1460, Perette-Maugé, pour avoir commis plusieurs larcins & récélés, fut, par Sentence du Prévôt de Paris, confirmée par Arrêt de la Cour, condamnée à mort, & à être enterrée toute vive devant le gibet. Lors de la prononciation de son Arrêt, elle déclara qu'elle étoit grosse; & ayant été visitée par *Ventrieres* & *Matrones*, qui rapporterent qu'elle ne l'étoit point, elle fut exécutée devant le gibet de Paris, nommé Montigny. (Chronique de Louis XI, *pag. 2 verso.*)

Ce supplice est encore en usage en Allemagne, à l'égard des femmes qui font mourir leurs enfants. (Voyez l'Ordonnance Caroline, *chap. 131.*)

3°. *Etre coupé en quatre quartiers.*

264. Ce supplice se pratique en Allemagne dans le cas de haute trahison. Et lorsque cette trahison regarde la personne même du Prince, on le punit du même supplice qu'en France; c'est-à-dire, que les coupables sont tirés à quatre chevaux, tenaillés, *&c.* (Voyez l'Ordonnance Caroline, *chap. 124.*)

265. On peut voir encore d'autres exemples de supplices énormes, pratiqués en Flandre & en Angleterre, à l'occasion du meurtre d'Arnould, Seigneur d'Ardres, tué de guet-à-pens dans un bois. (Extrait de l'Histoire des Comtes de Guines par Lambert Chanoine d'Ardres, rapporté par Duchesne aux preuves du livre 3 de la même histoire, *pag. 169.*) (*a*)

266. Autres exemples de supplices atroces dans ceux qui tuerent dans l'Eglise de Bruges Charles, Comte de Flandre, en l'année 1127. (Voyez Suger en la Ville de Louis le Gros, dans Duchesne, *tom. 4, pag. 316*; & par du Haillan en son Histoire de France, *tom. 1, liv. 8, n. 2.* (*b*)

4°. *Etre bouilli dans l'eau chaude.*

267. Cette peine est établie contre les faux-monnoyeurs, par la Coutume de Bretagne, *tit. 25, art. 634.* Voyez aussi Bouchel en sa Justice Criminelle de France, *tit. 33, ch. 7.*

5°. *Etre noyé.*

268. Ce supplice a été autrefois beaucoup en usage. (Voyez Bouchet en sa Pratique Criminelle de France, *tit. 29, ch. 6, pag. 724, & tit. 33, ch. 9, 11 & 13*; & la Chronique de Louis XI, année 1467.) Il se pratique encore en Allemagne contre les femmes. (Voyez l'Ordonnance Caroline, *ch. 124, 130, 133, 159, &c.*)

6°. *Condamné à avoir les yeux crévés.*

269. Cette peine est établie par le Roi Chilperic dans ses Instructions au Juges, contre ceux qui mépriseront ses Ordonnances. *Si quis*

(a) *Balduinus frater ejus quæsitis morti datoribus, proditoribus & consciis & consiliariis, & multis inventis, alios inrotavit, alios imparticavit, alios caudis jumentorum protrahendos & discerpendos adhibuit, alios in propriis dombus inclusos igne combussit.*

(b) 1°. *Buchardus altâ rotâ superligatus corvorum & alitum rapacitati expositus desuper oculis defossus & totâ facie dilaceratus inferiorum sagittis & lanceis & jaculis millies perforatus, miserrime interfectus in cloacum projectus est.*

2°. *Bertoldus furcis cum cane suspensus, quoties canis fuste percutiebatur in eum iram retorquens totam faciem ejus masticando devorabat, aliquando etiam, quod horribile est, stercorabat.*

3°. *Isaac timore mortis in monasterio quodam tonsuratus, demonachatus patibulo affixus est.*

præcepta nostra contempserit, oculorum evulsione mulctetur, &c. (Gregor. Turon. *lib.* 6, *cap.* 46.)

Il y a plusieurs exemples de ce supplice, dans notre Histoire : Sçavoir.

A l'égard de Bernhard, Roi d'Italie, & les autres complices de la Conjuration contre Louis le Débonnaire, en l'année 824. (Voyez *Histor. Franc. tom.* 2, *pag.* 262 ; Duhaillan, *tom.* 1, *liv.* 4, *n.* 6 ; *Gaguin. liv.* 3, *pag.* 54.)

De Carloman, fils du Roi Charles le Chauve, en l'année 876. (*Ibid. tom.* 2, *pag.* 405.)

De Boson, fils de Lhotaire & de Waldrada. (*Ibid. tom.* 3, *pag.* 322. (*a*)

Cette peine se prononce encore en Allemagne à l'égard des voleurs avec effraction & violence publique dans certains cas. (Voyez l'Ordonnance Caroline, *ch.* 159.)

170. 7° *Essorillés*, c'est-à-dire, *avoir les oreilles coupées.*

Cette peine, qui avoit lieu principalement contre les larrons, se trouve établie par plusieurs Coutumes. (Anjou, *art.* 148 ; Lodunois, *ch.* 39, *art.* 12 ; Ordonnance de Louis XII, du mois de Mars 1498, *n.* 90. Voyez aussi *Langlæi, Semestria, lib.* 10, *cap.* 2 ; Expilli, Plaidoyer 25, *n.* 29 & 30. Il est parlé de ce genre de peine dans une Ordonnance du 24 Juillet 1534, *art.* 32, rapportée par Fontanon, *tom.* 3, *pag.* 146.)

Jean Doyac, qui avoit gouverné sous Louis XI, fut, en l'an 1484, essorillé & fustigé. (Mezerai en l'an 1484. (*b*)

Ce supplice est encore aujourd'hui en usage dans nos Colonies, à l'égard des Esclaves fugitifs. (Voyez *suprà*, *n.* 14.)

(*a*) En l'année 1092, un certain Clerc, pour un crime énorme qu'il avoit commis en Angleterre, fut condamné à avoir les yeux crévés, & les pieds & les mains coupés, *&c.* Le même pour un autre crime fut condamné à être attaché à la queue de quatre chevaux indomptés, qui tirant violemment ses membres, les déchirerent en quatre. (*Ordericus Vitali*, *lib.* 8, *pag.* 702.)

(*b*) En voici un exemple tiré de la dépense du compte de la Regale de l'Evêché d'Orléans en l'an 1311. *In præpositurâ de Gergolio pro enquestâ factâ contra quemdam latronem de Bosco communi qui furatus erat unam calcitram cum pulvinari quæ erat fratris sui, & fuit eidem auris amputata.*

8°. *Le nez coupé.*

271. Cette peine se prononçoit anciennement contre les femmes & les filles. (Voyez la Novelle 32 de l'Empereur Léon, & le Journal de Henri III, au mois de Mai 1581.)

On condamnoit aussi autrefois les déserteurs à avoir le nez & les oreilles coupées.

9°. *La Castration.*

272. On trouve plusieurs exemples de ce supplice, qui fut pratiqué contre les freres de Launoi, convaincus d'adultere avec les belles-filles de Philippe le Bel, après avoir été écorchés vifs. (Voyez Mezerai, Abrégé de l'Histoire de France, en l'année 1314. (*a*)

10°. *Condamné à perdre une ou plusieurs dents.*

273. Cette peine est établie par une Ordonnance du Roi Charles VI, en date du mois d'Août 1390, *art.* 30, à l'égard des habitants de Vienne, contre ceux qui entrent dans les vignes & vergers d'autrui, & y causent du dommmge. (*b*)

11. *Echellé.*

L'échelle étoit une espece de pilori où l'on mettoit les bigames, &c. Il y a encore à Paris l'échelle du temple.

(*a*) Roger de Mortemer, convaincu d'adultere avec Isabelle de France, Reine d'Angleterre, souffrit le même supplice en l'année 1329. (Voyez Froissard, *tom.* 1, *chap.* 24, *pag.* 25.)

Le jeune Spenser, favori d'Edouard II Roi d'Angleterre, fut condamné par les Barons d'Angleterre à ce genre de supplice, pour reparer le scandale qu'il avoit causé par sa familiarité peu honnête avec le Roi. (Voyez Mezerai, Histoire de France en l'année 1326.)

(b) *Qui intrabit vineam vel viridarium alterius, occasione dandi damnum, solvat tres solidos & sex denarios, vel dentes amittat, quod erit in electione ipsius.* (Cette Ordonnance se trouve dans le Recueil des Ordonnances de M. Secousse, *tom.* 7, *pag.* 424.)

12°. *Mitré.*

274. La mitre eſt une eſpece de bonnet que l'on mettoit ſur la tête du coupable pour le rendre ridicule aux yeux du public. Anciennement ceux qui étoient condamnés à des peines, étoient conduits dans les carrefours par l'exécuteur de la Haute-Juſtice, ayant ſur la tête quelque choſe de ridicule pour les rendre plus mépriſables, comme une mitre, ou un pannier doſier, *&c.* (Voyez Suetone en la Vie de Caligula, *ch.* 15; & Fornier *rerum quotidianarum*, lib. 1, cap. 14. (*c*)

Cette peine eſt employée fréquemment en Italie. (Voyez Jul. Clarus, *qu.* 70, *n.* 4.)

Le chapeau de paille qu'on met encore aujourd'hui en France ſur la tête des maquerelles, eſt une eſpece de mitre.

13°. *Condamnation à avoir les cheveux coupés.*

275. Il y en a pluſieurs exemples dans notre Hiſtoire. (*d*)

14°. *Condamné à prendre l'habit Monachal.*

Cataric, ſous le Roi Clovis, pour des propos injurieux qu'il avoit tenus contre le Roi, fut fait moine avec ſon fils. (Voyez Bouchel en ſa Juſtice Criminelle de France, *tit.* 29, *ch.* 1; *& tit.* 33, *ch.* 7. (*e*)

15°. *Exécution ſinguliere en tableau.*

276. Le Roi Louis le Gros fit faire un effigie à la reſſemblance de

---

(*c*) En l'année 1477 au mois de Juin, un particulier pour avoir contrefait le ſigne du Roi, fut pilorié & mitré, *&c.* (Voyez la Chronique de Saint-Denis, & Bouchel, en ſa Juſtice Criminelle de France, *tit.* 28, *chap.* 5.)

(d) *Nulla mortis ſuper Paulum & cæteros rebelles illata ſententia; decalvationis tantum, ut præcipitur, ſuſtinuere vindictam*, &c. (tom. 1, Hiſtor. Francor. pag. 830.)

(e) *Quidam imperatorem Henricum V perditum mentiendo ſe eſſe dixit, tandem declaratâ ejus falſitate Cluniaci in Monachum attonſus eſt.* (Chronicon. Guill. de. Nangis ad, annum 1139.)

Thomas de Marle ; & comme s'il eût été présent, le dégrada des armes, & le déclara son ennemi. (Duhaillan en la Vie de Louis le Gros.)

CHAPITRE VI.

Des Peines qui étoient en usage chez les Romains.

1°. *La peine de mort naturelle, ou dernier supplice.*

277. Cette peine s'exécutoit de plusieurs manieres, & comprenoit, 1°. La croix qui étoit le supplice des esclaves. Mais Constantin, ayant embrassé la Religion Chrétienne, défendit ce supplice & lui substitua celui du gibet. 2°. La condamnation au feu. 3°. La décollation *ou peine du glaive.* (*Ita Paulus Sentent. lib.* 5, *tit.* 14, §. 19.) 4°. La peine appellée en droit *pœna capitis*, qui comprenoit l'exposition aux bêtes, ou autre peine semblable. (L. 11, §. 3, D. *de pœnis.*)

2°. *La condamnation aux mines.*

278. La condamnation aux mines ou aux métaux, étoit une peine capitale qui ôtoit la liberté à ceux qui y étoient condamnés, & qui emportoit la mort civile. (L. 2, D. *de pœnis.*)

Cette condamnation étoit de deux sortes ; la premiere appellée *damnatio in metallum* ; & la seconde, *damnatio ad opus metalli.* Ces deux condamnations ne differoient l'une de l'autre, qu'en ce que ceux qui étoient condamnés *in metallum* étoient chargés de chaînes plus pesantes que ceux qui étoient condamnés *in opus metalli.* (L. 2, §. 6, D. *de pœnis.*) L'une & l'autre de ces condamnations devoit être à perpétuité, & emportoit la mort civile. (L. 28, §. 6, D. *eod. titulo.*)

279. Cette peine répond & équivaut à la peine des galeres perpétuelles, qui est en usage parmi nous.

Quelquefois néanmoins la condamnation aux mines étoit imposée pour un temps ; & même quand il n'y avoit point de temps préfix par le Jugement, ce temps étoit fixé à dix ans. (L. 28, §. 6 ; L. 8, §. 8 ; & L. 23, D. *de pœnis.*) Mais alors cette condamnation pour un temps ne privoit, ni de la liberté, ni du droit de citoyen,

citoyen, & n'emportoit point mort civile. (*Ibid. ibid.*) Cette peine répond à celle des galeres à temps, qui a lieu en France.

3°. *L'interdiction de l'eau & du feu.*

280. La peine appellée en droit *aquæ & ignis interdictio*, étoit celle par laquelle il étoit défendu au condamné d'avoir aucune communication avec les citoyens; pourquoi il étoit contraint de se retirer des terres soumises à la domination des Romains, & d'aller demeurer dans un autre pays; ce qui lui faisoit perdre les droits de citoyen Romain, & le faisoit mourir civilement. (Voyez la L. 1, & L. 3, D. *ad leg. Juliam peculatûs*, §. 2, *institut. tit. de capitis diminutione.*)

Cette peine fut abolie sous Auguste, qui lui substitua la peine de la déportation, au rapport de Dion Cassius, *liv.* 55.

4°. *La Déportation.*

281. La déportation se faisoit ordinairement dans une isle. Cette peine ôtoit au condamné le droit de citoyen, & le faisoit mourir civilement. (L. 6, D. *de interd. & relegat.*)

La déportation ne pouvoit être imposée pour un temps, mais à perpétuité. (L. 18, §. 1, D. *de pœnis.*)

Cette peine répond exactement à celle du bannissement à perpétuité hors du Royaume, qui est aujourd'hui en usage en France.

5°. *La Rélégation, ou l'Exil.*

La rélégation étoit la peine de ceux qui étoient exilés pour toujours, ou seulement pour un temps, de la ville de Rome, ou de quelque Province. (L. 14, §. *hæc est differentia*, D. *de interdict.*

Il y avoit deux especes de rélégations. La premiere avoit lieu à l'égard de ceux qui étoient rélégués dans une isle; & la seconde avoit lieu pour ceux qui étoient simplement exilés d'une Province, sans leur assigner aucun endroit particulier pour le lieu de leur retraite. (L. 7, D. *de interdict.*)

282. Delà naissoient trois especes d'exils, 1°. le bannissement, ou exil de certains lieux: 2°. l'interdiction de tous lieux, excepté d'un certain endroit désigné: 3°. la rélégation dans une isle. (L. 5.

D. *de interdict.*) Cette derniere espece d'exil étoit la plus sévere. (L. 7, §. 1, D. *eod. tit.*)

La Seconde espece de rélégation, quand elle étoit faite pour un temps déterminé, répond à notre bannissement à temps. (Chassaneus *in consf. Burgund. fol. 362, n. 4.*) Et la premiere répond à l'exil qui se prononce quelquefois par le Roi contre certaines personnes.

On voit par ce qui vient d'être dit, qu'il y a une grande différence entre la déportation & la rélégation; en ce que la déportation faisoit perdre le droit de citoyen, & les biens; au-lieu que la rélégation ne faisoit perdre ni l'un ni l'autre. (L. 14, §. 1, D. *de interdict.* L. 8, *Cod. De pœnis.*)

Quelquefois, au contraire, l'exil se prennoit pour la déportation; ce qui n'avoit lieu cependant que dans le cas où il étoit prononcé à perpétuité; au-lieu que la rélégation ne s'entendoit que de l'exil, qui étoit infligé pour un temps; & c'est en ce sens qu'on doit entendre ce vers d'Ovide.

Quippe relegatus non exul dicor in illo. Ovid. tristium, lib. 2, v. 137.

SECONDE PARTIE.

TITRE PREMIER.

Des personnes employées pour la recherche & punition des crimes.

Ces personnes sont, 1°. les Juges : 2°. les Parties publiques : 3°. les Ministres de la Justice.

CHAPITRE PREMIER.

Des Juges en matiere de crimes.

1. LES Juges en matiere de crimes, sont ceux qui ont été établis pour faire le procès aux personnes accusées de crime ou de délit, & pour les corriger, châtier & punir, si elles se trouvent coupables ; soit que ces crimes soient poursuivis par la voie d'accusation publique, soit qu'ils soient poursuivis par la voie de plainte, ou accusation privée ; car en France les Juges criminels connoissent également de l'une & de l'autre de ces accusations, à la différence de ce qui s'observoit chez les Romains, où il y avoit des Juges particuliers pour les crimes poursuivis par la voie d'accusation publique.

La Justice criminelle n'appartient pas seulement aux Juges ordinaires, tels que sont les Juges de Seigneurs, les Prévôts-Royaux, les Baillis & Sénéchaux-Royaux, les Présidiaux & les Parlements ; mais elle appartient aussi en certains cas à des jurisdictions extraordinaires; *v. g.* aux Lieutenants de Police; aux Juges des Eaux & Forêts; à ceux des Elections, Greniers à Sel, Monnoies, & Amirautés; aux Officiaux, *&c.* Il en est de même des Cours-des-Aides, & des Cours des Monnoies qui ont aussi la connoissance de certains crimes, ainsi que les Chambres des Comptes, suivant qu'il est réglé par les Ordonnances du Royaume.

2. On peut considérer les Juges en matieres de crimes, 1°. par rapport à la qualité de ces Juges, 2°. par rapport à la nature des crimes dont ils peuvent connoître, 3°. par rapport à la qualité des jugements qu'ils peuvent rendre.

1°. Par rapport à la qualité des Juges, on peut les distinguer, en *Juges Royaux*, tels que sont les Baillis & Sénéchaux-Royaux, les Prévôts-Royaux; *&c.* & en *Juges de Seigneurs.* 2°. En *Juges supérieurs*, tels que sont les Cours Souveraines; & en *Juges inférieurs ou subalternes*, comme sont les Prévôts-Royaux, & les Juges des Seigneurs. Les Baillis & Sénéchaux-Royaux ne sont pas des Juges subalternes; ils ne sont pas non plus des Juges inférieurs; l'Ordonnance Criminelle le décide ainsi, *tit.* 1, *art.* 9. Voyez aussi l'Ordonnance 1667, *tit.* 31, *art.* 32 & 33, & *tit.* 14, *art.* 14; ainsi on doit les considérer; comme tenant un milieu entre les Cours supérieures & les Jurisdictions inférieures, 3°. En *Juges Laïques*, qui connoissent des crimes commis par des Laïques, & même par des Ecclésiastiques, quand ces crimes sont du nombre de ceux qui troublent l'ordre public; telles sont toutes les jurisdictions qui rendent la justice au nom du Roi, ou au nom des Seigneurs; & en *Juges Ecclésiastiques*, tels que sont les Officiaux, & autres Juges d'Eglise, qui connoissent seulement des délits commis par des Ecclésiastiques.

2°. Les Juges considérés par la qualité des crimes dont ils peuvent connoître, se divisent en *Juges ordinaires* & en *Juges extraordinaires.*

3. Les Juges *ordinaires*, sont ceux qui peuvent connoître de toutes sortes de crimes en général, à la réserve de ceux dont la connoissance leur est nommément interdite. Tels sont les Juges de Seigneurs, les Prévôts ou Châtelains-Royaux, les Baillis & Sénéchaux, les Cours de Parlement.

Les Juges *extraordinaires*, sont ceux qui ne connoissent que de certains crimes dont la connoissance leur est attribuée par les Edits & Ordonnances du Royaume, comme sont les Présidiaux ; les Prévôts des Maréchaux, & Lieutenants-Criminels de Robe-Courte ; les Juges des Elections, Monnoies & Gabelles ; les Lieutenants-de-Police ; les Juges des Eaux & Forêts ; les Chambres-des-Comptes, Cours-des-Aides & Monnoies ; Amirautés, Table-de-Marbres ; Trésoriers ; Conseils-de-Guerre, *&c.*

3°. Les Juges, par rapport à la qualité des jugements qu'ils peuvent rendre, se divisent en Juges de *premiere instance*, comme sont les Juges de Seigneurs, les Prévôts ou Châtelains-Royaux, les Officiers des Elections, Monnoies & Gabelles, *&c.* & en *Juges d'appel*, comme sont les Baillis ou Sénéchaux-Royaux, & les Cours Souveraines.

4 On peut aussi sous ce même rapport, distinguer les Juges-Criminels en Juges *à la charge de l'appel*, comme sont les Juges de Seigneurs, les Prévôts-Royaux, les Baillis & Sénéchaux, les Juges des Elections, Monnoies & Gabelles, les Officiaux, *&c.* & en Juges *en dernier ressort*, comme sont les Présidiaux, les Prévôts des Maréchaux, les Lieutenants-Criminels de Robe-Courte, & les Prévôts-Généraux de la Marine & des Monnoies. Tous ces Juges au nombre de sept, jugent sans appel certains crimes, soit à cause de la conséquence d'une punition prompte & exemplaire, soit à cause de la qualité des accusés ; comme si ce sont des vagabonds, ou gens repris de justice ; soit pour d'autres considérations prises de la qualité des crimes. Tels sont aussi les Parlements, les Cours-des-Aides & autres Cours Souveraines, auxquels il faut joindre encore les Conseils-de-Guerre, qui jugent aussi sans appel, tout ce qui est du fait de la guerre.

5. Quelques-uns de ces Juges, sont Juges de premiere instance en certains cas, & Juges d'appel en d'autres. Tels sont les Baillis & Sénéchaux-Royaux qui peuvent connoître de l'appel des Sentences criminelles, lorsqu'elles ne prononcent aucune peine afflictive, & qui connoissent en premiere instance de tous les crimes réputés cas Royaux.

Quelques Juges, sont Juges en dernier ressort en certains cas, comme les Baillis & Sénéchaux-Royaux, *&c.* qui peuvent dans certains cas, connoître en dernier ressort au nombre de sept, des crimes commis par vagabonds & gens repris de justice, & autres cas Prévôtaux ; & qui sont Juges à la charge de l'appel dans tous les autres cas. Il en est de même des Prévôts des Maréchaux, qui quoique Juges en dernier ressort de tous les cas Prévôtaux, ne connoissent néanmoins du crime de duel qu'à la charge de l'appel.

6. 4°. Enfin, il y a des *Juges délegués* qui connoissent de certaines affaires criminelles; en vertu de Lettres-Patentes ou d'Arrêts du Conseil qui leur attribuent cette connoissance; comme sont les Intendants des Provinces; les Chambres Ardentes de Grenoble, Rheims & Saumur; & autres Juges de commissions extraordinaires. Quelquefois ces commissions sont pour juger en dernier ressort, & quelquefois pour juger à la charge de l'appel; mais ordinairement, c'est pour juger en dernier ressort.

CHAPITRE II.

De la compétence des Juges-Criminels en particulier.

SECTION PREMIERE.

De la compétence des Juges ordinaires.

ARTICLE PREMIER.

De la compétence des Juges de Seigneurs en matiere criminelle.

§. I.

Des Bas-Justiciers.

7. Le *Bas-Justicier*, connoît de tous les délits pour lesquels il n'échet de prononcer qu'une amende de dix sols parisis & au-dessous; & si le délit mérite une plus grande amende, il doit en avertir le Haut-Justicier.

Il peut aussi faire arrêter dans son territoire ceux qui sont prévenus de crimes; & pour cet effet, il peut avoir Maire, Sergent, & prison; mais il est obligé de faire aussitôt transférer les accusés dans la prison du Haut-Justicier, ou du moins de l'avertir à cet effet: (Voyez Bacquet, Traité des Droits de Justice, *ch.* 2, *n.* 5, à l'article des Bas-Justiciers, ou il rapporte les articles qui furent dressés pour ce sujet, lors de la réformation de la Coutume de Paris en 1580.)

Suivant l'article 20 du titre 1 de l'Ordonnance de 1670, les Bas-Justiciers ne peuvent connoître des inscriptions de faux incidentes, ni de la rébellion à l'exécution de leurs jugements.

§. II.

Des Moyens - Justiciers.

8. Les *Moyens-Justiciers*, peuvent connoître des délits auxquels l'amende n'excede pas 60 sols Parisis & au-dessous; & si l'amende excédoit cette somme, ils doivent renvoyer la cause au Haut-Justicier. (Voyez Bacquet, *ibid.* Traité des Droits de Justice, *ch.* 2, *n.* 4.)

Ils peuvent informer de tous autres délits, & décréter les accusés. Ils peuvent même, dans les 24 heures du crimes commis, faire l'instruction jusqu'à Sentence définitive exclusivement; ensuite de quoi ils doivent faire transférer les prisonniers dans les prisons du Haut-Justicier, & y faire porter le procès; & en cas de condamnation d'amende, l'amende de 60 sols Parisis doit être adjugée au Moyen-Justicier. Mais après les 24 heures, ils ne peuvent plus prendre connoissance de ces crimes, ni faire à cet égard aucune instruction. (Acte de notoriété du Châtelet de Paris, du 29 Avril 1702.)

9. Nous avons cependant quelques Coutumes en France qui donnent aux Moyens-Justiciers le droit de connoître de certains crimes, & de pouvoir infliger les peines qu'ils méritent, comme l'admonition, le blâme, le fouet & le bannissement; mais non la peine de mort, ni même celle des galeres, ni celles de la question. (Voyez les Coutumes de Senlis, Montreuil, Saint-Omer, Artois, Maine, Blois, *&c.*)

Les Moyens-Justiciers, ainsi que les Bas-Justiciers, ne peuvent connoître des inscriptions de faux incidentes, ni de la rébellion à l'exécution de leurs Jugements. (Ordonnance de 1670, *tit.* 1, *art.* 20.)

§. III.

De la compétence des Hauts-Justiciers en matiere criminelle.

1°. Les Hauts-Justiciers connoissent en premiere instance de tous
10. crimes, quelques énormes qu'ils soient, qui ne sont point du nombre des cas royaux.

Ainsi ils peuvent connoître du crime d'incendie, excepté dans le cas où il seroit fait de dessein prémédité pour exciter une sédition, ou une émotion publique dans une ville. (Arrêt de la Tournelle du Parlement de Paris du 3 Mars 1741 pour Beauvais. Voyez ce qui est dit ci-après, (*n.* 139.)

Du rapt & enlevement, pourvû qu'il soit fait sans violence. (Arrêt du premier Juin 1556 pour Sens; autre du 10 Décembre 1661 pour Angers, rapporté au Journal des Audiences, *tom.* 4, *pag.* 646; autre du 8 Février 1653, rendu pour la Justice des Comtes de Lyon, aussi rapporté au Journal des Audiences, *tom.* 4, *pag.* 200. Voyez aussi le procès-verbal de l'Ordonnance de 1670 sur l'article 11 du titre 1, & ci-après *n.* 131.)

11. Du crime de poison. (Même Arrêt du 8 Février 1653, rendu pour la Justice des Comtes de Lyon; autre du 7 Février 1743, rapporté par Lacombe en son Traité des Matieres Criminelles, seconde édition, *pag.* 112; ainsi jugé par Arrêt du Parlement de Toulouse du 28 Août 1732, rapporté par Soulatges en son Traité des Crimes, *tom*, 1, *pag.* 89.)

Du crime de magie & sortilege. (Même Arrêt de 1653, rendu pour la Justice des Comtes de Lyon,) à moins qu'il ne soit accompagné d'invocation des démons ou autres impiétés qui participent de l'hérésie; auquel cas il seroit de la compétence des Baillis & Sénéchaux Royaux. (Voyez ce qui est dit à ce sujet ci-après au titre *Du crime de Magie*, n. 34.)

De l'homicide commis dans une querelle & sans aggression, quand même ce seroit un parricide. (Voyez *infrà*, n. 136.)

12. Du crime de ceux qui se tuent eux-mêmes. (Voyez *infrà*, n. 136.)

Du sacrilege sans effraction. (*Infrà*, n. 121.)

Du crime de blasphême, à moins que ce blasphême ne renfermât un dessein formé de décrier la Religion; auquel cas il seroit de la compétence des Baillis & Sénéchaux Royaux. (ci-après, n.

n. 120. Voyez aussi ce qui est dit à ce sujet, en traitant du crime *De Blasphême*, n. 24.)

Du vol simple, & même du vol avec effraction ; pourvu qu'elle ne soit point extérieure, ni faite avec port d'armes, ou violence publique. (Voyez ce qui est dit ci-après, *n.* 148.)

13. Tuer des pigeons & les prendre ensuite, est un cas de justice ordinaire, lorsque ces pigeons appartiennent à des particuliers. C'est une espece de vol dont la connoissance appartient aux Juges ordinaires, & non aux Officiers des Chasses. (Voyez ce que j'ai dit à ce sujet, au titre *De la Force publique & privée*, n. 5.)

Il en est de même du vol de poisson dans les étangs des particuliers. (Voyez au titre *Du Vol*, n. 137.)

Les Seigneurs Hauts-Justiciers connoissent en général de tous les autres crimes & délits qui ne sont point du nombre des cas Royaux.

Quant à la question de sçavoir s'ils peuvent connoître de tous les crimes & délits ci-dessus, lorsqu'ils ont été commis sur un grand chemin, dans le cas du moins où ce grand chemin fait partie de leur territoire, Voyez ce qui est dit ci-après, (*n.* 143.)

14. 3°. Les Hauts-Justiciers connoissent de tous les délits ci-dessus, quand même ils auroient été commis par des personnes nobles. (Edit de Cremieu, *art.* 5 ; Déclaration du 24 Février 1536, rendue en interprétation de l'Edit de Cremieu ; Ordonnance de 1670, *tit.* 1, *art.* 10 ; ainsi jugé par Arrêt du 7 Mars 1563, rendu en faveur du Seigneur de Longvilliers, rapporté par Bornier sur l'article 10 du titre 1 de l'Ordonnance de 1670 ; autre Arrêt du 24 Mars 1679, confirmatif d'une Sentence d'un Juge de Seigneur, qui avoit condamné un gentilhomme à avoir la tête tranchée.)

Il y a néanmoins quelques provinces où les nobles ont leurs causes commises devant les Juges Royaux ; & l'on prétend que cela a lieu au Parlement de Dijon, suivant deux Arrêts du même Parlement, des 17 Juin 1713 & 28 Juin 1724.

15. 4°. Les Hauts-Justiciers peuvent aussi connoître des délits non privilégiés, commis par des personnes Ecclésiastiques, tant qu'il n'y a point de renvoi demandé par l'accusé devant le Juge d'Eglise, ou de revendication de la part du Promoteur de l'Officialité. (Farin. *qu.* 8, *n.* 87-89.)

On trouve, à la vérité, un Arrêt du Conseil du 13 Janvier 1657, rendu sur la Requête des Agens Généraux du Clergé, & rapporté aux Mémoires du Clergé, *tom.* 3, *part.* 4, *pag.* 54, de l'édition de 1675, qui fait défenses aux Hauts-Justiciers & à leurs Juges, d'informer ni décréter en matiere criminelle contre les Ecclésiastiques constitués dans les Ordres sacrés, ni contre les Bénéficiers; à peine de nullité des procédures, dépens, dommages & intérêts, *&c.* Autre Arrêt du Parlement de Toulouse du 26 Juin 1693, rapporté au Recueil de Réglements, imprimé à Toulouse en 1756, *tom.* 2, *pag.* 211, qui fait défenses aux Juges des Seigneurs de décerner aucuns décrets contre des Ecclésiastiques. Autre Arrêt du Parlement de Bordeaux du 7 Juin 1698, rapporté par la Peyrere, *lettre* P, *n.* 105, qui a jugé qu'un Prêtre ne pouvoit être décrété par un Juge de Seigneur; & telle étoit aussi anciennement la Jurisprudence, suivant Lizet en sa Pratique, *liv.* 1, *pag.* 33. Mais cela doit s'entendre des informations d'office, & non de celles qui se font sur la plainte d'une partie pour cas non privilégié. (Ainsi jugé par Arrêt du 4 Juillet 1722, rapporté au septieme tome du Journal des Audiences. Voyez la Coutume de Bretagne, *tit.* 1, *art.* 3.)

Et cette regle a lieu, à plus forte raison, lorsque plusieurs personnes, parmi lesquelles il y a des Ecclésiastiques, sont poursuivies pour un même délit devant un Juge de Seigneur.

16. On prétend même que les Juges des Seigneurs sont compétents pour connoître des délits privilégiés, qui ne sont point cas royaux, contre des Ecclésiastiques, tant que le renvoi n'est pas requis devant l'Official, & que toute la procédure faite par ces Juges de Seigneur jusqu'au renvoi, est valable. Ainsi jugé par Arrêt du 9 Juin 1723, dont voici l'espece. Un Diacre accusé devant un Juge de Seigneur d'avoir rendu une fille enceinte, avoit été par lui décrété : revendication de la part du Promoteur, & renvoi en conséquence de la part du Juge de Seigneur : appel par le Diacre de la procédure faite par le Juge de Seigneur, comme du Juge incompétent. M. Gilbert de Voisins, Avocat-Général, dit qu'il n'y avoit point d'incompétence; que c'étoit une erreur de penser qu'il n'y avoit que les Juges Royaux qui pussent connoître des crimes & délits commis par des Ecclésiastiques; qu'il est vrai que quand il y avoit renvoi requis, ou revendication faite de l'Ecclésiastique accusé, un Juge de Seigneur cessoit d'être compétent, parce que le Juge d'Eglise n'instruisoit jamais qu'avec le Juge Royal; mais qu'il ne falloit pas en conclure qu'il n'y avoit que le Juge Royal qui pût connoître des délits commis par des

Eccléſiaſtiques. Conformément à ſes concluſions, l'Arrêt mit l'appellation au néant, & confirma la procédure faite par le Juge de Seigneur.

17. Par un autre Arrêt, rendu en la Chambre des Vacations le 16 Septembre 1730, une procédure criminelle faite par un Juge de Seigneur contre un Eccléſiaſtique, quoique pour un cas privilégié, fut confirmée; en voici l'eſpece. Un Eccléſiaſtique du Diocèſe de Beauvais s'étoit porté pour appellant d'une procédure faite contre lui par un Juge de Seigneur, qui ſur l'accuſation d'une jeune fille qui prétendoit être accouchée des œuvres de cet Eccléſiaſtique, l'avoit décrété d'un décret léger. Il parût par les informations que cette fille avoit été à confeſſe à l'Eccléſiaſtique, & qu'il y avoit eu quelques breuvages pris, & quelques ſaignées du pied pour procurer l'avortement. M. Joly de Fleuri, alors Subſtitut de M. le Procureur-Général ſon pere, réquit que la Cour reçût le Procureur-Général appellant du décret comme trop léger, & que l'Eccléſiaſtique fût décrété de priſe de corps, & renvoyé devant le Juge-Royal; ce qui fut ainſi jugé par l'Arrêt ci-deſſus. Ainſi bien loin de regarder la procédure faite par le Juge de Seigneur comme nulle, elle ſervit au contraire à prononcer le décret de priſe de corps contre l'Eccléſiaſtique.

18. 5°. Quant à la queſtion de ſçavoir ſi les Juges de Seigneur peuvent connoître des crimes & délits commis par des Officiers de Judicature hors leurs fonctions, je crois qu'il faut diſtinguer ſi les Officiers de Judicature qui ont commis ces délits ſont Officiers Royaux, ou non. Dans le premier de ces deux cas, il ne paroît pas qu'ils en puiſſent connoître, ſi ce n'eſt peut-être pour informer, ſur-tout quand il s'agit de procéder contre des Juges Royaux: (Voyez ce que j'ai dit au titre *de la compétence des Juges en général*, n. 85, & *infrà*, n. 31;) mais dans le ſecond cas où les Officiers de Judicature ne ſont point Officiers Royaux, rien n'empêche que les Juges des Seigneurs ne puiſſent connoître des délits commis par ces Officiers, quand même ces Officiers ſeroient des Juges; ſur-tout ſi ce ſont des Juges qui leur ſoient ſubordonnés, ou qui ne ſoient point ſupérieurs du Juge qui inſtruit le procès. (Argum. tiré de l'article 10 du titre 1 de l'Ordonnance de 1670.)

19. Les Juges de Seigneurs peuvent même connoître des délits commis par des Officiers de Judicature dans leurs fonctions, lorſque ces Officiers leur ſont ſubordonnés. (Voyez ci-après *n.* 21.)

6°. Les Hauts-Justiciers peuvent connoître de tous cas prévôtaux, qui ne sont tels que par la qualité de l'accusé ; v. g. des crimes commis par vagabonds, ou par gens qui ont déja été condamnés à quelque peine corporelle ou afflictive ; même de la contravention aux Édits & Déclarations sur le fait de mendicité ; & ils connoissent de ces délits concurrement & par prévention avec les Prévôts des Maréchaux, & préférablement à eux, s'ils ont informé & décrété avant eux, ou le même jour. (Déclaration du 5 Février 1731, *art.* 10.) Il faut cependant excepter de ces cas prévôtaux par la qualité de l'accusé, les crimes & excès commis par des gens de guerre dans leur marche, *&c.* dont les Juges de Seigneur ne peuvent connoître. (Voyez *infrà*, n. 25.)

20. 7°. Les Juges de Seigneur connoissent de tous les crimes ci-dessus, quoique commis dans les forêts, & sur les eaux, dans l'étendue de leurs Justices, ainsi que de tous délits sur le fait de la chasse & de la pêche, ou à l'occasion de ces choses. (Ordonnance des Forêts de 1669, *tit.* 1, *art.* 7, 8, 11 & 12.)

8°. Ils connoissent de la falsification de leur sceau, excepté dans le cas où ce faux seroit incident en une instance pendante pardevant un autre Juge. (Arrêt de réglement du 21 Juin 1614, rendu entre les Officiers du Bailliage de Riom, & les Officiers de la Duché-Pairie de Montpensier.)

Ils peuvent même connoître de la falsification du Scel Royal, lorsque cette falsification est incidente à une instance poursuivie devant eux ; ce qui paroît résulter de la disposition portée en l'*art.* 20, *du tit.* 1 de l'Ordonnance 1670. (Arrêt de 1614 pour Montpensier ; autre du 7 Septembre 1621 pour Noyon. Voyez aussi ce qui est dit au titre *De la Compétence des Juges criminels en général*, n. 131.)

21. 9°. Ils connoissent des malversations & concussions commises par leurs Officiers dans leurs fonctions ; & de celles commises par les Prévôts ou Châtelains, Procureurs-Fiscaux, Greffiers, Notaires, Sergens, & autres Officiers qui leur sont subordonnés. (Arrêt du 8 Février 1653, rendu pour la Justice des Comtes de Lyon, rapporté au Journal des Audiences, *tom.* 4, *pag.* 200, ci-dessus cité.) Autre Arrêt du 21 Juin 1614, rendu pour la Duché Pairie de Montpensier. Autre Arrêt du 5 Février 1722, rapporté au Journal des Audiences, qui a jugé que le Bailli de Saint-Germain a droit de corriger les Officiers de judicature des Justices

dépendantes de lui. (Voyez Loix Criminelles, *tom.* 2, *pag.* 361; l'Arrêt de Réglement du 10 Juillet 1665; & ce qui est dit ci-après au titre *De la Compétence des Juges criminels en général*, n. 175.)

22. 10°. Ils connoissent des inscriptions de faux incidentes aux procès pendants en leurs Sieges; & des rébellions commises à l'exécution de leurs jugements. (Ordonnance 1670, *tit.* 1, *art.* 20. Voyez aussi ce qui est dit au titre *De la Compétence de Juges criminels en général*, n. 130 & 139.)

11°. Ils connoissent, ainsi que tous les autres Juges, des excès commis en leur présence, & lorsqu'ils exercent leurs fonctions; ainsi que de ceux commis au mépris des procès pendants devant eux. (Voyez *ibid.* n. 125 & 149.)

§. IV.

Des Crimes dont les Juges de Seigneurs ne peuvent connoître.

23. 1°. Les Juges de Seigneurs ne peuvent connoître des cas royaux. (Voyez *infrà*, n. 50.) Un Arrêt du Parlement de Bretagne du 6 Octobre 1562, rapporté par Dufail, *liv.* 1, *chap.* 145, fait défenses aux Juges de Saint-Malo de connoître des cas royaux. Autre Arrêt de Réglement du Conseil-Privé, entre le Viguier & le Juge d'Uzès, & les Juges & Officiers des Seigneurs particuliers, portant défenses aux Juges de Seigneurs de connoître d'aucuns cas royaux; cet Arrêt est du 9 Mars 1635, & est rapporté par Descorbiac, *tit.* 9, *chap.* 140.

Mais ils peuvent informer, & même décréter, pour raison de ces crimes, s'ils sont commis dans leurs territoires, & interroger les accusés; à la charge d'en avertir incessamment les Baillis & Sénéchaux, *&c.* (Voyez ce qui est dit au titre *De la Compétence des Juges criminels en général*, n. 181.)

24. Comme le duel est au nombre des cas royaux, c'est une suite que les Juges de Seigneurs ne puissent connoître de ce crime. (Voyez *infrà*, n. 138.)

Il en est de même de l'assassinat prémédité. (Voyez *infrà*, n. 133.)

Mais s'il s'agit d'un meurtre ou homicide commis dans une rixe, ou rencontre, ou par un cas fortuit; alors le Juge de Seigneur en peut connoître. (*Ibid.* n. 136.)

Il faut même observer que les Juges de Seigneurs peuvent quelquefois connoître des cas royaux ; ce qui arrive lorsque le Juge supérieur qui doit connoître du cas royal, n'envoie pas chercher les accusés prévenus du crime dont le Juge de Seigneur a informé, quoiqu'il en ait été valablement averti par le Juge de Seigneur au desir de l'*art. 16, du tit. 1*, de l'Ordonnance 1670. (Arrêt du 21 Juin 1614, pour la Duché-Pairie de Montpensier, rapporté par Filleau, *tom. 1, partie pag. 145.*)

25. 2°. Les Juges de Seigneurs, ne peuvent connoître des cas qui sont prévôtaux par la nature du crime ; comme des oppressions, excès & autres crimes commis par gens de guerre dans leur marche, étapes & lieux d'assemblée ; levées de gens de guerre sans commission du Roi ou de ses Officiers ; vols de grand chemin ; séditions & émotions populaires, *&c.* (Déclaration du 5 Février 1731, *art. 10.*)

Mais ils peuvent informer, & même décréter, pour raison de ces crimes, (Voyez ce qui est dit au titre *De la Compétence des Juges en général*, n. 181.)

26. 3°. Ils ne peuvent connoître des délits privilégiés commis par des Ecclésiastiques vivant clericalement, aussitôt que le renvoi en a été demandé pardevant l'Official, ou que la revendication en a été faite par le promoteur ; & dans ce cas, l'instruction conjointe doit nécessairement être faite avec un Juge Royal ; mais toute la procédure faite par le Haut-Justicier jusqu'au renvoi, est valable. (Voyez ce qui a été dit ci-dessus, *n.* 15.)

4°. Ni pareillement des délits commis par des Juges Royaux & autres Officiers du Roi. (Voyez *suprà*, n. 18.)

27. 5°, Les Hauts-Justiciers ne peuvent connoître des causes criminelles de leur Seigneur, lorsqu'il est plaignant ou accusé, à peine de nullité. (Ainsi jugé par Arrêt du 16 Décembre 1678, sur l'appel d'une Sentence rendue par le Bailli de Jonquieres. Autres Arrêts des 17 Juillet 1705, 26 Août 1706, 27 Août 1706, & 27 Mai 1709, rapportés au Journal des Audiences. Autre Arrêt du Parlement du 10 Avril 1724, contre le Comte des Vertus.)

Même pour fait de Chasse. (Arrêt du 3 Septembre 1706, rapporté au Journal des Audiences.)

Monsieur Pussort observe même sur l'article 9 du *tit.* 1, de l'Ordonnance 1670, au procès-verbal de cette Ordonnance, *pag.* 16, qu'il y auroit de grands inconvénients à permettre qu'ils connussent des causes des enfants, famille & domestiques du Seigneur. Bouvot dans son Epitome de la Coutume de Bourgogne, *pag.* 14, édition de 1632, dit que par Arrêt du Parlement de Dijon du 26 Août 1608, il fut jugé que le Juge de Seigneur ne peut connoître en matiere criminelle, des causes où le Seigneur est partie, ou sa femme, ou ses enfants, ou ses domestiques; & que c'est alors au Juge Royal à en prendre connoissance.

28. Il en est de même, lorsque la Justice est possédée en commun par deux Seigneurs; parce qu'il suffit dans ce cas, qu'un des Seigneurs soit intéressé en la cause. (Arrêt du 16 Mai 1748, rapporté par Boniface, *tom.* 1, *liv.* 2, *tit.* 4, *n.* 9.)

Lorsque les Seigneurs ne sont point parties, mais seulement leurs Procureurs-Fiscaux, les Juges des Hauts-Justiciers peuvent connoître même des délits commis à l'encontre des Seigneurs. (Ainsi jugé par Arrêt du Parlement de Dijon du 22 Juillet 1618, rapporté par Bourot, tome 2, au mot *récusation*, question 21, à l'occasion d'un vol fait au Seigneur.)

Les Hauts-Justiciers peuvent aussi informer & faire des procédures dans le cas où les Procureurs-Fiscaux de leur siege sont intéressés & plaignants comme parties privées; sans qu'on puisse alléguer aucun soupçon. (Ainsi jugé par Arrêt du premier Décembre 1646, rapporté par Boniface, *tom.* 1, *liv.* 1, *tit.* 4, *n.* 3.)

29. Pour connoître si les Juges de Seigneurs n'entreprennent point sur les droits des Juges Royaux, les Lieutenants-Criminels peuvent se faire rapporter les procédures criminelles des Juges de leur ressort. (Ainsi jugé par Arrêt du Grand-Conseil du 9 Juin 1730, qui autorise le Lieutenant-Criminel d'Autun, à se faire rapporter les procédures criminelles des Juges inférieurs de son ressort, pour connoître s'ils n'entreprennent point sur la jurisdiction Royale ou Présidiale.) Cet Arrêt permet même aux Officiers du Présidial d'Autun ou à l'un d'eux, de se transporter dans les Greffes des jurisdictions étant dans l'étendue dudit Présidial, & d'y examiner les régistres & procédures criminelles, qui ne pourront leur être refusés à peine de 1500 liv. d'amende; & en cas de refus, d'assigner les parties au Grand-Conseil; ce qui est conforme à la Déclaration du Roi du 2 Octobre 1571.

(Voyez ce que j'ai dit à ce sujet dans mon Traité de la Jurisdiction des Présidiaux, *pag.* 137 de la seconde édition, avec les réglemens qui y sont rapportés.)

§. V.

Autres Regles touchant les Hauts-Justiciers.

30. 1°. Ils peuvent informer & décréter contre toutes sortes de personnes, même dans les crimes qui ne sont point de leur compétence, lorsque ces crimes ont été commis dans leur territoire. (Voyez ce qui est dit au titre *De la Compétence des Juges en général*, n. 181.)

Ils ne peuvent cependant décréter contre les Commis, Gardes & autres, ayant serment à justice, employés dans l'administration des Fermes, & sous-Fermes du Roi; à peine de nullité, cassation de procédures, dépens, dommages & intérêts, mille livres d'amende contre les Parties, & d'interdiction contre les Juges. (Ordonnance des Fermes du Mois de Juillet 1681, au titre Commun des Fermes, *art.* 35.)

31. Ce qui doit avoir lieu, à plus forte raison, s'il s'agit de prononcer un Décret contre des Juges Royaux & autres Officiers-Royaux, même pour crimes par eux commis hors leurs fonctions. (Ainsi jugé par Arrêt du 30 Août 1606, en faveur d'un Commissaire du Châtelet que le Juge de l'Abbaye Saint-Germain avoit décrété. Autre Arrêt du 2 Août 1625, qui fait défense au Bailli de Vendôme, de plus à l'avenir informer ni décréter contre des Officiers-Royaux. Voyez Filleau, *part.* 2, *tit.* 3, *ch.* 52, *pag.* 136.)

Et à plus forte raison encore, cette regle doit-elle avoir lieu pour les délits commis par Officiers-Royaux en faisant leurs fonctions. (Arrêt du 9 Août 1702, au Journal des Audiences.)

2°. Les Hauts-Justiciers n'ont aucune prévention sur les Juges inférieurs de leur ressort, lors même que ces derniers n'ont point informé dans les trois jours après le crime commis. Voyez au titre *De la Compétence des Juges Criminels en général*, n. 230.)

3°. Quant à la question de sçavoir s'ils ont la prévention sur les Officiaux, Voyez ce qui est dit, *ibid.* au titre *De la Compétence des Juges en général*, (n. 220.)

4°.

4°. Ils peuvent condamner aux galeres, de même que les Juges Royaux, (Voyez ce qui a été dit à ce sujet au titre *Des Peines*, n. 35.)

32. 5°. Ils peuvent aussi prononcer la peine du bannissement contre un accusé. (Voyez ce qui a été dit *ibid.* n. 46.)

6°. Les Juges de Seigneurs, même les Hauts-Justiciers, ne sont point Juges d'appel en criminel. (Edit de Crémieu, article 22, Ordonnance 1670, *tit.* 26, *art.* 1.) Plusieurs Arrêts l'ont ainsi jugé, & entre autres, un du 10 Septembre 1683, qui fait défense aux Juges de la Barre Ducale de Maienne, de recevoir à l'avenir des appellations en matiere criminelle. Autre du 2 Août 1711, contre le Bailli de Coulommiers en Brie. Autre du 23 Septembre 1712, contre les Juges de la Duché-Pairie de Nevers.)

7°. L'appel des Hauts-Justiciers se porte directement aux Cours, dans les crimes qui méritent peine afflictive; & pour les autres crimes, il se porte aux Cours ou aux Bailliages & Sénéchaussées Royales, au choix & option des accusés. (Ordonnance 1670, *tit.* 26, *art.* 1.)

Tout ce qui vient d'être dit des Hauts-Justiciers, regarde également ceux des Duchés-Pairies.

ARTICLE II.

De la Compétence des Prévôts, Châtelains, Vicomtes & Viguiers-Royaux en matiere criminelle.

33. 1°. Les Prévôts, Châtelains, Vicomtes & Viguiers Royaux, connoissent en premiere instance de tous les crimes qui ne sont point cas Royaux, ou cas Prévôtaux par la nature du crime, lorsque l'accusé est rôturier. (Déclaration du 5 Février 1731, *art.* 10. Arrêt de la Cour du 20 Février 1655, rendu pour Moulins. Autre du 20 Avril 1660 pour Vic en Carladés.)

Ainsi ils connoissent du crime d'incendie, excepté dans le cas où cet incendie seroit fait de dessein prémédité, pour exciter une sédition ou émotion populaire. (Voyez ci-dessus, *n.* 10.)

34. Du rapt & enlevement fait sans violence. (*Ibid. n.* 10.)

Du crime de poison. (*Ibid. n.* 11.)

Du crime de magie & sortilege; à moins qu'il ne soit accompagné d'invocation des démons, & autres impiétés qui participent de l'héréfie. (*Ibid. n. 11.*)

Du blafphême, fi ce n'eft dans le cas où ce crime renfermeroit un deffein prémédité de décrier la Religion. (Voyez ci-deffus, *n. 12.*)

Du facrilege fans effraction. (Voyez *fuprà*, *n. 12.*)

Du vol, même avec effraction; pourvu qu'elle ne foit point extérieure ni faite avec port d'armes ou violence publique. (Voyez ce qui eft dit ci-après, *n. 148.*)

De l'homicide commis dans une querelle & fans aggreffion, quand même ce feroit un parricide. (Voyez *fuprà*, *n. 11.*)

Du crime de ceux qui fe tuent eux-mêmes. (Voyez *fuprà*, *n. 12.*)

35. Les Prévôts & Châtelains-Royaux, connoiffent en général de tous autres crimes, dont la connoiffance n'eft point attribuée aux Baillis & Sénéchaux-Royaux. (Déclaration du 17 Juin 1554, rendue en interprétation de l'Edit de Crémieu.)

Par l'Edit d'Erection des Lieutenants-Criminels du mois de Mai 1552, *art. 7*, rapporté par Joly, *pag.* 1076, les Prévôts font confervés dans la connoiffance du criminel.

Les Prévôts connoiffent auffi du crime de duel, quoique ce crime foit regardé non-feulement comme cas Royal, mais encore comme crime de lèze-Majefté. (Edit de Juin 1643, *art.* 31; Déclaration du 14 Décembre 1679.)

2°. Ils connoiffent de tous ces crimes, même dans le cas où ils auroient été commis fur un grand chemin; pourvû que ce grand chemin fît partie de leur territoire. (Voyez ce qui eft dit ci-après, *n.* 143.)

3°. Ils connoiffent de tous les crimes ci-deffus, lors même que les Accufateurs ou Plaignants font nobles, Eccléfiaftiques, privilégiés ou Officiers de Judicature. (Arrêt de la Cour du 30 Juillet 1678, pour Moulins; Autre du 9 Août 1684, pour Angers; rapportés au Journal des Audiences.)

36. 4°. Ils peuvent auffi connoître des délits non privilégiés commis par des perfonnes Eccléfiaftiques, par prévention aux Juges d'Eglife, tant que le renvoi n'eft pas demandé par l'accufé, ou que la revendication n'en eft pas faite par l'Official ou fon promoteur. (Voyez au titre *De la Compétence des Juges en général*, *n.* 220.)

Et à plus forte raison, cette regle a lieu, lorsque plusieurs accusés, parmi lesquels il y a des Ecclésiastiques, sont poursuivis pour un même délit pardevant le Prévôt. (Voyez ci-dessus, *n.* 15.)

Il paroît même que les Prévôts-Royaux, sont compétents pour connoître des délits privilégiés qui ne sont point cas Royaux contre des Ecclésiastiques, tant que le renvoi n'est pas requis. (Voyez ci-dessus, *n.* 16.)

37. 5°. Ils peuvent connoître de tous cas Prévôtaux, qui ne sont tels que par la qualité de l'accusé: *v. g.* des crimes commis par vagabonds, ou par des accusés qui ont déja été condamnés à quelque peine corporelle ou afflictive; même de la contravention aux Edits & Réglements rendus sur le fait de la mendicité; & ils connoissent de ces délits concurremment, & par prévention avec les Prévôts des Maréchaux, & préférablement à eux, s'ils ont informé & décrété avant eux, ou le même jour. (Déclaration du 5 Février 1731, *art.* 10.) Il faut cependant excepter de cette regle, les crimes & excès commis par gens de guerre dans leur marche, *&c.* dont les Prévôts Royaux ne peuvent connoître, quoique ces cas soient Prévôtaux par la qualité des accusés. (Voyez *infrà*, *n.* 151.)

6°. Les Prévôts-Royaux connoissent de tous ces crimes quoique commis dans les forêts & sur les eaux; à moins qu'ils ne fussent commis sur le fait de la chasse & de la pêche, ou à l'occasion de ces choses. (Ordonnance des Eaux & Forêts de 1669, *tit.* 1, *art.* 8 *&* 7.)

38. 7°. Ils connoissent de la falsification de leur scel, quoique Royal. (Arrêt de Montdidier du 5 Juin 1659; Voyez Henris, *liv.* 1, *ch.* 2, *qu.* 5, *du tom.* 1.)

Et même, de la falsification du Scel Royal du Bailliage, si cette falsification étoit incidente à une instance poursuivie en la Prévôté. (Voyez ce qui a été dit ci-dessus, n. 20; & ce qui est dit, *infrà*, au titre *De la Compétence des Juges en général*, n. 130.)

8°. Ils connoissent des malversations commises par leurs Officiers dans leurs fonctions. (Arrêt du Parlement du 21 Juin 1614; rendu pour Montpensier; Voyez *infrà*, *n.* 100.)

Quid, des malversations commises par les Officiers du Bailliage, exécutants les sentences du Prévôt?

(L'Arrêt du 30 Juillet rendu en 1678 pour Moulins, porte que le Prévôt en aura dans ce cas la connoissance : Voyez aussi ce qui est dit ci-après, (*n. 105.*)

39. 9°. Ils connoissent des crimes & délits commis par les Receveurs, Commissaires, Contrôleurs, Adjoints, Greffiers & autres Officiers-Royaux, hors les fonctions de leurs Offices. (Arrêt du 30 Juillet 1678, pour Moulins.)

10°. Ils connoissent, ainsi que tous les autres Juges, des inscriptions de faux incidentes aux instances poursuivies devant eux, & des rébellions à l'exécution de leurs jugements. (Ordonnance de 1670, *tit. 1, art. 20*; Voyez aussi ce qui est dit au titre *De la Compétence des Juges criminels en général*, n. 130.)

§. I.

Des Crimes dont les Prévôts-Royaux ne peuvent connoître.

40. 1°. Ils ne peuvent connoître des cas Royaux. (Voyez *infrà*, *n. 50*;) à la réserve du crime de duel. (Voyez *suprà*, *n. 35.*)

Ainsi ils ne peuvent connoître de l'assassinat prémédité. (*Infrà*, n. 133.) *Secus*, s'il s'agit d'un meurtre ou homicide commis dans une querelle ou par cas fortuit; (*infrà*, *n.* 136;) & ainsi des autres cas Royaux.

Mais ils peuvent informer, & même décréter pour raison de ces crimes, s'ils sont commis dans leur territoire, & interroger les accusés; à la charge d'en avertir incessamment les Baillis & Sénéchaux, *&c.* (Voyez ce qui est dit au titre de la *Compétence des Juges en général*, *n.* 181.)

Ils peuvent même en certains cas connoître des cas royaux, *v. g.* Si les Juges du Bailliage ou Sénéchaussée Royale négligeoient d'envoyer chercher l'accusé après en avoir été suffisamment avertis. (Voyez *suprà*, *n.* 24.)

41. 2°. Ils ne peuvent connoître des cas qui sont prévôtaux par la nature du crime, comme des oppressions & excès commis par gens de guerre dans leur marche, *&c*; des levées de gens de guerre sans commission de Sa Majesté; du vol fait avec effraction extérieure, ou avec port d'armes, ou violence publique; des vols de grand-chemin, séditions & émotions populaires, *&c.* (Déclaration du 5 Février 1731, *art.* 10. Voyez aussi *suprà*, *n.* 24.)

Mais ils peuvent informer, & même décréter pour raison de ces crimes. (Voyez *suprà*, *n.* 25.)

3°. Ils ne peuvent connoître des délits privilégiés commis par des Ecclésiastiques, dès que le renvoi en est demandé pardevant l'Official, ou que la révendication en a été faite par le Promoteur; & dans ce cas l'instruction conjointe doit nécessairement être faite avec le Lieutenant-Criminel. (Voyez ce qui est dit ci-dessus, *n.* 26, *& infrà*, *n.* 456.)

42. 4°. Ils ne peuvent connoître des crimes commis par des Gentilshommes, & autres personnes nobles, ou qui jouissent du privilege de noblesse. (Edit de Cremieu, *art.* 5; Ordonnance de 1670, *tit.* 1, *art.* 10; Arrêt du 10 Décembre 1611 pour Angers.)

Les Commensaux & autres Officiers de la Maison du Roi n'ont pas le privilege des Gentilshommes, quoiqu'ils prennent la qualité d'Ecuyer; & la chose demeure à cet égard dans le droit commun du Royaume; ainsi les Prévôts peuvent connoître des délits commis par ces sortes de personnes.

Dans le cas où il y a plusieurs accusés, dont un seul est noble, le Prévôt est tenu d'en laisser la connoissance au Lieutenant-Criminel. (Arrêt du 22 Juin 1651, entre le Lieutenant-Criminel & le Prévôt d'Orléans; autre Arrêt du 11 Décembre 1627, rendu pour Crespi en Valois. Voyez *infrà*, *n.* 52.)

43. 5°. Les Prévôts ne peuvent connoître des crimes ou délits commis par des Officiers de Judicature. (Ordonnance de 1670, *tit.* 1, *art.* 10.) Sur quoi il faut observer que par Officiers de Judicature on ne doit entendre que les Juges & Procureurs du Roi, ou Fiscaux, & non les Notaires, Greffiers, Procureurs & Sergents qui ne sont que des Ministres inférieurs de Justice, comme on le voit dans un Arrêt du 16 Mars 1573, portant réglement pour le Juge des Exempts de Laval, qui distingue les Officiers de Judicature, des Notaires, Sergents, & autres semblables.

L'Arrêt du 30 Juillet 1678, rendu pour Moulins, porte que la connoissance des crimes commis par les Elus de l'Election de Moulins, ou par les Grenetiers au Grenier-à-Sel de ladite ville, & autres Officiers de Judicature, appartiendra aux Officiers de la Sénéchaussée; lesquels connoîtront aussi des délits & malversations commis par les Receveurs, Commissaires, Contrôleurs, Adjoints, Greffiers & autres Officiers Royaux dans l'exercice de leurs charges; & que pour les autres crimes & délits, la connoissance en appartiendra aux Officiers de la Prévôté & Châtelenie, lorsqu'il s'agira de cas ordinaires & non royaux.

§. II.

Autres Regles touchant les Prévôts.

44. 1°. Ils peuvent informer & décréter contre toutes sortes de personnes, même dans les crimes qui ne sont point de leur compétence; pourvu que ces crimes aient été commis dans l'étendue de leur territoire. (Voyez au titre *De la Compétence des Juges en général*, *n.* 181.)

Ils peuvent aussi décréter contre les Employés dans les Fermes du Roi, à l'exclusion des Juges de Seigneurs. (Voyez *suprà*, *n.* 30.)

2°. Quoique la police des prisons royales appartienne aux Officiers des Bailliages, néanmoins les Officiers de la Prévôté sont en droit d'ordonner de l'état & du lieu auquel doivent être les prisonniers arrêtés de leurs Ordonnances; & si le Géolier venoit à mettre au cachot quelqu'un de ces prisonniers sans Ordonnance de Justice, ou à les laisser vaquer ou évader, il doit y être pourvu par le Prévôt; mais si ces prisonniers venoient à s'évader avec d'autres prisonniers qui ne seroient point emprisonnés de l'Ordonnance dudit Prévôt, alors la connoissance en appartiendroit au Lieutenant-Général. (Arrêt du 13 Août 1560 pour Montfort-l'Amauri; Autre du 30 Juillet 1678, rendu pour Moulins.

45. Il appartient même au Prévôt de connoître des crimes & délits qui sont commis dans les prisons par les prisonniers emprisonnés en vertu de ses Ordonnances. (Arrêt du 10 Décembre 1611 pour Angers, rapporté au Journal des Audiences, *tom.* 4, *n.* 646.)

3°. Les Prévôts n'ont aucun droit de prévention sur les Juges de leur ressort; si ce n'est dans les Coutumes qui en ont des dispositions. (Voyez ce qui est dit à ce sujet au titre *De la Compétence des Juges-Criminels en général*, *n.* 235.)

4°. Quant à la question de sçavoir si les Prévôts ont la prévention, soit parfaite, soit imparfaite sur les Officiaux, pour raison des délits ordinaires commis par des Ecclésiastiques, (Voyez ce qui est dit *suprà*, *n.* 14, & au titre *De la Compétence des Juges-Criminels en général*, *n.* 220.

46. 5°. Les Prévôts ne peuvent être prévenus par les Lieutenants-

Criminels, pour la connoissance des crimes ordinaires, sinon après les trois jours du crime commis. (Ordonnance de 1670, *tit.* 1, *art.* 7.)

6°. Les Prévôts & Châtelains Royaux ne sont jamais Juges d'appel en matiere criminelle. (Ordonnance de 1670, *tit.* 26, *art.* 1.)

7°. L'appel des Prévôts doit se porter directement aux Cours, dans les peines qui méritent peine afflictive : Et pour les autres crimes, il se porte aux Bailliages & Sénéchaussées, au choix & option des accusés. (Même Ordonnance de 1670, *tit.* 26, *art.* 1.)

47. 8°. Il y a des endroits, comme en Normandie, suivant l'article 11 de cette Coutume, où les Vicomtes, (ce qui est la même chose que les Prévôts,) ne peuvent connoître des crimes qu'incidemment aux contestations civiles pendantes devant eux ; & où ils ne peuvent prendre directement connoissance des affaires criminelles, quoiqu'entre personnes roturieres.

Dans quelques autres Provinces du Royaume, les Maires & Echevins, Consuls & autres personnes qui ont l'administration des villes, connoissent des matieres criminelles entre leurs habitants ; à la réserve des personnes Nobles & des Officiers de Judicature, à peu près de la même maniere que les Prévôts Royaux & Châtelains en connoissent ; ce qui dépend des différents réglements rendus pour ces villes. On peut voir à ce sujet un Arrêt du Parlement du 29 Juillet 1628, rendu pour Chauni, rapporté par Filleau, *tom.* 2, *part.* 3, *tit.* 7, *ch.* 23, *n.* 358.

48. Mais il faut observer, à l'égard de ces sortes de Jurisdictions, qu'elles sont obligées de prendre des assesseurs pour faire l'instruction. (Arrêt du Parlement de Toulouse du 9 Septembre 1741, rapporté au Recueil des Edits & Réglements rendus par le Parlement de Toulouse, imprimé en 1756, *in*-8°. 2 vol. *tom.* 1, *p.* 64.) Il ne leur est pas même permis de prendre pour cela d'autres assesseurs que les Juges ordinaires ; & en cas d'absence ou récusation des Lieutenants & autres Juges, elles doivent prendre pour assesseur le plus ancien Avocat du Siege non suspect, suivant l'ordre du tableau. (Arrêt du Parlement de Toulouse du 26 Novembre 1691, rapporté *ibid. n.* 63 *& tom.* 2, *n.* 182.)

Par un autre Arrêt du même Parlement, en date du 21 Février 1710, rapporté *ibid. n.* 172, il est ordonné que les Procureurs du Roi donneront des conclusions, & non les Procureurs-Syndics des villes, sur les affaires criminelles pendantes ès Jurisdictions desdites villes.

ARTICLE III.

De la Compétence des Baillis & Sénéchaux Royaux en criminel.

§. I.

De la compétence des Bailliages & Sénéchaussées en général, tant des simples Bailliages, que de ceux où il y a Siege Présidial.

49. 1°. Les Baillis & Sénéchaux Royaux, connoissent, mais seulement à la charge de l'appel aux Parlements, de tous crimes & délits ordinaires commis dans l'étendue des Bailliages où ils sont établis ; & ils en connoissent, soit en premiere instance, soit par prévention, ou par appel, suivant les cas, ainsi qu'il sera dit dans l'examen qui va être fait des différentes parties de leur compétence.

2°. Ils connoissent de ces crimes, quoique commis dans les forêts & sur les eaux, à moins qu'ils ne soient commis sur le fait de la chasse & de la pêche, ou à l'occasion de ces choses. (Ordonnance des Forêts de 1669, *tit.* 1, *art.* 8 & 7.)

50. 3°. Ils connoissent en premiere instance, & *privativement* à tous autres Juges, des cas royaux. (Ordonnance de 1670, *tit.* 1, *art.* 11.) Voyez ci-après *n.* 89 & *suiv.* ce que c'est que cas royaux, & l'énumération de ces différents cas.

On peut douter si ce mot *privativement* ne doit s'entendre que du pouvoir qu'ont les Baillis & Sénéchaux Royaux de revendiquer en tout état de cause, ou d'évoquer les affaires dans lesquelles il s'agit de cas mentionnés en cet article ; ou s'il établit une incapacité absolue dans tous les autres Juges de pouvoir connoître des cas royaux, en sorte que ceux-ci puissent seulement informer & décréter pour raison de ces cas, sans pouvoir les juger, ni même passer au réglement à l'extraordinaire : mais ce mot *privativement* est trop clair pour pouvoir former là-dessus aucun doute. On trouve en effet plusieurs Arrêts qui font défenses aux Juges de Seigneurs de connoître d'aucuns cas royaux, (ainsi qu'il a été observé ci-dessus, *n.* 23 & *suiv.*)

51. Le Bailli du Palais à Paris, comme Juge-Royal, connoît aussi des

des cas Royaux dans son territoire, suivant l'Edit du mois d'Octobre 1712.

4°. Les Baillis & Sénéchaux Royaux connoissent, à l'exclusion de tous autres Juges, des délits qu'on nomme *privilégiés* commis par des Ecclésiastiques, pour en faire l'instruction conjointement avec les Officiaux & autres Juges d'Eglise. (Edit de Juillet 1684. Autre du mois d'Avril 1695, *art. 38*; Arrêt du 30 Avril 1650, rapporté par Basnage sur Normandie, *art. 13*, *n. 73*. Voyez ce qu'on entend par délits privilégiés, ci-après *n. 385 & suiv.*)

A l'égard des délits appellés *communs*, commis par des Ecclésiastiques, les Baillis & Sénéchaux en connoissent concurremment avec les Juges d'Eglise. (Voyez *infrà*, *n. 384.*)

52. 5°. Ils connoissent de tous les crimes ci-dessus, même quand les accusés ou quelques-uns d'eux sont des personnes nobles, & ce privativement aux Prévôts & Châtelains Royaux, mais non aux Juges de Seigneurs. (Edit de Cremieu, *art. 4*; Arrêt du 11 Décembre 1627 pour Crespi en Valois, rapporté par Filleau, *tom. 1*, *n. 222*. Autre du 22 Juin 1651, rendu entre le Lieutenant-Criminel d'Orléans & le Prévôt de la même ville. Autre du 7 Septembre 1638 pour les Officiers de Tours. Autres des 5 Mai 1646 & 22 Juin 1651 pour Orléans. Ces Arrêts portent aussi que le Lieutenant-Criminel connoîtra par préférence au Prévôt, des délits où un des accusés sera Ecclésiastique. Voyez ce qui a été dit ci-dessus *n. 14* & *n. 42.*)

Mais si les plaignants sont nobles & non les accusés, cela ne suffit pas pour attribuer la connoissance du crime aux Baillis & Sénéchaux privativement aux Prévôts. (Arrêt de Réglement du 30 Juillet 1678 pour Moulins. Voyez aussi *suprà*, *n. 35.*)

53. 6°. Les Baillis & Sénéchaux, connoissent aussi, à l'exclusion des Prévôts, mais non des Juges de Seigneurs, des crimes commis par des Officiers de Judicature. (Voyez *suprà*, *n. 18* & *43.*) Même dans leurs fonctions. (Voyez ce qui est dit ci-après au titre *De la Compétence des Juges-Criminels en général*, *n 159.*)

7°. Ils connoissent privativement à tous autres Juges, de la rébellion commise aux Arrêts de la Cour; cette rébellion étant un cas royal. (Voyez *infrà*, *n. 169.*)

8°. Ils connoissent des crimes & excès commis dans l'étendue du Palais, préférablement aux Prévôts Royaux & aux autres Juges qui y tiennent leurs Jurisdictions. (Arrêt du 10 Décembre

1611, rendu pour Angers, rapporté au Journal des Audiences, *tom. 4, n. 646*; ce qui résulte aussi de la disposition de l'Ordonnance du mois d'Octobre 1535, *ch. 1, n. 34.*)

Secus. Si l'excès est commis en présence du Prévôt faisant ses fonctions, ou au mépris des procès pendants devant lui. (même Arrêt de 1611 pour Angers.)

54. 9°. Ils connoissent aussi des délits commis dans les prisons royales, par préférence aux Prévôts-Royaux. (Voyez ce qui est dit ci-après *n. 83.*)

Mais si le délit est commis par quelque personne emprisonnée de l'Ordonnance du Prévôt, c'est à ce dernier à en connoître. (Voyez ci-dessus *n. 44.*)

10°. Ils connoissent des contraventions au fait de police qui se poursuivent par action criminelle. (Arrêt du 19 Juillet 1574, *art. 6*, rapporté par Desorbiac, *tit. 3, ch. 20.* Autre du 14 Février 1598, rapporté *ibid. ch. 28.* Autre du 13 Janvier 1624, rapporté *ibid. ch. 33.* Voyez aussi ce qui est dit ci-après *n. 82.*)

11°. Ils connoissent, à l'exclusion de tous autres Juges, des procès criminels renvoyés par Arrêt de la Cour devant le Juge Royal.

55. 12°. Ils connoissent préférablement & privativement à tous autres Juges, de l'entérinement des Lettres de grace, rémission, pardon, abolition & rappel de ban & galeres. (Edit de Cremieu *art. 11*; Déclaration du 27 Février 1703.)

Ce qui a même lieu pour les Lettres de grace obtenues par les Ecclésiastiques. (Ayraut, en son Instruction Judiciaire, *liv. 2, part. 1, n. 9, pag. 190.*)

A l'égard des Lettres de grace obtenues par les Gentilshommes, elles doivent être entérinées dans les Cours. (Edit d'Amboise du mois de Janvier 1572, *art. 9*; Ordonnance de 1670, *tit. 16, art. 13.*)

13°. Les Baillis & Sénéchaux jugent dans tous ces cas à la charge de l'appel aux Parlements où ils ressortissent.

56. 14°. Ils peuvent néanmoins connoître en dernier ressort des cas Prévôtaux, même dans les Bailliages & Sénéchaussées où il n'y a point de Siege Présidial; mais seulement avec les Prévôts des Maréchaux ou leurs Lieutenants. (Déclaration des 5 Février 1549, & 29 Mai 1702. Voyez aussi *infrà, n. 261.*)

Autrement ils n'en peuvent connoître qu'à la charge de l'appel. (Même Déclaration du 29 Mai 1702.)

Il faut même observer que le Bailliage de Château-du-Loir, en vertu d'une Déclaration du 3 Juin 1726, juge en dernier ressort les cas prévôtaux, quoique sans le Prévôt des Maréchaux ou son Lieutenant.

Le Bailliage de Baugé en Anjou, jouissoit aussi du même droit, suivant des Lettres-Patentes du 30 Décembre 1675; mais ce droit lui a été ôté par d'autres Lettres-Patentes du premier Août 1736.

57. 15°. Les Baillis & Sénéchaux Royaux connoissent en dernier ressort, du crime de mendicité dans les villes & autres lieux où il n'y a point de Lieutenants de Police, pourvu qu'ils soient au nombre de sept; & dans les endroits où il y a des Lieutenants de Police, lesdits Baillis & Sénéchaux Royaux, en cas d'absence, maladie, ou autre légitime empêchement desdits Lieutenants de Police, en connoissent aussi en dernier ressort. (Déclaration du 18 Juillet 1724, *art. 7.*) Même le Lieutenant-Général du Bailliage du Palais de Paris, dans l'étendue de son ressort, (*ibid. art.* 9.)

Si dans le nombre des mendiants accusés, il s'en trouvoit quelqu'un qui fût prévenu d'autres crimes qui ne fussent pas de la compétence des Lieutenants de Police; les Officiers du Bailliage, ou autres Juges compétents en connoîtroient, à l'exclusion des Lieutenants de Police; mais seulement à la charge de l'appel. (Même Déclaration, *art. 11.*)

58. 16°. Les Baillis & Sénéchaux Royaux ont la prévention sur les Juges de Seigneurs de leur ressort, si ces derniers n'ont point informé & décrété dans les vingt-quatre heures après le crime commis. (Ordonnance de 1670, *tit. 1, art. 9.*)

Et aussi sur les Prévôts-Royaux, lorsque ceux-ci n'ont point informé & décrété dans les trois jours après le crime commis. (Même Ordonnance de 1670, *tit. 1, art. 7.*)

Il y a même des endroits où les Bailliages & Sénéchaussées ont la prévention parfaite sur les Prévôts-Royaux. (Arrêt du 5 Août 1577 pour Sens. Autres des 3 Mai 1581, & 16 Novembre 1596 pour Bourges. Autre du 4 Mars 1593 pour la Rochelle. Voyez ce qui est dit à ce sujet au titre *De la Compétence des Juges criminels en général*, n. 134.)

59. Le Lieutenant-Criminel d'Orléans, avant la réunion de la Prévôté, prétendoit aussi avoir la prévention sur le Prévôt de la même ville, & sur les Juges subalternes du ressort du Bailliage; & il se fon-

doit sur l'Edit de création des Lieutenants-Criminels du 14 Janvier 1522, sur l'Edit du mois de Mai 1552, & sur l'Edit de création des Lieutenants-Criminels de Robe-Courte; mais il y avoit contre lui un Arrêt du 27 Juillet 1598, rapporté par Jolly, *tom. 2, pag. 860.*

Au reste, la prévention que les Baillis & Sénéchaux ont sur les Prévôts-Royaux après trois jours, & sur les Juges de Seigneurs après vingt-quatre heures, ne doit point s'entendre des cas où il s'agit seulement d'injures verbales, & autres affaires légeres qui ne méritent point de peine afflictive, & dont la poursuite ne doit point se faire à la Requête du Procureur du Roi. (Arrêt du Parlement du 30 Juillet 1678 pour Moulins. Voyez ce qui est dit au titre *De la Compétence des Juges-Criminels en général*, n. 231.)

60. 17°. Les Baillis & Sénéchaux-Royaux, peuvent connoître chacun dans leur ressort, suivant l'*art. 72* de l'Ordonnance d'Orléans, des cas Prévôtaux, concurremment avec les Prévôts des Maréchaux; mais seulement à la charge de l'appel; & ils en connoissent préférablement auxdits Prévôts des Maréchaux, s'ils ont informé & décrété avant eux, ou le même jour. (Déclaration du 5 Février 1731, *art. 9.*)

Et il faut observer que dans ce cas les Baillis & Sénéchaux préviennent par les Juges qui leur sont inférieurs & subordonnés. (Même Déclaration, *art. 17* & 22.)

61. 18°. Ils peuvent informer contre les Présidents, Maîtres ordinaires, Correcteurs, Auditeurs, Avocats & Procureurs de la Chambre-des-Comptes de Paris, quoique ces Officiers ne puissent, en matiere criminelle, être jugés ailleurs qu'en la Grand'Chambre du Parlement de ladite ville; & même s'il s'agit de crimes capitaux, ils peuvent décréter contre eux, à la charge d'envoyer les procédures à la Grand'Chambre pour y être jugées. (Ordonnance 1670, *tit.* 1, *art.* 22.)

19°. Ils ne peuvent connoître en aucune maniere dans une instance criminelle, des causes où il est question de promesse de mariage, quoiqu'incidemment; & cette question est de la compétence des Juges d'Eglise. (Arrêt du 5 Mars 1633, rapporté au Journal des Audiences.)

62. 20°. Les Baillis & Sénéchaux-Royaux peuvent être Juges d'appel des affaires criminelles qui ont été instruites ou jugées dans les Prévôtés & Justices Seigneuriales de leur ressort, dans les cas où

il n'échet point de peine afflictive ; & il est libre alors aux parties de porter cet appel aux Bailliages, ou aux Parlements, au choix desdites parties. Mais si l'appel est d'un procès criminel, où il échet de prononcer peine afflictive, dans ce cas l'appel doit être porté nécessairement au Parlement. (Ordonnance 1670, *tit.* 26, *art.* 1.)

Pour sçavoir quand une affaire est de nature à mériter une peine afflictive, Voyez ce qui est dit ailleurs au titre *De la Compétence des Juges en général*, (n. 288.)

§. II.

De la Compétence des Bailliages & Sénéchaussées où il y a Siege Présidial, pour les cas ordinaires.

63. 1°. Les Baillis & Sénéchaux-Royaux des lieux où il y a Siege Présidial, peuvent connoître subsidiairement des crimes commis dans l'étendue des Sieges particuliers de leur ressort, lorsque les Officiers de ces Sieges ont négligé d'en informer dans un mois après le délit commis. (Edit de Novembre 1554, *art.* 5.)

Un Arrêt du Grand-Conseil du 15 Juillet 1651, rendu pour Orléans entre le Lieutenant-Criminel de ladite ville, & les Lieutenant-particulier & Procureur du Roi du Siege Royal particulier de Beaugency, porte que le Lieutenant-Criminel d'Orléans pourra connoître par prévention, des délits commis dans le ressort de Beaugency, & autres Sieges Royaux du Bailliage d'Orléans.

Ce temps d'un mois paroît avoir été réduit à trois jours par l'Ordonnance de 1670, *tit.* 1, *art.* 7, qui ne détruit point le droit des Bailliages & Sénéchaussées où il y a Siege Présidial, d'avoir la prévention sur les Sieges Royaux particuliers de leur ressort.

64. 2°. Ils connoissent, à l'exclusion des Sieges Royaux particuliers de leur ressort, de l'entérinement des lettres de rémission, de grace, de pardon, d'abolition, rappel de ban & de galeres. (Edit de Cremieu, *art.* 11; Déclaration du 11 Décembre 1553; Edit du mois de Novembre 1554, *art.* 10; Ordonnance 1670, *tit.* 16, *art.* 13. Voyez aussi ce qui est dit *infrà*, n. 173; quand même ces lettres seroient adressées aux Lieutenants de ces Sieges particuliers ; & il est enjoint à ces derniers de les renvoyer au

Siege principal, à peine d'interdiction, de nullité de procédures, & de 1000 livres d'amende. Il est enjoint pareillement aux Greffiers desdits Sieges particuliers, d'envoyer les charges & informations audit Siege principal, à peine de pareille amende ; ce qui doit être exécuté, nonobstant oppositions ou appellations quelconques. (Ainsi jugé pour Orléans par Arrêt du Conseil du 24 Septembre 1660.)

65. La Déclaration du 27 Février 1703, porte, à la vérité, que les lettres-de-grace seront adressées aux Baillis & Sénéchaux Royaux ressortissants nuement aux Cours de Parlement, dans le ressort desquels le crime aura été commis, sans que les Baillis des lieux où il y a Siege Présidial, puissent prétendre que l'adresse leur en soit faite ; si ce n'est lorsque le crime aura été commis dans le ressort de leur Bailliage : mais cette Déclaration n'a point dérogé aux Edits de Cremieu, & de Novembre 1554, ni à l'*art.* 13 du *tit.* 16 de l'Ordonnance 1670. C'est ainsi que s'en explique Monsieur le Chancelier Voisins, dans une lettre du 15 Juillet 1716, que j'ai vue, & qui est entre les mains du Procureur du Roi au Bailliage d'Orléans.

66. 3°. Ils peuvent connoître des appellations des Sieges Royaux particuliers de leur ressort, concurremment avec les Cours, pour les délits dont le jugement n'excédera la somme de 25 livres tournois envers la partie civile, & pareille somme envers le Roi & Justice pour les juger à la charge de l'appel, & par provision seulement. (Déclaration du 14 Août 1553, rapporté par Descorbiac, *tit.* 3, *chap.* 7, *pag.* 185 ; & par Joly, *pag.* 1081 ; Edit du mois de Novembre 1554, *art.* 10.)

Par un Arrêt du Grand-Conseil du 19 Août 1649, le Bailliage d'Orléans a été maintenu dans le droit de connoître des appellations des Sieges particuliers de Vitri, Bois-Commun, Yevre-le-Châtel, Neuville & Châteauneuf, dans les matieres criminelles, où il n'y a peine afflictive, conformément aux Déclarations des 20 Novembre 1541, 14 Août 1553, 31 Mai 1620, 21 Mars 1622 ; & Arrêt du Grand-Conseil du 28 Janvier 1636, qui en ont des dispositions. Autre Arrêt aussi du Grand-Conseil du 15 Juillet 1651, rendu pour les Officiers du Bailliage d'Orléans, contre le Lieutenant-Particulier & le Procureur du Roi de Beaugency, qui maintient le Bailliage Criminel d'Orléans dans le droit & possession de connoître des appellations dudit Siege de Beaugency dans les matieres criminelles qui ne méritent peine afflictive, conformément aux Edits, Déclarations & autres qui y sont cités.

67. L'Ordonnance de 1670, *tit.* 26, *art.* 1, dit simplement que l'appel se portera *aux Baillis & Sénéchaux*, & ne déroge point aux réglements ci-dessus. Mais il est rare de voir dans l'usage, les appellations des Sieges particuliers portées aux Sieges principaux où ces Sieges ressortissent.

§. III.

De la Compétence respective des Lieutenants-Généraux Civils, & de Police, & des Lieutenants-Criminels des Bailliages & Sénéchaussées en général; soit qu'il y ait Siege Présidial ou non.

68. 1°. Les Lieutenants-Criminels connoissent de tous crimes & délits commis dans leur ressort, ainsi qu'en connoissoient autrefois les Lieutenants-Généraux Civils. (Edit de création des Offices de Lieutenants-Criminels du 14 Juin 1522. Autre du 6 Mai 1552, *art.* 3.)

2°. Toute action qui commence par une plainte, doit être portée en la Jurisdiction Criminelle, sauf à renvoyer en la Jurisdiction Civile, si elle est jugée devoir être traitée civilement; ce qui doit être pareillement observé par les Juges du Bailliage Civil, lorsqu'une affaire a été introduite au Civil par exploit ou demande tendante à fin civile, & qu'il intervient un jugement à l'extraordinaire; auquel cas elle doit être renvoyée en la Chambre Criminelle. (Arrêt du Conseil du 2 Août 1688, servant de réglement entre les Officiers du Bailliage & Siege Présidial de Poitiers, *art.* 29.)

Les injures poursuivies civilement doivent aussi être portées devant le Juge-Civil, & non devant le Juge-Criminel. (Arrêt du Parlement du 28 Mars 1609 pour Laon, rapporté par Joly, *tom.* 2, *pag.* 1039.)

69. 3°. Les Lieutenants-Criminels des Bailliages & Sénéchaussées connoissent des rébellions commises à l'exécution des jugements civils, quoique rendus par le Lieutenant-Général-Président. (Arrêt du 26 Août 1606, rendu par le Lieutenant-Criminel d'Angers; rapporté par Joly, *pag.* 143 & par Chenu en son Traité des Offices,

tit. 5, *ch.* 16. Autre du 28 Mars 1609, rendu par le Lieutenant-Criminel de Laon, rapporté par Joly, *tom.* 2, *pag.* 1039. Autre du 6 Septembre 1678, rendu entre les Officiers du Présidial du Puy en Velay, *art.* 6. Autres Arrêts du Parlement de Toulouse des 26 Août 1602 & 13 Janvier 1624, rapportés par Descorbiac, *tit.* 3, *ch.* 33 & 37; Arrêt du Conseil du 25 Novembre 1681 pour Semûr en Auxois; Autre Arrêt du Conseil du 18 Mars 1690 pour Tours. Et c'est ainsi que s'en explique Monsieur l'Avocat-Général Talon dans le procès-verbal de l'Ordonnance Criminelle du mois d'Août 1670, au titre des Décrets, *pag.* 11.

70. La connoissance de ces rébellions appartient au Lieutenant-Criminel; même à l'égard des procès renvoyés devant le Lieutenant-Général, par Arrêt de la Cour. C'est la disposition de l'Arrêt du 28 Août 1627, rendu pour les Officiers du Présidial d'Auxerre, & rapporté par Filleau, *tom.* 1, *pag.* 160, qui porte que de tous les procès renvoyés au Siege, la connoissance en appartiendra; sçavoir, des Civils au Lieutenant-Général; & des Criminels au Lieutenant-Criminel, même de ceux faits pour raison des contraventions & rébellions à l'exécution des Arrêts, encore que lesdits Arrêts aient été exécutés par le Lieutenant-Général. *Idem*, par l'Arrêt du 28 Mars 1609, rendu pour Laon, ci-dessus cité; & par un autre Arrêt du 29 Août 1579, rendu pour le Mans, rapporté par Joly, *tom.* 2, *pag.* 1107. Autre Arrêt du 29 Août 1706 pour Angers.

71. Au reste, cela doit s'entendre, quand il y a excès, ou voie de fait, poursuivis extraordinairement; car le Lieutenant-Général peut prendre connoissance des rébellions à l'exécution de ses jugements, lorsqu'il est question d'injures légeres, & qui ne vont qu'à de simples réparations pécuniaires. (Arrêt du 9 Décembre 1636, rapporté par l'Auteur des Loix Criminelles, *tom.* 1, *ch.* 11, *n.* 19, *pag.* 57.)

4°. Les Lieutenants-Criminels connoissent aussi des excès commis par les Sergents exécutant les Mandements du Lieutenant-Général-Civil. (Edit du mois de Novembre 1554, *art.* 11.)

72. 5°. Ils connoissent aussi des affaires criminelles incidentes aux affaires pendantes pardevant les Lieutenants-Généraux-Civils, lorsque sur ces affaires il survient un Réglement à l'extraordinaire. C'est la disposition de l'Arrêt du Parlement de Toulouse du 13 Janvier 1624, rendu entre les Officiers de la Sénéchaussée de

de Gourdon, rapporté par Descorbiac, *tit. 3, ch. 33, pag. 216*, qui porte que le Lieutenant-Général & autres Officiers du siege-civil, connoîtront des matieres criminelles incidentes, préjudiciables & décisoires du jugement des procès-civils pendants audit siege; comme matiere de faux, subornation de témoins ouis en enquête-civile, & autres semblables; auquel cas, le Lieutenant-Général ou autres Officiers, pourront instruire & juger lesdits procès; mais qu'où il interviendroit Ordonnance de récolement & confrontation de témoins, lesdits Lieutenant ou autres Officiers seront tenus de renvoyer lesdites affaires au Lieutenant-Criminel. Ce qui résulte aussi de l'article 6 de l'Edit d'Amboise du mois de Janvier 1572, touchant les Juges de Police; & de l'article 22 de l'Ordonnance du mois de Juillet 1737, au titre du faux incident. *Idem*. Par Arrêt du 6 Septembre 1678, rendu pour la Sénéchaussée du Puy en Velai, *art. 12*. Voyez aussi ce qui a été dit ci-dessus, *n. 68*; & ce qui est dit au titre *De la Compétence des Juges criminels en général*, n. 130.)

73. L'Arrêt du 25 Juin 1659, rendu entre le Lieutenant-Général & le Lieutenant-Criminel de Chaumont en Bassigni, porte aussi que le Lieutenant-Général connoîtra des banqueroutes frauduleuses, usures, & inscriptions de faux, lorsque ces accusations seront incidentes au civil.

Il y a néanmoins quelques affaires criminelles, qui peuvent être instruites & jugées par les Lieutenants-Généraux-Civils, avec les autres Officiers du siege; telles que sont les banqueroutes & les inscriptions de faux incidentes.

Un Arrêt du Conseil du 18 Juillet 1667, portant réglement entre les Officiers du Présidial de Tours, *art. 50*, porte que l'instruction de toutes les instances criminelles incidentes aux affaires civiles non distribuées, comme inscriptions de faux, subornations de témoins, faillites, banqueroutes, rébellions, abus, malversations & faussetés commises par les Procureurs, Notaires, Greffiers, Sergents, & autres, appartiendra au Lieutenant-Général, lequel pourra décréter seul lesdites affaires; excepté les inscriptions de faux, dont les informations faites seront par lui rapportées & décrétées en la Chambre du Conseil; toutes lesquelles instances criminelles incidentes étant instruites & décrétées, seront jointes au principal, pour le tout être jugé à l'audience, ou appointé en droit s'il y échet, & le procès mis en distribution. Même disposition par l'article 42 de l'Edit de Septembre 1697, servant de Réglement pour les Présidiaux du Comté de Bourgogne.

74. Suivant un acte de Notoriété du Châtelet de Paris du 20 Avril 1694, rapporté au Recueil des Actes de Notoriétés de Dénisart, *pag.* 121, les plaintes de banqueroutes frauduleuses, se portent devant le Lieutenant-Civil, qui permet en ce cas d'apposer le scellé; & sur son décret, le procès s'instruit & se juge par lui & par les Lieutenants-Particuliers & Conseillers du Siége, jusqu'à sentence définitive inclusivement; même à la peine de mort, de galeres, *&c.* Ce qui, (suivant cet même acte de Notoriété,) est conforme à l'article 11 de l'Ordonnance de Henri II du mois de Novembre 1554, qui porte: » Que les Lieutenants-Généraux-» Civils, auront la connoissance des matieres criminelles inciden-» tes & préjudiciables aux procès civils pendants pardevant les » Baillis & Sénéchaux, sans la connoissance desquelles ils ne » pourroient faire droit & décider les causes & matieres civiles; » comme falsité de témoins, & autres semblables matieres ». Ce qui est indubitable en matiere de banqueroute. En effet, il n'est pas possible de statuer sur la distribution des deniers provenants de la vente des meubles & des immeubles, & de pourvoir au remboursement des dettes, sans l'instruction du crime; puisque c'est par l'inspection des registres, des livres & des lettres, qu'on liquide ce qui est dû, qu'on examine si les créances sont véritables ou frauduleuses, & que l'on fait un ordre entre les créanciers; laquelle matiere étant purement connexe & inséparable du jugement du crime de banqueroute, se traite, s'instruit, & se juge par le Lieutenant-Civil, suivant la rigueur des Ordonnances.

75. Mais par une note de Denisart sur cet acte de Notoriété, il observe, que suivant l'usage & la jurisprudence actuelle, les accusations du crime de banqueroute frauduleuse, se portent indifféremment devant le Lieutenant-Civil, ou le Lieutenant-Criminel, par concurrence & prévention.

Au reste, quoiqu'il résulte des Réglements qu'on vient de citer, que les Lieutenants-Généraux-Civils connoissent des affaires criminelles incidentes pardevant eux, jusqu'au Réglement à l'extraordinaire; néanmoins cela ne doit jamais s'entendre que dans le cas où l'affaire a commencé par une demande au civil sur laquelle on informe, & lorsque la décision de l'affaire civile principale, est tellement connexe à cette affaire criminelle, que sans elle, elle ne pourroit être décidée; comme il est dit en l'article II de l'Edit du mois de Novembre 1554, ci-dessus cité.

76. D'où il suit que le Juge-Civil n'en peut connoître jamais qu'au Civil, & seulement pour la décision de la cause civile portée devant lui, & jamais au Criminel.

Mais lorsqu'incidemment on donne une plainte devant le Juge-Civil, il n'en peut plus connoître, sur-tout quand le Procureur-du-Roi se joint à la plainte; & à plus forte raison, quand celui-ci rend lui-même plainte, & se porte partie principale, quoiqu'incidemment à une affaire civile : parce que c'est une regle générale que toute plainte sans exception, doit être portée devant les Lieutenants-Criminels, ainsi qu'il est établi par tous les Réglements; & qu'il n'y a qu'eux seuls à qui appartient la punition des crimes.

77. 6°. Les Lieutenants-Criminels connoissent tellement des affaires criminelles de leur ressort, que quoique dans la regle générale, tout Juge puisse connoître de l'offense qui lui est faite en exerçant ses fonctions, & la punir par lui-même, aux termes des Réglements, & entre autres, de l'Edit de Novembre 1554, *art.* 12, & de l'Arrêt du 6 Septembre 1678, *art.* 6, rendu pour les Officiers du Présidial du Puy en Velai; néanmoins dans ce cas-là même, où il s'agit d'une offense faite au Juge dans ses fonctions, même en plein auditoire, s'il s'agit en instruisant de prononcer un Réglement à l'extraordinaire, & qu'on ne puisse juger cette affaire sur le champ & sans déplacer, en faisant entendre les témoins, & les récolant, & confrontant à l'accusé, il faut renvoyer l'affaire au Lieutenant-Criminel. (Arrêt du 13 Janvier 1624, rendu pour Gourdon ci-dessus cité). Et il en est de même à plus forte raison, si l'injure, ou crime, étoit commis, non à l'encontre de la personne du Juge, mais seulement en sa présence; comme dans le cas d'un vol qui seroit fait à l'audience; à moins que l'affaire ne fut instruite sur-le-champ & sans déplacer.

78. L'article 39 de l'Arrêt du Conseil du 19 Février 1729, servant de Réglement pour les Officiers du Pui en Velay, porte que le Lieutenant-Criminel ne pourra connoître des crimes & excès commis en présence des Officiers de la Sénéchaussée ou Siege Présidial, assemblés dans la Salle d'Audience, ou dans la Chambre du Conseil, pour y exercer leurs fonctions; mais que les procès nés

à l'occasion desdits crimes, seront faits & parfaits par lesdits Officiers, & l'instruction faite par celui qui présidera; à la charge néanmoins qu'il y sera procédé sur-le-champ & sans interruption jusqu'au jugement définitif inclusivement. Ce qui confirme encore la maxime qu'on vient d'établir; puisque dans le cas où cette instruction & jugement ne se fait pas sur-le-champ & sans déplacer, la connoissance en doit appartenir au Lieutenant-Criminel.

79. 7°. Les Lieutenants-Criminels connoissent aussi des crimes & délits intervenus entre personnes plaidantes aux Sieges civils en haine des procès pendants auxdits Sieges. (Arrêt du 19 Juillet 1574, *art.* 3, rapporté par Descorbiac, *tit.* 3, *ch.* 20, *p.* 202.)

80. 8°. Ils connoissent des procès criminels instruits en leur Siege, quoique civilisés, ou dans lesquels les accusés sont reçus en procès ordinaire; & ces procès ainsi civilisés, doivent être instruits & être jugés par eux, & non par les Lieutenants-Civils; quand même l'affaire seroit naturellement de la compétence de ces derniers, & non de nature à être renvoyée pour le civil, dans un autre Siege. (Déclaration du mois de Mai 1553, servant de Réglement général entre les Lieutenants-Généraux-Civils & les Lieutenants-Criminels; & il a été ainsi jugé par Arrêt du 29 Août 1579, rendu entre le Lieutenant-Général & le Lieutenant-Criminel du Mans; rapporté par Joly, *tom.* 2, *p.* 1104; & par un autre du 16 Octobre 1582, entre le Lieutenant-Civil & le Lieutenant de Concressant. Autre du 28 Mars 1609, entre le Lieutenant-Civil & le Lieutenant-Criminel de Laon, rapporté par Joly, *tom.* 2, *pag.* 1039. Autre du 12 Août 1600, pour Angoulême, rapporté par Joly, *pag.* 1106. Voyez aussi Descorbiac, *pag.* 178, *n.* 11. Autre Arrêt du 6 Septembre 1678, pour le Pui, *art.* 5.)

Les procès criminels des accusés, qui se civilisent, & où les accusés sont reçus en procès ordinaire, restent aussi en la Tournelle. (Ordonnance du mois de Mars 1549, *art.* 2.)

81. Néanmoins l'Arrêt du Conseil du 2 Août 1688, rendu pour Poitiers, ci-dessus cité, porte en l'article 29; « Que les actions introduites par une plainte, & portées en la Chambre-Criminelle, » seront renvoyées en la Chambre-Civile, si elles sont jugées » devoir être traitées civilement ». Ce qui doit avoir lieu seulement dans le cas où le procès civilisé ne peut être décidé sur-le-champ en la Chambre-Criminelle, & qu'il a besoin d'une nouvelle ins-

truction civile, si le procès est d'ailleurs de la Compétence de la Chambre-Civile du même siege.

82. 9°. Les Lieutenants-Criminels connoissent des contraventions à la Police, lorsque ces contraventions sont poursuivies extraordinairement; même dans les villes où il y a des Lieutenants-de-Police. (Edit du mois de Janvier 1522; Autre du mois de Mars 1554, *art.* 15; Edit d'Amboise, du mois de Janvier 1572, *art.* 6. Voyez aussi ce qui a été dit ci-dessus, *n.* 54.)

Néanmoins à Paris, la connoissance du crime de Maquerellage appartient au Lieutenant-de-Police concurremment avec le Lieutenant-Criminel du Châtelet; & même par prévention au Lieutenant-Criminel, lorsqu'il a informé & décrété avant le Lieutenant-Criminel, ou le même jour, suivant une Déclaration du 26 Juillet 1713.

83. 10°. Il faut aussi observer, que quoique dans les villes, la police des prisons appartienne aux Lieutenants-Généraux civils, néanmoins les crimes & délits qui arrivent dans ces prisons, sont de la compétence du Juge Criminel. C'est la disposition de l'Arrêt du 28 Mars 1609, rendu pour Laon, & ci-dessus cité; qui porte que si les prisonniers ou les Géoliers & Guichetiers, commettent quelque délit dans les prisons, la connoissance en appartiendra au Lieutenant-Criminel. Autre Arrêt du 25 Juin 1659, rendu pour Chaumont en Bassigny, qui renferme une pareille disposition, & qui ajoute que le Lieutenant-Criminel par sa Sentence, pourra les destituer. Autre Arrêt du 22 Septembre 1655 pour Lyon, rapporté par Henris, *tom.* 2, *liv.* 2, *qu.* 34, *pag.* 179, de l'édition de 1708. Voyez aussi ce qui est dit ci-après au titre *Des Prisons*, (n. 55.)

84. L'article 35 de l'Arrêt de Réglement du 16 Mars 1705, rendu pour Autun, met au nombre des cas qui concernent la police des prisons, la connoissance des désordres & bris de prisons commis par les prisonniers. Mais cette disposition ne doit s'entendre que pour ce qui regarde seulement la Police, soit pour pouvoir y remédier sur-le-champ, soit pour dresser procès-verbal du bris; mais non pour instruire ces sortes d'affaires criminellement, & par la voie extraordinaire. En effet, l'Arrêt du Parlement du premier Septembre 1717, rendu pour servir de Réglement pour les prisons des Provinces du ressort du Parlement de Paris, établissant en l'article 31, que les Lieutenants-Généraux des Bailliages &

autres premiers Juges cotteront les registres des prisons, *&c*; ajoute ensuite : » Sans préjudicier néanmoins aux droits & jurisdictions des Juges, pour ce qui peut regarder le bris des prisons, les évasions de prisonniers, & les autres crimes commis par les prisonniers dans les prisons; pour quoi il ne sera rien innové à cet égard, non plus qu'à la jurisdiction particuliere civile & criminelle, telle que peuvent & doivent avoir les Juges sur les prisonniers détenus de leur Ordonnance; soit pour empêcher leur communication avec d'autres personnes, ou leur donner conseil, dans les cas portés par l'Ordonnance; soit pour statuer sur leur liberté, *&c.* & pourvoir autrement audits prisonniers arrêtés de leurs Ordonnances, ainsi qu'il appartiendra ».

85. 11°. Les questions d'état des personnes, étant des matieres purement civiles, ne peuvent être de la compétence des Lieutenants-Criminels; & elles doivent être préalablement jugées au civil, lorsque ces questions sont préjudicielles à une instance criminelle; comme dans le cas où la qualité de l'accusé n'est pas certaine, & forme le point décisif de la cause. (Arrêt du 12 Janvier 1686, rapporté au Journal des Audiences.)

12°. Les saisies-réelles, baux judiciaires, & autres saisies, qui se font en vertu des sentences criminelles rendues dans les Bailliages & Sénéchaussées, ne doivent point être poursuivies devant les Lieutenants-Criminels des Sieges où le procès a été jugé, mais devant les Lieutenants-Généraux civils, ou autres Juges Civils, à qui la connoissance de ces saisies appartient; à peine de nullité & des dommages & intérêts des parties. (Arrêt du 12 Août 1600, rendu pour Angouleme, rapporté par Joly, *pag. 1106*. Autre Arrêt du 30 Juillet 1615, rapporté par Louis sur l'article 489 de la Coutume du Maine, rendu contre le Lieutenant-Criminel du Mans. Autre du 25 Juin 1659, contre le Lieutenant-Criminel de Chaumont en Bassigny.)

86. 13°. Il en est de même des confiscations des biens des accusés. Ce n'est point aux Lieutenants-Criminels des Bailliages où la sentence a été rendue, à en connoître, mais aux Sieges à qui la connoissance de ces sortes de confiscations appartient. (Lettre de Monsieur d'Aguesseau Procureur-Général, au Procureur du Roi du Bailliage d'Orléans, en date du 3 Septembre 1714, au sujet d'une confiscation prononcée en la Prévôté d'Orléans, où ce

Magistrat établit, que quoique cette confiscation ait été prononcée par sentence du Prévôt, néanmoins la poursuite s'en doit faire au Bailliage, comme ayant la connoissance des matieres du Domaine. Cette lettre qui est entre les mains du Procureur du Roi au Bailliage d'Orléans, ajoute que la possession alléguée par les Officiers de la Prévôté, de connoître de certaines parties du Domaine, ne peut leur être utile; parce qu'en matiere de droit public, il faut toujours en revenir aux Ordonnances & aux Arrêts de Réglements, sans s'arrêter à une possession, plus propre souvent à marquer une entreprise qu'à établir un droit.)

87. 14°. Le privilege de Scholarité n'a pas lieu en matiere criminelle. (Ainsi jugé par Arrêt du 17 Mars 1612. Voyez les Loix de France de Corbin, *art. 58.* Autre Arrêt du 22 Décembre 1560, cité par Guenois au *tom. 1* de la Conférence des Ordonnances, *pag. 358*, au titre des Conservateurs des privileges Royaux.)

Néanmoins, si le crime dont est prévenu celui qui jouit du privilege de Scholarité, a été commis dans le lieu de la jurisdiction du Conservateur, & que ce Conservateur ait la jurisdiction criminelle, ce sera à lui & non aux autres Juges ordinaires du lieu, à en connoître. Ainsi, si un crime avoit été commis à Orléans par un écolier de Droit, dans l'étendue de la Justice de Sainte-Croix, ce seroit au Bailliage Criminel, comme Juge de la conservatoire, à en juger, & non au Bailli de Sainte-Croix.

ARTICLE IV.

Des Cas Royaux en matiere criminelle.

88. Les *Cas Royaux* en matiere criminelle, considérés en général, sont tous les crimes & délits dans lesquels la Majesté du Prince, les droits de sa Couronne, la dignité de ses Officiers, & la sûreté publique dont il est Protecteur, ont été violés. C'est la définition qu'en donne Monsieur Talon Avocat-Général, dans le procès-verbal de l'Ordonnance de 1670 sur cet article, *p. 25.*

On peut encore définir les cas Royaux, tous ceux qui offensent & donnent atteinte à la Majesté Royale; soit dans la Personne du Roi, ou celle de ses Officiers; soit dans les droits, fonctions, autorité & domaine; soit dans les choses & personnes qui sont fous fa protection ; foit dans le repos & la fûreté publique.

Ces cas fe trouvent exprimés en partie dans l'article 11 du titre 1 de l'Ordonnance 1670. Mais outre ceux dont il y eft fait mention, il y en a encore un grand nombre d'autres dont on va parler.

§. I.

Des Cas Royaux qui concernent la perfonne du Roi, ou celle de fes Officiers.

Les cas royaux qui concernent la perfonne du Roi, ou celle de fes Officiers, font :

89. 1°. Les attentats commis contre la perfonne du Roi, ou contre celle des Enfants de France.

2°. Les crimes contre l'Etat. (Chopin *de Domanio*, lib. 2, tit. 6, n. 2.)

3°. Les injures, proférées contre le Souverain. (Arrêt du Parlement du 16 Mars 1572, rendu en faveur du Juge des Exempts & cas royaux du Comté de Laval.)

4°. Les libelles compofés contre le fervice du Roi. (Même Arrêt du 16 Mars 1573, rendu pour Laval.)

90. 5. Les injures ou excès commis contre les perfonnes envoyées par le Roi, ou que le Roi mande de venir vers lui ; comme font les Ambaffadeurs & Meffagers Royaux, lorfque ces injures leur font faites dans leurs fonctions. (Chopin *de Domanio*, lib. 2, tit. 6, n. 2, & tit. 7, n. 22 ; Bouteiller en fa Somme Rurale, *liv.* 2, *tit.* 1 ; Raqueau en fon Indice, au mot *Sauf-conduit* ; Loifeau en fon Traité des Seigneuries, *ch.* 14, *n.* 4 ; Imbert en fa Pratique Civile & Criminelle, *liv.* 3, *ch.* 6, *n.* 4 ; Tronçon fur la Coutume de Paris, *art.* 97. Arrêt du 16 Mars 1573 pour le Comté de Laval. Autre du 2 Mars 1574, fervant de réglement entre les Officiers du Bailliage de Riom, & ceux de la Duché-Pairie de Montpenfier.)

91 6°. L'infraction de fauve-garde, ou affurement du Roi. (Edit de Cremieu, *art.* 10 ; Lebret, Traité de la Souveraineté, *liv.* 4, *ch.* 4, *in princ* ; Chopin *de Domanio*, lib. 2, tit. 6, n. 2 ; Bacquet des Droits de Juftice, *ch.* 7, *n.* 35. Arrêt du Parlement du 16 Mars 1573 pour le Comté de Laval. Autre du 10 Décembre 1611 pour Angers. Autre du 5 Juin 1659 pour Montdidier.)

Le Réglement du 8 Mai 1638, rendu pour Montargis, *art.* 10, porte

porte que le Lieutenant-Général connoîtra de l'infraction de sauvegarde, à l'exclusion du Prévôt. *Idem* par l'Arrêt du Parlement du 8 Avril 1613 pour Vitry. Autre Arrêt du 20 Avril 1660 pour Vic en Carladés. C'est une espece de rébellion aux Mandements émanés de l'autorité Royale.

92. 7°. La rébellion aux Mandements émanés du Roi, ou de ses Officiers. (Ordonnance de 1670, *tit.* 1, *art.* 11.)

Les Mandements émanés du Roi, sont ceux qui sont donnés par la personne même du Roi, ou par les Secrétaires d'Etat, de l'ordre exprès de Sa Majesté.

Commission, ou Mandement, sont deux choses différentes. Par exemple, l'adresse attachée à un Arrêt du Parlement, *au premier de nos Huissiers*, *&c.* est un Mandement.

93. Rébellion aux Mandements des Officiers, & rébellion à l'exécution de leurs Jugements, ne sont point aussi des termes synonymes. *Mandement*, est tout ordre, ou commission, émané du Juge; *v. g.* un décret de prise de corps, une injonction de faire une chose, *&c.* La recousse des prisonniers est aussi une rébellion à un Mandement de Juge. Mais la *rébellion à l'exécution d'un Jugement*, est tout ce qui se fait pour empêcher l'exécution d'un jugement par voie de fait. (Voyez, touchant les rébellions à l'exécution des Jugements, ce qui est dit au titre *De la Compétence des Juges-Criminels en général*, *n.* 139.)

94. Il ne peut y avoir d'autre rébellion à un Mandement, que celle faite à l'exécution du Mandement; au-lieu que la rébellion à un jugement, peut regarder la simple signification. (Voyez aussi au titre *De la Compétence des Juges-Criminels en général*, *n.* 140.)

La rébellion & l'excès fait à un Sergent-Royal, exécutant un Mandement du Juge, est un cas royal. (Imbert en sa Pratique, *liv.* 3, *ch.* 6, *n.* 3; Ordonnance de Louis X, rapportée par Chopin *de Domanio*, liv. 2, tit. 6, n. 20; parce que c'est une espece de crime de leze-majesté, comme il est dit en l'article 190 de l'Ordonnance de Blois. Voyez aussi Loiseau en son Traité des Offices, *liv.* 1, *ch.* 6, *n.* 13.)

95. Au reste, ce qui est dit en cet article, ne s'entend pas des Mandements des Prévôts-Royaux; car la rébellion à leurs Mandements, ainsi que celle faite à l'exécution de leurs jugements, est de la compétence desdits Prévôts. (Ainsi jugé par l'Arrêt du 10 Décembre 1611, rendu pour Angers. Autre Arrêt du 30 Juillet 1629, rap-

porté par Bardet, *tom.* 1, *liv.* 3, *ch.* 58. Ce qui résulte aussi de l'article 20 du titre 1 de l'Ordonnance de 1670.)

96. Sous le terme de *rébellion aux Mandements émanés des Officiers-Royaux*, on doit comprendre les crimes commis contre les Officiers-Royaux, ou insultes à eux faites dans leurs fonctions. (Arrêt du premier Juin 1556 pour Sens. Autre du 14 Août 1572 pour le Comté de Charolois. Edit d'Amboise, *art.* 1. Arrêt du 10 Décembre 1611, rendu pour Angers.) Et aussi les injures, excès ou autres délits commis en haine ou mépris d'un jugement rendu par un Juge-Royal, soit contre le Juge même, ou contre les Officiers. (Réglement du 5 Juillet 1499, rapporté par Chopin en son Traité *de Domanio*, lib. 2, tit. 6, n. 2. Arrêt du 16 Mars 1573 pour Laval. Autre Arrêt du 2 Mars 1574 pour Montpensier. Autre du 10 Décembre 1611 pour Angers. Voyez aussi Jul. Clarus *in Praticâ Crimin.* qu. 35, n. 26; & Papon en ses Arrêts, *liv.* 6, *tit.* 2, *n.* 1 aux additions.)

97. Si l'excès est commis en haine ou mépris du Prévôt, c'est à lui à en connoître. (Arrêt du 10 Décembre 1611 pour Angers.)

8°. Le bris de prison royale. (Voyez *infrà*, *n.* 118.)

9°. Et en général les crimes de leze-majesté en tous ses chefs. (Ordonnance de 1670, *tit.* 1, *art.* 11.)

98. Les crimes de leze-majesté, sont tous ceux qui attaquent la personne du Roi, ou celle des Enfants de France; les injures proférées contre le Souverain; les libelles composés contre son service. (Arrêt du 16 Mars 1573, rendu pour le Comté de Laval. (Tels sont aussi tous les crimes commis contre l'Etat. (Chopin *de Domanio*, lib. 2, tit. 6, n. 2.) Voyez ce qui est dit ci-après au titre *Du crime de Leze-majesté humaine*, n. 1 & sui .

Au reste, cet art. 11, du tit. 1 de l'Ordon. de 1670, s'entend du crime de leze-majesté humaine. A l'égard des crimes de leze-majesté divine, Voyez ce qui est dit ci-après *n.* 119 *& suiv.* & aussi ce qui est dit au titre *Du crime de Leze-majesté divine*, n. 1 & suiv.)

99. 1°. La falsification du Scel-Royal, est a..si un cas royal qui peut être regardé comme donnant atteinte directement à la dignité du Roi, ou à celle de ses Officiers, & dont la connoissance appartient aux Baillis & Sénéchaux Royaux. (Chopin *de Domanio*, liv. 2, tit. 6, n. 2 & 5. Arrêt du 17 Mars 1685. Grand Coutumier, *pag.* 22. Arrêt du 16 Mars 1573 pour Laval. Voyez aussi la Coutume du Maine, *art.* 88.)

Mais si cette falsification étoit incidente dans une affaire pendante devant un Juge de Seigneur, alors ce dernier pourroit en connoître. (Arrêt du Parlement du 7 Septembre 1621, pour Noyon. Autre du 21 Juin 1614 pour Montpensier. Voyez aussi ce qui est dit à ce sujet au titre *De la Compétence des Juges en général*, n. 130.)

100. La connoissance même de la falsification du Scel-Royal de la Prévôté, appartient aux Prévôts. (Voyez *suprà*, *n.* 38.)

11°. On peut dire aussi que les crimes commis par les Officiers-Royaux dans leurs fonctions, intéressent la personne du Roi, & que ceux qui les commettent, offensent en quelque sorte Sa Majesté : & c'est pour cela que ces crimes sont mis au nombre des cas royaux.

Telle est la correction des Officiers-Royaux, & les malversations par eux commises dans leurs charges. (Ordonnance de 1670, *tit.* 1, *art.* 11.) Ce qui est conforme à une ancienne Ordonnance de Philippe-le-Bel de 1302, qui porte « Que le Juge subalterne ne » peut aucunement connoître contre les Officiers-Royaux, du fait » qui concerne leurs Offices, ni les punir du méfait & excès » qu'ils auroient fait en exerçant lesdits Offices, ou autrement, » pour raison de leursdits Offices ». *Idem* par les Arrêts du premier Juin 1556 pour Sens, du 14 Août 1572 pour le Charolois, & du 16 Mars 1573 pour Laval.

101. Sous le mot d'*Officiers-Royaux*, sont compris les Receveurs-Commissaires, Contrôleurs, Greffiers, Notaires, Procureurs, Huissiers, Sergents, & autres Officiers-Royaux. (Arrêt du 30 Juillet 1678, rendu pour Moulins. Voyez la Coutume de Normandie, *art.* 18.) Autre Arrêt du 19 Mars 1712, rapporté au Journal des Audiences, qui a jugé qu'un Notaire-Royal ne pouvoit être poursuivi criminellement pour les fonctions de sa charge dans une Duché-Pairie.)

C'est en conséquence de cette maxime, que les Sergents-Royaux faisant leurs fonctions, ne peuvent être emprisonnés par les Seigneurs Hauts-Justiciers, ni empêchés, sous prétexte d'entreprises desdits Sergents audessus leur pouvoir.

Ainsi, *v. g.* un Sergent-Royal qui abuseroit de sa charge en exploitant sur la terre d'un Seigneur, & qui n'en auroit pas le droit, ne seroit pas justiciable de sa justice pour en être puni ; mais il faudroit s'adresser au Juge-Royal. (L'Hommeau, *liv.* 2, *max.* 1 ;

Bouvot, *tom.* 2, au mot *Sergent*, *qu.* 7, où il rapporte un Arrêt du Parlement de Dijon du 6 Avril 1601, conforme à cette maxime. Ce principe est aussi établi par M. Talon dans ses conclusions à l'Audience de la Tournelle du 4 Janvier 1680.)

102. Ces mots *correction* & *malversation*, ne sont point synonymes. *Correction* doit s'entendre, à proprement parler, de tout ce qui regarde les mœurs des Officiers, ou ce qu'ils ont omis de leur devoir dans les fonctions de leurs charges; & de la peine qui se prononce contre eux *de plano & sine formâ judicii*, par amende, prison, ou interdiction.

Malversation, est tout crime commis par un Officier dans les fonctions de sa charge, & qui mérite d'être poursuivi extraordinairement.

La Déclaration du 9 Mars 1510, concernant les jurements & blasphêmes, défere aux Juges-Royaux des Bailliages & Sénéchaussées supérieures, la punition des Juges-Royaux & de leurs subalternes, qui auroient manqué de punir les blasphémateurs. *Idem*, par l'article 3, chapitre 2 de la Déclaration du mois d'Août 1539, rendue pour la Bretagne, rapportée par Joly, *tom.* 1, *pag.* 575.

103. L'Edit d'Août 1552, *art.* 7, rendu, touchant les Sieges Présidiaux, porte que sur les appellations, *&c.* il sera procédé aux Sieges Présidiaux ès villes où ils sont établis; sans que les Juges-Royaux soient plus tenus aller sur les lieux où se tenoient lesdites assises, sinon quand le cas le requerra pour la correction des Officiers & la conservation du Domaine du Roi.

L'article 3 de l'Arrêt de Réglement du Parlement de Bretagne du 24 Mars 1656, rapporté par Sauvageau, *pag.* 400 & 401, enjoint aux Présidiaux & Juges-Royaux des lieux, de veiller à l'observation dudit réglement; & en cas de négligence ou dissimulation des Officiers inférieurs, d'informer, décréter & parfaire le jugement aux accusés jusqu'à sentence définitive, aux frais desdits Officiers, ou autres qu'il appartiendra; même aux Officiers qui se trouveront avoir malversé ou prévariqué dans leurs fonctions.

104. Cette regle, que toute malversation commise par un Officier-Royal dans les fonctions de son Office, est un cas royal dont la connoissance appartient aux Baillis & Sénéchaux, n'est pas absolument générale, & elle souffre quelques exceptions. Ainsi;

Une malversation commise par un Officier de Judicature d'un Bailliage ou d'une Sénéchaussée-Royale, même par un Avocat ou Procureur du Roi, dans les fonctions de leurs Offices, ne peut être jugée par les Officiers de la même Compagnie, & c'est au Parlement à en connoître. (Voyez ce qui est dit au titre *De la Compétence des Juges-Criminels en général*, n. 153.)

Lorsqu'il s'agit de malversations commises par les Sergents-Royaux des Prévôtés, exécutant les Mandements, Décrets & Ordonnances des Prévôts, les Prévôts dont ces Mandements sont émanés, en peuvent connoître & les punir. (Arrêt du Parlement du 30 Juillet 1629, rapporté par Bardet, *tom.* 1, *liv.* 3, *ch.* 58. Autre du 21 Juin 1614 pour Montpensier.)

105. Cette regle a pareillement lieu à l'égard des malversations commises par les Officiers inférieurs des Bailliages, exécutant les Mandements des Prévôts-Royaux. L'Arrêt du 30 Juillet 1678, porte que le Prévôt en aura la connoissance dans ce cas. Voyez aussi l'Arrêt du 10 Décembre 1611, rendu pour Angers, & celui du 11 Février 1612, rendu pour Mehun-sur-Yevre, rapporté par Joly, *tom.* 2, *pag.* 886. Ces Arrêts portent que le Prévôt aura la connoissance des abus & malversations commises par les Sergents exécutant les actes passés sous le Scel de la Prévôté. Autre Arrêt du 26 Mai 1626, rendu pour Compiegne. Voyez aussi l'Auteur des Loix Criminelles, *tom.* 1, *tit.* 1, *ch.* 11, *n.* 32, *pag.* 67, où il rapporte un autre Arrêt du dernier Juillet 1610, rendu pour Bar-sur-Seine, qui porte qu'il sera loisible au Prévôt, le Substitut du Procureur-Général ouï, de mulcter d'amende les Officiers non nobles, & autres roturiers de ladite ville & banlieue, refusant de procéder devant lui ès matieres dont la connoissance lui est attribuée, ensemble les Avocats, Procureurs, Sergents, Greffiers & autres Praticiens qui dresseront des mémoires, ou donneront ajournement pour les distraire de la Jurisdiction dudit Prévôt; ce qui doit néanmoins s'entendre avec la restriction portée par l'Arrêt du 7 Mai 1663, rapporté au Journal des Audiences; par la Déclaration du 28 Janvier 1682; & par l'article 28 du titre 2 de l'Ordonnance des évocations du mois d'Août 1737, qui fait défenses de condamner en l'amende pour distraction de Jurisdiction.

106. Mais il paroît que l'article 11 du titre 1 de l'Ordonnance de 1670 a dérogé aux précédents réglements; puisque cet article porte que les Baillis & Sénéchaux-Royaux connoîtront privativement à

tous autres Juges, de la correction des Officiers-Royaux, & des malversations par eux commises en leurs charges.

A l'égard des contrats passés sous le Scel des Prévôtés, c'est aux Prévôts à en connoître. L'Arrêt de réglement du 11 Février 1612, rendu pour Mehun-sur-Yevre, ci-dessus cité, porte que le Prévôt aura connoissance des abus & malversations commises par les Sergents exécutant les actes & contrats passés sous le Scel de la Prévôté.

L'Arrêt du 10 Décembre 1611, rendu pour Angers, rapporté au Journal des Audiences, *tom.* 4, ajoute que cela doit même avoir lieu pour les Notaires, touchant les malversations qu'ils commettent en la confection des actes & instruments faits en vertu des Ordonnances du Prévôt, & que ce dernier aura la connoissance de ces sortes d'abus.

107. A l'égard des Juges de Seigneurs, ils ne sont pas compétents pour connoître des malversations commises par un Huissier, ou autre Officier-Royal, dans les fonctions de son Office. (Arrêt de la Tournelle du 25 Janvier 1681, rapporté aux Loix Criminelles, *tom.* 2, *pag.* 252. L'Hommeau, au *liv.* 2, *max.* 1.) C'est une suite de la disposition de l'aticle 11 du titre 1 de l'Ordonnance de 1670.

C'est en conséquence de cette maxime, que les Sergents-Royaux faisant leurs fonctions, ne peuvent être emprisonnés par les Seigneurs Hauts-Justiciers, ni empêchés, sous prétexte des entreprises faites par ces Sergents au-dessus leur pouvoir. (Arrêt de l'Echiquier de Rouen de l'an 1463, rapporté par Terrien sur la Coutume de Normandie, au titre des *Sergents.*) Cet Arrêt leur permet seulement de pouvoir se plaindre aux Juges supérieurs, auxquels il est enjoint d'en faire la punition.

108. Brillon en son Dictionnaire des Arrêts, au mot *Prise à partie*, n. 1, rapporte aussi un Arrêt de la Tournelle du 25 Janvier 1681, dans lequel M. Talon, Avocat-Général, avança comme une maxime certaine, qu'un Juge de Seigneur n'étoit pas compétent pour informer, ni connoître des malversations commises par un Huissier, ou autres Officiers-Royaux, en faisant les fonctions de leurs charges, & exécutant un acte passé sous le Scel-Royal; soit qu'il s'agisse d'une Sentence, ou d'une obligation; & qu'il doit renvoyer les Parties devant le Juge-Royal supérieur.

Mais les Juges-Royaux connoissent des malversations commises par des Huissiers de Cours supérieures, si le délit est commis dans le ressort de ces Juges-Royaux. (Mornac *in* L. 2, Cod. *de sportulis*; Gui-Pape, *qu.* 328.)

209. A l'égard des Sergents & autres Officiers des Jurisdictions extraordinaires, comme Elections, Greniers-à-Sel, Traites-Foraines, & autres qui ont la connoissance des droits du Roi, les Sergents & Gardes-Forêts, *&c.* pour raison des malversations commises dans leurs fonctions, ou exécutant les Mandements desdits Juges, ils sont aussi de la compétence du Tribunal dont ils dépendent, & non des Baillis & Sénéchaux. (Voyez ce qui est dit au titre *De la Compétence des Juges en général*, n. 164. Voyez aussi pour les Juges des malversations commises par les Officiers & Archers de Maréchaussées, de Robe-courte, du Guet, *&c.* ce qui est dit ci-après *n.* 303.)

12°. Le crime de péculat est aussi du nombre des cas Royaux. (Ordonnance de Blois, *art.* 275-280; Ordonnance de Moulins, *art.* 23; Ordonnance d'Orléans, *art.* 130. Arrêt du premier Juin 1556 pour Sens. Autre du 10 Décembre 1611 pour Angers. Autre du 5 Juin 1659 pour Montdidier.)

§ II.

Des Cas Royaux qui concernent les Droits du Roi, & les fonctions Royales.

1°. *Pour la Guerre, & ce qui en dépend.*

210. 1°. Les levées de gens de guerre, sans permission du Roi. (Ordonnance de 1670, *tit.* 1, *art.* 12; & ci-après au titre *Des Cas prévôtaux*, (n. 204.)

2°. Les entreprises sur les vivres, & étapes, artillerie, *&c.*

3°. L'Ordonnance d'Orléans, *art.* 74, porte que si les Salpétriers abusent de leurs fonctions, ils seront justiciables des Juges Royaux.

2°. *Pour les Monnoies.*

211. 1°. La fabrication, altération, ou exposition de fausse-monnoie. (Ordonnance de 1670, *tit.* 1, *art.* 11.)

Ces mots *fabrication* & *altération* de monnoie, comprennent la fabrication, ou altération de la bonne monnoie, aussi bien que de la fausse.

La monnoie s'altere en y ajoutant quelque chose, ou en la diminuant.

2°. Le transport d'or & d'argent hors le Royaume. (Arrêt du 5 Juin 1659, ci-dessus cité, rendu entre les Officiers du Bailliage de Mondidier, & ceux de la Prévôté de ladite ville. Déclaration du 24 Octobre 1711. Edit de Mai 1718, *art.* 12. Edit de Février 1726.)

3°. *Pour les Impôts.*

112. 1°. Les levées d'Impôts sans permission du Roi. (Déclaration du 22 Novembre 1565. Ordonnance de Moulins, *art.* 23. Déclaration du 29 Novembre 1565. Ordonnance de Blois, *art.* 275, & 280.)

2°. La punition des faux-sauniers & contrebandiers.

4°. *Pour le Commerce.*

113. 1°. Le trafic & commerce de marchandises défendues par les Ordonnances, soit aux sujets du Roi, soit aux étrangers, lorsque la poursuite en est faite criminellement. (Arrêts des premier Juin 1556 pour Sens; 10 Décembre 1611 pour Angers; & 5 Juin 1659 pour Montdidier.

2°. Les monopoles, lorsqu'ils sont faits par conspiration & avec attroupement jusqu'au nombre de six, ou plus. (Mêmes Arrêts de 1556 pour Sens, & de 1611 pour Angers.

5°. *Pour les Postes & Messageries.*

114. 1°. Toutes entreprises criminelles faites à cet égard.

2°. Les délits commis par les Directeurs, Contrôleurs, & autres Employés aux Postes dans leurs fonctions. (Edit de Septembre 1715, portant création de Surintendant des Postes.)

6°. *Pour les Ponts & Chaussées, Turcies & Levées.*

115. Tous les crimes qui peuvent être commis en entreprenant sur ces choses.

7°.

7°. *Pour les autres fonctions Royales.*

116. 1° L'usurpation de Noblesse. (Ordonnance d'Orléans, *art.* 110; Ordonnance de Blois, *art.* 257.)

2°. La punition des Seigneurs, ou de leurs Juges, qui entreprennent sur la Justice du Roi; ainsi que celle des Juges d'Eglise qui forment ces entreprises.

3°. La punition ou correction des Juges de Seigneurs qui prévariquent dans l'exercice de la Justice; *v. g.* qui laissent échapper les prisonniers, ou qui composent avec eux; *&c.*

4°. La Manutention & observation des Loix & Ordonnances du Royaume, à l'égard des Ecclésiastiques qui pourroient abuser de leur autorité.

§. III.

Des Cas Royaux qui offensent le Roi dans ce qui est de son Domaine, &c.

117. 1°. L'incendie des biens Royaux, villes Royales, & de leurs murs & fortifications. (Arrêt des premier Juin 1556 pour Sens, & 10 Décembre 1611 pour Angers; ce qui est conforme à la Loi 5. D. *ad leg. Jul. de vi publicâ.*)

2°. Les démolitions de murs & fortifications desdites villes. (Arrêt du premier Juin 1556 pour Sens. Autre du 10 Décembre 1611 pour Angers. Autre du 5 Juin 1659 pour Mondidier. Autre du 23 Mai 1626 pour Senlis, rapporté aux Loix Criminelles, *tom.* 2, *pag.* 144.)

3°. Les entreprises sur les murs de villes. (Mêmes Arrêts de 1659 pour Montdidier, & de 1629 pour Senlis.)

4°. Le vol des deniers Patrimoniaux & d'Octroi des villes Royales. (Arrêt du premier Juin 1556 pour Sens. Autre du 10 Décembre 1611 pour Angers.)

118. 5°. Les délits commis au fait de la garde des portes de la ville. (Arrêt du Parlement du 25 Juin 1659 pour Chaumont. Edit de Septembre 1612 pour Orléans.)

6°. La destruction des grands-chemins Royaux. (Arrêt du 16 Mars 1573 pour Laval.)

7°. Le bris de prison Royale. (Même Arrêt de 1573 pour Laval.

Autre du 2 Mars 1574 pour le Duché de Montpensier. Chopin sur Anjou, *liv.* 1, *chap.* 65, *n.* 1. Tronçon sur la Coutume de Paris, *art.* 97. Arrêt du Grand-Conseil du 20 Décembre 1714, rapporté par Brillon en son Dictionnaire des Arrêts, au mot *Bris de prison.*)

8°. Les vols de pavés sur les chemins Royaux.

§. IV.

Des Cas Royaux concernant les choses qui sont en la protection du Roi.

1°. *Des crimes contre la Religion.*

119. Les crimes de leze-majesté Divine en général, doivent être mis au nombre des cas Royaux. L'Arrêt du 23 Mai 1626 pour Compiegne, & celui du 5 Juin 1659 pour Montdidier, attribuent nommément la connoissance du crime de leze-majesté Divine, au Bailli, à l'exclusion du Prévôt; & même pour le crime de leze-majesté Divine au premier chef, l'appel s'en porte à la Grand'-Chambre du Parlement; & tel est l'usage constant. (Voyez ce qui est dit ci-après au titre *Du crime de leze-majesté Divine*, *n.* 1 *& suiv.*)

Les principaux crimes de leze-majesté Divine, qui doivent être mis au nombre des cas Royaux, sont :

1°. Le crime d'hérésie. (Ordonnance 1670, *tit.* 1, *art.* 11. Chopin *De Domanio*, *lib.* 2, *tit.* 6, *n.* 4.)

L'hérésie est de la compétence du Juge d'Eglise, lorsqu'il s'agit de décider si une doctrine est hérétique, ou non. Mais quand il s'agit de punir l'hérésie, soit privée, soit publique, comme dans le cas où des hérétiques, sous prétexte de Religion, causent du trouble dans l'Etat, en faisant des assemblées, ou en enseignant une doctrine défendue, *&c.* alors c'est aux Juges Laïques à en connoître; & ce crime est un cas Royal, dont la connoissance est attribuée aux Baillis & Sénéchaux Royaux.

120. Sous le crime d'*hérésie*, sont compris l'idolatrie, l'athéisme, la Religion prétendue réformée, ses ministres & prédicans, le crime de relaps, *&c.* (Déclaration du 29 Avril 1686. Autre du 14 Mai 1724, *art.* 11.) Le crime d'hérésie a même cela de particulier,

qu'il comprend en général tous les crimes commis par un motif d'héréſie.

2°. Le blaſphême eſt auſſi compris ſous l'héréſie, lorſqu'il marque un deſſein formé de décrier la Religion. (Chopin, *De Domanio, lib. 2, tit. 7, n. 20*, où il rapporte un Arrêt du 31 Mars 1544, rendu contre les Maire & Echevins de la ville de Reims, qui l'a ainſi jugé. C'eſt auſſi la déciſion de M. d'Agueſſeau Chancelier, dans une lettre par lui écrite le 17 Janvier 1742, au Procureur-Général du Parlement de Beſançon, rapportée par Muyard-de-Vouglans en ſes Inſtitutions criminelles, *tom. 1, pag. 78.*)

Mais le blaſphême ſimple, quoique proféré en public, n'eſt point un cas royal. (Voyez ce qui eſt dit à ce ſujet au titre *Du Blaſphême*, n. 24.)

121. 3°. Le crime de Magie, ou de Sortilege, ne doit pas non plus être mis au nombre des cas royaux. (Voyez ce qui eſt dit au titre *De la Magie*, n. 34.)

Mais ſi ce crime étoit accompagné d'invocation de Démons, & autres impiétés qui participent de l'héréſie, alors il doit être regardé comme cas royal. (Voyez l'Ordonnance de Blois, *art. 26.*)

4°. Le ſacrilege avec effraction. (Ordonnance 1670, *tit. 1, art. 11.*)

Le ſacrilege, à proprement parler, eſt le vol d'une choſe ſacrée dans un lieu profane, ou le vol d'une choſe profane dans un lieu ſacré.

Tout vol d'Egliſe eſt ſacrilege; & s'il eſt accompagné d'effraction intérieure ou extérieure, il devient cas royal. (Arrêt du 20 Mars 1743, rapporté par Lacombe en ſon Traité des Matieres criminelles, *troiſieme édition, pag. 144, in fine.*)

Mais le ſacrilege ſans effraction, n'eſt pas un cas royal. Les Commiſſaires en convinrent, & auſſi les Députés du Parlement, lors de la rédaction de l'Ordonnance, *tit. 1, art. 26*; ainſi que Monſieur le Premier Préſident & M. Puſſort.

122. 5°. Le trouble public fait au Service Divin. (Ordonnance 1670, *tit. 1, art. 11.*)

Le trouble public dont il s'agit ici, eſt un trouble fait en public, accompagné de ſcandale & de tumulte, ſoit qu'il ſe faſſe dans l'Egliſe, ou dans le cimetiere, ou autre endroit proche de l'Egliſe. Ainſi ces mots ne s'entendent point d'une ſimple irrévérence commiſe pendant l'Office; mais lorſque cela va à faire abandonner, ou interrompre le Service Divin ; comme s'il arrivoit un meurtre dans l'Eglise.

De même, le trouble qui seroit fait au Service Divin célébré dans la Chapelle du château d'un particulier, n'est pas un trouble public.

Sous le mot de *Service Divin*, on doit comprendre non-seulement les Offices, mais encore les Prônes & les Sermons.

123. 6°. Les abus & malversations commis par les Prêtres, & autres Ecclésiastiques dans les fonctions de leur ministere, sont aussi une espece de crime de leze-majesté Divine, qui doit être mis au nombre des cas royaux. Car c'est une maxime constante dans le Royaume, que la connoissance des abus commis par les Ecclésiastiques dans leurs fonctions, appartient aux Juges royaux à l'exclusion de tous autres Juges. (Voyez le Traité de l'Abus de Févret, & ce qui est dit à ce sujet au titre *Des Abus & malversations des Prêtres & autres Ecclésiastiques dans leurs fonctions*.

Sous ce crime sont compris :

Le refus injuste des Sacrements.

La Simonie, dans les cas où la connoissance n'en est pas réservée aux Juges d'Eglise.

L'inceste spirituel.

Les Prédications scandaleuses.

La révélation de Confession.

La profanation des choses saintes.

Et autres de cette espece.

2°. *Des crimes concernant les Bénéfices, les Eglises, &c.*

124. 1°. L'usurpation des Bénéfices & des biens, dîmes, & droits qui en dépendent. (Edit de Melun du mois de Février 1580, *art.* 30. Edit d'Amboise en Janvier 1572, *art.* 7. Ordonnance de Blois, *art.* 47. Voyez aussi les Lettres-Patentes du 19 Décembre 1571, données en faveur du Clergé.)

2°. Les excès commis aux Bénéfices. (Edit de Chanteloup, du mois de Mars 1545.)

3°. Les instances criminelles sur le possessoire des Bénéfices. (Arrêt du 13 Janvier 1624 pour Gourdon, rapporté par Descorbiac, *tit.* 3, *chap.* 33, *pag.* 216.)

4°. Le crime de simonie contre les laïques qui en sont coupables, ou participans. (Ordonnance de Blois, *art.* 21.) Et même contre les Eccléfiaftiques, lorfque ce crime eft incident à une inftance portée devant les Juges Royaux. (Arrêt de la Tournelle rendu en 1731, entre le Cardinal de Gêvres, l'Abbé d'Aurillac, & l'Evêque de Saint-Flour. Autre Arrêt du Confeil du 9 Septembre 1704, en la caufe du Sieur Louvart contre le Sieur Sary. Voyez au titre *De la Simonie*, n. 11.)

5°. L'incendie des Eglifes & lieux publics. (Arrêt du premier Juin 1556 pour Sens. Autre du ; Juin 1659 pour Montdidier.)

6°. Le vol avec effraction dans une Eglife. (Voyez *suprà* n. 121.

3°. *Des crimes touchant les Mariages.*

125. 1°. Le crime de ceux qui ont procuré les mariages clandeftins, ou faits contre la difpofition des Ordonnances, ou qui les ont favorifés, ou y ont participés. (Edit de Février 1556, & de Mars 1697, *art.* 3 & 4. Déclaration du 15 Juin 1697. Arrêt du 13 Janvier 1624 pour Gourdon, rapporté par Defcorbiac, *pag.* 216.)

2°. La diffamation de mariages bien famés, par des libelles, affiches, ou autres chofes équipolentes. (Arrêt du 16 Mars 1573 pour Laval. Chopin, fur la Coutume d'Anjou, *liv.* 1, *chap.* 65. Tronçon fur l'*art.* 97 de la Coutume de Paris.) Néanmoins l'Arrêt du 2 Mars 1574 pour Montpenfier, donne en ce cas la concurrence aux Juges de Seigneurs.

§. V.

Des Cas Royaux concernant la Police du Royaume.

126. Les Cas Royaux concernant la police du Royaume, font :

1°. La police pour le port d'armes. (Ordonnance 1670, *tit.* 1, *art.* 11.)

La police pour le port d'armes, regarde la défenfe publiée par forme de police, de porter des armes contre la difpofition des Ordonnances, qui le défendent à toutes perfonnes, excepté aux Gentilshommes, & aux Officiers. Cette police peut auffi regarder la faculté d'en porter, & comprend même le cas de ceux qui fe mettent fous la fauvegarde du Roi, ou de la Cour, en demandant qu'il leur foit permis de porter des armes pour fe défendre de leur partie. Cette police est un cas royal, dont la connoissance appartient aux Baillis & Sénéchaux, à l'exclusion de tous autres Juges.

127. La contravention aux défenses de porter des armes, est aussi de la compétence des Baillis & Sénéchaux, & forme un cas Royal; quand même ce Port-d'armes seroit fait sans aucune mauvaise intention, & ne seroit point accompagné d'attroupement, ni de violence publique. L'article 10 de l'Edit de Crémieu, met le simple Port-d'armes au nombre des cas Royaux; & c'est ainsi que s'en explique Monsieur Pussort dans le procès-verbal de l'Ordonnance 1670, *tit.* 1, *art.* 11, sur la fin, *pag.* 27.

Anciennement, le simple Port-d'armes n'étoit cas Royal que quand il étoit joint à l'attroupement. C'est ainsi que s'en explique Bouteiller en sa somme rurale, *liv.* 1, *tit.* 2, au titres des *Ports-d'armes*; & c'est aussi le sentiment d'Imbert en ses institutions forenses, *liv.* 3, *chap.* 6, *n.* 2; de Coquille en ses institutions au droit François, au titre du *Droit de Royauté*, *pag.* 3. Et il est ainsi réglé par l'Arrêt du 16 Mars 1573, rendu pour Laval; par celui du 14 Août 1572, rendu pour le Comté de Charolois; & par celui du 10 Décembre 1611 pour Angers. Tel est aussi la disposition du Réglement du 8 Octobre 1371, rendu pour le Bailli de Touraine, qui met au nombre des cas royaux le port d'armes notables seulement, & ajoute que c'est compagnie de gens armés. *Ita etiam* Loiseau en son Traité des Seigneuries, *chap.* 14, *n.* 31 & 35. L'Auteur des Loix Criminelles, *tom.* 1, *chap.* 11, *n.* 19, *pag.* 57, est aussi de ce sentiment.

Au reste, sous le mot de *Port d'armes*, il faut comprendre non-seulement les fusils, pistolets & épées, mais encore les épieux, hallebardes, bâtons ferrés, & autres armes prohibées par les Ordonnances. (Même Arrêt du 10 Décembre 1611 pour Angers.) Voyez au surplus ce qui est dit touchant le port d'armes ci-après au Traité des Crimes en particulier, au titre *Du Port d'Armes*, (*n.* 1 & *suiv.*)

2°. Les fausses mesures royales, leur exposition, ou altération.

3°. La connoissance des crimes & délits commis par les soldats, & bourgeois des villes, en la faction des armes. (Lettres-Patentes du mois de Septembre 1612, pour Chaumont en Bassigny. Ordonnance Militaire du 25 Juin 1750, *art.* 3.)

4°. La connoissance des délits & contravention au fait de la Librairie & Imprimerie. (Arrêt du Conseil du 16 Juin 1678. Edit du mois d'Août 1717.)

§. VI.

Des Cas Royaux qui concernent le repos & la sureté publique du Royaume.

Ces cas sont:

1°. Les assemblées illicites. (Ordonnance 1670, *tit.* 1, *art* 11.)

128. Ces assemblées forment un cas royal, quoique faites sans armes; comme peuvent être aujourd'hui les assemblées des Religionnaires pour l'exercice de leur Religion. La raison est, que toutes les assemblées illicites sont défendues, comme pouvant tendre à troubler le repos de l'Etat, ou de l'Eglise; & par conséquent c'est un cas royal. Quand les assemblées illicites se font avec port d'armes, c'est un cas Prévôtal. (Voyez l'Ordonnance 1670, *tit.* 1, *art.* 12.)

Suivant la Loi 4, §. 3, au Digeste *De vi bonorum raptorum*, il faut, pour qu'une assemblée soit illicite, qu'elle soit composée au moins de douze, ou quinze personnes. (Voyez *infrà*, au titre *Du Port d'Armes, & des Assemblées illicites*, n. 20.)

2°. Les séditions & émotions populaires. (Ordonnance de 1670, *tit.* 1, *art.* 11.)

Il en est de même de tout ce qui tend à les exciter; comme discours séditieux tenus dans des lieux publics, prédications scandaleuses & tendantes à sédition, &c. (Arrêt du Parlement de Bordeaux du 30 Décembre 1606, contre le Cardinal de Sourdis.)

Pour contribuer à former ces émotions, les armes ne sont pas nécessaires.

Voyez ce qui est dit au sujet des séditions & émotions populaires, & des prédications scandaleuses, ci-après au titre des *Séditions & Emotions populaires*, n. 1 & suiv. & au titre *Des perturbateurs du repos public*, n. 1 & suiv.

3°. La force publique. (Ordonnance de 1670, *tit.* 1, *art.* 11.)

Pour bien entendre ces termes, il faut recourir aux titres *ad L. Juliam de vi publicâ*, du Code & du Digeste.

129. La force *publique* est celle qui est commise, ou avec armes, même par un seul homme; ou avec attroupement, même sans armes. Ainsi la force publique ne suppose point que la violence soit commise avec armes. En effet, il suffit, pour être convaincu de cette différence, de comparer l'article 11 du titre 1 de l'Ordonnance de 1670 avec l'article 12 suivant, qui met au nombre

des cas prévôtaux les vols faits avec port d'armes & violence publique; d'où il suit que la force publique ne renferme pas nécessairement le port d'armes.

Tirer aux pigeons, tombe dans le cas de la force publique; & ce crime n'est pas de la compétence des Juges des Eaux & Forêts; aussi n'en est-il point parlé dans l'Ordonnance des Eaux & Forêts de 1669. Et quand même les anciennes Ordonnances en parleroient, ce ne seroit pas une raison pour en attribuer la connoissance aux Officiers des Forêts; l'Ordonnance de 1669 en sa conclusion, abrogeant toutes les anciennes Ordonnances qui pourroient avoir attribué la connoissance de ce fait auxdits Officiers.

Il en est de même, quand on tue des lapins de garenne.

La force privée est celle qui se fait sans armes. (Voyez la L. 5, D. *ad L. juliam de vi privatâ.*)

130. La force differe de la *violence*, en ce que la *force* se commet, à proprement parler, contre un homme; au-lieu que la *violence* se commet aussi sur des choses inanimées, comme quand on brise une porte. La *force publique* differe de la *force ouverte*, dont il est parlé en l'article 1 du titre 22 de l'Ordonnance de 1670, en ce que la force ouverte peut être, ou privée, ou publique.

La *force ouverte*, est celle qui se fait avec armes, ou avec les seules défenses naturelles, telles que les pieds, & les mains, les pierres, les branches d'arbres. (*a*)

La force ouverte avec armes, est la même chose que la force publique. A l'égard de la seconde force ouverte, qui se fait sans armes, c'est celle qu'on appelle *force privée*. A cette distinction se rapportent le *vis publica* & le *vis privata* des Romains.

Il ne faut pas non plus confondre la *violence* avec la *voie de fait*. Toute violence est voie de fait; mais toute voie de fait n'est pas violence. (Voyez l'Ordonnance de 1667, *tit.* 18, *art.* 2, & *tit.* 19, *art.* 16 & 17; & l'Ordonnance de 1670, *tit.* 16, *art.* 4.)

L'*attroupement* suppose un certain nombre de personnes, comme de quatre ou plus; ce qui dépend des circonstances & de la prudence du Juge. (Voyez l'Arrêt du premier Juin 1556, rendu pour Sens; & celui du 10 Décembre 1611, rendu pour Angers.)

Voyez au surplus ce qui est dit ci-après, *part.* 4, *tit.* 19. au titre *De la Force publique & privée.*

(a) *Et lapides & item silvarum fragmina rami.*

4°

4°. Le rapt & enlevement des personnes, par force & par violence. (Ordonnance de 1670, *tit.* 1, *art.* 11.)

131. Le rapt de violence comprend le viol simple sans enlevement, qui par conséquent est aussi un cas royal. (Coutume de Tours, *art.* 55 & 59; & de Loudun, *ch.* 4, *art.* 1.) Au reste, le rapt dont il est ici parlé, s'entend également de celui qui se fait des personnes majeures, comme des personnes mineures.

Il faut même observer que la simple qualification de rapt commis avec violence, rend le cas royal, & qu'il est défendu alors aux Juges d'en connoître. (Ainsi jugé par Arrêt du 20 Avril 1736, rapporté par Boutaric sur l'article 21 du titre 2 de l'Ordonnance de 1670, qui a cassé la procédure d'un Juge de Seigneur qui avoit connu d'un pareil crime.)

A l'égard du rapt sans violence, *v. g.* du rapt de séduction, même à l'égard d'une personne mineure, il ne forme point un cas royal, ainsi qu'il est observé dans le procès-verbal de l'Ordonnance sur cet article. Il est vrai que l'Arrêt du 5 Juin 1659, rendu pour Montdidier, porte que la connoissance du rapt des mineurs, soit avec violence, soit par simple séduction, appartiendra au Bailli, & non au Prévôt; mais cela n'a plus lieu aujourd'hui.

132. 5°. Les oppressions, exactions & violences commises par les Seigneurs & Gentilshommes, à l'égard de leurs sujets, pour raison de contributions, corvées, & autres exactions semblables. (Ordonnance de Blois, *art.* 283, 284 & 285; Ordonnance du mois de Janvier 1629, *art.* 206.)

6°. Les perturbateurs du repos public. (Chopin sur la Coutume d'Anjou, *liv.* 1, *art.* 65, *n.* 1; Tronçon sur l'article 97 de la Coutume de Paris.)

Il faut mettre de ce nombre, ceux qui refusent injustement & sans cause les Sacrements. (Déclaration du 10 Décembre 1756, *art.* 3.)

133. 7°. L'assassinat prémédité, ou meurtre de guet-à-pens. (Arrêt du 16 Mars 1573 pour le Comté de Laval. Chopin *de Domanio*, lib. 2, tit. 7, n. 7, qui rapporte à ce sujet une Ordonnance de Philippe-Auguste. La Coutume de Tours, *art.* 55 & 59, & celle de Lodunois, *art.* 4, *ch.* 1, en ont des dispositions expresses. Voyez aussi Lebret en son Traité de la Souveraineté, *liv.* 4, *ch.* 4; Bacquet des Droits de Justice, *ch.* 6, *n.* 7. Et c'est ainsi que s'en explique M. d'Aguesseau Chancelier, dans une lettre du 17 Janvier

1742, écrite au Procureur-Général du Parlement de Besançon, rapportée par Muyard de Vouglans en ses Institutions Criminelles, *tom.* 2, *pag.* 78.) Ce qui est fondé sur ce que ce crime tombe toujours dans le cas de la force publique. Loiseau, Traité des Seigneuries, *ch.* 14, *n.* 39, est à la vérité d'un avis contraire; mais son opinion ne peut prévaloir contre les autorités ci-dessus.

L'assassinat prémédité est celui qui est commis avec dessein de tuer, ou de meurtrir.

Le meurtre de guet-à-pens, & l'assassinat prémédité, sont synonymes. C'est ainsi que s'en explique M. le Premier Président dans le procès-verbal de l'Ordonnance de 1670, *tit.* 1, *art.* 12, *p.* 30.

134. Anciennement même le simple mot de *meurtre* signifioit un assassinat prémédité. En effet, suivant les établissements de Saint Louis, *Meurtre est quand on tue quelqu'un en son lit, ou en aucune autre maniere, pourvu que ce ne soit en mêlée.* Suivant Beaumanoir, ch. 30, pag. 148, *Meurtre est quand aucun tue, ou fait tuer autrui en aguet-à-pensé, puis le soleil couchant jusqu'au soleil levant; ou quand il tue ou fait tuer en assurement ou en trève.* Voici comme s'expriment là-dessus les Loix d'Ecosse, *lib.* 4, *cap.* 5, §. 4, *Duo sunt genera homicidii, unum quod dicitur murdrum, quod nullo vidente vel sciente clam perpetratur præter solum interfectorem vel complices...... secundum genus homicidii est quod dicitur simplex homicidium.*

135. On trouve à la vérité plusieurs Arrêts confirmatifs des Sentences de Juges de Seigneurs qui ont condamné des accusés convaincus d'assassinat prémédité. Il y en a entre autres un du 16 Juin 1691, confirmatif d'une Sentence rendue par le Juge de Clamecy le 25 Mai précédent, qui avoit condamné à la roue deux accusés convaincus d'assassinat à prix d'argent; & un autre du 12 du même mois de Juin 1691, rendu sur l'appel d'une Sentence du Bailli de Saint-Jean-Gouf, qui avoit condamné au même supplice un assassin entré de nuit dans le Presbytere, où il avoit assassiné un gentilhomme.

Mais on ne peut tirer de ces Arrêts aucun argument contre la maxime établie ci-dessus. Car de ce que des Juges de Seigneurs ont connu du crime d'assassinat prémédité, il ne s'ensuit pas que ce crime ne doive pas pour cela être mis au nombre des cas royaux, & qu'il soit permis aux Juges de Seigneurs d'en connoître, ainsi qu'il vient d'être prouvé, & comme il résulte de la disposition de l'article 11 du titre 1 de l'Ordonnance de 1670, & de l'article 10 de la Déclaration du 5 Février 1731. Peut-être même que c'est par des raisons particulieres, tirées de l'intérêt public, que le Parlement a cru devoir confirmer les Sentences ci-dessus, n'y ayant sur-tout aucun conflit, ni personne qui réclamât contre ces Sentences.

136. Au surplus, on ne doit pas mettre au nombre des coupables d'assassinat prémédité, ceux qui se tuent eux-mêmes, quoiqu'ils le fassent avec réflexion. (Bacquet des Droits de Justice, *ch.* 1, *art.* 16; Jo. Gallus, *qu.* 138; Carolus de Grassalio, *lib.* 1, *jur.* 14; Arrêt du premier Juin 1556, rendu pour Sens.)

Ni les empoisonneurs. (Arrêts du 8 Février 1663. Autre du 28 Août 1706 pour Aurillac. Autre du 7 Septembre 1643, rapporté par Lacombe en son Traité des Matieres Criminelles, *pag.* 212 de la seconde édition. Voyez aussi ce qui est dit au titre *Du Suicide*, n. 24.)

Ni les simples meurtres commis dans une querelle, & sans aggression. (Arrêt de Montdidier du 5 Juin 1659. Autre du 10 Décembre 1611, rendu pour Angers.) Quand même ce seroit un parricide, à moins qu'il ne tombât dans le cas de la force publique. (Voyez au titre *Du Parricide*, n. 31.)

137. 8°. Il faut mettre aussi au nombre des cas royaux, le crime d'*encise*, qui est toujours mis au nombre des trois grands cas, dont la connoissance est réservée au Roi. Dans quelques Coutumes & Provinces, ces trois grands cas sont le *rapt*, le *meurtre*, ou assassinat de guet-à-pens, & l'*encise*, que plusieurs ont pris mal-à-propos pour l'incendie, apparemment à cause de la ressemblance de nom.

L'*encise* est le meurtre d'une femme enceinte, ou de l'enfant dont elle est grosse. C'est ainsi que ce crime est défini au chap. 25 des Etablissements de Saint Louis de l'année 1270. Voyez aussi l'art. 44 de la Coutume d'Anjou, & l'art. 51 de celle du Maine. Dans tous les anciens aveux & ports-de-foi, rendus par les Seigneurs Hauts-Justiciers au Domaine du Duché d'Orléans, ces trois cas sont exceptés de ceux dont les Juges de Seigneurs peuvent connoître, & la connoissance en est expressément réservée au Roi.

On doit comprendre sous le crime d'*encise*, celui des femmes & filles, qui ayant célé leur grossesse & leur accouchement, font périr leur fruit. (Voyez l'Edit de Henri II du mois de Février 1556, qui ſuppoſe que la connoiſſance de ce crime appartient aux Juges Royaux.

138. 9°. Le crime de duel peut auſſi être mis au nombre des cas royaux. Voyez l'Auteur des Loix Criminelles, *tom.* 1, *tit.* 1, *art.* 11, *pag.* 70, où il dit que c'eſt une eſpece de crime de leze-majeſté. En effet, l'Ordonnance du mois d'Avril 1602 déclare ceux qui ſe battent en duel, criminels de leze-majeſté. Et il en eſt de même par l'article 13 de l'Edit du mois de Septembre 1651; & par l'article 13 de l'Edit du mois d'Août 1679. Un Arrêt du 25 Février 1651, rapporté par Boniface, *tom.* 1, *liv.* 1, *tit.* 4, *n.* 6, porte que les Juges ſubalternes ne pourront en connoître. Néanmoins les Prévôts-Royaux en ont auſſi la connoiſſance. Voyez l'Edit du mois de Juin 1643, *art.* 31; & la Déclaration du 14 Décembre 1679, rapportés ci-deſſus au titre *De la Compétence des Prévôts-Royaux*, n. 35.

Mais une ſimple querelle entre deux Gentilshommes, ou entre ceux qui font profeſſion des armes, ne peut être regardée comme cas royal, à moins qu'elle ne ſoit ſuivie de menaces, de provocation, ou d'un combat; qui peuvent donner lieu à une accuſation de duel dont elle eſt conſidérée comme la cauſe. (Lettre de M. d'Agueſſeau Chancelier, au Procureur-Général du Parlement de Beſançon, en date du 17 Janvier 1742, rapportée par Muyard de Vouglans en ſes Inſtitutions Criminelles, *tom.* 2, *pag.* 78.)

139. 10°. Quelques Auteurs ont prétendu qu'en général l'incendie fait de propos délibéré, étoit un cas royal. C'eſt ainſi que l'établit Lebret en ſon Traité de la Souveraineté, *liv.* 4, *ch.* 43 Chopin *de Domanio*, lib. 2, tit. 7, n. 13; Bacquet des Droits de Juſtice, *ch.* 6, *n.* 8. Dans l'ancien ſtyle du Parlement de Paris, *part.* 1, *ch.* 31, *n.* 1, il eſt dit que *aliqui caſus non reputantur de altâ juſtitiâ, niſi tres, videlicet incendium, raptus & meurtrum.* La Coutume de Touraine, *art.* 55 & 59; & celle de Loudun, *ch.* 4, *art.* 1, en ont des diſpoſitions; ainſi que l'Arrêt du 16 Mars 1573, rendu pour le Comté de Laval; & celui du 7 Septembre 1671 pour Noyon. C'eſt auſſi ce qui ſemble réſulter de l'Arrêt de réglement du 8 Février 1653, rendu pour la Juſtice des Comtes de Lyon, rapporté au Journal des Audiences, *tom.* 4, *pag.* 200, qui porte que leur Juge pourra connoître des incendies arrivés par accident: d'où il ſuit que ce même Arrêt lui interdit la connoiſſance du crime d'incendie volontaire.

Néanmoins l'Arrêt du 5 Juin 1659, rendu pour Montdidier, *porte* que la connoissance des incendies, à la réserve de ceux des Eglises & lieux publics, appartiendra au Prévôt. Voyez aussi Henris, *tom.* 1, *liv.* 2, *ch.* 2, *qu.* 5.

140. Il paroît même que les Juges de Seigneurs peuvent aujourd'hui connoître du crime d'incendie volontaire. Bruneau en son Traité des matieres Criminelles, *part.* 2, *tit.* 3, *maxime* 1, dit qu'il a vu plusieurs Arrêts rendus en la Tournelle sur des appels de Justices Seigneuriales en matiere d'incendie. Bretonnier sur Henris, *tom.* 1, *liv.* 2, *qu.* 5, dit pareillement qu'il a vu plusieurs jugements rendus par des Juges de Seigneurs, contre des bergers, & autres personnes accusées d'avoir mis le feu à des granges & gerbes de laboureurs. Chorier en sa Jurisprudence sur Guy-Pape, cite un Arrêt du Parlement de Grenoble du 20 Juin 1683, qui a renvoyé la connoissance d'un crime de cette espece, devant le Juge des lieux; & c'est aussi ce qui a été décidé expressément depuis quelques années par un Arrêt de la Tournelle du Parlement de Paris du 3 Mars 1741. Par un autre Arrêt du 17 du même mois, rendu sur les conclusions de M. d'Aguesseau Avocat-Général, il a été pareillement jugé en faveur de l'Evêque & Comte de Beauvais, que l'incendie de quinze maisons, commis dans un village de ce Comté, n'étoit pas un cas royal. Voyez encore deux autres Arrêts, l'un du Parlement de Bordeaux du 28 Mars 1699, & l'autre du Parlement de Toulouse du 22 Mars 1675, rapportés au Dictionnaire des Arrêts, édition de 1727, au mot *Incendie*, n. 11.

141. Dans le procès-verbal de l'Ordonnance de 1670, *tit.* 1, *art.* 11, M. le Premier Président fait sur le crime d'incendie une distinction qui doit servir de regle en cette matiere. Il dit qu'un incendie fait avec un dessein prémédité, pour exciter une émotion & un désordre dans une ville, est proprement un cas royal, selon sa définition véritable, & selon l'esprit de l'Ordonnance; mais que si dans un village on met le feu à une grange sans aucun dessein qui pût regarder le public, alors on ne peut prétendre que ce soit un cas royal, & que c'est aux Juges à faire ces distinctions, & à appliquer la loi selon les circonstances particulieres; d'autant plus que ce n'est pas l'atrocité qui fait le cas royal, mais la conséquence. (Voyez sur cette question Henris, *tom.* 1, *liv.* 2, *qu.* 5; Chorier en sa Jurisprudence sur Guy-Pape, *liv.* 4, *sect.* 8, *art.* 3; & Albert, *lettre* I, au mot *Incendie.*)

142. 11°. Les crimes contre nature. (Carol. de Grassalio *regalium*, lib. 1, jur. 14, n. 20, où il dit que *ita servatur de consuetudine in toto regno.* Chopin *de Domanio*, lib. 2, tit. 7, n. 20, & sur l'article 65 de la Coutume d'Anjou. Chassanée sur la Coutume de Bourgogne, *n.* 101, titre des Droits de Justice, Verbo, *de iis qui luxuriantur contra naturam*, & tit. 56, lib. 2, feud. *quæ sunt regalià*, Verbo, *bona contrahentium incestas nuptias.* L'Arrêt de Sens du premier Juin 1556, porte cependant que le Prévôt pourra aussi connoître de ces sortes de crimes.

143. 12°. Quelques Auteurs prétendent que tous les crimes commis sur les grands-chemins royaux, quoique ces chemins soient dans l'enclave du territoire d'un Haut-Justicier, soit vols, meurtres, ou autres délits simples en général, sont cas royaux. C'est ainsi que le pensent Bacquet en son Traité des Droits de Justice, *ch.* 7, *n.* 13, 14 & 15; Tronçon sur l'article 97 de la Coutume de Paris; Bouvot, *tom.* 2, au mot *cas-royaux*; Mornac *ad* L. 8, *viæ latitudo*, D. *de servit præd. rustic.*; Lebret en son Traité de la Souveraineté, *liv.* 2, *ch.* 16, *pag.* 151 de l'édition de 1635; & Bouteiller en sa Somme Rurale, *liv.* 1, *tit.* 85. Voyez aussi la Coutume de Boulonnois, *art.* 158; Brodeau sur Louet, *lettre* C, *ch.* 47, *n.* 21; Guenois en la Confection des Coutumes, *tom.* 1, *pag.* 23, sur l'article 55 du titre 4 de la Coutume de Tours; & le Dictionnaire des Arrêts au mot *Chemin*, n. 6. Un Arrêt du Parlement de Bordeaux du 12 Janvier 1672, rapporté au Journal du Palais, *tom.* 1, *pag.* 141 de l'édition *in-folio*, semble aussi décider cette question en faveur des Juges-Royaux.

144. M. Bouhier en son Commentaire sur la Coutume de Bourgogne, *tom.* 1, *pag.* 115, & *tom.* 2, *pag.* 6, cite un Arrêt du Parlement de Dijon du 31 Juillet 1579, qui fait défenses aux Officiers du Bailliage de Charolles, qui est une Justice Seigneuriale, de connoître des crimes commis sur les grands-chemins & places publiques.

Mais Loiseau est d'un sentiment contraire en son Traité des Seigneuries, *ch.* 9, *n.* 79, & *ch.* 14, *n.* 37; ainsi que d'Argentré sur l'article 54 de la Coutume de Bretagne; & Carondas en ses Observations sur la Somme Rurale de Bouteiller, *liv.* 1, *ch.* 85; ce qui est conforme à la Coutume de Loudun, *ch.* 5, *art.* 1, qui en a une disposition. *Ita etiam*, Basnage sur la Coutume de Normandie, *tit.* 1, *art.* 13, *pag.* 65 & 66. Boniface en ses Arrêts, *tom.* 3, *liv.* 1, *ch. 2, tit. 4*, rapporte deux Arrêts des 21 Novembre 1654, & 20 Octobre 1663, qui ont jugé que des crimes commis sur des grands-chemins royaux, étoient de la compétence du Juge de Seigneur, dans la justice duquel ces chemins sont situés. Le Parlement de Rouen en a même fait un réglement en l'année 1669. L'article 10 de ce Réglement, qui est du 6 Avril, se trouve à la fin de la Coutume de Basnage.

145. Les rues des villes sont comprises sous le nom de grands-chemins. (Voyez Brillon aux mots *Prévôts des Maréchaux*, n. 58. Voyez aussi *omnino* Muyard de Vouglans, Traité des Crimes, *tom. 1, tit. 5, ch. 5, pag. 588.*)

Si le délit avoit été commis sur une riviere navigable, quoique touchant de part & d'autre à des Justices Seigneuriales, ce seroit au Juge-Royal à en avoir la connoissance. (Ainsi jugé par Arrêt de l'année 1610. Voyez aussi Pallu sur l'article 59 de la Coutume de Tours; & Basnage sur l'article 13 de la Coutume de Normandie.)

A l'égard des meurtres commis sur les grands-chemins, & autres chemins royaux, on prétend pareillement que la connoissance en appartient aux seuls Juges-Royaux, & qu'il a été ainsi jugé par deux Arrêts anciens écrits au Registre *Olim*, qui est au Greffe de la Cour, *fol.* 87 & 89; & par un autre Arrêt du 15 Mars 1575 du Parlement de Paris, étant aussi au registre de ladite Cour. Voyez encore l'Arrêt du 12 Janvier 1672, rapporté au Journal du Palais, *tom. 1, pag. 141* de l'édition *in-folio*; & Jovet en sa Bibliotheque, au mot *Juges*, n. 129.)

146. Raviot en ses Observations sur la Coutume de Bourgogne, *tom. 2, qu. 265, pag. 354, n. 10*, dit aussi que si une rixe arrive dans un corps-de-garde, c'est au Juge-Royal à en connoître; parce que les murs & les portes de ville sont au Roi. Il cite plusieurs autorités à ce sujet.

13°. Le récelement de coupables de cas royaux, est aussi un cas royal. (Arrêt du 5 Juin 1659 pour Montdidier.)

147. 14°. Il faut encore ajouter au nombre des cas royaux, tous les cas qui sont prévôtaux par la nature du crime, dans l'article 12 du titre 1 de l'Ordonnance de 1670. Tels sont *le Vol de grand-chemin*, & *le Vol avec effraction*; car tout cas prévôtal par la nature du crime, est cas royal; & Monsieur Talon Avocat-Général, établit cette maxime comme certaine sur l'article 11 du titre 1 au

procès-verbal de l'Ordonnance de 1670, *pag.* 33 : ce qui se prouve encore par l'article 10 du titre 1 de l'Ordonnance de 1670; & par l'article 21 de la Déclaration du 5 Février 1731. En effet, ces articles permettent à la vérité à tous Juges-Royaux, ou autres, du lieu du délit, d'informer & de décréter pour cas prévôtaux ; mais ils ajoutent ensuite, à la charge d'en avertir incessamment les Baillis & Sénéchaux dans le ressort desquels ces Juges de Seigneurs, ou autres, exercent la Justice. Or ces derniers ne seroient pas tenus de renvoyer, s'ils en pouvoient connoître par eux-mêmes. D'ailleurs l'article 10 de la même Déclaration du 5 Février 1731, portant que les Prévôts-Royaux, & autres Juges ordinaires, même les Hauts-Justiciers, pourront connoître des cas qui ne sont point du nombre des cas royaux ou prévôtaux par leur nature, il s'ensuit qu'ils ne peuvent connoître ni des cas royaux, ni des cas prévôtaux par leur nature ; d'où il résulte que l'esprit de ces Ordonnances est d'en interdire la connoissance aux Prévôts-Royaux, ainsi qu'aux Juges de Seigneurs.

148. Il ne paroît pas cependant que le Vol fait avec effraction simple, c'est-à-dire, sans port d'armes, ni violence publique, doive être mis au nombre des cas royaux. C'est ainsi que le pense l'Auteur des Loix Criminelles, *tom.* 1, *art.* 1, *tit.* 16 ; & pour prouver son sentiment, il cite plusieurs Arrêts confirmatifs de Sentences rendues par des Juges de Seigneurs, sur des vols faits avec effraction ; & entre autres un du 20 Avril 1673, qui a condamné à mort dans le cas d'un vol avec effraction, sur l'appel d'une Sentence du Prévôt de Montignon. Autre Arrêt du 22 Octobre 1677, sur l'appel d'une Sentence du Bailli de Forgny en Tierache. Autre du 26 Juillet 1678, sur l'appel du Bailli de Guise. Autre du 16 Mars 1683, sur l'appel du Bailli de Brou. Autre du 13 Novembre 1683, sur l'appel du Prévôt de Vanvres. Autre du 7 Juin 1684, sur l'appel du Prévôt de Chaumont en Vexin. Tous ces Arrêts, à la réserve du premier, enjoignent au Juge dont est appel, qui est un Juge de Seigneur, ou simple Prévôt-Royal, de dresser à l'avenir procès-verbal de l'état des lieux où les vols auront été commis avec effraction ; ce qui semble prouver que ces Juges sont en droit d'en connoître. A quoi on peut encore joindre un autre Arrêt du 19 Mai 1601, rendu pour Issoudun, & cité par Imbert en sa Pratique, *liv.* 3, *ch.* 6, *n.* 5, *note* 5, qui porte que le Prévôt-Royal de ladite ville connoîtra des crimes commis au dedans de la Prévôté, par force, violence, ou

ou effraction, pourvu que lesdits crimes ne soient pas commis avec port d'armes, ou assemblées illicites, jusqu'au nombre de cinq; auquel cas la connoissance en appartiendra au Bailli.

149. Il est vrai que Muyard de Vouglans en ses Institutes Criminelles, *tom.* 2, *pag.* 78, rapporte une Lettre de M. le Chancelier d'Aguesseau du 17 Janvier 1742, par laquelle ce Magistrat décide que le simple vol avec effraction, est un cas royal.

Mais malgré une autorité aussi respectable, j'aurois peine à regarder le simple vol avec effraction, comme un cas royal. On peut même fonder cette opinion sur la disposition de l'article 11 du titre 1 de l'Ordonnance de 1670, qui porte que le sacrilege avec effraction, est un cas royal, sans rien dire du simple vol avec effraction; ce qu'elle n'auroit pas manqué de faire, si elle eût regardé ce crime comme cas royal. Et il ne suffit pas de dire qu'il étoit inutile que l'Ordonnance dans cet article 11, mît le vol simple avec effraction, au nombre des cas royaux, puisque ce crime étant mis au nombre des cas prévôtaux par l'article 12 du même titre 1 de l'Ordonnance de 1670, il en résultoit, par une conséquence nécessaire, que c'étoit un cas prévôtal, suivant cette regle générale que tout cas prévôtal est cas royal; car cet argument ne prouve rien. En effet, quoique cette Ordonnance dans l'article 12 du même titre 1, ait mis le sacrilege avec effraction au nombre des cas prévôtaux, cela ne l'a pas cependant empêché de mettre ce même crime au nombre des cas royaux dans l'article 11 du même titre.

150. D'ailleurs, quoique l'Ordonnance de 1670, *tit.* 1, *art.* 12, mette au nombre des cas prévôtaux par leur nature, les vols faits avec effraction, port d'armes, & violence publique, néanmoins il pouvoit, avant la Déclaration du 5 Février 1731, y avoir de la difficulté dans l'interprétation de ces mots, pour sçavoir s'ils devoient être pris séparément, ou conjointement; en sorte que c'étoit une question de sçavoir si le vol avec effraction intérieure, étoit un cas prévôtal, ou s'il falloit pour être cas prévôtal, qu'il fût encore accompagné de port d'armes & de violence publique. Et quoique toute équivoque soit levée aujourd'hui par l'article 5 de la nouvelle Déclaration du 5 Février 1731, rendue pour les cas prévôtaux & présidiaux, qui porte expressément que des vols faits avec effraction, il n'y aura de cas prévôtaux que les vols qui auront été faits avec effraction extérieure, ou lorsque l'effraction aura été accompagnée de port d'armes & violence publique; cependant

la difficulté est toujours la même, pour sçavoir si le vol avec effraction simple étoit cas prévôtal avant la Déclaration de 1731 ; & si en conséquence de la disposition de l'article 12 du titre 1 de l'Ordonnance de 1670, il doit aujourd'hui être mis au nombre des cas royaux.

151. 15°. A l'égard des oppressions, ou autres crimes, commis par les gens de guerre, tant dans leur marche, que dans les lieux d'étapes, ou d'assemblée, ou de séjour pendant leur marche ; *quoique ces cas ne soient point prévôtaux* par leur nature, mais seulement par la qualité de l'accusé, ainsi qu'il est dit dans l'article 3 de la Déclaration du 5 Février 1731, néanmoins les Juges de Seigneurs, & même les Prévôts-Royaux n'en peuvent connoître ; ce qui résulte de l'article 10 de la même Déclaration de 1731. En effet, il ne seroit gueres convenable que des Juges subalternes pussent retenir l'instruction & le jugement de ces sortes de crimes. (Voyez *infrà*, n. 158.)

Les gens de guerre hors leurs fonctions, même étant de garde, sont justiciables en matiere criminelle des Juges-Royaux. (Arrêt du Parlement du 5 Juin 1659 pour Montdidier. Réglement du 31 Janvier 1682. Ordonnance Militaire du 25 Juin 1750, *art.* 3. Ordonnance de 1629, *art.* 306.)

152. Les Juges ordinaires des lieux où les troupes sont en garnison, connoissent aussi des crimes & délits commis dans lesdits lieux par les gens de guerre, de quelque nation qu'ils soient, auxquels les habitants des lieux, ou autres sujets de Sa Majesté, ont intérêt, nonobstant tous privileges contraires. (Ordonnance du 4 Novembre 1651. Voyez au surplus ce qui est dit au titre *De l'Instruction Criminelle en général*, n. 161.)

Mais ils n'en connoissent pas quand il s'agit de délits militaires. (Voyez au titre *Des Délits Militaires*, n. 53, & *infrà* n. 630.)

153. 16°. On prétend qu'un Procureur-Fiscal ne peut rendre plainte contre un mari, comme complice de l'adultere de sa femme, & que cela n'appartient qu'aux Procureurs du Roi. (Ordonnance du 10 Juillet 1336. Bugnion Des Loix abrogées, *liv.* 4, *chap.* 78. Voyez aussi l'Arrêt du 31 Juillet 1681, rapporté au Journal du Palais, *tom.* 2, *pag.* 279.)

17°. L'usure est aussi un cas royal, dont la punition est réservée aux Juges-Royaux. (Ordonnance du mois de Juin 1510, *art.* 64. Ordonnance de 1535, *ch.* 19, *art.* 12. Arrêt de Réglement du

Parlement de Besançon du 7 Novembre 1751. Voyez aussi Bouteiller en la Somme Rurale, *liv.* 2, *tit.* 1, *pag.* 654; & Chopin *de Domanio*, lib. 2, tit. 6, n. 8.) L'Arrêt du Parlement du premier Juin 1556, rendu pour Sens, dit que le Prévôt en peut aussi connoître.

154. 18°. On a même prétendu que le reproche de cas royal, étoit un cas royal. (Imbert, *liv.* 3, *ch.* 6, *n.* 5, & aux notes où il rapporte un Arrêt du 17 Octobre 1531, qui l'a ainsi jugé. Brillon au mot *Procédures*, n. 148. Voyez aussi la Bibliotheque de Bouchel, au mot *Accessoires.*)

155. 19°. Lorsqu'il y a contestation entre un Juge-Royal & un Juge de Seigneur qui lui est subalterne, sur la nature d'un crime, pour sçavoir si c'est un cas royal, ou non, le Juge-Royal en doit connoître par main souveraine. (Chopin *de Domanio*, lib. 2, ch. 8, n. 3;) A la charge néanmoins de renvoyer à l'inférieur, si le droit est jugé en faveur de ce dernier, avant que la Sentence définitive ait été rendue par le Juge-Royal, comme il est observé dans les Arrêts mis au style du Parlement, *art.* 173. (*Ita* Grimaudet en son Commentaire sur l'Edit des Présidiaux, *gloss.* 46, *n.* 6.)

156. Au reste, dans tous ces cas de contestation, on renvoie toujours par provision devant le Juge-Royal. (Ainsi jugé par Arrêt du 26 Janvier 1584, rapporté par Chenu en ses notes sur les Arrêts de Papon, *liv.* 7, *tit.* 7, au commencement. Autre Arrêt du 10 Décembre 1585, rendu contre le Chapitre de Rheims, rapporté par Guenois en sa Conférence des Coutumes, *part.* 1, *tit.* 27, *pag.* 121.) En effet, le Roi n'accorde jamais la provision contre lui-même, & cette provision demeure toujours aux Juges-Royaux contre les Juges de Seigneurs. Cette maxime est solidement établie par M. Joly de Fleuri dans un Arrêt du 4 Juin 1704, rapporté au Journal des Audiences.

ARTICLE V.

De la Compétence des Juges Présidiaux.

§. I.

157. On entend par Juges-Présidiaux, les Juges des Sieges où il y a un Présidial établi.

Les Présidiaux connoissent en dernier ressort, de tous les cas prévôtaux ou présidiaux. (Ordonnance de 1670, *tit.* 1, *art.* 15.)

Ces cas peuvent être considérés de deux manieres; ou par la qualité des accusés, ou par la nature du crime, ainsi qu'il a été observé ci-dessus.

158. 1°. Les Juges-Présidiaux connoissent en dernier ressort, des crimes commis par vagabonds, & gens sans aveu, ou par des personnes qui ont déja été reprises de justice, de la même maniere qu'en connoissent les Prévôts des Maréchaux. (Déclaration du 5 Février 1731, *art.* 7. Ordonnance de 1670, *tit.* 1, *art.* 15.) Voyez aussi ce qui est dit ci-après (*n.* 181 & 182.)

2°. Ils connoissent aussi, comme eux, de tous excès, oppressions, ou autres crimes, commis par gens de guerre, tant dans leur marche que dans les lieux d'étapes, ou d'assemblée, ou de séjour pendant leur marche. (Même Déclaration de 1731, *art.* 7. Voyez ci-après *n.* 186.)

Mais ils ne peuvent connoître des déserteurs d'armée, ni des subornateurs, & fauteurs desdites désertions. (Même Déclaration de 1731, *art.* 7.)

159. 3°. Ils connoissent en dernier ressort, de tous cas qui sont prévôtaux par la nature du crime, de la même maniere qu'en connoissent les Prévôts des Maréchaux. (Même Déclaration de 1731, *art.* 7. Ordonnance de 1670, *tit.* 1, *art.* 15.) Voyez quels sont ces cas, & tout ce qui est dit ci-après *n.* 192 & *suiv.*

L'origine de cette attribution est dans une Déclaration du 5 Février 1549, qui attribue par prévention la connoissance des cas prévôtaux aux Baillis & Sénéchaux.

4°. Ils connoissent aussi, & jugent en dernier ressort, le crime de mendicité. Mais dans les villes où il y a des Lieutenants de Police, c'est à ces derniers à faire le procès aux mendiants, & à les juger aussi en dernier ressort, étant assistés desdits Juges-Présidiaux au nombre de sept; & en cas d'absence, maladie, ou autre empêchement légitime des Lieutenants de Police, le procès doit être fait aux mendiants; sçavoir, à Paris, par l'un des Lieutenants-particuliers, & dans les autres villes, par les Lieutenants-Criminels, assistés des autres Officiers des Présidiaux, Bailliages, ou Sénéchaussées Royales du lieu de leur établissement, qui les jugent aussi en dernier ressort au nombre de sept. (Déclaration du 18 Juillet 1724, *art.* 7.)

160. 5°. Les Présidiaux jugent aussi en dernier ressort, mais seulement avec les Grands-Maîtres des F. rêts, les abus & malversations commises à l'occasion des forêts, par Bucherons, Chartiers, Pâtres, Garde-bêtes, & autres ouvriers employés à l'exploitation & voitures des bois; pourvu qu'ils soient au nombre de sept Juges, & que le procès soit jugé au Présidial du lieu du délit. (Ordonnance des Forêts du mois d'Août 1669, *Titre* Des Grands-Maîtres, *art.* 6.)

6°. Les Ecclésiastiques ne sont sujets dans aucuns cas à la Jurisdiction des Présidiaux en dernier ressort. (Déclaration du 5 Février 1731, *art.* 11. Voyez ci-après *n.* 208.)

Et il en est de même des Gentilshommes; à moins que ceux-ci ne se fussent rendus indignes de ce privilege, par quelque condamnation qu'ils eussent subie, soit de peine corporelle, bannissement, ou amende-honorable. (Même Déclaration de 1731, *art.* 12.) Voyez aussi *infrà*, n. 208.)

161. L'article 13 de la même Déclaration de 1731, porte aussi que les Secrétaires du Roi, & les Officiers royaux de Judicature, du nombre de ceux dont les procès criminels ont coutume d'être portés en la grande ou premiere Chambre des Cours de Parlement, & qui sont exprimés dans la Déclaration du 26 Mars 1676, ne pourront être jugés en aucuns cas par les Juges Présidiaux en dernier ressort. (Voyez ci-après, *n.* 210.)

Et même si parmi les accusés il s'en trouve un seul de la qualité susdite, (c'est-à-dire, qui soit Ecclésiastique, ou Gentilhomme, ou Secrétaire du Roi, ou Officier de Judicature privilégié;) dans ce cas les Présidiaux n'en peuvent connoître qu'à la charge de l'appel. (Même Déclaration du 5 Février 1731, *art.* 14.)

162. 7°. Si dans le même procès criminel il y a plusieurs accusés, dont les uns soient poursuivis pour un cas ordinaire, & dont les autres soient chargés d'un crime prévôtal, la connoissance des deux accusations appartient aux Baillis & Sénéchaux royaux, préférablement aux Sieges Présidiaux; soit que les Juges qui ont informé & décrété pour le cas ordinaire, aient prévenu les Juges Présidiaux, soit qu'ils aient été par eux prévenus. Et si les Juges Présidiaux s'en trouvent saisis, ils n'en pourront connoître qu'à la charge de l'appe.. . Déclaration de 1731, *art.* 20.) Voyez *infrà*, n. 212.

163. 8°. Lorsque dans le même procès criminel il se trouve plusieurs accusés, dont les uns sont vagabonds, ou ont été déja repris de

Justice, & dont les autres ne sont pas de ladite qualité; la connoissance du crime, (s'il n'est pas d'ailleurs Prévôtal par sa nature,) appartient aussi aux Baillis & Sénéchaux Royaux, par préférence aux Juges Présidiaux, soit que ceux-ci aient prévenu ou non. Et si lesdits Juges Présidiaux s'en trouvent saisis, ils n'en peuvent connoître qu'à la charge de l'appel. (Même Déclaration de 1731, *art.* 20.) Voyez aussi ci-après, *n.* 212.

264. 9°. Les Présidiaux ne peuvent prendre connoissance des cas qui sont Prévôtaux par la qualité des accusés, ou par la nature du crime, que lorsqu'il s'agit de crimes commis dans la Sénéchaussée, ou Bailliage dans lequel le Siege Présidial est établi. A l'égard de ceux qui ont été commis dans d'autres Sénéchaussées, ou Bailliages, quoique ressortissant audit Siége Présidial dans les deux cas de l'Edit, les Baillis & Sénéchaux Royaux en connoissent seulement à la charge de l'appel aux Cours de Parlement. (Déclarations des 29 Mai 1702, & 5 Février 1731, *art.* 8.)

Il faut observer que cet article 8 de la Déclaration de 1731, n'ôte point aux Présidiaux le droit de connoître, ainsi que tous les autres Juges, des crimes commis par ceux qui ont leur domicile dans l'étendue du Bailliage où ils sont établis, ni de juger les accusés vagabonds: (Voyez ce qui est dit ci-après, au titre *De la Compétence des Juges en général*, n. 16.)

Il faut aussi observer que sous ces mots de *Sénéchaussée*, ou *Bailliage*, il ne faut pas seulement entendre le Siege principal où est établi le Siege Présidial, lorsque le Bailliage, ou la Sénéchaussée, est composé de plusieurs Sieges Royaux particuliers; mais encore tous ces Sieges particuliers dont le Bailliage est composé, ainsi qu'il s'observe pour l'entérinement des lettres de grace. Tel est l'usage du Présidial d'Orléans. (Voyez ce qui est dit ci-dessus, *n.* 63.)

265. 10°. Les Présidiaux ne peuvent connoître d'aucuns crimes, quoique Prévôtaux, lorsqu'il s'agit de crimes commis dans l'étendue des villes où les Cours de Parlement sont établies, & fauxbourgs desdites villes; à l'exception des cas qui ne sont Prévôtaux que par la qualité des accusés, c'est-à-dire, qui seroient commis par des vagabonds, ou des gens repris de Justice. (Déclaration du 5 Février 1731, *art.* 16.) Voyez ci-après, *n.* 216.

11°. Les Présidiaux ont la prévention, en cas de concurrence de procédures, sur les Prévôts des Maréchaux, s'ils ont informé &

décrété avant ces derniers, ou le même jour. (Même Déclaration de 1731, *art.* 9. Ordonnance 1670, *tit.* 1, *art.* 15.) Voyez ce qui est dit au titre *De la Compétence des Juges en général*, n. 214.

166. 12°. Comme les Présidiaux ont une jurisdiction ordinaire, quand ils ont commencé à instruire contre un accusé d'un cas Prévôtal, soit par eux-mêmes, soit par les Juges à eux subordonnés, ils peuvent toujours connoître incidemment des autres cas ordinaires contre ce même accusé; quand même ces délits auroient été commis hors leur ressort. (Voyez ce qui est dit là-dessus au titre *De la Compétence des Juges en général en matiere criminelle*, n. 284.)

167. 13°. Lorsque les mêmes accusés se trouvent poursuivis pour des cas ordinaires, pardevant les Baillis & Sénéchaux, ou Prévôts Royaux, ou autres Juges subalternes; & qu'ils sont aussi prévenus de cas qui soient Prévôtaux par leur nature, & qui aient donné lieu aux Juges Présidiaux de commencer des procédures contre ces accusés; la connoissance des deux accusations appartient auxdits Juges Présidiaux, si ceux-ci ont informé pour le crime qui est de leur compétence, avant que les autres Juges ci-dessus nommés aient informé & décrété pour le cas ordinaire; & les deux accusations doivent être instruites par lesdits Juges Présidiaux, même pour ce qui regarde les cas ordinaires. (Déclaration de 1731, *art.* 18.) Voyez *omninò* ce qui est dit à ce sujet, au titre *De la Compétence des Juges criminels en général*, ci-après *n.* 252.

168. Mais si lesdits Baillis & Sénéchaux, ou Prévôts Royaux, ou autres Juges à eux subordonnés, ont informé & décrété avant les Présidiaux, ou le même jour; dans ce cas la connoissance en appartient aux Baillis & Sénéchaux Royaux, préférablement auxdits Sieges Présidiaux. (Même Déclaration, *art.* 17.) Voyez aussi ce qui est dit là-dessus, au titre *De la Compétence des Juges criminels en général*, n. 258.

Au reste, il faut observer que les Présidiaux préviennent par leurs inférieurs, c'est-à-dire, par les Juges inférieurs situés dans l'étendue du Bailliage où lesdits Présidiaux sont établis. (Voyez au titre *De la Compétence des Juges en général*, n. 207.)

169. 14°. Les Présidiaux connoissent, comme tous les autres Juges, des inscriptions de faux incidentes, & des rébellions commises à l'exécution de leurs jugements. (Ordonnance 1670, *tit.* 1, *art.* 20.) Mais ils n'en peuvent connoître le plus souvent qu'à la charge de

l'appel. (Voyez ce qui est dit à ce sujet, au titre *De la Compétence des Juges en général en matiere criminelle*, n. 130 & 139.)

170. 15°. Ils jugent en dernier ressort les compétences, tant des Prévôts des Maréchaux, que des Lieutenants-Criminels de Robe-Courte, & des Lieutenants-Généraux de Police dans le cas où ces derniers jugent sans appel; même celle des Lieutenants-Criminels, dans le cas où il s'agit de juger présidialement. (Ordonnance 1670, *tit.* 1, *art.* 17, & *tit.* 2, *art.* 15. Déclaration du 18 Juillet 1724, *art.* 8.) Cette compétence à l'égard des Prévôts des Maréchaux, doit être jugée au Présidial dans le ressort duquel la capture aura été faite. (Ordonnance 1670, *tit.* 2, *art.* 15.)

171. 16°. Ils ne peuvent prendre connoissance des fautes commises par les Officiers de Maréchaussée, sous prétexte qu'ils en jugent la compétence, ni sous prétexte des inventaires qu'ils doivent déposer aux Greffes des Sieges Présidiaux, ou Royaux. (Arrêt du Grand-Conseil du 30 Juin 1611, rendu pour Evreux.) Ils peuvent seulement dans ce cas dresser des procès-verbaux, & les envoyer aux Cours Souveraines; ainsi qu'il a été jugé par Arrêt du Parlement du 7 Janvier 1610, contre le Présidial d'Orléans; par un Arrêt du Grand-Conseil du 30 Septembre 1645, rendu contre le Présidial de Soissons; & par un autre Arrêt aussi du Grand-Conseil du 26 Février 1677, contre le Présidial de Brives. On trouve même un Arrêt du 24 Mars 1610 de ce dernier Tribunal, rendu pour Acqs, qui défend aux Présidiaux d'enjoindre aux Prévôts des Maréchaux de faire & parfaire le procès aux accusés, dans un certain temps.

172. 17°. Mais les Juges-Présidiaux jugent en dernier ressort les récusations proposées contre les Prévôts des Maréchaux, ainsi que celles qui peuvent être proposées contre les Assesseurs de Maréchaussée. (Ordonnance de 1670, *tit.* 2, *art.* 16.) Voyez ce qui est dit à ce sujet, touchant ces récusations, ci-après (*n.* 255.)

La Déclaration du 23 Septembre 1678, veut que les accusés contre lesquels les Prévôts des Maréchaux auront reçu plainte, informé & décrété, ne puissent se pourvoir auparavant le jugement de compétence, sous prétexte de prise à partie, ou autrement, contre lesdits Prévôts, soit pour avoir instrumenté hors leur ressort, soit pour avoir fait chartre privée, qu'au Présidial qui doit juger la compétence desdits Prévôts; auquel Présidial ils pourront proposer lesdits deux cas, comme moyens de récusation, pour

pour y être jugés, conformément à l'article 16 du titre 2 de l'Ordonnance de 1670. Le même article ajoute, qu'au cas que lesdits Présidiaux trouvent que les Prévôts aient contrevenu à cet égard à l'Ordonnance, & que par la qualité des crimes, ou celle de la personne, les accusés soient sujets au jugement en dernier ressort, lesdits Présidiaux sont tenus de renvoyer les accusés, & les charges & informations au Présidial dans le ressort duquel le délit aura été commis, pour y être le procès instruit & jugé en dernier ressort, conformément à l'Ordonnance, sans que le Prévôt des Maréchaux ainsi récusé, en puisse plus connoître.

173. 18°. Les Lieutenants-Criminels, établis dans les Sieges où il y a Présidial, ont la connoissance & jurisdiction de toutes les lettres de remission, pardon, rappel de ban, & autres lettres de grace, pour raison des crimes & délits commis au-dedans des fins & limites desdits Sieges Présidiaux, privativement à tous autres Juges de leur ressort : (Edit du mois de Novembre 1554, *art. 11.* Ordonnance de Moulins, *art. 35* :) c'est-à-dire, dans l'étendue du Bailliage où le crime a été commis, suivant la Déclaration du 27 Février 1703. Voyez aussi ci-dessus (*n. 64.*) L'Ordonnance de 1670, *tit. 16*, *art. 13*, porte que l'adresse des personnes roturieres sera faite aux Baillis & Sénéchaux des lieux où il y a Siege Présidial ; & que dans les Provinces où il n'y a point de Siege Présidial, l'adresse sera faite aux Juges ressortissant nuement aux Cours de Parlement, & non à autres, à peine de nullité des jugements.

174. L'article 14 du même titre 16 de l'Ordonnance de 1670, ajoute néanmoins que les lettres obtenues par les Gentilshommes, pourront être adressées aux Présidiaux, si leur compétence y a été jugée.

Et quoique les Présidiaux ne puissent plus aujourd'hui connoître en général des crimes commis par les Gentilshommes, suivant l'article 12 de la Déclaration du 5 Février 1731 ; néanmoins si la connoissance d'un crime commis par un Gentilhomme, avoit été renvoyée à un Présidial, il semble que les lettres de grace pourroient y être adressées. Ce qui est une suite de la disposition portée dans le même article 12 de cette Déclaration, qui porte que les Gentilshommes qui auront été repris de justice, pourront être jugés en dernier ressort par les Prévôts des Maréchaux, & Sieges Présidiaux.

175. 19°. Ils peuvent aussi connoître des accusations calomnieuses

contre les téméraires accuſateurs, dénonciateurs, ou plaignants. (Voyez au titre *De la Compétence des Juges en général*, n. 283; & ci-après au titre *De l'Accuſation Calomnieuſe*, n. 40.)

Quant à la queſtion de ſçavoir ſi les Préſidiaux n'en connoiſſent alors qu'à la charge de l'appel, Voyez ce qui eſt dit *ibid.* au titre *De l'Accuſation Calomnieuſe*, n. 40.

§. II.

Devoirs des Juges Préſidiaux.

176. 1°. Ils doivent renvoyer aux Sieges ordinaires, les accuſés qui ne ſont pas de leur compétence; comme auſſi, ils doivent renvoyer aux Prévôts des Maréchaux, ceux dont la connoiſſance leur eſt attribuée par les Edits, à peine de répondre en leur propre & privé nom, des dommages & intérêts des priſonniers par eux détenus; & d'être, en outre, punis exemplairement, s'il ſe trouve que par faveur, ou autrement, ils aient procédé à la Déclaration de leur compétence ou incompétence. (Edit d'Amboiſe du mois de Janvier 1572, *art.* 12.)

177. 2°. En prononçant les jugements de compétence, ils ne peuvent prononcer autre choſe que la compétence ou incompétence de l'accuſé, ſuivant qu'elle ſera jugée; ſans pouvoir, ſous prétexte du jugement d'incompétence, décréter, évoquer, ni retenir à eux, ou prononcer par renvoi. (Arrêt du Grand-Conſeil du 9 Mars 1689 pour Xaintes.) Et ſi en jugeant l'incompétence d'un Prévôt, les Juges-Préſidiaux renvoyoient dans un autre Siege; on pourroit appeller de ce renvoi, les Préſidiaux n'ayant point de Juriſdiction, & encore moins de dernier reſſort, pour diſtribuer des juges aux parties, ainſi que s'en explique M. Talon dans un Arrêt du 28 Mai 1629, rendu pour le Préſidial de Poitiers, rapporté au Recueil de la Maréchauſſée, *tom. 1. pag.* 499. Ils ne peuvent même ordonner que les procédures ſur leſquelles ils ont jugé la compétence, ſoient portées au Greffe du Juge qu'ils déſignent. (Ainſi jugé par Arrêt du 2 Mai 1663, contre les Officiers du Préſidial d'Andely; & il eſt ordonné par le même Arrêt, que les procédures ſeront réunies entre les mains du Greffier de la Maréchauſſée.)

178. 3°. Ils doivent vaquer diligemment avec le Prévôt des Maré-

chaux, ou son Lieutenant, au jugement des procès-criminels prévôtaux, aussitôt qu'ils en seront requis. (Arrêt du Grand-Conseil du 30 Juin 1611 pour le Prévôt de Normandie.) Et à cet effet, ils doivent s'assembler diligemment en la Chambre du Conseil & lieu accoutumé, au jour & heure qui sera donnée par le Lieutenant-Général, ou autre qui présidera en son absence; lequel jour & heure ledit Lieutenant-Général ou autre qui présidera, sera tenu de donner audit Prévôt, aussitôt qu'il en sera par lui requis. (Arrêt du Grand-Conseil du 24 Septembre 1615 pour Niort.)

179. 4°. Ils ne peuvent juger les procès-criminels présidiaux, ou prévôtaux, qu'au nombre de sept. (Edit d'ampliation des Présidiaux, du mois de Mars 1551. Ordonnance de Moulins, *art.* 42. Ordonnance de 1670, *tit.* 25, *art.* 11.) Et s'ils ne sont en nombre suffisant, ils doivent appeller des Avocats du Siege, ou autres Gradués. (Ordonnance de Roussillon du mois d'Août 1564, *art.* 4. Ordonnance de 1670, *tit.* 25, *art.* 11, & *tit.* 2, *art.* 24. Voyez aussi l'Arrêt du Conseil du 30 Mars 1719, rendu pour le Présidial de Brives, *art.* 3, qui porte que si les Officiers du Présidial ne sont pas en nombre compétent pour juger, le Lieutenant-Criminel pourra appeller des Gradués.)

180. 5°. En procédant aux jugements des accusations qui auront été instruites conjointement par eux, ou par les Prévôts des Maréchaux, pour des cas prévôtaux, & pour d'autres non prévôtaux, ils sont tenus de marquer distinctement les cas dont l'accusé sera déclaré atteint & convaincu; au moyen de quoi sera le jugement exécuté en dernier ressort, si l'accusé est déclaré atteint & convaincu du cas prévôtal; sinon ledit jugement ne sera rendu qu'à la charge de l'appel, dont il sera fait mention expresse dans la Sentence, à peine de nullité, même d'interdiction contre les Juges qui contreviendront au présent article. (Déclaration du 5 Février 1731, *art.* 19.)

6°. En instruisant les procès-criminels où il y a des soldats accusés, ils sont tenus, ainsi que les autres Juges, d'appeller à cette instruction le Major, ou Aide-Major, ou autre Officier commandant le corps de troupes dont les accusés sont soldats. (Voyez ce qui est dit ci-après au titre *De l'Instruction criminelle en général*, n. 61.)

ARTICLE VI.

De la Compétence des Prévôts des Maréchaux.

§. I.

181. Les Prévôts des Maréchaux connoissent en dernier ressort de tous les cas prévôtaux. (Ordonnance de 1670, *tit.* 1, *art.* 12. Déclaration du 5 Février 1731.)

Ces cas peuvent être considérés de deux manieres, ou par la qualité des accusés, ou par la nature du crime.

1°. Du côté de la qualité des accusés, les Prévôts des Maréchaux de France connoissent de tous crimes commis par vagabonds, & gens sans aveu, c'est-à-dire, par personnes, qui n'ayant ni profession, ni métier, ni domicile certain, ne peuvent être avoués, ni faire certifier de leurs bonnes vie & mœurs par personnes dignes de foi. (Déclaration du 5 Février 1731, *art.* 1. Ordonnance de 1670, *tit.* 1, *art* 12.)

182. L'Ordonnance de 1670 dans le même article 12 du titre 1, faisoit mention, non-seulement des Prévôts des Maréchaux, mais encore des Vice-Baillis & Vice-Sénéchaux, ainsi que des Lieutenants-Criminels de Robe-Courte; mais tous ces Officiers, à la réserve des Prévôts des Maréchaux, ont été supprimés. Il y a néanmoins quelques villes où les Lieutenants-Criminels de Robe-Courte ne l'ont point été. Celui d'Orléans a été conservé par Arrêt du Conseil du 9 Juin 1727.

Les mendiants qui sont sans domicile, & qui courent le pays, sont regardés comme vagabonds, & par conséquent de la compétence des Prévôts des Maréchaux, pour raison des crimes qu'ils commettent.

Mais les Moissonneurs & Vendangeurs, après la récolte, les Savoyards, les Maçons qui viennent de l'Auvergne & du Limousin, les Terrassiers, les Serviteurs nouvellement sortis de condition, & autres de cette espece, ne sont point des vagabonds. (Voyez la Déclaration du 18 Juillet 1724, *art.* 12.)

183. 2°. Les Prévôts des Maréchaux connoissent de tous crimes commis par ceux qui ont déja été condamnés à quelque peine corporelle, bannissement, ou amende-honorable; à la réserve néan-

moins de la simple infraction de ban, dont ils ne connoissent que lorsque la peine du bannissement a été par eux prononcée. (Déclaration du 5 Février 1731, *art.* 2. Ordonnance de 1670, *tit.* 1, *art.* 12.)

Le même article 2 de cette Déclaration de 1731, veut que dans les autres cas, les Juges qui ont prononcé la condamnation au bannissement, connoissent de l'infraction de ban; si ce n'est que la peine du bannissement ait été prononcée par Arrêt des Cours de Parlements, soit en infirmant, ou en confirmant les Sentences des premiers Juges; & quand même l'exécution auroit été renvoyée auxdits Juges; auquel cas le procès ne pourra être fait & parfait à ceux qui seront accusés de ladite infraction de ban, que par les mêmes Cours de Parlement.

184. Si la peine du bannissement avoit été prononcée dans une Election, ou Grenier-à-Sel, & confirmée en la Cour des Aides, il semble, en suivant l'esprit de cet article, que ce devroit être à cette Cour à connoître de l'infraction de ban par elle prononcée. Néanmoins comme cet article établit un droit nouveau & contraire à l'ancien usage, & qu'il ne parle que des seules Cours de Parlement, on peut prétendre avec fondement, que si la peine du bannissement a été prononcée dans une Election, ou Grenier-à-Sel, ce sera à celle de ces deux Jurisdictions qui a jugé en premiere instance, à connoître de l'infraction de ban.

185. Au reste, on doit observer que pour qu'un accusé soit dit avoir été repris de justice, il faut qu'il ait subi son jugement, ainsi que l'article 2 qui vient d'être cité semble l'insinuer; & qu'ainsi il ne suffit pas d'avoir été repris par contumace, si l'on est encore dans les cinq ans pour se représenter.

Il faut aussi observer que les Ecclésiastiques, les Secrétaires du Roi, & les Officiers de Judicature, du nombre de ceux dont les procès ont coutume d'être jugés en la Grand'Chambre, ne sont en aucun cas sujets à la Jurisdiction des Prévôts des Maréchaux, ni des Juges-Présidiaux, quand même ils auroient été repris de justice; ce qui résulte des articles 11 & 13 de la Déclaration du 5 Février 1731. Il n'y a que les Nobles repris de Justice, qui y soient sujets, malgré leur noblesse, ainsi qu'il est porté par l'article 12 de la même Déclaration. (Voyez *infrà*, n. 208.)

186. 3°. Les Prévôts des Maréchaux connoissent de tous excès, oppressions, ou autres crimes, commis par des gens de guerre, tant dans

leur marche que dans les lieux d'étape, ou d'assemblée, ou de séjour pendant leur marche. (Déclaration de 1731, *art.* 3. Ordonnance de 1670, *tit.* 1, *art.* 12. Ordonnance de Blois, *art.* 301.)

Sous le terme de *gens de guerre*, ne sont compris les Officiers; (Voyez l'Ordonnance du premier Juillet 1727, touchant les délits militaires, *art.* 40.) (*a*)

Ce crime est aussi cas royal, quoiqu'il ne soit prévôtal que par la qualité des accusés. (Voyez *suprà*, n. 151.)

187. Le séjour dont il est parlé dans cet article 3 de la Déclaration de 1731, & dans l'article 12 du tit. 1 de l'Ordonnance de 1670, est un séjour de passage & momentané. C'est ce que signifient, 1°. ces mots, *dans leur marche*, qui ne marquent qu'une route, & un passage de troupes d'un lieu à un autre : 2°. ces mots, *lieux d'étapes*, qui ne présentent que l'idée d'un lieu où les troupes s'arrêtent pour coucher dans leur route : 3°. ces mots, *lieux d'assemblées*, qui n'expriment autre chose qu'une demeure de quelques jours dans le lieu de rendez-vous, où les troupes ont ordre de s'assembler pour aller ensuite au lieu de leur destination : 4°. ces termes, *séjour pendant leur marche*, qui font voir que le mot de séjour, est ici restreint à un séjour de simple passage, que l'on donne de distance en distance aux troupes pour se reposer un jour ou deux.

188. Ainsi il ne paroît pas que la disposition portée en cet article 12, doive s'entendre des crimes commis par les gens de guerre dans leurs garnisons, ou quartiers d'hiver; quoique le contraire soit avancé par M. Talon dans le Procès-verbal des Conférences sur l'Ordonnance de 1670, *art.* 12, *pag.* 35. (*b*).

D'ailleurs le sentiment qu'on adopte ici, paroît plus conforme au véritable motif de l'établissement des Maréchaussées, qui, dans leur origine, étoient obligées de suivre les troupes dans leurs routes, & passages; mais non dans les garnisons, ou quartiers d'hiver.

Lorsque les gens de guerre commettent des crimes dans leurs garnisons, ou quartiers d'hiver, contre des citoyens, ils sont jus-

(*a*) On prétend néanmoins que sous le mot de *gens de guerre* sont aussi compris les Officiers, excepté les Officiers-généraux; & qu'il y a sur cela une Déclaration du Roi avant 1680.

(*b*) J'ai vu une lettre de M. d'Aguesseau Chancelier, en date du 21 Septembre 1734, où il décide la question contre le sentiment de M. Talon.

ticiables des Juges ordinaires des lieux, si ce sont des délits ordinaires. Si ce sont des cas royaux, ils sont jugés par les Baillis & Sénéchaux-Royaux. Et si ce sont des cas prévôtaux, ils sont jugés en dernier ressort par les Prévôts des Maréchaux, ou par les Présidiaux. (Voyez ce qui est dit ci-dessus, *n.* 152.)

189. A l'égard des crimes commis de soldat à soldat, quoiqu'il soit vrai de dire en général que ces crimes sont de la compétence des Officiers militaires, suivant l'article 43 de l'Ordonnance du 15 Juillet 1665, néanmoins il faut observer,

En premier lieu, que le crime de duel de soldat à soldat, même d'Officier à Officier, est de la compétence des Juges Royaux, ou des Prévôts des Maréchaux, à la charge de l'appel : les Ordonnances touchant les duels, attribuant également à ces Juges la connoissance de ces sortes de délits, à la charge de l'appel aux Cours de Parlement. (Voyez l'Edit du mois d'Août 1679, *art.* 19, rapporté au Recueil de Réglements, en 3 vol. *in*-12 imprimé à Paris en 1757, *tom.* 1, *pag.* 408.)

Secondement, que les crimes qui sont du nombre des cas royaux, commis de soldat à soldat, sont de la compétence des Baillis & Sénéchaux royaux, suivant la disposition de l'article 11 du titre 1 de l'Ordonnance 1670, qui leur attribue la connoissance des cas royaux, à l'exclusion de tous autres Juges.

190. Troisiémement, que les cas Prévôtaux, même de soldat à soldat, sont de la compétence des Prévôts des Maréchaux, ou des Présidiaux; l'Ordonnance 1670, *tit.* 1, *art.* 12, & la Déclaration du 5 Février 1731, ne faisant aucune distinction de personnes. (Ainsi jugé par Arrêt du Conseil du 15 Septembre 1702, rendu entre le Prévôt des Maréchaux de Saumur, & les Officiers du Siege Présidial d'Angers, rapporté au Code Militaire, *tom.* 2, *tit.* 9, *pag.* 132.)

Quatriémement, enfin que si ce sont des délits militaires, c'est aux Conseils-de-guerre à en connoître, à l'exclusion de tous autres Juges. (Voyez *infrà*, n. 630, & au titre *Des Délits Militaires*, n. 32 & suiv.)

Les délits commis par des gens de guerre qui s'en retournent chez eux, ou qui vont rejoindre le Régiment seuls, ou en compagnie d'autres soldats, ne sont pas de la compétence des Prévôts des Maréchaux par la seule qualité des personnes.

191. Il en est de même des soldats qui sont en quartier d'hiver chez

leur parents. (Ainsi réglé en 1729, en faveur du Lieutenant-Criminel d'Autun. Voyez aussi Brillon au mot *Soldat*, n. 4, de l'édition de 1727, où il cite à ce sujet un Arrêt du Grand-Conseil du 13 Septembre 1703.)

4°. Les Prévôts des Maréchaux connoissent aussi des déserteurs d'armée, & de ceux qui les ont suborné, ou qui ont favorisé leur désertion; quand même les accusés de ce crime ne seroient point gens de guerre; & ils en connoissent seuls à l'exclusion de tous autres Juges ordinaires. (Déclaration du 5 Février 1731, *art.* 3 & 7.)

Ces mots *déserteurs d'armée*, excluent ceux de déserteurs de garnison. Ainsi ces derniers ne sont pas un cas Prévôtal.

Les Officiers des troupes militaires & Conseils-de-guerre, connoissent aussi du crime de désertion.

192. 5°. Tous les cas énoncés dans les quatre articles précédents, qui ne sont réputés Prévôtaux que par la qualité des personnes accusées, sont de la compétence des Prévôts des Maréchaux, dans le cas même où il s'agiroit de crimes commis dans les villes de leur résidence. (Même Déclaration de 1731, *art.* 4.)

6°, Ils connoissent encore de tous cas Prévôtaux par la nature du crime, qui sont les suivants; sçavoir,

Des Vols de grands-chemins, sans que les rues des villes & fauxbourgs puissent être comprises à cet égard sous le nom de grands-chemins. (Déclaration 1731, *art.* 5. Ordon. 1670, *tit.* 1, *art.* 12.)

Sous le terme de *Grands-chemins*, on doit comprendre aussi les routes qui sont dans les prés, terres, bois & forêts voisines des grands-chemins, lorsque ces routes sont à côté & le long de ces grands-chemins, & servent aux passants & aux voyageurs.

193. Les voleurs de grand-chemin, dont il est ici parlé, sont ceux qui guettent & attendent les passants sur les grands-chemins pour les voler, ce qu'on appelloit autrefois *Grassatores seu agressores & insidiatores viarum*.

En effet, le vol de grand-chemin suppose une aggression ou attaque de guet-à-pens, faite à un passant pour le voler, ainsi qu'il est dit dans les anciennes Ordonnances. C'est pourquoi un simple vol commis dans une voiture sur un grand-chemin par quelqu'un de ceux qui seroient dans cette voiture, ou bien un vol simple fait par un particulier à l'égard d'un autre particulier avec lequel il voyageroit, ne paroissent pas compris sous le terme de vols de grand-chemin.

7°.

194. 7°. Des vols faits avec effraction, lorsqu'ils sont accompagnés de port d'armes & violence publique, ou lorsque l'effraction se trouve avoir été faite dans les murs de clôture, ou toîts des maisons, portes & fenêtres extérieures; & ce, quand même il n'y auroit ni port d'armes ni violence publique. (Déclaration du 5 Février 1731, *art.* 5.)

Cet article veut que le vol fait avec une simple effraction, soit accompagné de port d'armes, & violence publique; c'est-à-dire, qu'il soit fait avec port d'armes & violence publique, comme il est porté par l'article 12 du titre 1 de l'Ordonnance de 1670; parce que le simple port d'armes dans un vol, quoique fait avec effraction, à moins qu'elle ne soit extérieure, ne rend pas le cas prévôtal.

Sous le mot de *port d'armes*, il faut entendre toutes sortes d'armes offensives, telles que sont les couteaux, pierres, bâtons, & en général tout ce avec quoi on peut nuire aux autres; comme, par exemple, si l'on met par violence une corde au col de quelqu'un; ou qu'on l'attache à un arbre, ou à un lit pour le voler, ou pour l'obliger de dire en quel endroit est son argent; & autres cas semblables. *Telorum appellatione continentur omnia, ex quibus singuli homines nocere possunt.* L. 11, §. 1, D. *ad legem Juliam De vi publicâ.* L. 9, D. *eodem titulo.*

195. *Violence publique*, est à-peu-près la même chose que force publique. (Voyez ce que c'est que *Force publique*, ci-dessus, *n.* 129.)

Quelques-uns n'entendent par les murs de clôture, ou toîts des maisons, portes & fenêtres extérieures, dont il est parlé dans cet article, que les seuls murs de bâtiment, ou de clôture, qui regnent le long de la voie publique, & les seules portes & fenêtres qui regnent sur la même voie; mais cette interprétation paroît peu conforme à l'esprit de l'Ordonnance. En effet, il y a bien des maisons dans les villages, qui n'ont ni murs, ni toîts, ni portes, ni fenêtres sur la voie publique, & qui sont placées dans l'enfoncement d'une cour communément ouverte par devant, ou d'un jardin dans lequel il est aisé d'entrer en passant par-dessus une haie. Dans les villes même, il y a plusieurs maisons qui n'ont qu'un simple mur de clôture, qu'il est aisé de franchir en passant par-dessus. Ainsi si cette maniere d'entendre l'Ordonnance, avoit lieu, les voleurs pourroient aisément faire effraction à ces sortes d'habitations, sans craindre d'être jugés en dernier ressort par les Présidiaux, ou par les Prévôts des Maréchaux.

196. D'ailleurs il faut observer, que le mot *Extérieurs* dont il est parlé en cet article 5 de la Déclaration de 1731, ne se rapporte qu'aux seules portes & fenêtres, & non aux murs, ou toîts. L'article exige seulement à l'égard des murs, qu'ils soient *murs de clôture*; c'est-à-dire, qu'ils servent à renfermer l'habitation, & à en défendre l'entrée contre les attaques du dehors, pour les distinguer des murs de refend qui séparent les salles, chambres, & autres pieces semblables; ou que les murs séparent en particulier des cours ou des jardins entr'eux.

197. Quant aux *toîts*, l'article veut que ce soient des *toîts de maisons*, pour les distinguer des toîts qui peuvent servir à couvrir des remises qui se trouvent dans les cours; ou autres semblables.

Ainsi toutes les fois que l'effraction aura été faite à un mur de clôture d'une maison, le cas sera prévôtal, sans qu'il soit besoin de distinguer si ce mur de clôture est par devant, & sur la voie publique, ou s'il est par derriere, ou au côté de la maison, donnant sur une cour, ou sur un jardin, ou sur la campagne, ou attenant à une maison voisine. (Ainsi jugé au Présidial d'Orléans, par Sentence du 19 Janvier 1750 contre un particulier, qui après avoir passé par-dessus un mur de la cour d'une maison, avoit ensuite fait effraction au mur de clôture du bâtiment, & volé dans la même maison: la Sentence déclara le Prévôt des Maréchaux compétent pour faire le procès à l'accusé, comme prévenu de vol fait avec effraction extérieure. Autre Sentence du 15 Février 1769, rendue au même Siege, qui a jugé la même chose contre un autre particulier.

Il en est de même toutes les fois que l'effraction se trouvera avoir été faite dans quelqu'un des toîts d'une maison; le cas sera aussi prévôtal, sans distinguer si c'est un corps de logis de devant, ou de derriere, ou des ailes.

198. A l'égard des *portes*, il faut regarder comme *portes extérieures*, toutes celles qui donnent entrée dans une maison, ou habitation, non-seulement par la rue, ou voie publique, mais encore par le derriere, ou par les côtés de cette même maison; soit que ces portes donnent sur une cour, ou sur un jardin, ou dans la campagne. Les unes & les autres sont également la sureté du pere de famille, & ne doivent pas moins être considérées comme sa dé-

fenſe ordinaire, que celles de devant. Il n'en eſt pas de même des portes intérieures, c'eſt-à-dire, de celles qui ſervent à communiquer d'une chambre à une autre : une effraction qui ſeroit faite à ces portes, ne rendroit pas le cas prévôtal, s'il n'étoit d'ailleurs accompagné de port-d'armes, & de violence publique.

199. Quant aux *fenêtres*, il n'y a, à proprement parler, de fenêtres intérieures que celles qui ſe trouvent à certaines maiſons, & qui ſervent pour faire communiquer le jour d'une piece à une autre, ce qu'on appelle communément de *faux-jours* ; & l'on doit regarder comme *fenêtres extérieures*, toutes celles qui ſont percées dans les faces d'un bâtiment, ſoit que ces faces donnent ſur la rue, ſoit qu'elles donnent ſur une cour, ou ſur un jardin, ou autre endroit ; le même motif de la ſûreté publique, ayant également lieu à l'égard de ces différentes eſpeces de fenêtres extérieures. Je crois même qu'on doit comprendre dans cette claſſe de fenêtres extérieures, les ouies & ſoupiraux de caves qui donnent ſur des cours ou jardins, ou ſur la rue, & que l'effraction qui y ſeroit faite pour s'y introduire & y voler, rend auſſi le cas prévôtal.

200. En effet, l'exacte fermeture de toutes ces fenêtres, ſoit de devant, ou de derriere, ou des côtés d'un bâtiment, ainſi que des portes qui ferment par le bas les différents corps-de-logis d'une même maiſon, eſt l'unique précaution qu'un pere de famille peut prendre pour ſe garantir des attaques du dehors. Les enfreindre, c'eſt violer la foi publique, qui fait le principal fondement du cas prévôtal, & ſur laquelle ce pere de famille a lieu de ſe confier & de dormir en repos. Mais il n'en eſt pas de même du pere de famille négligent, qui n'a pas eu ſoin de fermer ces mêmes portes & fenêtres : il a par ſa faute procuré un accès facile dans l'intérieur de ſa maiſon ; & l'on peut dire en quelque ſorte, que celui qui y vole enſuite, n'a rien entrepris contre la ſûreté publique, & n'a enfreint que des fermetures particulieres & intérieures, en rompant des portes de communication, des coffres, & des armoires.

201. Au ſurplus, il faut obſerver que pour rendre le cas prévôtal, il eſt indifférent que l'effraction faite à un mur, ou à une porte extérieure, *&c.* ait été faite avant ou après le vol ; c'eſt-à-dire, pour entrer dans la maiſon, ou pour en ſortir : car l'Ordonnance ne fait ici aucune diſtinction.

Il ſuit de ce qu'on vient de dire, & des termes même de cet article 5 de la Déclaration du 5 Février 1731, que le ſimple vol, accompagné d'effraction intérieure, comme celle qui se fait aux coffres & armoires dans l'intérieur des maisons, n'est point de la compétence des Prévôts des Maréchaux, lorsque ces vols ne sont accompagnés d'ailleurs, ni de port-d'armes, ni de violence publique.

202. On peut douter si l'effraction faite pour voler, non suivie de vol, est un cas prévôtal, ou non. Il a été jugé pour la négative au Présidial d'Orléans, au mois de Janvier 1763, sur le fondement que la tentative de vol, n'est pas un vol. M. le Chancelier a écrit à ce sujet, pour se plaindre du jugement d'incompétence. Le Présidial a répondu, & a fondé le jugement sur la disposition des Loix Romaines, qui disent que *qui furti faciendi causâ in conclave intravit, nondum fur est*, L. 210, §. 7, *de furtis*; ce qui n'est pas néanmoins sans difficulté, sur-tout lorsque le prévenu de vol est surpris en faisant tout ce qui est en lui pour voler.

8°. Des sacrileges accompagnés des circonstances ci-dessus marquées à l'égard du vol commis avec effraction. (Même Déclaration du 5 Février 1731, *art.* 5.) Voyez quelles sont ces circonstances ci-dessus *n.* 194.)

Ainsi le sacrilege avec effraction n'est plus cas prévôtal, que lorsqu'il est accompagné de ces circonstances; au-lieu que par l'article 12 du titre 1 de l'Ordonnance de 1670, le simple sacrilege avec effraction, étoit mis au nombre des cas prévôtaux.

203. 9°. Des séditions & émotions populaires. (Même Déclaration de 1731, *art.* 5. Ordonnance de 1670, *tit.* 1, *art.* 12.) Voyez *suprà* (n. 128) l'explication de ces mots.

10°. Des attroupements & assemblées illicites, avec port-d'armes. (Déclaration de 1731, *art.* 5. Ordonnance de 1670, *art.* 12.)

Ainsi les assemblées illicites, sans port-d'armes, ne forment point un cas prévôtal, quoique d'ailleurs elles soient mises au nombre des cas royaux, suivant l'article 11 du titre 1 de l'Ordonnance de 1670. (Voyez au surplus l'explication de ces mots, *suprà*, n. 128.)

204. 11°. Des levées de gens de guerre, *sans commission émanée du* Roi. (Même Déclaration de 1731, *art.* 5. Ordonnance de 1670, *tit.* 1, *art.* 12.)

12°. De la fabrication, ou exposition de fausse-monnoie. (Même Déclaration de 1731, *art.* 5.)

L'Ordonnance de 1670, *tit.* 1, *art.* 12, portoit, fabrication, altération, ou exposition de fausse-monnoie; ainsi la simple altération de monnoie ne fait plus aujourd'hui un cas prévôtal, mais seulement royal.

Voyez au surplus ce qui est dit ci-dessus, (*n.* 111.)

205. 13°. Outre les cas ci-dessus, l'Ordonnance de 1670, *tit.* 1, *art.* 12, mettoit encore au nombre des cas prévôtaux, les assassinats prémédités. Mais ce crime n'est plus aujourd'hui de la compétence des Prévôts des Maréchaux, ni des Présidiaux; ainsi qu'il résulte de l'article 5 de la Déclaration du 5 Février 1731, qui porte « qu'aucuns crimes ne pourront être réputés cas prévotaux par leur » nature, que ceux mentionnés audit article 5 », qui ne parle point des assassinats prémédités.

Il n'est pas inutile d'observer que de tous les crimes de leze-majesté divine, la Déclaration de 1731 ne déclare cas prévôtaux que le sacrilege avec effraction extérieure, ou accompagné de port-d'armes, & de violence publique; & que de tous les crimes de leze-majesté humaine, la même Déclaration ne déclare cas prévotaux que la levée de gens de guerre, sans commission du Roi; & la fabrication, ou exposition de fausse-monnoie.

206. 14°. Les Prévots des Maréchaux ne peuvent connoître des crimes mentionnés dans les articles précédents, qui sont cas prévotaux par la nature du délit, lorsque ces crimes ont été commis dans les villes & fauxbourgs du lieu où lesdits Prévots, ou leurs Lieutenants, font leur résidence. (Déclaration de 1731, *art.* 6.)

Le motif de cette exclusion, à l'égard des villes dans lesquelles les Prévots des Maréchaux, ou leurs Lieutenants, font leur résidence, est afin de ne pas leur fournir un prétexte pour faire un trop long séjour dans ces villes, au lieu de s'acquitter du devoir qui les oblige d'être continuellement en campagne pour maintenir la sûreté publique.

207. 15°. Ils connoissent aussi du crime de duel, même dans les villes de leur résidence, concurremment avec les Juges-Royaux ordinaires; mais à la charge de l'appel. (Edit des Duels des mois de Septembre 1651, *art.* 18, & d'Août 1679, *art.* 19. Déclaration du 5 Février 1731, *art.* 27;) si ce n'est aux environs des Parlements, & entre gens qualifiés. (Déclaration du 4 Décembre 1679.)

208. 16°. Les Ecclésiastiques ne sont sujets dans aucuns cas, ni pour

quelque crime que ce puisse être, à la Jurisdiction des Prévôts des Maréchaux, ou Juges Présidiaux en dernier ressort. (Déclaration du 5 Février 1731, *art.* 11. Ordonnance de 1670, *tit.* 1, *art.* 13; ce qui est conforme à la Déclaration du 10 Juillet 1566, *art.* 9. Voyez aussi l'Edit du mois d'Avril 1695, *art.* 42.)

L'article 12 de la même Déclaration du 5 Février 1731, veut qu'à l'avenir les Gentilshommes jouissent du même privilege, si ce n'est qu'ils s'en fussent rendus indignes par quelque condamnation qu'ils eussent subie; soit de peine corporelle, bannissement, ou amende-honorable.

209. Ce privilege des Gentilshommes, & des Ecclésiastiques, leur est acquis de droit, sans qu'ils aient besoin de le réclamer. Car comme ces deux articles 11 & 12 de la Déclaration de 1731 sont *prohibitifs*, il s'ensuit que les Prévots des Maréchaux sont tenus d'interrompre toutes procédures d'instruction contre un de ces privilégiés, dès que sa qualité est suffisamment connue, sans attendre ni déclinatoire de la part de l'accusé, ni revendication de la part de la partie publique. Ils ne peuvent même interroger ces accusés, mais seulement les arrêter prisonniers, & informer contre eux, & à la charge de renvoyer les procédures par eux faites, aux Bailliages ou Sénéchaussées dans l'étendue desquels le crime aura été commis, suivant l'article 15 de la même Déclaration de 1731. (Voyez ce qui est dit là-dessus au titre *De la Compétence des Juges en général*, n. 94.)

210. C'est pourquoi toutes les procédures qu'ils feroient au delà de l'information & de la capture, depuis la connoissance de la qualité de l'accusé, seroient dans le cas d'être déclarées nulles, comme faites par un Juge incompétent.

L'article 13 de la même Déclaration du 5 Février 1731, porte aussi que les Secrétaires du Roi, & les autres Officiers-Royaux de judicature, du nombre de ceux dont les procès-criminels ont coutume d'être portés en la Grande ou Premiere Chambre des Cours de Parlement, ne pourront être jugés en aucuns cas par les Prévots des Maréchaux, ou Juges Présidiaux en dernier ressort. (Voyez ce qui est dit, au sujet de ces privilégiés, au titre *De la Compétence des Juges-Criminels en général*, n. 95.)

211. 17°. Si dans le nombre de ceux qui sont accusés du même crime, il s'en trouve un seul qui ait une des qualités marquées par les trois articles précédents (c'est-à-dire, qui soit ou Eccle-

siastique, ou Gentilhomme, ou Secrétaire du Roi, ou Officier de Judicature privilégié,) les Prévots des Maréchaux n'en peuvent connoître, & ils sont tenus d'en laisser la connoissance aux Juges à qui elle appartient; quand même la compétence auroit été jugée en leur faveur. (Déclaration du 5 Février 1731, *art.* 14.)

Ces mots, *aux Juges à qui elle appartient*, doivent s'entendre des Baillis & Sénéchaux-Royaux; parce que tous cas prévotaux par la nature du crime, sont cas royaux. (Voyez ce qui est dit ci-dessus, *n.* 147.)

212. 18°. L'article 20 de la même Déclaration de 1731, porte « Que » si dans le même procès criminel il y a plusieurs accusés, dont » les uns soient poursuivis pour un cas ordinaire, & dont les au- » tres soient chargés pour un cas prévotal, la connoissance des » deux accusations appartiendra aux Baillis & Sénéchaux, préfé- » rablement aux Prévots des Maréchaux & Sieges Présidiaux; » soit que les Juges qui auront informé & décrété pour le cas ordi- » naire, aient prévenu lesdits Prévots des Maréchaux, ou Juges » Présidiaux; soit qu'ils aient été prévenus par eux; & que si les » Juges-Présidiaux s'en trouvent saisis, *ils n'en pourront connoître* » *qu'à la charge de l'appel.* »

213. D'où il suit qu'il n'est pas nécessaire que le jugement soit rendu par sept Juges. (Argument tiré de l'article 11 du titre 25 de l'Ordonnance de 1670): mais il suffit qu'ils soient au nombre de trois. Néanmoins dans les accusations de duel, jugées dans les Maréchaussées, il faut être cinq Juges, quoique les jugements rendus à cet égard ne se jugent qu'à la charge de l'appel. (Déclaration du 5 Février 1731, *art.* 28.)

Ce même article 20 de la Déclaration de 1731, porte « Qu'il » en sera usé de même, s'il se trouve plusieurs acccusés, dont les » uns soient de la qualité marquée par les articles 1 & 2 de la » même Déclaration, & dont les autres ne soient pas de la même » qualité ».

Il en est de même, si après la compétence jugée contre un ou plusieurs accusés, un Noble, ou Ecclésiastique, ou autre privilégié, vient à être impliqué dans l'affaire. Car alors, malgré la compétence jugée, le procès ne peut plus être jugé en dernier ressort, non-seulement contre ce privilégié, mais encore contre les autres accusés. (Déclaration du 5 Février 1731, *art.* 14.)

214. *Quid.* Si après un jugement définitif, rendu prévotalement & en dernier ressort, un des accusés vient à charger, soit à la question préalable, soit par son testament de mort, un privilégié; dans ce cas la poursuite du jugement Prévotal, à l'égard de tous les autres accusés déclarés compétents, doit-elle être suspendue de maniere que le procès ne puisse être jugé qu'à l'ordinaire, tant à l'égard de ce privilégié, que de tous les autres accusés qui n'ont point encore été jugés définitivement?

Il paroît d'abord que tant qu'il n'y a point de décret, ou de poursuite contre ce privilégié, la simple déclaration d'un, ou même de plusieurs accusés, qui, parmi leurs complices, en nomment un privilégié, ne doit point être suffisante pour empêcher la suite du jugement prévotal à l'égard des autres accusés; autrement il ne manqueroit jamais d'arriver que des criminels poursuivis prévotalement, accuseroient des privilégiés comme complices, pour se dérober au jugement en dernier ressort.

Il y a plus de difficulté dans le cas où cette déclaration seroit faite par plusieurs accusés, & paroîtroit avoir quelque fondement. Mais il semble que dans ce cas, & à plus forte raison, si ce privilege étoit constaté, les Juges doivent surseoir au jugement prévotal, & ordonner, attendu le privilege de celui qui est nouvellement accusé, que le procès sera continué à l'ordinaire, & à la charge de l'appel, tant à l'égard de ce privilégié, que des autres accusés, qui n'ont point encore été jugés. (Voyez ce qui est dit à ce sujet au titre *Des Jugements de Compétence*, ci-après *n.* 35.)

Et je crois qu'il en est de même dans le cas où un accusé, condamné par un jugement Prévotal, ou Présidial, à la question préparatoire, viendroit, en la subissant, à accuser comme complice un privilégié; & que dans ce cas-là même, le jugement définitif à son égard doit être suspendu, si la déclaration est accompagnée des circonstances dont on vient de parler. (Voyez aussi ce qui est dit *idid.* n. 34.)

215. 19°. Lorsque parmi deux accusés prévenus d'un même délit, non prévotal par la nature du crime, l'un est vagabond, & l'autre domicilié; & que ce même vagabond se trouve impliqué dans une autre affaire où il est prévenu d'un cas prévôtal par la nature du crime; rien n'empêche que ce vagabond puisse être déclaré compétent pour raison du crime prévôtal, (du moins lorsque les deux accusations, tant pour raison du crime prévôtal, que du crime

non

non prévotal, n'ont pas été jointes ;) & alors le domicilié sera jugé seul pour raison de la premiere accusation. J'ai vu cette espece se présenter au Présidial d'Orléans au mois de Juillet 1754, où la compétence fut jugée suivant ces principes.

216. 20°. Les Prévots des Maréchaux, ainsi que les Juges-Présidiaux, ne peuvent connoître d'aucuns crimes quoique prévotaux, lorsqu'il s'agit de crimes commis dans l'étendue des villes où les Cours de Parlement sont établies, & fauxbourgs desdites villes ; & ce quand, même lesdits Prévots des Maréchaux, ou leurs Lieutenants, n'y feroient pas leur résidence ; à l'exception néanmoins des cas qui ne sont prévotaux que par la qualité des accusés, suivant les articles 1 & 2 de la Déclaration de 1731 ; (c'est-à-dire, quand il s'agit de crimes commis par des vagabonds, ou gens repris de Justice : Voyez *suprà* n. 181 & 183 :) desquels cas lesdits Prévots des Maréchaux, ou Juges Présidiaux, connoissent, même dans les villes où lesdites Cours ont leur séance ; à la charge par eux de se conformer à la disposition de l'article de la même Déclaration, en ce qui concerne l'infraction de ban. (Déclaration du 5 Février 1731, *art.* 16.)

217. 21°. Les Prévots des Maréchaux ne peuvent connoître d'autres cas que de ceux énoncés ci-dessus ; à peine d'interdiction, de dépens, dommages & intérêts, & de 300 liv. d'amende, applicable moitié envers le Roi, & moitié envers la Partie. (Ordonnance de 1670, *tit.* 2, *art.* 1.) Ainsi, le vol simple avec effraction intérieure, de même que l'assassinat prémédité dont ils pouvoient connoître aux termes de l'article 12 du titre 1 de l'Ordonnance de 1670, ne sont plus aujourd'hui de leur compétence.

Néanmoins si après le procès commencé pour un crime prévotal, il survient de nouvelles accusations dont il n'y ait point eu de plainte en Justice pour crimes non prévotaux, elles doivent être instruites conjointement, & jugées prévotalement. (Ordonnance de 1670, *tit.* 2, *art.* 23.) Voyez ce qui est dit au titre *De la Compétence des Juges en général*, (n. 254.)

Mais lorsqu'il y a eu plainte en Justice pour raison de ces accusations incidentes, & qu'un autre juge a déja prévenu, il faut observer ce qui est porté dans les articles 17 & 18 de la Déclaration du 5 Février 1731. (Voyez ce qui est dit à ce sujet au même titre *De la Compétence des Juges en général*, n. 258.)

218. 22°. Les Prévots des Maréchaux ne peuvent pas même con-

noître des cas prévotaux par la qualité des accusés vagabonds, ou repris de Justice, lorsque les coupables ont été arrêtés par les Prévots, Châtelains, ou autres Juges-Royaux ordinaires, même par ceux des Seigneurs Hauts-Justiciers; & alors la connoissance en appartient à ces derniers, par préférence & prévention aux Prévots des Maréchaux. (Même Déclaration de 1731, *art.* 10.)

219. 23°. En cas de concurrence de procédures, les Présidiaux, même les Baillis & Sénéchaux, ont la préférence sur les Prévots des Maréchaux, s'ils ont informé & décrété avant eux, ou le même jour. (Déclaration du 5 Février 1731, *art.* 9.)

Mais quand il s'agit de mendiants, qui sont en même-temps vagabonds, les Prévots des Maréchaux, ou leurs Lieutenants, ont la prévention sur les Lieutenants-Généraux de Police, s'ils ont informé avant eux. (Déclaration du 18 Juillet 1724, *art.* 8.)

220. 24°. Les Prévots des Maréchaux connoissent, comme tous les autres Juges, des inscriptions de faux incidentes aux procès criminels pendants pardevant eux. (Ordonnance de 1670, *tit.* 1, *art.* 20.)

Il semble aussi, suivant le même article, qu'ils sont en droit de connoître des rébellions commises à l'exécution de leurs jugements. Néanmoins Brillon, au mot *Compétence*, tom. 2, pag. 286, édition de 1727, n. 11, dit que c'est aux Lieutenants-Criminels à connoître de la rébellion à l'exécution des Jugements Prévotaux; parce que par le jugement définitif, tout est fini pour le Prévot des Maréchaux. Il cite à ce sujet un Arrêt du Grand-Conseil du 22 Mai 1702, contre le Prévot des Maréchaux de Tours. En effet, ils n'en pourroient connoître le plus souvent qu'à la charge de l'appel: or ils ne peuvent en aucun cas juger à la charge de l'appel, suivant l'article 1 du titre 14 de l'Ordonnance de 1670. (Voyez ce qui est dit au titre *De la Compétence des Juges en général*, n. 130 & 139.)

221. 25°. Les Prévots des Maréchaux peuvent connoître du bris de prison commis par leurs accusés, quand même ces accusés ne seroient pas vagabonds, ni soldats, & n'auroient pas été repris de Justice. (Ordonnance de 1670, *tit.* 2, *art.* 23. Déclaration du 5 Février 1731, *art.* 18.): pourvu que ce bris de prison soit arrivé depuis l'instruction du procès principal qui se fait par le Prévot des Maréchaux. Mais si parmi les complices de

ce bris de prison, il y en avoit quelqu'un qui ne fût pas sujet à la Jurisdiction prévotale, les Prévots des Maréchaux n'en pourroient plus connoître.

26°. Ils ne connoissent des crimes commis par mendiants, que quand ces mendiants sont vagabonds; ni pareillement de la simple mendicité, que contre ceux qui sont de ladite qualité de vagabonds. (Déclaration du 28 Janvier 1687; autre du 18 Juillet 1724, *art.* 8. Ainsi jugé au Présidial d'Orléans le 7 Décembre 1750.)

222. 27°. Ils ne peuvent connoître des accusations & dénonciations calomnieuses, ni prononcer des dommages & intérêts contre les téméraires accusateurs, ou plaignants. (Voyez Chenu en ses Réglements, *tit.* 9, *chap.* 4. Et il a été ainsi jugé par Arrêt du Parlement du 15 Janvier 1724, contre le Prévot des Maréchaux de Mantes. (Voyez aussi ce qui est dit ci-après au titre *De la Compétence des Juges en général*, n. 283; & au titre *Des Accusations calomnieuses*, n. 40.)

28°. Ils ne peuvent pareillement connoître des saisies, décrets, & ventes de biens, faites en vertu de leurs jugements. (Arrêts du mois de Février 1578, & du 15 Décembre 1557, rapportés par Filleau, *tom.* 1, *part.* 2, *tit.* 3, *ch.* 8, *pag.* 77.)

223. 29°. Ils ne peuvent connoître des procès de Maréchaussées, lorsque les accusés ont été reçus en procès ordinaire. (Arrêt du Parlement du 5 Mars 1575, rapporté par Filleau, *tom.* 1, *part.* 2, *tit.* 3, *ch.* 7, *pag.* 76. Autre Arrêt du Conseil du 16 Mai 1608 pour Armagnac.)

Et ces procès, ainsi civilisés, sont de la compétence du Lieutenant-Criminel. (Ainsi jugé par Arrêt du Parlement de Paris du 23 Décembre 1627 pour Saint-Quentin; autre du 5 Mars 1575; rapportés tous les deux au Recueil de la Maréchaussée, *pag.* 184.)

On trouve néanmoins un Arrêt du Grand-Conseil du 22 Septembre 1655, rendu pour Lyon, & rapporté par Henris, *tom.* 2, *liv.* 2, *qu.* 34, qui a jugé que les Prévots des Maréchaux pouvoient continuer leur instruction, quoique les parties eussent été reçues en procès ordinaire; mais que le jugement devoit être rendu alors au Présidial.)

224. 30°. Les Prévôts des Maréchaux ne peuvent connoître non plus de l'entérinement des lettres de grace. (Ordonnance du mois de Janvier 1629, *art.* 182. Arrêt du 11 Décembre 1548, rap-

porté par Papon, *liv. 4, tit. 13, n. 4.* Voyez aussi Filleau, *tom. 1, part. 2, tit. 3*, où il rapporte deux anciens Arrêts des 2 Décembre 1572, & 22 Juin 1580 pour Clermont, qui l'ont ainsi décidé. Les Déclarations du Roi des 27 Février 1703, & 22 Mai 1723, paroissent aussi conformes à ce sentiment.)

225. 31°. Ils connoissent en dernier ressort des affaires criminelles qui sont de leur compétence, suivant les Ordonnances des 20 Mars 1533, 25 Janvier 1536, 3 Octobre 1544, 5 Février 1549, 14 Octobre 1563, *art.* 2 & 3; Août 1564, *art.* 5 & 7. *Idem* par l'Ordonnance de Moulins, *art.* 42, & par celle du mois de Janvier 1572, *art.* 14; & l'on ne peut se pourvoir en aucune maniere contre leurs jugements. S'il y avoit lieu de le faire, ce ne pourroit être qu'au Conseil du Roi, & non au Grand-Conseil, qui n'a jamais connu par la voie de cassation, des Jugements Prévôtaux rendus au fond; mais seulement des demandes en cassation des Jugements de compétence.

Mais pour que les Jugements des Prévôts des Maréchaux soient en dernier ressort, il faut qu'ils soient rendus au nombre de sept Juges. (Ordonnance 1670, *tit.* 2, *art.* 24.)

226. Les Prév. ts des Maréchaux ne peuvent même juger en aucuns cas à la charge de l'appel. (Ordonnance 1670, *tit.* 1, *art.* 14. Ordonnance de Moulins, *art.* 42.) Il en faut seulement excepter le cas de duel, suivant l'Edit *des Duels* du mois d'Août 1679, *art.* 19; & la Déclaration du 5 Février 1731, *art.* 27. Voyez encore une Exception à cette regle en l'*art.* 10 de la même Déclaration de 1731, ci-dessus, *n.* 212, & en l'*art.* 19 de cette même Déclaration de 1731 ci-après, *n.* 269.

Il faut aussi observer que quand il s'agit de prononcer quelque peine, *v. g.* de correction, destitution, ou autre, contre les Archers de Maréchaussée pour fait de discipline, les Prévots des Maréchaux ne le peuvent faire qu'à la charge de l'appel au Siege de la Connétablie. (Arrêt du Conseil du 16 Mai 1608 pour Armagnac.) Et alors ils jugent seuls, sans être obligés de le faire avec les Officiers des Présidiaux, ou des Bailliages & Sénéchaussées Royales.

227. 32°. Les Prévôts des Maréchaux peuvent par le Jugement définitif, liquider les dommages & intérêts contre les accusés qu'ils ont condamnés. (Arrêt du 21 Janvier 1617, rapporté par Mornac, sur la Loi 61, D. *De Judiciis.*)

Mais pour avoir le paiement de ces dommages & intérêts, il faut se pourvoir au Siege où le Jugement a été rendu. (Arrêt du Grand-Conseil du 22 Mai 1702, ci-dessus cité, rapporté par Brillon au mot *Compétence*, *tom.* 2, *pag.* 286, *n.* 11, *édition de* 1727.)

228. 33°. Les Prévôts des Maréchaux peuvent informer contre toutes sortes de personnes, même privilegiées & qui ne sont point sujettes à la compétence des Prévôts des Maréchaux, pour crimes prévôtaux pour la nature du crime; & même décréter contre ces personnes, & les arrêter; (Voyez au titre *De la Compétence des Juges en général*, n. 181;) à la charge de renvoyer les procédures par eux faites aux Bailliages, ou Sénéchaussées, dans l'étendue desquelles le crime aura été commis, pour y être le procès fait & parfait auxdits accusés à la charge de l'appel aux Cours de Parlement. (Déclaration du 5 Février 1731, *art.* 15.) Mais les Prévôts des Maréchaux ne peuvent faire subir interrogatoire à ces sortes de personnes: ce qui résulte des termes de cet article, qui dit simplement, *informer & décréter.*

229. Ils peuvent aussi informer de tous cas ordinaires commis dans l'étendue de leur ressort, même décréter les accusés, & les interroger; à la charge d'en avertir incessamment les Baillis & Sénéchaux, & de leur remettre les procédures & les accusés, sans attendre même qu'ils en soient requis. (Même Déclaration de 1731, *art.* 21.) Ce qui est conforme à l'*art.* 41 de l'Ordonnance de Moulins, & à l'Edit de 1563. Ces procédures doivent être remises au Greffe du Juge qui en doit connoître.

Mais il leur est défendu de recevoir aucune plainte, ni d'informer hors leur ressort, si ce n'est pour rébellion à l'exécution de leurs décrets. (Ordonnance 1670, *tit.* 2, *art.* 2.) Ce qui est fondé sur la maxime que *extrà territorium jus dicenti impune non paretur*, suivant la Loi 20. D. *De Jurisdict.* A l'égard de l'exception qui est ici établie, elle est fondée sur ce que le crime de rébellion doit être puni par le Juge au mandement duquel la rébellion a été faite, & non par le Juge du lieu où cette rébellion a été commise. (Voyez ce qui est dit à ce sujet au titre *De la Compétence des Juges en général*, n. 139.)

230. L'Auteur des Loix criminelles, *tom.* 1, *chap.* 23, §. 1, *n.* 4, *pag.* 165, prétend que cette limitation du ressort des Prévôts des Maréchaux, n'empêche pas qu'ils ne puissent, même hors leur

ressort, mettre à exécution les décrets & mandements de Justice, lorsqu'ils en sont requis par les Juges, & sommés par les Procureurs du Roi, ou par les parties.

Les Prévôts étoient autrefois établis par Provinces, ou Bailliages. Aujourd'hui ils sont établis par Généralités, & Départements, depuis l'Edit du mois de Mars 1720.

§ II.

De la procédure particuliere aux Prévôts des Maréchaux; & de leurs devoirs dans l'instruction & le Jugement des procès criminels.

231. 1°. Les Prévôts des Maréchaux ont l'instruction entiere des procès prévôtaux; & cela est conforme à un grand nombre de Réglements. (Ordonnance de 1670, *tit.* 2.)

Mais ils ne peuvent subroger pour l'instruction de ces mêmes procès, ni pour les autres choses dépendantes de leurs charges, que leurs Lieutenants, & à leur défaut, l'Assesseur. (Arrêt du Grand-Conseil du 30 Juin 1618, rendu pour Orléans.)

Il leur est aussi défendu de donner des commissions pour informer, à des Archers, Notaires, ou autres personnes; à peine de nullité de la procédure, & d'interdiction contre le Prévôt. (Ordonnance 1670, *tit.* 2, *art.* 5.)

Mais ils peuvent, en cas d'absence, ou autre empêchement légitime du Greffier de la Maréchaussée, en commettre un autre, pourvu qu'il soit majeur. (Déclaration du 9 Avril 1720.)

232. 2°. Les Prévôts des Maréchaux, ou leurs Lieutenants, ne peuvent procéder seuls à l'instruction de ces procès; même à l'interrogatoire des accusés; & ils sont tenus de le faire avec l'Assesseur en la Maréchaussée. (Ordonnance 1670, *tit.* 2, *art.* 22 & 12. Déclaration du 5 Février 1731, *art.* 28.)

Néanmoins ils peuvent interroger seuls les accusés, au moment, & même dans les vingt-quatre heures de la capture, suivant le même *art.* 28 de la Déclaration du 5 Février 1731.

L'Arrêt de Réglement du 30 Juin 1618, rendu pour Orléans, ci-dessus cité, porte aussi que le Prévôt des Maréchaux pourra donner seul, & sans l'assistance de l'Assesseur, les Sentences de provision, d'aliments & médicaments, & de renvoi; mais non sans en communiquer au Procureur du Roi.

233. Pour procéder à l'instruction des procès prévôtaux, le Prévôt, ou ses Lieutenants, sont tenus de faire avertir l'Assesseur pour se trouver en la Chambre des Interrogatoires de la prison. (Même Arrêt de 1618.)

Mais ils ne peuvent entendre des témoins dans leurs maisons. (Déclaration du 22 Avril 1636, *art.* 10. Voyez ce qui est dit au titre *De l'Instruction criminelle en général*, n. 71 & suiv.)

C'est au Prévôt, ou à son Lieutenant, & non à l'Assesseur, à dicter au Greffier les informations, interrogatoires, *&c*, suivant le même Arrêt de 1618, qui ajoute néanmoins, que l'Assesseur pourra en cas d'omission par le Prévôt, faire aux témoins, ou accusés, telle demande que bon lui semblera. (Même Arrêt de 1618. Autre Arrêt du Grand-Conseil du 2 Septembre 1624, rendu pour Sens, rapporté par Filleau, *tom.* 1, *part.* 2, *pag.* 129.)

234. Le motif de cette présence de l'Assesseur, est que les Prévôts des Maréchaux étant réputés des Officiers militaires, & non lettrés, ont besoin du secours d'un Gradué, ou homme de loi, pour veiller à la régularité de la procédure, & voir si elle est faite conformément à l'Ordonnance, même dans le cas où ils jugent à la charge de l'appel.

Tous les Actes faits par le Prévôt, & son Assesseur, qui concernent l'instruction, doivent être intitulés du nom de Prévôt seul ; & il y doit être fait mention seulement que c'est en présence de l'Assesseur. (Réglement de Limoges du 9 Janvier 1637, *art.* 47, rapporté par Descorbiac, *tit.* 2, *chap.* 110, *pag.* 163.)

235. 3°. En cas d'absence, maladie, refus, ou autre empêchement de l'Assesseur, les Prévots des Maréchaux, sont tenus de se faire assister d'un autre Officier de Robe-Longue, qui doit être commis par le Siege où se fait l'instruction du procès. (Déclaration du 5 Février 1731, *art.* 28.) L'Ordonnance 1670, *tit.* 2, *art.* 22, porte que ce doit être un Conseiller du Siege. *Idem* par l'Arrêt du Parlement du 7 Mars 1626, rendu pour Sainte-Menehoult, rapporté par Filleau, *tom.* 1, *part.* 2, *pag.* 68.

Un Arrêt du Conseil du 18 Juillet 1677 pour le Présidial de Tours, *art.* 32, porte que le Conseiller qui sera ainsi choisi pour Assesseur, pourra être nommé par le Président, ou autre, à qui la distribution des procès appartient. *Idem* par l'Edit du mois de Septembre 1697, pour les Présidiaux de Franche-Comté, *art.* 31 ; & par Arrêt du Conseil du 16 Mars 1705, pour le Présidial d'Autun, *art.* 42.)

Ainsi il ne paroît pas qu'on puisse prendre un Avocat du Siege pour faire les fonctions d'Assesseur, si ce n'est dans le cas où tous les Juges seroient absents, ce qu'il faut alors constater par un procès verbal du Prévot, ou Lieutenant; autrement on pourroit attaquer cette procedure comme nulle.

236. 4°. En arrêtant un accusé, les Prévots des Maréchaux doivent faire inventaire de l'argent, hardes, chevaux, & papiers dont cet accusé se trouvera saisi, en présence de deux habitants des plus proches du lieu de la capture, qui signeront l'inventaire, sinon déclareront la cause de leur refus, dont il doit être fait mention, pour être le tout remis dans trois jours au plus tard au Greffe du lieu de la capture; à peine d'interdiction pour deux ans contre le Prévot, dépens, dommages & intérêts des parties, & de cinq cents livres d'amende, applicable moitié envers le Roi, & l'autre envers la partie. (Ordonnances de Moulins, *art.* 44; de Blois, *art.* 136. Ordonnance 1670, *tit.* 2, *art.* 9.)

Un Arrêt du Parlement du 23 Février 1713, rapporté au Journal des Audiences, enjoint au Prévot des Maréchaux de Montrichard, de déposer au Greffe de la Maréchaussée les effets qu'il aura trouvés sur les accusés lors de leur capture, sans qu'ils puissent être rendus à ceux qui les réclament qu'après que le procès aura été entiérement instruit & jugé. Voyez aussi la Déclaration du Roi du 28 Mars 1720, *art.* 8, ci-après, (*n.* 276.)

237. Un autre Arrêt du Conseil du 17 Juin 1698, rendu entre les Officiers du Présidial d'Angers, & le Prévôt des Maréchaux, porte : » Que le Procureur du Roi en la Maréchaussée, fera au » Prévôt les remontrances & réquisitions qu'il jugera à propos, » même contre le Greffier de la Maréchaussée, pour raison des » sommes & effets des accusés, dont il aura été saisi; pour être » ensuite lesdites remontrances & réquisitions jugées au Présidial, » en présence du Prévôt, ou lui duement appellé; lesquels » effets saisis sur les accusés, seront déposés au Greffe de la Maré- » chaussée. »

L'article 11 du titre 2 de l'Ordonnance 1670, défend en général » à tous Officiers de Maréchaussée de retenir aucuns meubles, » armes, ou chevaux saisis, appartenants aux accusés, ni de se ren- » dre adjudicataire sous leur nom, ou celui d'autres personnes; à » peine de privation de leurs offices, de cinq cents livres d'amende, » & de restitution du quadruple. »

5°.

238. 5°. Auſſitôt que les Prévôts des Maréchaux, ou leurs Lieutenants, ont arrêté un accuſé, ils doivent le conduire dans les priſons du lieu, s'il y en a, ſinon, aux priſons plus prochaines, dans 24 heures au plus tard; & il leur eſt fait défenſe d'en faire chartre privée dans leurs maiſons, ni ailleurs, à peine de privation de leurs charges: (Ordonnance de 1670, *tit.* 2, *art.* 10.) même pendant leur conduite; ſi ce n'eſt en cas de péril d'enlevement; dont ils feront mention dans leur procès-verbal de capture & de conduite; à peine d'interdiction, de 1000 liv. d'amende, & des dommages & intérêts des Parties. (Ordonnance de 1670, *tit.* 10, *art.* 16.)

Et faute par leſdits Prévôts de remettre les priſonniers dans les priſons, vingt-quatre heures après la capture; après les réquiſitions faites auxdits Prévôts par le Procureur du Roi, ou par les Parties, en cas de refus, ou de déni de Juſtice, ledit Procureur du Roi, ou leſdites Parties, peuvent préſenter leurs requêtes au Préſidial, pour y être ſur ce pourvu. (Arrêt du Grand-Conſeil du 30 Juin 1618, rendu pour Orléans. Autre du 28 Septembre 1621, rendu pour Chartres. Autre du 2 Septembre 1624, rendu pour Sens.)

239. Leurs Archers ſont tenus de laiſſer aux priſonniers qu'ils arrêtent, copie du procès-verbal de capture, & de l'écroue; à peine d'interdiction, dommages & intérêts, & de 300 liv. d'amende. (Ordonnance de 1670, *tit.* 2, *art.* 7.)

7°. Ils ne peuvent, ni leurs Lieutenants, & Archers, prendre ni exiger aucuns deniers pour leurs dépens, frais, ſalaires & vacation; ſoit pour informations, décrets & captures des délinquants, ou autre cauſe quelconque; à peine de privation de leurs offices. (Ordonnance de Moulins, *art.* 45.)

240. 8°. Ils doivent interroger les accuſés dans les vingt-quatre heures de la capture, à peine de 200 liv. d'amende. (Ordonnance de 1670, *tit.* 2, *art.* 13.)

Et il leur eſt enjoint de déclarer à l'accuſé, au commencement de ce premier interrogatoire, qu'ils entendent le juger prévôtalement, & en dernier reſſort, & d'en faire mention; à peine de nullité de la procédure, & de tous dépens, dommages & intérêts. (Ordonnance de 1670, *tit.* 2, *art.* 13.) La Déclaration du 5 Février 1731, *art.* 24, porte auſſi, » que les Prévôts des Maréchaux » ſeront tenus de déclarer à l'accuſé, au commencement du premier

» interrogatoire, qu'ils entendent le juger en dernier ressort, & d'en » faire mention, sous les mêmes peines ci-dessus. » Mais cet article ajoute de plus, que faute d'avoir satisfait à la formalité réquise par ledit article, le procès ne pourra être jugé qu'à la charge de l'appel; à l'effet de quoi il sera porté au Siege de la Sénéchaussée, ou du Bailliage dans le ressort duquel le crime aura été commis, pour être instruit & jugé ainsi qu'il appartiendra.

241. Il est à propos que les Prévôts des Maréchaux, ou autres Juges qui font cette déclaration aux accusés, leur en expliquent le sens, en leur faisant entendre que s'ils viennent à être condamnés à quelque peine, ils ne pourront plus en appeller, & qu'ils seront punis aussitôt après leur condamnation; car une expérience journaliere prouve que les accusés n'entendent pas le plus souvent la force des termes de ces sortes de Déclarations.

L'article 27 de la même Déclaration du Roi du 5 Février 1731, porte que dans les accusations de duel, les Prévôts des Maréchaux ne déclareront point à l'accusé, qu'ils entendent le juger en dernier ressort; ce qui est fondé sur ce que les Prévôts des Maréchaux ne peuvent connoître de ce crime, qu'à la charge de l'appel. (Voyez ce qui a été dit ci-dessus, *n.* 226.)

242. 9°. Si les Prévôts des Maréchaux voient, par l'interrogatoire de l'accusé, que le crime n'est pas de leur compétence, ils sont tenus d'en laisser la connoissance, dans les vingt-quatre heures, au Juge du lieu du délit; après quoi, ils ne peuvent plus le faire que par l'avis des Présidiaux. (Ordonnance de 1670, *tit.* 2, *art.* 14. Déclaration du 5 Février 1731, *art.* 23.) Ce dernier article porte que ces vingt-quatre heures ne commenceront à courir que du jour du premier interrogatoire.

243. 10°. Ils doivent faire juger leur compétence au Présidial dans le ressort duquel la capture de l'accusé a été faite; & ce dans trois jours au plus tard, encore que l'accusé n'ait point proposé de déclinatoire. (Ordonnance de 1670, *tit.* 2, *art.* 15. Ordonnance de 1629, *art.* 186.)

Et à faute de ce faire, après que les accusés, ou Procureurs du Roi, auront présenté requête au Prévôt des Maréchaux, les accusés peuvent s'adresser au Présidial, & y présenter requête tendante à ce que les charges & informations faites par le Prévôt, soient rapportées au Greffe dudit Siege Présidial, pour procéder sur ladite requête au jugement de la compétence. (Arrêt du Grand-

Conseil du 30 Juin 1618 pour Orléans. Autre du 28 Septembre 1621 pour Chartres. Autre du 25 Septembre 1702, *art.* 4, servant de réglement entre les Officiers du Présidial d'Autun, & le Prévôt des Maréchaux.)

244. Les Prévôts des Maréchaux, ainsi que leurs Lieutenants, ne peuvent assister, ni opiner aux jugements de leurs compétences, ou incompétences. (Seconde Déclaration du 11 Décembre 1566, sur l'article 21 de l'Ordonnance de Moulins.) Et tel est aussi l'usage qui s'observe constamment dans les Présidiaux. (Voyez ce qui est dit à ce sujet au titre *De la Compétence des accusés*, n. 20.)

L'Assesseur, ni aucun autre Officier de Maréchaussée, ne peuvent pareillement y opiner, suivant un Arrêt du Grand-Conseil du 13 Octobre 1637, rendu pour Amiens. Voyez aussi l'Edit de création d'Assesseurs, du mois de Février 1640.

245. Lacombe en son Traité des Matieres Criminelles, *pag.* 146 de l'édition de 1769, établit à la vérité la maxime contraire; il dit que l'article de la Déclaration de 1566 qu'on vient de citer, ne s'observe point, & que ce droit d'assistance des Prévôts des Maréchaux aux jugements de compétence, résulte suffisamment de la disposition de l'article 18 du titre 2 de l'Ordonnance de 1670, qui leur enjoint de tenir la main à ce que les jugements de compétence soient signés de sept Juges au moins, ce qui ne pourroit se faire, si le Prévôt des Maréchaux n'étoit présent à ces sortes de jugements. Il établit encore ce droit sur ce qui se pratique à l'égard des jugements de compétence du Lieutenant-Criminel du Châtelet de Paris, auxquels ce dernier peut assister, & ce qui a même été réglé en sa faveur par un Arrêt du Conseil du 2 Septembre 1678. Mais ce sentiment est contraire à ce qui se pratique dans les Présidiaux du Royaume, & l'on ne doit pas argumenter de ce qui s'observe à l'égard des Lieutenants-Criminels. A Orléans, ainsi qu'à Paris, *&c.* le Lieutenant-Criminel assiste & opine aux jugements de sa compétence; mais le Prévôt n'assiste jamais aux siens. La raison de cette différence, est que les jugements de compétence sont des jugements Présidiaux, intitulés des noms des Juges du Présidial, & non de celui du Prévôt, qui par conséquent ne peut y assister, ni opiner; puisque toutes les Sentences auxquelles le Prévôt assiste & opine, sont intitulées de son nom.

246. A l'égard de ce qui est dit, que si le Prévôt n'assistoit point à ces jugements, il ne pourroit y tenir la main, la réponse est que

cet article l'oblige à tenir la main à la signature des jugements de compétence, en ce sens seulement, qu'il ne peut agir en conséquence du jugement de compétence pour continuer l'instruction du procès, à moins que ce jugement ne soit revêtu des formalités prescrites par cet article 8; & que s'il faisoit autrement, il en courroit les peines portées par ce même article.

247. 11°. Les Prévôts des Maréchaux ne peuvent élargir, pour quelque cause que ce soit, les accusés avant le jugement de compétence; & ils ne peuvent les élargir après, que par Sentence du Présidial, ou du Siege qui doit juger définitivement le procès. (Ordonnance de 1670, *tit.* 2, *art.* 17. Edit de Janvier 1691 pour le Châtelet de Paris, *art.* 5, rapporté aux Loix criminelles, *tom.* 1, *pag.* 210.)

248. 12°. Si le Prévôt des Maréchaux est déclaré incompétent, l'accusé doit être transféré dans les prisons des Juges du lieu où le délit a été commis, & les charges & informations, procès-verbal de capture, interrogatoire de l'accusé, & autres pieces & procédures, remises au Greffe dudit Juge, dans deux heures au plus tard après le jugement d'incompétence; à peine d'interdiction pour trois ans contre le Prévôt, de 500 liv. d'amende envers le Roi, & des dommages & intérêts des Parties. (Ordonnance de 1670, *tit.* 2, *art.* 21.) Un Arrêt du Parlement de Paris du 22 Décembre 1731, rendu pour Mantes, & rapporté aux Loix criminelles, *tom.* 2, *pag.* 425, enjoint au Lieutenant de la Maréchaussée de Mantes, lorsqu'il aura été déclaré incompétent, de transférer l'accusé dans les prisons du Juge des lieux, dans le délai de deux jours.

249. Mais si le Prévôt des Maréchaux est déclaré compétent, il doit procéder incessamment à la confection du procès avec l'Assesseur, sinon, avec un Conseiller du Juge, ainsi qu'il a été dit ci-dessus; *n.* 232: sur quoi il faut observer qu'après le jugement qui déclare le Prévôt des Maréchaux compétent, celui-ci doit interroger de nouveau les accusés, & au commencement de cet interrogatoire, leur déclarer encore que le procès leur sera fait en dernier ressort.

Au reste, ce premier interrogatoire ne doit, & ne peut même s'entendre, que du premier interrogatoire que le Juge fait subir à l'accusé pour raison du cas prévôtal, & non des autres interrogatoires qu'il lui fait subir pour raison d'autres crimes ordinaires, ou prévôtaux.

250. 13°. Depuis la compétence jugée, les Prévôts des Maréchaux ne peuvent rendre aucun jugement d'addition d'information, & obtention de monitoire, que de l'avis du Présidial. (Lettre de M. de Saint-Contest du 12 Mars 1738, au Procureur du Roi de la Maréchaussée d'Autun. Autre du 25 Janvier 1735, au Procureur-Général de la Maréchaussée à Aix.)

251. 14°. En instruisant les procès où il y a des soldats accusés, ils sont tenus, ainsi que les autres Juges, d'appeller pour assister à cette instruction, le Major, ou Aide-Major, ou autre Officier commandant le corps de troupes dont les accusés sont soldats. (Voyez au titre *De l'Instruction criminelle en général*, n. 61.)

252. 15°. Ils sont tenus, comme tous les autres Juges, lorsqu'ils ont fait quelque information, de la communiquer aussitôt au Procureur du Roi. (Arrêt du Grand-Conseil du 30 Juin 1618, rendu pour Orléans.)

253. 16°. Ils ne peuvent retirer pardevers eux, les informations, interrogatoires, & autres procédures criminelles ; mais ils sont tenus de les laisser au Greffe de la Maréchaussée ; afin qu'en leur absence le Lieutenant, ou l'Assesseur, puissent vaquer au jugement du procès. (Arrêt du Grand-Conseil du 28 Septembre 1621 pour Chartres.)

254. 17°. Les Présidiaux ne peuvent recevoir les appellations interjettées par les accusés, des procédures des Prévôts des Maréchaux. (Arrêt du Grand-Conseil du 12 Octobre 1612 pour Alençon.) Ils peuvent seulement les annuller, en voyant le procès, conformément à l'article 8 du titre 14 de l'Ordonnance de 1670.

255. 18°. Les récusations qui peuvent être proposées contre les Prévôts des Maréchaux, avant le jugement de compétence, doivent être jugées au Présidial qui doit juger cette compétence, au rapport de l'Assesseur en la Maréchaussée, ou d'un Conseiller du Siege, au choix de la partie qui les présentera. (Ordonnance de 1670, *art.* 16.) Ce qui est fondé sur ce qu'autrefois les Assesseurs avoient voix délibérative aux procès prévôtaux, suivant l'Edit de création des Assesseurs du mois de Décembre 1594, & plusieurs Réglements postérieurs.

Mais les récusations contre l'Assesseur, doivent être jugées au rapport d'un des Conseillers du Siege, suivant le même article 16.

A l'égard des récusations qui sont proposées depuis le jugement de compétence, elles doivent être réglées au Siege où le procès criminel doit être jugé. (Même Ordonnance de 1670, *tit.* 2, *art.* 16.)

256. Les requêtes de récusations doivent être présentées au Siege, & communiquées au Prévôt des Maréchaux, ou Assesseur récusé, lesquels déclareront si les faits sont véritables, ou non, suivant l'article 24 du titre 24 de l'Ordonnance de 1667. Mais l'accusé ne peut les présenter, qu'il ne soit en état, & non s'il est en contumace. (Arrêt du Grand-Conseil du 24 Mars 1618 pour Acqs.)

Pendant les trois jours donnés aux Prévôts des Maréchaux, pour faire juger leur compétence, les Officiers du Présidial où cette compétence doit être jugée, ne peuvent répondre les requêtes de récusations, ou d'incompétence, présentées par les accusés décrétés par le Prévôt, à moins que ces requêtes n'aient auparavant été présentées audit Prévôt ; ni faire droit sur ces requêtes, qu'après sa déclaration. Et où le Prévôt seroit en retard de faire juger la compétence, les Présidiaux peuvent juger lesdites requêtes, si les accusés décrétés de prise de corps par le Prévôt des Maréchaux, sont actuellement prisonniers. (Arrêt du Grand-Conseil du 25 Septembre 1702 pour Autun.)

257. Il faut sept Juges pour juger ces récusations. (Arrêt du Parlement du 7 Février 1598, qui l'a ainsi jugé pour les Sentences de récusations en dernier ressort en matiere criminelle.) Ce qui d'abord paroît aussi compris dans l'article 24 du titre 2 de l'Ordonnance de 1670, qui porte qu'aucunes Sentences prévôtales, préparatoires, interlocutoires, ou définitives, ne pourront être rendues qu'au nombre de sept Juges au moins. Tel est le sentiment de l'Auteur des Loix criminelles, *tom.* 1, *ch.* 23, *observation* 14, *n.* 3, *pag.* 186. L'Ordonnance du mois de Janvier 1629, *art.* 113, en a aussi une disposition : mais l'article 28 du titre 24 de l'Ordonnance de 1667, semble n'exiger dans ce cas que cinq Juges.

258. Le Prévôt, ou Assesseur, récusés, ne peuvent assister à ces sortes de jugements ; ce qui résulte de l'article 24 du titre 24 de l'Ordonnance de 1667.

La Déclaration du 23 Septembre 1678, porte : « qu'au cas » que les Présidiaux, en jugeant les récusations, trouvent que les » Prévôts des Maréchaux aient contrevenu à l'Ordonnance, pour » avoir instrumenté hors leur ressort, ou pour avoir fait chartre » privée ; & que par la qualité du crime, ou celle de la personne,

» les accusés soient sujets au jugement en dernier ressort, lesdits » Présidiaux seront tenus de renvoyer les accusés, & les charges » & informations au Présidial dans le ressort duquel le crime aura » été commis, pour y être le procès instruit & jugé en dernier » ressort; sans que le Prévôt des Maréchaux, ainsi récusé, en » puisse connoître ».

259. Mais dans le cas de déni de Justice du Prévôt des Maréchaux, il ne peut être contraint de juger par le Présidial. (Ainsi jugé au Grand-Conseil le 5 Juin 1705, contre les Officiers du Présidial du Mans. Voyez Brillon au mot *Maréchaussée*, n. 156, pag. 232.)

260. 19°. Les Prévôts des Maréchaux doivent faire juger les procès prévôtaux au plus prochain Siege Présidial, ou autre Siege Royal du lieu du delit. (Édit de Roussillon du mois d'Août 1564, regiltré au Parlement de Bretagne, *art.* 4. Lettres-Patentes du 18 Janvier 1585 pour le Prevôt du Languedoc. Arrêt du 13 Juin 1580 pour Clermont en Auvergne, rapporté au Code Henri, *liv.* 3, *tit.* 10, *art.* 11 en la note. Autre Arrêt du Grand-Conseil du 28 Septembre 1612, rendu pour Alençon, & rapporté par Filleau, *tom.* 1, *part.* 2, *pag.* 121. Autre Arrêt aussi du Grand-Conseil du premier Septembre 1612, rendu pour le Prevôt provincial de Mayenne, rapporté *ibid.* pag. 119. Autre Arrêt du 16 Mai 1608 pour Armagnac. Autre du Grand-Conseil du 3 Decembre 1620, rendu pour Saint-Pierre le Moutier. Autre du 25 Janvier 1645 pour Angoulême. L'Arrêt du 30 Juin 1611, rendu pour Evreux; & celui du 30 Decembre 1644, rendu pour le Mans, disent, « au Siege Presidial, ou Royal, « du lieu où la capture aura été faite, ou le delit commis ». Celui du Grand-Conseil du 30 Juin 1618, rendu pour Orléans, dit simplement « au plus prochain Siege Presidial, ou Royal, du lieu de la capture ». *Idem*, par un autre Arrêt du 28 Decembre 1621, rendu pour Chartres; par un autre du 30 Septembre 1645, rendu pour Soissons; & par un Arrêt des Grands-jours de Poitiers du 4 Novembre 1634. La Déclaration du Roi du 22 Avril 1636, *art.* 8, veut que les procès prevôtaux soient jugés dans les Presidiaux les plus proches des lieux de la capture des accusés, ou des crimes commis, ou dans un Siege-Royal, pourvu qu'il y ait le nombre des Officiers-Royaux requis par les Ordonnances; à peine de nullité des jugements, & de tous dommages & intérêts des Parties, & de suspension d'office, tant contre les Prevôts que contre les Juges qui auront assisté aux jugements. La Déclaration du 3 Septembre 1714,

rendue pour les Prevôts de la Marine, veut que ce soit au Presidial, ou autre Siege Royal, le plus prochain du lieu où le délit a été commis.

261. Enfin la Déclaration du 26 Février 1724, a fixé là-dessus la Jurisprudence. Elle veut qu'après la competence des procès prevôtaux jugée, lesdits procès soient portés, & jugés définitivement & en dernier ressort, dans les Bailliages & Sénéchaussées dans le ressort desquels les crimes auront été commis.

D'où il suit que les Presidiaux ne peuvent obliger les Prevôts à faire juger le fond des procès en leurs Sieges, & que les Bailliages Royaux peuvent aussi en connoître, suivant les reglements précedents, & ainsi qu'il a été depuis jugé par un Arrêt du Grand-Conseil du 9 Mars 1689, rendu pour Xaintes.

262. 20°. Pour parvenir au jugement de ces procès, lorsqu'ils sont instruits, les Prevôts des Maréchaux, ou leurs Lieutenants, sont tenus de les faire porter par le Greffier de la Marechaussée, au Greffe du Siege-Presidial où ils doivent être jugés. (Arrêt du Grand-Conseil du 26 Février 1677, rendu pour Brives.)

Le procès doit ensuite être distribué par le President, Lieutenant, ou autre premier Officier du Siege, à un des Lieutenants, ou Conseillers, pour en faire le rapport. (Même Arrêt pour Brives. Autre Arrêt du Grand-Conseil du 31 Decembre 1636, rendu pour Nîmes. Ordonnance de Moulins, *art.* 52.) Et celui à qui le procès a été distribué, est tenu de s'en charger sur le registre du Greffier de la Maréchaussée, dans le jour que ce procès lui aura été remis, pour en faire son rapport trois jours après au plus tard; à peine de tous dépens, dommages & interêts des Parties. (Arrêt du Grand-Conseil du 24 Septembre 1615 pour Niort.)

263. 21°. Les jugements prevôtaux doivent être rendus par sept Juges, soit qu'ils soient préparatoires, ou interlocutoires, ou définitifs. (Ordonnance 1670, *tit.* 2, *art.* 24, & *tit.* 25, *art.* 11.) Même les jugements qui ordonnent que les témoins seront recolés & confrontés. (Declaration du 3 Octobre 1664.)

Néanmoins dans le cas de duel, que les Prevôts des Marechaux ne peuvent juger qu'à la charge de l'appel, il suffit que les Jugements soient rendus par cinq Juges. (Déclaration du 5 Fevrier 1731, *art.* 28.)

264. Lorsque dans le Siege il ne se trouve pas un nombre suffisant de Juges, ou que quelques-uns des Officiers sont absents, ou récusés,

recusés, ou s'abstiennent pour cause jugée légitime par le Siege, il doit être pris des Avocats, ou Gradués. (Ordonnance de 1670, *tit.* 2, *art.* 24, & *tit.* 25, *art.* 11;) lesquels sont tenus, dans ce cas, ainsi que les Juges, d'assister le Prevôt pour le jugement des procès de Maréchaussées. (Arrêt du Grand-Conseil du 30 Juin 1611, rendu pour le Prevôt de Normandie. Autre du 24 Septembre 1615, rendu pour Niort, rapporté par Filleau, *tom.* 1, *part.* 2, *pag.* 123.)

Des Lettres-Patentes du 16 Avril 1735, rendues pour le Presidial de Rouen, portent qu'après la compétence jugée, les Avocats & Procureurs du Roi pourront assister, comme Conseillers, aux jugements prevôtaux, préparatoires, interlocutoires, & définitifs, rendus sur l'instruction & sur le fond des procès criminels où le Prevôt des Marechaux aura été declaré compétent, & qui seront poursuivis à la requête du Procureur du Roi en la Marechaussée; & ordonnent que cet Arrêt sera enregistré au Présidial de Rouen.

65. Les Présidiaux, ou autres Juges-Royaux, ne peuvent proceder au jugement des procès instruits par les Prevôts de Maréchaussée, ou par leurs Lieutenants, tant ceux qui sont près de la personne desdits Prevôts, que ceux qui ont leur residence en autres lieux de la Province, sinon en la présence de celui qui a fait l'instruction; & lesdits Juges seront tenus d'avertir, & de lui donner avis du jour auquel il sera procedé à la visitation desdits procès. (Arrêt du Grand-Conseil du 30 Septembre 1644 pour le Mans.)

L'Arrêt du Grand-Conseil du 24 Septembre 1615, rendu pour Niort, defend aux Officiers dudit Siege, d'instruire & de juger en l'absence du Prevôt de Niort, ou de son Lieutenant, aucuns procès criminels dont ledit Prevôt aura pris connoissance. La même chose a été décidée depuis quelques années pour le Châtelet de Paris.

66. Ce même Arrêt de 1615, rendu pour Niort, porte que, quand il s'agira de juger un procès de Marechaussée, les Juges dudit Siege seront tenus de s'assembler en la Chambre du Conseil & lieu accoutumé, au jour & heure qui sera donnée par le Lieutenant-Général, ou autre qui presidera en son absence; lequel jour & heure ledit Lieutenant, ou autre qui presidera, sera tenu de donner audit Prevôt aussitôt qu'il en sera par lui requis.

Si l'instruction du procès a été faite, non par le Prevôt, mais par un de ses Lieutenants, le Prevôt peut y assister, & être present, si bon lui semble, sans néanmoins que pour ce il puisse pretendre aucune vacation. (Arrêt du 30 Septembre 1644 pour le Mans, qui vient d'être cité.)

Mais le contraire a été depuis établi par la Declaration du 30 Octobre 1710, qui porte que quand le Prevôt se trouvera au jugement prevôtal, le Lieutenant n'a pas droit d'y assister.

267. 22°. Lorsque le Prevôt des Marechaux assiste au jugement de ses procès, il peut y assister en la Chambre du Conseil, botté, éperonné, & l'épée au côté. (Arrêt du Grand-Conseil du 2 Septembre 1624 pour Sens. Autre du 24 Septembre 1615 pour Niort. Autre du 24 Mars 1618 pour Acqs. Autre du 22 Septembre 1655 pour Lyon.) La Declaration du 6 Mai 1692, porte seulement que le Prevôt des Marechaux peut avoir l'épée au côté en la Chambre du Conseil du Présidial.

Les Prevôts au jugement desdits procès, ont séance & voix délibérative après celui qui preside; & leurs Lieutenants après le Doyen, soit qu'il preside, ou non; bien qu'ils ne soient gradués. (Déclaration du 30 Octobre 1720.) C'est le President ancien du Présidial, ou premier Officier du Siege, qui doit presider à ces sortes de procès; & en leur absence, l'ancien Officier, suivant l'ordre du tableau. A l'égard des Officiers de Marechaussée, ils ne peuvent jamais y presider.

268. 23°. Les jugements prevôtaux, ainsi que tous les autres jugements criminels en général, doivent être motivés, & contenir la cause de la condamnation. (Voyez au titre des *Sentences & Jugements en criminel*, n. 295.)

L'article 19 de la Declaration du 5 Fevrier 1731, veut qu'en procédant au jugement des accusations qui auront été instruites conjointement par les Prevôts des Marechaux, ou Juges-Presidiaux, au cas de l'article 18 de la même Declaration, (c'est-à-dire, lorsqu'ils instruisent contre les mêmes accusés, deux sortes d'accusations, l'une pour un cas prevôtal, & l'autre pour un cas ordinaire,) les Juges soient tenus de marquer distinctement le cas dont l'accusé sera atteint & convaincu; au moyen de quoi le jugement sera exécuté en dernier ressort, si l'accusé est déclaré atteint & convaincu du cas prevôtal; sinon le jugement ne sera rendu qu'à la charge de l'appel, dont il sera fait mention expresse dans la Sentence; le tout à peine de nullité, même d'interdiction contre les Juges qui auront contrevenu au présent article.

269. Lorſqu'après une inſtruction prevotale faite contre deux accuſés, chargés tous deux d'un cas ordinaire, & d'un cas prevotal, il arrive que lors du jugement la preuve ne ſe trouve complette contre l'un, que pour le cas ordinaire, & contre l'autre, que pour le cas prevotal, & que par conſéquent la condamnation de l'un de ces accuſés ne tombe que ſur le cas prevotal, & la condamnation de l'autre, que ſur le cas ordinaire; il ſemble, ſuivant le principe établi en cet article 19, que l'accuſé, convaincu ſeulement du cas ordinaire, ne pourra être jugé par le Prevot des Marechaux, qu'à la charge de l'appel; & qu'en conſéquence, & par une ſuite de la diſpoſition portée en l'article 20 de la Déclaration du 5 Fevrier 1731, & en l'article 8 du titre 26 de l'Ordonnance de 1670, l'accuſé, convaincu du cas prevotal, ne pourra auſſi être jugé qu'à la charge de l'appel; ce qui eſt fondé ſur ce qu'alors le jugement ne peut ſe diviſer, & qu'il eſt rendu contre tous les accuſés condamnés, ou en dernier reſſort, ou à la charge de l'appel, où toutes choſes égales, la faveur de l'appel doit l'emporter ſur le dernier reſſort, & l'attirer à lui.

270. Il ſuit auſſi de ce qui vient d'être dit, que quand les Prevots des Marechaux ont informé pour un cas prevotal par la nature du crime contre des domiciliés, pour lequel ils ont été déclarés compétents; & que dans la ſuite du procès il paroît que le cas n'eſt pas prevotal, quoique l'accuſé en ſoit convaincu; alors le jugement de condamnation ne doit être rendu qu'à la charge de l'appel; ce qui réſulte de l'article 19 de la Déclaration du 5 Février 1731.

Ainſi, ſi un homme eſt accuſé d'un vol avec effraction extérieure, dont il y a aſſez de preuve pour faire declarer le Prevot des Marechaux compétent, & que dans la ſuite de l'inſtruction la preuve de cette effraction ſe trouve detruite lors du récolement, ou autrement, quoique l'accuſé ſoit d'ailleurs convaincu du vol, il ne pourra néanmoins être jugé qu'à la charge de l'appel.

271. 24°. Les Sentences prevotales, préparatoires, interlocutoires, ou définitives, doivent être intitulées du nom du Prevot, ſoit qu'il ſoit préſent, ou abſent. (Declaration du 28 Mars 1720, *art.* 4. Arrêt du Grand-Conſeil du 30 Juin 1618 pour Orléans, & autres;) & il doit être fait mention, à la fin du jugement, qu'il a été donné par le Prevot, ou le Lieutenant qui y a aſſiſté, & qui a fait l'inſtruction. (Même Déclaration de 1720, *art.* 4.)

D'où il suit que les Jugements prévôtaux ne peuvent être rendus, à moins qu'il n'y ait un des Officiers de Maréchaussée présent au Jugement; ce qui est aussi décidé dans une lettre du 18 Novembre 1747, écrite aux Officiers du Présidial d'Evreux, par M. le Chancelier d'Aguesseau, qui leur fait à cet effet de vives réprimandes.

Les qualités, le vû, & le dispositif de ces Sentences, doivent être dressés par le Rapporteur du procès, avec celui qui a présidé au Jugement, & le Prévôt. (Arrêt du Grand-Conseil du 30 Juin 1618 pour Orléans. *Idem* par Arrêt du 25 Janvier 1645 pour Angoulême. Autre du 28 Septembre 1621 pour Chartres.)

272. 25°. Ces Sentences doivent être signées de tous les Juges qui ont assisté au Jugement, à peine de nullité : (Ordonnance 1670, *tit.* 2, *art.* 24.) même les Jugements de récolements, & de confrontation. (Déclaration du 3 Octobre 1664.)

L'article 25 du titre 2 de l'Ordonnance 1670, porte qu'il sera dressé deux minutes des Jugements prévôtaux, qui seront signées par les Juges, dont l'une demeurera au Greffe du Siege où le procès aura été jugé; & l'autre au Greffe de la Maréchaussée; à peine d'interdiction pour trois ans contre le Prévôt, & de cinq cents livres d'amende. Ces deux minutes doivent avoir lieu, même pour les Jugements prévôtaux rendus au cas de duel, quoique rendus à la charge de l'appel, suivant l'article 28 de la Déclaration du 5 Février 1731.

Il est défendu aux deux Greffiers de prendre aucuns droits pour l'enregistrement & réception de ces minutes, sous les peines ci-dessus. (Même article 25 du titre 2 de l'Ordonnance 1670.) Ce qui est conforme à l'Edit du 15 Janvier 1573, *art.* 5.)

273. 26°. Si l'accusé est condamné à la question, c'est au Rapporteur du procès à la faire donner, & à en dresser le procès-verbal en présence d'un Conseiller du Siege, & du Prévôt. (Ordonnance 1670, *tit.* 2, *art.* 26.) Et le Prévôt ne peut recevoir le serment, ni l'interrogatoire du condamné.

Il ne paroît pas même que la signature du Prévôt soit ici nécessaire, l'Ordonnance ne l'exigeant point. Aussi à Orléans le Prévôt ne signe point ces sortes d'Actes. On prétend néanmoins que le contraire s'observe au Châtelet de Paris.

274. 27°. Dans les vingt-quatre heures après le jugement du procès, le Rapporteur doit en remettre les procédures au Greffe de la

Maréchaussée, sans qu'il puisse les rendre, ni communiquer à d'autres. (Arrêt du Grand-Conseil du 24 Septembre 1615 pour Niort. Autre du 26 Février 1677 pour Brives. Voyez aussi l'*art.* 16 du *tit.* 6 de l'Ordonnance 1670, qui ajoute, à peine d'interdiction, & de cent livres d'amende.)

275. 28°. C'est au Prévot à faire exécuter les Sentences prévotales. (Voyez au titre *De l'Instruction des procès criminels*, n. 53.)

Mais il ne peut procéder à cette exécution, jusqu'à ce que le *Dictum* ait été lu en présence de ceux qui ont assisté au jugement, & qu'ils l'aient signé, suivant l'article 10 de l'Edit du mois d'Août 1564, touchant les Prévots des Maréchaux.

Les Prévots des Maréchaux, ou leurs Lieutenants, peuvent, & même doivent être présents avec les Assesseurs, aux exécutions de mort des condamnés, ainsi qu'aux amendes-honorables, qui doivent être faites en leur présence, suivant l'Arrêt du Grand-Conseil du 31 Décembre 1636, rendu pour Nismes; & dresser les procès-verbaux des dernieres déclarations & testaments de mort des condamnés. (Arrêt du Grand-Conseil du 22 Septembre 1655, rendu pour Lyon.)

Le Réglement des Grands-jours de Poitiers, du 4 Novembre 1634, ordonne qu'à l'instant de l'exécution des condamnés à mort, les Prévots seront tenus de remettre au Greffe de la Maréchaussée les testaments de mort, & une copie signée de leur Greffier au Greffe du Présidial, ou Siege Royal, où le procès a été jugé; à peine de suspension de leurs fonctions. La Déclaration du 22 Avril 1736, porte que des procès-verbaux de question, & d'exécution des condamnés à mort, il demeurera copie au Greffe du Siege où le procès aura été jugé, attachée au double du jugement.

276. 29°. Lesdits Prévots & leurs Lieutenants sont tenus de représenter les armes, chevaux, & autres choses par eux saisies sur les accusés, pour être rendues aux parties, ou vendues à leur profit huit jours après le procès jugé, si faire se doit; à l'effet de quoi le Procureur du Roi, ou les parties, doivent présenter leurs Requêtes aux Prévôts, & elles ne peuvent les présenter auparavant au Présidial; & en cas que le Prévôt ne fasse pas droit sur ces Requêtes, les Procureurs du Roi peuvent se pourvoir pardevant les Présidiaux, lesquels en ce cas doivent ordonner sur la restitution, ou vente des meubles, armes & chevaux, ainsi qu'ils aviseront bon être; & en cas de confiscation, pourront ordonner la

vente de ces effets, & que les deniers en provenants seront mis ès mains du Receveur du Domaine. (Arrêt du Grand-Conseil du 30 Juin 1618 pour Orléans. *Idem* pour Chartres, par Arrêt du 28 Septembre 1621; pour Sens par Arrêt du 2 Septembre 1624; pour Angoulême par Arrêt du 25 Janvier 1645; & pour Château-Gontier par Arrêt du 30 Septembre 1648.)

277. L'Arrêt du Grand-Conseil du 22 Septembre 1655, rendu pour Lyon, porte que les Requêtes pour la vente des meubles des accusés, seront présentées au Prévôt, & les Ordonnances par lui rendues, exécutées par ses Archers; & qu'en cas d'opposition les parties se pourvoiront au Présidial.

La déclaration du 28 Mars 1720, *art. 8*, dit que l'équipage, argent & effets de ceux qui seront prévenus de crimes qui peuvent emporter peine de bannissement à perpétuité, de galeres à perpétuité, ou de mort, dont ils se trouveront saisis lors de la capture, seront remis entre les mains du Greffier de la Maréchaussée, les chevaux, s'il y en a, vendus par autorité de Justice, & les derniers pareillement remis entre les mains du Greffier, pour y demeurer avec les autres effets jusqu'au Jugement définitif du procès, & trois mois après; pendant lequel temps, s'ils sont réclamés, & que la réclamation soit jugée bonne & valable par le Prévôt, ou son Lieutenant, & les Officiers du Siege où le procès aura été jugé, ils seront rendus, sans que sur lesdits effets il puisse être pris aucuns frais, ni épices de procès; ce qui aura pareillement lieu pour les réclamants qui ne se seront pas déclarés parties au procès. (Voyez encore l'Arrêt du 23 Février 1713, rapporté ci-dessus, *n.* 36.)

Mais la vente en Justice des biens du condamné au profit de la partie intéressée, ne peut être faite pardevant les Prévots des Maréchaux, mais bien pardevant le Juge ordinaire, auquel il doit la renvoyer. (Arrêt rendu en la Tournelle le 15 Décembre 1557, rapporté par Bouchel en sa Bibliotheque du Droit François, au mot *Prévôt.*)

278. 30°. Les dépens adjugés par les Jugements-Prevôtaux, doivent être taxés par le Prevôt en présence du Rapporteur, qui n'en pourra prétendre aucuns droits; & s'il en est interjetté appel, le Siege qui aura rendu le Jugement, en connoîtra en dernier ressort. (Ordonnance 1670, *tit.* 2, *art.* 27.)

A l'égard des exécutoires pour les frais nécessaires à l'instruction des procès prevôtaux, dans les procès où il n'y a point de partie civile, & qui doivent être payés sur le Domaine du Roi, ils doivent être décernés par les Lieutenants-Criminels, & Procureurs du Roi, & visés par les Intendants; sçavoir, lorsque le Prevôt aura été déclaré incompétent par les Lieutenants-Criminels, & Procureurs du Roi du Siege où le Jugement de compétence est intervenu; & à l'égard des autres procès pour lesquels le Prevôt aura été declaré compétent par ceux des Sieges où le procès sera jugé. (Arrêt du Conseil du 5 Mai 1685. Voyez *infrà* au titre *Des frais & dépens des procès criminels*, n. 33.)

279. 31°. Les épices des Sentences prevôtales, lorsqu'il y en a, doivent être taxées par les Officiers du Présidial. (Arrêt du Grand-Conseil du 28 Septembre 1621, pour Chartres. Autre du 30 Juin 1618 pour Orleans. Autre du 2 Septembre 1624 pour Sens. Autre du 31 Decembre 1636 pour Nismes. Autre du 30 Septembre 1644 pour le Mans. Autre du 26 Février 1677 pour Brives.)

Le Prevot doit participer à ces épices, suivant les mêmes reglements, en quoi il faut suivre l'usage qui s'est toujours pratiqué en chaque Siege.

280. 32°. Suivant le même Arrêt du 30 Juin 1618, les Prevots, & leurs Lieutenants peuvent seuls taxer leurs vacations, tant pour leurs renvois, que pour autres actes de Justice pendant l'instruction des procès, ensemble les vacations de leurs Greffiers, Exempts, & Archers; laquelle taxe doit être écrite de la main desdits Prevots, ou Lieutenants, au pied de chaque acte, & sur la grosse de la main du Greffier qui la delivrera; & en cas d'appel, ou d'opposition, pour raison de ce, les parties doivent se pourvoir au Grand-Conseil.

On peut voir au sujet des vacations, & droits des Officiers de Marechaussée, une Ordonnance de Messieurs les Marechaux de France du 21 Avril 1735, qui regle la taxe de ces droits. Cette Ordonnance est rapportée au troisieme tome du Recueil des Edits, & autres Reglements cités dans les Commentaires sur les nouvelles Ordonnances de 1667, 1669, 1670, & 1673. (Voyez aussi ce qui est dit là-dessus au titre *Des frais & dépens en matiere criminelle*, n. 88.)

281. 33°. L'article 45 de l'Ordonnance de Moulins, porte que les Prevots des Marechaux, Vice-Baillis, Vice-Senechaux, ou leurs Lieutenants, & Archers, ne pourront prendre ni exiger des sujets

du Roi aucuns deniers pour leurs dépens, frais, salaires, & vacations, soit pour informations, decrets, & captures des delinquants, ou pour quelque autre cause que ce soit, encore que lesdits sujets y eussent interêt, comme parties civiles; à peine de privation de leurs offices.

§. III.

Devoirs généraux des Prévôts des Maréchaux, & de leurs Lieutenants, &c.

282. 1°. Ils doivent arrêter les criminels pris en flagrant délit, ou à la clameur publique. (Ordonnance 1670, *tit.* 2, *art.* 4.)

Ainsi que les vagabonds, & gens sans aveu, pour leur être leur procès fait, & parfait, conformément aux Ordonnances. (Déclaration du 5 Février 1731, *art.* 1.)

Et aussi les mendiants valides, qui sont de la même qualité, pour être procédé contre eux, suivant la disposition des Edits & Declarations qui ont été donnés sur le fait de la mendicité. (*Ibid art.* 1.)

Mais il leur est défendu d'arrêter aucuns domiciliés sans decret, hors le cas de flagrant délit, & de clameur publique; à peine de demeurer responsables des dommages & interêts des parties. (Declaration du 26 Fevrier 1724.)

283. 2°. Ils sont tenus de mettre à exécution les decrets & mandements de Justice, lorsqu'ils en sont requis par les Juges Royaux, & sommés par les Procureurs du Roi, ou par les parties; à peine d'interdiction, & de trois cents livres d'amende, moitié envers le Roi, & moitié envers la partie. (Ordonnance d'Orléans, *art.* 71; de Moulins, *art.* 24 & 45; & de Blois, *art.* 145. Ordonnance 1670, *tit.* 2, *art.* 3.)

C'est aussi la disposition de la Déclaration du 26 Fevrier 1724, qui porte que les Officiers, & Archers de Marechaussées sont tenus de mettre à exécution sur le champ, & sans delai, à la premiere requisition, ou sommation qui leur sera faite par les Procureurs du Roi, ou par les parties, les decrets qui seront émanés des Sieges Presidiaux, & autres Juges, pour crimes commis, soit au dedans, soit au dehors des villes de leur résidence.

284. La même Ordonnance de 1670, *tit.* 10, *art.* 15, enjoint en general

general aux Prevots des Marechaux, Vice-Baillis, Vice-Senechaux, leurs Lieutenants, & Archers, de prêter main-forte à l'exécution des decrets & de toutes les Ordonnances de Justice en general; à peine de radiation de leurs gages en cas de refus, dont il sera dressé procès-verbal par les Juges, Huissiers, ou Sergents, pour être envoyés aux Procureurs-Géneraux, chacun dans leur ressort, & y être pourvu par Sa Majesté.

Ces dernieres dispositions font voir que les Juges des Hauts-Justiciers, & leurs Procureurs-Fiscaux, ont le même droit pour obtenir main-forte, puisqu'il est accordé en géneral pour l'exécution des Ordonnances de Justices.

Un Arrêt du Conseil du 18 Avril 1722, enjoint à tous Prevots-Géneraux & Provinciaux, Lieutenants de Robe-Courte, Vice-Baillis, leurs Lieutenants, Exempts, & Archers, & à tous autres Officiers de Justice, d'assister, ou prêter main-forte à la premiere requisition qui leur en sera faite, aux Officiers, & Sergents, Gardes des Eaux, Bois, & Forêts, pour l'exécution des Jugements, Décrets, & Ordonnances des Grands-Maîtres des Tables de Marbre, & de ceux résidents aux Sieges des Maîtrises & Gruries, & autres Jurisdictions des Eaux & Forêts; à peine de radiation de leurs gages, ou d'être cassés en cas de refus; auquel cas il en sera dressé des procès-verbaux par lesdits Officiers des Eaux & Forêts, Huissiers, ou Sergents-Gardes.

285. Quoique l'Ordonnance se serve des mots de *requerir* & *sommer*, néanmoins, par un Arrêt du Conseil du 9 Juin 1733, il a été fait défenses au Prevot d'Orléans de se servir des termes de *mandons* & *enjoignons*, contre les Officiers & Archers de Maréchaussée, lorsqu'il le requerra, sauf à mettre celui de *requerons*. La même chose a été défendue au Lieutenant-Criminel de Poitiers par un autre Arrêt du Conseil du 28 Février 1742, qui casse & annulle une Ordonnance dudit Lieutenant-Criminel, & lui fait défenses, & à ses successeurs, de se servir des termes de *mandons* & *enjoignons* contre les Officiers, & Archers de Marechaussée, lorsqu'ils les requierent de prêter main-forte à justice, sauf à mettre celui de *requerons*.

286. 3°. Ils sont tenus de monter à cheval, sur les avertissements des Maires & Echevins, & sur les plaintes des habitants, aussitot qu'ils seront avertis de quelque vol, meurtre, ou autre delit commis en la province où ils seront, sans delai & sans salaire; à peine de pri-

vation de leurs états, même de plus grande peine s'il y échet, & de tous dépens, dommages & intérêts des Parties. (Arrêt du Grand-Conseil du 30 Juin 1618 pour le Prevot des Marechaux d'Orleans. Ordonnance d'Orléans, *art.* 71 ; de Moulins, *art.* 45 ; & de Blois, *art.* 185.)

L'Ordonnance du 16 Mars 1720, *art.* 14, ordonne aux Archers d'avoir leurs chevaux dans une même écurie, afin d'être prêts à partir à la premiere requisition.

287. 4°. Suivant l'article 43 de l'Ordonnance de Moulins, l'article 187 de l'Ordonnance de Blois, & l'article 68 de l'Ordonnance d'Orléans, les Prevôts des Marechaux, ainsi que leurs Lieutenants, étoient tenus de faire leurs chevauchées continuellement par les champs, sans séjourner dans les villes, sinon par occupations nécessaires & légitimes ; afin de purger les provinces de gens mal vivants, ainsi qu'il est dit par l'article 69 de la même Ordonnance d'Orléans, & d'en dresser leurs procès-verbaux, & les communiquer aux Juges-Royaux, & au Procureur-Général, lorsqu'ils en seroient requis, suivant l'article 10 de la premiere Déclaration sur l'Ordonnance de Moulins, & le même article 187 de l'Ordonnance de Blois. Voyez aussi la Déclaration du 5 Février 1549, *art.* 9.

L'Arrêt du Grand-Conseil du 30 Juin 1618, rendu pour Orléans, porte que le Prevôt des Maréchaux, ses Lieutenants, Greffiers, & Archers, feront leurs chevauchées ordinaires par tout le ressort, de trois mois en trois mois, dont ils dresseront des procès-verbaux, certifiés par les Juges des lieux où ils passeront ; & qu'ils ne pourront, en faisant lesdites chevauchées, résider plus de vingt-quatre heures en un lieu, sans cause légitime. Autre Arrêt du Grand-Conseil du 15 Novembre 1608 pour Leytoure.

288. 5°. Ils doivent vaquer incessamment à l'instruction & confection des procès prevôtaux, & les mettre en état dans deux mois au plus tard après la compétence jugée, & les faire juger aussitôt après, à peine de tous dépens, dommages, & intérêts des Parties, suspension, ou privation de leurs charges, & même de plus grande peine s'il y échet. (Ordonnance de 1629, *art.* 187. Ordonnance d'Orléans, *art.* 66.)

Et ils doivent vaquer à cette instruction dans la Chambre des Interrogatoires des prisons, & non ailleurs. (Arrêt du Grand-Conseil du 28 Septembre 1621 pour Chartres.)

289. 6°. Ils sont tenus d'avoir un depôt public pour les minutes de leur Greffe. (Arrêt de reglement du Parlement du 10 Decembre 1665.)

7°. Ils doivent resider dans le lieu de leur établissement. (Arrêt du Grand-Conseil du 29 Juillet 1632, contre le Prevôt de Saint-Maixant.)

290. 8°. Anciennement ils devoient faire leurs montres pardevant les Baillis & Sénechaux, & Juges-Présidiaux, à peine de privation de leurs offices, suivant les Lettres-Patentes du 5 Février 1547. Aujourd'hui ces montres se font tous les ans trois fois pardevant les Intendants des provinces, suivant l'article 7 de l'Ordonnance du 16 Mars 1720.

9°. Ils sont tenus de faire trois tournées tous les ans, dans les villes & lieux de residence de leur Géneralité; & de faire dans chaque residence la revue des Lieutenants, Exempts, Brigadiers, Sous-Brigadiers, & Archers, *&c.*) Ordonnance du Roi du 16 Mars 1720, concernant la discipline des Maréchaux, *art.* 6.)

291. 10°. Les Prevôts des Maréchaux nommoient autrefois aux places de Greffiers, & d'Archers de leurs compagnies, & ils pouvoient même commettre leurs Lieutenants, suivant la Declaration du 20 Janvier 1514 : mais cela a été changé à l'égard des Lieutenants & Greffiers, par l'Edit d'Amboise du mois de Fevrier 1559. Aujourd'hui les places de Prevôt, & de leurs Lieutenants, sont en titre d'office, & héreditaires. (Edit du mois de Mars 1720, *art.* 4.)

A l'égard des places d'Assesseurs, de Procureurs du Roi, & de Greffiers des Maréchaussées, elles sont exercées sur des commissions du grand Sceau. (Edit du mois de Mars 1720, *art.* 4.)

Et quant aux places d'Exempts, Brigadiers, Sous-Brigadiers, Archers, & Trompettes, elles sont aussi exercées sur des commissions du grand Sceau, mais sur la présentation des Prevots-Généraux, (*Ibid.* art. 5,) auxquels il est fait défenses de rien exiger des Brigadiers, Archers, *&c.* pour leur nomination; à peine de dix ans de prison, qui sera ordonnée par les Maréchaux de France, dans le lieu par eux indiqué. (Ordonnance du Roi du 16 Mars 1720, concernant la discipline des Marechaussées, *art.* 2.)

292. 11°. Ils sont responsables de leurs Archers, pour les fautes & abus qu'ils peuvent commettre en leurs fonctions; & ils doivent les représenter à justice toutes les fois qu'il en est besoin. (Edit d'Amboise du mois de Fevrier 1559.)

Ils sont même tenus du fait de leurs Archers, lorsque ceux-ci commettent quelque délit en leur présence, ou même en leur absence illégitime dans le cas où ils doivent être à la tête de leur Compagnie. (Voyez Bouchel en sa Bibliotheque du Droit François, au mot *Archer.* Voyez aussi l'Auteur des Loix criminelles, *tom.* 1, *pag.* 171, où il rapporte un Arrêt remarquable du Grand-Conseil du 31 Mars 1656, qui le dit expressément.)

293. 12°. Ils sont tenus de mettre, au Greffe de la Connétablie & Marechaussée de France, un rôle signé d'eux, contenant les noms & surnoms de leurs Lieutenants, Archers, & Greffiers; ensemble les lieux de leurs demeures & résidence, pour y avoir recours en cas de besoin. (Edit de Roussillon du mois d'Août 1564, *art.* 1.)

294. 13°. Les Prevots des Marechaux, dans le cas où leurs Archers étoient refusants de leur obéir, pouvoient les suspendre, & même casser & destituer, & en mettre d'autres à leur place, suivant l'article 2 du même Edit d'Amboise du mois de Février 1559, & la Déclaration du 15 Janvier 1573, *art.* 4. Mais aujourd'hui les Exempts, Brigadiers, Sous-Brigadiers, & Archers, sont jugés, sans appel, par les Officiers de Marechaussées des deux plus prochains départements, qui doivent s'assembler à cet effet, & tenir un Conseil-de-Guerre, dans lequel ils peuvent, non-seulement être destitués, mais même punis de peine corporelle. (Ordonnance du Roi du 16 Mars 1720, touchant les Maréchaussées, *art.* 1.)

Au reste, cette destitution ne peut être faite sans cause légitime, & qu'après la preuve d'abus, & malversations. (Ordonnance du Mois de Janvier 1629, *art.* 185.)

14°. Les Prévots des Maréchaux doivent s'employer continuellement à l'exercice de leur office. (Ordonnance d'Orléans, *art.* 66.) Et il leur est défendu de s'ingerer dans d'autres fonctions que celles qui leur sont prescrites par les Ordonnances. (Edit de Mars 1720, *art.* 10.)

295. 15°. Ils doivent exécuter les ordres qui leur sont donnés par les premiers Présidents, & Procureurs-Généraux, pour tout ce qui peut concerner le bien de la Justice, & de la Police-générale; & tous les Officiers & Archers sont tenus d'exécuter ces ordres sur-le-champ, dans la ville où résident les Cours, sans en demander auparavant permission à l'Officier qui commande; mais ils sont tenus de prendre ses ordres, lorsqu'il s'agit de sortir de la ville, pour l'exécution des ordres du premier Président, ou du Procureur-

Général ; ce qui doit pareillement être exécuté dans le cas de flagrant délit, & autres, où il est nécessaire de prêter main-forte pour l'exécution des mandements de Justice, & sur la simple réquisition des Huissiers, ou autres Officiers de Justice, chargés de les mettre à exécution ; le tout à peine d'interdiction, & de plus grande peine s'il y échet ; sans néanmoins que lesdits Prévots, Lieutenants, & Archers de Maréchaussée, soient soumis aux ordres particuliers d'aucuns des autres Officiers desdites Cours, lesquels seront tenus de s'adresser aux premiers Présidents, ou Procureurs-Généraux, qui les donneront dans le cas où ils le jugeront nécessaire. (Arrêt du Conseil du 8 Janvier 1724.)

296. 16°. Il leur est défendu, ainsi qu'à leurs Lieutenants, Exempts, & autres Commandants des Brigades, d'avoir aucuns Archers domestiques à leur service. (Ordonnance de la Connétablie du 28 Juillet 1745. Voyez aussi *infrà*, n. 348.)

17°. Anciennement ils étoient tenus de comparoître aux assises & mercuriales des Juges-Royaux de leur résidence, pour recevoir les décrets desdits Juges, & procéder en exécution. (Arrêt du Grand-Conseil du 28 Septembre 1612 pour Alençon. Autre du 4 Février 1622.)

§. IV.

Création, Qualités, & Privileges des Prévôts des Maréchaux.

297. 1°. L'Edit du mois de Mars 1720 a supprimé toutes les charges de Prévôts - Généraux & Provinciaux des Maréchaussées, Vice-Baillis, Vice-Sénéchaux, Lieutenants-Criminels de Robe-Courte, Lieutenants en résidence, Assesseurs, Procureurs du Roi, & autres Officiers & Archers des Maréchaussées du Royaume ; & à la place de ces personnes, il a créé & établi, en chaque Généralité, ou Département, une Compagnie de Maréchaussée, composée d'un Prévôt-Général, & d'un certain nombre de Lieutenants, Assesseurs, Procureurs du Roi, Greffiers, Exempts, Brigadiers, Archers, & Trompettes. (Voyez les articles 1 & 3 de cet Edit.) Quelques Compagnies ont seulement été exceptées de cette suppression ; sçavoir, la Compagnie du Prévôt-Général de la Connétablie & Maréchaussée de France, ainsi que celle du Prévôt-Général de l'Isle de France, résidente dans la banlieue & aux environs de la ville de Paris ; celle du Lieutenant-Criminel de

Robe-Courte, & celle du Prévôt des Monnoies de la même ville. Les Prévôts, Lieutenants, & autres Officiers & Archers des Maréchaux de France, servant de toute ancienneté près de leurs personnes, & à leur suite, en ont été aussi exceptés, suivant les articles 1 & 10 de ce même Edit.

298. 2°. Les Prévôts des Maréchaux, & leurs Lieutenants, doivent être des personnes capables & expérimentées au fait des armes, & avoir servi au moins quatre ans de suite dans les troupes. (Même Edit, *art.* 4.)

3°. Ils doivent, ainsi que leurs Lieutenants, être reçus en la Connétablie & Maréchaussée de France au Siege de la Table de Marbre du Palais à Paris, & leurs provisions enregistrées au Greffe de la Maréchaussée, & lieu de la résidence du Prévôt-Général. (*Ibid.* art. 4. Edit de Roussillon en Octobre 1564, *art.* 1.) Mais après qu'ils ont été ainsi reçus en la Connétablie, ils doivent se représenter aux Parlements, & autres Cours supérieures, pour y prêter serment, & être leurs provisions enregistrées, sans frais, aux Greffes desdites Cours. (Arrêt du Conseil du 8 Janvier 1724, *art.* 1.)

299. Ils doivent aussi faire enregistrer leurs provisions aux Greffes des Sieges présidiaux des lieux de leur résidence. (Arrêt du Grand-Conseil du 25 Septembre 1702 pour Autun.) Mais sans payer aucuns droits pour raison de cet enregistrement. (Arrêt du Conseil du 26 Octobre 1740.)

A Orléans, l'usage est que le Prévôt, & ses Lieutenants, sont installés à la Chambre du Conseil du Présidial, au premier procès de Maréchaussée qu'ils font juger.

300. 4°. Les Prevots des Marechaux, & leurs Lieutenants, sont en titre d'office, & ces offices sont héréditaires. (Edit de Mars 1720, *art.* 4.) Et ils doivent être mis au nombre des Officiers-Royaux, ainsi qu'il résulte de l'Arrêt du Parlement du 2 Août 1625, rapporté au Recueil de la Marechaussée, *pag.* 481.

5°. Ils ne peuvent posseder qu'un seul office, & il leur est défendu d'en tenir d'autres. (Ordonnance d'Orléans, *art.* 66.)

301. 6°. Ils ont la qualité d'Ecuyer, ainsi que leurs Lieutenants, tant qu'ils sont revêtus de leurs charges. (Même Edit de 1720, *art.* 6.) Autrefois même les Prevots des Marechaux devoient être Gentilshommes. (Edit du mois d'Octobre 1563, *art.* 20. Edit de Roussillon du mois d'Août 1564, *art.* 1.)

Mais les autres Officiers de Marechaussée ne jouissent point de ce droit. (Arrêt du Conseil du 25 Février 1730.)

302. 7°. Ils jouissent de l'exemption de la collecte, logement de gens de guerre, tutelle, curatelle, & autres charges publiques ; & le même droit est accordé aux Assesseurs, Procureurs du Roi, Greffiers, & autres Officiers & Archers de Maréchaussée, suivant l'article 6 de l'Edit de Mars 1720. Ces privileges leur ont été confirmés par Arrêt du Conseil du 30 Août 1727, rapporté au Code de Louis XV.

8°. Les Prevots, & leurs Lieutenants, jouissent aussi en général de tous les autres privileges & exemptions dont jouissent les Officiers Commensaux de la Maison du Roi, *v. g.* du droit de *committimus*, *&c.* (Arrêt du Conseil du 25 Fevrier 1730, sur lequel il y a eu des Lettres-Patentes du 20 Mars suivant.)

303. 9°. Les Prevots des Marechaux, & leurs Lieutenants, pour raison des abus & malversations commises en leurs fonctions, sont justiciables du Siege de la Connetablie, sauf l'appel au Parlement, suivant le Réglement-géneral touchant la Jurisdiction de la Connetablie ; & il est défendu aux Officiers des Présidiaux d'en prendre connoissance. (Arrêt du Grand-Conseil du 25 Septembre 1702 pour Autun.)

Un Arrêt du Conseil du 8 Janvier 1724, porte qu'en cas de prevarication & mauvaise conduite de la part des Prevots des Marechaux, ou de leurs Lieutenants, les Chefs, & Procureurs-Généraux des Compagnies, en informeront le Chef de la Justice, & le Secrétaire-d'Etat, ayant le Departement de la Guerre ; pour, sur le compte qui en sera par eux rendu à Sa Majesté, y être par Elle pourvu, ainsi qu'il appartiendra.

304. On pretend même que les autres Officiers de Marechaussée, & même les simples Archers, pour raison des malversations & fautes par eux commises dans leurs fonctions, sont justiciables du Siege de la Connetablie. (Arrêt ci-dessus du Grand-Conseil du 25 Septembre 1702 pour Autun. Sentence rendue au Siege de la Connetablie le 27 Fevrier 1730, qui condamne deux Cavaliers de la Marechaussée de Franche-Comté à la Brigade de Luxeuil, à être -ämés, pour avoir, de leur propre autorité, relâché trois particuliers par eux arrêtés dans une rixe, & avoir pour ce, exigé & reçu une somme de six livres. Autre Arrêt du Parlement du 15 Juillet 1729, qui condamne des Cavaliers de Maréchaussée aux

galeres pour argent par eux soustrait lors de la capture d'un accusé; ledit Arrêt rendu sur l'appel d'un jugement de la Connetablie. Autres Sentences de la Connetablie des 7 Mai & 21 Juillet 1740, pour violences commises par des Cavaliers de Marechaussée dans leurs fonctions.

305. L'Arrêt du Grand-Conseil du 30 Juin 1618, rendu pour Orléans, défend aussi aux Officiers du Presidial de cette ville, de prendre jurisdiction ni connoissance sur le Prevot, ses Lieutenants, Greffiers, & Archers, en ce qui regarde le reglement & exercice de leurs charges. *Idem*, par l'Arret du Grand-Conseil du 26 Fevrier 1677 pour Brives.

Au reste, on doit observer que pour que les Officiers de Marechaussée soient justiciables de la Connetablie, il faut, non-seulement qu'ils aient délinqué dans leurs fonctions, mais encore que le delit concerne leurs fonctions. (Arrêt du 24 Décembre 1615 pour Niort. Autre du 30 Juin 1618 pour Orléans. Autre du 28 Septembre 1621 pour Chartres. Autres des 9 Mars 1637, & 27 Avril 1640, pour Nîmes. Autre du 30 Septembre 1644 pour le Mans. Autre du 2 Mai 1666 pour Gisors, tous rapportés au Recueil de la Marechaussée.)

306. Lorsque ces délits sont commis par les Prevots des Marechaux hors leurs fonctions, c'est aux Lieutenants-Criminels à en connoître. (Arrêt du Grand-Conseil du 25 Septembre 1702 pour Autun, ci-dessus cité. Autre du Grand-Conseil du 24 Septembre 1732 en faveur du Lieutenant-Criminel d'Autun, contre le Prevot des Maréchaux de la même ville.)

Et il en est de même, lorsque les abus commis par les Officiers de Marechaussée sont commis en exécutant les Jugements, Ordonnances, ou Mandements des Juges ordinaires, & autres que ceux de Maréchaussée. (Arrêt du Grand-Conseil du 22 Septembre 1655 pour Lyon, rapporté par Henris, *tom.* 2, *liv.* 2, *qu.* 34. Voyez aussi l'Arrêt du 26 Fevrier 1672, rapporté au Journal des Audiences, *liv.* 11, *ch.* 8, rendu pour Brives.)

307. 10°. Les excès, insultes, & rebellions faites auxdits Prevots, & à leurs Lieutenants, Officiers, & Archers, en faisant leurs fonctions, sont aussi de la compétence du Siege de la Connetablie. (Voyez *infrà*, n. 591.) Ce qui n'a pas lieu néanmoins lorsqu'il s'agit de rébellion à l'exécution d'un décret, ou jugement: car alors les Prévôts en connoissent. (Voyez *suprà*, n. 220.)

Pour

Pour sçavoir si la Connétablie doit connoître, à l'exclusion des Juges ordinaires, dés rébellions aux Prevots des Marechaux, & à leurs Archers exécutant les Mandements d'un autre Juge, Voyez un Arrêt du Parlement du 18 Juillet 1740, touchant la compétence de la Connétablie, pour connoître de la rébellion au décret du Juge ordinaire, exécuté par la Marechaussée qui y a prêté main-forte.

308. 11°. Lorsque les Prevots ont quelques affaires à proposer au Presidial, concernant les fonctions de leurs charges, les Officiers du Présidial sont tenus de leur donner entrée & séance en la Chambre du Conseil, & de les entendre, sans user de remise. (Arrêt du Grand-Conseil du 30 Septembre 1644 pour le Mans.)

L'Arrêt du Grand-Conseil du 25 Septembre 1702, rendu pour Autun, porte que le Prevôt des Marechaux aura séance en la Chambre du Conseil du Presidial, & voix deliberative toutes les fois qu'il y aura quelque chose à proposer; même aux contestations incidentes qui pourront survenir pendant l'instruction des procès.

La Declaration du 30 Octobre 1730, porte que dans les Jugements des procès prévotaux, qui se jugent dans les Bailliages, & Sieges Presidiaux, ils auront rang & séance à la Chambre du Conseil, immédiatement après celui qui preside.

309. 12°. Lesdits Prevôts ont rang & séance en toutes les assemblées, où les Présidiaux ne sont point en corps, après le plus ancien Conseiller du Siege, & avant tous les autres, sans pouvoir prendre séance avec lesdits Officiers assemblés en corps. (Arrêt du Grand-Conseil du 28 Septembre 1621 pour Chartres. Autre du 2 Septembre 1624 pour Sens. Autre du 17 Juin 1622 pour Lyon.)

On trouve dans le Recueil des Arrêts d'Augeard, *tom. 1*, un Arrêt du Parlement du 7 Avril 1702, rendu pour Montfort-l'Amaury, qui porte: que dans toutes les assemblées où les Officiers du Bailliage de Montfort-l'Amaury seront en corps, ils auront la droite, & le Prévôt des Maréchaux la gauche; & que lorsque le Bailliage ne sera point en corps, le Prevôt des Maréchaux précédera le premier Conseiller; mais que quand les Officiers dudit Bailliage, & le Prevôt des Maréchaux, seront obligés de filer dans le cours des processions, ou autres assemblées, même lorsque dans l'Eglise ils iront à l'offrande, & autres cérémonies, le Lieutenant-General, le Lieutenant-Particulier, & les autres

Officiers du Bailliage, passeront devant le Prevôt des Maréchaux.

A l'égard des Prevôts, & Châtelains Royaux, ils sont précédés en toutes assemblées publiques & particulieres, par les Prévôts des Maréchaux. (Arrêt du Conseil du 26 Mai 1634, pour Montfort-l'Amaury. Autre du 15 Février 1734 pour le Prevôt des Maréchaux d'Orléans.)

310. 13°. Les offices des Prevots des Maréchaux, sont fixés à 40000 liv. par l'Edit de Mars 1720, *art.* 7; leurs gages à 1200 liv. & leur solde à 2800 liv. Les offices des Lieutenants, suivant le même article, sont fixés à 15000 liv.; leurs gages à 450 liv., & leur solde à 1050 liv.

Les gages & soldes des Officiers, & Archers de Maréchaussées, ne sont sujets à aucunes saisies, si ce n'est pour dettes contractées à l'occasion de leurs montures, nourritures, & équipages; auquel cas pourra seulement être fait retenue de la moitié de la solde. Et à l'égard des Prévots des Maréchaux, & de leurs Lieutenants, on peut seulement saisir leurs gages pour dettes dont les deniers auront été employés à l'acquisition de leurs offices. (Déclaration du 28 Mars 1720, *art.* 9.)

311. 14°. Il y a une Ordonnance des Maréchaux de France du 21 Avril 1735, qui regle les vacations des Prévots des Maréchaux à 15 liv. par jour.

Celles des Lieutenants, & Assesseurs, à 7 liv. 10 s.

Celles des Procureurs du Roi, à 6 liv. 10 s.

Celles du Greffier, à 5 liv. 10 s.

Celles de l'Exempt, à 7 liv.; du Brigadier, à 6 liv.; du Sous-Brigadier, à 5 liv., & du Cavalier, à 4 liv.

Lesdites journées, sur le pied de dix lieues en été, & de huit lieues en hiver.

§. V.

Des Prévôts-Généraux d'Armée; & Prévôts des Bandes.

312. 1°. Les Prevôts-Generaux d'Armée connoissent privativement à tous autres Juges, de tous crimes & délits commis par gens de guerre, tant de cheval que de pied, hors leurs drapeaux, & hors des fonctions militaires; comme aussi dans le quartier du General, lorsque lesdits gens de guerre marchent & séjournent en corps d'armée. (Ordonnance du mois de Janvier 1629, *art.* 340.)

313. 2°. A l'égard des Prevôts des Bandes, ils ont la connoissance de tous crimes commis de soldat à soldat ; comme aussi des soldats envers leurs Capitaines, Chefs, & Officiers, soit en l'obéissance & service militaire, soit autrement. Et aussi de toutes contraventions aux Ordonnances militaires, & de tous autres excès commis en faction par les soldats, envers & contre qui que ce soit. (*Ibid art. 338 & 339.*)

Ils connoissent aussi des déserteurs d'armée ; mais alors ils doivent prendre l'avis des Officiers du Conseil-de-guerre.

§. VI.

Des Vice-Baillis, & Vice-Sénéchaux.

314. Ces Officiers ont été supprimés par l'article premier de l'Edit du mois de Mars 1720, ainsi qu'il a été observé ci-dessus. (*n. 297.*) Ils étoient tenus d'observer tout ce qui étoit prescrit pour les Prevôts des Maréchaux, par l'Ordonnance de 1670 ; & par les autres Réglements qui peuvent concerner ces mêmes Prevôts. (Voyez l'article 28 du titre 2 de l'Ordonnance 1670.)

§. VII.

Des Lieutenants des Prévôts des Maréchaux.

315. 1°. Ils connoissent, & peuvent informer & instruire des crimes & délits, de la même maniere que les Prévôts de Maréchaussées. (Déclaration du 28 Mars 1720, *art. 2.*)

2°. Ils sont tenus de faire tous les mois, dans le chef-lieu destiné à chaque Brigade, la revue des Exempts, Brigadiers, Sous-Brigadiers, & Archers. (Ordonnance du Roi du 16 Mars 1720, concernant la discipline des Maréchaussées, *art. 9.*)

316. 3°. Ils ont la qualité d'Ecuyer, & sont exempts de taille, logement de gens de guerre, tutelle, curatelle, & autres charges publiques. Ils jouissent aussi du droit de *Committimus ;* & en général de tous les privileges & exemptions dont jouissent les Officiers commensaux de la Maison du Roi. (Edit de Mars 1720, *art. 6.* Lettres-Patentes du 20 Mars 1730, rendues sur un Arrêt du Conseil du 25 Février de la même année.)

4°. Ils ont séance & voix délibérative au Présidial, immédiatement après le Doyen, dans les procès de Maréchaussée qu'ils ont instruits. (Déclaration du 30 Octobre 1720.)

317. 5°. Leurs gages sont de 450 livres, & leur solde de 1050 liv. (Voyez ci-dessus, *n. 310.*)

6°. A l'égard des autres fonctions & droits qui leur sont communs avec les Prévôts des Maréchaux, Voyez tout ce qui a été dit ci-dessus, touchant les Prévôts des Maréchaux, *n. 231*, & suivants jusqu'au *n. 312.*

§. VIII.

Des Assesseurs de Maréchaussées.

1°. *De leurs Fonctions.*

318. 1°. Les Assesseurs de Maréchaussées doivent assister les Prévôts, ou leurs Lieutenants, dans l'instruction des procès prévôtaux; (Voyez ce qui a été dit ci-dessus, *n. 232.*) & signer tous les actes de la procédure qu'ils font avec lesdits Officiers de Maréchaussée. (Arrêt du Grand-Conseil du 30 Septembre 1614 pour Angoulême;) mais la parole appartient au Prévôt, ou Lieutenant, (ci-dessus, *n. 233.*)

La Déclaration du 28 Mars 1720, *art. 3*, porte; qu'à cet effet les Assesseurs seront tenus, après la compétence jugée, de se transporter sans aucun délai avec les Prévôts, ou Lieutenants, dans le lieu où l'instruction doit être faite, toutes & quantes fois ils en seront requis par eux, ou par les Procureurs du Roi des Maréchaussées, sous peine de destitution; & elle veut qu'en cas de refus par lesdits Assesseurs de se transporter avec lesdits Prévots, ou leurs Lieutenants, ceux-ci en dressent leurs procès-verbaux qu'ils feront signer par lesdits Procureurs du Roi, & qu'ils puissent se pourvoir d'un autre Officier du Siege, pour faire les *fonctions* d'Assesseurs, & assister à l'instruction du procès dont il s'agira. Ce même article ajoute que lesdits Prévots, ou leurs Lieutenants, enverront aussi-tôt au Procureur-Général du Grand-Conseil, le procès-verbal de refus, pour être ordonné ce qu'il appartiendra.

319. 2°. En cas d'absence, maladie, recusation, ou autre empêchement de l'Assesseur, les fonctions en doivent être faites par un

Conseiller, ou Officier de Robe-Longue du Siege. (Voyez ce qui a été dit à ce sujet ci-dessus, *n.* 235.)

Mais il faut un jour entier d'absence de l'Assesseur, pour que le Prévot, ou le Lieutenant, puisse faire subroger un autre Assesseur en sa place. (Arrêt du Grand-Conseil du 30 Juin 1618, pour Orléans.)

Les Présidiaux, & Juges Royaux, ne peuvent se refuser à ces fonctions d'Assesseurs, suivant l'Arrêt du Grand-Conseil du 2 Septembre 1724, rendu pour Sens; & faute par eux de commettre un d'eux, après une sommation, le Prévot peut prendre un autre Officier d'un Siege Royal. (Arret du Grand-Conseil du 30 Décembre 1636, rendu pour Nismes.)

320. 3°. Les Assesseurs peuvent informer & décréter en l'absence du Prévot, & de ses Lieutenants. (Edit du mois de Décembre 1594. Arret du Grand-Conseil du 30 Juin 1618, rendu pour Orléans.)

4°. Ils ne peuvent assister aux jugements de compétence. (Arrêt du Grand-Conseil du 13 Octobre 1637, pour Amiens. Voyez aussi ci-dessus, *n.* 244;) ni etre Rapporteurs des procès par eux instruits. (Edit du mois de Décembre 1594.)

Mais ils peuvent faire le rapport des recusations proposées contre les Prévots des Maréchaux, suivant l'article 16 du titre 2 de l'Ordonnance 1670, pour être jugées par les Officiers du Siege où le procès est pendant. (Voyez *suprà* n. 255.)

321. A l'égard des recusations qui sont proposées contre les Assesseurs, elles doivent être jugées au rapport d'un des Officiers du même Siege saisi du procès. (Ordonnance 1670, *ibidem tit.* 2, *art.* 16. Voyez aussi *suprà*, n. 255.)

5°. Ils doivent accompagner les Prévots des Maréchaux, ou leurs Lieutenants, dans les chevauchées qu'ils seront tenus de faire, & en signer avec eux les procès-verbaux. (Edit du mois de Décembre 1594. Voyez aussi *suprà* n. 287.)

2°. *Des Qualités, Droits, & Privileges des Assesseurs.*

322. 1°. Les places d'Assesseurs étoient autrefois en titre d'office, suivant l'Edit du mois de Décembre 1594; mais aujourd'hui elles sont exercées sur des commissions de Sa Majesté, scellées du grand Sceau. (Edit de Mars 1720, *art.* 5.)

2°. Ils doivent être Officiers de Robe-Longue, & Gradués. (Même Edit de Décembre 1594.)

3°. Ils doivent être reçus, & prêter serment en la Connétablie & Maréchaussée de France. (Déclaration du 22 Février 1739, rapportée au Code de Louis XV.)

323. 4°. Ils jouissent de l'exemption de la collecte, logement de gens de guerre, tutelle, curatelle, & autres charges publiques; mais non des autres privileges des commensaux de la Maison du Roi. (Edit de Mars 1720, *art. 6.* Lettres-Patentes du 20 Mars 1730.)

5°. Dans les procès instruits en la Maréchaussée, au jugement desquels les Assesseurs peuvent assister en l'absence du Prévôt, & de ses Lieutenants, ils ont séance & voix délibérative au Présidial, ou autre Siege Royal, qui doit le juger, immédiatement après les Officiers du Bailliage. (Arrêt de la Cour du 17 Février 1624 pour Montargis.)

324. 6°. Ils ont séance après les Officiers du Présidial, dans les assemblées publiques, & particulieres, immédiatement après les Conseillers du Présidial. (Edit de Décembre 1594. Arrêt du Parlement du 17 Février 1724 pour Montargis. Arrêt du Conseil du 13 Octobre 1637.) Et avant l'Avocat du Roi, & le Maître des Eaux & Forêts. (Même Arrêt de 1624 pour Montargis.)

7°. Ils peuvent posséder un office de judicature, même de Bailli de Justice de Seigneurs; & ces deux qualités ne sont point incompatibles. (Même Arrêt de 1624 pour Montargis.)

8°. Leurs appointements sont de trois cents livres. (Ordonnance du 16 Mars 1720, concernant la discipline des Maréchaussées, *art. 3.*)

§. IX.

Des Procureurs du Roi des Maréchaussées.

1°. *Leurs fonctions & devoirs.*

325. 1°. Les Procureurs du Roi des Maréchaussées, exercent dans les procès prévôtaux les mêmes fonctions que les autres Procureurs du Roi des Présidiaux & des Bailliages, & autres Justices Royales, exercent dans les procès criminels, dont la connoissance appartient à leur Siege.

2°. Ils sont tenus de donner leurs conclusions dans les procès qui sont à instruire, sur les informations qui leur ont été remises, sur-le-champ, & au plus tard dans le jour, sans aucun salaire; & à l'égard des procès instruits, ils sont tenus de donner leurs conclusions dans trois jours au plus tard, aussi sans aucun salaire, & de rendre le procès au Greffier de la Maréchaussée, ou à leurs Commis, & non à d'autres. (Arrêt du 24 Septembre 1615, rendu pour Niort.)

326. 3°. Ils ne peuvent assister aux Jugements prévôtaux. (Même Arrêt de 1615 pour Niort.)

4°. Ils étoient tenus, ainsi que les Greffiers des Présidiaux, d'informer le Procureur-Général, de la commission établie pour les demandes en cassation des jugements de compétence, de tous les jugements de compétence intervenus sur ces poursuites, aussi-tôt que ces jugements avoient été rendus, à peine d'interdiction, suivant le Réglement du 28 Juin 1738, touchant la procédure du Conseil, *tit.* 5, *art.* 11; mais cette disposition n'a plus lieu, depuis que la connoissance de ces demandes a été rendue au Grand-Conseil.

327. 5°. Les Procureurs du Roi des Bailliages & Sieges Présidiaux, peuvent en cas d'absence, maladie, ou autres empêchements des Procureurs du Roi en la Maréchaussée, en faire les fonctions. (Même Edit de Mai 1581. Arrêt des Grands-jours de Poitiers du 15 Janvier 1689, *art.* 38.)

6°. Les Procureurs du Roi des Maréchaussées, doivent assister les Prévôts & leurs Lieutenants dans les chevauchées qu'ils sont tenus de faire, pour requerir ce qu'il appartiendra; d'en signer les procès verbaux, & de les envoyer tous les six mois à Monsieur le Chancelier, & aux Procureurs-Généraux des Parlements. (Edit du mois d'Avril 1581. Voyez aussi *suprà*, n. 287.) Mais ils peuvent substituer en leur place, d'autres personnes pour faire ces chevauchées, lorsqu'ils ne peuvent les faire par eux-mêmes. (Edit de Mai 1581.)

2°. *Leurs Droits, & Privileges.*

328. 1°. Les Procureurs du Roi des Maréchaussées, étoient autrefois en titre d'office. (Edit du mois de Mai 1581;) mais aujourd'hui ces emplois sont exercés sur des commissions de Sa Majesté, scellées du grand Sceau. (Edit de Mars 1720, *art.* 5.)

2°. Ils doivent être Officiers de Robe-Longue, & Gradués. (Même Edit de Mai 1581.)

3°. Ils doivent être reçus, & prêter serment en la Connétablie & Maréchaussée de France. (Déclaration du 21 Février 1739.)

4°. Ils jouissent de l'exemption de la collecte, logement de gens de guerre, tutelle, curatelle, & autres charges publiques; mais non des autres privileges des commensaux de la Maison du Roi. (Edit de Mars 1720, *art. 6.* Lettres-Patentes du 20 Mars 1730.)

5°. Leurs appointements sont de 300 liv. (Ordonnance du Roi du 16 Mars 1720, concernant la discipline des Maréchaussées, *art. 3.*)

§. X.

Des Greffiers des Maréchaussées.

1°. *Leurs Fonctions.*

329. 1°. Les Greffiers des Maréchaussées, exercent dans les procès prévôtaux les mêmes fonctions que celles que les autres Greffiers-Criminels des Bailliages & Sieges Présidiaux exercent dans les procès criminels, dont la connoissance est attribuée à leurs Sieges.

2°. Ils doivent avoir un registre pour y écrire les plaintes, *&c.* (Ordonnance du 16 Mars 1720, pour les Maréchaussées, *art. 12.*)

3°. Dans les jugements Prevotaux qui se rendent ès Chambres du Conseil des Bailliages & Sieges Presidiaux, il doit y avoir deux minutes, dont l'une est reçue par le Greffier du Presidial, & l'autre par le Greffier de la Marechaussée. (Voyez *suprà*, n. 272.)

330. 4°. Dans les procès-verbaux de torture, c'est le Greffier de la Maréchaussée, & non celui du Siege qui a rendu le jugement, qui tient la plume, & reçoit les actes de cette procedure. (Usage du Présidial d'Orléans.)

5°. Il leur est enjoint de donner au Procureur du Roi de la Maréchaussée, le plus promptement que faire se pourra, les grosses & copies des informations, interrogatoires, & autres procédures, & de tout ce qui sera par lui requis; dont il se chargera sur les registres du Greffe, pour y prendre ses conclusions, & être par lui, sans discontinuation, procédé à l'instruction & au jugement des procès. (Arrêt du Parlement du 22 Avril 1617 pour Saumur.)

6°.

331. 6°. Ils doivent tenir bon & fidelle registre de tous les jugements & expéditions de la Maréchaussée. (Arrêt du Grand-Conseil du 30 Juin 1618 pour Orléans.)

7°. Ils sont tenus, ainsi que les Greffiers des Presidiaux, d'envoyer tous les six mois, aux Procureurs-Généraux de leur ressort, un extrait de leur registre, ou dépôt, signé d'eux, & visé, tant par les Lieutenants-Criminels que par les Procureurs du Roi des Bailliages, Sénéchaussées & Sieges Présidiaux; dans lequel ils doivent insérer en entier la copie des jugements de compétence, rendus pendant les 6 mois précédents, & de la prononciation des mêmes jugements, en la forme prescrite par l'article 25 de la Declaration du 5 Février 1731; à peine d'interdiction ou de telle amende qu'il appartiendra. (Declaration du 5 Fevrier 1731, *art.* 29.)

332. Ils doivent aussi, dans ledit temps, envoyer, aux mêmes Procureurs-Généraux, un extrait de leur dépôt; même l'état des lettres de grace, ou abolitions entérinées en leurs Sieges, avec les procedures & sentences d'entérinement. (Ordonnance de 1670, *tit.* 6, *art.* 19.)

8°. Ils doivent délivrer tous les ans, aux Receveurs du Domaine de Sa Majesté, un rôle signé des Prevots, Lieutenants, Assesseurs, & Procureurs du Roi, contenant la certification des amendes, confiscations, & états des meubles saisis sur les prisonniers; afin d'en être fait poursuite & diligence par lesdits Receveurs. (Arrêt du Grand-Conseil du 30 Juin 1618 pour Orléans.)

333. 9°. Les Prevots, ou leurs Lieutenants, ne peuvent délivrer ni faire délivrer aucuns Décrets, Ordonnances, & Jugements émanés d'eux, ou autres expéditions de Justice; ni les Archers les mettre à exécution, qu'ils ne soient signés desdits Greffiers. (Arrêt du Parlement du 22 Avril 1617 pour Saumur.)

10°. En cas d'absence, recusation, maladie, ou autre empêchement desdits Greffiers, les Prevots des Maréchaux en peuvent commettre un autre à leur place. (Même Arrêt de 1617.)

11°. Il doit y avoir un dépôt public pour y mettre toutes les minutes des procédures faites auxdites Maréchaussées. (Voyez *suprà*, n. 289.)

334. 12°. Ils ne peuvent prendre, pour l'enregistrement des provisions, actes de réceptions, & commissions des Prevots, que la somme de 6 livres; pour ceux des Assesseurs, Procureurs du Roi des Maréchaussées, & Exempts, que 4 livres; & pour ceux des

Brigadiers, Sous-Brigadiers, & Archers, que deux livres. (Déclaration du 28 Mars 1720, *art.* 6.)

13°. Ils doivent faire les chevauchées tous les trois mois, avec les Prevots, & autres Officiers de Maréchaussée, & en signer les procès-verbaux. (Voyez *suprà*, n. 287.)

335. 14°. Ils doivent porter honneur & respect aux Prevots des Maréchaux, & leur obéir en tout ce qui leur sera commandé par lesdits Prevots pour le service du Roi, & le bien de la Justice; & ils ne peuvent faire ni entreprendre aucun exercice, ni jurisdiction en leurs états & charges, sans la permission desdits Prevots. (Edit du mois de Septembre 1555 pour le Berri. Lettres-patentes du 28 Janvier 1578 pour Troyes. Déclaration du 24 Fevrier 1584 pour Montfort-l'Amaury. Arrêt du Conseil du 15 Mai 1586 pour le Prevot dudit Montfort. Arrêt du Parlement du 22 Avril 1617 pour Saumur.)

2°. *Droits & Privileges des Greffiers de Maréchaussées.*

336. 1°. Les Greffiers des Maréchaussées étoient autrefois en titre d'office, suivant la Déclaration du 5 Fevrier 1549, *art.* 14; mais aujourd'hui ces places sont exercées sur des commissions du Roi, scellées du grand Sceau. (Edit de Mars 1720, *art.* 5.)

2°. Ils sont reçus, & prêtent serment en la Connetablie. Déclaration du 22 Février 1739.)

337. 3°. Ils jouissent de l'exemption de la Taille, logement de gens de guerre, tutelle, curatelle, & autres charges publiques; mais non des autres privileges des Officiers-Commensaux de la Maison du Roi. (Edit de Mars 1720. Lettres-Patentes du 20 Mars 1730.)

4°. Ils ne peuvent se dire Officiers-Royaux, à peine d'être destitués de leurs places. (Déclaration du 5 Février 1549. *art.* 14.)

5°. Leurs appointements sont de 350 liv. (Ordonnance du 16 Mars 1720, *art.* 3.)

§. II.

Des Exempts de Maréchaussée.

338. 1°. Les Exempts de Maréchaussée peuvent informer en flagrant délit, & lors de la capture seulement; mais ils ne le peuvent faire

sans le Greffier de la Maréchaussée, ou sans une personne majeure qu'ils commettront pour Greffier, le serment de lui pris; & à la charge de remettre aussitôt les informations au Greffe de la Maréchaussée. (Edit de Mars 1720, *art.* 8. Déclaration du 9 Avril 1720.)

2°. Ils ne peuvent, ni en général tous les autres Officiers & Archers de Maréchaussées, retenir aucuns meubles, armes, ou chevaux saisis, ou appartenants aux accusés, ni s'en rendre adjudicataires sous leur nom, ou sous celui d'autres personnes; à peine de privation de leurs offices, de 500 liv. d'amende, & de restitution du quadruple. (Ordonnance de 1670, *tit.* 2, *art.* 11.) Ni faire transporter en leur logis, ni même au Greffe, aucuns des effets, meubles, deniers, hardes, ou fruits appartenants aux accusés contumaxs, sous quelque prétexte que ce soit; à peine d'interdiction, & du double de la valeur. (Ordonnance de 1670, *tit.* 17, *art.* 27.)

339. 3°. Ils étoient autrefois en titre d'office, suivant l'Edit du mois de Février 1612; mais aujourd'hui ces places sont exercées en vertu des commissions du Roi, scellées du grand sceau, sur la présentation des Prévôts-Généraux. (Edit de Mars 1720, *art.* 5.)

4°. Ils sont reçus par lesdits Prévôts-Généraux, sans aucuns frais, après une information préalable de vie & mœurs. (*Idid.* art. 5.)

340. 5°. Ils jouissent de l'exemption de la collecte, logement de gens de guerre, tutelle, curatelle, & autres charges publiques; mais non des autres privileges des Commensaux. (Même Edit du mois de Mars 1720, *art.* 6. Lettres-Patentes du 20 Mars 1730.)

6°. Ils ont 700 livres de solde. (Ordonnance du Roi du 16 Mars 1720, concernant la discipline des Maréchaussées, *art.* 4.)

Cette solde n'est sujette à aucunes saisies, si ce n'est pour dettes contractées pour raison de leur nourriture, équipage, & monture; auquel cas la moitié de la solde peut être retenue. (Déclaration du 28 Mars 1720, *art.* 9.)

X I I.

Des Brigadiers, Sous-Brigadiers, Archers, & Trompettes de Maréchaussée.

341. 1°. Ils peuvent donner les assignations aux témoins dans les af-

faires de Maréchaussée, & faire les significations dans les instructions & procédures des procès-verbaux, soit interlocutoires, préparatoires, ou définitifs, & tous actes concernant les affaires de la compétence des Prévôts des Maréchaux; même écrouer, arrêter, & recommander les personnes qui auront été décrétées par les Prévôts. (Déclaration du 28 Mars 1720, *art.* 5. Ordonnance de 1670, *tit.* 2, *art.* 6.)

Mais ils ne peuvent exploiter dans aucunes autres affaires, de quelque nature & qualité qu'elles soient; à peine de faux, & des galeres pour 9 ans. (Même Déclaration de 1720, *art.* 5.)

Ainsi s'il y avoit un conflit de jurisdiction, ils ne peuvent signifier aucune revendication; à peine de nullité.

342. 2°. Ils ne peuvent recevoir aucunes plaintes; (Ordonnance de 1670, *tit.* 3, *art.* 2.) ni commissions des Prévôts pour informer. (Même Ordonnance, *tit.* 2, *art.* 5.)

3°. Ils peuvent arrêter les criminels en flagrant délit; & ils peuvent même dans ce cas entrer dans les maisons des particuliers pour y faire des recherches & perquisitions de voleurs; mais ils ne le peuvent hors le cas de flagrant délit. (Arrêt du Parlement, rendu en la Tournelle le 23 Février 1606. Voyez le Traité des Scellés, édition de 1756, *pag.* 108.)

4°. Ils doivent laisser aux prisonniers qu'ils arrêtent, copie du procès-verbal de capture, & de l'écroue; à peine d'interdiction, dommages & intérêts des Parties, & de 300 livres d'amende. (Ordonnance de 1670, *tit.* 2, *art.* 7.)

343. 5°. Ils ne peuvent fouiller les prisonniers qu'ils arrêtent, que préalablement ils ne les aient mis entre les mains du geolier. (Ordonnance du mois de Mars 1549, *art.* 9.)

Voyez au surplus ce qui est dit ci-dessus, *n.* 236, des Prévôts des Maréchaux, sur les précautions qu'ils doivent prendre lorsqu'ils arrêtent un accusé, & qu'ils font inventaire des effets dont il est trouvé saisi; ce qui regarde à plus forte raison les Archers. Voyez encore l'article 7 du titre 13 de l'Ordonnance de 1670.

Lorsqu'ils trouvent l'accusé, saisi de quelques effets dont ils ont dressé inventaire, ils doivent, sur-le-champ, les remettre au Greffe de la Maréchaussée du lieu de la capture, ou au plus tard dans les trois jours. (Ordonnance de 1670, *tit.* 13, *art.* 7, & *tit.* 2, *art.* 9.)

6°. Un jugement rendu en la Connétablie le 21 Juillet 1740,

regle ce qui doit être observé par les Archers de Maréchaussée, en saisissant des armes sur ceux à qui il est défendu d'en garder, & en leur faisant payer l'amende. (Voyez aussi au titre *Du Port-d'armes*, n. 18.)

344. 7°. Ils ne peuvent retenir aucuns meubles, armes, ou chevaux saisis, ou appartenants aux accusés, ni s'en rendre adjudicataires, sous leur nom, ou sous celui d'autres personnes; à peine de privation de leurs offices, de 500 liv. d'amende, & de restitution du quadruple. (Ordonnance de 1670, *tit.* 2, *art.* 11.)

Un Arrêt du Parlement du 15 Juillet 1729, condamne un Sous-Brigadier de Maréchaussée, en cinq ans de galeres, & deux Archers, en trois ans aussi de galeres, pour avoir, lors de la capture d'un prisonnier, soustrait de sa bourse vingt-quatre louis d'or, sans en faire mention dans leur procès-verbal. Autre Arrêt du Parlement du 10 Janvier 1730, qui ordonne que l'Arrêt précédent sera lu & publié dans toutes les Maréchaussées du Royaume.

Ils ne peuvent pareillement faire transporter en leur logis, ni même au Greffe, aucuns des effets, deniers, hardes, ou fruits appartenants aux accusés contumaxs, sous quelque prétexte que ce soit; à peine d'interdiction, & du double de la valeur. (Ordonnance de 1670, *tit.* 17, *art.* 27.)

345. 8°. Ils sont tenus de conduire dans les prisons, les accusés qu'ils arrêtent; & ils ne peuvent les retenir dans des maisons particulieres, si ce n'est pendant leur conduite, & en cas de péril d'enlevement, dont ils doivent faire mention dans le procès-verbal de capture & de conduite; à peine d'interdiction, de 1000 liv. d'amende, & des dommages & intérêts des Parties. (Ordonnance de 1670, *tit.* 10, *art.* 16.)

9°. Dans le cas de flagrant délit, le Juge peut leur enjoindre, ainsi qu'à tous autres Huissiers, ou Sergents, de prendre & arrêter les coupables, & de les constituer prisonniers; & s'ils refusent de lui obéir, ils doivent être condamnés en des amendes, & même interdits, si cette désobéissance est préjudiciable au public. (Voyez Papon, *liv.* 6, *tit.* 7; & Ragueau, au mot *Sergent.*)

346. 10°. Suivant la disposition de l'Edit du mois de Février 1599, en cas de désobéissance de leur part aux ordres des Prévôts, en ce qui est de leurs charges, ceux-ci étoient en droit de les suspendre, & même de les destituer & casser.

Mais ils ne pouvoient les destituer qu'en connoissance de cause;

& qu'après la preuve d'abus & de malversations. (Ordonnance du mois de Janvier 1629, *art.* 185.)

L'appel de cette destitution se portoit en la Connétablie.) Déclaration du 15 Janvier 1573, *art.* 4. Ordonnance de 1629, *art.* 185. (Mais cet appel n'empêchoit pas que la destitution n'eût lieu par provision. (Même Déclaration de 1573, *art.* 4.)

Aujourd'hui dans le cas où les Archers, & autres, usent de rébellion, ou de désobéissance envers les Prévôts des Maréchaux, ils sont jugés sans appel par les Officiers des Maréchaussées des deux plus prochains départements, qui doivent s'assembler à cet effet, & tenir un Conseil-de-guerre. (Ordonnance du Roi du 16 Mars 1720, touchant la discipline des Maréchaussées, *art.* 1. Voyez ce qui a été dit ci-dessus, *n.* 294.)

347. 11°. Les Brigadiers, Sous-Brigadiers, Archers, & Trompettes, exercent aujourd'hui ces emplois, en vertu de commissions du Roi, scellées du grand sceau, sur la présentation des Prévôts-Généraux. (Edit de Mars 1720, *art.* 5.)

12°. Ils sont reçus par lesdits Prévôts, sans frais, après une information préalable de vie & mœurs. (*Ibid.* art. 5.)

Il est défendu auxdits Prévôts, ou leurs Lieutenants, de prendre aucune chose pour cette nomination, & encore plus de vendre ces places. (Déclaration du 15 Janvier 1573, *art.* 4. Ordonnance de Blois, *art.* 188. Ordonnance de 1629, *art.* 192.)

L'Ordonnance du Roi du 16 Mars 1720, concernant la discipline des Maréchaussées, *art.* 2, défend aussi aux Prévôts de rien exiger, ni recevoir des Brigadiers, Archers, *&c.* pour leur nomination; à peine de dix ans de prison, qui sera ordonné par les Maréchaux de France dans les lieux par lui indiqués (Voyez *suprà*, *n.* 291.)

348. 13°. Ils doivent être domiciliés, & non domestiques du Prévôt. (Ordonnance de Blois, *art.* 188. Déclaration du 15 Janvier 1573, *art.* 4. Arrêt du Grand-Conseil du 30 Juin 1618, *art.* 4. Voyez aussi *suprà*, n. 296.)

14°. Ils ne peuvent être Huissiers, ou Sergents, soit royaux, soit subalternes; & ces places sont incompatibles avec celles d'Archers. (Déclaration du 20 Mars 1720, *art.* 5.)

15°. Ils jouissent de l'exemption de la collecte, logement de gens de guerre, tutelle, curatelle, & autres charges publiques; mais non des autres privileges des Officiers Commensaux. (Edit de Mars 1720, *art.* 6. Lettres-Patentes du 20 Mars 1730.)

349. 16°. Leur solde est : sçavoir, celle des Brigadiers, de 600 livres ; celle des Sous-Brigadiers, de 550 ; & celle des Archers & Trompettes, de 500 livres. (Ordonnance du Roi du 16 Mars 1720, concernant la discipline des Maréchaussées, *art.* 4.)

Et cette solde n'est sujette à aucune saisie, si ce n'est pour dettes contractées au sujet de leurs nourriture, équipage, & monture ; auquel cas la moitié de la solde peut être retenue. (Déclaration du 28 Mars 1720, *art.* 9.)

ARTICLE VII.

De la Compétence, & des Fonctions des Lieutenants-Criminels de Robe-Courte.

350. 1°. Les Lieutenants-Criminels de Robe-Courte ont été établis pour le ressort de chaque Présidial & Bailliage Royal. (Edit du mois de Mars 1594.) Ces offices ont été supprimés par l'Edit du mois de Mars 1720, *art.* 1. Il y a néanmoins quelques villes où ils ont été conservés, comme à Paris, suivant l'article premier du même Edit de 1720 ; & à Orléans, suivant un Arrêt du Conseil du 9 Juin 1722.

2°. Ils connoissent dans l'étendue des Bailliages où ils ont été établis, même dans les Sieges particuliers desdits Bailliages, de tous les cas prévôtaux portés en l'article 12 du titre 1 de l'Ordonnance de 1670, & autres dont il a été parlé ci-dessus, (*n.* 158 & *suiv.*) de la même maniere qu'en connoissent les Prévôts des Maréchaux ; & ils sont tenus d'observer les mêmes regles. (Edit de Novembre 1594, *art.* 4 & 6. Ordonnance de 1670, *tit.* 1, *art.* 12, & *tit.* 2, *art.* 28.)

Mais ils ne peuvent prendre connoissance des lettres de grace. (Arrêt du Parlement du 22 Mai 1643 pour Saint-Pierre-le-Moutier.)

351. 3°. Ils instruisent les procès-criminels, en l'absence des Lieutenants-particuliers. (Edit de Novembre 1594, *art.* 16, rapporté par Joly, *pag.* 1087.)

4°. Ils ont la prévention sur les Lieutenants-Généraux de Police des villes, lorsqu'ils ont décrété avant eux, pour l'instruction & jugement en dernier ressort des procès des mendiants qui sont aussi vagabonds. (Déclaration du 28 Juillet 1724, *art.* 4.)

5°. Les conflits qui peuvent naître entre eux & les Lieutenants-Criminels de Robe-Longue, ou entre eux & les Lieutenants-Généraux de Police, doivent être réglés par les Cours de Parlement; sans qu'ils puissent, pour raison desdites contestations, se pourvoir au Grand-Conseil. (Edit de Janvier 1691, *art.* 13. Déclaration du 27 Août 1701. Autre du 8 Janvier 1719. Autre du 18 Juillet 1724, *art.* 8.)

352. 6°. Un Arrêt du Conseil a jugé que ce n'est point au Grand-Conseil à connoître des contestations qui peuvent survenir entre les Lieutenants-Criminels de Robe-Courte, & les Lieutenants-Criminels de Robe-Longue, ou autres Officiers. En effet, le Grand-Conseil ayant, par Arrêt du 31 Mars 1705, rendu sur un fait particulier, fait une espece de réglement avec des injonctions au Lieutenant-Criminel de Robe-Courte de Paris, par Arrêt du Conseil du 31 Août 1705, il fut dit que sans s'arrêter aux injonctions, défenses & réglements portés par ledit Arrêt du Grand-Conseil du 31 Mars précédent, que Sa Majesté a cassé à cet égard, comme fait sans pouvoir, les Officiers du Châtelet de Paris, & le Lieutenant-Criminel de Robe-Courte, ainsi que ses Lieutenants, demeureront conservés dans leurs usages pour les captures, informations, & autres procédures criminelles non contraires à l'Ordonnance.

7°. Les Lieutenants-Criminels de Robe-Courte sont tenus d'aider les Prévôts des Maréchaux, de leurs Archers, lorsqu'ils en ont besoin pour l'exécution de la justice criminelle. (Edit de Novembre 1554, *art.* 28.)

353. 8°. Ils sont tenus, dans les chevauchées qu'ils doivent faire dans leur ressort, d'arrêter tous les délinquants qu'ils trouvent; sauf à les rendre aux Juges dont ils sont justiciables, s'ils sont révendiqués, & que le renvoi en doive être fait. (Edit de Novembre 1554, *art.* 5.)

9°. Les Sentences des Procès qu'ils instruisent, sont intitulées de leur nom. (Arrêt du Conseil du 31 Août 1655 pour Sésanne. Voyez Chenu, *tit.* 16 & 17.)

354. 10°. Ils doivent exécuter, ainsi que leurs Archers, toutes Sentences, Commissions, Décrets & Ordonnances de Justice. (Edit de Novembre 1554, *art.* 21.)

Et en général il leur est enjoint, par l'article 28 du titre 2 de l'Ordonnance de 1670, d'observer tout ce qui est établi pour les Prévôts des Maréchaux.

11°.

11°. Les Lieutenants-Criminels de Robe-Courte, pour raison des malversations qu'ils peuvent commettre dans leurs fonctions, sont justiciables du Siege de la Connétablie. (Arrêt du Parlement du 3 Février 1702, rapporté au Journal des Audiences, qui juge que les Officiers de la Connétablie sont compétents, pour faire le procès à un Lieutenant-Criminel de Robe-Courte, pour avoir tué un homme en le voulant constituer prisonnier, à l'exclusion du Juge-Royal des lieux où le meurtre avoit été commis, & qui avoit fait la premiere information.)

355. 12°. Les Lieutenants de Robe-Courte doivent être reçus en la Connétablie : plusieurs Arrêts du Conseil rendus en 1655 & 1656 en ont des dispositions. Anciennement ils étoient reçus par les Lieutenants-Criminels de Robe-Longue. (Voyez l'article 20 de l'Edit du mois de Mars 1554.)

13°. Ils ont été originairement créés Officiers des Bailliages & Sieges-Présidiaux, & y avoient séance, tant à l'Audience qu'à la Chambre du Conseil. (Même Edit de 1554, *art. 17, 18* & *19.*) Mais différents Edits des années 1647, 1652 & 1653 les ont mis au rang des Officiers des Maréchaussées.

Néanmoins le Lieutenant-Criminel de Robe-Courte du Châtelet de Paris, n'a point cessé d'être Officier de la Prévôté de Paris, & ses Sentences s'intitulent du nom du Prévôt de Paris.

356. 14°. Ils ont la nomination de leurs Exempts & Archers. (Edits des mois de Février 1559, & Février 1612.) Mais ils ne peuvent vendre lesdites places. (Déclaration du 15 Janvier 1573, *art. 4.* Ordonnance de Blois, *art. 188.* Arrêt du Grand-Conseil du 30 Mars 1658 pour Orléans.) Ni même prendre aucune chose pour la réception desdits Archers, sous quelque prétexte que ce soit. (Même Arrêt de 1658.)

De même, la prétention qu'avoient les Lieutenants-Criminels de Robe-Courte, de jouir des gages d'une place d'Archer, suivant un ancien usage, a été déclarée abusive par un Arrêt du Parlement du 19 Décembre 1628, contre le Lieutenant-Criminel de Robe-Courte de Rheims.

357. 15°. Ils sont responsables de leurs Archers, & doivent les représenter à Justice toutes les fois qu'il en sera besoin, lorsqu'ils commettront quelques fautes & abus dans l'exercice de leurs charges. (Edits des mois de Novembre 1554 *art.* 20 ; & de Février 1559. Déclaration du 15 Janvier 1573, *art. 4.*)

16°. Dans le cas où lesdits Archers refuseroient d'obéir au service dû à cause de leur état ou office, les Lieutenants de Robe-Courte peuvent les suspendre & destituer, vérification préalablement faite, & en nommer d'autres à leurs places. (Mêmes Edits de Novembre 1554, *art.* 20; & de Février 1559.)

358. 17°. Les Lieutenants de Robe-Courte allant au Siege, ne peuvent se faire accompagner de leurs Archers. (Arrêt du Grand-Conseil du 30 Mars 1658, rendu pour Orléans.)

18°. L'article 74 de l'Edit du mois de Novembre 1554, rapporté par Joly, *pag.* 1083, porte qu'au Siege-Présidial d'Orléans il y aura, outre le Lieutenant-Criminel, un Lieutenant-Criminel de Robe-courte, & huit Archers-Sergents; & que le Lieutenant-criminel aura, outre les 100 livres à lui ordonnées, & pour lui parfaire 600 livres la somme de 500 livres; ledit Lieutenant de Robe-courte, 300 livres; & les huit Archers, chacun 120 livres. Outre ces Archers il y a un Exempt. (Voyez ci-après *n.* 362 *& suiv.*)

§. I.

Du Lieutenant de Robe-Courte de Paris.

359. 1°. Le Lieutenant-criminel de Robe-courte du Châtelet de Paris, a été créé, comme les autres Lieutenants de Robe-courte, par l'Edit du mois de Mars 1554; mais il n'est point réputé du nombre des Officiers dont les fonctions se font sous les Maréchaux de France; & par cette raison il n'est point reçu en la Connétablie, mais au Parlement.

2°. Il connoît, à la charge de l'appel au Parlement, à l'exclusion du Lieutenant-criminel, des rébellions commises à l'exécution de ses jugements; & des crimes & délits qui peuvent être commis par les Officiers & Archers de sa compagnie, & même par son Greffier, en faisant les fonctions de leurs charges sous ses ordres, & en exécution de ses jugements; sans qu'en aucun autre cas il puisse prendre connoissance des délits & crimes commis par lesdits Greffiers & Officiers de sa compagnie. (Edit du mois de Janvier 1691, *art.* 2. Déclaration du 30 Mai 1731.)

360. 3°. En cas de recusation, absence, maladie, ou autre empêchement du Lieutenant-criminel de Robe-courte, pendant vingt-quatre heures pour ce qui requiert célérité, & pendant trois jours

pour les autres affaires, l'instruction des procès de sa compétence appartient au Lieutenant-particulier qui est de service à l'audience du Présidial, ou de l'autre en son absence, ou du plus ancien Conseiller qui est de service au criminel, sans que le Lieutenant-criminel de Robe-courte puisse commettre èsdits cas un autre Officier du Châtelet; à la charge néanmoins que lorsque l'empêchement cessera par la présence du Lieutenant-criminel de Robe-courte, il continuera à parachever l'instruction commencée par ledit Lieutenant-particulier pour son absence. (Même Edit du mois de Janvier 1691, *art. 7.*)

361. 4°. Il connoît en dernier ressort, concurremment avec le Lieutenant-criminel, dans l'étendue de la ville & fauxbourgs, Prévôté & Vicomté de Paris, de tous les crimes compris en l'article 12 du titre 1 de l'Ordonnance de 1670. Mais dans le cas où ils ont décrété le même jour, le Lieutenant-criminel de Robe-longue a la prévention. (Même Edit de 1691, *art. 2.* Déclaration du 30 Mai 1731.)

5°. Il connoît aussi, concurremment & par prévention, avec le Prévôt de l'Isle, ou ses Lieutenants, des crimes qui sont de leur compétence, commis en la Prévôté & Vicomté de Paris: mais si les crimes sont commis dans la ville & fauxbourgs de Paris, le Lieutenant-criminel de Robe-courte a la préférence sur ledit Prévôt. (Déclaration du 2 Septembre 1655. Arrêt du Grand-Conseil des 20 Décembre 1610 & 31 Mars 1622. Déclaration du 30 Mai 1731.)

§. II.

Des Exempts, & Archers de Robe-Courte.

362. 1°. Les Exempts & Archers de Robe-courte ont été créés pour exécuter toutes sentences, commissions, décrets & ordonnances de Justice-criminelle. (Edit de Novembre 1554, *art. 21.*)

2°. Ils peuvent, mais seulement pour raison du criminel, faire tous autres exploits de Justice, tant en civil qu'en criminel, appartenants aux Offices de Sergents, dans les limites du ressort des Sieges-Présidiaux où ils sont établis. (*Ibid.* art. 22.)

3°. Ceux d'Orléans ont droit d'exploiter par tout le Royaume, même au civil, suivant une Déclaration du Roi du 27 Mars 1656, & un Arrêt du Grand-Conseil du 30 Mars 1658 rendu pour Orléans. Mais avant de faire aucun exploit pour le civil, ils sont tenus de prêter serment devant le Lieutenant-Général, lequel est tenu de les recevoir sans frais, & sans nouvelle information de vie & mœurs. (Même Arrêt du Grand-Conseil du 30 Mars 1658.)

363. Suivant l'Edit du mois de Janvier 1691, rendu pour le Lieutenant de Robe-courte du Châtelet de Paris, *art. 12*, les Archers dudit Lieutenant, font à l'exclusion des Sergents & Huissiers du Châtelet, les emprisonnements & écroues des personnes arrêtées en vertu des décrets dudit Lieutenant de Robe-courte, & donnent les assignations nécessaires pour l'instruction des procès qui sont de sa compétence; sans qu'ils puissent faire aucun procès-verbal, ni donner des exploits, tant au civil qu'au criminel.

4°. Lesdits Archers, ni même les Exempts, ne peuvent informer, sous quelque prétexte que ce soit; à peine de nullité, & des dépens, dommages & intérêts des Parties. (Même Edit du mois de Janvier 1691, *art. 10.*)

364. 5°. Ils doivent, dans le cas de capture, ainsi que tous les autres Sergents & Huissiers, faire inventaire, en présence de témoins, des effets dont les accusés sont trouvés saisis. Ils doivent aussi les inscrire sur leurs procès-verbaux & exploits, & les remettre aussitôt entre les mains du Juge, pour y être pourvu; & il leur est défendu d'en cacher, ni retenir aucuns. (Edit du mois de Novembre 1554, *art. 29.* Ordonnance de 1670, *tit. 2, art. 9.* Voyez *suprà*, n. 236.)

6°. Ils doivent prêter main-forte aux Prévôts des Maréchaux, lorsqu'ils en sont requis par ces derniers, pour l'exécution de la Justice-criminelle. (Même Edit de Novembre 1554, *art. 28.*)

365. 7°. Les Archers de Robe-courte ont été créés par Edit de Novembre 1554. Il y en a eu huit créés pour Orléans. (Voyez ci-dessus, *n. 358.*) A l'égard des Exempts, il en a été créé un en titre d'office en chaque Siege, par Edit du mois de Février 1612.

Les provisions desdits Archers pour Orléans, sont d'Archer-Sergent de la Lieutenance de Robe-courte au bailliage & Siege-Présidial d'Orléans.

8°. Ce sont les Lieutenants-criminels de Robe-courte qui nomment aux places d'Archers; mais ils ne peuvent les vendre. (Voyez *suprà*, n. 356.)

366. 9°. Lesdits Exempts & Archers, doivent être reçus, & prêter serment pardevant les Lieutenants-criminels de Robe-longue, après une information préalable de vie & mœurs. (Edit de Novembre 1554, *art.* 20. Déclaration du 15 Janvier 1573; *art.* 4. Arrêt du Grand-Conseil du 30 Mars 1658, rendu pour Orléans.)

10°. Ils doivent être domiciliés, & non domestiques des Lieutenants-criminels de Robe-courte. (Déclaration du 15 Janvier 1573, *art.* 4. Ordonnance de Blois, *art.* 188.)

367. 11°. Dans le cas où ils seroient refusants d'obéir aux Lieutenants-criminels de Robe-courte, pour ce qui est du devoir de leur charge, & du service du Roi, ils peuvent être destitués par lesdits Lieutenants-criminels de Robe-courte, qui en mettront d'autres à leurs places. (Edit du mois de Février 1559. Déclaration du 15 Janvier 1573, *art.* 4.)

S'il y a appel de cette destitution, l'appel s'en porte au Parlement; mais la destitution doit tenir pendant l'appel par forme de suspension. (Même Edit de Février 1559; & même Déclaration du 15 Janvier 1573, *art.* 4. Arrêt du Parlement du 4 Mars 1573, rapporté par Carondas sur le Code Henri, *liv.* 3, *tit.* 21, *art.* 3.)

368. 12°. Les Archers de Robe-courte sont exempts de comparoître aux assises des Bailliages où ils ont été établis. (Ainsi jugé pour Orléans par l'Arrêt du Grand-Conseil du 30 Mars 1658 ci-dessus cité.)

13°. Les Exempts de Robe-courte ont droit de commander aux Archers de leurs compagnies, de les mener & conduire pour faire les captures, s'informer des crimes & délits qui se commettent dans les campagnes, prendre & arrêter les coupables, *&c.* (Edit du mois de Février 1612.)

ARTICLE VIII.

De la Compétence des Lieutenants de Police en matiere criminelle.

369. La jurisdiction des Lieutenants de Police, est une jurisdiction purement civile, & par conséquent ils ne peuvent connoître des matieres criminelles; mais cette connoissance est réservée aux Juges ordinaires des lieux.

Les Lieutenants de Police ont seulement une jurisdiction correctionnelle à l'égard de ceux qui sont surpris en contravention aux Ordonnances de Police, pour les punir sommairement & sans autre forme de procès, par amende, ou autre peine légere. (*Ita* Loiseau en son Traité des Seigneuries, *ch. 16*, *n. 24.*) Mais s'il s'agit de prononcer quelque peine afflictive, & de procéder par la voie extraordinaire, cela ne les regarde plus, & il faut s'adresser alors au Magistrat à qui la punition des crimes appartient. C'est la disposition précise de l'Edit d'Amboise du mois de Janvier 1572, portant établissement de nouveaux Tribunaux, pour les affaires de Police, dans les différentes villes du Royaume. L'article 6 de cet Edit porte : « que les Officiers de Police feront soi» gneusement garder les Ordonnances sur le fait de la police, & » que les Jugements & Sentences qui seront par eux donnés contre » les délinquants, seront exécutés sans appel, jusqu'à la somme » de cent sols parisis pour la ville de Paris, & de quarante sols » pour les autres villes du Royaume ; mais que où il écheroit, » outre lesdites amendes, de prononcer quelque peine, ou puni» tion corporelle, les délinquants seront renvoyés devant les » Juges ordinaires, auxquels la connoissance des délits appar» tient ». (Voyez la Conférence des Ordonnances, *tom. 3*, *pag. 819*, §. 284.)

370. L'Arrêt du 29 Août 1579, servant de réglement entre le Lieutenant-Général de la Sénéchaussée du Maine, & le Lieutenant-criminel de la même ville, rapporté par Chenu en ses Réglements, *tit. 6*, *ch. 32*, porte aussi que le Lieutenant-Général de la Sénéchaussée, connoîtra des contraventions faites à la police ; mais que si le cas étoit tel, qu'il méritât, outre l'amende, une punition corporelle, la connoissance en appartiendra au Lieutenant-criminel.

Un Arrêt du Parlement de Provence du 15 Juin 1726, rapporté au Recueil des Arrêts de ce Parlement, imprimé en 1745, *in-4°*, *pag. 315*, fait défenses au Lieutenant de Police d'instruire & de juger extraordinairement des procès.

371. La même disposition est portée par un autte Arrêt du Parlement de Paris du 28 Mars 1609, servant de réglement entre le Lieutenant-civil du Bailliage de Laon, & le Lieutenant-criminel de la même ville. Cet Arrêt, qui est rapporté par Chenu en son Livre des Offices, *tit. 5*, *chap. 12*, porte que le Lieutenant-Général aura la connoissance des contraventions à la Police ; mais que s'il

échet condamnation de peine corporelle, la connoissance en appartiendra au Lieutenant-Criminel. (Voyez Joly, *tom.* 2, *pag.* 1039.)

On trouve encore une autre preuve de cette maxime, dans les Lettres-patentes du Roi Charles IX, en date du 6 Septembre 1570, données en faveur des Maire & Echevins de la ville d'Orléans, qui confirment un Arrêt du Conseil du 13 Juillet 1569, par lequel la connoissance de la Police leur est attribuée concurremment avec le Prévôt d'Orléans, & son Lieutenant, dans l'étendue de ladite ville. Un des motifs de cette attribution, est que le Prévôt d'Orléans est d'ailleurs assez empêché en l'exercice de la Justice ordinaire, civile, criminelle & conservatoire; ce qui prouve tacitement que Sa Majesté n'a point entendu comprendre les causes criminelles, sous le mot de Police. Ces Lettres-patentes se trouvent dans le Procès-verbal de M. Chandon de l'année 1583, pour l'établissement de la Police d'Orléans.

372. L'Edit de création d'un Maire en la même ville, en date du 8 Novembre 1568, porte aussi qu'il connoîtra de la Police concurremment avec le Prévôt; mais que où il se trouveroit quelqu'un qui, pour délit commis en la Police, méritât une punition corporelle, ou plus grave que la pécuniaire, en ce cas ledit Maire sera tenu de renvoyer le délinquant prisonnier pardevant le Prévôt d'Orléans, ou son Lieutenant. (Histoire d'Orléans *in*-4°. *pag.* 435.)

Mais quoique les Lieutenants de Police ne soient point juges en matiere criminelle, ils connoissent néanmoins de certains crimes, dont la connoissance leur est attribuée. Ainsi:

373. 1°. Ils peuvent faire le procès aux mendiants valides, vagabonds, ou non, qui sont arrêtés dans les villes & banlieue de leur établissement, & prononcer contre eux les peines portées par la Déclaration du 25 Juillet 1700, & par celle du 18 Juillet 1624, c'est-à-dire, les faire enfermer dans les Hôpitaux, & les condamner aux galeres, ou autres peines, suivant les cas mentionnés en ces mêmes Déclarations.

Ils peuvent même les juger en dernier ressort avec les Officiers des Présidiaux, Bailliages, ou Sénéchaussées Royales du lieu de leur résidence, pourvu qu'ils soient au nombre de sept; & ils président au jugement, à la charge néanmoins de faire juger leur compétence, & de satisfaire aux autres formalités prescrites par les Ordonnances. (Déclarations des 16 Avril 1685, 10 Février 1699, 25 Juillet 1700, & 18 Juillet 1724, *art.* 7.)

374. Cette compétence doit être proposée & jugée au Présidial du lieu de leur résidence. (Voyez la Déclaration du 18 Juillet 1724, *art.* 7 & 8.)

Par un Traité particulier, passé sous seing privé, entre les Officiers du Présidial, & le Lieutenant-Général de Police de la ville d'Orléans, en date du 16 Août 1727, les procès-criminels, pour fait de mendicité, instruits par le Lieutenant-Général de Police, & pour lesquels il a été déclaré compétent, doivent se juger en la Chambre du Conseil du Présidial; en quoi ce Traité déroge à un Arrêt du Parlement du 16 Juillet 1725, qui avoit ordonné par provision que ces procès seroient jugés au lieu où se tient la Police, c'est-à-dire à l'Hôtel-de-Ville, & que le Lieutenant de Police y présideroit, conformément à un Arrêt du Conseil du 21 Décembre 1700, jusqu'à ce qu'il en eût été autrement ordonné par la Cour.

Au surplus, c'est le Greffier de la Police, qui redige la procédure, & le procès se distribue comme tous les autres procès du Présidial. A l'égard de la Sentence, elle est reçue, & par le Greffier du Présidial, & par celui de la Police.

375. Lorsque les Prévôts des Maréchaux arrêtent des mendiants qui sont en même temps vagabonds, dans les villes & lieux où il y a des Lieutenants-Généraux de Police, c'est auxdits Prévôts, ou à leurs Lieutenants, à instruire le procès, & le juger en dernier ressort, pourvu qu'ils aient décrété avant le Lieutenant de Police; & s'il survient des contestations qui peuvent naître entre eux à ce sujet, elles doivent être jugées aux Parlements. (Déclaration du 18 Juillet 1724, *art.* 8.)

Les Lieutenants-Généraux de Police connoissent aussi des rébellions à l'occasion des mendiants; (Déclaration du 12 Septembre 1724.) mais seulement à la charge de l'appel.

Il faut aussi observer que si les mendiants arrêtés pour fait de mendicité se trouvoient en même temps accusés d'autres crimes qui ne fussent pas de la compétence des Lieutenants-Généraux de Police, alors ceux-ci sont tenus d'en laisser la connoissance aux Juges qui en doivent connoître, suivant les Ordonnances. (Même Déclaration de 1724, *art.* 11.)

376. 2°. Par une Déclaration du Roi du 12 Mai 1717, rendue à l'occasion

casion des impressions, & ventes de Livres & Libelles défendus, il est enjoint aux Parlements, & aux Officiers de Police sous leur autorité, de veiller avec attention à ce qu'elle soit observée; même auxdits Officiers, de faire de fréquentes visites chez les Libraires & Imprimeurs, pour découvrir les contraventions qui y pourroient être faites, & les punir, soit par le carcan, ou autres peines, suivant qu'il est porté en cette Déclaration, sauf l'appel ès Grandes-Chambres de Parlement, auxquelles Sa Majesté attribue à cet égard toute Cour & Jurisdiction. Cette Déclaration ajoute que lesdits procès seront instruits par récolement & confrontation.

377. 3°. La Déclaration du Roi du 26 Juillet 1713, touchant la correction des filles & femmes de mauvaise vie, porte que le Lieutenant-Général de Police de la ville de Paris, pourra instruire sommairement les procès de ces sortes de personnes, dans le cas de débauche publique, & de vie scandaleuse, sur le simple rapport des Commissaires, & sur les déclarations des voisins, lorsqu'il n'écherra de prononcer que des condamnations d'amende, ou d'aumône, ou des injonctions de vuider les lieux, ou même les villes, & d'ordonner que les meubles desdites filles, ou femmes, seront jettés sur le carreau, & confisqués au profit des pauvres de l'Hôpital-Général; pour y être ensuite pourvu contradictoirement, ou par défaut, à l'Audience, ou par délibéré sur le registre, sur les conclusions du Procureur du Roi, à la charge de l'appel au Parlement. Cette Déclaration ajoute que sur l'appel les Parties procéderont en la Grand'Chambre, soit que l'affaire ait été jugée sur le simple procès-verbal du Commissaire, ou sur le récit ou vû des informations, encore qu'il y ait eu un décret sur ces mêmes informations, & que la suite de la procédure ait obligé le Lieutenant-Général de Police à ordonner que ces femmes, ou filles, seront enfermées pour un temps dans la maison de force de l'Hôpital-Général.

378. Il est dit dans la suite de cette même Déclaration, que dans le cas de maquerellage, prostitution publique, & autres où il écherra peine afflictive, ou infamante, le Lieutenant-Général de Police de Paris sera tenu d'instruire le procès aux accusés, ou accusées, par récolement & confrontation, suivant les Ordonnances, à la charge de l'appel en la Chambre de la Tournelle; le tout sans préjudice de la jurisdiction du Lieutenant-criminel du Châtelet,

qu'il pourra exercer en cas de maquerellage concurremment avec le Lieutenant-Général de Police, auquel néanmoins la préférence appartiendra lorsqu'il aura informé & décrété avant le Lieutenant-criminel, ou le même jour.

Quoique cette Déclaration ne soit que pour la ville de Paris, les Lieutenants de Police des autres villes du Royaume, seroient peut-être bien fondés à demander que sa disposition fût étendue aux autres villes des provinces du Royaume.

En effet, une Déclaration du Roi du 6 Mai 1734, attribue aussi au Lieutenant de Police de Rouen, la punition des filles & femmes publiques, comme à celui de Paris. (Voyez cette Déclaration au Recueil des Edits, *&c.* enregistrés à Rouen, *tom.* 7, *pag.* 418.)

379. 4°. *Question.* Les Lieutenants de Police connoissent-ils des rébellions commises à l'exécution de leurs mandements ?

Il semble d'abord qu'on doit décider pour l'affirmative, puisque les Lieutenants de Police sont de véritables Magistrats, & que par conséquent la maxime *frustra datur jurisdictio nisi dentur ea sine quibus jurisdictio explicari non potest*, doit ici recevoir son application. Néanmoins, comme cette espece de jurisdiction est un démembrement de la jurisdiction ordinaire civile, on peut prétendre, & même avec beaucoup de fondement, que c'est au Juge-criminel ordinaire de la jurisdiction dont la Police est démembrée, à connoître de ces rébellions ; de la même maniere que dans les Bailliages & Sénéchaussées ordinaires, c'est le Lieutenant-criminel qui connoît des rébellions commises à l'exécution des jugements & Ordonnances émanés du Lieutenant-Général, ou du Bailliage civil.

380. Par la même raison, & même *à fortiori*, les Lieutenants-Généraux de Police ne doivent point connoître des abus & malversations commises par leurs Huissiers, Sergents, ou autres Officiers, dans les fonctions de leurs offices ; ce qui est d'ailleurs établi bien positivement par l'article 11 du titre 1. de l'Ordonnance de 1670, qui attribue aux Baillis & Sénéchaux, à l'exclusion de tous autres Juges, la correction des Officiers-Royaux, & des malversations par eux commises dans les fonctions de leurs charges.

Néanmoins par Arrêt du Parlement de Paris du 20 Septembre 1702, une procédure faite par les Officiers du Bailliage de Montargis, contre les nommés Philippe Charnier & Damien Ablon

Greffier & Huissier de Police de ladite ville, pour raison de leurs fonctions, a été déclarée nulle, avec 100 livres de dommages & intérêts.

Mais comme je n'ai vu cet Arrêt que par extrait, j'ignore sur quel motif il peut avoir été rendu, & si c'est pour incompétence, ou autrement.

381. 5°. Le blasphême n'est point un crime dont la connoissance appartient au Juge de Police, du moins quand il est poursuivi par la voie criminelle. (Arrêt du Parlement du 4 Janvier 1710, rapporté au Journal des Audiences.) C'est une suite de ce qui est dit ci-dessus, (*n.* 369.)

ARTICLE IX.

De la Jurisdiction des Officiaux en matiere criminelle.

382. Il y a trois sortes de délits dont les Officiaux peuvent connoître; 1°. les *Délits Ecclésiastiques* : 2°. les *Délits communs* : 3°. les *Délits*, ou *Cas privilégiés*. Il est nécessaire de connoître la distinction de ces différentes especes de délits, avant de parler de la compétence des Officiaux.

§. I.

Des Délits purement Ecclésiastiques.

383. Les délits *purement Ecclésiastiques*, sont ceux qui concernent la police Ecclésiastique, & qui peuvent être punis suffisamment de peines canoniques, suivant qu'il a été porté en la Novelle 83, *chap.* 1.

La censure, correction & punition de ces délits, dont les Juges Laïques négligent ordinairement la recherche, a toujours appartenu à l'Eglise, pour y maintenir une discipline pure & exacte. (Voyez Loiseau en son Traité des Seigneuries, *chap.* 15, *n.* 82.)

Tels sont tous les délits simples & non privilegiés que les Ecclésiastiques peuvent commettre dans leurs fonctions; *v. g.*

La négligence à acquitter le Service Divin.

L'indécence dans la maniere de le célébrer.

L'inexactitude dans l'administration, & le soin des malades.

Le défaut de résidence d'un Ecclésiastique dans le lieu de son bénéfice.

L'exercice d'un art méchanique.

La contravention aux saints décrets.

La débauche, soit du vin, ou autre.

Et en général toute contravention aux saints Canons, aux décrets des souverains Pontifes, & aux statuts de l'Eglise.

Quoique ces délits doivent ordinairement se poursuivre d'office, & sur la Requête du Procureur, ils peuvent néanmoins être aussi poursuivis sur la plainte des parties privées qui y ont intérêt.

§. II.

Des Délits communs, & des Cas privilégiés.

384. On distingue deux sortes de délits non Ecclésiastiques, 1°. les *Délits communs* : 2°. les *Délits* ou *Cas privilegiés.*

1°. On entend par *Délits communs*, tous ceux que les Ecclésiastiques peuvent commettre, ainsi que les Laïques, & qui sont tels de leur nature, qu'ils peuvent être suffisamment punis de peines canoniques. De ce nombre sont les injures verbales, & autres de cette espece, qui n'exigent pas la vindicte publique.

On appelle ces délits *communs*, parce qu'ils dépendent tant de la Jurisdiction Ecclésiastique, que de la séculiere ; & que de la même maniere que le Juge Laïque en connoît contre les Laïques, de même le Juge Ecclésiastique en peut connoître contre les Ecclésiastiques. (Voyez Airault en son Instruction Judiciaire, *liv.* 2, *part.* 2, *n.* 7, *pag.* 186 & 190.)

385. 2°. On appelle *Délits* ou *Cas privilegiés*, ceux qui troublent l'ordre public, & qui méritent une peine afflictive, ou infamante, ou autre, de la nature de celles que les Juges d'Eglise n'ont pas le pouvoir de prononcer. (Airault, *ibid.* n. 8.) Ce sont tous ceux que le Roi & les Juges ont intérêt de faire punir pour maintenir le repos public, & la tranquillité du Royaume. (Voyez l'Ordonnance 1670, *tit.* 25, *art* 29.)

On les appelle *Privilegiés*, à cause du privilege qu'ont les Juges Laïques de les punir, en vertu de l'autorité que le Roi a sur les Ecclésiastiques de son Royaume, qui sont ses sujets comme les autres ; ou plutôt à cause du privilege qu'ont les Ecclésiastiques de demander leur renvoi devant le Juge d'Eglise, pour instruire ces sortes de crimes conjointement avec le Juge Royal.

L'origine de cette différence du délit commun, & du cas privilegié, est prise du Droit civil en la Loi *addictos*, Cod. *De Episcopali audientiâ*; en la Novelle 83, *cap.* 1; & en la Novelle 123, §. *Reverendissimis autem Presbyteris*, *cap.* 20.

386. Ces délits communs & cas privilegiés, sont à l'imitation des crimes militaires, & communs. (Voyez la Loi 6, *omne*. D. *De re militari*; & *Alexand. ab Alexandro*, *lib.* 2. *Genialium dierum*, *cap.* 13.)

Lorsqu'il y a contestation si un cas est privilegié ou non, c'est au Juge Laïque à connoître de cette question; parce que c'est aux Juges Laïques à juger de tout ce qui est capable de troubler le bon ordre, & la tranquillité publique, & que c'est une suite du soin & de l'autorité que le Roi leur a confiée.

Exemples de Délits privilegiés.

387. 1°. Les crimes de leze-majesté Divine; sçavoir :

L'hérésie. (Fevret, Taité de l'Abus, *liv.* 8, *chap.* 2, n. 1.)

Le blasphême impie & exécrable, non le blasphême simple. (Fevret, *ibid.* n. 2.)

Le parjure accompagné de scandale public, non le parjure simple. (Fevret, *ibid.* n. 4.)

Le sortilege accompagné de malefice. (Voyez Peleus, *act. for.* 27. Fevret, *ibid.* n. 3.)

Le sacrilege, même sans effraction. (Fevret, *ibid.* n. 9.)

L'abus de Sacremens. (Voyez ci-après au titre *Des abus des Ecclésiastiques dans leurs fonctions.*)

Le refus public de Sacremens. (Voyez *ibid.*)

Le refus de sépulture Ecclésiastique. (Voyez *ibid.*)

La révélation de confession. (Voyez *ibid.*)

Le trouble public fait au Service Divin. (Voyez Fevret, Traité de l'Abus, *liv.* 8, *chap.* 2, n. 8.)

La célébration de Mariage faite par un Curé, ou autres Prêtres, d'autres personnes que de ses paroissiens. (Edit de Mars 1697, *art.* 3.)

388. 2°. Les crimes qui offensent la Majesté Royale, ou qui blessent la Justice. Tels sont :

Le crime de leze-majesté en tous ses chefs. (Ordonnance 1670, *tit. 1, art. 11.*)

Le crime de fausse monnoie. (Fevret, *liv. 8, chap. 2*, n. 17.)

Les assemblées illicites.

Les séditions & émotions populaires.

Le péculat.

La rébellion aux Mandements de Justice.

La subornation de témoins.

La recousse de prisonniers.

Le recel de voleurs.

L'infraction de Sauve-Garde. (Fevret, Traité de l'Abus, *liv. 8, chap. 2*, n. 23.)

La contravention aux droits du Roi. (*Ibid.* n. 25.)

389 3°. Tous les crimes qui troublent l'ordre public, sont des délits privilegiés; *v. g.*

La force publique.

Les arrhements.

Les monopoles.

Le duel. (Fevret, Traité de l'Abus, *liv. 8, chap. 2*, n. 19.)

L'homicide. (*Ibid.* n. 18.)

Le poison. (*Ibid.* n. 21.)

Le vol. (Fevret, *ibid.* n. 12.)

L'adultere. (Fevret, *ibid.* n. 10. Ainsi jugé par Arrêt du Parlement de Rennes du 8 Mai 1621, rapporté par Frain, *chap. 76.*)

L'inceste. (Fevret, Traité de l'Abus, *ibid.* n. 13.)

La sodomie. (Fevret, Traité de l'Abus, *liv. 8, chap. 2*, n. 14.)

Le viol.

Le rapt de violence. (Fevret *Ibid.* n. 11.)

390. Le rapt de séduction d'une mineure. (Fevret, *ibid.* (Ainsi jugé par Arrêt du 16 Mai 1676, contre Etienne Lucas, Chanoine de l'Eglise *** d'Orléans, poursuivi pour crime de stupre, commis à l'égard d'une fille âgée seulement de sept ans & neuf mois, auquel le procès étoit fait par le Juge Royal, conjointement avec l'Officialité d'Orléans, & qui demandoit son renvoi devant l'Official du Chapitre de Sainte-Croix, au moyen de ce qu'il étoit Chapelain de ladite Eglise, dont il fut débouté, & condamné par le Juge Royal en trois ans de galeres. Sur l'appel par lui interjetté, comme de Juge incompétent, la Sentence fut confirmée par l'Arrêt ci-dessus.

Le crime de maquerellage.

L'exposition d'enfants.

Le port d'armes avec assemblée. (Fevret, Traité de l'Abus, *liv. 8, chap.* 2, n. 15.)

391. L'incendie public, ou en assemblée, ou avec violence. (Fevret, Traité de l'abus, *liv. 8, chap. 2*, n. 22.)

Les livres impies & scandaleux. (*Ibid*, n. 7.)

Les injures graves & atroces. (*Ibid.*)

Les libelles diffamatoires. (*Ibid.*)

La violence avec coups & excès.

Les délits de chasse. (Ainsi jugé par Arrêt du Conseil du 6 Mars 1703, contre le Lieutenant-Général en la Table-de-Marbre du Parlement de Bordeaux. Voyez les Mémoires du Clergé, de la nouvelle édition, *tom. 7, pag. 453 & suiv.*)

392. Le crime de faux. (Voyez Fevret, Traité de l'Abus, *liv.* 8, *chap.* 2, *n.* 16. Ainsi jugé par Arrêt du Parlement du 30 Mai 1696, pour le Lieutenant-Criminel de Montmorillon. Autre Arrêt du 18 Juin 1618, rapporté par Bardet, *tom.* 1, *liv.* 1, *chap.* 30; Papon, *liv.* 1, *tit.* 5 de la Justice Temporelle, *n.* 43; Hericourt en ses Loix Ecclésiastiques, *part.* 1, *chap.* 20, *n.* 57.

Le crime de faux témoignage. (Voyez Fevret, *ibid.* liv. 8, ch. 2, n. 16.)

L'accusation calomnieuse.

La contravention à la pragmatique-sanction, même au concordat. (Voyez l'Auteur du Testament-Politique du Cardinal de Richelieu, *part.* 1, *chap.* 2, *sect.* 3.)

L'usure. (Fevret, *liv.* 8, *chap.* 2, *n.* 6. Voyez ci-après au titre *De l'Usure*, n. 32.)

Et en général tous les autres crimes qui peuvent se poursuivre d'office à la Requête des Procureurs du Roi, ou Fiscaux. (Voyez ce qui est dit à ce sujet au titre *De l'action qui naît des crimes*, n. 18.)

Exemples de Délits communs.

393. 1°. La simonie. (Voyez au titre *Du crime de simonie*, n. 11.)

2°. Le concubinage, à moins qu'il ne soit accompagné d'un grand scandale, ou avec une femme mariée, & que le mari s'en plaigne; auxquels cas il deviendroit un délit privilegié. (Voyez ci-après au titre *Du Concubinage*, n. 14.)

3°. Le ſtupre ſimple ſans ſéduction avec une perſonne majeure. (Voyez Fevret, Traité de l'abus, *liv.* 8, *chap.* 2, *n.* 11; & Louet, *lettre D*, *chap.* 43, *n.* 7.)

4°. La ſimple rixe. (Arrêt du 11 Juillet 1705, rapporté au Journal des Audiences.)

5°. Les ſimples injures. Il y en a pluſieurs Arrêts.

§ III.

De la Compétence des Officiaux.

394. 1°. Les Officiaux connoiſſent dans l'étendue du diocèſe où ils ſont établis, & entre les Eccléſiaſtiques de ce même diocèſe, de tous délits Eccléſiaſtiques.

Il faut obſerver que la compétence des Officiaux en matiere de crimes, ainſi qu'en matiere civile, ne s'étend pas indiſtinctement ſur tous les Eccléſiaſtiques de leurs diocèſes, mais ſeulement ſur les Prêtres, Diacres, Sous-Diacres, & ſur les Clercs vivant cléricalement, réſidents & ſervants aux offices ou au miniſtere & bénéfices qu'ils tiennent en l'Egliſe. (Edit du mois d'Avril 1695, *art.* 38.) Voyez ce qui eſt dit à ce ſujet en parlant du privilege des Eccléſiaſtiques au titre *De la Compétence des Juges en général en criminel*, n. 60.

395. Les délits commis par les Religieux, ſont de la compétence des Officiaux, non-ſeulement lorſqu'ils ſont commis hors du cloître, mais même dans l'intérieur du cloître, ſi ces délits ſont de nature à mériter peine afflictive. (Ainſi jugé par Arrêt du 24 Mai 1639, rapporté par Bardet, *tom.* 1, *liv.* 4, *chap.* 27. Autre Arrêt du 14 Juillet 1703, par lequel une procédure faite en l'Officialité de Paris contre un Carme, pour un ſcandale par lui commis hors de ſon cloître, fut déclarée n'être pas abuſive, & le renvoi requis par le Provincial des Carmes, lui fut refuſé.) En effet les Religieux n'ont pas dans leur cloître une vraie juriſdiction criminelle, mais une ſimple cenſure, correction, ou diſcipline. Ils ne peuvent connoître d'aucun cas où il y a partie civile; & ils n'ont ni Appariteurs, ni Officiaux pour faire les procès criminels par les voies introduites par les Ordonnances, ainſi que l'établit M. Omer-Talon, dans un plaidoyer inſéré dans un Arrêt du 7 Mai 1646.

A

396. A l'égard des Supérieurs exempts qui jouissent des droits quasi-Episcopaux, & qui ont des Officiaux, ils connoissent des délits commis par les Religieux, & autres Ecclésiastiques soumis à leur jurisdiction. (Ainsi jugé par Arrêt du Grand-Conseil du 30 Avril 1683, contre un Religieux de l'Ordre de Cluni, prévenu de crime, lequel fut renvoyé aux Supérieurs de son Ordre, sur la requisition de l'accusé, pour lui être son procès fait conjointement avec le Lieutenant-criminel de Nantes, pour le cas privilegié. (Voyez Lacombe, Dict. Canon. au mot *Official-Réguliers*, n. 5.)

397. Il y a même des cas où l'Official est en droit de punir les Réguliers, quoiqu'exempts de la jurisdiction de l'Evêque; *v. g.* lorsque ces Réguliers prêchent quelque doctrine contre la Foi, & les bonnes-mœurs. (Cap. *Ad abolendam*, 9, §. *Si quis, extrà de hæret.* Reglement du Clergé de France de l'année 1625, renouvellé par l'Assemblée générale de 1635, & confirmé par celle de 1645. Voyez aussi l'*art.* 30 de l'Edit du mois d'Avril 1695.) Il en est de même dans le cas où ils prêcheroient sans la permission de l'Evêque. (Voyez les *art.* 10 & 11 du même Edit de 1695.)

Lorsque le délit est de nature à ne mériter qu'une simple correction, il peut être puni par le Supérieur du couvent; & s'il est négligent de le faire, après en avoir été averti, l'Evêque peut prononcer cette correction, même à l'égard des Monasteres exempts. (Edit du mois d'Avril 1695, *art.* 18. Voyez ce qui est dit ci-après, *n.* 536.)

398. 2°. Les Officiaux peuvent connoître entre Ecclésiastiques, de tous délits appellés *Délits communs*, par concurrence avec les Juges Séculiers, même ceux des Seigneurs; non pour punir les coupables des mêmes peines que les Juges Séculiers, mais pour leur imposer des peines canoniques, & autres qu'ils sont en droit de prononcer. (Voyez ce qui est dit ci-dessus, *n.* 14.)

Il y a néanmoins quelques délits communs, dont les Juges séculiers ne peuvent connoître contre des Ecclésiastiques. Tel est le concubinage & la simonie, que les Juges d'Eglise peuvent punir seuls, sur la poursuite des Promoteurs; si ce n'est dans le cas où la simonie seroit incidente à une affaire poursuivie devant le Juge laïque. (Voyez ce qui est dit à ce sujet au titre *Du Concubinage*, n. 13, & au titre *De la Simonie*, n. 11 & 12.)

399. Mais aussi il y a quelques délits communs commis par des Ec-

cléſiaſtiques, qui ne peuvent être punis que par les Juges Séculiers, pourvu qu'il ne s'agiſſe que de peines légeres; par exemple, quand il s'agit d'irréverences commiſes par un Eccléſiaſtique devant un Juge Séculier; ou de mépris fait à Juſtice; d'un refus de dépoſer; de rébellion, ou déſobéiſſance aux Mandements du Juge laïque; entérinement de lettres de grace; injures faites aux Sergents dans les fonctions de leur office; & autres cas ſemblables. (Voyez Airault en ſon Inſtruction Judiciaire, *liv.* 2, *part.* 2, *n.* 9, *pag.* 190; Imbert, *liv.* 1, de ſes Inſtituts, *chap.* 24, *n.* 1; & Ordonnance de 1670, *tit.* 6, *art.* 3.)

400. 3°. Les Officiaux peuvent auſſi connoître des délits qu'on appelle *privilegiés*, mais ſeulement avec les Juges Royaux, & en faiſant avec eux l'inſtruction: & ils ne peuvent punir les coupables que de peines canoniques, la vengeance publique de ces crimes étant réſervée aux ſeuls Juges ſéculiers.

Il arrive par-là que l'Eccléſiaſtique, coupable d'un délit privilegié, peut pour raiſon du même crime, être condamné en même-temps en deux peines par deux Juges différents; mais cette double punition ne donne pas atteinte à la maxime *Non bis in idem*: car un Eccléſiaſtique peut par une même action, pécher & contre les Canons, dont la vengeance eſt réſervée au ſeuls Juges d'Egliſe, & contre la police ou tranquillité publique, dont le Magiſtrat Séculier eſt ſeul protecteur. (*Arg. L.* 7. *Si cui*, §. *ult.* D. *De accuſat.*)

401. Il y a néanmoins quelques cas privilegiés, qui peuvent être inſtruits & jugés par les Juges Séculiers ſeuls, & qui ne ſont point ſujets au renvoi devant les Juges d'Egliſe, ſinon pour les inſtruire conjointement avec ces derniers. Tels ſont les délits commis dans les fonctions de leurs charges, par des Eccléſiaſtiques qui exercent des offices temporels. (Voyez ce qui eſt dit à ce ſujet au titre *De la Compétence des Juges-Criminels en général*, n. 66.)

402. 4°. Les Officiaux ne peuvent connoître d'aucuns crimes contre les laïques, ni prononcer contre eux aucunes peines temporelles.

Même pour héréſie. (Ordonnance 1670, *tit.* 1, *art.* 11.)

Ni pour ſimonie. (Ordonnance de Blois, *art.* 21.)

Ni pour ſortilege. (Papon, *liv.* 22, *tit.* 3, des ſorciers, *n.* 1.)

Ni pour adultere. (Lettres-Patentes du 10 Juillet 1336, rapportées aux Preuves des libertés de l'Egliſe Gallicane, *chap.* 36, *art.* 7, & par Fontanon, *tom.* 4, *pag.* 943. Autres du 5 Mars 1388, pour l'exécution des précédentes, registrées au Parlement, & rapportées aux Preuves de nos libertés, *ibidem*, art. 8.)

Ni pour concubinage. (Mêmes Reglements des 10 Juillet 1336, & 5 Mars 1388.)

Mais quoique les Juges d'Eglise ne puissent poursuivre, ni prononcer aucunes peines contre les personnes laïques, ils peuvent néanmoins prononcer contre elles, des peines & autres censures Ecclésiastiques, dans les cas où les laïques sont leurs justiciables; *v. g.* en matiere de validité, ou invalidité de Sacrements, & autres causes purement spirituelles.

403. Les Officiaux ne peuvent par la même raison, connoître contre des laïques du faux incident; *v. g.* d'une fausse déposition incidente aux procès pendants pardevant eux, quant à la peine du faux, mais seulement à l'effet de prononcer sur la question principale. Ils peuvent cependant connoître du faux incident, même quant à la peine, contre un Ecclésiastique, lorsqu'il n'y a point de cas privilegié; & s'il y a du cas privilegié, ils doivent appeller le Juge Royal. (Ainsi jugé par Arrêt du 18 Août 1736, contre l'Official du Mans.)

404. Ils ne peuvent pareillement connoître de la rébellion à l'exécution de leurs Mandements contre des laïques, mais seulement contre des Ecclésiastiques, en appellant le Juge Royal, s'il y a du cas privilegié. (Même Arrêt du 18 Août 1736.)

Un laïque même qui maltraiteroit un Ecclésiastique dans le prétoire de l'Officialité, ne seroit pas, pour raison de ce délit, justiciable de l'Official. (Bruneau, Traité des Matieres Criminelles, *part.* 1, *tit.* 2, *maxime* 32.)

5°. Les Officiaux ne peuvent condamner des livres à être brûlés. (Voyez l'Arrêt du 15 Juillet 1631, rapporté par Bardet, *tom.* 1, *liv.* 4, *chap.* 38, où cette maxime est établie par M. Bignon, Avocat-Général.)

405. 6°. L'Official ne peut connoître des malversations, & fautes commises par les Avocats & Procureurs qui plaident devant lui, ni de celles qui seroient commises par son Greffier, Geolier, ou autres Officiers de sa justice, même dans leurs fonctions. (Ainsi jugé pour le Geolier, par Arrêt du 18 Septembre 1531, rapporté par Fevret, *liv.* 4, *chap.* 10, *n.* 30; & pour le Procureur, par Arrêt du 11 Avril 1532, rapporté par Papon, *liv.* 1, *tit.* 4, *art.* 8.

Autre Arrêt du Parlement de Grenoble du 21 Juin 1636, rapporté par Basset, *tom.* 1, *liv.* 2, *tit.* 2, *chap.* 8, rendu à l'égard d'un laïque exerçant une charge eccléſiaſtique, quoiqu'il fût queſtion d'une choſe dépendante de cet office. Voyez auſſi Bruneau, Traité des Matieres Criminelles, *part.* 1, *tit.* 2, *maxime* 32, *pag.* 30. Bouchel en ſa Bibliotheque Canonique, *tom.* 1, *pag.* 764, *col.* 2; Hericourt en ſes Loix Eccléſiaſtiques, *part.* 1, *chap.* 19, *n.* 17; & Mornac *ad* L. *Cum Clericis* 25, *Cod. de Epiſcop. & Clericis.*)

§. IV.

Conſidérations néceſſaires aux Officiaux, touchant la pourſuite & le jugement des procès criminels contre les Eccléſiaſtiques.

406. 1°. Entre les délits commis par des Eccléſiaſtiques, il y en a qui ne marquent pas des mœurs entiérement corrompues, & qui ne touchent pas les fonctions du miniſtere. Ceux-ci peuvent être punis par de ſimples avertiſſements, ou des remontrances, ou même par des injonctions faites dans le cours d'une viſite, d'être plus circonſpect. Mais ſi malgré ces avertiſſements & ces injonctions, cet Eccléſiaſtique, même Prêtre, ou Curé, continue de vivre dans le même dereglément, alors l'Evêque peut lui ordonner une retraite pendant trois mois dans un Seminaire, & dans le cas de récidive, pendant ſix mois.

407. 2°. Si le Curé, Vicaire, ou autre Eccléſiaſtique, eſt corrompu dans ſes mœurs, ou négligent dans les fonctions de ſon miniſtere; s'il eſt ſujet à fréquenter des cabarets, à s'enyvrer, ou à jurer; s'il néglige de célébrer l'Office Divin, d'inſtruire les enfants, & de faire les Prônes; de viſiter les malades, de donner les Sacrements à ſes paroiſſiens en ſanté, ou en maladie; s'il profane les Sacrements; qu'il néglige d'une maniere affectée de ſe conformer à ce qui lui eſt preſcrit à cet égard par le Rituel, & que cette conduite attire des plaintes des paroiſſiens, dont il n'ait fait aucun cas; l'Evêque peut alors lui ordonner encore une retraite beaucoup plus longue dans un Seminaire, pour y prendre l'eſprit de ſon état.

408. 3°. Mais ſi les excès dont on vient de parler marquent un homme entiérement corrompu, & que les négligences dans les fonc-

tions de son ministere aient été jusqu'à laisser mourir des enfants sans Baptême, ou des malades sans Sacrements; ou s'il y a eu quelque profanation de sa part en les administrant; alors le Promoteur doit rendre plainte, & informer de ces faits; (Voyez *infrà*, n. 530.) & s'ils sont prouvés, l'Official doit décréter l'accusé d'ajournement personnel, ou de prise de corps, & ensuite instruire le procès extraordinairement par récolement & confrontation.

Si l'accusé est convaincu de ces faits, il faudra le condamner en six mois, ou un an de Seminaire, & ordonner que pendant ce temps-là, il demeurera interdit de ses fonctions; surquoi il faut observer qu'il doit être fait mention dans la Sentence, que l'accusé a été repris plusieurs fois, ou envoyé au Seminaire, & qu'il n'a tenu aucun compte de ces avertissements, ou de cette punition.

409. 4°. Enfin, si ce sont des crimes graves qui puissent mériter la privation du bénéfice, à charge d'ames, ou de tout autre bénéfice, ou même l'excommunication, l'interdiction à perpétuité des saints Ordres, & l'incapacité d'en recevoir d'autres, &c. l'Official pourra prononcer ces peines contre l'accusé qui sera convaincu de ces crimes. (Voyez ce qui est dit à ce sujet au titre *Des Peines*, n. 254 & 255.)

§. V.

Des Peines que les Officiaux, & autres Juges d'Eglise peuvent infliger.

410. Les Officiaux peuvent condamner les accusés, dont les procès criminels sont instruits & poursuivis devant eux, en toutes sortes de peines Ecclésiastiques, suivant la nature & la qualité du délit, ainsi qu'il vient d'être observé. Ces peines sont la *Déposition*, la *Suspension*, l'*Interdit*, le *Renvoi à la Communion Laïque*, l'*Excommunication*, les *Jeûnes*, les *Prieres*, la *Privation* pour un temps d'un rang dans l'Eglise, de voix délibérative dans le Chapitre, des distributions, ou d'une partie des gros fruits; la *privation de ses bénéfices*, &c. (Voyez ce qui est dit à ce sujet au titre *Des Peines*, n. 254.)

Ils peuvent aussi condamner le coupable à se retirer pendant un temps dans un Seminaire, plus ou moins long, suivant les circonstances, ainsi qu'il a été observé; ce que les Evêques peuvent même prononcer pour trois mois dans le cours de leurs visites épiscopales, sans autre instruction, lorsqu'ils le jugent ainsi nécessaire, pour choses graves & qui ne méritent pas une instruction dans les formes, (Déclaration du 15 Janvier 1698.)

A l'égard des peines non canoniques, elles ne peuvent être infligées, pour la plus grande partie, par les Officiaux & autres Juges d'Eglise. Ainsi,

411. 1°. Ils ne peuvent condamner à la peine de mort, suivant les Conciles de Tolede & de Latran au Chap. *De Clericis*, &c.) car l'Eglise abhorre le sang.) *Cap. Ad audientiam*, *Extrà De Crimin. fals*; Cap. 2. *in fine*, *De Clerico excom.*; Cap. *Nos si incompetenter* 2, qu. 7; Cap. *Novimus* 27. *Extrà De verbor signif.*;) Voyez aussi au titre *De l'Instruction criminelle en général*, n. 27.)

2°. Ni à la peine des galeres, soit à temps, soit à perpétuité. (Ainsi jugé par Arrêt des 28 Novembre 1532, rapporté par Tournet, *lettre* I, *chap.* 76. Autre du 29 Mai 1544, rapporté par Chenu en ses Réglements, *tit.* 1, *chap.* 13 & par Papon, *liv.* 24, *tit.* 16, aux additions, *n.* 1. Autre Arrêt du 22 Avril 1556, rapporté par Chopin, en son Traité *De Sacrâ Politiâ*, lib. 2, tit. 3, *n.* 12. Voyez aussi Fevret en son Traité de l'Abus, *liv.* 8, *chap.* 4, *n.* 12.)

412. 3°. Ni à la question, ou torture. Il est vrai que quelques Auteurs ont pensé que les Juges d'Eglise pouvoient condamner un accusé à ce genre de peine, pourvu que la question ne fût pas trop rude, en sorte qu'il n'en pût arriver aucune effusion de sang. Tel est le sentiment de Fevret en son Traité de l'Abus, *liv.* 8, *chap.* 4, *n.* 12, & après lui, de Hericourt en ses Loix Ecclésiastiques, *part.* 1, *ch.* 23, *n.* 9; & la raison que ce dernier en donne, c'est que la question n'est point une peine; mais un moyen pour tirer la vérité de la bouche des accusés. Voyez aussi Brodeau sur Louet, *lettre* B, *chap.* 1. Il paroît même que telle étoit l'ancienne Jurisprudence; & l'on trouve quelques Arrêts qui l'ont autorisée; & entre autres un Arrêt de l'année 1392, rapporté par Jo. Galli, *qu.* 294, & après lui par Chopin, & par Carondas en ses Pandectes, *liv.* 1, *chap.* 13, qui en cite un autre Arrêt de l'année 1568. Voyez aussi Chenu, *tom.* 2, *liv.* 6, *tit.* 41, *chap.* 1. Mais ce sentiment est rejetté avec justice par l'Auteur des nouvelles notes sur Fevret, de l'édition de 1736, *liv.* 4, *chap.* 8, *n.* 1; & par Ducasse en son Traité de la Jurisprudence Ecclésiastique Contentieuse, *chap.* 12, §. 4; parce

que la question ne pouvant être imposée que dans les crimes qui méritent peine de mort, suivant l'article 1, du titre 19 de l'Ordonnance 1670, & les Juges d'Eglise ne pouvant dans ces sortes de crimes prononcer que des peines canoniques, les autres étant réservées à la Sentence du Juge Laïque, qui peut seul en ce cas en connoître pour le délit privilégié, il s'ensuit que les Juges d'Eglise ne peuvent plus aujourd'hui condamner à la torture. A l'égard de la raison donnée par les Auteurs, & en particulier par Hericourt, pour autoriser les Juges d'Eglise à condamner à la question, en disant que ce n'est point une peine, mais seulement un moyen pour découvrir la vérité, cela paroît directement contraire à l'article 13 du titre 25 de l'Ordonnance 1670, qui non-seulement regarde la question comme une peine, mais encore établit que la question avec réserve de preuves, est la plus grande peine après la mort, & que la question sans réserve de preuves est une plus grande peine que celle des galeres à temps; d'où il suit par une conséquence nécessaire, que les Juges d'Eglise ne pouvant condamner aux galeres, ne peuvent à plus forte raison, condamner à la question.

413. 4°. Les Officiaux ne peuvent condamner à la peine de la flétrissure. (Voyez Castel en ses Questions sur les Matieres Bénéficiales, *tom.* 2, *division* 4, *sect.* 3, n. 52 & 53; Fevret, *liv.* 8, *ch.* 4, n. 10; & Auboux en sa Théorie Pratique civile & criminelle des Cours Ecclésiastiques, *traité* 4, *chap.* 6, §. 7.)

414. 5°. Les Officiaux ne peuvent pareillement condamner en la peine du fouet. (Arrêt de la Tournelle du 6 Février 1562, qui a déclaré une pareille condamnation, abusive, & a fait défenses à tous les Officiaux du ressort, d'y condamner leurs justiciables. Voyez Guenois sur Imbert, *liv.* 3, *chap.* 21, *n.* 9, aux notes; Carondas en ses Pandectes, *liv.* 1, *chap.* 13; & Fevret, Traité de l'Abus, *liv.* 8, *chap.* 4, *n.* 10.)

Ni même au fouet sous la custode par l'exécuteur de la Haute-Justice. (Voyez Bardet, *tom.* 1, *pag.* 47; & Lacombe en sa Jurisprudence canonique, au mot *Peine*, *n.* 47.) (*a*)

(*a*) Au Concile de Quiercy, tenu en 849 par Hincmar Archevêque de Rheims, Godescalc fut dégradé Moine, & fustigé jusqu'à ce qu'il eut jetté ses écrits au feu, qu'on fit allumer devant lui; ce qui prouve que dans ces temps-là l'Eglise usoit de peines afflictives. (Mezeray, *pag.* 79, 269, 419, *in*-4°.)

6°. Ni au carcan, ou au pilori.

415. 7°. Ni en l'amende-honorable. Il est vrai que Chopin en son Traité *De Sacrâ Politiâ*, liv. 2, tit. 3, *n.* 12, ainsi que Fevret en son Traité de l'Abus, *liv.* 8, *chap.* 4, *n.* 6, & après lui, Hericourt en ses Loix Ecclésiastiques, *part.* 1, *chap.* 23, *n.* 6, disent que les Officiaux peuvent condamner à ce genre de peine, pourvu que cela se fasse dans l'enceinte de l'Officialité. Mais comme l'amende-honorable est une peine infamante, (Voyez *suprà* au titre *Des Peines*, n. 71.) l'Auteur des nouvelles notes sur Fevret, de l'édition de 1736, observe avec raison, que non-seulement l'amende-honorable *in figuris*, mais même l'amende-honorable simple, qui consiste à demander pardon à Justice, ne peut être prononcée par le Juge d'Eglise, qui peut seulement ordonner que l'accusé sera tenu de demander pardon à l'Audience du Prétoire, ou en présence de quelques personnes.

416. 8°. Ni au bannissement, soit à temps, ou à perpétuité; parce que l'Eglise n'a point de territoire. (Ainsi jugé par Arrêt du 15 Juillet 1631, rapporté au Journal des Audiences, *tom.* 1; & par Bardet, *liv.* 4, *chap.* 38. Autre Arrêt du Parlement de Rouen du 19 Septembre 1647, rapporté par Berault sur la Coutume de Normandie, à la fin *pag.* 67. Voyez aussi Fevret, *liv.* 8, *chap.* 4, *n.* 11; Hericourt, *part.* 1, *chap.* 23, *n.* 5; & Brodeau, sur Louet, *lettre* B, *chap.* 11.)

L'Official ne peut même enjoindre à un Ecclésiastique, de sortir du Diocèse dont il est originaire. (Arrêt du Parlement de Grenoble du 13 Mars 1635, rapporté par Basset, *tom.* 2, *liv.* 2, *tit.* 1, *chap.* 2.) Mais si cet Ecclésiastique est d'un autre Diocèse, l'Official peut lui enjoindre de se retirer dans son Diocèse. (Ainsi jugé par Arrêt du 15 Juillet 1631, rapporté au Journal des Audiences, confirmatif d'une Sentence de l'Official de Lyon. Voyez aussi Fevret, *liv.* 8, *chap.* 4, *n.* 11.) Frain, dans son Recueil d'Arrêts du Parlement de Bretagne, *chap.* 20, rapporte aussi un Arrêt rendu en ce Parlement le 23 Décembre 1610, par lequel il est dit, n'y avoir abus dans le jugement de l'Official de Vannes, qui avoit ordonné qu'un Prêtre qui faisoit du trouble dans une Paroisse, en sortiroit, & se retireroit en celle de son origine.

417. 9°. En général, les Officiaux ne peuvent prononcer contre les accusés soumis à leur jurisdiction, aucune peine corporelle, ni afflictive.

10°.

10°. On prétend que les Officiaux peuvent condamner à une prison perpétuelle, ou pour un temps. C'est ainsi que l'établit Fevret en son Traité de l'Abus, *liv.* 8, *chap.* 4, *n.* 9; & après lui, Hericourt en ses Loix Ecclésiastiques, *part.* 1, *chap.* 23, *n.* 5; Soefve, *tom.* 2, *centur.* 2, *chap.* 17; Perard-Castel, en ses Questions canoniques, *tom.* 2, *pag.* 357, *n.* 39; & Chopin, en son Traité *De Sacrâ Politiâ*, lib. 2, tit. 3, *n.* 12, qui suppose cet usage comme constant. Voyez aussi la Coutume de Nivernois, *chap.* 2, *art.* 8. Mais il paroît que cet usage a été proscrit, du moins quant à la prison perpétuelle, par un Arrêt du 26 Juin 1629, rapporté par Bardet, *tom.* 1, *liv.* 3, *chap.* 53. Les Officiaux même, lorsqu'ils condamnent à la prison pour un temps dans un Monastere, ou autre lieu de retraite, ne doivent pas se servir du mot de *Prison*; mais ils doivent seulement ordonner que l'accusé sera tenu de se retirer dans un Couvent, ou Seminaire, pour y rester pendant un tel temps, *&c.* (Voyez Lacombe, Recueil de Jurisprudence canonique, au mot *Peine*, n. 4.) Néanmoins une Sentence rendue en l'Officialité d'Evreux le 3 Décembre 1709, contre le Sieur Claude Lefrançois, Diacre, convaincu de meurtre, & de vol, le condamne à une prison perpétuelle.

418. 11°. Ils ne peuvent condamner en l'amende envers le Roi. (Arrêt du Parlement de Metz du 28 Juin 1691, rapporté par Augeard en son Recueil d'Arrêts, *tom.* 2, *chap.* 20.)

Ils ne peuvent pareillement condamner en l'amende envers l'Evêque, ni en aucune autre amende en général; mais seulement en une aumône *ad pios usus.* (Arrêts des 29 Novembre 1530, 10 Mai 1531, & 24 Novembre 1551, rapportés par Carondas en ses Pandectes, *liv.* 1, *chap.* 13, vers la fin. Autre Arrêt du 15 Janvier 1536, contre le Chapitre de Saint-Just de Château-Gontier. Autre du 25 Juin 1542, entre l'Archevêque de Bourges, & le Chapitre de ladite ville, rapporté par Chenu, *tom.* 1, *tit.* 1, *chap.* 1. Autre du 25 Novembre 1578, rapporté par la Roche-Flavin en son Traité des Parlements, *liv.* 13, *chap.* 45, *art.* 39. Autre du 16 Juin 1606, rapporté en la Bibliotheque Canonique, *tom.* 1, *pag.* 762, *col.* 1. Autre Arrêt du 20 Septembre 1607, rapporté par Fevret, *liv.* 7, *chap.* 3, n. 11, *in fine.* Autre du Parlement de Toulouse du 31 Juillet 1640, rapporté par Albert, *lettre* E, *art.* 7. Voyez aussi Imbert, *liv.* 3, *chap.* 21, n. 10, note (*q*); Mornac *ad* L. 1, *Cod. de Episcopali aud.* & *ad* L. 5, verbo *ærario principis*, Cod. *de modo mulctarum*; le Commentaire de Pithon sur les libertés de l'Eglise Gallicane, *art.* 33; Loiseau, Traité des Seigneuries, *chap.* 15, *n.* 56; & Hericourt, Loix Ecclésiastiques, *part.* 1, *chap.* 23, *n.* 1.)

419. 12°. *Question.* Les Officiaux peuvent-ils condamner leurs justiciables Ecclésiastiques, en des dommages & intérêts; *v. g.* pour réparation d'injures, *&c*?

La Jurisprudence sur cette question, qui est très importante, paroît souffrir difficulté. La plupart des Auteurs tiennent pour l'affirmative: (Voyez Imbert, en ses Institut. for. *liv.* 3, *chap.* 9, *n.* 14; Fevret en son Traité de l'Abus, *liv.* 8, *chap.* 2, *n.* 7; Hericourt en ses Loix Ecclésiastiques, *part.* 1, *chap.* 23, *n.* 2; Dupineau en sa Consultation 72; & l'Auteur des notes sur Fevret, *liv.* 7, *ch.* 3, *tom.* 2, sur la *pag.* 57, *col.* 1.) On trouve en effet plusieurs Arrêts qui ont jugé suivant cette maxime. Albert, au mot *Official*, n. 11, en rapporte un Arrêt du Parlement de Toulouse du 20 Mars 1648, qui a jugé qu'il n'y avoit aucun abus dans une pareille condamnation prononcée contre un Prêtre par l'Official d'Arles. Autre Arrêt du Parlement de Dijon du 29 Mai 1674, rapporté par Raviot, *tom.* 1, *qu.* 252, *n.* 10, *pag.* 308. Autre Arrêt du mois de Février 1690, rendu sur les conclusions de Monsieur de Lamoignon Avocat-Général, rapporté au Journal des Audiences, *tom.* 5, confirmatif d'une Sentence de l'Official de Bourges, qui avoit condamné un Prêtre en 1500 liv. de dommages & intérêts, pour avoir séduit une fille sous promesse de mariage. (*a*) Autre Arrêt de l'année 1694, rendu sur les conclusions de Monsieur de Harlay. Autre du 10 Février 1699, rendu sur les conclusions de Monsieur d'Aguesseau, qui confirme une pareille condamnation rendue par Sentence de l'Official Métropolitain de Reims, confirmative d'une Sentence de l'Officialité d'Amiens, qui avoit condamné le Curé de Saint-Remi de ladite ville, à demander pardon à une Demoiselle, & en mille livres de dommages & intérêts. Cet Arrêt est rapporté dans les Mémoires du Clergé, *tom.* 7, de l'édition de 1719, *pag.* 511 *& suivantes*, où cette question est traitée, mais superficiellement, & sans discussion des vrais principes. Autre Arrêt du mois de Janvier 1729, rendu sur les conclusions de Monsieur Gilbert Avocat-Général, où ce Magistrat établit la même

(*a*) *Nota* que dans cette espece l'Official avoit prévenu.

maxime. Ce dernier Arrêt est rapporté par Lacombe, en sa Jurisprudence canonique, au mot *Official - dommages & intérêts.*

420. Néanmoins d'autres Auteurs soutiennent la maxime contraire, & que l'Official ne peut condamner en des dommages & intérêts, même des Ecclésiastiques. Tel est le sentiment de M. le Bret, en son Traité de la Souveraineté, *liv.* 1, *chap.* 12 vers la fin, où il dit expressément que l'Official ne peut condamner personne en des dommages & intérêts. Voyez aussi l'Auteur des Loix criminelles, *tom.* 1, *chap.* 27, *pag.* 354, où il semble insinuer que telle est la Jurisprudence constante. C'est ce qui paroît aussi avoir été jugé par un Arrêt du Parlement de Paris du 5 Juin 1734, rapporté par Denisart en ses Collections de Jurisprudence, au mot *Official*, qui déclare abusive une Sentence rendue par l'Official de Beauvais, contre le Sieur Ficheux Chanoine de l'Eglise de Mouchi, qui avoit été condamné par cette Sentence, en des dommages & intérêts, pour mauvais commerce avec une de ses parentes, sur la requête du pere de cette fille. L'Arrêt fait défenses à cet Official de plus condamner aux dommages & intérêts dans aucuns cas, & lui enjoint de prononcer seulement des peines canoniques proportionnées au délit.

421. Lacombe en son Recueil de Jurisprudence canonique, au mot *Délit commun*, n. 6, prend un milieu entre ces deux opinions. Il ne refuse point au Juge d'Eglise, le droit de prononcer des dommages & intérêts contre ses justiciables Ecclésiastiques, lorsqu'il a été prévenu par la plainte; mais il prétend que le Juge séculier a aussi la prévention dans ce cas, & que celui devant lequel l'action d'injures contre un Ecclésiastique, est premiérement portée, est en droit d'en connoître seul, & privativement à l'autre. (Voyez ce qui est dit à ce sujet au titre *De la Compétence des Juges en général en matiere criminelle*, n. 220.)

422. Mais malgré ces dernieres autorités, il est difficile de penser que les Officiaux ne puissent pas condamner les Ecclésiastiques soumis à leur jurisdiction, en des dommages & intérêts; & en effet, l'Auteur des Loix criminelles, en l'endroit qu'on vient de citer, paroît être de ce sentiment. A l'égard de l'Arrêt du 5 Juin 1734, qui vient d'être rapporté, il ne prouve point contre cette opinion; parce qu'il est rendu dans le cas d'une procédure conjointe, faite en même-temps par l'Official, & par le Juge Royal. Or, on sçait que dans ce cas là, c'est au Juge Royal à prononcer sur les dom-

mages & intérêts, & non au Juge d'Eglise, qui ne peut alors infliger que des peines canoniques.

423. 13°. Dans le cas d'absolution, les Officiaux ne peuvent condamner le plaignant, s'il est laïque, en des dommages & intérêts pour raison d'accusation calomnieuse. (Arrêt du Parlement de Toulouse du mois de Mars 1582, rapporté par la Rocheflavin, *liv.* 6, *tit.* 56, *Arrêt* 23; & par Mainard, *liv.* 8, *qu.* 41. Autre Arrêt du Parlement de Paris du 27 Mai 1595, rapporté par Robert en son Traité des Choses jugées, *liv.* 3, *chap.* 5. Voyez aussi la Bibliotheque canonique, *tom.* 1, *pag.* 517, *col.* 2.)

Mais si le plaignant est Ecclésiastique, le Juge d'Eglise peut le condamner en des dommages & intérêts, pour raison de l'accusation calomnieuse. (C'est ainsi que le pense Hericourt, Loix Ecclésiastiques, *part.* 1, *chap.* 23, *n.* 2.) Voyez cependant ce qui a été dit, *n.* 419 & *seq.*

424. Au reste, il faut observer que tout ce qui vient d'etre dit, ne regarde que les jurisdictions Ecclésiastiques; car dans les jurisdictions temporelles, qui appartiennent à des Eveques, ou autres Ecclésiastiques; & de meme dans les justices séculieres, qui sont exercées par des Ecclésiastiques, ces derniers peuvent y prononcer les memes peines que les Juges séculiers; excepté qu'ils doivent s'abstenir de juger dans le cas où il s'agit de prononcer la peine de mort, mutilation, ou effusion de sang, pour ne pas tomber dans l'irrégularité. (*Ita* Lacombe en son Recueil de Jurisprudence canonique, au mot *Irrégularité*, section 3, art. 4, *n.* 1. Voyez aussi ce qui est dit *suprà*, n. 411, & ci-après au titre *De l'Instruction criminelle en général*, n. 27.)

§. VI.

Des devoirs & fonctions des Officiaux dans l'instruction & le jugement des procès criminels en général.

425. 1°. Les Officiaux doivent informer d'office, de tous les délits qui troublent le bon ordre & la discipline Ecclésiastique. (Voyez *infrà*, n. 529.)

2°. Dans l'instruction des procès criminels, ainsi que dans celle des civils, ils sont tenus d'observer l'Ordonnance criminelle du mois d'Août 1670, & celle du mois d'Avril 1767. L'Ordonnance

1667, *tit.* 1, *art.* 1, en a une disposition précise, à cause de ces mots; *Ensemble les Edits & Déclarations que nous pourrons faire à l'avenir.*

426. 3°. Ils peuvent informer sur la plainte des parties, ou sur celle du Promoteur, ou d'office sur une dénonciation, notoriété publique, ou en flagrant délit, de la même maniere que les Juges Laïques.

4°. Ils peuvent accorder des monitoires, non-seulement sur la requisition du Juge Laïque, à l'égard des procès poursuivis devant les Juges Laiques; mais ils le peuvent aussi sur la requisition de leurs Promoteurs, comme sur celles des parties privées, à l'égard des instances poursuivies dans les Officialités. (Voyez au titre *Des Monitoires*, n. 9.)

427. 5°. Ils peuvent procéder à une addition d'information, sans qu'il soit besoin d'une nouvelle plainte, ni de rendre une nouvelle Ordonnance; à moins qu'il ne s'agisse de faits nouveaux, & entiérement différents de celui, ou de ceux qui ont donné lieu à la premiere information. (Ainsi jugé par Arrêt du 7 Septembre 1725, suivant les conclusions de Monsieur Talon Avocat-Général, sur un appel comme d'abus interjetté par le Sieur Henri, Curé de Chanteau, d'une procédure faite en l'Officialité d'Orléans.)

6°. Ils peuvent déleguer quand il s'agit d'informer hors la ville de leur résidence. (Arrêt du Parlement du 15 Décembre 1703, rapporté au Journal des Audiences. Autre du 17 Juin 1677 pour Coutances. Voyez Lacombe en sa Jurisprudence Canonique, au mot *Official-commission*, n. 3.)

428. 7°. Ils peuvent décréter de prise de corps, dans des cas graves, & lorsqu'il y a des preuves suffisantes; mais non à l'égard des Ecclésiastiques domiciliés, qui sont seulement prévenus de débauche. (Arrêt du 4 Juin 1707, rapporté au Journal des Audiences.)

8°. Ils ne peuvent arrêter & emprisonner hors leur prétoire. (Ordonnance du 15 Novembre 1549, *art.* 2, rapporté par Fontanon, *tom.* 4, *pag.* 249.)

429. 9°. Ils ne peuvent recevoir aucune plainte des Religieux, de la force prétendue de leur profession. (Arrêt du 27 Février 1624, rapporté par Tronçon, sur l'*art.* 337 de la Coutume de Paris.)

10°. L'Official ne peut ordonner qu'il se transportera sur les lieux pour en constater l'état; *v. g.* pour visiter une maison, par la fenêtre de laquelle un témoin diroit avoir vû un Curé prendre des familiarités avec sa domestique, ce que l'accusé prétendroit être impossible par la seule inspection des lieux ; il faut alors que l'Official adresse une commission rogatoire au Juge du lieu ; parce qu'il n'a point de caractere pour faire aucune fonction de justice hors l'Officialité, *&c.*

430. 11°. Les Officiaux ne peuvent entendre les témoins, ni en général faire aucunes fonctions de Justice en leur hôtel, ni ailleurs, soit en matiere civile, soit en matiere criminelle ; & ils doivent nécessairement entendre ces témoins dans le Prétoire de l'Officialité. (Voyez sur cette question ce qui est dit au titre *De l'Instruction Criminelle en général*, n. 74.)

12°. Ils ne peuvent mettre le scellé sur les biens des accusés ; & il faut nécessairement qu'ils s'adressent pour cela au Juge Laïque, à qui seul ce pouvoir appartient. (Louet & Brodeau, *lettre* N, *ch.* 5, *n.* 11 ; Imbert, *liv.* 1 de ses Instituts, *ch.* 24, *n.* 6 ; Guy-Pape, *qu.* 261, avec les annotations.)

431. 13°. Ils ne peuvent ordonner que les biens d'un Ecclésiastique accusé & contumax, seront saisis & annotés. (Arrêt du 4 Juin 1707, rapporté au Journal des Audiences. Autre du 3 Août 1715, rapporté *ibid*, qui déclare abusive une pareille procédure faite par l'Official d'Orléans. Autre Arrêt du 20 Janvier 1717, contre l'Official de Lyon, rapporté *ibid.* Autre Arrêt de la Tournelle du 18 Août 1736. Voyez aussi Fevret, *liv.* 7, *ch.* 3, *n.* 13 ; & Brodeau sur Louet, *lettre* B, *ch.* 11, *n.* 3.)

14°. Ils ne peuvent pareillement citer un accusé, par cri public, & à son de trompe. (Fevret, *liv.* 7, *ch.* 1, *n.* 4 & 5.) Mais ils doivent instruire contre lui la contumace ; & s'ils l'estiment convenable, après les perquisitions ordinaires, ils peuvent seulement le faire citer à cri public, & à son de trompe à la porte de leur Auditoire, sans pouvoir le faire ailleurs, à peine de nullité. (Voyez les nouveaux Mémoires du Clergé, *tom.* 7, *pag.* 819.)

432. 15°. Ils ne peuvent, dans les instances criminelles poursuivies devant eux, adjuger seuls une provision contre un Ecclésiastique, en faveur de la Partie offensée ; sauf à en accorder dans les procédures faites conjointement avec le Juge Royal. (Lacombe, *part.* 3, *ch.* 9, *n.* 17. *Ita etiam* Merville en son Traité des Matieres Criminelles, *pag.* 20.)

433. 16°. Quand une procédure a été déclarée nulle, ils ne peuvent

non plus que les autres Juges, entendre de nouveau les témoins qui ont déja été entendus en déposition, à moins que cela n'ait été ordonné par le jugement qui a cassé la procédure ; à peine de nullité de cette nouvelle information. (Ainsi jugé par Arrêt du 30 Décembre 1702, contre l'Official de Lyon. Autre Arrêt de la Tournelle du 24 Mai 1725. Autre du 10 Avril 1734, contre l'Official de Saint-Flour.)

On prétend que l'Official, qui a fait une procédure vicieuse, peut lui-même en prononcer la nullité. C'est ainsi que le pense M. Talon Avocat-Général, dans l'Affaire du Sieur Desrues. (Voyez Causes célebres, *tom.* 9, *pag.* 369 & *suiv.* édition de 1752.) Mais il ne le peut que par avis de conseil, & après rapport fait au Siege. (Voyez ce qui est dit ci-après au titre *Des Exceptions & Défenses des Accusés*, n. 44. Voyez aussi le Dictionnaire de Jurisprudence Canonique de Lacombe, au mot *Official - cas privilégié*, n. 3.)

434. 17°. Les Officiaux doivent interroger les accusés derriere le barreau, lors du jugement définitif ; à peine de nullité de la Sentence intervenue sur cette procédure. (Ainsi jugé par Arrêt du 14 Juillet 1708, rapporté au Journal des Audiences, qui déclare abusives des Sentences rendues par les Officiaux d'Amiens & de Rheims, en ce qu'ils n'avoient point interrogé l'accusé derriere le Barreau, avant de rendre leurs Sentences définitives ; & ordonne qu'il sera passé outre à nouveau jugement définitif par un autre Official que celui qui avoit jugé en premiere instance, lequel à cet effet seroit nommé par l'Evêque d'Amiens.)

18°. Ils doivent passer au réglement à l'extraordinaire en matiere de délits simples & non privilégiés, toutes les fois que le crime est de nature à mériter quelque peine grave ; comme la privation du bénéfice, l'excommunication, l'interdiction des saints-Ordres, & autres semblables. (Voyez ce qui est dit ci-dessus, *n.* 409.)

435. 19°. En cas de déni de Justice, s'ils sont pris à partie, ce doit être par la voie de l'[illegible]l comme d'abus en la Grand'Chambre du Parlement, & non par la voie d'appel simple à l'Official Métropolitain ; la puissance séculiere étant la source de toute administration de la Justice dans un Etat. (Ainsi jugé par Arrêt rendu en la Tournelle criminelle le 27 Août 1701.)

20°. Lorsque le Juge Laïque a renvoyé un Ecclésiastique absous de l'accusation intentée contre lui, le Promoteur ne peut ensuite rendre plainte du même fait, ni l'Official l'en déclarer atteint & convaincu; quand même la plainte du Promoteur ne seroit postérieure que de quelques jours à celle donnée devant le Juge Laïque, & qu'elle précéderoit le Jugement rendu par ce dernier. (Ainsi jugé par Arrêt du 30 Juillet 1707, contre l'Official du Chapitre de Saint-Hilaire de Poitiers, rapporté au Journal des Audiences.)

436. 21°. L'Official ne peut condamner aux dépens des procès criminels, quand le Promoteur est seul partie; & s'il le fait, il y a abus; (Arrêt du 27 Août 1701, rapporté au Journal des Audiences. Il y a à ce sujet un réglement de la Chambre des Etats du Clergé, tenus en 1614, *art.* 17, rapporté par Lacombe en son Dictionnaire de Jurisprudence Canonique, au mot *Official-dépens. Ita etiam*, Boerius, *décis.* 303, *n.* 12; Papon, *liv.* 18, *tit.* 2, *n.* 28; & Fevret en son Traité de l'abus, *liv.* 4, *ch.* 3, *n.* 34. Voyez aussi au titre *Des Frais & Dépens en matiere criminelle*, n. 2; & ce qui est dit ci-après, *n.* 533.) C'est à l'Evêque à fournir, dans ce cas, tous les frais nécessaires jusqu'à la Sentence définitive du Métropolitain, soit pour la translation du prisonnier, *&c.* (Ainsi jugé par Arrêt du Parlement du 11 Mai 1630, rapporté par Bardet, *tom.* 1, *liv.* 3, *ch.* 104; & par un autre aussi du Parlement de Paris du 6 Février 1700, rapporté par Augeard, *tom.* 2, *ch.* 46. Voyez aussi Hericourt, Loix Ecclésiastiques, *ch.* 21, *n.* 43. Autre Arrêt du 15 Janvier 1726, rapporté par Lacombe en son Recueil de Jurisprudence Canonique, au mot *Official-dépens.*)

437. 22°. L'Official dans sa Sentence, ne doit pas nommer les personnes Laïques avec lesquelles l'accusé à commis les crimes dont il est déclaré atteint & convaincu; mais il doit se contenter de dire, *avec les personnes dénommées au procès*, ou simplement le déclarer en général coupable d'adultere, *&c.* (Ainsi jugé par Arrêt du 23 Juillet 1698, sur l'appel comme d'abus d'une Sentence de l'Official de Bourges, rapporté au Journal des Audiences. Autre du 30 Juillet 1707, contre l'Official du Chapitre de Saint-Hilaire de Poitiers. Autre du 19 Juin 1708, contre l'Official d'Angoulême. Autre du 18 Décembre 1734 sur l'appel d'une Sentence de l'Official d'Auxerre. Autre du 14 Juin 1701, dans l'Affaire du sieur de la Pivardiere.)

438. 23°. Ils doivent, dans les jugements qu'ils rendent sur le délit commun, exprimer les cas dont l'accusé est atteint & convaincu, &

& ne pas dire seulement *pour les cas résultants du procès.* (Arrêt du Parlement de Grenoble du 30 Juillet 1638, rapporté par Basset, *liv.* 2, *tit.* 2, *ch.* 10, qui déclare une pareille prononciation, abusive. Autre Arrêt du 19 Mars 1712, rapporté au Journal des Audiences. Voyez aussi Bibliotheque Canonique, *tom.* 1, *pag.* 189 & 191, & *tom.* 2, *pag.* 145. & ce qui est dit au titre *Des Sentences & Jugements*, n. 297.)

On trouve néanmoins un Arrêt du Parlement de Toulouse du 22 Août 1744, qui a jugé qu'il n'y avoit pas d'abus dans une Sentence de l'Official de Carcassonne, qui, en condamnant un accusé, avoit prononcé en ces termes : « *Vu ce qui résulte » de la procédure, & pour les faits y constatés* ». (Voyez le Recueil des Réglements de Toulouse en deux volumes *in*-8°. *tom.* 1, *pag.* 124.)

439. 24°. L'Official ne peut juger seul un Prêtre, ou autre Ecclésiastique, pour le délit commun, & il doit être assisté d'autres Ecclésiastiques, ou Avocats, Licenciés, ou Gradués, au moins au nombre de deux, non compris l'Official ; à peine de nullité de la Sentence, & de la faire déclarer abusive. Mais quelques-uns pensent qu'il suffit dans ce cas que la Sentence soit signée de l'Official. En effet, Denisart, au mot *Official*, rapporte un Arrêt du Parlement d'Aix du 19 Mai 1738, qui, sur un appel comme d'abus, interjetté d'une Sentence de l'Official de Grasse, sur le fondement du refus fait par deux Gradués appellés au jugement de la Sentence, de signer cette même Sentence, parce que l'Official prétendit que ces Gradués n'avoient aucune voix délibérative, mais seulement consultative, a déclaré qu'il n'y avoit abus.

440. 25°. Les Sentences & Jugements sujets à exécution, rendus par les Juges d'Eglise, ainsi que les décrets par eux décernés, sont exécutoires, sans qu'il soit besoin de prendre aucun *pareatis* des Juges Séculiers. (Edit du mois d'Avril 1695, *art.* 44.) Ce qui s'entend néanmoins de l'exécution personnelle sur le coupable, & non sur les biens. (Voyez le nouveau Commentaire sur l'Ordonnance criminelle de 1670, *tit.* 17, *art.* 1, *n.* 3.)

Les Juges Séculiers sont même tenus de prêter main-forte aux Juges d'Eglise, lorsque ceux-ci le requierent, pour l'exécution de leurs décrets, ou jugements, suivant l'article 5 de l'Edit du mois de Septembre 1610, & l'article 24 de l'Edit de Melun du mois de Mars 1580.

441. 26°. Les Officiaux ne peuvent prendre aucunes épices dans les procès criminels qui ne sont point instruits par récolement & confrontation. (Ainsi jugé par Arrêt du 19 Janvier 1731, sur les conclusions de Monsieur Gilbert de Voisins, contre l'Official & le Promoteur de Lyon.)

27°. Ils ne peuvent prononcer sur une plainte, en mettant *les Parties hors de Cour.* (Ducasse en sa Pratique de la Jurisdiction Ecclésiastique contentieuse, *ch.* 10, *sect.* 2, §. 4.)

28°. Ni user de ces mots en jugeant: *Nous avons de nos benignes graces, déclaré absous*, &c. (Fevret, *liv.* 8, *ch.* 4, *n.* 2. Ainsi jugé par Arrêt du Parlement de Paris du 21 Mars 1602, rapporté par Jovet au mot *Official*, n. 53. Autre du 15 Janvier 1625 pour les Chanoines d'Angers, rapporté en la Bibliotheque Canonique, *tom.* 2, *pag.* 145.)

442. 29°. Ni user de cette réserve, *Salvâ Dei misericordiâ.* (Voyez Fevret, *liv.* 8, *ch.* 4, *n.* 3; & Jovet en sa Bibliotheque, au mot *Official*, n. 54.)

30°. Ni déclarer un accusé *violemment soupçonné*, lorsqu'il n'y a point contre lui de preuves convaincantes. Voyez cependant les nouveaux Mémoires du Clergé, *tom.* 7, *pag.* 975 & 976, & ce qui est dit ci-après au titre *Des Sentences & Jugemens*, n. 193.

§. VII.

Regles particulieres touchant la procédure des Officiaux en matiere criminelle.

443. 1°. Les Ecclésiastiques qui sont accusés de crimes, soit devant les Juges d'Eglise, soit devant les Juges Séculiers, sont exclus des Ordres, & présumés incapables de bénéfices, jusqu'à ce que leur innocence ait été prouvée, suivant le chapitre *Non debet* 56, *Extra de testibus.* Voyez aussi les Mémoires du Clergé, *tom.* 7, *pag.* 847 de la nouvelle édition.

2°. Les décrets d'ajournement personnel, & à plus forte raison les décrets de prise de corps décernés par les Juges Séculiers, interdisent les Ecclésiastiques des fonctions de leurs bénéfices & ministere. (Voyez ce qui est dit à ce sujet au titre *Des Décrets*, n. 4.)

A l'égard des décrets d'ajournement personnel, décernés par les Juges d'Eglise, ils n'interdisent pas les Ecclésiastiques de leurs fonctions, à moins que cette interdiction ne soit prononcée par le décret. (Voyez *ibid.* n. 5.)

444. 3°. Les Arrêts de défenses, obtenus par un Ecclésiastique sur un décret de prise de corps, ou d'ajournement personnel, avec interdiction, décerné par un Juge d'Eglise, ne relevent pas de plein droit l'Ecclésiastique de son interdiction; mais il faut que l'appellation ait été jugée définitivement, ou que par les Officiaux, ou autres Juges Ecclésiastiques, il en ait été autrement ordonné. Voyez sur cette question cequi est dit au titre *Des Decrets*, n. 6.)

4°. Lorsqu'un Ecclésiastique contre lequel il a été prononcé quelque censure Ecclésiastique, se pourvoit par appel comme d'abus au Parlement, & que le Parlement, après avoir vu les charges & informations, estime juste que l'Ecclésiastique doive être absous *à cautele*, c'est-à-dire, relevé par provision de l'effet des censures contre lui prononcées, le Parlement doit le renvoyer à l'Evêque, ou Archevêque, qui a procédé contre lui, & en cas de refus, à leurs supérieurs dans l'ordre de l'Eglise, pour en recevoir l'absolution; sans que ledit Ecclésiastique puisse en conséquence faire aucunes fonctions de son ministere, ni en prétendre d'autre effet que d'ester à droit. (Même Edit du mois d'Avril 1695, *art.* 41.)

445. 5°. Les Sentences des Officiaux qui déclarent un Prêtre incapable de posséder un bénéfice dans le Diocese, s'étendent même hors le Diocese, & rendent le condamné incapable d'en posséder aucun. (Arrêt du 6 Mai 1649, rapporté par Soefve, *tom.* 2, *cent.* 3, *ch.* 38.)

6°. On ne dégrade plus les Prêtres condamnés à mort, & cet usage est aboli. (Voyez ce qui est dit à cet égard au titre *Des Sentences & Jugements*, n. 40.)

§. VIII.

De la procédure qui doit être tenue par le Juge Ecclésiastique, & par le Juge Séculier, conjointement dans l'instruction & le jugement des procès criminels contre les Ecclésiastiques.

446. 1°. L'article 38 de l'Edit du mois d'Avril 1695, concernant la

Jurisdiction Eccléfiaftique, eft la premiere regle qu'il faut fuivre en cette matiere. Cet article porte que :

« Les procès criminels qu'il fera néceffaire de faire à tous Prêtres, » Diacres, Sous-Diacres, ou Clercs vivants cléricalement, ré- » fidents & fervants aux offices, ou au miniftere & bénéfices qu'ils » tiennent en l'Eglife, & qui feront accufés des cas qui font ap- » pellés privilégiés, doivent être inftruits conjointement par les » Juges d'Eglife, & par les Baillis & Sénéchaux Royaux, ou leurs » Lieutenants, en la forme prefcrite par les Ordonnances; & » particuliérement par l'article 22 de l'Edit de Melun; par celui » du mois de Février 1678; par la Déclaration du mois de » Février 1678, & par celle du mois de Juillet 1684, que Sa » Majefté veut être exécutés à cet égard »

447. 2°. Les Eccléfiaftiques qui font accufés devant un Juge Laïque, de délits qu'on nomme *privilégiés*, peuvent demander leur renvoi devant l'Official, non pour attribuer à ce dernier la connoiffance & le jugement de ces fortes de délits, mais pour faire, conjointement avec lui, toute l'inftruction & la procédure néceffaires, jufqu'au jugement définitif. Ce droit des Eccléfiaftiques eft établi par l'art. 22 de l'Edit de Melun, & par l'Edit du mois de Février 1678.

Avant cet Edit de Melun, les Juges-Royaux inftruifoient & jugeoient feuls les procès des Eccléfiaftiques accufés de délits privilégiés. (Voyez l'article 39 de l'Ordonnance de Melun, & les autres Ordonnances plus anciennes.)

3°. Toutes perfonnes Eccléfiaftiques jouiffent de ce privilege; pourvu que ce foit un Prêtre, Diacre, Sous-Diacre, ou Clerc vivant cléricalement, réfidant & fervant aux offices, ou au miniftere & bénéfices qu'ils tiennent en l'Eglife. (Voyez ce qui eft dit là-deffus au titre *De la Compétence des Juges en général en matiere criminelle*, n. 60.)

448. Sous le mot d'*Eccléfiaftiques*, font compris les Moines, les Religieux, & Religieufes, & en général tous ceux qui ont fait profeffion des vœux de Religion. (Voyez *ibid.* n. 62.)

Même les Chevaliers de Malte. (*Ibid.* n. 62.)

Les Confeillers-Clercs du Parlement y font auffi fujets comme les autres Eccléfiaftiques du Royaume. (Voyez *ibid.* n. 63.)

A l'égard des Eccléfiaftiques trouvés traveftis; pour fçavoir s'ils jouiffent du privilege, ou non, Voyez ce qui eft dit au même endroit, *n.* 78.

Comme aussi sur la question de sçavoir si celui qui s'est fait Ecclésiastique depuis le crime commis, doit jouir du même privilege, (Voyez *ibid*. n. 74.)

449. 4°. Ce privilege des Ecclésiastiques a lieu pour toutes sortes de crimes indistinctement. (Voyez *ibid*. n. 59.)

Et même il n'est pas permis à un Ecclésiastique d'y renoncer. (*Ibid*. n. 60.)

5°. Ce renvoi devant l'Official, peut être demandé par l'accusé en tout état de cause, & après la lecture à lui faite de la déposition d'un témoin, contre la disposition de l'article 3 du titre 1 de l'Ordonnance de 1670; même à l'interrogatoire sur la sellette, & avant la Sentence. C'est ainsi que le pense l'Auteur des Loix criminelles, *tom*. 1, *ch*. 13, *n*. 119, conformément à un Arrêt du mois de Février 1605, rapporté par Lebret, *liv*. 4, *déc*. 13, qui l'a ainsi jugé. La raison que cet Auteur en donne, est que ce renvoi ne dessaisit point le Juge qui l'accorde, & n'a lieu que pour l'instruction conjointe; au-lieu que le renvoi dont il est parlé en l'article 3 du titre 1 de l'Ordonnance criminelle, est un renvoi qui dépouille absolument le Juge qui l'accorde. La Coutume de Tournay, *tit*. 11, *art*. 3, en a une disposition: Voyez aussi Papon, *liv*. 1, *tit*. 5, *n*. 7, aux additions.

450. L'Ecclésiastique condamné par le Juge Laïque, peut même demander son renvoi au Juge d'appel. (Arrêt du Parlement du 3 Septembre 1609, rapporté aux Mémoires du Clergé, *tome* 7. Fuet en son Traité des matieres bénéficiales, *pag*. 182.)

Mais quand le Juge Laïque a une fois absous un Ecclésiastique d'un cas privilégié, qui avoit été poursuivi pardevant lui, l'Official n'en peut plus connoître, ni rien décider touchant ce délit privilégié; sauf à connoître seulement des autres délits, & des mœurs de l'accusé. (Voyez ci-dessus, *n*. 435.)

A l'égard de ce qui doit être observé pour les frais de ce renvoi, Voyez ce qui est dit au titre *De la Compétence des Juges criminels en général*, n. 336 *& suiv*.

451. 6°. Les Ecclésiastiques qui sont en contumace, ne peuvent demander leur renvoi; & il faut qu'ils comparoissent devant le Juge Laïque pour le demander. (Henris, *tom*. 2, *pag*. 72. Jul. Clarus, *qu*. 36, *n*. 5.)

Mais si ces accusés, après avoir été contumaxs, viennent à se représenter, ou à être arrêtés, ils peuvent demander au Juge Laïque leur renvoi devant le Juge d'Eglise. (Voyez Jul. Clarus, *qu.* 36, *n.* 5, note derniere.)

452. 7°. Le renvoi peut être demandé, non-seulement par l'accusé, mais aussi par le Promoteur de l'Officialité dont l'Ecclésiastique est justiciable, quand même cet accusé seroit contumax. (Voyez *infrà*, n. 511.) La Coutume d'Amiens, *tit.* 11, *art.* 33, en a une disposition : elle porte, « que le Bailli d'Amiens a connoissance » pour le cas privilégié, contre toutes personnes étant dans son » Bailliage, soit Prêtres, Clercs, Religieux, ou autres, lesquels » ne peuvent, pour ledit cas privilégié, décliner la jurisdiction » du Bailli; mais que l'Evêque, ou autre leur Juge Ecclésiastique, a la détention desdits Prêtres, Clercs, ou Religieux, s'il » le requiert; à la charge des mises de Justice, & de représenter » audit Bailli, ou son Lieutenant, lesdits prisonniers, pour répondre » sur ledit cas privilégié, toutes & quantes fois ils en seront requis.»

Ce renvoi doit être demandé par Requête. (Edit du mois de Juillet 1684.) La décence exige cette attention, sur-tout envers des Juges Royaux; autrement il peut être refusé.

453. 8°. Toutes les fois qu'un Ecclésiastique accusé, étant poursuivi en matiere criminelle devant le Juge Laïque, pour raison d'un cas privilégié, demande son renvoi, ou que le renvoi est requis par cet accusé, ou par l'Evêque, ou par le Promoteur, le Juge Laïque doit renvoyer devant l'Official, pour faire l'instruction de ce délit conjointement avec lui. Il y a même des exemples où l'on a vu des Conseillers-Clercs du Parlement, entrer en la Chambre de la Tournelle pour revendiquer des Ecclésiastiques au nom de l'Eglise. (Voyez l'Auteur des Loix criminelles, *tom.* 1, *ch.* 13, *n.* 17, *pag.* 111.)

454. Mais ces requisitions cessant, le Juge Laïque n'est point obligé d'appeller l'Official, & il peut instruire, & juger seul les délits privilégiés des Ecclésiastiques. C'est ce qui résulte de l'Edit du mois de Février 1678, & de la Déclaration du mois de Juillet 1684, qui supposent l'un & l'autre, pour la nécessité de l'instruction conjointe avec le Juge d'Eglise, qu'il y ait un renvoi demandé, soit par l'accusé, soit par le Promoteur. (Ainsi jugé par Arrêt du Parlement de Paris du 21 Mars 1739, qui sur l'appel d'un Juge-Royal qu'on prétendoit incompétent, parce qu'il avoit fait seul une pro-

cédure criminelle contre un Curé, confirma la procédure sur laquelle il n'y avoit point eu de renvoi requis ; en conséquence de quoi le Curé fut condamné en neuf ans de bannissement, pour avoir donné la Bénédiction nuptiale à une fille ravie, & au ravisseur.)

En effet, le privilege des Ecclésiastiques n'est autre chose que de pouvoir être revendiqués par le Promoteur, ou de pouvoir demander eux-mêmes leur renvoi en l'Officialité. Jusqu'à cette démarche, les Ecclésiastiques dépendent de la Justice Séculiere ; ils en sont justiciables comme de simples Laïques, & il n'y a aucune distinction à faire à cet égard entre les Ecclésiastiques & les Séculiers ; parce qu'ils sont, comme eux, sujets aux Loix du Royaume.

455. Il n'est pas même nécessaire que le Juge Laïque soit un Juge Royal, pour qu'il puisse connoître seul d'un cas privilégié. Les Juges de Seigneurs peuvent aussi connoître de ces délits (du moins s'il ne s'agit pas d'un cas royal,) contre des Ecclésiastiques, tant que le renvoi n'est pas demandé devant devant l'Official. (Voyez ce qui est dit ci-dessus, *n.* 14, & ci-après *n.* 457.) Mais les Prévôts-Royaux n'en peuvent connoître, à cause de l'article 10 du titre 1 de l'Ordonnance de 1670.)

A l'égard des Prévôts des Maréchaux, ils ne peuvent en aucun cas connoître des crimes commis par des Ecclésiastiques. (Ordonnance de 1670, *tit.* 1, *art.* 13. Déclaration du 5 Février 1731, *art.* 11. Voyez ci-dessus *n.* 208.)

456. 9°. Lorsque le renvoi a une fois été accordé dans le cas d'un délit privilégié, l'instruction doit être faite conjointement, tant par l'Official que par le Juge-Royal saisi de la connoissance du procès, si c'est un Juge-Royal qui en est saisi ; mais si l'accusation est pendante devant un Juge de Seigneur, l'instruction doit se faire conjointement par l'Official, & par le Juge-Royal supérieur de ce Juge de Seigneur ; car les Juges de Seigneurs sont incompétents pour ces sortes d'instructions, dès que le renvoi est requis. (Edits de Melun du mois de Fév. 1580, *art.* 22, & de Fev. 1678. Déclaration du mois de Juillet 1684. Edit du mois d'Avril 1695, *art.* 38.)

457. Néanmoins Lacombe dans son Dictionnaire de Jurisprudence Canonique, au mot *Délit commun*, sect. 2, n. 2, pense que les Juges de Seigneurs peuvent aussi instruire les procès criminels des Ecclésiastiques, conjointement avec des Officiaux, du moins quand les délits privilégiés ne sont pas des cas royaux ; & il cite deux Arrêts

des 27 Septembre 1588, & premier Juillet 1628, qui paroissent conformes à son opinion. Un Arrêt du Parlement de Dijon du 18 Août 1705, rapporté au Recueil des Arrêts de cette Cour, entre Monsieur le Prince de Condé, ses Officiers au Bailliage du Comté de Charolois, & les Officiers du Bailliage Juges des cas royaux, a aussi jugé conformément à cette maxime, & a maintenu & gardé les Officiers du Prince de Condé, au droit d'être appellés par les Officiaux, & autres Juges d'Eglise, pour l'instruction & le jugement des procès criminels des Ecclésiastiques, lorsque les crimes dont ils sont accusés, sont des cas privilégiés, & non royaux.

458. L'Official qui doit instruire le procès, est celui dont l'accusé est justiciable, suivant la Déclaration de 1684; c'est-à-dire, que c'est naturellement à l'Official du lieu où le délit a été commis, suivant l'article 1 du titre de l'Ordonnance de 1670, & celui du mois de Février 1678. Mais si cet Official a négligé d'instruire le procès, & de poursuivre l'accusé, soit d'office, soit sur la Requête du Promoteur, dans ce cas, rien n'empêche que le Juge-Royal ne renvoie pour l'instruction conjointe devant l'Official du domicile de l'accusé, sur-tout si l'accusé a son domicile dans le ressort du Bailliage où le Lieutenant-criminel est officier.

459. *Question.* Dans le cas où le renvoi est demandé au Juge Laïque, soit par un Ecclésiastique sujet à la jurisdiction d'un Chapitre, ou d'un Ordre exempt qui a son Official, soit par le Promoteur de cet Official, le Juge Laïque est-il tenu de faire ce renvoi?

Pour la négative, on peut citer le sentiment de Dumoulin sur la question 100 de Joannes Gallus, où il s'exprime en ces termes: *Ordinarius regis non agnoscit exemptos vel extraordinarios Ecclesiasticos, sed tantum jure communi fundatos.*

460. Les privileges de l'Ordre de Malthe, sont au moins aussi bien établis que ceux des Chapitres exempts, puisque cet Ordre a des Bulles des Papes, & des Lettres-Patentes de l'année 1549, qui prouvent qu'il tient sa jurisdiction des deux Puissances; néanmoins dans un renvoi demandé par un Chevalier de Malthe, où tout l'Ordre étoit intervenu pour le revendiquer, par Arret du 6 Septembre 1694 le Chevalier fut renvoyé pardevant le Lieutenant-criminel de Beauvais, sauf à l'Official de Senlis de revendiquer.

Si l'on examine toutes les Ordonnances postérieures à l'Edit de Melun, qui a obligé les Juges Laïques à instruire conjointement avec les Officiaux, les procès-criminels des Ecclésiastiques pour le le cas privilégié, on verra que toutes ces Ordonnances ne parlent que des Officiaux des Evêques, ou Archevêques; & il en est de même des Ordonnances qui parlent des instructions faites par les Parlements, auxquels les Evêques sont tenus de donner des Lettres de Vicariat.

461. L'article 11 de l'Ordonnance d'Orléans y est bien précis. Il ne laisse point aux Chapitres, & aux autres Exempts, la connoissance du cas privilégié; & il la réserve à l'Evêque.

L'article 61 de l'Ordonnance de Blois, ne parle que des Evêques & Archevêques, qui sont obligés de donner leurs Lettres de Vicariat aux Cours.

L'Edit de Melun, qui a changé l'ancienne Jurisprudence, ne parle aussi que des Ordinaires; ce qui ne peut s'entendre que des Evêques.

L'Edit du mois de Février 1678, est encore bien décisif. Après avoir réglé l'instruction conjointe, il prononce la peine de nullité; mais ce n'est pas contre les Officiers des Chapitres, & Exempts: il suppose que cette instruction ne peut les concerner. En voici les termes:

« Voulons que les Evêques soient tenus de donner Vicariats aux » Cours ». *Et plus bas*: « seront tenus, tant nos Juges que les Vi» caires & Officiaux des Evêques, observer le contenu en notre » présente Ordonnance; à peine de nullité ». Où l'on voit que cette peine n'est pas prononcée contre les autres Officiaux; parce qu'ils ne peuvent être dans le cas d'instruire conjointement avec les Cours, ou avec les Juges Royaux.

462. L'article 39 de l'Edit du mois d'Avril 1695, n'oblige pareillement que les Evêques & Archevêques, à donner leur Vicariat aux Cours: il n'y oblige pas les Chapitres, ou autres exempts.

On ne trouve aucunes Ordonnances, ni Edits qui parlent en cette occasion des exempts: elles ont, au contraire, eu une attention continuelle de les exclure, en ne parlant que des Archevêques & Evêques, & en n'ajoutant point ensuite ces mots, *& autres*, si ordinaires dans les Edits, lorsque les Rois ont voulu conserver les droits de plusieurs jurisdictions.

463. En effet, il ne seroit pas juste que les Juges-Royaux, qui, avant l'Edit de Melun, instruisoient seuls les procès des Ecclésiastiques accusés de délits privilégiés, & qui depuis ont été assujettis à instruire avec les Officiaux des Evêques, & à leur céder la pré-

séance & la parole, fussent aussi contraints à les céder à des Officiaux de Cathédrales, de Collégiales, de Religieux, & autres exempts. Il faut pour cela une loi bien précise, c'est-à-dire, des Edits généraux qui manifestent clairement l'intention du Souverain, pour y assujettir les Juges-Royaux, ainsi que s'en explique M. de Lamoignon Avocat-Général, dans un Arrêt rendu en 1694, cité ci-après (*n.* 465.)

464. Suivant ces principes, le sieur Etienne Lucas, Chanoine de *** d'Orléans, ayant été poursuivi en l'année 1676 pour crime de stupre, commis à l'égard d'une jeune fille de sept ans neuf mois, & son procès lui ayant été fait par le Lieutenant-criminel, conjointement avec l'Official d'Orléans, sur le renvoi par lui demandé devant l'Official du Chapitre de Sainte-Croix, au moyen de ce qu'il étoit Chapelain en ladite Eglise, il en fut débouté, & condamné en trois ans de galeres; & sur l'appel par lui interjetté comme de Juge incompétent, la Sentence fut confirmée par Arrêt du 16 Mai 1676.

Tel est aussi le sentiment de Duperray en ses notes sur l'Edit du mois d'Avril 1695, *tom.* 2, *pag.* 238; & de l'Auteur des Loix criminelles, *tom.* 1, *ch.* 13, *n.* 10, *pag.* 91.

465. Néanmoins, malgré toutes ces autorités, il paroît que la Jurisprudence sur ce point, a changé. On trouve en effet un Arrêt du Parlement de Paris, rendu en 1694, sur les conclusions de M. de Lamoignon Avocat-Général, rapporté par Lacombe en son Recueil de Jurisprudence canonique, au mot *Procédure*, *section* 1, *n.* 12, qui a renvoyé un Ecclésiastique de la ville d'Aurillac, accusé de trouble public fait dans l'Eglise avec scandale, devant l'Official de l'Abbé d'Aurillac, pour lui être son procès fait & parfait pour le délit commun, auquel assisteroit le Lieutenant-criminel pour le cas privilégié. Autre Arrêt du 7 Octobre 1695 en faveur du Chapitre de Beauvais.

Autre Arrêt du Grand-Conseil du 30 Avril 1683, par lequel un Religieux de l'Ordre de Cluni, prévenu de crime, fut, sur sa requisition, renvoyé aux Supérieurs de son Ordre, pour lui être son procès fait & parfait, conjointement avec le Lieutenant-criminel de Nantes, pour le cas privilégié.

466. Cette question vient même de se présenter depuis peu, entre l'Evêque de Troyes & le Chapitre de la Cathédrale de la même ville, dans l'affaire du sieur Fardeau; & a été jugée en faveur de

ce Chapitre par Arrêt du premier Février 1755, qui, sans avoir égard à la prétention de l'Evêque de Troyes, prenant le fait & cause de son Official, ordonne que le procès dudit Fardeau sera continué en l'Officialité dudit Chapitre pour le délit commun; & pour le cas privilégié, par l'ancien Officier du Bailliage, pour le défaut du Lieutenant-criminel; lequel Officier seroit tenu de se transporter en l'Officialité du Chapitre. (Voyez cet Arrêt dans le Commentaire sur l'Edit du mois d'Avril 1695, *tom.* 2, *pag.* 517.)

467. 10°. Si le procès a commencé à être poursuivi par l'Official, & qu'il y ait du cas privilégié qui oblige de faire l'instruction avec le Juge-Royal, cette instruction doit être faite avec le Lieutenant-criminel du Bailliage ou Sénéchaussée, dans le ressort duquel le crime a été commis; ou à son défaut, avec un Officier du même Siege. (Edit du mois de Juillet 1684.)

468. 11°. Lorsque le Juge-Royal a accordé le renvoi de l'accusé devant l'Official, le Procureur du Roi en doit donner avis à ce dernier, afin qu'il se transporte sur les lieux pour l'instruction du procès, s'il l'estime à propos pour le bien de la Justice: & en cas que l'Official déclare qu'il entend instruire le procès dans le Siege de l'Officialité, l'accusé doit être transféré dans les prisons de l'Officialité, dans la huitaine après cette Déclaration, aux frais & à la diligence de la partie civile, s'il y en a, sinon, à la poursuite du Procureur du Roi, & aux frais du Domaine. Le Lieutenant-criminel, ou à son défaut un autre Officier du Siege-Royal où le procès a commencé, doit se transporter dans le même temps de huitaine, dans le lieu où est le Siege de l'Officialité, quand même ce lieu seroit hors dudit Siege-Royal, pour y achever l'instruction du procès, conjointement avec l'Official, suivant l'Edit du mois de Juillet 1684, qui attribue à cet effet auxdits Officiers toute Cour, jurisdiction & connoissance, sans qu'ils soient obligés de demander territoire, ni prendre *pareatis* des Juges ordinaires des lieux. Le même Edit ajoute, que dans le cas où le Lieutenant-criminel, & à son défaut un autre Officier du même Siege-Royal, ne se rendroit pas dans la huitaine au Siege de l'Officialité où l'accusé aura été transféré, alors le procès sera instruit conjointement avec l'Official, par le Lieutenant-criminel, ou en son absence, ou légitime empêchement, par l'un des Officiers du Bailliage, ou Sénéchaussée, suivant l'ordre du tableau, dans le ressort duquel

le Siege de l'Officialité est situé, pour être ensuite jugé au même Siege, auquel cet Edit en attribue la connoissance.

469. Cet avis & cette Déclaration doivent être signifiés respectivement au Greffe de l'Officialité, & à celui du Juge-Royal; mais l'Official ne peut ordonner que le Greffier sera contraint par corps d'apporter au Greffe de l'Officialité les charges & informations faites par le Juge-Royal; & s'il le faisoit, il y auroit abus, les Juges d'Eglise n'ayant aucune autorité ni jurisdiction sur les Officiers-Royaux. (Ainsi jugé par Arrêt du 23 Janvier 1717, rendu contre l'Official de Lyon, rapporté au Journal des Audiences, *tom.* 6. Autre Arrêt du 9 Février 1583, rapporté par la Rocheflavin en ses Arrêts, au titre *Des droits Seigneuriaux*, ch. 21, art. 21, qui a jugé que l'Official ne peut dans ce cas décerner citation, ni monitoire.) Tout ce que peut faire alors l'Official, c'est de requerir le Juge-Royal d'enjoindre à son Greffier de faire cet apport; & si le Juge-Royal ne défere pas à cette requisition, il il faudra que l'Evêque prenne fait & cause pour son Official, & qu'il se pourvoie au Parlement pour le faire ordonner.

470. 12°. Si le Juge-Royal refusoit de renvoyer l'accusé pardevant le Juge d'Eglise, il faudroit aussi se pourvoir au Parlement, pour y faire ordonner en ce cas qu'il sera délivré exécutoire contre le Juge qui instruiroit ainsi seul, sans y appeller l'Official, & que le procès sera recommencé aux frais dudit Juge. (Ainsi jugé par Arrêt du 30 Mai 1696, contre le Lieutenant-criminel de Montmorillon.)

471. 13°. L'accusé qui a été transféré dans les prisons de l'Officialité, ne peut être élargi par l'Official, qui en est responsable jusqu'à la satisfaction des peines qui peuvent être imposées par le Juge Royal, pour raison du cas privilégié. (Ordonnance de Moulins de 1556 *art.* 39. Edit d'Amboise du mois de Janvier 1572, *art.* 11. Imbert Institut. For. *liv.* 3, *ch.* 9, *n.* 4; & *ibid.* Guenois. Chenu, *tom.* 2, *tit.* 41, *ch.* 1, *pag.* 1148 *in fine*; & *cent.* 2, *qu.* 13.)

472. 14°. Dans le cas où la poursuite contre l'accusé, a commencé en l'Officialité, l'Official doit avertir le Lieutenant-criminel, dans le ressort duquel le crime ou cas privilégié a été commis; lequel, ou à son défaut un autre Officier du Siege, suivant l'ordre du tableau, doit se transporter dans le lieu où est situé le Siege de l'Officialité, quand même il seroit situé hors le ressort du Siege, dans huitaine après la sommation qui leur en aura été faite à la requête

du Promoteur ; pour être par eux procédé conjointement à l'instruction & jugement du procès pour le cas privilégié. (Même Edit du mois de Juillet 1684, qui ajoute que, faute par lesdits Juges de se rendre dans la huitaine dans le lieu où l'Officialité est située, le procès sera instruit & jugé par les Officiers du Bailliage ou Sénéchaussée, dans le ressort duquel est situé le Siege de l'Officialité, ainsi qu'il a déja été observé.)

473. Dans ce cas de refus du Juge-Royal de se transporter en l'Officialité dans le délai de huitaine qui lui est prescrit par cet Edit, il n'est pas nécessaire que l'Official demande au Parlement qu'il commette un Juge pour instruire conjointement la procédure ; il peut s'adresser directement au Juge-Royal, dans le ressort duquel est située l'Officialité. (Ainsi jugé par Arrêt du 12 Janvier 1742, sur l'appel comme d'abus d'une Sentence rendue en l'Officialité de Chartres.)

Mais l'Official, après avoir ainsi appellé le Juge-Royal pour instruire avec lui pour le cas privilégié, ne pourroit seul renvoyer l'accusé sans autre instruction, faute par le plaignant, ou accusateur, d'avoir fait ses diligences ; & s'il le faisoit, il y auroit abus. (Arrêt du mois de Janvier ou Février 1704, ainsi cotté, rapporté au Journal des Audiences.)

474. 15°. Lorsque l'accusé est constitué prisonnier dans les prisons de l'Officialité, le Procureur du Roi ne doit pas manquer de le faire écrouer à sa requête, & de se faire délivrer un extrait de cette écroue.

16°. Il arrive quelquefois que le procès fait à l'Ecclésiastique, s'instruit dans une Cour de Parlement : alors l'Evêque, supérieur de cet Ecclésiastique, est tenu de donner des Lettres de Vicariat à un des Conseillers-Clercs dudit Parlement, pour, conjointement avec celui des Conseillers-Laïques desdites Cours qui sera commis à cet effet, être le procès fait & parfait à l'Ecclésiastique accusé. (Edit du mois de Février 1678.)

L'article 39 de l'Edit du mois d'Avril 1695, a confirmé cette regle générale ; mais il ajoute, que les Evêques ne sont tenus de donner ces Lettres de Vicariat, que lorsque les Cours l'auront ainsi ordonné, pour éviter la recousse des accusés durant leur translation, ou pour autres raisons importantes à l'ordre & au bien de la Justice dans les procès qui s'y instruisent.

475. Autrefois ces Lettres de Vicariat devoient être données à deux

Conseillers-Clercs du Parlement. C'est la disposition de l'article 61 de l'Ordonnance de Blois. L'Edit de Melun parle aussi de *Vicaires* au pluriel ; ce qui est encore porté par un Arrêt du Parlement du 17 Juin 1673, rapporté au Journal des Audiences, qui établit la nécessité de donner en ce cas des Lettres de Vicariat à deux Conseillers-Clercs du Parlement. Cependant l'Edit du mois de Février 1678 ne parle du Vicariat, que comme devant être donné à un des Conseillers-Clercs du Parlement.

476. Il faut même observer qu'il y a des cas particuliers, où quoiqu'un procès s'instruise devant un simple Juge-Royal, néanmoins l'Evêque, dont l'accusé est justiciable, est tenu de donner des Lettres de Vicariat à un Ecclésiastique, pour instruire le procès contre cet accusé ; ce qui arrive, lorsque dans le procès criminel il y a des Laïques impliqués dans l'accusation, & lorsque l'Official est très éloigné du lieu de la résidence du Juge-Royal qui fait l'instruction. Cela a été ainsi jugé dans l'Affaire de la Demoiselle de Moras, contre le Prêtre du Diocese de Poitiers, qui l'avoit mariée. Celui-ci ayant interjetté appel comme d'abus de la procédure contre lui faite par le Lieutenant-criminel du Châtelet, conjointement avec l'Official de Paris, à qui l'Evêque de Poitiers avoit donné des Lettres de Vicariat, par Arrêt du 14 Mars 1739, il fut dit qu'il n'y avoit abus.

477. Les Chapitres, Ordres, & Monasteres exempts, qui ont une jurisdiction quasi-épiscopale, peuvent aussi donner des Lettres de Vicariat pour l'instruction des procès de leurs justiciables.

Lorsque le Parlement n'est saisi qu'après l'appel simple interjetté à l'Official Métropolitain, ce n'est point à l'Evêque de l'accusé, mais au Métropolitain à donner des Lettres de Vicariat aux Conseillers de la Cour. (*Ita* Fevret, *liv.* 3, *ch.* 5, *n.* 9 ; & il a été ainsi jugé par Arrêt du Parlement de Paris du 27 Juin 1576, contre l'Archevêque de Sens, rapporté par Tournet en ses Arrêts, *lettre* A, *chap.* 131 & 132 ; & par un autre Arrêt du 17 Décembre 1642, rapporté aux nouveaux Mémoires du Clergé, *tom.* 7, *pag.* 932.)

478. Si l'Official est dans la ville où le Parlement est établi, le Conseiller Laïque, nommé par le Parlement pour Commissaire, à l'effet d'instruire le procès à l'accusé, doit se transporter en l'Officialité, de la même maniere que feroit le Juge-Royal, pour instruire conjointement avec l'Official. (Ainsi réglé par Arrêt du Parlement de

Paris du 15 Février 1702; en conséquence duquel Monsieur Dreux Conseiller Laïque en la Grand'Chambre, commis par la Cour pour instruire conjointement avec l'Official, dans une affaire criminelle, poursuivie contre le sieur Sicard Prêtre du Diocese de Paris, se transporta en l'Officialité.

479. 17°. Pour faire cette instruction conjointe du Juge-Royal, & de l'Official, ou autre Vicaire commis par l'Evêque, il faut que chacun des deux Juges ait son Greffier; & par conséquent il doit y avoir une double minute de la procédure faite uniformément & en même temps par l'Official & par le Juge-Royal, à peine de nullité. (Edit du mois de Février 1678. Déclaration du 4 Février 1711.)

480. Suivant la même Déclaration de 1711, le Juge d'Eglise doit avoir la parole dans cette instruction, prendre le serment des accusés & des témoins, faire en présence du Juge-Royal les interrogatoires, récolements & confrontations, & toutes les autres procédures qui se font par les deux Juges; en sorte néanmoins que le Juge-Royal peut requérir le Juge d'Eglise d'interpeller les accusés sur les faits qu'il juge nécessaires, soit aux interrogatoires, soit à la confrontation, & dans le reste de la procédure. Ces interpellations, ensemble les réponses des accusés, doivent être transcrites, tant par le Greffier du Juge d'Eglise, que par celui du Juge-Royal, dans les cahiers des interrogatoires & confrontations, & des autres pieces de l'instruction; pour, après ladite instruction faite conjointement par le Juge d'Eglise, & par le Juge-Royal, être par eux procédé au jugement définitif des accusés; à l'effet de quoi chacun des deux Juges doit se faire rapporter les grosses des informations faites par l'autre Juge, avant l'instruction conjointe.

481. Il faut cependant observer que si le décret contre l'Ecclésiastique accusé, se rend depuis l'instruction faite en commun, chacun des deux Juges doit rendre le sien séparément. Ce qui est fondé sur ce que le décret est une espece de jugement, qui doit par conséquent être rendu séparément par chacun des deux Juges.

Il en est de même dans le cas où l'accusé viendroit à recuser l'un des deux Juges, soit l'Official, soit le Juge-Royal; alors chacun des deux Juges doit faire juger la recusation dans son Tribunal; sçavoir, celle de l'Official en l'Officialité, & celle du Juge-Royal au Bailliage.

Il faut aussi observer que dans les procès poursuivis contre des

Eccléfiaftiques, où il y a du cas privilégié, lorfque le Juge-Royal a permis l'obtention des Monitoires, ainfi que l'Official, celui-ci peut feul commettre un Prêtre pour la publication & fulmination de ce Monitoire ; & il n'eft pas néceffaire en ce cas que le Prêtre foit commis par le Lieutenant-criminel. (Arret du Confeil du 27 Mars 1691. Voyez Brillon, édition de 1727, au mot *Monitoires*, n. 27.)

482. 18°. Le Juge-Royal, appellé par l'Official, doit, avant tout, examiner fi la procédure faite par cet Official, avant d'avoir été appellé, eft valable ; car fi cette procédure étoit nulle, & qu'il continuât d'inftruire d'après elle, la nullité de la procédure de l'Official entraîneroit celle qui feroit faite depuis. (Arrêt du 31 Janvier 1724, rapporté aux Loix Criminelles, *ch.* 6, *pag.* 345.)

Ainfi il faut commencer par déclarer cette premiere procédure de l'Official, nulle, & ordonner qu'elle fera recommencée. Il fuffit alors que chacun des deux Juges, tant l'Official que le Juge-Royal, faffe prononcer cette nullité dans fon Tribunal ; & fi l'un des deux refufe de le faire, ou juge la procédure valable, & que l'autre juge le contraire, il faudra dans ce cas recourir à l'autorité de la Cour.

Il faut auffi obferver que le Juge-Royal appellé pour la procédure conjointe, ne doit inftruire que pour le délit privilégié, & non pour le délit commun, quand il y a plufieurs chefs d'accufation contre l'Eccléfiaftique accufé. Les Cours même ne connoiffent pas du délit commun. (Voyez les Caufes célebres, *tom.* 9, *pag.* 426, édition de 1752.)

483. 19°. Les témoins doivent être affignés en vertu des deux commiffions, l'une du Juge-Royal, l'autre du Juge d'Eglife. Ainfi ils font affignés par un Appariteur & par un Huiffier, ou par l'Huiffier feul, qui exécute les deux commiffions, & donne à chaque témoin deux copies d'affignation. S'il y a partie civile, ils taxent l'un & l'autre ; mais ils ne doivent taxer chacun que la moitié de ce qui eft réglé pour le falaire du témoin. Il en doit être de même, s'il n'y a de parties que le Procureur du Roi & le Promoteur ; le Promoteur ou Receveur du domaine de l'Evêque, en paie moitié, & le Receveur des amendes pour le Roi, l'autre moitié.

Si les témoins avoient été affignés feulement en vertu de l'Ordonnance de l'Official, ou du Juge-Royal, & qu'ils euffent comparu, leurs dépofitions n'en feroient pas moins valables ; parce qu'il fuffit qu'ils aient été affignés. C'eft ainfi que l'établit M. Talon

Avocat-

Avocat-Général, dans l'affaire du fieur Defrues. (Voyez les Caufes célebres, *tom.* 9, *pag.* 393, édition de 1752.)

484. 20°. S'il arrivoit que les deux inftructions ne fuffent pas femblables, & continffent des chofes différentes, comme il eft arrivé dans une procédure jugée par Arrêt du 17 Juin 1673, rapporté au Journal des Audiences, on ordonneroit, ainfi qu'il fut alors obfervé, que pardevant le Juge-Royal, qui feroit commis à cet effet, les deux minutes feroient repréfentées par les Greffiers; & que les témoins feroient entendus fur les contrariétés qui fe rencontreroient dans les deux groffes des dépofitions, récolements, ou confrontations, *&c.* (Arrêt du 17 Juin 1673, rapporté au Journal des Audiences. Voyez Lacombe en fa Jurifprudence Canonique, au mot *Procédure*, n. 8, *pag.* 115.)

485. 21°. Cette inftruction du Juge-Royal & du Juge d'Eglife, eft tellement conjointe, que fi depuis le renvoi, l'Official, même après avoir appellé le Juge Royal, informe ou fait quelque autre procédure feul, & fans le Juge Royal, l'information, & tout ce qui s'enfuit, eft nul. (Ainfi jugé par Arrêt du Parlement du 31 Janvier 1702, rapporté aux nouveaux Mémoires du Clergé, *tom.* 7, *pag.* 769. Autre Arrêt du 12 Janvier 1704, rendu contre l'Archevêque de Bourges. Autre du 4 Juin 1707, rendu contre l'Archevêque de Tours. Autre du 20 Décembre 1710, rapporté au Journal des Audiences. Autre du 18 Décembre 1723, contre l'Evêque de Limoges; ce qui eft auffi porté expreffément par l'Edit du mois de Février 1678.) Et il en eft de même de la procédure qui feroit faite par le Juge-Royal feul, & fans l'affiftance de l'Official, depuis le renvoi requis par le Juge d'Eglife. (Même Edit de Février 1678. Même Arrêt du Parlement du 31 Janvier 1702, contre le Lieutenant-Criminel du Châtelet de Paris.)

486. 22°. A l'égard des procédures faites avant le renvoi, il faut diftinguer celles faites par le Juge Laïque, & celles faites par l'Official.

Les procédures faites par le Juge Laïque, avant le renvoi requis devant le Juge d'Eglife, font valables. Il y en a plufieurs Arrêts, & entre autres un du 9 Juin 1723. Autre du 19 Janvier 1724. Autre du 19 Juin 1738. Autre du 21 Mars 1739, rapporté aux nouveaux Mémoires du Clergé, *tom.* 7, *pag.* 848. Autre du 16 Septembre 1739. Autres des 12 Juin & 16 Octobre 1741; ce qui réfulte pareillement de la difpofition de l'Edit du mois de Février 1678, & de celui du mois de Juillet 1684. Il faut même obferver que tant que ce renvoi n'est point requis, soit par l'accusé, soit par le Promoteur, le Juge Laïque peut continuer son instruction, & même juger définitivement, ainsi qu'il résulte des mêmes Edits.

487. Il y a même plus : c'est que si le Juge Laïque avoit absous un Ecclésiastique sur une plainte portée devant lui, sans que le renvoi eût été demandé pardevant le Juge d'Eglise, celui-ci ne pourroit plus faire le procès à cet Ecclésiastique pour raison du délit commun, au sujet du même cas pour lequel il auroit été renvoyé absous. (Ainsi jugé par Arrêt du Parlement du 30 Juillet 1707, rapporté par Bruneau en son Traité des Matieres criminelles, *tit.* 27, *n.* 23, *pag.* 265.)

Il en est de même des procédures faites par le Juge d'Eglise, avant qu'il ait paru dans l'instruction du cas privilégié ; elles sont toujours valables, comme il est porté par le même Edit de 1678, qu'on vient de citer. Ce qui doit s'entendre néanmoins dans la supposition que ces procédures n'aient pour objet que le délit commun : mais dès que l'Official, dans l'instruction des procès qu'il fait aux Ecclésiastiques, voit qu'il y a du délit privilégié, il est tenu d'avertir incessamment le Lieutenant-Criminel du ressort où le crime a été commis, à peine de tous dépens, dommages, & intérêts contre cet Official, même d'être refaite la procédure à ses dépens. (Même Edit de Février 1678, expliqué par celui du mois de Juillet 1684.)

488. Comme l'Official peut avoir cette connoissance du cas privilégié, ou par la plainte, ou par la déposition des témoins, ou par l'interrogatoire de l'accusé, & quelquefois même au récolement, & à la confrontation ; dans tous ces cas il doit surseoir aussi-tôt au reste de la procédure, & requérir le Lieutenant-criminel pour l'achever, conjointement avec lui, à peine de nullité ; & cette nullité de la procédure de l'Official, entraîne celle du Juge Royal qui se feroit en conséquence, ainsi qu'il a été jugé par Arrêt du 31 Janvier 1724.

489. Cette nullité de la procédure ainsi faite par l'Official seul sur le cas privilegié, a lieu, même dans le cas où l'Official auroit requis le Juge Royal de se transporter pour instruire avec lui, sans que ledit Juge Royal eût déféré à sa requisition ; car alors cet Official ne pourroit poursuivre seul l'instruction en conséquence de ce refus, ainsi qu'il a été jugé par Arrêt du 4 Juin 1707, rendu en l'Audience de la Tournelle, qui porte qu'il y a abus dans une

procédure faite en l'Officialité de l'Archevêché de Tours, en ce que le Juge Royal n'avoit pas assisté pour le cas privilegié, quoiqu'il eût été sommé d'y venir. La même chose a été jugée par Arrêt du 12 Janvier 1704, qui déclare abusive une procédure faite par l'Official de Limoges, séant à Gueret, après quelques sommations faites au Lieutenant-criminel de Bourges, qui devoit y être appellé pour le cas privilegié, suivant un Arrêt du Parlement qui avoit renvoyé devant lui, & qui nonobstant les sommations à lui faites de se transporter, avoit négligé, ou refusé de le faire.

490. Si l'Official, en instruisant le récolement de quelque témoin, vient à découvrir que l'accusé est coupable d'un délit privilegié, après avoir déja récolé & confronté d'autres témoins, & qu'il dénonce ce cas privilegié au Procureur du Roi, le Juge Royal ne peut ordonner que les témoins, qui ont déja été récolés & confrontés par l'Official, seront de nouveau récolés & confrontés pardevant lui Juge Royal; & cette procédure a été cassée par Arrêt du 6 Septembre 1726, rendu sur les conclusions de M. Talon Avocat-Général.

491. Au reste, pour que la procédure de l'Official puisse être déclarée nulle sur le fondement qu'il auroit entendu en déposition, des témoins qui chargent un Ecclésiastique d'un cas privilegié, il faudroit que cet Official eût entendu plusieurs témoins; car s'il ne s'agissoit que d'un premier témoin qui déposât de ce cas privilegié, l'Official peut l'entendre seul sans le Juge Royal, dans le cas du moins où il ne seroit fait mention dans la plainte d'aucun délit privilegié; ce qui doit avoir d'autant plus lieu, que ce n'est que sur un pareil commencement de preuve constatée par écrit, que l'Official peut demander la jonction du Juge Royal. (Ainsi jugé en la cause du Curé de Montigni-le-Roi, contre l'Evêque d'Auxerre, par Arrêt du 18 Décembre 1723, par lequel on déclara abusif tout ce qui avoit été fait depuis que dans une déposition, un témoin avoit parlé de sollicitations faites dans la confession, ou de crime commis avec une paroissienne. On conserva seulement comme une indication du cas privilegié, cette unique déposition; les autres qui lui étoient postérieures, furent déclarées abusives.)

492. S'il y avoit dans la plainte, du cas privilegié, & que l'Official informât en conséquence sans appeller le Juge Royal, la procédure

de cet Official seroit déclarée nulle & abusive. (Ainsi jugé par Arrêt du 20 Décembre 1710, rapporté au Journal des Audiences.)

Le Juge Ecclésiastique peut néanmoins, dans le cas où il y auroit par la plainte, du cas privilegié, permettre la publication de lettres monitoires, sans appeller le Juge Royal; parce que les lettres monitoires ne sont qu'une préparation à l'instruction de la procédure, comme est la plainte & la permission d'informer, & que le Juge d'Eglise n'est obligé d'appeller le Juge Royal, que lorsqu'il est question d'entendre les témoins, & de suivre l'instruction de la procédure. (Ainsi jugé par un Arrêt du 12 Mai 1700, rapporté par Augeard, *tom. 3, chap. 49.*)

493. 23°. La regle qui vient d'être établie, touchant la nécessité de l'instruction conjointe, cesse d'avoir lieu à l'égard des procédures faites par le Juge Royal seul, depuis le jugement définitif rendu par l'Official. Car si les Juges Royaux en voyant le procès pour juger le cas privilegié, ne se trouvoient pas assez instruits, & ordonnoient quelque nouvelle instruction, il ne seroit pas nécessaire qu'elle se fit avec l'Official; tout étant consommé à son égard. C'est ce qui a été jugé par Arrêt du mois de Décembre 1702, rapporté au Journal des Audiences. Voyez aussi l'Auteur des Loix Criminelles, *tom. 1, chap. 13, pag. 110.*

Ainsi, si le Juge d'Eglise rendoit son jugement au fond, & que le Juge Royal ordonnât le réglement à l'extraordinaire, tout seroit consommé de la part de l'Official; & alors le Juge Royal doit suivre sa procédure sur ce réglement à l'extraordinaire.

494. Cependant on trouve dans le Recueil des Causes Célebres, *tom. 9, pag. 405* de la seconde édition, un Arrêt du Parlement du 7 Septembre 1726, qui a déclaré nulle une procédure faite par le Lieutenant-criminel de *Paris*, en conséquence d'une Sentence rendue au Châtelet, quoique l'Official eût rendu sa Sentence définitive; & qui a renvoyé devant l'ancien des Lieutenants-particuliers, & autres que ceux qui avoient assisté au jugement du procès, pour juger définitivement sans nouvelle instruction. Mais sans doute que par cet Arrêt la nouvelle instruction ordonnée par le Châtelet, fut regardée comme inutile, & déclarée nulle par cette raison. En effet, le Parlement rendit alors un jugement définitif sur l'ancienne procédure, & condamna sans autre nouvelle instruction, l'accusé au blâme, par Arrêt du 30 Décembre 1727, rapporté dans le Recueil des Causes Célebres, *ibid.* pag. 430.

495. 24°. S'il arrivoit que dans le cours de l'instruction conjointe, & avant les Sentences définitives, l'Official & le Juge Royal rendissent des Ordonnances & jugements préparatoires différents, il faudroit se pourvoir au Parlement, pour y être statué sur le vû des charges & informations.

496. 25. Après l'instruction conjointe, chacun des deux Juges doit rendre sa Sentence séparément, soit de réglement à l'extraordinaire, soit définitive, ou autre, sur les conclusions de la partie publique de son Siege; & il faut que l'Official rende sa Sentence le premier sur le délit commun, avant que le Juge Royal rende la sienne pour le cas privilegié, sans que ce dernier puisse, sous quelque prétexte que ce soit, juger l'accusé sur les procédures faites par l'Official, pour raison du délit commun. (Edit de Février 1678, & Juillet 1684. Arrêt du 2 Octobre 1697, qui fait défenses au Juge de Mamers de plus à l'avenir juger le cas privilegié, qu'il ne lui ait apparu de la Sentence de l'Official qui aura jugé le délit commun; laquelle il sera tenu de viser dans la Sentence définitive qu'il rendra sur le cas privilegié. Autre Arrêt du Parlement du 31 Janvier 1702, infirmatif d'une Sentence du Châtelet de Paris, qui avoit été rendue avant que l'Official eût prononcé sur le délit commun, quoiqu'il y eût plusieurs Laïques complices dans la même affaire.)

497. Si le Juge Royal ordonnoit que l'instance seroit civilisée, il ne seroit pas tenu pour cela de se dessaisir de la connoissance de l'affaire, & d'en laisser à l'Official seul le jugement, quoique n'intéressant plus le cas privilegié; parce que la réserve ordinaire, *sauf à reprendre, s'il y échet*, laisse au Juge Royal le droit de continuer & d'instruire conjointement avec l'Official.

Si au contraire l'Official rendoit seul un jugement qui civilisât l'affaire, & que le Juge Royal ordonnât le jugement à l'extraordinaire, l'Official seroit obligé de s'y conformer; parce que ce jugement décideroit que l'affaire mérite d'être traitée extraordinairement.

Il arrive aussi quelquefois que l'Official, ou le Juge Royal, vient à être recusé par l'accusé dans le cours de l'instruction qu'ils font conjointement; dans ce cas il est nécessaire que celui des deux Juges qui est recusé, fasse juger la recusation dans son Tribunal.

498. 26°. L'Official ne peut élargir seul un accusé, pour quelque cause que ce soit, dans le cours de l'instruction conjointe; autre-

ment il seroit condamné, ou l'Evêque qui prendroit fait & cause pour lui, à réintégrer cet accusé dans les prisons. (Voyez Peleus, *liv. 2, art. 68.*) Il faut que cet élargissement se fasse du consentement des deux Juges. (Voyez Jovet en sa Bibliotheque, au mot *Juge*, n. 40, & *pag. 26, n. 9.*)

499. 27°. La Sentence de l'Official doit être rendue au Siege de l'Officialité : on observe cependant quelquefois le contraire. Ainsi par Arrêt du Parlement du 17 Décembre 1709, l'Official d'Evreux a été autorisé à juger le procès d'un Ecclésiastique dans la Chambre du Conseil du Bailliage d'Evreux; parce qu'il y avoit à craindre que le prisonnier ne s'échappât. L'Official avoit présenté à cet effet une requête au Parlement.

A l'égard de la Sentence du Juge Royal, elle doit être rendue en la Chambre du Conseil du Bailliage, ou Sénéchaussée, qui doit juger l'accusé sur le cas privilegié.

500. 28°. Après que l'Official a rendu sa Sentence définitive, l'Ecclésiastique prisonnier doit être transféré des prisons de l'Officialité, dans celles du Juge Royal. (Edit de Juillet 1684.) Et si cet accusé avoit été élargi par l'Official, il pourroit être emprisonné de nouveau sur la requête du Procureur du Roi. (Voyez Peleus, *act. for. liv. 2, chap. 68, & liv. 7, act. 27*; Chenu, *qu. 7*; Bouchel en sa Bibliotheque Canonique, au mot *Benefice*, tom. 2; & Jovet en sa Bibliotheque, au mot *Juges.*)

Mais il n'est pas permis à l'Official qui a instruit conjointement avec un Juge Royal, d'élargir l'accusé. (Arrêt du Parlement de Paris du mois de Janvier 1704, rapporté au Journal des Audiences, & aux Loix criminelles, *tom. 2, pag. 297.*)

La Sentence rendue par l'Official, doit être remise, ou signifiée en forme par le Promoteur au Greffe du Bailliage.

501. 29°. Si l'Official étoit refusant de rendre sa Sentence, après deux sommations à lui faites de huitaine en huitaine, la partie civile, ou publique pourroit appeller comme d'abus, & même prendre l'Official à partie; ainsi qu'il a été jugé par Arrêt du 27 Août 1701, rapporté par l'Auteur des Loix criminelles, *tom. 2.*

502. 30°. Il arrive quelquefois que la Sentence rendue par l'Official sur le délit commun, prononce seulement un plus amplement informé contre l'accusé; mais cela n'empêche pas le Juge Royal de rendre la Sentence définitive pour raison du délit privilegié; & au cas que cette derniere Sentence ne prononce aucune peine de

mort, ou autre qui mette l'accusé hors d'état d'accomplir la pénitence, ou peine canonique qui lui est imposée par le Juge d'Eglise, celui-ci pourra continuer sa procédure séparément, & rendre ensuite sa Sentence définitive contre l'accusé. C'est ainsi que l'établit Duperrai en ses notes sur l'Edit du mois d'Avril 1695, *tom. 2, pag. 257.* Ce qui est fondé sur ce que la jurisdiction Ecclésiastique, & la jurisdiction séculiere ayant des objets différents, rien n'empêche que l'Ecclésiastique accusé ne soit déchargé d'une peine capitale, ou afflictive, & qu'il soit condamné à des peines canoniques, ou à des pénitences; d'autant qu'il ne s'agit dans ce second cas que d'un délit qui est moins grave que le délit privilegié, & qui ne mérite ordinairement qu'une simple correction.

503. De même, lorsque la Sentence rendue par l'Official, admet l'Ecclésiastique accusé à la preuve de ses faits justificatifs, cette Sentence ne doit point être exécutée avant que le Juge Royal rende son jugement; car l'accusé ne manqueroit pas de se prévaloir auprès de ce dernier Juge, de la preuve qu'il auroit fait faire en exécution de cette Sentence; d'où il en résulteroit un inconvénient par rapport au bien de la justice. D'ailleurs la preuve des faits justificatifs est une nouvelle instruction, qui fait partie du procès criminel, & qui devroit être faite conjointement par le Juge d'Eglise & par le Juge Royal, si l'un & l'autre l'avoient ordonnée. L'Official est donc obligé, avant que d'y procéder, d'attendre si le Juge Royal l'ordonnera; sans quoi son Ordonnance prématurée ne manqueroit pas d'être déclarée abusive, s'il arrivoit dans la suite que le Juge Royal ordonnât la même preuve. Ainsi si le Juge Laïque admet aussi l'accusé à la preuve de ses faits justificatifs, la preuve en doit être faite avec l'Official, suivant la forme prescrite par l'Ordonnance criminelle. Si au contraire le Juge Laïque n'ordonne point cette preuve, il doit juger le procès au fond, & faire exécuter son jugement, sans se mettre en peine de ce que l'Official pourra faire en exécution du sien; car dès que les deux jugements rendus sur le vû du procès, ne sont point uniformes, & qu'ils ne tendent pas à la même instruction, il n'y a rien dans leur exécution que les deux Juges soient obligés de faire conjointement. C'est ainsi que s'en explique Monsieur le Chancelier d'Aguesseau, dans une lettre par lui écrite le 30 Septembre 1728 au Lieutenant-criminel de Besançon, rapportée dans l'instruction criminelle de Muyard-de-Vouglans, *tom. 2, partie 3, pag. 95.*

504. 31°. Lorſqu'il y a des accuſés laïques impliqués avec l'Eccléſiaſtique dans le même procès criminel, le Juge Royal doit ſeul décréter & interroger les laïques, & même les récoler & confronter, ces derniers n'étant point ſujets à la juriſdiction Eccléſiaſtique. Néanmoins ſi dans les interrogatoires de ceux-ci, il y avoit quelque charge contre l'Eccléſiaſtique, & qu'il fallût les récoler & les lui confronter, il faudroit faire ce récolement & cette confrontation conjointement avec l'Official; parce qu'alors cette inſtruction fait partie de la procédure contre l'Eccléſiaſtique.

505. Pareillement, le Promoteur ne doit pas conclure comme le Procureur du Roi, à ce que les accuſés Laïques ſoient confrontés les uns aux autres, parce que les Laïques ne ſont pas juſticiables de l'Official, mais ſeulement à ce qu'ils ſoient récolés en leurs réponſes, & confrontés à l'accuſé Eccléſiaſtique. Ce principe fut établi lors du procès de l'Abbé de Mauroy, rapporté dans les Cauſes Célébres, *tom.* 5, *pag.* 212, ſeconde édition, au ſujet de la banqueroute de cet Abbé. Pluſieurs Laïques avoient été décrétés de ſoit oui par le Juge Royal; ils furent interrogés par lui, & enſuite aſſignés à comparoître à l'Officialité, où ils furent récolés en leurs réponſes, & confrontés à l'Abbé de Mauroy par les deux Juges.

506. Mais à l'égard des dépoſitions, récolements & confrontations, tant des témoins que des accuſés, même Eccléſiaſtiques, qui ne vont qu'à la charge des accuſés Laïques, il ſeroit inutile, & même irrégulier de faire cette procédure avec l'Official. Il ſemble cependant que ce dernier peut demander que les interrogatoires des accuſés Laïques faits par le Juge Royal, lui ſoient communiqués, comme faiſant en quelque ſorte partie de l'information pourſuivie contre l'accuſé Eccléſiaſtique, pour voir s'il y a lieu d'ordonner qu'ils ſeront récolés & confrontés. Il a même été jugé par Arrêt du 14 Janvier 1713, rapporté au Journal des Audiences, *tom.* 6, que l'Official peut en ce cas aſſiſter à l'interrogatoire des Laïques ſubi devant le Juge Royal.

Lorſqu'il y a lieu de confronter les Laïques complices, il faut, s'ils ſont priſonniers, les conduire en l'Officialité pour faire ce récolement & cette confrontation, & enſuite les ramener aux priſons royales; & s'ils ne ſont pas priſonniers, il faut les aſſigner à cet effet.

507. 32°. Dans le cas d'appel ſimple de la Sentence du Juge Eccléſiaſtique

siastique au Métropolitain, cet appel n'empêche pas qu'on ne puisse suivre l'exécution de l'Arrêt rendu pour raison du délit privilegié, si ce délit privilegié a été jugé dans une Cour Souveraine; ou qu'on ne puisse suivre l'appel de la Sentence rendue sur ce délit, s'il a été jugé dans un Bailliage ou Sénéchaussée Royale.

En effet, ni l'Edit de Melun, ni ceux de 1678 & de 1684, n'obligent la jurisdiction séculiere à avoir d'autre déférence pour les cas privilégiés des Ecclésiastiques, dont le renvoi est demandé, que celle de faire l'instruction de ces délits conjointement avec le Juge Ecclésiastique, & de laisser celui-ci rendre le premier sa sentence; & ni ces Edits, ni aucun autre réglement n'obligent à attendre que le Juge d'Eglise ait rendu un jugement qui soit passé en force de chose jugée, & que toutes les voies d'appel aient été épuisées contre lui, pour pouvoir suivre le jugement rendu sur le cas privilégié: il suffit qu'on ait accompli la déférence qu'on a pour l'Eglise, en laissant juger une fois dans le Tribunal Ecclésiastique.

508. On trouve au contraire plusieurs réglements qui ordonnent l'exécution des jugements rendus par les Juges-Royaux, dans le cas du délit privilegié, sans faire mention des trois Sentences conformes. Tels sont l'Edit du mois de Juillet 1543, contre les Luthériens, l'Arrêt de la Cour du 31 Mars 1544, rendu contre les blasphémateurs; l'Edit du mois de Novembre 1549, rendu aussi contre les Luthériens, avec l'Arrêt de vérification; celui du 14 Janvier 1549 pour les Monnoies; celui du 14 Janvier 1550 sur le pouvoir de l'Inquisiteur de la Foi, avec l'Arrêt de vérification; l'Edit du 27 Juin 1551, contre les Luthériens; celui du premier Mars 1554, contre les mêmes hérétiques, *art.* 4; & celui du mois de Juillet 1561, *art.* 6, rendu aussi contre les Luthériens; & par conséquent ce seroit ajouter à la Loi, que de prétendre que l'appel au supérieur Ecclésiastique, doit être jugé avant de juger l'appel du Juge séculier. Si cela étoit, il en résulteroit un grand inconvénient; c'est qu'il faudroit attendre que toutes les voies d'appel simple contre la Sentence de l'Official, fussent épuisées, si l'Ecclésiastique accusé en vouloit faire usage. Ainsi il faudroit essuyer trois degrés de jurisdiction Ecclésiastique, & même obtenir trois Sentences conformes, outre l'appel comme d'abus; ce qui feroit traîner la procédure en longueur, & empêcheroit le plus souvent qu'une affaire criminelle ne fût jugée qu'après un intervalle de deux ou trois ans.

509. Il est vrai qu'on trouve quelques exemples d'un usage contraire, & où l'on a attendu le jugement des appels devant les Juges supérieurs dans l'ordre Ecclésiastique, avant d'exécuter la Sentence rendue par le Juge-Royal; mais ces exemples étoient fondés sur des préventions qui regnoient alors, & ne peuvent être tirés à conséquence contre la regle générale qu'on vient d'établir. On s'est depuis écarté, avec raison, de cet usage; & il a été ainsi jugé par Arrêt de la Cour du 5 Septembre 1641, sur l'appel d'une Sentence rendue au *Bailliage* d'Orléans, contre le nommé Philibert Bobin, Chanoine de *** d'Orléans, condamné à mort & à faire amende-honorable, pour assassinat par lui commis en la personne de Michel Foucault, & de Mathieu Grenier, par lequel Arrêt la Cour a ordonné que la Sentence du Bailliage Criminel d'Orléans, seroit exécutée, sans attendre l'appel interjetté par ledit Bobin, de la Sentence rendue par l'Official d'Orléans, pour raison du délit commun.

510. 33°. Lorsqu'il y a appel simple de la Sentence du Juge-Royal, & appel comme d'abus de la Sentence de l'Official, il faut poursuivre d'abord l'appel comme d'abus, & le faire juger à l'Audience; & si la procédure de l'Official vient à être déclarée abusive, cela entraîne la nullité de la procédure du Juge-Royal; ainsi qu'il a été jugé par Arret du 31 Janvier 1724, cité par l'Auteur de Loix Criminelles, *tom.* 1, *ch.* 26, *n.* 10, *pag*, 345.

511. 34°. Cette instruction conjointe du Juge-Royal & du Juge d'Eglise, depuis le renvoi requis, doit avoir lieu, non-seulement quand l'accusé est présent, mais encore dans le cas où son procès lui seroit fait par contumace. L'article 22 de l'Edit de Melun du mois de Février 1580, qui a commencé à établir cette procédure, ne fait aucune distinction à cet égard, entre le cas où l'Ecclésiastique accusé est présent, & celui où son procès lui est fait par contumace; ce qui doit avoir d'autant plus lieu, que le Juge d'Eglise ne pouvant connoître en aucune maniere du cas privilégié, contre l'accusé, soit présent, soit absent, & étant obligé alors d'appeller le Juge-Royal, il s'ensuit par la même raison, que quand le Juge-Royal a commencé à faire le procès à un Ecclésiastique qui est en contumace, & que le renvoi vient à être demandé par le Promoteur, le Juge-Royal est tenu d'y déférer. Au reste, cette regle est fondée sur ce que le privilege de Cléricature n'a pas seulement été établi en faveur & pour l'intérêt particulier de

ceux qui sont poursuivis ; mais aussi en faveur de l'ordre Ecclésiastique, auquel par conséquent la contumace de l'accusé ne sçauroit préjudicier.

512. 35°. A l'égard des procès qui se font aux Ecclésiastiques après leur mort, comme dans le cas de suicide, & autres cas pour lesquels on fait le procès aux coupables après leur mort, dont il est parlé dans l'article 1 de l'Ordonnance de 1670, il n'est pas nécessaire que l'instruction s'en fasse avec le Juge d'Eglise. (Voyez ce qui est dit à ce sujet au titre *De la Compétence des Juges en général*, n. 69.)

513. 36°. Une derniere observation à faire sur cette matiere, c'est que le Grand-Conseil, les Cours des Aides, celles des Monnoies, & presque toutes les jurisdictions extraordinaires, du moins celles qui jugent en dernier ressort, sont dans l'usage, quand elles instruisent des procès criminels contre des Ecclésiastiques, de les instruire sans y appeller le Juge d'Eglise ; ce qui est fondé sur ce que les Ordonnances qui parlent du renvoi devant l'Official, ne font pas mention nommément de ces jurisdictions. C'est ainsi que l'établit Perard-Castel en ses questions sur les Matieres Bénéficiales, *tom.* 2, *pag.* 348, *n.* 74. Le Grand-Conseil a été maintenu dans cette possession par deux Arrêts rendus depuis quelques années ; l'un du 4 Octobre 1732, contre un Bénéficier du Maine ; & l'autre du 19 Février 1739, contre un Ecclésiastique de Bretagne, pour raison de simonie. Voyez aussi *infrà*, n. 625.

514. Aux Requêtes de l'Hôtel, quand elles jugent au souverain, la procédure ne se fait point non plus avec l'Official ; mais sur la Requête de l'accusé pour être renvoyé à l'Official, les Juges accordent le renvoi, à la charge qu'après le jugement rendu par l'Official, ils procéderont au jugement du procès. Cela s'est ainsi pratiqué en 1691. (Voyez les nouveaux Mémoires du Clergé, *tom.* 7, *pag.* 949 & *suiv.*)

Il en est de même dans les commissions établies par le Roi, pour faire le procès à des accusés. S'il se trouve des Ecclésiastiques impliqués dans les délits pour lesquels ces commissions ont été établies, les Juges de ces commissions ne renvoient pas ordinairement les accusés aux Juges d'Eglise, pour instruire leurs procès conjointement avec les Commissaires, qui s'en tiennent aux termes de leur commission.

Mais les Juges des Tables de Marbre sont astreints à ce renvoi, comme les Juges ordinaires. (Ainsi jugé par Arrêt du Conseil du 3 Avril 1703, en faveur de quelques Ecclésiastiques du Diocese de Bordeaux, poursuivis devant les Juges de la Table de Marbre dudit lieu, pour raison de délits de chasse. (Voyez les Mémoires du Clergé de la nouvelle édition, *tom.* 7, *pag.* 434.)

Il est vrai que par Arrêt du même Parlement du 17 Juin 1713, rapporté par Lapeyrere, édition de 1717, *pag.* 42, il a été jugé que la Table de Marbre pouvoit instruire & adjuger une amende de cent livres, pour fait de chasse, après un réglement extraordinaire, sans assistance de l'Official, contre un Prélat en faveur d'un Seigneur; mais c'est parce qu'il ne s'agissoit point dans ce dernier cas, d'un délit privilégié.

515. 37°. Enfin, il reste à observer qu'il y a des provinces dans le Royaume, comme l'Artois & le Roussillon, où le concours des deux Juges n'est pas en usage pour juger un Ecclésiastique accusé d'un cas privilégié. Les Conseils Souverains qui y sont établis, sont en possession de juger ces procès sans y appeller le Juge d'Eglise. (Voyez l'Auteur de la Notice de l'Artois, *pag.* 160; & les Mémoires du Clergé de la nouvelle édition, *tom.* 7, *pag.* 405.)

§. IX.

Des appels des Sentences rendues par les Officiaux en matiere criminelle.

516. Ces appels sont de deux sortes : 1°. les appels simples : 2°. les appels comme d'abus. (Voyez *omninò* ce qui est dit sur ces deux especes d'appels, dans le Commentaire sur l'Edit du mois d'Avril 1695, sur l'article 25; & dans le Traité *De la Jurisdiction des Officiaux & autres Juges d'Eglise*, pag. 382 & suiv. (*a*) Voici seulement quelques observations particulieres sur ces deux sortes d'appels, qui reçoivent plus particuliérement leur application aux matieres criminelles.

1°. *De l'Appel simple.*

517. 1°. L'appel simple a lieu, même à l'égard des jugements rendus

(*a*) Imprimé à Paris, chez Debure pere, 1769, *in*-12.

par des Conseillers-Clercs, à qui on a donné des Lettres de Vicariat; car alors ils n'agissent plus comme Officiers de Cour souveraine, mais comme Commissaires des Evêques qui les ont délégués. (Ainsi jugé par Arrêt du 17 Décembre 1644, rapporté aux nouveaux Mémoires du Clergé, *tom.* 7, *pag.* 932.)

2°. Cette premiere espece d'appel, peut non-seulement être interjetté par l'accusé, & par la partie plaignante, mais encore par le Promoteur par la voie de l'appel *à minimâ*, lorsque la Sentence de l'Official ne prononce pas une peine suffisante & proportionnée au délit; ou par le Promoteur de l'Official Métropolitain.

518. 3°. L'appel simple des Sentences des Officiaux se porte au Métropolitain, & ensuite aux autres supérieurs dans l'ordre Ecclésiastique.

Pour sçavoir si cet appel empêche l'exécution de la Sentence du Juge dont est appel, Voyez ce qui est dit à ce sujet dans le Commentaire sur l'Edit du mois d'Avril 1695, sur l'*art.* 35, *pag.* 296 de l'édition de 1764.

4°. En cas d'appel simple de la Sentence de l'Official, (lorsqu'il n'y a point d'appel du jugement rendu sur le délit privilégié, ou que cet appel n'a pas lieu de plein droit,) l'Ecclésiastique qui est prisonnier, doit être transféré dans les prisons de l'Officialité Métropolitaine.

Il en est de même, s'il y a appel *à minimâ* par Promoteur; ou si la peine est du nombre de celles pour lesquelles l'appel se fait de plein droit dans les Officialités.

519. 5°. Les cas de grand-criminel, pour lesquels l'accusé doit être transféré de plein droit dans les prisons du Juge supérieur Ecclésiastique, sont ceux qui troublent tellement la discipline Ecclésiastique, qu'ils méritent une peine telle qu'il est nécessaire d'en faire un exemple public. (Voyez l'Auteur des Loix criminelles, *tom.* 1, *ch.* 27, *n.* 6, *pag.* 353.)

6°. La procédure sur les appels simples au Métropolitain, est la même que celle qui est prescrite par le titre 26 de l'Ordonnance de 1670; & par conséquent, il n'y a d'autres formalités à observer dans ces Officialités supérieures, que ce qui s'observe dans les appels aux Parlements.

520. 7°. Les Officiaux des Métropolitains ne peuvent élargir les prisonniers détenus dans les prisons des Officialités inférieures, que

sur le vû des charges & informations. (Arrêt du 10 Mai 1670, rapporté aux Mémoires du Clergé, édition de 1675, *tom.* 2, *ch.* 15, *art.* 22. Edit du mois d'Avril 1695, *art.* 40.)

Ni pareillement faire défenses d'exécuter les décrets d'ajournement personnel décernés par les Officiaux de leur ressort. (Argument tiré de la Déclaration du mois de Décembre 1680.)

8°. Dans les procès qui ont été poursuivis à la Requête du Promoteur en premiere instance, le Promoteur de l'Officialité supérieure, doit prendre fait & cause pour le Promoteur de l'Officialité inférieure ; de la même maniere que le Procureur-Général prend fait & cause dans les procès qui ont été poursuivis à la Requête de ses Substituts, ou dans lesquels ils ont été parties.

2°. *De l'Appel comme d'abus.*

521. 1°. On peut appeller comme d'abus, des décrets rendus par les Officiaux.

2°. Les appels comme d'abus en matiere criminelle se portent en la Chambre de la Tournelle du Parlement. (Voyez l'Auteur des Loix criminelles, *tom.* 1, *ch.* 26, *n.* 6, *pag.* 344.) Il y a à ce sujet des Lettres-Patentes du mois de Juillet 1698, pour le Parlement de Dijon, rapportées au Supplement du Recueil des Edits &c, enregistrés dans ce Parlement, *pag.* 284.

522. 3°. Les appels comme d'abus peuvent être fondés sur plusieurs moyens. (Voyez ce qui est dit à ce sujet dans le Commentaire sur l'Edit du mois d'Avril 1695, sur l'*art.* 35, *pag.* 303 de l'édition de 1764 ; & dans le Traité *De la Compétence des Officiaux en matiere civile*, au titre des *Appels comme d'abus*, pag. 400 & suiv.)

Un de ces moyens d'abus est, si dans une Sentence rendue contre un Ecclésiastique pour raison de débauche, il étoit fait mention du nom de la personne avec laquelle l'accusé auroit eu un mauvais commerce. (Ainsi jugé par Arrêt du 21 Mai 1715, rapporté au Journal des Audiences.)

Un autre cas d'appel comme d'abus en matiere criminelle, est lorsque l'Official a traité criminellement une affaire qui par elle-même n'étoit pas criminelle. Dans ce cas le Parlement sur l'appel comme d'abus, évoque le principal, & par ce moyen, anéantit toute la procédure criminelle faite par le Juge d'Eglise. (Ainsi jugé par Arrêt du Parlement du premier Mars 1704, rapporté par l'Auteur des Loix Criminelles, *tom.* 1, *ch.* 13, *n.* 6, *pag.* 128.)

523. 4°. Les Cours ne peuvent donner des défenses d'exécuter les décrets, même ceux d'ajournement personnel décernés par les Juges d'Eglise; ni élargir leurs prisonniers, qu'après avoir vu les charges & informations. (Déclaration du mois de Décembre 1680. Edit du mois d'Avril 1695, *art.* 40.)

5°. Les appels comme d'abus suspendent l'instruction des Officiaux en criminel, excepté en matiere de discipline. (Arrêt du Parlement de Dijon du 15 Juillet 1744, qui, sur l'appel comme d'abus interjetté par un Chanoine de la Collégiale de Lagnieux, fait défense à l'Official de Bresse, & à tous autres, de passer à l'instruction d'aucune procédure criminelle depuis l'appel comme d'abus, quand il ne s'agira pas de discipline, de correction de mœurs, & autres matieres exceptées par l'Ordonnance.) Voyez ce qui est dit touchant l'effet des appels comme d'abus, dans le Commentaire sur l'Edit du mois d'Avril 1695, *art.* 36, *pag.* 283 *& suiv.*

524. 6°. Lorsque sur l'appel comme d'abus on déclare la Sentence de l'Official, abusive, on condamne ordinairement aux dépens l'Evêque, qui sur l'appel, a été obligé de prendre au Parlement le fait & cause de son Promoteur.

Mais on ne peut intimer le Promoteur sur cet appel, si ce n'est dans le cas où on le prend à partie.

Quelquefois même on condamne l'accusateur en des dommages & intérêts, lorsqu'il paroît de la vexation de la part du Juge d'Eglise pour faire dans une Officialité un procès criminel à un Ecclésiastique, quoiqu'il n'y eût aucune matiere à lui en faire. Il y en a des Arrêts du Parlement de Paris; sçavoir, un du 11 Août 1708, qui, en déclarant une procédure abusive, condamne le Chapitre qui l'avoit faite en 300 livres de dommages & intérêts envers le Chanoine accusé; & un autre du 8 Mai 1717, qui condamne un accusateur en 500 livres de dommages & intérêts envers un Ecclésiastique, auquel le procès étoit fait pour des raisons qu'on n'exprimoit pas, mais qui étoient, *disoit-on*, notoires. (Voyez Loix Criminelles, *tom.* 1, *ch.* 13, *n.* 6, *pag.* 128.)

3°. *Des Appels simples aux Parlements, des Sentences rendues par le Juge Royal sur le délit Privilegié.*

525. Ces appels ne different point de ceux qui s'interjettent par les Laïques en matiere criminelle, & il faut suivre exactement à cet égard tout ce qui est prescrit par le titre 26 de l'Ordonnance de 1670.

Il faut seulement observer que sur ces appels, les Ecclésiastiques peuvent demander à être jugés au Parlement, la Grand'Chambre assemblée. (Voyez ce qui est dit au titre *De la Compétence des Juges en général en matiere criminelle*, n. 95.)

§. X.

Des qualités & devoirs personnels des Officiaux.

526. Voyez ce qui est dit à ce sujet, dans le Traité *De la Jurisdiction des Officiaux, & autres Juges d'Eglise*, pag. 355 & suivantes. Voici seulement quelques regles particulieres qui doivent être observées en matiere criminelle.

1°. Il doit y avoir dans les Officialités, des prisons sûres pour la garde des prisonniers; & même les Procureurs du Roi, ou du moins les Procureurs-Généraux des Parlements, peuvent y obliger les Evêques. (Argument tiré de l'article 1 du titre 13 de l'Ordonnance criminelle de 1670.)

2°. Dans une même Officialité, il ne peut y avoir plusieurs Officiaux pour faire une même procédure; à peine de nullité. C'est pourquoi, par Arrêts des 4 Mars 1690 & 13 Août 1698, rendus en la Tournelle, une procédure faite par plusieurs Officiaux dans l'Officialité de Bourges, où il y en avoit trois de nommés par l'Evêque pour instruire alternativement, a été déclarée nulle.

527. 3°. Les Officiaux des Dioceses, doivent être fixes, certains, & avoir des provisions. (Voyez ce qui est dit là-dessus dans le Traité *De la Jurisdiction des Officiaux en matiere civile*, pag. 360.)

Il y a néanmoins quelques cas où l'Evêque peut, sans abus, commettre un Official particulier pour faire une procédure: ce qui a lieu quand la procédure de l'Official ordinaire a été déclarée abusive; ou lorsque celui-ci est recusé, malade, absent, ou dans le le cas d'un autre empêchement légitime. (Arrêt du 30 Juillet 1707, rapporté au Journal des Audiences.)

Dans la plupart des Officialités, il y a ordinairement un Vice-Gérent, pour faire les fonctions d'Official, en cas d'absence, ou autre légitime empêchement de celui-ci. Ce Vice-Gérent a des provisions de l'Evêque.

528. 4°. L'Evêque peut même en certains cas, par des raisons de justice, commettre un Official, ou un Vice-Promoteur, pour une affaire particuliere, sans que ceux-ci soient obligés de prêter serment ; pourvu que cet Official commis, & ce Vice-Promoteur, aient des provisions en bonne forme, & qu'ils aient d'ailleurs les qualités requises pour en remplir les fonctions. (Ainsi jugé par Arrêts des 17 Juin 1673, 14 Juillet 1708, & 28 Mai 1716, sur les conclusions de M. Joly de Fleuri. Autres Arrêts des 27 Août 1701, & 17 Juin 1762 pour Sens & Lyon.)

5°. L'Official qui a dispense d'être Gradué, ne peut instruire ni juger les matieres criminelles. (Arrêt du 4 Janvier 1708, rapporté au Journal des Audiences.)

§. XI.

Devoirs des Promoteurs des Officialités en matiere criminelle.

529. Les Promoteurs doivent poursuivre d'office tous les délits qui troublent le bon ordre & la discipline ecclésiastique ; comme la négligence des Ecclésiastiques dans l'instruction des fideles, la visite des malades, l'administration des Sacrements, & dans les autres fonctions de leur ministere ; la corruption dans leurs mœurs ; l'ivrognerie ; la fréquentation des cabarets ; les jurements ; la profanation des Sacrements ; la négligence à se conformer à ce qui est prescrit par les Rituels du Diocese pour l'instruction des peuples ; l'administration des Sacrements, & la célébration d'Office. Dans tous ces cas, les Promoteurs doivent rendre plainte ; sur-tout si les faits sont de nature à avoir des suites facheuses, & que cette conduite ait donné lieu plusieurs fois aux plaintes des paroissiens sur la conduite de leur Curé.

530. A plus forte raison, cette poursuite d'office doit-elle avoir lieu contre les Ecclésiastiques corrompus, & qui sont tellement coupables de négligence dans les fonctions de leur ministere, que ces

négligences aient occasionné la mort des enfants sans baptême, ou privé de Sacrements, des malades. Et il en est de même s'il y a eu profanation de Sacrement de la part de cet Ecclésiastique, ou même une crainte, ou un doute légitime qu'ils n'aient point été administrés.

531. L'article 28 de l'Ordonnance du mois de Janvier 1629, veut que les Promoteurs des Sieges Ecclésiastiques, tant inférieurs que supérieurs, poursuivent le jugement des causes criminelles qui se présenteront en leurs Sieges, & qu'ils les poursuivent jusqu'à jugement définitif; quand même il n'y auroit aucune partie civile, ou poursuivante.

Mais par Arrêt du Parlement du premier Mars 1704, il a été enjoint au Promoteur de l'Officialité de, Paris de ne rendre plainte contre les Ecclésiastiques, que pour la correction des mœurs seulement. Cet Arrêt est cité dans le Mémoire présenté au Roi en 1708 par le Conseil d'Artois, dans une affaire entre des Missionnaires & des Curés du Diocese d'Arras.

532. 2°. Ils ne peuvent être présents à l'instruction des procès criminels, non plus que les Procureurs du Roi, ou Fiscaux. (Carondas en ses Réponses, *liv.* 1, *ch.* 14. Fevret, Traité de l'abus, *liv.* 4, *ch.* 3, *n.* 33, *liv.* 8, *ch.* 3, *n.* 12, où il cite un Arrêt du Parlement de Paris du 9 Décembre 1561, qui a cassé la procédure d'un Official, parce qu'elle avoit été faite, le Promoteur présent. Autre Arrêt du Parlement de Provence du 23 Juin 1670, rapporté par Boniface, *tom.* 5, *liv.* 3, *ch.* 10. Voyez aussi *infrà*, n. 674.)

3°. Quand le Promoteur est seul partie, les Evêques doivent fournir aux frais des procès criminels faits d'office; & en cas d'appel, le transport du prisonnier à l'Official supérieur, & le port des charges & informations, doivent se faire aux dépens de l'Evêque en l'Officialité duquel le procès a commencé. (Fevret, Traité de l'abus, *liv.* 4, *ch.* 3, *art.* 34.) Mais l'Evêque ne doit rien payer de la procédure qui se fait à la Requête du Procureur du Roi, ni de ce qui se fait pour le renvoi de l'Ecclésiastique à l'Official.

533. Les Promoteurs ne peuvent jamais être condamnés aux dépens envers les accusés, si ce n'est en cas d'accusation calomnieuse & manifeste. (Arrêt du 7 Septembre 1644. Fevret, *ibid.* Voyez aussi ce qui est dit au titre *Des Frais & Dépens en criminel*, (n. 2.)

C'est pourquoi dans le cas d'absolution de l'accusé, celui-ci peut obliger le Promoteur de lui nommer son dénonciateur; sinon, le Promoteur sera condamné aux dommages & intérêts de l'accusé, si l'accusation a été intentée témérairement & sans fondement. (Ainsi jugé par Arrêt du Parlement de Paris du 8 Mars 1622, rapporté par Bouchel en sa Somme Bénéficiale, au mot *Dénonciateur*. Voyez aussi ce qui est dit ci-après au titre *Des Accusations calomnieuses*, n. 15.)

534. 5°. En cas de maladie, absence, ou autre empêchement du Promoteur, l'Evêque peut en commettre un autre; pourvu que celui qui est ainsi commis, ait des provisions de l'Evêque à cet effet, & qu'il ait d'ailleurs les qualités nécessaires. (Voyez *suprà*, n. 528.)

Il y a même des Officialités dans lesquelles il y a des Vice-Promoteurs, pour faire les fonctions de Promoteurs en l'absence de ces derniers.

535. 6°. En cas d'absence, ou empechement du Promoteur, & du Vice-Promoteur, ses fonctions sont dévolues au plus ancien Praticien du Siege; ou bien il faut commettre un Promoteur *ad causam vel ad litem*, dont la commission n'a pas même besoin d'être insinuée. (Ainsi jugé par plusieurs Arrêts, & entre autres par un du 20 Août 1701, & par un autre du 17 Juin 1602. Dans le premier Arrêt, il étoit question d'une procédure faite en l'Officialité de Sens; & dans le second, d'une procédure faite en l'Officialité de Lyon. Dans l'une & l'autre, l'Official avoit commis un Promoteur qui n'avoit pas même prêté serment; & il fut jugé qu'il n'y avoit point d'abus; par la raison qu'un Promoteur n'est point juge, mais partie à l'effet de requérir pour l'intérêt public, comme la Partie pour son intérêt particulier.)

§. XII.

Des Cloîtres; & si les Supérieurs des Monasteres ont une Jurisdiction sur leurs Religieux, en matiere de crimes.

536. Lorsqu'un Religieux commet quelque crime, ou délit, dans l'intérieur du Cloître de son Monastere, il faut distinguer si ce délit est tel qu'il n'exige qu'une simple correction; ou s'il est du nombre de ceux qui exigent nécessairement une peine publique & exemplaire.

Dans le premier de ces deux cas, la correction du délit appartient aux Supérieurs du Monastere. (Voyez l'article 11 de l'Ordonnance de Blois, & l'article 18 de l'Edit du mois d'Avril 1695.) Mais dans le second cas, c'est à l'Official du Diocese à en connoître ; ou à l'Official de l'Abbaye, ou Couvent, s'il s'agit d'un Monastere exempt ; à la charge du renvoi au Juge Royal pour le cas privilégié.

Un Arrêt du Parlement du 18 Mars 1717, défend aux Cordeliers de Paris de se pourvoir devant les Juges Séculiers ; (si ce n'est dans le cas de sédition, tumulte & grand scandale, & pour l'impartition du bras séculier, conformément aux Arrêts de la Cour ;) & même en la Cour, si ce n'est en cas d'abus clair & évident, pour contravention aux Ordonnances du Roi, Arrêts & Réglements de la Cour, & aux Saints décrets reçus dans le Royaume.

537. Quand il s'agit de délits ordinaires, ni les accusés, ni les autres Religieux, ne peuvent prétendre qu'ils doivent être renvoyés devant les Supérieurs de leurs Monasteres, soit que ces délits aient été commis dans l'intérieur du Cloître, ou au dehors. (Ainsi jugé par Arrêt du 24 Mars 1631, rapporté par Bardet, *tom.* 1, *liv.* 4, *ch.* 27 ; & par un autre du 5 Août 1651, rapporté par Poquet de Livonniere en ses Arrêts, *liv* 2, *ch.* 5.) Les informations, même faites dans ce cas par les Supérieurs, pour raison de ces délits, ne font pas foi en justice. (Ainsi jugé par Arrêt du 7 Juillet 1707, rapporté au Journal des Audiences.)

538. Les Religieux qui sont jugés par leurs Supérieurs de Communautés, ne peuvent se pourvoir par appel comme d'abus, contre les jugements de correction prononcés contre eux. (Voyez Catelan, *tom.* 1, *liv.* 1, *chap.* 19, *pag.* 66.)

Néanmoins si le Supérieur imposoit aux Religieux, des peines qui allassent au delà d'une simple correction, il y auroit lieu à l'appel comme d'abus. Ainsi par Arrêt du 22 Août 1760, un jugement rendu par le Général des Prémontrés, contre le Frere Lemoine, Profés & Procureur conventuel de l'Abbaye de Saint-Yves de Braine dudit Ordre, a été déclaré abusif. Ce jugement avoit condamné ledit Religieux Profés à faire une espece d'amende-honorable publiquement, à genoux & nue tête ; à demander pardon ; à être enfermé dans les prisons de l'Abbaye de Braine, pour y rester pendant trois ans ; à y subir pendant quarante jours *la peine de très grieve coulpe* ; à être destitué ensuite du droit de demeurer dans la maison où il avoit fait profession & vœu de stabilité ; & à être *émissionné*, c'est-à-dire, envoyé dans la maison de Beauport au fond de la Bretagne, à 150 lieues de sa famille, pour y vivre pendant dix ans ; déclaré inhabile à posséder jamais aucun office claustral, ni bénéfice ; privé tout le reste de ses jours, de toute voix active & passive ; & à être toute sa vie le dernier des Prêtres en quelque Maison de son Ordre qu'il pût se trouver. Par l'Arrêt il fut dit qu'il y avoit abus dans le jugement rendu par le Général des Prémontrés, & dans l'obédience donnée en conséquence ; le Frere Lemoine déchargé des imputations à lui faites, & des condamnations contre lui prononcées par ledit jugement ; ordonné que le Général des Prémontrés lui donneroit une obédience pour une des Maisons dudit Ordre du ressort du Parlement, autre que celle de Braine, & ce, du consentement du Procureur-Général, dans laquelle Maison ledit Frere Lemoine demeureroit sous la sauve-garde de la Cour, jusqu'à ce que les Parties se fussent conciliées ; comme aussi que ledit Général assigneroit audit Frere Lemoine une pension de 520 livres sur les revenus de l'Abbaye de Braine, qui lui seroit payée de trois mois en trois mois ; & dès-à-présent le Général condamné à lui payer 1200 livres sur sa quittance, pour sa pension & vestiaire jusqu'au jour de l'Arrêt ; & le Général condamné en tous les dépens.

En conséquence de cet Arrêt, le Frere Lemoine choisit le Mont Saint-Martin pour sa demeure, qui est près de Bouin en Picardie, à quatre lieues de sa famille, & Monsieur le Procureur-Général lui fit donner son obédience. On trouve encore un autre Arrêt du 26 Janvier 1725, sur un appel comme d'abus de deux jugements du Directoire des Cordeliers.

539. A l'égard des scandales, ou délits commis par des Religieux hors leurs Cloîtres, ils sont toujours sujets à la jurisdiction des Officiaux ; quand même ces Religieux seroient revendiqués par leurs Supérieurs réguliers, sur le fondement d'un privilege prétendu qui les exempteroit de la jurisdiction de l'Ordinaire. (Arrêt du 14 Juillet 1703, rapporté par Augeard, *tom.* 1.)

ARTICLE X.

De la Compétence des Parlements en matiere criminelle.

§. I.

De la Compétence des Parlements en premiere instance.

541. 1°. Les Cours de Parlements ne doivent connoître en premiere instance, d'aucunes causes criminelles dont la connoissance appartient aux Baillis & Sénéchaux, ou autres Juges; & ces causes doivent être renvoyées auxdits Baillis & Sénéchaux, ou autres Juges; à moins que les Cours de Parlements, pour quelque grande & évidente cause, ne jugent à propos d'en retenir la connoissance. (Ordonnance du mois d'Avril 1453, *art.* 28; autre de Novembre 1507; autre du mois d'Octobre 1535, *chap.* 13, *art.* 1.)

Mais dans le cas d'un scandale public, & de faits graves qui intéressent tout l'ordre public, & la police générale de l'Etat, les Cours de Parlements sont dans l'usage d'en connoître en premiere instance; ainsi qu'il est arrivé en ces derniers temps, (en 1752 & années suivantes) à l'occasion des refus publics des Sacrements, faits à des malades, qui commençoient à devenir si communs de la part de certains Ecclésiastiques, qu'il étoit nécessaire que le Parlement interposât son autorité pour arrêter le progrès du mal.

542. 2°. En fait de crime de Leze-Majesté au premier chef, la Grand'Chambre du Parlement de Paris prétend être en droit seule d'en connoître; & cela s'est ainsi observé dans les condamnations de Chatel, Ravaillac, & Damiens.

3°. En matiere de duel, lorsqu'il est commis dans les villes de Parlement, ou aux environs, ou lorsqu'il est commis entre personnes de grande qualité. (Lettres d'ampliation de l'Edit des duels du 14 Décembre 1679.)

4°. De l'infraction de ban, lorsque la peine du bannissement a été prononcée par le Parlement, soit en infirmant, soit en confirmant les Sentences des premiers Juges. (Déclaration du 5 Février 1731, *art.* 2.)

543. 5°. Des causes criminelles des Présidents, Conseillers, Avocats & Procureurs-Généraux, Maîtres ordinaires, Correcteurs, Au-

diteurs, Avocats & Procureurs-Généraux des Chambres des Comptes. (Ordonnance 1670, *tit.* 1, *art.* 22. (Voyez ce qui est dit au titre *De la Compétence des Juges en général*, n. 104.)

6°. De celles des Evêques & Archevêques, pour le délit privilegié. (Voyez Lacombe en son Recueil de Jurisprudence canonique, au mot *Causes majeures*, section 4, *n.* 2, sur la fin; & ce qui est dit dans le Commentaire sur l'Edit du mois d'Avril 1695, *art.* 45, *pag.* 330 *& suiv.*)

544. 7°. De l'entérinement des lettres de grace obtenues par des Gentilshommes, ou par des Officiers Royaux. (Edit d'Amboise du mois de Janvier 1572, *art.* 9. Ordonnance de Blois, *art.* 199.) Mais l'*art.* 12 du *tit.* 16 de l'Ordonnance de 1670, parle simplement des lettres obtenues par les Gentilshommes.

Les Parlements connoissent aussi de l'entérinement de lettres de grace, quoiqu'entre personnes non nobles, lorsque ces lettres sont incidentes aux procès dont ils sont saisis. (Ordonnance d'Abbeville du mois de Février 1539, *art.* 30.)

545. 8°. Des crimes commis dans l'enclos du Palais. (La Rocheflavin, Traité des Parlements de France, *liv.* 13, *chap.* 50, *art.* 15; Ordonnance d'Abbeville, *art.* 24.) A Paris c'est le Bailli du Palais, qui en connoît; à moins qu'ils ne soient commis dans les salles d'Audience, l'Audience tenante; auquel cas les Juges du Parlement en connoissent sans déplacer.

9°. Les Parlements prétendent aussi être en droit de connoître en premiere instance, & à l'exclusion de tous autres Juges, de délits commis par les Baillis, Sénéchaux, Prévôts, & autres Juges Royaux, dans les fonctions de leurs charges. (Voyez ce qui est dit à ce sujet au titre *De la Compétence des Juges en général*, n. 153.)

546. 10°. Le Parlement de Paris connoît seul & en premiere instance, des causes civiles & criminelles des Pairs. (Ordonnance du mois d'Avril 1453, *art.* 6. La Rocheflavin, Traité des Parlements de France, *liv.* 13, *chap.* 50, *art.* 4.)

Les Présidents, Conseillers, Avocats, & Procureurs-Généraux du Parlement de Paris, ainsi que les Maîtres des Requêtes, jouissent du même droit; à moins qu'ils ne consentent d'être jugés par les Juges ordinaires. (Voyez ce qui est dit au titre *De la Compétence des Juges en général*, n. 108.)

§. II.

De la Compétence des Parlements en cause d'appel.

547. Les Parlements sont Juges d'appel, *omisso medio*, de toutes les causes criminelles où il échet peine afflictive ; & à l'égard des autres crimes, l'appel en peut être porté, ou aux Parlements, ou aux Baillis & Sénéchaux Royaux, au choix & option des accusés. (Ordonnance 1670, *tit.* 26, *art.* 1.)

§ III.

De la Compétence des différentes Chambres des Parlements, pour la connoissance des causes criminelles.

1°. De la Tournelle.

548. La Tournelle est une Chambre établie dans les Parlements, pour l'expédition & le jugement des causes criminelles. Celle du Parlement de Paris a été établie par Edit du mois d'Avril 1514: elle est composée de trois Présidents à Mortier, de douze Conseillers laïques de la Grand'Chambre, & de quatre Conseillers de chacune des trois Chambres des Enquêtes.

Les douze Conseillers de Grand'Chambre se renouvellent deux fois l'année, à la S. Martin, & à Pâques. Ceux qui y entrent à la S. Martin, en sortent à Pâques. Le lendemain de la *Quasimodo* douze desdits Conseillers de Grand'Chambre viennent prendre à la Tournelle, la place de ceux qui y étoient, & qui retournent à la Grand'Chambre. A l'égard des trois Chambres des Enquêtes, chacune d'elles envoie à la Tournelle quatre de ses Conseillers tous les trois mois; sçavoir, à la S. Martin, à la Chandeleur, à Pâques, & à la S. Jean.

549. Tous les procès de grand-criminel se portent & se jugent dans cette Chambre, tant ceux qui viennent par appel des différents Juges du ressort du Parlement, que ceux qui s'y jugent en premiere instance; à la réserve seulement de quelques-uns qui doivent se juger en la Grand'Chambre, ou dans les Chambres assemblées, dont il va être parlé ci-après.

Les

Les procès civils portés par appel aux Enquêtes, & autres qui sont convertis en procès criminels, se portent aussi en la Tournelle. (Voyez au titre *Des Appels*, n. 91.)

550. On porte aussi à la Tournelle, toutes les appellations verbales de Sentences rendues au petit-criminel, ainsi que les appels des permissions d'informer, & de toutes autres instructions; (Ordonnance 1670, *tit.* 26, *art.* 2.) mais non celles rendues au petit-criminel sur épices. Ces dernieres se portent aux Enquêtes, comme on le dira dans un moment.

La Tournelle connoît aussi des requêtes civiles obtenues contre les Arrêts rendus en cette Chambre. (Lettres-Patentes du mois de Février 1682, données pour le Parlement de Toulouse.)

551. Les Juges des Chambres de Tournelle, aussi-tôt que leur temps est fini, n'ont plus aucun pouvoir sur les procès criminels; & s'ils vouloient en juger quelqu'un après ce temps, & prolonger leurs fonctions, ils contreviendroient formellement à la disposition des Ordonnances. Celle de Henri II, du mois de Mars 1549, *art.* 9, porte, » que les Conseillers des Enquêtes, après avoir fait leur » service à la Tournelle, seront tenus, trois jours après, de re- » mettre au Greffe de ladite Cour, tous les procès qu'ils ont des » prisonniers; à peine de privation de leurs gages. » L'article 140, de l'Ordonnance de Blois, contient aussi la même disposition. A l'égard des Conseillers de Grand'Chambre, ils peuvent, quand ils sont Rapporteurs, être continués à la Tournelle après ce temps; mais pour le rapport seulement, & non pour juger sur le rapport des autres. (Même Edit de 1549.)

Néanmoins il est arrivé quelquefois que les Officiers de la Tournelle ont obtenu du Roi, des Lettres-Patentes qui leur ont permis de continuer leur service pour des affaires commencées, ainsi qu'il est arrivé dans les années 1730 & 1740.

2°. *De la Compétence des Grand'Chambres, en matiere criminelle.*

552. 1°. Elles connoissent des appels comme d'abus des jugements rendus par les Officiaux & autres Juges d'Eglise, pour raison des procès criminels par eux faits aux Ecclésiastiques. (Edit de Septembre 1540. Fevret, Traité de l'Abus, *liv.* 1, *chap.* 2, *n.* 18 & 22.)

2°. Des appels des jugements rendus au sujet des contraventions à la Déclaration du Roi du 12 Mai 1717, touchant l'impression, ou la vente des livres défendus, ou imprimés sans permission ; quand même la Sentence dont est appel, porteroit condamnation de peine afflictive. Cette Déclaration autorise de plus, les Procureurs-Généraux des Cours, à requerir l'apport des procédures, pour être continuées à leur requête, & être le procès fait & parfait aux coupables dans lesdites Grand'Chambres.

3°. Des appels des jugements rendus par les Lieutenants-Généraux de Police contre des filles débauchées & de mauvaise vie ; quand même ces jugements auroient été rendus sur des décrets, & qu'ils porteroient que lesdites filles ou femmes seroient renfermées pour un temps dans une Maison de force. (Déclaration du 26 Juillet 1713.)

3°. *Des Causes criminelles qui se jugent par la Grand'-Chambre & la Tournelle assemblées.*

553. Les causes criminelles qui doivent être jugées par la Grand'-Chambre, & par la Chambre de la Tournelle assemblées, sont :

1°. Celles pour crime de leze-majesté au premier chef.

2°. Les causes criminelles des Présidents, Maîtres ordinaires, Correcteurs, Auditeurs, Avocats & Procureurs-Généraux des Chambres des Comptes. (Voyez *suprà*, n. 543.)

3°. Les Ecclésiastiques, Gentilshommes, & Secrétaires du Roi, peuvent demander en tout état de cause, à être jugés toute la Grand'Chambre du Parlement où le procès sera pendant, assemblée. (Ordonnance 1670, *tit.* 1, *art.* 21. Voyez ci-après au titre *De la Compétence des Juges criminels en général*, n. 94 & 95.)

554. Il en est de même des causes criminelles des Trésoriers de France, Présidents des Présidiaux ; Lieutenants-généraux ; Lieutenants-criminels ou particuliers ; Avocats & Procureurs du Roi des Bailliages, Sénéchaussées & Sieges Royaux ressortissants nuement aux Cours de Parlement ; & des Prévôts Royaux, Juges ordinaires, qui ont séance & voix délibérative dans les Bailliages & Sénéchaussées, suivant la Déclaration du 26 Mars 1676. (Voyez *ibid.* au titre *De la Compétence des Juges criminels en général*, n. 95.)

4°. Tous les procès criminels qui se poursuivent à la requête des Procureurs-généraux, lorsqu'ils jugent à propos de demander qu'ils soient jugés en la Grand'Chambre. (Même Déclaration de 1676.)

555. 5°. Les causes criminelles des Pairs, & même celles de Présidents, Conseillers, Avocats & Procureurs-généraux du Parlement de Paris. (Voyez au titre *De la Compétence des Juges en général*, n. 108.)

6°. Il y a même des procès criminels qui se jugent, toutes les Chambres assemblées : ce qui a lieu quelquefois dans des causes qui intéressent considérablement l'ordre public & la tranquillité du Royaume. C'est ce qui s'est observé depuis quelques années, à l'occasion des procès criminels poursuivis pour refus de Sacremens.

4°. *De la Compétence des Chambres des Enquêtes pour le criminel.*

556. Les Chambres des Enquêtes connoissent des matieres de petit-criminel, qui sont portés devant elles, soit en premiere instance, lorsque les délits sont incidents aux procès poursuivis en ces Chambres; soit par appel des Sentences qui ne prononcent aucunes peines afflictives, lorsqu'il n'y a point d'appel par la partie publique; & ces sortes de procès se distribuent comme les procès civils. (Ordonnance 1670, *tit.* 26, *art.* 12.)

5°. *De la Compétence des Requêtes du Palais pour le criminel.*

557. Les Requêtes du Palais connoissent incidemment, comme tous les autres Juges civils, des procès criminels incidents aux procès civils pendants devant eux; comme dans le cas d'inscription de faux formée incidemment, ou de rébellion commise à l'exécution de leurs jugements. (Voyez ce qui est dit au titre *De la Compétence en général en criminel*, n. 139 & suiv.)

6°. *De la Compétence des Chambres des Vacations des Parlements en matiere criminelle.*

558. Les Chambres des Vacations des Parlements, ont les mêmes

privileges en matiere criminelle, que les Chambres des Tournelles; à l'exception seulement de la connoissance du crime de rapt, des appels comme d'abus, & des requêtes civiles, tant principales qu'incidentes; (Edit du mois d'Août 1669.) & des procès criminels faits aux Ecclésiastiques, Gentilshommes, & autres Officiers Royaux privilegiés, lorsque ceux-ci demandent à être renvoyés en la Grand'Chambre. (Déclaration du mois d'Avril 1682, pour le Parlement de Provence, *art.* 11. Autre du mois de Décembre 1684, pour le Parlement de Besançon, *art.* 10.)

Elles sont même autorisées à recevoir toutes les appellations comme d'abus, & toutes plaintes pour crime de rapt; & à rendre en conséquence tous les Arrêts de défenses, & autres Arrêts provisoires qu'elles jugent convenables; sans néanmoins qu'elles puissent les juger définitivement. (Déclaration du 4 Septembre 1675; rapportée au livre des Loix criminelles, *tom.* 2, *pag.* 243.)

559. Cette Chambre instruit & juge pour le criminel, toutes les causes, même celles du rôle, & les instances, ou procès, dont la connoissance appartient à la Tournelle.

SECTION II.

De la Compétence des Juges extraordinaires en matiere criminelle.

ARTICLE PREMIER.

De la Compétence des Juges des Eaux & Forêts du Roi, & autres, en matiere criminelle.

§. I.

560. 1°. Les Juges établis pour le fait des Eaux & Forêts du Roi, connoissent, tant au civil, qu'au criminel, de tous différends qui appartiennent à la matiere des Eaux & Forêts, entre quelques personnes, & pour quelques causes qu'ils aient été intentés. (Ordonnance des Eaux & Forêts du mois d'Août 1669, au titre *De la Jurisdiction des Eaux & Forêts*, art. 1.)

Voyez quels sont ces crimes & délits, ci-après aux titres *Des Délits au fait des Eaux & Forêts, de la Chasse, & de la Pêche*, n. 1, 7 & 14.)

2°. De tous différends, au criminel, sur le fait des isles, islots, javeaux, attérissements, alluvions, viviers, palus, batardeaux, chantiers, auzelées & curements des rivieres, boires & fossés qui sont sur leurs rives. (Ordonnance du 12 d'Août 1669, *ibid.* art. 4.)

561. 3°. Ils connoissent aussi de toutes causes, instances & procès mûs sur le fait de la chasse, & de la pêche, prises de bêtes dans les forêts, & larcin de poisson sur l'eau. Ils peuvent même informer des querelles, excès, assassinats & meurtres commis à l'occasion de ces choses, & en instruire & juger les procès, soit entre Gentilshommes, Officiers, Marchands, Bourgeois, Ouvriers, Bateliers, Garenniers, Pêcheurs, ou autres de quelque qualité que ce soit, sans distinction quelconque, & ce, à l'exclusion de tous autres Juges, auxquels il est défendu d'en connoître; à peine de nullité, & d'amende arbitraire. (*Ibid.* art. 7.)

Voyez quels sont ces délits, ci-après au titre *Des Délits concernant la Chasse*, part. 4, tit. 59, art. 2.

562. Mais il faut, pour qu'un délit soit censé commis incidemment à l'occasion des choses ci-dessus, qu'il soit arrivé à l'instant de la pêche, ou de la chasse, afin que les Officiaux des Eaux & Forêts en puissent connoître. Car si ce délit n'arrive qu'après un intervalle de temps, comme du matin au soir, alors les Juges des Eaux & Forêts cessent d'être compétents, & il faut se pourvoir devant les Juges ordinaires. (Ainsi jugé par Arrêt du 18 Juillet 1742, rendu en la Tournelle, qui a cassé une procédure faite en une Maîtrise particuliere des Eaux & Forêts, qui avoit connu d'injures & voies de fait, arrivées à l'occasion d'un fait de chasse, mais où le fait de pêche étoit arrivé le matin, & les injures & voies de fait avoient été commises seulement dans l'après-midi. M. l'Avocat-Général dans son Plaidoyer, sur lequel l'Arrêt fut rendu, établit cette distinction, qui paroît fort judicieuse.)

563. 4°. A l'égard des autres crimes, qui ne concernent point les cas & matieres ci-dessus, comme vols, meurtres, rapts, brigandages & excès sur les personnes qui passent, ils n'en peuvent connoître, quoique commis dans les forêts & sur les eaux, sinon qu'ils eussent surpris les coupables en flagrant délit; auquel cas ils en peuvent informer & décréter seulement, à la charge de renvoyer le prisonnier avec les charges, en toute sûreté, aux Juges à qui la connoissance en appartient par les Ordonnances. (Même Or-

donnance des Eaux & Forêts de 1660, *tit.* de la Jurisdiction des Eaux & Forêts, *art.* 8.)

5°. La compétence des Juges en matiere d'Eaux & Forêts, ne se regle point par le domicile du défendeur, ni par son privilege; mais par le lieu, s'il s'agit de délits, abus & malversations. (*Ibid.* art. 9.)

564. 6°. Les Officiers des Forêts du Roi, ont sur les Eaux & Forêts des Prélats, & autres Ecclésiastiques, Princes, Chapitres, Colleges, Communautés Régulieres & Séculieres, ou Laïques, & de tous particuliers de quelque qualité qu'ils soient, la même jurisdiction qu'ils exercent sur les Eaux & Forêts du Roi, en ce qui concerne le fait des délits, abus, & malversations; pourvu qu'ils aient été requis par l'une ou l'autre des Parties dans les bois des particuliers, & qu'ils aient prévenu les Officiers des Seigneurs. (*Ibid.* art. 11.)

7°. Dans les Justices où les Seigneurs ont un Juge particulier pour le fait des Eaux & Forêts, les Officiers des Forêts du Roi ne jouissent de la prévention que lorsqu'ils ont été requis. Mais s'il n'y a qu'un Juge ordinaire, ils ont la prévention & la concurrence; encore même qu'ils n'aient point été requis. (*Ibid.* art. 12.)

565. 8°. Si néanmoins les abus & délits ont été commis par les Bénéficiers, sur les Eaux & Forêts dépendant de leurs bénéfices, ou par les particuliers, sur celles qui leur appartiennent, en ce cas les Officiers des Forêts du Roi peuvent en connoître, sans qu'ils soient requis, & quoiqu'ils n'aient point prévenu, soit qu'il y ait un Juge particulier pour le fait des Eaux & Forêts, ou qu'il n'y ait que le Juge ordinaire. (*Ibid.* art. 13.)

9°. Lorsque les Ecclésiastiques sont poursuivis pour délits de chasse, devant les Juges des Eaux & Forêts, ou pour autres crimes, dont la connoissance leur est attribuée par les Ordonnances, ils peuvent, pour raison du délit commun, demander leur renvoi devant le Juge d'Eglise, sauf à instruire le cas privilégié conjointement avec le Juge des Forêts. (Ainsi jugé par Arrêt du Conseil du 3 Avril 1702. Voyez ci-dessus, *n.* 391.)

§. II.

Des Grands Maîtres.

566. 1°. Les Grands-Maîtres des Eaux & Forêts peuvent, en procé-

dant à leurs visites, juger tous les délits, abus, & malversations qu'ils trouveront avoir été commis dans leur département, soit par leurs Officiers, soit par les particuliers, & faire le procès aux coupables. (Ordonnance des Eaux & Forêts du mois d'Août 1669, au titre *Des Grands-Maîtres*, art. 4.)

2°. Ils doivent procéder contre les Officiers qu'ils trouveront en faute, par information, décrets, saisies & arrêts de leurs personnes, & de leurs gages; instruire ou subdéléguer pour l'instruction, & faire leur procès, nonobstant oppositions ou appellations quelconques, jusqu'à sentence définitive inclusivement, si bon leur semble, sauf l'exécution, s'il en est appellé; sinon le porter ou l'envoyer en état, au Greffe de la Table de Marbre; même faire conduire l'accusé s'il est prisonnier, aux prisons, pour y être jugé par eux, ou leurs Lieutenants, suivant la rigueur des Ordonnances; & cependant les interdire de toutes fonctions, même de l'entrée des forêts, & commettre à leurs places, des personnes capables, jusqu'à ce qu'autrement il en ait été ordonné par Sa Majesté. (*Ibid.* art. 5.)

567. 3°. A l'égard des Bucherons, Chartiers, Pâtres, Gardes-bêtes & autres ouvriers employés à l'exploitation & voitures des bois, les Grands-Maîtres ont plein pouvoir de leur faire & parfaire le procès en dernier ressort, pour raison des abus & malversations commises au fait & à l'occasion des Eaux & Forêts. Mais ils doivent les juger au Présidial du lieu du délit, au nombre de sept Juges au moins; sans qu'à l'égard de toutes autres personnes, ils puissent les juger en matiere criminelle, autrement qu'à la charge de l'appel. (*Ibid.* art. 6.)

4°. Lorsqu'ils portent leurs procès aux Présidiaux pour les juger, ils ont la premiere séance avec voix délibérative, & opinent les derniers, soit qu'ils soient gradués, ou non; même indiquent les jours & heures de l'assemblée: mais c'est au Président, Lieutenant-Général, ou à l'Officier qui préside, à proposer & demander les avis, recueillir les voix, & en tout à diriger l'action, ainsi qu'il est accoutumé dans les procès où le Grand-Maître n'est point présent. (*Ibid.* art. 8.)

568. 5°. L'article 28 du même titre, enjoint aux Prévôts des Maréchaux, Lieutenants de Robe-Courte, leurs Lieutenants, Exempts & Archers, & à tous autres Officiers de Justice, de prêter main-forte à l'exécution des décrets, Ordonnances & jugements des

Grands-Maîtres & Officiers des Maîtrises ; sauf à leur être fait taxe, par lesdits Grand-Maîtres, pour leurs frais & salaires extraordinaires, à prendre sur les deniers des amendes, confiscations & cotisations, quand il s'agira des affaires du Roi, ou sur les Parties quand il y en a.

§. III.

Des Maîtres-Particuliers, leurs Lieutenants, Gardes-Marteau, & Gruyers.

569. 1°. Les Maîtres particuliers, ou leurs Lieutenants, connoissent en premiere instance, à la charge de l'appel, soit de Partie à Partie, soit à la Requête du Procureur du Roi, tant au civil qu'au criminel, de toute la matiere des Eaux & Forêts, & de ses circonstances & dépendances, suivant les restrictions & limitations ci-dessus. (Ordonnance des Forêts de 1669, au titre *Des Maîtres particuliers*, art. 1.)

2°. Si les Maîtres-particuliers ne sont pas gradués, le Lieutenant au Siege, doit faire l'instruction & le rapport dans toutes les affaires criminelles, & les Maîtres y ont voix délibérative, & la prononciation ; mais s'ils sont gradués, le Lieutenant n'a simplement que le rapport & son suffrage ; l'instruction, le jugement & la prononciation, suivant la pluralité des voix, demeurant au Maître, tant en l'Audience qu'en la Chambre du Conseil. (*Ibid.* art. 2.)

570. 3°. En l'absence, ou autre empêchement des Maîtres-particuliers, l'instruction des procès, & autres fonctions des Maîtres, appartiennent au Lieutenant, qui doit toujours être gradué. (Même Ordonnance, au titre *Du Lieutenant*, art. 1.)

4°. Le Garde-Marteau a voix délibérative dans les affaires, avec le Lieutenant ; & en l'absence de ce dernier, il en fait toutes les fonctions, à l'exclusion de tous Avocats & Praticiens ; à moins qu'il n'en soit autrement ordonné par Sa Majesté, par le Grand-Maître, ou son Lieutenant, à la Table de Marbre ; & s'il n'est question de juger sur les rapports. (*Ibid.* au titre *Du Garde-Marteau*, art. 1.)

5°. A l'égard des Gruyers, ils ne peuvent connoître que des délits dont l'amende est fixée à la somme de 12 livres & au dessous. (Même Ordonnance de 1669, au titre *Des Gruyers*, art. 3.)

Les

§. IV.

Des Capitaineries des Chasses.

571. Les Officiers des Forêts, & Capitaines des Chasses, connoissent concurremment & par prévention entre eux, de ce qui regarde la capture des délinquants au fait des chasses; saisie des armes, bâtons, chiens, & engins défendus, contravention à l'Ordonnance, & information premiere seulement; mais quant à l'instruction & le jugement, ils appartiennent aux Lieutenants de Robe-Longue, à la diligence du Procureur du Roi; sans néanmoins qu'ils puissent exclure les Capitaines & Lieutenants des Chasses, d'assister à l'une & l'autre, si bon leur semble, & d'y avoir leur séance & voix délibérative; sçavoir, le Capitaine avant le Maître; & le Lieutenant du Capitaine avant celui de la Maîtrise; dans les cas ci-dessus seulement. (Ordonnance des Forêts de 1669, au titre *Des Chasses*, art. 31.)

572. Il faut seulement excepter de cette regle, les Capitaines des Chasses des Maisons Royales de Saint-Germain-en-Laie, Fontainebleau, Chambort, Varennes du Louvre, Vincennes, Compiegne, *&c.* qui sont en droit d'instruire & juger, à la Requête du Procureur du Roi desdites Capitaineries, tous procès civils & criminels, pour fait des chasses, en appellant avec eux les Lieutenants de Robe-Longue, & autres Juges & Avocats pour conseil. (*Ibid.* art. 32 & 33.)

§. V.

Des Procureurs du Roi des Eaux & Forêts.

573. Les Procureurs du Roi des Eaux & Forets sont tenus de donner, sans aucun délai ni retardement, leurs conclusions préparatoires & définitives, sur les procès-verbaux de visite des Officiers, rapports des Gardes-Marteaux, Sergents à Garde; & généralement sur tous les actes qui leur sont présentés, concernant les abus, malversations, désordres & entreprises faites sur les Eaux & Forêts du Roi; bois tenus en grurie, grairie, tiers & danger, & par indivis; & dans ceux possédés à titre d'apanage, engagement & usufruit; & pour tout ce qui regarde le service du Roi; & de

poursuivre les jugements & condamnations sur leurs conclusions ; à peine d'en demeurer responsables en leur privé nom. (Ordonnance des Forêts de 1669, au titre *Du Procureur du Roi*, art. 4.)

§. VI.

De quelques procédures criminelles, particulieres aux Jurisdictions des Eaux & Forêts, & Capitaineries des Chasses.

574. 1°. Les appellations des Gruries se portent aux Maîtrises, & ne peuvent être portées directement aux Tables de Marbre. (Ordonnance des Forêts de 1669, au titre *Des Appellations*, art. 1.)

Elles doivent être relevées & poursuivies dans la quinzaine de la condamnation, sinon la Sentence s'exécute par provision ; & le mois écoulé sans appel, ou sans poursuite, elle doit passer en force de chose jugée. (*Ibid.* art. 2.)

2°. L'appel des Maîtres-particuliers doit se relever immédiatement aux Sieges des Tables de Marbre, dans le mois de la Sentence prononcée ou signifiée à la Partie ; & mis en état de juger dans les trois mois de la prononciation ou signification ; sinon la Sentence doit être exécutée en dernier ressort, soit qu'il y en ait appel, ou non. (*Ibid.* art. 3.)

Néanmoins lorsque la Sentence contient quelque peine afflictive ou infamante, la faculté d'en appeller ne se prescrit que par l'espace de vingt ans. Mais après les trois mois de la prononciation ou signification de la Sentence, elle s'exécute pour les amendes pécuniaires & condamnations civiles ; sans qu'à cet égard elle puisse être reformée. (*Ibid.* art. 4.)

575. 3°. Les appellations des Grands-Maîtres, ou leurs Lieutenants de la Table de Marbre, se relevent aux Parlements : & il faut observer, à l'égard du temps de les relever & de les juger, les mêmes délais que ce qui vient d'être prescrit pour les appellations des Maîtres-particuliers ; sinon leurs jugements doivent être exécutés en la maniere établie par l'article précédent. (*Ibid.* art. 5.)

4°. Tous jugements interlocutoires, rendus par les Grands-Maîtres, ou Maîtres-particuliers, sont exécutoires, sans préjudice de l'appel, tant en matiere civile que criminelle ; quand même l'appel seroit qualifié comme de Juge incompétent ; pourvu néanmoins que le cas soit réparable en définitif. (*Ibid.* art. 6.)

5°. Les appellations des Gruyers & autres Officiers des Seigneurs particuliers, sur le fait des Eaux & Forêts, se relevent directement aux Sieges des Tables de Marbre, & doivent être jugées dans le temps porté ci-dessus (n. 574.) pour les Maîtres-particuliers ; & jusqu'à ce, il doit être sursis à l'exécution de leurs jugements définitifs. (Ordonnance des Eaux & Forêts de 1669, *ibid.* art. 8.)

ARTICLE II.

De la Compétence des Tables de Marbre & Juges, en dernier ressort, en matiere d'Eaux & Forêts & de Chasse.

576. 1°. Les Juges des Tables de Marbre jugent tous les procès civils & criminels, concernant le fond & la propriété des Eaux & Forêts du Roi, isles, rivieres, bois tenus en grurie, grairie, tiers & danger, apanage, usufruit, engagements & par indivis ; & tous ceux qui leur sont portés ou envoyés par les Grands-Maîtres des Eaux & Forêts de leur département ; à la charge néanmoins de l'appel aux Parlements, où ils ressortissent dans les cas sujets à l'appel. (Ordonnance des Forêts de 1669, au titre *De la Table de Marbre, & Juges en dernier ressort*, art. 1.)

2°. Ils connoissent aussi de toutes les appellations des Sentences & jugements rendus par les Officiers des Maîtrises, & autres Juges inférieurs de leur ressort ; comme aussi des jugements émanés des Justices Seigneuriales, concernant la matiere des Eaux & Forêts ; & il leur est défendu expressément de surseoir l'exécution des jugements rendus pour délits, malversations, confiscations, & destitutions, dont il sera appellé ; à peine d'interdiction & d'amende arbitraire. (*ibid.* art. 2.)

577. 3°. Toutes les appellations des jugements rendus sur le fait d'usage, abus, délits & malversations commises dans les Eaux & Forêts du Roi, ou en celles de ses sujets, doivent être jugées aux Siege de la Table de Marbre par les Juges établis pour y juger en dernier ressort ; soit qu'il y échoie mort civile ou naturelle, ou autre peine. (Même Ordonnance des Forets de 1669, *ibid.* art. 5.)

Une Déclaration du Roi du 13 Septembre 1711, registrée aux Parlements de Toulouse & de Rouen, porte que les appellations des jugements rendus par les Officiers des Maîtrises-particulieres, & par les Juges des Seigneurs, pour des crimes, excès & délits commis pour le fait & à l'occasion de la chasse, qui prononcent des peines afflictives, doivent être jugées aux Sieges des Tables de Marbre, par les Juges établis pour y juger en dernier ressort; & qu'à l'égard des appellations de tous les autres jugements rendus dans les Maîtrises particulieres, & dans les Justices des Seigneurs, pour fait de chasse, qui ne prononceront pas de peines afflictives, elles seront jugées dans les Cours de Parlements. (Voyez le Recueil des Edits enregistrés au Parlement de Toulouse, *tom.* 1, *pag.* 176, *in*-8°; & celui des Edits, Ordonnances, *&c.* enregistrés au Parlement de Rouen, *tom.* 4, *pag.* 680.)

578. 4°. Les Lieutenants & Officiers des Tables de Marbre ne peuvent décréter sur les simples procès-verbaux, ou informations faites par les Huissiers ou Sergents; ni donner ou adresser leurs commissions, qu'aux Officiers des Maîtrises, ou aux Juges Royaux des lieux où il n'y a pas des Eaux & Forêts; à peine de nullité, & de répondre des dommages & intérêts des Parties. (*Ibid.* a 9.)

5°. Ils ne peuvent aussi, lorsqu'il y a lieu de décréter, d'assigner, sur le rapport des charges, procès-verbaux, ou informations des Officiers qu'ils auront commis, obliger les Parties de comparoître aux Sieges des Tables de Marbre pour être ouies, & procéder aux récolements & confrontations : mais ils doivent renvoyer l'instruction au même Officier qui a informé, ou autre Officier de la plus prochaine Maîtrise, s'il y a cause de suspicion ou de recusation, pour faire le procès jusqu'au jugement définitif exclusivement; à peine de nullité & des dépens, dommages & intérets des Parties. (*Ibid.* art. 10.)

579. 6°. Ils ne peuvent ordonner des *veniat* contre les Juges de leur ressort; & cela leur a été défendu par un Arrêt du 7 Septembre 1737, rendu sur les conclusions de M. Joly de Fleury. (Voyez le Recueil de Lacombe en sa Jurisprudence civile, au mot *Veniat.*)

ARTICLE III.

De la Compétence des Trésoriers de France en matiere criminelle.

580. Les Officiers de la Chambre du Trésor de Paris, ainsi que les Trésoriers de France de diverses Généralités du Royaume, qui ont la connoissance du Domaine, connoissent des spoliations des successions échues au Domaine par droit d'aubaine, confiscation, *&c.*

A l'égard des Bureaux des Finances dont les Trésoriers de France sont généraux, ils connoissent en cette qualité des malversations commises au fait des recettes générales, des rébellions à l'exécution de leurs mandements, *&c.*

ARTICLE IV.

De la Compétence des Amirautés.

581. 1°. Les Juges des Amirautés connoissent des pirateries, & des pillages, désertion des équipages, & généralement de tous crimes & délits commis sur la mer, ses ports, havres & rivages. (Ordonnance de la Marine du mois d'Août 1681, *liv.* 1, *tit.* 2, *art.* 10.) Et aussi sur les quais; même entre particuliers & personnes privées. (Déclaration du 31 Janvier 1694.) Voyez quels sont les délits maritimes, *infrà*, au titre *Des Délits en général*, n. 58 & suiv.

2°. Ils connoissent de tous différends qui peuvent naître à l'occasion du Guet de la mer; comme aussi des délits commis par ceux qui font la garde des Côtes, tant qu'ils sont sous les armes. (Même Ordonnance de la Marine, *liv.* 1, *tit.* 2, *art.* 9.)

582. 3°. Les remissions accordées aux Roturiers, pour crime dont la connoissance appartient aux Officiers des Amirautés, doivent être adressées & jugées auxdits Sieges d'Amirautés, qui ressortissent nuement ès Cours de Parlements. (*Ibid.* art. 12.)

4°. Ils font la levée des corps morts, & dressent procès-verbal de l'état des cadavres trouvés en mer, sur les greves, ou dans les ports; même de la submersion des gens de mer, étant à la conduite de leurs bateaux, dans les rivieres navigables. (*Ibid.* art. 8.)

5°. Les Officiers-Généraux des Amirautés aux Tables de Marbre, connoissent en premiere instance, des matieres tant civiles que criminelles ci-dessus, lorsqu'il n'y a pas de Sieges particuliers dans le lieu de leur établissement; & par appel, hors les cas où il échet peine afflictive; auxquels cas, l'Ordonnance de 1670 doit être exécutée, (*Ibid.* art. 13,) & l'appel porté aux Cours de Parlement, suivant l'article 1 du titre 26 de ladite Ordonnance.

583. 6°. Les Jugements des Sieges particuliers de l'Amirauté, qui n'excedent 50 livres; & ceux des Sieges généraux établis de Mar-

bre, qui n'excedent 150 livres, s'exécutent sans appel. (Même Ordonnance, *liv.* 1, *tit.* 13, *art.* 1.)

7°. Les Sentences concernant la restitution des choses déprédées ou pillées dans les naufrages, s'exécutent par provision, & nonobstant l'appel, en donnant caution. (*Ibid.* art. 3.)

8°. Les jugements dont l'appel n'est point relevé dans les six semaines, s'exécutent aussi, nonobstant l'appel, en donnant caution. (*Ibid.* art. 4.)

9°. Les Capitaines, & les Maîtres, ou Patrons des Vaisseaux, peuvent, par l'avis des Pilote & Contre-Maître, faire donner la cale, mettre à la boucle, & punir d'autres semblables peines, les Matelots mutins, ivrognes & désobéissants, & ceux qui maltraitent leurs camarades, ou commettent d'autres semblables fautes & délits dans le cours de leur voyage. (Même Ordonnance, *liv.* 2, *tit.* 1, *art.* 22.)

584. 10°. A l'égard de ceux qui sont prévenus de meurtres, assassinats, blasphêmes, ou autres crimes capitaux commis en mer, les Maître, Contre-Maître & Quartier-Maître, sont tenus, à peine de 100 livres d'amende solidaire, d'informer contre eux; de se saisir de leur personne; de faire les procédures urgentes & nécessaires pour l'instruction de leur procès; & de les remettre avec les coupables entre les mains des Officiers de l'Amirauté du lieu de la charge ou décharge du vaisseau dans le Royaume. (*Ibid.* art. 23.)

11°. C'est l'Ecrivain qui fait les fonctions de Greffier. (*Ibid.* tit. 3, art. 5.)

ARTICLE V.

De la Compétence des Prévôts de Marine, & leurs Lieutenants.

585. Ces Officiers ont été créés par Edit du mois d'Avril 1704.

1°. Ils sont à l'*instar* des Prévôts & autres Officiers des Maréchaussées; & ont les mêmes fonctions, pouvoir, autorité & jurisdiction que ceux attribués aux Prévôts & autres Officiers des Maréchaussées, par les Ordonnances du Royaume; mais pour les exercer seulement pour les affaires concernant la marine & les Officiers d'icelle, & dans l'étendue des ports, havres & côtes de la mer. (Edit du mois de Décembre 1709, touchant les Officiers de Marine.)

586. 2°. Ils doivent faire juger leur compétence au Présidial dans le ressort duquel ils auront fait la capture de l'accusé, dans les trois jours au plus tard ; & au cas que l'accusé n'ait pas été arrêté par eux, ils feront juger leur compétence au Présidial dans le ressort duquel le crime aura été commis, suivant l'article 15 du titre 2 de l'Ordonnance de 1670. (Déclaration du Roi du 31 Décembre 1713.)

3°. A l'égard du fond du procès, ils doivent le faire juger au Présidial du lieu où le délit a été commis, lorsque le délit a été commis dans l'étendue du Bailliage où le Siege Présidial a été établi, & où la compétence a été jugée comme lieu de la capture de l'accusé. Mais si le délit n'a pas été commis dans l'étendue de ce Bailliage où est établi le Présidial qui a jugé la compétence, alors le procès doit être jugé au Bailliage-Royal le plus prochain, par lesdits Prévôts, qui pourront appeller des Gradués, s'il n'y a pas un nombre suffisant d'Officiers dans lesdits Sieges. (Déclaration du 3 Septembre 1714.)

587. 4°. Lesdits Prévôts, ou leurs Lieutenants, reçoivent les dénonciations qui leur sont faites des déserteurs, dont leur Greffier doit tenir registre ; & ils doivent instruire le procès auxdits déserteurs, dont ils feront le rapport au Conseil-de-Marine, assis & découverts. (Edit du mois d'Avril 1704. Voyez ce qui est dit ci-après, n. 368, touchant *La Compétence des Conseils-de-Marine.*)

5°. Lesdits Prévôts, ou leurs Lieutenants, & à défaut, les Exempts avec les Archers, doivent arrêter les déserteurs ; encore qu'il n'y ait point de décret contre eux. (Même Edit de 1704.)

588. 6°. Les Greffiers desdits Prévôts doivent avoir la plume dans les Conseils-de-Marine pour la Justice militaire qui se tiennent dans les ports, rédiger les jugements qui y seront rendus, & en délivrer des expéditions en forme, à ceux qui sont chargés de les exécuter. (Même Edit de 1704.)

ARTICLE VI.

De la Compétence des Officiers de la Connétablie & Maréchaux de France de la Table de Marbre de Paris, en matiere criminelle.

589. Cette Jurisdiction connoît en premiere instance, privativement à tous autres Juges,

1°. De tous excès, crimes & délits commis par les Gens-d'Armes & autres gens de guerre, au camp, ou en leur garnison, en y allant, ou en revenant, ou tenant les champs.

Et aussi des excès & insultes qui peuvent être faits auxdits gens de guerre en leur exercice.

Et pareillement, des infractions de sauve-garde; logements de gens de guerre sans commission, & sans route, ou qui se font dans les maisons des Exempts & privilégiés; & de tous crimes & délits faits à *cette* occasion. (Ordonnances de 1356, 20 Août 1587, 24 Mars & 2 Mai 1594, & 22 Février 1618. Arrêts du Parlement des 29 Mars & 3 Mai 1664.)

590. 2°. De tous procès, & différends procédants du fait de la guerre & Gendarmerie; comme des rançons, butins, prisonniers de guerre, & espions, traitres, transfuges, & déserteurs; de la reddition des Villes, Châteaux & Forteresses rendues aux ennemis du Roi, par faute & malversation; des appellations interjettées des Maires & Echevins des Villes du Royaume, sur le fait de la Milice, Guet & Garde des Bourgeois & Habitants; ensemble des délits & différends survenus entre eux, ou autres particuliers, dans les corps-de-garde desdites Villes; & de tous cas & crimes. (Ordonnances de 1356 & 1573. Autres des 17 & 28 Avril 1633 & 1654.)

591. 3°. Des malversations commises par les Trésoriers des Guerres, & Payeurs, leurs Clercs & Commis, en leursdits offices ou états. (Article 10 des 12 articles fondamentaux, touchant la Connétablie.)

4°. De ceux qui, prenant les gages & solde du Roi, sont désobéissants aux Chefs & Capitaines, & se retirent du camp & de l'armée sans congé du Roi, ou de ceux qui ont pouvoir de le donner. (Article 3 des mêmes 12 articles fondamentaux.)

5°. Des abus & malversations que les Prévôts des Maréchaux, ou leurs Lieutenants & Archers, Lieutenants de Robe-Courte, Chevaliers du Guet, Officiers & Archers de leurs Compagnies, peuvent commettre en leurs offices, états, charges & commissions. (Voyez ce qui est dit ci-dessus, *n.* 303.)

Des excès & rébellions à eux faites, & à leurs Officiers & Archers, en exerçant leurs charges. (Ordonnance de 1356, Février 1549, 15 Novembre 1617, 18 Novembre 1618, 20 Août 1634.

Arrêts

Arrêts du Conseil des 7 Avril 1626 & 18 Mars 1634, contre le Procureur-Général du Grand-Conseil. Voyez aussi ci-dessus, n. 307.)

592. 6°. L'appel de leurs jugements dans tous les cas ci-dessus, va au Parlement.

7°. Ils connoissent par prévention, de tous crimes & cas prévôtaux qui doivent être jugés au Siege de la Connétablie & Maréchaussée de France à la Table-de-Marbre du Palais, au nombre porté par les Ordonnances; même de tous autres délits, & contre toutes sortes de personnes; sauf d'en faire le renvoi, s'il est requis après le renvoi & le délai exécuté.

Comme aussi des contraventions faites aux Edits du Roi, sur le fait des duels & rencontres, contre toutes sortes de personnes.

Ensemble des contraventions aux Ordonnances, touchant le port-d'armes.

Voyez l'Ordonnance du mois de Février 1549; & les Arrêts de la Cour des 27 Mars 1549, 30 Mars 1601, 12 Avril 1618, 15 Juin 1641, 22 Août 1643, 21 Mars 1647, 28 Mai 1648, & Août 1648.

593. 8°. Des lettres d'abolition, pardon, remission & innocence, qui s'obtiennent pour raison des crimes & délits mentionnés dans les articles 3 & 5 ci-dessus, tant par les Gens de Guerre, Commissaires, Contrôleurs, Trésoriers & Payeurs, leurs Clercs & Commis, Prévôts des Maréchaux, Lieutenants-Criminels de Robe-Courte, leurs Lieutenants & Archers, qu'autres, au camp ou en garnison, y allant & revenant, & exerçant leurs Offices & Commissions. (Ordonnances de 1356, 3 Août 1573, & 15 Novembre 1617.)

ARTICLE VII.

De la Jurisdiction des Prévôt des Marchands, & Echevins de Paris, en matiere criminelle.

594. Ils connoissent de tous crimes & délits commis par les Marchands, leurs Commis & Facteurs, au fait de la marchandise, en l'exercice de leurs fonctions.

Ils connoissent aussi de tous les crimes & délits que les Mouleurs, Jaugeurs de vin, Mesureurs de charbon, & autres personnes préposées pour la vente des provisions de la ville de Paris, peuvent commettre en l'exercice de leurs charges.

Enfin ils connoissent de toutes les rixes & querelles qui arrivent entre les Bateliers & autres gens d'eau, sur les ports de la ville de Paris. (Ordonnances concernant la Jurisdiction des Prévôt des Marchands & Echevins de la ville de Paris.)

De la Jurisdiction de la Conservation de Lyon.

1°. Les Prévôt des Marchands & Echevins de la ville de Lyon, comme Juges-Conservateurs des Foires de ladite ville, connois-
595. sent, privativement aux Officiers de la Sénéchaussée & Siege Présidial de ladite ville, & à tous autres Juges, de tous procès pour le fait du négoce & commerce de marchandises, circonstances & dépendances, soit en temps de Foires, ou hors de Foires, en matiere civile & criminelle; pourvu que l'une des Parties soit Marchand ou Négociant, & que ce soit pour fait de négoce, marchandise, ou manufacture. (Edit du mois de Juillet 1669, *art.* 1, rapporté par Boniface, *tom.* 3, *pag.* 166.)

2°. Ils connoissent des banqueroutes & faillites desdits Marchands, Négocians & Manufacturiers; & en cas de fraude, ils procedent extraordinairement & criminellement contre les faillis, auxquels & à leurs complices ils doivent faire le procès, suivant la rigueur des Ordonnances, à l'exclusion de tous autres Juges. (*Ibid.* art. 4.)

3°. Ils nomment de trois ans en trois ans un Officier pour faire la fonction de Procureur du Roi en ladite Conservation, & ce sans
596. frais : lequel Officier ou Gradué, ainsi nommé, fait ses fonctions en vertu de ladite nomination, sans être tenu de prendre aucunes Lettres de provision. (*Ibid.* art. 13.)

4°. Lorsque dans le Corps Consulaire il n'y a aucun Gradué, & qu'il s'agit d'une matiere criminelle, *&c.* lesdits Prévôt des Marchands & Echevins sont tenus de nommer un Officier de la Sénéchaussée & Siege Présidial, pour instruire & juger lesdites affaires, & y prononcer, sans qu'il puisse prétendre la préséance sur le Prévôt des Marchands.

ARTICLE VIII.

De la Compétence des Elections en matiere criminelle.

597 1°. Les Juges des Elections connoissent de tous crimes & délits qui surviennent au sujet des Tailles, Aides, Subsides, Impôts & autres droits, dont la Jurisdiction leur est attribuée par les Ordonnances, à la charge de l'appel aux Cours des Aides. (Ordonnance des Fermes de Juillet 1681, titre commun des Fermes, *art.* 50. Voyez quels sont tous ces délits, *infrà*, au titre *Des Délits en général*, n. 78, 80 & 81.)

2°. Ils connoissent aussi des rébellions commises contre les Collecteurs, Sergents, Exécuteurs des Rôles, ou contre les Fermiers des Aides, & leurs Commis dans leurs fonctions. (Ordonnance des Fermes du mois de Juillet 1681, au titre commun des Fermes, *art.* 36.) Cet Article déclare les Officiers des Elections, Greniers-à-Sel, Juges des Traites, & autres de pareille qualité, seuls compétents d'en connoître en premiere instance, respectivement pour ce qui les concerne, à la charge de l'appel aux Cours des Aides.

Mais on prétend que si les Collecteurs, en faisant leur Collecte, excedent, ou sont excédés, sans qu'il y ait eu rébellion, les Juges-Royaux ordinaires connoissent en ce cas des excès & violences ; & que cela se juge & regle ainsi au Parquet de Messieurs les Gens du Roi, quand ces difficultés se présentent.

598. 3°. Le même article 36 défend à tous Juges des Jurisdictions ordinaires, de décréter contre les Commis, Gardes & autres ayant serment à Justice, employés dans l'administration des Fermes & Sous-Fermes, pour les cas arrivés dans le cours & à l'occasion de leurs exercices ; à peine de nullité, cassation de procédures, dépens, dommages & intérêts, mille livres d'amende contre les Parties, & interdiction contre les Juges.

4°. Les Juges des Elections connoissent des délits & contraventions au sujet du Papier & Parchemin timbré. (Ordonnance des Aides du mois de Juin 1680, au titre des Droits sur le Papier & Parchemin timbré, *art.* 22. Voyez ce qui est dit ci-après au titre *Des Délits en général*, n. 82.)

599. 5°. Ils connoissent des délits & contraventions au sujet du Tabac.

(Ordonnance des Fermes du mois de Juillet 1681, au titre du Tabac, *art.* 30.)

6°. Les Officiers des Elections connoissoient aussi autrefois de tous délits & contraventions au sujet des Toiles peintes prohibées, dans les endroits où il n'y a point des Juges des Traites, suivant l'Edit du mois d'Octobre 1726, *art.* 16; mais cette connoissance a depuis été attribuée au Lieutenant-Général de Police de Paris, & aux Intendants des Provinces, par les Arrêts du Conseil du 28 Novembre 1730, & 10 Avril 1736, *art.* 5.

600. 7°. Lorsqu'il arrive des conflits pour la compétence, entre les Juges ordinaires & ceux des Elections, Greniers-à-Sel, Traites & autres, les informations par eux faites réciproquement doivent être envoyées au Conseil, pour y être les Parties réglées de Juges; & cependant l'instruction du procès doit être continuée jusqu'au jugement définitif, par les Officiers des Elections, Greniers-à-Sel, Traites & autres Juges des Droits du Roi; mais il doit être sursis au jugement, jusqu'à ce que la compétence soit réglée; & les Juges qui ont entrepris sur les autres, outre l'interdiction, doivent être condamnés en 1000 livres d'amende. (Ordonnance des Fermes du mois de Juillet 1681, titre commun des Fermes, *art.* 37.)

8°. Les Sentences de condamnation, en ce qui concerne les droits du Roi, & l'amende, s'exécutent nonobstant l'appel, lorsqu'elles n'excedent 50 livres, ou qu'il n'y a point d'inscription de faux contre les procès-verbaux qui ont donné lieu aux condamnations. (*Ibid.* art. 43.)

601. 9°. L'article 45 du même titre, enjoint aux Juges des Droits du Roi, de condamner les coupables de crimes qui emportent confiscation de tous les biens, à l'égard des biens qu'ils ont dans les pays où la confiscation n'a pas lieu, à une amende qui soit au moins du quart des biens qui y sont situés.

10°. Dans les cas où la peine des galeres est ordonnée contre les hommes, la peine du fouet & du bannissement à temps ou à perpétuité, doit être prononcée contre les femmes, selon la qualité du fait. (*Ibid.* art. 46.)

11°. A l'égard de la procédure qui doit s'observer dans les inscriptions de faux, contre les procès-verbaux des Commis, Voyez ce qui est dit au titre *Du Faux*, n. 157.

602. 12°. Il est permis aux Commis de mettre en prison ceux qui les

insultent, dans l'instant de la rébellion, sans autre permission particuliere : (Arrêt du Conseil du 30 Septembre 1719.) & il est défendu aux Officiers des Elections & autres Juges des Fermes, de mettre en liberté les coupables ou complices de rébellions, qu'après l'instruction & le jugement définitif ; & en cas d'appel de la part du Fermier, qu'après le jugement dudit appel ; à peine de répondre, par lesdits Officiers, en leurs propres & privés noms, des dépens, dommages & intérêts du Fermier ; même des amendes & confiscations encourues par les fraudeurs. (Arrêt du Conseil du 26 Mars 1726, & Lettres - Patentes sur cet Arrêt, du 4 Mai 1723.)

603. 13°. Tous les Juges-Royaux, Officiers des Maréchaussées, & autres, sont tenus de prêter main-forte aux Commis des Fermes du Roi, lorsqu'ils en sont requis ; à peine de demeurer responsables des dommages & intérêts du Fermier. (Arrêt du Conseil du 24 Juillet 1722.)

14°. Les Commis aux exercices des Aides, contre lesquels il intervient un décret d'ajournement personnel, doivent prêter l'interrogatoire en la maniere accoutumée ; après lequel, sans qu'il soit besoin d'aucun jugement, ils doivent continuer leurs fonctions, excepté dans les caves & celliers où l'action qui aura donné lieu au décret, est arrivée. (Ordonnance des Aides du mois de Juin 1680, au titre *Des Exercices des Commis*, art. 11.)

604. 15°. Les Juges des Seigneurs, & tous autres, à la réserve des Juges-Royaux, ne peuvent décréter les Commis, Gardes & autres ayant serment à Justice, employés dans l'administration des Fermes & Sous-Fermes, pour délits ou crimes de quelque nature qu'ils puissent être commis, dans le département où ils sont employés ; à peine de nullité, cassation de procédures, dépens, dommages & intérêts contre les Parties, & d'interdiction contre les Juges. (Ordonnance des Fermes du mois de Juillet 1681, au titre commun des Fermes, *art.* 35.)

ARTICLE IX.

De la Compétence des Greniers à Sel & Dépôts.

605. 1°. Les Officiers des Greniers-à-Sel & des Dépôts, connoissent en premiere instance, & à la charge de l'appel, de tout ce qui

regarde l'exécution de l'Ordonnance des Gabelles ; & des délits & contraventions qui y sont faites dans l'étendue de leur ressort. (Ordonnance des Gabelles du mois de Mai 1680, *tit.* 18, *art.* 1. Ordonnance des Fermes du mois de Juillet 1681, au titre commun des Fermes, *art.* 50.)

2°. Ils ont la correction des abus, larcins, & autres différends procédants à cause des Gabelles. (Arrêt de la Cour des Aides du 8 Février 1616, rapporté par Filleau, *troisieme partie*, *tit.* 2, *pag.* 128.)

606. 3°. Ils ont la punition des crimes & délits qui se commettent par les Fauxsauniers. (Edit du mois d'Août 1595. Voyez Filleau *ibid.* pag. 124, & *pag.* 128 & *suiv.* Ordonnance des Gabelles du mois de Mai 1680, *tit.* 17.)

L'article 12 de ce titre 17, porte qu'ils en peuvent connoître, même contre les Ecclésiastiques, & que ceux-ci seront contraints par corps & par saisie de leur temporel, au paiement des droits auxquels ils seront condamnés. Le procès-verbal de l'Assemblée du Clergé de 1700, dans le rapport des Agents, *pag.* 86, fait même connoître la difficulté qu'il y a d'accorder le renvoi aux Ecclésiastiques coupables dans ces sortes de matieres.

4°. Les Prévôts des Maréchaux peuvent informer, par prévention, contre les Fauxsauniers, arrêter les coupables, & leur faire le procès, à la charge de les faire juger par les Officiers des Greniers-à-Sel, par appel en la Cour des Aides. (Arrêt de la Cour des Aides du 8 Février 1616.)

607. 5°. Les Procureurs du Roi, des Greniers-à-Sel, & Dépôts, ne peuvent donner aucunes conclusions en matiere criminelle, qu'ils n'aient sommé le Commis de déclarer, au moins dans trois jours, s'il veut se rendre partie ; à peine d'interdiction & de mille livres d'amende ; & en cas que ledit Fermier ou Commis se rende partie, les procès-verbaux, interrogatoires & autres pieces non secretes, lui seront communiqués pour y prendre ses conclusions. (Ordonnance des Gabelles du mois de Mars 1680, *tit.* 18, *art.* 10.)

6°. Les sentences des Officiers des Greniers-à-Sel, portant condamnation de peines afflictives, doivent être rendues par trois Officiers au moins, & signées d'eux ; & en cas d'absence, il sera pris des Gradués ou anciens Praticiens, qui seront pareillement tenus de la signer ; le tout à peine de nullité, dommages & intérêts des Parties, & de mille livres d'amende. (*Ibid.* art. 11.)

608. 7°. L'Adjudicataire des Gabelles est civilement responsable de ses Commis & Gardes dans l'exercice, & pour le fait de leur commission. (*Ibid.* art. 20.)

8°. A l'égard de la procédure particuliere, qui doit se tenir contre les Fauxsauniers, Voyez ce qui est dit au titre *Des Contrebandiers*, à l'article *Des Fauxsauniers*, n. 13 & suiv.

9°. Voyez encore ci-dessus, (*n.* 600-604,) touchant la procédure qui doit s'observer dans ces matieres.

ARTICLE X.

De la Compétence des Juges des Traites, & Droits de Sortie & Entrée.

609. 1°. Les Maîtres des Ports, leurs Lieutenants, Juges des Traites & autres, connoissent, dans l'étendue de leur ressort, de tous différends civils & criminels, concernant les droits du Roi, de sortie & entrée, & de tous ceux qui peuvent naître en exécution de l'Ordonnance des cinq grosses Fermes du mois de Février 1687, par appel aux Cours des Aides; & la connoissance en est interdite à tous autres Juges, même aux Officiers des Elections, à la réserve seulement de ceux de l'Election de Paris, qui peuvent en connoître en premiere instance dans l'étendue de leur ressort. (Ordonnance du mois de Février 1687, *tit.* 12, *art.* 1.)

610. 2°. Ils connoissent des malversations & fraudes des Commis & Gardes, & des concussions, violences & autres excès par eux commis dans l'exercice de leurs commissions; & ils doivent procéder contre eux extraordinairement jusqu'à Sentence définitive inclusivement. (*Ibid.* art. 3.)

3°. Dans les jugements où il échet peine afflictive, ils doivent être assistés au moins de trois Officiers, ou Gradués. (*Ibid.* art. 6.)

4°. La fraude pour raison desdits droits, ne peut être poursuivie extraordinairement, mais civilement, par saisie ou par action; si ce n'est en cas de rébellion, ou autre délit. (*Ibid.* art. 8.)

5°. Voyez encore ci-dessus, (n. 600-604,) touchant la procédure qui doit s'observer dans ces matieres.

ARTICLE XI.

De la Compétence des Cours des Aides en matiere criminelle.

611. 1°. Les Cours des Aides connoissent de toutes les appellations civiles & criminelles qui concernent les Aides, Tailles & Gabelles de France, & dont les Officiers des Elections, Greniers-à-Sel, & Juges des Traites, connoissent en premiere instance.

2°. Des vols faits aux Collecteurs des deniers de leur recette, suivant la Déclaration du 19 Juillet 1512, rapportée par Fontanon, *tom.* 2, *pag.* 734.

612. 3°. Des malversations des Elus, Grenetiers, Ouvriers des Magasins, Contrôleurs, Receveurs des Aides & Tailles, Juges des Traites, Maîtres des Ports, & leurs Lieutenants & autres Officiers, Commis en leurs états, charges & administrations; & des injures & excès faits à leurs personnes au mépris de leur autorité, prérogatives & fonctions. (Edit de Mars 1551, *art.* 6. Voyez aussi l'Edit du mois de Juillet 1636.)

4°. Elles connoissent des crimes incidents; *v. g.* des rébellions à leurs mandements, faux incident, mépris de justice, crimes commis en leur présence, *&c.* (Ordonnance de 1670, *tit.* 1, *art.* 20.)

ARTICLE XII.

De la Compétence des Chambres des Comptes en matiere criminelle.

613. Quoique les Chambres des Comptes n'aient point de Jurisdiction contentieuse en matiere criminelle, néanmoins si dans l'examen d'un compte, ou en jugeant un différend entre un comptable & d'autres particuliers pour raison de leurs comptes, il survient un incident, comme divertissement des deniers du Roi, péculat, falsification & altération des registres, faux acquits, ou autre incident ayant trait aux comptes seulement, qui ouvre la voie d'une procédure criminelle; alors l'information se fait sur la Requête du Procureur-Général de la Chambre des Comptes, pardevant un Maître de ladite Chambre, qui décrete & instruit même par récolement & confrontation, s'il est besoin, jusqu'au jugement définitif ou de torture exclusivement; ensuite on assemble pour le jugement,

jugement, un Président & six Conseillers de Grand'Chambre, avec un Président & six Maîtres des Comptes, en la Chambre du Conseil de la Chambre des Comptes; & l'Arrêt est intitulé, *Extrait des Registres de la Chambre des Comptes*, comme étant émané de son autorité. Le Procureur-Général du Parlement y donne aussi ses conclusions de commun accord avec le Procureur-Général de la Chambre des Comptes. (Edit du mois de Mai 1567, rapporté par Fontanon, *tom.* 2, *pag.* 45. Déclaration du 7 Janvier 1727, servant de réglement en la Chambre des Comptes & la Cour des Aides, *art.* 4, rapportée au Traité des Scellés & Inventaires, *pag.* 382 de l'édition de 1756.)

ARTICLE XIII.

De la Compétence des Officiers des Monnoyes, en matiere criminelle.

§. I.

De la Compétence des Juges-Gardes des Monnoies.

614. 1°. Les Juges-Gardes des Monnoies connoissent, privativement à tous autres Juges, & par concurrence avec les Généraux-provinciaux des Monnoies, de toutes les matieres, tant civiles que criminelles, qui sont de la Jurisdiction privative des Cours des Monnoies, & des Commissaires desdites Cours; (Edits des mois de Janvier 1551; & Août 1555.) à la charge de l'appel en la Cour des Monnoies de leur ressort. (Même Edit de 1555; autre de Mai 1577, rapporté par Constant, *pag.* 310; autre de Juillet 1581, rapporté *ibid.* pag. 316. Autres des mois de Janvier 1635; Septembre 1638; & Mars 1645; rapportés *ibid.* pag. 236.) L'Ouvrage de Constant où tous ces réglements, & la plupart de ceux qui sont cités ci-après, sont rapportés, est son Traité des Monnoies, imprimé à Paris en 1658, *in-folio.*

615. 2°. Ils connoissent, privativement aux Lieutenants-Généraux de Police, & à tous autres Officiers, de tous les abus & malversations qui peuvent être commises, tant par les Orfévres & autres travailleurs au fait de la monnoie, que par les Merciers, & autres travailleurs ou trafiquants en or ou argent; même des entreprises des particuliers qui auroient chez eux des fourneaux prohibés par

les Ordonnances ; le tout conformément à l'Edit du mois de Janvier 1551, & autres Edits postérieurs. (Arrêt du Conseil du 20 Janvier 1703.)

616. 3°. Il paroît aussi que ces Officiers ont droit de connoître par concurrence avec les Présidiaux, Baillis & Sénéchaux & autres Juges Royaux, des crimes de fabrication, exposition & altération de fausse monnoie, billonnage & transport d'especes hors le Royaume ; à la charge de l'appel aux Cours des Monnoies, pour ce qui est du ressort des Cours des Monnoies de Paris, ou de Lyon ; & pour les autres Parlements, à la charge de l'appel au Parlement du ressort. (Edit de Mai 1577, rapporté par Constant, *pag.* 310 ; Réglement de Besançon du 6 Septembre 1695.)

Néanmoins l'article 10 du titre 1 de l'Ordonnance criminelle de 1670, porte que les Baillis & Sénéchaux Royaux, & Juges Présidiaux, connoîtront de ces crimes privativement à tous autres Juges Royaux & autres.

§ I I.

De la Compétence des Généraux-provinciaux des Monnoies.

617. 1°. Les Généraux-provinciaux des Monnoies connoissent, privativement à tous autres Juges, & par concurrence avec les Juges-Gardes des Monnoies de leur ressort, de toutes les matieres, tant civiles que criminelles, qui sont de la jurisdiction privative des Cours des Monnoies ; à la charge de l'appel auxdites Cours. (Edits des mois de Mai 1577 ; Juin 1635 ; Septembre 1570 ; Mars 1645 ; & Juin 1696.)

2°. Ils connoissent par prévention avec les Baillis & Sénéchaux, Présidiaux, & autres Juges, du crime de fausse monnoie, & autres cas de la jurisdiction des Cours des Monnoies ; & ils en connoissent en dernier ressort en appellant avec eux le nombre de gradués requis par les Ordonnances. (Edit de Mai 1577, rapporté par Constant, *pag.* 276 ; autres Edits de Septembre 1570 ; & Juin 1696.)

3°. Lorsqu'il n'échet que de prononcer des amendes, confiscations, ou condamnations pécuniaires, ils ne peuvent juger qu'à la charge de l'appel aux Cours des Monnoies.

§. III.

De la Compétence des Prévôts-Généraux des Monnoies, & de leurs Lieutenants.

618. 1°. Les Prévôts-Généraux des Monnoies, connoissent privativement à tous autres Prévôts, & par concurrence avec les premiers Juges des Monnoies, des délits commis par les justiciables desdites monnoies, sauf l'appel aux Cours des Monnoies. (Edits de Juin 1635 ; & de Septembre 1638. Arrêt du Conseil du 26 Février 1687, servant de Réglement pour les Prévôts-Généraux des Monnoies. Autre Arrêt du Conseil du 27 Mars 1702. Edit du mois de Juin 1704, portant création d'une Cour des Monnoies en la ville de Lyon.)

2°. Ils connoissent en dernier ressort, par prévention avec les Présidiaux, Baillis & Sénéchaux Royaux, Prévôts des Maréchaux, & autres Juges, du crime de fausse monnoie, altération, exposition, billonnement, & transport d'especes & matieres d'or & d'argent hors le Royaume, contre la disposition des Ordonnances. (Edits de Juin 1635 ; Septembre 1638 ; & Juin 1704, pour Lyon.)

619. 3°. Lesdits Prévôts, au cas du précédent article, sont tenus à l'égard des crimes commis dans l'étendue de la Prévôté & Vicomté de Paris, ou dans la Généralité de Lyon, Forez & Beaujolois, de faire juger les procès par eux instruits, dans les Cours des Monnoies, chacun en son détroit & ressort ; & à l'égard des crimes commis hors la Vicomté de Paris, ou Généralité de Lyon, ils les doivent faire juger au plus prochain Siege Présidial, assistés du nombre de Juges prescrit par les Ordonnances. (Edits de Juin 1635 ; & de Septembre 1638. Arrêt du Conseil du 28 Février 1687. Autre du 27 Mai 1702. Edit de Juin 1704, pour Lyon.)

4. Ils ne peuvent connoître d'autres crimes commis dans l'intérieur des monnoies, sans mandement des Cours des Monnoies. (Arrêt du Conseil du 27 Mars 1702.)

§. IV.

De la Compétence des Cours des Monnoies.

620. 1°. Les Cours des Monnoies connoissent en dernier ressort, privativement à tous autres Juges & Cours, dans l'étendue des monnoies de leur ressort, de toutes matieres, tant civiles que criminelles, dont la connoissance leur appartient. (Edits des mois de Janvier 1551; Juin 1635; & Septembre 1638. Arrêt de Mars 1645, rapporté par Constant, *pag.* 236. Edit du mois de Septembre 1570.)

2°. Elles connoissent de toutes les appellations des jugements & Sentences rendues, tant en matiere civile que criminelle, par les Juges, Gardes, Prévôts-Généraux, & provinciaux des Monnoies; excepté dans les cas où ces Prévôts jugent en dernier ressort. Edit du mois de Juin 1551; autres des mois de Mars 1554, & Mai 1557, rapportés par Constant, *pag.* 110, & 276; autre Edit de Juin 1635; autre de Mars 1645, rapporté par Constant, *ibid. pag.* 236; Réglement du 29 Août 1651; autre Edit du 30 Juin 1696; Arrêt de Réglement du 26 Février 1687.)

621. 3°. Elles connoissent privativement à tous autres Juges, des abus & malversations commis par les Maîtres, Directeurs, & Trésoriers des Monnoies, ou leurs Commis; ainsi que par les Généraux-provinciaux, les Juges-Gardes, & autres personnes employées dans les Monnoies; comme aussi des larcins qui peuvent être commis dans l'enceinte des Hôtels-des-Monnoies, même par personnes étrangeres. (Lettres-Patentes du 16 Août 1549. Edit de Janvier 1551. Arrêt du Conseil du 5 Septembre 1555. Lettres-Patentes du 9 Avril 1556. Edit de Juin 1635. Arrêt du Conseil du 29 Août 1651; autre Arrêt du Conseil du 30 Octobre 1690, *art.* 22; autre du 27 Mars 1702.)

4°. Des malversations commises par les Affineurs, Orfévres, & autres travaillant aux ouvrages d'or & d'argent, ainsi que par les Merciers, Lapidaires & autres. (Edit de Juin 1551; Lettres-Patentes du mois de Mars 1554; autres Edits de Juin 1635; & de Décembre 1638; autre de Mars 1645, rapporté par Constant, *pag.* 237. Voyez le Code Henri, *tit.* 41, *liv.* 15.)

622. 5°. Des fautes, abus, & billonnements commis par les Chan-

geurs dans leurs fonctions. (Edit de Juin 1551; autre de Mars 1554, rapporté par Conſtant, *pag.* 104. Arrêt du Conſeil du 5 Septembre 1555, *ibid.*, pag. 115. Edit de Juin 1635. Autre du mois de Septembre 1638. Arrêt du Conſeil du 29 Août 1651, rapporté par Conſtant, *pag.* 264.)

6°. Auxdites Cours appartient le droit de faire le procès aux Officiers des Cours des Monnoies, & premiers Juges y reſſortiſſants, qui prévariquent dans les fonctions de leurs charges; à l'excluſion de tous autres Juges. (Edit de 1645, rapporté par Conſtant, *pag.* 237. Lettres-Patentes du 25 Août 1558. Edit de Janvier 1551. Lettres-Patentes du 29 Avril 1556, rapporté *ibidem*, pag. 118. Arrêt du Conſeil du 29 Août 1651.)

623. 7°. Elles connoiſſent privativement à tous autres Juges, des reſtitutions, condamnations, confiſcations & amendes adjugées par leurs Arrêts; ainſi que de l'exécution deſdits Arrêts, & des conteſtations qui peuvent arriver en conſéquence. (Edit de Janvier 1551. Arrêt du Conſeil du 29 Août 1551; Arrêt du 11 Octobre 1704; autres des 21 Avril, 2 & 23 Juin 1699, & Mars 1710.)

8°. Elles connoiſſent par prévention avec les Préſidiaux, Baillis & Sénéchaux Royaux, & Prévôts des Maréchaux, des crimes de fabrication, & expoſition de fauſſe monnoie, circonſtances & dépendances. (Edit de Janvier 1551, *art.* 6; autre Edit d'Août 1555; autre du premier Mai 1557; autres Edits de Juin 1635; & de Septembre 1638; autre Edit de 1645, rapporté par Conſtant, *pag.* 237. Arrêt du Conſeil du 29 Août 1651.)

624. 9°. Elles connoiſſent auſſi, par prévention avec les Juges Royaux, des larcins des matieres d'or & d'argent, faits chez les Orfévres, & autres travaillant en or & argent. (Edit de Septembre 1638.)

10°. Elles connoiſſent par concurrence avec les mêmes Juges, du billonnage, & de ce qui en dépend; ainſi que du tranſport hors le Royaume des eſpeces & matieres d'or & d'argent. (Edits d'Août 1555; & de Septembre 1638; autre Edit de Mars 1645, rapporté par Conſtant, *pag.* 237.)

625. 11°. Les Cours des Monnoies doivent juger les accuſés prévenus des crimes & délits ci-deſſus énoncés, de quelque état, qualité & condition qu'ils ſoient, même les Eccléſiaſtiques & Religieux, ſans avoir égard au privilege de cléricature; ſauf après les jugements rendus pour raiſon du cas privilegié, être fait droit ſur le renvoi deſdits Eccléſiaſtiques pardevant le Juge d'Egliſe pour le

délit commun, s'il y échet. (Ordonnance de Mars 1540, *art.* 38. Edit de 1549, *art.* 20. Arrêt du Conseil du 20 Février 1675.)

ARTICLE XIV.

De la Compétence du Grand-Prévôt de l'Hôtel, en matiere criminelle.

626. 1°. Le Grand-Prévôt de l'Hôtel, ainsi que ses Lieutenants, connoît, en premiere instance, & par appel au Grand-Conseil, de toutes les causes civiles & criminelles des Officiers des Maisons Royales, & des Marchands & Artisans privilégiés, & autres qui suivent la Cour, soit entre eux, soit contre les autres particuliers qui n'ont point d'autres privileges qui les en exemptent.

2°. Il connoît en dernier ressort, de tous les crimes & délits prévôtaux, qui se commettent à la suite de la Cour, & à dix lieues aux environs, pour faire arrêter les délinquants, & leur faire leur procès souverainement & en dernier ressort, en y appellant les Maîtres des Requêtes qui sont à la suite de la Cour, jusqu'au nombre de six, ou à leur défaut, des Avocats.

627. 3°. Il peut entériner des Lettres d'abolition, de grace & de remission, quand elles sont pour crimes commis à la suite de la Cour, & que ces Lettres lui sont adressées.

4°. Il connoît, à la charge de l'appel au Grand-Conseil, de tous crimes commis dans les Palais, Châteaux & Maisons Royales, où le Roi fait son habitation actuelle, & dans les Bâtiments, Cours & Jardins en dépendants, ainsi que dans le Palais des Tuileries, du Louvre, du Luxembourg, *&c.*

Voyez *omninò*, touchant la compétence du Grand-Prévôt de l'Hôtel, un Arrêt du Conseil du premier Avril 1762, contenant 49 articles, qui regle dans un grand détail tout ce qui a rapport à cette matiere. (Cet Arrêt est rapporté par Denisart en ses Collections de Jurisprudence, au mot *Prévôt de l'Hôtel*, tom. 3, pag. 169.)

ARTICLE XV.

De la Compétence du Grand-Conseil en matiere criminelle.

628. Le Grand-Conseil a été établi par Edit du mois d'Août 1497,

& confirmé par un autre Edit de Louis XII du 3 Juillet 1498 rendu pour tout le Royaume.

1°. Il connoît incidemment des crimes ou délits commis pour raison des bénéfices, au sujet desquels il y a procès pendant au Grand-Conseil.

2°. Du récel des corps des Benéficiers décédés. (Voyez ci-après ce qui est dit à ce sujet au titre *Du Crime de Vol*, n. 74.)

3°. Des procès criminels qui lui sont renvoyés du Conseil-Privé.

4°. Des appellations des Sentences rendues en la Prévôté de l'Hôtel, & en la Varenne du Louvre, en matiere civile & de Police. (Arrêt du Conseil du premier Avril 1762, rendu pour le Prévôt de l'Hôtel, *art.* 41 & 46.)

5°. Il connoît des crimes incidents; *v. g.* de la rébellion à l'exécution de ses mandements, faux incident, mépris de Justice, crimes commis en sa présence, *&c.* (Ordonnance de 1670, *tit.* 1, *art.* 20.)

6°. Il connoît aussi des demandes en cassation des jugements de compétence, rendus en faveur des Prévôts des Maréchaux, ou des Juges Présidiaux. (Arrêt du Conseil du 11 Janvier 1768.)

7°. Des crimes & délits incidents aux affaires instruites au Conseil de Sa Majesté. (Lettres-Patentes du 19 Juin 1768, *art.* 6.)

8°. Les Parties qui jouissent du droit d'évoquer leurs affaires au Grand-Conseil, ne peuvent, sous ce prétexte, y porter aucune affaire criminelle. (Mêmes Lettres-Patentes, *art.* 6.)

ARTICLE XVI.

De la Compétence des Maîtres des Requêtes de l'Hôtel, en matiere criminelle.

629. 1°. Les Maîtres des Requêtes de l'Hôtel connoissent en dernier ressort, du faux commis contre les Lettres du Grand-Sceau royal. (Rebuffe sur l'article 4 de la Bulle *in Cæna Domini*, pag. 282. Carol. de Grassalio, *Regal. Franc. lib.* 1, *jure* 13. Arrêts de Papon, *liv.* 22, *tit.* 2, *art.* 1.) Ainsi jugé par Arrêt du Conseil du 8 Juin 1657, qui, sans s'arrêter à un Arrêt du Parlement, qui avoit fait défenses de passer outre, ordonne que l'instruction & jugement d'un procès criminel, pour crime de faux en Lettres de Chancel-

lerie, sera continué aux Requêtes de l'Hôtel, à laquelle Cour Sa Majesté, en tant que besoin est ou seroit, attribue toute Cour & Jurisdiction. Bruneau, Traité des Matieres criminelles, *part.* 1, *tit.* 11, *max.* 22, rapporte deux jugements des requêtes de l'Hôtel, rendus au souverain, les 30 Mai 1664, & 3 Décembre 1681, qui condamnent deux Faussaires du Grand-Sceau, à faire amende-honorable devant la porte de M. le Chancelier, avec écriteau devant & derriere.

Autre Arrêt des Requêtes de l'Hôtel du 28 Juin 1736, qui condamne Ponce-Vialatte à faire amende-honorable devant la porte de M. le Garde-des-Sceaux, & aux galeres à perpétuité pour falsification de deux quittances de finance & de marc d'or.

2°. Ils connoissent aussi, comme tous les autres Juges, mais à la charge de l'appel au Parlement, des crimes incidents aux affaires portées en leur Tribunal, & de ceux commis dans leur Auditoire, ou de rébellion commise à l'exécution de leurs jugements. (Ordonnance de 1670, *tit.* 1, *art.* 20.)

3°. La confiscation des biens des condamnés pour faussetés commises au Sceau & aux Lettres de Chancellerie, appartient à M. le Chancelier, à cause de son office. (Brodeau sur la Coutume de Paris, *art.* 183, *n.* 27. *Contra* Dumoulin sur l'article 198 de l'ancienne Coutume de Paris, *art.* 4.)

ARTICLE XVII.

Des Conseils-de-Guerre.

630. Voyez sur cette Jurisdiction, les Ordonnances du 22 Juillet 1665, 22 Août 1666 & premier Juillet 1725; & celle du 25 Juin 1750, contenant 696 articles.

1°. Les Conseils-de-Guerre jugent en dernier ressort au nombre de sept Officiers, tous crimes & délits militaires qui méritent quelque peine afflictive ou corporelle. (Voyez quels sont ces délits, *infrà*, au titre *Des Délits en général*, n. 53 & suiv.)

2°. Ils connoissent aussi en dernier ressort, de tous excès & désordres commis par des Soldats, qui, dans leur marche, passent dans les villages qui en sont à portée. (Ordonnance du 8 Avril 1718, *art.* 65.)

3°. Des crimes de Soldat à Soldat, en faisant néanmoins à cet

égard

égard les distinctions que j'ai observées au titre *Des Délits en général*, (n. 54.)

631. 4°. Lorsque les Officiers ou Soldats commettent quelques crimes ou délits, envers les habitants des lieux de la garnison, la connoissance de ces crimes ou délits appartient aux Juges des lieux, sans que les Officiers desdites troupes en puissent connoître. (Ordonnance du 25 Juillet 1665, *art.* 43. Autre du mois de Juin 1629, *art.* 342. Autre du 4 Novembre 1651.)

Néanmoins les Juges ordinaires ne peuvent procéder à l'instruction & jugement des crimes de soldat à habitant, sans y appeller le Prévôt des Bandes & du Régiment, en cas qu'il y en ait: & où il n'y auroit pas de Prévôt, le Major, l'Aide-Major ou l'Officier commandant le corps des Troupes dont est l'accusé. (Ordonnance du mois de Janvier 1629, *art.* 342. Autre du 4 Novembre 1651, *art.* 22. Autre Ordonnance du 22 Juillet 1665. Autre du 10 Septembre 1716.)

632. On trouve au Code Militaire, *tom.* 2, *tit.* 9, *art.* 7, *pag.* 135, (de l'édition de 1728, en 5 volumes *in*-12,) une Lettre de M. de Louvois, en date du 5 Juin 1690, écrite de la part du Roi aux Officiers du Présidial de la Rochelle, par laquelle il leur marque, que le Roi désapprouve leur conduite, au sujet de ce qu'ils avoient condamné trois soldats des milices de l'Orléanois, pour crime, sans y appeller le Major de la Place, ou en son absence celui du Régiment desdits soldats; & que l'intention de Sa Majesté est qu'à l'avenir lesdits Officiers n'ordonnent aucune peine contre des soldats, qu'en présence du Major de la Place, ou de celui du Corps dont ils seront. Autre Lettre de M. le Chancelier Pontchartrain, sur le même objet, du 26 Juin 1710, (rapportée aussi au Code Militaire *ibid.*) écrite à M. Dalbaret Premier Président au Conseil Supérieur de Roussillon. Autre Lettre du Roi, au Parlement de Metz, en date du 13 Décembre 1718, rapportée *ibid.* qui ordonne aussi la même chose.

Mais cette procédure n'est point admise au Parlement. (Voyez ce qui est dit à ce sujet au titre *De l'Instruction criminelle en général*, n. 61.)

De la Jurisdiction Militaire des troupes Suisses qui sont au service du Roi.

633. 1°. Cette Jurisdiction, dont le pouvoir est le même que celui des autres Jurisdictions militaires, connoît des mêmes cas que ceux dont il est fait mention dans nos Ordonnances militaires, qui servent de regle dans tous les cas non prévus par les loix & usages de cette nation. On y observe, par rapport à l'instruction & aux jugements, les dispositions de l'Ordonnance criminelle de l'Empereur Charles V de l'année 1532, vulgairement appellée *la Caroline*; de la même maniere que si c'étoit dans le sein de la nation même.

2°. Les jugements rendus par ce Tribunal, se rendent au nom & sous l'autorité du Colonel, du Lieutenant-Colonel, & des Capitaines, qui jugent souverainement de la vie & de la mort de ceux de cette nation qui servent dans ces troupes.

634. 3°. Il y a dans cette jurisdiction un Officier appellé *Le Grand-Juge*, dont l'usage est de diriger toutes les fonctions & sentences de ce Tribunal; & un *Capitaine* député du Tribunal, pour veiller à ce que les loix & usages soient observées dans l'instruction des procès criminels, & qui est chargé de lui en rendre compte. Outre cela, il y a un Officier appellé *Le Grand-Sautier*, qui fait les fonctions de Procureur-Général; & l'*Avocat* de l'accusé, qui est chargé de le défendre contre les accusations & preuves qu'on lui oppose; & enfin le *Greffier*, dont la fonction est d'écrire la procédure & la sentence qui lui est dictée par le Grand-Juge, & d'en faire la lecture à tous les Membres du Tribunal, qui est composé de tous ceux qui ont grade d'Officiers dans le Régiment, & qui sont les maîtres de réformer ou de confirmer la sentence, mais sans pouvoir en augmenter la peine.

635. 4°. C'est au Colonel qu'appartient le droit de recevoir la dénonciation d'un crime commis par un soldat du Régiment; & ce n'est qu'en conséquence de ses ordres, que le Grand-Juge peut procéder à l'information, qui doit être intitulée du nom de ce Colonel, qui nomme deux ou trois Officiers pour l'assister dans cette information, outre les Officiers de la compagnie dont est le soldat, qui sont Commissaires nés de toutes les affaires criminelles qui concernent la compagnie. Cette information se fait, tant

en présence de ces Commissaires, que du Prévôt qui a amené le criminel, & des Sergents; qui tous sont tenus, ainsi que le Greffier, de garder un secret inviolable sur les procédures criminelles, jusqu'à ce qu'elles soient rendues publiques au jour du Conseil-de-Guerre. Ces informations, ainsi que tous les autres actes de la procédure, se font en Allemand. L'accusé est interrogé, excepté qu'on ne lui fait point prêter serment, conformément aux Loix Impériales. Au surplus, l'information, ainsi que le récolement & la confrontation, se fait de la même maniere que celle prescrite par nos Ordonnances.

636. 5°. Toutes les procédures doivent être datées & signées des Commissaires; ensuite elles sont remises au Grand-Juge, qui en est dépositaire, & qui doit les communiquer au Colonel, ou au Commandant en sa place. Celui-ci, sur l'examen qu'il en fait, ordonne, s'il le juge à propos, l'assemblée des Capitaines, pour décider, à la pluralité des voix, si le procès est suffisamment instruit, & si le délit est assez grave pour que le criminel soit mis au Conseil-de-Guerre; c'est-à-dire, s'il est du nombre de ceux qui méritent la mort.

Si l'on veut avoir une connoissance plus étendue de tout ce qui concerne cette procédure, on la trouvera à la suite du Code criminel de l'Empereur Charles V, imprimé à la Neuville en 1742, *in*-4°. pour l'usage des Conseils-de-Guerre des troupes Suisses, dans une Instruction qui contient 40 pages, tant en François qu'en Allemand.

ARTICLE XVIII.

Des Conseils de Marine.

637. Il faut voir, à ce sujet, l'Ordonnance du 15 Avril 1689, concernant les armées navales, & une autre du 27 Décembre 1727, rapportée au Code de Louis XV, *tom.* 2, *pag.* 312.

Suivant cette Ordonnance de 1689, les Conseils de Marine connoissent en dernier ressort, au nombre de sept Juges,

1°. De tous crimes & délits qui concernent le service du Roi, & la discipline militaire, en fait de marine.

2°. De ceux qui concernent la police intérieure du vaisseau.

3°. De ceux qui concernent, en général, les gens & bâtiments de mer.

(Voyez quels sont tous ces différents délits, ci-après, *part.* 4, au titre *Des Délits en général*, à l'article *Des Délits de Marine*, n. 58 & suiv.)

638. Le Conseil-de-Guerre maritime, doit être composé de l'Amiral, du Vice-Amiral, des Lieutenants-Généraux, Intendant, Chefs d'Escadre, Capitaines de Marine, & autres Officiers, qui ne peuvent être en moindre nombre que sept; & lorsqu'il n'y a point assez de Capitaines de Vaisseaux, pour composer ce nombre, on doit appeller les Capitaines des Galiotes à mortier, & des Frégates légeres; & à leur défaut, les Lieutenants de Vaisseaux, pourvu que ces Officiers aient vingt-deux ans passés. La plainte doit être adressée au Commandant; & c'est le Major, ou Aide-Major, qui fait les fonctions de Procureur du Roi. Le procès s'instruit comme les autres procès criminels, & se juge au rapport du Prévôt de la Marine. (Voyez ce qui a été dit ci-dessus, n. 585 & suiv.)

ARTICLE XIX.

Des Consuls de la Nation Françoise dans les Pays Etrangers.

639. 1°. Les Consuls de la nation Françoise, établis dans les Echelles du Levant & autres pays étrangers, doivent, quant à la jurisdiction civile & criminelle, se conformer à l'usage & aux capitulations faites avec le Souverain des lieux de leur établissement. (Ordonnance de la Marine, *liv.* 1, *tit.* 9, *art.* 12.)

2°. Leurs jugements s'exécutent définitivement & sans appel; en matiere criminelle, dans le cas où il n'échet peine afflictive, pourvu qu'ils soient donnés avec les Députés, & quatre Notables de la Province. (*Ibid.* art. 13.)

640. 3°. Et où il échet peine afflictive, ils doivent instruire le procès, & l'envoyer avec l'accusé dans le premier vaisseau des sujets du Roi, retournant en France; pour être jugé par les Officiers de l'Amirauté du premier Port où le vaisseau fera sa décharge. (*Ibid.* art. 14.)

4°. Ils peuvent aussi, après l'information faite, & par l'avis des Députés de la nation, faire sortir des lieux de leur établissement, les François de vie & conduite scandaleuse; & il est enjoint à tous les Capitaines & Maîtres, de les embarquer sur les ordres du

Consul, à peine de 500 livres d'amende applicable au rachat des Captifs. (*Ibid.* art. 15.)

ARTICLE XX.

De la Jurisdiction des Maréchaux de France, & de leurs Lieutenants dans les Provinces.

641. 1°. Les Maréchaux de France connoissent en dernier ressort, de tous différends concernant le point-d'honneur, & des querelles entre Gentilshommes & autres qui font la profession des armes; soit que ces différends arrivent à la Cour, ou dans les Provinces. (Edit des Duels du mois d'Août 1679, *art.* 5.)

2°. Ils peuvent, outre la satisfaction due à la personne offensée, condamner à la prison, au bannissement, & en des amendes. (*Ibid. art.* 6.)

3°. Les Gouverneurs & Lieutenants-Généraux des Provinces, & en leur absence les Lieutenants des Maréchaux de France, connoissent des différends ci-dessus; mais à la charge de l'appel devant les Maréchaux de France. (Edit de Mars 1693.)

642. 4°. En cas qu'un Gentilhomme refuse ou differe, sans aucune cause légitime, d'obéir aux ordres des Maréchaux de France, ou à ceux des autres Juges du point-d'honneur; même de comparoître devant eux lorsqu'ils seront assignés; & aussi lorsqu'il n'aura pas subi le bannissement prononcé contre lui; il doit y être contraint, soit par garnison qui sera posée dans sa maison, soit par emprisonnement de sa personne; ce qui sera exécuté soigneusement par les Prévôts des Maréchaux, leurs Lieutenants, Exempts & Archers; à peine de suspension de leurs charges, & privation de leurs gages, suivant les Ordonnances desdits Juges. Cette exécution doit être faite aux dépens de la partie désobéissante ou refractaire; & si les Prévôts des Maréchaux, leurs Lieutenants, Exempts & Archers, ne peuvent exécuter ledit emprisonnement, ils doivent saisir & annoter tous les biens du banni ou désobéissant, pour être appliqués & demeurer acquis pendant tout le temps de la désobéissance, au profit de l'Hôpital, &c. (Même Edit des Duels de 1679, *art.* 8.)

643. 5°. Ceux qui auront eu des Gardes des Maréchaux de France, ou des Gouverneurs-Généraux des Provinces, leurs Lieutenants,

ou des Lieutenants desdits Maréchaux de France, & qui s'en seront dégagés en quelque maniere que ce puisse être, doivent être punis avec rigueur, & ne peuvent être reçus à l'accommodement sur le point-d'honneur, qu'ils n'aient tenu prison; & qu'à la Requête du Procureur du Roi en la Connétablie, & de ses Substituts aux autres Maréchaussées de France, le procès ne leur ait été fait selon les formes requises par les Ordonnances. Veut Sa Majesté, que sur le procès-verbal, ou rapport des Gardes qui auront été donnés aux accusés, il soit, sans autre information, décrété contre eux, à la Requête desdits Substituts, & leur procès sommairement fait. (*Ibid.* art. 9.)

644. 6°. Lorsque les Maréchaux de France, Gouverneurs-Généraux des Provinces, & les Lieutenants-Généraux desdites Provinces en leur absence, ou les Lieutenants des Maréchaux de France, ont avis de quelque différend capable de causer du ressentiment extraordinaire entre les Gentilshommes & entre tous ceux qui font profession des armes dans le Royaume, ils doivent envoyer sur-le-champ des défenses expresses aux Parties de se rien demander par les voies de fait directement ou indirectement, & les faire assigner à comparoître incessamment pardevant eux, pour y être réglées; & s'ils appréhendent qu'elles ne désobéissent, ils leur enverront des Archers & Gardes de la Connétablie, pour se tenir auprès desdites Parties, & à leurs frais & dépens, jusqu'à ce qu'elles se soient rendues auprès d'eux. (*Ibid.* art. 4.)

ARTICLE XXI.

Des Commissaires établis pour juger en dernier ressort les procès criminels des Contrebandiers, Employés infideles, & ceux des Faux-Sauniers & complices.

645. Ces Jurisdictions ou Chambres, sont composées d'un Président, de six Assesseurs, & d'un Procureur du Roi.

Il y en a trois dans le Royaume; sçavoir, une à Valence en Dauphiné, établie en 1733 par Arrêt du Conseil du 31 Mars 1733; une à Rheims, établie par Arrêt du Conseil du 19 Avril 1740, & depuis par Lettres-Patentes du 21 Novembre 1765, registrées en la Cour des Aides le 8 Janvier 1766; & une à Saumur, établie en 1742 par Arrêt du Conseil du 3 Juillet 1742, &

depuis par Lettres-Patentes du 23 Août 1764, regiſtrées en la Cour des Aides le 3 Septembre ſuivant.

Celle de Valence s'étend ſur les Provinces de Dauphiné, Provence, Languedoc, Lyonnois, Duché & Comté de Bourgogne, Auvergne, Rouergue & Quercy.

Celle de Rheims s'étend ſur les Provinces de Picardie, Soiſſonnois, Champagne, & les trois Evêchés.

Et celle de Saumur, ſur les Provinces & Généralités de Tours, Anjou, Moulins, Bourges, Nivernois, Poitiers, & dans l'étendue des Dépôts des Sels de la Province de Bretagne.

Ces Commiſſions ou Tribunaux ont été établis pour inſtruire & juger en dernier reſſort les contrebandiers & fauxſauniers qui commettent des violences & des déſordres dans les Provinces de leur diſtrict.

ARTICLE XXII.

Des Commiſſions données par le Roi, pour le jugement des procès criminels. (a)

646. Ces Commiſſions ſont des Tribunaux établis pour un temps par le Roi, pour connoître d'une ou pluſieurs affaires particulieres, & pour les inſtruire & juger; à l'effet de quoi Sa Majeſté choiſit un certain nombre de perſonnes pour compoſer la commiſſion; ainſi qu'il eſt arrivé lorſque le Roi a établi des Chambres de Juſtice pour la recherche & punition des Financiers concuſſionnaires.

1°. Les fonctions & pouvoir des Commiſſaires ainſi nommés, doivent être fixées & limitées par les Lettres-Patentes qui établiſſent leur commiſſion; & ils ne peuvent connoître de ce qui excede cette commiſſion.

2°. Les Commiſſaires établis pour le jugement de quelque affaire criminelle, peuvent annuller leur procédure, ſi elle eſt vi-

(a) Touchant les Commiſſions, Voyez les Capitulaires de Charles le Chauve, *tit.* 1, *chap.* 3; une Déclaration du 9 Juillet 1341; une autre du 21 Octobre 1467; l'Ordonnance de Moulins, *art.* 38; l'Ordonnance de Blois, *art.* 98, 99; l'Edit du mois d'Octobre 1648, *art.* 14; & Mornac, *ad* L. 1. D. *De Juriſdictione*.

cieuse & contraire à la disposition de l'Ordonnance, & ordonner qu'elle sera recommencée.

3°. Ils peuvent aussi connoître de l'accusation calomnieusement intentée contre l'accusé. (Arrêt du 6 Septembre 1694, rapporté au Journal des Audiences.)

647. 4°. Ils peuvent juger les recusations proposées contre quelques-uns des Membres de leur Tribunal.

5°. Les Commissaires ainsi choisis & délégués par le Roi pour le jugement de quelque affaire criminelle, sont obligés dans l'instruction qu'ils font, & les jugements qu'ils rendent, de se conformer aux Loix & Ordonnances du Royaume.

6°. Ces Commissions finissent lorsque l'affaire qui leur a été confiée, est terminée; ou lorsque le temps pour lequel elles ont été établies, est expiré; ou par la révocation qui en est faite par le Roi.

CHAPITRE III.

Des devoirs des Juges, Procureurs du Roi, & autres Officiers de Justice en matiere criminelle.

648. Ces devoirs sont, ou généraux, ou particuliers. Ils se réduisent en général,

A procurer la punition des crimes.

A ne connoître que des choses qui leur sont attribuées. (Voyez *omninò* ce qui a été dit ci-dessus touchant *la Compétence des Juges.*)

A expédier & terminer promptement les procès criminels.

A se conformer aux Loix & aux Ordonnances du Royaume dans la poursuite, instruction, & jugement de ces procès.

Il y a des devoirs particuliers aux Juges d'instruction; il y en a aussi de particuliers pour les Juges de Seigneurs, pour les Juges d'appel, pour les Commissaires, pour les Rapporteurs, *&c.*

Il y en a de particuliers pour les Procureurs du Roi, Greffiers, Geoliers, Archers, Sergents, & autres Ministres de la Justice.

Enfin il y en a d'autres pour les accusateurs, ou plaignants, pour les accusés, pour les témoins, pour les experts, *&c.*

SECTION

SECTION PREMIERE.

Devoirs des Juges en général.

649. 1°. Les Juges sont tenus d'informer d'office des crimes, aussi-tôt qu'ils sont venus à leur connoissance, sans attendre la plainte des parties civiles & intéressées, & sans les obliger de se rendre parties; à peine de privation de leurs offices en cas de négligence, & des dommages & intérêts des parties. (Ordonnance d'Orléans, *art.* 63; Ordonnance de Blois, *art.* 184.) Et même sans attendre la plainte de la partie publique dans plusieurs cas. (Voyez au titre *Des Informations d'Office*, n. 2.)

Néanmoins quand il y a un grand nombre d'accusés, comme dans le cas d'une sédition, on se contente quelquefois de poursuivre criminellement les plus coupables. (Voyez Papon, *liv.* 24, *tit.* 12, *n.* 1.)

Les Juges même, qui négligent de poursuivre les crimes, peuvent être punis pour leur négligence. (Voyez ce qui est dit au titre *Des Malversations d'Officiers*, n. 46.)

2°. Ils ne peuvent faire aucune composition pour raison des crimes dont ils sont tenus de faire la poursuite; à peine d'être punis séverement. (Voyez au titre *De l'action qui naît des crimes*. n. 36.)

650. 3°. Ils doivent vaquer, avant toutes choses, à l'expédition des procès criminels, par préférence à tous autres; à peine de privation de leurs charges, *&c.* (Ordonnance du mois d'Août 1539, *art.* 139 & 140; Ordonnance d'Orléans, *art.* 63; Ordonnance de Blois, *art.* 139; Ordonnance 1670, *tit.* 25, *art.* 1.)

Cette disposition est établie, non-seulement parce qu'il est de l'intérêt public que les crimes soient promptement punis; mais encore parce que si un accusé est innocent, il ne sçauroit être trop-tôt absous. *Convictos* (dit la Loi 5 au Cod. *De Custodiâ reorum.*) *velox pœna subducat, aut liberandos diuturna custodia non maceret.*

Et ils doivent les expédier promptement. (Ordonnance de Charles V, appellée *la Constitution Caroline, chap.* 77; la Roche-Flavin, Traité des Parlements, *liv.* 13, *chap.* 69, *n.* 43.) Et les juger au plus tard dans la quinzaine; si ce n'est en cas d'absence de témoins, ou autres empêchements raisonnables. (Ordonnance de Châteaubriant, du mois d'Octobre 1565, *art.* 11.)

L'article 131 de l'Ordonnance du mois de Mars 1498, porte qu'ils y vaqueront tous les jours de la semaine, quand besoin sera.

651. Par la même raison, ces procès aussi-tôt qu'ils sont instruits, doivent être promptement distribués. (Code Henri, *liv.* 2, *tit.* 20, *art.* 13.)

Et ils doivent être rapportés par préférence à tous autres procès. (Ordonnance 1670, *tit.* 25, *art.* 1.) Et avant tout, ceux où il échet peine de mort, ou punition corporelle. (Edit du mois de Mars 1549, *art.* 2.)

C'est aussi par la même raison que quand un procès a commencé à être visité, il doit être examiné & suivi sans interruption; afin que l'examen qui en est fait, soit toujours présent à l'esprit des Juges, & qu'ils soient par ce moyen plus en état d'opiner sainement.

652. Mais on ne peut juger ces procès de relevée; (Voyez au titre *Des Sentences & Jugements criminels*, n. 9.)

Ni les Dimanches, & Fêtes qui se célebrent dans l'Eglise; (Voyez *ibid*, n. 11.)

653. 4°. A l'égard des devoirs particuliers des Juges.

Touchant les renvois; (Voyez au titre *De la Compétence des Juges criminels en général*, n. 343.)

Touchant la compétence des accusés; (Voyez au titre *De la Compétence des accusés.*)

Touchant les plaintes, accusations, & dénonciations; (Voyez au titre *Des Plaintes & accusations.*)

Touchant les procès verbaux de transport; (Voyez au titre *Des Procès verbaux des Juges.*)

Touchant les informations; (Voyez au titre *Des Informations.*)

Touchant les décrets; (Voyez au titre *Des Décrets.*)

Touchant les Sentences de provisions; (Voyez au titre *Des Sentences de provision.*)

Touchant les prisons; (Voyez au titre *Des Prisons.*)

Touchant les interrogatoires; (Voyez au titre *Des Interrogatoires.*)

Touchant les récolements & confrontations; (Voyez au titre *Des Récolements & confrontations*, chap. 2, tit. 18.)

Touchant les lettres de grace, abolition, rappel de ban, &c; (Voyez au titre *Des Lettres de grace.*)

Touchant la question; (Voyez au titre *De la Question.*)

Touchant les contumaces ; (Voyez au titre *Des Contumaces.*)

Touchant les Sentences & Jugements ; (Voyez au titre *Des Sentences & Jugements.*)

Touchant les faits justificatifs ; (Voyez au titre *Des Faits, exceptions, & défenses des accusés.*)

654. Touchant les amendes ; (Voyez au titre *Des Peines*, n. 91.)

5°. Il y a aussi des devoirs particuliers aux Juges dans le jugement des procès criminels ; soit pour l'examen de la procédure, soit pour l'estimation de la preuve, soit pour arbitrer la peine. (Voyez ce qui est dit à ce sujet au titre *Des Sentences & Jugements*, n. 126 & suiv.)

Il faut seulement observer que quand le procès est fait en même-temps à plusieurs accusés, on ne doit pas les juger tous ensemble par un seul & même jugement ; mais les juger les uns après les autres, & commencer par les plus chargés, & surseoir à l'égard de ceux contre lesquels il n'y a pas de preuves suffisantes ; afin que les déclarations de ceux-ci, soit avant, soit après leur condamnation, procurent plus de lumieres & de preuves pour le jugement des autres accusés.

655. 6°. Les Juges doivent instruire & juger gratuitement les procès criminels, où il n'y a point de partie civile ; auquel cas ils ne sont payés que de leur transport hors le lieu de leur résidence. (Voyez au titre *Des Frais & dépens en matiere criminelle*, n. 22.)

Dans les cas même où il y a partie civile, les Juges ne peuvent prendre d'épices ni vacations pour les permissions d'informer. (Arrêt du Parlement du 7 Septembre 1760 pour Dreux, rapporté au Journal des Audiences.)

Ni pour les jugements de compétence. (Arrêt du 30 Août 1611 pour Limoges ; autre du 28 Août 1627 pour Auxerre, *art.* 10 ; autre du 12 Avril 1661 pour Soissons ; autre du 30 Août 1702 pour Angers.)

Ni pour l'élargissement des accusés. (Ordonnance 1670, *tit.* 13, *art.* 29. Edit de Janvier 1685 pour le Châtelet de Paris, *art.* 28.)

Ni pour l'attache, lecture & publication des lettres de grace. (Ordonnance 1670, *tit.* 16, *art.* 23.)

Ni en général pour le jugement des procès criminels qui ne sont point instruits par récolement & confrontation. (Arrêts du Parlement des 12 Avril 1709, 8 Mai 1711, & 28 Mai 1717, rapportés au Journal des Audiences.)

656. 7°. Les Juges criminels, en jugeant des procès criminels, peuvent incidemment faire des réglements, lorsque le crime ou délit qu'ils jugent, donne lieu à en faire, ou à renouveller l'exécution de quelque réglement général.

Ils peuvent même faire des réglements généraux non incidents; *v. g.* quant à la police pour le port d'armes. Mais il est plus convenable que ces sortes de réglements généraux soient faits par le Tribunal entier.

8°. Pour instruire & juger un procès criminel, il faut être gradué. (Voyez ce qui est dit à ce sujet au titre *De l'Instruction criminelle en général*, n. 23.)

657. 9°. Les Juges sont tenus des fautes & des procédures vicieuses qu'ils font dans l'instruction & le jugement des procès criminels. (Voyez *ibid.* n. 124 & suiv.; & ce qui est dit à ce sujet au titre *Des malversations d'Officiers*, n. 47.)

10°. Ils ne peuvent refuser leur ministcre aux parties qui les requierent pour l'instruction & le jugement des procès criminels, & en cas de déni de justice ils peuvent être pris à partie. (Voyez aussi au titre *Des Malversations d'Officiers*, n. 46; & ci-après au titre *De la Compétence des Juges en général*, n. 373.)

SECTION II.

Devoirs particuliers des Juges de Seigneurs.

658. 1°. Ils doivent, lorsqu'ils ont informé d'un crime du nombre de ceux qu'on appelle cas royaux, ou prévôtaux, avertir incessamment les Baillis & Sénéchaux, ou leurs Lieutenants criminels, par acte signifié à leur Greffe, & leur remettre le procès & les accusés. (Ordonnance 1670, *tit.* 1, *art.* 16, Voyez aussi au titre *De la Compétence des Juges en général*, n. 194.)

2°. Leurs Greffiers, ainsi que ceux des Prévôtés & Châtellenies Royales, sont tenus d'envoyer chaque année aux mois de Juin & Décembre, au Greffe du Bailliage & Sénéchaussée où ressortissent leurs appellations, médiatement, ou immédiatement, un extrait de leur registre criminel, dont il leur doit être donné décharge sans frais. (Voyez ci-après n. 687.)

SECTION III.

Devoirs particuliers des Juges d'Appels.

659. 1°. Les Juges d'appel ne doivent point évoquer, ni attirer à eux la connoissance des procès criminels ; si ce n'est dans le cas où cette connoissance leur appartient privativement, ou par préférence aux Juges inférieurs de leur ressort ; comme s'il s'agit d'un cas royal ou prévôtal. (Voyez ce qui est dit au titre *De la Compétence des Juges en général*, n. 345.)

2°. En jugeant l'appel d'un décret ou autre incident, ils ne peuvent retenir à eux l'instruction, ni le jugement des procès criminels en premiere instance ; mais il leur est enjoint de les renvoyer devant le premier Juge ; à moins qu'il n'y ait cause légitime pour les retenir. (Ordonnance de Roussillon, *art.* 18, Voyez aussi au titre *De la Compétence des Juges en général*, n. 351.)

660. 3°. Ils ne peuvent donner des défenses d'exécuter un décret, ou une procédure criminelle, que sur le vû des charges & informations ; si ce n'est en certains cas. (Voyez ce qui est dit au titre *Des Arrêts & Jugements de défenses*, n. 4.)

4°. Ils ne peuvent pareillement, sur un appel, ordonner l'élargissement provisionnel d'un accusé, si ce n'est sur le vû des charges & informations. (Voyez au titre *Des Sentences & Jugements*, n. 94.)

661. 5°. Ils doivent tenir la main à ce que les Juges inférieurs ne décernent des exécutoires pour leurs épices ; & en ordonner la restitution si elles étoient excessives. (Ordonnance de Blois, *art.* 128. Edit du mois de Mars 1673, touchant les épices, *art.* 16. Arrêt de Réglement du 10 Juillet 1665, *art.* 53, qui ajoute la peine de concussion & de restitution du quadruple.)

6°. En réformant les Sentences des Juges de leur ressort, ils doivent le faire d'une maniere modérée, & avec égard pour ceux qui l'ont rendue ; afin de ne les pas rendre méprisables, ni donner atteinte à l'honneur dû à leur caractere.

SECTION IV.

Devoirs des Lieutenants-Criminels, & des autres Juges qui ont l'instruction des Procès.

662. Les principaux devoirs des Lieutenants-Criminels, & autres Juges qui ont l'instruction des procès criminels, sont :

1°. D'informer exactement & diligemment des crimes.

2°. D'instruire par eux-mêmes, sans confier ce soin à d'autres.

3°. D'apporter tout le soin & la diligence nécessaire dans cette instruction.

4°. De décréter les informations dans les vingt-quatre heures.

5°. D'interroger les prisonniers dans les vingt-quatre heures de la capture.

6°. De dresser des procès-verbaux des effractions, cadavres, & autres délits permanents.

7°. De ne faire aucune instruction en leur Hôtel, si ce n'est en quelques cas.

8°. De communiquer aux Procureurs du Roi, *&c.* les informations, & autres procédures.

9°. De ne faire dans le cours de l'instruction, que ce qu'ils sont en droit de faire, sans vouloir connoître des choses qui ne leur appartiennent point.

Voyez encore pour leurs autres fonctions & devoirs, ce qui est dit en parlant *De l'Instruction des procès criminels en général*, n. 57 & suiv.

SECTION V.

Fonctions & devoirs des Commissaires au Châtelet de Paris.

663. Les Commissaires au Châtelet de Paris peuvent recevoir des plaintes, & informer en flagrant délit. Ils peuvent aussi interroger les accusés en cas de flagrant délit, ainsi que les domestiques accusés par leurs maîtres ; & les autres accusés qui ne sont décrétés que d'ajournement personnel ; mais ils sont tenus de remettre ces plaintes au Greffe, ainsi que les informations & procédures par eux faites, dans les vingt-quatre heures ; à peine de 100 livres

d'amende, *&c.* (Ordonnance 1670, *tit.* 3, *art.* 33 & *tit.* 14, *art.* 14. Voyez auſſi ce qui eſt dit à cet égard au titre *De l'Inſtruction criminelle en général*, n. 9.)

SECTION VI.

Devoirs des Rapporteurs.

664. 1°. Ils doivent rapporter les procès criminels, le plus promptement & le plus diligemment que faire ſe pourra. L'Arrêt de la Cour du 24 Septembre 1615, rendu entre le Prévôt des Maréchaux, & les Officiers de Niort, cité par Filleau, *tom.* 1, *part.* 2, *pag.* 123, porte qu'ils ſeront rapportés dans trois jours au plus tard, après que leſdits procès auront été remis aux Rapporteurs.

2°. Pour expédier plus promptement ces procès, les Rapporteurs peuvent retirer les minutes, pour s'en ſervir dans la viſite deſdits procès; mais ils ſont tenus de les remettre au Greffe dans les vingt-quatre heures après le jugement. (Ordonnance 1670, *tit.* 6, *art.* 16.)

SECTION VII.

Devoirs particuliers des Prévôts des Maréchaux, & leurs Lieutenants.

665. Voyez pour les devoirs de ces Officiers, ce qui a été dit ci-deſſus, *n.* 231 *& ſuiv.*

SECTION VIII.

Devoirs des Procureurs du Roi, Procureurs Fiſcaux, & autres parties publiques.

666. 1°. Ils doivent pourſuivre exactement tous ceux qui ſont prévenus de crimes capitaux, ou auxquels il échet peine afflictive; nonobſtant toutes tranſactions & ceſſions de droits faites par les parties; (Ordonnance 1670, *tit.* 25, *art.* 19.) & ce, quand même il n'y auroit pas de partie civile. (*Ibid.*, *tit.* 3, *art.* 8. Voyez auſſi ce qui eſt dit au titre *De l'action qui naît des crimes*, n. 34 & ſuiv.)

Ainsi, *v. g.* comme le vol simple doit être puni de la peine du fouet, suivant l'*art.* 3 de la Déclaration du 4 Mars 1724 ; & que le fouet est non-seulement une peine afflictive, mais même corporelle, (ainsi qu'il a été observé au titre *Des Peines*, n. 60 ;) il s'ensuit que ce crime doit être poursuivi à la requête des Procureurs du Roi, ou de ceux des Seigneurs nonobstant toutes transactions.

667. 2°. Ils ne peuvent par la même raison se désister des poursuites qu'ils ont faites pour raison des crimes qui exigent leur ministere. (Voyez ci-après au titre *De l'action qui naît des crimes*, n. 37.)

3°. Il leur est défendu, ainsi qu'aux Juges, de faire aucunes compositions pour raison des crimes dont ils sont obligés de faire la poursuite ; sous des peines très séveres. (Voyez *ibid.*, n. 36.)

4°. Ils doivent avoir un registre pour recevoir & faire écrire les dénonciations qui leurs sont faites des crimes. (Ordonnance 1670, *tit.* 3, *art.* 6.)

5°. Ils sont tenus de voir par eux-mêmes les requêtes, informations à décréter, & interrogatoires, pour y donner leurs conclusions. (Ordonnance de Blois, *art.* 157.)

668. 6°. Ils doivent user de diligence dans la poursuite des procès. (Ordonnance du 11 Février 1519, *art.* 37.) & faire diligemment les informations, & autres procédures criminelles, & les faire juger promptement. (Ordonnance 1535, *chap.* 2, *art.* 3. Edit du mois de Novembre 1554, pour les Maréchaussées, *art.* 25.)

Et voir par eux-mêmes celles qui sont à décréter ; & non par leurs Substituts. (Ordonnance de Blois, *art.* 157.)

Ils doivent aussi avoir attention de ne rien donner aux témoins, s'il n'est ainsi ordonné par le Juge. (Ordonnance 1670, *tit.* 6, *art.* 13.)

Et voir diligemment les informations & procédures criminelles, pour réciter au long les charges & confessions des parties, dans les cas où il faut plaider les causes des prisonniers & ajournés à comparoître en personne. (Réglement du 24 Mai 1603, pour Bourg en Bresse, *art.* 64.)

669. Mais sur-tout ils doivent bien prendre garde que le secret des informations ne soit jamais divulgué ; ce secret étant absolument essentiel pour la découverte & la punition des crimes ; & avoir attention de le recommander aux Greffiers de leurs Sieges. (Ordonnance de 1670, *tit.* 6, *art.* 15.)

Enfin

Enfin ils doivent être prompts à remettre au Greffe les informations dont ils auront pris communication, & à donner leurs conclusions. L'Edit du mois de Février 1705, rendu pour le Présidial d'Ypres, *art.* 42, porte qu'ils remettront ces informations au Greffe, dans les 24 heures après les avoir reçues.

670. 7°. Tous décrets & jugements, de quelque nature qu'ils soient, doivent être rendus sur leurs conclusions; à l'effet de quoi toutes instructions criminelles doivent leur être communiquées. (Ordonnance de 1670, *tit.* 10, *art.* 1 & 22; *tit.* 7, *art.* 9 & 11; *tit.* 11, *art.* 3 & 4; *tit.* 14, *art.* 17; *tit.* 17, *art.* 12 & 14; *tit.* 16, *art.* 20, 22 & 35; *tit.* 24, *art.* 1; *tit.* 26, *art.* 10; & *tit.* 28, *art.* 8.) Et ils sont tenus d'y donner leurs conclusions incessamment. (Ordonnance de 1670, *tit.* 24, *art.* 1.)

671. 8°. Ils doivent faire exécuter exactement & promptement les décrets & jugements de leur Siege. (Ordonnance du mois de Juillet 1493, *art.* 86. Ordonnance du mois d'Octobre 1535, *ch.* 2, *art.* 20.)

S'ils négligent de suivre cette exécution, les Juges peuvent ordonner ce qui est nécessaire, jusqu'à l'entiere instruction du procès. Et au cas qu'ils refusent de donner des conclusions préparatoires définitives, les Juges, après deux sommations, peuvent ordonner que le procès sera communiqué à l'ancien des Avocats du Roi, &c. (Voyez ce qui est dit à ce sujet ci-après au titre *De la Maniere d'exercer l'action criminelle en général*, n. 152.)

672. 9°. Ils doivent veiller à la sureté des prisons de leur Siege; ainsi qu'à celles des prisons des Justices Seigneuriales de leur ressort. (Voyez ce qui est dit au titre *Des Prisons*, n. 54.)

10°. Ils doivent faire juger les compétences des accusés, dans les trois jours. (Ordonnance de 1670, *tit.* 2, *art.* 15. Voyez aussi ce qui est dit au titre *De la Compétence des Accusés*, n. 10.)

673. 11°. Ils doivent éviter, avec beaucoup d'attention, de faire languir les accusés dans les prisons, en négligeant ou différant de travailler à l'instruction de leurs procès; ces négligences étant toujours à la charge du Domaine, & préjudiciables au bien de la Justice, & même contraires à l'humanité.

12°. Ce sont eux, ainsi que les Parties civiles, quand il y en a, qui administrent les témoins en matiere criminelle; & ils peuvent faire entendre en déposition ceux qu'ils jugent à propos, dans le cas même où il y a une Partie civile. (Ordonnance de 1670, *tit.* 6, *art.* 1.)

674. 13°. Ils peuvent aussi donner des mémoires, ainsi que les Parties civiles, pour interroger l'accusé, tant sur les faits portés par l'information, qu'autres, pour s'en servir par le Juge, ainsi qu'il le jugera à propos. (*Ibid.* tit. 14, art. 3.)

14°. Ils ne peuvent assister à l'instruction des procès criminels des accusés, *v. g.* aux interrogatoires, récolements, confrontations & autres procédures. (Papon, *liv.* 24, *tit.* 5, *n.* 1; & Fontanon en ses Additions au Commentaire de M. Bourdin sur l'article 157 de l'Ordonnance du mois d'Août 1539.)

Il en faut néanmoins excepter la procédure pour crime de faux, à laquelle les Procureurs du Roi doivent assister. (Voyez la nouvelle Ordonnance du Faux, du mois de Juillet 1737, *tit.* 1, *art.* 10.)

675. 15°. Ils ne peuvent pareillement assister à la visite, ou au jugement des procès criminels, ou y donner leurs conclusions de vive voix; excepté au Châtelet de Paris. (Ordonnance de 1670, *tit.* 24, *art.* 2.)

16°. Toutes Sentences définitives intervenues sur procès criminels, soit qu'ils y aient été seuls Parties, ou joints à la partie civile, doivent leur être montrées avant d'être prononcées aux accusés. (Arrêt du Conseil du 31 Août 1689, entre les Officiers du Présidial d'Orléans, *art.* 33. Arrêt de la Cour du 7 Septembre 1660 pour Dreux. Autre du 6 Septembre 1681, contre le Greffier de la Meilleraie.)

Mais cela ne s'observe point pour les jugements en dernier ressort; la Partie publique ne pouvant appeller dans ce cas.

676. 17°. Ils ont l'exécution de toutes les Sentences criminelles. (Ordonnance du mois de Juillet 1493, *n.* 87. Autre du mois d'Octobre 1535, *ch.* 2, *n.* 20.)

18°. Ils doivent avoir communication de tous accords & transactions en matiere criminelle, pour les passer ou contredire sans fraude, ou les débattre, suivant l'article 12 du ch. 2, & l'article 22 du chapitre 5 de l'Ordonnance de 1535; mais cela est inutile aujourd'hui, à cause de la disposition de l'article 19 du titre 25 de l'Ordonnance de 1670. (Voyez *suprà*, n. 666.)

677. 19°. Ils doivent poursuivre l'exécution des confiscations adjugées

au Roi ou aux Seigneurs par des Sentences de condamnation, rendues contre des accusés, ainsi que celles adjugées au profit des Hôpitaux, amendes ou autres sommes prononcées en leur faveur, contre ceux qui se sont battus en duel. (Voyez au titre *Des Peines*, n. 180.)

20°. Ils ne peuvent faire les fonctions de Juges en matiere criminelle, en cas d'absence ou recusation des autres Juges. (Arrêt du 31 Mars 1711, pour le Bailliage de Sceaux, rapporté au Journal des Audiences. Autre du 11 Juillet 1731, rapporté par Lacombe en son Traité des Matieres criminelles, *part.* 2, *ch.* 4, *n.* 14. Autre du 9 Mars 1735, contre le Procureur du Roi de Verberie. Voyez aussi Chenu en ses Réglements, *tit.* 14, *chap.* 90, 91 & 92.)

678. 21°. Dans le cas d'accusation calomnieuse & téméraire de leur part, ils sont tenus des dommages & intérêts des Parties. (Ordonnance de 1670, *tit.* 3, *art.* 7.) A l'effet de quoi ils peuvent être pris à partie, s'ils avoient donné une plainte calomnieuse & sans fondement. (Voyez ce qui est dit à ce sujet au titre *Des Accusations calomnieuses*, n. 15.)

On prétend aussi que les Procureurs du Roi & Fiscaux, peuvent être recusés en matiere criminelle. (Voyez ce que j'ai dit sur cette question dans le Traité de l'Administration de la Justice, au titre *De la Compétence des Juges en général.*)

679. 22°. Quant à leurs devoirs, touchant les frais & dépens des procès criminels, Voyez ce qui est dit au titre *Des Frais & Dépens en matiere criminelle*, n. 34.)

23°. Dans les procès qui sont poursuivis à leur Requête, si l'accusé vient à être absous, ils sont obligés de nommer leur dénonciateur. (Ordonnance d'Orléans, *art.* 73;) sinon ils sont tenus des dommages & intérêts, pour raison de leur téméraire accusation. (Ordonnance de 1670, *tit.* 3, *art.* 7. Voyez aussi ce qui est dit à ce sujet au titre *Des Accusations calomnieuses*, n. 20.)

680. 24°. Les Procureurs du Roi sont tenus d'envoyer aux Procureurs-Généraux de leur ressort, une note de tous les décrets de prise de corps décernés dans leur Siege aussitôt qu'ils auront été rendus; le nom des décrétés, leur domicile, leur retraite & leur signalement, si on les connoît; ensemble tous les six mois un état signé du premier Officier du Siege pour le criminel, & du Procureur du Roi, contenant la datte des décrets, des écroues & recom-

mandations ; les noms, furnoms, qualités & demeures des accufés ; & fommairement le titre de l'accufation, & l'état de la procédure. (Ordonnance de 1670, *tit.* 10, *art.* 20.)

Ils font auffi tenus de veiller à ce que les Procureurs Fifcaux leur envoient, tous les fix mois, un état des décrets, écroues & recommandations de leur Siege. (*Ibid.* art. 20.)

681. 25°. Ils doivent inftruire diligemment les Procureurs-Généraux des Cours où ils reffortiffent, des jugements rendus, même par contumace en leur Siege en matiere de faux, fuivant les articles 65 du titre 1 ; 47 du titre 2 ; & 19 du titre 3 de l'Ordonnance du Faux du mois de Juillet 1737.

Un Arrêt du Parlement de Paris du premier Décembre 1666, rapporté au Journal des Audiences, enjoint à tous les Procureurs du Roi, à peine d'interdiction, de donner avis au Procureur-Général, de tous les grands crimes qui arriveront dans le reffort de leurs Sieges ; & particuliérement de ceux qui feront commis par des perfonnes puiffantes par leur naiffance ou alliance avec les Juges des lieux, dans huitaine après qu'ils feront arrivés, & des diligences qu'ils feront pour en faire faire juftice. Et au cas que les accufés fe trouvaffent parents ou alliés defdits Procureurs du Roi, il enjoint aux Avocats du Roi auxdits Sieges, de faire auxdits cas toutes les requifitions & pourfuites néceffaires pour la vengeance defdits crimes ; en informer pareillement le Procureur-Général, pour en être par lui rendu compte à la Cour, & être par Elle pourvu fur les plaintes qu'il lui en fera, ainfi que de raifon : & ordonne que le préfent Arrêt fera publié & enregiftré dans tous les Bailliages, Sénéchauffées & autres Sieges Royaux du reffort.

682. 26°. Ils doivent veiller à ce que les Greffiers criminels de leurs Sieges, envoient au Procureur-Général, tous les fix mois, fçavoir :

En premier lieu, un extrait vifé par les Lieutenants Criminels & Procureurs du Roi, du Regiftre criminel que doit tenir le Greffier, fur lequel doivent être enregiftrées toutes les procédures faites ou apportées au Greffe, par ordre de dates, tout de fuite, & fans aucun blanc, avec la date de la procédure ; enfemble le nom & la qualité du Juge & de la Partie civile, s'il y en a. (Ordonnance de 1670, *tit.* 6, *art.* 18.)

En fecond lieu, un état des Lettres de grace & remiffion entérinées, avec l'état & procédure des Sentences d'entérinement. (*Ibid.* art. 19.)

En troisieme lieu, les copies des Extraits qui doivent être envoyés dans leurs Greffes par les Greffiers des Prévôts & Châtellenies Royales de leur ressort, & par ceux des Juges de Seigneurs. (*Ibid.* art. 19.)

En quatrieme lieu, les Copies en entier des jugements de compétence & de leurs prononciations. (Déclaration du 5 Février 1731, *art.* 29.)

683. 27°. Ils sont aussi tenus de veiller à ce que les Greffiers des Prévôts & Châtellenies Royales, & des Justices des Seigneurs, envoient l'extrait de leur registre, comme ci-dessus, au Greffe du Bailliage, Sénéchaussée ou Siege Présidial où elles ressortissent. (Ordonnance de 1670, *tit.* 6, *art.* 19.)

28°. Ils doivent donner avis aux Procureurs-Généraux de leur ressort, de tous les prisonniers qu'on transfere dans la Conciergerie, dans le moment de leur départ.

29°. Ils sont aussi tenus d'instruire lesdits Procureurs-Généraux, de la mort, absence, vacance ou mauvaise conduite des Geoliers, pour y pourvoir par le Parlement, suivant les Déclarations du Roi des 11 Janvier & 7 Novembre 1724.

684. 30°. Ils doivent visiter exactement les prisons toutes les semaines, pour y recevoir les plaintes des prisonniers. (Ordonnance de 1670, *tit.* 13, *art.* 35. Voyez aussi ce qui est dit des devoirs des Procureurs du Roi & Fiscaux à cet égard, ci-après au titre *Des Prisons*, n. 51.)

31°. Dans le cas d'absence du Procureur du Roi ou Fiscal, le Juge ne peut commettre pour en remplir les fonctions; mais elles sont dévolues à l'ancien Avocat du Roi, ou autre Avocat du Siege, s'il y en a; sinon au plus ancien Praticien. (Ainsi jugé par Arrêt du 31 Mars 1711 pour le Bailliage de Sceaux, rapporté au Journal des Audiences. Autre du 8 Août 1712, contre le Juge de Lanty. Autre du 22 Juillet 1752 pour Tours, *art.* 11.)

SECTION IX.

Devoirs particuliers des Promoteurs.

685. Voyez ce qui a été dit ci-dessus, (*n.* 529 *& suiv.*)

CHAPITRE IV.

Devoirs des autres Ministres de la Justice, en matiere criminelle.

SECTION PREMIERE.

Des Greffiers-Criminels.

686. 1°. Les Greffiers criminels, tant des Cours que des autres Sieges Royaux, ou des Justices Seigneuriales, doivent avoir un registre où seront enregistrées toutes les procédures qui seront faites ou apportées en leur Greffe, avec la date, ensemble le nom & la qualité du Juge & de la Partie, de suite & sans aucun blanc, sur lequel les Officiers qui doivent prendre communication des pieces, seront tenus de se charger & décharger; pour raison duquel Registre les Greffiers ne peuvent prendre aucuns droits ni frais. (Ordonnance de 1670, *tit.* 6, *art.* 18.)

Les Officiers qui doivent prendre communication des pieces, sont tenus de s'en charger sur ce Registre, qui doit être paraphé en tous ses feuillets par le Juge Criminel dans les Sieges Présidiaux, Bailliages, Sénéchaussées, Maréchaussées, Prévôtés & autres Justices Royales & Seigneuriales. (*Ibidem*, *art.* 18.)

687. 2°. Les Greffiers des Prévôtés Royales, & ceux des Seigneurs, doivent envoyer tous les ans, aux mois de Juin & Décembre, au Greffe du Bailliage ou Sénéchaussée où ressortissent leurs appellations médiatement ou immédiatement, un extrait de leur Registre criminel, dont il leur sera donné décharge sans frais. (Ordonnance de 1670, *tit.* 6, *art.* 19.)

688. Et à l'égard des Greffiers Criminels des Bailliages, Sénéchaussées, Présidiaux & Maréchaussées, ils doivent envoyer tous les six mois aux Procureurs-Généraux des Parlements, chacun dans son ressort, un extrait de leur dépôt, signé d'eux, & visé, tant par les Lieutenants Criminels que par les Procureurs du Roi desdits Bailliages, Sénéchaussées & Sieges Présidiaux; dans lequel ils sont tenus d'insérer en entier la copie des Jugements de compétence, rendus pendant les six mois précédents, & de la prononciation des mêmes jugements, en la forme prescrite par l'article

25 de la Déclaration du 5 Février 1731 ; même l'état des Lettres de grace, ou abolition, entérinées en leurs Sieges, avec les procédures & sentences d'entérinement, & la copie des extraits qui leur auront été remis par les Greffiers des Justices inférieures dans l'année précédente : le tout à peine d'interdiction, ou de telle autre amende qu'il appartiendra. (Ordonnance de 1670, *tit.* 6, *art.* 19. Déclaration du 5 Février 1731, *art.* 29.)

Ces obligations ont été imposées aux Greffiers, afin que les Juges supérieurs puissent connoître si les Juges & autres Officiers de leur ressort font leur devoir, & ne négligent pas les poursuites criminelles commencées en leur Siege.

689. 3°. Il leur est défendu de communiquer les informations & autres pieces secretes du procès, & de se dessaisir des minutes des procédures criminelles, sinon ès mains des Procureurs du Roi, ou de ceux des Seigneurs, pour les remettre au plus tard dans trois jours ; à peine d'interdiction contre le Greffier, *&c.* (Ordonnance de 1670, *tit.* 6, *art.* 15. Voyez aussi au titre *De l'Instruction criminelle en général*, n. 128.)

Il est aussi permis aux Rapporteurs de retirer ces minutes pour s'en servir dans la visite du procès ; à la charge de les remettre au Greffe vingt-quatre heures après. (Même Ordonnance de 1670, *tit.* 6, *art.* 19.)

4°. Il est défendu aux Greffiers de faire par eux-mêmes les interrogatoires des accusés ; à peine de nullité & d'interdiction, tant contre le Juge que le Greffier, & de 500 livres d'amende contre chacun d'eux. (*Ibid.* tit. 14, art. 2.)

690. 5°. Ils sont tenus de prononcer aux accusés, les Arrêts, Sentences & Jugements d'absolution ou d'élargissement, le même jour qu'ils ont été rendus ; & s'il n'y a point d'appel par les Procureurs du Roi, ou de ceux des Seigneurs, dans les vingt-quatre heures, mettre les accusés hors des prisons, & l'écrire sur le Registre de la Géole ; comme aussi d'élargir ceux qui n'auront été condamnés qu'en des peines & réparations pécuniaires, en consignant ès mains du Greffier les sommes adjugées pour amendes, aumônes & intérêts civils ; sans que, faute de paiement d'épices, ou d'avoir levé les Arrêts, Sentences & Jugements, les prononciations, ou élargissements, puissent être différés ; à peine contre le Greffier, d'interdiction, de 300 livres d'amende, dépens, dommages & intérêts des Parties ; à moins que lesdits prisonniers ne soient re-

tenus pour autre cauſe. (Ordonnance de 1670, *tit.* 13, *art.* 29.)

Afin que les Procureurs du Roi, ou des Seigneurs, puiſſent appeller, s'il y a lieu, les Sentences d'abſolution ou d'élargiſſement d'un accuſé, ou qui ne le condamnent qu'en des peines & réparations pécuniaires, doivent leur être montrées ou prononcées. (Voyez au titre *Des Arrêts, Sentences & Jugements en matiere criminelle*, n. 29.)

691. 6°. Les Greffiers ne peuvent prendre, ni faire tranſporter en leur logis, ni même au Greffe, aucuns deniers, meubles, hardes ou fruits appartenants aux condamnés, ou à ceux même contre leſquels il n'y auroit que décret; ni de s'en rendre adjudicataires ſous leur nom ou ſous noms interpoſés, ſous quelque prétexte que ce ſoit; à peine d'interdiction & du double de la valeur. (Ordonnance de 1670, *tit.* 17, *art.* 27.)

Il en faut ſeulement excepter les effets qui peuvent ſervir à conviction, qu'il eſt néceſſaire de dépoſer au Greffe, pour en faire uſage dans l'inſtruction du procès. (*Ibid.* tit. 4, art. 2.)

692. 7°. Lorſque les Sentences rendues contre les accuſés, portent condamnation de peine corporelle, de galeres, de banniſſement à perpétuité, ou d'amende-honorable, ſoit qu'il y en ait appel, ou non, l'accuſé & ſon procès doivent être envoyés enſemble & ſurement aux Cours de Parlement; & il eſt défendu aux Greffiers de les envoyer ſéparément; à peine d'interdiction & de 500 livres d'amende. (Ordonnance de 1670, *tit.* 26, *art.* 6.)

Et ſi la Sentence dont eſt appel n'ordonne point de peine afflictive, banniſſement ou amende-honorable, & qu'il n'y en ait point d'appel interjetté par les Procureurs du Roi, ou ceux des Juſtices Seigneuriales, mais ſeulement par les Parties civiles, le procès doit être envoyé au Greffe du Parlement, par le premier Juge, trois jours après le commandement qui lui en ſera fait, s'il eſt demeurant dans le lieu où le Parlement eſt établi; ou huitaine après, s'il eſt hors du lieu, *&c.* à peine d'interdiction contre le Greffier, & de 500 livres d'amende. (*Ibid.* tit. 26, art. 11.)

693. 8°. Les Greffiers qui auront été commis par les Officiers des Cours, doivent remettre leurs minutes ès Cours qui les ont commis, dans trois jours après la procédure achevée, ſi elle eſt faite au lieu de la juriſdiction, ou dans les dix lieues; & au delà, le délai doit être augmenté d'un jour par dix lieues; à peine de 400 livres d'amende, moitié envers le Roi, & moitié envers la Partie, & de

tous

tous dépens, dommages & intérêts : ce qui doit être exécuté par le Greffier-commis, quoiqu'il n'eût encore reçu les salaires, dont, en ce cas, il doit lui être délivré exécutoire par le Greffier ordinaire, suivant la taxe du Commissaire, qui n'en pourra prétendre aucuns frais. (Ordonnance de 1670, *tit.* 6, *art.* 17.)

SECTION II.

Des Geoliers & Concierges des Prisons.

694. Les principaux devoirs des Geoliers & Concierges des prisons, sont :

1°. De visiter tous les jours les prisonniers, même ceux enfermés dans les cachots.

2°. De les traiter humainement, & de les nourrir avec soin.

3°. De ne point les mettre aux fers, sans ordonnance du Juge.

4°. De leur distribuer exactement les aumônes qui leur sont destinées.

5°. De ne point les laisser vaguer ; de les garder exactement, & de prendre garde qu'ils ne s'échappent.

6°. De ne point les changer de prison.

7°. De ne point leur donner de viande les jours d'abstinence.

8°. D'empêcher que ceux qui sont au cachot, n'aient communication avec les étrangers, ne reçoivent des lettres, & n'en écrivent.

9°. De ne point tirer du cachot ceux qui y sont enfermés, sans ordre du Juge.

10°. De donner aux Procureurs du Roi les noms des prisonniers, & copie des écroues.

Voyez, pour les autres devoirs des Geoliers, Concierges des prisons & Greffiers des Geoles, ce qui est dit ci-après au titre *Des Prisons*, (n. 25 & suiv. ; 44 & suiv.)

SECTION III.

Des Messagers & Conducteurs des Prisonniers.

695. La conduite des prisonniers est confiée aux Fermiers des coches, carrosses & messageries, qui jouissent, à l'exclusion de tous autres,

du droit de transférer les prisonniers dont le renvoi doit être fait d'un Siege à un autre, ou dans la Conciergerie du Palais & ailleurs; ainsi que les procès civils & criminels dont le transport est ordonné. (Arrêt du Conseil du 23 Août 1690. Arrêt du Parlement du 9 Août 1737.)

696. Un autre Arrêt du Parlement du 20 Mars 1690, enjoint aux Messagers, qui seront chargés de la conduite des prisonniers, de les mener avec une escorte suffisante, & de marcher entre deux soleils; à peine d'en répondre. (*Idem* par Arrêt du 17 Août 1747.) Cet Arrêt ordonne, que ceux qui ameneront des prisonniers en la Conciergerie du Palais, prendront leur décharge au Greffe de la Geole de ladite Conciergerie, pour la remettre dans le mois ès mains des Greffiers des Sieges & Jurisdictions des prisons dont ces prisonniers auront été transférés; & que ceux qui transféreront des prisonniers des prisons de ladite Conciergerie en celles des autres Sieges, s'en chargeront sur le Registre de la Geole de ladite Conciergerie, & qu'ils seront tenus de rapporter dans le mois, au Greffier de ladite Geole, un certificat des Geoliers des prisons desdits Sieges, visé par le Juge de la prison & par le Procureur du Roi ou Fiscal, faisant mention du jour que lesdits prisonniers auront été amenés en leurs prisons; pour être ledit certificat remis ès mains du Procureur-Général du Roi; le tout à peine de 500 livres d'amende, *&c.* (Mêmes Arrêts des 20 Mars 1690, & 17 Août 1747.)

697. Un autre Arrêt du 26 Août 1704, ordonne que quand les prisonniers seront transférés des prisons des Sieges du ressort en celles du Parlement, les Procureurs du Roi ou Fiscaux enverront copie de l'acte par lequel les conducteurs des prisonniers s'en seront chargés, contenant les noms, qualités & demeures des conducteurs, & le jour de leur départ; ladite copie signée du Greffier, & ce, dans le jour dudit départ, & par autre voie que celle desdits conducteurs; à peine, contre lesdits Procureurs du Roi & Fiscaux, d'en répondre en leur propre nom.

Les frais & salaires pour la conduite des prisonniers, sont fixés à 14 livres par jour pour chaque prisonnier, à raison de huit lieues en hiver, & dix lieues en été. (Arrêt du Parlement du 12 Janvier 1737.)

698. Les Messagers qui, par négligence, laissent échapper des prisonniers, répondent de cette négligence. (Ainsi jugé par le même

Arrêt du Parlement du 26 Août 1704, qui condamne en cinq ans de galeres le nommé Sergent par contumace, & le nommé Thibaut présent, à être admonesté; pour avoir laissé évader deux prisonniers en chemin, dont l'un avoit été condamné aux galeres, & l'autre au bannissement.)

Le même Arrêt condamne les nommés Cherier, Pean & autres associés de la Messagerie de Chartres, à constituer prisonnier, dans trois mois, ès prisons de la Conciergerie, le nommé Claude Thibaut, que leurs Facteurs qui avoient été chargés de la conduite dudit prisonnier, avoient laissé évader; & ordonne qu'à faute de ce faire dans ledit temps, ils y seront contraints par corps.

SECTION IV.

Devoirs des Exempts, & Archers de Maréchaussée, & de Robe-Courte.

699. Voyez, pour les devoirs des Exempts & Archers de Maréchaussée, ce qui est dit ci-dessus, *n.* 338 *& suiv.* jusques & compris le *n.* 349.)

Et touchant ceux des Exempts & Archers de Robe-courte, Voyez aussi *suprà*, (n. 362 & suiv.)

SECTION V.

Devoirs des Huissiers & Sergents, en matiere criminelle.

700. Les principaux devoirs des Huissiers & Sergents en matiere criminelle, sont :

1°. De ne point différer à mettre à exécution les décrets, & sur-tout ceux d'ajournement personnel & de prise de corps.

2°. Ils ne peuvent emprisonner de leur autorité; (Voyez ce qui est dit au titre *Des Décrets*, n. 75;) si ce n'est dans le flagrant délit. (*Ibid.*; & Ordonnance de 1535, *ch.* 6, *art.* 11.)

3°. Ils ne peuvent ajourner personnellement qu'en vertu d'ordonnance du Juge. (Voyez *ibid.* au titre *Des Décrets*, n. 17.)

4°. Ils doivent conduire incessamment dans les prisons, les accusés qu'ils auront arrêtés, sans pouvoir les détenir dans des maisons particulieres, si ce n'est pendant leur conduite. (Ordonnance de 1670, *tit.* 10, *art.* 16.)

5°. Ils peuvent fouiller les accusés qu'ils emprisonnent ; mais seulement après qu'ils sont en prison. (Voyez ci-après au titre *Des Décrets*, n. 75.)

L'article 7 du titre 13 de l'Ordonnance de 1670, porte qu'ils feront inventaire des effets des accusés qu'ils emprisonnent.

701. 6°. Les Huissiers, Sergents & autres, ne peuvent rien exiger de ceux qu'ils emprisonnent ; à peine de restitution du quadruple, & de vingt livres d'amende. (Voyez *infrà*, au titre *Des Décrets*, n. 76.)

7°. A l'égard de ce que les Huissiers doivent observer, touchant les écroues & recommandations, Voyez *infrà*, au titre *Des Ecroues & Recommandations*, n. 8.

8°. Enfin ils doivent avoir grand soin de veiller à ce que les prisonniers qu'ils ont arrêtés, ne s'évadent point dans la conduite qu'ils en font ; autrement ils sont tenus des dommages & intérêts des Parties. (Arrêt du Parlement de Provence du 4 Décembre 1645, rapporté par Boniface, *tom.* 1, *liv.* 1, *tit.* 21, *n.* 4, qui, pour avoir facilité l'évasion d'un prisonnier pour dette, condamne un Sergent aux dommages & intérêts de la Partie.)

SECTION VI.

Des Exécuteurs des Sentences criminelles de la Haute-Justice.

702. Les Exécuteurs de la Haute-Justice, sont ceux qui exécutent les jugements qui condamnent les criminels à mort, ou à quelque peine afflictive. Ils sont ainsi nommés, parce qu'il n'y a que les Juges Hauts-Justiciers & les Juges Royaux, qui puissent condamner à ces sortes de peines.

Ceux qui exercent ces Emplois, sont Officiers de Justice, & doivent avoir des provisions. Il faut aussi qu'ils soient reçus en Justice, & ils ne peuvent l'être qu'après une information qui constate qu'ils sont de bonne vie & mœurs.

703. Quoique cet emploi soit regardé généralement comme odieux, à cause des fonctions qu'exercent ceux qui les possédent, néanmoins, à considérer ces fonctions en elles-mêmes, elles n'ont rien que de très légitime ; puisqu'elles n'ont pour objet que l'exécution

des ordres de la Justice, & qu'elles concourent à la punition des crimes.

C'est pourquoi ils sont sous la garde de Justice, & il n'est pas permis de leur faire aucune injure ni violence dans leurs fonctions; la Constitution Caroline, *ch.* 97, en a une disposition expresse.

704. Mais ils ne peuvent agir qu'en conséquence des ordres de Justice, émanés d'une autorité légitime; & ils seroient très punissables de prêter leur ministere à une autorité injuste; quand même on employeroit la violence pour les y contraindre. Il y a à ce sujet un Arrêt célebre du Parlement du 27 Août 1594, rendu sur la poursuite de la Dame Denise de Vigni, veuve de Monsieur le Président Brisson, (*a*) contre le nommé Jean Roseau, Exécuteur de la Haute-Justice à Paris, accusé pour raison de l'exécution par lui faite en la personne dudit Sieur Président Brisson, qui fut pendu à Paris le 15 Novembre 1591, par l'ordre de Leclerc nommé Bussi, Chef des Ligueurs révoltés en la ville de Paris. Car quoiqu'il alléguât pour sa défense, qu'il avoit été mandé au Petit-Châtelet où il fit l'exécution, sans sçavoir à quelles fins, & qu'il y avoit été contraint par les menaces dudit Leclerc, & des nommés Arnoux, Louchard & Ameline, qui avoient prononcé cette condamnation, & qui ne lui permirent pas même d'aller chercher chez lui ce qui étoit nécessaire pour faire cette exécution, de peur qu'il ne se sauvât, ainsi qu'il disoit avoir intention de faire; néanmoins il fut condamné à subir le même genre de mort que Monsieur le Président Brisson, & fut pendu comme vrai homicide; & cela avec justice, & comme il le méritoit en effet.

705. Lorsque les Exécuteurs de la Haute-Justice exécutent des ordres de Justice, ils doivent se conformer exactement aux dispositions des Arrêts, Sentences & autres Jugements; & les exécuter de point en point, sans s'en écarter en aucune maniere.

Ils doivent aussi avoir grand soin, en exécutant ces Jugements, de se comporter avec toute la prudence nécessaire; de ne point agir par aucun motif de vengeance particuliere dans la punition des coupables; & de ne les point faire souffrir avec trop de cruauté dans la maniere de les exécuter; à peine d'être punis eux-mêmes très sévérement.

(*a*) Voyez les Notes de Duchat sur la Satire Menippée, *tom.* 2, *pag.* 387; & Pasquier en ses Lettres, *Lettre* 27, *tom.* 2, *pag.* 320.

Lorsque le condamné vient à mourir subitement, sans avoir éprouvé son supplice, ils doivent consulter les Juges qui assistent à l'exécution, pour sçavoir comment ils se comporteront à l'égard de ce condamné.

706. Il en est de même, lorsqu'en exécutant un criminel condamné à la potence, la corde vient à se rompre. On peut voir à ce sujet Mornac, *ad L. addictos, Cod. de Episcopali audientiâ.*

Si le condamné a quelque déclaration à faire avant son supplice, ils doivent aussi en avertir les Juges.

Ils ne peuvent, en aucune maniere, disposer des cadavres des condamnés à mort, ni les mutiler; mais ils doivent les exposer entiers, & tels qu'ils sont, aux fourches patibulaires, & dans les lieux ordinaires ou accoutumés; à moins que la Justice ne leur donne des ordres contraires.

707. Pour dédommager les Exécuteurs de la Haute-Justice, des peines attachées à leurs fonctions, ils jouissent ordinairement, dans les villes où ils sont établis, d'un droit qu'on appelle *Droit de Havée*, qui consiste à percevoir un certain impôt sur toutes les denrées qui s'apportent aux marchés du lieu, & quelquefois des autres villes dépendantes du ressort de la Justice principale où ils sont établis. Il y a à ce sujet un réglement pour le Châtelet de Paris, qui se trouve dans le Recueil de Joly, *tom.* 2, *pag.* 946; & dans celui de Fontanon, *tom.* 1, *pag.* 228 de la seconde édition. Il y en a aussi plusieurs pour Orléans en date des 26 Avril 1624, 16 Août 1656, 29 Novembre 1684, & 11 Juin 1699, en vertu d'Ordonnances rendues au Bailliage de cette ville. Le principal de ces Réglements est celui du 11 Juin 1656.

708. Outre ce droit, ils sont payés à chaque fois de leur exécution; & il y a aussi des Tarifs & Réglements à ce sujet. Celui pour Orléans est composé de 14 articles, & a été arrêté au Conseil. Il se trouve dans un Recueil d'Arrêts du Conseil & d'Instructions pour la taxe des frais de Justice, imprimé à Orléans en 1746, *in*-4°. contenant 20 pages.

709. On prétend que quand il n'y a point sur le lieu, d'Exécuteur, pour exécuter les jugements portant condamnation de mort, ou à quelque autre peine afflictive, & qu'on ne peut en faire venir d'un autre endroit, les Juges peuvent alors, à cause de la nécessité publique, contraindre quelque personne vile, ou de la lie du peuple, à en faire les fonctions, en lui payant un salaire convenable. (C'est

ainsi que le pense Bartole sur la L. fin. §. *Titius*, n. 3, D. *de pign. act.* & de plusieurs autres Jurisconsultes. Voyez aussi Jul. Clarus, *qu.* 99, *n.* 4.)

D'autres disent qu'on peut alors prendre, pour faire les fonctions d'Exécuteur, un homme condamné aux galeres.

Je crois que si cela arrivoit, tout ce que pourroient faire les Juges, est de faire offrir par un Crieur, une certaine somme à celui qui voudroit se présenter pour faire l'exécution.

710. Quelquefois on condamne les accusés prévenus de crimes, à servir d'Exécuteurs. Il y en a eu un exemple au Parlement de Bordeaux en l'année 1674. Par Arrêt de cette Cour du 13 Avril de ladite année, un particulier prévenu d'homicide, fut condamné, sur sa requête, à servir d'Exécuteur pendant toute sa vie. (Voyez la Peyrere, édition de 1706, *lettre* F, *n.* 40, & édition de 1717, *pag.* 128; & Brillon en son Dictionnaire des Arrêts au mot *Exécuteur*, où il rapporte un Arrêt du 13 Avril 1674; Voyez aussi Gregor. Tolos., lib. 31, *in syntagmate juris*, cap. 38.) (*a*)

Les habits de ceux qui sont condamnés à mort, & exécutés, appartiennent à l'Exécuteur de la Haute-Justice. (Voyez ci-après au titre *Des Arrêts, Sentences & Jugements*, n. 82.)

SECTION VII.

Devoirs des Plaignans, Accusateurs, & Dénonciateurs.

711. (Voyez ce qui est dit ci-après au titre *Des Plaintes, Accusations, & Dénonciations*, n. 4 & 6.)

(*a*) Au procès fait au Comte de Chalais, qui eut la tête tranchée à Nantes en 1626, le 19 Août, comme il ne se trouva point d'Exécuteur à Nantes, ni aux environs, pour exécuter le jugement, le Roi commanda qu'on se servît d'un criminel qui étoit dans les prisons de Nantes, & qui devoit être condamné à mort quelque temps après, lui promettant la vie s'il vouloit décapiter le Comte; ce qu'il fit. (Journal du Cardinal de Richelieu, *tom.* 1, *pag.* 226; Voyez aussi Julius Clarus, *qu.* 99, *n.* 4; & aux additions, *qu.* 99, *n.* 3.)

En 1709, le Prévôt de la Maréchaussée d'Autun, ayant condamné à mort, avec les Officiers du Siege de Montcenis, cinq ou six voleurs, il en choisit l'un d'eux nommé Niniole, qui pendit les autres, dont quelques-uns étoient ses proches parents.

SECTION VIII.

Devoirs des Accusés.

712. (Voyez ce qui est dit ci-après au titre *Des Interrogatoires des accusés*; & au titre *De l'Instruction criminelle en général*, n. 134.)

SECTION IX.

Devoirs des Témoins.

713. (Voyez ce qui est dit à ce sujet au titre *Des Informations des témoins*, n. 7 & suiv.)

SECTION X.

Devoirs des Médecins, Chirurgiens, Matrones, & autres Experts.

714. 1°. Les Médecins, Chirurgiens, Matrones, & autres Experts, doivent rédiger leurs rapports d'une maniere claire & intelligible. Ainsi ils doivent avoir une grande attention à n'omettre aucune des circonstances nécessaires pour cet éclaircissement, & ils doivent rendre raison de leur jugement, & de tout ce qui est contenu dans leur rapport; sur-tout si leur jugement est fondé sur les principes de leurs connoissances, & sur les regles de leur Art.

2°. Ils doivent rédiger ce rapport dans une exacte vérité, en n'omettant rien de tout ce qui peut aller à la charge, ou à la décharge de l'accusé.

3°. Ils doivent signer leur rapport, & le remettre ensuite au Greffe, pour être joint au procès. (Ordonnance 1670, *tit.* 5, *art.* 2.)

715. 4°. Les Médecins, Chirurgiens, Sages-Femmes, & autres Experts, ne peuvent refuser leur ministere, quoique sur la simple réquisition des parties; & encore moins lorsqu'ils sont nommés par Justice. (Voyez ce qui est dit ci-après au titre *Du corps de délit, & de la maniere de le constater*, n. 58.)

5°. Ils ne doivent recevoir, ni par eux, ni par leurs domestiques, aucuns présents des parties, ni souffrir qu'ils les défraient; à peine de concussion. (Ordonnance 1667, *tit.* 21, *art.* 15.)

6°.

6°. Les Médecins, Chirurgiens, & autres Experts, qui font de faux rapports, doivent être punis à l'arbitrage du Juge, suivant les circonstances. (Voyez ce qui est dit à ce sujet au titre *Du Faux*, n. 26.)

Voyez encore pour les autres fonctions & devoirs des Experts, ce qui est dit au titre *Du corps de délit, & de la maniere de le constater*, n. 38 & suiv.)

SECTION XI.

Devoirs des Avocats & Procureurs, & autres Conseils des Accusés.

716. Les Avocats, Procureurs, & autres personnes qui sont données pour conseil aux accusés, doivent faire tout ce qui est nécessaire pour la défense de ces accusés; leur suggérer les moyens de droit, & autres résultants des actes & de la qualité du délit; donner les moyens de reproches qui peuvent avoir lieu contre les témoins; leur fournir tout ce qui est nécessaire contre la déposition de ces mêmes témoins; proposer les recusations, les faits justificatifs, *&c.* présenter des requêtes & mémoires pour obtenir des délais; faire annuller la procédure, & autres actes semblables.

Voyez au surplus pour ce qui regarde les fonctions & devoirs de ces personnes, ce qui est dit ci-après, au titre *De la maniere d'exercer l'action criminelle en général*, (n. 126 & 132.)

SECTION XII.

Devoirs des Curateurs, & Interprêtes.

717. 1°. Les Curateurs, à l'égard des sourds & muets, & des accusés qui n'entendent pas la Langue Françoise, doivent rendre ou répéter fidélement tout ce que l'accusé leur aura fait entendre. A l'égard des Curateurs au cadavre, ou à la mémoire, ils doivent faire tout ce qui est naturel & ordinaire aux accusés, & ne rien alléguer que ce qu'il est vraisemblable que l'accusé auroit lui-même allégué pour sa défense. Ils doivent aussi ne rien avancer que ce qu'ils sont en état de prouver & justifier; mais ils ne peuvent préjudicier à celui dont ils prennent la défense, soit en avouant le crime, ou autrement.

2°. La fonction de Curateur, est libre; & celui qui est nommé à cette fonction, peut refuser de l'accepter.

Voyez au surplus pour les fonctions, devoirs & droits des Curateurs, ou Interprêtes, ce qui est dit au titre *De la maniere d'exercer l'action criminelle en général* (n. 130.); & aux titres *De la maniere de faire le procès aux sourds & muets; aux étrangers qui n'entendent pas la Langue Françoise; & au cadavre, ou à la mémoire d'un défunt*, ci-après, *part.* 3, *liv.* 2, *chap.* 4, *tit.* 27, 28 & 30.

TITRE II.

CHAPITRE PREMIER.

De la Compétence des Juges en général ; & comment elle se regle en matiere criminelle.

1. ON appelle *Compétence* en matiere criminelle, le pouvoir qu'a un Juge de connoître d'un crime, soit privativement à tout autre Juge, soit concurremment avec d'autres.

On comprend ici sous le mot de *Crimes*, tous délits pour lesquels on peut rendre plainte en Justice, soit que ces délits soient graves ou légers ; & en général toute action qui peut être poursuivie criminellement.

La compétence en matiere criminelle, se regle, 1°. par le lieu du délit ; c'est-à-dire, par le lieu où le crime a été commis : 2°. par le domicile de l'accusé : 3°. par le lieu de la capture.

2. Il faut observer que la compétence du Juge criminel, dépend de la maniere dont la plainte est libellée, & non de la déposition des témoins, qui d'ailleurs dans leurs récolements, peuvent déposer d'une maniere conforme à la plainte ; attendu qu'ils peuvent ajouter à leurs dépositions.

Mais il n'en est pas de même de la compétence établie par la qualité des parties. Celle-ci, à la vérité, se regle d'abord par la plainte ; mais si elle est contestée, il faut la prouver par témoins, ou autrement.

SECTION PREMIERE.

De la Compétence des Juges, par rapport au lieu du délit.

3. 1°. La connoissance des crimes appartient aux Juges des lieux où ils ont été commis ; & l'accusé y doit être renvoyé, si le renvoi en est requis. C'est la disposition précise de l'article 1. du titre 1 de l'Ordonnance de 1670.

Les Juges dont il est parlé dans cet article de l'Ordonnance, sont les Juges ordinaires; comme sont les Juges de Seigneurs, les Prévôts, Vicomtes, Châtelains, & autres qui ont la connoissance du criminel; & non les Juges extraordinaires, comme sont les Lieutenants de Police, *&c.*; si ce n'est dans quelques cas dont la connoissance leur est attribuée. Cet article ne regarde pas non plus les Juges qui n'ont la connoissance que du civil; & c'est par cette raison que les Lieutenants-civils des Bailliages & des Sénéchaussées, n'ont pas la connoissance des délits qui se commettent dans les prisons, quoiqu'ils aient la connoissance de la Police de ces mêmes prisons, suivant l'article 21 de l'Arrêt du premier Septembre 1717, servant de réglement pour les prisons du ressort du Parlement de Paris. Voyez aussi ce qui a été dit à ce sujet au titre *De la Compétence des Juges en matiere criminelle*, n. 83.)

4. Cette connoissance des crimes, attribuée ici par l'Ordonnance au Juge du lieu du délit, est conforme à l'Ordonnance de Moulins du mois de Février 1566, *art.* 35, qui porte que la connoissance des crimes appartiendra aux Juges des lieux où le délit a été commis, quoique le délinquant n'ait pas été pris au lieu du flagrant délit. Ce qui est aussi conforme à la Novelle 69 & à la L. 7, §. *pen.* & *ult.* D. *de accusationibus*, qui portent que les crimes doivent être punis dans la province où ils ont été commis; & cela a été ainsi établi, afin que la punition du crime se fasse, pour l'exemple, dans le lieu où il a été commis; & aussi afin de faire plus facilement & à moins de frais, la preuve du crime.

L'article 19 de l'Ordonnance de Roussillon du mois de Janvier 1563, exigeoit le concours de deux conditions pour établir la compétence du Juge par rapport au lieu du délit; sçavoir, 1°. que le crime y eût été commis. 2°. Que l'accusé y eût été arrêté; mais cette disposition a été changée par l'article 35 de l'Ordonnance de Moulins qui vient d'être citée.

5. La connoissance dont parle ici l'Ordonnance, donne nonseulement au Juge le droit d'instruire pour raison du crime; mais aussi le droit de consommer cette procédure, en jugeant définitivement ce crime, & en infligeant à l'accusé la peine qu'il mérite.

Il faut cependant observer que cette connoissance n'est point attribuée au Juge du lieu du délit, par exclusion & privation à tout autre Juge; mais seulement par prévention. L'effet de cette prévention, est de donner au Juge du lieu du délit, le droit de requérir le renvoi de l'affaire à tout autre Juge qui en seroit saisi, & qui pourroit d'ailleurs en connoître sans cette revendication ou renvoi; par exemple, au Juge du domicile, ou à celui de la capture, dans le cas où ce dernier peut en être juge, ainsi qu'il sera dit ci-après, *n.* 27. Et c'est ce qui résulte évidemment de ces termes, *Si le renvoi en est requis*, portés en l'article 1 du titre 1 de l'Ordonnance de 1670; qui prouvent que si le renvoi du crime n'est pas requis, un autre Juge que celui du lieu du délit, pourra alors en connoître; *v. g.* le Juge du domicile de l'accusé, ou de sa capture, comme on le verra ci-après.

6. 2°. Si l'on ignore l'endroit où le délit a été commis, & qu'il y ait à ce sujet conflit entre deux Juges voisins; ou s'il y a contestation sur le lieu de la jurisdiction, il faut avant tout, que celui qui requiert le renvoi, prouve que le crime a été commis en sa jurisdiction; sinon, celui qui aura prévenu, sera préféré. (Voyez la Coutume de la Marche, *ch.* 3, *art.* 21; & celle d'Auvergne, titre des renvois, art. 9; *Ita etiam*, Baldus *in* L. *si vero*, §. *quod si ex mediano*, D. *de his qui ejec. vel offend.* & *in* L. 2, Cod. *ubi de crimine agi oporteat*; *Ita etiam* Jul. Clarus, *qu.* 38, *n.* 11; & Farin. *qu.* 7, *n.* 51.)

7. 3°. Si le délit est commis sur une riviere qui sépare deux jurisdictions, quelques-uns prétendent que c'est au plus diligent des deux Juges, à en connoître. *Ita*, Pontanus sur l'article 17 de la Coutume de Blois; Tronçon sur l'article 68 de la Coutume de Paris; & Basnage sur l'article 13, titre 1 de la Coutume de Normandie, page 66; *Ita etiam* Bartolus *in* L. 1, Cod. *de Class.* L. 11; Boerius, *cons.* 24, *n.* 14; & Decianus *in tractatu criminum*, tom. 1, lib. 4, cap 17, *n.* 29; où ces Auteurs disent, que si un crime est commis sur la mer, ce sera au Juge du lieu le plus proche, adjacent à l'endroit où le crime a été commis, qui en doit connoître. Il en est de même des noyés trouvés sur le rivage; c'est au Juge ordinaire de l'endroit où est trouvé le cadavre.

8. Quand un homme est trouvé mort sur les confins de deux jurisdictions, quelques-uns prétendent que la connoissance en appartient au Juge dans la jurisdiction duquel est la tête; parce que c'est la principale partie du corps humain; & d'autres, que c'est au Juge du lieu où les pieds du cadavre sont situés. Mais il paroît

plus naturel en ce cas, de dire que c'est celui qui a prévenu, qui doit en connoître.

9. 4°. Si le crime a été commis en deux Justices différentes; comme dans le cas de celui qui, étant dans le territoire d'une justice, tireroit un coup de fusil, & tueroit une personne qui seroit dans une autre jurisdiction, alors les deux Juges en peuvent connoître concurremment, & celui qui prévient, est préféré. (*Ita* Jul. Clar. *qu.* 38, *n.* 9; Farin. *qu.* 7, *n.* 46; d'Argentré sur la Coutume de Bretagne, *art.* 12, *note* 2, *n.* 1; & Legrand sur la Coutume de Troyes, *art.* 2, *gl.* 4, *n.* 24 & 25.)

Pour moi, il me semble que ce doit être le Juge du lieu où la personne est tuée, qui doit connoître du délit, à cause de la visite du cadavre, qui ne pourroit être faite par le premier Juge hors son ressort; ou du moins qu'il y a lieu au renvoi devant le Juge du lieu où est le cadavre, si ce renvoi est requis.

10. 5°. Dans les crimes successifs; comme par exemple, si quelqu'un blesse une personne dans l'étendue d'une justice, & qu'ensuite il la poursuive & la tue dans une autre Justice; ou qu'après l'avoir liée dans l'étendue d'une Justice, il aille la dépouiller & voler dans une autre; alors chacun des deux Juges en pourra connoître. (*Ita*, Farin. *qu.* 7, *n.* 45.)

De même, dans le crime de rapt, l'opinion commune est que tous les Juges, tant celui de l'enlevement, que ceux des différents lieux par où passe le ravisseur avec la personne ravie, sont en droit d'en connoître. (*Ita* Farin. *qu.* 7, *n.* 7; d'Argentré sur la Coutume de Bretagne, *art.* 12, *note* 2, *n.* 1; & Legrand sur la Coutume de Troyes, *art.* 2, *gl.* 4, *n.* 24 & 25. C'est ainsi que s'en explique M. Pussort sur l'article 1 du titre 1 du Procès-verbal de l'Ordonnance de 1670, *pag.* 6. Voyez aussi la Loi 1, *in fine*, Cod. *de raptu virginum*; & Balde, *in L. si quis non dicam rapere*, col. 5, Cod. *de Episcop. & Cler.*)

11. Cependant il paroît plus régulier (à ne considérer la compétence que du côté du lieu du délit), de dire que c'est au Juge du lieu de l'enlevement, ou du moins à celui du viol ou de la séduction consommée, à connoître du crime; & non aux différents Juges des lieux par où le ravisseur a passé. C'est ainsi que le pense Farinacius, *quæst.* 7, *n.* 45. Voyez aussi d'Argentré sur la Coutume de Bretagne, *art.* 12, *note* 2, *n.* 1.) Ce qui doit

cependant s'entendre en ce sens, que le Juge du lieu de l'enlevement ou du viol, a la prévention sur les autres Juges des lieux par où le ravisseur a passé, qui peuvent à la vérité en connoître, mais seulement au défaut du premier. (Ainsi jugé par Arrêt de la Tournelle du 5 Mars 1724.)

12. 6°. Dans les crimes commis successivement par deux ou plusieurs personnes, comme dans un mandat exécuté; *v. g.* si l'on donne commission dans un lieu pour tuer une personne dans un autre, la regle générale est que c'est le Juge du lieu où le mandat reçoit son exécution, qui en doit connoître; 1°. parce que le crime du mandant & celui du mandataire ne forment ici qu'un seul & même délit, qui est celui commis par le mandataire: 2°. parce qu'il est vrai de dire que le lieu du délit, est celui où se fait l'homicide, & non celui où se fait le mandat; puisque le mandat ne fait pas le crime, & qu'il marque seulement une intention de le commettre; au-lieu que la consommation du délit, est l'exécution de la volonté, qui attire tout ce qui précede l'effet, & qui par conséquent rend, non-seulement le mandataire, mais encore le mandant, sujets, pour raison de ce délit, à la jurisdiction du lieu où il a été commis.

13. Farinacius, (*qu.* 7, *n.* 49, distingue sur cette question, si le crime est du nombre de ceux qu'on appelle *atroces*, & qui méritent d'être punis d'une peine extraordinaire, quand même ils n'auroient point été suivis d'exécution. Il pense que dans ce cas le mandant & le mandataire peuvent être punis l'un & l'autre dans le lieu où le mandat a été donné.

Si le crime est du nombre de ceux pour lesquels le simple mandat & la simple volonté sont punis de la peine ordinaire, quoique non suivis d'exécution; comme dans les crimes de leze-majesté, d'assassinat prémédité, *&c.* cet Auteur prétend pareillement que le mandant, & le mandataire qui a accepté le mandat, peuvent être punis par le Juge du lieu du mandat; parce que relativement à la peine, il est vrai de dire que le délit a été commis dans le lieu du mandat, sans considérer si ce mandat a été suivi, ou non, d'exécution.

14. S'il s'agit au contraire de crimes pour lesquels le simple mandat & la simple intention ne sont point punissables de la peine ordinaire, lorsque cette volonté, ou ce mandat, n'ont point été suivis d'exécution, Farinacius prétend que dans ce cas, si le mandant est sujet à la jurisdiction du lieu où le mandat a été donné, il pourra

y être puni, comme il peut aussi l'être dans l'endroit où le délit a été exécuté. Mais si celui qui a donné le mandat, n'étoit pas domicilié dans l'endroit où le mandat a été donné, cet Auteur pense que le Juge de ce lieu pourra aussi connoître du délit; sur-tout s'il y a une partie civile qui ait donné la plainte devant ce Juge, & que le renvoi ne soit pas requis par le Juge du lieu du délit. Il ajoute même que si le Juge du lieu du délit, requiert alors le renvoi, le Juge du lieu du mandat, qui a prévenu, ne doit point l'accorder, sans avoir auparavant consulté le Juge supérieur.

15. La regle qui vient d'être établie, doit pareillement avoir lieu à l'égard des crimes qui sont médités ou préparés dans un lieu, & exécutés dans un autre. (Farin. *qu.* 7, *n.* 49.)

Mais à l'égard des crimes exécutés dans un lieu, & ratifiés dans un autre, la regle générale est que c'est le Juge du lieu où le délit a été commis, qui en doit connoître. (Farin. *ibidem*, qu. 7, n. 49.)

En matiere de libelle, le Juge du lieu où il est trouvé, peut en informer & juger. (Ainsi jugé par Arrêt du Parlement de Dijon du 30 Septembre 1616, rapporté par Bouvot en son Epitome sur la Coutume de Bourgogne, édition de 1632, *pag.* 116.)

SECTION II.

De la Compétence des Juges, par rapport au domicile de l'accusé.

16. 1°. Le Juge du domicile d'un accusé, peut aussi connoître des crimes de cet accusé, quoique commis hors l'étendue de sa jurisdiction. (Ordonnance de Moulins, *art.* 36; Guy-Pape, *qu.* 202, *n.* 1; Decianus, *in tractatu criminum*, lib. 4, cap. 16, n. 1; Jul. Clarus, *qu.* 39, *n.* 3; Farin. *qu.* 7, *n.* 1 & 38; Coutume de Montfort, *ch.* 17, *art.* 184; Theveneau sur les Ordonnances, *liv.* 5, *tit.* 2, *art.* 1. Ce qui résulte aussi de la disposition de l'article 1 du titre 1 de l'Ordonnance de 1670, ainsi qu'on l'a observé ci-dessus, n. 5;) & ce qui est conforme à la disposition du droit. Voyez la Loi 1 & 2, Cod. *ubi de crimin. agi oporteat, & ibi doctores*; la Loi 1, D. *de interd. & releg.* & la Loi *relegat.* §. *interdicere autem & ibi gloss.* D. *eod. tit.* A ces autorités, on peut encore ajouter celle de Covarruvias *Practic. qu. cap.* 11, *n.* 6; d'Airault en sa Pratique Judiciaire, *liv.* 1, *part.* 4, *n.* 11, *pag.* 67; de Mazuer, *tit.* 8 des Renvois,

Renvois, *n.* 4; & d'Imbert, *liv.* 3, *ch.* 6, *n.* 2. J'ai vu aussi un Mémoire écrit de la main de M. Joly de Fleuri ancien Procureur-Général, où il établit comme une maxime constante, que le Juge qui peut connoître d'une accusation, n'est pas seulement le Juge du lieu du délit, mais aussi celui du domicile.

Le Juge du domicile dont il s'agit ici, est celui où l'accusé a son domicile au temps de la plainte ou demande; quand même cet accusé auroit eu un autre domicile au temps du délit par lui commis. (d'Argentré sur l'art. 9 de la Coutume de Bretagne, *note* 2, *n.* 2.)

17. 2°. Le Juge du domicile, peut connoître du crime d'un accusé; non-seulement sur la plainte de la Partie offensée, mais encore d'office, ou sur l'accusation de la Partie publique. Car il est intéressant pour la République & les Magistrats préposés pour l'administration de la Justice, de purger la Province des citoyens qui la deshonorent par leurs crimes; ou du moins de les punir de quelques peines exemplaires; de peur que ces mêmes crimes, demeurant inpunis, ceux qui les ont commis, ne se portassent à en commettre encore de plus grands, & que leur exemple ne vînt à corrompre les autres citoyens. (Voyez Covarruvias *Pract. qu. cap.* 11, *n.* 6. *Ita etiam* Jul. Clarus, *qu.* 39, *n.* 4, où il agite amplement cette *qu.* 7; & c'est aussi ce qui résulte évidemment de l'article 1 du titre 1 de l'Ordonnance de 1670, à cause de ces mots: *ou aux frais de la Partie civile, s'il y en a*; car il s'ensuit, par une conséquence nécessaire, que n'y ayant point de Partie civile, & le renvoi n'étant pas requis, le Juge du domicile peut connoître du crime, même *per viam inquisitionis*, c'est-à-dire, d'office, ou sur la plainte de la Partie publique.

18. 3°. Le Juge du domicile ne connoît des crimes commis hors son ressort par l'accusé, qu'à la charge du renvoi devant le Juge du lieu du délit, au cas qu'il en soit requis. (Ordonnance de 1670, *tit.* 1, *art.* 1.)

Mais il faut observer que pour qu'il y ait lieu dans ce cas au renvoi, il faut qu'il soit requis par le Juge du lieu du délit, & qu'il ne suffiroit pas que ce renvoi fût demandé par l'accusé; ce qu'indique assez le mot *requis*, employé par l'Ordonnance dans cet article 1 du titre 1, qui ne peut convenir qu'au renvoi demandé par le Juge. Cette conséquence résulte aussi des termes qui sont à la fin de ce même article 1, & de l'article 6 de ce même titre, où il eſt dit que *s'il n'y a point de Partie civile, le priſonnier ſera transféré aux frais du Roi, ou des Seigneurs.* Car ſi le renvoi pouvoit être demandé par l'accuſé, les frais de ce renvoi & ceux du tranſport, devroient être payés par lui, du moins quand il le peut; comme il eſt établi dans tous les cas où il ſe fait quelque procédure en faveur de l'accuſé: (Voyez-en des exemples dans l'article 19 du titre 17, & dans l'article 7 du titre 28 de l'Ordonnance de 1670.) au-lieu que l'Ordonnance, en ces deux articles 1 & 6, porte ſeulement que les frais du tranſport de l'accuſé, ſeront payés par la Partie civile; & à ſon défaut, par le Roi, ou par les Seigneurs Hauts-Juſticiers.

19. D'ailleurs, il eſt évident que le droit attribué ici par l'Ordonnance aux Juges du lieu du délit, de connoître par prévention, & préférablement à tous autres Juges, des crimes commis en leur reſſort, n'a été introduit que par des motifs qui ne peuvent jamais regarder l'accuſé; c'eſt-à-dire, 1°. afin d'avoir plus facilement la preuve du crime qui ſe fait, & plus promptement & à moins de frais, ſur les lieux: 2°. parce que la tranquillité & l'ordre public, ayant été troublés dans l'endroit où le délit a été commis, & l'offenſe ayant été faite principalement aux Magiſtrats de ce lieu, auxquels la vengeance des crimes a été confiée, il eſt juſte que ce ſoit à eux à en faire la punition: 3°. parce qu'il eſt de l'intérêt public que les crimes ſoient punis dans l'endroit où ils ont été commis, à cauſe de l'exemple; afin d'empêcher les autres de tomber dans de ſemblables crimes, par la crainte d'un pareil châtiment. Or toutes ces raiſons ceſſent à l'égard de l'accuſé, à qui au contraire cette facilité de preuve ne peut être que préjudiciable. C'eſt ainſi que le penſe Farinacius, tom. 1, qu. 7, *de juriſdict. competente circa delicta.* En effet, toutes les fois que cet Auteur parle du cas où le renvoi doit être fait, ſoit par le Juge de la capture, ſoit par celui du domicile de l'accuſé, au Juge du lieu du délit, il n'entend jamais parler que du renvoi qui eſt requis par le Juge qui en doit connoître, & non du cas où l'accuſé demanderoit ſon renvoi au Juge de la capture, ou au Juge du domicile qui a prévenu; parce que cet Auteur ſuppoſe que dans tous ces différents cas, le renvoi ne peut être demandé par l'accuſé, mais ſeulement par le Juge du lieu du délit. (Voyez Farinacius, *ibid.* qu. 7, n. 14 & 23. Jul. Clarus, *lib.* 5 *ſententiarum*, §. *ult. qu.* 38, *n.* 19, ſuppoſe la même choſe. Voyez auſſi Covarruvias, *pract. qu. cap.* 11.)

20. Si le Juge qui est saisi de l'accusé, est totalement incompétent pour connoître du crime, & qu'il ne soit juge, ni du lieu du délit, ni du domicile de l'accusé, ni du lieu de la capture, l'accusé pourra demander son renvoi devant le Juge du lieu du délit, ou de son domicile. (*Ita* d'Argentré sur l'article 14 de la Coutume de Bretagne, *note* f.)

Quand le renvoi peut être requis par le Juge du lieu du délit, il peut être demandé en tout état de cause; mais si ce Juge étoit d'un autre Royaume, il n'y auroit pas lieu au renvoi, & même le Juge saisi de l'accusé, pourroit connoître du crime, pourvu que ce Juge saisi, fût d'ailleurs compétent; *v. g.* s'il étoit Juge du domicile de l'accusé, ou du lieu de la capture. (Farin. *qu.* 7, *n.* 25 & 30.)

21. Le Juge du domicile n'est pas non plus obligé de renvoyer au Juge du lieu du délit, même quand il en est requis, la connoissance des crimes dont les accusations sont incidentes & connexes à une accusation principale dont ce Juge du domicile seroit saisi. (Voyez ce qui est dit ci-après, *n.* 251 *& suiv.* à l'article des crimes dont tous les Juges en général peuvent connoître incidemment, *ratione connexitatis*.

Si une personne vouloit se porter Partie civile dans une affaire criminelle poursuivie d'office par le Juge du domicile de l'accusé, il ne paroît pas qu'elle pût demander que l'affaire fût renvoyée devant le juge du lieu du délit; mais je crois que celui qui veut ainsi se porter partie civile, & faire renvoyer l'affaire devant le Juge du lieu du délit, doit donner sa plainte devant le dernier Juge, lequel en ce cas demandera au Juge du domicile de l'accusé, que l'affaire soit renvoyée pardevant lui.

22. Il faut aussi observer que si le crime est poursuivi civilement devant le Juge du domicile de l'accusé, il n'y a pas lieu au renvoi; (Covarruvias, *pract. qu. cap.* 11, *n.* 7; Jul. Clarus, *qu.* 38, *n.* 24; Farin. *qu.* 7, *n.* 37.) à moins que l'accusé ne fût poursuivi criminellement pour le même crime devant le Juge du lieu du délit.

23. 4°. Il y a certains crimes pour lesquels il faut nécessairement se pourvoir devant le Juge du domicile de l'accusé. Ainsi:

L'adultere doit se poursuivre devant le Juge du domicile du mari; & la femme ne seroit pas écoutée en ce cas, à demander son renvoi devant le Juge du lieu du délit; ce qui est fondé sur ce que l'adultere n'est point un crime public, & qu'il n'est crime, quant à la punition judiciaire, que relativement au mari, & à l'injure qui lui est faite. Il en seroit autrement, si le mari favorisoit la débauche de sa femme ; car alors cela formeroit un crime public, dont la poursuite pourroit se faire devant le Juge du lieu du délit.

24. Le crime de faux principal, doit aussi être poursuivi devant le Juge du domicile de l'accusé, lorsqu'on ignore le lieu où ce faux a été fabriqué. Mais si le lieu du délit est connu, il faudra suivre la regle générale.

25. L'hérésie, suivant Farinacius, peut aussi être poursuivie contre le coupable, par tout Juge de l'endroit où ce coupable est trouvé ; quand même il ne seroit juge, ni du lieu du délit, ni du domicile de l'accusé : ce qui est fondé, suivant cet Auteur, sur ce que l'hérésie, renfermant en soi une cause continuelle & successive, forme dès là un délit successif dans la personne du coupable, dont la poursuite peut conséquemment se faire devant le Juge du lieu où ce coupable est trouvé. (Voyez Farin. *qu.* 7, *n.* 17.)

26. A l'égard des malversations commises par des Officiers dans les fonctions de leur office, la punition en appartient aux Juges du lieu du délit, ou du domicile de l'accusé, suivant la regle générale établie ci-dessus.

Il faut aussi observer que la compétence des Juges extraordinaires, se regle toujours par le lieu du délit, & non par celui du domicile de l'accusé.

Voyez encore d'autres exceptions à cette regle, *infrà*, (n. 251 & suiv.) à l'article *Des crimes dont les Juges en général peuvent connoître.*

Touchant la connoissance du faux incident & de la rébellion à l'exécution des Réglements, Voyez aussi *infrà*, (n. 130 & 139.)

SECTION III.

De la Compétence des Juges, par rapport à la capture de l'accusé.

27. 1°. Le Juge du lieu de la capture de l'accusé, peut aussi connoître du délit, quoique commis hors son ressort, à l'égard de ceux qui n'ont point de domicile ; comme sont les vagabonds & gens sans aveu, qui, n'ayant aucun domicile, sont par conséquent justiciables de tous Juges. (L. 1, Cod. *ubi de crim. agi oporteat.* Julius Clarus, *qu.* 39, *n.* 7, & *qu.* 38, *n.* 19, *note* g ; Farin. *qu.* 7, *n.* 13.

Theveneau sur les Ordonnances, *liv.* 5, *tit.* 2, *art.* 1; & Covarruvias, *pract. qu. cap.* 11, *n.* 7.) Le Juge de la capture peut même dans ce cas, en connoître d'office, ou sur la plainte de la Partie publique, de même que le Juge du domicile en peut connoître à l'égard des domiciliés.

Mais cette compétence du Juge de la capture à l'égard des vagabonds, n'a lieu qu'à la charge du renvoi, s'il est requis par le Juge du lieu du délit. (Farin. *qu.* 7, *n.* 14; Covarruvias, *ibid.* cap. 11, n. 7;) pourvu cependant que le délit n'ait pas été commis dans un autre Royaume; auquel cas il n'y auroit pas lieu au renvoi. (Farin. *ibid.* qu. 7, n. 14.)

28. 2°. Le Juge du lieu de la capture, peut aussi punir les assassins & les voleurs de profession, quand même il ne seroit pas d'ailleurs Juge du lieu du délit, ni du domicile des accusés. (*Ita*, Bartol. *in* l. *si Dominum*, n. 2, D. *de furtis*; & Farin. *qu.* 7, *n.* 9, 10 & 11.)

3°. Le voleur peut aussi être poursuivi criminellement, *in loco contrectationis*, c'est-à-dire, devant le Juge du lieu où ce voleur est trouvé saisi de la chose volée; quand même ce Juge ne seroit d'ailleurs Juge, ni du domicile de l'accusé, ni du lieu du délit. (Boerius, *decis.* 13, *n.* 47; Baiardus *in notis ad.* Jul. Clarum, *qu.* 38, *n.* 45 & 46; Theveneau sur les Ordonnances, *liv.* 5, *tit.* 2, *art.* 1 sur la fin. Ainsi jugé par Arrêt du 13 Février 1671, rapporté ci-après, *n.* 42.) Voyez au reste sur cette question, Farin., *qu.* 174, *n.* 53-63; & Jul. Clarus, *qu.* 38, *n.* 16.

Mais cette espece de compétence n'a pareillement lieu qu'à la charge du renvoi, s'il est requis par le Juge du lieu du vol; pourvu cependant que le vol n'ait pas été commis dans un autre Royaume. (Farin. *qu.* 7, *n.* 7, *in fine.* Voyez aussi ce qui est dit ci-après, *n.* 39.)

29. 4°. Il y a même un cas où le Juge de la capture, sans être Juge du domicile de l'accusé, ni du lieu du délit, ni en quelqu'autre maniere que ce soit, peut connoître du crime: c'est lorsque le Juge qui a arrêté le coupable, intime au Juge du lieu du délit, & à celui du domicile, à ce qu'ils aient à envoyer chercher l'accusé, & que ces derniers refusent ou négligent de le faire. (Coutume de Bretagne, *art.* 13;) ce qui n'a pas lieu cependant dans le cas où le Juge qui auroit arrêté l'accusé, seroit entiérement incompétent pour connoître de ce crime, par la nature du délit.

SECTION IV.

Des crimes commis par des François, hors le Royaume, ou par des Etrangers, dans le Royaume, &c.

30. Les étrangers qui commettent des délits en France, peuvent y être poursuivis criminellement, & punis pour raison de ces mêmes crimes. (d'Argentré, L. 3, D. *de officio præsidis*;) ce qui résulte aussi de la disposition de l'article 1 du titre 1 de l'Ordonnance de 1670. En effet, les étrangers venant en France, sont sujets aux Loix du Royaume; & quand ils violent ces Loix, ils doivent subir la peine qui a été établie pour leur conservation.

Il faut néanmoins faire à cet égard, une distinction entre les crimes d'Etat, & ceux qui n'offensent que les particuliers. A l'égard des crimes d'Etat, il est libre au Prince d'en user comme il lui plaît; mais pour éviter les inconvénients, on a coutume d'avertir le Souverain, de l'accusation dont est prévenu son sujet. On lui mande d'envoyer de sa part des personnes pour en venir prendre connoissance, & assister à la poursuite du crime; & quelquefois même on lui envoie le procès pour le voir, avant que d'y prononcer. Au contraire, quand il s'agit de crimes qui n'offensent que les particuliers, on ne prend point ces précautions.

31. 2°. Dans le cas où un étranger a commis un délit contre un François dans un pays étranger; pour sçavoir si cet étranger peut être poursuivi en France pour raison de ce délit, il faut faire avant tout, une distinction importante, sçavoir si l'accusé est trouvé en France, ou non.

Dans le premier cas où l'accusé est trouvé en France, il faut encore distinguer s'il est venu établir son domicile dans ce Royaume; ou s'il s'y est refugié; ou enfin s'il n'y est trouvé qu'en passant.

32 Si cet étranger est venu fixer son domicile en France, il est sans difficulté qu'il peut être poursuivi devant le Juge de son domicile, pour raison du délit par lui commis, suivant la regle établie ci-dessus, *n.* 16, *& suiv.*; & il en est de même si cet étranger est fugitif dans le Royaume; car alors il est dans le cas d'un vagabond, qui n'ayant aucun domicile, peut être poursuivi devant le Juge du lieu où il est trouvé. (*Ita* Airault en son Instruction Judiciaire, *liv.* 1, *part.* 4, *n.* 9.)

Mais si cet étranger est venu dans le Royaume, seulement en passant, & pour ses affaires, alors il y a plus de difficulté de sçavoir s'il peut être poursuivi pour raison du délit par lui commis en pays étranger, pardevant le Juge du lieu où il est trouvé.

33. On peut dire pour l'affirmative de cette question, 1°. que l'accusé ayant quitté son pays pour venir sur les terres de celui dont il a offensé les sujets, s'est obligé par là d'y rendre compte de ses actions, & a renoncé au privilege de n'avoir pour Juge que ceux du Royaume dont il s'est sauvé, 2°. que la capture faite en France de l'accusé, donne aux Juges de ce Royaume le droit de le juger. C'est ainsi que s'en explique M. Talon dans un Arrêt du 14 Août 1632, rapporté par Bardet, *tom.* 2, *liv.* 1, *chap.* 42. *Ita etiam* Mornac sur l'authentique *quâ in provinciâ*, Cod. *Ubi de crim. agi oport.* où il rapporte un Arrêt du Parlement du 18 Mai 1577, qui l'a ainsi jugé, à l'occasion de l'appel d'une Sentence de condamnation, rendue contre un Italien qui avoit tué un gentilhomme François à Boulogne en Italie. Cette question souffrit néanmoins beaucoup de difficulté, comme on peut le voir dans Airault, *ibid. tom.* 1, *part.* 4, *n.* 10 *& suiv.* où cet Auteur prétend que sans quelques circonstances particulieres qui furent relevées par M. de Thou, alors Avocat-Général, on auroit dû juger le contraire. Ces circonstances étoient que les témoins, qui, lors de la Sentence, étoient à Boulogne, arriverent en France lors de l'Arrêt : la seconde, qu'il sembloit que l'accusé eût abandonné son pays pour s'habituer en France : & la troisieme, que cet étranger avoit, depuis son crime, commis un nouveau délit en France, ayant pris de l'héritier du défunt, une somme de 1200 livres pour faire la poursuite de cette accusation en son pays ; à quoi néanmoins il n'avoit point satisfait. C'est pourquoi Airault au même endroit ci-dessus cité, *n.* 11, *pag.* 71, voudroit que cette regle, (de pouvoir poursuivre devant les Juges de France un étranger trouvé dans ce Royaume, pour raison d'un délit par lui commis contre un François dans un pays étranger) n'eût pas lieu dans le cas où le lieu du délit seroit voisin & allié de la France ; mais il pense que si cet endroit en étoit très éloigné, alors les Juges de France en pourroient connoître ; à moins que le Prince même ne demandât son sujet, & offrît d'en faire justice.

34. Quelques Auteurs pensent que l'Etranger qui a commis un crime hors du Royaume, peut bien être arrêté en France, &

qu'il ne peut pas opposer l'incompétence du Juge contre la capture; mais il prétend qu'on ne peut pas le juger dans le Royaume, pour raison de ce crime. Farinacius, *qu. 7, n. 30*, prétend que dans ce cas, l'étranger ne peut être puni par le Juge du lieu où il est arrêté, quoiqu'en pays étranger.

Il faut aussi observer que cette regle ne doit avoir lieu que quand la plainte est donnée à la requête de la partie offensée, ou de ses héritiers; mais que le Juge du lieu où l'étranger est trouvé, n'en peut connoître d'office, ou sur l'accusation de la partie publique; parce que le crime ayant été commis hors du Royaume, & par un étranger, sur lequel le Roi n'a aucune jurisdiction, il n'y a aucune raison d'intérêt public pour en poursuivre la vengeance.

35. Mais dans ce cas là même, s'il n'étoit pas possible de faire la preuve du délit en France, & qu'il fallût faire venir les témoins du lieu où le crime a été commis, il semble qu'il vaudroit encore mieux y renvoyer l'accusé; parce que les Juges d'un Royaume, n'ont pas le droit d'obliger des témoins d'un pays étranger de venir déposer devant eux; & parce qu'il est souvent nécessaire que le Juge puisse se transporter sur le lieu du délit, avec toute l'autorité de son caractere; ce que ne peut pas faire un Juge, à l'égard d'un pays étranger.

Dans le cas où le coupable par lequel le François a été offensé, est resté dans le pays étranger, & n'est point arrêté en France, il est sans difficulté que pour obtenir justice contre lui, il faut se pourvoir devant le Juge du domicile de cet étranger, ou devant le Juge du lieu où le délit a été commis. (Voyez Airault en son Instruction judiciaire, *ibid. n.* 10.)

36. 3°. Tout ce qui vient d'être dit d'un François offensé par un Etranger en pays étranger, doit avoir lieu, à plus forte raison, dans le cas d'un Etranger offensé par un François dans un pays étranger; car alors il n'y a aucune difficulté que le François ne puisse être poursuivi en France, pour raison du crime par lui commis, quoiqu'en pays étranger; les Juges de France étant les Juges du domicile du coupable; & cela rentre dans le cas de la regle générale établie ci-dessus, touchant la compétence du Juge du domicile en matiere criminelle. Tel est le sentiment de M. Talon dans l'Arrêt du 14 Août 1632 ci-dessus cité, & rapporté par Bardet, *tom.* 2, *liv.* 1, *chap.* 42.

Lorsqu'un

37. Lorsqu'un Ambassadeur commet un délit dans l'endroit où il est envoyé en ambassade, il ne peut être puni pour raison de ce délit, dans le lieu de son ambassade, soit qu'il ait délinqué de son propre mouvement, ou par ordre du Souverain qui l'a envoyé; parce qu'il représente la personne du Souverain dont il est député, & que c'est une maxime constante, que les Souverains sont Juges en leur propre cause. D'ailleurs, l'Ambassadeur qui est dans un pays étranger, y est sous la foi publique; & quoiqu'absent de son pays, il y est toujours réputé présent. Une autre raison encore, c'est qu'on doit en cela moins considérer le délit commis par l'Ambassadeur, que l'intérêt public, qui exige qu'on regarde comme sacrée, la personne des Ambassadeurs; & que ce seroit violer le droit des gens, que de vouloir les punir dans le lieu où ils sont envoyés en ambassade, & ne pas les renvoyer à leur Souverain pour en faire justice.

38. Il y a même plus, c'est que quand même celui qui a envoyé l'Ambassadeur, consentiroit qu'il fût puni dans l'endroit où il a délinqué, néanmoins ce ne seroit pas une raison pour le faire; car l'Ambassadeur n'est pas inviolable par la seule volonté de celui qui l'envoie, & de celui chez lequel il est envoyé; mais il l'est de droit, & on ne peut lui changer sa qualité, ni le rendre personne privée en le révoquant, à moins qu'il ne soit auparavant retourné dans le lieu d'où il a été envoyé. Ainsi dans le cas où un Ambassadeur auroit commis un délit considérable, il n'y a d'autre parti à prendre, que d'en prévenir son Souverain; & même il ne seroit pas prudent de s'assurer pendant ce temps-là, de la personne de cet Ambassadeur, & de le faire garder. (Voyez Airault en son Introduction Judiciaire, *liv.* 1, *part.* 4, *n.* 12 *& suiv.* Voyez aussi sur cette question Grotius en son Traité *De Jure belli & pacis*, lib. 2, cap. 18, §. 4 & seq.; & Bynkershoek en son Traité du Juge compétent des Ambassadeurs, *chap.* 17 *& suiv.*)

39. 4°. Lorsqu'il s'agit d'un crime commis hors de France par un Etranger contre un autre Etranger, & que le coupable vient se refugier en France, les Juges de France n'en peuvent connoître, & le renvoi ne doit souffrir aucune difficulté; en sorte qu'au lieu que dans les autres cas on dit ordinairement *ubi te invenero, ibi te judicabo;* ici au contraire il faut s'en tenir à la regle générale de la punition des crimes, qui en attribue la connoissance aux Juges du lieu du délit, ou aux Juges du domicile de l'accusé. En effet,

outre que le droit d'hospitalité doit être inviolable en faveur des Etrangers qui cherchent un asyle, il y a encore cela de particulier, qu'on ne sçauroit instruire un procès criminel dans un lieu où les témoins de l'innocence, ou du délit, ne peuvent se rendre. (Ainsi jugé par Arrêt du Parlement d'Aix du 19 Janvier 1672, entre deux Gentilshommes Génois, l'un accusateur, & l'autre accusé pour raison d'un vol fait à Gênes, dont la punition fut renvoyée sur les lieux. Voyez le Journal du Palais, *tom.* 1, *pag.* 149.)

40. D'autres Auteurs, au contraire, pensent que dans ce cas le procès peut être fait en France au coupable. C'est ainsi que l'établit Mornac ad Leg. *Quâ in provinciâ*, Cod. ubi *De crim. agi oport.* Chassan. *in consuet. Burg. rubr.* 12, *n.* 14; Boerius, *decis.* 29, *n.* 5; Covarruvias, *practic. qu. cap.* 11; & Carondas, *liv.* 5, *rep.* 36, où il dit que le Prince en la terre duquel le criminel est trouvé, lui fera faire son procès par son Juge; & que s'il y a eu quelque procédure déja faite contre ce criminel pour raison du délit dont il est accusé, soit par le Juge du lieu où ce délit a été commis, soit par quelqu'autre, alors le Juge du lieu où le criminel est arrêté, requerra le Juge qui a déja fait des informations, de lui envoyer une copie collationnée de ces mêmes informations, & en fera faire justice; ainsi que cet Auteur dit avoir été observé quelques années auparavant par les Seigneurs de Berne, contre un Gentilhomme Limosin, qui eut la tête tranchée à Lausanne pour quelques crimes qu'il avoit commis en France. *Ita etiam* Legrand sur la Coutume de Troyes, *art.* 2, *glos.* 4, *n.* 26, où cet Auteur observe néanmoins, que dans les crimes de Leze-Majesté & de péculat, les Juges du lieu où les accusés sont trouvés, ont coutume de les renvoyer à leur Souverain. Voyez aussi Mornac, *in* L. 2, Cod. *ubi de crimin. agi oport.*

41. Mais pour la véritable décision de cette question, il faut suivre la maxime établie par M. Talon dans l'Arrêt du 14 Août 1632, rapporté par Bardet, où il dit que dans le cas d'un crime commis en pays étranger, par un étranger contre un étranger qui se refugie en France, on peut poursuivre & punir le criminel, *non per viam inquisitionis*; (parce que le crime a été commis hors du Royaume, en pays étranger, & par des étrangers, sur lesquels les Gens du Roi n'ont point de jurisdiction, ni d'intérêt, le Roi ni ses Sujets n'ayant point été offensés;) mais *per viam accusationis*; c'est-à-dire, sur la plainte seulement de l'étranger offensé.

Si l'étranger offensé ne veut pas suivre cette voie, ni se plaindre en France pardevant les Juges du Royaume, il a un autre moyen qui dépend de son choix; c'est qu'il peut demander que l'étranger qui l'a offensé, & qui a été arrêté en France, soit renvoyé devant les Juges du pays, qui sont compétents pour connoître du crime, soit à cause du domicile des parties, ou bien à cause du lieu du délit. Mais pour pouvoir demander ce renvoi, il faut le concours des quatre conditions suivantes. La premiere, qu'il s'agisse d'un crime atroce, qui exige une réparation publique: la seconde, que le lieu du délit ne soit point litigieux entre les Souverains; car alors le lieu étant respectivement prétendu de part & d'autre, celui qui renverroit, donneroit atteinte à ses droits: la troisieme condition, est que ce renvoi soit demandé peu de temps après le crime commis; car si on demeuroit plusieurs années sans demander ce renvoi, & qu'on attendît que l'étranger fût domicilié en ce Royaume, & y eût établi sa fortune, alors on ne devroit point accorder le renvoi; parce que ce seroit soumettre un véritable sujet du Roi, à une domination étrangere: la quatrieme condition enfin, est que ce renvoi ne doit pas être accordé en la forme ordinaire par le Juge du lieu auquel il est demandé; parce que ce Juge n'est pas assez puissant pour accorder un renvoi qui ne regarde pas simplement sa jurisdiction, mais qui concerne tout l'Etat & l'autorité du Roi, auquel seul par cette raison il faut s'adresser; & obtenir de lui des Lettres-Patentes, en vertu desquelles l'accusé soit élargi, ou conduit pardevant les Juges naturels du lieu où il a délinqué, pour lui faire & parfaire son procès. (Voyez M. Talon *ibid.*)

42. Enfin une derniere observation importante à faire sur cette question, est que dans le cas de vol fait à un étranger par un étranger hors du Royaume, la contrectation ou exposition en vente faite en France des choses volées, fait qu'on ne doit point renvoyer l'accusé devant le Juge du lieu du délit, ou devant le Juge de son domicile, dans le cas du moins où il y a des preuves suffisantes pour établir le vol. Ainsi jugé par Arrêt de la Tournelle du Parlement de Paris du 13 Févrior 1671, rapporté au Journal du Palais, *tom.* 1, *pag.* 151 de l'édition *in-folio*, contre deux Viennois, qui avoient fait à Venise un vol considérable de pierreries à un Arménien, & qui avoient exposé ces pierreries en vente à Paris. Cet Arrêt dénia aux accusés le renvoi qu'ils deman-

doient devant leurs Juges, & les condamna aux galeres pour neuf ans, & en huit mille livres de dommages & intérêts envers l'Arménien. (Voyez ce qui est dit ci-dessus, *n.* 28.)

43. 5°. Quant au crime commis par un François contre un autre François en pays étranger, le coupable peut toujours être poursuivi & puni en France. L'Edit des Duels du mois d'Août 1679, *art.* 12, en a une disposition précise, à l'égard des étrangers qui vont se battre en duel hors du Royaume.

SECTION V.

Si un Juge qui n'est Juge, ni du lieu du délit, ni du domicile de l'accusé, peut devenir compétent par le consentement des parties.

44. La prorogation de Jurisdiction se fait, lorsque des parties consentent de procéder devant un Juge dont elles ne sont point justiciables.

1°. Quelques Auteurs prétendent que tout Juge est compétent pour connoître d'un crime, quoique d'ailleurs il ne soit Juge, ni du lieu du délit, ni du domicile des parties, lorsque le plaignant & l'accusé y consentent. (*Ita* Jul. Clar. *qu.* 42, *n.* 1. Farin. *qu.* 7, *n.* 3.)

Jul. Clar. *ibid. n.* 3, va même plus loin, & prétend que tout Juge peut connoître d'un crime, quoiqu'il ne soit d'ailleurs Juge, ni du lieu du délit, ni du domicile de l'accusé, lorsque cet accusé y consent; mais il faut pour cela que le Juge consenti par les parties, soit un Juge ordinaire; c'est-à-dire, du nombre de ceux à qui est attribuée la connoissance des crimes semblables à celui dont il s'agit. (Jul. Clar. *ibid. qu.* 42, *n.* 2.)

Il faut cependant observer que cette prorogation de jurisdiction, n'empêche pas qu'on ne doive renvoyer l'affaire devant le Juge du lieu du délit, lorsque celui-ci en requiert le renvoi. (Farin. *qu.* 7, *n.* 4, Jul. Clar. *qu.* 42, *n.* 1.)

45. 2°. Pour que la prorogation de jurisdiction puisse dans ce cas être valable, il faut qu'elle soit libre, & avec un consentement suivi des parties, & non par erreur. (Farin. *qu.* 7, *n.* 4.)

3°. En France, cette prorogation de jurisdiction n'a pas lieu. (Voyez Papon, *liv.* 24, *tit.* 5, *n.* 6.) Ce qui résulte pareillement de la disposition de l'article 3 du titre 25 de l'Ordonnance 1670.

Voyez aussi Vulteius en son Traité *De Judiciis*, lib. 1, cap. 4, art. 2. *De prorogatione jurisdictionis*, où il établit comme une maxime générale, que la prorogation de jurisdiction, n'a point lieu en matiere criminelle.

SECTION VI.

De la Compétence des Jurisdictions extraordinaires en général.

46. Lorsqu'un accusé est poursuivi en même-temps pour un délit dont la compétence est attribuée à certains Juges en particulier, & pour un délit de justice ordinaire, voici ce qu'on doit observer.

1°. Le Juge d'attribution ne peut connoître que du délit dont la connoissance lui est attribuée, & non du délit ordinaire. (Voyez l'*art.* 11 de la Déclaration du 18 Juillet 1724, qui regarde les Lieutenants de Police.)

2°. Si le Juge d'attribution a informé en même-temps pour les deux délits, la procédure n'est valable que pour raison du délit dont la connoissance lui est attribuée. Ainsi par Arrêt du Parlement du 6 Juin 1710, une procédure faite par le Maître-particulier des Eaux & Forêts d'Angers, à l'occasion d'un viol & d'un vol, dont ce Juge avoit pris connoissance, sous prétexte d'une accusation connexe de chasse & de pêche, a été déclarée nulle en ce qui concernoit l'instruction & les accusations des crimes de viol & de vol, & les parties ont été renvoyées au Bailliage criminel d'Angers.

SECTION VII.

Exceptions aux regles précédemment établies touchant la Compétence des Juges.

47. La qualité du crime, & la qualité de l'accusé, forment des exceptions aux regles qui viennent d'être établies touchant la compétence des crimes.

1°. La qualité du crime, fait qu'il y a des délits dont la connoissance est attribuée à certains Juges particuliers ; & d'autres dont tous Juges peuvent connoître indistinctement ; même les Juges extraordinaires & d'attribution.

2°. La qualité de l'accusé, & le privilege dont quelques personnes jouissent, d'avoir leurs causes criminelles commises devant certains Juges, forme une seconde exception à cette regle.

Nous allons traiter de ces différentes exceptions.

ARTICLE PREMIER.

Des Crimes & Délits particuliers, dont la connoissance est attribuée à de certains Juges.

48. Les crimes dont la connoissance est attribuée à des Juges particuliers, sont :

1°. Les cas royaux ; dont la connoissance est attribuée aux Baillis, & Sénéchaux royaux, à l'exclusion de tous autres Juges. (Ordonnance 1670, *tit.* 1, *art.* 11. Voyez ce qui a été dit au titre *De la Compétence des Juges criminels en particulier*, n. 188 & suiv.)

2°. Les délits purement ecclésiastiques ; dont la connoissance appartient aux Juges d'Eglise privativement à tous autres Juges. (Voyez *ibid*, n. 383 & suiv.)

3°. Les délits militaires ; dont la punition est réservée aux Officiers de guerre seulement. (Voyez *ibid.* n. 630 ; & au titre *Des Délits en général*, n. 32.)

49. 4°. Les crimes maritimes ; dont la connoissance est attribuée aux Juges des Amirautés. (Voyez au titre *De la Compétence des Juges criminels en particulier*, n. 581.)

5°. Des délits au fait des Forêts, & au sujet de la Chasse ; dont la connoissance appartient aux Juges des Eaux & Forêts, & des Chasses. (Voyez ce qui est dit à l'article *De la Compétence des Juges criminels en particulier*, n. 560 & 576.)

6°. Les délits commis à l'occasion des droits du Roi ; dont la connoissance est attribuée aux Elections, Officiers des Gabelles, Traites Foraines, *&c.* (Voyez *ibid.* ce qui est dit à cet égard aux titres *De la Compétence des Juges des Elections*, *Greniers-à-Sel*, *Traites Foraines*, &c. *n.* 597, 605, 609 & 611.)

50. 7°. Les crimes commis par les Officiers de Maréchaussée dans leurs fonctions ; qui sont de la compétence de la Connétablie. (Voyez *ibid.* à l'article *De la Compétence des Officiers de la Connétablie*, n. 589.)

8°. Les délits au fait du Sceau de la Grande Chancellerie ; dont la connoiſſance eſt attribuée aux Requêtes de l'Hôtel. (Voyez *ibid.* à l'article *De la Compétence des Requêtes de l'Hôtel, en matiere criminelle*, n. 629.)

51. 9°. Les vols, exactions & malverſations commiſes ſur les quais & ports de la ville de Paris ; dont la connoiſſance appartient au Prévôt des Marchands de ladite ville, ainſi que les malverſations commiſes par les Officiers qui dépendent de leur juriſdiction. (Voyez *ibid.* n. 594, *De la Compétence du Prévôt des Marchands de la ville de Paris, en matiere criminelle.*)

10. Les crimes commis à la ſuite de la Cour, & à dix lieues aux environs ; dont la connoiſſance eſt attribuée au Grand-Prévôt de l'Hôtel. (Voyez ce qui eſt dit à l'article *De la Compétence du Grand-Prévôt de l'Hôtel, en matiere criminelle, ibid.* n. 626.)

52. 11°. Les abus & malverſations commiſes par les Officiers des Monnoies, & par les Orfévres, & autres ouvriers en or & en argent, dans le travail des ouvrages d'or & d'argent ; dont la connoiſſance appartient aux Officiers des Monnoies. (Voyez ce qui a été dit à cet égard au même titre *De la Compétence des Juges criminels en particulier*, à l'article *De la Compétence des Officiers des Monnoies en matiere criminelle*, n. 614 & ſuiv.)

12°. La connoiſſance du faux incident, & de la rébellion à l'exécution des jugements de ſon Tribunal ; dont tous Juges indiſtinctement peuvent connoître, à la réſerve ſeulement des moyens & bas-Juſticiers, ſuivant l'article 10 du titre 1 de l'Ordonnance 1670. (Voyez *infrà* n. 130 & 139.)

53. 13°. Les crimes incidents & connexes. (Voyez ci-aprés ce qui eſt dit au titre *Des crimes & incidents*, n. 251 & ſuiv.)

14°. Il y a des crimes incidents, quoique non connexes, dont quelques Juges extraordinaires peuvent connoître, en conſéquence de l'attribution qui leur en a été faite. Ainſi, *v. g.* le Grand-Conſeil connoît incidemment des délits commis pour raiſon des bénéfices pour leſquels il y a procès pendant en ce Tribunal. (Voyez ce qui eſt dit au titre *De la Compétence des Juges criminels en particulier*, n. 628, en parlant *De la Compétence du Grand-Conſeil en criminel.*)

De même, les Chambres des Comptes connoiſſent incidemment des délits. (Voyez ce qui eſt dit ci-aprés, *n.* 132.)

54. 15°. Enfin une derniere exception à la regle ci-devant établie,

que la connoissance des crimes appartient aux Juges des lieux où ils ont été commis, est lorsqu'il s'agit de crimes & délits privilégiés, commis par des Ecclésiastiques, qui dans un cas, doivent être portés devant un autre Juge que celui du lieu du délit; sçavoir, devant le Juge Royal du lieu où est situé le Siege de l'Official, qui connoît du délit commun, si le Juge Royal du lieu du délit, differe de huitaine à se rendre dans la même Officialité, suivant l'Edit du mois de Juillet 1684.

ARTICLE II.

Des personnes qui ont leurs causes criminelles commises devant certains Juges.

55. En général, il n'y a point de privilege en matiere criminelle, quand les Procureurs du Roi ou Fiscaux, sont parties. (Ordonnance des *Committimus* du mois d'Août 1669, *tit.* 4, *art.* 26; & *tit.* 1, *art.* 36.)

Le privilege de scholarité n'y a pas lieu non plus. (Voyez ce qui a été dit là-dessus au titre *De la Compétence des Juges criminels en particulier*, n. 87.)

Cette regle néanmoins souffre quelques exceptions à l'égard des Ecclésiastiques, des Officiers Royaux, & autres personnes privilégiées; ainsi qu'on va le voir.

§. I.

Du Privilege des Ecclésiastiques.

56. Les Ecclésiastiques ont trois sortes de privileges en matiere criminelle. Le premier, de pouvoir demander leur renvoi devant l'Official, pour être jugés par lui seul, & sans l'assistance du Juge Laïque, lorsqu'il ne s'agit que de délits Ecclésiastiques ou communs. Le second, de ne pouvoir être jugés en dernier ressort, que par les Cours. Et le troisieme, de pouvoir aussi demander leur renvoi devant le Juge d'Eglise, lorsqu'ils sont accusés de délits privilégiés; mais seulement pour pouvoir instruire le procès conjointement avec le Juge Royal, auquel la connoissance en appartient; ce

ce qui est un privilege attaché à l'Ordre Clérical, qu'ils tiennent de la concession de nos Rois ; ainsi :

57. 1°. Quand il s'agit d'un délit commun, l'Ecclésiastique peut toujours être poursuivi devant le Juge d'Eglise.

Et même quelques-uns prétendent que dans ce cas, l'Ecclésiastique peut toujours demander son renvoi devant le Juge d'Eglise, lorsqu'il est poursuivi devant le Juge Laïque ; (Jul. Clarus, *qu.* 36, *n.* 1 & 2 ;) ou être revendiqué par le Promoteur, en tout état de cause. Voyez cependant ce qui est dit ci-après en parlant de la prévention, *n.* 220.)

Mais cette regle reçoit deux exceptions :

La premiere, est dans le cas de reconvention ; lorsqu'un Laïque poursuivi par un Ecclésiastique par action criminelle devant un Juge Laïque, donne une plainte de son côté contre ce même Ecclésiastique devant le même Juge ; car alors cet Ecclésiastique est tenu de procéder sur cette plainte récriminatoire devant le Juge Laïque ; & cela, à cause de la connexité des deux plaintes. (Farin. *qu.* 8, *n.* 99.)

58. La seconde, est lorsqu'une plainte, pour raison d'un même fait, est donnée en même temps contre des Ecclésiastiques & des Laïques ; alors il faut nécessairement qu'elle soit portée devant le Juge Laïque ; parce que les Laïques en matiere profane, ne peuvent dans aucun cas, être jugés par l'Official. (Ordonnance de 1539, *art.* 1, 2 & 4. Ordonnance d'Abbeville, *n.* 242 & 243. Hericourt en ses Loix Ecclésiastiques, *part.* 1, *ch.* 19, *art.* 7.)

59. 2°. Quand il s'agit d'un délit privilégié, l'Ecclésiastique peut toujours demander son renvoi devant le Juge d'Eglise, pour faire l'instruction conjointe avec le Juge qui a la connoissance de ce cas privilégié : & de même le Promoteur peut demander ce renvoi, si l'Ecclésiastique négligeoit de le faire ; mais tout ce qui est fait par le Juge Laïque jusqu'au renvoi requis, est valable ; quand même ce Juge Laïque seroit un Juge de Seigneur. (Voyez ce qui est dit à ce sujet au titre *De la Compétence des Juges en matiere criminelle*, n. 446 & suiv.)

Il y a néanmoins quelques jurisdictions où ce privilege des Ecclésiastiques, pour raison des délits privilégiés, n'a pas lieu. Tel est le Grand-Conseil, les Cours des Aides & Monnoies, & presque toutes les jurisdictions extraordinaires qui jugent en dernier ressort. Ce privilege n'a pas lieu non plus en quelques provinces du Royaume. (Voyez *ibid.* n. 513.)

60. Ce privilege des Ecclésiastiques, pour raison des délits privilégiés, est tel qu'il ne dépend pas de l'accusé d'y renoncer; parce qu'il a été établi en faveur du Clergé en général, par une raison d'ordre public; & que c'est une maxime générale, que les particuliers ne peuvent déroger à ce qui a été établi par un pareil motif, suivant la regle *privatorum pactis juri publico derogari non potest.* L'Edit du mois de Décembre 1606, *art.* 8, en a une disposition précise. *Ita etiam* Farin. *qu.* 8, *n.* 10; & Mornac sur la Loi *si quis in scribendo*, Cod. *de pactis*; & il a été ainsi jugé par Arrêt du mois de Février 1605, rapporté par M. Lebret, *liv.* 4, *decis.* 13.

Pour jouir du privilege de Cléricature, il faut être Prêtre, Diacre, Sous-Diacre, ou Clerc vivant cléricalement, résident & servant aux offices, ou au ministere & bénéfices qu'ils tiennent de l'Eglise. C'est la disposition de l'art. 38 de l'Edit du mois d'Avril 1695; ce qui est conforme à l'article 40 de l'Ordonnance de Moulins.

61. Ainsi les Clercs mariés, ou qui exercent des états ou négoces temporels, ne jouissent point de ce privilege; & par conséquent ne sont point dépendants de la jurisdiction des Juges d'Eglise, mais de celle des Juges Séculiers, comme il est porté expressément par l'article 4 de l'Ordonnance de Villers-Côterets du mois d'Août 1539.

Il suit aussi de la disposition de cet article 38 de l'Edit de 1695, qu'un Clerc Tonsuré, qui auroit même les quatre Ordres mineurs, n'est pas justiciable de la jurisdiction Ecclésiastique, s'il n'est bénéficier, ou ne dessert actuellement l'Eglise; & que si le Juge d'Eglise connoissoit des causes de ce Clerc, il y auroit abus. (Ainsi jugé par Arrêt du 22 Juin 1709, rendu en la Tournelle Criminelle, rapporté au Journal des Audiences.)

S'il y a contestation sur la qualité de Clerc privilégié, la preuve doit se faire devant le Juge Séculier. (Leprêtre, *cent.* 1, *ch.* 20, *aux notes.*)

62. Les Moines, les Religieux, les Religieuses, & en général toutes les personnes qui ont fait profession de vœux & de religion, jouissent du privilege Clérical, suivant l'article 8 de l'Edit du mois de

Décembre 1606; & c'est en conséquence de cette regle, que les Religieux & Religieuses de la Charité, quoique Laïques, jouissent aussi du même privilege, en considération de leurs vœux; ainsi qu'il est observé par M. de Harlai Procureur-Général, dans son plaidoyer en l'Arrêt du 6 Septembre 1694, rapporté au Journal des Audiences. Voyez aussi Farin. *qu.* 8, *n.* 46.

Les Chevaliers de Malthe jouissent aussi, par la même raison, de ce privilege. (Voyez le même Arrêt du 6 Septembre 1694. Edit de Décembre 1606, *art.* 8.)

63. Les Conseillers-Clercs du Parlement ne sont pas plus exempts que les autres, de la jurisdiction Ecclésiastique. (Ainsi jugé en 1559, contre Anne Dubourg Conseiller-Clerc, qui demandoit à être jugé en la Cour seule de Parlement.)

A l'égard des Corps & Communautés Ecclésiastiques, qui viendroient à commettre quelque délit, il ne paroît pas qu'elles doivent jouir du privilege des Ecclésiastiques. En effet, l'article 22 de l'Edit de Melun, & l'article 38 de l'Edit du mois d'Avril 1695, ne parlent que des personnes Ecclésiastiques. Or les Corps & Communautés ne sont point des personnes, *sed tantummodo personarum vice funguntur*, L. 22, D. *de fide jussor.* Voyez cependant Farin. *qu.* 8, *n.* 46, *in ampliat.* 22, où il est d'un sentiment contraire.

64. Le renvoi pardevant l'Official, ne peut être denié à l'Ecclésiastique, pour l'instruction conjointe des cas privilégiés, quelque énorme que soit le crime dont l'accusé est prévenu; *v. g.* pour homicide de guet-à-pens, empoisonnement, magie & sorcellerie, crime contre nature, inceste, rapt, &c. (*Ita* Lepretre, *cent.* 1, *ch.* 20, *n.* 12, 13 & 14, où il en rapporte plusieurs Arrêts. Ainsi jugé à l'égard du crime de sodomie, par Arrêt du Parlement de Paris du 16 Novembre 1601, rapporté aux nouveaux Mémoires du Clergé, *tom.* 7, *pag.* 475.)

65. Il est vrai que dans le procès-verbal de l'Ordonnance criminelle, *tit.* 1, *pag.* 43, il y avoit un article, (qui étoit l'article 20) portant que les Ecclésiastiques qui seroient pris avec armes, ou qui seroient accusés d'assassinat, vol, sortilege, empoisonnement, ou de quelqu'autre crime capital, seroient jugés par les Baillis & Sénéchaux, sans être renvoyés aux Juges d'Eglise; mais sur les raisons expo-

sées par M. le Premier Président, & par M. Talon Avocat-Général, cet article fut supprimé. (*a*)

(*a*) Les cas pour lesquels les Ecclésiastiques sont privés de leur privilege, suivant l'ancien droit, sont :

1°. Quand il est question de droits fiscaux & réels. (L. 3. Cod. *De Episc. & Clericis*; Can. *Si quæ causa*, §. *His ita* 11, qu. 1.)

2°. Quand le Clerc est vagabond. (L. 52, §. Cod. *De Episcop. & Clericis.*)

3°. Quand il porte les armes. (Duluc, *L.* 2, *chap.* 19 *&* 21; Papon, *L.* 1, *tit.* 6, *chap.* 6; & Peleus, *quest. ill.*, *chap.* 1.) Voyez sur cet article & sur le suivant, ce qui est dit ci-après n. 73.

4°. Quand il est trouvé en habit Séculier. (*Cap. uno* extrà *De Clericis conjug. Glossa in cap. Transmissa ex proposito* extrà *De electione & electi potestate. Concilium Tridentinum*, sect. 23, cap. 6; Papon, *liv.* 1, *tit.* 5, *n.* 40 & 42; & *tit.* 6, *n.* 4 & 6. (Voyez sur cette question, ce qui est dit *infrà*, n. 73 & suiv.)

5°. Quand il est sans couronne. (*Concil. Trident. sess.* 23, *cap.* 6; Papon, *liv.* 1, *tit.* 6, *n.* 40.)

6°. Quand il s'entremet en choses séculieres. (Cap. *ult.* extrà *De vitâ & honestate cleric.* Duluc, *liv.* 2, *chap.* 15, 16 & 17; Papon, *liv.* 1, *tit.* 5, *chap.* 9; Ordonnance 1539, *art.* 4.)

7°. Quand il fait des actes dérogeans à son Ordre. (Papon, *liv.* 1, *tit.* 6, *chap.* 2, *n.* 3.)

8°. Quand il a obtenu deux fois son renvoi pour crimes pardevant son Juge; la récidive l'en rend indigne. (Papon, *liv.* 1, *tit.* 6, *n.* 5.)

9°. Quand il tue, ou fait tuer. (Cap. 1, *De Homicidiis in* 6°. Papon, *liv.* 22, *tit.* 5, *n.* 41.)

10°. Quand son crime est énorme. Les Déclarations sur le Concile de Trente, *sess.* 23, *cap.* 6, §. *De Jure in fine*, portent que cette énormité comprend les séditieux; & conséquemment les crimes les plus graves y sont compris.

11°. *Item* pour sauve-garde enfreinte, & port d'armes. (Papon, *liv.* 1, *tit.* 5, *n.* 39.)

12°. *Item* pour crime de faux. (Papon, *liv.* 1, *tit.* 5, *n.* 43 & 44.)

13°. Les titres entiers *De vitâ & honestate clericorum*, fournissent plusieurs autres exemples pour lesquels les Clercs perdent leurs privileges, & sont réduits au droit commun des Laïques.

14°. Celui qui méprise son Evêque, est chassé du Clergé. (Canon *Statuimus* 11, qu. 1.)

Aujourd'hui tous les cas ci-dessus empêchent bien l'Ecclésiastique de demander le renvoi de la cause devant le Juge d'Eglise, pour en connoître à l'exclusion des Juges Séculiers, & forment des cas privilégiés; mais ils n'empêchent pas l'Ecclésiastique qui en est prévenu, ou le Promoteur de l'Officialité, dont cet Ecclésiastique est justiciable, de demander le renvoi devant le Juge d'Eglise, pour faire l'instruction conjointe avec le Juge Royal.

§. II.

Des crimes pour lesquels le privilege des Ecclésiastiques n'a pas lieu.

66. Il y a quelques crimes pour lesquels le privilege Ecclésiastique n'a pas lieu. Ces crimes sont :

1°. Le crime de leze-majesté. (Voyez Leprêtre, *cent.* 1, *ch.* 20.) Néanmoins le contraire a été jugé contre le Cardinal de Châtillon, condamné par contumace pour crime de leze-majesté, par Arrêt du 19 Mars 1569, & renvoyé devant l'Official, pour le délit commun.

En général, l'atrocité du crime n'empêche pas le renvoi de l'Ecclésiastique, si ce n'est quand il s'agit du crime de leze-majesté au premier chef. (Bibliot. Can. *pag.* 188; Fuet. *pag.* 181 & 182.) On jugeoit autrefois le contraire. (Bibliot. Canon. *pag.* 190.)

67. 2°. Le crime de fausse monnoie, suivant l'article 20 de la Déclaration du 14 Janvier 1549, rapporté par Fontanon, *tom.* 2, *pag.* 133. Mais il paroît que cette distinction s'observe seulement dans les Cours des monnoies & autres jurisdictions qui en dépendent, & non dans les Justices ordinaires; ce qui a été jugé par un Arrêt du Conseil du 20 Février 1675, qui a débouté deux Religieuses prévenues de ce crime, du renvoi devant le Juge d'Eglise par elles demandé en la Cour des Monnoies.

Mais à l'égard des Cours & autres Tribunaux ordinaires, même des Prévôts des Maréchaux, il a été jugé que le privilege Clérical y avoit lieu. (Voyez Duluc, *liv.* 2, *tit.* 1; & il a été ainsi jugé par Arrêt du 26 Août 1606, en faveur de l'Official de Paris, rapporté aux nouveaux Mémoires du Clergé, *tom.* 7, *pag.* 403. Plusieurs autres Arrêts ont depuis jugé la même chose.)

68. 3°. Le crime de faux incident; *v. g.* si un Ecclésiastique avoit fait un faux titre, & qu'il y eût contre ce titre une inscription de faux formée incidemment, & poursuivie criminellement devant un Juge Séculier; car alors l'accusé peut être condamné sans le renvoyer, ni appeller le Juge Ecclésiastique. (*Ita* Duperrai sur l'article 38 de l'Edit du mois d'Avril 1695, *tom.* 2, *pag.* 239.) Ce qui doit, à mon avis, ne s'entendre qu'avec la distinction précédente, & avoir lieu seulement dans le cas où le faux incident est formé dans une jurisdiction extraordinaire; *v. g.* au Grand-Conseil; mais

non quand l'accusation de faux incident se poursuit dans un Bailliage, ou autre Justice ordinaire.

On doit dire la même chose de tout autre crime incident. (Bibliotheque Canon. *pag.* 188.)

69. 4°. Le crime de suicide & autres, pour lesquels on fait le procès aux coupables après leur mort, dont il est parlé dans l'article 1 du titre 22 de l'Ordonnance de 1670; car il n'est pas nécessaire que l'instruction de ces sortes de procès se fasse conjointement avec les Juges d'Eglise, contre les cadavres des Ecclésiastiques accusés de ces crimes. Quelques Auteurs pensent cependant le contraire, comme Airault en son Instruction Judiciaire, *liv.* 1, *part.* 1, *pag.* 4, *n.* 14; Papon en ses Arrêts, *liv.* 22, *tit.* 10, *n.* 1; & Fevret en son Traité de l'Abus, *liv.* 8, *ch.* 2, *n.* 20. *Ita etiam* Papon, *liv.* 22, *tit.* 10, *n.* 1.) Mais la Jurisprudence du Parlement de Paris est contraire à cette opinion : ce qui est conforme aux vrais principes; puisque d'un côté les crimes qui se poursuivent contre des cadavres, méritent une peine capitale que les Juges d'Eglise ne peuvent imposer; & que d'un autre côté, on ne peut plus imposer de peines Canoniques contre un cadavre. On en a vu depuis quelques années un exemple. Le Lieutenant-Criminel du Châtelet de Paris fit seul le procès au cadavre d'un Ecclésiastique Prêtre-Docteur de Sorbonne, qui s'étoit tué d'un coup de pistolet dans la tête; pour raison de quoi il fut ordonné que le cadavre seroit traîné sur la claie, & ensuite pendu par les pieds; ce qui fut exécuté. Voyez sur cette question, Fuet en son Traité des Matieres Bénéficiales, *pag.* 183; Descombes, *part.* 2, *pag.* 188; Perard-Castel, *tom.* 2, *pag.* 340; & Leprêtre, *cent.* 1, *ch.* 20, aux notes.)

70. 5°. Un autre cas où il n'est pas nécessaire d'instruire le procès avec les Juges d'Eglise, c'est lorsqu'il s'agit de délits commis par les Ecclésiastiques qui exercent des offices temporels, dans l'exercice de leurs charges. C'est un usage constant dans le Royaume, & dont les preuves sont rapportées au chapitre 27 des Libertés de l'Eglise Gallicane. Voyez le Commentaire de M. Dupuy sur l'article 38 de ces Libertés; Fuet en son Traité des Matieres Bénéficiales; & Perard-Castel, *tom.* 2, *pag.* 347 & 548. Ce qui a d'abord été établi contre l'Evêque de Châlons Pair de France, par un Arrêt du Parlement de l'Octave de la Pentecôte de l'année 1267; & contre des Officiers-Clercs, par d'autres Arrêts du Parlement de la Toussaint 1262; de l'Octave de la St. Martin 1313; du pre-

mier Mars 1340; du 9 Août 1398; & enfin, par un Arrêt célebre du 14 Décembre 1496.

71. Ce droit a même été reconnu par Clément VII, en sa Bulle de l'an 1527, accordée au Roi François I, revêtue de Lettres-Patentes du 29 Décembre 1530, registrées au Parlement le 20 Avril 1531, & rapportées aux Preuves de nos Libertés, *pag.* 1084.

72. La prévarication d'un Principal de College dans ses fonctions, est encore un cas privilégié, pour lequel le renvoi n'a pas lieu devant le Juge d'Eglise. (Ainsi jugé par Arrêt du Parlement du 21 Août 1708, confirmé par Arrêt du Conseil du 27 Mai 1709, contre un Principal de College, accusé de faire choix de mauvais sujets pour Régents, de prendre de l'argent pour donner des places, & autres semblables prévarications dans ses fonctions de Principal. (Voyez les nouveaux Mémoires du Clergé, *tom.* 7, *pag.* 434. Tel est aussi le sentiment de Hericourt en ses Loix Ecclésiastiques, *tom.* 1, *part.* 1, *ch.* 19, *art.* 12.) Cet Arrêt ne renvoie pas même pour faire l'instruction conjointe avec le Juge d'Eglise. On a considéré ce délit comme celui des Officiers Ecclésiastiques pourvus d'offices séculiers, qui prévariquent dans leurs fonctions de Juges, pour raison de quoi le renvoi du privilege Clérical n'a pas lieu.

Il en est de même d'un Avocat Ecclésiastique qui auroit prévariqué en faisant la fonction d'Avocat dans un Tribunal Séculier. (Hericourt, *ibid.*)

73. *Question.* Les Ecclésiastiques qui sont trouvés travestis & en habits laïques, sont-ils déchus du privilege de Cléricature?

Plusieurs Auteurs prétendent qu'oui. (Voyez Guy-Pape, *qu.* 138, avec les notes; Bouteiller en sa Somme Rurale, *liv.* 2, *tit.* 7; & Leprêtre, *cent.* 1, *qu.* 20, *n.* 12.) L'exemple de Philippe de Dreux Evêque de Beauvais, confirme aussi cette opinion. (Voyez Mezerai sur l'année 1197; le procès-verbal de l'Ordonnance de 1670, *tit.* 1, *art.* 20, *pag.* 43; & Papon, *liv.* 1, *tit.* 5, *n.* 40 & 42; & *tit.* 6, *n.* 4 & 6.) Mais la Jurisprudence contraire a lieu aujourd'hui; & nous avons plusieurs exemples dans ces derniers temps d'Ecclésiastiques renvoyés devant l'Official, quoique trouvés en habits Laïques, & portant l'épée. Il y en a un du 5 Septembre 1608, par lequel un Religieux Bénédictin, accusé d'assassinat, & trouvé en habit séculier, portant l'épée, fut renvoyé à l'Official de Chartres sur les Conclusions de M. Lebret, Avocat-Général. Autre Arrêt du 13 Août 1609, par lequel un

Prêtre aussi accusé d'assassinat, en habit Laïque, & portant l'épée, fut renvoyé à l'Official de Paris. Autre du 21 Août 1651, rapporté par Henris, *tom.* 2. Autre Arrêt du Conseil du 18 Mars 1709, qui ordonne que le procès sera fait par l'Official d'Evreux, à la charge du cas privilégié, avec le Lieutenant-Criminel dudit lieu, contre le sieur le François, prévenu d'assassinat & de vol avec effraction, arrêté dans Paris en habit de soldat, avec des armes défensives.

74. Il est vrai que par une Sentence du 25 Octobre 1704, le Lieutenant-criminel du Châtelet de Paris avoit refusé le renvoi requis par le Promoteur de l'Archevêché de Paris, de l'Abbé de Grand-Pré, prévenu d'avoir commis un assassinat en habit gris, cravate longue, perruque, & l'épée nue à la main; ce qui fut confirmé par Arrêt de la Tournelle du mois de Novembre suivant; mais il faut observer que dans l'espece de cet Arrêt, l'accusé étoit en contumace; & d'ailleurs, il est dit dans cet Arrêt, que c'est sans préjudice de la jurisdiction Ecclésiastique, & sans que l'Arrêt puisse être tiré à conséquence.

Lorsque celui qui a commis le délit, se fait Ecclésiastique depuis le crime par lui commis, il ne jouit pas du privilege de Cléricature. Néanmoins on fait une distinction à cet égard, si le coupable s'est fait Ecclésiastique en fraude, ou de bonne foi. Dans le premier cas, il est constant que si l'accusé ne s'est fait Ecclésiastique que pour se soustraire à la jurisdiction séculiere, il ne doit point jouir du privilege des Ecclésiastiques. (*Ita* Farin. *qu.* 8, *n.* 104; & Jul. Clarus, *qu.* 36, *n.* 43.)

75. Mais quand l'accusé est entré de bonne foi & sans fraude dans l'état Ecclésiastique, quoique depuis le crime commis, rien n'empêche qu'il ne jouisse du privilege dont jouissent tous les autres Ecclésiastiques. (Jul. Clarus, *ibid.* qu. 36, n. 44; Farinacius, *qu.* 8, *n.* 104.)

La fraude se présume, quand l'accusé ne s'est fait Ecclésiastique qu'après des poursuites criminelles contre lui commencées; & à plus forte raison, après une condamnation. (*Ita* Jul. Clarus, *qu.* 36, *n.* 44; Farin. *qu.* 8, *n.* 110.)

Néanmoins s'il ne résultoit aucune preuve de ces poursuites, on ne peut pas dire que l'accusé se fût fait Ecclésiastique en fraude; & c'est sur ce fondement, que par Arrêt du 17 Juin 1628, rapporté par Bardet, *tom.* 1, *liv.* 3, *ch.* 9, un accusé qui s'étoit fait Prêtre quatre ans après des poursuites faites contre lui sur une accusation

cusation de vol, fut renvoyé à l'Official de Paris. Les informations n'avoient point été décrétées faute de preuves ; & M. l'Avocat-Général Talon observa qu'il n'y avoit pas lieu de présumer que l'accusé se fût fait Prêtre en fraude, attendu le long intervalle qui s'étoit écoulé entre les informations & l'emprisonnement, qui ne fut ordonné que sur la reprise des poursuites criminelles, & après avoir entendu quelques nouveaux témoins.

76. Au surplus, il faut observer que dans le doute, cette fraude ne se présume point. (*Ita* Farin. *qu.* 8, *n.* 111.)

L'article 20 du titre 1 du Procès-verbal de l'Ordonnance de 1670, *pag.* 43, porte que les Ecclésiastiques qui sont pris avec armes, ne doivent point jouir du privilege de Cléricature.

§. III.

Du privilege des Evêques, & des Cardinaux.

77. Suivant le Concile de Trente, *sect.* 24, *ch.* 5, *de reform.* le Pape doit décider les causes criminelles les plus graves contre les Evêques. On a eu souvent, à cet effet, recours à l'autorité du Pape, pour juger des Evêques accusés de grands crimes ; *v. g.* de leze-majesté, *&c.*

Mais plusieurs Auteurs ont écrit contre ce chapitre du Concile de Trente, comme donnant atteinte aux libertés de l'Eglise Gallicane.

En effet, un des plus anciens droits des Evêques de France, & dans lequel ils se sont toujours maintenus, est de ne pouvoir être jugés en premiere instance que par les Evêques de leur Province, & dans des Conciles Provinciaux. C'est une maxime constante dans ce Royaume, & qui se trouve consacrée par plusieurs Arrêts.

78. Il faut cependant observer que cette regle n'a lieu pour le jugement des Evêques en matiere criminelle, que pour raison du délit commun ; car comme les Evêques, par leur élévation à l'Episcopat, ne cessent point d'être sujets du Roi, ils sont soumis comme les autres, aux Loix de l'Etat, & aux peines que la Puissance temporelle a droit d'imposer pour la contravention commise à ses Loix. Les Souverains, en embrassant le Christianisme, n'ont

rien perdu de leur autorité, ni de leurs droits sur leurs sujets, de quelqu'état & condition qu'ils puissent être.

79. Outre les exemples pris de l'antiquité, qu'on pourroit alléguer pour justifier cette regle, il y en a un grand nombre d'autres tirés de notre Histoire.

Par Arrêt du Parlement de Paris du 25 Juin de l'année 1455, l'Evêque de Nantes fut condamné en deux mille écus d'amende par contumace, ses biens confisqués, & privé de son Evêché pour le temporel.

En l'année 1469, le 29 Juillet, Jean de la Balue, Cardinal & Evêque d'Angers, pour plusieurs cas à lui imposés, fut fait prisonnier, & tous ses biens saisis. On lui donna des Commissaires pour l'interroger; & après, le Roi donna & distribua ses biens. (Chronique de Louis XI, *pag.* 147 & 148 de l'édition *in*-4°.)

Jean Hebert, Evêque de Constance, fut en l'année 1480, par Arrêt du Parlement de Paris, ajourné à comparoir en personne, au sujet de plusieurs cas à lui imposés, où il vint & comparut, & fut interrogé; ensuite par Arrêt de ladite Cour, il fut fait & constitué prisonnier dans les prisons de la Conciergerie, & tous ses biens & temporel, mis en la main du Roi. (Même Chronique de Louis XI, *pag.* 311.)

80. Par un autre Arrêt du même Parlement du premier Février 1481, Louis de Rochechouart, Evêque de Nantes, fut décrété de prise de corps, & constitué prisonnier, faute de paiement d'amende, à laquelle il avoit été condamné par Arrêt du 7 Septembre 1479.

Autre Arrêt de la Cour de l'année 1488 pour faire le procès à Geoffroi de Pompadour Evêque de Périgueux, & à George d'Amboise Evêque de Montauban, prisonniers pour crimes de lezemajesté. (Voyez les preuves de nos Libertés, *ch.* 7, *n.* 43.)

Par un autre Arrêt du Parlement du 13 Mai 1531, François de Dinteville, Evêque d'Auxerre, fut décrété de prise de corps. (*Ibid.* ch. 7, n. 47.)

Voyez aussi les Lettres-Patentes du Roi François I du 14 Décembre 1537 pour faire le procès, à raison du cas privilégié, à Bernard de l'Ordat Evêque de Pamiers, détenu prisonnier pour cas à lui imposés. (*Ibid.* ch. 7, art. 52.)

81. En l'année 1569, le Cardinal de Châtillon, Pair de France,

& Evêque de Beauvais, fut déclaré convaincu du crime de leze-majesté au premier chef, par Arrêt du 19 Mars; & pour réparation, déclaré par contumace, déchu de tous honneurs, états, fruits & possessions de bénéfices, & condamné en deux cents mille livres d'amende envers le Roi. (Voyez Aubery, Histoire des Cardinaux, *tom.* 3, *pag.* 458.)

Autre Arrêt du Parlement de Paris du 9 Juillet 1594, portant décret de prise de corps contre Geoffroy de la Martonie, Evêque d'Amiens, pour crime de leze-majesté. (Preuves des Libertés, *ch.* 7, *n.* 57.)

En l'année 1596, Gilbert Genebrard, Archevêque d'Aix, fut, par Arrêt du Parlement de Provence du 26 Janvier de la même année, déclaré atteint & convaincu du crime de leze-majesté par contumace, & banni du Royaume à perpétuité, & tous ses biens confisqués.

82. Autre Arrêt du Parlement de Paris du 5 Septembre 1598, qui condamne Guillaume Roze Evêque de Senlis, à faire amende-honorable en la Grand'Chambre, en cent écus d'aumônes, & à s'abstenir d'aller en la ville de Senlis pour un an, pour avoir tenu des discours indiscrets sur la Ligue, *&c.*; ce qui fut exécuté par ledit sieur Evêque. (Preuves des Libertés, *ch* 7, *n.* 62.)

Par un autre Arrêt du Parlement de Bordeaux du 17 Novembre 1615, le Cardinal de Sourdis Archevêque de Bordeaux, fut décrété de prise de corps, comme prévenu de crime de leze-majesté, de bris de prison, & de meurtre. (Voyez *ibid.* ch. 7, n. 66.)

Et de nos jours, le Cardinal de Bouillon, par Arrêt du Parlement du 20 Juin 1710, confirmé par une Déclaration du Roi du 17 Juillet suivant, fut aussi décrété de prise de corps.

83. Après toutes ces preuves, il ne paroît pas qu'on puisse opposer, pour établir la maxime contraire, l'Arrêt du Conseil du 26 Avril 1657, ni la Déclaration du même jour, qui se trouvent dans le second tome de Néron, de la nouvelle édition, *pag.* 59, cette Déclaration n'ayant point été enregistrée. (*a*)

(a) *Autres exemples d'Evêques & Cardinaux jugés par les Juges Séculiers.*

Voyez le procès fait à Pretextat, Archevêque de Rouen, vers l'an 577.
Voyez aussi le procès fait à Giles, Archevêque de Rheims, en l'année 590.

84. Au reste, il faut observer qu'il n'y a que les seules Cours de Parlement, qui aient le pouvoir de juger les Evêques accusés de crimes; & que ce droit n'appartient point aux autres Juges Royaux.

En l'année 673, Henri Evêque de Nismes, & Gumilde Evêque de Montpellier, s'étant révoltés contre Wamba, Roi des Visigots en Espagne, & ayant adhéré aux conspirations des Comtes Hilderic & Paul, furent pris & condamnés à mort, & leurs biens confisqués; & la vie leur ayant été donnée, ils furent confinés dans une prison perpétuelle. (Ludovicus Toletanus, *lib.* 3, *cap.* 2 & *seq.* Mariana *lib.* 6, *cap.* 12 & 13.)

Sous Hugues Capet en l'année 991, Arnoult, Archevêque de Rheims, convaincu, de plusieurs crimes & d'infidelité fut déposé; & Gerbert fut mis en sa place. (Voyez les Annales de la Saussaie, *liv.* 7, *pag.* 337.)

Voyez aussi pour le procès fait en 1301, à Bernard Saisset, Evêque de Pamiers, l'Histoire du différent entre Boniface VIII, & Philippe le Bel; & Mezerai. Abregé, *tom.* 1, *pag.* 484.

En l'an 1450, l'Evêque de Cisester fut décrété à Londres, & les informations furent faites contre lui en Parlement, tenu suivant la permission du Roi Henri VI, assemblé des trois Etats du Royaume; dès la premiere journée duquel furent montrées les informations, & ledit Evêque condamné à mort, & à être mis en quatre quartiers; ce qui fut exécuté. (Histoire de Charles VII, par Matthieu de Couci, insérée en l'Histoire dudit Roi, par Godeffroi, *p.* 693.)

François de Salviati, l'un des chefs de la conjuration des Pazzi à Florence, Archevêque de Pise, fut pendu à une fenêtre avec les habits Pontificaux dont il étoit revêtu, en 1478. (Anecdotes de Florence par Varillas, *liv.* 2, *part.* 1, *pag.* 150.)

Voyez aussi le procès fait en l'an 1482 à l'Evêque de Xaintes par le Parlement de Paris; & en 1533 à l'Evêque d'Auxerre. (Preuves de nos libertés, *tit.* 7.)

Et celui fait aux Evêques de Perigueux & de Montauban en 1486.

En l'année 1523, l'Empereur Charles V obtint un Bref du Pape, pour faire le procès à l'Evêque de Zamora, pour crime de leze-majesté; & en vertu de ce Bref, il le fit étrang'er pour conspiration & ligue, & exposer son corps pendu en exemple aux crenaux du Château. (Sandoval *histor.*)

Voyez encore le procès fait en Angleterre au Cardinal Wolsey, qui fut condamné à mort en 1531; & mourut comme le Roi l'avoit fait arrêter, &c.

En 1581, Philippe II, Roi d'Espagne, ayant trouvé Jean Evêque de la Guarde, contraire à ses prétentions sur le Portugal, le déclara rebelle, & l'exempta de l'amnistie générale, avec quelques Religieux; obtint un Bref du Pape Gregoire XIII, qui commit Georges de Tayde, depuis peu Evêque, pour lui faire son procès, *adempto provocationis beneficio & tanquam contumax convictus & dignitatibus suis privatus est, & citatus cum minime compareret.* (Thuanus Histor. *lib.* 73, *pag.* 496.)

(Voyez Imbert en ses Institutions For. *liv.* 3, *ch.* 8, *n.* 1, en la note (*a*)).

§. IV.

Du Privilege des Officiers Royaux.

85. Les Officiers Royaux, & sur-tout ceux de Judicature, qui commettent quelques délits hors leurs fonctions, ne peuvent être jugés par les Juges de Seigneurs, pour raison de ces délits. (*Ita* Bouteiller en sa Somme Rurale, *liv.* 1, *ch.* 34, au titre *Des Officiers Royaux*, pag. 225, édition de 1603. Voyez aussi l'Auteur des Loix Criminelles, *tom.* 1, *pag.* 45 & 62 & suiv. où il paroît établir comme une maxime certaine, que la punition des Officiers Royaux, pour crimes commis même hors leurs fonctions, n'appartient point aux Juges de Seigneurs. Il en excepte seulement les Huissiers & Sergents; c'est aussi le sentiment de Dupineau sur l'article 76 de la Coutume d'Anjou.

86. En effet, quand des Officiers Royaux, & sur-tout des Juges, viennent à être accusés, leur dignité exige qu'ils soient traités avec plus d'égard, & par des Juges plus distingués que les simples particuliers. Il ne seroit pas décent que la cause d'un Magistrat fût traitée devant son inférieur; & à plus forte raison, qu'il fût dans le cas d'être privé de la vie & de l'honneur par celui qu'il auroit pu lui-même auparavant condamner; ce qui paroît même être le fondement de la disposition portée en l'article 10 du titre 1 de l'Ordonnance de 1670. Car puisqu'aux termes de cet article les Prévôts & Châtelains Royaux sont privés de la connoissance des crimes commis par des Officiers de Judicature, quoiqu'ils puissent connoître de leurs causes en matiere civile; à plus forte raison les Juges de Seigneurs n'en peuvent-ils connoître. (Voyez Airault en son Instruction Judiciaire, *liv.* 2, *part.* 3, *n.* 14, *pag.* 213 & *suiv.*)

Il y a même plusieurs exemples de Cardinaux qui ont été emprisonnés; sçavoir, le Cardinal de Guise Archevêque de Lyon en 1588.

En 1621 le Cardinal de Guise fut mis à la Bastille pour une querelle avec le Duc de Nevers.

Il faut aussi voir la procédure faite contre Alby de Nismes, & René de Rieux, Evêque de Léon en Bretagne, prévenus de crime de leze-majesté en 1632; l'Evêque de Léon fut depuis absous en 1646.

87. Cette maxime se trouve même autorisée par plusieurs Arrêts, & entre autres par un du 30 Août 1606, rendu en faveur d'un Commissaire au Châtelet de Paris, contre le Juge de l'Abbaye de Saint-Germain-des-Prés, rapporté par Brillon en son Dictionnaire des Arrêts, au mot *Décret en Procès criminel*, n. 62 de la derniere édition, qui a jugé que les Juges subalternes ne pouvoient décréter contre les Officiers Royaux; & par un autre Arrêt du 2 Août 1625, rapporté par Filleau, *tom.* 1, *part.* 2, *tit.* 3, *ch.* 52, *pag.* 136, qui fait défenses au Bailli de Vendôme de plus à l'avenir informer & décréter contre les Officiers Royaux, même pour délits commis hors leurs fonctions.

88. On peut encore confirmer cette opinion par la disposition de l'article 35 du titre commun des Fermes de l'Ordonnance des Fermes du mois de Juillet 1681, qui défend aux Juges de Seigneurs de décréter contre ceux qui sont employés dans les Fermes du Roi, lors même qu'ils commettent quelque délit hors leurs fonctions; car cette défense doit avoir lieu à plus forte raison en faveur des Juges Royaux, & autres Officiers Royaux de Judicature.

Tout ce que peut faire le Juge inférieur dans ces cas, est d'informer; mais il ne peut décréter les charges & informations; ainsi qu'il a été jugé par Arrêt du 5 Juin 1610, rapporté par Joly, *tom.* 2, *pag.* 1116.

Quand ce sont des Sergents Royaux, ou autres inférieurs, qui commettent quelque délit hors les fonctions de leurs charges, les Juges subalternes, même de Seigneurs, en peuvent connoître. (Boerius, *decis.* 9; & Chassanée sur la Coutume de Bourgogne, *rubr.* 1, §. 7, *n.* 42, *pag.* 306, & *n.* 43, *pag.* 307.)

§. V.

Autres Privilégiés.

89. 1°. Les Nobles sont justiciables des Baillis, & non des Prévôts Royaux; & ces derniers sont incompétents pour connoître des crimes commis par des Gentilshommes. (Ordonnance de 1670, *tit.* 1, *art.* 10.)

Sous ce mot de *Gentilshommes*, il faut comprendre tous ceux qui jouissent du privilege de la Noblesse, & qui ont la qualité d'Ecuyer; comme sont les Trésoriers, les Secrétaires du Roi, *&c.*: ce qui a lieu, même dans le cas où un seul des accusés seroit noble.

(Arrêt du 22 Juin 1651, rendu entre le Lieutenant Criminel & le Prévôt d'Orléans.)

90. Il y a même des Coutumes où les Nobles ont leurs causes commises, en matiere criminelle, devant les Baillis Royaux, à l'exclusion des Juges de Seigneurs. (Voyez ci-après, *n.* 234.)

2°. Les Officiers de Judicature ne peuvent, pour raison de crimes par eux commis, même hors leurs fonctions, être jugés par les Prévôts & Châtelains Royaux. (Ordonnance de 1670, *ibid.* art. 10;) qui ajoute cependant, que c'est sans rien innover en ce qui regarde la jurisdiction des Seigneurs.

Ces termes d'Officiers de Judicature, doivent s'entendre des Juges, des Avocats & Procureurs du Roi, ou Fiscaux; non des Notaires, Greffiers, Procureurs & Sergents, qui ne sont que des Ministres inférieurs de Justice.

Les Juges des Elections, Greniers-à-Sel, & autres Jurisdictions extraordinaires, sont aussi du nombre des Officiers de Judicature. (Arrêt du 30 Juillet 1678, rendu pour Moulins.)

91. 3°. Les Seigneurs Hauts-Justiciers ne peuvent être jugés en matiere criminelle par leurs Juges, mais seulement par le Juge supérieur. (Voyez ce qui a été dit là-dessus au titre *De la Compétence particuliere des Juges en criminel*, n. 27.)

4°. Les Officiers des Eaux & Forêts, aux termes de l'article 13 du titre 1 de l'Ordonnance des Forêts du mois d'Août 1669, ont leurs causes commises au plus prochain Présidial de leur ressort, tant en matiere civile que criminelle; & ce privilege leur a été confirmé par l'Edit du mois de Février 1745, concernant les Eaux & Forêts, *art.* 9.

92. 5°. Il en est de même des Officiers de Maréchaussées, suivant la Déclaration du 6 Mai 1692. Il paroît même aujourd'hui, suivant des Lettres-Patentes du 20 Mars 1730, rendues sur un Arrêt du Conseil du 25 Février 1730, que les Prévôts & Lieutenants, ont leurs causes commises, de la même maniere que les Officiers Commensaux de la Maison du Roi.

6°. Les Huissiers du Châtelet de Paris ont leurs causes criminelles commises devant le Prévôt de Paris, suivant les Lettres-Patentes du Roi Charles V, confirmées par Edit des mois de Septembre 1672, & d'Octobre 1712, *art.* 5. (Voyez à ce sujet un Arrêt du Conseil du 21 Janvier 1719, au titre des Audiences, *tom.* 7.)

93. 7°. Les Trésoriers prétendent aussi avoir leurs causes commises

au Grand-Conseil, même en matiere criminelle, suivant les Edits des mois de Juin 1672, Mars 1673, & Avril 1674.

Au reste, les privileges mentionnés aux numeros 4, 5, 6 & 7 ci-dessus, n'ont lieu que de particulier à particulier; & non quand les accusés sont poursuivis d'office, ou à la requête de la Partie publique. (Ordonnance des *Committimus* du mois d'Août 1669, *tit.* 4, *art.* 25.) En effet, un Huissier du Châtelet de Paris, ayant sur un référé, à l'occasion d'une saisie devant le Prévôt de Pontoise, commis des indécences, fut condamné par ce Juge en 10 livres d'amende, & interdit pour trois mois de ses fonctions, par Sentence du 11 Août 1732, confirmée par Arrêt de la Tournelle du 10 Janvier 1733, rapporté aux Loix Criminelles, *tom.* 2, *pag.* 428.

§. VI.

Des personnes qui ne peuvent être jugées en dernier ressort que par les Cours, & qui peuvent demander à y être jugées la Grand'Chambre assemblée.

94. 1°. Les Ecclésiastiques ne peuvent être jugés en dernier ressort que par les Cours, & ne sont soumis en aucuns cas à la jurisdiction des Présidiaux, ni à celle des Prévôts des Maréchaux. (Ordonnance de 1670, *tit.* 1, *art.* 13. Déclaration du 5 Février 1731, *art.* 11.)

2°. L'article 12 de la même Déclaration du 5 Février 1731, veut qu'à l'avenir les Gentilshommes jouissent du même privilege; à moins qu'ils ne s'en fussent rendus indignes par quelque condamnation qu'ils eussent subie, soit de peine corporelle, ou de bannissement, ou d'amende-honorable.

Il faut observer que ce privilege des Ecclésiastiques, ou des Gentilshommes, leur est acquis de droit, sans qu'ils aient besoin de le réclamer. (Voyez ce qui a été dit à ce sujet au titre *De la Compétence des Juges en matiere criminelle*, n. 208.)

95. 3°. Les Sécretaires du Roi, & autres Officiers de Judicature, du nombre de ceux dont les procès criminels ont coutume d'être portés en la Grande ou Premiere Chambre des Cours de Parlement, suivant l'article 21 du titre 1 de l'Ordonnance de 1670, ne peuvent pareillement en aucun cas être jugés par les Prévôts des Maréchaux,

réchaux, ni par les Juges Présidiaux en dernier ressort. (Déclaration du 5 Février 1731, *art.* 13.)

4°. Outre ce privilege, les Ecclésiastiques, les Gentilshommes, & les Secrétaires du Roi, peuvent demander, en tout état de cause, d'être jugés, toute la Grand'Chambre du Parlement où le procès sera pendant, assemblée. (Ordonnance de 1670, *tit.* 1, *art.* 21.) Cette disposition est conforme à la disposition de l'Edit de François I du mois d'Avril 1515, & à l'article 38 de l'Edit de l'Ordonnance de Moulins.

96. Les Trésoriers de France, Présidents des Présidiaux, Lieutenants-Généraux, Lieutenants Criminels ou Particuliers, Avocats & Procureurs du Roi des Bailliages, Sénéchaussées & Sieges Royaux ressortissants nuement ès Cours de Parlements, & les Prévôts Royaux, Juges ordinaires qui ont scéance & voix délibérative dans les Bailliages & Sénéchaussées, dont les procès criminels sont instruits en premiere instance en la Cour, ou qui y sont portés par appel, peuvent aussi demander que leurs procès soient instruits & jugés en la Grand'Chambre. (Déclaration du 26 Mars 1676, rendue en interprétation de l'article 21 du titre 1 de l'Ordonnance de 1670, rapporté au Supplément du Traité des Matieres Criminelles de Lacombe, *pag.* 40, *addition* 73.)

97. Au reste, il ne faut pas conclure de la disposition des Réglements qu'on vient de citer, que les personnes dont il est fait mention, soient en droit de demander à être jugées en premiere instance par toutes les Chambres du Parlement assemblées; mais seulement lorsque le procès est pendant au Parlement; ainsi qu'il est porté expressément par ce même article 21.

97. Les Secrétaires du Roi prétendent cependant, en vertu de Lettres-Patentes du mois de Novembre 1492, qu'il n'y a que le Parlement qui puisse leur faire leur procès; mais il est facile de voir par la lecture de ces Lettres, qu'en attribuant aux Requêtes de l'Hôtel, & à M. le Chancelier, la connoissance des délits commis par les Secrétaires du Roi, elles n'entendent parler que des malversations commises par ces derniers, dans les fonctions de leur office; & non des autres délits qu'ils peuvent commettre d'ailleurs. Et en effet, on a dans ces derniers temps, l'exemple du sieur De la Noue Secrétaire du Roi, qui par Sentence du Châtelet de Paris, a été condamné en l'amende-honorable, & aux galeres, & la Sentence confirmée par Arrêt du 23 Avril 1705.

99. La Déclaration du 26 Mars 1676, qu'on vient de citer, veut que les procès criminels, qui seront instruits à la Requête des Procureurs-Généraux, soient aussi instruits & jugés en la Grand'-Chambre, lorsque le Procureur-Général jugera à propos de le demander. Mais il y a un Arrêté du Parlement du même jour que l'enregistrement de cette Déclaration, qui porte que cela n'aura lieu que quand le Procureur-Général aura présenté sa Requête à fin de renvoi, & qu'il aura été délibéré & ainsi arrêté en la Grand'Chambre.

100. Il suit de la disposition dont on vient de parler, que la connoissance des crimes commis par des Ecclésiastiques, Gentilshommes, Lieutenants-Généraux, Procureurs du Roi, & autres Officiers mentionnés en la Déclaration du 26 Mars 1676, étant attribuée à la Grand'Chambre, les Conseillers des Enquêtes qui sont de service en la Tournelle, n'en connoissent point.

Mais depuis environ un siecle, l'usage s'est introduit d'assembler les Conseillers de la Grand'Chambre, dans la Tournelle, où les Ducs & Pairs, les Conseillers-d'Honneur, & les Maîtres des Requêtes n'entrent point; & l'on s'est avisé d'intituler ces sortes d'assemblées : *La Grand'Chambre & Tournelle assemblées*, quoique très improprement; parce qu'il n'y a que la Grand'Chambre.

101. Les Conseillers-Clercs peuvent se trouver à ces sortes d'assemblées, quoiqu'ils ne soient point d'ailleurs de service à la Tournelle; mais ils n'y opinent point, & même ils doivent se retirer, lorsque les conclusions du Procureur-Général tendent à prononcer contre l'accusé une peine capitale. (Ainsi jugé par Arrêt du Parlement du 6 Septembre 1653, & par un autre du Parlement de Dijon du 26 Juin 1654. Voyez aussi Larocheflavin, *liv.* 13, des Parlements, *ch.* 44, *n.* 42.)

Au reste, pour que les accusés dont on vient de parler, puissent jouir du privilege d'être jugés, la Grand'Chambre assemblée, il faut nécessairement qu'ils requierent ce renvoi; autrement il ne se fait point d'office; ainsi qu'il résulte du même article 21 du titre 1 de l'Ordonnance de 1670.

Cette requisition peut être faite en tout état de cause, pourvu cependant que les opinions ne soient point commencées; & lorsque l'accusé a requis d'être jugé à la Grand'Chambre, il ne peut plus demander d'être renvoyé en la Tournelle. (Ordonnance de 1670, *ibid.* art. 21.)

02. Il faut aussi observer qu'il ne s'agit ici que des procès de Grand-Criminel ; car lorsqu'il est question de procès jugés en premiere instance, qui ne portent aucune peine afflictive ou infamante, les appellations s'en portent aux Enquêtes, comme de procès purement civils, suivant l'article 12 du titre 26 de l'Ordonnance de 1670 ; & ainsi il n'y a pas plus de privilege à alléguer, que pour un procès civil. Cependant si en opinant, on ouvroit les avis à une peine, & qu'on portât en conséquence le procès en la Tournelle, l'accusé pourroit alors demander son renvoi en la Grand'-Chambre.

103. La Déclaration du 26 Mars 1676, dont on vient de rapporter les dispositions, prouve qu'il y a des procès criminels qui s'instruisent en premiere instance aux Parlements, contre des Officiers Royaux de Judicature ; & ce sont, sans doute, ceux qui leur sont faits pour malversations par eux commises dans leurs charges, ou pour des crimes qu'il y auroit lieu de craindre qui ne demeurassent impunis, à cause du grand crédit de ces Officiers dans la Province, suivant l'Ordonnance de Charles VIII du mois de Juillet 1493, *art.* 97 & 98. On trouve aussi un Arrêt du 6 Mai 1402, où il est dit que le Procureur-Général avoit fait venir en la Cour de Parlement le Procureur du Roi du Bailliage de Caen, pour certaines causes pour lesquelles il entendoit poursuivre celui-ci en ladite Cour, & former contre lui des demandes & conclusions. (Voyez au surplus ce qui est dit au titre *De la Compétence des Juges en matiere criminelle*, n. 543.)

§. VI.

Des Officiers qui doivent être jugés en la Grand'Chambre du Parlement, en premiere instance.

104. 1°. Les Présidents, Maîtres, Correcteurs, Auditeurs, Avocats & Procureurs-Généraux de la Chambre des Comptes de Paris, ne peuvent être poursuivis pour affaires criminelles, ailleurs qu'en la Grand'Chambre de la Cour de Parlement de la même ville. (Ordonnance de 1670, *tit.* 1, *art.* 22). Ce qui est conforme à un Edit du mois d'Octobre 1613, rendu en faveur de ces Officiers.

Si les crimes de ces Officiers ont été commis hors la Ville, Prévôté & Vicomté de Paris, les Baillis & Sénéchaux peuvent en informer, même décréter contre les coupables, mais non les interroger; à la charge de renvoyer les procédures en la Grand'-Chambre, pour y être instruites & jugées. (Même article 22 du titre 1 de l'Ordonnance de 1670.) Cet article ajoute néanmoins que si les Parties ont procédé volontairement devant les Baillis & Sénéchaux, ils ne pourront plus se pourvoir en la Grand'Chambre, que par appel.

105. On prétend même que les Juges de Seigneurs, peuvent, dans ce cas, informer, si le crime avoit été commis dans un Bourg ou Village dépendant de leur Justice; parce que tous les actes qui constatent un délit, sont toujours utiles, & doivent être conservés; autrement la preuve du crime pourroit dépérir. Ce qui est fondé sur cette maxime, que tous Juges sont compétents pour informer en matiere de crimes; encore qu'ils ne soient pas compétents pour juger; (Voyez ce qui est dit à ce sujet, *infrà*, n. 181.)

Mais il ne paroît pas que les Juges de Seigneurs pussent en ce cas, décréter l'Officier; à moins qu'il ne s'agît d'un crime capital, & qu'il y eût lieu de craindre que la fuite du coupable ne procurât l'impunité du crime.

106. Quelques Auteurs pensent que les autres Chambres des Comptes du Royaume, ne jouissent pas du privilege porté en cet article 22 du titre 1 de l'Ordonnance de 1670, d'être jugées par les Parlements en premiere instance; & que l'Ordonnance laisse à leur égard les choses dans le droit commun.

Néanmoins un Edit de Janvier 1706, rendu touchant l'union de la Chambre des Comptes & de la Cour des Aides de Rouen, porte que les Officiers de cette Chambre ne pourront être poursuivis en matiere criminelle, ailleurs qu'en la Grand'Chambre du Parlement de Rouen, conformément à un Edit de Juillet 1637.

107. Suivant des Lettres-Patentes du 7 Août 1727, servant de réglement entre le Parlement de Dijon, la Chambre des Comptes, & le Bureau des Finances de la même ville, il est dit en l'article 13 » que Sa Majesté a maintenu & maintient ladite Chambre des » Comptes, dans le droit de procéder en dernier ressort, par in- » formation, décret, récolement & confrontation contre les Offi- » ciers de la Compagnie, par voie de correction & discipline, ou » pour fautes commises dans l'exercice de leur état, sauf néan- » moins la revision en la Chambre neutre, dans le cas seulement » où ladite Chambre aura procédé par voie d'information; pour

» laquelle révision il y aura deux Commissaires du Parlement, de » plus que de la part de la Chambre des Comptes, suivant les » réglements ».

108. 2°. Le Parlement de Paris a toujours prétendu que les Officiers de son Corps, à l'exemple des Pairs, ne pouvoient être jugés en matiere criminelle, que par les autres Officiers du même Corps. Il se fonde sur l'Edit du 18 Mai 1529; & sur ce que dans l'Edit du mois d'Octobre 1613, accordé aux Présidents & Maîtres des Comptes, il est dit que les Officiers des Cours ne sont tenus de répondre ni défendre en premiere instance, que pardevant ceux de leurs Corps. C'est le Parlement en Corps, assemblé en la Grand'Chambre, & non la Chambre de la Tournelle, qui juge ces sortes de procès. M. Leprêtre en sa *cent.* 1, *ch.* 80, traite amplement de ce privilege: il rapporte à ce sujet plusieurs choses intéressantes, & il prétend que quoiqu'il ne se trouve aucune Ordonnance écrite, pour établir ce droit, néanmoins la pratique en est constante. On prétend même qu'il y a des Lettres-Patentes du 10 Juin 1556, qui l'établissent. (Voyez le Dictionnaire des Arrêts, édition de 1727, au mot *Parlement*, n. 53.)

Au mois d'Août 1719, M. le Feron Conseiller en la Grand'-Chambre du Parlement de Paris, ayant été insulté en robe, en s'en retournant du Palais, & venant de travailler de Commissaires, les Chambres s'assemblerent, & décréterent le 28 Août contre celui qui avoit commis l'insulte; surquoi intervint Arrêt, toutes les Chambres assemblées, le 29 Août 1719, qui fit défenses à de Courcelles Gendarme, de récidiver. La question s'est aussi présentée en l'année 1722. Le Juge de Montmireil, ayant décrété d'assigné pour être oui, un Conseiller au Parlement, celui-ci se pourvut en la Cour, & demanda permission de prendre à partie le Juge & le Procureur Fiscal de la Justice de Montmireil; sur quoi il fut rendu Arrêt le 23 Juillet 1723, toutes les Chambres assemblées, sur les conclusions de M. l'Avocat-Général, qui déclara la procédure nulle, injurieuse & attentatoire à l'autorité de la Cour; interdit le Juge & le Procureur Fiscal de toutes leurs fonctions pour un mois, & les condamna en une amende de 10 livres; ordonna que le décret décerné contre le Conseiller au Parlement, seroit rayé des Registres de Montmireil, & que l'Arrêt seroit transcrit en marge du registre, & à côté du décret; lu & publié à l'Audience de Montmireil, & imprimé & affiché par-tout où besoin seroit. On peut voir sur cette question Mornac, *in* L. 2, D. *de senator*; Langlæus, *lib.* 7, *semestrium*, *cap.* 18; Larocheflavin, *lib.* 10, des Parlements de France, *ch.* 32, où il cite plusieurs Arrêts du Parlement de Toulouse, qui établissent cet usage; Boniface en ses Arrêts, *tom.* 1, *liv.* 1, *tit.* 25, *n.* 9, où il en cite un du Parlement de Provence du 26 Janvier 1657; Chopin sur la Coutume de Paris, *liv.* 3, *tit.* 2, *n.* 26, & en son Traité *de Dom. liv.* 3, *tit.* 7, *n.* 15. Voyez aussi Mezerai sur l'année 1315; & M. Lepretre, *cent.* 1, *qu.* 31 aux notes.

109. Mais quand un Officier d'un Parlement, commet un crime ou délit dans le ressort d'un autre Parlement, il devient justiciable des Lieutenants Criminels des lieux où le crime est commis. Ainsi Jugé par Arrêt du Parlement de Paris du 18 Mars 1701, qui renvoie en ce cas un Officier d'un Parlement de Province, devant le Lieutenant Criminel du Châtelet de Paris; & par un autre du 16 Mars 1707, rendu contre un Président-à-Mortier du Parlement de Bretagne, rapporté par Lacombe en son Traité des Matieres criminelles, cinquieme édition, *pag.* 583. Autre Arrêt rendu au Parlement de Dijon, toutes les Chambres assemblées, le 13 Mars 1742, par lequel un Chevalier-d'Honneur du Parlement de Grenoble, fut débouté du renvoi par lui demandé au Parlement de Grenoble, pour une insulte par lui faite à un particulier de Dijon. Cet Arrêt est rapporté par M. Bouhier sur la Coutume de Bourgogne, *tom.* 1, *pag.* 21.

110. Cependant le Parlement de Paris prétend que les Officiers de son Corps ne peuvent être jugés que par lui-même, pour crimes commis par lesdits Officiers hors de son ressort. (Voyez Bruneau en ses Observations sur les Matieres criminelles, *tit.* 1, *max.* 11, *pag.* 7.)

Les Maîtres des Requêtes, comme faisant partie du Parlement de Paris, ne peuvent aussi être jugés en matiere criminelle, que par le Parlement de Paris, assemblé en la Grand'Chambre; & ils ne peuvent même renoncer à ce privilege. (Voyez Mornac, *in* L. 29, Cod. *de pactis*. Et il a été ainsi jugé par Arrêt du 4 Septembre 1727, contre le Lieutenant-Criminel & le Procureur du Roi de Beauvais, qui les déclare bien pris à partie pour avoir décrété M. le Président Brunet, Maître des Requêtes Honoraire, & la Dame son épouse, d'assigné pour être oui; & leur fait défenses de faire aucune procédure contre les

Maîtres des Requêtes, & autres Officiers ayant voix délibérative en la Cour.)

111. 3°. Les Conseillers du Grand-Conseil ont aussi le privilege de ne pouvoir être jugés criminellement, que par leur Compagnie. Ainsi par Arrêt du Conseil du 8 Février 1681, une poursuite criminelle faite contre l'un d'eux, accusé de vol, & emprisonné au Châtelet, fut renvoyée à cette Cour : le Lieutenant criminel du Châtelet avoit interrogé l'accusé & refusé le renvoi. Il y en a encore d'autres exemples. Un Arrêt du Grand-Conseil du 20 Mai 1681, condamne le sieur Menard de Belle-Fontaine, au bannissement. Autre Arrêt du Conseil du 3 Juin 1726, qui renvoie au Grand-Conseil la connoissance du crime de suicide, commis par le sieur la Frenaie Conseiller au Grand-Conseil. Autre Arrêt du Conseil du 8 Mars 1635, qui fait défenses à tous Juges, autres que le Grand-Conseil, de prendre connoissance des délits commis par les Officiers du Grand-Conseil. Cet Arrêt & le précédent sont rapportés au Traité des Scellés & Inventaires, *liv.* 1, *ch.* 19, *pag.* 109. Voyez aussi Brillon au mot *Procédures*, n. 135 ; & au mot *Parlement*, n. 47.

112. 4°. Les Officiers de la Cour des Aides, prétendent devoir jouir du même privilege, suivant l'Edit de création de la seconde Chambre de cette Cour, du mois de Mars 1551 ; ce qui ne regarde cependant que les délits par eux commis dans les fonctions de leurs offices, suivant l'article 6 de cet Edit. Mais ils ont en leur faveur un autre Edit du mois de Juillet 1636, d'où ils tirent de plus grands arguments pour leur compétence ; & quoique cet Edit de 1636 n'ait été enregistré qu'en la Cour des Aides, néanmoins il se trouve énoncé dans un autre Edit du mois de Novembre 1704, registré au Parlement le 30 Janvier 1705. Il y a aussi à ce sujet un Arrêt du Conseil du mois de Février 1681, rapporté au Dictionnaire des Arrêts, au mot *Parlement*, *n.* 53, *pag.* 57, édition de 1727.

§. VIII.

Des personnes qui ne peuvent être jugées en premiere instance, que par toutes les Chambres du Parlement assemblées.

113. Le Parlement de Paris est seul en droit de connoître en premiere instance, & en dernier ressort, des affaires criminelles qui regar-

dent personnellement les Pairs de France. (Ordonnance du mois d'Avril 1453, *art.* 6.) Il y a même plusieurs exemples dans notre Histoire, qui prouvent que les Rois présidoient à ces sortes de jugements. Ainsi Louis X, dit le Hutin, présida en l'année 1315 au procès d'Enguerrand de Marigny; Philippe de Valois à celui de Robert Comte d'Artois en 1331; Charles VII à celui de Jean Duc d'Alençon en 1458; & François I à celui du Connétable de Bourbon en 1523.

§. IX.

Observation sur tout les privileges ci-dessus.

114. Les privileges dont on vient de parler, sont personnels, & ne s'étendent point aux femmes. Ainsi jugé par Arrêt du 18 Décembre 1676, contre Madame la Duchesse de **, quoiqu'il y eût appel *à minimâ.*

Il en est de même des femmes de Conseillers au Parlement. On a cherché si l'on trouveroit des exemples d'un pareil privilege, à l'occasion de la Dame Tiquet, qui eut la tête tranchée en place de Greve le 17 Juin 1699, pour avoir attenté à la vie de son mari; mais on n'en a point trouvé.

Au surplus, l'accusé qui a un privilege, peut y renoncer, & n'en pas jouir; à la réserve seulement de celui des Pairs & des Ecclésiastiques. (C'est ainsi que s'en explique M. Leprêtre, *cent.* 1, *ch.* 80, *n.* 11, à l'occasion du privilege des Conseillers au Parlement; ce qui résulte aussi de la disposition de l'article 22 du titre 1 de l'Ordonnance de 1670.)

CHAP.

CHAPITRE II.

Des crimes dont tous les Juges en général, même civils, peuvent connoître.

ARTICLE PREMIER.

Des choses dont tous les Juges peuvent connoître, & qu'ils peuvent juger.

I.

15. Tout Juge connoît de l'injure qui lui est faite dans ses fonctions, & il peut la punir par lui-même. (Jul. Clarus, *qu.* 35, *n.* 26; Farin. *qu.* 17, *n.* 45.)

L'injure qui est faite au Magistrat, peut lui être faite de trois manieres :

1°. Quand elle lui est faite en exerçant sa charge.

2°. Lorsqu'elle lui est faite en haine, ou au mépris de la Magistrature; encore quoique ce ne soit pas en exerçant sa charge.

16. 3°. Lorsqu'elle lui est faite en portant les marques & ornements de la Magistrature, & qu'il est reconnu pour Magistrat; encore que ce ne soit en exerçant sa charge, ni en haine & au mépris de la Magistrature. (Bodin en sa République, *liv.* 3, *ch.* 5.)

Ainsi une Partie qui, ayant perdu son procès, appelleroit d'une maniere injurieuse à la face du Juge, ou qui prononceroit contre lui quelque injure, ou qui l'offenseroit de quelque autre maniere, lorsqu'il est dans son Siege, & faisant ses fonctions de Juge, peut être puni sur-le-champ & sans autre forme de procès, par le Juge qui a reçu l'offense, suivant la Loi *judici*, D. *de injuriis*. Et il en est de même, si un Avocat, ou un Procureur, ou un Huissier, manquoient de respect au Juge en plaidant, ou autrement, soit par irrévérence, ou paroles peu mesurées, désobéissance, *&c.*

17. En effet, comme c'est au Juge à maintenir le bon ordre dans le lieu destiné à rendre la justice; quand il punit une injure qui lui est faite en tenant son Siege, il n'est pas censé être Juge dans sa propre cause, mais seulement venger l'insulte qui est faite à

sa dignité, & au lieu où se rend la Justice, que l'on a profané par les injures qui lui ont été dites.

Il n'est pas même nécessaire que l'injure faite au Juge, soit faite dans le lieu où se rend la Justice, pour qu'il puisse la punir par lui-même; & il suffit qu'elle lui soit faite lorsqu'il est dans ses fonctions; comme dans le cas d'une visite de Police, d'une descente, d'un transport, *&c.*

118. La peine que le Juge offensé peut prononcer dans tous ces cas, est une peine légere & un châtiment modique; comme amende, interdiction, & prison. (L. 1, D. *si quis judici non obtemperet*; L. *item apud*, D. *de injuriis*; L. 15, §. *unde quæritis*, D. *eod. tit.* Voyez aussi Loiseau, *titre des Offices*, *liv.* 1, *ch.* 7, *n.* 17.) Et alors cette punition se prononce sur-le-champ, sans aucune instruction réglée, ni forme de procès, par le Juge qui préside, en prenant seulement l'avis de tous les autres Juges : ce qui est fondé sur ce que le délit étant notoire, n'a pas besoin d'être constaté par aucune instruction; & qu'alors le Juge n'est pas tant réputé venger sa propre injure, que celle qui est faite à la Justice en sa personne.

119. Les Juges-Consuls peuvent, même dans ce cas, & lorsqu'ils sont offensés dans leur Auditoire, punir les délinquants, par amende, même payable sur-le-champ, & sans déport; sinon ils peuvent faire mettre en prison ceux qui refusent de payer; & tel est l'usage constant.

Mais si l'injure faite au Juge dans ses fonctions, étoit telle qu'elle méritât d'être punie d'une peine corporelle ou afflictive; comme dans le cas d'un soufflet qui seroit donné au Juge dans son Tribunal; il peut encore par lui-même, après une instruction réglée, prononcer la punition de ce crime, du moins s'il n'est pas du nombre de ceux *qui nudam habent notionem*, tels que les Juges-Consuls, les Officiaux, & les Moyens & Bas-Justiciers. (Ainsi jugé en faveur du Prévôt de Sainte-Menehoult, qui avoit été insulté par un Sergent, par Arrêt du 7 Janvier 1576, rapporté par Papon, *liv.* 6, *tit.* 2, *n.* 1, aux additions. Voyez aussi Farin. *qu.* 17, *n.* 45.)

120. Néanmoins lorsque ce cas arrive, il est plus convenable que le Juge se déporte de la connoissance de cette punition, & qu'il en laisse la vengeance à d'autres; de crainte qu'on ne puisse soupçonner qu'il a agi par passion. (L. 1, D. *ne quis in suâ causâ ju-*

dicet, & L. *qui jurisdictioni*, D. *de jurisd. Ita etiam*; Jul. Clarus, *qu.* 35, *n.* 46; & Loiseau en son Traité des Offices, *liv.* 1, *ch.* 7, *n.* 17: & telle est la solution que donne Bodin de cette fameuse question, en sa République, *liv.* 3, *ch.* 5, si le Magistrat peut par lui-même venger l'injure publique qui lui est faite. Voyez aussi André Gail, *liv.* 1, *obs.* 40, *n.* 4; Millæus *in Practicâ criminali; in formulâ inquisitionis*, n. 32, & seqq. & Farinacius, *qu.* 17, *n.* 44.)

121. Il n'est pas nécessaire pour cela, de s'adresser au Parlement, ou à la Cour supérieure en laquelle ce Siege ressortit; & cette instruction peut se faire au Siege même du Juge qui a reçu l'offense, sur la plainte du Procureur du Roi ou Fiscal; mais alors l'information doit être faite par le Lieutenant-criminel, ou autre Juge que celui qui a été offensé, & même ce dernier doit s'abstenir de donner sa voix en jugeant. Lorsqu'il s'agit d'une offense commise en présence du Juge séant en son Tribunal, la procédure qui se tient alors, est qu'il doit, par un procès-verbal, écrit par le Greffier, & signé du Juge, constater le fait commis en sa présence; *v. g.* si une Partie qui a perdu son procès, a donné un soufflet à sa Partie adverse, au milieu de l'Audience, *&c*: sur ce procès-verbal, le Juge doit interroger l'accusé; le tout sans se déplacer. Si l'accusé convient du fait, le Juge pourra sur-le-champ le condamner; mais s'il le nie, il faudra entendre des témoins, & ensuite le juger. Il est bon pour cela, que le Juge fasse arrêter l'accusé, & empêcher qu'il ne quitte l'audience; autrement il ne pourroit le juger sur-le-champ, & sans un décret préalable.

S'il n'y avoit personne en l'Audience, que le Greffier, il ne paroît pas que le Juge pût condamner sur cette seule déposition, quoique la chose se soit passée en présence du Juge.

122. Lorsque le Juge est insulté dans ses fonctions, de quelque maniere que ce soit, il peut sur-le-champ faire arrêter le coupable; en dresser tout de suite son procès-verbal; le faire signer par ceux qui seront présents; ordonner qu'il en sera informé, & entendre ces personnes en leurs dépositions; communiquer le tout à la Partie publique; décréter l'accusé de prise de corps; & en vertu de ce décret, écrouer le coupable dans les vingt-quatre heures. C'est ce qui résulte de l'article 9 du titre 10 de l'Ordonnance de 1670, qui permet de faire arrêter & même écrouer un accusé en flagrant

délit. Sans cette précaution, un homme de vile condition, insolvable, pourroit insulter impunément un Juge dans ses fonctions.

123. S'il n'y avoit dans le Siege, pour tout Juge, que celui qui a été offensé, il ne seroit pas convenable qu'il connût par lui-même de cette poursuite extraordinaire. Ainsi tout ce qu'il doit faire en ce cas, est de dresser procès-verbal de ce qui s'est passé, & de l'envoyer au Juge Royal supérieur, ou en la Cour, pour faire informer du contenu audit procès-verbal, & faire le procès à l'accusé, jusqu'à Sentence définitive, sauf l'appel en la Cour.

124. Lorsque l'injure faite au Juge, est personnelle, & ne lui a point été faite à raison de ses fonctions, il n'en peut connoître, ni la punir par lui-même. (Jul. Clarus, *qu.* 35, *n.* 26; Farin. *qu.* 17, *n.* 39 & 46. Ainsi jugé par Arrêt du mois de Décembre 1576, rapporté par Papon, *liv.* 6, *tit.* 2, aux additions, *n.* 1.)

Mais pour sçavoir quand l'injure faite au Magistrat, lui est faite comme particulier, ou à raison de ses fonctions; cela se présume par les circonstances. Entre les conjectures qui font présumer que l'injure lui est faite à raison de ses fonctions, une des plus fortes est, lorsque cette injure lui est faite dans son Tribunal, ou lorsqu'il fait quelqu'acte de Justice. (Voyez Farin. *qu.* 17, *n.* 41 & 42.) Dans le doute, on doit toujours présumer que l'injure faite au Juge, lui est faite comme particulier, plutôt qu'à raison de son office. (Farin. *ibid.* qu. 17, n. 43.)

I I.

125. Tout Juge, même civil, connoît du crime ou délit commis en sa personne, ou en son Auditoire, lorsqu'il est dans ses fonctions de Juge; quoique le délit ne soit pas commis envers lui, ni à raison de ses fonctions. C'est la disposition de l'article 14 de l'Edit du mois de Novembre 1554, qui porte que: « si l'excès est commis » en présence du Juge exerçant son Office, ou en son Auditoire, » alors le Juge, quoique civil, pourra connoître incidemment de » ce délit ». La Coutume d'Angoumois, *art.* 33, en a une disposition. Voyez aussi Loiseau, Traité des Offices, *liv.* 1, *ch.* 7, *n.* 17; & l'Arrêt du 10 Décembre 1611, rapporté au Journal des Audiences, *tom.* 4, *pag.* 646, servant de Réglement entre les Officiers du Présidial d'Angers, & ceux de la Prévôté de la même ville.

Néanmoins, si le délit étoit de nature à être poursuivi extraordinairement; comme s'il s'agissoit de prononcer quelque peine afflictive ou infamante, & qu'il ne pût être instruit & jugé sur-le-champ, & sans déplacer; dans ce cas, ce seroit au Juge-Criminel du lieu, à en connoître. (Arrêt du Parlement de Toulouse du 13 Janvier 1624, servant de Réglement entre les Officiers de la Sénéchaussée de Gourdon, rapporté par Descorbiac, *tit.* 3, *ch.* 33.)

126. Mais quand le délit peut être puni sur-le-champ, en faisant entendre aussitôt les témoins, & en les récolant & confrontant tout de suite à l'accusé; comme s'il se commettoit un vol en pleine Audience; alors le Juge, en la présence & Auditoire duquel le vol est fait, peut instruire & juger l'accusé, sans être obligé de renvoyer la connoissance de ce délit au Lieutenant-Criminel; pourvu cependant que par lui-même il ne soit pas incompétent pour connoître de ces sortes de matieres. Il y a un grand nombre d'exemples de ces sortes de condamnations prononcées par les Juges sur-le-champ, & sans déplacer.

127. Pour instruire sur-le-champ un procès de cette espece, le Procureur du Roi, ou autre Partie publique, rend sa plainte; on arrête l'accusé, & on le met à la garde des Huissiers, ou autres; on informe, & décrete contre lui, & on l'interroge; on regle à l'extraordinaire s'il y a lieu de prononcer contre lui une peine afflictive ou infamante; ensuite on récole, & on confronte les témoins; la Partie publique rend ses conclusions définitives; on interroge de nouveau l'accusé, & on rend le Jugement définitif : tout cela se fait *de plano*, & sans déplacer, ni quitter le Tribunal.

On est aussi dans l'usage au Parlement, de donner en ce cas un conseil à l'accusé, lorsqu'il le demande. Ce conseil est ordinairement, un Avocat; l'accusé se retire avec lui dans un coin de la Salle d'Audience pour conférer sur ses défenses; mais il paroît que ce conseil ne doit se donner qu'après la confrontation. (Voyez l'Arrêt du 8 Mai 1668, au 2e tome des Loix Criminelles, *pag.* 205, *in med.*)

128. L'article 39 de l'Arrêt du Conseil du 19 Février 1729, rendu entre les Officiers de la Sénéchaussée & Siege Présidial du Puy-en-Velai, renferme une disposition qui peut servir de regle en cette matiere. Cet article porte, que le Lieutenant-Criminel ne pourra connoître des crimes & excès commis en présence des Officiers de la Sénéchaussée ou Siege Présidial assemblés, ou dans la Salle

d'Audience, ou dans la Chambre du Conseil, pour y exercer les fonctions de leur état; mais que les procès nés à l'occasion desdits crimes, seront faits & parfaits par lesdits Officiers, & l'instruction faite par celui qui présidera; à la charge néanmoins qu'il y sera procédé sur-le-champ & sans interruption, jusqu'au jugement définitif inclusivement, & ce, dans les cas ordinaires de ceux qui se jugeront, à la charge de l'appel seulement; & qu'à l'égard des crimes prévôtaux ou présidiaux, s'il s'en commet quelques-uns dans les temps & lieux ci-dessus marqués, lesdits Officiers du Présidial pourront se contenter de décréter de prise de corps les accusés pris en flagrant délit, pour leur être ensuite leur procès fait & parfait dans les formes prescrites par les Ordonnances; auquel cas l'instruction en appartiendra au Lieutenant Criminel.

129. Si les délits dont il s'agit, étoient commis en présence d'un Juge qui n'a pas la connoissance des affaires criminelles; *v. g.* devant des Trésoriers, Elus, Juges des Forêts & autres Juges extraordinaires; & que ces délits n'eussent point été commis pour faire injure à ces Juges; alors ils n'en pourroient poursuivre la punition, & il faudroit nécessairement en renvoyer la connoissance au Juge Criminel. Tout ce que peuvent faire dans ce cas les Juges, en présence desquels le crime est commis, est de décréter les accusés sur la plainte du Procureur du Roi de la jurisdiction, ou d'office, & de renvoyer la punition au Juge à qui la punition des crimes appartient.

A l'égard des délits qui se commettent en présence des Juges, même dans la Salle du Palais, ou en la Chambre du Conseil, lorsqu'ils ne sont point dans leurs fonctions, ils s'instruisent & se jugent comme tous les autres crimes, par les Juges qui sont établis pour connoître & décider toutes les affaires criminelles en général.

III.

130. Tous Juges, même civils, peuvent connoître des matieres criminelles incidentes aux procès pendants pardevant eux, si le jugement de ces crimes incidents est nécessaire pour la décision du fond. C'est la disposition de l'article 14 de l'Edit du mois de Novembre 1554, qui porte: » que si les matieres criminelles sont incidentes & préjudiciables aux procès civils, pendants pardevant les » Baillis & Lieutenants civils, sans la connoissance desquelles ma-

» tieres, ils ne pourroient faire droit, & décider les causes & ma» tieres civiles, comme falsités de lettres & témoins, & autres sem» blables matieres, desquelles dépend, & est connexe la matiere » civile; alors la connoissance en appartiendra au Juge saisi de l'af» faire civile principale. » Tel est le sentiment de Farinacius, *qu.* 1, *n.* 57 & *seq.* : ce qui est d'ailleurs conforme à la L. 3, Cod. *de ord. judic.* C'est aussi la disposition de l'article 20 du titre 1 de l'Ordonnance de 1670, qui porte: » que tous Juges, à la réserve des Juges» Consuls, Moyens & Bas-Justiciers, pourront connoître des ins» criptions de faux incidentes aux affaires pendantes pardevant eux. »

Les Juges Séculiers peuvent même connoître de ces incidents criminels contre des Ecclésiastiques; *v. g.* des inscriptions de faux incidentes; mais à l'effet du civil seulement, & pour l'intérêt de la Partie qui s'en plaint, sauf à les renvoyer en fin de cause pour l'extraordinaire, devant leurs Juges.

131. Les Juges de Seigneurs peuvent même connoître de la falsification du Scel Royal, lorsqu'elle est incidente au procès pendant devant eux. (Arrêt de Réglement du 7 Décembre 1621 pour Noyon, rapporté par Filleau, *tit.* 2, *pag.* 360. Autre du 21 Juin 1614 pour les Officiers du Duché de Montpensier, contre ceux du Bailliage de Riom;) & à plus forte raison les Prévôts Royaux. (Voyez au titre *De la Compétence des Juges en matiere criminelle*, n. 20.)

Les Juges extraordinaires, comme les Officiers des Eaux & Forêts, les Elections, les Trésoriers, les Lieutenants de Police, *&c.* peuvent aussi connoître de ces crimes incidents; *v. g.* des inscriptions de faux incidentes, *&c.* C'est une suite de la disposition de l'article 20 du titre 1 de l'Ordonnance de 1670.

Une Déclaration du 2 Juillet 1714, en interprétant l'Edit du mois d'Avril 1705, ordonne que conformément à ce qui s'observe aux Requêtes du Parlement de Paris, les Juges de la Sénéchaussée d'Aix, & les autres Juges, connoîtront, en premiere instance, de tous procès criminels, à l'exclusion des Juges des Requêtes; à moins que ces procès ne fussent incidents à des procès civils pendants auxdites Requêtes; comme dans le cas d'inscription de faux formée incidemment, ou de rébellion commise à l'exécution de leurs jugements.

132. On prétend qu'une inscription de faux contre un acte dont la minute est déposée chez un Notaire au Châtelet de Paris, doit être

poursuivie audit Châtelet. C'est ainsi que l'établit Langlois en son Traité des Notaires, *pag.* 166, où il cite à cet effet une Déclaration du 20 Août 1673 ; mais cette Déclaration n'établit point cette disposition ; elle dit seulement que les Notaires du Châtelet de Paris, pour prévarication dans leurs fonctions, ne peuvent être poursuivis ailleurs qu'au Châtelet de Paris.

Dans les Chambres des Comptes, qui n'ont pour objet que l'examen des Comptes, & non ce qui regarde le contentieux ni le criminel, lorsqu'il survient dans l'examen de ces Comptes quelque incident, qui ouvre la voie d'une procédure criminelle, on assemble pour le juger, un Président & des Conseillers du Parlement, avec un Président & des Maîtres de la Chambre des Comptes, en une Chambre qu'on appelle la Chambre du Conseil, lèz-la Chambre des Comptes. Cela est ainsi réglé par une Ordonnance du mois de Février 1566, rapportée par Guenois en la Conférence des Ordonnances, *tom.* 3, *liv.* 11, *tit.* 1, §. 57.

133. Mais les Officiers & autres Juges d'Eglise, ne peuvent connoître des inscriptions de faux incidentes aux procès pendants devant eux. (Ainsi jugé par Arrêt de la Tournelle du 18 Août 1736, contre l'Official du Mans ; par lequel la procédure par lui faite au sujet d'une inscription de faux incident contre une lettre, fut déclarée abusive.)

Néanmoins Bardet rapporte un Arrêt du 8 Juin 1626, pour prouver qu'un Official peut connoître du faux incident à fins civiles. (Voyez Bardet, *tom.* 1, *liv.* 2, *ch.* 85.)

134. Dans les Bailliages & Sénéchaussées Royales, si le faux est incident au civil, & qu'il s'instruise extraordinairement par récolement & confrontation, c'est au Lieutenant Criminel à en connoître, & non au Lieutenant Civil. (Ainsi jugé par Arrêt du Parlement de Toulouse du 13 Janvier 1624, rendu entre les Officiers de la Sénéchaussée de Gourdon, rapporté par Descorbiac, *tit.* 3, *ch.* 33, *pag.* 216.) Ce qui résulte aussi de l'article 6 de l'Edit d'Amboise du mois de Janvier 1572, touchant les Juges de Police. (Voyez ce qui est dit au titre *De la Compétence des Juges Criminels*, n. 72.)

C'est aussi la disposition de l'article 22 au titre du faux incident de l'Ordonnance du mois de Juillet 1737, qui porte que lorsque sur un faux incident, la Partie publique, ou la Partie privée, intente une accusation de faux principal sur une inscription de faux, cette

cette accusation doit être portée dans la Cour ou Jurisdiction qui étoit saisie de la poursuite de faux incident, pour être instruite & jugée par la Chambre, ou par les Juges à qui la connoissance des matieres criminelles est attribuée dans cette Cour ou Jurisdiction; c'est-à-dire, par les Lieutenants Criminels dans les Bailliages, & par les Chambres des Tournelles dans les Parlements.

136. Au Parlement, où par l'Edit du mois d'Avril 1515, on doit porter en la Chambre de la Tournelle toutes les affaires criminelles, on ne laisse pas de connoître dans les autres Chambres, des incidents criminels qui y surviennent; mais lorsque, sur ces incidents il s'agit de prononcer des peines afflictives ou infamantes, il faut porter le procès à la Tournelle : tel est l'usage.

Le Juge qui connoît d'une inscription de faux incidente, n'en peut connoître que contre les mêmes personnes contre lesquelles il peut connoître des délits. Ainsi s'il s'agissoit d'un faux incident poursuivi dans une Prévôté, & que parmi les accusés il se trouvât un Noble, le Prévôt n'en pourroit connoître, & il faudroit alors porter l'affaire au Bailliage.

137. De même, si dans une inscription de faux incidente, poursuivie en un Bailliage ou Sénéchaussée, il y avoit parmi les accusés, un Duc & Pair, ou Conseiller de la Cour, il faudroit renvoyer la connoissance de l'affaire au Parlement.

On trouve néanmoins dans Bardet, *tom.* 1, *liv.* 1, *ch.* 30, un Arrêt du 18 Juin 1618, qui a refusé le renvoi à un Prêtre, qui, sur une accusation de faux incidente contre lui intentée, demandoit à être renvoyé devant le Juge d'Eglise; mais cet Arrêt ne détruit point ce qui vient d'être dit; parce que le Juge Laïque est toujours compétent pour connoître des délits ecclésiastiques, par prévention aux Juges d'Eglise; à moins qu'il n'y ait du cas privilégié; ainsi qu'il résulte de la disposition de cet Arrêt même. Voyez au surplus ce qui est dit touchant la prévention des Juges Laïques sur les Juges d'Eglise en matiere criminelle, ci-après, *n.* 220.

138. Les inscriptions de faux incidentes à des procès prévôtaux ou présidiaux, peuvent toujours être jugées en dernier ressort, à l'égard des accusés contre lesquels le procès s'instruit. C'est une suite de ce qui est dit en l'article 23 du titre 2 de l'Ordonnance de 1670; & en l'article 18 de la Déclaration du 5 Février 1732. Voyez Brillon au mot *Présidial*, tom. 5, pag. 376, *n.* 82 & 90, où il

rapporte deux Arrêts des 11 Janvier 1715, & 20 Avril 1705. Mais si dans le nombre de ceux qui seroient poursuivis pour raison de ce faux, il y en avoit quelqu'un qui ne fût pas justiciable des Prévôts des Maréchaux, ou Présidiaux, par la qualité des accusés, ces Juges n'en pourroient connoître qu'à la charge de l'appel.

Sous les termes de *faux incident*, sont aussi comprises les accusations de faux incidentes contre des témoins, & les accusations en subornation des mêmes témoins. (Jul. Clar. *qu.* 38, *n.* 13.)

IV.

139. Tout Juge peut connoître de la rébellion à l'exécution de ses jugements; à la réserve des Juges-Consuls, & des Moyens & Bas-Justiciers. (Ordonnance de 1670, *tit.* 1, *art.* 20.) C'est une suite de la maxime *frustrà datur jurisdictio nisi dentur ea sine quibus jurisdictio explicari non potest.* Sur quoi il faut observer que ce n'est ici qu'une faculté, & non une obligation, à cause du mot *pourront*, qui est dans cet article 20 du titre 1.

On entend par rébellion à l'exécution d'un jugement, 1°. tout ce qui se fait contre le Commissaire, ou autre Officier, qui exécute des ordres de Justice, pour empêcher l'exécution d'un jugement par voie de fait, tant de la part du condamné, que de la part d'autres personnes; par exemple, de la part de ceux qui empêchent la mise en possession de biens, prononcée par Sentence ou Arrêt, dont il est parlé dans l'article 7 du titre 27 de l'Ordonnance de 1667. 2°. Tout ce qui se fait contre un Huissier, ou autre Ministre de Justice, exécutant un jugement, ou un décret, *&c*, (Voyez Ordonnance de 1670, *tit.* 2, *art.* 3; & *tit.* 10, *art.* 14.)

140. Mais on ne peut traiter de rébellion à l'exécution d'un jugement, la dépossession, *v. g.* faite par violence, d'une maison possédée en conséquence d'un Arret ou jugement. C'est une contravention à l'exécution de cet Arret ou jugement; mais ce n'est pas une rébellion à son exécution.

L'opposition à la signification d'un jugement, n'est pas non plus une rébellion à l'exécution de ce jugement; parce que la signification d'un jugement, n'en est pas l'exécution, excepté au cas de la contumace. (Voyez Ordonnance de 1670, *tit.* 17, *art.* 16, 26 & 28.)

141. De même, il ne paroît pas qu'on doive entendre, sous le terme de rébellion à l'exécution d'un jugement, la rébellion qui se feroit à une saisie faite en vertu d'une Sentence rendue au civil, portant condamnation par corps de payer.

A plus forte raison cela a-t-il lieu, quand il s'agit d'une rébellion commise contre un Huissier qui exécute en vertu d'un contrat, ou autre acte obligatoire emportant exécution; car dans ce cas, comme dans le précédent, c'est au Juge du lieu du délit à en connoître.

Voyez au surplus ce qui est dit touchant la rébellion aux mandements émanés du Roi, ou des Juges, au titre *De la Compétence des Juges en matiere criminelle*, en parlant des cas royaux, (*n.* 92.)

142. Il suit de la regle qu'on vient d'établir, que la connoissance des excès commis dans la personne d'un Huissier ou Sergent, exécutant les Mandements, Sentences, ou autres Jugements, appartient non-seulement au Juge du lieu où l'excès a été commis, mais encore à celui qui a donné le mandement, ou rendu le jugement; ainsi qu'il a été jugé par Arrêt du 10 Février 1626, rapporté au Journal des Audiences. Ce qui est fondé sur ce que l'injure faite à l'Huissier qui exécute les ordres ou mandements d'un Magistrat, est censée faite au Magistrat même. C'est le sentiment de Boerius, *dec.* 9, *n.* 14, où il cite quelques autorités. Voyez aussi M. Pussort dans le Procès-verbal de l'Ordonnance de 1670, *pag.* 18, *lig.* 23; & Ferrerius sur Guy-Pape, *qu.* 328.

Il en seroit autrement, si l'excès avoit été commis en la personne du Sergent hors les fonctions de sa charge. (Boerius, *ibid.* dec. 9, n. 14, & seqq.)

143. Le Juge connoît des rébellions à l'exécution de ses jugements, même hors le ressort de sa jurisdiction. (Voyez le Procès-verbal de l'Ordonnance de 1670, *art.* 13, au titre *Des Décrets*, pag. 118 & 119.) Et c'est aussi ce qui résulte de l'article 2 du titre 2 de l'Ordonnance de 1670.

C'est en conséquence de cette regle que le Prévôt de Paris connoît des excès faits à ses Sergents, exécutant ses mandements ou sentences, même hors sa jurisdiction; ainsi que l'assure Chenu en ses Réglements, *tit.* 8, *ch.* 152, où il rapporte quelques Arrêts qui l'ont ainsi jugé.

144. Au reste, le Juge qui connoît de la rébellion à l'exécution de ses

jugements n'en peut connoître contre les personnes privilégiées ; ni pour les cas qui ne sont point soumis à sa jurisdiction. Ainsi s'il s'agissoit d'une rébellion à l'exécution d'un jugement rendu par un Prévôt ou Châtelain Royal, & que parmi les accusés il y eût un Noble ou Privilégié ; ou que la rébellion eût été faite avec émotion populaire, qui rendît le cas royal, le Prévôt n'en pourroit plus connoître, si ce n'est pour informer & décréter seulement ; & la connoissance en appartiendroit au Bailli Royal dont cette Prévôté seroit dépendante.

145. Les Prévôts des Maréchaux ne peuvent connoître de la rébellion à l'exécution de leurs jugements, suivant un Arrêt du Grand Conseil du 22 Mai 1702, rapporté par Brillon au mot *Compétence*, n. 12, pag. 286, col. 2, édition de 1727. Mais ils peuvent connoître de la rébellion à l'exécution de leurs décrets, ainsi qu'il résulte de l'*art.* 2. *du tit.* 2. l'Ordonnance de 1670.

C'est le Juge Royal du lieu où la rébellion à l'exécution d'un jugement prévotal a été commise, qui doit en connoître ; & non le Bailliage Royal ou Présidial dans lequel le Prévôt a rendu son jugement ; parce que ce jugement n'est pas un jugement du Bailliage ou Présidial, mais du Prévôt.

146. A l'égard des Présidiaux, ils connoissent non-seulement de la rébellion à leurs décrets ; mais ils connoissent aussi de la rébellion à l'exécution de leurs jugements ; cependant ils n'en connoissent en dernier ressort, qu'à l'égard des personnes sujettes à la jurisdiction Présidiale.

Ainsi lorsqu'il s'agit de l'exécution d'un jugement Présidial, à l'exécution duquel on fait rébellion ; si parmi les complices de cette rébellion, il se trouve un Noble, ou Privilégié, ou autre personne qui ne soit pas sujette à la jurisdiction Présidiale par la qualité de la personne ; alors l'affaire, quoique de la compétence du Présidial, ne peut plus être jugée en dernier ressort, mais seulement à la charge de l'appel. Et il en est de même des Lieutenants-Criminels de Robe-courte, & des Lieutenants-Généraux de Police, pour les cas où ils jugent sans appel. L'Edit du mois de Janvier 1691, *art.* 2 & 3, en a une disposition à l'égard du Lieutenant Criminel de Robe-courte du Châtelet de Paris. D'un autre côté, la Déclaration du 2 Septembre 1724, rendue pour les Lieutenants de Police, qui porte qu'ils connoîtront de la rébellion à l'occasion des mendiants, n'ajoutant point qu'ils en connoîtront en dernier ressort, il s'ensuit qu'ils n'en peuvent connoître qu'à la charge de l'appel.

147. Ces mots, *tous Juges*, compris dans l'article 20 du titre 1 de l'Ordonnance de 1670, font connoître que tous Juges indistinctement, même les Juges extraordinaires, comme Trésoriers, Officiers des Eaux & Forêts, des Elections, *&c.* peuvent connoître de la rébellion à l'exécution de leurs jugements, ainsi que les Lieutenants de Robe-courte, & les Lieutenants de Police, suivant ce qui vient d'être dit.

148. Lorsque la rébellion est faite au mandement d'un Juge Royal, *v. g.* d'un Prévôt, quoique cela fasse un cas Royal, néanmoins le Prévôt dont le mandement est émané, ou au jugement duquel on fait rébellion, en peut connoître en vertu de la Loi générale établie dans cet article 20 du titre 2 de l'Ordonnance de 1670. (Ainsi jugé par Arrêt du 30 Juillet 1629, rapporté par Bardet, *tom.* 1, *liv.* 3, *ch.* 58. Voyez ce qui est dit au titre *De la Compétence des Juges en matiere criminelle*, n. 69.)

Dans les Bailliages & Sénéchaussées Royales, les rébellions commises à l'exécution des jugements civils émanés du Bailliage, sont de la compétence du Lieutenant-Criminel du même Siege. (Voyez ce qui est dit à ce sujet *ibid.* à l'article *De la Compétence des Baillis & Sénéchaux en criminel*, n. 69.)

V.

149. Tout Juge connoît des excès ou injures commis en haine, ou au mépris des procès pendants devers lui, ou des jugements par lui rendus. (Arrêt du 10 Décembre 1611, rendu entre les Officiers du Présidial d'Angers, & le Prévôt de la même ville, rapporté au Journal des Audiences, *tom.* 4, *pag.* 646.)

Même les Juges extraordinaires. (Ordonnance des Eaux & Forêts de 1669, *tit.* 1, *art.* 7. Ordonnance des Fermes du mois de Juillet 1681, titre commun des Fermes, *art.* 36.)

VI.

150. Tout Juge connoît de l'infraction de ban, dans le cas où le bannissement a été prononcé par lui. (Déclaration du 5 Février 1731, *art.* 2.) Mais il en est autrement, si le jugement a été confirmé par Arrêt de la Cour; parce qu'alors c'est au Parlement à connoître de cette infraction. (Même Déclaration de 1731, *art.* 2.) Ce qui

est apparemment fondé sur la maxime faussement appliquée ici que *appellatio extinguit judicatum.* (Voyez ce qui est dit sur cette maxime au titre *Des Appellations en criminel*, n. 19.)

VII.

151. Tous Juges en général connoissent des malversations commises par les Officiers inférieurs de leur Siege dans leurs fonctions, ou par d'autres Officiers inférieurs exécutant leurs mandements ; & ces délits ne sont point de la compétence du Juge ordinaire du lieu du délit ; à moins qu'ils n'aient été commis hors le ressort de ce Juge supérieur. Ainsi :

1°. Lorsqu'un Tribunal entier prévarique dans ses fonctions, *v. g.* un Bailliage Royal, c'est au Parlement, comme Tribunal supérieur, à en poursuivre la punition.

Si c'est une Prévôté Royale, c'est au Bailliage Royal supérieur. Néanmoins le Parlement prétend que dans ce cas, c'est à lui seul à en connoître. (Voyez *infrà*, n. 161)

Si c'est une justice de Seigneur, c'est aussi au Bailliage Royal supérieur à en connoître. (Voyez ce qui est dit aussi *infrà*, *ibid.* n. 159)

Si c'est une justice extraordinaire, *v. g.* une Election ou Grenier-à-Sel, ce sera à la Cour des Aides supérieure, à en poursuivre la punition. (Voyez *infrà*, n. 162.)

152. Lorsque c'est une Cour supérieure qui prévarique dans ses fonctions, c'est au seul Conseil du Roi qu'il appartient de la punir ; & dans ce cas, le Roi nomme des Commissaires, ou renvoie devant tel Parlement, ou autre Cour supérieure qu'il juge à propos.

Il en est de même des Présidiaux qui prévariquent dans leurs fonctions présidiales, *v. g.* dans un jugement Présidial en dernier ressort, civil ou criminel. Voyez le Factum de M. Thorel Avocat au Conseil, dans l'affaire des Juges de Saint-Pierre-le-Montier en 1734. Ce qui doit avoir pareillement lieu à l'égard des Bureaux des Finances.

153. 2°. Les malversations & fautes commises par un Officier de Judicature dans les fonctions de son Office, ne peuvent être jugées par les Officiers de la même Compagnie, & c'est au Parlement supérieur à en connoître. (Arrêt du Conseil du 15 Mars 1632, *art.* 13, rendu pour le Présidial de Toulouse, rapporté par Descorbiac, *tit.* 2, *ch.* 14. Autre Arrêt du Parlement de Toulouse du 7

Août 1710, rendu en forme de réglement, rapporté au Recueil de Toulouse, *in*-8°. *tom.* 1, *pag.* 174.)

Et il en est de même des fautes & malversations commises par les Avocats & Procureurs du Roi dans leurs fonctions ; elles ne peuvent être punies ni corrigées par les Juges de leur Siege, mais par le Parlement seul ; sauf aux Officiers du Bailliage à dresser procès-verbal desdites fautes, & à l'envoyer à la Cour, pour y être fait droit sur les conclusions du Procureur-Général (Arrêt du Parlement du 24 Février 1628 pour Angers, rapporté par Henris, *tom.* 2, *liv.* 2, *qu.* 6. Autre du 20 Février 1655 pour Moulins.)

A l'égard de la question, si en cas d'accusation calomnieuse, le Procureur du Roi peut être condamné aux dommages & intérêts envers l'accusé par les Juges qui ont connu du procès criminel ; Voyez ce qui est dit ci-après au titre *Des Accusations calomnieuses*, n. 39.

154. Au reste, ce qui vient d'être dit que les fautes commises par les Officiers de Judicature des Bailliages & Sénéchaussées Royales dans leurs fonctions, ne pouvoient être corrigées par les Officiers en corps des Sieges dont ils sont membres, ne regardent pas les corrections qui se font dans les mercuriales.

155. Les malversations & délits commis par les Prévôts Royaux, ou autres Juges des Prévôtés, sont aussi de la compétence des Bailliages & Sénéchaussées Royales où ils ressortissent. Le Grand-Coutumier, *pag.* 78, le dit expressément, & porte que les Baillis peuvent corriger les excès des Prévôts. L'article 21 de l'Edit de Cremieu, donne non-seulement ce pouvoir aux Baillis, mais il leur enjoint expressément de punir les Prévôts, & de les mulcter, lorsqu'ils négligent de procéder contre les délinquants. C'est aussi en conséquence de cette même regle, que les Prévôts Royaux sont appellés aux assises des Baillis & Sénéchaux, & qu'ils sont condamnés en l'amende, lorsqu'ils manquent d'y comparoître.

156. L'Ordonnance de Philippe-le-Bel du 23 Mars 1302, *art.* 46, en a aussi une disposition expresse ; elle porte que la correction des Prévôts appartient aux Baillis & Sénéchaux. En voici les termes :

« *Non substinebunt Senescalli aut Baillivi in errore suo præpositos*
» *& officiarios alios qui erunt injuriosi, exactores, suspecti, usurarii,*
» *aut aliter vitam inhonestam ducentes apertè ; imò corrigent eos de*
» *eorum excessibus prout justum fuerit bonâ fide* ».

L'Arrêt du premier Juin 1556, rendu pour Sens, met aussi au

nombre des cas royaux, dont le Bailliage peut connoître, les malversations des Juges Royaux en l'administration de leurs offices.

157. Néanmoins l'Auteur du Journal des Audiences, *tom.* 1, *liv.* 1, *ch.* 105, avance comme une maxime générale, & sans faire à cet égard aucune distinction, que le Parlement a, privativement à tous autres Juges, la connoissance des mœurs des Juges Royaux; & que même il a été jugé par plusieurs Arrêts de réglements, que les Baillis & Sénéchaux ne pouvoient condamner les Prévôts de leur ressort en l'amende, pour fautes par eux commises dans l'exercice de leurs charges; ainsi jugé par Arrêt du 3 Juin 1633, rapporté par Bardet, *tom.* 2, *liv.* 2, *chap.* 38, qui fait défenses aux Présidiaux de Sens, de prendre aucune jurisdiction, ni connoissance des actions du Prévôt, soit qu'elles concernent sa charge, ou sa personne; sauf à eux, en cas de contravention, à dresser des procès verbaux, & à les envoyer en Cour. Autre Arrêt du 28 Juin de la même année, qui a jugé la même chose en faveur du Prévôt de Tours. Autre Arrêt du 24 Février 1628, qui fait défenses aux Officiers du Présidial d'Angers, de prendre connoissance des actions des Gens du Roi, en cas de prétendue contravention aux Edits & Ordonnances; sinon en dresser procès verbal, & l'envoyer à la Cour, pour y être fait droit sur les conclusions du Procureur-Général.

158. L'Auteur des Loix Criminelles, *tom.* 1, *chap.* 11, *n.* 29, *pag.* 64, établit sur cette question une autre distinction. Il prétend que les Prévôts des grandes villes, tels que ceux dont il est parlé dans les Ordonnances de S. Louis, & qui subsistoient avant l'établissement des Bailliages & Sénéchaussées, ne peuvent être jugés en matiere criminelle, ailleurs qu'au Parlement : ce qu'il tire par argument de l'article 3 de l'Ordonnance du mois d'Août 1546, qui, en parlant des Prévôts qui doivent être reçus au Parlement, dit simplement *les Prévôts des bonnes villes*, c'est-à-dire, des grandes villes; & qu'à l'égard des autres Prévôts royaux, ils doivent pour les abus & malversations commises en leurs charges, répondre devant les Baillis & Sénéchaux, conformément aux autorités ci-dessus citées. Ce qui n'empêche pas cependant que les Parlements ne puissent faire le procès en premiere instance, à des Prévots royaux, dont les malversations seroient assez importantes pour n'être pas confiées à des Juges de provinces.

159. Au surplus, ce qui vient d'être dit des Prévôts, doit aussi s'entendre

tendre des Officiers de Judicature, des Prévôtés royales; comme des Lieutenants, Conseillers & Assesseurs, & même du Procureur du Roi.

A l'égard des malversations commises par les Juges de Seigneurs dans leurs fonctions; c'est aux Baillis & Sénéchaux royaux à en connoître, à l'exclusion des Prévôts. (Ordonnance 1670, *tit.* 1, *art.* 10.)

160. Les Juges des Pairies & autres, dont les appellations ressortissent nuement aux Cours de Parlement par concession, privilege, ou autrement, sont dans le même cas que les autres Juges de Seigneurs, & doivent être jugés par les Baillis & Sénéchaux, à l'exclusion des Prévôts royaux.

Ce qui a lieu même pour malversations commises par ces Officiers dans les fonctions de leurs offices, suivant l'Auteur des Loix Criminelles, *tom.* 1, *chap.* 11, *n.* 30, *pag.* 65; & tel étoit aussi le sentiment de M. Joly de Fleuri, ancien Procureur-Général, suivant un mémoire que j'ai vu écrit de sa main.

161. On trouve néanmoins un Arrêt du Parlement du 2 Juin 1663, rapporté au Journal des Audiences, *tom.* 2, qui fait défenses aux Juges du Bailliage royal de Noyon, de plus à l'avenir informer, ni décréter contre les Officiers du Comté-Pairie de ladite ville, pour raison des rixes & différents qui pourront naître entr'eux pour le fait de leurs charges; & qui leur enjoint, & à ceux dudit Comté, d'en dresser leurs procès-verbaux, & de les envoyer au Parlement, pour y être pourvu ainsi qu'il appartiendra; mais il y a tout lieu de penser que cet Arrêt a été rendu par des considérations particulieres.

A l'égard des Conseillers des Cours supérieures, ainsi que les Avocats & Procureurs-Généraux, pour fautes commises dans leurs fonctions, ils doivent être jugés par les officiers en corps du Tribunal dont ils sont Membres. (Ainsi réglé pour les Présidents, Conseillers, Avocats, & Procureurs-Généraux de la Cour des Aides, par l'article 6 de l'Edit du mois de Mars 1551.)

162. Les Officiers des Jurisdictions extraordinaires, ne peuvent être jugés que par leurs Supérieurs, pour crimes & délits commis dans leurs fonctions; suivant cette maxime générale, que pour qu'un Tribunal ait correction sur des Officiers, pour malversations par eux commises dans leurs charges, il faut qu'il s'agisse d'une matiere qui soit de la compétence de ce Tribunal.

(Voyez l'Auteur des Loix Criminelles, *tom.* 1, *chap.* 11, *n.* 33; *pag.* 167.) Ainsi les Elus & Officiers des Greniers-à-Sel, Controlleurs, Receveurs des Aides & Tailles, Juges des Traites, Maîtres des Ports, & leurs Lieutenants, pour délits par eux commis dans leurs fonctions, doivent être jugés par les Cours des Aides. (Même Edit de Mars 1551, *art.* 6.)

163. Il en est de même des Juges & premiers Officiers des Eaux & Forêts, des Juges-Consuls, *&c.*, lesquels pour malversations par eux commises dans leurs fonctions, ne peuvent être jugés que par leurs Juges Supérieurs, qui sont les Parlements.

Par la même raison, la correction des Officiers & Juges des Monnoies, appartient aux Cours des Monnoies.

164. 3°. Les malversations commises par les Officiers inférieurs, autres qu'Officiers de judicature, dans les fonctions de leurs charges, sont de la compétence des Tribunaux auxquels ces Officiers sont attachés, & dont ils exécutent les Mandements. (Déclaration du 30 Août 1536, *chap.* 2, *art.* 6, rapportée par Joli, *tom.* 1, *pag.* 573; ancienne Coutume de Bretagne, *art.* 31-35. Voyez aussi l'Edit du mois de Décembre 1680, touchant les décrets d'ajournement personnel, qui le suppose.)

Un Arrêt de Réglement du Parlement de Bretagne, permet aux Procureurs du Roi, & à ceux des Seigneurs, de prendre des conclusions dans les matieres qui regardent les concussions & malversations des Officiers dans les fonctions de leurs offices.

165. En effet, on peut regarder comme une maxime générale, que tous Juges, soit ordinaires, soit extraordinaires, connoissent des malversations commises par les Sergents, & autres Officiers inférieurs de leurs Sieges, dans l'exercice de leurs fonctions. (Voyez l'Arrêt des Grands-Jours de Moulins du 16 Octobre 1540, rapporté par Papon, *liv.* 7, *tit.* 7, *n.* 49; & c'est aussi la disposition de l'Ordonnance de 1338, rapportée en la conférence des Ordonnances, *n.* 1, *liv. tit.* 25, §. 1, *pag.* 320, dont voici les termes : » *Inhibendo statuimus ne Seneschalli aut quicumque alii* » *judices nostri, alios justitiarios seu merum imperium habentes, aut* » *eorum aliquem impedire præsumant, quominus in suos officiarios* » *in eorum officiis delinquentes, aut alias infrà jurisdictionem eo-* » *rum suam jurisdictionem valeant exercere, & eos pro suis culpis* » *& excessibus debitè corrigere & punire, nisi ad nos hujusmodi ju-* » *risdictio de consuetudine jam præscriptâ pertineret.*»)

166. Ce qui a lieu, à plus forte raison, lorsque ces Sergents, ou autres Officiers inférieurs, exécutent les Mandements du Juge dont ils dépendent. C'est la disposition de l'Ordonnance de Charles VII du 28 Octobre 1453, *art.* 11, qui porte : » Que les Sergents, ou Exécuteurs » de Justice, qui auront délinqué au fait de leur commission, ou » exécution, seront corrigés par les Juges qui auront donné les » Sentences, ou Commissions, & condamnés aux dommages & » intérêts, & dépens des parties lésées, & en une amende, selon » l'exigence des cas. » L'article 17 du chapitre 16 de l'Ordonnance de François I, du mois d'Octobre 1535, renferme une disposition toute semblable, & dans les mêmes termes. Une Ordonnance de François II du mois d'Août 1560, rapportée en la Conférence des Ordonnances, *tom.* 1, *pag.* 740, porte aussi : » Que » si les Huissiers, Sergents, ou autres Exécuteurs, font, ou com- » mettent quelques abus, ou malversations, les Juges des lieux » où sont commis lesdits abus, en pourront informer, & enverront » les informations pardevant les Juges qui auront donné lesdites » Sentences, ou Arrêts, pour procéder contre les délinquants ; » sans que lesdits Juges, qui auront informé, ni autres que ceux » qui auront donné lesdits jugements, en puissent prendre con- » noissance.... laquelle leur est interdite, à peine de, *&c.* »

167. Tel est aussi le sentiment d'Imbert en ses Institutions, *liv.* 1, *chap.* 1, *n.* 17, *note* 7, où il dit, que si les Sergents commettent quelque délit en l'exécution de quelque Mandement de Justice, alors le Juge du lieu, dont la Commission, ou Mandement est émané, doit en connoître & punir le délit. Voyez aussi Chassanée sur la Coutume de Bourgogne, *rubr.* 1, §. 7, *n.* 42; Boerius, *décis.* 9, *n.* 9 *& seq.*; & Ferrerius sur Guipape, *quæst.* 328, qui sont du même sentiment. Ces Auteurs prétendent que dans le cas où un Sergent commet quelque malversation en exécutant quelque commission, ou mandement de Justice dans le territoire d'un autre Juge, que celui dont la commission est émanée, c'est au Juge qui a donné cette commission, à connoître du délit. Ainsi jugé par Arrêt de Dijon du 16 Novembre 1616, rapporté par Bouvot, *tom.* 2, au mot *Parlement*, quest. 9. Autre Arrêt du Parlement de Paris du 10 Février 1626, rapporté au Journal des Audiences, à l'égard d'un Sergent au Bailliage de Beauvais, qui avoit exécuté un ajournement à trois briefs jours dans la ville de Beauvais, de l'Ordonnance du Prévôt de Paris.)

168. Au reste, cette regle n'a pas lieu lorsque la malversation est commise hors le territoire du Juge qui a donné la commission ; comme il peut arriver tous les jours à l'égard des Huissiers qui ont droit d'exploiter par tout le Royaume. *Ita* Imbert, *liv.* 1, *chap.* 1, *n.* 17; & c'est aussi la disposition de l'article 7 de l'Edit du mois de Mai 1568, rapporté en la Conférence des Ordonnances, *tom.* 3, *pag.* 751, §. 55; Voyez encore Chenu en ses Réglements, *tom.* 1, *tit.* 28, *chap.* 152, où il dit que c'est le Juge du lieu où le délit se commet, qui en doit connoître, par la regle générale, qui attribue la connoissance des crimes aux Juges des lieux où ils sont commis ; ce qui reçoit cependant une exception dans le cas où l'Huissier exécutant un mandement, seroit domicilié en la Justice de celui qui l'a donné, suivant cette autre regle établie ci-dessus, *n.* 16, qui donne au Juge du domicile, le droit de pouvoir connoître du délit de son justiciable.

169. La regle ci-dessus établie, a pareillement lieu dans le cas où le Sergent qui exécute le mandement du Juge, n'est point Officier dépendant de sa jurisdiction ; car dans ce cas, c'est aussi au Juge qui a donné le mandement, à connoître de la malversation, par préférence au Juge du lieu du délit. (Ainsi jugé par Arrêt du 24 Janvier 1562, contre un Sergent du Châtelet de Paris, qui avoit informé, en vertu de la commission d'un autre Juge, pardevant lequel il fut renvoyé pour lui faire son procès. Cet Arrêt est rapporté par Carondas en ses Notes sur la Pratique de Liset, *liv.* 1, *tit.* 1, *note* (c), *pag.* 9.)

170. C'est sur le fondement de cette même maxime, que l'Ordonnance de Philippe-le-Bel du mois de Mars 1302, rapportée par Joli, *pag.* 1820, *art.* 18; & la Déclaration de François I du 6 Novembre 1527, contenant le pouvoir des Huissiers du Grand'Conseil ; attribuent la connoissance & jurisdiction des abus & malversations des Sergents du Grand-Conseil, commises en l'exercice de leurs charges, aux Juges desquels sont émanés les jugements & sentences.

171. Quoique les Officiers & Archers du Guet de la ville d'Orléans, dépendent & soient soumis aux ordres du Bailli, & du Lieutenant-Général de la même ville ; cependant lorsqu'il arrive que le Chevalier du Guet, trouvant ses Archers en faute, ou désobéissance à ses commandements, vient à les suspendre de l'exercice de leurs offices, c'est au Gouverneur de la ville d'Orléans,

ou à celui qui le représente, à en ordonner autrement, s'ils le jugent à propos; & il est défendu en ce cas au Bailli, ou au Prévôt d'Orléans, d'en connoître; ainsi qu'il est porté expressément par les Lettres-Patentes de Charles IX du 26 Septembre 1571, adressées au Bailli d'Orléans. Mais il paroît que cela ne doit avoir lieu que pour raison des délits qui ne méritent qu'une simple correction, ou suspension de fonctions; & que s'il s'agissoit d'un crime qui méritât une plus grande peine, ce seroit au Lieutenant-Criminel à en connoître.

Il en est de même des Officiers & Archers de Maréchaussées; car la correction en appartient au Prévôt de la Maréchaussée, du-moins à l'égard de ses Archers, sauf l'appel en la Connétablie.

172. Au surplus, il ne faut pas entendre par exécution d'un mandement, ou d'une commission, les saisies qui se font en conséquence d'un jugement. Ainsi les malversations qui se font en procédant à ces sortes de saisies, sont de la compétence du Juge ordinaire du lieu du délit; & les coupables doivent y être renvoyés, si le renvoi est requis, ainsi qu'il s'observe pour les autres crimes; & il en est de même de tous les autres crimes en général, que les Sergents peuvent commettre hors les fonctions de leurs offices.

Lorsqu'un Huissier, ou Sergent, malverse dans l'exécution d'un Arrêt de la Cour, c'est aussi au Bailli royal ordinaire du lieu du délit, à en prendre connoissance.

173. Il faut aussi observer que dans les cas même où la connoissance d'un délit commis par un Officier de Justice en exécutant les mandements d'un Juge, doit naturellement appartenir au Juge dont le mandement est émané, par préférence au Juge du lieu du délit, ce dernier est aussi compétent pour en connoître, à défaut du premier.

174. C'est en conséquence de la même regle établie ci-dessus, que les Prévôts connoissent des malversations commises par les Sergents royaux de leur Siege, & autres Officiers exécutants leurs mandements. (Voyez ce qui est dit à ce sujet au titre *De la Compétence des Juges en matiere criminelle*, n. 104.)

Il paroît cependant que l'article 11 du titre 1 de l'Ordonnance 1670, a dérogé à ces réglements, puisque cet article s'exprime d'une façon générale, en établissant que les Baillis & Sénéchaux royaux connoîtront, à l'exclusion de tous autres Juges, des malversations commises par Officiers royaux dans les fonctions de leurs offices.

175. Il n'y a que les Officiers qui en ont été exceptés par des réglements postérieurs, qui ne doivent point être compris dans cette regle; comme sont les Officiers inférieurs des Elections, Greniers-à-Sel, Traites, & autres qui ont la connoissance des droits du Roi; les Sergents & Gardes des Forêts, & autres dont il sera parlé dans un moment.

Les Juges de Seigneurs connoissent aussi des malversations de leurs Sergents, & autres Officiers inférieurs de leur Siege. (Arrêt du 21 Juin 1614, rendu au profit des Officiers de la Duché-Pairie de Montpensier, qui porte que les Officiers de ladite Pairie connoîtront de la correction, suspension, & privation des Officiers de ladite Pairie, abusant de leurs charges & commissions. Autre Arrêt du 5 Février 1722, rapporté aux Loix criminelles, rendu en faveur du Bailli de la jurisdiction de Saint-Germain-des-Prés, contre le Procureur-Fiscal de la Justice de Villeneuve-Saint-George, qui va par appel en celle de Saint-Germain-des-Prés.

176. Ce qui a lieu, à plus forte raison, lorsque ces Sergents, ou autres Officiers, exécutent les mandements de leurs Juges.

Loiseau va même plus loin, & il prétend que si un Sergent royal commet quelque délit, ou malversation en exécutant les mandements d'un Juge de Seigneur, alors ce Sergent doit être puni par le Juge dont il s'est rendu le ministre, lorsqu'il a entrepris de mettre ses mandements à exécution. (Voyez Loiseau, titre des Offices, *liv.* 5, *chap.* 1, *n.* 53;) mais le contraire se trouve expressément établi par l'article 11 du titre 1 de l'Ordonnance 1670, qui attribue aux Baillis & Sénéchaux royaux, la correction des Officiers royaux, & la connoissance des malversations par eux commises dans leurs charges, ainsi qu'il a été observé ci-dessus.

177. Les Sergents & autres Officiers inférieurs des Justices extraordinaires, sont aussi de la compétence du Tribunal dont ils dépendent, pour raison des malversations par eux commises en exécutant leurs mandements.

Ainsi les Juges des Eaux & Forêts ont la connoissance des malversations commises par leurs Officiers en exécutant leurs mandements. L'Ordonnance du mois de Mars 1515, *art.* 74, rapportée par Saint-Yon en sa Conférence, *pag.* 14, & par Rousseau en son Recueil de Réglements concernants les Eaux & Forêts, *pag.* 100, porte que pour les cas des Forêts, les Sergents ne répondront devant nul autre Juge, que devant les Maîtres des Forêts; ce qui est conforme à d'autres Ordonnances plus anciennes de l'année 1318, *art.* 27; & Septembre 1402, *art.* 57. Voyez aussi l'Ordonnance des Eaux & Forêts du mois d'Août 1669, *tit.* 3, des Grands-Maîtres, *art.* 4 & *suiv.* jusqu'au 8; *tit.* 12, des assises, *art.* 4; & *tit.* 32, des peines, *art.* 5, 6, 18 & 26.

De même, les Juges des Traites connoissent des malversations de leurs Commis & Gardes. (Ordonnance des cinq Grosses-Fermes du mois de Février 1687, *tit.* 1, *art.* 3.)

Et aussi les Elections & Greniers-à-Sel. (Ordonnance des Fermes du mois de Juillet 1681, titre commun des Fermes, *art.* 36.)

Ainsi que les Juges des Amirautés. (Ordonnance de la Marine, *liv.* 1, *tit.* 2, *art.* 11.)

Il faut cependant faire à cet égard, la même observation qui a déja été faite ci-dessus : c'est que quand il s'agit de malversations commises par des Huissiers ou Sergents, en faisant des saisies & exécutions, quoiqu'en vertu de condamnations d'amendes ou autres condamnations prononcées par des Juges extraordinaires, ces Huissiers ou Sergents sont justiciables des Baillis Royaux. (Ainsi jugé au Bailliage Criminel d'Orléans, par Sentence du 12 Août 1744, rendue sur la plainte du Procureur du Roi, contre le nommé James Huissier, Collecteur des amendes des Eaux & Forêts d'Orléans, pour malversation par lui commise dans les fonctions de son office. Cet Huissier, quoiqu'interdit, avoit fait une saisie sur un particulier pour avoir paiement d'une amende prononcée contre ce particulier en la Maîtrise des Eaux & Forêts d'Orléans.)

179. Lorsque la malversation est commise par un Huissier ou Sergent Royal d'un Bailliage, exécutant un mandement ou commission d'un Juge extraordinaire, la connoissance de cette malversation doit appartenir, non au Juge extraordinaire dont le mandement est émané, mais au Bailli Royal ordinaire du Juge du lieu du délit, à cause de l'article 11 du titre 1 de l'Ordonnance de 1670.

Tout ce qui vient d'être dit, ne regarde que les malversations commises par les Officiers dans leurs fonctions; mais lorsqu'il s'agit de délits commis par ces Officiers hors leurs fonctions, ils sont justiciables, comme les autres, du Juge ordinaire du lieu du délit, ou de leur domicile. Il en faut seulement excepter les Officiers, qui, par des privileges particuliers, ont leurs causes commises devant certains Juges. (Voyez ce qui est dit ci-dessus, *n.* 94 *& suiv.*, où il a été parlé de ces privileges. Voyez aussi ce qui est dit à l'égard des Juges Royaux, & autres Officiers Royaux de Judicature, au titre *De la Compétence des Juges en matiere criminelle*, n. 18.)

VIII.

180. Tous Juges peuvent connoître incidemment des crimes, autres que le principal, *ratione connexitatis, & ne continentia causæ dividatur.* Voyez *infrà*, (n. 251.)

IX.

Enfin dans un cas pressant, on prétend que tout Juge, même inférieur, quoique d'ailleurs incompétent, peut agir & exercer son ministere valablement; comme dans le cas où il s'agit de faire cesser un scandale, ou de prévenir un péril imminent; & c'est ainsi que le pensoit M. Joly de Fleury ancien Procureur-Général, dans un Mémoire que j'ai vu écrit de sa main. Ce qui est fondé sur ce que la nécessité oblige alors de recourir à l'autorité la plus pressante. Il n'est pas même douteux que dans ce cas, un privilégié qui auroit saisi le Juge du lieu du délit, pourroit dans la suite demander son renvoi devant le Juge de son privilege, contre la disposition de l'article 2 du titre 1 de l'Ordonnance de 1670.

ARTICLE II.

Des Crimes & Délits, dont tous les Juges en général peuvent informer.

181. Tous Juges du lieu du délit, Royaux ou autres, sont compétents pour informer, décréter, & interroger tous accusés; quand même il s'agiroit de cas royaux ou prévôtaux; & même il leur est enjoint d'y procéder aussitôt qu'ils auront eu connoissance de ces crimes. (Ordonnance de 1670, *tit.* 1, *art.* 16. Déclaration du 5 Février 1731, *art.* 21.) Par cet article 16 du titre 1 de l'Ordonnance de 1670, le Juge du lieu ne pouvoit informer des crimes qui n'étoient pas de sa compétence, si ce n'est dans le cas où l'accusé étoit

étoit pris en flagrant délit ; mais la Déclaration de 1731, *art.* 21, a supprimé ces mots, & permet au Juge des lieux d'informer sans aucune restriction.

Au reste, cet article 21 de la Déclaration de 1731, ne regarde que les Juges qui ont la justice ordinaire du lieu, & non les autres Juges ; & d'ailleurs il doit être entendu en ce sens, que s'il y a dans l'endroit où se commet le délit, un Juge civil & un Juge criminel, c'est au Juge qui a la connoissance du criminel, à en connoître par préférence au Juge civil.

182. De même, s'il s'agit d'un cas royal ou prévôtal, & qu'il y ait un Lieutenant Criminel sur le lieu, comme dans les villes où il y a des Bailliages Royaux, & aussi des Justices Seigneuriales ; le Juge de Seigneur ne doit pas informer, même dans l'étendue de sa Justice, située dans cette ville, hors le cas de flagrant délit ; à moins que le Lieutenant Criminel, ou autre Juge du même Siege, ne négligeât de le faire.

Dans les Bailliages & autres Sieges où il y a plusieurs Officiers de Justice, le Lieutenant-Particulier, ou autre Conseiller du Siege, peut informer d'un crime dans le cas de flagrant délit ; quand même le Lieutenant Criminel seroit sur le lieu ; à la charge néanmoins de remettre incessamment la procédure au Greffe-Criminel, pour être l'instruction continuée par le Lieutenant Criminel. (Arrêt du 6 Septembre 1678 pour les Officiers de la Sénéchaussée du Puy-en-Velay, *art.* 2.)

183. Mais il faut pour que cette regle ait lieu, que le délit soit grave & intéressant ; comme s'il s'agissoit d'arrêter un voleur ou un assassin pris en flagrant délit ; & qu'il n'y ait point d'affectation de la part de celui qui informe, de vouloir informer d'un crime dont la connoissance ne lui appartient pas directement.

Il faut aussi observer que ce pouvoir, donné à tous Juges du lieu du délit, de pouvoir informer ou décréter, n'a lieu que pour informer d'office, & non pour informer sur la requête d'une Partie privée.

Ces mots, *quand même il s'agiroit de cas royaux, ou prévôtaux*, semblent exclure les autres cas, & font connoître que quand il s'agit de crimes dont la connoissance est attribuée à des Juges extraordinaires, le Juge ordinaire du lieu n'est pas compétent pour en informer ; si ce n'est peut-être dans le cas de flagrant délit, & lorsque les Juges qui en doivent connoître, ne demeurent point sur le lieu. (Voyez l'Ordonnance des Eaux & Forêts de 1669, *tit. art.* 8.)

184. Lorsque des Juges inférieurs qui ont informé, décrété & interrogé pour un cas royal, continuent d'instruire & de connoître de l'affaire, au lieu de la renvoyer aux Baillis & Sénéchaux qui en doivent connoître, on ne déclare pas toujours sur l'appel leurs procédures nulles ; & il y en a un grand nombre d'exemples : ce qui a été établi sur un motif de bien public, & sur la nécessité de punir les crimes ; & parce qu'il seroit trop dangereux de détruire une procédure qui porte souvent une conviction contre un coupable de crimes graves & atroces.

Les Prévôts & Châtelains Royaux, & autres Juges subalternes, aux termes de l'article 21 ci-dessus cité, de la Déclaration de 1731, peuvent informer, même contre des Nobles & Privilégiés ; (du moins dans les endroits où il n'y a point de Bailliage Royal ;) ce qui semble être une dérogation ; 1°. à l'article 22 du titre 1 de l'Ordonnance de 1670 ; 2°. à l'article 35 du titre commun des Fermes du mois de Juillet 1681, qui porte que les Juges de Seigneurs ne pourront informer contre les personnes employées dans les Fermes de Sa Majesté ; même pour cas ordinaires & hors leurs fonctions.

185. On doit cependant, en général, suivre cette regle en matiere de privilege, que quand il s'agit de faire le procès à un privilégié, & que le Juge du privilege est résident dans le lieu où le délit a été commis, le premier Juge ordinaire, quoique Juge du lieu du délit, doit s'abstenir d'informer, si ce n'est dans le cas de flagrant délit ; parce qu'il est toujours important d'arrêter le coupable, sauf ensuite à le rendre au Juge à qui la connoissance du délit appartient par privilege. Mais si ce privilégié demande son renvoi, ou que le Juge qui l'a arrêté, soit incompétent pour connoître de l'affaire, il ne paroît pas qu'il puisse interroger l'accusé.

186. Les Juges du lieu peuvent aussi informer des délits commis par les Ecclésiastiques, & même les prendre & arrêter, sauf à les rendre au Juge d'Eglise, s'ils en sont requis, & que faire se doive. (Coutume de Bretagne, *tit.* 1, *art.* 37.)

On trouve néanmoins dans Lapeyrere, *lettre* P, *n.* 152, un Arrêt du 7 Juin 1698, qui a jugé qu'un Prêtre ne pouvoit être décrété par un Juge de Seigneur. Autre Arrêt du Parlement de Toulouse du 26 Juin 1693, rapporté au Recueil des Réglemens, imprimé à Toulouse en 1756, *tom.* 2, *pag.* 211, qui fait défenses aux Juges de Seigneurs de décerner aucuns décrets contre des Ecclésiastiques. Mais voyez ce qui a été dit au titre *De la Compétence des Juges en matiere criminelle*, (n. 14.)

187. Les Lieutenants Criminels des Bailliages peuvent informer contre les Présidents, Maîtres, Correcteurs ou Directeurs, Avocats & Procureurs-Généraux de la Chambre des Comptes de Paris; même décréter contre les coupables; à la charge de renvoyer les procès à la Grand'Chambre, suivant ce qui est dit ci-dessus, n. 104; d'où il suit que les Juges de Seigneurs ne peuvent informer contre ces Officiers.

Et il en est de même à l'égard des Officiers du Parlement, suivant ce qui a été observé ci-dessus, *n.* 108.

En général, le Juge inférieur peut bien informer, mais non décréter les charges & informations contre son Supérieur. (Ainsi jugé par Arrêt du 5 Juin 1610, rapporté par Joly, *tom.* 2, *pag.* 1116;) ni même contre un Juge Royal en général. (Voyez ce qui est dit ci-dessus, *n.* 85.)

188. Les Juges de Seigneurs ne peuvent en aucun cas décréter contre les Commis, & autres personnes employées dans les Fermes du Roi, pour délits par eux commis dans le département où ils sont employés; & il n'y a que les Juges Royaux qui le puissent. (Ordonnance des Fermes du mois de Juillet 1681, titre commun des Fermes, *art.* 35.)

Je crois cependant que s'il arrivoit quelque crime, de la part d'un Employé, qui méritât une peine capitale, ou même corporelle, le Juge du lieu, quoique non royal, pourroit le faire arrêter. Voyez ce qui a été dit ci-dessus, *n.* 184 à la fin.

189. Les Juges de Seigneurs ne peuvent pareillement informer ni décréter contre des Officiers Royaux, pour malversations commises par ceux-ci dans leurs fonctions. (Ainsi jugé en faveur d'un Commissaire du Châtelet de Paris, contre un Juge de Seigneur, par Arrêt du 9 Août 1702, rappporté au Journal des Audiences. Autre Arrêt du 23 Mai 1633, rapporté par Bardet, *tom.* 2, *liv.* 2, *ch.* 29, qui fait défenses aux Juges de Seigneurs d'informer contre les Officiers du Roi, faisant les fonctions de leurs charges.)

Ils ne peuvent, même pour délits commis par Sergents Royaux en leurs fonctions, arrêter les coupables, sinon en cas de péril imminent ou irréparable, qui méritât un décret de prise de corps;

auquel cas ils peuvent arrêter & renvoyer au Juge supérieur pour en faire raison.

A l'égard des rébellions commises à l'exécution des mandements ou sentences d'un Juge, le Juge du lieu peut toujours en informer, & même décréter contre les coupables; à la charge du renvoi devant le Juge dont le mandement est émané, s'il requiert que le coupable lui soit renvoyé.

190. Les Prévôts des Maréchaux peuvent aussi informer de tous cas ordinaires, & non prévôtaux, suivant l'article 21 de la Déclaration du 5 Février 1731, qui porte: « que les Prévôts des Maréchaux » pourront informer de tous cas ordinaires commis dans l'étendue » de leur ressort; meme décréter les accusés, & les interroger; » à la charge d'en avertir incessamment les Baillis & Sénéchaux » Royaux, & de leur remettre les procédures & les accusés, sans » attendre meme qu'ils en soient requis ».

Ils peuvent meme informer contre les fauxsauniers, instruire le procès, & arreter les coupables, à la charge de faire porter les procès aux Greniers-à-Sel. (Arret du 8 Février 1606, rapporté par Filleau, *part.* 3, *tit.* 2, *ch.* 128.)

191. Ils peuvent aussi informer contre les Ecclésiastiques & les Gentilshommes, & meme contre ceux dont les procès ont coutume d'être portés aux Grand'Chambres, ou premieres Chambres des Cours de Parlement, & les arrêter; à la charge de renvoyer les procédures par eux faites, aux Bailliages & Sénéchaussées, dans l'étendue desquels le crime aura été commis, pour y être le procès fait & parfait auxdits accusés, ainsi qu'il appartiendra, à la charge de l'appel aux Cours de Parlement. (Même Déclaration du 5 Février 1731, *art.* 15.)

Mais ils ne peuvent interroger ces sortes d'accusés. En effet, il ne seroit pas décent de confondre les personnes distinguées par leur qualité ou par leur naissance, avec des vagabonds, & autres gens, ordinairement de la lie du peuple, en obligeant ces premiers de répondre en qualité d'accusés, aux interrogatoires d'un Prévôt des Maréchaux, & en les soumettant à un examen qui marqueroit un pouvoir & un exercice de jurisdiction immédiate sur ces personnes.

192. Il n'en est pas de même de l'information & de la capture à l'égard des Ecclésiastiques, gentilshommes, & autres personnes dont les procès ont coutume d'être portés aux Grand'Chambres, ou

premieres Chambres des Cours de Parlement ; parce que cette information & saisie de la personne, est une chose qui requiert célérité, & qui tend à s'assurer du coupable, & à recueillir contre lui les premieres preuves que le retard pourroit faire périr.

A l'égard des autres Juges extraordinaires, comme sont les Officiers des Eaux & Forêts, Elections, & autres Juges qui ne peuvent connoître que d'une certaine nature de crime, ils ne sont pas compétents pour informer ni décréter pour des cas ordinaires ; ce qui peut cependant souffrir difficulté, à cause de la disposition de l'article 21 de la Déclaration du 5 Février 1731, qui ne restreint point le droit d'informer, aux Juges ordinaires du lieu ; cet article portant simplement ces mots : *Tous Juges du lieu ;* ce qui semble comprendre aussi les Juges extraordinaires.

193. En général, tout Magistrat, quoique d'une jurisdiction non compétente pour connoître d'un délit arrivé en sa présence, peut en dresser procès-verbal, qu'il doit remettre au Juge compétent. (C'est la disposition de l'article 16 du titre 1 de l'Ordonnance de 1670.)

Mais ceux qui n'ont aucune jurisdiction criminelle, ne peuvent informer. (Farin. *qu.* 1, *n.* 56.) Et c'est en conséquence de cette regle, que les Subdélégués des Intendants sont incompétents pour faire ces sortes d'informations. (Ainsi jugé par Arrêt du 13 Mars 1710, qui casse une procédure criminelle pour raison d'un meurtre commis par un soldat en maraude, contre un habitant du village de Rivieres ; & fait défenses aux Subdélégués de plus connoître à l'avenir de semblables cas.)

194. Les Prévôts des Maréchaux, & autres Juges qui ont informé d'un crime qui n'est pas de leur compétence, ou contre des personnes non soumises à leur jurisdiction, doivent avertir incessamment les Baillis & Sénéchaux, ou autres Juges à qui la connoissance du crime appartient, afin qu'ils envoient chercher les accusés & les procédures qui ont été faites pour raison de ce crime. (Ordonnance de 1670, *tit.* 1, *art.* 16. Déclaration du 5 Février 1731, *art.* 21.)

Cet avertissement se fait par un acte dénoncé au Greffe criminel du Juge auquel se fait le renvoi, lequel est tenu d'envoyer quérir le procès & les accusés, qui ne peuvent lui etre refusés, à peine d'interdiction & de 300 livres d'amende contre les Juges, Greffiers & Geoliers, applicable moitié au Roi, & moitié aux pauvres & aux nécessités des Baillis & Sénéchaux, ainsi qu'il sera par eux ordonné. (Ordonnance de 1670, *tit.* 1, *art.* 16. Déclaration du 5 Février 1731, *art.* 21.)

195. L'Ordonnance du Juge, qui envoie chercher le procès & l'accusé, doit être signifiée au Greffe du Siege où l'accusé est détenu; pour qu'il remette les charges & informations; ainsi qu'au Geolier, pour qu'il remette le prisonnier.

Si le Juge, après l'avertissement à lui dénoncé au Greffe, néglige ou refuse d'envoyer chercher le procès & l'accusé, le Juge inferieur qui a informé, pourra connoître du crime quoique royal ou prévôtal. (Ainsi réglé pour les Officiers du Duché de Montpensier, par Arrêt du 21 Juin 1614, rapporté par Filleau, *tom.* 1, *pag.* 145.)

§. II.

Des commissions, ou délégations faites par des Juges, dans le cours d'un procès criminel.

196. Les délégations ou commissions ont lieu, lorsqu'il s'agit d'entendre ou de récoler des témoins éloignés, ou de faire un compulsoire, ou une reconnoissance, &c. dans un endroit éloigné de la jurisdiction où le procès s'instruit. Dans ce cas on délegue le Juge du lieu de la demeure des témoins, ou de l'endroit dans lequel se doit faire le compulsoire, ou la reconnoissance, &c. pour entendre ces témoins, ou pour faire cette instruction. Voyez ce qui est dit à ce sujet au titre *De l'Instruction Criminelle en général*, (n. 102 & *suiv.*)

CHAPITRE III.

De la prévention des Juges en matiere criminelle.

197. Il ne faut pas confondre la *prévention* avec la *concurrence*; ces mots ne sont point synonymes.

La *prévention*, est le droit qu'a un Juge d'attirer à lui la connoissance du crime, parce qu'il en a été saisi le premier; au-lieu que la *concurrence* est le droit que plusieurs Juges ont de connoître d'un crime commis. La concurrence est arrêtée par la prévention, c'est-à-dire, par le fait de celui des deux Juges également compétents, qui étant saisi le premier de la connoissance de l'affaire, exclut l'autre d'en pouvoir connoître, & fait cesser la concurrence. Ainsi la prévention naît de la concurrence, & elle ne peut être sans elle, quoique la concurrence puisse être sans la prévention, comme il résulte de l'article 7 du titre 1 de l'Ordonnance de 1670.

198. La prévention en général est une espece de dévolution de la connoissance d'un crime pour cause de négligence, & par le motif de bien public, qui exige la punition prompte des crimes.

Il y a deux sortes de préventions; *la prévention parfaite*, qui se fait sans charge du renvoi; & *la prévention imparfaite*, qui se fait à la charge du renvoi, c'est-à-dire, qui laisse le droit de décliner la jurisdiction, & de demander que la cause soit renvoyée devant un autre Juge.

SECTION PREMIERE.

De la prévention parfaite.

Il y a plusieurs cas où la prévention parfaite a lieu; tels sont:

199. 1°. Le cas où le Juge du lieu du délit a prévenu, quand il s'agit de crimes ordinaires; car alors les autres Juges, qui sont compétents pour connoître du crime, comme sont ceux du domicile de l'accusé, ou de la capture, *&c.* ne peuvent demander que l'affaire leur soit renvoyée, & l'accusé ne peut pareillement demander son renvoi.

200. 2°. Les Présidiaux connoissent, par prévention aux Prévôts des Maréchaux, Lieutenants-Criminels de Robe-courte, & aux Vice-Baillis & Vice-Sénéchaux, des crimes prévôtaux par leur nature, s'ils ont informé & décrété avant lesdits Prévôts, *&c.*, ou le même jour. (Ordonnance de 1670, *tit.* 1, *art.* 15. Déclaration du 29 Mai 1702; Déclaration du 5 Février 1731, *art.* 9.) Cet article 9 de la Déclaration de 1731 en excepte néanmoins ce qui concerne les déserteurs, & ceux qui les subornent & favorisent, dont la connoissance est réservée aux Prévôts des Maréchaux; connoissance au reste dont ils ne font presque plus d'usage, au moyen de ce qu'on renvoie depuis plusieurs années les déserteurs à leurs Régiments, pour être jugés par les Conseils-de-Guerre.

201. Il en est de même des Prévôts, Châtelains & autres Juges-Royaux, & même de ceux des Hauts-Justiciers; ils acquierent aussi par leur

diligence, la prévention aux Baillis & Sénéchaux sur les Prévôts des Maréchaux pour les cas prévôtaux par la nature du délit, lorsque ces Prévôts, Châtelains & autres Juges ordinaires, ont informé avant les Prévôts des Maréchaux, ou le même jour; ce qui résulte de la disposition des articles 17 & 22 de la même Déclaration du 5 Février 1731.

202. Suivant une Déclaration du 26 Février 1724, lorsque les Prévôts des Maréchaux avoient décrété les accusés, avant que les décrets des Sieges Présidiaux leur eussent été délivrés, avec sommation de les mettre à exécution, ils avoient la prévention sur les Présidiaux; mais cette disposition a été changée par l'article 9 de la Déclaration du 5 Février 1731, qui porte qu'en cas de concurrence de procédures, les Présidiaux, même les Baillis & Sénéchaux, auront la préférence sur les Prévôts des Maréchaux, s'ils ont informé & décrété avant eux, ou le même jour.

203. *Question.* Si le Présidial d'Orléans & le Bailli, *v. g.* de la Justice Seigneuriale de Sainte-Croix de la même ville, avoient l'un & l'autre informé & décrété pour raison du même fait, & que chacun de ces deux Sieges prétendît que l'affaire est de sa compétence, en sorte qu'il y eût à ce sujet conflit entre les deux jurisdictions, comment ce différend doit-il être jugé? Est-ce au Présidial, comme Juge supérieur, à en connoître par provision, sur une simple évocation par main souveraine, contre laquelle le Juge de Sainte-Croix n'auroit aucun moyen de se pourvoir; ou faut-il alors faire régler le conflit au Grand-Conseil, par argument tiré de l'article 6 du titre 3 de l'Ordonnance du mois d'Août 1737, ci-dessus cité, qui porte: « que les conflits d'entre les Parlements & les Sieges » Présidiaux dans le même ressort, seront réglés au Grand-Con- » seil »?

Je crois que dans ce cas, le Présidial peut évoquer, & qu'on peut fonder cette opinion sur l'article 22 de la Déclaration du Roi du 5 Février 1731. Il est vrai que cet article dit que dans ce cas, c'est le Bailliage supérieur, qui est censé avoir prévenu; mais cela n'est dit que vis-à-vis le Prévôt des Maréchaux, & ne peut rien changer au droit qu'ont les Présidiaux d'en connoître, à l'exclusion des Juges qui leur sont subordonnés.

204. Je crois aussi que cette évocation doit avoir lieu, même dans le cas où le Juge de Sainte-Croix auroit prévenu, & qu'il différeroit ou refuseroit de renvoyer.

Il

Il n'est pas nécessaire, pour acquérir de la part des Présidiaux la prévention sur les Prévôts des Maréchaux, que le décret soit exécuté par la capture de l'accusé; en quoi l'article 9 de la Déclaration du 5 Février 1731, a dérogé à l'article 2 de la Déclaration du 28 Mars 1720, qui portoit que lorsque les captures des accusés auroient été faites par les Officiers des Maréchaussées, les procès seroient instruits & jugés par eux; encore que les Présidiaux eussent décrété les accusés avant ceux des Maréchaussées, ou le même jour.

205. 3°. Les Baillis & Sénechaux ont aussi la prévention sur les Prévôts des Maréchaux, s'ils ont informé avant eux, ou le même jour, pour raison de crimes prévôtaux, par leur nature, ou par la qualité de l'accusé. (Déclaration du 5 Février 1731, *art.* 9.) Ce qui est conforme à l'article 15 du titre 1 de l'Ordonnance de 1670, & à la Déclaration du 29 Mai 1702. Mais les Baillis & Sénechaux n'ont point à cet égard la prévention sur les Présidiaux dans le ressort desquels ils sont situés; ce qui résulte des termes de cet article 9 de la Déclaration du 5 Février 1731, qui ne le dit point. Ainsi, à Orléans, les Sieges-particuliers de Beaugenci, Yenville, *&c*, n'ont point la prévention sur le Présidial d'Orléans.

206. 4°. L'article 22 de la Déclaration du 5 Février 1731, veut que si les coupables d'un cas royal ou prévôtal ont été pris, soit en flagrant délit, soit en exécution d'un décret décerné par le Juge des lieux, avant que le Prévôt des Maréchaux ait decerné un pareil décret contre eux, le Lieutenant-Criminel de la Sénechaussée, ou du Bailliage supérieur, soit censé avoir prévenu ledit Prévôt des Maréchaux par la diligence du Juge inférieur.

207. *Question.* Si le délit est arrivé dans l'étendue d'un Bailliage ou Sénechaussée où il y a Siege Présidial, pourra-t-on faire l'application de cet article, & dire que ce Présidial est alors censé avoir été prévenu par son inférieur. Ou si dans cette espece, le Juge subordonné qui a prévenu, quoique dans le ressort du Bailliage, exclut néanmoins ce Présidial de connoître en dernier ressort du cas prévôtal?

Il paroît que le premier sens, est le sens naturel qu'on doit donner à cet article; & tel est l'esprit des Ordonnances. Car

208. En premier lieu, lorsque l'article 16 du titre 1 de l'Ordonnance de 1670, & les articles 21 & 22 de la Déclaration du 5 Février 1731, autorisent les Juges inférieurs à informer & décréter contre

les coupables des cas prévôtaux, à la charge d'avertir les Lieutenants-Criminels, & d'envoyer les procédures à leur Greffe; ces articles ne disent pas que les Lieutenants-Criminels n'en pourront alors connoître qu'à la charge de l'appel.

209. En second lieu, on ne peut pas dire que cet article 22 de la Déclaration du 5 Février 1731, ait voulu interdire aux Lieutenants-Criminels des Sieges Présidiaux, la faculté d'instruire & de juger en dernier ressort. En effet, ce n'est point ici une faveur que la Loi ait entendu faire à l'accusé; c'est au contraire un avantage qu'elle a voulu accorder au Juge supérieur, pour l'engager à maintenir la vigilance des Officiers sur lesquels il a inspection. Le Législateur, en accordant la prévention au Lieutenant-Criminel, suppose que c'est cet Officier même qui a informé & décrété par le ministere du Juge inférieur. La procédure que fait celui-ci ne forme que le commencement de celle que fait ensuite le Lieutenant-Criminel; & l'une & l'autre ne font qu'une même procédure. Si cet article 22, en accordant aux Baillis & Sénechaux la prévention sur les Prévôts des Maréchaux dans le cas dont il s'agit ici, ne parle point des Présidiaux, la raison en est simple; c'est qu'il ne pouvoit être question, ou que des Présidiaux étrangers au Bailliage dans le ressort duquel la Justice inférieure est située, ou que du Présidial établi près ce Bailliage & qui a un ressort commun avec lui. Or il étoit inutile de parler des premiers, après la défense contenue en l'article 8 de la même Déclaration du 5 Fevrier 1731; & d'un autre côté, donner au Bailliage une prévention sur le Siege Présidial, qui ne fait qu'un seul & même Siege avec lui, & qui n'a que le même Juge d'instruction, c'eût été tomber dans une contradiction manifeste.

210. Inutilement objecteroit-on que les articles 17 & 18 de la même Déclaration de 1731 établissent une prévention reciproque des Presidiaux sur les Bailliages, & des Bailliages sur les Sieges Présidiaux, en faveur de celui qui a decreté le premier. Il est évident qu'il n'est pas question des Bailliages & Presidiaux, qui n'ont qu'un même ressort immédiat sur les Justices inférieures de leur district, & qui ne forment qu'un même Siege; puisqu'on ne peut pas supposer que l'Officier d'instruction, qui est le même pour l'une & l'autre jurisdiction, ait informé en même temps comme Lieutenant-Criminel du Bailliage, & comme Lieutenant Criminel du Présidial.

211. En un mot, il ne peut y avoir de prévention, ni de concurrence,

qu'entre des Sieges étrangers l'un à l'autre. Or dans l'espece d'un Présidial établi près d'un Bailliage, avec lequel il a le même ressort immédiat sur les Justices inférieures de son ressort, on ne doit concevoir aucune différence de jurisdiction, que relativement à la différence des matieres qui sont de la compétence de l'une ou de l'autre. Mais quand il est question d'un délit, qui, par sa nature, peut être également de la compétence du Bailliage ou du Présidial, il est indifférent par quelle voie le Siege se trouve saisi, & que ce soit par un décret du Lieutenant-Criminel, ou par un decret du Juge inférieur de son ressort. Dans l'un & l'autre cas, c'est toujours le Lieutenant-Criminel qui est censé avoir decreté; & par conséquent la jurisdiction supérieure est également bien saisie; & par une derniere conséquence, le Lieutenant-Criminel doit faire juger sa compétence.

212. On peut encore prouver ce sentiment, par argument tiré de l'article 10 de la même Déclaration du 5 Février 1731, & de celle du 29 Mai 1702, qui dans le cas de diligences faites par les Juges ordinaires des lieux, contre des accusés sujets au jugement en dernier ressort par la seule qualité des personnes, ne donnent aux decrets du même jour, decernés par ces Juges des lieux, la préference que contre les Prevôts des Marechaux, sans parler en aucune maniere des Présidiaux : & cette conséquence résulte encore plus clairement de la disposition de l'article 22 de la Déclaration de 1731, qui ne donne aussi la préference aux Juges inférieurs qui ont informé, que contre les Prévôts des Maréchaux, & non contre les Présidiaux. Voyez encore le procès-verbal de l'Ordonnance de 1670, sur l'article 16 du titre 1, *pag.* 38, où est le projet de ce même article 16, qui conserve aux Juges Presidiaux les renvois dont il parle, & dont il est aisé de voir que la disposition & l'esprit n'ont point été changés dans la redaction qui a été faite de cet article, quoiqu'on y ait substitué les mots de *Baillis & Sénéchaux, ou leurs Lieutenants-Criminels*, à ceux de *Juges Présidiaux*, par les raisons rapportées par M. Talon. Et ce qui le prouve clairement, c'est que dans l'article qui suit immédiatement dans l'Ordonnance, il est dit : *Les Lieutenants Criminels des Sieges où il y a Présidial*, &c.; d'où il suit que toutes les fois que le Lieutenant-Criminel d'un Siege où il y a Presidial, est saisi de la connoissance d'un des cas énoncés en l'article 12 du titre 1 de l'Ordonnance de 1670, il doit faire juger sa compétence. Or de ce que

le Lieutenant-Criminel a été prévenu par la diligence de son inférieur, ces cas de l'article 12 n'en sont pas moins les mêmes. Voyez aussi l'article 6 du titre 3 de l'Ordonnance des Evocations du mois d'Août 1737, où l'on voit clairement que l'Ordonnance, sous le mot de *Lieutenants-Criminels*, entend parler des Sieges Présidiaux. On prétend néanmoins que le contraire à été jugé pour le Presidial de Nismes, par Arrêt du Conseil du 17 Avril 1752.

213. Mais si le délit est arrivé dans l'étendue d'un Bailliage Royal, où il n'y a point de Siege Presidial, il est sans contredit que c'est le Bailliage, & non le Présidial auquel le Juge inférieur ressortit, qui est saisi par la diligence de cet inférieur; parce qu'en fait d'instruction criminelle, le Presidial n'est censé avoir d'autre ressort que celui du Bailliage près duquel il est établi, suivant la Déclaration du 29 Mai 1702. Ainsi decidé par une Lettre de M. le Chancelier Daguesseau, du mois de Juin 1728, qui se trouve au Recueil des Réglements du Parlement de Toulouse, en deux vol. *in*-8°., *tom.* 1, *pag.* 256.

42.1 5°. A l'égard de la prévention des Baillis & Senechaux sur les Prevôts des Marechaux, & de celle des Presidiaux & des Prevôts des Marechaux sur les autres Juges, dans le cas où il y a des crimes ordinaires mêlés avec des cas prevôtaux, Voyez ce qui est dit *infrà*, n. 267 & suiv.

215. 6°. L'article 10 de la même Déclaration du 5 Fevrier 1731, porte que les Prev ts, Châtelains & autres Juges Royaux ordinaires, même ceux des Seigneurs Hauts-Justiciers, connoîtront, à la charge de l'appel aux Cours de Parlement, des crimes qui ne sont pas du nombre des cas royaux ou prévôtaux par leur nature, & qui auront été commis dans l'étendue de leur Siege & Justice, par des vagabonds & gens sans aveu, ou par personnes reprises de Justice, dont il est fait mention dans les articles 1 & 2 de la même Déclaration; même de la contravention aux Edits & Déclarations rendus sur le fait de la mendicité, & ce, concurremment & par prévention avec les Prév ts des Maréchaux, & préferablement à eux, s'ils ont informé & décreté avant eux, ou le même jour; ce qui est conforme à la Déclaration du 29 Mai 1702.

Mais les Baillis & Sénéchaux, Prévôts & Châtelains, & autres Juges à eux subordonnés, n'ont point cette prévention sur les Presidiaux, dans le ressort desquels lesdits Sieges sont situés. (Voyez ce qui a été dit ci-dessus, n. 205.)

216. 7°. Les Prévôts des Maréchaux, & les Lieutenants-Criminels de Robe-Courte, ont la prévention sur les Lieutenants-Géneraux de Police, pour instruire & juger les procès des mendiants qui sont aussi vagabonds, que lesdits Prévôts des Maréchaux & Lieutenants-Criminels de Robe-Courte auroient arrêtés dans les villes & lieux où il y a des Lieutenants de Police; pourvu qu'ils aient décreté avant lesdits Lieutenants-Généraux de Police. (Déclaration du 18 Juillet 1724, *art.* 8.)

217. 8°. En crime de duel, celui des Juges à qui la connoissance en est attribuée, qui arrête le premier les accusés dans les six mois du crime commis, en connoît par préference aux autres. (Déclaration du 14 Décembre 1679, servant d'ampliation à l'Edit des duels.) La même Déclaration ajoute que quand les diligences des Juges seront égales, & que les Lieutenants-Criminels des Bailliages & Senechaussées principales se trouveront avoir informé & decreté dans les trois premiers jours, ils feront le procès préferablement aux autres Officiers ordinaires, & les Prevôts des Marechaux aussi préferablement aux Lieutenants-Criminels de Robe-Courte.

218. 9°. Les Prevôts-Generaux des Monnoies connoissent en dernier ressort, par prévention aux Prévots des Maréchaux, Présidiaux & Baillis, & Sénechaux Royaux, du crime de fausse-monnoie, altération, exposition, billonnement, & transport des especes & matieres d'or & d'argent hors le Royaume, & contre la disposition des Ordonnances. (Edit du mois de Juin 1635, rapporté par Constant, *pag.* 197; Autre du mois de Septembre 1638, rapporté *ibid.* pag. 215; Autre du mois de Juin 1704 pour Lyon.)

Il en est de même des Généraux-provinciaux des Monnoies; ils connoissent aussi en dernier ressort, par prévention aux Baillis, Sénechaux, Présidiaux & autres Juges, du crime de fausse-monnoie, & autres cas de la jurisdiction concurrente des Cours dès Monnoies. (Edit du mois de Mai 1577. Autre du mois de Septembre 1570. Autre du mois de Juin 1696. Voyez ce qui a été dit au titre *De la Compétence des Juges en matiere criminelle*, n. 617.)

219. 10. Quoique les Parlements ne jugent presque jamais en premiere instance en matiere criminelle; & que par conséquent ils ne puissent prévenir les Juges de leur ressort; néanmoins dans les cas où ils connoissent en premiere instance de quelque crime, ils en connoissent par préférence à tous les Juges de leur ressort.

220. 11°. On prétend que les Baillis & Sénechaux, Prévôts & au-

tres Juges Royaux, ont la prévention parfaite sur les Officiaux, pour connoître des injures & autres délits communs, commis par les Ecclésiastiques. C'est ainsi que le pense Lacombe en son Traité des Matieres Criminelles, *part.* 2, *chap.* 6, *sect.* 1, *n.* 10; & dans son Recueil de Jurisprudence Canonique, au mot *Délit Commun*, n. 6. Voyez aussi sur cette question Basnage sur la Coutume de Normandie, titre *De Jurisdiction*, art. 1, où il rapporte deux Arrêts des mois de Février 1690, & de Janvier 1729.

En effet, on trouve dans le Traité de Forget Des personnes & choses Ecclésiastiques, *sommaire* 9, *n.* 9, un Arrêt cité du Parlement de Rouen du mois de Janvier 1605, confirmatif d'une Sentence du premier Juge Royal, qui avoit débouté un Curé du renvoi par lui requis en l'Officialité, sur une action d'injure contre lui intentée par un particulier que le Curé avoit chassé de l'Eglise. Basnage sur la Coutume de Normandie, *art.* 1, *pag.* 16, rapporte un autre Arrêt du même Parlement du 18 Novembre 1664, par lequel le renvoi devant l'Official, fut refusé à un Prêtre sur une action pour simples injures, intentée contre lui devant le Juge Royal, avec demande à fin de dommages & intérêts.

221. C'est aussi ce qui s'observe constamment dans les Tribunaux Seculiers, où l'on est dans l'usage de retenir la connoissance des actions criminelles intentées par voie de plainte contre des Ecclésiastiques, & de ne point déférer au renvoi qui peut être demandé devant le Juge d'Eglise, soit par l'Official, soit par l'Ecclésiastique accusé, lorsque le Juge Séculier a été prévenu par la plainte.

L'Auteur des Memoires du Clergé, *tom.* 7, *pag.* 511, *n.* 38 de l'édition *in-folio*, dit qu'en 1704, à Coutances, un Ecclésiastique ayant été accusé pour de simples injures par un Laïque devant le Lieutenant-Criminel, & l'Ecclésiastique ayant demandé son renvoi devant l'Official, & le Promoteur ayant revendiqué, le Lieutenant-Criminel n'eut aucun égard au renvoi: & que la même chose s'étant présentée depuis à Tarascon, & à Orléans, les Lieutenants-Criminels refuserent aussi le renvoi. L'Auteur des Memoires ajoute ensuite, que dans ces sortes d'occasions, les Juges Laïques ne sont pas ordinairement favorables au renvoi demandé, & qu'on trouve plusieurs Arrêts qui ont favorisé cette prétention des Juges Laïques.

222. On peut fonder cette prévention des Juges ordinaires sur les Offi-

ciaux, du moins en faveur des Juges-Royaux, sur ce que la Justice temporelle des Officiaux, sur-tout en matiere criminelle, étant une concession des Rois, & les Rois n'accordant jamais de privilege contre eux-mêmes, c'est une suite que la prévention reste aux Juges Royaux dans ces sortes de matieres. (Voyez Chenu en son Recueil de Réglements, *tom.* 2, *tit.* 41, *ch.* 1; & Lebret en son Traité de la Souveraineté, *liv.* 1, *ch.* 12.) En effet, les Ecclésiastiques étant nés sujets du Roi, avant d'être promus aux Ordres Sacrés, leur qualité d'Ecclésiastiques ne fait pas cesser leur qualité de sujets du Prince temporel, & ils sont sujets comme les Laïques, à être réprimés par la Puissance qui gouverne l'Etat.

223. Les Ecclésiastiques ont, à la vérité, un privilege; mais ce privilege n'efface pas le droit du Souverain qui le leur a accordé. Ce motif donna même lieu dans le temps de la rédaction de l'Ordonnance de 1670, à un autre article, qui portoit que le Juge Laïque connoîtroit, à l'exclusion du Juge d'Eglise, de tous les crimes des Ecclésiastiques, sans préjudice de la pénitence à imposer pour ces mêmes cas, s'il y écheoit. (Voyez le procès-verbal de cette Ordonnance, *pag.* 44.) Mais cet article fut supprimé à la sollicitation du Clergé.

Cette raison de la prévention du Juge Séculier, fondée sur ce que la justice temporelle des Juges d'Eglise, est une concession du Souverain, ne paroît pas cependant décisive, puisqu'elle devroit également avoir lieu en matiere civile.

224. On en peut donner une autre; c'est que si l'on autorisoit ces sortes de renvois devant le Juge d'Eglise sur-tout en matiere d'injures, qui doivent être traitées & jugées sommairement, cela occasionneroit le plus souvent des longueurs qui empêcheroient le plaignant d'obtenir une justice prompte; comme dans le cas où les témoins refuseroient de comparoître, *&c.*; parce qu'alors il faudroit recourir à l'autorité du Juge Séculier. Outre que les Sentences des Juges d'Eglise n'emportent point hypotheque sur les biens du condamné, le plaignant qui obtiendroit gain de cause, se trouveroit donc privé d'une partie de ses droits & suretés, s'il falloit nécessairement subir la jurisdiction des Juges d'Eglise, du moins dans le cas du renvoi demandé.

225. Ce n'est pas que les Officiaux & autres Juges d'Eglise, ne soient compétents pour connoître des actions d'injures intentées contre

les Eccléſiaſtiques ; mais alors ſi le plaignant prend cette voie c'eſt qu'il veut bien s'en contenter.

On peut auſſi dire que les Officiaux connoiſſent des délits de ſimples injures, à l'excluſion des Juges Séculiers, lorſque la plainte eſt donnée à la requête du Promoteur ; mais que quand la plainte eſt à la requête d'une partie civile, le Juge Séculier a la prévention parfaite ſur le Juge d'Egliſe. Cependant Fevret, *liv.* 8, *ch.* 2, *n.* 27, *pag.* 218, *col.* 1, *in prin.* prétend que les ſimples injures contre un Clerc, doivent être portées devant l'Official.

Quoique l'Auteur des Mémoires du Clergé, *tom.* 7, *pag.* 511, (de la nouvelle édition,) penſe que l'action de ſimples injures puiſſe être portée devant le Juge d'Egliſe ; néanmoins il ſemble douter que le Juge d'Egliſe puiſſe condamner en des dommages & intérêts. Il dit que dans ce cas, on doit ſe pourvoir devant le Juge d'Egliſe pour prononcer ſur l'abſolution, ou la condamnation d'injures ; & qu'enſuite pour les dommages & intérêts il faut aller devant le Juge civil, comme il s'obſerve dans les cauſes de mariage ; mais voyez ce qui eſt dit à ce ſujet au titre *De la Compétence des Juges criminels.* (n. 419.)

226. De tout ce qui vient d'être dit, il réſulte qu'un Eccléſiaſtique, pour raiſon d'injures par lui proférées, ou de mauvais traitements par lui faits, ſoit contre un Laïque, ſoit contre un autre Eccléſiaſtique, peut être convenu devant le Juge Séculier, ou devant le Juge d'Egliſe ; & que s'il eſt convenu devant le Juge Séculier ordinaire, il ne peut demander ſon renvoi devant l'Official, ni être par lui revendiqué ; ainſi qu'il a été jugé par les Arrêts ci-deſſus.

Quand il s'agit d'injures graves, & qui, à cauſe de leur atrocité, peuvent être punies de peines afflictives, ou infamantes, l'Official n'en peut connoître ; mais ſeulement le Juge ordinaire, à la charge de l'inſtruction conjointe pour le cas privilegié, s'il y a lieu.

227. En matiere de délit privilegié contre un Eccléſiaſtique, le Juge Séculier a auſſi la prévention ſur les Juges d'Egliſe ; mais à la charge de l'inſtruction conjointe avec l'Official, dans le cas où le renvoi eſt requis par l'accuſé, ou par le Promoteur. Si le renvoi n'eſt pas requis, le Juge Laïque en connoît ſeul. (Voyez ce qui a été dit au ſujet des délits privilégiés, au titre *De la Compétence des Juges en criminel*, n. 243.)

SECTION

SECTION II.

De la prévention parfaite, mais qui ne l'est qu'après un certain temps.

228. 1°. La prévention entre Juges Royaux, n'a pas lieu en matiere criminelle. C'est la disposition de l'article 7 du titre 1 de l'Ordonnance 1670, qui porte que les Juges Royaux n'auront aucune prévention entr'eux; mais cet article ajoute que dans le cas où trois jours après le crime commis, les Juges Royaux ordinaires n'auroient informé & décrété, les Juges supérieurs en pourront connoître. Ainsi il faut que les premiers Juges Royaux aient *informé & décrété* dans les trois jours, pour qu'ils ne puissent être prévenus par le Juge supérieur.

Ces mots, *pourront en connoître*, attribuent la prévention parfaite aux Juges supérieurs après le temps de trois jours depuis le crime commis; mais le Juge inférieur conserve toujours sa compétence après les trois jours, jusqu'à ce qu'il soit prévenu par le Juge supérieur.

229. Ce temps de trois jours, court strictement depuis le crime commis, quoiqu'il soit inconnu; en quoi l'Ordonnance 1670, a dérogé aux anciens réglements. L'Arrêt du Parlement du 5 Juin 1659, pour Montdidier, portoit: » après trois jours, à compter du » temps que les crimes auront été commis, s'ils sont connus; ou » du temps de la notoriété d'iceux, s'ils étoient auparavant in- » connus. »

230. 2°. A l'égard des Juges de Seigneurs, ils n'ont aucune prévention sur ceux de leur ressort, ainsi qu'il résulte de l'article 8, dont on vient de parler, comparé avec l'article 7 qui précede dans le procès-verbal de l'Ordonnance. Et quoiqu'on ait ajouté dans la lecture de cet article 7 une nouvelle disposition à ce qui étoit dans le projet du même article, néanmoins cette nouvelle disposition n'en change pas le sens. En effet, il faut considérer que cet article 7 a deux parties: la premiere, porte que les Juges Royaux n'auront aucune prévention entre eux; & l'article 8 ajoute, *ce que nous entendons avoir lieu entre les Juges de Seigneurs.* La seconde partie de l'article 7, conserve aux Lieutenans-criminels la prévention sur les Prévôts Royaux, au cas que ceux-ci n'aient pas informé

& décrété dans les trois jours; mais l'article 8 ne renferme pas la même disposition à l'égard des Juges de Seigneurs; parce que la prévention est un droit royal, qui ne peut appartenir qu'aux Officiers Royaux. Voyez Chenu en ses Réglements, *tom.* 1, *tit.* 12, *ch.* 13. M. Talon dans le procès-verbal de l'Ordonnance sur l'article 9 de ce même titre 1, établit solidement ce principe, & prouve que la prévention n'a lieu qu'en faveur des Baillis & Sénéchaux Royaux; & M. Pussort établit aussi la même maxime. (Voyez l'*art.* 1 du *tit.* 26 de l'Ordonnance.)

231. 3°. Les Baillis & Sénéchaux Royaux peuvent prévenir les Juges subalternes & non royaux de leur ressort, lorsque ceux-ci ont négligé d'informer & décréter dans les vingt-quatre heures après le crime commis. (Ordonnance 1670, *tit.* 1, *art.* 8.)

Cette prévention des Baillis Royaux sur les Juges subalternes de leur ressort, après les vingt-quatre heures, a lieu, même sur les Juges des Pairies, comme sur les autres Juges de Seigneurs; & cela est conforme à ce que dit M. le Premier Président Lamoignon, lors des conférences sur cet article, que le Bailli de Rheims a droit de prévenir le Juge de la Pairie de Rheims en matiere criminelle.

La prévention après les trois jours & les vingt-quatre heures, dont il est parlé dans les articles précédents, n'a lieu que pour les crimes poursuivis d'office, & sur la requête de la partie publique; & cette prévention est la peine de la négligence des inférieurs; mais à l'égard des crimes privés, & qui n'intéressent que les parties civiles, la prévention du Juge supérieur n'a pas lieu, & le Juge inférieur est toujours en état de requerir le renvoi. (Ainsi jugé par Arrêt du Parlement du 5 Juin 1659, rapporté au Journal des Audiences, *tom.* 2, *liv.* 4, *chap.* 17, qui ne donne la prévention au Bailli sur le Prévôt, que pour les crimes publics. Autre Arrêt du Parlement du 30 Juillet 1678, pour Moulins.)

La dévolution au Juge supérieur après les trois jours, ou les vingt-quatre heures, en cas de négligence du Juge inférieur, a lieu, même dans le cas où il y a partie civile. (C'est ainsi que le pensoit M. Joli de Fleuri, ancien Procureur-Général, dans un Mémoire que j'ai vu de sa main.)

232. Lorsque le Juge Royal supérieur a informé & décrété avant les trois jours, & le Juge de Seigneur avant les vingt-quatre heures, le Juge inférieur est en droit de revendiquer la cause; mais il faut

que cette revendication se fasse dans les trois jours, aux termes des articles 7 & 8 du titre 1 de l'Ordonnance 1670, ou dans les vingt-quatre heures, ainsi qu'il résulte de l'article 9 du titre 1 de la même Ordonnance; car autrement, le Juge inférieur ne pourroit constater sa vigilance pendant ce temps.

Si après les trois jours, ou les vingt-quatre heures, le Juge inférieur informe & décrete avant le Juge supérieur, ce dernier ne peut plus revendiquer. Mais si après les trois jours, ou les vingt-quatre heures, l'un & l'autre informent le même jour, le Juge supérieur aura la prévention.

233. L'accusé peut aussi demander son renvoi, lorsque le Juge supérieur a prévenu avant le temps porté par les articles 7, 8 & 9 ci-dessus; mais il faut pour cela que le renvoi soit demandé d'un Juge de Seigneur à un autre Juge de Seigneur, ou d'un Juge Royal supérieur à un Juge Royal inférieur; autrement il ne le peut. (Edit du mois de Novembre 1554, *art.* 4. Arrêt du Parlement du 15 Novembre 1554, rendu en interprétation de l'Edit de Cremieu sur l'enregistrement de la Déclaration du 17 Juin de la même année 1554; autre Arrêt du 20 Novembre 1559, rapporté par Bacquet en son Traité des Droits de Justice, *ch.* 9, *n.* 4.)

234. 4°. Il y a des Coutumes où les Baillis & Sénéchaux ont la prévention parfaite en matiere criminelle sur les Prévôts Royaux, & sur les autres Juges subalternes de leur ressort, même avant les trois jours, & l'Ordonnance n'a point dérogé à ces Coutumes. (Ordonnance 1670, *tit.* 1, *art.* 9.) Telles sont les Coutumes de Vermandois, Senlis, Compiegne, Poitou, *&c.* Les Officiers du Présidial d'Angers ont été maintenus dans cette prévention, par Arrêt du Parlement du 18 Avril 1741.

Le même article 9 de l'Ordonnance, conserve le Châtelet de Paris dans l'usage d'avoir la prévention sur les Seigneurs Hauts-Justiciers; mais cette prévention n'a lieu que sur les Seigneurs Hauts-Justiciers, qui ont leur jurisdiction dans l'étendue de la ville & fauxbourgs de Paris. Presque toutes ces justices ont été depuis réunies au Châtelet de Paris, par Edit du mois de Février 1674.

235. 5°. Les Prévôts & Châtelains Royaux qui ont dans leur ressort des Justices de Seigneurs, comme autrefois le Prévôt d'Orléans avant la réunion de la Prévôté de cette ville au Bailliage, n'ont aucune prévention sur ces Justices subalternes; car les Baillis &

Sénéchaux Royaux, font les Juges supérieurs immédiats des Justices de Seigneurs en matiere criminelle.

Il y a néanmoins des Coutumes où les Prévôts ont la prévention en matiere criminelle sur les Juges de Seigneurs de leur ressort; comme Amiens, *art.* 230; Ribemont, *art.* 1; Clermont-en-Beauvoisis, *art.* 202 & 203; Valois, *art.* 10; Auxerre, *art.* 36; Vatan, *art.* 5; Nivernois, *chap.* 1, *art.* 25; Maine, *art.* 75, 81, 82, & *suiv.*; Anjou, *art.* 65, 71 & *suiv.*; Tours, Mondidier, &c. (Ainsi jugé pour les Officiers de la Prévôté de Tours, contre le Seigneur de la Baronie de Château-Neuf, par Arrêt du 22 Juin 1617. Autre Arrêt du 7 Juillet 1679, entre les Officiers de la Prévôté de Montdidier, & la Dame de la Justice de Rozieres. Cet Arrêt renvoie à la vérité, la connoissance de l'affaire au Juge de Rozieres; mais il ordonne que les Officiers de la Prévôté de Montdidier, ne pourront prévenir les Officiers de la Justice de Rozieres pour les délits qui se commettront dans l'étendue de leur territoire, si ce n'est que dans les vingt-quatre heures du crime commis, les Officiers de Rozieres n'eussent informé & décrété. Voyez encore l'Arrêt de Réglement de la Cour du 10 Juillet 1665, *art.* 8.)

236. 6°. Les Présidiaux & les Bailliages, dans l'étendue desquels il y a des Sieges Royaux particuliers, ont la prévention sur ces Sieges particuliers en matiere criminelle, en cas de négligence des Officiers de ces Sieges. (Edit du mois de Novembre 1554, *art.* 6. Arrêt du Grand-Conseil du 15 Juillet 1651, rendu pour le Présidial d'Orléans contre les Officiers du Siege de Beaugenci, qui est un des Sieges Royaux particuliers dépendants du Bailliage d'Orléans.) Mais cette prévention ne doit avoir lieu qu'après les trois jours du crime commis, suivant l'article 7 du titre 1 de l'Ordonnance 1670. (Voyez ce qui a été dit à ce sujet au titre *De la Compétence des Juges criminels*, n. 66.)

SECTION III.

De la Prévention imparfaite.

237. 1°. Cette prévention a lieu en faveur des Baillis & Senechaux Royaux, sur les Juges inferieurs de leur ressort, royaux, ou non, même avant les trois jours, ou les vingt-quatre heures, échus depuis le crime commis. (Edit de Novembre 1554, *art.* 2; Code

Henri, *liv.* 3, *tit.* 8, *n.* 4;) mais à la charge du renvoi, s'il est requis avant ce temps par le Juge inférieur, ou par l'accusé domicilié, dans l'étendue d'une Justice Royale; ce qui résulte de la disposition des articles 7, 8 & 9 du titre 1 de l'Ordonnance de 1670.

Dans les grands Bailliages, composés de plusieurs Sieges particuliers, comme celui d'Orléans, cette prevention a pareillement lieu en faveur du Siege principal, sur les Sieges particuliers. (Voyez ci-dessus, *n.* 236.)

2°. Le Juge du domicile de l'accusé, peut aussi connoître du crime par lui commis, par prévention; mais à la charge du renvoi s'il est requis par le Juge du lieu du délit. (Voyez ce qui est dit ci-dessus, n. 18.)

3°. Il en est de même du Juge de la capture, à l'égard des vagabonds. (Voyez aussi ce qui est dit ci-dessus, *n.* 27 *& suiv.*)

4°. A l'égard de la prevention des Juges Laïques sur les Officiaux, en matiere d'injures, *&c.* (Voyez *suprà*, n. 220.)

SECTION IV.

Autres Regles touchant la prévention.

238. 1°. Le Juge superieur previent par son inferieur, quand il s'agit de cas prevôtaux ou presidiaux. (Declaration du 5 Fevrier 1731, art. 17, *in medio*, & art. 22. Voyez *suprà*, n. 205 & 215.)

2°. La prevention faite contre un accusé, n'est pas censée avoir lieu à l'égard des autres complices de cet accusé. (Farin. *qu.* 7, *n.* 62.)

3°. Il n'y a pas lieu à la prévention, dans le cas où l'accusation poursuivie devant le Juge qui prétend avoir prévenu, est différente de celle poursuivie par le Juge, sur lequel on prétend avoir acquis la prévention; comme dans le cas où l'un des Juges auroit informé pour raison d'un crime, *v. g.* d'un vol; & où l'autre auroit informé d'un autre crime, *v. g.* d'un assassinat prémedité contre le même accusé. (Farin. *qu.* 7, *n.* 65.)

239. 4°. Lorsque deux Juges qui peuvent connoître d'une même affaire avec le droit de prevention parfaite, informent en même temps & à la même heure, celui qui a la jurisdiction la plus dis-

tinguée, doit être préferé; ou bien celui qui auroit décreté d'un décret plus févere. (Farin. *qu.* 7, *n.* 63.)

5°. La prévention, pour avoir lieu, doit être faite de bonne foi, & non en fraude : autrement elle doit être rejettée; comme dans le cas où il y auroit eu une intelligence frauduleuse entre le Juge & l'accusé. (Farin. *qu.* 7, *n.* 64.)

240. 6°. Quand le Juge superieur prévient par la négligence de l'inférieur, *v. g.* dans le cas de prévention des Baillis sur les Juges de Seigneur, pour crimes ordinaires, & non royaux & privilegiés, le procès criminel doit se poursuivre aux dépens du Juge inférieur, qui auroit dû en faire la poursuite. (Ordonnance de Château-Briant du mois d'Octobre 1565, *art.* 8. Arrêt du Conseil du 12 Août 1710. La Coutume de Cambrai, *tit.* 22, *art.* 9, en a une disposition; & il a été ainsi jugé par Arrêt du Parlement d'Aix du 27 Avril 1675, rapporté par Boniface, *tom.* 2, *pag.* 87. L'Ordonnance de Moulins, *art.* 30, prive même de leurs Justices les Seigneurs qui négligent ou refusent d'en connoître.

241. Mais si la plainte étoit donnée tout d'un coup en la Justice superieure, même pour affaire dont le Juge inférieur seroit compétent de connoître, alors, comme il n'y a point de négligence de la part du Juge inférieur, ce n'est point au Seigneur de cette Justice à payer les frais du procès. Ainsi jugé par Arrêt du Parlement de Paris du 17 Août 1725, rendu au rapport de M. de la Guillaumie, contre M. le Duc de Bourbon engagiste du Bourbonnois, pour les frais qu'on prétendoit faire supporter au Seigneur du lieu du délit. Ce délit étoit, qu'un particulier, de dessein prémedité, avoit mis le feu à la maison d'un autre particulier, qui en avoit rendu plainte en la Senechaussée de Moulins, où il y avoit eu des frais que le plaignant n'avoit pas été dans le cas de faire.

SECTION V.

Par quel acte s'acquiert la prévention.

242. 1°. La prévention ne s'acquiert point par l'information, mais par le décret. (Chenu en ses Réglements, *tom.* 2, *tit.* 12, *ch.* 12; Farin. *qu.* 7, *n.* 56, 57 & 58.) C'est aussi la disposition de la Coutume de Clermont, *tit.* 18, *art.* 203, qui porte : « qu'avant que

» les Juges du Comté de Clermont soient estimés avoir prévenu le » Vassal, il faut qu'il y ait information & décret, ou qu'ils aient » arrêté le délinquant ».

243. 2°. Il ne suffit pas même, pour acquerir la prévention, que le decret soit rendu; mais il faut encore qu'il soit executé, soit par sa signification, (si c'est un décret d'ajournement personnel, ou d'assigné pour être ouï,) soit par la capture, ou du moins par le procès-verbal de perquisition de l'accusé, s'il s'agit d'un décret de prise de corps : car il n'y a, à proprement parler, que cette exécution qui établit la vigilance du Juge. L'Edit du mois de Novembre 1554, *art.* 5, porte, *décreté, & le décret exécuté.* C'est aussi le sentiment de Farin. *in Theoria Criminali*, qu. 27, n. 60; & il a été ainsi réglé par un Arrêt du Conseil du 7 Septembre 1662, qui ordonne : « qu'à l'avenir, celui des Juges Royaux, qui aura decreté » & fait emprisonner un délinquant, sera reputé avoir prévenu, » quoiqu'il parût un décret beaucoup antérieur à celui en vertu » duquel l'accusé auroit été emprisonné. » Voyez aussi Chenu en son Recueil des Offices, *tit.* 42, *chap.* 1, où il dit que le décret seul ne fait pas la prévention, s'il n'est exécuté par l'ajournement fait de la commission. Voyez encore d'Argentré sur l'article 11 de la nouvelle Coutume de Bretagne; & le procès-verbal de l'Ordonnance 1670, sur l'article 5 du titre 1, *pag.* 10.

244. C'est pourquoi dans le cas, *v. g.* de prévention des Baillis & Sénéchaux royaux sur les Juges royaux de leur ressort après les trois jours, si le décret, quoique rendu, n'avoit point été exécuté; il semble que le Juge royal inférieur seroit en droit d'informer & de poursuivre; & par la même raison, si le Juge royal inférieur a informé & décrété dans les trois jours, mais qu'il n'ait point exécuté son décret, il semble que le Juge supérieur est en droit d'agir contre l'accusé, & de le poursuivre.

Lorsque le Juge a arrêté l'accusé en flagrant délit, ou à la clameur publique; ou, si c'est un domestique, sur la plainte de son maître; il est censé avoir prévenu comme s'il avoit décrété, quoique sans information. C'est ainsi que le pensoit M. Joly de Fleuri, ancien Procureur-Général, suivant un Mémoire que j'ai vu de sa main.

245. Il y a néanmoins une exception à la regle ci-dessus; c'est au sujet de la prévention que l'article 9 de la Déclaration du 5 Février 1731 accorde aux Présidiaux & aux Baillis & Sénéchaux,

sur les Prévôts des Maréchaux, lorsque les premiers ont informé & décrété avant ceux-ci, ou le même jour; car dans ce cas il n'est pas nécessaire que le décret rendu par les Présidiaux, ou par les Baillis & Sénéchaux, ait été exécuté par la capture de l'accusé; en quoi cet article 9 a dérogé à l'article 2 de la Déclaration du 28 Mars 1720, qui portoit que, lorsque les captures des accusés auroient été faites par les Officiers des Maréchaussées, les procès seroient instruits & jugés par eux; encore que les Présidiaux eussent décrété les accusés avant ceux des Maréchaussées, ou le même jour, ainsi qu'il a déja été observé.

246. 3°. Quelques Auteurs pensent qu'en cas de concurrence de décrets signifiés & exécutés, le Juge qui est saisi de la personne de l'accusé, doit être préféré. (Voyez Farin. *qu.* 7, *n.* 53, qui semble néanmoins restreindre cette préférence dans le cas où les Juges qui ont décrétés, dépendent de Seigneuries différentes. Voyez encore Godofredus a Bavo, *in pract. Criminal.* §. *contumax*, n. 37 & 38; Guipape, *decis.* 202 & 562; & Damhouder, *cap.* 33.)

247. 4°. La prévention des Présidiaux sur les Prévôts des Maréchaux, a également lieu dans le cas où les Présidiaux n'auroient décrété que d'ajournement personnel, & les Prévôts des Maréchaux de prise de corps; parce que ce n'est point la nature du décret, mais la diligence du Juge, qui fait ici la prévention.

Si ce decret d'ajournement personnel des Presidiaux, n'avoit point été signifié, & que le decret de prise de corps decerné par le Prevôt des Marechaux, eût été executé par la capture de l'accusé, il semble, aux termes de cet article, que celui qui a decreté le premier, ayant prevenu, (quoique le decret n'ait point été signifié,) doit l'emporter sur l'autre Juge : neanmoins si l'on considere le bien public, interessé à voir la Justice s'assurer promptement de son gage par la capture des coupables, on aura bien de la peine à ne pas donner la preference au Juge qui a ainsi decreté, & executé son decret, sur un decret d'ajournement personnel, ou de soit oui, ou même de prise de corps, non suivi, & laissé comme enseveli dans l'oubli par la négligence du Lieutenant-Criminel.

248. Mais si le decret d'ajournement personnel, ou de soit oui, decerné par le Lieutenant-Criminel, étoit non-seulement antérieur en date, mais encore avoit été executé par la signification qui en auroit été faite à l'accusé, avec assignation à lui donnée

avant

avant sa capture; alors cette signification ne laissant plus aucun soupçon de négligence, ou de collusion, ce premier decret, ainsi signifié, doit l'emporter sur la capture. (Voyez ce qui a été dit ci-dessus, n. 243.)

5°. Pour que la prevention ait lieu, il faut que le decret, ou autre acte par lequel on l'acquiert, ne soit pas nul; car ce qui est nul, ne produit aucun effet. (Farin. *qu.* 7, *n.* 61.)

SECTION VI.

Du cas où l'accusation peut être intentée devant le Juge Supérieur.

249. 1°. On peut toujours donner la plainte devant le Juge Supérieur, en matiere criminelle, comme en matiere civile; sauf la revendication du Juge inferieur, qui est toujours en droit de la demander lorsque l'affaire est de sa compétence.

2°. Il y a même des cas où l'accusation doit être nécessairement intentée devant le Juge superieur; *v. g.* quand l'accusé a commis plusieurs crimes en diverses jurisdictions, dont on veut rendre plainte; ou que les accusés ont différents domiciles.

Et si les crimes ont été commis en différents Bailliages Royaux, il faut se pourvoir au Parlement, qui dans ce cas renvoie toujours, du moins pour l'instruction, devant un Juge Royal qu'il commet à cet effet, sauf l'appel en la Cour.

250. 3°. Un autre cas où la plainte peut & doit même être rendue devant le Juge Supérieur, est quand il s'agit de rendre plainte contre une personne puissante & élevée en dignité; *v. g.* contre un Gouverneur, ou autre premier Magistrat de Province, ou contre un Juge, quand il y a quelque suspicion contre le Siege dont il est Membre.

4°. Les Parlements connoissent même en certains cas, des affaires criminelles en premiere instance, soit d'office, soit sur la plainte d'une partie privée; comme il est arrivé depuis quelques années à l'occasion des refus de Sacrements faits par des Ecclésiastiques. (Voyez ce qui est dit à ce sujet au titre *De la Compétence des Juges Criminels en particulier*, n. 541 & suiv.)

CHAPITRE IV.

Des crimes dont les Juges criminels ordinaires peuvent connoître incidemment, ratione connexitatis.

SECTION PREMIERE.

Des crimes dont tous les Juges peuvent connoître incidemment.

251. Lorſque des cauſes ſont connexes, le Juge qui eſt ſaiſi d'une affaire criminelle, peut auſſi connoître des crimes ou délits qui y ſont acceſſoires, *ne continentia cauſæ dividatur.*

Il y a deux ſortes d'incidens; ſçavoir, ceux qui ſont acceſſoires à l'inſtance principale, & ceux qui ne le ſont point. Tout acceſſoire eſt incident; mais tout incident n'eſt pas acceſſoire.

On penſoit autrefois que la connoiſſance de tous les incidents criminels à une matiere civile, appartenoit au Juge qui étoit ſaiſi de l'affaire civile; en quoi l'on abuſoit de cette maxime, que le Juge qui eſt ſaiſi du principal, doit connoître de ce qui lui eſt incident; mais il eſt évident que cette maxime n'a lieu qu'à l'égard des incidents qui ſont acceſſoires à l'affaire, dont le Juge civil eſt ſaiſi, & qui en ſont une dépendance néceſſaire.

§. I.

252. Le Juge qui connoît du crime d'un accuſé, peut auſſi connoître incidemment des autres crimes de cet accuſé, quoique commis hors ſon reſſort, & quoique cet accuſé ait ſon domicile dans une autre juriſdiction : & cela doit avoir lieu, même dans le cas où le Juge du lieu du délit requerroit que l'accuſé y fût renvoyé; pourvu qu'il n'y ait point eu d'ailleurs de plainte en Juſtice pour raiſon de ces mêmes crimes. C'eſt ce qui réſulte de la diſpoſition de l'article 23 du titre 2 de l'Ordonnance de 1670, & de l'article 17 de la Déclaration du 5 Février 1731. Voyez auſſi l'Auteur des Loix Criminelles, *tom.* 1, *ch.* 5, *n.* 3, *pag.* 31.

En effet, il eſt convenable que les crimes ne ſoient point diviſés: le Juge connoît mieux par ce moyen les mœurs de l'accuſé, & quelles peines il mérite; au-lieu que ſi les accuſations étoient divisées, chaque crime en particulier ne pourroit être puni avec la même severité, ni avec la juste proportion que mérite la mauvaise conduite de l'accusé. C'est ainsi que s'en explique M. Pussort sur l'article 5 du titre 1 de l'Ordonnance 1670, au procès-verbal de cette Ordonnance, *pag.* 11. Voyez aussi Papon, *liv.* 24, *tit.* 10, *n.* 9.

253. La regle qui vient d'être établie, a lieu à plus forte raison, lorsque le Juge qui connoît du crime, est saisi de la personne de l'accusé. La Coutume de Cambrai, *tit.* 22, *art.* 3, en a une disposition, qui porte : » Que les Officiers qui détiennent un malfaiteur pris pour aucun délit commis en leurs Seigneuries, peuvent bien consécutivement informer des autres crimes paravant commis par tel malfaiteur en autrui Seigneurie, & selon lesdits crimes précédents, augmenter & faire la punition dudit malfaiteur, selon l'exigence & qualité de ses crimes & délits. »

Cette regle doit aussi avoir lieu dans le cas où le Juge qui connoît du crime commis en sa jurisdiction, est aussi Juge du domicile de l'accusé. (C'est ainsi que s'en explique l'Auteur des Loix Criminelles, *tom.* 1, *tit.* 1, *chap.* 5, *n.* 3.)

Ou lorsque l'accusé est vagabond ; parce qu'alors n'ayant aucun domicile, il devient justiciable du Juge qui l'a arrêté. (Voyez ce qui a été dit *suprà n.* 27.)

254. La même regle a lieu à l'égard des Presidiaux, & des Prevôts des Marechaux qui instruisent un crime prevôtal ; car si dans l'instruction du procès il survient de nouvelles accusations, dont il n'y ait point eu de plainte en Justice, pour crimes non prevôtaux, elles doivent être instruites conjointement, & jugées prévôtalement. (Ordonnance 1670, *tit.* 2, *art.* 23.) ce qui resulte aussi de la disposition de l'article 18 de la Declaration du 5 Février 1731.

Comme les Prevôts des Marechaux n'ont point de jurisdiction criminelle à l'égard des cas ordinaires, si ce n'est pour informer & decreter, ainsi qu'il résulte de l'article 21 de la Declaration du 5 Février 1731, il falloit nécessairement une Loi & une disposition d'Ordonnance, qui leur permît de connoître des cas ordinaires incidemment ; & c'est ce qui leur est accordé par l'article 23 du titre 2 de l'Ordonnance 1670, & par l'article 18 de la Déclaration de 1731.

255. A l'égard des Présidiaux, comme ils ont une jurisdiction ordi-

naire, quand ils ont commencé une fois à instruire contre un accusé d'un cas prevôtal, soit par eux-mêmes, soit par les Juges à eux subordonnés, ils peuvent toujours connoître incidemment des autres cas ordinaires contre ce même accusé; quand même ces delits auroient été commis hors leur ressort: ce qui est fondé sur la regle génerale, que le Juge ordinaire qui connoît d'un crime, peut aussi connoître incidemment des autres crimes commis par l'accusé, même hors son ressort, du moins s'ils sont de la compétence de ce Juge par la nature du delit; à moins que pour raison de ces autres crimes, il y ait eu déja des plaintes & informations en d'autres jurisdictions.

256. Il est vrai que les articles 17 & 18 de la Déclaration du 5 Février 1731 qu'on vient de citer, portent: que les Baillis & les Sénéchaux, Prevôts des Marechaux, ou autres Juges qui ont prévenu par décret & information, ne peuvent connoître de droit des autres crimes dont il y a eu plainte en Justice, lorsque ces crimes ont été commis hors leur ressort; & qu'alors il doit y être pourvu, soit par Arrêt de renvoi du Parlement, ou par Arrêt du Conseil, pour renvoyer les deux accusations en tel Siege qu'il appartiendra; mais il faut observer que ces articles doivent être restreints au cas, où pour raison de ces accusations incidentes, il y a eu plainte en Justice en d'autres jurisdictions; en sorte que dans l'espece de cet article 23 du titre 2, lorsqu'il n'y a point eu de plainte, ni d'information faite ailleurs pour raison de ces accusations incidentes, il n'est pas nécessaire de surseoir à l'instruction, ni de se pourvoir au Conseil pour y être pourvu sur l'avis de M. le Chancelier, quoique le cas ordinaire ne soit pas arrivé dans le Département du Prévôt des Maréchaux qui a prévenu & informé le premier, pour raison du cas prévôtal; & qu'alors ces derniers Tribunaux en doivent connoître, en vertu de la regle générale établie en cet article 23: ce qui résulte aussi des termes de l'article 18 de la Déclaration de 1731.

257. Mais quelque puissants que soient les motifs dont on vient de parler, pour autoriser un Juge qui fait le procès à un accusé détenu dans ses prisons, à connoître incidemment des autres crimes commis par cet accusé, même hors son ressort, il paroît néanmoins que les Cours n'ont point adopté cette jurisprudence, & qu'il est plus sûr dans ce cas, que le Juge inferieur obtienne un Arrêt qui l'autorise à connoître des crimes incidents de l'accusé,

commis hors de son territoire. Aussi voit-on par le procès-verbal de l'Ordonnance criminelle, *tit.* 1, *pag.* 11, » que dans l'article 5, » qui portoit, que les grosses des informations & autres pieces » & procédures du procès, *&c*; même les informations & charges faites pour raison d'autres crimes, seront portées au Greffe » du Juge pardevant lequel l'accusé sera traduit, s'il est ainsi par » lui ordonné, pour être le procès par lui parachevé, & jugé » sur toutes les accusations », on a retranché les mots concernant *les autres accusations & procédures faites pour raison des autres crimes de l'accusé*, sur la représentation de M. le Premier Président, & de quelques autres de M.M. les Commissaires.

258. S'il y a eu plainte en Justice pour raison des crimes ordinaires, avant que les Prevôts des Maréchaux, ou les Présidiaux en aient connu; & que le Juge qui a instruit, refuse le renvoi, & ne soit pas dépendant du Présidial, mais qu'il demeure hors le ressort du Bailliage, ou de la Senechaussée près desquels ce Siege Presidial est établi; alors à cause du conflit qui se forme entre ces deux jurisdictions indépendantes l'une de l'autre, il faudra avoir recours au Grand-Conseil, & y faire juger ce conflit, suivant l'article 26 du titre 2 de l'Ordonnance des évocations du mois d'Août 1737, ainsi qu'on l'a déja observé.

259. Quand un Bailliage où il y a Siege Présidial, instruit par lui-même contre un accusé, pour raison d'un cas ordinaire, & qu'il vient ensuite à découvrir que ce même accusé est prévenu d'un cas prévôtal, dont il n'y a point eu de plainte en Justice, soit en la Maréchaussée du lieu, soit en quelque autre jurisdiction; alors rien n'empêche que le Lieutenant-Criminel de ce Siege Présidial ne puisse faire juger la compétence de cet accusé, pour lui être fait son procès sur le tout, présidialement & en dernier ressort; avec cette exception seulement, que si l'accusé n'est pas convaincu du cas prévôtal, mais seulement du cas ordinaire, le jugement ne s'exécutera qu'à la charge de l'appel. (Argument tiré de l'article 19 de la Déclaration de 1731.)

260. Il suit de cette regle, que si un Présidial, ou bien un Prévôt des Maréchaux, instruit en même-temps l'accusation d'un cas prévôtal, *v. g.* d'un vol avec effraction extérieure, & celle d'un cas non prévôtal; comme celle d'un assassinat premedité; il pourra connoître en dernier ressort, de ce dernier crime, suivant l'article 18 de la Déclaration du 5 Février 1731; & que les juge-

ments préparatoires & définitifs qui interviendront sur ces deux accusations, doivent être rendus en dernier ressort, s'ils tendent à acquerir la preuve des deux crimes, ou s'ils déclarent les accusés atteints & convaincus de ces deux crimes; mais que si au contraire ils ne tendent qu'à acquerir la preuve du cas ordinaire, ou s'ils ne déclarent les accusés atteints & convaincus que du cas ordinaire, les Juges doivent avoir attention dans leur jugement, de faire mention qu'il n'a été rendu qu'à la charge de l'appel, conformément à l'article 19 de la Déclaration du 5 Février 1731; d'où il résulte un inconvénient que la Loi n'a pas prévu, qui est qu'en supposant que la preuve du cas prévôtal soit complette, & qu'il n'y ait pas cependant lieu de prononcer la peine de mort contre l'accusé, & qu'il soit nécessaire, à l'égard du cas ordinaire, (qui est ici l'assassinat,) d'ordonner que l'accusé sera appliqué à la question; on doit ne rendre ce jugement préparatoire qu'à la charge de l'appel, & que le Présidial, ou le Prevôt des Maréchaux sont obligés de se dépouiller par-là de la connoissance d'un cas prevôtal, dont la preuve est cependant complette. On peut remedier à cet inconvénient qui n'a pas été prévu par la Loi, par un Arrêt d'attribution du Conseil, qu'il est à propos de demander, & qu'il est facile d'obtenir dans ces sortes d'occasions.

261. Puisque par l'article 9 de cette Déclaration, les Presidiaux ont la preference sur les Prevôts des Marechaux, lorsqu'ils ont informé & decreté avant eux, ou le même jour, il s'ensuit que si les mêmes Presidiaux ont informé d'abord pour un cas ordinaire, & qu'ils informent ensuite pour un cas prévôtal qui vient à leur connoissance, avant que les Prévôts des Maréchaux aient instruit pour le même cas, cette premiere diligence des Présidiaux par leurs Lieutenants-Criminels, pour raison du cas ordinaire, ne peut nuire à leur diligence pour raison du cas prevotal, & conséquemment ils doivent connoître en dernier ressort, de l'une & l'autre accusation.

262. Ce qui vient d'être dit, doit aussi avoir lieu dans le cas où un Bailliage, près duquel il y a un Siege Presidial, instruit par lui-même un procès contre un accusé, pour raison d'un cas ordinaire, avant que le Prevôt des Maréchaux ait informé & decreté pour le cas Prevôtal contre cet accusé, ou le même jour; car aux termes de l'article 17 de la même Déclaration du 5 Février 1731, il paroît que ce Bailliage, ou plutôt le Presidial établi près ce Bail-

liage, peut connoître en dernier ressort, des deux accusations. En effet, quoique cet article 17 porte que dans ce cas la connoissance des deux accusations appartiendra aux Baillis & Sénéchaux, il n'y est cependant pas dit, comme en d'autres articles, que c'est pour y être jugées à la charge d'appel. D'ailleurs il ne seroit pas juste d'opposer ici au Lieutenant-Criminel de ce Bailliage, qu'il n'a commencé à instruire qu'à la charge de l'appel contre l'accusé; puisqu'alors il ne s'agissoit devant lui que du cas ordinaire, & non du cas prevotal, dont il n'avoit encore aucune connoissance.

63. *Nec obstat* que par l'article 24 de la Déclaration de 1731, il est dit que les Presidiaux seront tenus de déclarer à l'accusé au commencement du premier interrogatoire, qu'ils entendent le juger en dernier ressort, & d'en faire mention dans ledit interrogatoire; & que faute d'avoir satisfait à cette formalité, le procès ne pourra être jugé qu'à la charge de l'appel; car comme il a déja été observé, ce premier interrogatoire ne peut s'entendre que du premier interrogatoire que le Juge fait subir à l'accusé, pour raison du cas prevotal, & non de ceux qu'il lui fait subir pour raison d'autres crimes ordinaires.

64. Par la même raison, si le Presidial a commencé à informer, non par lui-même, mais par quelque Juge à lui subordonné, pour raison du cas ordinaire; & que ce Presidial vienne ensuite à informer pour le cas prevôtal, avant que le Prevot des Marechaux ait informé pour le même crime, ou le même jour, ce Presidial pourra connoître en dernier ressort, des deux accusations. C'est une suite de ce qui a été établi ci-dessus, n. 207.

Et il en seroit de même, si le Presidial ayant d'abord informé pour le cas ordinaire, un Juge inférieur de ce Presidial avoit informé ensuite pour raison du cas prevotal, avant que le Prevôt des Maréchaux eût informé pour le même crime; parce qu'alors le Presidial auroit prévenu par son inferieur. (Voyez *ibidem.*)

65. En un mot, toutes les fois qu'un Siege Presidial qui a commencé à instruire par lui-même, ou par les Juges de son ressort, d'un cas ordinaire contre un accusé, vient à découvrir que cet accusé est aussi coupable de cas prevôtaux par leur nature, avant que le Prevôt des Marechaux en ait connu, rien n'empêche que ce Presidial ne puisse faire juger la competence de cet accusé, pour lui

être son procès fait en dernier ressort sur ces différentes accusations.

Et ce qui vient d'être dit des cas prévôtaux par la nature du crime, doit aussi recevoir son application à l'égard d'un accusé, non reconnu d'abord pour vagabond & repris de Justice, & qui viendroit ensuite à être reconnu pour tel dans le cours du procès; car rien n'empêche qu'on ne puisse ensuite faire juger sa compétence, & lui faire son procès en dernier ressort.

266. Mais il faut dans ce cas, comme dans le précédent, que le procès ne soit point encore reglé à l'extraordinaire; car après ce temps, on ne peut plus faire juger la compétence contre un accusé; & par conséquent on ne peut plus le juger en dernier ressort, du moins pour le cas ordinaire, mais seulement pour le cas prévôtal.

Exceptions à la regle générale établie ci-dessus.

267. La regle générale établie ci-dessus, qu'un Juge saisi d'une accusation, connoît de tous les autres crimes commis par l'accusé, même hors son ressort, souffre quelques exceptions.

La premiere exception est lorsqu'un autre Juge a déja prévenu pour raison de ces autres crimes, ainsi qu'il a déja été observé; ce qui résulte de la disposition de l'article 23 du titre 2 de l'Ordonnance de 1670, & des articles 17 & 18 de la Déclaration du 5 Février 1731.

Si le Juge qui instruit pour raison du crime principal, est supérieur de celui qui a instruit pour raison des autres crimes, il faut qu'il évoque à lui la connoissance de ces crimes incidents, & qu'il ordonne que les charges & informations seront portées pardevers lui; & il n'est pas nécessaire en ce cas de se pourvoir en réglement de Juges. Mais s'il n'est pas supérieur, il faudra, suivant la disposition de l'article 5 du titre 1 de l'Ordonnance de 1670, requerir le renvoi des charges & informations; & en cas de refus, se pourvoir, soit au Parlement, soit au Grand-Conseil, *&c.* (Voyez ce qui est dit *infrà*, n. 345 & 356.)

268. Lorsqu'il s'agit dans un procès criminel, de crimes commis dans le ressort de deux Parlements différents, par un même accusé & ses

ses complices, chacun des accusés ne peut être jugé par le Juge qui instruit le procès, que pour les crimes commis dans le ressort de ce Juge; & à l'égard des crimes commis hors son ressort, ils doivent être instruits & jugés par les Juges du ressort où ces autres crimes ont été commis. Ainsi décidé en 1745 par M. le Chancelier d'Aguesseau, à l'égard d'une procédure criminelle poursuivie au Parlement de Dijon, dans laquelle il se trouvoit un complice prévenu d'un autre crime par lui commis dans l'étendue du Parlement de Paris, où ce complice étoit d'ailleurs domicilié. M. le Chancelier décida, que si ce complice n'étoit pas condamné à mort pour le crime commis dans le ressort du Parlement de Dijon, il devoit être envoyé dans les prisons du Parlement de Paris, pour y être jugé sur le crime qu'il étoit accusé d'avoir commis dans le ressort de cette Cour; ce qui fut effectivement exécuté: le complice n'ayant point été condamné à mort à Dijon, fut renvoyé à Paris pour y être jugé sur le crime qu'il étoit accusé d'avoir commis dans le ressort de ce Parlement.

269. Dans les préventions qui peuvent arriver à cet égard entre les Baillis & Sénéchaux, & les Prévôts des Maréchaux, il faut suivre les dispositions des articles 17 & 18 de la Déclaration du 5 Février 1731.

L'article 17 de cette Déclaration, porte: » Que si les accusés » se trouvent poursuivis pour des cas ordinaires, *soit pardevant les » Baillis & Sénéchaux*, (1) (*a*) soit pardevant les Prévôts, Châtelains, » ou autres Juges Royaux, même ceux des Hauts-Justiciers; & » qu'ils soient aussi prévenus de cas qui soient prévôtaux par leur » nature, & qui aient donné lieu aux Prévôts des Maréchaux, » ou aux Juges Présidiaux, de commencer des procédures contre » eux, la connoissance des deux accusations appartiendra aux- » dits Baillis & Sénéchaux, à l'exclusion des Prévots, Châtelains, » ou autres Juges subalternes, & préférablement auxdits Prévôts » des Maréchaux & Juges Présidiaux, si lesdits Baillis & Séné- » chaux, *ou autres Juges à eux subordonnés*, (2) ont informé & » décrété *avant lesdits Prévôts des Maréchaux & Juges Présidiaux, ou le même jour*: (3) & lorsque le crime, *dont le Prévôt » des Maréchaux aura connu*, (4) n'aura pas été commis dans le » ressort des Bailliages & Sénéchaussées, où les cas ordinaires

(*a*) Voyez les Notes ci-après, *pag.* 514, jusqu'à la *pag.* 517.

» sont arrivés, *il en sera donné avis aux Procureurs-Généraux* (5) » par leurs Substituts, tant auxdits Bailliages & Sénéchaussées, » que dans la jurisdiction du Prévôt des Maréchaux, pour y être » pourvu par les Cours de Parlement sur la requisition des Pro- » cureurs-Généraux, *par Arrêt de renvoi des deux accusations dans* » *tel Siege*, ressortissant nuement esdites Cours de Parlement, » qu'il appartiendra. »

270. Et l'article 18 veut réciproquement, » que si dans le cas de » l'article 17 précédent, les Prévôts des Maréchaux, *ou les Juges* » *Présidiaux* (7) ont informé & décrété pour le crime qui est de » leur compétence, *avant que les autres Juges nommés dans ledit* » *article* (8) aient informé & décrété pour le cas ordinaire, *la* » *connoissance des deux accusations appartienne entiérement auxdits* » *Prévôts des Maréchaux, ou auxdits Sieges Présidiaux*, (9) pour » être instruites & jugées par eux, même pour ce qui regarde les » cas ordinaires; & lorsque lesdits cas ne seront pas arrivés dans » le Département du Prévôt des Maréchaux qui aura connu des » cas prévôtaux, *Sa Majesté se réserve d'y pourvoir*, (10) sur l'avis » qui en sera donné à M. le Chancelier, en renvoyant les deux » accusations pardevant tel Présidial, ou Prévôt des Maréchaux » qu'il appartiendra. N'entend Sa Majesté comprendre dans la » disposition du présent article, les accusations dont l'instruction » seroit pendante ès Cours contre des coupables prévenus de » crimes prévôtaux; auquel cas, en tout état de cause, seront » toutes les accusations *jointes & portées esdites Cours*. (11)

Notes sur les précédents Articles 17 & 18 de la Déclaration de 1731.

ARTICLE XVII.

271. 1. *Soit pardevant les Baillis & Sénéchaux.* Les Bailliages & Sénéchaussées dont il est parlé ici, considérés par rapport aux Présidiaux pour raison de cette prévention & concurrence, ne peuvent être que les Bailliages simples, c'est-à-dire, ceux où il n'y a point de Présidial; & il ne paroît pas que l'article puisse regarder les Bailliages où il y a des Sieges Présidiaux établis; car le Lieutenant-Criminel étant le même pour le Bailliage, & pour le Présidial d'un même lieu, ne peut jamais être en concurrence avec lui-même.

272. 2. *Ou autres Jug à eux subordonnés.* Il résulte de ces termes, que les Prévôts, Châtelains, & autres Juges ordinaires, même ceux des Hauts-Justiciers, ont la prévention, non-seulement sur les Prévôts des Maréchaux, mais encore sur les Présidiaux dont ils ne dépendent point, & dans le ressort desquels ils ne sont point établis.

3. *Avant lesdits Prévôts des Maréchaux & Juges Présidiaux, ou le même jour.* Mais si les Baillis & Sénéchaux, ou autres Juges à eux subordonnés, n'informent qu'après le jour, ils n'ont plus la prévention.

273. 4. *Dont le Prévôt des Maréchaux aura connu.* Ces mots *aura connu*, font voir que pour que les Baillis & Sénéchaux soient exclus de connoître incidemment du crime prévôtal commis hors de leur ressort, il faut que les Prévôts des Maréchaux aient informé pour raison du même crime; parce qu'alors, comme il se forme un espece de conflit entre ces deux jurisdictions, il est juste que les premiers n'en connoissent, à l'exclusion des Prévôts des Maréchaux, qu'après que cela aura été ainsi réglé par le Parlement.

Mais lorsqu'il n'y a point eu de plainte ailleurs pour raison du cas prévôtal, rien n'empêche que les Baillis & Sénéchaux en puissent connoître incidemment, en vertu de la regle générale. (Voyez ce qui a été dit ci-dessus, n. 252.)

274. 5. *Il en sera donné avis aux Procureurs-Généraux*, &c. Ceci suppose que le renvoi soit consenti par les Présidiaux, ou Prévôts des Maréchaux, & qu'il ne s'agisse plus que de régler le Juge devant lequel le renvoi est consenti, & de le déclarer compétent pour connoître des deux accusations; mais s'il y avoit contestation sur le renvoi, de la part du Prévôt des Maréchaux, ou du Présidial qui a instruit pour le cas Prévôtal, alors il se formeroit un conflit, pour lequel il faudroit se pourvoir au Conseil en réglement de Juges, suivant l'article 26 du titre 2, & l'article 6 du titre 3 de l'Ordonnance des Evocations du mois d'Août 1737.

6. *Par Arrêt de renvoi des deux accusations dans tel Siege*, &c. Les Cours ont ordinairement attention de renvoyer la connoissance des deux accusations, devant le Juge qui est saisi de la personne de l'accusé, préférablement à tous autres Juges. (Voyez ce qui a été dit ci-dessus, n. 243.)

ARTICLE XVIII.

275. 7. *Ou les Juges Présidiaux.* Il en est de même si ce sont les Prévôts, Châtelains, & autres Juges royaux, ou ceux des Seigneurs Hauts-Justiciers du ressort de ces Présidiaux, qui ont informé & décrété; car alors le Lieutenant-Criminel du Bailliage auquel ce Siege Présidial est joint, est censé avoir prévenu par son inférieur. (Voyez ce qui a été dit ci-dessus, n. 207.)

276. 8. *Avant que les autres Juges nommés dans ledit article.* Il ne suffiroit pas que les Présidiaux, ou Prévôts des Maréchaux eussent informé, pour raison du cas ordinaire, le même jour que ces autres Juges, comme il est dit à l'égard des cas prévôtaux en l'article 17 qui précede; il faut encore qu'ils aient décrété; parce que les Présidiaux n'ont aucune prévention, pour les cas ordinaires, sur les Juges qui sont hors le ressort du Bailliage auquel ils sont unis, suivant la Déclaration du 29 Mai 1702; & à l'égard des Prévôts des Maréchaux, ils n'ont aucune prevention sur les Juges subalternes qui sont dans l'étendue de leur Département, même pour la connoissance des cas prévôtaux. (Déclaration du 5 Février 1731, *art.* 21.)

277. 9. *La connoissance de ces deux accusations appartienne entiérement aux Prévôts des Maréchaux, & auxdits Sieges Présidiaux.* Mais si le cas ordinaire avoit déja été instruit en une autre jurisdiction; les Prévôts des Maréchaux n'en pourroient connoître, & il faudroit se pourvoir en réglement de Juges.

Il n'en est pas de même à l'égard des Présidiaux, si ce n'est lorsque ce cas ordinaire a été instruit dans l'étendue d'une Justice non dépendante du Bailliage près duquel le Siege Présidial est établi; mais si le Juge qui a commencé à instruire pour le cas ordinaire, est dans le ressort de ce Bailliage, il n'est pas nécessaire de se pourvoir en réglement de Juges, & il paroît que le Présidial en peut connoître, & évoquer à lui la connoissance de l'affaire.

278. 10. *Sa Majesté se réserve d'y pourvoir.* (Voyez la note (5) sur l'article 17 ci-dessus, *pag.* 515.)

Ceci suppose que le renvoi n'est pas contesté par le Juge qui a instruit pour le cas ordinaire; mais s'il conteste ce renvoi, il se formera alors un conflit, & il faudra nécessairement se pourvoir au Grand-Conseil, en réglement de Juges. (Ordonnance du mois d'Août 1737, *tit.* 2, *art.* 26; & *tit.* 3, *art.* 1.)

279. La seconde exception à la regle générale ci-dessus établie, est lorsque le Juge saisi de l'accusation principale, n'est pas compétent pour connoître des autres crimes incidents *ratione materiæ*. Ainsi par Arrêt du 6 Juin 1710, une procedure faite par le Maître-particulier des Eaux & Forêts d'Angers, à l'occasion d'un viol & d'un vol, dont ce Juge avoit pris connoissance, sous prétexte d'une accusation connexe de chasse & de pêche, fut déclarée nulle en ce qui concernoit l'instruction, & les accusations de ces crimes de vol & de viol; & les parties, furent renvoyées au Bailliage criminel d'Angers.

De même, si le Juge saisi de l'accusé, étoit un Juge de Seigneur, & que les nouvelles accusations incidentes fussent pour des cas royaux, le Juge n'en pourroit connoître, & la connoissance du tout appartiendroit au Bailliage supérieur du Juge qui a prévenu. (Argument tiré de l'article 17 de la Declaration du 5 Fevrier 1731. Voyez Chassanée sur la Coutume de Bourgogne, *rubr.* 2, §. 2, *n.* 26, *vers. Limita* 2; & il a été ainsi jugé par Arrêt du premier Juin 1556, rendu pour Sens, rapporté par de Rymon en son Traité des Cas Royaux, *pag.* 77.)

280. Mais si par l'information il n'y avoit d'autres charges que pour les cas ordinaires, quand même il surviendroit depuis de nouvelles accusations pour des cas royaux, le Juge de Seigneur, ou Prevôt, ne seroit pas tenu de se dessaisir du tout, mais seulement de ce qui est cas royal. (Voyez de Rymon, *ibid.* pag. 78.)

La troisieme exception, est en matiere de duel; car le Juge qui est saisi de la connoissance de ce crime, est en droit de se faire rapporter toutes les procedures faites pour raison d'autres accusations en d'autres jurisdictions entre les mêmes parties, & qui auroient rapport à celle du duel: à l'effet de quoi, il doit être surcis à toutes ces autres procedures pardevant les Juges qui les ont instruites, sauf à être renvoyées ensuite pardevant eux, pour y être pourvu après le jugement du procès instruit pour raison du duel. (Déclaration du 14 Décembre 1679, servant d'ampliation sur le délit des duels du mois d'Août précédent.)

§. II.

281. Lorsque les crimes incidents ont été commis par l'accusé, depuis la plainte & l'information faite pour raison du crime principal,

il faut suivre la même regle que celle qui vient d'être établie. Il en est de même *à fortiori*, lorsque l'accusé est prisonnier; *v. g.* s'il venoit à tuer quelqu'un dans les prisons, ou à briser les portes, ou murs de la prison, *&c.*

§. III.

282. Le Juge qui connoît du crime d'un accusé, connoît aussi de ses complices, participes, fauteurs & adhérants. Ainsi le Juge qui connoît d'un vol, connoît de ceux qui ont conseillé de le faire, ou qui ont recelé les effets volés; quoique ce recel ait été commis hors son ressort, & que même le receleur ne soit point domicilié dans le ressort de ce Juge. (Voyez Airault en son Instruction judiciaire, *liv.* 2, *part.* 3, *n.* 17, *pag.* 216.)

Mais si parmi les complices, il se trouve un privilégié qui demande son renvoi devant le Juge de son privilege; alors c'est à ce dernier à en connoître; *v. g.* si dans un vol poursuivi en une Prévôté, il se trouve parmi les complices, une personne noble, ou ecclésiastique, qui décline la jurisdiction de cette Prévôté. (Voyez ce qui a été dit au titre *De la compétence des Juges en matiere criminelle*, n. 35 & 36.)

§. IV.

283. Le Juge qui connoît d'une accusation, est aussi compétent pour connoître de l'injustice de cette accusation, & pour punir le calomniateur de l'accusé; quand même ce calomniateur ne seroit pas domicilié en sa jurisdiction. (Arrêt du Parlement de Grenoble du 28 Juillet 1607, rapporté par Basset, *tom.* 1, *liv.* 6, *tit.* 2, *chap.* 4; Autre Arrêt du 6 Septembre 1694, rapporté au Journal des Audiences; Ordonnance Criminelle de Léopold, *tit.* 2, *art.* 15;) & quand même l'accusé seroit privilegié. (Voyez ce qui est dit ci-après au titre *De l'Accusation calomnieuse*, n. 39 & 40.)

Il faut seulement excepter de cette regle, les Prévôts des Maréchaux; (Arrêt du 15 Janvier 1724, contre le Prévôt des Maréchaux de Mantes;) ainsi que les Officiaux, à l'égard des Laïques qui succombent en leur accusation. (Voyez *ibidem*; & au titre *De la Compétence des Juges criminels*, n. 175 & 423.)

§. V.

284. Quelques Cours ſupérieures, comme le Grand-Conſeil, les Chambres des Comptes, *&c.* peuvent connoître incidemment de certains crimes, quoique ces crimes ne ſoient pas d'ailleurs de leur compétence. (Voyez ce qui a été dit là-deſſus, au même titre *De la Compétence des Juges Criminels*, n. 611, 613 & 620.)

§. VI.

A l'égard de la queſtion de ſçavoir ſi le Juge ſaiſi d'une plainte contre un accuſé, peut connoître de l'action criminelle intentée par cet accuſé contre le plaignant, Voyez ce qui eſt dit ci-après, *part.* 3, au titre *De la maniere d'exercer l'action criminelle en général.* n. 75 & ſuiv.

SECTION II.

Des incidents civils, dont tous les Juges criminels peuvent connoître.

285. Tous Juges criminels connoiſſent des affaires civiles incidentes aux procès criminels, lorſque ces incidents dépendent, & ont rapport à ces procès criminels. (L. 3, Cod. *De Ordine Judiciorum. Ita* Farin. *qu.* 1, *n.* 62 & 63; & c'eſt auſſi la diſpoſition du Réglement du Conſeil du 2 Août 1681, rendu entre les Officiers du Préſidial de Poitiers, *art.* 10, qui porte que le Lieutenant-Criminel connoîtra des incidents civils qui ſurviennent aux procès criminels.) Ainſi ils connoiſſent;

1°. Des dommages & intérêts contre l'accuſé. (Menochius, *De arbitrar. jud. cauſis*, qu. 82, n. 11.) Voyez au titre *De la Compétence des Juges criminels*, n. 227.)

2°. De la revendication faite par des tiers qui réclament des effets volés. (Farin. *qu.* 1, *n.* 64.)

Pour ſçavoir ſi le Juge peut donner d'office cette reſtitution au profit de ceux à qui les effets ont été volés, Voyez au titre *Du Vol*, n. 124 & ſuiv.

3°. Quand il s'agit de depoſſeſſion par voie de fait, le Juge peut, en jugeant le criminel, condamner auſſi l'accuſé à quitter la possession des choses par lui usurpées, & les restituer à celui à qui elles appartiennent. (Menochius *De retinendâ possess. remed.* 3, n. 549.)

286. 4°. Le Juge criminel ne peut connoître des questions d'Etat. (Arrêt du 12 Janvier 1686, rapporté au Journal des Audiences. *Ita etiam* Vulteius *In tractatu de ordine judiciorum*, lib. 2, cap. 7, sect. 5, §. 1. *De exceptione præjudicii.*)

5°. Les Juges criminels ne connoissent point de la confiscation qui se fait en vertu de leurs jugements; mais c'est au Juge qui a la connoissance du Domaine, à connoître de cette confiscation.

6°. Ils connoissent des procès criminels civilisés, ou dans lesquels les accusés sont reçus en procès ordinaire. (Voyez ce qui a été dit au titre *De la Compétence des Juges criminels*, n. 80.)

CHAPITRE V.

De la Compétence des Juges d'Appels; & comment elle se regle.

SECTION PREMIERE.

Des Appels des Juges ordinaires.

287. 1°. Les appels des Sentences préparatoires, interlocutoires, ou définitives, de quelque qualité qu'elles soient, qui interviennent dans les accusations pour crimes qui méritent peine afflictive, se portent directement dans les Cours. (Ordonnance de 1670, *tit.* 26, *art.* 1.) Ce qui est conforme à l'Edit d'Angoulême du 20 Novembre 1542, & à l'Edit du 31 Août 1555.

A quoi il faut ajouter aussi les appels *des Peines infamantes*, suivant l'Auteur des Loix Criminelles, *tom.* 1, *chap.* 25, *n.* 4, *pag.* 263, comme est le blâme, & à ce qu'on prétend, toute réparation publique faite à l'Audience, aussi bien que le bannissement à temps. En effet, ces sortes d'appellations se portent en la Tournelle criminelle, & non aux Enquêtes, comme faisant la matiere de procès de grand-criminel, suivant l'article 12 du titre 27 de l'Ordonnance 1670. Ce sentiment n'est pas cependant sans difficulté,

culté, puisque l'Ordonnance dit simplement, *peines afflictives*, & n'ajoute point & *infamantes*.

288. *Question.* Comment peut-on connoître les accusations qui méritent une peine afflictive, lorsque la Sentence n'est que préparatoire, ou interlocutoire, & que par conséquent elle ne déclare pas le crime dont l'accusé est prévenu?

Il suffit, dit l'Auteur des Loix Criminelles (*tom.* 1, *chap.* 25, §. 1, *pag.* 262,) pour résoudre cette question, qu'il soit possible d'appliquer au crime une peine afflictive, pour que l'appel doive être porté en la Cour; car cette seule possibilité suffit pour ne pas tirer l'affaire du Tribunal supérieur.

289. Un autre moyen pour juger si le crime mérite peine afflictive, est lorsqu'il y a décret de prise de corps contre un domicilié.

Au défaut du décret, la plainte peut déterminer le lieu où l'appel doit être porté; car l'Ordonnance ne demande pas qu'il y ait une preuve du crime qui mérite peine afflictive, pour que l'appel puisse être porté aux Cours; mais seulement qu'il y en ait accusation.

Et quand même, ni la plainte, ni le décret, ne qualifieroient pas le crime de maniere à sçavoir s'il mérite une peine afflictive, néanmoins si par quelque déposition de témoin, l'affaire devenoit de nature à faire présumer qu'on pût imposer une peine afflictive, il faudroit encore porter l'appel aux Cours.

290. Un dernier moyen pour juger quand le crime mérite une peine afflictive, c'est quand l'accusation est instruite par la voie de récolement & de confrontation; ou même quand la plainte est rendue par le Procureur du Roi ou Fiscal, ou quand il est joint au procès pour la vengeance publique: ce qu'on peut induire de l'article 19 du titre 25 de l'Ordonnance de 1670.

Au surplus, les Cours sont maîtresses de retenir, ou de ne pas retenir ces sortes d'appellations. En effet, on ne peut se plaindre si ce n'est dans les Cours, de ce qu'un appel a été porté dans un Bailliage, ou dans une Sénéchaussée; & elles sont d'autant plus maîtresses de ces sortes d'affaires, que toutes les fois qu'une Sentence n'inflige point de peine afflictive, ou infamante, le Parlement peut juger définitivement l'affaire à l'Audience sur l'information, en évoquant le principal; c'est ce que les Cours font très souvent sur l'appel de décrets, ou de jugements interlocutoires, ou préparatoires.

291. Les appels *à minimâ* d'une Sentence rendue en matiere criminelle, doivent aussi se porter au Parlement, lorsque la partie publique a donné des conclusions à peine afflictive.

La regle qu'on vient d'établir, reçoit une exception à l'égard des Justices du Duché de Bar; car en conséquence du concordat passé entre les Rois de France, & les Ducs de Lorraine, comme Ducs de Bar, le 25 Janvier 1571, autorisé par Lettres-Patentes du 7 Février suivant, & par la Déclaration du 8 Août 1575, registrées au Parlement, qui portent que toutes les appellations des vassaux du Duché de Bar, seront portées au Duché de Bar, sans pouvoir en être distraites, il a été jugé par Arrêt du 23 Avril 1700, sur les conclusions de M. d'Aguesseau, alors Avocat-Général, & depuis Chancelier de France, qu'un appellant d'une Sentence du Prévôt de Ligny, qui le condamnoit à la question, devoit être renvoyé au Bailliage de Bar pour y être jugé, sauf l'appel en la Cour. (Voyez cet Arrêt imprimé à la fin du Commentaire de le Page, sur la Coutume de Bar.)

292. 2° Dans les crimes, autres que ceux qui méritent peine afflictive, les appels des Sentences préparatoires, ou définitives, rendues en matiere criminelle, se portent aux Cours, ou aux Bailliages & Sénéchaussées royales, au choix & option des accusés. (Article 1 du titre 26 de l'Ordonnance de 1670;) ce qui a lieu en général pour tous les cas où l'on s'est pourvu par action criminelle, encore qu'il ne s'agisse que de délits très légers.

Il suit de cet article, que jamais en matiere criminelle, les appels ne peuvent être portés devant les Juges de Seigneurs, même des Duchés-Pairies; ni même devant les Prévots royaux. Plusieurs Arrêts l'ont ainsi jugé: il y en a entre autres un du 10 Septembre 1683, qui fait défenses au Juge de la Barre Ducale de Maienne, de recevoir à l'avenir des appellations en matiere criminelle; & un du 23 Septembre 1712, contre les Juges de la Pairie de Nevers.

293. L'Ordonnance, en l'article premier qu'on vient de citer, dit *au choix & option des accusés*; d'où il suit que les plaignants, ou parties civiles, n'ont pas le même choix; & que par conséquent ils doivent nécessairement porter l'appel des Sentences aux Bailliages & Sénéchaussées, suivant la regle générale des appels.

294. L'appel des Sentences rendues dans les Sieges particuliers des Bailliages & Sénéchaussées royales, doit aussi se porter aux Sieges

principaux des Bailliages & Sénéchaussées dont ils dépendent, ou aux Parlements, au choix des accusés, dans les accusations où il n'échet point de peine afflictive. C'est la disposition de la Déclaration du 14 Août 1553, rapportée par Joli, *tom.* 2, *pag.* 1082; & d'une autre du mois de Novembre 1554. Ainsi jugé par Arrêt du Grand-Conseil du 28 Janvier 1636; & par un autre du 15 Juillet 1651, rendu entre le Lieutenant-Criminel d'Orléans, & les Lieutenant-particulier & Procureur du Roi de Beaugenci, qui maintient le Lieutenant-Criminel d'Orléans dans le droit & possession de connoître des appellations du Lieutenant-particulier de Beaugenci, ès matieres criminelles où il n'y a peine afflictive; & en conséquence, déclare commun un Arrêt de 1647, qui l'avoit ainsi ordonné entre ledit Lieutenant-Criminel, & les Lieutenants-particuliers de Vitry, Boiscommun, Yeuve-le-Châtel, Neuville, & Châteauneuf. Sentence rendue aussi en conséquence au Bailliage criminel d'Orléans, le jeudi 28 Avril 1740, par laquelle un particulier a été débouté du renvoi en la Cour par lui demandé, sur l'appel d'une Sentence rendue par le Lieutenant-particulier de Beaugenci, en matiere criminelle.

L'article premier du titre 26 de l'Ordonnance 1670, n'est point contraire à cette maxime : & le procès-verbal de l'Ordonnance ne dit rien là-dessus.

3°. Les Juges des appels comme d'abus, sont les Grand'Chambres des Parlements.

SECTION II.

De l'Appel des Juges extraordinaires.

195. L'appel des Elections, Greniers-à-Sel, & Traites Foraines, ressortit aux Cours des Aides; celui des Amirautés & des Maitrises des Eaux & Forêts, aux Sieges des Connétablies; celui des Juges & Gardes des Monnoies, aux Cours des Monnoies; & en général l'appel des Jurisdictions extraordinaires, ressortissent devant les Juges supérieurs dont elles relevent. (Voyez ce qui a été dit à ce sujet au titre *De la Compétence des Juges Criminels en particulier*, dans les articles qui traitent de ces différentes jurisdictions.)

CHAPITRE VI.

Des Déclinatoires, Renvois & Revendications des Procès criminels.

SECTION PREMIERE.

Des Déclinatoires & Renvois.

ARTICLE PREMIER.

296. Le renvoi d'une affaire criminelle dont un Juge est saisi, peut être requis, ou par l'accusateur ou plaignant, ou par l'accusé, ou par un autre Juge. Lorsque c'est l'accusé qui demande le renvoi, on se sert ordinairement du mot *Déclinatoire*; & lorsque c'est un autre Juge qui demande ce renvoi, on se sert du terme de *Revendication*.

Ces renvois peuvent avoir lieu pour différentes causes, *vel ratione personæ*, *vel loci*, *vel materiæ*, *vel præventionis*, *vel ratione connexitatis*.

297. 1°. Celui qui a rendu sa plainte devant un Juge, ne peut plus demander le renvoi devant un autre Juge; encore que ce dernier fût Juge du lieu du délit. (Ordonnance 1670, *tit.* 1, *art.* 2;) ce qui est fondé sur ce que, quand une fois on a reconnu, & approuvé une jurisdiction, il n'est plus permis de la décliner; & que par la plainte on a donné lieu à la prévention de la cause, en faveur du Juge devant lequel on l'a rendue.

Il faut cependant observer que cette regle n'a lieu que dans le cas où la plainte a été rendue devant un Juge compétent; par exemple, devant le Juge du domicile de l'accusé, ou devant le Juge supérieur du lieu où le délit a été commis, ou devant celui de la capture, dans le cas où ce dernier en peut connoître. (Voyez *suprà* n. 16 & 27;) ou bien dans le cas où le plaignant étant privilegié, & ne se servant pas de son privilege, a donné sa plainte devant le Juge du lieu du délit, ou autre Juge compétent; parce qu'au moyen de cette reconnoissance, le plaignant est censé avoir renoncé à son privilege. Au reste, cela ne doit pas s'entendre du cas de flagrant délit, où la nécessité oblige d'avoir recours, soit à un Commissaire, soit au Juge trouvé sur le lieu; ainsi qu'il a été jugé par Arrêt du 29 Août 1719, rendu toutes les Chambres assemblées, au profit de M. ** Conseiller au Parlement de Paris, qui avoit rendu plainte devant un Commissaire au Châtelet de Paris, dans un cas de flagrant délit, & qui cependant fut autorisé par cet Arrêt, à porter l'affaire au Parlement, où elle fut jugée, conformément au privilege des Officiers de cette Cour.

298. Mais si le Juge, devant lequel la plainte est rendue, étoit tout-à-fait incompétent *ratione materiæ, loci, & personæ*, il n'en pourroit connoître en aucune maniere.

Dans le cas où le plaignant a donné la plainte devant un Juge qui est absolument incompétent, il n'est pas pour cela déchu de son action, & il peut donner de nouveau sa plainte devant un Juge compétent, & se désister de la premiere, en payant tous les frais faits devant le premier Juge. Ce qui doit encore souffrir moins de difficulté, lorsque la plainte a été donnée par erreur devant le Juge incompétent. (Voyez ce qui est dit à ce sujet, au titre *Des Exceptions & défenses des accusés*, n. 42.)

2°. L'accusé qui est poursuivi criminellement devant un Juge, peut demander son renvoi dans plusieurs cas.

Le premier cas, est lorsqu'il est privilegié, & qu'il est poursuivi à la requête d'une partie privée; car alors il peut demander à être renvoyé devant le Juge de son privilege. (Voyez ce qui a été dit ci-dessus, n. 48 & suiv.)

299. Le second cas, est lorsque le Juge devant lequel la plainte est donnée, est incompétent pour en connoître; comme si l'accusé est poursuivi pour raison d'un cas royal devant un Juge de Seigneur, *&c.* L'accusé peut alors décliner, & demander son renvoi devant le Juge du lieu du délit, ou de son domicile; parce qu'un Juge qui est naturellement incompétent, ne peut jamais devenir compétent par la reconnoissance de l'accusé. (Voyez *suprà*, n. 20. *Ita* d'Argentré sur l'article 14 de la Coutume de Bretagne, *note* (f.)

300. Le troisiéme cas, est lorsque l'accusé étant poursuivi devant un Bailli, ou Sénéchal royal, demande son renvoi devant le Prévôt royal du lieu où le délit a été commis, avant le temps des trois jours établi pour acquerir au premier la prévention. Et il en est de même d'un accusé, qui, étant poursuivi devant un Juge de Seigneur supérieur de celui où le délit a été commis, demande-

roit son renvoi devant le Juge inférieur, avant les vingt-quatre heures écoulées depuis le crime. (Voyez *suprà*, n. 231.)

A l'égard des accusés qui ne sont point privilegiés, ils ne peuvent jamais demander leur renvoi, si le Juge devant lequel ils sont poursuivis, est d'ailleurs compétent; comme si l'accusé étoit poursuivi devant le Juge de son domicile, ou de la capture, dans le cas où ce dernier entendroit d'en connoître. (Voyez ce qui a été dit *suprà*, n. 16 & 27.)

301. De même, si un accusé poursuivi devant un Juge royal supérieur, demandoit son renvoi devant une Justice Seigneuriale inférieure, il ne doit point être écouté; mais il faut que le renvoi soit requis par le Seigneur de la Justice qui est en droit d'en connoître. L'Edit du mois de Novembre 1554, touchant la compétence des Lieutenants-Criminels, *art.* 4, le décide expressément. Cet article porte, que les justiciables des Hauts-Justiciers, étant arrêtés pour crimes par les Lieutenants-Criminels, ne peuvent demander leur renvoi; mais qu'ils doivent être revendiqués par les Seigneurs Hauts-Justiciers. (Voyez aussi ce qui a été dit ci-dessus, n. 231.)

Ce qui a pareillement lieu pour les Juges de Pairie, comme pour les autres Juges de Seigneurs, suivant l'Arrêt du 20 Novembre 1559, rapporté par Bacquet en son Traité des Droits de Justice, *chap.* 9, *n.* 4.

L'accusé ne peut aussi demander son renvoi, lorsque le crime pour lequel il est poursuivi, est connexe avec d'autres, dont le Juge auquel on demande le renvoi, est déja saisi. (Voyez ce qui a été dit ci-dessus, n. 251 & suiv., & n. 282.)

302. Enfin, l'accusé ne peut plus demander son renvoi, lorsqu'une fois il a reconnu la jurisdiction du Juge devant lequel il a été poursuivi. Il en faut seulement excepter les Ecclésiastiques accusés de cas privilegiés devant un Juge Séculier, lesquels peuvent demander leur renvoi devant le Juge d'Eglise en tout état de cause, même lors du dernier interrogatoire sur la sellette, ainsi qu'il a été jugé par un Arrêt du mois de Février 1605, rapporté par M. Lebret, *decis.* 13; mais alors on condamne l'accusé aux dépens, faits volontairement par lui en la jurisdiction Laïque. (Voyez Papon, *liv.* 1, *tit.* 5, *n.* 7, aux additions; Louet, D, 19; & Mainard, *liv.* 1, *chap.* 24.) On peut donner une raison de cette différence à ce qui s'observe dans les autres jurisdictions; c'est que cette espece de renvoi, qui s'accorde aux Ec-

cléſiaſtiques, ne dépouille pas le Juge qui l'accorde, mais l'oblige ſeulement à faire le reſte de l'inſtruction, conjointement avec le Juge d'Egliſe. (Voyez Leprêtre, *centur.* 1, *chap.* 20.)

303. 3°. L'accuſé ne peut demander ſon renvoi, lorſque lecture lui a été faite de la dépoſition d'un témoin à la confrontation. (Ordonnance 1670, *tit.* 1, *art.* 3.) Car cette audition volontaire de témoin, eſt une reconnoiſſance de la juriſdiction; or, celui qui a une fois reconnu une juriſdiction, ne peut plus la décliner; du moins ſi elle eſt compétente pour connoître du crime. Il en ſeroit autrement, ſi l'accuſé avoit, auparavant, fait ſes proteſtations par des raiſons particulieres d'incompétence. (Ainſi jugé par Arrêt du 6 Septembre 1694.)

Il en faut ſeulement excepter les Eccléſiaſtiques pourſuivis devant un Juge Laïque pour délits privilegiés, ainſi qu'on vient de l'obſerver.

Lorſque le Juge ſaiſi eſt totalement incompétent, l'accuſé peut demander ſon renvoi en tout état de cauſe, ou appeller comme de Juge incompétent, quand même cet accuſé auroit reconnu la juriſdiction; parce qu'il n'eſt pas au pouvoir d'une partie de donner un droit de juriſdiction au Juge qui n'en a point. (L. *privatorum* 3, cod. *De Juriſd. omnium jud.*)

ARTICLE II.

Comment & par quels actes l'accuſé peut demander ſon renvoi.

304. Le renvoi peut être demandé par l'accuſé, ou par requête, ou par un acte ſignifié au Greffe du Juge, ou verbalement à l'interrogatoire.

L'accuſé, quoique décrété, peut demander ſon renvoi par requête, ou par un acte ſignifié, lorſque le Juge devant lequel il eſt pourſuivi, eſt incompétent pour connoître de l'affaire; & il n'eſt pas néceſſaire dans ce cas, qu'il paroiſſe devant le Juge qui l'a décrété, pour demander ce renvoi en perſonne. (*a*)

Ce renvoi peut auſſi être demandé dans ce même cas, par le

(a) *Qui vocatur in judicio apud judicem incompetentem, non tenetur reſpondere.* (Ordonnance du Roi Jean de l'année 1355, *art.* 1.)

pere pour son fils; par le tuteur pour son mineur, *&c.*, ou par un Procureur. (Voyez Jul. Clar. *qu.* 33, *n.* 5 *in fine*; Balde, *in L. reos* Cod. *De Accusat.*; & Gui-Pape, *qu.* 338, *n.* 2.)

L'accusé a encore une autre voie pour se pourvoir contre le décret, qui est d'en appeller comme rendu par un Juge incompétent, & de le faire infirmer pour se mettre à couvert des poursuites du Juge qui instruit contre lui.

305. Lorsque le Juge est compétent pour connoître du crime, l'accusé qui a un privilege, ou qui par quelqu'autre motif seroit fondé à demander son renvoi, ne peut user de ce droit, s'il est en contumace. (*Ita* Bartole, *in* L. 3, *n.* 2, D. *De Judiciis.* Farin. *qu.* 7, *n.* 55; Baiardus *In Supplementis ad* Jul. Clar. *qu.* 32, *n.* 50. Ordonnance du mois de Mars 1549, *art.* 10. Déclaration du 18 Janvier 1585, rendue en faveur du Prévôt du Languedoc, rapportée par Joli, *tom.* 2, *pag.* 1165, qui porte que les accusés doivent proposer l'incompétence en personne, sans ministere d'Avocat.)

306. Mais dans ce cas, l'accusé privilegié qui comparoît devant le Juge pour demander son renvoi, n'est point obligé de subir interrogatoire; & le Juge ne peut l'y obliger avant que le déclinatoire ait été jugé; & faute de faire droit sur ce renvoi pur & simple, le Juge est tenu des dommages & intérêts des parties. (Arrêt de reglement du 10 Juillet 1665, *art.* 8.) Le Juge doit seulement dresser procès-verbal de cette demande en renvoi de l'accusé, & le communiquer ensuite au Procureur du Roi, & à la partie civile, s'il y en a une; & en cas de contestation, cela forme un incident qui doit se juger au Siege, lequel prononcera, s'il y a lieu au renvoi, ou non. (Arrêt du 23 Août 1663, rendu entre les Officiers du Présidial d'Angoulême, rapporté au Journal des Audiences, *tom.* 2.)

307. Les Ecclesiastiques ajournés à comparoir en personne devant un Juge Laïque, sont aussi tenus, comme les autres, de se présenter, avant de demander leur renvoi devant le Juge d'Eglise dont ils seroient justiciables. (Ainsi jugé par Arrêt du Parlement de Toulouse du 22 Mai 1602, rapporté par Descorbiac, *tit.* 3, *ch.* 37. Autre Arrêt du 23 Mars 1658, rapporté par Henris, *tom.* 2, *liv.* 1, *qu.* 40.)

On prétend même que dans ce cas, l'Ecclesiastique, avant d'obtenir son renvoi devant le Juge d'Eglise, est tenu de subir interrogatoire

gatoire devant le Juge Laïque. (Arrêt du 5 Decembre 1529, rapporté par Imbert, *liv.* 3, *ch.* 6, *n.* 2, *note* (a). Autre Arrêt du 24 Janvier 1679.) Mais ce sentiment de quelques Criminalistes n'a point été autorisé par la nouvelle jurisprudence des Arrêts ; & il est aujourd'hui de principe, que dans ce cas la requisition du renvoi, ou la revendication, lie les mains au Juge, & qu'il ne peut plus rien faire dès ce moment. Ainsi lorsqu'il ne paroît pas de cas privilegié, le Juge Laïque ne peut refuser ce renvoi.

Si ce renvoi étoit requis par le Juge d'Eglise, il ne seroit pas nécessaire que l'Ecclesiastique comparût devant le Juge Laïque, pour que le renvoi fût accordé.

L'accusé qui a des excuses légitimes, n'est pas tenu de comparoître ; *v. g.* s'il est malade, ou s'il est detenu prisonnier devant un autre Juge.

Au reste, l'accusé peut toujours se représenter pour demander son renvoi, en subissant interrogatoire ; même après une contumace instruite contre lui. (C'est ainsi que le pense l'Auteur des Loix Criminelles, *tom.* 1, *art.* 3, *n.* 1, *pag.* 15.)

ARTICLE III.

De la Procédure sur les Déclinatoires.

308. Quand un accusé décline la jurisdiction du Juge devant lequel il est poursuivi criminellement, il faut juger ce déclinatoire avant de passer outre ; & le Juge ne pourroit alors faire le procès à l'accusé, comme à un muet volontaire. (Arrêt du 23 Août 1663 pour Angoulême, rapporté au Journal des Audiences. Arrêt de réglement de la Cour du 10 Juillet 1665, *art.* 8. Voyez aussi le Procès-verbal de l'Ordonnance de 1670, sur l'art. 9 du tit. 18, *pag.* 218.)

Ce Jugement sur le declinatoire, ne peut être rendu par le Juge d'instruction seul ; mais il doit être rendu par le Tribunal entier. (Même Arrêt du 23 Août 1663 pour Angoulême ;) & il doit se juger sommairement. (Ordonnance de 1667, *tit.* 6, *art.* 3.)

309. L'article 6 de la Coutume d'Auvergne, porte que dans le cas où le renvoi est demandé par l'accusé seulement, sans son Seigneur, la demande en renvoi doit être signifiée audit Seigneur, ou à ses Officiers, pour venir chercher l'accusé dans le temps qui leur sera indiqué par la signification. Et l'article 7 de la même Coutume

ajoute, que ledit temps passé, si on ne vient pas chercher l'accusé, le premier Juge en pourra connoître ; à moins que l'accusé ne voulût se faire mener à ses dépens.

La Coutume de la Marche, *ch.* 2, *art.* 20, porte aussi que si en matiere criminelle l'accusé demande son renvoi, & que ce renvoi soit trouvé légitime, on doit signifier la requisition au Seigneur justicier, pour requerir son homme & payer les frais dans les dix jours ; & que s'il y manque, le premier Juge en pourra connoître ; à moins que l'accusé ne voulût se faire conduire à ses dépens.

310. Les frais faits pour la translation du prisonnier, ainsi que pour le port des charges & informations, doivent être payés par lui, dans le cas où il demande seul le renvoi ; parce qu'alors ces frais sont faits pour son utilité ; & à cet effet, il doit être délivré exécutoire contre l'accusé, par le Juge qui a ordonné le renvoi ou le port des charges & informations.

De même, lorsqu'un Ecclesiastique prisonnier demande son renvoi devant le Juge d'Eglise, les frais du renvoi doivent être payés par cet Ecclesiastique. (*Ita* Baldus *in cap.* 1, §. *si judex de pace tenendâ*, *in usibus feud.* decis. 100 & 274 ; & Menoch. *de arbitrar. jud. caus. casu* 228, *n.* 8. Voyez aussi Papon, *liv.* 1, *tit.* 5, *n.* 7, aux additions. Mainard en ses questions, *liv.* 1, *ch.* 24 ; & Louet, *lettre* D., *ch.* 29.)

La Coutume de Bourbonnois, *art.* 8, porte que les frais faits devant le premier Juge, auquel l'accusé aura demandé son renvoi, seront pris sur la confiscation des biens du délinquant, ou sur la condamnation d'amende, si aucune s'ensuit.

Voyez plus particulierement ce qui doit s'observer touchant le port des charges & informations dans le cas de renvoi, ci-après *n.* 330.

ARTICLE IV.

De l'Appel des Jugements rendus sur Déclinatoires.

311. L'appel des Sentences rendues sur declinatoires, se porte nuement dans les Cours. (Ordonnance de 1667, *tit.* 6, *art.* 4. Ordonnance des évocations du mois d'Août 1737, *tit.* 2, *art.* 21.)

Cependant les renvois des Justices de Seigneurs, se portent quelquefois par appel aux Bailliages Royaux : *v. g.* lorsque les deux Justices qui contestent, sont dépendantes d'un même Bailliage Royal.

(Voyez les articles 105, 106 & 107 de la Coutume de la Marche.)

Les Sentences rendues sur déclinatoires en matiere criminelle, s'exécutent par provision, nonobstant l'appel; & cet appel n'empêche pas l'instruction ni le jugement du fond. (Ordonnance de 1670, *tit.* 26, *art.* 3; même sur l'appel. (Voyez *infrà*, n. 341.)

L'accusé peut, au lieu de décliner la jurisdiction, appeller comme de juge incompétent, du décret ou autre jugement d'instruction contre lui prononcé; même après le jugement d'instruction: mais cet appel n'empêche pas non plus l'exécution du décret ou autre instruction, ni même le jugement du fond; ainsi qu'il résulte du même article 3 du titre 26, & de l'article 2 du titre 25 de la même Ordonnance de 1670; ce qui est aussi conforme à l'Ordonnance de Louis XII du mois de Mars 1549, *art.* 10; & à celle du mois de Janvier 1563, *art.* 18.

312. Cette exécution provisoire a son fondement dans la nécessité d'instruire promptement les crimes, afin que les preuves ne dépérissent point, & dans la crainte que, s'il en étoit autrement, les accusés ne se procurassent le plus souvent l'impunité.

Ainsi si un accusé a décliné la jurisdiction lors de son premier interrogatoire, & a refusé de répondre, sous prétexte de l'incompétence du Juge; & que sur cet incident jugé devant le premier Juge, cet accusé ait été débouté de son renvoi; l'appel qu'il interjetteroit ensuite, comme de Juge compétent, ne pourroit empêcher qu'on ne lui fît son procès, comme à un muet volontaire, s'il refusoit de répondre.

Si le déclinatoire étoit proposé au Présidial, ou en la Maréchaussée, il doit se décider par le Jugement de compétence. (Voyez ce qui est dit à ce sujet au titre *De la Compétence des Accusés*, n. 35.)

313. L'accusé qui appelle comme de juge incompétent, d'un décret d'ajournement personnel, ou de prise de corps, ou autre instruction contre lui rendue, peut faire plaider son appel par un Avocat, sans être obligé de se mettre en état; parce que c'est un préalable nécessaire, avant toutes choses, d'établir la jurisdiction. (Peleus, *liv.* 3, *action* 53. Ce qui résulte aussi de la disposition de l'article 4 du titre 25 de l'Ordonnance de 1670, qui déroge en cela à l'article 10 de l'Ordonnance du mois de Mars 1549, & à l'article 18 de l'Ordonnance de Roussillon de l'année 1563.)

Quoiqu'un procès criminel soit consommé devant le Juge inférieur, on peut néanmoins appeller de lui, comme de juge incompétent, & cet appel est un appel d'instruction; car le temps ne peut rendre valable ce qui ne l'est pas : outre que, si la maxime contraire avoit lieu, il pourroit arriver qu'un Juge s'empresseroit de juger les affaires à l'égard desquelles il seroit incompétent.

314. Toutes les procédures faites par un Juge qui est absolument incompétent, sont nulles; même celles faites avant le renvoi demandé. Mais si le Juge ne devient incompétent que par la requisition qui lui est faite du renvoi, alors la procédure est bonne jusqu'au jour que le renvoi a été demandé. C'est ce qui résulte de la disposition de l'article 4 du titre 1 de l'Ordonnance de 1670, qui ne prononce la nullité que des procédures faites depuis la requisition; & c'est aussi l'argument qu'on peut tirer de l'Edit du mois de Juillet 1684, touchant les procès qui se font aux Ecclésiastiques, qui établit que la procédure faite par le Juge-Royal, est bonne jusqu'au renvoi requis par l'accusé ou par le Promoteur.

315. Puisque l'Ordonnance prononce la nullité des procédures faites depuis le renvoi requis, le Juge-Royal ou autre qui continue l'instruction, ne doit pas se servir de ce qui a été fait depuis & au préjudice de la requisition; mais il doit faire déclarer ces procédures nulles, & ordonner qu'elles seront refaites aux dépens de celui qui a méprisé la requisition, quoique juste. (Voyez Lacombe en son Traité des Matieres Criminelles, *part.* 2, *ch.* 1, *n.* 14; & les Loix Criminelles, *tom.* 1, *ch.* 5, *pag.* 30, *n.* 2.)

Au reste, quoique les procédures faites par le premier Juge, depuis que le renvoi a été requis, soient nulles; cependant s'il avoit été fait des informations, elles serviroient toujours de mémoire au Juge devant lequel le renvoi est fait.

SECTION II.

De la Revendication des Juges.

ARTICLE PREMIER.

316. 1°. En général le renvoi des affaires criminelles, portées devant un autre Juge que celui du lieu du délit, peut toujours être requis par le Juge du lieu du délit. C'est la disposition de l'article 1 du titre 1 de l'Ordonnance de 1670, qui porte, « que la connoissance des crimes appartiendra aux Juges des lieux où ils auront

» été commis ; & que l'accusé y sera renvoyé, si le renvoi en est » requis ».

Ainsi le Juge du lieu du délit peut requerir le renvoi du Juge du domicile de l'accusé, même dans le cas où ce dernier Juge a prévenu. (Ce qui résulte de l'article 1 qu'on vient de citer. *Ita etiam* Jul. Clar. *qu.* 38, *n.* 19 & 20.) Et quand même l'un & l'autre de ces Juges seroient en différentes provinces. (Jul. Clarus, *ibid.* n. 21.)

317. Ce renvoi peut aussi être requis au Juge du lieu de la capture, dans le cas où celui-ci a prévenu ; quand même l'accusé seroit un vagabond, ou un voleur de grand-chemin, *&c.* (Farin. *qu.* 7, *n.* 14 ; Covarruvias, *practic*, *qu. cap.* 11 *n.* 7.)

Et il en est de même du Juge du lieu de la contrectation, c'est-à-dire, du Juge du lieu où le voleur est trouvé saisi des effets volés ; car le renvoi peut aussi lui être demandé par le Juge du lieu où le vol a été commis. (Covarruvias, *ibid.* n. 7.)

Ce qui a lieu pareillement à l'égard du Juge supérieur qui auroit prévenu ; pourvu que le renvoi lui soit demandé avant les vingt-quatre heures ou avant les trois jours échus depuis le crime commis. (Ordonnance de 1670, *tit.* 1, *art.* 7 & 8.)

318. Au reste, il faut observer que les Juges de Seigneurs ne peuvent revendiquer des Juges Royaux ; à moins que ces premiers n'aient non-seulement le droit de Justice, mais encore l'exercice actuel de cette même Justice. Neron sur l'article 5 de l'Edit de Cremieu, rapporte à ce sujet un Arrêt du 7 Mars 1563 ; & la Coutume de Poitou, *art.* 7, en a une disposition précise.

Il en est de même, si le Juge inférieur qui revendique, n'avoit pas de prisons sures ; alors le Juge supérieur seroit en droit de refuser le renvoi ; ainsi que le remarque Dumoulin sur la Coutume de Paris, *art.* 2, *gloss.* 4.

319. Si un accusé contumax, jugé dans une Justice Seigneuriale, étoit renvoyé par Arrêt de la Cour, devant un Juge-Royal pour purger sa contumace, & lui faire son procès, le Seigneur de la Justice où il a été jugé, comme étant Juge du lieu du délit, peut demander le renvoi du procès & de l'accusé pardevant lui ; car l'arrêt n'est point censé priver le Seigneur de connoître de l'affaire de son justiciable, sur-tout s'il est juge du lieu où le délit a été commis ; ainsi ce dernier pourra former opposition à cet Arrêt, & il y sera bien reçu. (Imbert, *liv.* 3, *ch.* 4, *n.* 8.)

320. La regle qui vient d'être établie en faveur du Juge du lieu du délit, reçoit exception dans plusieurs cas.

Le premier est, quand il y a contestation sur le lieu où le délit a été commis; car alors il faut avant tout, constater le droit de celui qui revendique, comme étant juge du lieu du délit; mais dans l'incertitude, c'est à celui qui a prévenu, à en connoître, pourvu qu'il ne soit pas absolument incompétent.

Le second cas est, quand plusieurs Seigneurs revendiquent en même temps; alors, à cause de la contestation ou debat qui est entre les deux Seigneurs qui revendiquent, & sans préjudice de leur droit, le Juge qui a commencé de connoître de l'affaire, doit en retenir la connoissance; & cela, afin que l'accusé ne reste pas trop long-temps en prison, & que les delits ne demeurent point impunis. La Coutume de Bourbonnois, *ch.* 2, *art.* 9, en a une disposition, ainsi que celle de la Marche, *ch.* 2, *art.* 21. Voyez aussi la Coutume d'Auvergne au titre des Renvois, *art.* 9.

321. Le troisieme cas est, quand le Juge du lieu du délit, & celui qui a prévenu, soit que ce dernier soit juge du domicile de l'accusé, ou de la capture, *&c.* dependent de deux souverainetés différentes. (Jul. Clarus, *qu.* 38, *n.* 11; Farin. *qu.* 7, *n.* 25; Covarruvias *pract. qu. ch.* 11, *n.* 10.)

Le quatrieme cas est, lorsqu'il s'agit de crimes légers; car alors le renvoi requis par le Juge du lieu du délit, ne doit point avoir lieu, si c'est le Juge du lieu du domicile de l'accusé qui a prévenu. (Jul. Clar. *qu.* 38, *n.* 23 & 24; Chassanée sur la Coutume de Bourgogne, *rubr.* 13, *n.* 7; Jacobus de Bellovisu, §. *contrahentes de foro competenti in* 6, n. 112; Covarruvias *pract. qu. cap.* 11, *n.* 7. Voyez aussi Theveneau Conference des Ordonnances, *pag.* 994, *liv.* 5, *tit.* 2, *art.* 1.)

322. Ce qui a pareillement lieu dans le cas où le crime, quoique grave, se poursuit par la voie civile, suivant les mêmes Auteurs *eodem loco.* (Voyez d'Argentré sur l'article 12 de la Coutume de Bretagne, *note* 1, *n.* 5.)

Le cinquieme cas est, lorsque le Juge qui a prévenu pour raison de ce crime, en connoît incidemment à d'autres crimes. (Voyez ce qui a été dit ci-dessus, *n.* 251 *& suiv.*)

Le sixieme cas est, quand un accusé, auquel le procès a été fait en une jurisdiction par contumace, est ensuite repris par un autre Juge pour un nouveau crime. Alors ce dernier n'est pas obligé de renvoyer l'accusé devant le premier Juge; parce que c'est un nouveau fait, dont le second Juge est compétent, suivant l'article 35 de l'Ordonnance de Moulins, & l'article 19 de celle de Roussillon.)

Le septieme cas est, lorsque le corps de délit n'est pas constant; car alors c'est au Juge qui a prévenu, à absoudre l'accusé. (Guy-Pape, *decis.* 201.)

323. 2°. Le Juge du domicile de l'accusé, ou du lieu de la contrectation, peut demander le renvoi de l'accusé, dans le cas où le Juge qui a prévenu, seroit absolument incompétent.

3°. L'effet de la revendication de la part du Juge qui est en droit de la faire, est de suspendre toute instruction & procédure de la part du Juge auquel le renvoi est demandé, & qui seroit d'ailleurs compétent; & ce, à peine de nullité des procédures faites depuis le renvoi requis. (Ordonnance de 1670, *tit.* 1, *art.* 4.)

4°. Cette revendication peut être faite par le Procureur du Roi, ou par le Seigneur de la Jurisdiction où le crime a été commis; & elle a lieu, même dans le cas où le plaignant auroit reconnu le Juge en rendant sa plainte devant lui; & où l'accusé auroit pareillement reconnu ce même Juge en écoutant la lecture de la déposition d'un témoin.

324. Il est bon d'observer que dans les renvois requis par un Juge de Seigneur dans un Siege Royal, il faut nécessairement que ce soit le Seigneur de la Justice qui demande le renvoi; & que ce renvoi ne pourroit être demandé par le Procureur-Fiscal; parce que les Seigneurs ne peuvent agir ni plaider par leurs Procureurs-Fiscaux, que dans leurs justices.

Ce seroit aussi une procédure vicieuse, de faire la revendication d'une affaire, à la Requête des Officiers du Siege qui revendique; il faut nécessairement qu'elle soit faite à la Requête du Procureur du Roi, ou du Seigneur de la Justice.

325. 5°. Cette revendication doit être par écrit, & peut être faite par Requête. (Guy-Pape, *qu.* 202; Bouchel en sa Bibliotheque du du Droit François, au mot *Jurisdiction.* Edit du mois de Juillet 1684, touchant la jurisdiction Ecclésiastique.)

Elle peut aussi se faire par acte signifié au Greffe du Juge auquel la revendication est faite; dans le cas du moins où c'est un Juge-Royal qui demande le renvoi d'une cause à un Juge de Seigneur.

S'il s'agit d'une affaire de Petit-Criminel, la revendication peut être faite à l'Audience, en y appellant les parties qui y ont intérêt.

Il paroît même que cette revendication doit être demandée à l'Audience en deux cas. 1°. Si l'instance est liée par un décret rendu contre une des parties. 2°. Quand la revendication ayant été communiquée au Procureur du Roi ou Fiscal, il a conclu à ce que la cause fût retenue ; auquel cas il faut que le Seigneur qui revendique, intime sur ce renvoi le Procureur du Roi, ou le Seigneur de la Justice dont on revendique. Hors ces deux cas, si l'incompétence du Juge dont on revendique, est notoire, il suffit, sur la revendication, de prononcer le renvoi à la Chambre, sur le rapport du Juge qui a fait l'instruction, sans autre procédure.

326. 6°. Ces revendications peuvent être faites en tout état de cause; pourvu que ce soit avant le Jugement définitif. Mais il semble qu'elles ne peuvent être faites tant qu'il n'y a point décret prononcé contre l'accusé ; parce que la cause n'étant point encore liée, il n'y a point, à proprement parler, d'instance, ni de procès.

Il faut cependant observer qu'il n'est pas nécessaire, pour que la revendication ait lieu, que l'accusé soit en état devant le Juge auquel le renvoi est requis ; car elle peut aussi être faite dans le cas même où l'accusé seroit en contumace.

ARTICLE II.

De la Procédure sur les Revendications.

327. Quand un accusé demande son renvoi, & que le Seigneur de la Justice où le renvoi est demandé, & qui prétend devoir en connoître, revendique aussi la cause ; la demande en renvoi de la part de l'accusé, ne cesse pas pour cela, mais l'un & l'autre sont parties en cause sur la demande.

Le Juge qui renvoie à un Tribunal Ecclésiastique, ou à un supérieur, ne doit point se servir du mot de *renvoi*, mais de ces mots, *Nous avons rendu ou délaissé*, &c. En effet, le Juge qui se sert du terme de *renvoi*, fait connoître par cette expression, qu'il pourroit denier ce renvoi & garder la connoissance de l'affaire ; au lieu que celui qui rend ou qui délaisse, reconnoît que l'accusé n'est point son justiciable. (*Ita* Airault en sa Pratique Judiciaire, *liv.* 3, *part.* 3, *n.* 34, *pag.* 501.)

328. Les premiers Juges sont tenus de renvoyer le procès & les accusés

accusés qui ne sont pas de leur compétence, pardevant les Juges qui en doivent connoître, dans trois jours après qu'ils en auront été requis; à peine de nullité des procédures faites depuis l'acquisition, d'interdiction de leurs charges, & des dommages & intérêts des Parties. (Ordonnance de 1670, *tit.* 1, *art.* 4.)

Ces mots, *qui ne sont pas de leur compétence*, s'entendent des délits dont la connoissance est attribuée à d'autres Juges; quand même les premiers Juges saisis de l'affaire, ne seroient pas d'ailleurs incompétens pour en connoître. Ainsi ce renvoi doit avoir lieu, à plus forte raison, lorsque ces derniers n'ont aucun caractere pour en connoître.

329. L'Ordonnance se sert ici des termes de *premiers Juges*, pour les distinguer des Juges d'appel; mais ces mots doivent s'entendre de tous premiers Juges en général, quels qu'ils soient, qui se trouveroient saisis de la connoissance d'une affaire, & qui ne seroient pas compétents pour en connoître, ou qui ne le seroient qu'à la charge du renvoi; car dans l'un & l'autre cas, ils doivent renvoyer le procès devant le Juge compétent, quand même ce dernier ne seroit pas leur supérieur.

Quand l'accusé est notoirement incompétent, le Juge est tenu de remettre la procédure au Juge compétent; sans qu'il ait pour cela le même délai que celui porté en l'article 4 du titre 1 de l'Ordonnance de 1671. (Voyez ce qui est dit ci-après, *n.* 343 *& suiv.*)

ARTICLE III.

Du Port des Charges & Informations.

330. Lorsque le renvoi est accordé, les grosses des informations & autres pieces & procédures qui composent le procès, ou qui y ont été jointes; ensemble toutes les informations, pieces & procédures faites pardevant tous autres Juges concernant l'accusation, doivent être portées au Greffe du Juge pardevant lequel l'accusé sera traduit, s'il est ainsi par lui ordonné. (Ordonnance de 1670, *tit.* 1, *art.* 5.)

L'Ordonnance ne parle que des grosses des informations, & non des minutes; parce que les minutes doivent toujours rester au Greffe du Juge qui a informé. (Voyez ce qui est dit à ce sujet ci-après au titre *De l'Instruction criminelle en général*, n. 130.) Il faut aussi observer que les Greffiers ne peuvent mettre en grosse que les procédures secrettes; sçavoir, la plainte, les informations, les interrogatoires, les recolements & confrontations, les conclusions de la partie publique, & les rapports en Chirurgie; sans pouvoir grossoyer les Requêtes, Ordonnances & autres pieces servant à l'instruction. (*Ibid.* n. 134.) Il faut aussi envoyer des grosses faites sur les minutes, & non des expéditions faites sur des grosses qui forment alors des copies. (Voyez ce qui est dit de la maniere dont les expéditions doivent être faites & envoyées, & comment ces grosses doivent se payer aux Greffiers, *ibid.* n. 134.

331. Les Greffiers ne peuvent eux-mêmes porter les grosses dans le cas de renvoi d'un Siege dans un autre; il faut les envoyer par les messageries publiques, aux termes des réglements. Mais dans les lieux où il n'y a point de ces messageries, les Greffiers peuvent eux-mêmes porter ces grosses; & les frais de leur voyage doivent leur être passés en taxe. Je l'ai vu ainsi pratiquer à l'égard du Greffier du Bailliage d'Alençon en Janvier 1752, au sujet d'une procédure criminelle dont les grosses furent par lui apportées à Orléans par le Greffier qui les avoit redigées, pour être jointes à une autre affaire criminelle poursuivie & jugée dans cette derniere ville.

332. Quand un Juge ordonne que des effets, ou des procédures criminelles faites dans un autre Siege, seront apportées du Greffe de ce dernier Siege, au Greffe de la Jurisdiction où le procès s'instruit, soit en vertu d'un Arrêt d'attribution, soit en vertu d'une Ordonnance ou Jugement rendu au Siege où se fait l'instruction, il faut signifier l'Ordonnance ou l'Arrêt, au Juge dont on réclame les effets, avec sommation au Greffier de remettre incessamment ces effets, ainsi que les grosses des procédures; mais il n'est pas nécessaire que l'Huissier qui fait cette sommation, reste sur le lieu jusqu'à ce que ces procédures soient expédiées, sur-tout si c'étoit une procédure considérable; on ne lui passeroit pas en taxe un pareil séjour, à moins qu'il n'y fût autorisé par le Juge qui doit connoître de l'affaire.

333. De même, quand il est ordonné que des prisonniers seront transférés d'une Jurisdiction dans une autre, il faut signifier l'Arrêt ou l'Ordonnance au Juge auquel on demande le renvoi, & faire en même temps sommation au Concierge des prisons, de remettre incessamment le prisonnier.

Si le Juge duquel on veut retirer les charges & informations, refuse de délivrer ces expéditions, il n'y a que la voie du compulsoire; & en cas de refus, celle de décerner des exécutoires & autres peines contre le Greffier qui sera en demeure. (Ordonnance de 1670, *tit.* 16, *art.* 25.) L'usage est de les y condamner par corps après les trois jours; on les condamne encore en 300 livres d'amende, & les Cours y ajoutent quelquefois l'interdiction en cas de désobéissance. Les Officiers des Bailliages peuvent aussi prononcer les mêmes peines aux termes de cet article 16, & de l'article 4 du titre 1 de l'Ordonnance de 1670; & même prononcer la nullité de tout ce qui pourroit être fait depuis la requisition, suivant le même article 4 du titre 1.

334. Au reste, la prononciation de cette amende & interdiction, suppose que le Juge qui ordonne l'apport des charges, *&c.* soit supérieur du Siege d'où l'apport est ordonné; car si ce dernier n'est pas dépendant de celui qui a ordonné cet apport, il faudroit se pourvoir au Parlement, ou devant le Juge supérieur qui est en droit de connoître par appel du procès qui s'instruit.

Lorsque l'Ordonnance du Juge qui a ordonné l'apport des charges & informations, est rendue en dernier ressort, & que l'autre Juge non inférieur de ce premier, refuse d'y obéir, il faut se pourvoir au Grand-Conseil, suivant l'article 26 du titre 2, & l'article 6 du tit. 3 de l'Ordonnance des évocations du mois d'Août 1737, si cela forme une instance en réglement de Juges entre un Présidial & un Siege qui ne lui seroit pas subordonné; *v. g.* entre un Présidial & un Parlement, ou entre un Lieutenant-Criminel & un Prévôt des Maréchaux.

335. Outre les charges & informations, il faut encore envoyer au Juge saisi du procès, tous les effets qui peuvent servir à la conviction de l'accusé; comme armes, épées, couteaux, bâtons, papiers, *&c.*; même les habits & linge qui étoient sur le corps de l'homicidé, s'il s'agit d'un homicide; ou en cas de vol, les effets volés; & en général tous les autres effets & argent dont l'accusé a été saisi. (Ainsi jugé par un Arrêt de reglement du 10 Juin 1735.)

Les Sentences qui prononcent ces sortes d'exécutoires, ou de condamnations par corps, s'exécutent par provision, nonobstant l'appel. (Ordonnance de 1670, *tit.* 26, *art.* 3.)

ARTICLE IV.

Des frais de translation du Prisonnier, & du port des Charges.

336. Les frais pour la translation des accusés & pour le port des informations & procédures, doivent être faits par la partie civile, lorsqu'il y en a une. (Ordonnance de 1670, *tit.* 1, *art.* 6 & 7.)

Lorsqu'il n'y a point de partie civile, ces frais se paient par les Receveurs du Domaine du Roi, ou du Seigneur de la Jurisdiction qui en doit connoître. (Ordonnance de 1670, *tit.* 1, *art.* 6. Voyez la Coutume d'Auvergne, *ch.* 7, *art.* 7; & celle de la Marche, *art.* 20.)

Il en est de même, lorsque la partie civile est insolvable. (Ordonnance de 1670, *tit.* 25, *art.* 17.) Cette insolvabilité se constate par un procès-verbal de carence de meubles fait par l'Huissier chargé de la poursuite des exécutoires décernés contre les parties civiles, attesté par le Juge du lieu où se fait la poursuite. (Arrêt de réglement du 23 Août 1745.)

Mais jamais ces frais ne se paient par l'accusé; (Arrêt du 13 Mars 1603; autre Arrêt du 11 Février 1707.) sinon lorsqu'il est privilégié, & qu'il demande son renvoi devant le Juge de son privilege. (Voyez ce qui a été dit ci-dessus, *n.* 310.)

337. Quand il s'agit de cas royaux, qu'un Juge de Seigneur a commencé à instruire par information & décret, (comme il le peut aux termes de l'article 16 du titre 1 de l'Ordonnance de 1670, & de l'article 21 de la Déclaration du 5 Février 1731,) si le Juge-Royal supérieur vient à revendiquer, ou que le renvoi se fasse d'office par le Juge de Seigneur, alors les frais qui se font pour translation du prisonnier, & pour le port des charges & informations, doivent aussi être payés par le Seigneur de la Jurisdiction qui doit connoître du crime. (Ordonnance de 1670, *tit.* 1, *art.* 6.) Ce qui résulte de la disposition de l'article 16 du même titre 1 de l'Ordonnance de 1670; & il a été ainsi jugé par Arrêt du 20 Mars 1743, dont voici l'espece. Un Juge de Seigneur, sur la plainte du Procureur-Fiscal, avoit informé & décrété contre un particulier accusé d'avoir volé avec effraction un tronc dans une Eglise; & en conséquence ce particulier avoit subi interrogatoire devant le Juge de Seigneur. Le Juge-Royal ayant eu avis de cette procédure, & revendiqué la cause, sous prétexte que c'étoit un

cas royal, l'accusé fut transféré dans les prisons du Juge-Royal de Châlons, qui en conséquence décerna un exécutoire au profit du Messager & du Greffier, contre le Seigneur dont le Juge avoit instruit le procès, pour raison des frais de translation de l'accusé & de l'apport de son procès; sur quoi il y eut appel interjetté de la part du Seigneur de la Justice. M. Gilbert de Voisins Avocat-Général, lors de sa plaidoyrie sur cet appel, fit voir que le Juge du Seigneur de Villeneuve, (qui étoit la Justice en question) n'avoit fait que ce qu'il avoit dû faire; qu'aux termes de l'Ordonnance, il avoit été en droit d'informer du crime dont il s'agissoit, quoique ce fût un cas royal; qu'ainsi il seroit très injuste de faire tomber sur ce Seigneur, les frais d'une simple instruction faite par son Juge avec droit & pour l'utilité publique; que si ce Juge avoit été moins diligent, & qu'il eût négligé de prendre connoissance de ce crime & de faire cette instruction, c'eût été le cas de faire subir au Seigneur la peine de la négligence de son Juge; mais que dans l'espece présente, il n'y avoit aucune raison de lui faire supporter ces frais. En conséquence, par l'Arrêt dont on vient de parler, l'appellation, & ce dont étoit appel; furent mis au néant; émendant l'exécutoire des 136 livres pour le Greffier, & de 97 livres pour le Messager, furent décernés contre le Receveur du Domaine de Châlons.

338. Mais à l'égard des frais de capture, garde, nourriture & autres faits pour l'instruction en la Justice du Seigneur jusqu'au renvoi, ils sont à la charge du domaine de ce Seigneur. (Déclaration du 26 Juin 1745, rendue pour le Parlement de Bordeaux, *art.* 4.)

On pourroit même prétendre avec quelque fondement que si le Juge-Royal supérieur n'a agi qu'après les vingt-quatre heures, lorsqu'il s'agit d'un cas royal, les frais de l'information & du décret doivent être aux dépens du Seigneur dont le Juge auroit dû informer & décréter pour raison de ce crime. Mais on peut répondre à cela, que si le Juge de Seigneur a été négligent pour instruire, le Juge-Royal supérieur l'a été aussi; puisqu'il n'étoit pas nécessaire qu'il attendît le temps de vingt-quatre heures pour prévenir.

339. Dans le cas où il est ordonné que des prisonniers seront transférés d'une jurisdiction dans une autre, il faut signifier le jugement ou l'Ordonnance au Juge auquel on demande le renvoi; & faire en même temps une sommation au Concierge des prisons de remettre incessamment le prisonnier. (Voyez ce qui est dit ci-dessus

n. 332 & 333.) Ce sont les messageries publiques, qui sont chargées de faire ces transports ; mais s'il n'y a point de messageries, on fait conduire le prisonnier par des Archers ou Huissiers, & autres personnes qui ont caractere pour faire ces sortes de conduites. Quand ce sont les messageries on leur passe 14 livres par jour pour chaque prisonnier, à raison de huit lieues en hiver, & de dix lieues en été. (Arrêt de réglement du 12 Janvier 1737.)

340. Les exécutoires pour les frais de translation du prisonnier & du port des charges & informations, se décernent par le Juge qui a ordonné le renvoi, suivant l'article 6 du titre 1 de l'Ordonnance de 1670 ; & lorsque ces frais sont payés sur le domaine du Roi, ces exécutoires doivent être visés par les Intendants. (Voyez le nouveau Commentaire sur l'Ordonnance de 1670, *tit.* 25, *art.* 17, en la note.)

Néanmoins en cas de transport du prisonnier sur l'appel, & du port des charges & informations sur ces mêmes appels, les exécutoires doivent être visés par les Cours. (Ordonnance de 1670, *tit.* 26, *art.* 14.)

Les Juges qui décernent ces exécutoires, ne peuvent y comprendre que les fruits de renvoi, & le port des charges & informations ; mais non leurs épices, droits & vacations ; ni les droits & salaires des Greffiers ; ce qui résulte de l'article 16 du titre 25 de l'Ordonnance de 1670.

Les frais des compétences des Maréchaussées, dans le cas où le Prévôt des Maréchaux a été déclaré incompétent, se paient sur le domaine du lieu où la compétence a été jugée. (Arrêt du Conseil du 5 Mai 1685.)

ARTICLE V.

De l'Appel des dénis de renvoi, & comme de Juge incompétent.

341. Les appels des dénis de renvoi, & ceux qualifiés comme de Juge incompétent, n'empêchent pas l'instruction ni même le jugement du fond ; sauf à faire déclarer la procédure nulle depuis le renvoi requis, si le Juge qui a refusé ce renvoi étoit incompétent pour connoître de l'affaire. (Ordonnance de 1670, *tit.* 26, *art.* 3. Voyez ce qui est dit ci-dessus, *n.* 311.) Ces appels se portent nuement dans les Cours.

On prétend que ces appellations de déni de renvoi & d'incompétence en matiere criminelle, doivent se porter aux Grand'Chambres des Cours de Parlements, & non au Parquet; & que l'article 4 du titre 6 de l'Ordonnance de 1667, n'a lieu qu'en matiere civile; c'est ainsi que l'établit M. Serpillon en son Code Criminel, *tom.* 4, *pag.* 1569, où il cite pour autoriser cette opinion un Arrêt du 2 Juin 1687. C'est en effet ce qui paroît résulter des termes de l'article 4 dont on vient de parler.

Il n'est pas nécessaire, quand il y a appel comme de Juge incompétent, ou de déni de renvoi, soit par l'accusé, soit par le Seigneur d'une autre Justice à qui le renvoi auroit été refusé, que cet appel soit jugé, pour pouvoir passer au jugement du fond; mais le Juge supérieur devant lequel l'appel du jugement du fond est porté, peut juger cet appel du fond, quoique l'appel du déni de renvoi n'ait pas été jugé; & l'un est indépendant de l'autre. Ainsi jugé au Bailliage Criminel d'Orléans, par sentence du 13 Juillet 1747, sur l'appel d'une sentence criminelle, dans une affaire rendue en la Prévôté, qui avoit été revendiquée par le Seigneur de la Justice Saint-Laurent, & dont le renvoi avoit été refusé en la Prévôté; duquel refus il y avoit appel en la Cour qui n'avoit point été relevé. Cet appel du fond fut jugé au Bailliage Criminel, & il fut ordonné que sur l'appel comme de déni de renvoi, les parties se pourvoiroient au Parlement.

342. Mais si le renvoi demandé par un accusé, avoit été accordé, & que la partie civile ou plaignante eût appellé de ce renvoi; alors ce dernier seroit obligé de faire juger l'appel du renvoi avant de faire passer au jugement du fond; & il ne pourroit argumenter de la disposition de l'article 3 du titre 26, qui porte qu'aucune appellation ne pourra empêcher ou retarder l'exécution des décrets, l'instruction & le jugement; parce que cette disposition est établie en faveur de l'intérêt public, & non en faveur des plaignants. Il en seroit autrement, si cet appel étoit interjetté d'un renvoi accordé dans une affaire où le Procureur du Roi seroit accusateur ou joint à la partie civile, & seroit appellant du renvoi accordé.

Lorsque, sur un refus de renvoi prononcé dans un Bailliage-Royal, & qui avoit été requis, *v. g.* par un Procureur du Roi d'une Prévôté, ou autre Justice Royale, il y a appel du déni de renvoi, ce n'est pas le Lieutenant-Criminel ni les autres Officiers du Bailliage qu'il faut assigner, n'y ayant point alors de prise à partie, mais il faut assigner M. le Procureur-Général du Parlement, comme prenant le fait & cause du Procureur du Roi du Bailliage qui a refusé le renvoi. (Ainsi jugé par Arrêt du Parlement de Dijon du 26 Avril 1748, au profit du Lieutenant-Criminel d'Autun.)

SECTION III.

Des Renvois d'Office.

343. 1°. Quand un Juge saisi d'une affaire criminelle est incompétent pour en connoître, il ne doit pas attendre pour renvoyer cette affaire au Juge à qui la connoissance en appartient, que le renvoi lui soit demandé; mais il doit la renvoyer d'office; autrement toute sa procédure est nulle. (Ordonnance de 1670, *tit.* 1, *art.* 4.) C'est sur ce fondement qu'une procédure faite au Châtelet de Paris pour raison d'un faux d'un acte passé à Laval, fut déclarée nulle par Arrêt de la Cour du 11 Juin 1706; quoique le renvoi n'eût point été requis; parce que l'incompétence étoit notoire.

C'est aussi par la même raison, que les Juges Laïques qui se trouveroient saisis de délits purement Ecclésiastiques, sont tenus de les renvoyer d'office pardevant les Officiaux auxquels la connoissance en appartient.

344. 2°. Les Juges subalternes qui se trouvent saisis d'un délit formant un cas royal ou prévôtal par la nature du crime, pour lequel ils auroient informé & décrété, sont tenus d'en avertir les Baillis & Sénéchaux Royaux, ou leurs Lieutenants-Criminels, par acte signifié à leur Greffe; & ces derniers sont tenus d'envoyer querir les procès & les accusés, qui ne peuvent leur être refusés, à peine d'interdiction & de 300 livres contre les Juges, Greffiers & Geoliers, *&c.* (Ordonnance de 1670, *tit.* 1, *art.* 16; Déclaration du 5 Février 1731, *art.* 21. Voyez aussi ce qui a été dit ci-dessus, *n.* 184 *& suiv.* jusqu'au *n.* 196.)

3°. A l'égard de la maniere dont se doivent faire ces renvois, comme aussi de ce qui regarde le port des charges & informations, & la translation du prisonnier, ainsi que l'appel comme de Juge incompétent, Voyez ce qui a été dit ci-dessus, *n.* 304, 330 *& suiv.*)

CHAP.

CHAPITRE VII.

Des Evocations par main Souveraine.

345. 1°. Les Cours, & autres Juges d'appel, peuvent évoquer les affaires qui sont de leur compétence, des Juges inférieurs qui en sont saisis, & qui ne sont pas compétents pour en connoître ; *v. g.* s'il s'agissoit d'un cas royal, & que le Juge inférieur fût subalterne. *Idem*, dans le cas où un Noble auroit été accusé devant un Prévôt ; & ces Juges d'appel ne sont point alors tenus de demander le renvoi de la cause à leurs inférieurs. (*Ita* Imbert, *liv.* 3, *chap.* 6, *n.* 3.)

Lorsqu'il y a contestation entre un Juge-Royal & un Subalterne, pour sçavoir si le cas est royal, ou non ; le Juge-Royal, s'il est supérieur du Subalterne, en doit connoître par main souveraine & par provision. (Chopin *de Doman. lib.* 2, *cap.* 8, *n.* 3 ; Carol. de Grassalio, *jure* 14, *pag.* 211.)

Par la même raison, les Sieges Présidiaux peuvent évoquer des Sieges Royaux ou Particuliers de leur ressort, dans tous les cas où ces Sieges seroient saisis d'affaires présidiales, prévôtales, & qui ne seroient par de leur compétence : mais les Prévôts des Maréchaux ne le peuvent, parce qu'ils ne sont point Juges du ressort.

346. 2°. Cette évocation du Juge supérieur à l'inférieur, peut aussi avoir lieu dans le cas de négligence du Juge inférieur ; comme si ce dernier, après avoir informé & décrété dans les trois jours, négligeoit de suivre l'instruction. (Voyez Jul. Clar. *in Supplem.* qu. 73, n. 33 ; Dumoulin sur la Coutume de Paris, §. 1, *gloss.* 3, au mot *La Bouche & les Mains*, n. 9. Voyez aussi l'Ordonnance de 1535, *ch.* 12, *n.* 21 ; & Loiseau Traité des Seigneuries, *ch.* 9, *n.* 77.) Ce qui a pareillement lieu dans le cas de déni de Justice. (Voyez Boerius, *decis.* 304, *n.* 7.) *Item* si le Juge inférieur n'ose suivre l'affaire, à cause de la puissance & du grand crédit de l'accusé. (Guy-Pape, *decis.* 201.)

Quant à la maniere de prouver cette négligence ou refus, il faut que le Juge dont on veut évoquer, ait été sommé de suivre la procédure, & qu'il ait refusé ou négligé de le faire. (Voyez Gail en ses Observations, *lib.* 1, *observ.* 28, *n.* 3 ; Menochius *De recuper. possess. remed.* 7, *quæst.* 5 ; & Dumoulin sur la

Coutume de Paris, en l'endroit ci-dessus cité.)

347. 3°. Le Juge supérieur peut aussi évoquer pour cause de connexité; *v. g.* lorsqu'une cause ne peut être décidée sans l'autre; ou lorsqu'elle ne pourroit l'être sans donner lieu à des frais plus considérables.

4°. En cas de débat de jurisdiction de deux Juges subordonnés, ou non, entre eux, le Juge supérieur dans le ressort duquel ils sont situés, peut aussi évoquer, même d'office, si l'intérêt public l'exige; sans préjudice des droits des Seigneurs. (*Ita* Bouvot en son Epitome sur la Coutume de Bourgogne, édition de 1632, *pag.* 14 & 20, où il dit que cela a été ainsi jugé par Arrêt du Parlement de Dijon du 28 Novembre 1609; & par un autre du 8 Avril 1615.) De même, s'il y a contestation entre deux Juges, dont l'un est supérieur de l'autre, le Juge supérieur peut faire défenses à l'inférieur de continuer sa procédure, & ordonner l'apport des charges & informations pardevers lui. (*Ita* Henris, *tom.* 2, *qu.* 37, *pag.* 184 & 185.)

348. 5°. L'évocation peut être ordonnée, ou sur la Requête de la partie privée, soit l'accusé, soit le plaignant; ou sur celle de la partie publique.

6°. Avant de pouvoir prononcer le jugement d'évocation, du moins dans le cas de négligence ou de déni de Justice, il faut prévenir le Juge dont on veut évoquer, par une sommation ou avertissement, de faire juger l'affaire, ou pour qu'il fasse telle procédure dans le délai qui lui sera indiqué; après lequel temps, & faute d'avoir satisfait à cet avertissement, le Juge supérieur pourra évoquer l'affaire à lui. (Voyez ci-dessus, *n.* 346.)

349. 7°. Le Juge supérieur qui évoque ainsi, peut ordonner l'apport des charges & informations à son Greffe, & la translation des prisonniers en ses prisons; & décerner des exécutoires à cet effet sur le domaine de la justice du Juge négligent; lequel d'ailleurs doit être tenu de tous les frais qui se feront par le Juge supérieur. Il en seroit autrement, si l'évocation étoit faite pour raison de connexité. (Voyez l'article 5 du titre 1 de l'Ordonnance de 1670.)

Et si le Juge inférieur, après l'évocation prononcée, refusoit de remettre les procédures en conséquence du mandement qui lui en seroit fait, il pourroit y être contraint en décernant contre lui des exécutoires & autres peines. (Voyez *suprà*, n. 333.)

8°. Quand le jugement d'évocation a été une fois prononcé &

signifié, les procédures, même celles d'instruction qui se font en la justice inférieure, sont nulles. (Argument tiré de l'article 4 du titre 1 de l'Ordonnance de 1670.)

350. 9°. Dans le cas où l'évocation est faite par un Juge supérieur, dont les jugements ne se rendent point en dernier ressort, on peut se pourvoir contre cette évocation, ou par la voie d'opposition devant le Juge qui a évoqué, ou par la voie d'appel devant le Juge supérieur du premier.

Cet appel peut être interjetté ou par les parties, ou par le Procureur du Roi, ou Fiscal de la jurisdiction d'où la cause est évoquée; mais le Juge supérieur qui a évoqué, pourra connoître de l'affaire par provision, nonobstant l'appel, & même passer au jugement définitif; car aucun appel en matiere criminelle ne suspend l'instruction ni le jugement, suivant l'article 4 du titre 26 de l'Ordonnance de 1670.

§. I.

De l'évocation du principal.

351. 1°. Les Juges supérieurs saisis de l'appel d'un décret, ou autre instruction, ou d'un jugement interlocutoire, peuvent évoquer le principal, si après avoir vu les charges & informations, ils connoissent que la matiere est légere, & ne mérite pas une plus ample instruction, & qu'elle peut être jugée en l'état où elle est. (Ordonnance de Roussillon, *art.* 18; Ordonnance de 1670, *tit.* 26, *art.* 5; Arrêt de réglement du 10 Juillet 1665, *art.* 8.)

La Déclaration du 15 Mars 1673, *art.* 9, porte: « que dans les » rôles qui seront faits pour la Tournelle Criminelle, suivant l'u- » sage ordinaire & accoutumé, toutes causes y seront mises; & » qu'après les rôles finis, elles demeureront appointées par un » réglement général; à l'exception des appellations comme d'a- » bus, & des Requêtes civiles, qui seront mises dans les rôles sui- » vants; cette déclaration ajoute, que dans les appellations des » décrets & autres procédures ainsi appointées, lorsque les affaires » seront légeres & ne mériteront pas d'être instruites, le principal » pourra être évoqué en jugeant, pour y faire droit définitivement » comme à l'Audience, après que les informations auront été com- » muniquées au Procureur-Général, & l'instruction faite, suivant » l'Ordonnance de 1670 ».

352. 2°. Le droit de pouvoir évoquer le principal pour le juger sur le champ, appartient non-seulement aux Cours, mais encore aux Baillis & Sénéchaux Royaux, ou autres Juges d'appel. (Arrêt de réglement du 10 Juillet 1665, *art.* 8 ;) ce qui résulte aussi de l'article 5 du titre 26 de l'Ordonnance de 1670, comparé avec l'article 1 du même titre.

353. 3°. Cette évocation ne doit avoir lieu, à proprement parler, qu'en deux cas ; le premier, lorsque l'accusé la demande ; car il peut avoir de bonnes raisons de se plaindre, *v. g.* d'un décret trop rigoureux ; ou de ne pas s'en tenir aux informations, & d'empêcher que l'affaire ne soit jugée par le premier Juge en l'état où elle est ; autrement il seroit injuste de lui ôter ses moyens de défenses & le droit d'alléguer les preuves nécessaires pour sa justification, ainsi que les reproches contre les témoins, *&c.* Le second cas est, lorsque l'accusé demandant une plus ample instruction, les Juges voient que cela seroit entiérement inutile ; comme s'il n'y avoit aucune preuve contre lui, ou que l'affaire ne méritât pas d'être instruite.

Cette évocation doit être prononcée par tout le Siege, & jugée sur-le-champ à l'Audience ; ainsi qu'il résulte de l'art. 5 du tit. 26 qui vient d'être cité.

354. Lorsque le titre de l'accusation est grave, & que l'affaire mérite d'être instruite, les Juges supérieurs, sur l'appel d'un décret ou autre incident, ne doivent point évoquer le principal pour le juger sur-le-champ ; parce qu'il arrive souvent que lors de l'appel du décret, les témoins les plus considérables n'ont pas encore été entendus. (Ordonnance de 1670, *tit.* 26, *art.* 5 ; & *tit.* 15, *art.* 1.)

Il faut aussi observer que lorsqu'il y a plusieurs personnes décrétées, & que quelques-uns des accusés seulement, sont appellants du décret, on ne peut évoquer le principal, pour peu que les appellations soient connexes, & que les appellants soient chargés. (Arrêt du Parlement du 17 Juillet 1705, rapporté au Journal des Audiences.)

Une autre regle en cette matiere, est qu'après le jugement de récolement & de confrontation, on ne peut évoquer le principal, si la procédure est nulle ; ni convertir l'information en enquête. (Même Arrêt du 17 Juillet 1685, rapporté au Journal des Audiences.

355. 4°. L'évocation du principal, sur l'appel du Juge Laïque, peut

avoir lieu dans le cas même où un Ecclésiastique demanderoit son renvoi devant le Juge d'Eglise. (Ainsi jugé par Arrêt du Parlement du 3 Janvier 1699, qui sur un renvoi requis devant l'Official de Senlis par le sieur Gaudart Curé de Courtenil, décrété par le Lieutenant-Criminel de Senlis, & appellant comme de Juge incompétent dudit décret, évoque le principal, & y faisant droit, condamne ledit sieur Gaudart à faire réparation d'honneur aux plaignants, des discours scandaleux par lui tenus contre eux, en présence de telles personnes, *&c.* & le condamne aux dépens.)

Autre Arrêt du 18 Avril 1739 sur l'appel du Lieutenant-Criminel du Châtelet de Paris, qui sur un décret par lui décerné contre le sieur Gerard Chapelain de l'Eglise de Notre-Dame de Paris, & nonobstant la revendication du Chapitre de cette Eglise pour leur Official, évoque le principal, & condamne ledit Gerard à une réparation pour injures par lui proférées, & libelles diffamatoires par lui répandus contre le sieur de Lobtencie Prêtre-Chanoine de Saint-Etienne-des-Grés de Paris.

CHAPITRE VIII.

Des conflits & réglements de Juges en matiere criminelle.

356 1°. Pour qu'il y ait réglement de Juges en matiere criminelle, il faut que deux Cours ou deux Jurisdictions indépendantes l'une de l'autre, & non ressortissantes en la même Cour, *v. g.* un Siege Présidial & un Prévôt des Maréchaux, ou bien un Bailliage & un Présidial, ou Prévôt de Maréchaussée, *&c.* aient informé & décrété pour raison du même fait contre les parties. (Ordonnance des évocations du mois d'Août 1737, *tit.* 3, *art.* 1.)

Dans le cas de duel, dont les Prévôts des Maréchaux peuvent connoître, il ne doit être formé entre eux & une autre jurisdiction, aucune demande en réglement de Juges; sauf aux Cours de Parlement à y pourvoir : ce qui est fondé sur ce que les Prévôts des Maréchaux ne peuvent connoître de ce crime, qu'à la charge de l'appel, ainsi que les Juges ordinaires. (Déclaration du Roi du 5 Février 1731, *art.* 27.)

A l'égard de la connoissance des conflits de jurisdiction qui peuvent naître entre les Lieutenants-Criminels des Sieges Présidiaux,

& les Prévôts des Maréchaux, pour sçavoir auxquels de ces Officiers il appartient de connoître d'un crime qui doit être jugé présidialement ou prévôtalement, elle appartient au Grand-Conseil. (Ordonnance des évocations du mois d'Août 1737, *tit.* 3, *art.* 6. Ordonnance du mois d'Août 1679, *tit.* 3, *art.* 6.)

357. 2°. Les Lettres, ou Arrêts de réglement de Juges, doivent porter que l'instruction sera continuée en la jurisdiction qui sera commise par lesdites Lettres ou Arrêt jusqu'à jugement définitif inclusivement, en attendant que le réglement de Juge ait été terminé ou jugé. (Ordonnance de 1737, *ibid.* tit. 3, art. 2. Ordonnance de 1669, *tit.* 3, *art.* 2.)

Dans les matieres où il s'agit des droits du Roi, il y a une disposition en l'article 37 du titre commun des Fermes de l'Ordonnance du mois de Juillet 1682, qui porte, que dans le cas de conflit entre les Juges ordinaires & ceux des Elections, Greniers-à-Sel & Traites Foraines, pour raison de la compétence, les informations faites dans l'une & l'autre des jurisdictions, qui prétendent devoir en connoître, seront envoyées au Greffe du Conseil, pour y être les parties réglées de Juges ; & cependant que l'instruction du procès jusqu'au jugement définitif, sera continuée par les Officiers des Elections, Greniers-à-Sel & autres Juges des Droits du Roi ; qu'il sera sursis au jugement, jusqu'à ce que la compétence ait été réglée ; & que les Juges qui auront entrepris les uns sur les autres, outre l'interdiction, seront condamnés en mille livres d'amende.

358. *Question.* Dans ce cas de conflit entre deux jurisdictions indépendantes l'une de l'autre, doit-on surseoir à l'instruction & à la procédure, si l'une des deux Jurisdictions, *v. g.* l'Election, a fait signifier au Bailliage, qu'elle instruit du même délit?

Je ne crois pas que cela doive empêcher les Officiers du Bailliage de suivre leur procédure, & même de passer au jugement définitif, (en supposant que le Bailliage soit fondé à connoître de l'affaire ;) mais il faut supposer pour cela, que les accusés emprisonnés, le sont en vertu des décrets émanés du Bailliage ; car s'il y en avoit quelqu'un qui fût prisonnier en vertu d'un décret de l'Election, je crois qu'on ne pourroit alors juger le fond au Bailliage ; parce que les matieres criminelles étant indivisibles, il ne seroit pas possible de rendre le jugement définitif avec cet accusé ; ainsi dans ce cas, il seroit nécessaire d'en écrire à M. le Chancelier. Mais si tous les accusés décrétés en l'Election, ne l'avoient été que d'ajournement personnel, ou d'assigné pour être oui ; ou, si ayant été décrétés de prise de corps, ils n'avoient point été arrêtés en conséquence de ce décret, quand même on auroit instruit contre eux la contumace en l'Election ; alors cela ne doit pas empêcher les Officiers du Bailliage, de passer outre au jugement du fond, tant qu'aucune des parties, soit les accusés, soit le plaignant, ne se pourvoient point en réglement de Juges ; ni même de faire tranférer les accusés au Parlement, après avoir jugé le fond, si l'appel est de droit.

359. A l'égard de ce qui est porté en l'article 37 du titre commun des Fermes, qui vient d'être cité, cet article ne veut pas dire que les Juges qui sont en conflit de jurisdiction, enverront d'eux-mêmes leurs procédures au Greffe du Conseil ; mais seulement lorsque sur ce conflit, il y aura des Lettres ou Arrêts en réglement de Juges, comme il est dit ci-dessus, *n.* 357.

3°. Aucunes Lettres ou Arrêts de réglement de Juges en matiere criminelle, ne doivent être accordés aux accusés contre lesquels il y a un décret de prise de corps subsistant, s'ils ne sont actuellement en état, soit dans les prisons des Juges qui les ont décrétés, soit dans celles des Cours supérieures auxdits Juges ; & s'il ne leur en est apparu par des extraits tirés du registre de la Geole en bonne forme, attestés par le Juge ordinaire des lieux, en cas que les accusés soient dans d'autres prisons que celles desdites Cours, & signifiés aux parties civiles s'il y en a, ou à leurs Procureurs, ou aux Procureurs du Roi ou Fiscaux des Jurisdictions où lesdits accusés seront poursuivis ; le tout à peine de nullité. (Ordonnance des évocations du mois d'Août 1737, *tit.* 3, *art.* 4.)

360. Ledit acte d'écroue doit être attaché sous le contre-scel des Lettres en réglement de Juges, ou de la commission expédiée sur l'arrêt ; faute de quoi, l'accusé doit être déchu desdites Lettres, qui seront regardées comme non avenues ; & il doit être passé outre au jugement du procès, sans qu'il soit besoin de le faire ainsi ordonner par Arrêt du Conseil. (Ordonnance de 1669, *tit.* 3, *art.* 4 ; Ordonnance des évocations du mois d'Août 1737, *tit.* 2, *art.* 5.)

Mais quand ce sont les Seigneurs de Justice ou les Procureurs du Roi qui plaident en réglement de juges, pour la conservation de leur jurisdiction, il n'est pas nécessaire que l'accusé soit présent.

4°. Les accusés qui ont été déboutés des déclinatoires par eux proposés, ne peuvent se pourvoir en réglement de Juges; si ce n'est dans le cas où il auroit été informé & décrété pour le même fait par une jurisdiction d'un autre ressort; le tout sans préjudice auxdits accusés, de se pourvoir par les voies de droit contre les jugements rendus en dernier ressort, qui les auroient déboutés de leur déclinatoire; ce qu'ils peuvent faire lors même qu'aucune autre jurisdiction n'aura informé & décrété contre eux pour le même fait. (Même Ordonnance du mois d'Août 1737, *tit.* 3, *art.* 3. Ordonnance de 1669, *tit.* 3, *art.* 3.)

361. 5°. Quant à la procédure qui doit être tenue sur les demandes en réglement de Juges en matiere criminelle, elle doit être sommaire en la forme prescrite par les réglements, touchant les procédures qui se font au Conseil du Roi. (Ordonnance de 1737, *tit.* 3, *art.* 7; & *tit.* 2, *art.* 18.)

Le défendeur en réglement de Juges, peut se présenter, sans attendre l'échéance des délais; & procéder avec l'Avocat au Conseil de la partie adverse. (Même Ordonnance de 1737, *tit.* 2, *art.* 17.)

A l'égard de la procédure particuliere qui doit se tenir au Grand-Conseil sur les instances en réglement de Juges, elle se trouve fixée par un Arrêt du Conseil du 22 Janvier 1690, rapporté au Recueil des réglements cités dans les nouveaux Commentaires sur les Ordonnances de 1667, 1670, 1669 & 1673, *tom.* 2, *pag.* 59.

6°. Ceux qui succombent dans les instances en réglement de Juges, poursuivies au Conseil du Roi, doivent être condamnés en 300 livres d'amende envers le Roi, & en 150 livres envers la partie; & en outre, aux dommages & intérêts, & aux dépens. (Ordonnance de 1737 des évocations, *tit.* 2, *art.* 29; *tit.* 3, *art.* 7; & *tit.* 1, *art.* 79.)

CHAP.

CHAPITRE IX.

Des Evocations pour parentés, en matiere criminelle.

362. L'évocation pour parenté, est un moyen accordé par les Ordonnances aux parties qui ont pour suspects tous les Officiers d'un Tribunal, pour leur ôter la connoissance d'un procès qui y est pendant, & le faire renvoyer en une autre jurisdiction. Ainsi c'est une espece de récusation qui est proposée, non contre un Juge en particulier, mais contre tous les Officiers d'une Compagnie en général. Ces sortes d'évocations ont lieu tant en matiere civile que criminelle. Je ne parlerai ici que de celles qui ont lieu en matiere criminelle.

De même je ne parlerai que des évocations qui peuvent avoir lieu dans les Présidiaux & dans les Bailliages. Si l'on veut voir tout ce qui regarde les évocations des Cours souveraines, il faut consulter la nouvelle Ordonnance du mois d'Août 1737, rendue touchant les évocations.

Outre les regles générales au sujet des évocations pour parentés, tant en matiere civile qu'en matiere criminelle, établies par l'Ordonnance des évocations du mois d'Août 1737, il y en a de particulieres pour les matieres criminelles.

363. 1°. On ne peut évoquer en général des Présidiaux, que dans les cas où les Ordonnances les autorisent à juger en dernier ressort ; auxquels cas l'évocation pourra être demandée, si l'une des parties est Officier dans le Présidial, ou si elle y a son pere, son fils, ou son frere ; sans qu'aucun des alliés, ni aucun autre parent puissent donner lieu à ladite évocation. (Ordonnance des évocations du mois d'Août 1737, *tit.* 1, *art.* 87.)

2°. On doit regarder comme une regle générale, que les procès criminels doivent être jugés sur les lieux où les délits ont été commis ; à moins qu'il n'y ait suspicion contre les Juges ; auquel cas les procès doivent être renvoyés devant les Juges les plus prochains du lieu du délit. (Ordonnance d'Orléans, *art.* 52 ; Ordonnance de Blois, *art.* 121.)

364. 3°. Les accusés contre lesquels il y a décret de prise de corps subsistant & non purgé, ne peuvent être reçus à demander aucune évocation, s'ils ne sont actuellement en état dans les prisons des

Juges dont le décret est émané, ou dans celles de la Cour dont ils veulent évoquer ; & il en doit être fait mention dans la Requête d'évocation, avec laquelle ils doivent donner copie de l'écroue qui sera attesté par le Juge ordinaire des lieux, quand l'accusé se sera mis dans d'autres prisons que celles de la jurisdiction d'où il prétend évoquer ; & jusqu'à ce qu'il y ait satisfait, il ne sera procédé à aucunes poursuites ou procédures sur l'évocation ; & il sera passé outre au jugement & instruction du procès, sans que l'accusé puisse se pourvoir au Conseil du Roi par voie de cassation, ou autrement, contre le jugement définitif intervenu sur ledit procès. (Ordonnance des évocations de 1737, *tit.* 1, *art.* 60.)

365. 4°. En matiere criminelle, de même qu'en matiere civile, les procès criminels ne peuvent être évoqués du chef des parents & alliés des Procureurs du Roi, lorsque ceux-ci ne sont parties que comme exerçant le ministere public. (*Ibid.* art. 61.)

5°. L'accusé ne peut aussi évoquer du chef des parents ou alliés de ceux qui ne sont point parties au procès ; encore qu'ils fussent intéressés à la punition du crime ou délit. (*Ibid.* art. 62.)

6°. Les accusés ne peuvent pareillement évoquer du chef des parents & alliés de leurs complices, ou du chef des parents & alliés des cessionnaires des intérêts civils. (*Ibid.* art. 63.)

7°. Dans les procès criminels sujets à l'évocation, la Requête pour faire évoquer, doit être signifiée au Procureur du Roi ; à peine de nullité. (*Ibid.* art. 65.)

Et quand même l'évocation seroit consentie par les parties, elle ne peut être expédiée que sur les conclusions par écrit desdits Procureurs du Roi. (*Ibid.* art. 66.)

366. 8°. Au surplus, l'instruction des procès criminels, dans le cas même où ils sont sujets à l'évocation, doit être continuée jusqu'au jugement définitif exclusivement, nonobstant toutes Requêtes à fin d'évocation, signifiées ; ce qui a lieu pareillement pendant l'instance d'évocation ; sans que ladite instruction puisse être suspendue ni retardée, ni que le procès criminel puisse être civilisé, avant qu'il ait été statué sur l'évocation. (*Ibid.* art. 67.)

Voyez au surplus ce qui est dit en général touchant les évocations pour parentés, dans le Traité *De l'Administration de la Justice*, touchant la compétence des Juges civils en général, *tit.* 2, *sect.* 8.

CHAPITRE X.

Des Récusations de Juges en matiere criminelle.

367. La récusation est une espece de déclinatoire, qui se fait pour empêcher qu'un Juge suspect ne puisse connoître d'une affaire portée devant lui, quoiqu'il soit d'ailleurs compétent pour connoître de cette affaire. Ces sortes de récusations ont lieu tant en matiere civile que criminelle. Voici ce qui regarde les accusations en matiere criminelle.

1°. On peut regarder comme une regle générale, que toutes les causes qui donnent lieu à la récusation d'un Juge en matiere civile, ont aussi lieu en matiere criminelle. (Voyez ce qui est dit à ce sujet dans le Traité de l'Administration de la Justice, *tit.* 2, *sect.* 10, *art.* 1.)

368. Il y en a néanmoins quelques-unes de particulieres pour les recusations en criminel. Ainsi, quoiqu'en matiere criminelle, on ne puisse récuser un Juge pour parenté, que dans le cas de parenté, ou alliance de l'une des parties, & du Juge ou de sa femme, si elle est vivante, ou si le Juge, ou la partie, en ont des enfants vivants, jusqu'au quatrieme degré inclusivement; & que même dans ce cas, il puisse demeurer Juge, si toutes les parties y consentent par écrit; néanmoins cette cause de recusation a plus d'étendue en matiere criminelle.

Ainsi aux termes de l'article 2 du titre 24 de l'Ordonnance civile de 1667, le Juge peut être récusé en matiere criminelle, s'il est parent ou allié de l'accusateur ou de l'accusé, jusqu'au cinquieme degré inclusivement. Et s'il porte le nom & les armes, & qu'il soit de la famille de l'accusateur ou de l'accusé, il doit s'abstenir, en quelque degré de parenté ou d'alliance que ce puisse être, quand la parenté ou alliance sera connue par le Juge, ou justifiée par l'une des parties; sans qu'en l'un ou l'autre cas il puisse demeurer Juge, nonobstant le consentement de toutes les parties, même des Procureurs du Roi, ou Procureurs Fiscaux.

369. Et il en est de même dans le cas où le Juge devant lequel l'affaire criminelle est portée, seroit parent ou allié commun des parties; ce qui a pareillement lieu dans le cas de parenté ou alliance de la femme, si elle est vivante, ou si le Juge, ou la partie, en ont

des enfants vivants. (Même Ordonnance de 1667, *tit.* 24, *art.* 2 & 3.) Ainsi dans ces deux cas, le Juge n'en peut connoître, quand même toutes les parties y consentiroient par écrit.

370. 2. A l'égard des Officiers de Justice qui peuvent être recusés, comme aussi de tout ce qui regarde les personnes qui peuvent recuser, les devoirs des Juges à ce sujet, les Tribunaux où ces recusations doivent être portées, ainsi que la procédure & le jugement dans ces sortes d'affaires, Voyez ce qui est dit dans le Traité de l'Administration de la Justice, *&c.* au titre *De la Compétence des Juges civils en général*, tit. 10, sect. 2, *art.* 2, 3, 4 & 5.

Il y a seulement ici quelques observations à faire, qui sont particulieres aux affaires criminelles.

371. La premiere est que quand on est contumax, on ne peut recuser, & que l'on n'est point admis alors à recuser par Procureur. (Ainsi jugé par Arrêt du Parlement de Grenoble du 19 Mars 1611, rapporté par Basset, *tom.* 2, *liv.* 9, *tit.* 4, *chap.* 4. Voyez aussi Bouvot en ses questions, *tom.* 2, au mot *contumace*, qu. 2, où il rapporte un Arrêt du Parlement de Dijon qui l'a ainsi jugé.)

372. La seconde, est que la recusation indécise & non jugée, ne peut arrêter l'instruction d'un procès criminel ; parce qu'il faut toujours assurer & constater les preuves qui pourroient dépérir ; sauf à faire droit sur la récusation avant le jugement définitif du procès. Et si les accusés refusoient de répondre, sous prétexte d'appellation comme de Juge incompétent & recusé, le procès leur doit être fait comme à des muets volontaires. (Voyez l'article 2 du titre 25 de l'Ordonnance de 1670.)

Il est néanmoins plus prudent au Juge, dans le cas de ces sortes de recusations, de se recuser lui-même, & de faire continuer l'instruction criminelle par un autre Juge, Avocat ou Praticien du Siege ; parce que si par l'événement la recusation étoit jugée valable, toute l'instruction faite par le Juge recusé, depuis la recusation, & quelquefois même celle faite auparavant, suivant les circonstances, seroient déclarées nulles.

CHAPITRE XI.

Des prises à partie en matiere criminelle.

373. La prise à partie est l'intimation d'un Juge, ou autre Officier de Justice en son propre & privé nom, faite par l'une des parties, devant le Tribunal supérieur de ce Juge, *&c.* à l'effet de rendre compte de son jugement, pour raison d'un deni de Justice, entreprise de jurisdiction, ou autre malversation; & aussi pour être condamné en des dommages, intérêts & dépens, & quelquefois même en une plus grande peine.

Ces prises à partie peuvent avoir lieu tant en matiere civile que criminelle. Je ne parlerai ici que de celles qui ont lieu en matiere criminelle.

374. 1°. On doit regarder comme une regle générale, que les prises à partie peuvent avoir lieu tant en matiere civile qu'en matiere criminelle, toutes les fois qu'il y a du dol ou de la fraude, ou concussion de la part du Juge. Voyez ce qui est dit à ce sujet touchant les différents cas où les Juges peuvent être pris à partie, dans le Traité de l'Administration de la Justice, *&c.* au titre *De la Compétence des Juges civils en général*, tit. 2, sect. 11, art. 1.

375. 1°. L'article 2 du titre 3 de l'Ordonnance criminelle de 1670, défend au Juges, à peine d'interdiction, d'adresser aucunes plaintes criminelles aux Huissiers, Sergents, Archers ou Notaires.

3°. L'article 2 du titre 5 de la même Ordonnance, défend aux Juges de dresser aucuns procès-verbaux au sujet des remises des rapports d'experts au Greffe; à peine de 100 livres d'amende, payable moitié envers le Roi, & moitié envers la partie.

376. 4°. En matiere d'information, l'article 11 du titre 6 de la même Ordonnance, veut que les témoins soient ouis secretement & séparément, & qu'ils signent leur déposition; à peine de tous dépens, dommages & intérêts contre le Juge.

Et suivant les articles 9 & 12 du même titre, les Juges, & autres qui font des informations, sont tenus de signer toutes les dépositions des témoins, & de cotter & signer chaque page de ces mêmes dépositions, ainsi que les renvois; à peine pareillement, de tous dépens, dommages & intérêts.

En général, le Juge répond de toutes les nullités qui donnent lieu à recommencer une procédure criminelle; & celui qui l'a commise, doit être condamné d'en faire les frais, & en outre, tenu des dommages & intérêts des parties. (Même Ordonnance de 1670, *tit.* 15, *art.* 24.)

377. 5°. L'article 2 du titre 12 de la même Ordonnance, porte que les mêmes Juges ne pourront accorder des provisions d'aliments & médicaments à l'une & à l'autre des parties; à peine de suspension de leurs charges, & de tous dépens, dommages & intérêts.

L'article 4 du même titre, porte que les sentences de provisions ne pourront être sursises ni jointes au procès par les Juges qui les auront données; sous pareille peine.

6°. Touchant l'élargissement des prisonniers, l'article 34 du titre 13 de la même ordonnance de 1670, défend aux Lieutenants-Criminels & à tous autres Juges d'ordonner aucun élargissement qu'en la forme prescrite par l'Ordonnance; à peine d'interdiction, & de tous dépens, dommages & intérêts des parties.

378. 7°. A l'égard des interrogatoires des accusés, l'article 13 du titre 14, veut qu'ils soient lus à l'accusé, cottés & paraphés en toutes leurs pages, & signés du Juge & de l'accusé; à peine aussi de tous dépens, dommages & intérêts contre le Juge.

Et l'article 16 du même titre, défend à tous Juges, de prendre, recevoir, ni se faire avancer aucune chose par les prisonniers pour leur interrogatoire, ou pour autres droits prétendus; sauf à se faire payer de leurs droits par la partie civile, s'il y en a.

8°. L'article 15 du titre 16 de la même Ordonnance, défend aux Juges d'élargir à caution, ou autrement, les accusés qui ont obtenu des Lettres de grace, & qui sont constitués prisonniers; à peine de suspension de leurs charges, & de payer les condamnations qui interviendront contre les accusés.

L'article 23 du même titre, défend aux Lieutenants-Criminels, & à tous autres Juges, ainsi qu'aux Greffiers & aux Huissiers, de prendre & recevoir aucune chose, encore qu'elle leur fût volontairement offerte, pour l'attache, lecture & publication des lettres de grace, ou pour conduire & faire entrer l'impétrant à l'Audience,

& sous quelqu'autre prétexte que ce soit; à peine de concussion, & de restitution du quadruple.

379. 9°. Touchant les contumaces, l'article 11 du titre 17 de la même Ordonnance, défend aux Juges d'ordonner autre assignation ou proclamation que celles à quinzaine & à huitaine à cri public; à peine d'interdiction, & des dommages & intérêts des parties.

L'article 27 du même titre, défend à tous Juges, Greffiers, Huissiers, Archers, ou autres Officiers de Justice, de faire transporter chez eux, ni même au Greffe, aucuns deniers, meubles, hardes ou fruits appartenants aux contumax condamnés, ou à ceux même qui ne seroient que décrétés; ni de s'en rendre adjudicataires sous leur nom, ou sous des noms supposés, sous quelque prétexte que ce soit; à peine d'interdiction, & du double de la valeur.

380. 10°. L'article 6 du titre 18 de la même Ordonnance, veut que si l'accusé est sourd ou muet, il soit fait mention dans les actes de la procédure, de l'assistance de son curateur; à peine de nullité, & des dépens, dommages & intérêts des parties.

L'article 9 du même titre, porte qu'à l'égard des muets volontaires, il doit être fait mention en chacun article des interrogatoires & autres procédures faites en présence de l'accusé, qu'il n'a voulu répondre; à peine de nullité des actes où cette mention n'aura pas été faite, & des dépens, dommages & intérêts de la partie contre le Juge.

381. 11°. Enfin touchant les sentences & jugements, l'article 14 du titre 25 de la même Ordonnance de 1670, veut qu'ils soient signés de tous les Juges qui y ont assisté; à peine d'interdiction, & de 500 livres d'amende.

Hors les cas ci-dessus, & quelques autres, les Juges ne peuvent être pris à partie pour contravention aux Loix & Ordonnances du Royaume.

A l'égard des autres Officiers de Justice qui peuvent être pris à partie, outre les Juges; comme aussi des Tribunaux dans lesquels se portent les prises à partie; ainsi que de la procédure qui doit être tenue à ce sujet, & sur-tout dans le cas de déni de Justice de la part du Juge; Voyez ce qui est dit dans le Traité de l'Administration de la Justice, au titre *De la Compétence des Juges civils en général*, tit. 2, sect. 11, *art.* 2, 3 & 4.

382. Il faut seulement observer, 1°. que pour pouvoir prendre un Juge à partie, il faut y etre autorisé par un Arret de la Cour. (Voyez *ibid.* art. 4.) 2°. Que les Procureurs du Roi ou Procureurs Fiscaux, ainsi que les Procureurs-Généraux, ne peuvent etre recusés, quand ils sont seuls partie ; *secus*, s'il y a partie civile. (Voyez Bruneau Traité des Criées, *pag.* 34.)

TROISIEME

TROISIEME PARTIE.

LIVRE PREMIER.

De l'ordre judiciaire, touchant les matieres criminelles en général.

TITRE PREMIER.

De l'action qui naît des crimes.

CHAPITRE PREMIER.

Des différentes actions qui naissent des crimes.

1. COMME la plupart des crimes offensent, non-seulement la société civile, mais encore les particuliers, on peut considérer dans chaque crime, deux intérêts différents; le premier qui regarde le public, & le second qui regarde les particuliers.

Les crimes, en tant qu'ils troublent la société civile, la Religion, & le Gouvernement, exigent une vengeance publique, & une punition exemplaire; & en tant qu'ils blessent les particuliers dans leurs personnes, leur honneur, ou leurs biens, ils exigent une réparation, & des dommages & intérêts à l'égard des personnes offensées, ou de ceux qui les représentent. Ainsi l'homicide d'un homme qui laisse une femme & des enfants, peut être poursuivi, & pour l'intérêt public, & pour celui de la femme & des enfants du défunt: le premier, afin qu'il soit fait une punition publique & exemplaire de la personne du meurtrier; & le second, afin qu'il soit adjugé à la femme & aux enfants sur les biens de ce meurtrier, une réparation & des intérêts civils, proportionnés au dommage qu'ils souffrent. Il en est de même du vol, de l'incendie, & des autres crimes de cette espece.

2. De cette considération, naissent deux manieres différentes de poursuivre les crimes : la premiere, qui regarde la poursuite du crime par rapport à l'intérêt public, & qui ne peut être dirigée que contre l'auteur du crime, & ses complices : la seconde, qui regarde la réparation du crime par rapport aux particuliers offensés, & qui peut être intentée, tant contre l'auteur du crime, que contre ses héritiers.

3. La poursuite des crimes, considérée par rapport à l'intérêt public, c'est-à-dire, en ce qui concerne la peine, n'appartient en France qu'aux Officiers à qui le Roi a confié ce soin, & à qui l'on a donné pour cette raison, le nom de *Parties publiques*. Ces Officiers sont, les Procureurs-Généraux dans les Cours, les Procureurs du Roi dans les Bailliages, Prévôtés, & autres Justices royales; & les Procureurs-Fiscaux dans les Justices de Seigneurs. Les Promoteurs des Officialités, sont aussi chargés du même soin à l'égard des Ecclésiastiques prévenus de crimes; mais avec cette différence, qu'ils ne peuvent requerir contre les accusés aucune peine afflictive, ni infamante, mais seulement des peines canoniques.

4. Quant à la seconde maniere de poursuivre les crimes, c'est-à-dire en ce qui touche la réparation & les intérêts civils, tous ceux qui ont reçu quelque offense, soit en leurs personnes, soit en leur honneur, soit en leurs biens, sont en droit d'exercer cette action, & de poursuivre la condamnation des dommages & intérêts qui résultent de l'offense qui leur a été faite; mais ils ne peuvent jamais conclure à la peine publique. On a donné à ces derniers le nom de *Parties civiles*.

Ainsi, dans notre usage, deux sortes de personnes concourent à la punition des crimes. 1°. La *Partie civile*, qui demande la réparation de l'offense qui lui a été faite, & ses dommages & intérêts: 2°. la *Partie publique*, qui poursuit la punition du crime, & la condamnation à la peine qu'il mérite.

Le crime d'adultere a cela de particulier, que l'action qui en résulte, même pour la peine publique contre la femme, n'appartient qu'au mari seul; à moins que le mari n'en soit complice. (Voyez ce qui est dit ci-après au titre *De l'Adultere*, n. 43.)

5. Ces deux différentes manieres de poursuivre les crimes, donnent lieu à deux sortes d'actions; l'une qu'on appelle *Civile*, & l'autre qu'on nomme *Criminelle*.

L'action *civile*, est la faculté de demander en jugement, par voie d'assignation, la chose qui nous appartient, ou des dommages & intérêts, pour raison du tort qui nous est fait.

L'action *criminelle*, est la faculté de demander par voie de plainte en jugement, la chose qui nous appartient, ou des dommages & intérêts. Elle a lieu aussi pour faire comdamner l'accusé à la peine qui est due à son crime. L'action criminelle est civile dans le premier sens; mais elle est criminelle par rapport au crime.

6. L'action civile ne peut jamais contenir la peine qui fait la sureté de la discipline publique; mais l'action criminelle peut contenir la poursuite de la chose, outre la peine.

L'action criminelle pourvoit donc à l'intérêt civil, ainsi qu'à la punition du crime, & par-là elle exclut le recours à l'action civile, qui, ne pourvoyant qu'à l'intérêt civil, n'exclut pas le recours à l'action criminelle. Ainsi l'action criminelle est civile en un sens; parce que l'obligation naturelle, en fait de crime, n'est jamais sans l'obligation civile; mais cette action est appellée *criminelle*, relativement au crime.

7. L'action civile est une action *ordinaire*. (Ordonnance 1667, *tit.* 18, *art.* 2;) mais l'action criminelle peut être ou *ordinaire*, ou *extraordinaire*.

L'action *criminelle ordinaire*, est celle qui, étant intentée par la voie de plainte, ne se poursuit point extraordinairement.

L'action *criminelle extraordinaire*, est celle qui se poursuit extraordinairement.

L'action criminelle est toujours intentée par la voie de plainte; mais la poursuite ne s'en fait extraordinairement que par le réglement à l'extraordinaire, c'est-à-dire, par le jugement de récolement & confrontation des témoins. Sans ce réglement le procès s'instruit par la voie ordinaire; c'est-à-dire, que les Juges doivent juger le procès en l'état où il est, ou recevoir les parties en procès ordinaire. (Ordonnance 1670, *tit.* 20, *art.* 3.)

8. L'action criminelle est ou *publique*, ou *privée*. L'action *criminelle publique*, est celle qui a pour objet la vengeance publique; &

l'action *criminelle privée*, est celle qui a pour objet l'intérêt des particuliers offensés, & en même temps la punition due au crime.

Tout délit, de quelque espece qu'il soit, produit ordinairement en faveur de celui qui a été offensé, ou de ses héritiers, deux actions; l'une civile, & l'autre criminelle. (Julius Clarus, *qu.* 1, *n.* 2; & *qu.* 2, *n.* 1. Baldus *in* L. 1, 3 *col.* Cod. *De condict. indebiti.* Pontanus *in consuet. bles.* art. 22, pag. 172, édition de 1677.)

9. Mais quoiqu'il soit vrai de dire en général, que tout offensé a la liberté de poursuivre un crime par action civile, ou par action criminelle; néanmoins cela n'a pas toujours lieu. En effet, cette regle ne reçoit point son application dans le cas où l'on ne peut faire que la simple poursuite de la peine, & où il n'y a aucune chose à demander; car alors on ne peut agir par action civile; comme s'il s'agit d'un homicide. Dans cette espece de crime, il n'y a point, à proprement parler, de chose à demander; & s'il y en avoit quelqu'une à poursuivre, ce seroit des dommages & intérêts; mais on sçait que la vie d'un homme libre, ne peut s'estimer, suivant cette regle de Droit que *liber homo æstimationem non recipit*, (L. 3, D. *Si quadrupes paup.* Voyez aussi Jul. Clarus, *in supplem.* §. *injuria*, n. 44.)

Il est vrai que dans nos, mœurs la veuve, ou les enfants, *v. g.* d'un ouvrier homicidé, qui, par cette mort, perdent un secours qui les faisoit subsister, peuvent demander des dommages & intérêts contre l'auteur de l'homicide & ses complices; ce qui a aussi lieu dans d'autres cas semblables: mais cela ne se peut demander que par occasion, sur l'action criminelle, c'est-à-dire, incidemment à cette action; d'où il faut conclure par une regle générale, que parmi nous, toutes les fois que le crime ne consiste qu'en un fait personnel, on ne peut intenter que l'action criminelle.

10. Il faut aussi observer, & c'est une suite de ce qui a déja été remarqué ci-dessus, qu'il y a des crimes qui ne donnent lieu qu'à la seule action criminelle publique; sçavoir, ceux qui offensent seulement la Justice, sans causer aucun dommage ni offense à personne; comme sont les crimes d'héresie, de simonie, de blasphême, & autres semblables, qui ne peuvent être poursuivis qu'à la requête des Procureurs du Roi, ou de ceux des Seigneurs, des Promoteurs, ou autres parties publiques.

Dans tous les autres crimes qui peuvent intéresser le ministere public, & qui intéressent aussi des parties privées, les Procureurs du Roi ne peuvent intenter que l'action criminelle, & jamais l'action civile, qui n'appartient qu'à la partie privée.

11. Dans le Droit Romain, l'accusation des crimes publics pouvoit être intentée par toutes sortes de personnes. A l'égard des délits privés, il n'y avoit que les parties intéressées, qui pouvoient s'en plaindre, & en poursuivre la punition. (L. 4. D. *De Popular. action.* L. 8. D. *De Accus.* §. instit. *De Public. judic.*)

Mais dans notre usage, personne n'est en droit de poursuivre la punition d'un crime, que la partie qui y a intérêt, ou les Officiers publics chargés de ce soin, qui sont les Procureurs du Roi, ou Fiscaux, ou les Promoteurs; ainsi qu'on l'a déja observé. Tout ce que peuvent faire les particuliers, est de dénoncer le crime à la Justice, c'est-à-dire, aux Juges, ou aux Procureurs du Roi, ou Fiscaux, qui, en conséquence de cette dénonciation, se chargent de le poursuivre, s'il y a lieu de le faire. Cette distinction a été sagement établie contre ce qui s'observoit en Droit; car, par ce moyen, l'union & la concorde sont mieux entretenues entre les citoyens; puisque personne ne pourroit gueres se rendre accusateur, sans encourir la haine & la disgrace de ses concitoyens, rien ne l'obligeant à intenter cette accusation, comme il arrive à l'égard de l'Officier public, chargé de ce soin, qui y est obligé par le devoir de son état.

12. C'est en conséquence de cette maxime, que par Arrêt du 5 Mai 1602, rapporté par Peleus, L. 7, *act. for.* 4, il a été jugé qu'un parent ne pouvoit accuser sa parente, d'impudicité; & que ces sortes d'accusations, quoique fondées, ne devoient pas être reçues.

Par un autre Arrêt rendu en la Chambre de l'Edit au mois de Juillet 1638, un oncle a été jugé non-recevable à accuser son neveu du crime d'usure, où il n'avoit aucun intérêt. (Voyez les Plaidoyers de Gauthier, *tom.* 1, *plaidoyer* 16.)

Il a aussi été jugé par Arrêt du 18 Octobre 1661, rapporté par Boniface, *tom.* 5, *liv.* 3, *tit.* 13, *chap.* 2, que des Maîtres de communauté, n'étoient pas recevables à accuser les Jurés de prendre de l'argent des aspirants à la maîtrise; & que cette action n'appartient qu'au Procureur du Roi.

13. De même, une procédure criminelle faite en l'Officialité de Bourges, par différents particuliers de la ville d'Issoudun, contre

leur Curé, pour fait de jeu, qui avoit été suivie d'un décret d'ajournement personnel contre ce Curé, fut infirmée au Parlement par Arrêt du 12 Janvier 1717, sur l'appel comme d'abus interjetté par le Curé: & par cet Arrêt les particuliers plaignants condamnés en deux mille livres de dommages & intérêts, & aux dépens; sauf au Promoteur à rendre sa plainte pour le fait du jeu seulement, & à poursuivre extraordinairement cette accusation, s'il y avoit lieu, pardevant un autre Official qui seroit nommé par l'Archevêque. *Idem* par Arrêt du 26 Août 1741, au profit du sieur Husson, Curé de Dompremy, contre le nommé Demange-Gros-Colas.

Autre Arrêt de la Tournelle du 16 Décembre 1741, sur les conclusions de M. Joli de Fleury, Avocat-Général, qui a déclaré abusive une procédure faite par l'Official de Nevers, sur une accusation intentée par le Chapitre de Tannay, contre un de ses Membres, pour déreglement & scandale dans sa conduite; parce que ce délit ne regardoit que le ministere public.

14. Un autre Arrêt rendu en la Tournelle le 28 Février 1742, sur les conclusions de M. Gilbert de Voisins, a jugé que des paroissiens, même en corps, n'étoient pas recevables à rendre plainte contre leur Curé pour faits concernant son ministere & ses fonctions curiales; & qu'ils ne pouvoient que se porter dénonciateurs. Cet Arrêt a été rendu au profit du Curé de Vassi en Champagne. La plainte des paroissiens étoit que ce Curé avoit causé plusieurs troubles dans la paroisse; qu'il avoit changé plusieurs choses au Service Divin, & qu'il avoit fait des déclamations dans ses Sermons contre différentes personnes. Le Curé avoit demandé des dommages & intérêts; mais il ne lui en fut point accordé par l'Arrêt.

15. Il n'en est pas de même du Seigneur Haut-Justicier qui accuseroit son Curé de scandale public. Ainsi par Arrêt rendu en la Tournelle le 17 Décembre 1717, rapporté au Dictionnaire des Arrêts, édition de 1727 au mot *Accusé*, *n.* 85, il a été jugé qu'un Seigneur étoit partie capable pour accuser son Curé, qui donnoit un scandale public dans ses terres, & qui par ses débauches méprisoit également les Loix civiles & canoniques. La raison qu'en donna M. Joli de Fleury, Avocat-Général, qui portoit la parole dans cette cause, c'est que la mesure de l'intérêt est la mesure de l'action. Le Seigneur Haut-Justicier devant veiller au maintien

de la police & de l'ordre, & à l'exécution des Loix dans l'étendue de son ressort, on ne peut douter qu'il n'ait intérêt d'accuser un Curé qui trouble l'ordre, & qui méprise les Loix.

Mais un Curé ne seroit pas recevable à informer contre quelqu'un de ses paroissiens pour contravention aux réglements de police. (Ainsi jugé au Parlement de Dijon par Arrêt du 15 Janvier 1735, rapporté par M. Serpillon en son Code Criminel, *pag.* 1499, contre le Curé d'Automne, qui avoit accusé deux de ses paroissiens de contraventions aux réglements concernant les Cabaretiers qui donnoient à boire pendant le Service Divin. Le Parlement par cet Arrêt évoqua l'affaire, & condamna les Cabaretiers en 50 livres d'amende.)

16. Dans les cas même où les parties civiles ont intérêt à la poursuite du crime, pour raison de l'offense, ou préjudice que ce crime leur a causé, elles ne peuvent conclure à la peine; mais elles peuvent seulement requerir la jonction du ministere public pour faire cette poursuite, ainsi qu'il a déja été observé.

Au reste, il faut remarquer que dans les crimes poursuivis à la requête des parties civiles pour la réparation qui leur est due, si ce crime est de nature à mériter d'ailleurs une punition publique, la premiere poursuite ne peut préjudicier à la seconde; & alors la partie publique doit se joindre à la partie civile, & elles poursuivent l'une & l'autre, chacune pour son intérêt, & à raison de son ministere; car comme il est de l'équité qu'en rendant à l'offensé ce qui lui est dû, l'intérêt public soit aussi satisfait, & que la partie civile ne peut jamais conclure à la peine; il est juste que dans ce cas l'Officier public puisse poursuivre de son côté la punition, pendant que la partie offensée agit du sien pour son intérêt particulier.

17. De même l'offensé, *v. g.* dans le cas d'un vol; *&c.* ou bien la veuve & les héritiers de l'homicidé, dans le cas d'un homicide; peuvent se joindre à la partie publique, & demander de leur côté la réparation du dommage qui leur est causé, pendant que la partie publique poursuit la vengeance du crime, & la punition exemplaire qu'il mérite.

Au défaut des personnes dont on vient de parler, & dans les cas de flagrant délit, ou qui requierent célérité, les Juges peuvent, & doivent même informer d'office, & sans le ministere des Procureurs du Roi ou Fiscaux; ainsi qu'il résulte de l'article 8 du titre 3 de l'Ordonnance 1670. (Voyez au titre *Des Informations d'Office*, n. 2 & suiv.)

CHAPITRE II.

De l'Action criminelle publique.

SECTION PREMIERE.

Des Délits qui peuvent être poursuivis extraordinairement.

18. L'action criminelle *publique*, est celle qui s'employe pour poursuivre extraordinairement la vengeance du crime, & le faire punir de la peine qu'il mérite.

Cette action a lieu pour tous les crimes & délits graves ; c'est-à-dire, qui méritent d'être punis de peine afflictive. (Ordonnance 1670, *tit.* 25, *art.* 19.)

Ou même de peine infamante, suivant qu'il étoit porté en l'article 19 du titre 26 du procès-verbal de l'Ordonnance de 1670, *pag.* 252.

Tels sont d'abord tous les délits publics en général ; sçavoir,

19. 1°. Tous ceux qui offensent la Majesté Divine, comme l'hérésie. (Voyez ci-après au titre *De l'Hérésie*, n. 1 & suiv.)

Les relaps. (Voyez *ibid.* n. 30.)

Le blasphême. (Ordonnance de Blois, *art.* 35.) L'Ordonnance criminelle de Léopold, rendue pour la Lorraine, *tit.* 2, *art.* 8, en a une disposition.

Les jurements. (Même Ordonnance de Léopold, *ibid.* tit. 2, art. 8.)

Le parjure. (Voyez au titre *Du Parjure*, ci-après, *part.* 4, *tit.* 38.)

Le sacrilege. (Voyez *Sacrilege*, ci-après, *part.* 4, *tit.* 46.)

Le sortilege. (Voyez *Magie*, ibid. *tit.* 30.)

L'abus des Sacrements. (Voyez *Abus de Sacrements*, ci-après *part.* 4, *tit.* 1.)

La simonie contre laïques. (Voyez *Simonie*, ibid. *tit.* 48.)

Le trouble fait au Service Divin, (Ordonnance criminelle de Léopold, *tit.* 2, *art.* 8.)

20. 2°. Les crimes qui offensent la Majesté Royale ; *v. g.* les crimes de

de Leze-Majesté. (Voyez *Leze-Majesté humaine*, ci-après, *part.* 4, *tit.* 28.)

La fausse monnoie. (Voyez *Fausse Monnoie*, ibid. *tit.* 17.)

Les levées de troupes sans commission du Roi. (Voyez *Leze-Majesté humaine*, ibid. *tit.* 28.)

Les assemblées illicites. (Voyez *Port d'armes & assemblées illicites*, ci-après, *part.* 4, *tit.* 44.)

Les séditions & émotions populaires. (Voyez *Séditions & émotions populaires*, ibid. *tit.* 47.)

Les malversations & prévarications d'Officiers dans leurs fonctions. (Voyez *Malversations d'Officiers*, ci-après, *part.* 4, *tit.* 31.)

Le péculat. (Voyez *Péculat*, ibid. *tit.* 40.)

Le crime de concussion. (Voyez *Malversations d'Officiers*, *part.* 4, *tit.* 31, n. 4, & suiv.)

La rébellion aux mandements du Roi, ou de Justice. (Voyez *Rébellion à Justice*, ci-après *part.* 4, *tit.* 45.)

Les recels de voleurs, & gens condamnés, ou décrétés par Justice. (Voyez *Vol*, infrà, *part.* 4, *tit.* 57, n. 186 & 193.)

Ceux qui, par violence, empêchent l'établissement des Gardiens & Commissaires. (Voyez *Rébellion à Justice*, ci-après, *part.* 4, *tit.* 45, n. 1 & suiv.)

Ceux qui, par violence, empêchent l'exécution des jugements. (Voyez *ibid.*)

Les contrebandiers. (Voyez *Contrebandiers*, ci-après, *part.* 4, *tit.* 12.)

21. 3°. Tous les crimes qui troublent l'ordre & la tranquillité publique; sçavoir,

La force & violence publique. (Voyez *Force publique*, ci-après, *part.* 4, *tit.* 19.)

L'oppression par personnes puissantes. (Voyez *ibid.*)

L'usurpation des biens des bénéfices. (Voyez *Vol*, infrà, *part.* 4, *tit.* 57, n. 74.)

L'usurpation des dîmes. (Ordonnance de Blois, *art.* 49.)

Les arrhemens. (Voyez *Monopoles*, ci-après, *part.* 4, *tit.* 36.)

Les monopoles. (Voyez *Monopoles*, ibid.)

Le duel. (Voyez *Duel*, ci-après, *part.* 4, *tit.* 13.)

L'usure. (Ordonnance criminelle de Léopold, *tit.* 2, *art.* 8.)

La poligamie. (Voyez *Poligamie*, infrà, *part.* 4, *tit.* 43.)

L'inceste. (Voyez *Inceste*, ibid. *part.* 4, *tit.* 23.)

Les crimes contre nature. (Voyez *Sodomie*, ibid. *tit.* 49.)

Le maquerellage. (Voyez *Maquerellage*, ibid. *tit.* 32.)

La prostitution publique. (Ordonnance de Léopold, *tit.* 2, *art.* 8.)

Les mariages clandestins. (Voyez ci-après, *part.* 4, *tit.* 34.)

L'exposition d'enfants. (Ordonnance de Léopold, *tit.* 2, *art.* 8.)

Le recel de grossesse. (Voyez *Parricide*, ci-après, *part.* 4, *tit.* 39, *sect.* 2.)

Le suicide. (Voyez *Suicide*, ci-après, *part.* 4, *tit.* 51.)

Vagabonds. (Voyez *Vagabonds*, ibid. *tit.* 56, *art.* 1.)

Mendiants. (Voyez *ibid.* art. 2.)

Enlevement de bornes. (Ordonnance de Léopold, *tit.* 2, *art.* 8.)

Soustraction des titres des biens des villes & communautés, faite par les Seigneurs à leurs sujets pour s'emparer desdits biens. (Ordonnance de Blois, *art.* 284.)

22. 4°. Il y a d'autres délits, qui, quoique privés, peuvent, & même doivent être poursuivis par la partie publique. Tels sont,

L'homicide. (Voyez *Homicide*, infrà, *part.* 4, *tit.* 21.)

Le vol & recel de choses volées. (Voyez *Vol*, ibid. *tit.* 57.)

L'abigeat. (Voyez *Vol*, ibid. n. 133.)

Les banqueroutes frauduleuses. (Voyez *Banqueroutes*, infrà, *part.* 4, *tit.* 5.)

Le faux. (Voyez *Faux*, ibid. *tit.* 15.)

Le stellionat. (Voyez *Stellionat*, ibid. *tit.* 50.)

L'incendie. (Voyez *Injures*, ibid. *tit.* 24, n. 215.)

Le rapt de séduction de mineure. (Voyez *Luxure*, ibid. *tit.* 29, n. 56.)

Le viol. (Voyez *Luxure*, ibid. n. 92.)

Les blessures notables. (Voyez *Injures*, infrà, *part.* 4, *tit.* 24, n. 43.)

Impéritie grossiere. (Voyez *Injures*, ibid. n. 45.)

Les libelles diffamatoires. (Voyez *Injures*, ibid. *tit.* 24, n. 197.)

L'accusation calomnieuse. (Voyez *Accusation calomnieuse*, ci-après, *part.* 4, *tit.* 2.)

Les délits de chasse. (Voyez *Délits de Chasse*, ci-après, *part.* 4, *tit.* 59, n. 7.)

23. 5°. Enfin il y a des cas où la partie privée peut intenter l'action criminelle, & qui, dans le cours de l'instruction, & par leurs circonstances, peuvent même intéresser le ministere public. Tels sont,

Les blessures. (Voyez *Injures*, ci-après, *part.* 3, *tit.* 24, n. 43.)

Les impérities de Chirurgiens. (Voyez *Injures*, ibid. n. 45.)

Le stupre, même de majeure. (Voyez *Luxure*, ci-après, *part.* 4, *tit.* 29, n. 8 & suiv.)

Les injures graves. (Voyez *Injures*, *part.* 4, *tit.* 24, n. 69 & suiv.)

Les libelles & chansons diffamatoires. (Voyez *ibid.* n. 197.)

Le coupement d'arbres. (Voyez *Injures*, *part.* 4, *tit.* 24, n. 58.)

Le violement de sépulcre. (Voyez *ibid.* n. 233.)

L'action de la Loi *Aquilia* en certains cas. (Voyez *ibid.* n. 63.)

La supposition de part. (Voyez *Supposition de part*, ci-après, *part.* 4, *tit.* 52.)

24. L'empêchement fait à quelqu'un de tester, lorsqu'il est malade, est aussi un cas qui donne lieu à l'action criminelle, & qui peut même intéresser quelquefois le ministere public. (Arrêt du Parlement de Bordeaux du 4 Février 1670, rapporté par la Peyrere, *lettre* T, *n.* 34, *pag.* 475; Voyez aussi Raviot, *qu.* 161, *n.* 4, *tom.* 1, *pag.* 494, où il cite un Arrêt du Parlement de Dijon du 13 Février 1662.)

La spoliation par violence privée. (Voyez *Injures*, ci-après, *part.* 4, *tit.* 24, n. 36.)

Celui qui détourne les effets qu'il a en dépôt, ou qui sont le gage d'autrui. (Voyez *Vol*, ci-après, *part.* 4, *tit.* 57, n. 25 & suiv.)

A l'égard de l'adultere, il ne peut se poursuivre que par le mari seul; si ce n'est dans le cas où le mari favoriseroit la débauche de sa femme; ainsi qu'on l'a déja observé. (Voyez *Adultere*, ci-après, *part.* 4, *tit.* 3, n. 43.)

Il en est de même de l'injure, quoique grave, faite par un fils à son pere, dont le pere est seul en droit de se plaindre. (Voyez Brillon au mot *Pere*, *n.* 20, où il rapporte à ce sujet un Arrêt du 13 Avril 1648; Voyez aussi ce qui est dit ci-après au titre *Des Injures*, part. 4, tit. 24, n. 87.)

Idem de l'injure grave faite par le mari à sa femme. (Voyez *ibidem* au titre *Des Injures*, n. 91.)

SECTION II.

Des Délits qui ne peuvent être poursuivis extraordinairement; mais seulement par action civile, ou criminelle ordinaire.

25. 1°. Tout délit léger, ou qui procede d'une faute légere.

2°. Le vol même est de ce nombre, quand il est très léger; comme seroit le vol d'un chien. (Voyez au titre *Du Vol*, n. 207, ci-après, *part.* 4, *tit.* 57.)

3°. Les vols faits par un enfant à son pere, ou par une femme à son mari. (Voyez *ibid.* n. 212;) mais contre les complices, l'action peut se poursuivre criminellement. (*Ibid.* n. 213.)

4°. Les simples injures verbales. (Voyez *Injures*, ci-après, *part.* 4, *tit.* 24, n. 131.)

5°. Les séparations de mari & femme. (Arrêt du premier Mars 1664, rapporté par Soefve. Autre du 3 Mars 1711;) mais lorsqu'il y a des violences graves de la part du mari, la femme peut prendre la voie criminelle. (Voyez *Injures*, ibid. n. 91.)

26. 6°. Pareillement, on ne peut rendre plainte pour opposition à un mariage, quoique cette opposition soit faite par un étranger. (Arrêt du 3 Avril 1685, rapporté au Journal du Palais, *tom.* 2, *pag.* 528. Autre du Parlement de Dijon du 15 Décembre 1700, rapporté par Raviot, *qu.* 250, *n.* 19, *tom.* 1, *pag.* 242.)

7°. Le recel fait par une veuve, ou par des héritiers, des biens d'une communauté, ou d'une succession, ne peut être poursuivi extraordinairement contre cette veuve, ou contre ces héritiers. (Voyez *Vol*, part. 4, tit. 57, n. 56 & suiv.;) mais contre des tiers ou complices, l'action peut se poursuivre par la voie extraordinaire. (Voyez *ibid.*)

8°. Le simple usage des choses déposées, ou mises en gage, ne forme point un délit qui puisse être poursuivi criminellement. (Voyez au titre *Du Vol*, n. 25.)

27. 9°. Les Intendants, Receveurs, Fermiers, ou autres qui dissipent les deniers de leur maniement, ou recette, ne peuvent aussi être poursuivis criminellement pour raison de cette dissipation. (Voyez *Vol*, ibid. n. 29.)

10°. Les délits commis par animaux; comme chevaux, chiens, *&c.* ne peuvent être poursuivis que civilement contre les maîtres de ces animaux ; à moins qu'ils ne les aient excités, ou qu'il n'y ait eu, de la part de ces maîtres, une négligence grossiere. (Voyez *Injures*, ci-après, *part.* 4, *tit.* 24, n. 49.)

11°. Les Aubergistes, & Voituriers, en la maison & voitures desquels il se fait des vols de choses qui leur sont confiées, ne peuvent aussi être poursuivis que civilement pour raison de ces vols ; à moins qu'ils n'y aient participé par eux-mêmes. (Voyez *Vol*, ibid. n. 31 & 45.)

SECTION III.

Contre quelles personnes on peut intenter l'action criminelle publique.

28. L'action criminelle publique, c'est-à-dire, celle qui tend à en procurer la vengeance par une peine publique, ne peut jamais être poursuivie que contre l'accusé & ses complices : car toute action pénale, est personnelle, & ne passe point contre l'héritier. (L. 111, §. 1, D. *De reg. Juris.*)

Mais elle a lieu indistinctement contre tous ceux qui ont participé au crime. (L. 5, Cod. *De Accusat.* ;) quand même ils seroient mineurs, ou morts civilement, comme les Religieux ; ou qu'ils seroient commis par des femmes sous puissance de mari.

Et aussi contre les esclaves. (Edit de Mars 1685, *art.* 32.)

29. A l'égard des enfants qui n'ont point encore l'usage de raison, ils ne peuvent être poursuivis quant à la peine. (L. *Infans*, D. *Ad leg. Cornel. de sicariis* ; L. *Impuberem* 23, D. *De Furtis* ; L. 5, §. *& ideo* 2, D. *Ad leg. Aquil.* ; L. 14, D. *De Senat. sillan.* Ainsi jugé par Arrêt du 18 Avril 1625, rapporté par Bardet, *tom.* 1, *liv.* 2, *ch.* 37, à l'égard d'un enfant de sept ans, qui avoit crevé un œil à un autre en jouant. Autre Arrêt du 19 Mars 1629, rapporté par Bardet, *tom.* 1, *liv.* 3, *chap.* 34, qui a jugé la même chose pour un enfant de 8 ans. Autre du 4 Juillet 1633, pour un cas semblable, contre un enfant de sept ans, aussi rapporté par Bardet, *tom.* 2, *liv.* 2, *chap.* 48. Autre du 7 Décembre 1647, rapporté par Soefve, *tom.* 1, *centur.* 2, *chap.* 46. Autre du 24 Mars 1659, rapporté par Boniface, *tom.* 2, *liv.* 1, *tit.* 2, *chap.* 8, qui a déclaré nulle une procédure criminelle faite contre un enfant de neuf ans & demi. Autre du 26 Novembre 1667, rapporté par Boniface *ibid.*, qui a cassé une procédure criminelle faite contre un enfant de dix ans

& demi. Voyez aussi ce qui est dit ci-après au titre *Des Sentences Jugements & Arrêts*, n. 220 & suiv.)

30. Il en est autrement des enfants qui sont près de l'âge de puberté, & en état de connoître le mal au temps du crime commis. (L. *Pupillum* 111, D. *De reg. jur.* L. *Impuberem* 23, D. *De Furtis.* L. 5, §. *Si impuber.* D. *Ad leg. Aquil.* Ainsi jugé par Arrêt rapporté par Boniface, *tom.* 2, *part.* 3, *liv.* 1, *tit.* 2, *chap.* 8, contre un enfant de treize ans huit mois, pour un viol par lui commis. Autre du 24 Mars 1676, rapporté par Boniface, *tom.* 5, *liv.* 3, *tit.* 4, *chap.* 1, qui confirme une procédure criminelle pour des coups de bâton, donnés par un impubere âgé de treize ans sept mois. Autre du 20 Mars 1667, rapporté par Boniface, *ibid.*, chap. 2, qui confirme aussi une procédure criminelle faite contre un impubere âgé de onze ans six mois, pour excès considérables par lui commis.) Dans tous ces cas, *malitia supplet ætatem*, comme il est dit en la Loi 7, Cod. *De Pœnis*; sur-tout lorsque le délit est considérable, & qu'il procede d'une mauvaise volonté; surquoi il faut observer que l'âge se considere au temps où le crime a été commis, & non au temps où l'on en poursuit la punition; car celui qui ne peut être puni pour un crime par lui commis dans un âge où il n'avoit point encore l'usage de la raison, ne peut être poursuivi criminellement pour ce même crime, lorsqu'il est parvenu dans un âge plus avancé. (*Ita* Jul. Clar. *qu.* 60, *n.* 5. Voyez au surplus ce qui est dit à ce sujet au titre *Des Sentences & Jugements*, n. 221.)

31. Les sourds & muets peuvent aussi être poursuivis criminellement; dumoins lorsqu'il paroît qu'ils ont l'usage de la raison. (Voyez l'Ordonnance 1670, *tit.* 18.)

Quant aux furieux & aux insensés, ils ne peuvent être poursuivis pour crimes, s'ils étoient tels au temps du crime commis. (Jul. Clar. *ibid.* qu. 60, *n.* 7.) En effet, il n'y a que la volonté & la connoissance du mal qu'on fait, qui méritent une punition. Or, un furieux, un insensé, ou un enfant qui n'a point encore l'usage de raison, ne sçavent ce qu'ils font.

Si le criminel étoit en son bon sens au temps du crime commis, & que depuis ce temps-là il soit devenu furieux, il n'est point, dans ce cas, exempt de la peine due au crime; mais il doit être puni d'une peine moins considérable. (Jul. Clar. *qu.* 60, *n.* 7. Voyez ce qui est dit à ce sujet au titre *Des Sentences, Jugements &*

Arrêts, ci-après, *tit.* 25, n. 230 & suivants.)

32. On peut aussi poursuivre criminellement les Corps & Communautés, pour crimes & délits par elles commis; comme dans le cas de rébellion ou de révolte; mais alors s'il s'agit de prononcer quelque peine corporelle ou afflictive, elle ne se prononce que contre les principaux coupables. (Voyez Boerius *In tractatu de sedition.* quæst. ult. & *Carrerium in pract. criminali* §. *homicidium* 6, *sub num*; 348 & 349. Voyez aussi ce qui est dit à ce sujet au titre *De la maniere de faire le procès aux Corps & Communautés*, n. 1 & suiv.)

On punit même quelquefois les enfants du coupable, pour le crime de leur pere, quoiqu'ils n'y aient point participé; *v. g.* dans le crime de leze-majesté. (Voyez ce qui est dit à ce sujet en la Préface, & au titre *Du crime de Leze-Majesté humaine*, ci-après, n. 34.)

Les Ecclésiastiques, même élevés en dignité, peuvent être poursuivis criminellement, & punis comme les autres sujets du Royaume. (Voyez ce qui a été dit au titre *De la compétence des Juges criminels en général*, n. 78.)

SECTION IV.

Des personnes qu'on ne peut punir, ni même accuser.

33. Les Rois & les Souverains dans leur Royaume, n'ayant point de supérieur, ne peuvent être accusés, ni poursuivis en aucun Tribunal, quelques crimes qu'ils puissent commettre; & ils n'en sont comptables qu'à Dieu seul.

Mais si le délit par eux commis, l'a été hors de leur Royaume; alors comme ils sont en quelque sorte sous la puissance d'autrui, & comme des personnes privées, ainsi que le Juge hors de son territoire, il semble qu'ils deviennent sujets aux Loix du pays où ils délinquent. (*Ita* Airault en sa Pratique Judiciaire, *liv.* 1, *part.* 6, *n.* 20, *pag.* 128.) Nous en avons un exemple remarquable dans notre Histoire, à l'égard de Jean, surnommé *Sans Terre*, Roi d'Angleterre, & Duc de Normandie, condamné à mort, & ses biens confisqués par la Cour des Pairs de France au commencement du treizieme siecle, pour assassinat par lui commis en la personne de son neveu Artus. (Voyez Histoire de Matthieu Paris, *pag.* 143, année 1202.) On peut voir aussi sur cette question Jul. Clar. *qu.* 35.

SECTION V.

Des devoirs de la partie publique, touchant la punition des crimes.

34. 1°. Les Procureurs du Roi ou Fiscaux, sont obligés par le devoir de leur charge, de poursuivre tous ceux qui sont prévenus de crimes auxquels il échet de prononcer quelque peine afflictive. (Ordonnance de Blois, *art.* 184; Ordonnance 1670, *tit.* 3, *art.* 8, & *tit.* 25, *art.* 19:) c'est-à-dire, qu'ils doivent faire cette poursuite dans tous les cas graves, & où le public est offensé; en quoi ils doivent suivre les regles d'une prudence exacte & relative aux Ordonnances, pour faire le discernement des crimes pour lesquels ils peuvent demeurer dans le silence, & ceux que leur devoir les oblige de poursuivre. (Voyez les observations faites ci-dessus, n. 19 & suiv.;) mais si le crime est leger, & n'est pas de nature à mériter l'animadversion publique, ils ne sont point obligés d'agir, & même ils doivent alors garder le silence. (Ordonnance de 1670, *ibid.* tit. 25, art. 19.)

35. Ces Officiers sont obligés de faire la poursuite des procès criminels, où il échet quelque peine afflictive, dans le cas même où la partie offensée auroit transigé avec l'auteur du crime. (Même Ordonnance 1670, *ibid.*)

Ils doivent aussi faire cette poursuite sans attendre qu'il y ait un dénonciateur, ou une partie civile. (Ordonnance d'Orléans, *art.* 63; Ordonnance de Blois, *art.* 184; Ordonnance de 1670, *tit.* 3, *art.* 8; Leprêtre, *cent.* 1, *ch.* 23; Louet, *lettre* A, *n.* 28;) du moins dans les crimes notoires. (Voyez ce qui est dit à ce sujet au titre *Des Accusations & Dénonciations*, n. 15. Voyez aussi au titre *Des Informations d'Offices*, n. 2, touchant les cas où les Juges peuvent informer d'office sans dénonciation.)

36. 2°. Lorsqu'il y a une partie civile, & que le crime est de nature à exiger la poursuite du ministere public, les Procureurs du Roi ou Fiscaux doivent intervenir & se joindre à la partie civile.

3°. Les Procureurs du Roi, ainsi que les Procureurs Fiscaux des Justices Seigneuriales, & les Seigneurs de ces mêmes Justices, à qui

qui les amendes & confiſcations appartiennent, ne peuvent faire aucune compoſition pour raiſon des crimes dont ils ſont obligés de faire la pourſuite ; & cela leur eſt expreſſément défendu par les Ordonnances ; à peine, contre les Seigneurs, de privation de leurs Juſtices. La même choſe eſt défendue encore plus ſévérement aux Juges ; à peine de privation de leurs charges, & autres peines exemplaires. (Ordonnance de 1356, *art.* 2, rapportée par Fontanon, *tom.* 1, *pag.* 703 ; Déclaration du 13 Août 1371 ; Ordonnance de 1535, *ch.* 13, *art.* 51. Autre du mois de Novembre 1554, *art.* 26. Voyez auſſi Papon en ſes Arrêts, *liv.* 23, *tit.* 11 ; & il a été ainſi jugé par Arrêt du Parlement de Beſançon du 6 Septembre 1718, rapporté au Recueil des Edits, Ordonnances, *&c.* enregiſtrés en ce Parlement, qui défend expreſſément à tous Officiers des Bailliages de ſon reſſort, d'entrer directement ni indirectement dans les tranſactions qui feroient faites ſur une accuſation ; à peine de punition exemplaire. (Voyez auſſi la Coutume de Senlis, *art.* 54.)

37. 4°. Les Procureurs du Roi, ou Fiſcaux, ne peuvent pareillement, ni même les Promoteurs, ſe déſiſter des pourſuites qu'ils ont faites pour raiſon des crimes qui exigent leur miniſtere ; ce qui eſt une ſuite de l'obligation où ils ſont de pourſuivre ces mêmes crimes.

Mais s'ils avoient intenté cette accuſation légérement & ſans fondement, ils pourroient ſe déſiſter de la pourſuite ; même dans le cas où il y auroit eu un décret contre quelques-uns des accuſés.

5°. En cas d'accuſation calomnieuſe, les Procureurs du Roi, les Procureurs Fiſcaux & les Promoteurs, peuvent être condamnés aux dépens, dommages & intérêts des parties, & même à plus grande peine s'il y échet. (Voyez ce qui eſt dit ci-après au titre *Des Accuſations calomnieuſes*, n. 15.)

SECTION VI.

Des devoirs des Juges, touchant la pourſuite des crimes publics.

38. 1°. Les Juges doivent informer d'office des crimes auſſitôt qu'ils ſont venus à leur connoiſſance, ſans attendre la plainte des parties civiles ou intéreſſées, & ſans pouvoir les obliger de ſe rendre parties ; à peine de privation de leurs offices, en cas de négligence,

& des dommages & intérêts des parties. (Ordonnance d'Orléans, *art.* 63; Ordonnance de Blois, *art.* 184.) Car les Juges sont censés favoriser le crime par leur silence. (L. 2, Cod. *de commerc. & mercator.* Voyez au titre *Des Malversations d'Officiers*, n. 46.)

Mais cette regle ne doit avoir lieu qu'à l'égard des délits notoires & connus; car s'il s'agissoit de crimes incertains, les Juges ne seroient pas tenus de cette vigilance. (Voyez ce qui est dit au titre *Des Informations d'Office*, n. 1 & suiv.)

39. 2°. Un Edit du mois d'Octobre 1565, *art.* 3, veut qu'en cas de négligence des Hauts-Justiciers de poursuivre dans la huitaine la punition des crimes, il soit permis aux Juges Royaux supérieurs, à la Requête du Procureur du Roi, de saisir les terres & revenus desdits Seigneurs Hauts-Justiciers, pour, à leurs dépens, être faites lesdites poursuites par les Officiers Royaux, & pour le paiement de l'amende en laquelle ils seront condamnés pour leur négligence; sauf auxdits Hauts-Justiciers leur recours pour leur dépens, dommages & intérêts contre les Officiers qui en sont les auteurs. Le même Edit veut qu'en cas de dol & négligence, ou simplement de négligence réitérée, les Officiers Royaux procedent à la privation & suspension de leurs Justices, ainsi que le cas le requerra, contre lesdits Hauts-Justiciers. Mais depuis l'Ordonnance de 1670, *tit.* 1, *art.* 9, qui établit la prévention des Juges Royaux sur les Juges Subalternes, & non Royaux, de leur ressort, après les trois jours, cette peine établie contre les Hauts-Justiciers, ne peut avoir lieu, sinon dans le cas où les Juges de Seigneurs, après avoir informé d'un crime, négligeroient d'en suivre l'instruction : encore même cette négligence ne pourroit gueres aujourd'hui être un motif pour priver le Seigneur, de sa Justice; à moins qu'elle ne fût grossiere, & que le Seigneur en fût complice; parce que le Juge-Royal supérieur peut, en cas de négligence de l'inférieur, évoquer à lui la connoissance de l'affaire, & la faire juger aux dépens du Seigneur négligent; ainsi qu'il est observé au titre *De la Compétence des Juges Criminels en général*, n. 346.)

40. 3°. Les Juges ne peuvent, en aucun cas, rejetter la plainte de la partie publique; mais ils doivent instruire en conséquence, à moins que cette plainte n'eût aucun fondement, ou qu'elle fût contraire aux Ordonnances & Loix du Royaume.

SECTION VII.

Comment s'éteint l'action criminelle publique.

41. 1°. L'action pour la peine s'éteint par la mort de l'accusé; quand même cette action auroit commencé à être intentée de son vivant. (L. *defuncto*, ff. *de public. jud.* L. 1, Cod. *si reus vel accusat. mort. fu.* Jul. Clar. *qu.* 51, *n.* 12; Farinac. *qu.* 10, *n.* 36 & 77.) Il en faut seulement excepter le crime de leze-majesté Divine; (Farinac. *qu.* 10, *n.* 37 *L.* 4, §. 4; *Cod.*;) & celui de leze-majesté humaine en certains cas; (Farinac. *qu.* 10, *n.* 42, 43, L. *judiciorum* 20, D. *de accusat.* L. 6, §. 11, D. *de injust. testam*;) le duel, l'homicide de soi-même, & la rébellion à Justice, avec force ouverte, dans la rencontre de laquelle l'accusé auroit été tué. Dans tous ces cas on peut faire le procès au cadavre ou à la mémoire du défunt. (Ordonnance de 1670, *tit.* 22, *art.* 1.) La mort même de l'accusé qui survient avant la condamnation, ou meme depuis la condamnation non prononcée à l'accusé, fait cesser les effets de la mort civile, ainsi que la confiscation qui en est une suite, & meme l'amende. (Voyez ce qui a été dit au titre *Des Peines*, n. 146.)

42. C'est donc une maxime certaine, qu'à la réserve des cas dont on vient de parler, l'accusé qui meurt avant la condamnation meurt *integri status*; (Louet, *lettre* A, *ch.* 18, *n.* 6; Farinac. *qu.* 10, *n.* 46;) quand même il seroit convaincu du crime par la confession volontaire qu'il en auroit faite. (*Ita* Catelan en ses Arrets, *liv.* 7, *ch.* 1, sur la fin.) Ce qui a pareillement lieu apres la condamnation prononcée contre l'accusé s'il y en a appel, lorsque l'accusé vient à mourir sur cet appel. (Farinac. *ibid.* qu. 10, n. 46. Voyez aussi l'Arret du 10 Janvier 1630, rapporté au Journal des Audiences, *tom.* 1; & l'article 179 de l'ancienne Coutume de Bretagne, qui porte: « que si contre le délinquant on a intenté » action, ou présenté plainte, pardevant le Juge pour raison du délit, » & s'il décede, l'héritier est seulement tenu de l'intéret civil pour » raison du délit, soit que la cause soit contestée, ou non; sinon » que cet héritier fût participant du délit, auquel cas il en sera » tenu comme le délinquant ».)

43. D'où il suit que l'accusé qui meurt avant la condamnation, ou

sur l'appel, est capable de recueillir une succession qui lui seroit échue de son vivant; (Voyez Lebrun en son Traité des successions, *liv.* 1, *ch.* 1, *sect.* 2, *n.* 5;) Et que cet accusé peut aussi tester valablement. (Ainsi jugé à l'égard d'un accusé de parricide décédé avant la condamnation, par Arrêt du 5 Février 1665, rapporté par Soefve.)

Au reste, la mort dont on parle ici, est la mort naturelle & non la mort civile. (Voyez ce qui est dit ci-après au titre *De la Maniere d'exercer l'action coiminelle en général*, n. 17.)

L'accusé condamné qui meurt dans les cinq années de la Contumace, meurt aussi *integri status.* (Voyez au titre *Des Contumaces*, n. 105.)

44. Mais quoique la mort de l'accusé éteigne le crime, néanmoins son héritier peut agir après la mort, pour justifier la mémoire du défunt. (Farinac. *qu.* 10, *n.* 74. Voyez aussi au titre *Des Procédures à l'effet de purger la mémoire d'un défunt*, infrà, *part.* 3, *tit.* 42; & au titre *Des Lettres de revision*, ci-après *ibidem*, *tit.* 39.)

La peine du double, du triple & du quadruple, infligée par les Ordonnances, contre ceux qui fraudent les droits du Roi, *&c.* ne passe point contre les héritiers du fraudeur; même dans le cas où l'action a été intentée du vivant du défunt. (§. 1, *institutionum de perpetuis & temporalibus action.*)

A l'égard de la réparation civile, elle n'est point éteinte par la mort de l'accusé. (Voyez ce qui est dit *infrà*, n. 87 & suiv.)

45. 2°. Dans le crime d'adultere, la mort du mari accusateur éteint la peine de l'autentique. (Voyez au titre *Du Crime d'Adultere*, n. 55.)

3°. La prescription de vingt ans éteint aussi l'action criminelle publique. C'est la disposition tant du Droit Romain que du Droit François; & la Jurisprudence des Arrêts y est si conforme, qu'il a été jugé que la prescription couroit même en temps de trouble. (Farinac. *qu.* 10, *n.* 1-3; Brodeau sur Louet, *lettre* C, *ch.* 47, *n.* 4; Chenu, *centur* 1, *qu.* 83, où il en rapporte plusieurs Arrêts. Autre Arrêt du 12 Août 1659, rapporté au Journal des Audiences, *tom.* 2; Jul. Clarus, *qu.* 51, *n.* 1-2; L. *querela* 12, Cod. *ad leg. cornel. de falsis*; L. *quamcumque* 3, D. *de requirend. vel absent damn.*)

46. Ce qui a lieu même pour crime de parricide. (Cujas en ses Ob-

ſervations, *liv.* 4, *ch.* 14 ; Lhommeau en ſes Maximes, *liv.* 3, *ch.* 6 ; Mornac *ad leg.* 40, *D. exquib. cauſ. maj.* ; Chenu, *centur.* 1, *qu.* 83 ; Carondas en ſes Réſolutions, *part.* 6, *tit.* 11 ; & en ſes Réponſes, *liv.* 10, *rep.* 76 ; Brodeau ſur Louet, *lettre* C, *ch.* 47, *n.* 4 ; Lebret, *liv.* 1, *deciſ.* 13, *pag.* 212 ; Arrêt du 18 Décembre 1599, rapporté par le Prêtre, *cent.* 2, *chap.* 8, *n.* 13 ; autre du 29 Mars 1642.)

Et auſſi en crime de fratricide, comme il a été jugé par Arrêt du mois de Décembre 1634, rapporté par le Maître en ſes Plaidoyers, *plaid.* 28.

Item, en crime de faux. (Farinac. *ibid.* qu. 10, n. 4, & ſeq. L. 12, Cod. *ad leg. Cornel. de falſis.*)

Item, en crime d'adultere avec inceſte. (Boerius, *deciſ.* 25, *n.* 13 ; Jul. Clarus, *tit.* 5, §. *adulterium*, *n.* 20.)

Item, en crime d'aſſaſſinat. (Arrêt du 27 Juillet 1566, rapporté par Brodeau ſur Louet, *lettre* C, *ch.* 47, *n.* 4.)

Item, pour un crime de vol de grand-chemin. (Arrêt du 22 Mrrs 1572, rapporté par Brodeau ſur Louet, *ibid.* lettre *C*, ch. 47, n. 4.)

47. *Item*, en crime de ſuppoſition de part. (Cujas en ſes Obſervations, *liv.* 4, *ch.* 14. Voyez auſſi au titre *Suppoſition de part* ci-après *part.* 4, *tit.* 52.)

Item, en crime d'incendie. (Arrêts des 2 Décembre 1518 & 22 Novembre 1519, rapporté par Boerius, *deciſ.* 26, *n.* 17 ; & par Papon en ſes Arrêts, *liv.* 24, *tit.* 11, *art.* 1.)

Item, pour injures réelles. (Lhommeau en ſes Maximes, *liv.* 3, *ch.* 6.)

Cette preſcription de vingt ans a auſſi lieu dans le cas où il s'agit de crimes notoires & reconnus par la confeſſion de l'accuſé ; pourvu qu'ils n'aient point été ſuivis de condamnation. (Voyez Farinac. *qu.* 10, *n.* 14.)

Et elle a pareillement lieu pour les crimes cachés ; car dans ces ſortes de crimes la preſcription court du jour qu'ils ont été commis, & non à compter ſeulement du jour qu'ils viennent à être découverts ; à moins qu'il ne s'agit de crimes tellement cachés qu'il fût moralement impoſſible d'en avoir connoiſſance. (Farinac. *qu.* 10, *n.* 12 & 13.)

48. Cette même preſcription de vingt ans a lieu dans le cas même où l'action auroit commencé à être intentée, & où il y auroit eu

des informations & un décret en conséquence, soit à la Requête de la partie publique, soit à la Requête d'une partie civile. (Ainsi jugé par Arrêt du Parlement de Paris du 4 Septembre 1602, rapporté par Peleus, *liv.* 4, *action* 13; par un autre Arrêt du 10 Février 1607, rapportés par Brodeau sur Louet, *lettre* C, *ch.* 47, *n.* 6; & par un autre Arrêt du 8 Mai 1607, rapporté par Expilli, *Plaidoyer* 22. Autres Arrêts des 6 Juillet 1703, 9 Juillet 1706, & 26 Août 1707, rapportés au Journal des Audiences. Autre Arrêt du 18 Décembre 1599, rapporté par le Prêtre, *centur.* 2, *ch.* 4, où il traite cette matiere amplement. Autre Arrêt du 2 Avril 1631, rapporté par Bardet, *tom.* 1, *liv.* 4, *ch.* 20, qui a déclaré un Procureur Fiscal non recevable à poursuivre l'exécution d'un décret décerné il y avoit vingt-quatre ans, & qui a condamné le Procu-Fiscal en des dommages & intérêts envers l'accusé.)

Ce qui doit avoir pareillement lieu dans le cas où il y auroit eu contre l'accusé une condamnation à la question qui n'auroit pu être exécutée, parce que l'accusé se seroit évadé des prisons, ou les auroit brisées. (Ainsi jugé par Arrêt du 20 Décembre 1613, rapporté par Brodeau, *lettre* C, *ch.* 47, *n.* 8; & par un autre du 6 Juillet 1703, rapporté au Journal des Audiences. Autre Arrêt du Parlement de Toulouse du 14 Décembre 1702, rendu en faveur du Baron de Soubés, rapporté par Boutaric en son Explication de l'Ordonnance Criminelle de 1670, *tit.* 17, *art.* 16.)

49. Et il en est de même, si un accusé condamné à mort par un jugement confirmé sur l'appel, venoit à s'évader avant que le jugement lui eût été prononcé. (Ainsi jugé par Arrêt du 11 Avril 1615, rapporté par Auzanet en ses Arrêts, *pag.* 162; & par Brodeau, *lettre* C, *ch.* 47, *n.* 8.)

Cette regle a pareillement lieu dans le cas où il y auroit eu contre l'accusé une Sentence par contumace, même de mort, mais non prononcée ni exécutée par effigie. (Ainsi jugé par Arrêt du 4 Mars 1623, rapporté par Brodeau sur Louet, *lettre* C, *ch.* 47, *n.* 7. Voyez aussi d'Argentré sur l'article 274 de la Coutume de Bretagne, au mot *Action de crime*, n. 47.)

50. Et il en est de même, si l'accusé avoit interjetté appel dans les vingt ans de cette Sentence de contumace, sans que cet appel eût été suivi. (Arrêt du 12 Août 1659, rapporté au Journal des Audiences:) car ces sortes de condamnations par contumace non prononcées ni exécutées, ne sont point, à proprement parler, des

Sentences, du moins quant à la peine ; mais une simple procédure qui n'interrompt point la prescription, ainsi qu'il a été jugé par les Arrêts du 6 Juillet 1703, & 26 Août 1707, ci-dessus cités ; & par un autre Arrêt du 30 Mars 1692, confirmé par Arrêt du Conseil en 1693, dans l'affaire célebre du sieur Gondin ; Autre Arrêt du 22 Mars 1653, rapporté au Journal des Audiences. Voyez aussi Lhommeau en ses Maximes, *liv.* 3, *art.* 6.

51. Mais si la Sentence par contumace avoit été exécutée par effigie, conformément à l'article 16 de l'Ordonnance de 1670, la prescription seroit interrompue ; & même le temps pour exécuter ces sortes de Sentences dure trente ans : ensorte que si pendant ces trente ans, à compter du jour de l'exécution de la Sentence de contumace, le condamné étoit pris, son procès pourroit lui être fait & parfait ; ainsi qu'il a été jugé par Arrêt du 26 Avril 1625, rapporté au Journal des Audiences, par lequel un condamné par contumace, exécuté par effigie, ayant été emprisonné vingt-huit ans après la date de la Sentence, fut débouté de la Requête par lui présentée à ce que le crime fût déclaré prescrit. Autre Arrêt du 11 Mars 1632, rapporté par Bardet, *tom.* 2, *liv.* 1, *ch.* 14. Voyez aussi un Arrêt du 6 Juillet 1701, rapporté au Journal des Audiences.

52. Si après la Sentence de condamnation par contumace, exécutée par effigie, le condamné s'absente & reste en liberté pendant trente ans, la prescription contre la peine lui est acquise, & il ne peut plus être poursuivi dans sa personne. (Arrêt du 29 Mars 1642, rapporté par Brodeau sur Louet, *lettre* C, *ch.* 47, *n.* 8. Autre Arrêt du 11 Mars 1632, rapporté par Bardet, *tom.* 2, *liv.* 1, *ch.* 14.)

Mais cette prescription n'éteint pas le crime, & ne fait pas présumer l'innocence ; elle fait seulement que le condamné ne peut plus être puni : d'où il suit que l'accusé reste dans l'état où l'a mis le jugement ; tel, par exemple, que celui de la mort civile qui est attachée à la peine des galeres perpétuelles, & du bannissement à perpétuité hors du Royaume ; car cette mort civile ne se prescrit point. La raison de cette différence est que la mort civile est une peine qui ne s'inflige point sur la personne, & qui n'est point réduite en acte par aucun fait extérieur, mais qui a lieu de plein droit du jour de l'exécution du jugement ; au lieu que les autres peines, *v. g.* les peines corporelles, n'ayant pas lieu de plein droit, & ne pouvant s'exécuter que par un fait extérieur, ne subsistent qu'en puissance jusqu'à ce qu'elles soient réduites en acte. Or le condamné prescrit contre cette faculté ou pouvoir, de même que contre tout autre droit en général.

53. Il en est de même de l'infamie attachée à la plupart des peines. Car l'infamie, ainsi que la mort civile, n'est point attachée à l'exécution de la peine, mais à la condamnation portée par le jugement; & par conséquent elle ne peut se prescrire quand le jugement a été exécuté, même par effigie ou signification, s'il a été rendu par contumace. (Voyez ce qui a été dit à ce sujet au titre *Des Peines*, ci-dessus n. 135 & 215.)

Les Sentences de plus amplement informé contre un accusé n'interrompent pas non plus la prescription; & s'il s'est écoulé un temps de vingt années, à compter depuis le crime commis, ce crime ne peut plus être poursuivi. (Ainsi jugé par Arrêt rendu en la Tournelle le 17 Janvier 1763, au rapport de M. Laverdy, au profit de Marguerite Garnier veuve de Nicolas Durand.)

54. Au reste, quand on dit qu'un crime se prescrit par vingt ans, cela doit s'entendre, pourvu que durant ces vingt ans il y ait eu discontinuation de poursuites; car si les poursuites avoient été continuées sans interruption, la prescription ne pourroit être opposée par l'accusé sous prétexte qu'il y auroit vingt ans que le crime auroit été commis.

Il faut aussi, pour que cette prescription ait lieu, que la vingtieme année soit accomplie, & il ne suffiroit pas qu'elle fût commencée. (*Ita* Raviot en son Recueil d'Arrêts du Parlement de Dijon, *qu.* 236, *n.* 25, *tom.* 2, *pag.* 332, où il rapporte un Arrêt du Parlement de Dijon du 25 Juin 1670 qui l'a ainsi jugé. *Ita etiam* Jul. Clar. *qu.* 52, *n.* 3; *Contra* Vedel en ses Observations sur Catelan, *tom.* 2, *liv.* 7, *ch.* 1.)

De plus, il faut observer que la nullité des procédures n'empeche ni la prescription, ni la peremption. Tel est l'usage du Parlement de Paris.

55. En droit il y a des crimes qui se prescrivent par un espace de temps moindre que vingt ans. Tels sont:

Le crime d'adultere qui se prescrit par cinq ans, quand il n'est pas joint à l'inceste. (Voyez ci-après au titre *De l'Adultere*, n. 17. Voyez aussi au titre *Du Suicide*, n. 29.)

Et la simonie qui se prescrit par dix ans. (Voyez au titre *De la Simonie*, part. 4, n. 18.)

La prescription commence à courir du jour que le crime a été commis,

commis, quoiqu'il n'ait pas été connu. (Jul. Clarus, *qu.* 51, *n.* 5.) Il en faut seulement excepter le crime de faux incident opposé par forme d'exception. (Voyez ce qui est dit à ce sujet au titre *Du Faux*, ci-après, *part.* 4, *tit.* 15, n. 125.)

56. Les crimes successifs ne se prescrivent pas par vingt ans; parce que dans ces sortes de crimes on peut dire qu'il s'en commet un nouveau à chaque instant, & par conséquent la prescription ne peut être opposée contre ces sortes de crimes, si ce n'est à compter du jour que le crime a cessé. Tel est le crime de rapt, qui ne consiste pas seulement dans l'enlevement, mais encore dans la détention de la personne ravie. (Jul. Clarus, *qu.* 51, *n.* 3; Farinac. *qu.* 10, *n.* 16.)

Quelques crimes ne se prescrivent jamais, comme le crime de leze-majesté. (Voyez au titre *Du crime de Leze-Majesté*, ci-après, *part.* 4, *tit.* 28, n. 75.)

Et aussi le crime d'usure. (Voyez au titre *De l'Usure*, ci-après, *ibid.* tit. 58, n. 34.)

A l'égard du crime de duel, il peut se prescrire, pourvu qu'il n'y ait eu ni plainte, ni condamnation, ni exécution. (Voyez au titre *Du Duel*, part. 4, tit. 13, n. 17.)

57. Quelques Auteurs prétendent aussi que les crimes de parricide, avortement procuré, assassinat, apostasie, fausse monnoie, concussion & supposition de part, ne se prescrivent point. (Voyez Farinac. *qu.* 10, *n.* 29; *ita etiam* Decianus *intract. crimin.* tom. 1, tit. 3, ch. 37.) Mais cela n'a pas lieu parmi nous, & ces crimes se prescrivent par vingt ans comme tous les autres.) C'est ainsi que s'en explique Monsieur Joli de Fleuri Avocat-Général, dans un Arrêt du 12 Mai 1711, rapporté au Journal des Audiences. Voyez ci-dessus, n. 47.)

58. La prescription en matiere criminelle, même celle de vingt ans, pour avoir son effet, doit être opposée par l'accusé par forme d'exception; autrement elle ne peut lui servir. (Farinac. *qu.* 10, *n.* 35.) D'autres néanmoins pensent qu'il n'est pas nécessaire de l'opposer, & que le Juge doit la suppléer. (*Ita* Carpzovins *in practicâ rerum criminal.* qu. 141, n. 30 & 31.)

Je crois cependant qu'il faut faire à cet égard une distinction entre la peine & la réparation civile; & que dans le premier cas, la prescription doit être suppléée par le Juge; mais que dans le second cas, l'accusé doit l'opposer; de même qu'en matiere civile.

59. Au reste, il est toujours temps d'opposer la prescription, pourvu que ce soit avant le jugement définitif, & en dernier ressort. (Voyez au titre *Des Exceptions*, ci-après, *part.* 3, *liv.* 1, *tit.* 2, n. 20.)

4°. Les lettres de grace empêchent aussi que l'action pour la peine publique ne puisse avoir son effet; & elles mettent l'accusé à couvert de cette peine. (Voyez au titre *Des Lettres de Grace*, ci-après, *part.* 3, *liv.* 2, *tit.* 20, n. 52.)

5°. Quant à ce qui regarde l'action d'adultere en particulier, par qui elle peut être intentée, quand elle s'éteint, *&c.* Voyez ce qui est dit à ce sujet au titre *Du Crime d'Adultere*, n. 42.

CHAPITRE III.

De l'action criminelle privée.

60. On a vu ci-dessus que la plus grande partie des délits qui offensent les particuliers, donnent lieu à une action criminelle privée au profit de l'offensé, pour raison du dommage qui lui est causé, ou de l'offense qui lui est faite, indépendamment de l'action publique à l'égard de la peine qui regarde la partie publique. Pour expliquer ce qui regarde cette action privée, il faut examiner :

1°. Quels sont les cas où la partie offensée peut intenter l'action criminelle privée, & quels sont ceux où elle ne peut intenter que l'action civile.

2°. Quelles personnes peuvent intenter l'action criminelle privée, & qu'elles personnes ne le peuvent par elles mêmes.

3°. Contre quelles personnes on peut intenter cette action, & quelles sont les personnes contre qui on ne peut l'intenter.

61. 4°. Quelles personnes sont tenues civilement du fait d'autrui.

5°. Je parlerai de quelques actions criminelles particulieres; telles que l'action pour injures, celle pour homicide, & celle pour adultere.

6°. Des accusations calomnieuses de la part des parties privées.

7°. De la maniere dont s'éteint l'action criminelle privée, soit par mort, ou par prescription, ou par transaction.

SECTION PREMIERE.

Des Crimes & Délits pour lesquels l'offensé peut intenter l'action criminelle privée, & de ceux pour lesquels il ne peut intenter que l'action civile.

Voyez ce qui est dit ci-dessus, *n.* 18 & *suiv.* jusques & compris le *n.* 27.

SECTION II.

Qu'elles personnes peuvent intenter l'action criminelle privée.

62. 1°. Toute personne offensée, regnicole ou étranger, peut intenter l'action criminelle privée pour raison de l'injure qui lui a été faite, ou du dommage qui lui a été causé par un délit. (Farinac. *qu.* 12, *n.* 7; Jul. Clarus, *qu.* 14, *n.* 2.)

Il en est de même des personnes qui sont sous la puissance d'autrui, comme sont les mineurs puberes au dessus de l'âge de quatorze ans, & les femmes mariées. (Voyez au titre *De la Maniere d'exercer l'action criminelle en général*, n. 96.)

Item, les sourds & muets, du moins avec l'assistance de leur curateur. (Voyez *ibid.* n. 102.)

Et il en est de même de ceux qui ont encouru l'infamie par une condamnation, ou autrement; car rien n'empêche que ces personnes, lorsqu'elles sont offensées, ne puissent poursuivre par action criminelle l'auteur du délit, pour réparer le tort ou l'injure qui leur est faite. (Farinac. *qu.* 12, *n.* 17, *n.* 19; Jul. Clarus, *qu.* 14, *n.* 9.)

63. Mais il en est autrement de ceux qui sont morts civilement, comme les Religieux & les condamnés aux galeres perpétuelles, ou au bannissement à perpétuité hors du Royaume. (L. *si quis reus* 5, §. 1, D. *de publicis judiciis*. Farinac. *qu.* 13, *n.* 24; Boerius, *decis.* 121, *n.* 10; & Vulteius *intractatu de judiciis*, lib. 1, cap. 5, vers la fin.)

Les esclaves sont aussi incapables d'intenter l'action criminelle contre quelqu'un. (L. *servus*, Cod. *de judic.*) & c'est aussi la disposition de l'Edit du mois de Mars 1685, *art.* 31, touchant les esclaves de l'Amérique; qui porte que les esclaves ne peuvent être parties civiles en matiere criminelle.

64. Il en est de même des furieux & insensés. (L. 1, D. *de curat. fur.* ; L. 1, Cod. *eod. tit.*)

2°. Le pere de l'offensé peut intenter l'action criminelle, tant en son nom, qu'au nom de son fils, pour raison de l'injure faite à ce fils qui est sous sa puissance; parce que l'offense faite aux personnes qui sont sous nôtre puissance, est censée faite à nous mêmes. (Voyez *Injures*, n. 143.)

Et il en est de même du tuteur, pour raison de l'injure faite à son mineur. (Voyez au titre *Des Injures*, ibid.)

Le curateur peut aussi agir pour l'offense faite à celui dont il est curateur.

Mais cette regle n'a pas lieu à l'égard du fils pour l'injure faite à son pere. (Voyez au titre *Des Injures*, *ibid.* n. 143.)

65. 3°. Le mari peut agir en son nom comme offensé pour l'injure faite à sa femme. (Voyez au titre *Des Injures*, n. 144.) Mais il n'en est pas de même de l'injure faite au mari, laquelle ne peut être poursuivie par la femme. (Voyez *ibid.* n. 144.)

4°. Le maître peut aussi agir pour l'offense faite à son domestique, lorsque ce domestique est insulté dans les fonctions auxquelles son maître l'a proposé. (Voyez *ibid.* au titre *Des Injures*, n. 146.)

C'est en conséquence de cette maxime, que par Arrêt du Parlement de Toulouse du 13 Avril 1668, rapporté par Catelan, *liv.* 9, *ch.* 8, il a été jugé que le maître d'un garde-chasse, tué dans ses fonctions, pouvoit agir contre le meurtrier, ainsi que pouvoient le faire les enfants de l'homicidé; chacune de ces personnes ayant des intérêts séparés.

C'est aussi en conséquence de cette même regle, que les Fermiers des droits du Roi peuvent poursuivre criminellement les offenses faites à leurs Commis, & preposés, dans leurs fonctions. (Voyez l'article 10 du titre commun des Fermes de l'Ordonnance des Fermes du mois de Juillet 1681.)

66. 5°. Le Seigneur peut aussi agir pour l'offense faite à son Juge dans ses fonctions. (Voyez *Injures*, n. 147.)

6°. Il en est de même du Seigneur pour raison de l'offense faite à ses sujets, ou vassaux, dans le cas où l'injure qui leur est faite est pour faire insulte au Seigneur. (Voyez *ibid.* n. 148.)

7°. L'Evêque peut aussi poursuivre l'injure faite à un Ecclésiastique de son Diocese, si l'offense a été faite au mépris de l'Ordre Ecclésiastique. (Voyez au titre *Des Injures*, ibid. n. 148.)

Et il en est de même de l'Abbé, pour l'injure faite à son Religieux. (*ibid.*)

8°. Les Corps, ou la Communauté, peuvent aussi agir pour l'injure faite à un de leurs membres. (Ainsi jugé par Arrêt du Parlement de Provence du 12 Mars 1667, rapporté par Boniface, *tom.* 2, *part.* 3, *liv.* 1, *tit.* 2, *ch.* 21; qui a jugé que l'action criminelle compétoit en la personne d'une Communauté, contre un Fermier de fours & moulins à bateaux, pour exaction.)

Ce qui a lieu à plus forte raison lorsque l'injure a été faite dans le dessein d'offenser la Communauté. (Voyez au titre *Des Injures*, n. 149.)

67. 9°. Lorsque l'injure faite à un parent, offense toute la famille, il est permis à tous ceux de la famille de poursuivre la réparation de cette injure. (Voyez *ibid.*, n. 150.)

10°. L'héritier de l'offensé peut aussi poursuivre l'offense faite à celui dont il est héritier, lorsque cette offense est grave, & telle qu'elle peut donner lieu à des dommages & intérêts envers l'offensé; ce qui doit néanmoins s'entendre de l'héritier *qui succedit in personam.*

Lorsque le défunt a laissé plusieurs héritiers, chacun de ces héritiers peut agir pour sa part des dommages & intérêts contre l'auteur du crime. (Jul. Clarus, *qu.* 58, *n.* 34.)

Mais il faut observer que l'action pour raison d'une offense ne passe point à l'héritier de l'offensé, quand il ne s'agit que de simples injures verbales; à moins qu'elle n'ait été intentée du vivant du défunt. (Voyez au titre *Des Injures*, n. 151.)

68. Outre l'action d'injures simples, qui ne passe point à l'héritier de l'injurié, le §. 1 du titre 12, *institut. de perpetuis & temporal. action.*, ajoute, *& autres cas semblables.* Ces cas, suivant Vinnius en ses Observations sur cet endroit, sont renfermés dans la L. *pen.* D. *de injus vocat.*, & en la L. *pen.* §. *ult.* D. *nequis eum qui injus vocat*; & aussi dans la L. 4, D. *de calumn.*; & en la L. 7, Cod. *de rev. donat.*; à quoi il faut ajouter, suivant Vulteius en son ouvrage intitulé : *Jurisprudentia Romana*, tit. *De Actionibus*, lib. 2, cap. 4 & seqq. les actions populaires; Voyez la L. 5, §. *hæc*

autem, D. *de his qui dejeƈt.*; & l'action qui est donnée *ei qui prohibetur mortuum inferre*; (L. *liberum* 9 *in fine*, D. *de religion. & sumpt. funerum.*)

69. 11°. Il y a des cas où il n'est pas nécessaire d'être héritier de l'offensé pour pouvoir exiger une réparation civile, pour raison du crime qui a donné lieu à l'offensé; ce qui arrive lorsqu'on souffre d'ailleurs un dommage par ce crime. Ainsi la femme dont le mari a été tué; le pere dont l'enfant, ou les enfants dont le pere a été mis à mort, sont reçus à poursuivre le coupable par la voie criminelle, & à demander des dommages & intérêts pour raison de cette mort; quand bien même la femme ne seroit pas commune en biens avec son mari, ou que les enfants ne seroient pas héritiers de leur pere, ni le pere héritier de ses enfants; ce qui est fondé sur ce que ces dommages & intérêts appartiennent alors *non jure successionis*, *sed jure sanguinis*; & cela a lieu même dans le cas où l'enfant ne seroit qu'un enfant naturel, & non légitime. (Voyez ce qui est dit à ce sujet au titre *Du crime d'homicide*, n. 129.)

70. 12°. La partie offensée peut ceder ses droits & actions à un tiers, & le cessionnaire peut poursuivre le procès criminel en cette qualité. (Bibliotheque de Bouchel, au mot *Cession d'actions*; Imbert en sa Pratique Judiciaire, *liv.* 3, *ch.* 10, *n.* 12 & 13; Airault en son Instruction Judiciaire, *liv.* 4, *n.* 86; Bruneau, *tit.* 27, *n.* 36, *pag.* 271.) Mais on n'adjuge point alors de réparation au cessionnaire; on lui adjuge seulement le prix de sa cession, sans exécution ni contrainte par corps; d'autant que l'intérêt du cessionnaire est pur pécuniaire, & par conséquent si l'accusation est fausse, le cessionnaire n'est point excusable de calomnie, & sera puni comme tel. (Airault, *ibid.* n. 91.)

Il faut encore observer que le cessionnaire est tenu de donner caution: & que le bénéfice de cession a lieu contre lui. De plus, il peut être condamné plus facilement aux dommages & intérêts de l'accusation calomnieuse que l'accusateur. (Airault, *ibid.*)

71. 13°. Le créancier d'une succession vacante peut agir criminellement contre celui qui auroit volé dans cette succession. (Ainsi jugé par Arrêt du 11 Octobre 1642, rapporté par Boniface, *tom.* 2, *part.* 3, *liv.* 1, *tit.* 5, *ch.* 5.)

14°. Il est libre à la partie offensée, ou à ses héritiers, de poursuivre, ou non, l'action criminelle contre les auteurs du crime, ou seulement contre quelques-uns d'eux ; parce qu'il est libre à chacun de renoncer au droit qu'il a de demander des dommages & intérêts qui lui sont dûs. (Jul. Clarus, *qu.* 15, *n.* 5. L'Ordonnance criminelle de Charles V, appellée ordinairement Constitution Caroline, *ch.* 214, en a une disposition. Voyez aussi Airault en son Instruction Judiciaire, *liv.* 2, *part.* 4, *n.* 67.)

Par la même raison, on ne peut contraindre les héritiers présomptifs, ni même les enfants, à venger la mort de leur pere ou de celui dont ils sont héritiers, contre ce qui se pratiquoit en Droit. (Voyez ce qui est dit à ce sujet au titre *Du Crime d'Homicide*, n. 144.)

72. Il en est de même du Magistrat injurié dans ses fonctions ; quoiqu'il fût obligé en Droit de poursuivre l'injure qui lui étoit faite ; & que dans le cas où il la négligeoit, il fût tenu *actione imminutæ majestatis, ac veluti læsæ majestatis*, suivant Asconius Pedianus *in orationem ciceronis contra verrem de prætura urbanâ.* Mais cette obligation n'a plus lieu dans nos mœurs ; parce qu'en France la partie publique doit agir & prendre le fait & cause du Magistrat offensé.

SECTION III.

Contre quelles personnes ont peut intenter l'action criminelle privée.

73. 1°. L'action pour intérêts civils, peut être intentée contre l'auteur du crime ; & elle a lieu non-seulement contre les majeurs, mais encore contre les mineurs, & contre les femmes mariées ; sans qu'on soit obligé en même temps d'agir contre le tuteur, le pere, ou le mari. (Voyez au titre *Des Injures*, n. 154 & suiv. ; & au titre *De l'Instruction criminelle en général*, n. 104 & suiv.)

2°. Le pere peut aussi quelquefois être poursuivi criminellement en son nom, pour raison du délit commis par son fils, même pubere ; ce qui a lieu dans le cas où le délit a été commis par le fils en la présence du pere, ou de son approbation, ou par son ordre. (Voyez *ibid.* au titre *Des Injures*, n. 155.)

3°. Le mari peut aussi, dans certains cas, être poursuivi criminellement pour raison du délit commis par sa femme, lorsqu'il y a été présent, & qu'il ne s'est point mis en devoir de l'empêcher, le pouvant faire. (Voyez *ibid.* n. 161.)

74. 4°. Les maîtres des animaux qui viennent à mordre ou à blesser

quelqu'un, peuvent aussi être poursuivis criminellement pour raison de cette blessure, s'il paroît par les circonstances que ces animaux ont été excités par leur maître. (Voyez *Injures*, n. 165.)

5°. Ceux qui ont donné conseil pour commettre quelque crime, peuvent aussi être poursuivis criminellement comme complices de ce crime. (Voyez ce qui est dit au titre *Des différentes manieres dont on peut participer au crime*, n. 13.)

6°. Dans tous les cas où l'on peut agir contre plusieurs personnes en même temps, pour raison du même crime, afin d'obtenir une réparation civile, toutes ces personnes peuvent être poursuivies solidairement, pour cette réparation. (Voyez au titre *Des Peines*, n. 236.)

Des personnes contre lesquelles on ne peut intenter l'action criminelle privée.

75. Il y a des cas où les offensés ne peuvent intenter l'action criminelle, même privée, contre ceux qui les ont injuriés; ce qui a lieu principalement lorsque les personnes offensées sont sous la dépendance de ceux qui ont commis quelque délit à leur égard. Ainsi:

1°. Le fils ne peut accuser son pere pour raison d'excès commis par ce pere envers son fils. (*Ita Decianus in tractatu criminum*, tom. 1, lib. 3, cap. 14, n. 1. Voyez aussi au titre *Des Injures*, n. 168.)

C'est en conséquence de cette maxime, qu'il a été jugé que les enfants ne peuvent intenter l'action de faux contre leur pere & mere, par le respect qu'ils leur doivent; mais ils peuvent seulement agir dans ce cas par la voie civile pour l'intérêt qu'ils y ont. (Voyez Bardet, *tom.* 1, *liv.* 2, *ch.* 32.)

Mais il n'en est pas de même du gendre à l'égard de son beau-pere. (Voyez *Injures*, n. 169.)

76. 2°. La femme injuriée par son mari, ne peut se plaindre contre son mari par action criminelle des excès commis envers elle, à moins que ces excès ne fussent considérables. (Voyez *ibid.* au titre *Des Injures* n. 167.)

Mais l'action criminelle peut être intentée par la femme contre son mari pour crime de poligamie. (Arrêt du 3 Novembre 1668, rapporté par Boniface, *tom.* 2, *part.* 3, *liv.* 1, *tit.* 2, *ch.* 20.)

Il a aussi été jugé que l'action criminelle pour raison d'exposition

tion d'enfants, pouvoit être intentée par la mere naturelle contre le pere naturel. (Voyez au titre *Du Parricide*, n. 161.)

3°. Les peres peuvent poursuivre en justice leurs enfants, pour raison des injures ou autres excès commis par ces enfants envers eux; & même ces injures ou excès deviennent considérables à cause de la qualité des parties. (Voyez *Injures*, n. 169.)

Néanmoins un pere qui auroit été volé par son fils, ne pourroit agir contre lui en justice pour le poursuivre criminellement, si ce n'est en certains cas. (L. 14, Cod. *de his qui accusare non possunt.* Voyez *Injures*, n. 170.) Mais seulement contre les complices de ce vol.

77. 4°. Le mari peut aussi poursuivre criminellement sa femme dans le cas d'adultere par elle commis. (Voyez *Adultere*, n. 43.)

Mais il ne peut la poursuivre pour un simple larcin qu'elle lui auroit fait. (Voyez le titre D. *rerum amotarum*; & Chassanée sur la Coutume de Bourgogne, *rubr.* 1, §. 5, *n.* 33, *pag.* 188.) Il peut seulement agir contre les complices. (Arrêt du 21 Février 1687, rapporté en la suite des Arrêts de Boniface, *tom.* 3, *liv.* 3, *tit.* 8, *ch.* 1.) On commence par informer, & on civilise à l'égard de la femme.

On trouve cependant un Arrêt du Parlement de Metz du 12 Juillet 1708, rapporté par Augeard, *tom.* 2, qui a jugé, (à l'occasion d'un vol considérable, fait de nuit par une femme à son mari pendant son absence, & instruit par la voie extraordinaire devant le Lieutenant-Criminel du Bailliage de Metz, le Procureur du Roi y joint,) que la procédure étoit valable, & qui a condamné cette femme par corps à restituer à son mari les effets volés, en affirmant par le mari que l'état joint au procès-verbal des effets volés étoit sincere, & contenoit vérité; si mieux n'aimoit ledit mari faire entrer sa femme en telle maison Religieuse qu'il voudroit. Il est à observer que le mari n'avoit pris contre sa femme que des conclusions civiles, & que la plainte étoit générale contre les auteurs du vol.

Voyez aussi Lebrun en son procès criminel, au mot *Larcin*, §. 1, *pag.* 24, où il dit que si la femme vole son mari avec celui qui vit avec elle dans la débauche, ils doivent être punis tous les deux du dernier supplice.

78. 5°. A l'égard des autres parents en ligne collaterale, même des freres & sœurs, rien n'empêche qu'ils ne puissent être poursuivis

criminellement par l'offensé, si le délit commis contre lui est de nature à être poursuivi par la voie criminelle. (Farin. *qu.* 12, *n.* 53. Voyez *Injures*, *n.* 171.)

6°. Le serviteur ne doit pas être reçu à poursuivre son maître par action criminelle, lorsque celui-ci n'a usé à son égard que d'une correction légere. (Voyez *Injures*, *ibid.* n. 172.)

Et il en est de même du Vassal à l'égard de son Seigneur. (Jul. Clarus, *qu.* 14, *n.* 23; Decianus *in tractatu criminum*, tom. 1, lib. 3, cap. 14, n. 19.)

SECTION IV.

Quelles personnes sont tenues civilement du délit d'autrui.

79. 1°. Il y a plusieurs cas où le pere est tenu civilement du délit de son fils; ce qui a lieu lorsque ce délit arrive par la négligence du pere, & faute par lui de veiller avec soin sur la conduite de ce fils. (Voyez *Injures*, n. 155. Ainsi jugé par Arrêt du 31 Décembre 1611, rapporté par Auzanet en ses Arrêts, *ch.* 43, *pag.* 56.)

Mais si le fils est solvable & peut payer par lui-même, le pere n'est plus tenu civilement. (Jul. Clarus *in Supplem.* qu. 86, n. 39.)

Il faut observer que dans le cas où le pere est tenu civilement du délit commis par son fils, il a son recours en garantie contre lui, & qu'il peut imputer ce qu'il aura payé à ce sujet sur la part héréditaire de ce fils, dans le cas du moins où le pere a payé ces dommages & intérêts en vertu d'une condamnation. (Voyez Jul. Clar. ibid. *in Supplem.* qu. 86, n. 32.)

Au reste, cette maxime que les peres sont tenus dans certains cas du délit de leurs enfants, n'a lieu qu'à l'égard des enfants légitimes, & non au regard des enfants naturels. (*Ita* Bald. *in* L. *generaliter*, §. *cum autem*, Cod. *de instit. & substit.*; & Jul. Clar. *in Supplem.* qu. 86, n. 38.)

De même, cette maxime ne s'étend pas à l'aïeul, lequel n'est pas tenu civilement du délit commis par son petit-fils. (Jul. Clarus, ibid. *in Supplem.* qu. 86, *n.* 30.)

80. 2°. Le tuteur est aussi tenu civilement dans quelques cas du délit de son mineur; ce qui a lieu dans le cas où ce tuteur a donné en quelque sorte occasion au délit par sa négligence.

Et il en est de même du pere ou curateur à l'égard d'un insensé ou furieux, pour raison du délit qui pourroit être commis par cet insensé. L'article 150 de la Coutume de Normandie en a une disposition. (Voyez ce qui est dit ci-après au titre *Des Injures*, n. 160.)

3°. Le mari est aussi tenu civilement des délits commis par sa femme, lorsqu'il prend sa défense en justice. (Coutume de Normandie, *art.* 530.) Mais en général il n'en est point tenu à moins qu'il n'y ait donné lieu, ou qu'il ne les ait approuvés. (Ainsi jugé par Arrêt du 5 Juin 1671, rapporté au Journal du Palais en faveur d'un mari contre lequel un particulier avoit conclu en des dommages & intérêts solidairement, ainsi que contre sa femme, qui avoit crevé un œil à ce particulier. La femme, par cet Arrêt, fut condamnée en 120 livres de dommages & intérêts, & le mari mis hors de Cour.)

81. 4°. L'héritier est aussi tenu civilement du délit commis par celui dont il est héritier. (Voyez ce qui est dit à ce sujet *infrà*, n. 87.)

5°. Le maître est tenu civilement en certains cas du délit commis par son serviteur; ce qui arrive toutes les fois que le serviteur commet un délit dans les choses où il est préposé par son maître. (Voyez *Injures*, n. 161.)

A l'égard des délits commis par des esclaves, les maîtres en sont toujours tenus civilement, si mieux ils n'aiment abandonner l'esclave à celui à qui le dommage a été fait. C'est la disposition de l'article 37 de l'Edit du mois de Mars 1685, & de l'article 31 de l'Edit du mois de Mars 1724, rendus touchant les Esclaves de l'Amérique; ce qui est conforme à ce qui s'observoit en Droit. (Voyez au titre des *Injures*, *ibid.* n. 5.)

82. 6°. Les personnes qui en ont d'autres par elles préposées à certaines fonctions, sont aussi tenus civilement des faits de ces derniers. Ainsi les Fermiers sont tenus des faits de leurs Commis; les Curés de ceux de leurs Vicaires, *&c.* (Voyez Farinac. *qu.* 24, *n.* 53.)

7°. Les Villes, Communautés, Colleges & autres Corps, sont aussi responsables des délits qui arrivent par la négligence de ceux qui gouvernent, ou qu'ils ont proposés à certaines fonctions. (Voyez Louis sur la Coutume du Maine, *art.* 56.)

8°. Les maîtres des chiens & autres animaux qui viennent à blesser quelqu'un, ou à occasionner quelque dommage, en répondent aussi civilement, toutes les fois que cela arrive par la négligence du maître. (Voyez *Injures*, n. 165, art. 2, n. 6.).

83. 9°. Les Aubergistes, Cabaretiers, & ceux qui louent des chambres garnies, sont tenus civilement des vols faits en leur auberge, cabaret, ou chambres, d'effets appartenants aux personnes qui logent chez eux. (Voyez ce qui est dit au titre *Du Vol*, n. 51.)

Il en est de même des Messagers & Voituriers, & en général de tous ceux qui conduisent des paquets, marchandises, *&c.* (Voyez *ibid.* n. 45.)

10°. Quand il s'agit de fraude ou de complicité, ou de violence & rébellion aux droits du Roi, les Maîtres, & les peres & meres, sont aussi responsables civilement des condamnations prononcées contre leurs domestiques, & enfants de famille mineurs, & demeurants avec eux. (Déclaration du 30 Janvier 1714, *art.* 5.)

SECTION V.

De quelques actions criminelles particulieres; v. g. de l'action d'injures, de l'action pour homicide, & de l'action pour adultere.

84. Voyez ce qui est dit ci-après *part.* 4, aux titres *Des Injures*, n. 130 & suiv.; *Homicide*, n. 129 & suiv.; *Adultere*, n. 42 & suiv.

SECTION VI.

Des accusations calomnieuses de la part des parties privées.

85. Voyez *Omninò*, tout ce qui a rapport à cette matiere, & ce qui est dit à ce sujet au titre *De l'Accusation Calomnieuse*, n. 39 & suiv. ci-après, *part.* 4, *tit.* 2, n. 39.

SECTION VII.

De la maniere dont s'éteint l'action criminelle privée.

86. L'action criminelle privée s'éteint, 1°. par la mort de l'accusé, mais non pour la réparation civile: 2°. par la prescription du crime: 3°. par la transaction passée entre les parties.

ARTICLE PREMIER.

Si la mort de l'accusé éteint l'action qui procede du crime?

87. L'action criminelle privée s'éteint par la mort de l'accusé ; parce que cette action a pour objet la punition du crime ; soit que cet accusé vienne à mourir avant que l'instance criminelle ait été intentée, ou depuis ; car alors cette action est éteinte sans qu'elle puisse avoir lieu contre les héritiers. (Mornac sur la Loi 7, D. *de condict. furt.* Voyez ce qui est dit ci-dessus, n. 41.)

A l'égard de la réparation civile, ou des dommages & intérêts procédants du délit, ils ne sont point éteints par la mort de l'accusé, & on peut en poursuivre la demande contre les héritiers de cet accusé, soit qu'il vienne à mourir avant que l'instance criminelle ait été commencée contre lui, ou depuis ; pourvu que l'action soit intentée avant le temps nécessaire pour acquérir la prescription ; mais il y a plusieurs distinctions à faire à cet égard.

Si la réparation civile passe contre les héritiers de l'accusé.

88. Suivant le Droit Romain, l'héritier de l'accusé n'étoit tenu du délit commis par cet accusé qu'en deux cas :

1°. Lorsque l'héritier avoit profité du délit commis par celui dont il étoit l'héritier, & qu'il en avoit été enrichi. (Farinacius, *qu.* 10, *n.* 57 ; Louet, *lettre* A, *ch.* 18, *n.* 4 ; L. 1. Cod. *Ex del. defuncti* ; *Institut.* §. 1. D. *De perpet. & tempor. act.* ; L. 23. D. *De obligat. & action.*) En effet, puisque l'héritier ne peut être puni de la peine méritée par le défunt à cause de son crime, il est juste aussi qu'il ne puisse profiter de l'avantage que ce même délit a procuré au défunt. (L. *Sicuti pœna*, D. *De reg. Juris* ; L. *In heredem* 26, D. *De dolo* ; L. *Quod dix*[illegible],) §. *finali*, L. *Quod autem suprà*, D. *Quod metûs causâ* ; L. 1. §. *fin.* D. *De vi & vi armatâ* ; L. *Vi pulsos*, Cod. *Unde vi* ; L. 3. §. *Ex re furtivâ*, D. *De pecul* ; L. *Si cum exceptione*, §. *Pedius*, D. *Quod metûs causâ* ; L. 1. §. *finali*. D. *Vi bonor. rapt.*)

Or, pour connoître comment, & en quel cas, l'héritier peut profiter du délit du défunt, il faut voir la Loi 20, *& seq.* D. *Quod metûs causâ.*

L'action pour vol pouvoit aussi être intentée contre les héritiers de celui qui l'avoit commis, dans le cas même où ces héritiers n'avoient pas profité de ce délit. (L. *Si pro jure* 7. §. 2. D. *De condict. furti*; L. *In resfurtivâ* 8. *In princ.* D. *eod. tit.* Farinac. *qu.* 10, *n.* 72.)

89. 2°. Lorsque l'accusation, pour raison d'un délit, avoit été contestée avec celui qui en étoit l'auteur, & de son vivant, ses héritiers pouvoient après son décès, être poursuivis pour être condamnés à la peine procédante du délit. (L. 139. D. *De reg. Juris*. L. 1. Cod. *Ex delict. defunct*; *Institut*. §. 1. *De perpet. & tempor. act*; L. 26, L. 33, D. *De obligat. & action.*)

Ce qui ne doit s'entendre néanmoins que de la peine pécuniaire, *v. g.* du double, du triple, *&c.* (Voyez Louet sur Brodeau, *lettre* A, *ch.* 18, *n.* 4; Coquille, *qu.* 8; & d'Argentré sur l'article 189 de l'ancienne Coutume de Bretagne, *glos.* 1, *n.* 2.)

90. 3°. En France le crime est à la vérité éteint par la mort du coupable, quant à la peine, & aussi quant à la confiscation & l'amende: (Voyez *suprà*, pag. 28;) mais la reparation civile, & les dommages & intérêts, peuvent toujours être demandés aux héritiers de l'accusé, même dans le cas d'homicide. (Ainsi jugé par Arrêt du 22 Août 1701, rapporté au Journal des Audiences; Voyez aussi Papon en ses Arrêts, *liv.* 24, *tit.* 11, *n.* 3; d'Argentré sur l'article 189 de l'ancienne Coutume de Bretagne, *glos.* 1, *n.* 3; & Imbert en son Enchiridion au mot *Confession des accusés*. Et cette regle a lieu, meme dans les délits qui méritent une peine publique. (Imbert, *ibid.*; Brodeau sur Louet, *lettre* A, *ch.* 18, *n.* 12:) en quoi nous suivons la disposition du Droit Canon portée au chapitre *In litteris*, extrà *De raptore*; & C. *ult.* extrà *De sepult*: ce qui est fondé sur ce que l'héritier est tenu du fait du défunt, a qui il succede. Et il en est tenu, soit que la succession du défunt en ait été augmentée ou non; quand même il n'y auroit eu aucune accusation, ni aucune demande intentée contre ce défunt de son vivant. (d'Argentré *ibid. Ita etiam* Coquille, *qu.* 8 sur la fin, en parlant du crime d'incendie.)

91. Cette maxime, que la reparation civile peut toujours être intentée contre les héritiers du défunt, a lieu à plus forte raison dans les deux cas qui suivent:

Le premier, est lorsque l'action a été intentée, & la cause contestée du vivant du défunt. L'héritier est même tenu dans ce cas des provisions adjugées contre l'accusé de son vivant. (Mazuer, *tit.* Des peines, *n.* 14; Coquille sur la Coutume de Nivernois, *tit.* 2, *art.* 2. Arrêt du Parlement de Paris du 29 Juillet 1628, rapporté par Bardet, *tom.* 2, *liv.* 3, *chap.* 12; Louet, *lettre* A, *chap.* 18, *n.* 2.)

Le Second cas, est lorsque la succession du défunt a été augmentée par le crime du coupable; comme dans le cas de vol, *&c.*; & ce quand bien même le défunt, au-lieu de faire son profit de ce qui lui revenoit du délit, l'auroit perdu ou dissipé. (Coquille, *qu.* 8, & sur la Coutume de Nivernois, *chap.* 1, *art.* 8; Louet, *lettre* A, *chap.* 18, *n.* 2.)

92. Au reste, il faut observer que cette reparation, & ces dommages & intérêts contre les héritiers, se poursuivent par la voie civile.

A l'égard de l'action d'injures, elle ne passe point contre l'héritier de l'injuriant. En quoi nous suivons la disposition du Droit Romain portée en la Loi *Injuriarum* 13, *in princ.* D. *De injuriis*; & aux institut. *De perpet. & tempor. act.* §. 1. La Coutume de Bretagne, *art.* 180, en a une disposition. (Voyez ci-après au titre *Des Injures*, n. 166.)

Mais si l'action avoit été intentée, & la cause contestée du vivant du défunt, les héritiers sont tenus de la reparer. Voyez *ibid.* au titre *Des Injures*, n. 166.)

93. La contestation en matiere criminelle se fait, suivant quelques Auteurs, à la confrontation des témoins; & c'est ce qui semble résulter de la disposition de l'article 3, du titre 1 de l'Ordonnance de 1670. D'autres prétendent qu'elle commence depuis le décret signifié; & d'autres seulement depuis les conclusions civiles. (Montholon Arrêt 140.) Mornac, sur la Loi 28, §. *Sed & si*, D. *De judiciis*, dit que c'est à l'interrogatoire de l'accusé; & c'est aussi le sentiment de Julius Clarus, *qu.* 45, *n.* 2. D'autres disent, que c'est depuis la plainte répondue par le Juge, ou faite en sa présence, du moins quant à l'effet de faire passer l'action criminelle contre les héritiers de l'accusé; parce que cette plainte saisit la Justice en la mettant en devoir d'agir, & soumet l'accusé à subir le jugement. C'est ainsi que le pense l'Auteur des Loix Criminelles, *tom.* 1, *chap.* 3, *n.* 4, *pag.* 16.

ARTICLE II.

Si la prescription éteint l'action privée qui procede du crime.

94. La prescription de vingt ans éteint l'action criminelle; parce que cette action a pour objet la peine due au crime, laquelle est éteinte par cette prescription. (Voyez ci-dessus n. 45, & suiv.)

Mais il y a plus de difficulté à sçavoir si cette prescription de vingt ans a également lieu pour la reparation civile; & si elle court tant contre les mineurs que contre les majeurs; & contre les héritiers de l'accusé, comme contre l'accusé lui-même.

Plusieurs Auteurs pensent que la prescription de vingt ans, qui est établie pour la peine, a pareillement lieu pour la reparation civile. (*Ita* Expilli plaidoyer 22; Chenu, *cent.* 1, *qu.* 83; Brodeau, *lettre* C, *chap.* 47, *n.* 1; & Mornac sur la Loi *properandum*, Cod. *De judiciis. Ita etiam* l'Hommeau en ses Maximes, *liv.* 3, *chap.* 6; où il dit que toute action criminelle, soit pour le crime, soit pour l'intérêt civil, se prescrit par vingt ans. Voyez aussi le Prêtre, *centurie* 2, *chap.* 8, *n.* 15, où il rapporte un Arrêt du 22 Janvier 1600, qui semble fixer cette Jurisprudence.)

95. D'autres Auteurs sont d'un sentiment contraire, & prétendent que la reparation civile ne se prescrit que par trente ans; & même que cette prescription ne court pas contre les mineurs. (*Ita* Julius Clarus, *qu.* 52, *n.* 2, *in fine;* Farinacius, *qu.* 10, *n.* 34; & Peleus, *liv.* 5, *act.* 6. L'Ordonnance Criminelle de Léopold rendue pour la Lorraine, *tit.* 16, *art.* 16, en a une disposition. Voyez aussi Basnage sur l'article 143 de la Coutume de Normandie, où il rapporte plusieurs Arrêts qui l'ont ainsi jugé. *Ita etiam* Carondas, *liv.* 6, *réponse* 87, où il rapporte un Arrêt de l'année 1565, pour prouver que la réparation civile, comme toute autre action personnelle, ne se prescrit que par trente ans. Voyez encore Louet, *lettre* A, *chap.* 18; Lacombe, Traité des Matieres Criminelles, *part.* 1, *chap.* 1, *n.* 35; Arrêts de la Roche-Flavin & Graverol, au mot *Héritiers*, liv. 6, tit. 52, art. 2, pag. 515.)

96. Ce dernier sentiment, conforme au Droit Romain, paroît à la vérité plus conforme aussi aux vrais principes; mais la faveur de la libération a prévalu, suivant l'Arrêt de 1600 qui vient d'être cité, lors duquel Monsieur le Premier Président avertit les Avocats

cats de ne plus douter de cette maxime. On trouve encore plusieurs Arrêts qui ont jugé la même chose ; & entre autres un du 10 Mai 1666, rapporté par Boniface, *tom.* 2, *liv.* 1, *tit.* 15 ; & un autre du 22 Mars 1653, rapporté au Journal des Audiences ; autre Arrêt du 6 Juillet 1703, rapporté aussi au Journal des Audiences.

97. Au Parlement de Dijon, les réparations civiles ne se prescrivent aussi que par trente ans. Ainsi jugé par Arrêt du 28 Janvier 1673, rapporté par Raviot, *qu.* 210, *n.* 9 & 10. Voyez aussi Muyard de Vouglans en son Traité des Institutions au Droit Criminel, *tom.* 1, *pag.* 92, où il dit que tel est l'usage des Parlements de Bourgogne, de Grenoble & de Franche-Comté ; mais que les autres Parlements ne mettent aucune différence entre la prescription civile & la prescription criminelle, & entre autres les Parlements de Paris, de Toulouse & de Bordeaux. *Ita etiam* Richer en son Traité de la mort civile, *pag.* 164. La raison que ce dernier en donne, est qu'on ne peut condamner un homme aux intérêts civils sans le convaincre du crime ; or, la peine étant prescrite par vingt ans, l'infamie le doit être aussi.

98. Cette maxime est fondée sur ce que l'action, pour dommages & intérêts procédants d'un crime, est accessoire & dépendante du crime, & qu'ainsi l'une étant éteinte, l'autre l'est aussi, suivant cette maxime de Droit que *accessorium sequitur naturam principalis* ; (L. 178, D. *de regulis juris* ; & L. 42, *cod. tit.*)

Cette regle que l'action pour la réparation civile d'un crime se prescrit par vingt ans, comme l'action criminelle pour la peine, a pareillement lieu pour le vol comme pour les autres crimes. (Arrêt du 11 Février 1604, rapporté par Louet, *lettre* C, *ch.* 47, *n.* 1.)

99. Néanmoins d'Argentré sur cette question, prétend que quand le coupable a profité du crime, comme dans le cas de vol, l'action civile ne se prescrit pas comme l'action criminelle, & que cette prescription ne doit avoir lieu que quand l'accusé n'a tiré aucun profit de son crime. (*Ita* d'Argentré sur l'article 274 de l'ancienne Coutume de Bretagne, au mot *Action de Crime*, n. 6.) Il est vrai que cet Auteur ne parle que de l'action criminelle qui se prescrit par cinq ans dans cette Coutume. Ce sentiment de d'Argentré paroît fort judicieux, & il semble qu'il devroit être suivi pareillement pour la prescription de vingt ans ; en sorte que toutes les fois que le coupable a tiré quelque profit du crime, l'action pour la répé-

tition des choses prises par lui, ou qui ont passé à son profit, doit durer trente ans, & ne pas courir contre les mineurs. *Etiam si* (dit cet Auteur) *per vim aut delictum res ad eum pervenerit; nec civili actioni per criminalem hic præjudicabitur; quia civilis actio in hoc casu non à causâ delicti, sed aliunde nascitur, scilicet à rei vindicatione; alioquin manifestâ injuriâ contingeret alium cum alterius jacturâ, id que per scelus, locupletari.* Ainsi suivant d'Argentré cette prescription de vingt ans pour la réparation civile, ne doit avoir lieu qu'à l'égard des crimes, qui, quoique préjudiciables à l'offensé, n'ont cependant procuré aucun avantage ni profit au coupable, comme dans le cas d'incendie, homicide, *&c.*

100. Un Arrêt du Parlement de Toulouse du 13 Août 1691, rapporté par Vedel en ses Observations sur les Arrêts de Catelan, *liv.* 7, *ch.* 1, a jugé, conformément à cette derniere opinion, que la prescription pour la restitution des choses volées, n'avoit lieu qu'après trente ans : ce qui est conforme à la Loi *in hæredem*, D. *de dolo malo*; & à la L. 5, D. *de calumn.*

Cette prescription de vingt ans court contre les mineurs comme contre les majeurs; (l'Hommeau, en ses Maximes, *liv.* 3, *max.* 6. Carondas, *liv.* 10, *rep.* 76. Chenu, *cent.* 1, *ch.* 83. Arrêt du 18 Décembre 1599. Autre Arrêt du premier Mars 1601, rapporté par Peleus, *Action for.* liv. 3, ch. 49. Autre du 30 Décembre 1606, rapporté par M. Louet, *lettre* C, *ch.* 47, *n.* 4. Voyez aussi Graverol sur la Rocheflavin, *liv.* 3, *tit.* 11, *art.* 1, & Catelan, *liv.* 7, *ch* 1.)

Et l'on prétend qu'elle éteint dans ce cas, non-seulement l'obligation civile, mais encore l'obligation naturelle, suivant la L. *sed unius* 17, §. *si ante judicem* 6, D. *de injuriis*; à la différence de ce qui s'observe pour les contrats, où la prescription n'éteint pas l'obligation naturelle.

101. Cette prescription a pareillement lieu dans le cas même où l'action, pour raison des intérêts civils, auroit été intentée dans les vingt ans, & suivie d'information & de décret contre le coupable, mais non suivie de condamnation définitive. (Voyez ce qui est dit ci-dessus, n. 48.)

Au reste, on doit observer que la prescription de vingt ans pour la réparation civile, ne doit avoir lieu que lorsque l'accusé est vivant, & qu'il peut être poursuivi pour raison du crime quant à la peine; mais que si cet accusé vient à mourir avant les vingt ans, dans ce cas l'action contre ses héritiers dure trente ans, à compter du jour du crime commis; & qu'elle ne court point contre les mineurs : car alors on ne peut pas dire que l'action civile soit accessoire & dépendante de l'action criminelle; puisque l'action criminelle est éteinte par la mort de l'accusé; ainsi les choses rentrent dans le droit commun. Mais quand une fois l'accusé de son vivant a acquis la prescription par l'espace de vingt ans, tant pour le civil que pour le criminel; alors comme une action une fois éteinte ne peut plus revivre, il s'ensuit que quand même il viendroit à mourir avant les trente ans, on ne pourroit plus intenter l'action civile contre ses héritiers.

102. Lorsque l'action a été une fois intentée contre l'accusé, & qu'il vient à mourir avant le jugement, l'instance peut être reprise par ses héritiers, & continuée contre eux; & quand même elle ne seroit pas jugée définitivement dans les vingt ans du crime commis, néanmoins elle ne se prescriroit point; parce que les choses rentrent dans le droit commun par cette mort. Or, c'est une maxime que *omnes actiones quæ morte aut tempore pereunt, semel inclusæ judicio salvæ permanent*; L. 139. D. *De regulis juris.*

Une autre regle générale en cette matiere, est que toutes les actions civiles qui n'exigent pas qu'on fasse la preuve d'un crime, subsistent jusqu'à trente ans; & que la prescription de ces actions ne court point contre les mineurs.

103. Ainsi, dans le cas où l'auteur du crime a transigé avec l'offensé, l'action pour se faire payer des causes de la transaction, & qui tient lieu de réparation civile, dure trente ans, & ne court pas contre les mineurs; ce qui est fondé sur ce qu'alors l'action pour le paiement de la somme portée par la transaction, devient une action pure personnelle, civile & indépendante du crime; & que ce n'est plus en vertu du crime qu'elle s'intente, mais en vertu d'une nouvelle obligation : *quia res transiit in contractum ex stipulatu.*

Il faut aussi observer que quand sur la demande à fin d'intérêts civils, il est intervenu un jugement qui en a prononcé la condamnation au profit de l'offensé, ou de ses héritiers, soit que ce jugement ait été rendu par contumace ou non, alors l'action pour le paiement de ces dommages & intérêts, est prorogée jusqu'à trente ans, à compter du jour de la Sentence rendue & exécutée; & que ce temps ne court point contre les mineurs, & s'interrompt par des poursuites qui seroient faites en exécution de ce jugement ; ce qui est fondé sur ce que la Sentence, ou Arrêt de condamnation porte alors une nouvelle obligation contre la partie condamnée, & que de cette obligation il naît une action personnelle qui dure trente ans, ainsi que toutes les autres. (Ainsi jugé par Arrêt du 9 Janvier 1649.)

104. Une autre observation importante, est que si le crime est opposé par forme d'exception, comme dans le cas où il s'agiroit d'une donation, ou d'un legs fait à l'auteur d'un homicide par l'homicidé, que l'on attaqueroit comme fait à une personne indigne, alors l'action civile procédant du crime, ne se prescrit point par vingt ans, suivant cette maxime de Droit que *quæ sunt temporalia ad agendum sunt perpetua ad excipiendum.* (L. *Jure.* D. *De exceptione doli mali.* L. *Licet cum glossâ*, Cod. *De exception. Ita* d'Argentré sur l'article 274 de l'ancienne Coutume de Bretagne, *note* (c) *n.* 12.

Quand à la question de sçavoir si cette prescription pour la réparation civile, doit être opposée, ou si le Juge doit la suppléer, Voyez la distinction qui a été faite ci-dessus, n. 58.)

105. Outre la prescription de vingt ans, dont on vient de parler, il y a des délits qui se prescrivent par un moindre espace de temps ; telle est l'action pour injures verbales, laquelle se prescrit par un an. (Voyez ce qui est dit à cet égard au titre *Des Injures*, n. 183 ;) celle d'adultere qui se prescrit par cinq ans ; & celle de simonie par dix ans. (Voyez *suprà*, n. 55.)

ARTICLE III.

Si la transaction peut éteindre l'action qui naît des crimes.

106. La partie civile qui a été offensée, peut en tout temps transiger avec l'auteur du délit ; & même lorsqu'elle a donné contre lui la plainte, elle peut s'en désister en tout état de cause ; ce qui est fondé sur ce que cette partie ne poursuit que son intérêt civil, & qu'il est permis à chacun de renoncer à son droit, suivant la Loi *Si Judex.* D. *De Minor.*

Dans ces transactions pour intérêts civils, on peut convenir que faute de payer, dans un certain temps, la somme consentie, les intérêts en seront payés ; & cette convention est légitime. (Ainsi jugé par Arrêt du 11 Juin 1682, rapporté au Journal du Palais.)

On peut même dans les transactions faites en pareil cas, stipuler des clauses pénales contre l'auteur de l'offense; *v. g.* qu'il sera tenu de faire réparation à l'offensé; de s'absenter pendant un an du lieu ordinaire de la demeure de ce même offensé; & autres peines semblables; & ces sortes de stipulations sont valables, lorsqu'elles n'ont rien de contraire aux bonnes mœurs, ni à l'intérêt public. (Jul. Clarus, *in supplem.* qu. 67, *n.* 20.)

107. Ces transactions sont tellement licites, qu'une somme qu'un accusé se seroit obligé de payer à l'offensé en conséquence d'une transaction faite avec lui, ne peut être repétée, quand même sur la plainte de la partie publique, les parties seroient mises hors de Cour. (Voyez Collections de Denisart au mot *Réparation civile*, pag. 375, col. 2, *n.* 1 & 2.)

Cette faculté de pouvoir transiger avec l'offensé, a lieu, non-seulement dans les cas où il s'agit de délits privés; mais aussi pour tous crimes publics. (*Ita* Papon en ses Arrêts, *liv.* 23, *tit.* 11, *n.* 5; Carondas en ses Pandectes, *liv.* 4, *part.* 2, *chap.* 13 sur la fin; Bouvot, *tom.* 2, au mot *Transaction*, qu. 5; & il a été ainsi jugé par Arrêts du Parlement de Dijon des 14 Mai 1605, & 5 Décembre 1607, rapportés par Bouvot, *ibid.* qu. 12.)

108. Ce qui a même lieu en crime d'adultere, (Voyez au titre *De l'Adultere*, n. 67.)

Et aussi en crime de faux; ainsi qu'il a été jugé par Arrêt du 15 Juin 1593, rapporté par Mornac sur la Loi *Transigere* 18, Cod. *De Transact.*

Et en général pour toutes sortes de crimes de quelque espece qu'ils soient; parce que dans tous ces cas l'objet de la transaction, n'est que de régler l'intérêt, ou la réparation due à la partie offensée.

Mais toutes ces transactions n'empêchent pas que la partie publique ne puisse agir pour la vengeance publique du crime. (*Infrà*, n. 117.)

§. I.

Quelles personnes peuvent transiger sur des crimes.

109. Tous ceux qui peuvent rendre plainte pour raison d'un crime, peuvent transiger pour raison de ce crime. (Farinacius, *qu.* 14, *n.* 1.) Ces personnes sont :

1°. L'offensé.

2°. Les héritiers de l'offensé dans le cas d'homicide, ou lorsque l'offensé vient à mourir avant d'avoir intenté l'action criminelle contre l'auteur du délit. On prétend même qu'alors il suffit que la plus grande partie des héritiers consentent à la remise de l'offense, pour que les autres héritiers ne puissent agir. (*Ita* Farinacius, *qu.* 14, *n.* 2 & 53) pourvu néanmoins que le profit de la transaction soit partagé également entre tous les héritiers, tant ceux qui ont transigé, que ceux qui ont refusé de le faire. (Farinacius, *ibid. n.* 11, & *seq.*)

Et cette regle a pareillement lieu à l'égard des enfants d'un homicidé, dont il suffit que le plus grand nombre veuille transiger, pour que les autres enfants soient tenus d'aquiescer à la transaction, & ne puissent agir. (Farinacius, *ibid.*, *qu.* 14, *n.* 10.)

110. 3°. Le fils, pour raison de l'offense que lui a été faite, ou du délit commis à son égard, peut transiger seul & sans le consentement de son pere, lorsqu'il est majeur, & hors de la puissance paternelle.

Mais lorsqu'il est mineur, il ne le peut que du consentement de son pere, ou de son tuteur ; quand même il seroit au-dessus de l'âge de puberté. (Farinacius, *ibid. qu.* 14, *n.* 2. Voyez aussi au titre *Des Injures*, n. 174.)

Lorsque le mineur est enfant, il ne peut transiger en aucune maniere, même avec l'autorité de son tuteur ; la foiblesse de son âge ne lui permettant pas dans ce cas, de donner aucun consentement. (Farinacius, *qu.* 15, *n.* 1.)

111. 4°. Il en est de même de la femme mariée comme du mineur, elle ne peut seule, & sans le consentement de son mari, transiger pour raison de l'offense qui lui a été faite. (Voyez au titre *Des Injures*, n. 175.)

Ce qui a pareillement lieu à l'égard du Religieux offensé, lequel ne peut transiger seul & sans l'autorité de la Communauté dont il est Religieux. (Voyez *Injures*, n. 177.)

5°. *Question.* Le pere peut-il seul, & sans le consentement de son fils, qui est en sa puissance, transiger pour raison de l'offense faite à son fils mineur ?

Si l'offense est legere, le pere peut la remettre sans le consentement de son fils, & même malgré lui; mais si cette offense est grave, il ne le peut. (Voyez *Injures*, n. 174.)

Si le fils est émancipé, le pere ne peut remettre l'offense faite à son fils, sans le consentement de ce fils.

112. Le tuteur peut aussi transiger pour son mineur seul, & sans son consentement, pour raison du délit commis à l'égard de son mineur, si ce mineur est au-dessous de l'âge d'enfance; mais si ce mineur est au-dessus de l'enfance, il ne peut transiger que conjointement avec ce mineur. (Voyez *Injures*, n. 174.)

6°. Quand l'offense faite à la femme est legere, le mari peut aussi l'accommoder malgré sa femme. (Voyez *Injures*, n. 175.)

7°. Quant à la question de sçavoir si le monastere peut remettre l'offense faite à son Religieux, sans le consentement de ce Religieux, Voyez au titre *Des Injures*, n. 175.

§. II.

Comment se font les transactions.

113. 1°. Les transactions & compositions sur crimes, peuvent se faire directement avec l'accusé, ou autres personnes ayant pouvoir de lui; mais pour que ces sortes de transactions soient valables, il faut que l'accusé soit libre. Ainsi si un Gouverneur, ou autre personne élevée en dignité, avoit obligé un des sujets de sa province, de remettre l'offense qui lui auroit été faite, & de transiger à cet effet, cette transaction ainsi forcée seroit nulle. (Julius Clarus, *qu.* 58, *n.* 41.)

C'est en conséquence de cette regle que les transactions passées avec les accusés, quand ils sont en prison, sont nulles, (suivant la Loi *Qui in carcerem.* D. *De eo quod metus causâ*: Voyez aussi Papon en ses Arrêts, *liv.* 6, *tit.* 3, *n.* 1; & la Roche-Flavin, *liv.* 2, *lettre* N, *art.* 5;) à moins que le prisonnier ne soit en liberté; à l'effet de quoi quand on transige avec un prisonnier, on a coutume de le faire passer entre les deux guichets, où alors il est censé libre.

114. Mais dans ce cas les transactions ne subsistent que par le mérite du fond, & l'on examine si l'acte préjudicie au prisonnier; & s'il est tel qu'il ne l'eût pas passé étant libre, on le déclare nul. (Ainsi jugé par un Arrêt rendu en la Tournelle le premier Juin 1714, qui a admis deux particuliers au bénéfice de restitution contre une transaction passée entre les deux guichets, sur une accusation de banqueroute frauduleuse. Voyez Denisart en ses Collections au mot *Prisons*.)

Si un mari qui a tué sa femme, transige pour raison de cette homicide avec ses enfants, cette transaction est valable, suivant Farinacius, *qu.* 14, *n.* 48; & Julius Clarus, *qu.* 58, *n.* 31. *Contrà* Baiardus *in supplementis ad Jul. Clarum*, qu. 58, n. 54 & 55, où il dit que cela dépend des circonstances. Il y a des Réglements qui ont jugé que les enfants ne sont pas admis à poursuivre leur pere pour raison de l'homicide de leur mere. (Voyez ci-après au titre *De l'Homicide*, n. 133.)

115. 2°. Les transactions se font par des actes passés devant Notaires, ou sous seing privé, au choix des parties. Quelquesfois aussi elles se présument, comme dans les injures verbales, lorsque la partie, qui a été injuriée, meurt, ou laisse passer un an sans donner l'action; ou qu'elle a donné quelque autre marque de réconciliation: parce qu'alors elle est censée avoir remis l'injure, ou s'être réconciliée avec l'injuriant (Voyez *Injures*, n. 178.)

Cette réconciliation des parties peut se prouver par témoins dans les crimes qui ne sont pas de ceux qu'on appelle graves. (Ainsi jugé par Arrêt du 28 Novembre 1671, rapporté par Boniface, *tom.* 5, *liv.* 3, *tit.* 1, *chap.* 5, qui casse une procédure criminelle pour injures verbales faite après la réconciliation des parties prouvée par témoins.)

116. 3°. Dans le vol, la restitution des choses volées, ne suffit pas pour prouver qu'il y a eu entre les parties un arrangement; mais il faut encore une transaction, par laquelle il paroisse que la partie offensée a remis à l'auteur du vol les dommages & intérêts dûs pour raison de l'offense qui lui a été faite, à cause de ce vol. (*Ita* Julius Clarus, *qu.* 58, *n.* 40.)

4°. *Question.* Lorsqu'une personne qui a transigé pour raison d'une blessure qu'elle a reçue, vient ensuite à mourir de sa blessure,

blessure, les héritiers du décédé peuvent-ils intenter une nouvelle action criminelle pour raison de cette mort; ou si la transaction passée par le défunt, empêche ces héritiers d'agir de nouveau?

Julius Clarus sur cette question, décide pour l'affirmative, & que la transaction passée pour raison d'une blessure, quoique considérable, ne peut empêcher les héritiers d'agir de nouveau, lorsque cette blessure vient à être suivie de mort. (Voyez Jul. Clar. *qu.* 58, *n.* 29 & 30, & ce qui est dit au titre *De l'Homicide*, n. 163.)

117. 5°. Lorsque des parties offensées à l'occasion d'un délit, ont transigé pour raison de leur intérêt civil, l'effet de cette transaction est qu'elles ne peuvent plus agir contre le coupable, soit par action civile, soit par action criminelle; mais ces transactions & désistements n'empêchent pas les Procureurs du Roi, ou Fiscaux, de pouvoir agir pour l'intérêt public, & pour la vengeance du crime, à l'effet de le faire punir de la peine qu'il mérite. C'est la disposition de l'article 19 du titre 25 de l'Ordonnance 1670, qui enjoint aux Procureurs du Roi, & à ceux des Seigneurs, de poursuivre ceux qui seront prévenus de crimes capitaux, ou qui peuvent être punis de peine afflictive, nonobstant toutes transactions & cessions de droits faites par les parties.

Néanmoins quelques Auteurs prétendent que ces sortes d'arrangements faits avec les parties civiles, doivent diminuer la peine due au crime. (Voyez Farinacius, *qu.* 4, *n.* 34, qui en excepte seulement les crimes capitaux.)

118. 6°. Lorsque l'auteur du délit ne veut pas tenir les clauses de la transaction, l'action criminelle peut revivre dans la personne de l'offensé, ou de ses héritiers (Voyez ce qui est dit à ce sujet au titre *De la maniere d'exercer l'action criminelle en général*, n. 167.)

Par la même raison, s'il y a des nullités dans la transaction, ensorte qu'elle ne puisse avoir aucun effet pour pouvoir contraindre l'auteur du crime, auquel l'offense a été remise moyennant un certain accord ou paiement; alors l'offensé rentre dans tous ses droits pour pouvoir agir comme s'il n'y avoit point eu en tout de transaction.

119. 7°. Les mineurs offensés qui ont transigé, même assistés de leur tuteur ou curateur, pour raison de quelque crime commis à leur égard, peuvent se faire restituer contre ces transactions, lorsqu'il y a eu lésion à leur égard. (Ainsi jugé par Arrêt du 28 Septembre 1665, rapporté par Boniface, *tom.* 2, *part.* 3, *liv.* 1, *tit.* 6, *ch.* 15,

au profit d'une servante mineure, qui avoit été abusée par le fils de son maître, & qui avoit donné un désistement du délit commis à son égard. Cette fille avoit pris contre ce désistement, des lettres de rescision qui furent enterrinées par cet Arrêt, lequel condamna le fils à doter la fille, & à se charger de l'enfant.)

120. *Nec obstat* que le bénéfice de la restitution n'a pas lieu à l'égard des mineurs, quand il s'agit de l'exécution de quelque peine; car ce n'est pas ici le cas de faire l'application de cette maxime : cela n'est bon que dans le cas où le mineur voudroit se faire restituer contre une Sentence; mais non lorsqu'il veut se faire restituer contre une transaction, qu'il peut toujours attaquer lorsqu'elle lui fait quelque préjudice, suivant la regle générale. Ce qui a lieu à plus forte raison, lorsque c'est une autre personne qui a transigé pour le mineur offensé; car cette espece de transaction ne pourroit empêcher le mineur devenu majeur, d'agir pour raison de l'offense qui lui a été faite, ainsi qu'il a été jugé par Arrêt du 18 Décembre 1648, rapporté par Soefve, qui a décidé qu'une transaction faite par une mere pour son fils mineur, blessé fortuitement par une autre personne, n'empêchoit pas ce fils, devenu majeur, d'agir pour son intérêt particulier.

121. Quand l'offense a été commise par un mineur, & que sur cette offense le mineur a transigé, il peut aussi se faire restituer contre cette transaction, si elle lui est préjudiciable. Ainsi un mineur qui auroit compromis sur un crime dont il seroit accusé, sans qu'il y eût eu aucune information, & qui avoueroit ce crime par le compromis, sur lequel seroit intervenu une Sentence arbitrale, pourroit prendre des lettres de rescision contre cet aveu & cette reconnoissance, sur le fondement de sa minorité, & de sa lésion. (Arrêt du 3 Septembre 1706, rapporté au Journal des Audiences.)

Néanmoins Boniface, *tom.* 5, *liv.* 3, *tit.* 19, *chap.* 1, rapporte un Arrêt du Parlement de Provence du 3 Novembre 1685, qui a jugé qu'un mineur ne pouvoit être restitué contre son acquiescement, suivi d'exécution, à une Sentence criminelle, quoique vis-à-vis d'une partie privée. La raison de cette décision, est que les mineurs, en matiere criminelle, sont considerés comme majeurs. En effet, on ne leur donne point de curateur dans les procès criminels. (Voyez la Loi 37. D. *De minor.*) Mais je crois que la décision de cette question dépend des circonstances.

122. En général on n'obtient pas facilement des lettres de rescision contre une transaction en matiere criminelle, sous prétexte de minorité, dol, fraude, ou autrement.

8°. On prétend que quand une transaction, pour raison d'un crime, n'est pas gratuite, c'est une preuve que celui qui s'oblige ainsi par la transaction, est coupable; (Voyez ce qui est dit à ce sujet au titre *De la Preuve en général*, n. 320,) & qu'au contraire quand cette transaction est gratuite, c'est une preuve d'innocence en faveur de l'accusé; mais pour éviter qu'on ne puisse tirer aucune indiction de ces sortes de transaction, il ne faut faire aucune mention qu'on se reconnoît pour être l'auteur du crime pour raison duquel on transige; & l'accusé doit dire seulement, *v. g.* qu'ayant été emprisonné à l'occasion de ce délit, ou afin d'éviter un emprisonnement, & d'éviter la suite & les peines d'un procès couteux, il consent de payer à celui qui l'a ainsi poursuivi, une telle somme par forme d'arrangement.

123. Si la transaction paroît être faite gratuitement, & qu'il ne soit question que de la remise de l'offense, dans ce cas il n'en peut résulter aucun indice contre l'accusé, qui puisse le faire présumer coupable du crime dont on l'accuse.

§. III.

Si l'action pour raison d'un crime est éteinte par la simple remise de l'offense.

124. La remise de l'offense peut se faire en deux manieres, ou *expressement*, par la déclaration faite par l'offensé verbalement, ou par écrit, qu'il remet l'offense qui lui a été faite; ou *tacitement* lorsqu'il se reconcilie avec celui de qui il l'a reçue.

1°. La remise faite de l'offense lorsqu'elle est verbale, & faite par un mourant, n'empêche pas ses héritiers de pouvoir agir, même par action criminelle contre l'auteur du délit; & elle ne peut préjudicier aux dommages & intérêts qu'il avoit droit de prétendre, & dont il transmet l'action à ses héritiers; cette remise étant présumée faite uniquement par un motif de religion, & non dans la vue de remettre les dommages & intérêts. Ce qui a lieu à plus forte raison dans le cas où cette remise seroit faite par un blessé retenu au lit, qui viendroit ensuite à mourir des blessures qu'il auroit reçues. (Voyez Julius Clarus, *in pract. crimin.* qu. 58, *n.* 29.)

125. 2°. A l'égard de la remise expresse de l'offense qui seroit faite par écrit, elle ne sert qu'à empêcher l'action criminelle, mais non l'action en dommages & intérêts; à moins que cette remise des dommages & intérêts ne fût expressément portée par la transaction, ou qu'elle ne se présumât clairement des termes dans lesquels elle seroit conçue. (Voyez Farinac. *qu.* 105, *n.* 365, jusqu'au 371.)

3°. A plus forte raison la reconciliation qui se fait entre les parties, ensuite d'une offense, n'empêche pas l'offensé de pouvoir agir pour ses dommages & intérêts; si ce n'est dans le cas de simples injures. (Voyez ce qui est dit ci-après au titre *Des Injures*, n. 178.)

TITRE II.

Des exceptions, défenses, & faits justificatifs des accusés.

CHAPITRE PREMIER.

Des Exceptions, défenses, & faits justificatifs en général.

1. L'ACCUSÉ poursuivi criminellement en Justice, peut opposer plusieurs défenses, ou exceptions; soit pour empêcher, ou annuller cette poursuite; soit pour établir sa justification.

Ces mots de *défenses* & *exceptions*, quoiqu'ils paroissent présenter la même idée, ne sont pas cependant synonymes. On entend par *exceptions* en général, toutes les différentes sortes de défenses que l'accusé peut opposer à l'action, ou accusation intentée contre lui, soit pour l'éteindre en tout ou en partie, soit pour en différer ou empêcher la poursuite. Mais par *défenses* on entend seulement les exceptions qui éteignent, ou excusent l'action, & dont l'effet est de faire renvoyer l'accusé de la plainte, ou du moins de faire diminuer la peine due au crime.

2. Les défenses & exceptions sont de droit naturel. Ainsi on ne peut priver un accusé de ce droit. (L. *Si ad diem* 3, D. *De re militari*. Voyez ce qui est dit ci-après au titre *Des Interrogatoires*, n. 1.)

Les exceptions qui peuvent être proposées par l'accusé, sont, ou contre l'action criminelle en elle-même; ou contre ce qui a été allégué en Justice; ou contre les personnes.

Les exceptions qui peuvent être proposées contre l'action criminelle, sont 1°. les exceptions *déclinatoires* : 2°. Les exceptions *dilatoires* : 3°. Les *exceptions péremptoires improprement dites*, ou *défenses au fond*.

3. 1°. Les exceptions *déclinatoires*, sont celles qui tendent à faire renvoyer l'action devant un autre Juge, que celui devant lequel on est poursuivi; soit parce que le Juge devant lequel on est pour-

suivi est absolument incompétent; soit parce que la partie qui est poursuivie, quoique devant un Juge compétent, est en droit de demander son renvoi devant un autre Juge. (Voyez ce qui a été dit à ce sujet au titre *De la compétence des Juges en général*, n. 296 & suiv.)

2°. Les exceptions *dilatoires*, sont toutes celles qui peuvent être proposées par l'accusé contre l'action, non pour l'empêcher ou l'exclure, mais seulement pour en différer la poursuite. Telles sont les exceptions pour justifier la qualité du plaignant; celle pour l'échéance des délais à l'égard du décret d'assigné pour être oui, ou d'ajournement personnel, &c. (Voyez ce qui est dit au titre *De l'Action qui naît des crimes*, n. 62; & au titre *Des Décrets*, n. 32 & 33.)

4. 3°. Les exceptions *péremptoires proprement dites*, sont celles qui arrêtent, ou annullent la poursuite de l'action, sans examiner si cette action est juste ou non dans son principe. Telles sont les exceptions fondées sur la nullité des procédures; *v. g.* des dépositions, *&c.*; ou sur des fins de non-recevoir, comme sont la prescription, l'exception de la chose jugée, celle par laquelle on oppose qu'il n'y a point de corps de délit, &c. (Voyez ce qui est dit à cet égard au titre *Des Sentences & Jugements*, n. 136 & suiv.; & ci-après, n. 33 & suiv.)

4°. *Les exceptions péremptoires proprement dites*, ou *défenses au fond*, sont tous les moyens que l'accusé peut opposer contre l'action en elle-même; soit parce qu'elle est sans fondement; soit parce qu'elle doit être excusée: par exemple, s'il n'y a rien que de légitime dans l'action qu'on poursuit comme crime; si l'accusé étoit en démence au temps du crime; s'il l'a commis de bonne foi, ou dans un premier mouvement; s'il a été commis dans le cas d'une légitime défense, &c. (Voyez ce qui est dit au titre *Des Sentences & Jugements*, n. 195 & suiv.) Tous les faits justificatifs sont de ce nombre.

5. Les exceptions qui peuvent être proposées contre ce qui est allegué en Justice, sont 1°. contre la confession de l'accusé; *v. g.* si elle a été extorquée par violence, ou par un mineur impubere, ou enfant; si elle a été faite hors jugement; ou si l'aveu a été fait avec une qualité qui le rend excusable, *&c.* (Voyez ce qui est dit au titre *Des Preuves en général*, n. 67 & 81.) 2°. Contre les témoins, ou experts; *v. g.* qu'ils ont été corrompus, ou que leur té-

moignage ne doit point être admis, *&c.* (Voyez aux titres *Des Preuves en général*, n. 149 & suiv. *Des réproches de témoins*, n. 1 & suiv.; & *Des récusations d'Experts*, n. 17.) 3°. Contre les actes produits au procès; *v. g.* qu'ils sont faux, ou falsifiés. (Voyez ce qui est dit au titre *Du Faux*, n. 1 & suiv.)

Enfin les exceptions contre les personnes sont celles qui peuvent se proposer, 1°. contre le plaignant, ou accusateur; *v. g.* qu'il est sans qualité. (Voyez ce qui est dit au titre *De l'action qui naît des crimes*, n. 62.) 2°. Contre le Juge pour suspicion, *&c.* (Voyez ci-dessus au titre *De la compétence des Juges en général*, n. 367 & suiv.)

Des faits justificatifs.

6. On entend par *faits justificatifs*, tous les faits qui peuvent servir à prouver la fausseté de l'accusation intentée contre celui qui est poursuivi criminellement; ou à justifier son innocence; ou à rendre son crime excusable. Telles sont les exceptions tirées de la nécessité d'une défense légitime, de l'*alibi*, de la folie ou de démence de l'accusé, & autres de cette espece.

Tous les faits justificatifs, sont des moyens de défenses de l'accusé; mais toutes les défenses ne sont pas pour cela faits justificatifs; en ce que, le plus souvent, les défenses & exceptions regardent les moyens de droit, au-lieu que les faits justificatifs ne regardent que les moyens de fait.

7. Il ne faut pas confondre les faits justificatifs, avec les faits qui forment des défenses, ou exceptions péremptoires; parce que les faits justificatifs, en opérant la décharge de l'accusé, laissent subsister le crime, qui fait le sujet de l'accusation; au-lieu que les exceptions péremptoires, détruisent, ou le corps du délit, ou les charges, & par conséquent la preuve.

Par exemple, un homme a été tué, & le corps de délit est constant; on accuse Pierre d'être l'auteur de ce meurtre, & il se trouve des charges contre lui: Pierre demande à prouver un *alibi*, ou autres faits propres à justifier qu'il n'a point commis le crime, & que par conséquent il n'en peut être présumé coupable; voilà un fait justificatif.

8. Au contraire, un homme a disparu, le bruit public est qu'il a été tué: les soupçons tombent sur Titius; on l'arrête, & on infor-

me contre lui. Dans le cours du procès le prétendu mort vient à paroître ; sa représentation fournit à l'accusé une exception péremptoire, & ce n'est pas là un simple fait justificatif, mais une exception qui anéantit le corps du délit, & par conséquent le crime.

La preuve des faits justificatifs ne doit être ordonnée, qu'après la visite du procès. (Voyez *infrà* n. 78.) & il est défendu aux Juges d'entendre auparavant aucuns témoins pour parvenir à cette preuve.(Ordonnance 1670, *tit.* 28, *art.* 1 ;) mais il n'en est pas de même à l'égard des faits, qui forment ou établissent des exceptions péremptoires.

9. Ainsi dans le premier des deux exemples que je viens de citer, la preuve du fait justificatif de l'*alibi*, ne doit être faite qu'après l'instruction achevée, & en voyant le procès au fond ; au-lieu que dans le second exemple, la preuve de l'existence du prétendu mort, peut être faite & demandée en tout état de cause. Cette différence est fondée sur ce que la preuve de l'*alibi*, n'étant pas capable par elle-même de détruire l'existence du crime, qui subsiste toujours indépendamment de cette preuve, ne doit pas par conséquent arrêter l'instruction, ni être admise qu'après que cette instruction aura été entiérement achevée ; au-lieu que dans le cas de la représentation du prétendu mort, cette représentation en anéantissant l'existence du délit, arrête dans l'instant le cours de l'instruction ; puisque n'y ayant point de corps de délit, il ne peut y avoir de crime ; & par conséquent il seroit entiérement inutile de chercher des preuves contre celui qu'on accuse d'en être l'auteur.

10. C'est en conséquence de ce même principe, que les faits qui tendent à attaquer de faux, des témoins entendus, ou des actes produits contre l'accusé, ne doivent point être regardés comme de simples faits justificatifs, mais comme des faits qui forment des exceptions péremptoires en faveur de l'accusé, & qui peuvent être proposées en tout état de cause, & avant la visite du procès: parce que si ces dépositions, ou actes sont faux, il est inutile de faire une plus ample instruction, & de vouloir, par leur moyen, acquerir une preuve.

11. Ainsi, lorsqu'un accusé, dans le cours d'un procès criminel, donne une plainte en subornation de témoins, il ne faut pas joindre cette plainte au fond, comme on le pratique à l'égard des faits justificatifs ; mais il faut instruire sur cette plainte : parce que

la

la subornation de témoins n'est pas un fait justificatif, mais un fait péremptoire. Ainsi jugé par Arrêt du 6 Avril 1675, rapporté au Journal des Audiences, *tom.* 4, *pag.* 712, de l'ancienne édition, contre un Médecin de Paris, qui avoit rendu plainte de mauvais traitements qu'il avoit reçus. Les témoins produits donnerent lieu à les soupçonner de corruption : le Procureur du Roi en forma une accusation incidente; & par Sentence du 20 Octobre 1674, il fut ordonné qu'avant de faire droit au principal, le procès seroit instruit contre les témoins; & le tout ayant été joint, il intervint Sentence le 19 Janvier 1675, confirmée par l'Arrêt cidessus, qui renvoya les principaux accusés absous, & condamna les témoins au fouet.

12. Dans une autre affaire criminelle, instruite au Châtelet de Paris, un témoin étant devenu suspect de variation, & y ayant eu plainte rendue pour raison de subornation contre le témoin, le Lieutenant-Criminel joignit cette plainte au fond; mais y ayant eu appel de ce jugement de jonction, la Cour, par Arrêt du 18 Mars 1712, rapporté au Journal des Audiences, rendu sur les conclusions de M. Joli de Fleuri, mit l'appellation, & ce dont étoit appel au néant; permit d'informer de la subornation, & ordonna que le Lieutenant-Criminel seroit mandé.

13. Il paroît cependant que cette regle n'a lieu que pour les procès qui s'instruisent à la requête d'une partie civile; ou lorsque la plainte en subornation de témoins, est donnée par la partie publique; mais qu'à l'égard des procès où la partie publique est seule partie, la plainte en subornation de témoins, ne doit point arrêter le cours de l'instruction. De plus, dans les procès même qui s'instruisent à la requête d'une partie civile, la plainte en subornation, ne doit point arrêter le cours de l'instruction, lorsque cette subornation ne tombe que sur quelques témoins, & qu'il y en a d'ailleurs un grand nombre d'autres. (Ainsi jugé par Arrêt du 7 Septembre 1726, dans la cause du Sieur des Rues. (Voyez les Causes Célebres, seconde édition, *tom.* 9, *pag.* 406; & ce qui est dit au titre *De l'Instruction Criminelle en général*, part. 3, liv. 3, tit. 2, n. 75.)

14. C'est à la partie qui oppose la subornation des témoins à avancer les frais nécessaires à ce sujet, du moins si elle le peut; sinon il paroît qu'elle doit être aux frais du Domaine, comme pour les faits justificatifs.

Au reste, il faut observer qu'on ne peut obtenir de lettres-monitoires pour subornation de témoins. (Voyez au titre *Des Lettres-Monitoires*, part. 3, liv. 2, tit. 8, n. 5.)

Il faut aussi observer qu'un plaignant, ou accusateur, convaincu d'avoir suborné des témoins, ne peut être reçu à prouver que les témoins entendus contre lui, ont déposé faux, & ont été subornés. *Ita* Bouvot en ses Arrêts, au mot *Reproches*, tom. 2, quest. 4; où il dit qu'il peut, à la vérité, reprocher ces témoins, mais qu'il est non-recevable à prouver le fait de subornation; & qu'autrement il n'y auroit jamais de fin aux procès. Il ajoute que cela a été ainsi jugé par Arrêt du 7 Juin 1603.

15. L'inscription de faux contre un acte, qui est la base d'une procédure criminelle, ne doit pas être regardée comme un simple fait justificatif, & elle doit arrêter le cours de l'instruction. (*Ita* Airault, en son Instruction judiciaire, *liv.* 3, *part.* 1, *n.* 20, *pag.* 397 sur la fin;) parce que, suivant cet Auteur, il est impossible de décider si la premiere accusation est vraie, à moins qu'on n'ait connu si la piece & les témoins qui la soutiennent, sont faux, ou non. Les deux accusations ne doivent donc pas en ce cas être reçues, ni suivies conjointement, à moins qu'il ne survînt un tel conflit de preuves, ou des conjectures, qu'il fût nécessaire de vaquer aux deux. (Voyez ce qui est dit à ce sujet au titre *De la procédure touchant le faux principal & incident*, part. 3, liv. 2, tit. 26, n. 83.)

16. Quand sur une accusation intentée par une fille, pour rapt, ou séduction, on oppose la débauche de la fille, il faut distinguer par qui ce moyen est opposé. Si c'est par l'accusé lui-même, il ne peut proposer cette exception, que comme fait justificatif, & lors du jugement du fond. Au contraire, si c'est le tuteur, ou le pere de l'accusé qui oppose ce moyen, il le peut faire en tout état de cause, & avant le jugement du fond; mais il ne peut se servir à cet égard que de la voie criminelle, & non de la voie civile. (Ainsi jugé par Arrêt du 16 Janvier 1671, rapporté par Boniface, *tom.* 3, *liv.* 1, *tit.* 1, *chap.* 6.)

17. On ne doit admettre, pour exceptions, que celles qui sont fondées en Droit; & pour faits justificatifs, que ceux qui sont pertinens, & qui peuvent servir à manifester l'innocence de l'accusé; autrement les Juges doivent en refuser la preuve, surtout quand le crime de l'accusé est bien prouvé, & qu'il paroît que ces exceptions, ou faits justificatifs, ne sont qu'un faux-fuyant

de sa part, pour tâcher de se dérober à la punition, ou du moins pour prolonger sa condamnation.

Cette regle a lieu, à plus forte raison, à l'égard des faits négatifs, ou impossibles ; lesquels ne pouvant tomber en preuve, ne doivent jamais être admis pour faits justificatifs.

Si l'accusé est contumax, il ne paroît pas qu'il doive être admis à proposer aucuns faits justificatifs ; ce qui résulte assez de l'article 2 du titre 28 de l'Ordonnance de 1670, qui vient d'être cité. (Voyez *infrà*, n. 22 ; & ce qui est dit au titre *De la maniere d'exercer l'action criminelle en général*, n. 122.)

18. Cependant il y a des cas où les exceptions & faits justificatifs, peuvent non-seulement être proposés par l'accusé ; mais encore par tous ceux qui peuvent prendre sa défense. (Voyez ce qui est dit à ce sujet, *ibid.* au titre *De la maniere d'exercer l'action criminelle en général*, part. 3, liv. 3, tit. 1, *ibid.* n. 122.)

Quant à la question de sçavoir si les héritiers, ou créanciers d'un accusé, peuvent aussi pour la conservation de leurs droits, former des exceptions pour l'accusé, (Voyez ce qui est dit *ibidem* au titre *De la maniere d'exercer l'action criminelle en général*, n. 121 & suiv.)

19. Les exceptions déclinatoires doivent être proposées par l'accusé à son premier interrogatoire, lorsque le Juge n'est pas absolument incompétent pour connoître de l'affaire criminelle portée devant lui, & que ce déclinatoire est fondé uniquement sur un privilege de l'accusé, ou sur le droit qu'il a de demander son renvoi devant un autre Juge ; mais s'il a une fois entendu volontairement la lecture d'un témoin à la confrontation, il ne peut plus demander son renvoi. (Ordonnance 1670, *tit.* 2, *art.* 3, Voyez ce qui a été dit à ce sujet au titre *De la compétence des Juges en général*, part. 2, tit. 2, n. 303.)

Cependant si le Juge étoit totalement incompétent pour connoître de l'affaire, cette exception pourroit être proposée en tout état de cause, même en cause d'appel : ce qui est une suite des dispositions portées en l'article 4 du titre 1, & en l'article 2 du titre 25 de l'Ordonnance de 1670.

20. Il en est de même des exceptions péremptoires : elles peuvent être proposées en tout état de cause, même en cause d'appel. (Bartol. *in* L. 1, §. *fin.* D. *de quæst.* ;) ainsi que les défenses de l'accusé au fond ; & en général tous les faits justificatifs ; mais il

ne s'ensuit pas pour cela que ces exceptions & faits justificatifs, doivent arrêter l'instruction, si ce n'est dans les cas ci-dessus observés, *n.* 10 & suiv.

A l'égard des déclinatoires, ainsi que des recusations des Juges, pour sçavoir s'ils arrêtent l'instruction jusqu'à ce que le déclinatoire, ou la recusation aient été jugés, Voyez ce qui est dit à ce sujet au titre *De la compétence des Juges en général*, n. 367.

21. Les reproches contre les témoins peuvent aussi être proposés en tout état de cause, quand ils sont justifiés par écrit. (Ordonnance de 1670, *tit.* 15, *art.* 20;) mais s'ils ne sont pas justifiés par écrit, l'accusé ne doit plus être reçu à les proposer, quand une fois il a entendu la lecture de la déposition du témoin à la confrontation. (Même Ordonnance de 1670, *tit.* 15, *art.* 19.)

On admet rarement à la preuve des faits justificatifs, quand il n'y a ni recolement, ni confrontation. Ainsi dans les matieres legeres, un Juge qui admettroit à une pareille preuve, seroit blamable; tout ce qu'il faut faire alors, est de recevoir les parties en procès ordinaire.

22. Les exceptions & défenses, & en général tous les faits justificatifs de l'accusé, peuvent être proposés par lui à ses interrogatoires, ou à la confrontation qui lui est faite des témoins. (Ordonnance 1670, *tit.* 28, *art.* 2; & *tit.* 15, *art.* 22.) Il peut aussi les proposer dans le cours du procès par des requêtes particulieres qui se joignent au fond, pour y faire droit en jugeant, ou pour les instruire sur le champ, suivant le cas. Ces requêtes ont pareillement lieu en cause d'appel. (Voyez l'Ordonnance de 1670, *tit.* 23, *art.* 3;) Mais l'accusé ne seroit plus à temps de proposer de nouveaux faits justificatifs, lors de son dernier interrogatoire à la Chambre.

23. *Question.* L'accusé peut-il demander que le nom des Experts lui soit communiqué pour les reprocher, ou recuser s'il y a lieu de le faire; *v. g.* dans le cas où ces Experts seroient parents du plaignant?

Je crois qu'il le peut, & c'est aussi le sentiment de M. Prévôt Avocat, en son Traité intitulé, *Principes de Jurisprudence sur les visites & rapports*, imprimé en 1758, *pag.* 50. D'ailleurs l'Ordonnance criminelle ne le défend point au *tit.* 6, *art.* 15; parce que ce n'est point une piece secrete du procès. Il y a même des provinces, comme à Angers, où pour donner à l'accusé le moyen de reprocher les Experts, s'il y a lieu de le faire, on repete ces Experts en leur rapport, & ensuite on les recole, & on le confronte à l'accusé, ainsi qu'il se pratique pour l'instruction de faux; mais cette procédure à l'égard des autres rapports d'Experts, n'étant point prescrite par l'Ordonnance, ne doit point être suivie.

24. Les frais, pour parvenir à la preuve des exceptions, défenses & faits justificatifs, doivent être payés par l'accusé, qui les doit consigner à cet effet, s'il peut le faire; autrement ils doivent être avancés par la partie civile, s'il y en a; sinon par le Roi, ou par les Engagistes de ses Domaines, ou par les Seigneurs Hauts-Justiciers, chacun à son égard. (Ordonnance de 1670, *tit.* 28, *art.* 7.) En effet, cette preuve étant pour l'intéret de l'accusé, il est juste qu'elle soit faite à ses dépens, comme il s'observe dans le cas des dépens de contumace. (Ordonnance de 1670, *tit.* 17, *art.* 19;) & dans le cas d'un appel libre, & non nécessaire, (*ibid.* tit. 22, art. 4,) ou quand il s'agit de purger la mémoire d'un défunt, (*ibid.* tit. 27, art. 4.) Voyez ce qui est dit à ce sujet au titre *Des frais & dépens en matiere criminelle*, part. 3, liv. 2, tit. 43, n. 27.)

25. *Autre question.* Le Juge doit-il suppléer d'office les exceptions de l'accusé?

1°. Lorsque les exceptions, ou défenses de l'accusé, sont des moyens de droit, le Juge peut toujours, & même doit, les suppléer d'office. (L. *unicâ*, Cod. *ut quæ des. advoc. part. judex suppleat.*)

2°. Il doit aussi suppléer toutes les nullités de la procédure, quand même elles ne seroient point opposées par l'accusé. (Voyez ce qui est dit au titre *Des Sentences & Jugements*, n. 137.)

26. 3°. Le Juge doit rejetter les dépositions des témoins, lorsque l'inhabilité, ou vice de ces dépositions, est prouvée par les actes du procès; comme si le témoin est infame, ou repris de justice; s'il a intérêt dans la cause; s'il est hors d'âge de déposer; ou s'il étoit ivre lors de sa déposition, *&c.* Dans tous ces cas, le Juge peut & doit suppléer d'office ces reproches, quand même ils ne seroient pas proposés par l'accusé. (Voyez au titre *Des Sentences & Jugements*, n. 148.)

4°. La prescription du crime doit aussi être suppléée d'office par le Juge, pour ne point condamner l'accusé, quoique coupable, lorsque cette prescription est suffisamment prouvée par les actes du procès. (Voyez *ibid* n. 159; & ce qui a été dit au titre *De l'action qui naît des crimes*, part. 3, liv. 1, tit. 1, n. 58.)

27. 5°. Il en est de même de l'exception de chose déja jugée. (Voyez au titre *Des Sentences & Jugements*, part. 3, liv. 2, tit. 25, n. 159)

6°. A l'égard des faits justificatifs, qui ne sont point prouvés au procès, le Juge ne doit point en ordonner la preuve d'office, lorsque l'accusé ne le demande point; ce qui résulte de l'article 2 du titre 28 de l'Ordonnance de 1670. Mais s'il y avoit un commencement de preuve au procès, & que ce fait fût de nature à établir l'innocence de l'accusé, comme dans le cas de folie, il semble que l'équité demande que la preuve en soit alors ordonnée d'office par le Juge. (Voyez *infrà*, n. 86.)

28. Le Juge doit tellement chercher à établir l'innocence de l'accusé, lorsqu'elle est suffisamment prouvée au procès, qu'il n'est pas même permis à l'accusé d'y renoncer; autrement ce seroit vraiement le cas de faire l'application de la maxime, *non au itur perire volens.*

7°. Quelquefois aussi la preuve des exceptions, défenses & faits justificatifs de l'accusé, s'ordonne sur la requisition de la partie publique.

8°. Enfin il y a plusieurs cas où les tuteurs peuvent proposer des défenses & exceptions pour leurs mineurs; ainsi que les maris pour leurs femmes, & les parents pour leurs parents contumax. (Voyez ce qui est dit à ce sujet au titre *De la Maniere d'exercer l'action criminelle en général*, part. 3, liv. 3, tit. 1, n. 117.)

Des réponses aux exceptions de l'accusé.

29. Les exceptions & défenses de l'accusé peuvent être détruites par des preuves contraires, soit de la part de la partie publique, soit de la part de la partie privée; & à cet effet, les parties, tant l'accusateur que le plaignant, peuvent présenter leur requête dont il doit être donné copie, pour y répondre dans le délai qui sera prescrit par le Juge; ce qui a lieu, tant en cause principale qu'en cause d'appel, sans néanmoins que le jugement du procès puisse être retardé. (Ordonnance de 1670, *tit.* 23, *art.* 3; & *tit.* 28, *art.* 9.)

CHAPITRE II.

Des différentes especes d'exceptions, défenses & faits justificatifs en particulier.

SECTION PREMIERE.

Des exceptions déclinatoires.

30. 1°. Les exceptions déclinatoires, ainsi qu'il a déja été observé, sont toutes celles qui tendent à décliner la jurisdiction du Juge devant lequel on est poursuivi; soit pour demander son renvoi devant un autre Juge, soit parce que le Juge est totalement incompétent pour en connoître. (Voyez ce qui est dit à cet égard au titre *De la Compétence des Juges en général*, part. 2, tit. 2, n. 296 & suiv.)

2°. L'exception de litispendance & de prévention; comme dans le cas où l'on est poursuivi en même temps devant deux Juges différents, pour raison du même crime. (Voyez au même titre *De la Compétence des Juges en général*, n. 197 & suiv.)

3°. La récusation du Juge est aussi une exception qui arrête l'instruction, & qui doit être jugée avant d'aller plus avant. (Voyez *ibid.* n. 367.)

4°. L'évocation par parenté doit aussi se régler avant de passer plus avant à l'instruction du procès. (Voyez au même titre *De la Compétence des Juges en général*, n. 362.)

SECTION II.

Des exceptions péremptoires.

31. 1°. Une des principales exceptions péremptoires que l'accusé puisse proposer, est que le crime pour lequel on le poursuit, n'a point été commis; ce qui peut se prouver, *v. g.* dans le cas d'une accusation pour homicide, en représentant vivant celui qu'on prétend avoir été tué; ou en faisant voir que celui qui a été blessé, n'a reçu aucune blessure; ou dans le cas d'un prétendu incendie de maison, en justifiant que cette maison n'a point du tout été endommagée. (Jul. Clarus, *qu.* 52, *n.* 1.)

2°. Une autre exception péremptoire, est que le corps de délit n'est pas prouvé; car c'est une maxime incontestable qu'il faut avant toutes choses, que le corps de délit soit constant; autrement on ne peut jamais condamner celui que l'on prétend avoir commis le crime, quand même ce dernier s'en confesseroit coupable. (*Ita* Jul. Clarus, *qu.* 55, *n.* 10 Voyez ce qui est dit à ce sujet au titre *Du Corps du Délit*, part. 3, liv. 2, tit. 3, n. 1 & suiv.)

32. 3°. Une troisieme exception, est que le plaignant, ou accusateur, est sans qualité : *v. g.* si celui qui se plaint, n'est pas l'offensé, ou n'est pas du nombre de ceux qui peuvent agir criminellement pour autrui. (Voyez ce qui est dit à ce sujet au titre *De l'Action qui naît des Crimes*, part. 3, liv. 1, tit. 1, n. 62 & suiv.)

4°. Si la procédure est nulle en tout ou en partie, elle forme aussi une exception, qui peut non-seulement être proposée par l'accusé, mais que le Juge même doit suppléer d'office, ainsi qu'il a été observé ci-dessus, n. 25.

Des nullités de procédure.

33. Il peut y avoir deux sortes de nullités dans la procédure. 1°. Celles qui influent sur toute la procédure en général, & qui la rendent entiérement nulle. 2°. Celles qui ne tombent que sur quelques actes en particulier, sans vicier la procédure en entier; *v. g.* sur une ou plusieurs dépositions; sur un récolement; sur un interrogatoire; sur une confrontation; ou autres actes de la procédure.

1°. La procédure est nulle en entier, même celle qui seroit faite avant le renvoi requis, lorsqu'elle est faite par un Juge qui est totalement incompétent; comme dans le cas où le Juge seroit incompétent *ratione jurisdictionis*. (Ordonnance de 1670, *tit.* 1, *art.* 4; Arrêt rendu en la Tournelle du Parlement de Paris, rapporté par Augeard, *tom.* 1, *Arrêt* 72.) Mais si le Juge n'étoit pas absolument incompétent, & que l'accusé eût seulement le droit de décliner sa jurisdiction, pour demander son renvoi, ou devant le Juge du lieu du délit, ou devant le Juge de son privilege, & qu'il n'eût point usé de ce droit, alors la procédure seroit valable. (Argument tiré de l'article 3 du titre 1 de l'Ordonnance de 1670. Voyez aussi ce qui a été dit au titre *De la Compétence des Juges en général*, part. 2, tit. 2, n. 16 & 27.)

34. La procédure est aussi totalement nulle, lorsqu'elle est faite par un

un Juge interdit; & c'est sur ce fondement qu'une information composée de témoins assignés par le ministere d'un Huissier interdit, a été déclarée nulle. (Ainsi jugé par Arrêt du Parlement du 22 Décembre 1725, sur l'appel du sieur Desvaux.)

Il en est de même, si le Juge est parent d'une des parties, au degré prohibé. (Ordonnance de 1667, *tit.* 24, *art.* 2.)

Boniface en ses Arrêts, *tom.* 5, *liv.* 3, *tit.* 6, *ch.* 4, rapporte même un Arrêt du Parlement de Provence du 10 Mars 1674, qui a déclaré nulle une procédure criminelle faite par un Juge & un Greffier qui étoient parents entre eux, & dont l'un étoit oncle de l'autre. Lorsque l'instruction n'a pas été faite en entier par un Juge parent des parties, on ne déclare nulle, que la procédure faite par le Juge parent, & ce qui en est une suite nécessaire.

35. De même, si le Juge parent a seulement opiné au fond lors du jugement, sans avoir fait aucune procédure, ni instruction, ce vice sert seulement à rendre la sentence ou ce jugement, nul, & tout ce qui s'ensuit. Mais cette nullité n'a lieu que dans le cas où le jugement est rendu par ce Juge seul. Il en seroit autrement si le jugement avoit été rendu par plusieurs Juges, & sur-tout par un grand nombre; parce qu'on ignore alors si la voie du Juge parent, a servi à déterminer le jugement; ce qui ne doit point se présumer. (Voyez ce qui a été dit au titre *De la Compétence des Juges en général*, n. 367 & suiv.)

Ce qui vient d'être dit du Juge parent, a également lieu à l'égard du Juge recusé, lorsque la recusation n'a pas été jugée, & que celui qui a été recusé, a passé outre à l'instruction ou au jugement, sans faire juger cette recusation. (Voyez *ibidem.*)

36. Enfin une procédure est totalement nulle, lorsqu'elle est faite *non servato juris ordine*; comme si l'on a omis les formalités qui sont fondamentales pour rendre une procédure valable; *v. g.* si l'on n'a point interrogé l'accusé, *&c.*; ou si l'on a négligé de constater le corps du délit, *&c.*

Question. Si une information est faite pour raison d'une blessure, & que le blessé vienne à mourir, faut-il une nouvelle plainte & une nouvelle information, comme pour raison d'homicide; & faute de faire alors une nouvelle information, la procédure doit-elle être déclarée nulle? (Voyez ce qui est dit ci-après au titre *Des Informations en général*, part. 3, liv. 2, tit. 1, n. 15.)

2°. Les nullités particulieres qui ne tombent que sur quelque acte de la procédure, regardent la plainte, les rapports d'experts, les dépositions des témoins, le décret, l'interrogatoire, le réglement à l'extraordinaire, le récolement, la confrontation, la sentence, *&c.* Tous ces actes sont nuls, lorsqu'on a omis d'y observer les formalités prescrites par l'Ordonnance.

Il faut même observer que la nullité de ces actes emporte aussi la nullité de tous ceux qui en sont une suite nécessaire.

37. Ainsi la nullité d'une information emporte la nullité de tout ce qui se fait en conséquence; *v. g.* du réglement à l'extraordinaire, des récolements & confrontations, & de la sentence, même du décret ou emprisonnement; parce que l'information qui est la base & le fondement des procès criminels, étant déclarée nulle, tout ce qui se fait en conséquence, est aussi nul par une suite nécessaire. Néanmoins ce qui se pratique ordinairement dans ce cas, est que le Parlement, en déclarant toute la procédure nulle, même l'emprisonnement, ordonne que le prisonnier sera transféré, sous bonne & sure garde, dans les prisons du Juge où il est renvoyé : & si ce sont les premiers Juges qui prononcent cette nullité, ils laissent l'accusé en prison pour recommencer son procès.

Pareillement, la nullité d'une déposition emporte la nullité des actes qui se font en conséquence, tels que sont le récolement & la confrontation de cette déposition; & de même, la nullité du réglement à l'extraordinaire, entraîne nécessairement la nullité de tous les récolements & confrontations qui se font en conséquence, ainsi que celle du jugement définitif.

38. En général, la nullité de quelques dépositions, & des autres procédures qui se font en conséquence, n'entraîne pas celle du décret & des interrogatoires; parce que ces interrogatoires n'ont aucune connexité avec les informations, *&c.* & qu'ils sont indépendants du reste de la procédure.

Mais si le décret avoit été rendu sur une information totalement nulle, l'accusé pourroit demander la nullité de ce décret, ainsi que des autres procédures faites en conséquence.

Il en est de même, si sur une mauvaise procédure, faite par un premier Juge, on entoit une autre procédure qui en seroit la suite; *v. g.* si sur une procédure nulle, faite par un Official, le Juge-Royal continuoit cette même procédure; car la nullité de la premiere entraîneroit nécessairement la nullité de la seconde; c'est pourquoi il faut, avant tout, déclarer la premiere, nulle. (Ainsi jugé par Arrêt du 7 Septembre 1726, rapporté par Lacombe en son Recueil de Jurisprudence Canonique, au mot *Official*, n. 53.)

La nullité des sentences & jugements définitifs, emporte celle de leur exécution, & de tout ce qui se fait en conséquence.

39. 3°. Ces nullités de la procédure, peuvent être proposées & décidées en tout état de cause, pourvu que ce soit avant le jugement définitif. (Ordonnance de 1670, *tit.* 14, *art.* 8; Lacombe en son Recueil de Jurisprudence Canonique, au mot *Official-cas privilégié*, *n.* 3, *pag.* 9, où il rapporte un Arrêt du 7 Septembre 1726. Voyez aussi ce qui est dit ci-dessus, *n.* 19 & 20.)

4°. Il n'est pas nécessaire que l'accusé expose aux Juges les nullités qui peuvent être dans le procès; il ne le pourroit gueres, n'ayant communication de la procédure qu'à la confrontation; mais les Juges doivent suppléer d'office ces nullités, en voyant le procès au fond. (Voyez ce qui est dit ci-après au titre *Des Sentences & Jugements*, part. 3, liv. 2, *tit.* 25, n. 138.) Et si les premiers Juges n'ont point prononcé sur cette nullité, les Juges supérieurs peuvent y prononcer sur l'appel.

Les parents de l'accusé peuvent aussi présenter requête pour faire des observations sur les nullités de la procédure. (C'est ainsi que s'en explique M. Pussort dans le Procès-Verbal de l'Ordonnance de 1670, sur l'article 8 du titre 14, *pag.* 165. Voyez aussi ce qui est dit ci-après au titre *De la Maniere d'exercer l'Action criminelle en général*, n. 121.)

40. *Question.* Quand le corps du délit est prouvé, & que l'accusé, par ses interrogatoires, avoue que c'est lui qui a commis le crime, s'il y a d'ailleurs des nullités dans l'information, ou dans les récolements & confrontations, doit-on avoir égard à ces nullités, ensorte qu'il faille prononcer avant toutes choses sur ces nullités; ou si cette confession de l'accusé est suffisante pour le condamner, indépendamment des dépositions?

Je crois que cette confession de l'accusé, est suffisante pour le condamner, & qu'il est inutile alors de déclarer nulles les dépositions, ou les récolements & confrontations qui se trouveroient vicieuses, & d'ordonner qu'elles seront recommencées : car y ayant une preuve suffisante tirée de la bouche de l'accusé, il n'est pas besoin d'en chercher une ailleurs.

Mais si la nullité venoit de l'incompétence du Juge, la confession de l'accusé ne seroit pas suffisante pour faire valider la procédure ; ce qui est évident.

41. 5°. Quand une procédure est déclarée nulle en entier, l'accusateur ou plaignant n'est pas déchu de son action, & il peut l'intenter de nouveau. Car il ne faut pas s'imaginer que l'accusé trouve son absolution dans un Arrêt qui déclare nulle une procédure criminelle faite par le premier Juge ; l'action du plaignant n'est pas éteinte par un jugement de cette espece. C'est la disposition de l'article 24 du titre 15 de l'Ordonnance de 1670. Il faut seulement observer que la procédure doit être recommencée aux dépens de celui qui y a donné lieu. Ainsi si cette nullité vient de la faute du Juge, c'est à lui à payer ces frais. (Même article 24 du titre 15 de l'Ordonnance de 1670. Voyez aussi ce qui est dit à ce sujet au titre *Des Sentences & Jugements*, n. 140.)

42. Ce qui vient d'être dit du cas où la procédure seroit nulle en entier, reçoit pareillement son application dans le cas où la nullité ne tomberoit que sur quelques actes en particulier ; comme sur quelques dépositions. (Ordonnance de 1670, *ibid.* tit. 15, art. 24.)

Autre question. Lorsqu'un plaignant a donné sa plainte devant un Juge incompétent, peut-il s'en désister, & la donner devant un autre Juge compétent ?

L'article 2 du titre 1 de l'Ordonnance de 1670 semble le défendre ; puisqu'il y est dit « que celui qui aura rendu sa plainte » devant un Juge, ne pourra demander le renvoi devant un autre ; » encore qu'il soit Juge du lieu du délit. » Cependant cela ne doit s'entendre que dans le cas où la plainte auroit été donnée devant un Juge compétent ; *v. g.* devant le Juge du domicile de l'accusé, ou devant le Juge supérieur du lieu où le délit a été commis, *&c.* Mais si le Juge, à qui la plainte a été rendue, étoit tout-à-fait incompétent, alors le plaignant pourroit se désister en payant tous les frais, & donner une nouvelle plainte pardevant le Juge du lieu du délit, ou autre Juge compétent ; ce qui ne doit pas souffrir la moindre difficulté dans le cas où la plainte auroit été donnée par erreur devant le Juge incompétent.

Il en est de même, si la plainte avoit été donnée devant un Juge interdit, ou parent de l'accusé, ou du plaignant.

43. Bien plus, si le plaignant a laissé juger l'affaire par le Juge incompétent, il peut appeller de sa sentence, comme de Juge in-

compétent, dans le cas du moins où il a ignoré l'incompétence du Juge; & si le Juge d'appel déclare la procédure nulle, & qu'il ordonne que cette procédure sera recommencée, le droit du plaignant est conservé par-là, pour pouvoir agir de nouveau; mais il doit être condamné en tous les dépens faits devant le Juge incompétent, sauf en ceux faits sur l'appel dudit Juge. (Voyez ce qui a été dit ci-dessus au titre *De la Compétence des Juges en général*, n. 297.)

6°. Dans tous les cas ci-dessus, la nullité peut & doit être prononcée par le Juge même qui l'a faite; ou du moins par le Tribunal dont il est membre. Et il en est de même, si elle avoit été commise par un Juge dépendant d'un autre Tribunal que celui qui la prononce; & ce, quand bien même le Juge qui a fait la nullité, ne seroit pas dépendant du premier, si d'ailleurs cette procédure a été jointe & fait partie des pieces du procès. (Voyez l'article 8 du titre 14 de l'Ordonnance de 1670.) Mais il faut pour cela deux choses. 1°. Que cette nullité soit prononcée par l'avis du Tribunal entier. 2°. Qu'il soit ordonné que la procédure ainsi déclarée nulle, sera recommencée. (Ordonnance de 1670, *tit.* 6, *art.* 14, & *tit.* 24, *art.* 15. Voyez aussi ce qui est dit ci-après au titre *Des Sentences & Jugements*, part. 3, liv. 2, tit. 25, n. 138 & suiv.)

Ainsi le Juge d'instruction ne peut prononcer seul cette nullité;
44. mais c'est au Tribunal entier à la prononcer lors de l'examen du procès. (Ainsi jugé par Arrêt du 10 Juin 1746, contre le Lieutenant-Criminel d'Angers; & c'est aussi ce qui résulte de l'article 24 du titre 15 de l'Ordonnance de 1670. Voyez l'Auteur des Loix Criminelles, *tom.* 1, *chap.* 2, *pag.* 11.) L'Official ne peut pareillement déclarer sa procédure nulle que par avis du Conseil. (Voyez les Mémoires du Clergé, *tom.* 7, *pag.* 858 *in fine.*)

Le Juge d'instruction peut encore moins se corriger lui-même, en faisant mettre après coup des signatures qui ont été oubliées, & dont l'omission rendroit nul l'acte au bas duquel ces signatures ont été oubliées.

Enfin il faut observer que les nullités en matiere criminelle, ne peuvent être couvertes par le consentement des parties. (Arrêt du 26 Février 1550, rapporté par Papon. *liv.* 24, *tit.* 5, *art.* 6.)

7°. Les Juges qui annullent ainsi des procédures, doivent ordonner qu'elles seront recommencées de nouveau, lorsque ces procédures sont nécessaires pour le jugement du fond; comme si une déposition, sans laquelle il n'y auroit point de preuves suffisantes au procès, avoit été déclarée nulle. (Ordonnance de 1670, *tit.* 15, *art.* 24.)

45. Cette nouvelle procédure doit être faite par un autre Juge ou Commissaire que celui qui a fait la nullité, aux dépens de celui qui l'a commise; & ce dernier doit être condamné d'en payer les frais, ainsi que les vacations de celui qui y procédera; & de plus, les dommages & intérêts des parties. (Ordonnance de 1670, *ibid.* art. 24. *Ita etiam* Faber en son Code, *liv.* 4, *tit.* 15, *défin.* 47, *ne iterum peccet qui jam semel peccavit.* Voyez aussi l'Edit de Mai 1583, *art.* 7.) Il faut cependant observer que quand il n'y a point de partie civile, & que le Procureur du Roi est seul partie, on n'est pas dans l'usage, en annullant la procédure, d'ordonner qu'elle sera recommencée aux dépens de celui qui a commis la nullité; ainsi il paroît que cet article 24 de l'Ordonnance, n'a lieu que quand il y a partie civile.

Il faut aussi observer que pour pouvoir recommencer une procédure nulle, il faut qu'il ait auparavant été statué sur sa nullité, par un jugement rendu avec toutes les parties intéressées. (Ainsi jugé par Arrêt du premier Septembre 1710, rapporté par l'Auteur des Loix Criminelles, *tom.* 1, *chap.* 2, *n.* 5, *pag.* 14.)

46. On doit même tenir pour maxime constante, que pour que les témoins entendus dans une information, dont la déposition est déclarée nulle, puissent être entendus de nouveau, il faut que le jugement qui déclare ces dépositions nulles, permette d'entendre de nouveau les mêmes témoins; autrement la nouvelle information seroit encore nulle. (Ainsi jugé par Arrêt de la Tournelle du 24 Mars 1725.) Ce qui est fondé sur l'article 14 du titre 6 de l'Ordonnance de 1670, qui porte que les dépositions qui auront été déclarées nulles par défaut de formalité, pourront être réitérées, s'il est ainsi ordonné par le Juge; d'où il résulte que si le Juge ne l'a pas ordonné, les dépositions des mêmes témoins ne pourront être réitérées. Il y a encore deux autres Arrêts semblables rendus en la Tournelle les 24 Mars & 10 Avril 1734. Voyez ce qui est dit ci-après au titre *Des Sentences & Jugements*, n. 141.)

Quand on entend de nouveau les témoins dont les dépositions ont été ainsi annullées, il faut les entendre par déposition entiere de ce qu'ils savent; & il ne suffiroit pas de leur faire déclarer qu'ils ne savent autre chose que ce qu'ils ont déclaré dans leurs premieres dépositions.

Il faut aussi observer que quand on déclare une information nulle, & qu'elle sera recommencée par un autre Juge, on ordonne que les informations & procédures déclarées nulles, seront portées au Greffe de cet autre Juge pour servir de mémoire seulement. (Arrêt du Parlement du 21 Janvier 1713. Autre du 21 Juin 1715 pour Châtellerault. Autre du 13 Octobre 1711 pour Paris. Autre du 19 Janvier 1729 pour Charny. Autre du 29 Mai 1727, sur un appel de Montmorillon.)

47. *Troisieme question.* Lorsque le plaignant s'apperçoit qu'il y a des nullités dans la plainte, ou dans le décret, ou dans le réglement à l'extraordinaire, ou dans quelque autre procédure, peut-il en demander la nullité, & recommencer de nouveau la procédure ?

Si ces procédures nulles ne sont pas du fait du plaignant, mais du fait du Juge, il n'y a pas de difficulté qu'il peut en demander la nullité, & qu'il peut recommencer son action devant le même Tribunal, pour être la procédure refaite par un autre Juge que celui qui l'a commise. (Voyez l'article 14 du titre 6; & l'article 23 du titre 15 de l'Ordonnance de 1670; & ce qui a été dit ci-dessus n. 45.)

Mais si ces nullités sont du fait du plaignant, ou de l'Huissier par lui préposé, ou de son Procureur; dans ce cas elles établissent contre le plaignant une fin de non recevoir, & les actes doivent être déclarés nuls, sans pouvoir les recommencer.

Au reste, il faut observer que dans tous les cas où la procédure est déclarée nulle, & qu'elle est recommencée de nouveau, l'accusé ne doit les dépens ni de l'une ni de l'autre. (Ainsi jugé par Arrêt du Parlement du 8 Juin 1724.)

Suite des exceptions péremptoires.

48. 1°. La prescription est aussi une exception péremptoire. (Voyez ce qui a été dit à ce sujet au titre *De l'Action qui naît des crimes*, n. 45.)

A l'égard de la péremption d'instance. (Voyez ce qui est dit au titre *De la maniere d'exercer l'action criminelle en général*, ci-après, part. 3, liv. 3, tit. 1, n. 216 & suiv.)

2°. L'exception *de la chose jugée*, doit aussi être mise au nombre des exceptions péremptoires. (Voyez ce qui est dit *ibidem* au titre *De la maniere d'exercer l'action criminelle en général*, n. 25 & suiv.)

49. 3°. La transaction de l'accusé avec l'offensé, est aussi une fin

de non-recevoir contre la poursuite de cet offensé; mais cette transaction n'empêche pas la poursuite de la partie publique. (Ordonnance 1670, *tit.* 25, *art.* 29. Voyez ce qui est dit à ce sujet au titre *De l'action qui naît des crimes*, ci-dessus, *part.* 3, *liv.* 1, *tit.* 1, n. 106.)

4°. Enfin une des plus puissantes exceptions que l'accusé puisse proposer, pour empêcher qu'il ne soit puni, pour raison d'un crime poursuivi contre lui, & dont il est convaincu, est lorsqu'il a obtenu sa grace du Prince. (Voyez ce qui est dit à ce sujet au titre *Des Lettres de Grace*, &c. *part.* 3, *liv.* 2, *tit.* 20, n. 52.)

CHAPITRE III.

Des défenses au fond.

50. Le principal moyen de défenses que l'accusé puisse employer dans une action criminelle intentée contre lui, & dont il est prouvé qu'il est auteur, est que cette action n'a rien que de légitime. En effet, ce qu'on fait légitimement, ne mérite aucune peine. *Pœnam legitime factum nullam meretur*; L. Gracchus, Cod. *ad*; L. *Jul. de adulter.*)

Par exemple, si l'accusé a tué l'adultere de sa femme, ou s'il a tué pendant la nuit un voleur pris sur le fait, *&c.* (Voyez ce qui est dit à ce sujet, *part.* 4, au titre *De l'Homicide*, n. 21 & 48.)

De même, si c'est un pere qui a châtié son fils; ou un maître qui a corrigé son disciple, *&c.*; car dans ces cas la correction modérée, & qui n'est point excessive, est permise. (*Ita* Jul. Clarus, *qu.* 56, *n.* 2. Voyez aussi ce qui est dit à cette occasion, *part.* 4, au titre *Des Injures*, n. 168.)

51. Un autre cas qui peut se présenter, est *v. g.* si Pierre se plaint qu'un arbre a été coupé dans son fonds par Jean, & que celui-ci allegue pour exception, que le champ lui appartient. Alors la preuve du prétendu délit, ne consiste qu'à sçavoir lequel de Pierre ou de Jean, jouissoit du champ au temps que l'arbre a été coupé. Cette jouissance se prouve ou par témoins, ou par pieces attachées à la requête. (Ordonnance de 1670, *tit.* 23, *art.* 3.)

L'innocence de l'accusé peut aussi se prouver par la déclaration de l'offensé; ce qui cependant n'est pas tellement général, que cela ne souffre quelque exception. Car s'il y avoit des preuves évidentes du contraire, cette déclaration ne seroit pas suffisante pour

pour opérer la décharge de l'accusé; parce qu'il peut arriver que des personnes offensées, soit pour ne pas perdre celui qui les a offensés, soit à la persuasion de leurs amis, font des déclarations contraires à la vérité. (Voyez ce qui est dit à ce sujet au titre *Des Preuves en général*, ci-après, tit. 3, n. 436.)

CHAPITRE IV.

Des faits justificatifs.

52. Tous les faits justificatifs que l'accusé peut alléguer en sa faveur, tombent, ou sur l'action en elle-même, ou sur les preuves qui sont au procès.

ARTICLE PREMIER.

Des faits justificatifs qui tombent sur l'action même.

Les faits justificatifs qui tombent sur l'action même, sont :

1°. L'impossibilité d'avoir commis le crime; comme si l'accusé étoit absent & éloigné du lieu, dans le temps que le crime a été commis. C'est ce qu'on appelle justification par *l'alibi*, dont il est parlé dans l'Ordonnance de Louis XII du mois de Mars 1498, *art.* 3. Mais cet éloignement doit être tel, qu'il ne soit pas possible qu'au même temps l'accusé ait pu se trouver dans l'endroit où le délit a été commis. Par exemple, si l'accusé étoit prévenu d'avoir tué un homme à Paris tel jour, & à telle heure, & que cet accusé demandât à prouver qu'il étoit le même jour, & à la même heure, ou à peu près, en la ville de Lyon. La preuve de cet *alibi* peut se faire, non-seulement par témoins, mais encore par titres; comme si l'accusé avoit passé ce jour-là un contrat par Notaire, en la même ville de Lyon.

53. 2°. Un autre fait justificatif, est lorsque l'accusé offre de prouver que c'est une autre personne qui a commis le crime, comme par exemple l'homicide dont on l'accuse; en rapportant un Arrêt ou une Sentence de condamnation en bonne forme, contre une autre personne, pour raison de ce même homicide. L'article 14 du titre 11 de la Coutume de Tournay, en a une disposition.

3°. La folie ou la fureur est aussi un des principaux faits justificatifs. (Voyez Catelan, *liv.* 9, *chap.* 10.) Car tout crime suppose la volonté de le commettre. Or celui qui est furieux ou insensé, n'a aucune volonté, & ne sait ce qu'il fait, & par conséquent ne doit point être puni. (Voyez ce qui est dit au titre *Des Sentences & Jugements*, ci-après, *part.* 3, *liv.* 2, *tit.* 25, n. 230.) On doit ordonner alors, avant de faire droit, qu'il sera informé des vie & mœurs, & comportements de l'accusé; & cette preuve peut être ordonnée, non-seulement sur la requête des proches parents de l'accusé, mais même d'office, lorsque cette folie se présume par les actes du procès. (Voyez *infrà*, n. 87.)

Quand ce dérangement d'esprit se trouve constaté par l'information, les Juges doivent ordonner que l'accusé sera renfermé dans un Hôpital, ou dans une Maison de force, pour y être traité comme les insensés.

Si celui qui a commis le crime, a des intervalles lucides, on présume, dans le doute, qu'il étoit dérangé dans le temps de l'action; à moins que le contraire ne soit prouvé. (Voyez aussi ce qui est dit là-dessus au titre *Des Sentences & Jugements*, n. 231.)

54. On trouve plusieurs Arrêts qui défendent aux premiers Juges de décharger les accusés sur le fondement de folie, ou de démence; & qui leur ordonnent de juger alors à la rigueur, sauf à la Cour à ordonner sur l'appel l'instruction de ce fait justificatif. (Arrêts de la Tournelle des 11 Février & 12 Septembre 1732, & 8 Juillet 1738. Mais il est difficile de pouvoir regarder ces Arrêts comme devant servir, sur ce point, de Jurisprudence fixe. En effet, comme tous les Juges indistinctement peuvent, & doivent même admettre à la preuve des faits justificatifs; & que de tous les faits justificatifs, un des premiers est celui de la démence, ou de la folie; c'est une conséquence nécessaire que les premiers Juges puissent admettre la preuve de ce fait.

En vain voudroit-on opposer que ce seroit ouvrir un moyen aux premiers Juges de sauver un accusé coupable, en faisant entendre des témoins qui déposeroient de la démence de cet accusé, & qui pourroient par conséquent le soustraire à la peine qu'il mérite; & qu'il arriveroit souvent que par ce moyen, les crimes demeureroient impunis; parce qu'alors il seroit facile à des parents de trouver des témoins pour sauver le coupable. Mais outre qu'on ne doit pas faire légérement ces sortes de suppositions, qui tendent à faire regarder des Juges ou des témoins, comme injustes & parjures, c'est qu'il n'y a pas plus de raison de faire ici cette supposition, que dans tous les autres cas; ou si l'on ôte aux Juges & aux témoins la religion & le devoir, qui les doit animer, il leur est également facile de sauver les coupables, soit en ne poursuivant point le crime, soit en ne faisant point entendre en déposition les principaux témoins, soit en affoiblissant leurs dépositions, & en employant d'autres artifices, dont un Juge, ou un témoin inique, peuvent user, *&c.* Et si l'on oppose que cela ne peut gueres arriver quand il y a partie civile, il sera facile aussi de répondre que dans le cas où les Juges ordonnent la preuve des faits justificatifs de démence, cela ne peut jamais préjudicier à la partie publique, qui, en appellant de ce jugement, suspend l'exécution de celui qui peut intervenir sur le vû de cette instruction.

55. D'ailleurs si cette maxime, que les premiers Juges ne peuvent ordonner la preuve des faits justificatifs de folie, avoit lieu, il pourroit tous les jours en arriver des inconvénients; car un furieux, ou un insensé, pourroit souffrir une condamnation injuste, sans qu'il y eût de remede; comme il arriveroit dans le cas où ce furieux seroit condamné an bannissement à temps, ou à quelque autre peine dont l'appel n'a pas lieu de plein droit.

On trouve même un Arrêt du Parlement du 28 Août 1676, qui fait défenses aux Juges d'admettre les faits de démence qu'en voyant le procès; ce qui prouve que les Juges inférieurs peuvent admettre à la preuve de ce fait comme fait justificatif.

Voici ce que dit sur cette question M. Prévost en son Traité des Rapports, *in-12*, *pag.* 156, à l'occasion de la Déclaration du 5 Septembre 1712, qui ordonne ce qui doit être observé, lorsqu'il se trouvera des cadavres à Paris, & dans les lieux circonvoisins, *&c.*

56. « Cette Déclaration, (dit-il,) est fort importante par l'injonction qu'elle fait aux Officiers des Justices ordinaires d'informer » des vie & mœurs de ceux dont les cadavres sont trouvés, pour » connoître la cause de leur mort, par démence ou déreglement » d'esprit; ce qu'on pense n'appartenir qu'aux Cours souveraines; » les Juges ordinaires devant prononcer suivant la rigueur des » Loix ». Cet Auteur ajoute ce qui suit: « Voyez l'article 642 de » la Coutume de Bretagne, qui dit que le Juge peut absoudre des » cas avenus par fortune ou ignorance; principes qui ont pu » donner lieu à ce qui est inseré dans cette Déclaration au sujet

» des preuves à prendre sur le champ des vie & mœurs. Ce qui » peut aussi donner lieu à chercher des ouvertures pour cette » connoissance dans les visites & rapports des Chirurgiens ordon- » nés par cette Déclaration ».

Le même Auteur, *pag.* 264, dit : « quelque difficulté qu'on » fasse sur les procédures que les Juges non souverains pourroient » faire, par rapport aux démences des accusés, il y a la Déclara- » tion du 5 Septembre 1712, qui enjoint d'informer des vie & » mœurs de ceux dont on trouve les cadavres, comme s'étant » procuré la mort ».

D'ailleurs, ajoute-t'il ensuite, il faut informer à charge & à décharge. (*a*)

57. 4°. Un autre fait justificatif de l'accusé, est qu'il a commis le délit à son corps défendant, & dans le cas d'une juste nécessité ; ou par accident, & sans le vouloir. (Voyez ce qui est dit à ce sujet au titre *Des Sentences & Jugements*, part. 3, liv. 2, tit. 25, n. 218.)

5°. Quand sur une accusation intentée par une fille, pour rapt de séduction, l'accusé oppose la débauche de la fille, c'est encore un fait justificatif. (Voyez ce qui est dit ci-dessus, *n.* 10.)

6°. En matieres d'injures, la vérité de l'injure proférée par l'accusé, excuse, lorsque cette vérité est notoire ; sur-tout si elle est faite en repoussant une autre injure. (Voyez ce qui est dit à ce sujet, *part.* 4, au titre *Des Injures*, n. 120.) Mais pour s'excuser d'une injure proférée contre quelqu'un, on ne seroit pas reçu à prouver qu'elle est véritable. (Voyez *ibid.* n. 125.)

(*a*) Je ne vois pas que cet argument de M. Prévost, tiré de la Déclaration du 5 Septembre 1712, puisse être d'une grande force contre la maxime prétendue par les Parlements. En effet, dans le cas de cette Déclaration, où l'on peut penser que celui qui est trouvé tué, ou noyé, est l'auteur de sa *mort*, la présomption est que cette action vient de la folie, ou fureur de celui qui est lui-même l'auteur de son crime ; mais on ne peut pas présumer la même chose à l'égard d'un accusé poursuivi pour un crime qui offense une autre personne.

ARTICLE II.

Des faits justificatifs contre les preuves du procès.

58. Les faits justificatifs que l'accusé peut proposer contre les preuves qui sont au procès, ont lieu :

1°. Contre sa propre confession : en prouvant que c'est par erreur ou par violence qu'il l'a fait. (Constitution Carol. *ch.* 57 ;) ou bien qu'elle a été faite devant un Juge incompétent ; ou qu'il l'a depuis revoquée, *&c.* (Voyez ce qui est dit là-dessus au titre *Des Preuves en général*, ci-après, *tit.* 3, n. 65 & suiv.)

2°. Contre les témoins, en les reprochant : car si ces reproches sont pertinents, ils peuvent être regardés comme faits justificatifs, dont l'accusé peut demander à faire preuve, tant par écrit que par témoins ; ce qui est quelquefois accordé par les Juges, lorsque ces reproches sont trouvés valables, mais non suffisamment prouvés. (Voyez le Procès-verbal de l'Ordonnance de 1670, *tit.* 20, *art.* 3, *pag.* 222 ; & ce qui est dit ci-après au titre *Des Reproches des Témoins*, part. 3, liv. 2, tit. 19, n. 11.)

A l'égard de la subornation, ou plainte en subornation de témoins, ce n'est pas un simple fait justificatif ; mais elle se traite quelquefois comme une exception péremptoire. (Voyez ce qui a été dit ci-dessus, *n.* 11.)

59. *Question.* L'accusé peut-il demander que les témoins lui soient confrontés de nouveau, soit pour éclaircir leurs dépositions, soit pour les convaincre de mensonge ? (Voyez ce qui est dit à ce sujet au titre *Des Récolements & Confrontations*, ci-après, *part.* 3, *liv.* 2, *tit.* 18, n. 5.)

3°. Les faits justificatifs ont aussi lieu contre les actes produits au procès ; car l'accusé peut attaquer ces actes par la voie d'inscription de faux, s'il a des moyens suffisants à cet effet. (Imbert, *liv.* 1, *ch.* 48, *n.* 4.) L'Ordonnance de 1670 ne rejette point cette procédure.

Ainsi, si une information, ou audition de témoins, n'avoit point été faite par le Juge, mais par le Greffier seul, & qu'on eût des preuves de ce fait, on pourroit s'inscrire en faux contre cette procédure : & il en est de même, s'il y avoit dans la procédure, des lignes qui eussent été ajoutées depuis qu'elle a été faite. (Arrêt du 15 Décembre 1703, rapporté au Journal des Audiences. (*a*)

60. Lorsque le défendeur en faux, ou en reconnoissance d'écritures, demande qu'il soit remi, de nouvelles pieces de comparaison entre les mains des Experts, ou qu'il soit entendu de nouveaux Experts sur les pieces de comparaison, les Juges ne peuvent l'ordonner qu'après l'instruction achevée, & par délibération de Conseil. (Ordonnance du mois de Juillet 1737, titre *Du Faux Principal*, art. 46 & 54; & titre *Des Reconnoissances d'écritures en matiere criminelle*, art. 18.)

La plainte formée par un défendeur en *faux*, à l'occasion d'une grosse, dont ce défendeur prétendroit que le plaignant a soustrait la minute, est aussi une espece de fait justificatif, qui ne doit être admis qu'après l'instruction du faux. (Arrêt du 24 Janvier 1728, au Journal des Audiences.)

61. 4°. L'accusé peut encore proposer des exceptions, ou faits justificatifs, contre les indices particuliers qui sont contre lui au procès.

Ainsi s'il a été trouvé saisi d'effets volés, il peut demander à faire preuve comme il a acheté ces effets de bonne foi, & quelquefois même de l'auteur du vol, sans y participer.

Si des lettres de trahison, ou de conspiration contre quelqu'un, ont été trouvées dans le cabinet de l'accusé, il peut prouver que c'est une autre personne qui les y a mises, ou qu'elles lui ont été données par un tel, & déposées à son insçu.

Si l'épée ou le couteau d'une personne, a servi à commettre un homicide, & a été trouvé sur le lieu du délit, cette personne seroit recevable à prouver qu'elle l'avoit prêtée ou perdue plusieurs jours auparavant.

62. Si l'on prouve que la nuit même qu'un homicide, ou vol avec effraction, ou autre délit a été commis, on a vu l'accusé allant & venant par la rue avec ses armes, ou autres instruments, il pourra prouver que cette nuit là même il étoit couché avec d'autres personnes dans une maison, dont il n'est sorti que le lendemain de grand jour.

Si les témoins déposent qu'ils ont vu l'accusé commettre le

(*a*) Sur la question de sçavoir si l'inscription de faux doit être regardée comme un fait justificatif, qui doit arrêter le cours de l'instruction, Voyez ce qui est dit au titre *De la Procédure touchant le Faux*, part. 3, liv. 2, tit. 26, n. 83.

crime en queſtion pendant la nuit, à la faveur du clair de lune, il peut être reçu à prouver que dans ce temps-là la lune ne luiſoit point.

De même, ſi un accuſé eſt prévenu d'avoir ravi par force une femme ou fille, il ſera reçu à prouver qu'il l'a connue depuis de ſon bon gré.

Enfin l'accuſé pourra détruire, ou du moins affoiblir les indices qu'il y a contre lui au procès, en juſtifiant de ſa bonne réputation par des témoins dignes de foi : ce que les Juges ne peuvent lui refuſer, ſi ces indices ne ſont pas d'ailleurs de nature à former une preuve conſidérable contre cet accuſé.

CHAPITRE V.

Des Exceptions, Faits juſtificatifs, ou défenſes particulieres de l'accuſé, au ſujet de certains crimes. (a)

I.

Dans le cas de Vol.

63. Les diverſes défenſes que l'accuſé peut employer pour ſa juſtification dans le cas de vol, ſont :

1°. Que celui qui prétend avoir été volé, eſt une perſonne de mauvaiſe reputation.

2°. Qu'il n'eſt pas vraiſemblable qu'on ait fait un vol auſſi conſidérable à celui qui prétend avoir été volé, attendu ſa pauvreté.

3°. Que peu de temps auparavant le prétendu vol, il n'y avoit dans la maiſon aucuns effets; parce que le propriétaire les avoit ôtés.

4°. En prouvant que la choſe volée appartient légitimement à l'accuſé.

5°. Si l'accuſé a été trouvé ſaiſi de la choſe volée, il pourra prouver qu'il l'a achetée de bonne foi de l'auteur du larcin, ou d'une autre perſonne.

6°. Contre le vol avec effraction, l'accuſé pourra oppoſer qu'il ne s'eſt trouvé aucune effraction, & qu'il n'y en a aucune preuve.

(a) (Voyez ce qui eſt dit touchant *les choſes qui excuſent le crime*, ci-après, *part.* 4, ſur chaque crime en particulier.)

7°. Si on allegue qu'il a fait ce vol pendant une telle nuit, il pourra faire preuve qu'il a couché en tel endroit dans cette même nuit, avec tels & tels, & qu'il ne les a quittés que le matin.

I I.

Dans le cas d'Homicide.

L'accusé pourra opposer :

64. 1°. Que celui que l'on prétend avoir été tué, n'est pas mort de sa blessure, mais d'avoir été mal gouverné. (Voyez ce qui est dit là-dessus ci-après, *part.* 4, au titre *De l'Homicide*, n. 36.)

2°. Qu'il s'est tué lui-même ; ou qu'il a été tué par accident, ou par quelque bête féroce, qu'on appercevoit fréquemment dans cet endroit.

3°. Contre l'agression en particulier, l'accusé pourra opposer qu'il étoit alors trop éloigné de l'offensé pour pouvoir l'attaquer, quand même il en auroit eu le dessein. Que s'il s'est trouvé dans l'endroit où le délit a été commis, il y étoit pour ses affaires, & suivant son usage ordinaire, *&c.*

4 . Si l'épée ou couteau, qui a servi à commettre l'homicide, appartenoit à l'accusé, il pourra prouver qu'il l'avoit prêtée, vendue ou perdue, plusieurs jours auparavant.

5°. S'il est prouvé que la nuit de l'homicide, on l'a vu allant & venant dans la rue avec ses armes proche l'endroit où il a été commis, il pourra prouver que dans ce temps-là il étoit dans un autre endroit.

I I I.

Dans le cas de Stupre, ou de Rapt.

Les défenses que l'accusé peut opposer dans ce crime, sont:

65. 1°. Que celle qui prétend avoir été séduite ou enlevée, est une personne publique & débauchée.

2°. Que c'est la femme, ou la fille elle-même qui l'a séduit, & qui l'a engagé à avoir affaire à elle, ou à l'enlever.

3°. Si on l'a vu parler en secret à la fille déflorée, il pourra prouver qu'elle est sa parente.

4°. S'il est accusé d'avoir connu par violence, une telle femme ou fille, il pourra prouver qu'il l'a connue de bon gré.

IV.

I V.

Dans le crime d'Adultere.

L'accusé pourra opposer :

66. 1°. Que le mari s'est désisté de l'accusation par lui intentée.

2°. Que celui qui a été poursuivi comme adultere de la femme, a obtenu congé de la plainte donnée contre lui, & que cette absolution doit servir à l'accusée, suivant la L. *Denuntiasse* §. *finali* D. *De Adulteriis.*

3°. Que c'est le mari d'elle accusée, qui, par sa mauvaise conduite & ses débauches, a occasionné le dérangement de sa femme.

4°. Que depuis l'accusation intentée par le mari contre sa femme, il s'est reconcilié avec elle.

5°. Que si celui qui est prévenu d'avoir commis adultere avec l'accusée, s'est entretenu plusieurs fois avec elle, ç'a été du consentement du mari : & que lui accusé l'a toujours exhortée à vivre honnêtement, & à mener une conduite agréable à son mari, *&c.*

V.

Dans le crime d'Inceste.

L'accusé pourra opposer pour exceptions :

67. 1°. Qu'il a toujours vécu en homme de bien.

2°. Que s'il a quelquefois embrassé sa parente, ou s'il s'est entretenu familiérement avec elle, il l'a toujours fait en présence de son pere, ou de ses plus proches parents.

3°. Que cette parente est de mauvaise conduite.

4°. Qu'il ignoroit que ce fût sa parente ; parce qu'il y avoit très long-temps qu'il étoit absent.

V I.

Dans le crime du Maquerellage du mari à l'égard de sa femme.

Le mari pourra opposer :

68. 1°. Que s'il a engagé plusieurs jeunes gens, ou autres, à venir chez lui, & s'il les a laissé seuls avec sa femme, ç'a été en consé-

quence de l'union, & de l'amitié qui étoit depuis long-temps entre eux.

2°. Que les personnes qui sont venues chez lui, sont des gens de bien, & d'une probité tellement reconnue; & qu'il a pu avec raison se confier sur leur conduite.

3°. Que sa femme a toujours vécu comme une femme de bien & d'honneur, & qu'il a toujours été intimement uni avec elle.

4°. Que s'il a laissé sa femme s'entretenir en particulier avec celui qui est prévenu d'avoir commis adultere avec elle, il n'a point favorisé cette liaison; mais qu'il n'a pu l'empêcher, soit à cause de l'autorité & du rang de cette personne, soit à cause des menaces qui lui ont été faites.

69. 5°. Que sa probité & la conduite sage qu'il a toujours menée, ne permettent pas de le soupçonner coupable d'un aussi grand crime, que celui d'abandonner sa femme à d'autres que lui.

6°. Qu'il n'a eu aucune connoissance des liaisons familieres de sa femme, avec celui avec laquelle elle est présumée avoir commis adultere, jusqu'au jour de l'action intentée contre lui.

7°. Que s'il n'a pas lui-même donné la plainte pour adultere contre sa femme, c'est parce qu'on l'avoit menacé de le tuer, s'il venoit à prendre ce parti.

VII.

Dans le crime d'Uxoricide, ou d'Empoisonnement de la femme par son mari.

Les défenses que le mari peut alléguer, sont:

70. 1°. Qu'il y a toujours eu une grande union entre sa femme & lui.

2°. Que si elle est morte subitement, ç'a été d'une maladie prompte & imprévue, & non de poison.

3°. Que si elle a été enterrée à une heure indue, & sans aucun appareil, ç'a été, ou pour éviter la dépense, ou pour ne pas renouveller sa douleur, ou celle de ses enfants, en entendant le bruit inévitable d'un convoi fait avec appareil, &c.

4°. Que si l'on a trouvé des taches livides sur le corps de sa femme, ou si elle a eu des vomissements violens avant sa mort, cela a été occasionné par quelqu'autre maladie, ou infirmité.

71. 5°. Que s'il a acheté du poison, ç'a été pour un autre usage, ainsi qu'il lui est facile de le justifier ; & qu'il y a d'ailleurs long-temps qu'il l'a acheté.

6°. Que pendant tout le temps que sa femme a été malade, il a toujours été très assidu auprès d'elle, & qu'il a témoigné beaucoup de chagrin de son état.

7°. Que s'il a menacé quelquefois sa femme, ç'a été uniquement pour l'intimider ; puisqu'il n'a jamais usé à son égard d'aucun mauvais traitement.

8°. Qu'il a été trouvé dormant tranquillement à côté de sa femme, morte subitement.

VIII.

Dans le crime d'Incendie.

Les défenses particulieres de l'accusé, sont :

72. 1°. Sa liaison d'une amitié intime avec celui qui a été incendié.

2°. Que l'incendie est arrivé par accident.

3°. Que celui dont la maison a été brûlée, a beaucoup d'ennemis ; & qu'il est très vraisemblable que c'est quelqu'un d'eux qui a commis ce crime.

IX.

Dans le cas de Faux.

L'accusé pourra opposer :

73. 1°. Que le Faux en question n'a causé aucun préjudice à personne.

2°. Que s'il a signé l'acte attaqué de faux, il l'a fait de bonne foi, *&c.*

X.

Dans le crime de Blasphême.

74. L'accusé pourra opposer pour exceptions, que s'il a commis ce crime, ç'a été par un mouvement de colere, & dans un temps où il n'étoit plus maître de lui-même ; ou dans un temps de délire.

X I.

Dans le crime de Leze-Majesté.

75. Les différentes excuses & moyens de défenses que l'accusé peut alléguer dans ce crime pour sa justification, sont:

1°. Qu'il a toujours servi le Roi avec fidélité, & même qu'il étoit dans le cas d'espérer de lui une récompense de ses services: qu'ainsi il n'est pas vraisemblable qu'il ait voulu se mettre dans le cas d'en perdre tout le fruit, en violant cette fidélité à l'égard de son Souverain.

2°. Que s'il a eu quelque liaison avec les ennemis de l'Etat, ç'a été pour d'autres affaires, qui ne regardoient l'Etat en aucune maniere.

3°. Que s'il a envoyé quelque secours aux ennemis, il l'a fait dans la bonne foi, & ignorant qu'ils fussent ennemis du Prince, & en guerre avec lui.

4°. Que s'il a rendu & abandonné la ville, ou la place aux ennemis, c'est qu'il n'a pu faire autrement, & qu'il y a été contraint par la force des armes.

76. 5°. Que si l'armée soumise à son commandement, est tombée dans quelque embuche, cela est arrivé sans aucune faute de sa part; & qu'il lui a été impossible de le prévoir.

6°. Que si les ennemis ont échappé à sa poursuite, c'est qu'il n'a pas été le maître de l'empêcher.

7°. Que s'il a fait la guerre aux ennemis, sans ordre, il l'a fait dans une bonne fin, & qu'elle a été suivie d'un succès heureux.

8°. Si des lettres de trahison, ou de conspiration ont été trouvées dans son cabinet, il pourra prouver que c'est un autre que lui qui les y a mises à son insçu.

Des défenses particulieres de l'accusé, contre les indices généraux qu'il y a contre lui au procès.

I.

Contre l'indice tiré de la mauvaise réputation de l'accusé.

77. Cet accusé pourra, par une preuve contraire, justifier de ses bonnes vie & mœurs.

I I.

Dans le cas de l'inimitié prouvée contre l'offensé.

L'accusé pourra prouver :

1°. Que depuis son inimitié prouvée avec l'offensé, il s'est reconcilié avec lui.

2°. Que l'offensé lui-même l'a déchargé à l'article de la mort.

CHAPITRE VI.

De la Procédure touchant les faits justificatifs en particulier.

78. 1°. Les Juges, même les Cours Souveraines, ne peuvent ordonner la preuve d'aucuns faits justificatifs, ni entendre aucuns témoins pour y parvenir, qu'après la visite du procès, ainsi qu'il a été observé ci-dessus ; & l'Ordonnance le leur défend expressément. (Ordonnance 1670, *tit.* 28, *art.* 1.) Ce qui est fondé, suivant M. Talon, Avocat-Général, (dans un plaidoyer en la cause du Sieur Desrues, rapporté aux Causes Célebres, *tom.* 9, *pag.* 399, de la seconde édition,) sur ce qu'il est de principe, qu'il n'est pas permis de confondre la procédure criminelle, avec la procédure ordinaire ; & qu'on ne doit pas surseoir l'une, pour vaquer à l'autre.

79. En effet, si on admettoit à la preuve des faits justificatifs avant la visite du procès, il arriveroit, le plus souvent, que l'accusé demanderoit à être admis à la preuve de ces faits, pour retarder l'instruction & le jugement de son procès ; ce qui éterniseroit les pro-

cédures, & empêcheroit la punition prompte des crimes, & quelquefois même en feroit manquer la preuve. Cette défense a aussi été établie, afin que les Juges n'ordonnent pas des preuves inutiles; ce qui arriveroit toutes les fois que la preuve qui résulte de la procédure criminelle, ne seroit pas suffisante pour prononcer une condamnation, ou que cette preuve seroit concluante, & ne pourroit être détruite par une preuve contraire, ni par une allégation frivole de faits justificatifs.

A l'égard de l'inscription de faux, & de la question, si elle doit arrêter le cours de l'instruction, Voyez ce qui est dit au titre *De la Procédure touchant le Faux*, infrà, *part.* 3, *liv.* 2, *tit.* 26, n. 83.

80. Cependant Airault en son Instruction Judiciaire, *liv.* 3, *part.* 4, *n.* 51, *pag.* 520, observe avec beaucoup de raison, que cette procédure entraîne après elle un grand inconvénient; c'est qu'il peut arriver pendant les délais de l'instruction du procès criminel, qui sont quelquefois très longs, que les témoins, par lesquels l'accusé pourroit prouver ses faits justificatifs, viennent à mourir: d'où il conclut que dans ce cas on doit permettre à l'accusé de faire entendre ses témoins, sur-tout s'ils sont malades, ou prêts à partir pour un long voyage.

Il semble que ce sentiment d'Airault doit être suivi, & que dans le cas d'une longue instruction, l'accusé doit être admis à faire la preuve de ses faits justificatifs avant que cette instruction soit achevée; sur-tout lorsque l'accusé expose que les témoins qu'il veut faire entendre pour sa défense, sont dangereusement malades, fort âgés, ou prêts à faire un long voyage. (Argument tiré de l'article 3 du titre 15 de l'Ordonnance de 1670.)

L'Ordonnance criminelle de Léopold, rendue pour la Lorraine, *tit.* 10, *art.* 4, en a une disposition précise. Elle laisse cependant à la prudence du Juge, d'admettre, ou non, cette preuve; mais elle ne doit point être accordée sans connoissance de cause.

81. 2°. L'accusé ne doit point être reçu à la preuve d'aucuns faits, que de ceux qui auront été choisis par les Juges, du nombre de ceux que l'accusé aura articulés dans les interrogatoires & confrontations. (Ordonnance de 1670, *tit.* 28, *art.* 2.)

L'accusé peut présenter à cet effet une Requête dans laquelle il pourra détailler plus au long les faits qu'il a allégués légérement & imparfaitement dans ses interrogatoires & confrontations; & cette Requête peut être présentée par lui avant la visite du procès; l'article 2 qui vient d'être cité du titre 28 de l'Ordonnance de 1670, n'y est point contraire.

L'accusé, outre ses faits justificatifs, peut aussi présenter des Requêtes pour ce qui concerne le fond du procès; l'un n'empêche pas l'autre.

3°. Les faits justificatifs doivent être insérés dans le même jugement qui en ordonne la preuve. (Ordonnance de 1670, *ibid.* art. 3.)

82. 4°. Le jugement qui ordonne cette preuve, doit être prononcé incessamment, ou au plus tard dans les vingt-quatre heures à l'accusé, lequel doit être interpellé de nommer les témoins qu'il veut faire entendre pour sa justification; ce qu'il est tenu de faire sur le champ; autrement il ne doit pas y être reçu. (Ordonnance de 1670, *tit.* 28, *art.* 4.) Cette prononciation du jugement se fait par le Rapporteur, ou par le Juge d'instruction.

L'interpellation de nommer les témoins, se fait par le procès-verbal qui est dressé de cette prononciation du jugement. Ce procès-verbal doit être signé de l'accusé, s'il sçait signer.

Le Juge, lors du procès-verbal qu'il dresse de cette prononciation, doit bien faire entendre à l'accusé, qu'il doit nommer sur le champ des témoins, & qu'il n'en pourra nommer d'autres dans la suite. Il faut même, suivant l'article 4 qu'on vient de citer, qu'il soit fait mention que l'accusé a été interpellé à cet effet. On doit aussi avoir attention de ne pas ajouter dans le jugement, *sauf à la partie publique ou civile à faire preuve du contraire;* parce que ni l'une ni l'autre ne peut y être admise.

83. Le Juge, en prononçant la Sentence qui admet l'accusé à la preuve de ses faits justificatifs, peut aussi, dans le procès-verbal, faire entendre à cet accusé, qu'il peut nommer pour témoins ses parents, ainsi que les parents de la partie civile, ses domestiques, & aussi les témoins qui ont déposé contre lui, quand même il les auroit reprochés; (*Infrà*, n. 12, pag. 59;) parce qu'il est de l'humanité de subvenir en pareil cas aux accusés, qui, le plus souvent, sont peu instruits des regles de la procédure.

Si l'accusé n'étoit pas présent lors du jugement de son procès, & que les Juges fussent d'avis de l'admettre à la preuve de ses faits justificatifs, il faudroit, sur la requête de la partie publique, l'assigner extraordinairement à jour fixe, pour lui prononcer le jugement qui l'admet à cette preuve, & observer les autres formalités.

L'Ordonnance oblige l'accusé de nommer sur le champ ses témoins, afin de lui ôter le temps d'en choisir d'autres qu'il pourroit suborner.

84. 5°. La preuve des faits justificatifs, peut être faite tant par titres que par témoins. Mais pour en faire la preuve par témoins, l'accusé ne seroit pas recevable à demander qu'il lui fût permis d'obtenir des lettres monitoires. (Voyez Bouvot, *tom.* 2, au mot *Monitions*, qu. 6 & 12, où il rapporte à ce sujet un Arrêt du 5 Avril 1609 ; & c'est aussi ce qui résulte de l'article 9 du titre 28 de l'Ordonnance de 1670.)

6°. Après que l'accusé a nommé une fois ses témoins, il ne peut plus en nommer d'autres, & il ne doit point être élargi pendant l'instruction de la preuve des faits justificatifs. (Ordonnance de 1670. *tit.* 28, *art.* 5.)

7°. Comme l'accusé peut se repentir d'avoir nommé certains témoins, qu'il lui seroit inutile de faire entendre pour sa justification, il peut dans ce cas requerir le Procureur du Roi de ne les point assigner. (Arrêt de la Tournelle du 24 Avril 1697, rapporté par Brillon au mot *Faits justificatifs*, n. 5.)

85. 8°. Les témoins doivent être assignés à la Requête des Procureurs du Roi, ou de ceux des Seigneurs, & être entendus d'office par le Juge. (Ordonnance de 1670, *tit.* 28, *art.* 6.)

9°. L'accusé doit consigner au Greffe la somme qui sera ordonnée par le Juge, pour fournir aux frais de la preuve des faits justificatifs, s'il peut le faire ; parce que cette preuve se faisant pour son intérêt, il est juste qu'elle soit faite à ses dépens : autrement les frais doivent être avancés par la partie civile, s'il y en a ; sinon, par le Roi, ou par les Engagistes de son domaine, ou par les Seigneurs Hauts-Justiciers, chacun à son égard. (*Ibid.* art. 7.)

Cette disposition est sagement établie ; parce qu'il est de l'intérêt public que l'innocence soit justifiée, & que la pauvreté de l'accusé ne doit point empêcher cette justification. A l'égard de la somme qu'il faut consigner pour cette preuve, elle dépend des circonstances ; *v. g.* du nombre des témoins, de leur éloignement, *&c.*

86. 10°. Il n'est pas nécessaire que la preuve des faits justificatifs se fasse à la Requête de l'accusé : les parents, ou les tuteurs peuvent aussi demander à la faire, si cet accusé est mineur, ou dans un état de démence. (Jul. Clarus, *qu.* 55, *note* 1. Voyez aussi *suprà* n. 18,

Ainsi

Ainsi jugé par Arrêt du 10 Décembre 1678, recueilli par Boniface, *tom.* 5, *liv.* 4, *tit.* 3, *chap.* 14, par lequel il a été décidé que le pere d'un mineur accusé pour crime de rapt d'une fille aussi mineure, pouvoit accuser de subornation les parents de la fille, sans même être tenu de représenter son fils défaillant.)

Cette preuve peut aussi s'ordonner sur la requisition de la partie publique. Dans le procès du Poëte Rousseau, contre le sieur Saurin, ce dernier qui étoit accusé, voyant des preuves positives contre lui sur un fait dont il étoit innocent, rendit plainte en subornation de témoins, & obtint permission d'informer. Pour rendre le procès plus solide, M. le Procureur-Général obtint que l'exécution de cet Arrêt se feroit à sa Requête, & le 7 Avril 1712 il intervint un Arrêt de condamnation au bannissement perpétuel contre Rousseau.

87. Les Juges peuvent même ordonner d'office la preuve des faits qui tendent à la justification de l'accusé, en tirant eux-mêmes des interrogatoires & des confrontations, les faits qui peuvent établir cette justification. En effet, il arrive assez souvent que les Juges, pendant l'instruction, découvrent des faits dont ils doivent chercher la preuve d'office. On a un exemple célebre de cette interposition des Juges d'office, pour faire informer des faits importants à la décision d'un procès criminel, dans un Arrêt du 24 Juillet 1696, rendu au Parlement de Paris, en faveur de la Dame Dubois. Le Parlement, par cet Arrêt, ordonna, avant de faire droit sur des appels respectifs, qu'il seroit informé à la Requête du Procureur-Général, de plusieurs faits articulés par l'accusé contre l'accusateur, tendants à démontrer la supposition qui regnoit dans l'accusation.

Il y a plus, c'est que les Juges peuvent aussi quelquefois ordonner cette preuve d'office, ou sur la Requête de la partie publique, pour des faits qui n'ont point été allégués par l'accusé; ce qui n'est point contraire à l'article 2 du titre 28 de l'Ordonnance de 1670, qui n'a lieu que pour le cas où la preuve est demandée par l'accusé, & non pour le cas où elle est ordonnée d'office, ou sur la Requête de la partie publique. (Ainsi jugé par Arrêt du 7 Avril 1685, rapporté au Journal des Audiences, rapporté ci-dessus, *n.* 8.)

88. Un des principaux cas où cette preuve peut être ordonnée d'of-

ſice, eſt lorſqu'il paroît par la procédure, que l'accuſé eſt dérangé d'eſprit. (*a*)

Si le Procureur du Roi fait ſa preuve, on ordonnera en conſéquence du dérangement d'eſprit de cet accuſé, qu'il ſera enfermé dans un Hôpital ou Maiſon de force, juſqu'à ce que la raiſon lui vienne. Mais ſi la preuve de cette démence ne peut être faite, & qu'il y ait une preuve convaincante du crime contre l'accuſé, on le condamnera en la peine ordinaire.

Lorſqu'un accuſé prévenu d'un crime, & priſonnier, eſt innocent de ce crime; *v. g.* ſi étant prévenu d'un meurtre, il eſt prouvé que dans le temps où ce meurtre a été commis, il étoit abſent & éloigné; ou ſi celui qu'on prétendroit avoir été tué, étoit encore vivant, & que néanmoins l'accuſé dans ſes défenſes négligeât de propoſer ces faits juſtificatifs, les parents de cet accuſé pourroient les propoſer pour lui, ou du moins ſous ſon nom.

89. 11°. L'Ordonnance ne fixe aucun délai pour faire la preuve des faits juſtificatifs; cela dépend uniquement des circonſtances & de la prudence du Juge.

12°. L'accuſé peut faire entendre pour ſa défenſe, des témoins qui ſeroient même d'ailleurs inhabiles; *v. g.* ſes parents & alliés, quoique l'affection du ſang les rende ſuſpects. (*Ita* Baldus *in* L. *parentes*, Cod. *de teſtibus*; & Jul. Clarus, *qu.* 24, *n.* 12 & 20. Voyez auſſi ce qui eſt dit à ce ſujet ci-après, n. 385; ſauf aux Juges à avoir égard à ces dépoſitions, ou à les rejetter, ſuivant les circonſtances.

90. Il en eſt de même, à plus forte raiſon des ſerviteurs ou domeſtiques de la partie civile ou publique. (Voyez Lapeyrere, *édition de* 1706, *lettre* P, *n.* 163)

(*a*) Voici une formule de jugement pour admettre d'office à la preuve d'un fait juſtificatif.

» En conſéquence de ce qu'il nous a paru, tant par l'information, que par » les réponſes dudit N. . . . accuſé, portées tant en ſes interrogatoires » qu'aux confrontations à lui faites, que ledit N. . . accuſé eſt dérangé d'eſ» prit: Nous ordonnons avant faire droit, qu'il ſera, à la requête du Procu» reur du Roi, informé de la démence dudit accuſé, pour, ladite information » faite & rapportée, être par nous ordonné ce qu'il appartiendra. »

L'accusé peut même, pour ses défenses, employer les témoins produits par le plaignant; parce que tout témoin, depuis qu'il est produit, est commun aux deux parties. (*Ita* Airault en son Instruction Judiciaire, *liv*, 3, *part.* 3, *n.* 38, *pag.* 503.) Il peut aussi faire entendre, pour la preuve de ses faits justificatifs, les témoins qui lui ont été confrontés, & ce, quand même il les auroit reprochés à la confrontation; sans néanmoins se départir pour cela des reproches allégués contre ces mêmes témoins. (Ainsi jugé par Arrêt du Parlement de Paris du 24 ou 28 Août 1545, rapporté par Papon en ses Arrêts, *liv.* 24, *tit.* 5 des Procès-criminels, *n.* 11 & *liv.* 9, *tit.* 1, *n.* 34.)

91. Il paroît cependant que si les témoins que l'accusé a fait entendre pour sa justification, étoient des personnes très suspectes, la partie civile ou publique pourroit les reprocher & les faire rejetter, pourvu que ces reproches fussent notoires, ou justifiés sur le champ, ou par écrit; autrement les reproches ne doivent point être admis. (Imbert, *liv.* 3, *ch.* 13, *n.* 20; Louet, *lettre* R, *ch.* 5, *n.* 1.)

Il y a même des cas où cette preuve des reproches peut être admise. (Voyez Papon, *liv.* 24, *tit.* 5, *n.* 8, où il rapporte à ce sujet un Arrêt du Parlement de Paris du 28 Août 1545.) Mais ils ne doivent être vérifiés qu'après qu'il aura été ainsi ordonné par les Juges, & seulement après l'audition des témoins, & après que l'enquête des faits justificatifs a été entiérement achevée; ce qui est une suite de la disposition portée en l'article 8 du titre 28 de l'Ordonnance de 1670.

92. Si l'accusé demandoit à faire entendre pour sa justification, un grand nombre de témoins, ou des personnes d'un rang distingué, le Juge ordonnera alors ce qui lui paroîtra le plus équitable, en retranchant, ou non, les témoins qu'il jugera à propos, suivant sa prudence. (Constit. Caroline, *ch.* 75.)

Les témoins ainsi entendus, en faveur de l'accusé, ne se récolent, ni ne se confrontent, cette enquête étant purement civile; & on ne permet pas même à la partie civile de faire preuve contraire.

Il arrive quelquefois, en faisant la preuve des faits justificatifs, que les accusateurs, dénonciateurs, & principaux témoins sont décrétés. On en trouve un exemple dans le procès du Poëte Rousseau contre le Sieur Saurin.

93. 13°. L'enquête étant achevée, doit être communiquée au Procu-

reur du Roi, ou Fiscal, ou autre partie publique, pour donner ses conclusions, & à la partie civile s'il y en a; & il faut la joindre au procès. (Ordonnance de 1670, *tit.* 28, *art.* 8.) Mais il n'est pas nécessaire de donner communication de cette enquête à l'accusé, qui ne peut avoir aucun intérêt de la débattre.

14°. Les parties peuvent donner leurs Requêtes, auxquelles il leur est permis d'ajouter telles pieces qu'elles jugent à propos, sur le fait de l'enquête; & ces Requêtes & pieces doivent être signifiées respectivement, & copies données d'icelles, sans que pour raison de ce, il soit besoin de prendre aucun réglement, ni de faire une plus ample instruction. (Meme Ordonnance de 1670, *tit.* 28, *art.* 9.)

Lorsque l'enquete des faits justificatifs ne justifie pas pleinement l'accusé, & qu'elle diminue seulement la preuve, les Juges peuvent prononcer un plus amplement informé pendant un certain temps, ou autre jugement.

94. 15°. S'il y a appel par la partie civile, ou par la partie publique, du jugement qui ordonne la preuve des faits justificatifs, il ne paroît pas que cet appel doive suspendre l'instruction, ni même qu'il puisse empêcher de passer au jugement définitif; parce qu'alors les parties ont la voie de ce pourvoir contre cette Sentence, dans le cas de l'absolution de l'accusé. (Voyez ce qui est dit au titre *Des Appellations*, ci-après *part.* 3, *liv.* 2., *tit.* 37, n. 26.)

On trouve, à la vérité, quelques Arrêts qui ont jugé que l'appel de ces sortes de Sentences en suspend l'exécution. (Ainsi jugé par Arrêt des Grands-jours de Lyon du 29 Mars 1596, *art.* 34, rapporté par Joli, *pag.* 1019. Autre Arret du 12 Juillet 1602 sur l'appel du Juge de Macon. Autre du 12 Mai 1604, rendu contre le Lieutenant d'Issoudun, rapporté par Filleau en ses Arrêts, *tom.* 1, *part.* 1, *tit.* 4, *ch.* 24; & par Joli, *tom.* 2, *pag.* 1116, qui défend aux Juges de passer outre à l'instruction ou autrement, au préjudice de l'appel des Jugements qui reçoivent les accusés en faits justificatifs de reproches, ou les parties en procès ordinaire, & qui leur enjoint d'ahérer à cet appel, à peine de répondre des dommages & intérêts des parties. Autre Arrêt du 12 Janvier 1611, rendu pour le Juge de Civrai. Autre du premier Avril 1705, par lequel la Cour, en cassant l'enquête faite au préjudice de l'appel sur des faits justificatifs, enjoint au Lieutenant-Criminel de Coignac de déferer à l'appel des Sentences par lesquelles les accusés auroient été reçus à la preuve de faits justificatifs, & lui fait défenses, ainsi qu'au Procureur du Roi, de passer outre. Ces Arrêts sont rapportés par l'Auteur des Loix Criminelles, *tom.* 1, *pag.* 280. Voyez aussi ce qui est dit ci-après au titre *Des Appellations*, *part.* 4, *liv.* 2, *tit.* 37, n. 26.)

95. Le motif de ces Arrêts est (dit-on) que les Sentences qui admettent les accusés à la preuve de leurs faits justificatifs, ou qui reçoivent les parties à fins civiles, tendent à détruire ce qu'il pourroit y avoir de preuves au procès contre l'accusé, pour en chercher d'autres pour son absolution.

Mais il est aisé de repondre à cette objection. 1°. Que la preuve ordonnée des faits justificatifs, ne peut détruire en aucune maniere la procédure criminelle ; puisque cette preuve ne peut se faire qu'après que l'instruction au criminel a été entiérement achevée. 2°. Que cela ne peut jamais préjudicier à la partie civile ou publique ; puisque la voie d'appel ouvre un moyen de faire infirmer la Sentence du Juge qui auroit admis mal à propos la preuve de ces faits. 3°. Enfin que si l'appel du jugement qui admet à la preuve des faits justificatifs, pouvoit empêcher qu'il ne fût passé à instruction de cette preuve, & ensuite au jugement du fond, cela du moins ne devroit avoir lieu que dans le cas où cet appel seroit interjetté par la partie publique, à qui seule appartient le droit de poursuivre la vengeance du crime, & non à la partie privée, dont tous les droits sont conservés par le moyen de son appel de la Sentence définitive.

TITRE III.

CHAPITRE PREMIER.

Des Preuves en général.

1. DANS les affaires qui peuvent être l'objet de la Justice criminelle, il se présente presque toujours trois questions à regler.

La premiere consiste à établir l'existence du délit.

La seconde à en découvrir & constater l'Auteur.

En effet, pour pouvoir prononcer une condamnation contre un accusé, il faut : 1°. que le corps du délit soit certain : 2°. qu'il soit constant que c'est l'accusé qui l'a commis.

La troisieme question consiste à imposer au coupable une peine qui soit proportionnée à son crime.

Les deux premieres questions sont des questions de fait, & elles se resolvent par le secours des preuves qui servent à faire connoître la vérité des faits. La troisieme est une question de droit qui se resout par l'application que le Juge fait des Loix à la question qui se présente. Je parlerai de cette derniere question dans le titre *Des Sentences & Jugements*, ci-après, part. 3, liv. 2, tit. 25, n. 164 & suiv.

Il s'agit maintenant d'examiner ce qui regarde les questions de fait.

2. La verité ou l'existence des faits ne peut se constater que de deux manieres ; ou par l'évidence, c'est-à-dire, par l'inspection actuelle du fait ; ou par le rapport des personnes qui l'ont vu, si ce fait est tel qu'il ne laisse aucune trace de son existence.

On peut dire en général que cette vérité ou existence des faits, n'est connue infailliblement que de ceux qui en sont les auteurs ; & qu'à l'égard des autres personnes, cette connoissance ne peut jamais être certaine que d'une certitude physique. Car quoiqu'il soit vrai de dire que ceux qui ont été présents à une action, sont surs de ce qu'ils ont vu, ou entendu ; néanmoins cette seconde espece de certitude est bien différente de la premiere ; puisque la premiere est fondée sur la conviction intérieure & sur l'évidence même, & porte avec elle sa démonstration ; au-lieu que l'autre n'est fondée que sur les sens, & ne nous est transmise que par le secours des organes, qui étant sujets à erreur, peuvent à chaque instant nous tromper.

3. Il suit de cette considération, que quand un accusé est prévenu d'avoir commis un crime, personne ne peut être plus certain que lui s'il est coupable ou innocent de ce crime ; & que par conséquent, de toutes les preuves nécessaires pour établir cette vérité, la plus certaine & la moins sujette à erreur, est celle qui résulte de la confession de l'accusé.

Mais comme la vérité des faits qui sont l'objet de la Justice criminelle, ne peut ordinairement se connoître par la bouche de l'accusé, qui a intérêt de la tenir cachée, il a fallu pour y suppléer, & afin que les crimes ne demeurassent pas impunis, avoir recours à la seconde espece de preuve, quoique souvent incertaine ; & l'on s'est trouvé dans la nécessité d'établir l'existence du crime, & la conviction de l'accusé, sur l'examen des lieux & des actes qui renferment le corps de délit ; & sur la déposition des témoins qui ont vu commettre le crime, ou qui en ont d'ailleurs une connoissance particuliere.

4. De cette distinction, naissent trois premieres especes de preuves en matiere criminelle.

La premiere, est celle qui résulte *de la confession de l'accusé.*

La seconde, qui est fondée sur la déposition des témoins, qu'on appelle *preuve testimoniale* ; ou sur le rapport des Experts, qu'on appelle *preuve par Experts*, & qui est comprise dans la preuve testimoniale.

Et la troisieme, qui résulte de l'examen des écrits & signatures, qu'on appelle *preuve littérale*, & qui, à proprement parler, est renfermée dans les deux autres ; c'est-à-dire, dans la premiere, quand l'acte qui renferme le délit, est reconnu par l'accusé pour être écrit de sa main ; & dans la seconde, quand il denie sa signature, & que sur cette dénégation il est prouvé par le rapport de témoins qui l'ont vu signer, ou par celui des experts qui en font la comparaison avec d'autres actes, que cet écrit est de la main de l'accusé.

5. De ces différentes preuves, la premiere est la seule qui doive être regardée comme certaine & infaillible. A l'égard de la preuve

testimoniale, elle ne devroit, à proprement parler, être regardée comme certaine, que dans le cas où elle seroit appuyée sur la déposition d'un grand nombre de témoins qui tous s'accorderoient à dire la même chose, sans varier dans les circonstances; parce qu'alors, de ce concours unanime de dépositions, il se forme une preuve morale, dont la certitude équivaut à celle des démonstrations géométriques.

6. Mais comme il arrive le plus souvent dans l'instruction des affaires criminelles, que l'on ne peut avoir qu'un petit nombre de témoins des faits qui se sont passés, les Loix & l'Usage presque général de toutes les nations, ont établi que la déposition de deux témoins uniformes dans leur déclaration, ou leur rapport, suffit pour former une preuve que les Juges doivent regarder comme complette. Car quoiqu'il puisse arriver, & qu'il y en ait même plusieurs exemples, que des témoins fassent de fausses déclarations, néanmoins c'est une chose nécessaire dans l'ordre de la société civile, de supposer que ceux qui rapportent des faits dont ils disent avoir été témoins, n'avancent rien qui ne soit conforme à la vérité, lorsqu'ils n'ont aucun motif pour faire une déclaration qui y soit contraire. D'un autre côté, on ne peut gueres présumer que deux témoins de bon sens, aient pu se tromper dans ce qu'ils ont vu ou entendu.

7. Il y a même des cas où il n'est pas nécessaire qu'il y ait deux témoins d'un même fait pour former la preuve de certains crimes, pourvu qu'il y ait d'autres témoins de faits de même espece, qui quoique singuliers, tendent tous néanmoins à prouver le même genre de crime; comme dans le crime d'usure & d'excès commis par les Geoliers & Guichetiers à l'encontre des prisonniers. Mais alors les Loix & Ordonnances du Royaume exigent qu'il y ait six ou dix témoins de chaque fait singulier. (Voyez ce qui est dit ci-après, *part.* 4, aux titres *Des Crimes d'usure*, n. 37; *Des Malversations commises par Officiers dans leurs fonctions*, n. 93; & ce qui est dit *infrà*, n. 148.)

8. Bien plus, il arrive souvent dans les affaires criminelles, que les Juges sont dans l'impuissance de constater le fait principal par la déposition de deux, & quelquefois même d'un seul témoin; mais qu'ils ont la preuve d'autres faits qui conduisent à la connoissance de ce fait principal, par la liaison qu'ils ont avec lui; alors cela forme

forme une espece de preuve particuliere qu'on appelle *preuve par argumens*, ou *conjecturale*, qui consiste à conclure par des argumens l'existence d'un fait, par le rapport qu'il a avec d'autres faits connus. C'est une espece d'analyse morale qui forme dans l'esprit du Juge une conviction plus ou moins grande, suivant le rapport plus ou moins prochain que le fait principal, dont on cherche la preuve, a avec les faits qui sont connus & prouvés.

On peut appeller cette espece de preuve, *preuve oblique* ou *indirecte*; à la différence de celle qui résulte de la confession de l'accusé, ou de la déposition des témoins, ou du rapport des Experts, qu'on peut appeller *preuve directe*.

9. Il résulte de tout ceci, qu'il y a deux sortes de preuves pour constater la vérité des faits : l'une que j'appelle *preuve directe*, qui se fait ou par la confession de l'accusé, ou par la déposition de deux témoins, ou par le rapport de deux experts qui déposent immédiatement du fait ; & l'autre que j'appelle *preuve indirecte*, qui consiste à démontrer l'existence d'un fait, en conséquence du rapport qu'il a avec d'autres faits prouvés ; de maniere que l'on puisse conclure par un argument nécessaire, ou du moins raisonnable, la vérité & existence de ce fait principal par la liaison immédiate & prochaine qu'il a avec ceux dont on a la preuve.

On peut encore mettre au nombre des preuves directes, celle qui se fait par l'examen & inspection du Juge. Cette preuve s'emploie dans le cas où il s'agit de constater le corps de délit d'un fait permanent, & dont il reste des vestiges ; comme dans le cas d'une effraction qui seroit faite à une maison, ou à une porte ; d'un incendie ; d'un homme tué, *&c.* ; alors le Juge se transporte sur les lieux où le crime a été commis, & le procès-verbal qu'il dresse à cet égard, forme une preuve complette du corps du délit.

10. Il y a aussi des cas où ces sortes de procès-verbaux peuvent être dressés par d'autres Officiers inférieurs aux Juges ; comme Commissaires, Huissiers, *&c.* ; *v. g.* lorsqu'étant dans leurs fonctions, ils sont injuriés, ou qu'il se fait quelque révolte contre eux. Mais alors ces procès-verbaux ne font point une preuve complette, & suffisent seulement pour décreter. (Voyez les articles 5 & 6 du tittre 10 de l'Ordonnance de 1670.)

Enfin on emploie quelquefois pour preuve le serment des parties plaignantes ; mais ce serment ne s'emploie que pour suppléer à toute autre preuve, & quand on ne peut faire autrement ; *v. g.* lorsqu'il s'agit de constater la quantité des dommages & intérê , ou des effets volés, *&c.*; mais non pour former la preuve du délit en lui-même. (Voyez Leprêtre, *centur.* 1, *ch.* 65.)

SECTION PREMIERE.

Division & usage des preuves.

11. C'est une maxime constante & dont tout le monde est convaincu, que les faits ne se présument point, & qu'ils doivent être prouvés; ce qui a lieu à plus forte raison en matiere de crimes. Il ne suffit pas même qu'un crime soit notoire & connu de tout le monde, pour qu'il puisse être puni par le Juge, quand même chacun seroit convaincu de la vérité de ce crime, & que c'est une telle personne qui en est l'auteur. Par exemple, un meurtre fait dans une place en présence de tout le monde, & aux yeux même du Juge, est un fait notoire & qui ne peut être revoqué en doute : cependant le Juge qui a vu commettre ce meurtre, ne peut condamner le coupable sur cette notoriété, & sur la certitude qu'il a de son crime; il faut qu'il entende des témoins, & qu'il garde les mêmes formalités, que si ce fait n'étoit pas notoire. Cette vérité a également lieu, soit qu'il s'agisse d'un corps de délit notoire, soit qu'il soit notoire que c'est un tel qui l'a commis.

12. Bien plus, il ne suffit pas de prouver le fait principal qui constate le crime; mais il faut encore prouver toutes les circonstances qui l'accompagnent & qui peuvent contribuer à rendre l'accusé plus ou moins coupable.

Comme tous les faits en général, de quelque espece qu'ils soient, sont affirmatifs ou négatifs, on peut distinguer sous ce rapport, deux premieres especes de preuves; la preuve *affirmative* & la preuve *négative*.

La *preuve affirmative* est celle qui s'emploie pour constater un fait affirmatif; *v. g.* si je soutiens qu'un tel a fait une telle chose, c'est un fait affirmatif qui peut se prouver. Cette espece de preuve s'emploie ordinairement de la part des accusateurs ou plaignants, contre les accusés.

13. La *preuve négative* est celle qui se fait d'un fait négatif; *v. g.* lorsque je soutiens que je n'ai pas fait une chose dont on m'accuse. Cette preuve s'emploie le plus souvent par l'accusé, quand il veut établir sa justification.

On peut distinguer trois sortes de négatives : 1°. la négative de *fait* : 2°. la négative de *qualité* : 3°. la négative de *quantité*.

Il faut observer en général, touchant la négative de fait, que cette preuve est beaucoup moins sure que l'affirmative. Il y a même une maxime établie par les Loix, qui porte, qu'on doit plutôt ajouter foi à un témoin qui affirme, qu'à mille témoins qui nient. La raison en est, que celui qui affirme, a une connoissance certaine, & qui tombe sur un objet précis, dont il a une connoissance distincte ; au-lieu que celui qui nie, parle d'une maniere vague & indéfinie. (Voyez Godefroi sur la Loi 27, §. 3, D. *De recep. arbitr.* ; Accurse sur la même Loi ; & la Loi *Arianus* 47, D. *De obligat. & act.*)

14. Il est même vrai de dire que la preuve négative n'est possible que dans certains cas ; c'est-à-dire, 1°. lorsqu'avec la négative on articule un fait réel, ou positif ; *v. g.* si j'ajoute que je n'ai pas fait telle chose un tel jour, & en tel lieu ; alors parce que je réduis le fait négatif que j'avance, à deux circonstances particulieres du temps & du lieu, qui sont des faits positifs, rien n'empêche que je ne puisse faire la preuve que je n'ai pas fait la chose dont on m'accuse ; parce que j'étois dans le même temps dans un autre endroit trop éloigné, pour en conclure qu'il est impossible que j'aie été dans le même-temps dans les deux endroits différents. Par exemple, si je suis accusé d'avoir commis un homicide à Paris le premier Mai d'une telle année, & que je prouve que ce jour-là même j'étois à Rome, où j'ai passé un acte pardevant Notaires, il s'ensuit par une conséquence nécessaire, que ce n'est pas moi qui ai commis l'homicide dont on m'accuse ; parce qu'il est impossible que dans le même jour j'aie pû être à Rome & à Paris.

15. A l'égard de la négative de *qualité*, ou de *quantité*, on peut toujours la prouver ; parce que cette preuve équivaut à une preuve affirmative ; comme s'il s'agit de prouver qu'une telle personne n'est pas dérangée d'esprit, ou qu'on n'a pas reçu une telle quantité d'argent ; en prouvant que cette personne est dans son bon sens, ou qu'on a reçu une autre quantité d'argent.

La seconde distinction des preuves considérées en général, & suivant qu'elles ont plus ou moins de force, est en preuves *pleines* ou *entieres*, & en *semi-pleines*.

La preuve *pleine* ou *entiere*, est celle qui établit une entiere conviction dans l'esprit du Juge, & qui suffit par conséquent pour condamner l'accusé. (Farinac. *qu.* 36, *n.* 20.) Telle est la preuve qui résulte de la déposition de deux témoins; ou de pieces reconnues par l'accusé; ou de sa confession pure & simple.

16. La preuve *semi-pleine*, qu'on appelle aussi *demi-preuve*, est celle qui forme, à la vérité, une présomption dans l'esprit du Juge; mais qui n'est pas suffisante pour juger l'accusé définitivement. (Farinac. *ibid.*, *n.* 21.) Telle est la preuve qui naît de la déposition d'un témoin; de la confession extrajudiciaire de l'accusé; de la ressemblance d'écritures, &c. (Farinac. *ibid. n.* 22; Constitution Carol. *ch.* 23, & 30.)

La preuve considérée sous ce même rapport, se divise aussi, 1°. en preuve *manifeste*, ou *évidente*, qui est suffisante pour condamner définitivement: 2°. en preuve *considérable*, qui suffit pour condamner à la question: 3°. en preuve moins considérable, ou *imparfaite* & *legere*, qui n'est pas suffisante pour condamner, ni pour faire mettre l'accusé à la question; mais seulement pour informer, ou pour décréter, adjuger une provision, prononcer un plus amplement informé à temps, ou indéfini, &c.

17. La troisieme distinction des preuves, est par la maniere dont elles se font. On les distingue sous ce rapport, 1°. en preuves *vraies*, ou *directes*, ou *légitimes*: 2°. en preuves *indirectes*, ou *obliques*, qu'on appelle aussi preuves *conjecturales*, ou *par arguments*, ou *artificielles*, ou *présomptives*: 3°. en preuves *mixtes*, qui sont composées de la preuve directe, & de la preuve oblique.

La preuve *vraie*, ou *directe*, ainsi qu'on l'a observé ci-dessus, est celle qui regarde directement, ou immédiatement le fait principal, & qui peut être fondée, 1°. sur la confession de l'accusé: 2°. sur la déposition de deux témoins, ce qui forme la preuve testimoniale: 3°. sur des écritures authentiques, ce qui forme la preuve littérale: 4°. sur l'inspection du Juge: 5°. sur le rapport de deux experts, ce qui forme la preuve par experts: 6°. sur les procès-verbaux des Commissaires, ou Huissiers: 7°. sur le serment des parties offensées.

18. La preuve *indirecte*, ou *oblique*, &c. est celle qui est fondée sur des indices & des présomptions, dont on tire des arguments par le moyen desquels on conclut la vérité, ou existence du fait principal dont il s'agit.

La preuve *mixte*, est celle qui est en partie directe, & en partie oblique. Telle est la preuve qui est fondée sur la déposition d'un témoin du fait principal, & sur des indices.

Toutes ces preuves s'emploient en matiere criminelle, 1°. pour établir la vérité & l'existence du corps de délit : 2°. pour régler & fixer la compétence de la jurisdiction, & pour les autres incidents du procès ; *v. g.* quand il s'agit de sçavoir si l'accusé est compétent, ou par sa qualité, ou par la nature du délit. (Ordonnance 1670, *tit.* 1, *art.* 19 :) 3°. pour constater l'auteur du crime, & établir contre lui une entiere conviction : 4°. pour prouver l'innocence ou la justification de l'accusé. Les trois premieres ayant pour objet la conviction de l'accusé, se font sur la poursuite de la partie publique, ou sur celles des parties civiles ; mais la derniere étant pour la justification de l'accusé, se fait sur sa poursuite ; quelquefois cependant elle s'ordonne d'office par les Juges.

19. La *confession de l'accusé* s'emploie, 1°. pour établir la conviction de cet accusé : 2°. pour constater le délit en écritures privées. (Voyez ci-après au titre *Du corps de délit*, part. 3, liv. 2, tit. 3, n. 14.)

La preuve *testimoniale* s'emploie, 1°. pour la conviction de l'accusé : 2°. pour constater le corps de délit dans les délits passagers, & dont il ne reste aucunes traces : 3°. pour la défense de l'accusé. (Voyez ci-après, n. 98 & suiv.)

La preuve *littérale* s'emploie, 1°. pour constater le délit : 2°. pour la conviction de l'accusé : 3°. elle s'emploie aussi quelquefois pour prouver son innocence. (Voyez ci-après, n. 219 & suiv.)

L'inspection du Juge s'emploie pour constater le corps de délit. (Voyez *Corps de délit*, n. 2.)

Le rapport des Experts ne s'emploie que pour constater le corps de délit, & pour en déterminer la cause ; *v. g.* quand il s'agit de mort, de blessure, *&c.*

20. Lorsqu'il s'agit de constater le corps de délit, l'inspection & le procès-verbal du Juge est la preuve la plus complette. Au défaut du Juge, il faut employer la preuve testimoniale, & le rapport des Experts ; mais la confession de l'accusé n'est point alors regardée comme une preuve ; si ce n'est quand il s'agit d'un corps de délit, dont il ne reste aucunes traces ; encore faut-il dans ces

cas, qu'il y ait une partie plaignante, & des indices contre l'accusé.

Au contraire, quand il s'agit de constater l'auteur du crime, la confession de l'accusé est la preuve la plus complette qu'on puisse avoir; & la preuve par témoins ne s'emploie qu'au défaut de celle-ci. (Voyez ce qui est dit ci-après, n. 43 & suiv.)

21. Cette différence vient de ce que l'existence du corps de délit n'est fondée que sur un simple fait soumis à l'examen des sens, indépendamment de toute volonté de le commettre; au-lieu que pour constater qu'une telle personne est l'auteur d'un crime, il faut prouver que le crime a été commis par cette personne, & qu'elle a eu la volonté de le commettre; ce qui, à la vérité, se prouve ou se présume par les circonstances, mais ne peut jamais être connu d'une maniere infaillible, que par l'accusé.

Après avoir parlé en général des différentes especes de preuves qui sont en usage dans les matieres criminelles, il s'agit de les examiner chacune en particulier: elles se réduisent toutes aux preuves suivantes, à la plupart desquelles je donne ici un titre particulier.

22. La premiere est la preuve directe, qui renferme les suivantes;

1°. La preuve qui résulte de la confession de l'accusé. (Voyez ci-après, n. 43 & suiv.)

2°. La preuve testimoniale. (Voyez ci-après, n. 98 & suiv.)

3°. La preuve littérale. (Voyez ci-après, n. 219 & suiv.)

4°. La preuve par l'inspection du Juge. (Voyez *infrà*, part. 3, liv. 2, au titre *Du corps de délit*, n. 16 & suiv.; & au titre *Des procès-verbaux de transport des Juges*, ibid. *tit.* 5, n. 1 & suiv.)

5°. La preuve par Experts. (Voyez ci-après, n. 230 & suiv.)

6°. La preuve qui résulte des procès-verbaux des Huissiers, Commissaires, *&c.* (Voyez au titre *Des Décrets*, infrà, *part.* 3, *liv.* 2, *tit.* 10, n. 104.)

La preuve par serment. (Voyez ci-après, n. 35.)

La seconde espece de preuve, est la preuve indirecte, ou par arguments, ou conjecturale. (Voyez ci-après, n. 238 & suiv.)

Et la troisieme & derniere preuve est la preuve mixte. (Voyez *infrà*, n. 34 & 415.)

Observations sur toutes ces preuves.

23. Des différentes preuves dont on vient de parler, la plus certaine & la plus incontestable, du moins quand il s'agit de découv-

vrir l'auteur d'un crime, est sans contredit celle qui résulte de la confession de l'accusé, ou des écrits & actes par lui signés & par lui reconnus.

Après cette premiere espece de preuve, celle que l'on regarde comme la plus certaine, est celle qui résulte du témoignage de deux ou de plusieurs personnes qui ont vu commettre le crime.

Enfin, la preuve la moins certaine, est celle qui n'est fondée que sur des indices, & sur des conjectures qui forment les présomptions.

24. La confession de l'accusé ne fait pas toujours par elle-même une preuve complette; à moins qu'elle ne soit pure & simple, & qu'elle ne soit faite en jugement, & dans un état libre; comme on l'a observé ci-dessus. Car si elle est faite hors Justice, ou au milieu des tourments, ou qu'elle ne soit pas pure & simple, elle ne forme qu'un indice considérable. (Voyez ce qui est dit ci-après, n. 43 & suiv.)

Il en est de même de la preuve qui résulte de la déposition de deux ou plusieurs témoins. En effet, il peut arriver, 1°. que ces témoins ne soient pas *omni exceptione majores* : 2°. qu'ils soient d'un âge trop foible pour qu'on puisse compter sur leur témoignage: 3°. que ces témoins soient parents, ou ennemis de l'accusé : 4°. qu'ils soient d'une réputation suspecte : 5°. que dans le temps de l'action, ils fussent trop éloignés pour avoir vu le fait dont il s'agit, de maniere que par-là leur témoignage devient suspect; & autres cas semblables. (Voyez ci-après, n. 98 & suiv.)

25. Il peut même arriver qu'il n'y ait qu'un seul témoin *de visu*, ou même qu'il n'y en ait aucun; mais seulement des témoins qui ont entendu. Dans tous ces cas, la preuve testimoniale ne forme pas une preuve suffisante pour constater la vérité du fait. (Voyez *ibidem.*)

Il faut donc alors avoir recours aux indices, pour suppléer à ce qui manque à la confession de l'accusé, ou à la preuve testimoniale; mais la difficulté consiste à sçavoir quelles sortes d'indices il faut, & en quel nombre, pour former une preuve complette; soit par eux-mêmes, quand il n'y a point d'autres preuves; soit en les joignant aux preuves que l'on a d'ailleurs; comme seroit la confession de l'accusé, qui ne seroit pas pure & simple, ou qui seroit faite hors Justice; ou la déposition d'un seul témoin, ou celle de deux témoins qui ne seroient pas *omni exceptione majores*.

26. C'eſt dans cette eſtimation morale, que conſiſte la ſcience du Juge, & l'art de pouvoir diſtinguer une preuve complette d'avec une preuve imparfaite ; & c'eſt de cet examen que dépend le jugement qu'il doit former ſur la néceſſité de la liaiſon des faits connus, au fait inconnu, ou ſur l'incertitude de cette liaiſon. Il faut beaucoup de lumieres & de prudence dans ces occaſions, pour diſcerner les indices qui ſont incertains, de ceux qui ſont certains ; & pour diſtinguer ce qui forme le caractere d'une preuve ſuffiſante, de ce qui forme ſeulement une preuve imparfaite.

Il eſt difficile d'établir là-deſſus des regles fixes & certaines : la prudence & l'art du Juge ſont preſque les ſeuls guides qui doivent le conduire. Voici néanmoins quelques maximes qui pourront être utiles à ceux qui ſont chargés de l'inſtruction & du jugement des matieres criminelles.

SECTION II.

De la maniere d'eſtimer la force des preuves en général.

27. *Premiere Maxime.* Les Juges doivent avoir deux choſes principalement en vue : la premiere eſt d'examiner ſi la preuve eſt faite dans les formes établies par les Loix : la ſeconde, eſt de voir ſi elle eſt ſuffiſante pour pouvoir être regardée comme complette. (Voyez ce qui eſt dit à ce ſujet au titre *Des Sentences, Jugements & Arrêts*, ci-après, *part.* 3, *liv.* 2, *tit.* 25, n. 142 & ſuiv.)

Seconde Maxime. La certitude des preuves dépend, 1°. de la ſincérité de la confeſſion des accuſés : 2°. de la qualité des témoins, & de la vérité de leurs dépoſitions : 3°. du nombre & de la violence des indices.

Troiſieme Maxime. Une preuve eſt regardée comme complette, lorſqu'elle eſt fondée ſur la confeſſion pure & ſimple de l'accuſé ; ou ſur la dépoſition de deux témoins non reprochables ; ou ſur une écriture qui ſoit authentique, ou reconnue par l'accuſé, *&c.*

28. *Quatrieme Maxime.* La certitude des preuves établit la ſcience du Juge, & la conviction qui lui eſt néceſſaire pour pouvoir prononcer une condamnation contre l'accuſé. Cette ſcience, ou conviction, peut être de deux ſortes ; ou *phyſique*, ou *morale*, ſuivant la nature des preuves qui ont été employées pour conſtater cette certitude ; & ces preuves ſont auſſi variées, qu'il y a de manieres

manieres différentes de connoître la vérité. La science qui produit une certitude physique, est celle qui dépend immédiatement des sens, telle qu'est celle des témoins qui ont vu commettre le crime. La science qui produit une certitude morale, est celle qui dépend du raisonnement; & telle est la science qui n'est fondée que sur des indices, & sur des présomptions.

Cinquieme Maxime. Les preuves douteuses, incertaines, équivoques, & non concluantes, ne font en général aucune preuve.

29. *Sixieme Maxime.* Quand la preuve est complette contre l'accusé, il faut le condamner. (Julius Clarus, *qu.* 65, *n.* 1; & *qu.* 66, *n.* 1. Voyez au titre *Des Sentences & Jugements*, infrà, *part.* 3, *liv.* 2, *tit.* 25, n. 161.)

Si elle est considérable sans être complette, il faudra condamner l'accusé à la question. (Voyez *ibid.* n. 157.)

Sinon on prononcera contre lui un plus amplement informé. (Voyez *ibid.* n. 153.)

Et si cette preuve est légere, ou qu'il n'y en ait aucune, on mettra hors de Cour; ou bien on absoudra l'accusé. (Voyez *ibid.* n. 159.)

30. *Septieme Maxime.* Pour condamner à la question, il n'est pas nécessaire d'avoir des preuves aussi convaincantes, que pour le condamner à la peine ordinaire due au crime. Il suffit pour cela d'avoir une preuve considérable, & que le crime soit constant, & de nature à mériter la peine de mort, suivant l'article 1 du titre 19 de l'Ordonnance de 1670.

Huitieme Maxime. Il faut encore moins de preuves pour décréter un accusé, & instruire extraordinairement contre lui. Des indices, même légers, suffisent souvent en pareil cas. Néanmoins s'il s'agissoit de prononcer un décret de prise de corps contre un domicilié, ou même un décret d'ajournement personnel contre un Officier élevé en dignité, le Juge ne pourroit le faire, sans avoir un commencement de preuves assez considérable contre l'accusé. (Voyez ce qui est dit au titre *Des Décrets*, infrà, *part.* 3, *liv.* 2, *tit.* 10, n. 94 & suiv.)

31. *Neuvieme Maxime.* Pour prononcer une provision en faveur de l'offensé, il n'est pas besoin non plus d'avoir une preuve entiere contre l'accusé, & il suffit d'avoir un commencement de preuves.

Dixieme Maxime. Mais lorsqu'il s'agit de condamner un accusé à une peine capitale, il faut avoir une preuve complette; c'est-à-dire, qui soit fondée, ou sur l'aveu de l'accusé, ou sur des titres; ou sur des témoins, ou du moins sur des indices indubitables, & plus clairs que le jour. (Voyez ci-après, n. 413.)

§. I.

De la maniere d'estimer la force des preuves en particulier, dans la preuve directe.

32. 1°. Dans la confession de l'accusé : 2°. Dans la preuve testimoniale : 3°. Dans la preuve littérale : 4°. Dans la preuve par Experts. (Voyez ci-après, n. 43, 98, 219, 230 & suiv., où je traite de chacune de ces preuves en particulier.)

§. II.

De la maniere d'estimer la force des preuves en particulier, dans la preuve indirecte, ou conjecturale.

33. (Voyez *infrà*, n. 360 & suiv.)

§. III.

De la maniere d'estimer la force des preuves dans la preuve mixte; c'est-à-dire, dans celle qui est en partie directe, & en partie oblique, ou indirecte.

34. La force de la preuve mixte dépend de trois choses :

1°. Du plus ou moins de validité de chaque preuve imparfaite en particulier.

2°. Du grand nombre de ces preuves.

3°. De leur accord.

Lorsque plusieurs preuves, quoiqu'imparfaites, tendent toutes à une même fin, il faut les joindre ensemble pour en former, s'il est possible, une preuve parfaite, suivant cette maxime *quæ singula non prosunt, simul collecta juvant.* (Menoch. *de arbitr. jud. cap.* 292.)

Mais il faut observer que deux semi-preuves réunies ensemble, ne peuvent suffire pour former une preuve entiere & complette. (L. *fin.* Cod. *de probat.* L. *qui sententiam*, Cod. *de pœnis.*) Ce qui ne doit s'entendre cependant que quand il s'agit de condamner l'accusé à une peine capitale, ou corporelle; mais non quand il s'agit seulement de prononcer contre lui une condamnation pécuniaire. (Julius Clarus, *qu.* 63, *n.* 9, Voyez ce qui est dit ci-après, n. 413 & suiv.)

§. IV.

De la preuve par serment.

35. La preuve par serment est quelquefois admise en matiere criminelle, au défaut des autres preuves. Elle a lieu en matiere de vol, & quand il s'agit de constater la valeur, & la quantité des choses volées; auquel cas on s'en rapporte au serment de celui qui a souffert le dommage. (Farin. *qu.* 176, *n.* 19 & suiv.; & *qu.* 119, *n.* 111, 113; Jul. Clar. §. *Furtum*, *n.* 18.)

Cette preuve néanmoins ne s'admet que quand on ne peut avoir, d'une autre maniere, la preuve de la valeur, & de la qualité des choses volées; autrement elle n'est point admissible. (Farin. *ibid. n.* 37.)

Mais les Juges ne doivent déférer ce serment que jusqu'à une certaine somme, qu'ils doivent auparavant arbitrer, suivant les circonstances des personnes, & du lieu où le vol a été commis. (Farin. *ibid. n.* 43.)

36. Il faut aussi, pour pouvoir déférer ce serment, que le corps de délit soit pleinement prouvé. (Farin. *ibid.*, *n.* 45.)

De plus, on doit observer que cette preuve peut être détruite par une preuve contraire. (Farin. *ibid.*, *n.* 48.)

Enfin, il faut observer que cette preuve tirée du serment de l'offensé, touchant la quantité des choses volées, n'est point admise contre un tiers qui seroit tenu civilement du délit de l'accusé. (Bartole, *in* L. *semper.* §. *hoc interdicto.* D. *quod vi aut clàm.*)

SECTION III.

Des preuves qui s'emploient en faveur de l'accusé.

37. Les preuves qui s'emploient en faveur de l'accusé, sont celles qui se font, ou par titres, ou par témoins. On se sert même quel-

quefois de la preuve conjecturale, comme dans le cas de l'*alibi*; mais la confession, ou déclaration de l'accusé, ne peuvent jamais avoir ici lieu.

Toutes ces preuves s'emploient ici de la même maniere, que pour la conviction de l'accusé; & il faut suivre à cet égard les mêmes regles. Cependant on admet ici assez généralement toutes sortes de témoins; mais il dépend de la prudence du Juge de rejetter en cette occasion, ceux qui lui paroissent suspects.

Les cas les plus ordinaires où l'accusé emploie des preuves en sa faveur, sont 1°. quand il s'agit de recuser des Juges, ou des Experts: 2°. quand on veut proposer quelque reproche contre un, ou plusieurs témoins: 3°. quand il s'agit de proposer des faits justificatifs.

SECTION IV.

Des preuves nécessaires pour différents actes d'instruction; & pour les Jugements.

38. 1°. Pour informer en général contre l'auteur du crime, ou en particulier contre une telle personne, comme prévenue de ce crime, Voyez ci-après, n. 385.

2°. Pour obtenir monitoires, Voyez *ibid.*, n. 388.

3°. Pour constater le corps de délit, Voyez *ibid.*, n. 389.

4°. Pour décréter, Voyez *ibid.*, n. 390.

5°. Pour adjuger une provision, Voyez *ibid.*, n. 391.

6°. Pour passer au réglement à l'extraordinaire, Voyez *ibid.*, n. 392.

7°. Pour condamner un accusé à la question, avec ou sans réserve de preuves, Voyez *ibid.*, n. 393.

8°. Pour condamner définitivement un accusé, Voyez *ibid.*, n. 413.

39. 9°. Quant à la preuve nécessaire pour pouvoir prononcer un plus amplement informé contre l'accusé, soit à temps, soit indéfini, Voyez ci-après, n. 434; & au titre *Des Sentences & Jugements*, n. 153 & suiv.

10°. Pour établir la défense de l'accusé, ainsi que pour ses faits justificatifs, Voyez ci-après, n. 436.

11°. Pour prouver l'innocence & la justification de l'accusé, dans certains crimes, Voyez ci-après, n. 441.

SECTION V.

De la comparaison, examen, & préférence des preuves contraires.

40. Quelquefois les preuves qui sont au procès, & qui ont été faites, tant à la requête des plaignants, & de la partie publique, qu'à la requête de l'accusé, sont affoiblies les unes par les autres; ce qui arrive quand les unes sont combattues par d'autres preuves moins fortes. Quelquefois même elles se détruisent mutuellement, comme il arrive dans le cas où elles sont combattues par des preuves égale, contraires. Dans cette circonstance, le Juge doit examiner & peser avec attention ces différentes preuves, & voir par la contrariété qui s'y trouve, celles qui l'emportent sur les autres, afin de se déterminer du côté de celles qui ont plus de force & de certitude.

Il faut alors beaucoup de sagesse & de prudence pour se comporter dans cet examen, suivant les regles d'une exacte Justice.

Le Juge doit pour cela avoir attention :

41. 1°. De préférer les preuves particulieres, aux preuves générales; & les preuves affirmatives, aux preuves négatives.

2°. De préférer les preuves les plus vraisemblables, & celles qui sont plus conformes au droit commun, & à ce qui arrive le plus ordinairement.

3°. De préférer la déposition des témoins qui déclarent avoir vu signer l'acte, au rapport des Experts qui déclarent cet acte faux; ainsi qu'il a été jugé par Arrêt du Parlement de Toulouse du 18 Juin 1665, rapporté par Catelan en ses Arrêts, *liv.* 9, *ch.* 1.

4°. Enfin, le Juge doit comparer l'intérêt public, avec l'intérêt privé, & considérer la nature de la cause en elle-même; mais sur-tout la faveur de l'innocence de l'accusé, doit prévaloir; & les preuves qui établissent sa justification, doivent l'emporter sur celles qui établissent sa conviction.

Des Preuves particulieres à certains crimes.

42. Ces crimes ſont :
L'adultere.
Le faux.
L'homicide.
Le crime de Leze-Majeſté.
Les crimes de luxure, de ſtupre & de rapt.
La magie.
Les malverſations d'Officiers, & concuſſion.
Le péculat.
Le crime de poiſon.
La ſimonie.
Le ſuicide.
La ſuppoſition de parts.
Le vol.
L'uſure.

Voyez à l'article de chacun de ces crimes en particulier, ci-après, *part.* 4.

CHAPITRE II.

De la confeſſion de l'accuſé.

43. La confeſſion de l'accuſé peut ſe faire de pluſieurs manieres.

1°. Elle peut ſe faire de bouche, ou par écrit, ou par ſignes. Il ne s'agit ici que de celle qui ſe fait de bouche ; car celle qui ſe fait par écrit, tombe dans le cas de la preuve littérale. Voyez ce qui eſt dit ci-après, de la Confeſſion par ſignes, *n.* 77.

2°. Elle ſe fait, ou en jugement, ou hors jugement.

3°. Elle eſt, ou *libre*, ou *forcée*. La confeſſion *libre*, eſt celle qui ſe fait librement, & ſans aucune contrainte. La confeſſion *forcée*, eſt celle qui ſe fait à la queſtion, & dans les tourments.

44. 4°. La confeſſion eſt, ou *ſimple*, ou *qualifiée*. La confeſſion *ſimple*, eſt celle qui ſe fait purement & ſimplement. La confeſſion *qualifiée*, eſt celle qui n'eſt pas pure & ſimple ; mais qui eſt jointe à une excuſe qui juſtifie l'action, ou qui contient une explication du fait, qui tend à excuſer le crime.

5°. Enfin, la confeſſion de l'accuſé peut regarder, ou le fait principal, ou ſimplement un fait acceſſoire au crime.

SECTION PREMIERE.

De la Confession libre de l'accusé faite en Jugement.

45. 1°. La confession de l'accusé faite en jugement, par laquelle il avoue librement, & reconnoît qu'il est l'auteur du crime pour lequel il est poursuivi, forme contre lui une preuve complette, & par conséquent suffisante pour le faire condamner; pourvu que le corps de délit soit d'ailleurs constant, & bien vérifié. C'est ainsi que le pensent Bartole, & Paul de Castres sur l'autenthique *sed novo jure*, Cod. *de servis fugitivis*; & sur la Loi derniere au Cod. *de probationibus*; & c'est aussi la disposition précise de la Loi 16, Cod. *de pœnis*; & de la Loi 10, Cod. *de Episcopis & Clericis*. Voyez aussi la Loi 1 *de confessis*; & la Loi 25, §. *fin. ad leg. Aquil. Ita etiam* Paulus, lib. 5, *sentent.* tit. 16, §. 13.

46. C'est aussi le sentiment de Boerius, *decis.* 164, *n.* 10; & *decis.* 259, *n.* 3; de Gui-Pape, *quæst.* 339, *n.* 1; de Damhouderius, *in pract. crimin.* cap. 54, *n.* 40; de Mazuer, tit. *de confessis*, *n.* 1; de Faber, Cod. *de Furtis*, defin. 2; d'Airault, *liv.* 3, *part.* 3, *n.* 27, *pag.* 492 *& suiv.*; de Carondas en ses Réponses, *liv.* 9, *rep.* 1; de Papon en son Recueil, *liv.* 24, *tit.* 8, *n.* 2; qui ajoute que cela a été ainsi jugé par plusieurs Arrêts; d'Emerik à Rosback, *in processu criminali*, tit. 4, cap. 4, *n.* 3. Voyez aussi Robert en ses Arrêts, *liv.* 1, *chap.* 4. Les Capitulaires de Charles-Magne, *liv.* 5, *ch.* 156, en ont une disposition.

Ajoutez à ces autorités, celle de Julius Clarus, un des plus sçavants, & des plus judicieux de tous les Criminalistes, en la *qu.* 65, *n.* 1, où il dit que c'est un usage observé par tout le monde, *& hanc practicam totus mundus servat*; ce sont ses propres termes; & c'est aussi le sentiment de Farinacius, dont l'autorité seule vaut celle d'un grand nombre d'Auteurs, en sa question 81, *n.* 1 & 4.

47. Ainsi il ne peut y avoir de condamnation plus juste que celle qui se prononce contre ceux, qui, sans violence ni tourments, confessent librement le crime dont ils sont accusés; *cum in confitentem nullæ sint judicis partes nisi in condemnando.* (a) C'est le

(a) *Unde Tertullianus ad scapulam de Judicis officio disserens; quid igitur amplius tibi mandatur quàm nocentes confessos damnari.*

fondement de la maxime si connue, *habemus confitentem reum*, (L. 1, L. 3, *in fine*, D. *de confessis*, L. 1, Cod. *eod. tit.*) Et c'est aussi sans doute sur le fondement de cette même maxime, qu'en Droit, celui qui avoit avoué son crime, étoit déchu du bénéfice de l'appel; au-lieu que celui qui étoit seulement convaincu par la déposition des témoins, sans avouer, pouvoit appeller. (L. 2, Cod. *quorum appellat.*)

48. En effet, quelque certaine que paroisse la preuve testimoniale, composée de deux ou plusieurs témoins, on peut dire cependant avec raison, que cette preuve est imparfaite, & souvent sujette à erreur; puisque ce n'est qu'une certitude physique, qui souvent est défectueuse par elle-même, indépendamment des motifs de vengeance ou de haine, ou autres de cette espece, qui peuvent animer les témoins; au-lieu que la certitude qui naît de l'aveu & de la science de l'accusé, est une certitude incontestable, & fondée sur l'évidence même, qui est, de toutes les certitudes, la plus parfaite, & la plus infaillible.

49. En vain voudroit-on opposer à ces autorités celle tirée de la Loi 1, §. *Divus* 17, D. *de quæstion.*; où il est dit que : » *D. Severus rescripsit confessiones reorum pro exploratis facinoribus haberi non opportere, si nulla probatio religionem cognoscentis instituat;* » car il n'est parlé dans cette Loi, que de la confession faite par les accusés à la question. Il est vrai que quelques Auteurs prétendent que c'est ici la même raison; & ils se fondent sur la Loi 1, §. *quæstioni* 23, & §. *signis* 27, D. *de quæstionibus*, en vertu de laquelle ils disent, que de la même maniere que la question est une chose fragile & dangereuse, & que par cette raison on ne doit pas ajouter aussi-tôt foi à la confession extorquée de l'accusé par la voie des tourments, de même on ne doit pas toujours ajouter foi à celui qui avoue son crime; parce qu'il arrive quelquefois que ceux qui avouent ainsi, le font par crainte, ou pour quelque autre cause; comme on le voit à l'égard de ceux qui sont interrogés à la question; ce qui a donné lieu à Ulpien de dire en la Loi *non tantum* 6, *in fine* D. *de appellationibus*, qu'il faut alors différer le supplice de l'accusé, dans le cas même où il refuseroit de faire usage de la voie d'appel dont il peut user. D'où il résulte, suivant ces Auteurs, qu'un accusé ne doit point être condamné sur sa simple confession; du moins quand il s'agit d'une peine capitale, suivant le C. *significasti* 5, extrà *de adulter. & stupr.*; parce qu'il peut

arriver

arriver qu'un accusé, par ennui de la vie, ou par la crainte des tourments, ou par quelqu'autre cause semblable, avoue un crime qu'il n'a pas commis, selon les exemples cités par Mornac sur la Loi *proinde*, §. *fin.* D. *ad leg. Aquil.*; par Robert, *rerum judicat.* lib. 1, cap. 4, & suiv.; & par Carondas en ses Réponses, *liv.* 9, *chap.* 1; où il rapporte l'exemple d'un mari, qui, étant accusé d'avoir tué sa femme, avoit confessé ce crime, & avoit été condamné à mort par le Premier Juge : il fut absous par l'Arrêt, parce que la femme fut représentée.

50. Mais cette objection ne peut être regardée comme suffisante pour détruire toutes les autorités qu'on vient de rapporter.

Quant à la maxime assez généralement reçue, *non auditur perire volens*, tirée de la Loi 3, D. *de liberali causâ*, elle n'avoit en Droit son application, à proprement parler, que dans le cas où le condamné à mort ne vouloit pas appeller, quoiqu'il en eût la faculté. (Voyez la Loi 6, D. *de appellationibus* ; & Godefroi sur cette Loi.) Il étoit très juste, en effet, de ne point déférer dans cette circonstance au consentement où l'accusé étoit de ne point appeller ; ce qui sans doute est le fondement de la disposition établie en l'article 6 du titre 26 de l'Ordonnance criminelle de 1670.

51. D'ailleurs cette maxime, *non auditur perire volens*, peut aussi s'entendre de celui qui, sans plainte précédente, va se déclarer à Justice, coupable de quelque crime. Une pareille accusation ne doit point alors être reçue ; parce que nul ne peut être accusateur, ni accusé pour le même fait, & qu'il faut toujours un accusateur pour la condamnation.

Mais il n'en est pas de même de celui qui avoue son crime après avoir prêté serment devant le Juge ; car quand l'accusé avoue ainsi librement, sans aucune violence, & dans un état tranquille, une pareille confession est la plus complette des preuves qu'on puisse avoir en matiere criminelle, & elle doit former une conviction parfaite dans l'esprit du Juge. En effet, on ne présumera jamais, sans renverser également les loix de la raison, & de la nature, qu'un homme veuille, de sang froid, s'accuser d'un crime dont il n'est point l'auteur ; de même, qu'on ne présumera pas que deux témoins qui en accusent un autre, veuillent le perdre de propos délibéré : ce qui est encore bien moins naturel à présumer dans le premier de ces deux cas, que dans le second ; puisque notre propre vie nous est infiniment plus chere qu'elle ne l'est aux autres. (Voyez Boerius, *decis.* 164, *n.* 10, & Godofredus à Bavo *in theoria criminali*, §. *confessio*, *n.* 2, où il dit que cela a été ainsi jugé très souvent au Parlement de Chambery.)

52. J'ajouterai à toutes ces raisons, que l'article 5 du titre 25 de l'Ordonnance de 1670, paroît conforme à la maxime que je viens d'établir. Cet article porte : « que les procès criminels pourront » être instruits & jugés, si d'ailleurs il y a preuve suffisante par » les interrogatoires & par pieces authentiques, & reconnues par » l'accusé, & par les autres présomptions & circonstances du » procès». On peut encore joindre à cette autorité, celle de l'article 8 du titre 2 de la même Ordonnance. Car puisque par cet article, des pieces reconnues par l'accusé, font foi contre lui sans vérification ; pourquoi l'aveu d'un fait ne feroit-il pas la même chose ? Voyez encore l'article 19 du titre 1, & l'article 21 du titre 10 de cette Ordonnance ; ainsi que l'article 148 de l'Ordonnance de 1539.

53. C'est en partie pour parvenir à cette preuve tirée de la confession de l'accusé, que l'Ordonnance oblige les Juges d'interroger les accusés au commencement de l'instruction du procès & lors du jugement ; & qu'elle leur permet de renouveller ces interrogatoires autant de fois qu'ils le jugeront à propos, afin d'avoir, par leur bouche, la vérité des faits qu'on leur impute ; & que ces interrogatoires sont assujettis aux formalités établies dans les articles 6, 7, 12, 13 & autres, du titre 14 de l'Ordonnance de 1670.

2°. Mais pour que la confession d'un accusé fasse preuve contre lui, il faut que le corps de délit soit constant & établi ; autrement cette confession ne fait aucune preuve. (*Ita* Jul. Clarus, *qu.* 55, *n.* 10; Papon, *liv.* 24, *tit.* 8, *n.* 2; & Boerius, *decis.* 164, *n.* 8.) Ainsi, si un prisonnier s'accusoit d'avoir fait un vol, ou commis quelque homicide, ou quelqu'autre crime, il ne pourroit être condamné pour raison du crime par lui confessé ; à moins que le corps de délit de ce crime, ne fût constaté de la maniere dont il est établi au titre *Du corps du Délit*, ci-après, *part.* 3, *liv.* 2, *tit.* 3, n. 1 & suiv.)

54. De même, si un homme s'accuse d'avoir empoisonné une personne, & déclare que cette personne est morte du poison qu'il lui a donné, il faudra faire la preuve par Experts, que cette personne est morte en effet de poison ; autrement cette confession de l'accusé, ne pourra suffire pour le faire condamner ; parce qu'il n'est pas en la faculté de l'accusé, d'assurer comme une chose certaine,

qu'une personne est morte de poison; & que ce fait est de la compétence des Médecins & Chirurgiens.

55. Pareillement, si quelqu'un déclare avoir tué un homme, & l'avoir jetté dans la mer, il faudra, avant tout, constater la mort de cet homme; du moins par le bruit public & par la commune renommée. C'est pourquoi il faudra examiner si la mer, ou quelque riviere est proche de cet endroit; parce que s'il n'y avoit ni l'une ni l'autre proche du lieu; ou que l'une & l'autre en fût éloignée, la confession de l'accusé ne pourroit faire aucune preuve contre lui. On doit dire la même de celui qui déclareroit avoir commis plusieurs vols en différents temps; il ne faudroit pas non plus s'arrêter à cette confession; parce qu'une déclaration de cette espece est vague; à moins que le corps de délit de ces vols ne soit constaté. Ainsi le Juge, dans ces sortes de circonstances, doit être très circonspect, & ne point admettre ces déclarations, à moins qu'il ne vérifie ces délits autant qu'il est en lui, en les faisant constater par Experts ou par témoins; autrement, & faute de prendre cette précaution, il arriveroit souvent qu'il condamneroit des innocents.

56. C'est en conséquence de ces principes, que Tertullien dit, que lorsqu'on fait le procès à un criminel, on ne prononce pas sa condamnation aussitôt qu'il a déclaré avoir commis le crime; *v. g.* un homicide, un sacrilege, un inceste; ou formé une conspiration contre l'Etat, *&c.*; mais qu'on examine les circonstances de ce crime, sa qualité, en quel lieu, en quel temps, avec qui, & de quelle maniere il a été commis. (*a*)

La Coutume de Bretagne, *art.* 172, contient une disposition conforme à ce sentiment. Il est dit dans cet article, « que confession faite en jugement, fait entiere preuve, excepté en cas de » crime; auquel cas ne doit nuire la confession à celui qui con» fesse, s'il n'est accusé par un autre, & qu'autrement il appa» roisse du délit ». D'où il suit que quand quelqu'un est accusé, & que le corps de délit est constant, la confession de l'accusé est une preuve suffisante. C'est ainsi que le pense d'Argentré sur cet article, *n.* 4; & c'est aussi le sentiment de Louet, *lettre* C, *ch.* 34;

(*a*) » *Si de aliquo nocente cognoscitis non statim confesso eo nomen » Homicidæ, vel sacrilegi, vel incesti vel publici hostis, contenti estis ad » pronuntiandum, nisi & consequentiâ exigatis qualitatem facti, locum, tempus, » consocios.* (Tertullian. in apologet. cap. 2)

Brodeau, à la vérité, dans ses notes sur ce chapitre, *n.* 1, est d'une opinion contraire, mais les autorités qu'il cite, ne prouvent point du tout son sentiment.

57. C'est pourquoi, pour expliquer la regle qui vient d'être établie touchant la confession de l'accusé, dans le véritable sens où elle doit être entendue, il faut distinguer deux cas : 1°. celui où le crime avoué par l'accusé, est du nombre de ceux que la volonté seule peut commettre, comme l'hérésie dans les sentiments, non manifestée à l'extérieur ; & autres crimes semblables : 2°. le cas où le crime est accompagné d'un fait. Dans le premier de ces deux cas, le corps de délit ne pouvant être prouvé que par la déclaration de l'accusé, il ne paroît pas que cette déclaration puisse suffire pour le faire condamner, quoique Julius Clarus, *qu.* 55, *n.* 11, pense le contraire. Mais dans le second cas, ou le délit est accompagné d'un fait, si l'accusé confesse seulement en général & d'une maniere vague, *v. g.* qu'il a commis un ou plusieurs homicides ou vols, sans exprimer spécialement les personnes qu'il dit avoir tuées ou volées, il ne doit point être condamné pour une pareille déclaration, ce qui ne souffre aucune difficulté. (Farin. *qu.* 81, *n.* 31.) Mais si la déclaration est spécifiée, & qu'il déclare qu'il a tué ou volé un tel, il faut encore faire une distinction : car ou il s'agit d'un crime dont il ne reste aucunes traces, comme l'adultere, les injures verbales, le vol simple, *&c.* ; & alors s'il y a une plainte en Justice, pour raison de ce crime, jointe à la déclaration de l'accusé, cette déclaration ou aveu suffira pour le faire condamner ; & c'est ainsi qu'on l'observe dans l'usage. Si au contraire il n'y avoit aucune plainte pour raison de ce fait, ni information faite en conséquence, une pareille confession de l'accusé ne seroit pas suffisante pour pouvoir prononcer contre lui aucune condamnation (Jul. Clarus, *qu.* 55, *n.* 11 ;) ou bien il s'agit d'un délit permanent, c'est-à-dire, dont on peut s'assurer par la vue, & dont il reste ordinairement des vestiges, comme sont l'homicide, l'incendie, & autres crimes de cette nature ; dans ce cas, l'accusé ne pourra être condamné sur sa simple confession, si l'on ne constate auparavant l'existence du corps de délit, par le moyen d'une visite du Juge, ou d'un rapport d'Experts. (Jul. Clarus, *ibid* qu. 55, n. 11.)

58. Si le corps de délit est de nature à ne laisser que des signes équivoques, comme dans le cas de viol, de poison, *&c.* ; il faudra con-

tater ce corps de délit par un rapport de Matrônes, ou de Médecins & Chirurgiens, *&c.* Mais sans cette précaution, l'aveu de l'accusé ne pourra être regardé comme une preuve suffisante ; quand même il y auroit d'ailleurs une plainte pour raison du crime ; parce que c'est une regle générale, & qui ne souffre aucune exception en matiere criminelle, que toutes les fois qu'un corps de délit peut être constaté d'une maniere certaine, ou du moins probable, par l'examen des lieux & des personnes, le Juge doit en ordonner la visite ; & que faute de prendre cette précaution, la confession de l'accusé ne peut faire contre lui une preuve suffisante, suivant cette maxime, que *judici ante omnia debet constare de delicto.*

59. 3°. La confession de l'accusé, fait contre lui une preuve complette, quand même elle ne seroit fortifiée d'ailleurs par aucun autre indice. (Farin. *qu.* 81, *n.* 13.)

Il y a néanmoins ici une observation importante à faire ; c'est que quand on peut avoir la preuve du crime, par la déposition de témoins *de visu*, ou autres, indépendamment de la confession de l'accusé, le Juge doit faire entendre ces témoins ; parce que c'est une maxime générale en matiere criminelle, que le Juge, pour le bien de la Justice, doit mettre en usage toutes les preuves qu'il peut avoir au procès. (Voyez ce qui est dit à ce sujet au titre *Du Reglement à l'extraordinaire*, ci-après, *part.* 3, *liv.* 2, *tit.* 17, n. 4.) Et c'est sans doute sur le fondement de cette maxime, que quelques Auteurs ont prétendu qu'en matiere de faux, la confession par laquelle l'accusé reconnoît qu'il a commis le faux en question, *v. g.* qu'il a ajouté ou raturé, n'est pas suffisante ; & qu'il faut en faire la vérification par Experts. L'Auteur des nouveaux Mémoires du Clergé, *tom.* 7, *pag.* 856, dit que cette espece s'étant présentée en l'année 1703, sur l'appel d'une procédure faite conjointement par le Lieutenant-Criminel & l'Official d'Orléans, cette procédure fut cassée sur l'appel comme d'abus qu'en in te rjettaM. le Procureur-Général.

60. 4°. Il faut que la confession de l'accusé soit vérifiée par une information exacte des circonstances & des qualités ; sur-tout de celles qui sont substancielles, & que l'accusé aura spécifiées dans sa confession, pour sçavoir si ces circonstances & qualités se trouvent conformes à son aveu ; de maniere qu'il n'y ait plus lieu de douter de la vérité du fait. Par exemple, si un accusé déclare qu'il

a blessé quelqu'un d'un coup d'épée, il faudra lui demander d'où il a eu cette épée; sur-tout si cet accusé n'est pas dans l'usage de la porter, & ce qu'elle est devenue; & ainsi des autres. Car on ne peut douter que celui qui peut déclarer exactement les circonstances d'un délit, qui se trouvent ensuite bien vérifiées, ne soit auteur ou complice de ce délit; sur-tout lorsqu'il déclare des circonstances de l'action, qui soient telles qu'elles ne puissent être connues de ceux qui n'y auroient pas été présents. (Farin. *qu.* 81, *n.* 30; Constit. Caroline, *ch.* 54.)

61. 5°. Si la confession de l'accusé ne tombe point sur le fait principal, mais sur quelque indice particulier, elle fait une preuve complette de cet indice; c'est une suite nécessaire des principes qui viennent d'être établis.

6°. Lorsque l'accusé étant interrogé sur le crime pour lequel il a été arrêté, vient à avouer, non-seulement ce crime, mais encore d'autres crimes pour lesquels il n'y a aucune plainte contre le lui, & qu'il fait cet aveu de son propre mouvement, & sans qu'on lui demande, il semble qu'il ne doit point être puni pour raison de ces crimes avoués incidemment, & que c'est ici le cas d'appliquer la maxime *non auditur perire volens*; puisque c'est lui-même qui s'expose à être puni de sa propre volonté, sans qu'il y ait aucune plainte contre lui. Néanmoins Jul. Clarus (*qu.* 55, *n.* 6 & 11,) pense que dans ce cas là même, l'accusé doit être condamné; pourvu qu'après son aveu, on constate la vérité du fait, ou l'existence du crime par lui avoué. Mais il semble qu'il faut y joindre au moins une plainte à la requête de la partie publique, pour raison de ces nouveaux crimes.

62. 7°. La confession dans les crimes objectés incidemment, soit contre un plaignant, soit contre un témoin ou autre personne, est aussi suffisante pour prononcer une condamnation, même en la peine ordinaire, contre celui qui avoue ainsi son crime; ce qui a lieu sur-tout dans le crime de faux & de simonie, & dans les crimes connexes. (Farin. *qu.* 81, *n.* 231, 235, 251, 260.) Mais il faut dans tous ces cas, qu'il y ait une nouvelle plainte ou accusation pour raison de ces crimes ainsi proposés incidemment. (Farin. *ibid.* n. 239 & 245.)

63. 8°. La confession de l'accusé forme une preuve tellement convaincante, qu'elle fait valider une procédure d'ailleurs nulle. (*Ita* Jul. Clarus, *qu.* 55, *n.* 13; & Farin. *qu.* 81, *n.* 67;) ce qui a

lieu, même dans le cas où la plainte ou accusation seroit nulle. (Farin. *ibid.* n. 68;) & de même dans le cas où l'accusé auroit été emprisonné ou décrété injustement, quant à la forme, & sans aucuns indices précédents. (*Ibid.* n. 71, 72.)

Mais si la nullité de la procédure venoit du défaut de compétence du Juge, la confession de l'accusé ne pourroit la faire valider; & par conséquent elle seroit insuffisante pour pouvoir prononcer contre lui une condamnation. (Farin. *ibid.* qu. 81, n. 89.)

Enfin il faut observer que quoique la confession de l'accusé suffise pour faire valider une procédure nulle, & pour le faire condamner, néanmoins elle n'est pas suffisante pour le faire condamner en la peine ordinaire due au crime, mais seulement en une peine moindre. (Farin. *ibid.* n. 91.)

64. 9°. La confession de l'accusé, quand elle est réitérée, forme, à plus forte raison, une preuve entiere & convaincante, suivant l'authentique *si qua mulier.* Cod. *ad sen. Velleian.*

Mais il n'est pas nécessaire que cette confession, pour former une preuve complette, soit ratifiée par l'accusé dans les interrogatoires suivants, ou autres procédures postérieures; à la différence de ce qui se pratique pour la confession faite à la question, qui ne fait preuve contre l'accusé, que quand il a ratifié ensuite cette confession, suivant Farin. *qu.* 81, *n.* 8; & Jul. Clarus, *qu.* 65, *n.* 2; (a) où ce dernier établit comme une maxime constante, qu'une seule & unique confession faite librement, forme une preuve complette contre l'accusé, sans qu'il soit nécessaire qu'il la ratifie ensuite; & que tel est le sentiment commun de tous les Auteurs. Et c'est sans doute pour cette raison que l'Ordonnance n'oblige point les Juges de répéter un accusé dans ses interrogatoires, pour voir s'il y persiste, comme elle l'exige à l'égard des déclarations faites à la question.

65. Néanmoins Farinacius au même endroit, dit que quoiqu'il ne soit pas nécessaire au Juge de faire ratifier la confession de l'accusé, il est plus prudent de le faire, sur-tout quand l'accusé est mineur. (Farin. *ibid.* n. 12 & 10. Voyez aussi Jacob. de Bello visu *in Aureâ Practicâ Crimin.* lib. 3, cap. 15, n. 2.)

Quid, si l'accusé vient à revoquer sa confession dans un nouvel interrogatoire; Voyez ce qui est dit ci-après *n.* 78 & *suiv.*

(a) Voyez cependant ce qui est dit ci-après, n. 91.

10°. Outre ce qui a été obſervé ci-deſſus, *n.* 53, touchant la néceſſité de prouver le corps de délit, il y a encore pluſieurs conditions néceſſaires pour la validité de la confeſſion de l'accuſé, & pour qu'elle puiſſe former contre lui une preuve complette; & ces conditions regardent, ou l'accuſé, ou le Juge, ou la qualité de la confeſſion en elle même, ou la forme de cette confeſſion.

§. I.

De la confeſſion conſidérée du côté de l'accuſé.

66. Une des conditions néceſſaires pour la validité de la confeſſion d'un accuſé, eſt qu'il ne ſoit point mineur; car la confeſſion faite par un mineur, n'eſt pas de la même autorité que celle faite par un majeur, ſuivant Farin. *qu.* 81, *n.* 382 *& ſuiv.* Mais dans nos mœurs, dès qu'un mineur accuſé doit être interrogé ſans le ſecours d'un curateur, il s'enſuit qu'on doit avoir à ſes réponſes, le même égard qu'à celles d'un majeur; ce qui dépend néanmoins des circonſtances tirées de la qualité du crime & des perſonnes. (Voyez Jul. Clarus, *qu.* 55, *n.* 12; & Farin. *qu.* 81, *n.* 370.)

Si l'accuſé étoit furieux ou en démence, ſa confeſſion ne pourroit lui être oppoſée.

§. II.

De la confeſſion de l'accuſé, conſidérée du côté du Juge.

67. 1°. Il faut que la confeſſion de l'accuſé, pour être valable, ſoit faite non-ſeulement dans un état de liberté, & hors de la queſtion; mais encore qu'elle ne ſoit faite par aucun motif de crainte; *v. g.* par la crainte des tourments. (Farinac. *qu.* 82, *n.* 32.) Cette crainte ne ſe préſume point, & il faut qu'elle ſoit prouvée, pour empêcher que la confeſſion de l'accuſé ne faſſe point de preuve contre lui; *v. g.* s'il étoit prouvé que le Juge a menacé de mettre l'accuſé à la queſtion, s'il n'avouoit ſon crime. (Farin. *ibid. n.* 45.)

68. 2°. La confeſſion faite par un accuſé condamné à la queſtion, avant d'y être appliqué, ſur le lieu même où elle ſe donne, & en voyant tout l'appareil & les préparatifs néceſſaires à ce ſujet, eſt préſumée faite par la crainte des tourments; ſur-tout ſi cet accuſé eſt

est une personne foible ou timide; *v. g.* une fille ou une femme. (Farin. *qu.* 82, *n.* 51, 53;) ce qui a lieu, à plus forte raison, si l'accusé étoit déja lié pour subir ce tourment. (*Ibid.* n. 55.)

Il en est de même de la confession faite par un accusé qui seroit renfermé depuis long-tems dans un cachot, ou dans une prison dure, où il éprouveroit des peines rigoureuses du coté de la faim, du froid, *&c.* (Farin. *ibid.* n. [illegible]-43.)

Au reste, c'est au Juge à juger par les circonstances, si une confession est présumée faite par la crainte des tourments, ou non; cela dépend de sa prudence, & l'on ne peut donner à cet égard aucunes regles certaines. (*Ibid.* qu. 82, *n.* 61.)

Mais quoique la confession faite par la crainte des tourments, ne fasse pas une preuve suffisante pour condamner l'accusé, elle peut néanmoins suffire pour le condamner à la question, dans les crimes capitaux. (Farin. *ibid.* n. 66.)

69 3°. La confession extorquée d'un accusé, soit à la question, soit auparavant, ou après, en employant à son égard des voies de suggestion, ne peut suffire pour le condamner; & tout ce qui se feroit en conséquence, seroit nul. (Farinacius, *quæst.* 83, *n.* 84 *& suiv.*)

Quand même cette suggestion auroit été employée par une personne tierce, qui auroit conféré avec l'accusé dans sa prison. (*Ibid.* n. 93.)

Ce qui a pareillement lieu à l'égard des déclarations que feroit l'accusé, touchant ses complices, en conséquence d'une pareille suggestion. (Farin. *ibid.* qu. 83, *n.* 87. Voyez ce qui est dit au titre *Des Interrogatoires*, ci-après *part.* 3, *liv.* 2, *tit.* 13, n. 49.)

C'est pourquoi le Juge ne doit point interroger l'accusé sur les circonstances & qualités spéciales du délit; *v. g.* s'il n'est pas vrai qu'il a tué Titius en tel lieu, & un tel jour, en lui donnant un coup d'épée dans la poitrine, *&c.*; mais il doit seulement lui demander en général s'il a eu une querelle avec quelqu'un depuis un tel temps, avec qui, en quel lieu, en quel temps, & de quelle maniere la chose s'est passée? S'il y a eu quelques blessures de portées, de quelle sorte, en quel nombre; & autres circonstances semblables. (Farin. *ibid.* qu. 83, *n.* 88.)

70. La confession de l'accusé, quand elle lui a été suggérée, ne fait pas même de preuve, dans le cas où elle auroit été ratifiée dans un interrogatoire postérieur. (Carrerius *Pract. Crimin. in* 2°. *tractatu*

de indic. & torturâ au texte *ubi formidine tormentorum, n.* 6; Farin. *qu.* 83, *n.* 94.)

4°. La confession faite par un accusé, en conséquence de ce que le Juge lui a promis sa grace, & qu'il ne seroit point puni, ne peut faire non plus contre cet accusé, une preuve suffisante pour prononcer contre lui une condamnation. (Jul. Clarus, *qu.* 55, *n.* 7; Farin. *qu.* 81, *n.* 276 & 280; L. *si quis obrepserit*, D. *de leg. Cornel. de falsis.*)

Mais si cette confession étoit ratifiée par l'accusé dans un interrogatoire suivant, elle pourroit suffire pour le condamner. (Farin. *ibid.* n. 287.)

71. Une confession qui seroit faite par un accusé, par laquelle il déclareroit faussement avoir commis un tel crime, dans l'espérance d'en avoir une récompense, suffit pour le faire condamner. C'est ainsi que le fils de l'Amalecite, qui vint déclarer faussement à David qu'il avoit tué Saül, fut puni de mort pour récompense de son action, suivant l'ordre de David; de même que si en effet il avoit tué Saül. (*Reg.* 2, *cap.* 1, *v.* 15.) Benedictus *in cap. Rainutius*, verbo, *mortuo itaque testatore* 1, n. 340 & seq. rapporte aussi l'exemple d'un Notaire, qui ayant reçu de l'argent avec une promesse d'impunité, pour déclarer qu'un acte qu'il avoit passé, étoit faux, fut condamné à avoir la main droite coupée, par Arrêt du Parlement de Toulouse du 22 Mars 1485.

Au reste, il faut observer que la confession faite par un accusé, quoiqu'en conséquence d'une promesse qu'il ne seroit point puni, est suffisante pour le condamner à la question, & même à une peine; mais moindre que la peine ordinaire due au crime. (Farin. *qu.* 81, *n.* 300 & 302. Voyez aussi Covarruvias, *variar. resolut.* lib. 1, cap. 2, *in fine*; & Menoch. *de abitr. judic. cas.* 367.)

§ . III.

De la confession considérée par sa qualité.

72. La confession d'un accusé considérée par sa qualité, doit, pour être valable,

1°. Etre vraie. Ainsi s'il est prouvé que cette confession, quoique faite librement & en Justice, est fausse, elle ne peut plus faire de preuve contre l'accusé. (Farin. *qu.* 81, *n.* 21.) Par exemple, s'il confessoit avoir tué une personne, qui ensuite est trouvée vivante; (Farin. *ibid.* n. 24,) ou qu'il avouât un crime dont il seroit prouvé au procès, qu'il est innocent. (*Ibid.* n. 25.)

Il en est de même, si la confession de l'accusé étoit dénuée de toute vraisemblance ou possibilité; (*ibid.* n. 28 & 29;) ou si le délit avoué, paroissoit n'avoir aucune cause. (*Ibid.* n. 40.)

Au surplus, il faut observer qu'une confession qui est trouvée fausse en partie, est présumée fausse pour le tout. (Farin. *ibid.* qu. 81, n. 22.)

73. 2°. La confession de l'accusé, doit être certaine & précise, & non douteuse, ni obscure, ni vague ou équivoque; autrement elle ne peut faire aucune preuve contre lui. (Farin. *Ibid.* n. 32.) Sur quoi il faut observer que si la déclaration de l'accusé est équivoque, & présente deux sens, il faut toujours l'interpréter en sa faveur. (Farin. *Ibid.* n. 35.) *quia favores ampliandi, odia vero restringenda.*

3°. La confession qui seroit faite d'une chose qu'il n'a pas été au pouvoir de l'accusé de commettre, ne peut aussi lui nuire; comme dans le cas où il s'accuseroit d'avoir blessé un homme à mort, qui ne seroit point mort de cette blessure, mais seulement d'avoir été mal gouverné. (Farin. *ibid.* qu. 81, n. 63.)

74. 4°. La confession faite par un accusé, dans un mouvement de colere, ne peut pareillement lui préjudicier, ni faire contre lui-même une preuve suffisante, si elle vient à être révoquée par lui, & qu'il prouve qu'il a fait cet aveu par un mouvement de colere. Mais s'il ratifie ensuite cette confession, ou même s'il ne la révoque pas, elle formera une preuve suffisante pour le faire condamner. (Farin. *qu.* 81, *n.* 56, 59.)

5°. Enfin une confession faite par erreur, qui est ensuite révoquée, & dont l'erreur est prouvée, tombe, & cesse de former aucune preuve contre l'accusé. (Voyez ce qui est dit ci-après n. 78, touchant la confession revoquée.)

§. IV.

De la confession considérée du côté de la forme.

La confession de l'accusé, considérée du côté de la forme, doit: pour être valable,

75. 1°. Etre faite suivant les formes prescrites par l'Ordonnance. (Jul. Clarus. *qu.* 55, *n.* 13.)

2°. Elle doit non-seulement être faite & reçue par le Juge; mais il faut encore que le Juge soit dans ses fonctions. Car si cette confession lui étoit faite, non comme à un Juge : mais comme à un simple particulier, & hors de ses fonctions, elle ne pourroit former aucune preuve contre l'accusé. (Jul. Clarus, *qu.* 55, *n.* 5, & *qu.* 21, *n.* 35; Farin. *qu.* 81, *n.* 50.)

3°. Il faut que la confession de l'accusé soit faite dans le lieu ordinaire où se font les interrogatoires; autrement elle est nulle. (Ordonnance de 1670, *tit.* 14, *art.* 4)

76. 4°. La confession qui seroit faite par l'accusé depuis le jugement rendu contre lui, ne pourroit pareillement lui nuire, si ce jugement étoit définitif; *quia res judicata pro veritate habetur.* (Voyez ce qui est dit au titre *De la Maniere d'exercer l'action criminelle en général*, ci-après, *part.* 3, *liv.* 3, *tit.* 1, n. 25.)

5°. Il en est de même, si lors de cette confession, le crime pour lequel l'accusé est poursuivi, étoit prescrit. (Voyez ce qui a été dit au titre *De l'Action qui naît des crimes*, ci-dessus, *part.* 3, *liv.* 1, *tit.* 1, n. 45.) ||

6°. Enfin il faut observer que la confession faite par un accusé, dans une instance civile, devant un Juge, ne forme point une preuve entiere contre l'accusé poursuivi criminellement pour le même fait devant un autre Juge; mais qu'elle forme seulement une semi-preuve contre cet accusé. Cette preuve est néanmoins suffisante pour le faire condamner à la question, suivant Jul. Clarus, *qu.* 54. *n.* 5; & Farin. *qu.* 81, *n.* 95.

§. V.

Autres regles générales, touchant la confession des accusés.

77. 1°. Celui qui avoue franchement son crime, & qui n'en est pas convaincu d'ailleurs par des témoins, doit être puni moins sévérement; si ce n'est dans les crimes atroces. (Farin *qu.* 81, *n.* 172 & 173 & *suiv.*; & Coquille sur la Coutume de Nevers, *ch.* 2, *art.* 1, *n.* 3, où il en cite un exemple remarquable.) On doit regarder comme une confession sincere & faite franchement, celle qui est faite par un accusé dans un second interrogatoire, quoiqu'il ait

nié dans le premier. (Jul. Clarus, *qu.* 82, *statut.* 9, *n.* 5. *Ita etiam* Ludovicus de Amœno, *in Practicâ Criminali. tit. de confessione rei.*)

2°. La confession faite par un sourd & muet, par le moyen des signes, ne peut jamais être suffisante pour le faire condamner; mais il faut encore qu'il soit convaincu par des témoins. (Bald. *in leg. unic.* Cod. *de confessis*, n. 12.)

SECTION II.

De la confession faite par l'accusé librement, & qui est ensuite par lui révoquée.

78. 1°. On peut regarder comme une regle générale, que la confession faite librement en Justice par un accusé, peut être ensuite par lui révoquée pour cause d'erreur, ou excusée & interprétée par lui; pourvu qu'il prouve ensuite cette erreur, ou cette excuse. (Farin. *qu.* 81, *n.* 15, 317 & 318.)

2°. Cette révocation peut même se faire, non-seulement dans la même instance; mais encore en cause d'appel. (Farinacius, *ibid.* n. 328.)

3°. Elle peut être faite, même dans le cas où il y auroit d'ailleurs des indices violents contre l'accusé. (*Ibid.* qu. 81, n. 330, 332.)

79. 4°. Cette révocation ainsi justifiée, peut être faite non-seulement par l'accuse, mais encore par son pere, son tuteur, ou autres parents. (Farin. *ibid.* n. 329. Voyez aussi au titre *Des Exceptions & Défenses des accusés*, ci-dessus, *part.* 3, *liv.* 1, *tit.* 2, n. 18; & au titre *De l'Instruction criminelle en général*, ci-après, *part.* 3, *liv.* 3, *tit.* 2, n. 114 & suiv.)

5°. Mais si l'accusé ne prouve point la cause de son erreur, ni l'excuse par lui alléguée; ou qu'il revoque sa confession, sans donner aucune cause de sa révocation; alors cette révocation ne peut lui être utile. (Farin. *ibid.* qu. 81, n. 337; Jul. Clarus, *qu.* 55, *n.* 18; Fontanon en ses Notes sur l'article 248 de l'Ordonnance du mois d'Août 1539; Constitution Caroline, *ch.* 54. Voyez aussi Duperrier en ses Questions, *tom.* 3, *liv.* 5, *qu.* 13, *pag.* 545 de l'Edition de 1756.)

6°. Il suffit, suivant Farinacius, *ibid.* n. 341, que la preuve de l'erreur se fasse par présomptions & par des conjectures.

Il n'est pas même nécessaire de prouver cette erreur, si la révocation se fait sur-le-champ & dans le même interrogatoire. (*Ita* Farin. *qu.* 81, *n.* 348.)

80. Mais pour sçavoir si l'accusé doit être admis à prouver son erreur, il faut voir s'il y a des preuves ou des indices suffisants, qui fassent connoître au Juge que cette allégation d'erreur est fondée; car dans ce cas, il paroît que la révocation doive être admise. Mais si cette allégation n'est appuyée sur aucun fondement, le Juge doit la rejetter. Néanmoins Farin. *ibid.* n. 335, prétend que quand même la confession de l'accusé se trouveroit détruite par des indices considérables, on doit toujours admettre l'accusé à prouver l'erreur par lui alléguée au sujet de cette confession. (Voyez au surplus ce qui est dit au titre *Des Exceptions & Défenses de l'accusé*, à l'article des faits justificatifs, *n.* 58.)

81. 7°. Il faut observer que si une confession étoit révoquée légérement, & sans alléguer aucune cause d'erreur; *v. g.* si un accusé disoit avoir fait cet aveu, uniquement pour exciter la compassion du Juge; on ne devroit avoir aucun égard à cette excuse; à moins que l'innocence de l'accusé ne parût d'ailleurs par les circonstances du procès.

8°. La confession faite en Justice par un accusé, ne peut être révoquée pour cause d'erreur, quand elle a été précédée d'une autre confession extrajudiciaire. (Farin. *qu.* 81, n. 336.)

9°. Enfin il faut observer qu'une confession, quoique ratifiée, peut être révoquée pour cause d'erreur; mais la révocation s'en fait plus difficilement, que si cette confession n'avoit point été ratifiée. (Farin. *ibid.* n. 324, 326.)

SECTION III.

De la confession qualifiée, c'est-à-dire, de celle qui est faite par l'accusé, avec une qualité pour l'excuser.

82. 1°. Lorsqu'un accusé confesse qu'il a commis le crime, mais avec une qualité qui le rend excusable; *v. g.* si étant poursuivi pour raison d'un homicide, il déclare que c'est lui qui l'a commis; mais qu'il ne l'a fait que dans le cas d'une légitime défense; ou si un accusé étant trouvé saisi d'effets dérobés, convient les avoir emportés, mais ajoute que ç'a été du consentement de celui à qui ils appartenoient; on ne peut en ce cas diviser la déclaration de cet

accusé, & le condamner pour raison de cet homicide, de même que s'il eût avoué le crime purement & simplement ; à moins qu'il ne prouve le fait allégué par lui pour excuse, ou que cette excuse ou justification ne paroisse d'ailleurs par les indices & présomptions qui sont au procès. (*Ita* Jul. Clarus, *qu.* 55, *n.* 15 ; Farin. *qu.* 81, *n.* 110 *& suiv.* & 153. *Ita etiam* Bartole, *in* L. *Aurelius*, §. *item quæsit.* D. *de liber. legat.*; & Bald. *in* L. Cod. *de confess. & in leg. si quidem*, Cod. *de exception.* & *in leg. si præsid. per illum textum*, Cod. *de donat. ante nuptias.* Voyez aussi Bardet, *tom.* 1, *liv.* 3, *ch.* 120.)

83. 2°. Cette maxime a lieu, à plus forte raison, lorsque l'accusé, après avoir, dans un premier interrogatoire, confessé son crime purement & simplement, vient ensuite à l'excuser dans les interrogatoires suivants. (Farin. *ibid.* qu. 81, *n.* 118 ; Jul. Clarus, *ibid.* qu. 55, n. 15.)

3°. Il en est de même, si l'accusé, ayant nié dans un premier interrogatoire, vient à avouer le crime dans un interrogatoire suivant, mais en ajoutant qu'il ne l'a commis qu'à son corps défendant, ou alléguant quelqu'autre excuse semblable ; car le Juge peut aussi, dans ce cas, diviser la déclaration de l'accusé ; & si celui-ci ne prouve le fait sur lequel il fonde son excuse, il pourra être condamné comme l'auteur du crime. (Boerius, *qu.* 164, *n.* 10 ; Farin. *qu.* 81, *n.* 127 & 128.)

4°. Les regles qui viennent d'être établies, ont lieu, à plus forte raison, lorsqu'il y a d'ailleurs au procès, des preuves ou indices que l'accusé est l'auteur du crime. (Farin. *ibid.* qu. 81, n. 132.)

84. 5°. Mais il faut observer que dans tous les cas où l'accusé est condamné pour une confession ainsi divisée, sans autres preuves ni indices contre lui, il ne doit point être condamné en la peine ordinaire due au crime, mais en une peine moindre. (Jul. Clarus, *qu.* 55, *n.* 26 ; Farin. *qu.* 81, *n.* 157.) On peut aussi, dans ce cas, le condamner à la question, si le crime est de nature à mériter peine de mort. (Boerius, *decis.* 164, *n.* 9, & *decis.* 287, *in fine.*)

6°. Enfin, dans le cas même où il y a des indices au procès contre le fait proposé par l'accusé pour sa justification, il ne doit point être condamné à la peine de mort sur sa simple confession ainsi excusée ; mais il peut seulement être condamné à toute autre peine. (Farin. *ibid.* n. 171.)

SECTION IV.

De la confeſſion extrajudiciaire.

85. 1°. La confeſſion extrajudiciaire de l'accuſé, ne forme point une preuve complette contre lui; & par conſéquent elle ne peut être ſuffiſante pour le faire condamner; (Jul. Clarus, *qu.* 55, *n* 2; Farin. *qu.* 82, *n.* 1;) à moins qu'il n'y ait, outre cette confeſſion extrajudiciaire, des indices contre l'accuſé (Boerius, *deciſ.* 164, *n.* 5 & 6; Farin. *qu.* 82, *n.* 2.) Encore même quelques-uns prétendent qu'on ne peut condamner alors l'accuſé en la peine ordinaire due au crime, mais en une peine moindre. (Voyez au ſurplus ce qui eſt dit à ce ſujet au titre *Des Preuves néceſſaires pour condamner définitivement un accuſé*, ci-après, n. 413, & ſuiv.)

2°. Mais ſi cette confeſſion extrajudiciaire a été réitérée une ſeconde fois par l'accuſé, elle devient une preuve complette. (Bald *in leg cum ſcimus*, Cod. *de agri & cenſ.*) Farin *qu.* 82, *n.* 14, eſt néanmoins d'un ſentiment contraire, & prétend qu'une confeſſion de cette eſpece, n'eſt point ſuffiſante pour former une preuve entiere.

86. 3°. On prétend auſſi que, lorſque la confeſſion extrajudiciaire de l'accuſé, a été faite en public, & en préſence d'un grand nombre de perſonnes, elle forme une preuve complette; parce qu'alors elle tombe dans le cas de la notoriété publique. (*Ita* Farin. *qu* 82, *n.* 16.)

4°. La confeſſion extrajudiciaire, pour être regardée comme telle, doit être prouvée par deux témoins idoines, qui ſoient uniformes dans leurs dépoſitions, tant pour le lieu & le temps, que pour la cauſe; enſorte que ſi l'un de ces témoins dépoſoit d'une confeſſion de cette eſpece, faite dans un certain temps & dans un certain lieu, & que l'autre témoin déposât d'une pareille confeſſion, faite dans un autre temps, ou dans un autre lieu; alors ils ne feroient point de preuves, & ſeroient regardés comme des témoins ſinguliers. (Gl. *in* L. *fin.* Cod. *famil. erciſc.*; Bartol, *in* L. *fin.* D. *de quæſtion.*; Bald. *in* L. 1 *verſiculo quemlibet actum*, Cod. *de teſtib.*; Farin. *qu.* 82, *n.* 44, 46.)

87. 5°. La confeſſion extrajudiciaire, pour être valable, doit auſſi avoir les conditions dont il a été parlé ci-deſſus, *n.* 65 *& ſuiv.*

6°.

6°. Il faut, pour que la confession extrajudiciaire puisse nuire à l'accusé, qu'elle n'ait point été révoquée par lui, avant qu'il ait été poursuivi criminellement pour raison du crime par lui avoué. (Follerius *in Practicâ Criminali*, tit. *De Confessione extrajudiciali.*)

7°. Enfin la confession extrajudiciaire de l'accusé, cesse de faire preuve, lorsqu'elle est détruite par des indices & des présomptions contraires. (Follerius, *ibid.*)

SECTION V.

De la confession faite par l'accusé devant un Juge incompétent.

88. 1°. La confession faite par l'accusé devant un Juge incompétent, ne fait point contre lui une preuve suffisante pour le faire condamner; & elle doit être considérée comme une déclaration extrajudiciaire. (Jul. Clarus, *qu.* 55, *n.* 3; Farin. *qu.* 81, *n.* 188.)

Ce qui a pareillement lieu dans le cas où cette confession auroit été ratifiée plusieurs fois devant le même Juge. (Farin. *ibid. n.* 189.)

2°. Mais cette confession est suffisante pour condamner l'accusé
89. à la question; quand même elle seroit révoquée devant le Juge compétent, suivanr Farin. *qu.* 81, *n.* 206 & 216; Voyez aussi ce qui est dit ci-après *n.* 193. Papon, *liv.* 24, *tit.* 7, *n.* 1, est néanmoins d'un sentiment contraire; & il prétend que tout ce qui a été fait devant le Juge incompétent, est nul, & que le Juge compétent ne doit point y avoir égard. Il cite pour autorité Bartol. *in L. divus*, D. *de custod. reor.*, & *in L. magistratibus*, D. *de jurisdict. omnium jud.*; & il ajoute que cela a été ainsi jugé par plusieurs Arrêts du Parlement de Grenoble, rapportés par Guy-Pape en sa question 419, aux notes.

3°. Cette confession de l'accusé devant un Juge incompétent, pour être valable, doit aussi avoir les conditions prescrites ci-dessus, n. 66 & suiv.

SECTION VI.

De la confession des accusés à la question, ou torture.

90. 1°. On peut regarder comme une regle générale, que la question est un moyen dangereux pour obliger un témoin de déclarer la vérité.

C'est ainsi que s'en explique Ulpien en la Loi 1, §. *quæst.* 23, D. *de quæst.* où il dit qu'il ne faut pas toujours ajouter foi aux déclarations faites à la question. « *Etenim res est fragilis & periculosa & quæ veritatem fallat. Nam plerique in patientiâ sive duritiâ ita veritatem contemnunt, ut exprimi ab eis veritas nullo modo possit : Alii tantâ sunt impatientiâ ut quodvis mentiri quàm pati tormenta malint.* Voyez aussi la Novelle 134, *ch.* 13. (*a*)

On trouve en effet dans l'Histoire, plusieurs exemples de personnes, qui, par la force des tourments, ont confessé des crimes qu'ils n'avoient point commis. (*b*)

91. 2°. C'est en conséquence de cette regle, que l'aveu fait par un accusé dans les tourments, ne faisoit pas une preuve suffisante chez les Romains, non plus que parmi nous, quand il n'y avoit point d'ailleurs d'autre preuve. « *Confessiones reorum pro exploratis facinoribus haberi non opportet, si nulla probatio religionem cognoscentis instituat*, dit la Loi 1, §. 17, D. *de quæstion.* Voyez aussi *ibid.* L. 1, §. 27.

3°. La plupart des Auteurs prétendent que la confession faite à la question, ne fait preuve contre l'accusé, que quand elle est ensuite par lui ratifiée, lorsqu'il a été délié, & qu'il n'est plus dans les tourments. (*Ita* Boerius, *decis.* 163, *n.* 18 ; Jul. Clarus, *qu.* 64, *n* 40 ; Jacob. de Bello visu *in Practica Criminali*, tit. *De quæstion. col.* 15 ; Hippolit. de Marsiliis *in Praxi Criminum*, §. *quoniam* ; Follerius *in Practica Criminali*, tit. *De confessionibus in tormentis* ; & plusieurs autres. Et c'est à quoi l'article 11 du titre 19 de l'Ordonnance de 1670, semble être conforme ; en ce qu'il

(*a*) M. Baluze, dans les vies des Papes d'Avignon, *pag.* 599, apporte plusieurs raisons pour montrer que les douleurs de la question obligent quelquefois des accusés à avouer des crimes qu'ils n'ont point commis.

(*b*) Voyez les Mémoires du Sieur de Villars, *liv.* 7, *pag.* 626 ; S. Augustin, *liv.* 19, *de civit. dei*, cap. 6 ; Carondas, *liv.* 9, *rep.* 1 ; Valere Maxime, *liv.* 8, *chap.* 4, *n.* 1 ; Ciceron, *de invent. rhet. & part. orat. ad Herenn.*, liv. 2 ; Quintilian. *lib.* 5, *instit. orat. circa princ.* ; Menoch. *casu* 272, *& de præsumpt.* lib. 1, quæst. 1, *n.* 46 ; Damhouder, *cap.* 39, *n.* 4 ; Alex. ab Alex. *lib.* 1, *gen. dier. cap. ult.*

« *In confessione raptûs adultæ puellæ fuit compulsum ut gratius tibi fuerit spem citæ mortis expetere quam tormentorum crudelia sustinere. Inter supremas enim anhelantis angustias votum est potius perire quàm vivere.* (Cassiodor. *Varior. lib.*, 3, *cap.* 46.)

exige qu'après que l'accusé a été tiré de la question, il soit interrogé de nouveau sur les faits par lui confessés ou déniés.

92. D'autres, au contraire, soutiennent que quand cette déclaration faite par l'accusé à la question, est fortifiée par des indices, comme il arrive toujours en conséquence de la preuve considérable qu'il doit y avoir contre lui pour pouvoir le condamner à la question préparatoire, il n'est pas nécessaire qu'elle soit ensuite par lui ratifiée. (Voyez Farin. *qu.* 83, *n.* 78 & 79, où il rapporte un grand nombre d'autorités, quoique néanmoins il penche pour le sentiment opposé.)

Il est constant parmi nous, que la confession faite par un accusé à la question, qui est ensuite par lui ratifiée, lorsqu'il est libre & hors des tourments, forme contre lui une preuve complette. (L. 2, Cod. *de custod. reor.*; Farin. *qu.* 83, *n.* 69.)

93. Mais si l'accusé, lorsqu'il est libre & détaché de la question, vient à révoquer ce qu'il a avoué, en ajoutant que c'est la violence des tourmens qui l'a engagé à faire cet aveu, il ne faut pas se persuader que cette révocation fasse le même effet, que si l'accusé n'avoit rien avoué : car si toutes les circonstances du crime qui résultent de cette confession, s'accordent exactement avec ce qui est prouvé au procès, ensorte qu'il soit moralement impossible qu'elles soient parfaitement connues que par celui qui est l'auteur même du crime, on ne doit pas avoir beaucoup d'égard à une révocation de cette espece; & il y a lieu de croire que malgré cette révocation, les Juges peuvent condamner les accusés. (Voyez Papon en ses Arrêts, *liv.* 24, *tit.* 9, aux additions, *n.* 1. Et tel est aussi le sentiment de Bouvet en son Traité de la maniere de découvrir les crimes, *ch.* 19, *pag.* 183, où il dit que, « quand le » délit est connu, & que la confession de l'accusé est tellement » vraisemblable, qu'elle est approchante de la preuve qui est au » procès, & conforme aux indices & présomptions violentes qui » en sont tirées, on peut passer outre au jugement de sa condam» nation, quand même il ne voudroit pas ratifier sa confession ».

94. Il est vrai qu'on trouve une Ordonnance de Louis X du mois de Mai 1315, (rapportée au premier tome du Nouveau Recueil des Ordonnances des Rois de France,) qui porte en l'article 4, *que pour la gehine nul ne soit condamné ne jugié, s'il ne persevere en sa confession par temps suffisant après la gehine*; mais il paroît que

cette Ordonnance ne doit s'entendre qu'avec la modification qui vient d'être apportée.

Il arrive assez souvent que l'accusé, étant interrogé sur le matelas après la question, vient à révoquer tout ce qu'il a dit dans son interrogatoire pendant la question, quoique ses réponses aient été exactement conformes à toutes les circonstances du crime. Et si on lui représente alors qu'il ne seroit pas possible qu'il fût si bien informé de toutes ces circonstances, si en effet il n'avoit point participé au crime, il ne manque pas de dire pour sa défense, que si ces circonstances lui sont ainsi connues, c'est parce qu'on lui a lu à la confrontation les dépositions des témoins où elles se trouvent détaillées. Mais cette défense ou justification ne doit pas être regardée comme fort importante, ni faire beaucoup d'impression sur l'esprit du Juge. En effet, ce qu'on ne sçait que par oui-dire, sur-tout des choses qui sont accompagnées d'un grand nombre de circonstances, ne reste pas beaucoup imprimé dans la mémoire; à la différence des choses qu'on a vues, suivant cette maxime du Poëte :

Segnius irritant animos demissa per aurem
Quam quæ sunt oculis subjecta fidelibus.

Horat. art. Poet. v. 180.

Et cette regle doit avoir lieu, à plus forte raison, à l'égard des choses qu'on a faites par soi-même, ou auxquelles on a participé.

Au reste, tout cela doit dépendre de la prudence des Juges. C'est pourquoi, les Commissaires ne sçauroient être trop exacts à interroger le patient qui avoue, sur toutes les circonstances & particularités du crime, & ils doivent ne rien omettre à cet égard; parce que si toutes les réponses de l'accusé à toutes ces circonstances, n'étoient pas suffisantes pour le convaincre, elles peuvent dumoins servir à acquerir une preuve plus complette, en vérifiant les faits dont l'accusé est convenu, quoiqu'il les ait depuis révoqués. (a)

(a) Le Jeudi 17 Avril 1760, il a été jugé au Présidial d'Orléans, conformément aux principes ci-dessus, à l'égard d'un accusé qui avoit confessé à la question, & révoqué ensuite ce qu'il avoit dit à son interrogatoire à la question. Il a été condamné à mort malgré sa révocation, à laquelle on n'eut point d'égard; la confession qu'il avoit faite à la question, étant très circonstanciée.

95. 4°. Pour que la confession faite par l'accusé à la question, soit valable, même lorsqu'elle est ensuite ratifiée, il faut qu'elle soit précise & revêtue de toutes les circonstances qui peuvent servir à établir la vérité. (Voyez ce qui est dit *suprà n.* 60.)

Il faut aussi qu'elle soit revêtue des autres circonstances dont il a été parlé ci-dessus, *n.* 66 *& suiv.*)

5°. Il faut, outre cela, que la question ait été précédée d'indices suffisants; car si des Juges, par ignorance, ou autrement, avoient condamné un accusé à la question préparatoire, sans les indices nécessaires, la confession qui seroit ensuite faite par l'accusé à la question, ne pourroit former aucune preuve contre lui; quand même cette confession seroit ensuite par lui ratifiée. (Farin. *qu.* 83, *n.* 1 & 9) Ce qui a pareillement lieu dans les grands crimes, & même dans ceux de leze-majesté. (*Ibid.* n. 6.) Et il en est de même dans le cas où il surviendroit ensuite de nouveaux indices. (Farin. *ibid.* qu. 83, n. 4; Jul. Clarus, *qu.* 55, *n.* 14.)

Cette confession ainsi faite sans indices précédents, ne peut, par la même raison, nuire à un tiers qui auroit été chargé par l'accusé. (Farin. *ibid.* qu. 83, n. 8.)

96. 6°. Lorsque la confession de l'accusé à la question, a été précédée d'une confession extrajudiciaire, on prétend que cette confession ainsi faite à la question, n'a pas besoin d'être ratifiée pour former une preuve complette contre l'accusé; mais cette opinion n'est pas sans difficulté. (Voyez Farin. *ibid.* qu. 83, n. 80.)

7°. Si la procédure est nulle, la confession faite par l'accusé à la question, ne la fait pas valider; à la différence de ce qui se pratique à l'égard de la confession libre & faite hors les tourments; ainsi qu'il est observé ci-dessus *n.* 8. (*Ita* Farin. *qu.* 81, *n.* 83 *& suiv.*)

8°. La confession faite par l'accusé à la question, peut être par lui révoquée, pour cause d'erreur, de même que la question libre; & il faut appliquer ici toutes les mêmes regles qui ont été établies ci-dessus *n.* 78; ce qui [illegible] u dans le cas même où cette confession auroit depuis été ratifiée par l'accusé. (Farin. *qu.* 81, *n.* 346; Constit. Carol. *ch.* 57.)

97. 9°. Et il en est de même de la confession faite par l'accusé avec une qualité qui la rend excusable. (Voyez ci-dessus, *n.* 82.)

10°. Tout ce qui vient d'être dit touchant la confession faite à la torture & au milieu des tourments, doit aussi s'appliquer à la confession faite par la crainte des tourments, soit que l'accusé soit déja lié pour souffrir la question, soit qu'il soit prêt à la subir dans le lieu où elle se donne. (Farin. *qu.* 81, *n.* 84, & *qu.* 83, *n.* 70. Voyez aussi ce qui est dit ci-dessus, *n.* 67.)

11°. Quant à la question de sçavoir si la confession faite par un accusé à la torture, par laquelle il accuseroit quelque personne comme complice du même crime pour lequel il est poursuivi en Justice, peut former contre cette personne un indice, & jusqu'à quel point; comme aussi pour ce qui doit être observé dans le cas où cette déclaration vient ensuite à être révoquée par l'accusé; Voyez ce qui est dit à ce sujet au titre *De la preuve par argumens, ou indirecte*, ci-après *n.* 286 & *suiv.*

CHAPITRE III.

De la Preuve Testimoniale.

98. La preuve testimoniale, est celle qui résulte de la déposition de plusieurs témoins, qui ont connoissance du fait qu'il s'agit de prouver, ou d'autres faits qui peuvent servir à la preuve de ce fait principal.

Il y a plusieurs choses à observer, touchant les témoins, tant par rapport à leur qualité, que par rapport à leur nombre, ou par rapport à la nature de leurs dépositions, ou par rapport à la forme de ces dépositions.

SECTION PREMIERE.

De la qualité des Témoins.

99. 1°. On doit regarder comme une regle générale, que toutes personnes peuvent être témoins, tant en matiere civile, qu'en matiere criminelle; excepté 1°. celles que la Loi rejette: 2°. celles qu'elles dispense de déposer. (L. §. 1, D. *de testibus.*)

C'est pourquoi, non-seulement les hommes, mais encore les personnes du sexe, y sont admis. (L. 18, D. *de testibus*; Jul. Clarus, *qu.* 24, *n.* 2 & 3; Farin. *qu.* 59, *n.* 1 & *seq*; Ordonnance de 1670, *tit.* 6, *art.* 2.)

Ainsi que les Ecclésiastiques & les Religieux. (Même Ordonnance de 1670, *tit. 6, art. 3.*)

100. 2°. En matiere civile, le témoignage des personnes infames, de ceux qui ont été repris de Justice, des femmes publiques, des impuberes, de ceux qui sont morts civilement, des proches parents ou alliés, & le plus souvent des serviteurs & domestiques, n'est point admis; mais il n'en est pas de même en matiere criminelle: on reçoit toutes ces dépositions. Il y a seulement cette différence; c'est que le témoignage des impuberes, des infames, de ceux qui ont été repris de Justice, & en général de toutes les personnes qui peuvent être reprochées, n'est pas de la même force que celui des personnes non suspectes, & que le Juge n'y doit pas avoir le même égard; ce qui dépend des circonstances, ainsi qu'il sera expliqué ci-après.

101. Les qualités requises en général dans les témoins, sont:

1°. Qu'ils ne soient point vacillans. (L. 1, D. *de testibus.* L. 1, Cod. *eod. tit.*)

2°. On doit considérer dans les témoins, la dignité, les mœurs, la bonne foi, & la gravité. (L. 2, D. *de testibus*;) & aussi s'ils sont de bonne réputation, & d'une vie sans reproche; s'ils ont été condamnés, ou décrétés de Justice; s'ils sont riches ou pauvres; amis ou ennemis de la partie, *&c.* (L. 3, D. *eod. tit.*)

Ces qualités, suivant les Canonistes & les Jurisconsultes, sont exprimées dans ces deux vers;

Conditio, sexus, ætas, discretio, fama,
Et fortuna, fides, in testibus ista requiras.

C'est-à-dire, qu'on doit considérer dans les témoins 1°. la réputation: 2°. l'intégrité: 3°. l'habileté: 4°. la sincerité: 5°. l'accord des parties de leur déposition, & de ses circonstances: 6°. les témoignages contraires.

102. La raison pour laquelle on doit avoir égard à la condition, au sexe, à la qualité, à la reputation, *&c.* du témoin; c'est qu'on doit faire plus d'attention à la déposition d'une personne noble, qu'à celle d'une qui ne l'est pas, toutes choses d'ailleurs étant égales; car *v. g.* la seule noblesse ne rend pas toujours irreprochable, à moins que la vie & les mœurs ne répondent à la naissance. Le riche est plus croyable que le pauvre, qui peut plus facilement se laisser corrompre, dans la vue de soulager sa misere. Les infa-

mes doivent être exclus, parce qu'il est assez naturel de penser que la probité ne regle pas leur conduite ; & au contraire, on doit présumer que ceux qui ont l'honneur en recommandation, sont incapables de bassesse. L'ami a peine à parler contre son ami, & l'ennemi est toujours présumé en dire plus qu'il n'y en a contre son ennemi.

103. C'est à la prudence du Juge à examiner quelle foi il faut ajouter à la déposition de chaque témoin. Il doit pour cela considérer sur toutes choses la probité de ce témoin, qui l'engage à ne dire autre chose que la vérité ; ainsi que la fermeté dans les circonstances, qui marque l'exactitude à les observer & retenir. Et c'est par le défaut de l'une ou l'autre de ces qualités, que les témoignages deviennent suspects, & doivent être rejettés. Ainsi il doit examiner si ce témoin varie, ou témoigne de l'inconstance, ou de la contrariété dans sa déposition ; & peser le tout dans la balance d'une exacte justice, pour voir quel foi il doit y ajouter.

Il doit aussi considérer si le témoin est dans le cas d'avoir été engagé à déposer par quelque passion de haine, ou de colere. Car plus le Juge sera convaincu que ce témoin n'a eu aucun motif pour déposer faux, & plus il doit ajouter foi à son témoignage.

Des Témoins qui peuvent être regardés comme suspects ; & en quel cas ils doivent être entendus en déposition.

104. Les témoins suspects, sont ceux dont on est en droit de regarder la déposition comme suspecte ; soit à cause de leur mauvaise réputation ; soit à cause de la foiblesse de leur âge, ou de celle de leur esprit ; ou à cause des motifs d'amitié ou d'inimitié qu'ils peuvent avoir envers l'accusé ; ou à cause de l'intérêt particulier qu'ils peuvent avoir dans l'affaire où ils déposent. Ainsi,

1°. Les infames sont de ce nombre : surquoi il faut observer qu'il y a deux especes d'infamie :

L'*infamie de Droit*, & l'*infamie de fait.*

L'*infamie de Droit*, est celle qui est encourue en vertu d'un jugement de condamnation à une peine infamante, dont il n'y a point d'appel. (Farinac. *qu.* 56, *n.* 7 & 18.)

105. L'*infamie de fait*, est celle qui est encourue en conséquence d'un fait qui flétrit la réputation de celui qui l'a commis.

Les

Les usuriers, les femmes de mauvaise vie, ceux qui ont fait faillite, sont notés de cette espece d'infamie de fait; ainsi que ceux, qui, sur l'accusation d'un crime infamant, sont renvoyés avec un plus amplement informé.

Les cessionnaires sont aussi infames de fait: (Arrêts du Parlement de Paris des 14 Avril & 26 Août 1598, rapportés par Bouchel en sa Bibliotheque du Droit François, au mot *Cession.*); sauf à se faire réhabiliter.

En général, la déposition des personnes *Infames de Droit*, n'est point admise en matiere criminelle. (Farinac. *qu.* 56, *n.* 26; Jul. Clarus, *qu.* 24, *n.* 13; Mornac, *ad leg.* 3, D. *de testibus*; Lud. de Maino, *in tract. de homicidio;*) & c'est ainsi que s'en explique M. d'Aguesseau Avocat-Général, & depuis Chancelier, dans l'affaire du Sieur de la Pivardiere; où il fut d'avis de rejetter la déposition d'un témoin condamné aux galeres. (Voyez les Causes Célebres, *tom.* 3, *pag.* 91 *de la premiere édition.*)

106. Mais cette regle n'a pas lieu dans les cas où l'on ne peut avoir la vérité autrement que par ces sortes de témoins. (Jul. Clarus, *qu.* 24, *n.* 13; Farinac., *qu.* 56, *n.* 50.)

Il en est de même quand il s'agit de crimes atroces. (Farinac. *ibid*, qu. 56, *n.* 70.)

Ou quand il s'agit d'un fait qui s'est passé en présence du témoin qu'on veut entendre en déposition. (Menochius, *de arbitr. jud*, cas. 99, *n.* 10;) pourvu que ce témoin n'ait aucun intérêt à déposer. (Tiraquell. *de retractu*, §. 1, *glos.* 14, *n.* 50.)

Bien plus, dans les cas même où ces sortes de témoins, dont le témoignage devoit être rejetté, ont été entendus en déposition, leur témoignage forme une présomption contre l'accusé. (Farinac. *ibid*, qu. 56, *n.* 61.)

107. Au reste, cette infamie du témoin ne se présume point, & elle doit être justifiée. (Farinac. *qu.* 56, *n.* 97;) à moins qu'elle ne soit d'ailleurs publique & notoire.

La déposition des infames, d'*une infamie de fait*, n'est point admise non plus en matiere criminelle; si ce n'est dans le cas où l'on ne peut avoir autrement la vérité. (Farinac. *ibid. n.* 115 & 120.) A l'égard des autres crimes dont on peut avoir d'ailleurs la preuve, leurs dépositions forment simplement une présomption contre l'accusé (*ibid. n.* 122.)

Il faut même observer que dans tous les cas où des témoins infames de droit ou de fait, ont été admis, ils prouvent moins que des témoins intégres & non suspects. (Farin. *ibid.* qu. 56, *n.* 54 & 121.)

108. 2°. Les criminels sont aussi regardés comme des témoins suspects; & leur déposition n'est point admise. (Jul. Clarus, *qu.* 24, *n.* 17; Farinac. *qu.* 50, *n.* 126;) pourvu qu'ils aient été condamnés pour raison de leur crime, & qu'il n'y ait point d'appel du jugement. (L. 1, D. *ad Turpill.*; Mainard, *liv.* 4, *ch.* 97; Voyez aussi Farinacius *ibid.* qu. 50, *n.* 129.)

Un témoin condamné pour crime, peut même être valablement reproché, nonobstant sa réhabilitation.

Cependant cette regle n'a pas lieu, quand il s'agit de crimes atroces, ou dont on ne peut avoir autrement la preuve; car alors ces personnes peuvent être entendues en déposition; mais elles ne forment point une preuve complette. (Farinac. *qu.* 50, *n.* 148, 115 & 161; Ordonnance de 1667, *tit.* 23, *art.* 2.)

Quant aux déclarations des accusés contre leurs complices, & comment le Juge doit y avoir égard, Voyez ce qui est dit, ci-après, n. 286 & suivants.

109. 3°. Les témoins qui sont accusés de crime, peuvent aussi être regardés comme suspects; du moins lorsque cette accusation est suivie de decret, ou d'emprisonnement. (Farinac. *qu.* 56, *n.* 167 & 180; Ordonnance de 1667, *tit.* 23, *art.* 2;) mais il faut que cette accusation soit pour raison d'un crime grave. Il en seroit autrement si cette accusation étoit pour raison d'un crime léger. (Farinac. *ibid. n.* 167 & 174.)

Il faut aussi que cette accusation n'ait point été faite en fraude; comme si un accusé donneroit une plainte contre son accusateur, afin d'avoir occasion de le reprocher. (*Ibid. n.* 178.)

Dans les crimes atroces, les témoins emprisonnés & décrétés, même pour crime grave, sont admis; mais leurs dépositions ne forment point une preuve complette. (Farinac. *qu.* 56, *n.* 173 & 182.)

110. 4°. Celui qui a été convaincu de parjure, ne doit point être admis à déposer, & son témoignage doit être entiérement rejetté; même quand il s'agit de crimes atroces. (Farin. *ibid.* qu. 56, *n.* 186, 196.)

5°. Les témoignages des Juifs, des Hérétiques, & des autres infideles, ne sont point non plus reçus en Justice. (L. *cunctos populos*, Cod. *de summa Trinitate*; Farinac. *qu.* 56, *n.* 205 & 206.

Et il a été ainsi jugé par Arrêt du Parlement de Metz du 10 Février 1691, dans une affaire civile; Voyez Augeard, *tom.* 3, *chap.* 11;) à moins que ce ne soit contre un autre Juif, ou contre un autre infidele. (Farinac. *ibid.* qu. 56, *n.* 216.)

Néanmoins quand il s'agit de grands crimes, ou quand on ne peut avoir autrement la vérité, on entend en déposition les Juifs, ainsi que les hérétiques, ou autres infideles. (Farinacius, *ibid. n.* 227 & 231;) mais leurs dépositions ne font pas une preuve complette. (*Ibid. n.* 228.)

Dans les autres crimes, la déposition de ces personnes, forme simplement une présomption. (*Ibid. n.* 232.)

111. 6°. Ceux qui sont excommuniés d'une excommunication majeure, ne doivent point aussi être admis en déposition. (Farinac. *ibid.* qu. 56, *n.* 240 & 265;) excepté dans les grands crimes, & dans ceux où les témoins infames peuvent être entendus en déposition. (*Ibid. n.* 272 & 281, Voyez ce qui a été dit ci-dessus, n. 184, touchant les témoins infames.)

Mais dans nos mœurs, il faut que l'excommunication soit connue par la voie d'un jugement qui l'ait prononcée.

A l'égard de ceux qui sont excommuniés d'une excommunication mineure, c'est-à-dire, qui sont exclus seulement de la participation des Sacrements, & non de la société des fideles, ils sont admis en déposition; mais on doit y avoir moins d'égard qu'aux autres. (Farinac. *qu.* 56, *n.* 265 & 267.)

112. 7°. La déposition des femmes publiques, de ceux qui exercent le maquerellage, des usuriers, & autres personnes de cette espece, qu'on peut regarder comme infames, n'est point admise, & doit être rejettée. (Jul. Clarus, *qu.* 24, *n.* 14; Farinac. *ibid.* qu. 56, *n.* 352, 358 & 364;) excepté à l'égard des grands crimes, (Farin. *ibid. n.* 366,) & de ceux qui se commettent dans les lieux publics, & dont la vérité ne peut être constatée que par ces sortes de témoins. (*Ibid., n.* 369.)

8°. Les mendiants, les vagabonds, & autres personnes de condition vile, sont regardés comme des témoins suspects, même en matiere criminelle. (*Ita* Jul. Clarus, *qu.* 24, *n.* 11; & Farinacius, *qu.* 57, *n.* 1, 3, 15 & 54;) non à l'effet de faire rejetter leur témoignage; mais seulement pour y avoir moins d'égard. (Farinac. *ibid.* qu. 57, *n.* 61; Voyez sur cette question Menochius *de arbitr. jud.* cas. 96.)

113. Néanmoins s'il est prouvé que ces sortes de personnes jouissent d'une bonne réputation, on doit avoir égard à leurs dépositions. (Farinac. *qu.* 57, *n.* 75 ; & Jul. Clarus, *qu.* 24, *n.* 11 ; Voyez le Brun en son Procès Criminel, *tit.* Des Récolements, *pag.* 111, où il fait l'éloge de la pauvreté.)

Il faut aussi observer, que s'il y a d'ailleurs d'autres indices, cela supplée à l'intégrité de ces sortes de témoins. (Farinacius *ibid.* qu. 57, *n.* 95, 96.)

Ces témoins sont aussi admis dans le cas, où le fait qu'il s'agit de prouver, les regarde directement ; pourvu néanmoins qu'ils n'aient d'ailleurs aucun intérêt à déposer. (Menochius *de arbitr. jud.* cas. 92, *n.* 8.)

Et pareillement quand il s'agit de prouver l'innocence de l'accusé. (Jul. Clarus, *qu.* 24, *n.* 20 ; Farinac. *qu.* 57, *n.* 22.)

Au reste, il dépend entiérement de la prudence du Juge, d'arbitrer quel égard on doit avoir à la déposition de ces sortes de personnes. (Farinac. *ibid. qu.* 57, *n.* 98.)

114. 9°. A l'égard des esclaves, leur témoignage ne doit point en tout être reçu. L'Edit du mois de Mars 1685, concernant les esclaves de l'Amérique, *art.* 30, porte « que les dépositions des esclaves admis en déposition, ne serviront que de mémoires pour » aider aux Juges à s'éclaircir d'ailleurs ; sans que l'on en puisse tirer » aucune présomption, ni conjecture, ni adminicule de preuve.

Néanmoins, en Droit, on admettoit leur témoignage, quand on ne pouvoit avoir autrement la vérité d'un fait. (L. 7, *de testibus* ;) mais ils ne pouvoient être entendus en déposition, pour ou contre leur maître. (L. 8, D. *eod. tit.*)

De la déposition des parents.

115. 10°. On peut regarder comme une regle générale, que la déposition des parents ou alliés, dans les procès criminels de leurs parents ou alliés, ne doit point être admise. (*Ita* Jul. Clarus, *qu.* 24, *n.* 12 ; & Farinac. *qu.* 54, *n.* 2, 4 & 10.)

Ce qui doit s'entendre des parents & alliés jusqu'au quatrieme degré inclusivement. (Farinac. *ibid. n.* 23 ;) & non des bâtards, & autres parents ou alliés d'une simple alliance naturelle. (Farinac. *ibid. n.* 73 & 74.)

116. Mais cette regle, que les parents & alliés ne peuvent être ad-

mis en témoignage dans les procès criminels, n'a lieu que quand il s'agit de crimes legers, & qui n'intéressent point le ministere public; mais dans les autres crimes, & sur-tout quand il s'agit de crimes graves, qui se poursuivent à la requête des parties publiques, les dépositions des parents ou alliés, doivent être admises sans aucune difficulté. (*Ita* Farinac. *qu.* 54, *n.* 77;) & c'est ce qui se pratique aussi constamment dans l'usage. L'Ordonnance criminelle en l'article 5 du titre 6, s'exprime bien différemment à l'égard des parents ou alliés, que ne fait l'Ordonnance civile, *tit.* 27, *art.* 11. L'Ordonnance civile, en l'endroit qui vient d'être cité, porte: » Que les parents & alliés des parties, jusques aux enfants » des cousins issus de germains inclusivement, ne pourront être » témoins en matiere civile pour déposer en leur faveur, ou » contre eux, & que leurs dépositions seront rejettées. » Mais l'Ordonnance criminelle porte seulement: » Que les témoins se» ront enquis s'ils sont parents ou alliés, serviteurs ou domesti» ques des parties, & que du tout sera fait mention, à peine de » la nullité de la déposition. » D'où il suit que cette derniere Ordonnance laisse aux Juges la liberté d'avoir égard à ces dépositions, suivant les circonstances.

117. Lorsqu'il s'agit d'un crime qui se poursuit, tant à la requête de la partie civile, que de la partie publique, les Juges ne doivent point avoir égard à la déposition des témoins parents ou alliés de la partie civile, en ce qui concerne les dommages & intérêts; & il faut suivre à cet égard ce qui s'observe en matiere civile; mais quant à la peine publique, rien n'empêche qu'on ait égard à la déposition de ces mêmes témoins. (Voyez Farinac. *qu.* 58, *n.* 37.)

En effet, dans l'affaire du Sieur de Langlade, condamné aux galeres en l'année 1688, pour vol avec effraction, on entendit en déposition la sœur & la belle-sœur du Comte de Montgommery, partie civile. (Voyez les Causes Célébres, *tom.* 1, *pag.* 416 *de la premiere édition.*)

Au reste, il faut observer que dans tous les cas où les dépositions des parents ou alliés, sont reçues, ces dépositions ne font pas la même preuve que celle des autres témoins; & que le Juge y a égard plus ou moins, suivant les circonstances & la qualité des personnes. (Farinac. *qu.* 54, *n.* 80.)

118. Quand il s'agit de prouver l'innocence, ou la justification de

l'accusé, on reçoit la déposition des parents. (Jul. Clarus, *qu.* 24, *n.* 12; Farinac. *qu.* 54, *n.* 33; Voyez aussi ce qui est dit au titre *Des Preuves*, ci-après, n. 436.)

Dans tous ces cas où les dépositions des parents ou alliés sont reçues, on peut les contraindre de déposer. (Voyez au titre *Des informations de témoins*, part. 3, liv. 2, tit. 7, n. 62.)

A l'égard de la parenté du témoin avec la partie publique, ce n'est point un obstacle pour empêcher d'admettre la déposition de ce témoin.

119. Quoiqu'en général la déposition d'un frere contre son frere, ou sa sœur; ou d'une sœur contre son frere, ne soit pas reçue en matiere criminelle, suivant Farinac. *qu.* 54, *n.* 90 & 91; néanmoins ces sortes de dépositions sont admises dans les grands crimes, & dans ceux dont on ne peut autrement avoir la preuve. (Farinac. *qu.* 54, *n.* 103, 104 & 132.) On peut même dans ce cas, contraindre le frere ou la sœur à déposer. (Voyez ce qui est dit à ce sujet au titre *Des informations de témoins*, ci-après, *part.* 3, *liv.* 2, *tit.* 7, n. 63.)

Mais une déposition de cette espece, n'a pas la même force que celle d'un autre témoin; à moins qu'elle ne soit fortifiée par d'autres témoins, ou par des indices. (Farinac. *ibid.* qu. 54, *n.* 128 & 133.)

Lorsqu'il s'agit de prouver l'innocence de l'accusé, on admet quelquefois la déposition du frere, ou de la sœur. (Farinac. *ibid. n.* 117 & *seq.*; Bald. *in L. parentes*, Cod. *de testibus*; Alex. *in consil.* 5, *col. pen.* vol. 1.)

De la déposition des peres & meres, ou autres ascendans, contre leurs enfants, aut vice versâ.

120. En général on n'admet point la déposition des peres & meres, ou autres ascendans, contre leurs enfants; ni celle des enfants contre leurs peres & meres. (Farinac. *qu.* 54, *n.* 145 & 175.)

Même celle des enfants bâtards & illégitimes. (*Ibid. n.* 157 & *seq.*)

Ni pareillement celle des beaux-peres, ou belles-meres, contre les enfants de leurs maris ou femmes; ni contre leurs gendres ou belles-filles, *aut vice versâ*. (Farinac. *ibid.* qu. 54, *n.* 11, 12, & 208, 209.)

Mais il en est autrement dans les grands crimes, tels que l'hérésie, le crime de leze-majesté, & le parricide. (Farin. *ibid. n.* 173 & 174; Jul. Clar., *qu.* 24, *n.* 22; Papon, *liv.* 9, *tit.* 1, *n.* 28; Voyez aussi les Causes Célébres, *tom.* 16, *pag.* 285, où il y en a une exemple dans le procès fait en 1714 à la Dame de S*** & à ses enfants.) Et même dans ces cas on peut les contraindre de déposer. (Voyez ce qui est dit au titre *Des informations de témoins*, part. 3, liv. 2, tit. 7, n. 63.)

Ces personnes sont aussi admises à déposer, quand il s'agit de constater l'innocence, ou la justification de l'accusé. (Farinacius, *qu.* 54, *n.* 208, 209.)

De la déposition du Mari contre sa Femme, aut vice versâ.

21. Le mari ne peut être témoin contre sa femme en matiere criminelle, ni la femme contre son mari. (Farinac. *qu.* 54, *n.* 210, 219;) mais il en est autrement dans les crimes énormes; *v. g.* dans le crime d'hérésie, & de leze-majesté. (*Ibid.* n. 222.) Voyez le procès du Chevalier Rohan fait en 1674, dans lequel la femme du Sieur Vandevenden lui fût confrontée.

On peut même, dans ces cas, contraindre le mari à déposer au procès criminel de sa femme, ou la femme au procès criminel de son mari. (Voyez au titre *Des informations de témoins*, part., 3, liv. 2, tit. 7, n. 65.)

On entend aussi quelquefois la femme en déposition, quand il s'agit de justifier l'innocence de son mari; ou le mari quand il s'agit de justifier l'innocence de sa femme. (Farinac. *qu.* 54, *n.* 228; Jason *in* L. *sed & si quis, in princ. n.* 4, D. *si quis caution.*)

Ce qui vient d'être dit de la déposition de la femme à l'égard du mari, doit aussi s'entendre de la fiancée à l'égard de celui auquel elle est promise; parce qu'elle est *loco uxoris.* (L. 5, D. *de test.* & *ibid.* Mornac.)

De la déposition des Serviteurs & Domestiques.

22. 11°. Les serviteurs & domestiques peuvent aussi être regardés

comme suspects ; & réguliérement leur témoignage ne doit point être admis en matière criminelle. (*Leg. Salic. tit.* 42, *cap.* 6 ; Farinac. *qu.* 55, *n.* 8, 23 & 117 ;) pourvu qu'ils soient de cette qualité, au temps où ils déposent. (Farinac. *ibid. n.* 33 ; Mornac, *ad leg.* 2, Cod. *de testibus.*)

Ces mots, *serviteurs* & *domestiques*, ne sont point synonymes. *Domestiques*, sont ceux qui vivent dans la même maison, & mangent tous les jours à la même table ; comme sont les Précepteurs, Secrétaires, Facteurs, Commis, *&c.* (Farinac. *ibid. n.* 6, 10 & 18, Voyez aussi Godefroi sur la Loi 24, D. *de testibus.*)

Mais dans les grands crimes, & dans ceux dont on ne peut avoir autrement la preuve, que par les serviteurs & domestiques, leurs dépositions sont admises. (Farinac. *qu.* 55, *n.* 35, 50, 94 & 96.) Et il en est de même, quand il s'agit de crimes qui se sont passés dans l'intérieur d'une maison où demeurent ces serviteurs ou domestiques ; *v. g.* en matiere de stupre, d'adultere, de vol fait dans la maison, *&c.* (Farinac. *ibid. n.* 36, 38, 43 & *seq.* & 63 ; Despeisses, *tom.* 2, *pag.* 486, *n.* 11 ; Guipape, *qu.* 45, *n.* 2 ; Voyez aussi la Loi 8, Cod. *de repud.*)

123. Ce qui vient d'être dit, regarde non-seulement les domestiques de l'accusé, mais aussi ceux du plaignant ; car ceux-ci peuvent aussi être témoins en pareil cas. Dans l'affaire du Sieur de Langlade, dont il a été parlé ci-dessus, les domestiques du Comte de Montgommery, partie civile, furent entendus en déposition, au sujet d'un vol fait en la maison où demeuroit ledit Sieur de Montgommery. (Voyez les Causes Celébres, *tom.* 1, *pag.* 416 & 417 *de la premiere édition.*)

Au reste, il faut observer que le témoignage de ces sortes de personnes, ne fait pas la même preuve que celui des témoins exempts de tout reproche. (Farinac. *qu.* 55, *n.* 121) & il paroît aussi que tel est l'esprit de l'Ordonnance de 1670, *tit.* 6, *art.* 5, qui oblige de faire mention dans les dépositions, si le témoin est serviteur, ou domestique des parties ; & laisse par conséquent à la prudence des Juges, d'avoir égard à leur témoignage, suivant les circonstances.

124. Ceux qui sont aux gages du plaignant, comme sont les Ouvriers, Chargeurs, Tonneliers, & autres personnes de cette espece, doivent aussi être regardés comme des personnes suspectes, & dont le témoignage ne doit être reçu qu'avec beaucoup de prudence

prudence, & dans des cas de nécessité. (Farin. *ibid.*, *n.* 17 & 19.)

Il en est de même des Fermiers, Vignerons, Métayers. (Farin. *qu.* 55, *n.* 212 & 226.)

La Coutume de Bourgogne, titre des Mainmortables, *art.* 18, défend de recevoir le témoignage des mainmortables, pour le Seigneur dont ils sont sujets; mais on reçoit leur témoignage contre leur Seigneur, tant en matiere civile, qu'en matiere criminelle.

Les maîtres sont aussi reçus en déposition contre leurs serviteurs, domestiques, ou autres ouvriers & gens à leurs gages. (Farinac. *ibid. n.* 99;) à moins que ces maîtres ne soient des personnes de vile condition. (*ibid. n.* 100.) Mais dans tous les cas où la déposition des maîtres contre leurs serviteurs, ou domestiques, est reçue, leur témoignage ne doit être reçu qu'avec précaution, & pour y avoir égard, suivant les circonstances & la qualité du délit. (Farinac. *ibid. n.* 100, 102, Voyez l'article 10 du titre 24 de l'Ordonnance 1667.)

125. Lorsque les serviteurs, ou domestiques, ont d'ailleurs quelque incapacité qui les rend inhabiles à déposer; comme s'ils étoient de mauvaise réputation; *&c.* leur témoignage ne doit point en tout être admis. (Farinac. *ibid. n.* 69;) ainsi qu'on l'a observé ci-dessus, à l'égard des esclaves.

Et au contraire, si le témoignage de ces personnes est fortifié par des indices, ou par quelque autre témoin non suspect, & au-dessus de tout reproche, ou par plusieurs autres témoins, il doit être admis dans toute sa force. (Farinac. *qu.* 55, *n.* 109 & 110;) ce qui a pareillement lieu dans le cas où le maître qui dépose, seroit une personne d'une condition distinguée, & le domestique d'une probité reconnue. (*Ibid. n.* 82.)

Lorsqu'il s'agit de prouver l'innocence de l'accusé, les serviteurs & domestiques peuvent être entendus en déposition. (Farin. *ibid. n.* 70.)

Il faut aussi observer que tout ce qui vient d'être dit, ne regarde que les dépositions des serviteurs & domestiques contre leurs maîtres, ou celles des maîtres contre leurs domestiques; mais rien n'empêche qu'un domestique ne puisse être entendu en déposition contre un autre domestique. (Farinac. *qu.* 55, *n.* 89.)

Des autres Témoins suspects.

126. 12°. Celui qui est ami particulier des parties, peut être admis

comme témoin en matiere criminelle ; mais son témoignage est suspect, & l'on ne doit pas y ajouter la même foi qu'à celle d'un témoin d'une intégrité absolue. (Farinac. *qu.* 55, *n.* 243.)

Néanmoins ce soupçon cesse, lorsque cette déposition est soutenue par celle d'un autre témoin integre & digne de foi. (*Ibid. n.* 246.)

Et il en est de même, dans le cas où il y a deux autres dépositions semblables ; parce qu'alors le nombre de trois témoins détruit le soupçon qu'il pourroit y avoir contre eux. (*Ibid. n.* 247.)

La déposition des amis, est aussi reçue dans les délits dont on ne peut avoir autrement la preuve. (*Ibid. n.* 251.)

Au reste il ne suffit pas d'alléguer contre un témoin, le reproche d'amitié ; mais il faut encore que cette amitié, pour former un obstacle à une déposition, soit non commune, & prouvée avec toutes ses qualités & circonstances. (Farinac. *ibid.* qu. 55, *n.* 253 & 254)

127. 13°. Les témoins impuberes sont aussi regardés comme suspects, & leur déposition, en matiere criminelle, ne doit point en général être admise. (Julius Clarus, *qu.* 24, *n.* 18 ; Farinac. *qu.* 58, *n.* 1, 9 & 12.)

Et cette regle a lieu à l'égard des enfants ; dont le témoignage doit absolument être rejetté. Néanmoins l'Ordonnance de 1670, *tit.* 6, *art.* 2, veut que les enfants de l'un & l'autre sexe, quoiqu'au dessous de l'âge de puberté, soient reçus à déposer ; sauf lors du jugement, d'avoir, par les Juges, tel égard que de raison à la nécessité & solidité de leur témoignage. (*Ibid. n.* 5.)

Mais lorsque les impuberes sont proche de l'âge de puberté, leurs dépositions doivent être reçues, non pour y avoir une foi entiere, mais pour y avoir égard, suivant les circonstances, la nécessité & la solidité de leur témoignage. (Farinac. *ibid.* qu. 58, *n.* 18 ; Julius Clarus, *qu.* 24, *n.* 18.)

128. Dans les grands crimes, comme celui de leze-majesté, ou lorsqu'un maître est tué dans sa maison ; & dans les autres crimes dont on ne peut avoir autrement la preuve ; on entend en déposition les impuberes. (Boerius, *décis.* 260 ; Jul. Clarus, *qu.* 24, *n.* 19 ; Farin. *qu.* 58, *n.* 22, 26 & 29 ; Carondas en ses Pandectes, *liv.* 4, à l'article des Récolements & confrontations.)

Il faut cependant observer que ces témoins ne prouvent point en faveur du plaignant, pour ses dommages & intérêts ; mais seulement en faveur de la partie publique, pour la peine due au crime. (Voyez ci-dessus, n. 117.)

La déposition des impuberes se regle par le temps de leur déposition, & non par celui où se sont passées les choses sur lesquelles ils déposent; (Jul. Clarus, *qu.* 24, *n.* 18; Farin. *qu.* 58, *n.* 53;) pourvu qu'ils déposent de faits capables de tomber sous l'intelligence d'un impubere. (Jul. Clarus, *ibid.* n. 18; Farin. *ibid.* n. 61.) C'est pourquoi s'ils déposent de choses qui se sont passées dans le temps de leur enfance, leur témoignage doit être rejetté; à moins qu'il ne s'agît d'un fait tel qu'un enfant fût capable d'en déposer comme toute autre personne. (Farin. *qu.* 58, *n.* 62 & *seq.* (*a*)

129. 14°. Les furieux & les insensés ne sont point aussi admis en témoignage, & leurs dépositions doivent être rejettées. (Farin. *qu.* 61, *n.* 1 & 4.)

Il en est autrement de ceux qui ont des intervalles lucides; pourvu qu'ils soient dans leur bon sens au temps de leur déposition, & qu'il soit aussi prouvé qu'ils avoient toute leur raison au temps où s'est passé le fait sur lequel ils déposent. (*Ibid.* n. 15 & 16.)

15°. Celui qui étoit ivre dans le temps où s'est passé le fait sur lequel il est interrogé, ne doit point aussi être admis à déposer; & son témoignage doit être rejetté. (Farinac. *qu.* 56, *n.* 434, & *seq.*)

130. 16°. La déposition des témoins, quoiqu'aveugles, est reçue en matiere criminelle, dans les choses qui tombent sous le sens de l'ouie; *v. g.* quand il s'agit d'injures verbales, *&c.* (Farin. *qu.* 61, *n.* 24 & 25; Despeisses, *tit.* des crimes, *part.* 1, *tit.* 8, *n.* 8.)

Mais il faut que le témoin connoisse la voix des personnes dont il s'agit, de maniere à ne s'y pas tromper. (*Ibid.* n. 26.)

Au reste, ces sortes de dépositions ne forment point une preuve entiere; & l'on doit y avoir moins d'égard qu'à celle des autres témoins. (*Ibid.* n. 27.)

Lorsque le témoin depose de faits qui se sont passés avant qu'il devînt aveugle, il est constant que son témoignage doit avoir toute sa force. (*Ibid.* n. 32.)

(*a*) Voyez sur cette question, les Causes Célébres, *tom.* 12, *pag.* 172, & 89 & *suiv.*)

131. 17°. A l'égard des sourds & muets, on n'admet point leur témoignage; (Farin. *qu.* 61, *n.* 36;) si ce n'est dans le cas où ils pourroient expliquer ce qu'ils sçavent, par des signes certains, de maniere à ne s'y pas tromper; ou par écrit, comme il peut arriver à l'égard de ceux qui ne sont pas sourds de naissance. Farinacius prétend cependant qu'on doit rejetter ces sortes de dépositions, même en matiere criminelle. (Farinac. *qu.* 56, *n.* 46, 50, 52, 55.)

Si le témoin étoit simplement sourd ou muet, il peut valablement déposer des choses qui tombent sous le sens dont il n'est point privé. (*Ibid.* n. 45.)

132. 18°. On peut regarder comme une regle générale, que la déposition d'un témoin ennemi, doit être rejettée, & qu'on ne doit y avoir aucun égard. (Farin. *qu.* 53, *n.* 3; Jul. Clarus, *qu.* 24, *n.* 5. Voyez sur cette question ce qui est dit ci-après *n.* 302; & Menochius *de arbitr. jud.* cas. 110.)

Cette regle ne souffre pas même d'exception à l'égard des crimes atroces, & de ceux dont on ne pourroit avoir autrement la preuve. (Jul. Clarus, *qu.* 24, *n.* 5; Menochius *de arbitr. jud.* cas. 28, n. 2 & 3; Farin. *qu.* 53, *n.* 5 & 7.)

Il en est de même, dans le cas où la déposition du témoin ennemi auroit été faite à l'article de la mort. (Farin. *ibid.* n. 11.)

133. Mais cette regle n'a lieu que quand il s'agit d'une inimitié capitale. (Jul. Clarus, *qu.* 24, *n.* 5; Farin. *qu.* 53, *n.* 52.) Voyez ce que c'est qu'inimitié capitale ci-après *n.* 302.

Néanmoins dans le cas où l'inimitié n'est pas capitale, la déposition d'un témoin ennemi n'est point regardée comme celle d'un témoin non suspect; & l'on y a seulement égard, suivant les circonstances. (Farin. *qu.* 53, *n.* 54.)

Si l'inimitié capitale a été suivie de reconciliation, cette inimitié ne forme plus un obstacle à la déposition du témoin. (Jul. Clarus, *qu.* 24, *n.* 6; Farin. *qu.* 53, *n.* 58.)

Et il en est de même, lorsque l'inimitié a été suscitée par l'accusé au témoin, afin d'avoir occasion de faire rejetter sa déposition; comme dans le cas où il lui auroit suscité un procès considérable, & où il s'agiroit de presque toute sa fortune; ou bien s'il l'avoit frappé & maltraité exprès pour pouvoir le reprocher. (Farin. *qu.* 53, *n.* 64.)

Au surplus, l'inimitié ne se présume point, & elle doit être prouvée. (*Ibid.* n. 73.)

134. 19°. Touchant la déposition de l'offensé, & l'égard qu'on doit y avoir, Voyez ce qui est dit ci-après *n.* 320.)

20°. Les témoins ne doivent point être admis dans la cause où ils ont intérêt ; & leur témoignage doit être rejetté ; soit qu'il s'agisse de leur honneur, ou réputation, ou simplement d'un intérêt pécuniaire. (Farin. *qu.* 60, *n.* 2, 4, 5 & 21.)

Et même dans ce cas, l'incapacité du témoin n'est point suppléée par l'habileté d'un autre témoin. (Farin. *ibid.* n. 14.)

Néanmoins si ce témoin renonce à l'intérêt qu'il peut avoir en la cause, sa déposition pourra être reçue. (*Ibid. n.* 51.)

Dans le cas où l'on ne peut pas avoir autrement la preuve, on reçoit aussi la déposition des témoins qui ont intérêt dans la cause. (*Ibid.* n. 58.) Mais leur témoignage ne prouve pas comme celui des autres témoins, & l'on y a égard suivant les circonstances. (*Ibid.* n. 61.)

135. 21°. La déposition du plaignant contre l'accusé, n'est point aussi admise, quant aux dommages & intérêts civils qu'il peut prétendre contre l'accusé. (Farin. *qu.* 60, *n.* 64.)

Mais il faut excepter de cette regle, celui qui est plaignant pour raison d'un vol ; car celui-ci est cru à son serment, pour la quantité des choses volées, quoiqu'il ait intérêt dans le serment qu'il fait. (*Ibid.* n. 71.)

22°. A l'égard des dénonciateurs, il semble que comme ils n'ont aucun intérêt dans la cause, rien n'empêche qu'ils ne puissent être entendus en déposition, & que leur témoignage soit reçu. (Bartol. *in L. divus*, D. *de quæstion. Ita etiam* Emerick à Rosback *in Processu Criminali*, tit. 1, ch. 11, *n.* 11.) Néanmoins cela dépend des circonstances.

En effet, on trouve dans Filleau, *tom.* 1, *part.* 2, *pag.* 129, un Arrêt du Grand-Conseil du 2 Septembre 1624, rendu entre le Prévôt des Maréchaux de Sens, & les Officiers du Présidial de la même ville, qui fait défenses audit Prévôt, d'entendre comme témoins, ceux qui seront présentés devant lui pour être dénonciateurs.

L'Ordonnance criminelle de Léopold, rendue pour la Lorraine, *tit.* 2, *art.* 4, porte aussi que les dénonciateurs ne pourront, en aucun cas, être entendus comme témoins.

L'accusé qui craint que celui qui l'a dénoncé, ou les plus proches parents de ce dénonciateur, ne soient du nombre des témoins qui doivent lui être confrontés, peut même quelquefois obliger la partie publique de nommer au Juge ce dénonciateur. (Ainsi jugé par Arrêt du Parlement de Paris du 3 Juin 1699, rapporté par Bruneau, en son Traité des Matieres criminelles, *part.* 1, *tit.* 17, *max.* 12, *pag.* 141.)

136. 23°. Ceux qui ont emprunté à usure, ne peuvent être entendus en déposition contre celui de qui ils ont emprunté, lorsqu'il est poursuivi criminellement. (Farin. *qu.* 60, *n.* 77 & 80.)

Mais cela ne doit s'entendre qu'en ce qui regarde leur intérêt particulier, & non celui de la partie publique, pour la peine publique. (*Ibid.* n. 84.)

C'est pourquoi, pour que la déposition de ces personnes, ne soit point suspecte, ils doivent renoncer à tout l'intérêt qu'ils peuvent avoir dans la cause. (*Ibid.* n. 86.)

24°. Le Juge ne peut aussi être témoin dans la cause où il est juge; (Farin. *qu.* 60, *n.* 89,) même en cause d'appel. (*Ibid.* n. 94.) Il en est autrement, lorsque la cause est entiérement terminée. (*Ibid.* n. 101.)

Mais cette regle n'a pas lieu quand on ne peut avoir autrement la preuve que par ce moyen; en observant néanmoins que le Juge doit s'abstenir de juger dans les causes où il a été entendu comme témoin. (*Ibid.* n. 128 & 129.)

Il en est de même du Greffier, comme du Juge. (Emerick à Rosback *in Practica Criminali.*)

137. Lorsqu'un Procureur du Roi, ou autre partie publique, devient un témoin nécessaire dans le procès qui se poursuit à sa Requête, rien n'empêche qu'il ne puisse être entendu en déposition; mais alors il doit se recuser, & laisser la continuation de la poursuite, à l'Officier ou Praticien du Siege qui doit la représenter dans ses fonctions. Je crois même que dans ce cas, si le Procureur du Roi, ou autre partie publique, refusoit de déposer, sous prétexte qu'il est partie poursuivante, on pourroit le contraindre en vertu d'un Arrêt ou autre jugement, & ordonner que la poursuite du procès seroit faite par l'Officier ou Praticien qui doit le représenter en cas d'absence, recusation, ou autre empêchement.

25°. A l'égard des Experts, rien n'empêche qu'ils ne puissent être entendus, comme témoins, dans le même procès; parce qu'ils ne sont ni Juges, ni arbitres. (Larocheflavin en ses Arrêts, *liv.* 4, titre des témoins, *art.* 6, *&c.*) Cela même s'observe dans l'instruction du faux. (Voyez l'Ordonnance du mois de Juillet 1737, *tit.* 1, *art.* 22.)

138. 26°. Les Avocats & Procureurs, ne doivent point être reçus à déposer, lorsqu'ils sont administrés comme témoins par leurs parties, dans l'affaire où ils sont Avocats ou Procureurs. (Farinacius *qu.* 60, *n.* 155 & 196;) même sur l'appel. (*Ibid.* n. 204.)

Mais quand ils sont produits par le plaignant, ou par la partie publique, leurs dépositions sont reçues. (Farin. *qu.* 60, *n.* 170 & 122.) On peut, même en ce cas, les contraindre de déposer, & ils ne peuvent s'en dispenser sur le fondement qu'ils sont le conseil de l'accusé. (*Ibid.* n. 223 & 224. Voyez ce qui est dit à ce sujet au titre *Des Informations de témoins*, ci-après, *part.* 3, *liv.* 2, *tit.* 7, n. 60.)

Ce qui vient d'être dit des Avocats & Procureurs, regarde aussi les solliciteurs de procès. (Farin *qu.* 60, *n.* 244 & *suiv.*)

139. 27° Enfin il faut observer que tous ceux qui sont présumés s'intéresser en faveur du plaignant, ou de la partie civile, ne peuvent être entendus à sa Requête. Tels sont les Administrateurs & les Gens d'affaires, les Tuteurs, Curateurs, Donataires, Cautions, Associés, Courtiers, & autres personnes de cette espece, lorsqu'ils ont, ou sont présumés avoir intérêt de déposer en faveur de la partie qui les fait entendre en déposition. (Farin. *qu.* 60, *n.* 261, 272, 316, 335, 362, 368, 386, 406 & *suiv.*)

Mais si l'intérêt de ces sortes de personnes, ne regarde que l'accusé, & non le plaignant, ells pourront être entendues en déposition, soit à la Requête du plaignant, soit à la Requête de la partie publique; & leurs dépositions doivent être reçues.

SECTION II.

Du nombre des Témoins nécessaire pour faire une preuve.

140. 1°. Pour faire une preuve complette d'un fait, il faut qu'il soit prouvé par deux témoins integres & dignes de foi; & qu'il n'y ait aucune circonstance qui rende leur témoignage, nul ou suspect. (Exod. *ch.* 35, *v.* 30; Deuteron. *ch.* 17, *v.* 6, & *ch.* 19, *v.* 1; Math *ch.* 18, *v.* 16; Jo. 8, *v.* 17; 1. *ad* Thimoth. *ch.* 5, *v.* 19; & *ad* Hebr. *ch.* 10, *v* 28; L. *ubi* 12, D. *de testibus*; L. 217, D. *de verbor. signif*; Constit. Carol. *ch.* 67; Farin. *qu.* 63, *n.* 233.)

Mais un seul témoin ne suffit pas pour convaincre; parce que quand l'accusé nie ce qu'un témoin affirme, il n'y a rien de certain ; & au contraire le droit que chacun a d'être cru innocent, doit prévaloir.

2°. Le mari & la femme sont comptés pour deux témoins en matiere de déposition ; &, à plus forte raison, cette regle a lieu dans les autres cas de parenté ou alliances, que deux témoins qui déposent, peuvent avoir ensemble.

3°. Si les deux témoins qui déposent, ne sont pas *omni exceptione majores*, la preuve cesse d'être complette, & il faut y suppléer ou par des indices, ou en augmentant le nombre de ces témoins non integres. (Voyez ce qui est dit ci-après, n. 195 & 413.)

141. 4°. La moindre exception contre un témoin, empêche qu'il soit *omni exceptione major*. Mais dans le doute, on présume toujours qu'un témoin est integre, & hors de tout soupçon ; à moins qu'on ne prouve le contraire. (Farin *qu*. 62, *n*. 15.)

5°. Un seul témoin, quelque élevé en dignité qu'il soit, ne peut jamais former une preuve complette ; & par conséquent, il ne peut suffire pour faire condamner un accusé. (Deuteron. 19, *v*. 15 ; Numer. *cap*. 35, *v*. 19. Voyez aussi les Capitulaires de Charlemagne, *liv*. 6, *ch*. 40 ; la Loi *jusjurand*. Cod. *de testibus* ; & Farin. *qu*. 63, *n*. 1 & *seq*., & *n*. 7 & *seq*.)

ARTICLE PREMIER.

Des Témoins de faits singuliers & séparés.

142. 1°. On appelle témoins *singuliers*, ceux qui déposent de faits différents ; soit qu'il s'agisse de faits de différente nature, soit qu'il s'agisse de faits de même nature passés en différents temps. (Farin. *qu*. 64, *n*. 7 & 85.)

Les témoins, dont les dépositions tendent à une même fin, ne sont point regardés, à proprement parler, comme témoins singuliers. (Novarius, *decis*. 91, *pag*. 129 ; Farin. *qu*. 64, *n*. 31 ;) *v*. *g*. si l'un dépose du commencement de l'action, & l'autre de la fin.

2°. On peut regarder comme une regle générale, que les témoins singuliers ne font aucune preuve, en quelque nombre qu'ils soient ; quand même ces témoins seroient integres & *omni exceptione majores*. (Jul. Clarus, *qu*. 53, *n*. 18 ; Farin. *qu*. 64, *n*. 33, 44 & 57.)

143. 3°. Les témoins qui ne s'accordent pas sur le lieu, ou sur le temps

temps où la chose s'est passée, doivent aussi être regardés comme des témoins singuliers, dans les faits où il est essentiel de connoître l'action & le temps; comme il arrive presque toujours dans les affaires criminelles. (Farin. *qu.* 64, *n.* 72, 75, 97 & 107.)

Mais on ne regarde pas comme témoins singuliers, ceux qui s'accordent dans le fait principal, & qui ne déposent pas affirmativement sur le temps.

Ainsi, si un témoin dépose d'un fait, en y ajoutant le temps & le lieu précis où la chose s'est passée; & qu'un autre témoin dépose du même fait, sans assurer le temps précis où cela est arrivé, mais en disant simplement qu'il croit que c'est en tel temps; alors ces deux témoins ne sont pas regardés comme des témoins singuliers. (Farin. *qu.* 64, *n.* 108.)

Au reste, il faut observer que dans les faits où il est essentiel de sçavoir le temps, il n'est pas nécessaire de dire précisément le jour où la chose s'est passée. (*Ibid.* n. 109.)

144. 4°. Il y a plusieurs cas où la déposition de témoins singuliers, suffit pour former une preuve, & pour faire condamner un accusé.

Ainsi, quand un témoin du fait principal, est joint à la déposition d'un autre témoin de la confession extrajudiciaire de l'accusé, ces dépositions forment ensemble une preuve suffisante pour le faire condamner, mais seulement à une peine pécuniaire & non corporelle; à moins que cette preuve ne soit fortifiée d'ailleurs par d'autres indices. (Farin. *qu.* 64, *n.* 119.)

Il faut cependant observer que la confession de l'accusé ne seroit pas prouvée par deux témoins qui déposeroient de cette confession; mais dont l'un déclareroit l'avoir entendue de l'accusé, dans un certain temps & lieu; & l'autre témoin, l'avoir entendue dans un autre (*Ibid.* n. 145.)

145. 5°. Lorsqu'il s'agit de prouver quelque fait en général, la déposition des témoins singuliers, est suffisante. (Farin. *qu.* 64, *n.* 150 & 152; Jul. Clarus, *qu.* 53, *n.* 19. Voyez aussi Gail, *observat.* lib. 2, *obs.* 66, *n.* 12; Boerius, *decis.* 23, *n.* 44; & Despeisses, *tom.* 2, *tit.* 10, *sect.* 3, *art.* 5, *n.* 8.)

Par exemple, quand il s'agit de prouver qu'un homme est de mauvaises mœurs, débauché, joueur, ivrogne, vagabond, hérétique, ou blasphémateur, &c.; ou qu'une fille, ou femme, est une personne publique, &c. (Jul. Clarus, *qu.* 53, *n.* 19; Farin. *ibid.* qu. 64, n. 223, 224.)

Ou de prouver, en général, qu'une femme est adultere, soit pour la priver de sa dot, soit pour rendre son témoignage suspect. (Farin. *ibid.* qu. 64, n. 235.) Mais s'il s'agit d'infliger une peine pour crimes d'hérésie ou d'adultere, *&c.*, alors les témoins singuliers, ou qui ne s'accordent pas touchant le lieu & le temps, ne font point de preuve, comme nous le voyons dans l'exemple de Suzanne. (Daniel, *cap.* 13, *v.* 54 & 58; Jul. Clarus, *qu.* 53, *n.* 19; Farin. *ibid.* qu. 64, n. 225.)

146. La folie, la fureur, & la démence, se prouvent aussi par des témoins singuliers, ainsi que la bonne ou mauvaise réputation. (Farin. *ibid.* qu. 64, n. 253, 254 & 259.) Et il en est de même des menaces, sevices, & paroles diffamatoires en général. (*Ibid.* n. 275, 278 & 279.)

Pareillement, le dol & la mauvaise foi se prouvent par des témoins singuliers. (Farin. *ibid.* n. 273 & 294.)

Il y a même des crimes particuliers, dont la preuve se fait par des témoins de cette espece.

Tel est le crime de leze-majesté. (Farin. *qu.* 64, *n.* 220 & 221. Voyez ce qui est dit à ce sujet, *partie* 4, au titre *Du crime de Leze-Majesté*, n. 76.)

Tel est aussi le crime de péculat. (Voyez au titre *Du Péculat*, n. 25.)

147. Il en est de même, du crime de concussion. (Farinac. *qu.* 69, *n.* 277. Voyez aussi au titre *Malversations d'Officiers*, n. 77 & 93.)

Ainsi que du crime de simonie. (Farin. *ibid.* qu. 64, n. 274. Voyez cependant ce qui est dit au titre *De la Simonie*, n. 15.)

Et des malversations d'Officiers. (Farin *ibid.* n. 295. Voyez au titre *Malversation d'Officiers*, n. 93.)

Le crime d'usure se prouve aussi par des témoins singuliers. (Farin. *ibid.* qu. 64, n. 195 & 196.) Mais dans nos mœurs, il faut dix témoins de cette espece, pour pouvoir punir quelqu'un comme usurier. (Voyez ce qui est dit à ce sujet au titre *De l'Usure*, n. 37.)

148. Les malversations, exactions, excès, violences, & mauvais traitements des Geoliers, Greffiers des Geoles & Guichetiers des prisons, se prouvent aussi par des témoins singuliers; & la preuve en est complette, s'il y a six témoins, quoiqu'ils déposent chacun de faits singuliers & séparés, & qu'ils y soient intéressés. (Ordonnance de 1670, *tit.* 13, *art.* 27.) Avant cette Ordonnance, il

falloit dix témoins. (Voyez le Procès-verbal de l'Ordonnance de 1670, sur l'*art.* 40 *du tit.* 13, *pag.* 150.)

6°. Quoique les témoins singuliers ne forment point une preuve suffisante par eux mêmes, excepté dans le cas dont on vient de parler, néanmoins ils servent d'indices & de présomptions, & contribuent à fortifier la preuve. (Farin. *qu.* 64, n. 302 & 314.)

SECTION III.

Des Témoins considérés par la nature de leurs dépositions.

ARTICLE PREMIER.

149. 1°. Il y a plusieurs conditions nécessaires pour rendre valable la déposition d'un témoin.

La premiere, est qu'il doit déposer du fait dont il s'agit. Car s'il ne dépose point de ce fait, mais simplement d'autres faits qui ne servent que par induction à la preuve du fait principal; *v. g.* de quelques circonstances qui l'ont précédé ou suivi, quoiqu'on en puisse tirer des conséquences pour la conviction de l'accusé, ce témoignage ne forme point une preuve directe, mais il tombe dans le cas de la preuve par indices, ou conjecturale.

La seconde condition essentielle, est que le témoin dépose de ce qui s'est passé en sa présence, & dont il est pleinement convaincu; c'est-à-dire, qu'il doit déposer du fait, comme l'ayant vu; ou du moins comme l'ayant entendu de ses propres oreilles, s'il s'agit de choses qui tombent sous le sens de l'ouie, telles que sont les paroles, les sons, les injures verbales, les blasphêmes, *&c.*

150. En effet, il est constant que la certitude de la science qui est nécessaire pour former un témoignage, ne peut être produite que par la vue ou par l'ouie, n'y ayant que ces deux sens, capables de recevoir les images des actions & des paroles des hommes, telles qu'elles sont nécessaires pour produire dans l'esprit une connoissance parfaite.

2°. Comme la déposition des témoins, qui ont vu ou entendu, prend toute sa force de cet axiome de philosophie, *firmissimum veritatis criterium est sensus*, il faut pour que cette vérité ait lieu, l'union des deux circonstances suivantes: la premiere, que l'endroit où le fait s'est passé, ait été assez éclairé pour appercevoir la chose dont il s'agit : la seconde, que la distance de l'objet ait une proportion convenable aux organes de la vue, ou de l'ouie; de maniere que cet objet n'ait pas été trop éloigné pour pouvoir être apperçu distinctement par le témoin ; ou, si ce sont des paroles ou autres sons, pour pouvoir être entendu clairement. (Farin. *qu.* 62, *n.* 41 *& seq.*)

151. D'où il suit que si le fait s'étoit passé dans la nuit, sans lumiere ni clair de lune, & que le témoin déposât avoir vu, sa déposition dès lors devient suspecte, à moins qu'il ne fût très proche de l'endroit où la chose s'est passée ; ce qui dépend alors de l'arbitrage du Juge. (Farin. *qu,* 62, *n.* 37 *& seq.*) Il en est de même, s'il déposoit avoir entendu des paroles, & qu'il fût trop éloigné pour avoir pu les entendre. (Farin. *qu.* 69, *n.* 171.)

Il faut aussi que le fait dont le témoin dépose, ne soit pas trop ancien ; car les idées s'effacent avec le temps. Ainsi s'il y avoit quinze ou vingt ans que la chose se fût passée, la déposition seroit plus incertaine ; sur-tout si le fait étoit compliqué, & tel qu'il pût aisément s'effacer de la mémoire.

152. 3°. Quoique les témoins *de auditu vocis*, forment une preuve dans les choses qui tombent sous le sens de l'ouie, (Farin. *qu.* 69, *n.* 156, 164, 165,) néanmoins on doit les regarder comme des témoins foibles, & *non omni exceptione majores*, à cause des inconvénients où ces dépositions sont sujettes, la voix pouvant changer de son, en conséquence d'une infirmité, même légere : ainsi ils ne font pas, à beaucoup près, une preuve si forte que les témoins *de visu.* (Farin. *qu.* 69, *n.* 168.)

4°. Les témoins deviennent encore plus suspects, lorsqu'ils déposent avoir entendu au travers d'un mur, d'une porte, ou d'une fenêtre. (Farin. *qu.* 69, *n.* 189.)

153. Néanmoins on admet quelquefois ces sortes de dépositions dans les grands crimes; *v. g.* dans le crime de leze-majesté, ou de conspiration contre l'Etat. (Farin *ibid.* n. 192.)

Ou lorsque les personnes qui ont été entendues, ont été vues quelque temps auparavant, dans l'endroit où les témoins déposent les avoir entendu parler. (*Ibid.* n. 195.)

Ou quand il y a d'ailleurs d'autres indices qui fortifient la déposition de ces témoins. (*Ibid.* n. 193.)

En général, la preuve qui résulte de ces dépositions, dépend des circonstances & de la prudence du Juge. (*Ibid.* n. 196.)

154. 5°. Les témoins qui déposent avoir entendu faire des caresses, donner des baisers, & autres actes de cette espece, sont regardés comme des témoins idoines, lorsqu'il s'agit de prouver un adultere, un stupre, ou autre conjonction charnelle. (Farin. *qu.* 69, *n.* 197 & 211 ;) quand même ils déposeroient avoir entendu ces choses au travers d'un mur, d'une porte, ou d'une fenêtre ; à cause de la difficulté qu'il y a d'avoir des preuves dans ces sortes de délits. (*Ibid.* n. 12.)

Ces témoins sont admis, à plus forte raison, quand ils se trouvent d'ailleurs fortifiés par quelques indices ou adminicules. (*Ibid.* n. 205, 207 & 214.)

Mais une preuve de cette nature, dépend entiérement des circonstances & de l'arbitrage du Juge. (*Ibid.* n. 215.)

155. 6°. Les témoins qui déposent d'un fait, comme l'ayant entendu dire à d'autres personnes, ne font point de preuve. (Farin. *qu.* 69, *n.* 2 & 9 ; Constit. Caroline, *ch.* 65.)

En effet, il peut aisément arriver qu'on altere un témoignage de cette espece, ou par ce qu'on y ajoute, ou qu'on en retranche quelque chose, comme l'expérience le prouve très souvent. Cette preuve devient encore plus incertaine, lorsqu'il s'est écoulé beaucoup de temps, avant d'avoir oui raconter le fait à d'autres ; parce qu'il est facile d'oublier quelques circonstances pendant un long intervalle de temps.

156. Cette preuve de *oui dire* n'est point reçue, dans le cas même où les témoins seroient des personnes integres & d'une autorité respectable ; & quand même ils déposeroient avoir oui raconter la chose à ceux qui y étoient présents. (Farin. *qu.* 69, *n.* 20 & 26.)

Il y a néanmoins des cas où l'on admet des témoins de cette espece ; comme dans les crimes dont il est difficile d'avoir d'ailleurs la preuve. (Farin. *ibid.* n. 48.)

Et il en est de même dans les délits cachés, ou qui se sont passés depuis long-temps ; pourvu néanmoins qu'il y ait d'autres indices contre l'accusé. (*Ibid.* n. 51, 125 & 135.)

On admet aussi ces sortes de témoins, dans le cas où il s'agit de prouver l'innocence de l'accusé. (*Ibid.* n. 56 & suiv.)

157. Dans les autres crimes même, les témoins de *oui dire*, servent à former des indices & présomptions ; & s'ils sont joints à d'autres indices, ils peuvent être suffisants pour former une preuve, non

complette à la vérité, mais du moins présomptive. (Farin. *ibid.* qu. *69*, *n.* 32, 44 & 46.)

Au surplus, l'espece de preuve qu'ils forment, est entiérement arbitraire, & dépend des circonstances & de la prudence du Juge. (Farin. *ibid.* qu. 69, *n.* 47, 101 & 102.)

Mais pour que les témoins de *oui dire*, soient admis, & fassent preuve dans tous les cas dont on vient de parler, il faut que leur témoignage soit accompagné des circonstances suivantes.

158. La premiere, est qu'ils doivent avoir appris le fait des personnes mêmes qui y étoient présentes.

La seconde, est qu'ils doivent nommer ces personnes. (Farin. *ibid.* n. 75.)

La troisieme, est que ces mêmes personnes doivent être des personnes graves & dignes de foi, & au moins au nombre de deux. (*Ibid.* n. 79 & 85.)

La quatrieme, est que les personnes à qui les différents témoins ont entendu raconter la chose, soient les mêmes personnes. (*Ibid.* n. 87 & suiv.)

Et la cinquieme, est que ces personnes soient mortes; car si elles étoient encore vivantes, il faudroit entendre ces personnes elles-même en déposition; autrement ces *oui dire* ne formeroient aucune preuve. (Farin. *ibid.* qu. 69, n. 92.)

159. Il faut aussi que les témoins, qui déposent ainsi de *oui dire*, soient des personnes graves, dignes de foi, & au dessus de toute exception, & qu'ils soient au moins au nombre de deux. (Farin. *qu.* 69, *n.* 93 & 94.)

Lorsque les témoins ont entendu dire à l'accusé même, les faits dont ils déposent, cela forme ce qu'on appelle *confession extrajudiciaire.* (Voyez ce qui a été dit, touchant cette preuve, ci-dessus n. 86.)

160. 7°. Les témoins doivent rendre raison de leur dire & déposition. (Ordonnance du mois de Mars 1498, *art.* 15; Ordonnance de 1535, *ch.* 7, *n.* 11; Constit. Caroline, *ch.* 65; Voyez aussi ce qui est dit au titre *Des Informations de témoins*, n. 28;) autrement ils ne prouvent point, (Jul. Clarus, *qu.* 53, *n.* 22; Farin. *qu.* 70, *n.* 1, 14-17;) même dans les délits dont il est difficile d'avoir la preuve; comme l'adultere, &c. (Farin. *ibid.* n. 34 & 60.)

Et il faut que cette raison soit évidente, claire & concluante. (Farin. *ibid.* n. 8 & 10.)

161. Cette regle doit avoir lieu, à plus forte raison, dans les cas

où il s'agit de faire la preuve d'une négative. (Far. *ibid.* qu. 70, n. 23.)

Cette regle a pareillement lieu dans les cas où il s'agit deprouver la bonne ou mauvaise réputation d'un accusé ; ou qu'il est vagabond, *&c.* ; (*Ibid.* n. 48 & 77,) ou quand on veut prouver la folie, ou l'ivresse. (Farin. *ibid.* qu. 70, n. 59.)

Et il en est de même quand il s'agit de prouver une amitié ou une inimitié entre deux personnes. (*Ibid.* n. 61.)

Au reste, il faut observer que le témoin est obligé de rendre raison de sa déposition, même sans être interrogé à cet effet. (Farin. *ibid.* n. 91 ; Jul. Clarus, *qu.* 53, *n.* 32.)

Mais il n'est pas nécessaire qu'il rende raison de sa déposition dans les choses de fait, & qui tombent sous les sens corporels, lorsqu'il déclare la maniere dont il les sçait. (*Ibid.* n. 93.)

Et il en est de même dans le cas où le témoin dépose pour constater l'innocence de l'accusé ; comme quand il déclare, à l'occasion d'un homicide, que l'accusé l'a commis à son corps défendant. (Farin. *ibid.* n. 101 ; Jul. Clarus, *qu.* 53, *n.* 22.)

162. A l'égard de la maniere dont le témoin doit rendre raison de sa déposition, il doit le faire en déclarant par le moyen de quel sens corporel, soit de la vue, ou de l'ouie, *&c.*, il a connoissance de la chose dont il s'agit. (*Ibid.* n. 127.)

Ou bien, s'il s'agit de prouver qu'une telle personne est de bonne vie & mœurs, ou d'une mauvaise réputation ; *v. g.* que c'est un ivrogne, un jureur, un debauché, un herétique, ou un homme sans religion ; il peut donner, pour raison de sa science, qu'il est voisin ou parent de cette personne. (Farinac. *qu.* 70, *n.* 174-179.)

Et il peut aussi donner cette même raison, lorsqu'il s'agit de prouver un fait qui s'est passé dans la maison de son voisin ou de son parent. (*Ibid.* n. 183.) Et en général, dans tous les cas où le fait qu'il faut prouver, doit être plutôt connu des voisins & des parents, que des autres personnes. (*Ibid.* n. 198, 199.)

163. 8°. Les témoins qui déposent sur d'autres faits que ceux de la plainte, ne font point de preuve de ces faits, & les Juges ne doivent avoir aucun égard à leurs dépositions. (Farin. *qu.* 71, *n.* 2.)

Ce qui suppose néanmoins que ces autres faits n'ont aucun rapport au fait principal sur lequel ils sont entendus en déposition. Car si ces autres faits sont connexes, ou ont quelque rapport avec le premier fait, alors les dépositions de ces témoins doivent être admises, & faire preuve. (*Ibid.* n. 5 & 20.)

164. 9°. Les témoins qui déposent d'une maniere incertaine, douteuse, obscure, équivoque, & non concluante, ne font point de preuve, & doivent être rejettés (Farin. *qu.* 68, *n.* 1 & 3)

En effet, la déposition d'un témoin doit être claire, juste, précise, sans équivoque ni variation. Car si elle est conçue en termes obscurs, & à double sens; ou si cette déposition est chancelante, & que le témoin soit lui-même en doute de ce qu'il déclare; cette incertitude & ces variations rendent sa déposition incertaine, & elle ne doit faire aucune impression dans l'esprit du Juge; toute la force d'une déposition, consistant dans cette justesse & dans cette conformité qu'elle doit avoir avec la vraisemblance du fait; en telle sorte qu'en lui donnant un sens raisonnable, elle ne puisse prouver un autre fait que celui dont il s'agit, ni avoir un double sens qui renferme quelque contrariété.

165. Les témoins ne font point non plus de preuve, lorsque dans leurs dépositions ils se servent de ces mots, *je crois*, *il me semble*, *si je ne me trompe*, *s'il m'en souvient bien*; & autres expressions semblables. (Farin. *qu.* 68, *n.* 4, 8, 11, 14, 25 & 37.)

Ces sortes de témoins d'opinion, ne sont pas, à proprement parler, des témoins, & ne forment pas même une présomption; dans le cas même où ils ajouteroient qu'ils croient fermement le fait dont ils déposent, à moins qu'ils n'expliquent en même temps sur quoi ils fondent leur opinion; quand même il y auroit un grand nombre de témoins de cette espece. (*Ibid.* n. 62, 66, 67 & 73.)

Il faut néanmoins excepter de cette regle, les délits dont il est difficile d'avoir la preuve, ainsi que ceux qui sont arrivés il y a très long-temps. (Farin. *ibid.* n. 84, 85 & 92.) Mais dans ce cas là même, ils ne forment qu'un indice. (*Ibid.* n. 105.)

Lorsque ces témoins sont joints à d'autres indices, ils peuvent servir à former une preuve suffisante. (*Ibid.* n. 101.)

166. 10°. Si le témoin dépose des choses absurdes, ou impossibles, & contraires aux loix de la nature, il doit être rejetté, & l'on ne doit avoir aucun égard à sa déposition. (Bald. *in* L. *fin.* Cod. *de edendo.*) Comme quand il s'agit de sortileges, apparitions, *&c.* & autres cas où l'imagination du témoin a pu aisément le tromper. Néanmoins il y a des occasions où ces sortes de dépositions sont admises

admiſes ; comme quand il s'agit de prouver des miracles, & autres choſes arrivées en vertu d'un pouvoir ſurnaturel.

167. 11°. De même, le témoin qui ment & dépoſe faux, ne fait aucune preuve ; (Jul. Clarus, *qu.* 53, *n.* 7 ; Farin. *qu.* 67, *n.* 58,) même dans une autre inſtance que celle où il a dépoſé faux. (Farin. *ibid.* n. 59, 102 & 150.)

Mais cette regle n'a lieu que quand le témoin dépoſe faux touchant le fait principal, ou touchant quelque qualité ſubſtantielle de ce même fait ; *ſecus* ſi ce témoin ne dépoſe faux que ſur des circonſtances extrinſéques & non eſſentielles. (Jul. Clarus, *qu.* 53, *n.* 9 ; Farin. *qu.* 67, *n.* 135, 137, 154.)

Ainſi une erreur, ſur l'indication du jour auquel le fait s'eſt paſſé, ne ſeroit pas ſuffiſante pour faire rejetter la dépoſition du témoin. Il en ſeroit autrement, ſi le témoin dépoſoit que la choſe s'eſt paſſée dans un mois différent de celui où en effet elle eſt arrivée. (*Ita* Bald. *in* L. *prius*, n. 46, Cod. *qui accuſ. non poſſunt.*)

168. Il en eſt de même, ſi ce témoin, en dépoſant d'un homicide, dépoſoit ſeulement faux ſur la qualité, ou le genre d'armes avec leſquelles il a été commis ; pourvu néanmoins que la fauſſeté de ſa dépoſition ne tombe pas ſur une circonſtance eſſentielle ; comme s'il dépoſoit que l'homicide a été commis avec une arme à feu, lorſqu'il a été commis par le fer, *&c.*

Mais ſi le témoin dépoſe faux, touchant la cauſe de ſa dépoſition, il doit être rejetté ; par exemple, s'il déclaroit avoir vu tuer quelqu'un pendant la nuit, & qu'il aportât pour cauſe de ſa ſcience, qu'il a vu le fait, parce qu'il faiſoit alors clair de lune : s'il eſt prouvé qu'il n'y avoit point alors de clair de lune, cette dépoſition doit être rejettée comme fauſſe. Plutarque en la vie d'Alcibiade, *n.* 12, rapporte l'exemple d'une perſonne qui fut reconnue pour faux accuſateur dans un cas ſemblable.

169. Lorſqu'un témoin eſt reconnu pour avoir dépoſé faux dans une partie de ſa dépoſition, elle doit être rejettée en entier. (Boerius, *deciſ.* 253, *n.* 6 ; Jul. Clarus, *qu.* 53, *n.* 8 ; Farinac. *qu.* 67, *n.* 11 ; Voyez auſſi ce qui eſt dit au titre *Des faux Témoins*, ci-après, *part.* 4, *n.* 10.)

Ce qui a lieu, à plus forte raiſon, lorſque le témoin eſt d'ailleurs ſuſpect. (Farinac. *qu.* 67, *n.* 122.)

Et cette regle doit recevoir pareillement ſon application, dans le cas où le témoin dépoſeroit faux dans la prémiſſe de ſa déposition; *v. g.* touchant la parenté, ou alliance, *&c.*; pourvu néanmoins que cette parenté ou alliance fût essentielle à la preuve du fait. (Farinac. *ibid. n.* 126 & 131.)

Mais si la fausseté de la déposition du témoin, ne regardoit pas le fait principal, ni quelques-unes de ses circonstances essentielles; la fausseté d'une partie de la déposition du témoin ne seroit pas suffisante pour faire rejetter le surplus de cette déposition. (Farinac. *qu.* 67, *n.* 167 & *seq.* 178.)

170. Il en est de même, si la fausseté ne tomboit que sur des choses omises. (Tiraquell. *in tractatu de pœnis temperandis*, caus. 44, *n.* 42.)

A l'égard de la maniere dont on doit punir les faux témoins, & ceux qui varient dans leurs dépositions, Voyez ce qui est dit ci-après, *part.* 4, au titre *Des Faux témoins*, n. 3 & suiv.

ARTICLE II.

Des Témoins qui varient après leur déposition.

171. Il arrive quelquefois qu'un même témoin dépose d'abord d'une maniere, soit dans sa premiere déposition, soit devant un premier Juge; & qu'ensuite il dépose d'une autre maniere à son récolement, & même à la confrontation, ou devant un autre Juge: voici les regles que le Juge doit observer à cet égard.

Un témoin est dit *varier*, lorsqu'il dépose indirectement le contraire de ce qu'il a déposé d'abord; & il est dit *se contrarier*, lorsqu'il dépose directement le contraire de ce qu'il avoit dit dans une premiere déposition.

On appelle témoin *vacillant*, celui qui dépose en tremblant, ou hésitant, & d'une maniere chancelante & douteuse; mais à parler plus exactement, on appelle indistinctement témoins *vacillans*, tous ceux qui varient dans leurs dépositions.

172. 1°. On peut regarder comme une regle générale, que le témoin qui varie, & qui se contredit, ne fait aucune preuve. (L. 2, D. *de testibus*; Jul. Clarus *qu.* 53, *n.* 15; Farinac. *qu.* 66, *n.* 13, & *seq.* & *n.* 321 & 327.)

En effet, une déposition, pour faire foi, doit être exacte & sans variation; & lorsqu'elle se contredit, ou qu'elle est détruite par quelque autre circonstance certaine, & manifestement contraire, elle ne doit faire aucune impression dans l'esprit du Juge.

Il faut même observer que le témoin qui varie, ou qui se contredit dans une partie de sa déposition, est réputé varier & se contredire pour le tout, & ne fait par conséquent aucune preuve. (Farinac. *qu.* 69, *n.* 19.)

173. 2°. Mais cette regle, que le témoin qui varie, ou qui se contredit, ne fait aucune preuve, n'a lieu que quand cette variation se fait dans des choses essentielles. Car si cette variation ne concerne que des circonstances accessoires & accidentelles, elle fait preuve, si d'ailleurs la déposition s'accorde dans le fait principal. (Farinac. *ibid.* qu. 66, *n.* 22 & *seq.* jusqu'au n. 30.)

Dans ce cas néanmoins, la déposition du témoin qui varie dans des circonstances, quoiqu'accidentelles, n'a pas la même autorité que celle du témoin qui déposeroit d'une maniere uniforme. (Farinac. *ibid. n.* 31.)

3°. Lorsque la variation, ou contrariété du témoin, ne vient que d'erreur, ou d'ignorance, elle ne diminue en rien la force de sa déposition; comme dans le cas où elle seroit fondée sur un oubli. (*Ibid. n.* 32, 35.)

Et il en est de même lorsque cette variation, ou contrariété, est légere; quand même elle se feroit dans des circonstances essentielles. (*Ibid. n.* 36.)

174. 4°. Le témoin n'est point regardé comme variable, lorsqu'à son récolement, ou étant entendu en déposition devant un autre Juge, il ajoute des choses qu'il n'avoit point dites d'abord; & dans ce cas son témoignage doit avoir toute sa force. (Farinac. *ibid. n.* 37.)

5°. Si le témoin, à son récolement, ou bien étant entendu en déposition devant un autre Juge, déclare des choses ou des circonstances essentielles, contraires à celles qu'il avoit dites dans sa premiere déposition; on doit avoir égard à la premiere déposition, & non à la seconde. (Farinac. *qu.* 66, *n.* 124 & 139.) Quelques Auteurs même ont prétendu que dans ce cas on ne devoit avoir égard à aucune des deux dépositions. (Farinac. *ibid. n.* 130 & 136;) mais du moins il est vrai de dire que la premiere déposition se trouve affoiblie par la seconde. (*Ibid n.* 164.)

175. La regle qu'on vient d'établir, a pareillement lieu dans le cas où il se trouveroit plusieurs témoins de cette espece; car quand même chacun de ces témoins déposeroit le contraire de ce qu'il a dit dans sa premiere déposition, & que cette contrariété seroit la

même, il faudroit aussi avoir égard à leur premiere déposition, & non à la seconde. (*Ibid.* qu. 66, *n.* 132.)

Et il en est de même, si les dépositions de ces témoins avoient été faites devant différents Juges. (Julius Clarus, *qu.* 53, *n.* 13; Farinac. *ibid. n.* 133 & *seq.*)

Mais cette regle que, quand des témoins varient à leur récolement, ou lorsqu'ils sont entendus devant un autre Juge, on doit avoir égard à leur premiere déposition, & non à la seconde, cesse d'avoir lieu, lorsque le changement fait dans la seconde déposition, a été fait uniquement dans le dessein de corriger & de rectifier la premiere; car alors c'est à cette seconde déposition qu'on doit avoir égard, & non à la premiere. (Farinac. *ibid. n.* 142.) Voyez ci-après, n. 179 & suivants, comment, & en quel cas le témoin peut faire cette correction.

176. Il en est de même, lorsque la fausseté de la premiere déposition se trouve établie par la déclaration des autres témoins qui ont été entendus. (Farinac. *ibid.* qu. 66, *n.* 147;) ou que cette seconde déposition est plus vraisemblable que la premiere, & fortifiée par d'autres présomptions. (*Ibid. n.* 151.)

Et de même si la premiere déposition avoit été faite sans en donner la raison, & que dans la seconde, cette raison se trouvât suffisamment expliquée. (*Ibid. n.* 150.)

Ou si la premiere avoit été faite dans une instance nulle, & la seconde dans une instance valable. (*Ibid. n.* 155.)

177. 6°. Si l'accusé, considéré comme témoin, rélativement à un autre accusé, dépose, à la torture, le contraire de ce qu'il avoit déclaré lorsqu'il étoit libre, & hors des tourments, le Juge doit avoir égard à la seconde déposition faite à la torture, & non à celle qu'il avoit faite auparavant, & hors la question. (Farin. *Ibid. n.* 165.)

Excepté dans le cas où cette seconde déposition seroit plus vraisemblable, & fortifiée par d'autres indices. (*Ibid.* qu. 66, *n.* 178.)

178. 7°. Lorsque le témoin fait, hors Justice, une déclaration contraire à celle qu'il a faite précédemment en Justice, on ne doit avoir aucun égard à cette déclaration ainsi faite hors Justice. (*Ibid. n.* 200--203;) quand même cette seconde déclaration seroit faite par le témoin à l'article de la mort. (Farin. *ibid. n.* 204 & *seq.*)

C'est aussi la disposition de l'article 21 du titre 15 de l'Ordonnance de 1670, qui fait défenses aux Juges d'avoir égard aux déclarations faites par les témoins depuis l'information; & qui veut qu'elles soient rejettées du procès, & que le témoin qui les aura faites, & la partie qui les aura produites, soient condamnés chacun en quatre cents livres d'amende envers le Roi, & autre plus grande peine s'il y échet.

Ces déclarations, dont parle ici l'Ordonnance, sont celles qui se font pardevant Notaires, Greffiers, ou autrement. (Voyez le procès-verbal de l'Ordonnance de 1670 sur cet article, *pag.* 182.) L'article 11 de ce même titre 15, parle des retractations faites par les témoins à la confrontation. (Voyez *infrà*, n. 181.)

Néanmoins quand un accusé qui a chargé quelqu'un comme son complice, vient depuis à le décharger à l'article de la mort, & déclare que c'est mal-à-propos qu'il a accusé ce particulier qu'il assure être innocent; on doit avoir égard à cette retractation, de maniere que la déposition tombe entiérement. (*Ita* Farinac. *qu.* 44, *n.* 68: où il ajoute ensuite, *ibid. n.* 108, que cette opinion est confirmée par le suffrage de tous les Docteurs, & que c'est une maxime universellement reçue.)

179. 8°. Le témoin peut corriger sa déposition, non-seulement sur le champ, & avant qu'elle soit close: (Farinac. *qu.* 66, *n.* 227;) auquel cas il n'est pas même nécessaire qu'il rendre alors raison de cette correction. (Menochius *de arbitr. jud. casu.* 108, *n.* 6; Covarruvias *var. resolut.* lib. 2, cap. 13, *n.* 8; Farinac. *qu.* 66, *n.* 240.(

Mais il peut encore faire cette correction depuis sa déposition, & lors de son récolement; & l'éclaircir ou interpréter, même y ajouter, ou diminuer. (Ordonnance de 1670, *tit.* 15, *art.* 5; Farinac. *qu.* 66, *n.* 245 & 252.)

Il faut néanmoins que cette correction ne regarde pas le fait principal, ni aucune de ses circonstances essentielles; autrement on ne doit avoir aucun égard à sa déposition, & il pourroit même être puni comme faux témoin.

C'est pourquoi le témoin qui fait quelque changement considérable à sa déposition, doit expliquer la cause de ce changement. (Farinac. *qu.* 66, *n.* 245.)

180. Mais lorsque le témoin fait seulement quelque correction légere,

ou qu'il y ajoute, ou diminue quelque chose, il suffit qu'il déclare que c'est par souvenir, sans qu'il soit nécessaire d'alléguer une autre cause; parce qu'il est censé, dans l'intervalle de temps qui s'est écoulé entre sa déposition & son récolement, s'être rappellé le fait plus exactement. (Farinac. *ibid. n.* 246 & 251.)

Dans ces cas, on doit toujours avoir égard à la déposition du témoin, corrigée par son récolement; mais si cette correction tomboit sur quelque circonstance importante, elle rendroit la déposition plus foible, & elle ne feroit pas la même preuve que si elle eût été faite d'une maniere constante & invariable. (*Ibid. n.* 250 & 251.)

181. 9°. Depuis le récolement, il n'est plus permis au témoin de changer sa déposition, même à la confrontation. L'article 11 du titre 15 de l'Ordonnance de 1670, en a une disposition précise. Cet article porte: » Que les témoins qui, depuis leur récolement retracteront leurs dépositions, ou les changeront dans des » circonstances essentielles, seront poursuivis & punis comme » faux témoins. (Voyez le procès-verbal de l'Ordonnance de 1670, *pag.* 177.)

Et à plus forte raison, depuis la confrontation. (Voyez ce qui a été dit ci-dessus, *n.* 178 & *suiv.*)

10°. Au surplus, le Juge peut toujours entendre de nouveau un témoin, quoiqu'il ait déja déposé, & même été récolé, lorsqu'il s'agit de lui faire expliquer quelque endroit obscur, ou équivoque de sa déposition, ou de son récolement. (*Ita* Jul. Clarus, *qu.* 61, *n.* 5; & Farinac. *qu.* 66, *n.* 313; Voyez ce qui est dit au titre *Des Information de témoins* ci-après, *part.* 3, *liv.* 2, *tit.* 7, *n.* 51.)

ARTICLE III.

Questions particulieres sur la variété ou contrariété qui peut se trouver dans les différentes dépositions & récolements d'un même témoin.

182. 1°. Si le témoin dépose, d'abord, d'une maniere affirmative, & qu'ensuite à son récolement il déclare qu'il ne se souvient pas du fait; les Juges ne doivent avoir aucun égard à sa déposition. (Farinacius, *qu.* 66, *n.* 329 & 330.)

2°. Si au contraire, le témoin, après avoir déclaré dans sa déposition, qu'il ne se souvient pas du fait, déposoit ensuite à son récolement touchant ce même fait, comme s'en ressouvenant bien; alors on doit avoir égard à la seconde déposition. (*Ibid. n.* 331.)

3°. Si dans sa déposition il avoit déposé d'une maniere douteuse, & qu'à son récolement il déposât d'une maniere affirmative, il faudroit aussi avoir égard à la seconde déposition. (*Ibid. n.* 334.)

183. 4°. Si le témoin, dans sa premiere déposition, avoit dit simplement, *je crois*; & que lors de son récolement, il déposât d'une maniere affirmative, le Juge doit aussi avoir égard à la seconde déclaration; sur-tout si le témoin apporte une raison de sa certitude. (Farinac. *qu.* 66, *n.* 336, 337 & 340; & Julius Clarus, *qu.* 53, *n.* 16.)

5°. Si le témoin dépose, d'abord, d'une maniere affirmative; & qu'à son récolement il dise simplement, *je crois*, on doit s'en tenir à sa déposition; sur-tout si lors de cette déposition, il a donné une raison de ce qu'il sçait. (Farinac. *ibid. n* 341 & 344.)

6°. Si le témoin, lors de sa premiere déposition, a déclaré ne rien sçavoir, & qu'à son récolement il dépose qu'il croit que la chose s'est passée de telle maniere; on ne doit avoir aucun égard à son récolement. (*Ibid. n.* 345.)

184. 7°. Si lors de sa premiere déposition, il dépose du fait, comme en ayant une entiere connoissance; & qu'à son récolement il déclare ne rien sçavoir, il dépend alors de la prudence du Juge d'avoir égard, ou non, à la déposition de ce témoin, suivant qu'elle s'accorde plus ou moins avec les autres faits prouvés au procès. (Farinac. *ibid. n.* 355, 356.)

8°. Si au contraire, le témoin avoit déclaré dans sa premiere déposition, ne sçavoir rien du fait, & qu'ensuite à son récolement il déposât affirmativement de ces mêmes faits, comme en ayant connoissance; alors on doit avoir égard à ce qui est dit par ce témoin lors de son récolement; pourvu qu'il rende une raison légitime de cette connoissance. (Farinac. *qu.* 66, *n.* 357 & 363;) autrement il ne paroît pas qu'on doive avoir beaucoup d'égard à cette seconde déposition.

9°. Enfin, si après avoir déposé d'abord que la chose s'est passée en présence de certaines personnes, il déclare ensuite à son récolement, que ces personnes n'y étoient pas présentes; il ne paroît pas qu'on doive avoir beaucoup d'égard à une déposition de cette espece. (Farinac. *ibid. n.* 368.)

ARTICLE IV.

Du Témoin qui a été suborné, ou corrompu.

185. Le témoin qui a été gagné, ou corrompu par argent, ne fait aucune preuve; & son témoignage doit être entiérement rejetté. (Farinac. *qu.* 67, *n.* 236, L. 3, §. 5, D. *de testibus.*)

C'est par les circonstances, qu'on juge si un témoin a été corrompu, ou non; mais il n'est pas nécessaire pour cela, d'avoir une preuve complette, de simples présomptions suffisent. (Farinacius, *ibid. n.* 257.)

Quand il est prouvé qu'un témoin a reçu de l'argent de la partie en faveur de laquelle il dépose, dès là il est présumé avoir été suborné par elle; & sa déposition doit être rejettée. (Farinacius, *qu.* 67, *n.* 237 *& suiv.*;) à moins que cet argent n'ait été donné en vertu d'une cause légitime; (*Ibid. n.* 270;) ou depuis la déposition, & sans aucune promesse précédente. (*Ibid. n.* 277.)

On présume aussi quelquefois que le témoin a été corrompu, lorsqu'il a bu & mangé chez la partie depuis l'assignation; ce qui dépend des circonstances, & de la qualité des personnes.

186. Celui qui vient pour déposer avec des instructions de la partie, ne doit pareillement faire aucune preuve, & l'on ne doit point avoir égard à sa déposition, (Farinac. *ibid.* qu. 67, *n.* 283.)

Et il en est de même, s'il vient déposer avec des instructions de l'Avocat, ou Procureur de sa partie. (*Ibid. n.* 284.)

Mais cette regle n'a pas lieu, lorsque le témoin vient avec des instructions légitimes, & données de bonne foi, pour déclarer la vérité telle qu'elle est. (Farinac. *ibid.* qu. 67, *n.* 287 *&* 290.)

Dans le doute, cette instruction est toujours présumée avoir été donnée de bonne foi. (*Ibid. n.* 292.)

A l'égard du témoin qui s'est ouvert envers sa partie, & qui lui a fait part de ce qu'il devoit déposer, ce n'est pas une raison pour faire rejetter son témoignage. (*Ibid. n.* 293 *&* 295.)

SECTION

SECTION IV.

Des Témoins considérés par rapport à la forme de leurs dépositions.

187. 1°. La déposition des témoins qui se sont présentés d'eux-mêmes, & sans assignation, doit être rejettée, & ne fait aucune preuve. (Farinac. *qu.* 80, *n.* 7 & *seq.* Ce qui résulte aussi de l'article 4 du titre 6 de l'Ordonnance de 1670.)

2°. Les formalités établies par l'Ordonnance criminelle au même titre 6, & au titre 15, pour la déposition, récolement & confrontation des témoins, doivent être observées, à peine de nullité desdites dépositions, récolements & confrontation; ainsi qu'il résulte de ces mêmes titres.

SECTION V.

Devoirs des Juges, touchant la preuve testimoniale.

188. Les fonctions & devoirs des Juges, touchant la preuve testimoniale, consistent 1°. à estimer la force ou la qualité de cette preuve, soit par la qualité des témoins, soit par leur nombre, soit par la nature de leurs dépositions : 2°. à rejetter d'office les dépositions qui ne doivent point être admises : 3°. à comparer ensemble les dépositions contraires, pour voir celles qui doivent être préférées.

ARTICLE PREMIER

Touchant la qualité des Témoins.

189. Les témoins sont, ou *integres, & dignes de foi*; ou *inhabiles*.

Les témoins *integres, & dignes de foi*, sont ceux contre lesquels il n'y a aucun reproche : on les appelle aussi *idoines* & *légitimes*. Cette qualité se présume toujours dans le témoin; à moins qu'on ne prouve le contraire. (Farinac. *qu.* 62, *n.* 15;) mais le moindre reproche, s'il est fondé, empêche qu'un témoin puisse être regardé comme integre.

Lorsque les témoins, outre la probité & l'intégrité, ont encore quelque qualité qui les releve d'une maniere distinguée, soit du côté de la dignité, soit du côté de la réputation, ils forment ce qu'on appelle des témoins *omni exceptione majores*; mais cette qualité ne se présume point, si elle n'est prouvée, ou du moins si elle n'est notoire. (Farinac. *qu.* 62, *n.* 6 & *seq.*)

On appelle témoins *inhabiles*, ceux qui donnent lieu à quelque suspicion contre eux, soit par leur qualité, soit par la nature de leurs dispositions. (Voyez ce qui a été dit ci-dessus, n. 104 & suiv.)

190. 1°. On peut regarder comme une regle générale, qu'on n'admet point en matiere criminelle, le témoignage des personnes suspectes; & que leurs dépositions doivent être rejettées. (Farin. *qu.* 62, *n.* 22;) mais cette regle souffre plusieurs exceptions, ainsi qu'on va le voir dans les observations qui suivent.

2°. Les témoins inhabiles sont admis dans tous les crimes dont il est difficile d'avoir la preuve; tels que le vol, l'adultere, la supposition de part, le dol, la fraude, la simonie; & autres de cette espece. (Farin. *ibid.* qu. 62, n. 28 & *seq.*; Novarius, *decis.* 135.) Tels sont aussi les délits commis de nuit, dont il seroit difficile d'avoir autrement la preuve. (Farin. *ibid.* qu. 62, n. 33.)

3°. Il en est de même des crimes dont on ne peut avoir la preuve par d'autres témoins. (Damhouder. *in praxi crim.* tit. 51 *de salvatione*, n. 7; Jul. Clarus, *qu.* 24, *n.* 19; Farin. *qu.* 62, *n.* 50, 52.) *v. g.* quand il s'agit d'un délit commis dans un bois, sur une montagne, ou dans quelque autre endroit écarté. (Farinac. *ibid.* n. 55.)

191. Par une raison contraire, on n'admet point les témoins inhabiles, quand on peut avoir la preuve par d'autres; comme s'il s'agissoit d'un crime commis dans une ville, place, ou autre lieu public. (Farin. *ibid.* n. 56.) Au reste, c'est par les circonstances, qu'on doit décider si le crime est tel que d'autres témoins n'ont pu y être présents, comme sont les crimes de conjuration, d'hérésie, & autres semblables; (Farin. *ibid.* qu. 62, n. 62;) ce qui n'a pas lieu conséquemment pour les crimes d'homicide, de violence, d'injures, & autres de cette espece, où l'on présume qu'il y a, ou pu avoir d'autres témoins. (*Ibid.* n. 62, 64 & suiv.)

Mais dans le cas même où il s'agit de crimes qui ont pu se commettre en présence d'autres témoins, la déposition de témoins inhabiles ne laisse pas de former une présomption. (*Ibid.* n. 68.)

4°. Dans les crimes atroces, qu'on appelle *crimes exceptés*, tels que sont les crimes de leze-majesté, héréfie, vol de grand-chemin, simonie, & autres de cette espece dont il a été parlé au titre *Des Crimes & Délits*, ci-dessus *part.* 1, *tit.* 1, *in princ.*,) on reçoit aussi la déposition des témoins, quoiqu'inhabiles & reprochables. (Jul. Clarus, *qu.* 24, *n.* 19; Farin. *qu.* 62, *n.* 81.)

192. 5°. Les témoins inhabiles sont aussi admis, quand il s'agit de prouver l'innocence ou la justification de l'accusé; (Farin. *qu.* 62, *n.* 90;) mais non quand il s'agit de prouver des reproches contre quelqu'un des témoins; il faut alors des témoins non suspects. (*Ibid.* n. 23 & 91.)

6°. On admet aussi les témoins inhabiles, quand il s'agit de faire quelque preuve contre le plaignant. (*Ibid.* n. 211, 213, 214, 226 *& seq.*)

7°. Il faut observer que dans tous les cas où l'on admet des témoins inhabiles contre l'accusé, ils ne font point une preuve entiere, & qu'on ne doit pas y ajouter la même foi qu'aux témoins non susceptibles d'aucuns reproches. (Farin. *qu.* 62, *n.* 73 *& seq.*; Carrerius *in Pract. Crim.* in L. *observare*, n. 165;) même quand on ne peut avoir autrement la vérité; (Farin. *ibid.* n. 30, 45 & 36;) excepté que dans ces derniers cas, ils prouvent davantage que dans les autres cas où l'on peut ordinairement avoir d'autres témoins. (Farin. *ibid.* n. 78 & 79.)

193. 8°. Les témoins inhabiles, qui ont dans leurs personnes plusieurs causes de reproche, ne doivent point être écoutés, & leurs dépositions doivent être entiérement rejettées; même dans les cas où l'on ne pourroit avoir autrement la preuve du crime. (Farin. *ibid.* qu. 62, n. 80. (

9°. Il faut aussi observer que les témoins inhabiles ne sont admis que pour la preuve du fait principal; mais non pour prouver les adminicules du crime. (Farin. *qu.* 56, *n.* 72, & *qu.* 62, *n.* 87.)

10°. C'est le temps de la déposition qu'il faut considérer pour juger de l'inhabileté d'un témoin; & non le temps qui la précede. C'est pourquoi, si un témoin avoit été autrefois accusé & poursuivi pour quelque crime, & que depuis ce temps il fût devenu de bonne réputation, on ne pourroit le reprocher. (Voyez ce qui est dit ci-dessus, *n.* 128.)

De même, la déposition du témoin qui n'a été repris de Justice que depuis sa déposition ou son récolement, doit subsister, suivant l'observation de Monsieur Pussort sur l'article 22 du titre 17 au Procès-verbal de l'Ordonnance, *pag.* 108; sauf aux Juges à faire telles observations qu'ils jugeront à propos sur ces sortes de dépositions.

194. 11°. Dans tous les cas où la déposition des témoins inhabiles doit être rejettée, elle ne laisse pas de former un indice contre l'accusé; soit que leur inhabileté vienne de leurs personnes, soit qu'elle vienne de la nature de leurs dépositions. (Jul. Clarus, *qu.* 24, *n.* 23; Farin. *qu.* 62, *n.* 261 & *seq.*, 274 & 282.)

12°. L'inhabileté d'un témoin ne se présume point, & elle doit être prouvée quand on l'allegue. (Farin. *qu.* 62, *n.* 371.)

13°. Au surplus, dans les personnes dignes de foi & d'une probité reconnue, la bonne réputation supplée l'inhabilété qui pourroit provenir de la parenté ou alliance de ces personnes. (Farin. *ibid.* qu. 62, n. 367.)

14° Il faut aussi observer que l'inhabileté d'un témoin, se supplée par l'idonéité ou intégrité d'un autre témoin; (Bald. *in* L. *si quis ex argentario*, §. *cogentur*, D. *de edendo*, & *in consil.* 11, col 2, vol. 4;) ou par des indices & conjectures qui fortifient la déposition de ce témoin.

ARTICLE II.

Touchant le nombre des Témoins.

195. 1°. Le nombre des témoins inhabiles, supplée à leur incapacité, (Farinac. *qu.* 61, *n.* 309;) pourvu que cette incapacité vienne de leurs personnes, & non de la nature de leurs dépositions; (Gloss. *in* L. 3, D. *de testibus*; Farinac. *ibid.* n. 320;) mais si ces témoins étoient entiérement incapables, ils ne pourroient être suppléés par le nombre. (Farinac. *ibid.* qu. 62, n. 317 & 322.)

2°. Quelques-uns prétendent que deux témoins suspects équivalent à un temoin digne de foi; mais on ne peut établir là dessus aucune regle certaine; cela dépend des circonstances & de la prudence du Juge. (Farinac. *qu.* 62, *n.* 325--327.)

3°. Si de deux témoins entendus, il y en a un qui soit suspect, & que l'autre soit *omni exceptione major*, alors la qualité de ce dernier, supplée à l'inhabileté de l'autre; & il se fait une espece de compensation entre eux ; (*Ibid.* n. 328,) ce qui a lieu, même dans le cas où l'inhabileté du premier témoin, viendroit de la nature de sa déposition ; pourvu que cette déposition ne péchât pas dans quelque circonstance essentielle. (*Ibid.* n. 322-334.)

Néanmoins une preuve de cette espece, ne peut suffire pour faire condamner l'accusé en la peine ordinaire due au crime ; mais seulement pour le faire condamner à la question, ou à une peine moindre que la peine ordinaire. (Farin. *Ibid.* n. 345.)

196 4°. Si l'inhabileté du témoin est suppléée par la déposition de plusieurs témoins dignes de foi, alors la preuve devient complette ; (*Ibid.* n. 331,) & elle le seroit même indépendamment de ce témoin inhabile.

5°. Il en est de même, si l'inhabileté du premier témoin, étoit suppléé, non-seulement par la qualité du second témoin qui seroit *omni exceptione major* ; mais encore par d'autres indices & conjectures. (Farin. *qu.* 62, *n.* 335 *& suiv.*)

6°. Mais si l'incapacité du premier témoin, est totale, & telle qu'elle doive faire rejetter sa déposition, cette incapacité ne peut jamais être suppléé par un autre témoin. (*Ibid.* n. 341.)

ARTICLE III.

Touchant la nature des dépositions.

197. 1°. Le Juge doit, autant qu'il peut, concilier les dépositions des différents témoins, afin d'en tirer la preuve nécessaire. (Farinac. *qu.* 68., *n.* 43.)

Mais il faut les interpréter dans leur sens propre, & suivant la maniere commune de penser des hommes. (*Ibid.* n. 47 & 51.)

2°. Une déposition douteuse doit toujours s'interpréter par la déposition des autres témoins, (Farinac. *ibid.* qu. 68, n. 56,) ou par les autres actes du procès. (*Ibid.* n. 59.)

3°. Dans le doute, l'interprétation doit toujours se faire en faveur de l'accusé, (*Ibid.* n. 45 & 60 ;) pourvu que cette interprétation ne soit pas contraire à ce qui est prouvé d'ailleurs au procès. (*Ibid.* n. 61.)

ARTICLE IV.

De la contrariété qui se trouve dans les différentes dépositions ; & de la maniere de les concilier, ou de préférer les unes aux autres.

198. 1°. La contrariété qui peut se trouver entre différents témoins, vient ou de la personne, ou de la chose, ou du lieu, ou du temps.

2°. On peut regarder comme une regle générale, que quand des dépositions & déclarations de témoins, sont contraires, ou dans le fait principal, ou dans des circonstances essentielles, elles se détruisent les unes les autres, & doivent être entiérement rejettées, & qu'elles ne forment aucune preuve, (Farinac. *qu.* 65, *n.* 1 & 4; (quand même il y auroit plusieurs, ou même un grand nombre de témoins de cette sorte. (*Ibid.* n. 3.)

3°. Dans tous les cas où les témoins ne s'accordent pas dans le fait principal, ou dans les circonstances intrinséques & essentielles du fait, le Juge doit faire entendre le plus de témoins qu'il pourra, afin que les témoignages des uns qui se trouveront semblables, supplée à ceux des autres, & qu'ils puissent former une preuve entiere : car plus il y a des témoins d'un même fait, & plus les dépositions qui s'accordent entre elles, doivent faire preuve ; quand même il se trouveroit d'ailleurs quelques autres dépositions contraires.

199. 4°. Deux témoins ne sont pas regardés comme contraires, lorsque la déposition de l'un, contient plus de circonstances, & que celle de l'autre en contient moins ; parce qu'il peut se faire que l'un ait vu ou entendu des choses qui n'ont été ni vues ni entendues par l'autre. (Farinac. *qu.* 65, *n.* 10.)

5°. Il en est de même des témoins, qui en s'accordant sur le fait principal, ne different l'un de l'autre que dans des circonstances accessoires & peu importantes. (*Ibid.* n. 16 & suiv.)

6°. Les Juges doivent faire tout leur possible pour interpréter les dépositions des témoins ; afin d'éviter la contrariété qui peut se trouver entre elles, & qu'ils puissent avoir, par ce moyen, la preuve qu'ils cherchent. (Farin. *qu.* 65, *n.* 80.)

Mais pour pouvoir faire cette interprétation, & concilier ainsi les témoins, il faut que la contrariété de leurs dépositions ne soit pas évidente, & qu'elle ne vienne que de la maniere obscure & ambiguë dont ils s'expliquent. (*Ibid.* n. 80. & 94.)

Ou que cette contrariété ne tombe que sur quelques circonstances légeres & peu essentielles ; ainsi qu'on l'a déja observé. (*Ibid. n.* 81.

200. 7°. Dans le doute, l'interprétation doit toujours se faire dans le sens le plus favorable, & suivant ce qui arrive le plus ordinairement. (Farin. *qu.* 65, *n.* 83.)

8°. Il faut, pour pouvoir concilier des témoins contraires, qu'il y en ait au moins deux qui déposent d'une maniere uniforme. (*Ibid.* n. 85.)

9°. Il faut aussi que l'interprétation des dépositions qui paroissent contraires, se fasse d'une maniere probable & conforme à la vérité ; autrement elle deviendroit inutile. (Farin. *qu.* 65, *n.* 90 & 92.)

Exemples particuliers touchant la maniere de concilier des Témoins contraires.

201. 1°. Lorsque de deux témoins, l'un dit que la chose s'est passée *dans une telle maison*, & que l'autre dit que c'est *devant la porte de cette maison*, ces deux témoins doivent être regardés comme contraires & singuliers. (Farinac. *qu.* 65, *n.* 245.)

2°. Si de deux témoins, l'un dépose qu'il y a, *v. g.* quatre ans que la chose s'est passée, & que l'autre dise qu'il y a cinq ans ; ces deux témoins ne doivent point être regardés comme contraires, & leurs dépositions peuvent se concilier. (*Ibid.* n. 251.)

202. 3°. Dans le cas d'un homicide, si de deux témoins l'un dépose que le défunt a été tué d'un coup d'épée, & que l'autre déclare que c'est d'un coup de poignard ; ces deux témoins peuvent se concilier ; parce qu'il est toujours vrai de dire que l'homicide a été commis par le fer. Mais si l'un des témoins déposoit que le défunt a été tué d'un coup de fusil, & l'autre d'un coup de bâton ou d'épée, on ne pourroit concilier ces deux témoignages. (Farinac. *qu.* 65, *n.* 256 & 257.)

4°. Si un des témoins dépose que la chose est arrivée, *v. g.* pendant le carnaval, & que l'autre dise qu'elle est arrivée avant ou après ce temps ; ces deux témoins ne peuvent se concilier, & doivent être regardés comme contraires ; du moins dans le cas où il s'agit d'un fait momentané & non susceffif. (*Ibid.* n. 267 & 270.)

203. 5°. Si un témoin dit que la chose s'est passée en présence de Titius, & que l'autre témoin dépose que Titius n'y étoit pas présent ; ces deux témoins ne peuvent se concilier. Mais pour sçavoir à laquelle des deux dépositions il faut avoir égard, cela dépend beaucoup de la prudence du Juge & des circonstances prises de la qualité des personnes, & des autres indices & présomptions qui sont au procès. (Farin. *qu.* 65, *n.* 274 & 279.)

6°. Enfin, si de deux témoins, l'un dépose que la chose s'est passée en présence de telle & telle personne, & ajoute qu'il y en avoit encore plusieurs autres ; & que l'autre déclare que telles & telles personnes y étoient, à la vérité, présentes, mais qu'il n'y en avoit point d'autres ; ces deux témoins peuvent se concilier & n'être point regardés comme contraires ; parce que la déposition du premier témoin, peut s'entendre en ce sens, qu'il n'a point vu d'autres personnes que les deux dont il est convenu. (*Ibid.* n. 280 281.)

SECTION VI.

Des devoirs des Juges dans l'estimation de la preuve, lorsque les Témoins se contredisent de part & d'autre ; & des témoins auxquels on doit donner la préférence.

204. Quoique tout ce qui va être dit dans cet article, regarde principalement les matieres civiles, néanmoins on peut aussi en faire l'application aux matieres criminelles.

Il faut, avant tout, considérer le nombre des témoins, lorsqu'il y en a qui sont contraires de part & d'autre ; car s'il y en a plus d'un côté que de l'autre, le plus grand nombre doit l'emporter sur le moindre ; & les dépositions qui sont en plus grand nombre, doivent être préférées, toutes choses étant d'ailleurs égales. (Farin. *qu.* 65, *n.* 107.)

Si le nombre des témoins est égal de part & d'autre ; alors, pour sçavoir quelles dépositions doivent prévaloir, il faut considérer la qualité des témoins, leur âge, leur dignité, leur sexe ; examiner dans les dépositions de tous les témoins, même des moins suspects, si elles s'accordent avec les autres preuves qu'il peut y avoir d'ailleurs de la vérité des faits & des circonstances ; préférer les dépositions

ſitions qui ſont les mieux ſuivies, ſans variation ni contrariété; & auſſi celles qui ſont les plus vraiſemblables & qui expliquent mieux le fait, ainſi que les témoins qui rendent mieux raiſon de leurs dépoſitions, & qui ſont d'ailleurs ſoutenus par des indices; mais ſur-tout il faut préférer les dépoſitions qui vont à la décharge de l'accuſé, à celles qui tendent à le faire déclarer coupable du crime dont il eſt prévenu. Suivant ces principes :

206. 1°. Les témoins plus dignes doivent être préferés à ceux qui le ſont moins. (Jul. Clarus, §. *falſum, in ſupplem.* n. 42; Farin. *qu.* 65, *n.* 114.)

Et il en eſt de même de ceux qui ſont plus élevés en dignité; ils doivent être préferés avec ceux qui le ſont moins; *ſecus* ſi ces derniers étoient d'une réputation plus integre. (*Ibid.* n. 115 & 116.)

Par la même raiſon, les riches doivent être préferés aux pauvres. (Farinacius, *ibid.* qu. 65, n. 117, & qu. 57, n. 35-44.)

Les témoins plus dignes, quoiqu'en moindre nombre, doivent même quelquefois être préferés aux moins dignes, quoiqu'en plus grand nombre; mais ſeulement en deux cas. Le premier, eſt lorſque la préexcellence de la dignité eſt conſidérable; & le ſecond, lorſqu'il y a une légere différence dans le nombre des témoins. (Farinac, *qu.* 65, *n.* 120 & 125.)

Ce qui n'a pas lieu cependant dans le cas où les témoins qui ſont moins dignes, dépoſent en faveur de l'innocence de l'accuſé, ou dépoſent de choſes plus vraiſemblables. (*Ibid.* n. 116, 127.)

207. 2°. On doit ajouter plus de foi aux témoins qui dépoſent des choſes plus vraiſemblables, ou dont les dépoſitions ſont fortifiées par d'autres indices, qu'à ceux dont les dépoſitions ſont moins vraiſemblables & moins appuyées ſur d'autres préſomptions; (Farin. *Ibid.* qu. 65 n. 128 & 129,) quand même ces derniers ſeroient en plus grand nombre; pourvu que cette différence, dans le nombre, ſoit légere. (*Ibid.* n. 130 & 131.)

Ce qui a pareillement lieu dans le cas où les témoins qui dépoſent de choſes plus vraiſemblables, ſeroient moins dignes que les autres, & moins idoines. (*Ibid.* n. 135 & 141.)

3°. Les témoins qui dépoſent de choſes plus conformes au droit commun, & à ce qui arrive le plus ordinairement, doivent être préferés aux autres. (Jul. Clarus, §. *falſum in ſupplem.* n. 43; Farin. *qu.* 65, *n.* 150.)

208. 4°. On doit ſur-tout préférer les témoins qui dépoſent en faveur

du défendeur ou accusé ; (Farinac. *ibid.* qu. 65, n. 152, 153,) quand même ils seroient moins dignes. (Farinac. *ibid.* n. 158.)

En matiere criminelle même, les témoins qui déposent en faveur de l'accusé, quoique d'une maniere négative, sont préférés aux autres. (*Ibid.* n. 154.)

5°. Les témoins qui sont les mieux informés, & qui racontent le fait en entier & avec toutes ses circonstances, doivent être préférés à ceux qui ne le racontent qu'en partie ; quand même ceux-ci seroient en plus grand nombre. (Farinac. *qu.* 65, *n.* 165 & *seq.*)

6°. On doit aussi ajouter plus de foi aux témoins qui déposent d'une maniere spéciale, qu'à ceux qui déposent seulement en général, quand même ces derniers surpasseroient en nombre les premiers. (*Ibid.* n. 170.)

209. 7°. Les témoins qui, dans leurs dépositions, rendent raison de ce qu'ils disent, doivent être préferés à ceux qui déposent sans rendre raison de leurs dépositions ; quand même ceux-ci déposeroient affirmativement, & les autres d'une maniere négative. (Farinac. *qu.* 65, *n.* 172, & *qu.* 70, *n.* 19.)

8°. Les témoins d'un âge mûr, & anciens, doivent aussi, toutes choses égales, être préferés aux jeunes ; parce que l'âge est présumé avoir perfectionné dans les premiers, la raison & la prudence. (Farinac. *qu.* 65, *n.* 175.) Il en seroit autrement, si les témoins, quoique plus jeunes, étoient les plus dignes. (*Ibid.* n. 176.)

210. 9°. Les témoins éclairés, & qui ont plus de lumieres, doivent aussi être préferés aux personnes ignorantes & grossieres ; (*Ibid.* n. 186,) sur-tout dans les choses qui exigent des lumieres & des connoissances. (Novarius, *decis.* 132, *pag.* 155.)

10°. Dans les causes favorables, il faut aussi préferer les témoins qui déposent en faveur de l'accusé, à ceux qui déposent contre lui ; quand même les premiers déposeroient d'une maniere négative. (Farinac. *qu.* 75, *n.* 188 & 189.)

211. 11°. Les dépositions des témoins décédés, doivent être préferées à celles des témoins vivants. (*Ibid.* n. 190.)

12°. Enfin on doit ajouter plus de foi aux témoins qui déposent d'une maniere affirmative, qu'à ceux qui déposent d'une maniere négative. (L. *diem proferre*, §. *plures*, & la Glose sur les mots, *plures consenserunt*, D. *de arbitris* ; Farin. *qu.* 65, *n.* 200.)

Et cela a lieu, même dans le cas où les derniers seroient en plus grand nombre que les premiers. (Farinac. *qu.* 65, *n.* 201.)

212. Il faut néanmoins observer que lorsque la déposition, quoique conçue en termes négatifs, peut se resoudre en déposition affirmative, elle n'a pas moins de force pour établir une preuve, que si elle étoit exprimée d'une maniere affirmative. Or c'est ce qui arrive toutes les fois que la négative est restreinte au lieu & au temps; comme si pour prouver qu'une telle personne n'étoit pas un tel jour dans un certain lieu, on faisoit entendre des témoins qui déposassent que cette personne étoit dans ce même temps dans un autre lieu si éloigné du premier, qu'il seroit impossible *per rerum naturam* qu'elle eût été dans le même temps dans les deux endroits; car alors ces témoins, en prouvant que cette personne étoit dans un certain lieu pendant le temps en question, prouvent en même temps, par une conséquence nécessaire, qu'il n'étoit pas pendant ce temps là dans un autre lieu; d'où l'on voit que dans cet exemple, la preuve de l'affirmative fait en même temps celle de la négative. (Farinac. *qu.* 65, *n.* 218 & 219; Mornac, *ad* L. 23, *actor.* Cod. *de probat.*)

213. Il y a plusieurs cas où les témoins, quoique négatifs, sont préférés aux affirmatifs. Ces cas sont:

Lorsque la déposition des témoins négatifs est conforme au droit commun, & à ce qui arrive le plus ordinairement. (Farinac. *qu.* 65, *n.* 238.)

Ou lorsque le témoin négatif dépose de choses qui sont de son propre fait. (*Ibid.* n. 239.)

Ou lorsque ce sont des experts qui déposent de choses concernant leur art. (Farin. *qu.* 65, *n.* 240.)

Ou quand les témoins déposent de choses qui sont plus vraisemblables. (*Ibid* n. 242.)

Ou quand la cause pour laquelle ils déposent, est plus favorable que celle pour laquelle les témoins affirmatifs ont donné leurs dépositions. (*Ibid.* n. 243.)

214. Enfin, il faut observer que quand il s'agit de prouver l'innocence & la justification d'un accusé, les témoins, quoique de faits négatifs, sont préferés à ceux qui déposent contre cet accusé, d'une maniere affirmative. (*Ibid.* n. 234.)

13°. Au surplus, on ne peut gueres établir des regles bien certaines pour estimer la preuve dans le cas de contrariété des témoins; cela dépend principalement de la prudence du Juge, lequel, eu égard à la diversité & la qualité des circonstances, & des personnes, doit se déterminer suivant ce qui lui paroît plus juste; mais il doit toujours avoir devant les yeux cette maxime inviolable, que dans le doute il doit se déterminer en faveur du défendeur ou de l'accusé. (Farinac. *qu.* 65, *n.* 193 & 195; Minsinger, *Observatian. centur.* 4, n. 32.)

CHAPITRE IV.

De la Preuve littérale.

215. La *preuve littérale* en matiere criminelle, est celle qui est fondée sur l'examen, ou sur l'inspection d'un écrit ou acte signé de la main de l'accusé, qui tend à prouver directement un crime, ou indirectement un fait quelconque, qui peut servir d'indice pour parvenir à la connoissance de ce crime.

Cette preuve s'emploie en matiere criminelle, en plusieurs cas; & principalement dans les crimes de conjuration, d'usure, de faux, de parjure, & d'hérésie. (Voyez Farinac. *qu.* 84, *n.* 11--17.)

Le crime ou délit pour lequel on veut employer la preuve littérale, est quelquefois renfermé dans l'acte même ou écrit; comme dans le cas d'un libelle diffamatoire, ou d'un contrat usuraire, ou si quelqu'un écrivoit à son ami pour l'engager à entrer dans une conjuration contre l'Etat, *&c.* : quelquefois, au contraire, le délit est séparé de l'acte; comme dans le cas d'une promesse faite, *v. g.* par écrit, à Pierre, de lui payer une somme de 1000 livres, au cas qu'il tue Seius; ou si quelqu'un écrivoit à son ami pour lui annoncer un crime qu'il a commis, *&c.*

216. Si le délit est renfermé dans la substance même de l'acte; comme dans le cas d'un libelle diffamatoire, ou d'un écrit qui exciteroit à la sédition ou à quelqu'autre crime; alors cet acte ou écrit est suffisant, non-seulement pour constater le corps de délit, mais encore pour prouver que l'accusé est l'auteur du crime; & c'est sur une preuve de cette espece, que les procès criminels peuvent être instruits & jugés, encore qu'il n'y ait point d'information, suivant l'article 5 du titre 25 de l'Ordonnance de 1670.

Lorsque l'écrit renferme, à la vérité, un crime, mais seulement un crime à commettre; comme dans le cas d'une somme promise à un tiers pour l'engager à commettre un tel homicide; alors cet écrit prouve ſeulement le mandat, mais non le crime dont il s'agit. Ainſi il faut commencer par conſtater le corps de délit, c'eſt-à-dire, dans cet exemple, l'homicide; & ſi cet homicide eſt prouvé, & que l'on en ignore l'auteur, il réſultera de la promeſſe dont on vient de parler, une préſomption violente, que celui qui l'a ſubie, eſt l'auteur de cet homicide.

217. Ainſi dans le premier de ces deux cas, l'écrit forme une preuve directe contre l'accuſé: au-lieu que dans le ſecond cas, il ne forme qu'une preuve indirecte, & fondée ſeulement ſur des préſomptions.

Mais pour l'explication de ce qui vient d'être dit, il faut diſtinguer ſi l'acte, qu'on prétend être écrit ou ſigné de la main de l'accuſé, eſt paſſé devant un Officier public, ou non. S'il eſt paſſé devant un Officier public, *v. g.* en Juſtice, ou devant Notaire; alors il faut une foi entiere, & l'accuſé n'a d'autre reſſource, que de s'inſcrire en faux contre cet acte. Si, au contraire, l'acte eſt ſous ſignature privée, il faut, pour qu'il puiſſe faire preuve, qu'il ſoit reconnu par l'accuſé; & dans ce cas, la preuve eſt regardée comme complette, du fait dont il eſt parlé dans l'acte, ſuivant l'article 2 du titre 8 de l'Ordonnance de 1670, & l'article 3 du titre *De la Reconnoiſſance des écritures en matiere criminelle* de l'Ordonnance du faux, du mois de Juillet 1737. Mais ſi l'accuſé refuſe de reconnoître l'écrit, & prétend qu'il n'eſt point de ſa main, il faut le faire reconnoître par des perſonnes qui lui auront vu ſigner cet acte. (Ordonnance de 1670, *tit.* 8, *art.* 14.) Et à défaut de cette preuve, il faudra faire reconnoître l'acte par des Experts-écrivains, qui déclareront, par le moyen de pieces de comparaiſon, s'ils eſtiment que l'acte en queſtion eſt ſigné ou non, de la main de l'accuſé.

218. Ainſi, pour que la preuve littérale d'un crime ſoit regardée comme complette, il faut deux conditions eſſentielles; la premiere, que la piece qui ſert de titre, contienne & prouve immédiatement le fait dont il s'agit; c'eſt-à-dire, s'il s'agit d'injures, ou de conſpiration, *&c.*, qu'elle contienne préciſément les injures, la conſpiration, *&c.* Car ſi ce titre ne contient pas préciſément le crime, & qu'on s'en ſerve ſeulement pour en tirer des conſéquences & des inductions au ſujet de ce même crime, cela ne forme plus une preuve littérale directe du crime, mais ſeulement une preuve indirecte & conjecturale.

La troiſieme condition néceſſaire, eſt que la piece produite, fasse foi par elle-même ; c'est-à-dire, qu'elle soit authentique, ou reconnue par l'accusé. Car si c'est une écriture privée, & qui ne soit pas reconnue par lui, elle ne forme plus une preuve littérale ; parce qu'alors ce n'est plus la piece qui prouve ; & que si cette piece est vérifiée par experts, la preuve n'est plus fondée que sur le rapport des ces experts, c'est-à-dire, sur la ressemblance des écritures ; ce qui ne forme plus qu'une conjecture fondée sur une preuve testimoniale.

219. Cette preuve par comparaison d'écritures, qui est tirée du Droit Romain, en la Loi *comparationes*, Cod. *de fide instrum.* est une des plus foibles, & des plus équivoques. La contradiction que l'on voit tous les jours entre les experts, dont les uns soutiennent qu'une écriture est vraie, & les autres qu'elle est fausse, est une preuve bien convaincante de l'incertitude de leurs opinions en cette matiere.

En effet, cette preuve ne tombe dans aucune des trois sortes de preuves qu'on emploie en matiere criminelle.

1°. Ce n'est point une preuve littérale, quoiqu'elle soit fondée sur un écrit ; puisqu'il faudroit, pour cela, que cet écrit fît foi par lui-même, & pût prouver immédiatement la vérité. Or en toute comparaison d'écritures, le titre qu'il s'agit de vérifier, ne contient pas le plus souvent un seul mot du fait dont il s'agit ; & l'on n'en tire des lumieres que par des conjectures : *v. g.* lorsque de la différence ou ressemblance des lettres, on en veut induire une fausseté ; & que toute l'autorité de la piece qu'on veut vérifier, n'est soutenue que sur le raisonnement & sur les conjectures des experts.

220. 2°. La preuve par comparaison d'écritures, n'est pas non plus une preuve par témoins ; puisque la premiere condition essentielle, pour former une preuve par témoins, est que le témoin dépose du fait dont il s'agit. Or, dans la comparaison d'écritures, les experts ne peuvent jamais déposer que de la ressemblance ou diversité des écritures ; & cette ressemblance ou diversité, n'est tout au plus qu'un indice.

3°. Enfin, cette preuve, prise du rapport des écritures, ne peut jamais être regardée comme un indice indubitable ; puisque les experts ne peuvent jamais déposer affirmativement sur la ressemblance ou la diversité des écritures qui leur sont représentées. Ils disent seulement qu'ils croient, & qu'ils ont lieu de penser que les deux écritures sont de la même, ou de différentes mains ; ce qui n'est fondé que sur une simple opinion. Dans une information, on n'ajouteroit pas foi à la déposition d'un témoin, qui, dans sa déposition, diroit qu'il croit que la chose est ainsi qu'il le déclare, sans oser assurer qu'elle est telle ?

221. On doit conclure de tout ceci, que si la comparaison d'écritures est une voie dont on se sert pour vérifier la fausseté ou la sincérité d'un acte, ce n'est pas qu'on la regarde par elle-même comme une preuve suffisante en soi, mais seulement comme une chose capable d'aider à la preuve, quand elle est jointe à la déposition de deux ou trois témoins qui ont vu signer l'acte ; parce que la déposition de ces témoins ne peut jamais faire par elle-même une preuve suffisante, à cause de la difficulté qu'il y a de pouvoir assurer que la piece qu'on leur présente, est la même qu'ils ont vu signer, & de la facilité qu'il y a de se tromper sur cette ressemblance. Aussi l'article 1 du titre 9 de l'Ordonnance de 1670, dit que la preuve du faux se fera, tant par témoins que par experts ; ainsi que l'article 13 du même titre. Or elle ne s'exprimeroit pas ainsi, si la simple vérification par experts, étoit suffisante ; mais elle auroit employé la disjonctive *ou*. L'article 14 du titre du faux principal de l'Ordonnance du faux de 1737, prouve encore, d'une maniere démonstrative, qu'une simple vérification par experts, n'est point une preuve valable. On peut voir à ce sujet le Traité de la Preuve par comparaison d'ecritures de M. Levayer, qui est à la fin du Traité de la Preuve par témoins de Boiceau, commenté par Danty, Paris 1727, *in*-4°.

222. En effet il n'y a aucune loi qui admette le rapport des experts, & la comparaison des écritures, comme une preuve suffisante, pour pouvoir en conséquence prononcer une peine capitale. On joint toujours l'information au rapport des Maîtres-Ecrivains & autres experts ; parce que leur rapport ne forme pas contre l'accusé une preuve légale, qui soit du nombre des preuves & indices dont il est parlé en la loi derniere au Code de *probationibus*, c'est-à-dire, qui soient certains & indubitables.

Et c'est pour cela, sans doute, que dans le projet de l'Ordonnance criminelle de 1670, *tit.* 8, *pag.* 99, il y avoit un article particulier, (qui étoit le quinzieme de ce titre,) qui portoit que, « sur la seule déposition des experts, & sans autres preuves, adminicules, ou présomptions, il ne pourroit intervenir aucune condamnation de peine afflictive ou infamante » ; & si cet article a été retranché, ce n'est pas que sa disposition ne fût regardée comme très juste: puisque M. Talon observe sur cet article, dans le Procès-verbal de l'Ordonnance de *1670*, *ibid.* pag. 99, » que l'on sçait assez qu'on ne doit pas ajouter une croyance entiere » à la déposition des Experts-écrivains; que leur science est conjec- » turale & trompeuse; & qu'en conséquence il seroit dangereux de » prononcer une condamnation sur leur simple témoignage: mais on a considéré qu'en laissant subsister cet article dans l'Ordonnance, ce seroit rendre les faussaires plus hardis, lorsqu'ils seroient instruits qu'ils n'ont rien à craindre pour leur vie, ni pour leur honneur, du moins lorsqu'ils n'auroient aucuns témoins de leurs crimes; & que cela rendroit plus fréquent ce délit, qui est un de ceux qui cause plus de procès, & qui trouble le plus la société civile.

223. Les écrits d'un accusé, qui servent à constater le crime, quoique destinés à lui servir de mémoire pour sa confession sacramentelle, peuvent servir, comme les autres, de pieces de conviction contre cet accusé. Dans l'instruction du procès criminel de la Marquise de Brinvilliers, elle fut interrogée sur tous les articles de sa prétendue confession, trouvée dans ses papiers, par laquelle elle s'accusoit de plusieurs crimes, & entre autres d'avoir empoisonné son pere en 1666, *&c.* (Voyez les Causes Célebres, *tom.* 1, *pag.* 298, de la seconde édition en 1739.)

Mais il n'en est pas de même des lettres missives qu'un accusé auroit écrites à son ami; car il n'est pas toujours permis de faire usage de ces lettres; & si elles renfermoient des confidences, celui à qui elles sont écrites, ne pourroit les mettre au jour sans crime; en sorte que si elles étoient produites, elles ne pourroient servir de preuve contre celui qui les a écrites; sur-tout quand il paroît qu'il ne les a écrites à son ami que pour lui ouvrir son cœur, & dans la confiance qu'il ne les feroit voir à personne. En effet, on a toujours jugé, dans ce cas, que les lettres seroient rendues, quelques preuves qu'elles pussent apporter dans l'affaire soumise à la décision du Juge; ce qui est fondé sur ce motif, que le dépôt du secret ayant été violé, on ne devoit y avoir aucun égard. On peut voir là-dessus un Arrêt de la Cour des Aides du 9 Mars 1645, rapporté au Journal des Audiences, *tom.* 1, *liv.* 4, *ch.* 21, au sujet d'un Avocat qui avoit écrit une lettre remplie d'injures contre un Tiers. Celui qui l'avoit reçue avoit trahi le secret, & l'avoit montrée

montrée à la partie injuriée. L'Avocat avoit été mis en cause pour être condamné à une réparation ; mais il fut ordonné que la lettre lui seroit restituée. Voyez aussi Catelan en ses Arrêts, *tom.* 2, *liv.* 9, *ch.* 4 ; & Brillon au mot *lettres*, n. 40.

Un autre Arrêt du 24 Juillet 1717, a renvoyé de l'accusation un Curé d'Orléans, auquel M. Fleuriau Evêque de cette ville, avoit fait faire le procès sur le fondement d'une lettre qu'il avoit écrite, contenant des difficultés sur la Bulle *Unigenitus*. Le Curé opposoit qu'une lettre n'étant qu'une conversation écrite, dans laquelle, suivant les maximes de la Loi naturelle, il doit être permis de s'expliquer avec une certaine liberté, on n'avoit pu, sans injustice, abuser de la confiance & de la sincérité avec laquelle il s'étoit expliqué. Voyez encore un autre Arrêt du 11 Août 1760, rendu au rapport de M. Pasquier, cité par Denisart en ses Collections, au mot *Lettres-missives*.

228. Le ministere public ne peut pareillement rendre plainte de faits écrits dans des lettres privées, adressées à un ami, comme de faits diffamatoires ; quand bien même ces faits seroient préjudiciables à la réputation de quelqu'un ; parce qu'on ne peut faire passer des faits consignés dans des lettres, pour une diffamation ; & qu'il n'y a que la distribution qui en est faite dans le public, qui puisse les faire passer pour des libelles de la part de ceux qui auroient écrit ces lettres. (Ainsi jugé par Arrêt de la Tournelle du 3 Août 1745.)

Mais quoique le ministere public ne puisse, dans ce cas, agir contre les auteurs des lettres injurieuses, il n'en est pas de même des personnes à qui ces lettres sont écrites ; car celles-ci peuvent toujours se pourvoir en justice pour demander réparation de l'injure qui leur est faite dans ces lettres ; & alors la partie publique peut se joindre à elles.

De cette maxime, qu'un Juge ne peut faire usage d'une lettre écrite à un ami, pour servir de preuve au procès poursuivi pardevant lui, il s'ensuit *à plus forte raison* qu'il ne peut permettre de faire recherche dans l'Etude d'un Procureur, des lettres & pieces qui pourroient servir de conviction contre son client. (Ainsi jugé par Arrêt du Parlement de Toulouse, du 12 Février 1672, rapporté au Journal du Palais, *édition in-folio*, *tom.* 1, *pag.* 161, qui, sur l'opposition formée par le Procureur en l'Etude duquel cette recherche avoit été permise, a ordonné que les lettres de sa partie lui seroient rendues.)

229. A l'égard de la procédure qui doit se tenir touchant la preuve littérale, il faut observer que quand des pieces, ou écrits, qui peuvent servir de preuves contre un accusé, se trouvent en sa possession, il faut, après y avoir mis, s'il est besoin, le scellé, en faire une description exacte, & cotter & parapher toutes ces pieces, en présence de l'accusé; autrement cet accusé pourroit prétendre qu'on les a soustraites, & qu'on en a supposé d'autres à leur place.

Quant à la maniere dont les écritures doivent être reconnues & vérifiées, Voyez ce qui est dit au titre *Des Reconnoissances d'écritures*, ci-après *part.* 3, *liv.* 2, *ch.* 1, *tit.* 9.

Voyez aussi, pour ce qui regarde la procédure particuliere touchant le crime de faux, ce qui est dit au titre *De la Procédure touchant le faux principal & incident*, ibid. *tit.* 26.

CHAPITRE V.

De la Preuve par Experts.

230. La preuve *par experts*, est une espece de preuve testimoniale, qui s'emploie principalement quand il s'agit de constater un corps de délit, ou les circonstances d'un fait permanent, & dont il reste des vestiges.

Cette preuve s'établit par l'inspection & l'examen qui se fait des lieux, des personnes, ou des actes; comme dans le cas d'une effraction, d'un meurtre, d'une blessure, d'un faux, *&c.*

Lorsque le corps de délit, ou tel autre fait que l'on veut constater, est tel que tout le monde en peut juger sans le secours d'aucun art, ni d'aucune science particuliere, comme dans le cas d'une effraction ou d'un incendie, il peut être constaté par le simple transport du Juge sur le lieu. Mais si ce délit, ou fait, est tel qu'il n'y a que les personnes qui sont au fait, & les gens de l'art, qui en puissent bien juger, comme dans le cas d'empoisonnement, de grossesse, de cause de mort, *&c*; alors il faut employer le secours des experts, comme Médecins, Chirurgiens, Matrones, Ecrivains, & autres, pour constater le délit, & pour en déterminer la qualité & toutes les circonstances; & en même temps, pour estimer la cause, soit de la mort, soit des signes ou marques trouvées sur le corps de la personne qu'on visite. Et quoique ces sortes de rapports soient souvent incertains quant à la cause des faits soumis à l'examen des experts, & des vestiges qui se présentent à leurs yeux; néanmoins les Juges sont obligés d'employer ces sortes de moyens, comme les seuls qui peuvent suppléer, du moins en partie, à ce qu'ils ignorent d'ailleurs.

Il y a plusieurs choses à observer touchant les experts, soit touchant leurs personnes, soit touchant leurs rapports & procès-verbaux.

ARTICLE PREMIER.

Observations touchant les rapports d'Experts.

231. 1°. Les rapports d'experts, doivent être faits immédiatement après le délit commis, ou très peu de temps après. Car plus il s'est écoulé de temps depuis le délit, & plus il est difficile aux experts de constater le fait soumis à leur examen, ou du moins d'en déterminer exactement les circonstances, & d'en découvrir les causes.

2°. Ces rapports doivent être rédigés, tant pour la charge de l'accusé, que pour sa décharge; soit en constatant le fait, soit en estimant la cause qui a donné lieu. Ainsi dans l'un & l'autre cas, les experts ne doivent rien omettre de tout ce qui peut aller à la décharge de l'accusé.

3°. Quant aux formalités nécessaires pour les rapports, & la maniere dont ils doivent être rédigés, Voyez ce qui est dit au titre *Du Corps de Délit*, part. 3, liv. 2, tit. 3, n. 38 & suiv.)

232. 4°. *Question.* Le Juge est-il obligé de s'en tenir aux rapports des experts, de maniere qu'il soit obligé de juger conformément à ces rapports, quand même ils ne rendroient aucune raison de leur opinion.

Il faut faire, à cet égard, une distinction: ou les experts font leur rapport sur des choses qui tombent sous les sens; *v. g.* sur la grossesse d'une fille ou femme; ou sur une blessure, *&c.*, pour laquelle on a nommé des Médecins & Chirurgiens; dans ces cas, la simple déclaration ou rapport des experts, est suffisante, quand même ils ne rendroient aucune raison de leur dire; parce qu'alors ils jugent, suivant la maniere commune de juger des hommes, &

non par le raiſonnement ; mais s'il s'agit d'un rapport dans lequel il faille que les experts décident par le raiſonnement, & ſuivant les regles & principes de leur art ; comme lorſqu'en viſitant un cadavre, il faut décider ſi la perſonne eſt morte d'apoplexie, de poiſon, de bleſſures, *&c.* ; alors les experts doivent rendre raiſon de leur opinion, & déclarer par les circonſtances & l'examen des parties du corps, s'ils eſtiment que la perſonne eſt morte de poiſon, ou de bleſſures, ou de mort naturelle, & rendre raiſon de leur déclaration, pour que le Juge puiſſe y avoir égard. ¶

233. En effet, il peut arriver dans tous ces cas, que le rapport d'un expert plus habile, faſſe tomber celui d'un expert moins habile & moins intelligent dans ſon art ; & d'ailleurs, ce ſeroit une choſe d'une trop dangereuſe conſéquence, ſi l'on permettoit aux experts de juger ſimplement ſans rendre aucune raiſon de leur jugement, & ſans faire mention en détail de tout ce qu'ils ont vu & apperçu : on ôteroit par-là aux accuſés la voie d'attaquer ces ſortes de rapports ; parce qu'il peut arriver que l'état du corps de délit vienne à changer, & à être dans le cas de ne pouvoir plus être conſtaté de nouveau ; ce qui ôteroit à l'accuſé le droit de pouvoir demander un nouveau rapport par des experts plus habiles en leur art. Il eſt donc néceſſaire que les experts expliquent dans leurs rapports, toutes les qualités & les circonſtances qui tombent ſous les ſens, & qu'ils rendent raiſon de leur opinion. C'eſt même un motif pour faciliter à de nouveaux experts, qui pourroient être entendus, un moyen d'attaquer le premier rapport, en faiſant voir qu'il eſt fondé ſur des raiſons foibles, ou qu'il porte entiérement à faux.

234. Bien plus, le Juge n'eſt pas tenu de s'aſtraindre à ces ſortes de rapports ; (ainſi que l'obſerve Jul. Clarus, *in Practicâ Crimin.* §. *homicidium*, n. 43 ;) mais il doit conſidérer attentivement la qualité du corps de délit, & les raiſons ſur leſquelles les experts fondent leur rapport, pour ſe déterminer en conſéquence à prononcer pour ou contre le délit, & à le regarder comme prouvé, ou non, ſuivant que ſa prudence le lui dictera. C'eſt pourquoi, s'il voit que les raiſons des experts ne prouvent pas ſuffiſamment, & qu'elles ne s'accordent pas avec la qualité du délit, il pourra, ſans avoir égard au jugement de ces experts, prononcer ce qui lui paroîtra le plus équitable. (Ainſi jugé par Arrêt du 30 Juin 1703, qui condamne un Chirurgien en 150 livres de dommages & inté-

têts, pour avoir piqué le tendon d'une femme en la saignant, quoique ce Chirurgien eût deux rapports en sa faveur.)

Au reste, de tous les rapports d'experts, il n'y en a pas de plus incertains, ni de plus équivoques, que ceux qui servent à constater la virginité, ou la grossesse commencée d'une fille. (Voyez Cujas, *lib.* 17, *observation. cap.* 17.)

5°. Lorsque les Experts ne s'accordent pas en leur rapport, ou qu'ils se contredisent & varient dans les circonstances du fait, c'est comme s'il n'y avoit point en tout de rapport; & il faut en nommer d'autres pour constater le délit.

ARTICLE II.

Des devoirs des Experts. (a)

235. 1°. Les experts sont tenus, dans le cas de blessures ou d'homicide, de faire mention du nombre & de la qualité des blessures; de leur profondeur, largeur & longueur; en quelles parties du corps elles sont situées; celles qu'ils croient être dangereuses & mortelles, & celles qui ne le sont pas; avec quel genre d'armes ils croient qu'elles ont été faites, si c'est avec des armes à feu, ou avec des épées, ferrements tranchants, bâtons, pierres, *&c.*; s'il y a des contusions, fractures ou meurtrissures; les accidents & l'état de la maladie du blessé; combien de temps ils croient qu'il doit garder la chambre ou le lit; quel régime il doit observer; dans combien de temps il peut être guéri; & toutes les autres circonstances qui peuvent être nécessaires pour faire connoître l'état du malade, afin de porter les Juges à décider l'affaire à la charge ou décharge de l'accusé; & si ce rapport n'étoit pas dans les formes requises par l'Ordonnance, il faudroit le rejetter, comme nul & invalide.

Il faut suivre à peu près les mêmes regles, lorsqu'il s'agit de constater le corps de délit dans les autres crimes.

Dans les reconnoissances & vérifications d'écritures, les experts-écrivains doivent se servir d'une loupe, ou d'un microscope, qui en grossissant considérablement les lettres, leur fera connoître plus exactement les altérations ou traits de l'écriture, qu'ils ne pour-

---

(a) Voyez au titre *Du corps de Délit*, ci-après, *part.* 3, *tit.* 2, *tit.* 3, n. 58.

roient faire sans ce secours ; ce qui les mettra dans le cas de rendre un rapport plus juste.

236. 2°. Il faut que les experts soient exempts de toute suspicion, de même que les témoins. Ainsi, s'ils ont intérêt à déposer, s'ils sont ennemis de l'accusé, s'ils sont corrompus par argent, *&c.*, leur rapport doit être rejetté. Il en est de même, s'ils sont infames, *&c.*

3°. C'est en conséquence de cette maxime, que les Médecins, Chirurgiens, Matrônes, Ecrivains, *&c.*, peuvent être recusés comme tous les autres experts. (Voyez ce qui est dit à ce sujet au titre *Du Corps de Délit*, ci-après, *part.* 3, *liv.* 2, *tit.* 3, n. 55.)

237. 4°. Les Médecins & Chirurgiens, ne peuvent stipuler & convenir ensemble, qu'ils n'appelleront qu'eux aux malades & blessés, & qu'il n'y aura que les Médecins & Chirurgiens Jurés, & non autres, qui puissent faire des rapports en Justice. Une convention de cette espece, est contre la liberté publique, & a été condamnée par des Arrêts, rapportés par Peleus, *liv.* 4, *art.* 26 & 32. (Voyez au surplus l'Edit du mois de Février 1692, portant création de Médecins & Chirurgiens-Jurés.)

5°. Les experts, du moins en matiere d'écritures, ne peuvent être contraints de faire les fonctions d'experts, à la différence des témoins. (Voyez ce qui est dit à ce sujet au titre *De la Procédure touchant le principal & incident*, ci-après, *part.* 3, *liv.* 2, *tit.* 26, n. 17.)

6°. Un Procureur-Fiscal, qui est en même temps Chirurgien, ne peut faire des rapports de blessures aux procès de ceux qu'il a accusés (Ainsi jugé par Arrêt du 23 Mai 1677, recueilli par Boniface, *tom.* 5, *liv.* 5, *tit.* 8, *ch.* 2.)

7°. En ce qui concerne les faux experts, & la peine qu'ils méritent, Voyez ce qui est dit au titre *Du Faux*, part. 4, tit. 15, n. 25.

CHAPITRE VI.

De la Preuve par Arguments, ou indirecte, ou conjecturale.

238. La preuve *conjecturale*, ou *indirecte*, est, ainsi qu'on l'a déja observé, celle qui résulte du rapport qu'il y a entre des faits connus & prouvés, qu'on appelle *indices*, & le fait principal dont on cherche la preuve ; ce qui se fait par le secours du raisonnement, en

comparant ces faits connus, & dont on a la preuve, avec le fait principal, & en examinant le rapport & la liaison qu'ils ont entre eux.

Cette preuve se fait le plus souvent, ainsi que les autres preuves, par des titres & par des témoins; mais c'est par des titres & par des témoins dont la foi n'est fondée que sur celle d'autrui; ou qui ne nous découvrent pas immédiatement le fait dont il s'agit, & qui ne nous en apprennent que des circonstances dont nous nous servons pour parvenir à la connoissance de la vérité.

239. Ainsi cette espece de preuve n'est pas si certaine que celle qui résulte du témoignage des personnes qui ont vu directement le fait principal qu'il s'agit de prouver. Car cette derniere preuve est fondée sur le témoignage des sens qui ne peuvent nous tromper dans l'ordre ordinaire de la nature; au-lieu que l'autre n'est fondée le plus souvent que sur des rapports d'idées, & sur des conséquences, qui, n'étant ni nécessaires, ni infaillibles, ne forment point des arguments concluants, & par conséquent ne nous conduisent presque jamais à la connoissance de la vérité que l'on cherche.

En effet, ce n'est pas assez que les faits dont on tire des conséquences, soient certains, s'ils n'ont d'ailleurs une liaison & un rapport intime & nécessaire avec celui dont on cherche la preuve; soit qu'on tire une conséquence d'une cause à son effet, ou d'un effet à sa cause; ou qu'on la tire de la liaison ordinaire des choses entre elles; autrement les raisonnements que l'on forme en pareil cas, sont souvent sujets à erreur, & cela d'autant plus que celui qui les forme, a moins de justesse dans l'esprit. Cette preuve paroîtra d'ailleurs encore plus incertaine, si l'on fait attention que les divers esprits ne sont pas toujours touchés des mêmes lumieres, & que ce qui frappe vivement les uns, ne fait quelquefois pas d'impression sur les autres. Souvent même, plus on est vivement frappé de certains principes, & moins on l'est de ceux par lesquels on devroit juger des autres matieres.

240. Ainsi, à proprement parler, on ne doit chercher des preuves parfaites, que dans les actes mêmes qui contiennent le fait principal dont on cherche la preuve, soit dans la confession de l'accusé, soit dans la déposition de ceux qui ont été les témoins directs & immédiats du fait : les indices, quelque indubitables

qu'ils soient, ne formant presque jamais qu'une preuve imparfaite.

Mais la nécessité où l'on est de trouver des preuves pour punir les auteurs des crimes, a fait adopter l'usage de la preuve conjecturale, ou indirecte, lorsqu'on n'en peut avoir d'autre. On n'est pas toujours, en effet, dans le cas d'avoir la déposition de deux témoins qui ont vu l'accusé commettre le crime dont il est prévenu; au contraire, cela n'arrive presque jamais, par la précaution que prennent les criminels de se cacher lorsqu'ils commettent quelque mauvaise action. Ainsi il arrive le plus souvent, qu'on n'a qu'un témoin *de visu*, & quelquefois même point du tout; de maniere qu'on est alors obligé d'avoir recours à cette autre espece de preuve, qui est fondée sur le raisonnement, & sur la connoissance d'autres faits qu'on appelle *indices*, par le moyen desquels on peut parvenir à la connoissance du fait principal.

241. Par exemple, s'il s'agit d'un homicide dont on cherche à découvrir l'auteur, quoique l'accusé n'ait pas été vu dans l'action même du crime, on peut néanmoins juger qu'il en est l'auteur, en examinant ce qui a précédé & suivi, & ce qui se trouve prouvé au procès. Cette liaison, plus ou moins grande des faits antérieurs & postérieurs avec le fait principal, se découvre par le raisonnement; & la preuve qui en résulte & qui forme une conviction plus ou moins grande dans l'esprit du Juge, est ce qu'on appelle preuve *par arguments*, ou preuve *indirecte*. La preuve par comparaison d'écritures, est de ce genre.

C'est pourquoi on a toujours mis la preuve par arguments, au nombre des preuves légitimes. *Duæ*, dit Cujas, *præcipuæ maximæque sunt probationum species, instrumenta & personæ; his addi possunt argumenta, signa, & indicia certa quæ jure non respuuntur, indubitata & omni luce clariora; & hæc genera legitimarum probationum.* (Cuj. *parat. Cod. ad tit. probat.*)

242. Cette preuve s'emploie principalement dans les crimes cachés, comme sont les vols, & assassinats de nuit, ou de grand chemin; les crimes de faux, de viols, *&c.*

Quoiqu'il soit vrai de dire, en général, que la preuve par conjectures, & qui n'est fondée que sur des indices, soit une preuve incertaine; néanmoins il peut arriver qu'il y ait un si grand nombre d'indices dans un même procès, & que plusieurs de ces indices

dices aient une liaison si intime & si nécessaire avec le fait principal, que cela forme alors une preuve complette, & qui équivaut à une démonstration. (Voyez ce qui est dit ci-après, *n.* 380.)

243. La certitude, ou force de la preuve par arguments ou par indices, dépend principalement de trois choses : 1°. de la liaison nécessaire, ou du moins très prochaine, des indices au fait principal : 2°. de leur grand nombre : 3°. de leur accord ou conformité, c'est-à-dire, de la liaison qu'ils ont les uns avec les autres. (Voyez ce qui est dit ci-après, n. 361.) Ces indices, suivant ces trois conditions, forment des présomptions plus ou moins fortes ; & le différent degré de certitude qui en naît, forme deux sortes de preuves indirectes ou par arguments. La premiere, qu'on peut regarder comme une preuve par arguments *complette*, ou certaine ; & la seconde, qui forme une preuve conjecturale, *incomplette*, ou incertaine.

Ainsi la preuve par arguments, est de deux sortes : 1°. elle peut être *vraie ou complette*, ou du moins regardée comme telle ; ce qui arrive lorsque les présomptions sont si fortes, qu'on peut en conclure la vérité du fait qu'il s'agit de prouver : 2°. elle est *incomplette*, lorsque ces présomptions sont foibles, & qu'elles ne renferment que des conjectures sans certitude.

244. La preuve par arguments s'emploie, ainsi que la preuve directe, non-seulement pour avoir la preuve contre celui qu'on prétend être l'auteur du crime, mais encore pour sa défense. Elle s'emploie aussi quelquefois pour constater le corps de délit.

Cette preuve s'établit aussi, comme la preuve directe ;

1°. Par la confession de l'accusé.

2°. Par des titres ou écrits.

3°. Par des témoins.

Il suit de tout ce qui vient d'être dit, qu'il est très important de bien connoître tout ce qui regarde la matiere des indices, & par conséquent des présomptions qui en résultent ; c'est ce que je vais examiner dans les sections suivantes.

SECTION PREMIERE.

Des indices & présomptions en général.

245. 1°. On appelle *indices*, tous les faits particuliers qui marquent qu'une chose a été faite, ou se fait, ou doit se faire ; & par le

moyen desquels on peut parvenir à la connoissance de cette chose, ou fait principal qu'on cherche à découvrir. Ce sont des conjectures raisonnables de ce qui se fait ordinairement, soit qu'on argumente des causes à leurs effets, ou des effets à leurs causes.

2°. Il y a des indices qui sont communs à tous les délits en général, & d'autres qui sont particuliers à certains crimes. (Voyez ci-après, n. 273.)

3°. Les indices sont ou prochains, ou éloignés, suivant le plus ou moins de liaison qu'ils ont avec le crime ou fait principal dont ils sont indices. Lorsque cette liaison est intime & nécessaire, on les appelle *certains*, *indubitables*, & *concluants*. Si cette liaison est seulement intime & presque nécessaire, on leur donne le nom de *violents*, de *graves*, ou de *prochains*. Enfin, si cette liaison, ou rapport, est éloigné, on les appelle *douteux*, ou *légers*.

246. Ainsi il y a trois sortes d'indices : 1°. les indices très *violents*, qu'on appelle aussi *nécessaires* & *indubitables* : 2°. les indices graves, qu'on appelle aussi *violents*, ou *prochains* : 3°. les indices *légers*, qu'on nomme aussi *douteux*, *éloignés*, & *équivoques*.

Les indices *très violents* ou *nécessaires*, sont ceux qui frappent tellement l'esprit & la conscience du Juge, qu'ils l'obligent de juger conformément à l'impression que ces indices font sur son esprit. (Farinac. *qu.* 36, *n.* 59.)

Les indices *graves*, sont ceux qui forment dans l'esprit du Juge une preuve ou présomption considérable. (*Ibid.* n. 60, 61.)

Les indices *legers*, sont ceux qui forment simplement une conjecture ou présomption légere. (*Ibid.* n. 62.)

247. Les témoins muets, sont des especes d'indices. On appelle *témoins muets*, les choses inanimées, qui servent à la conviction d'un accusé. Ils ne forment point une preuve pleine & entiere.

Ainsi, par exemple, un homme a été tué dans sa chambre, & l'on trouve à côté de lui, l'épée d'une autre personne. Cette épée est un témoin muet, qui fait présumer que la personne à qui elle appartient, est l'auteur de cet assassinat ; mais cela ne peut jamais passer pour une preuve.

Ces différentes especes d'indices, forment différents genres de preuves, que l'on appelle *présomptions* ; les présomptions n'étant autre chose que les conséquences qu'on tire des faits connus au fait inconnu dont on cherche la preuve : c'est pourquoi ces présomptions sont aussi de plusieurs especes. Elles sont *sures* ou *dou-*

teuses, *violentes* ou *légeres*, suivant la nature des indices, & la liaison plus ou moins prochaine qu'ils ont avec le fait principal.

248. Lorsque ces présomptions sont si violentes & si fortes, qu'on peut en conclure la certitude du fait qu'il faut prouver, on leur donne le nom de *preuves*. Lorsqu'elles sont seulement vraisemblables, on en peut conclure vraisemblablement le fait qu'il s'agit de prouver. Mais lorsque ces présomptions sont incertaines & douteuses, on les appelle simplement *conjectures*, ou *soupçons*.

Ainsi il y a des présomptions qui suffisent par elles-mêmes, pour former la preuve d'un fait, indépendamment de toute autre preuve ; & dans ce sens, il y a des présomptions qui ne different point des preuves. Mais ce qui fait que les présomptions different des preuves, c'est que le mot de *preuve* se prend ordinairement pour une parfaite conviction ; au-lieu que le mot de *présomption* s'étend à toutes les conséquences qu'on peut tirer des divers moyens qui peuvent servir à la preuve d'un fait ; soit que ces conséquences aillent jusqu'à l'évidence qui peut former une preuve complette, soit qu'elles laissent l'esprit dans l'incertitude.

249. Cette différence entre les présomptions qui ont l'effet des preuves, & celles qui laissent du doute, est le fondement d'une autre distinction de deux sortes de présomptions ; l'une de celles qui sont autorisées par les loix, & qu'il est ordonné de prendre pour preuves ; & l'autre de celles dont les loix laissent l'effet à la prudence du Juge, qui doit discerner ce qui peut suffire ou ne pas suffire, pour donner à une présomption la force de preuves.

La premiere de ces deux especes de présomptions, s'appelle *présomption de droit*. Elle peut être définie, un argument résultant d'un indice, qu'on peut regarder comme une vérité : ou bien c'est une conjecture probable, fondée sur un ou plusieurs indices ou signes certains, qui doit être regardée comme une vérité, jusqu'à ce qu'elle soit détruite par une présomption contraire. On ne doit admettre, au nombre des présomptions de droit, que celles qui sont admises par les Loix ou par la Coutume. Les présomptions suivantes sont de ce genre.

250. Le dol ne se présume point, s'il n'est prouvé.

On n'est point présumé mentir à l'article de la mort.

Le blessé qui meurt dans les quarante jours, est présumé mort de sa blessure ; & ainsi des autres.

Cette présomption de droit est fondée sur ce qui arrive le plus souvent.

La seconde espece de présomption, est celle qui n'est point établie par le droit, mais qui fait que nous jugeons qu'une chose est de telle maniere, en conséquence d'un autre fait; *v. g.* lorsqu'on trouve un homme l'épée à la main, teinte de sang, proche un endroit où un meurtre vient d'être commis, on présume que c'est lui qui est l'auteur de ce meurtre. Il en est de même, si un homme, ayant été tué sans qu'on sçache par qui, on vient à découvrir que cet homme avoit eu auparavant une querelle avec un autre qui l'avoit menacé de le tuer. On tire de ce fait connu, de la querelle & des menaces, une présomption que celui qui a menacé, pourroit être l'auteur du crime. Ces sortes de présomptions laissent à la prudence du Juge, de discerner ce qui peut tenir lieu de preuves, & ce qui ne doit pas en avoir l'effet.

251. Les Jurisconsultes Romains distinguent trois sortes de présomptions.

La premiere, est celle qui est fondée sur l'autorité de la Loi, & qu'on appelle *présomption violente* ou *nécessaire*. Elle est telle que l'on peut, par son moyen, & à l'aide de certains faits connus, en conclure nécessairement le fait qu'il s'agit de prouver. Les Jurisconsultes appellent cette présomption, *présomption de droit & autorisée par le droit*; c'est une disposition de la Loi, qui présume qu'une telle chose est véritable, & qui, par la seule autorité de la Loi, veut que cette chose soit regardée comme certaine, de même que si elle étoit prouvée.

252. Cette présomption n'admet point de preuve contraire; quand même celui contre lequel elle a lieu, offriroit cette preuve contraire; & c'est pour cette raison, que les Jurisconsultes appellent cette présomption, *nécessaire* & *très violente*. On peut voir des exemples de cette présomption, 1°. dans la Loi *antiquæ*, Cod. *ad Velleian.*: 2°. dans la Loi *final.*, Cod. *ad Macedon*: 3°. dans la Loi *final.*, Cod. *arbitris*: 4°. dans la Loi *qui hominem* 34, §. *litium*, D. *de solut.*: 5°. dans la Loi *si qui* 34, D. *de adult.* &c.

La seconde espece de présomption est celle que les Jurisconsultes appellent simplement *présomption de droit*. C'est celle dont la certitude est moindre que la précédente, & en conséquence de laquelle on ne conclut pas nécessairement la vérité du fait que l'on veut prouver, mais seulement sa probabilité & vraisemblance. Ou bien c'est celle dont la liaison avec le fait qu'il s'agit de prouver, n'est pas tellement nécessaire, que la vérité de l'une soit une conséquence de la vérité de l'autre. L'effet de cette présomption est d'obliger celui contre lequel elle a lieu, de faire une preuve contraire pour détruire l'effet de la premiere.

253. Par exemple, s'il est prouvé que Marie ait été femme de Pierre, qu'ils aient toujours habité ensemble, & que Marie ait eu un enfant; on en doit conclure que cet enfant est fils de Pierre. De même, si un billet est quittancé de la main du créancier, c'est une présomption de droit qu'il a été payé à celui à qui la valeur en étoit due.

La Loi de Henri II, qui porte qu'une femme ou fille grosse, qui a caché sa grossesse, & qui ne représente point son enfant, ni un certificat de baptême, ni de la mort de cet enfant, est censée l'avoir homicidé, est aussi une présomption de droit.

Cette seconde espece de présomption, peut être facilement détruite par la preuve des faits contraires; comme dans le premier des deux exemples précédents, par l'absence du mari pendant plusieurs années, du lieu où demeuroit sa femme; dans le second, par le rapport d'une reconnoissance du créancier, contraire à sa quittance; & dans le troisieme exemple, par la représentation de l'enfant, *&c.*

254. La troisieme espece de présomption, est celle que les Jurisconsultes appellent *présomption humaine.* C'est celle qui n'est autorisée par aucune loi, & qui dépend uniquement de l'estime des hommes, en conséquence de quelque indice ou circonstance qui fait présumer que la chose est d'une telle maniere. Cette troisieme espece de présomption, est plus ou moins forte, suivant la nature des indices qui y donnent lieu. Ainsi, si ces indices sont violents, cela forme une présomption violente; si au contraire, ils sont légers, cela ne forme qu'une présomption légere, *&c.* De même, si ces indices sont probables, ils donnent lieu à une présomption probable; & si ces indices n'ont aucune liaison avec le fait principal, il n'en peut naître qu'une présomption téméraire.

Les indices ou présomptions sont fondées sur des *principes, ou signes naturels*, ou sur des *principes humains.*

255. Les indices fondés sur des principes naturels, sont ceux qui sont fondés sur les Loix de la nature; *v. g.* s'il est prouvé que j'ai passé

à Rome un acte devant Notaires un tel jour, il s'ensuit, par une conséquence nécessaire, que je n'étois pas à Paris ce jour là ; la distance de ces deux villes étant trop considérable, pour que j'aie pû être le même jour dans l'un & l'autre endroit.

S'il est prouvé qu'une fille a du lait dans les mammelles, c'est une présomption violente qu'elle a eu commerce avec un homme ; parce que l'on sçait, par les regles de la Médecine, fondées sur l'expérience, que cela n'arrive jamais autrement.

De même, si des témoins déposent avoir vu clairement, pendant la nuit, assassiner Paul ; & qu'il soit constant que ce jour-là la lune étoit nouvelle, & que l'endroit où étoient ces témoins, fût si éloigné de celui où le délit est arrivé, qu'il soit moralement impossible qu'ils aient pu distinguer le visage & la voix de l'accusé, on en conclut nécessairement que la déposition de ces témoins est fausse.

256. On peut mettre au nombre de cette espece d'indices, tous les signes naturels, & qui tombent sous les sens ; parmi lesquels il y en a de *certains*, comme la respiration, qui est un signe certain de la vie ; & d'autres qui ne sont que *probables*, comme la rougeur du visage, qui n'est qu'un signe probable de colere.

Le trouble & l'émotion d'un accusé, & sa variation dans ses réponses, sont des signes probables que cet accusé a commis le crime qu'on lui impute.

Des contusions sur le corps d'une femme, & des marques de violence aux parties naturelles, sont des signes probables que cette femme a été violée.

257. On met encore au nombre de ces indices, qui sont seulement probables, la ressemblance qui se trouve entre deux ou plusieurs signatures, & qui naît de la comparaison d'écritures ; car cet indice forme seulement une preuve vraisemblable, mais non concluante, que ces signatures sont de la même main.

258. Les indices fondés sur des *principes humains*, sont ceux qui sont fondés, 1°. sur ce qui arrive ordinairement dans la suite des actions des hommes : 2°. sur leur disposition ou penchant naturel à satisfaire leurs passions, soit de colere, soit d'ambition, d'amour, de volupté & d'avarice.

Ainsi, si je vois une épée teinte de sang, j'en conclus aussi-tôt que quelqu'un vient d'être tué ou blessé.

Si j'entends un grand bruit, & des cris dans une place, j'en conclus qu'il y a une émotion populaire dans cet endroit.

Si je vois un homme l'épée à la main poursuivre Titius qui se sauve dans une maison; que je voie ensuite cet homme sortir de la même maison avec son épée ensanglantée; & que Titius soit trouvé mort & baigné dans son sang; c'est un indice violent que cet homme, ainsi trouvé l'épée à la main, est l'auteur du meurtre.

259. Si un homme de mauvaise réputation, est trouvé pendant la nuit, emportant des effets proche une maison où il a été fait un vol d'effets semblables dans le même temps; c'est un indice que cet homme est l'auteur du vol, ou du moins qu'il en est complice.

De même, si un homme est trouvé saisi d'effets volés, c'est un indice que c'est lui qui les a volés; à moins qu'il ne déclare celui dont il a acheté ces effets; ou qu'il ne soit d'ailleurs d'une probité reconnue.

Ces indices, ou *présomptions*, sont fondés sur ce que les hommes qui veulent faire, ou qui font, ou ont fait une telle action, se trouvent ordinairement dans des circonstances pareilles à celles où l'on a trouvé l'accusé; ou, ce qui est la même chose, sur ce que l'accusé s'est trouvé dans des circonstances tellement liées à l'action, ou sur ce qu'il a fait des choses qui lui sont aussi tellement liées, qu'il est présumé avoir fait l'action même.

260. Quelquefois ces indices, qui sont fondés sur ce qui arrive ordinairement dans la suite des actions des hommes, sont plus équivoques; *v. g.* si l'on trouve le manteau, la canne, l'épée, ou le chapeau d'une personne dans l'endroit où le délit a été commis, c'est une marque, (quoiqu'incertaine) que celui dont le manteau, ou autre effet, a été trouvé sur le lieu, est l'auteur du crime.

Si l'accusé a été trouvé armé dans l'endroit où un meurtre a été commis, ou auprès du cadavre, on peut présumer que c'est lui qui en est l'auteur.

Et ainsi des autres.

261. Quant aux indices qui *sont fondés sur la disposition*, ou *penchant ordinaire des hommes*, à faire telle ou telle chose en telle circonstance, ils dépendent de ce plus ou moins de penchant; & il y a, à cet égard, dans l'ordre moral, de même que dans l'ordre physique, des loix, en conséquence desquelles certaines choses doivent nécessairement arriver dans certains cas, ou du moins arrivent ordinairement & presque toujours.

Par exemple, si un jeune homme est trouvé couché seul avec une femme mariée, jeune & aimable, & qu'il soit prouvé qu'il ait passé la nuit avec elle dans une chambre retirée, c'est une présomption très forte qu'ils sont l'un & l'autre coupables d'adultere.

262. Le trouble & l'émotion d'une personne trouvée dans l'endroit où le crime a été commis, la fuite d'un accusé, la dénégation dans ses réponses de choses prouvées, sont aussi des indices que l'accusé est coupable ; à moins qu'il ne rende d'ailleurs de bonnes raisons des mouvements qui se passent en lui. En effet, quoique ces mouvements n'aient pas une liaison certaine & nécessaire avec le crime, néanmoins ils l'accompagnent ordinairement, ou en sont des suites ; & il n'est pas naturel de penser qu'une personne innocente, & qui n'a rien à craindre, tienne une pareille conduite.

Il en est de même, si une personne est soupçonnée d'être l'auteur d'un homicide : s'il est prouvé qu'il y a eu auparavant une inimitié capitale entre cette personne & celle qui a été homicidée, & que d'ailleurs cette inimitié ait été suivie de menaces très violentes ; cette haine & ces menaces forment un indice contre l'accusé. Et quoiqu'une inimitié, quelque grande qu'elle soit, ainsi que des menaces, ne renferment point par elles-mêmes une détermination absolue de se défaire de son ennemi ; néanmoins comme cette conduite marque un penchant à commettre un pareil crime, & que cela est même arrivé souvent dans de pareilles circonstances, il en résulte un indice, ou du moins une probabilité contre l'accusé, que la chose est arrivée de la même maniere à son égard.

263. D'où il suit qu'il y a dans cette espece d'indices, comme dans les autres, différents degrés de probabilité ; mais on peut dire en général, que la plupart des indices, fondés sur le penchant des hommes, sont les plus incertains, & ne concluent presque jamais nécessairement pour le fait principal.

Ces indices se fortifient, lorsqu'ils sont liés à des faits qui prouvent que ces passions ont été satisfaites ; comme dans le cas d'un vol ; si un pauvre devient tout-à-coup riche ; si l'accusé est un homme de mauvaise réputation, & accoutumé au crime ; s'il ment dans ses réponses ; s'il a pris la fuite, *&c.*

264. On peut mettre l'*adminicule* au nombre des indices. On en distingue de deux sortes : 1°. l'adminicule *violent*, qui s'emploie, non

non pour former par lui-même une preuve; mais pour venir au secours de la preuve, & suppléer ce qui manque à sa perfection: 2°. l'adminicule *foible*, qui sert seulement à confirmer une chose probable.

On donne quelquefois le nom de *conjectures* aux présomptions, sur-tout aux présomptions foibles. Ces mots sont même assez souvent regardés comme synonymes, & on emploie indirectement l'un pour l'autre.

Le *soupçon*, l'*opinion* & le *doute*, sont des especes de conjectures légeres, qui ne sont appuyées que sur des indices, ou signes ou arguments légers, & qui souvent se détruisent d'eux-mêmes.

SECTION II.

Division des indices.

265. Tous les indices & adminicules, de quelque espece qu'ils soient, se rapportent:

1°. A la personne; & dépendent de l'âge, du sexe, de la réputation, de la qualité, du tempérament, & des habitudes de cette personne, *&c.*

2°. A la cause; & dépendent de la haine, de l'amour, de la colere, de la crainte, de l'espérance, de l'avantage qui résulte de cette action, *&c.*

3°. A ce qui a précédé, accompagné ou suivi le crime; comme sont les préparatifs, les allées & venues, l'émotion, la fuite, le bris de prison, *&c.* (*a*)

(*a*) De ces trois sortes d'indices, les premiers, c'est-à-dire, ceux qui précedent le crime, doivent avoir une liaison nécessaire ou vraisemblable, avec la volonté & la détermination de le commettre lorsque l'occasion s'en présentera. La seconde espece d'indices, c'est-à-dire, ceux qui accompagnent le crime, doivent avoir de la liaison avec l'action même du crime. A l'égard des indices qui suivent le crime, ils doivent être des effets du crime commis. Ils en sont des effets nécessaires, si l'on ne peut assigner d'autre cause de ces indices, que le crime même; ensorte que les faits qui servent d'indices, n'aient pû arriver qu'en supposant le crime commis; & ils en sont seulement des effets vraisemblables, si l'on peut absolument en assigner d'autres causes; mais si on ne le peut que très difficilement, & d'une maniere peu naturelle, & qui n'arrive que très rarement.

4°. A ce qui a été dit ou omis de dire ; tels sont, *v. g.* les menaces, le mensonge, les variations & contradictions, le silence, &c.

5°. Au lieu & au temps où le délit a été commis.

6°. A la facilité de commettre le crime.

7°. A ce qui n'a pas été fait, & qui néanmoins auroit dû l'être.

§. I.

Exemple des indices qui se rapportent à la personne.

266. Ces indices dépendent :

De l'âge.

Du sexe.

De la réputation.

De la fréquentation avec des personnes suspectes.

De l'habitude à commettre le crime.

Du changement subit d'état ; comme dans le cas où la personne qui étoit pauvre, devient tout-à-coup riche.

De la ressemblance du visage, ou de la voix.

§. II.

Des indices qui se rapportent à la cause.

267. Ces indices dépendent :

De la haine ou inimitié.

De l'amour.

De la colere.

De la crainte.

De l'espérance.

De l'avantage qui résulte de l'action.

Des mauvais conseils.

§. III.

Des indices fondés sur ce qui s'est passé avant l'action.

268. S'il est prouvé que l'accusé ait eu un très grand desir d'avoir une chose, & que cette chose vienne à être dérobée.

S'il a fait les préparatifs du crime.

S'il a acheté des armes, ou autres instruments propres à le commettre.

S'il a fait polir ou repasser ses armes.

S'il a porté avec lui des armes, contre son usage.

S'il a menacé son ennemi.

S'il a appris à faire des armes, contre sa coutume & ce qui convenoit à son âge, afin de pouvoir se battre contre son ennemi.

Si on l'a vu se promener seul dans le lieu du délit, ou devant la maison de l'offensé, de nuit, & à des heures suspectes, en prenant la précaution de se cacher pour n'être pas apperçu.

S'il a souvent fréquenté cet endroit, sans avoir aucun sujet de le faire.

S'il a usé de familiarité avec la femme qu'il est accusé d'avoir séduite; s'il s'est enfermé seul avec elle dans un endroit retiré.

S'il alloit souvent lui faire visite.

S'il lui a écrit des lettres, & s'il en a reçu.

S'il a parlé à l'oreille d'une personne qui ait, dans l'instant, commis le crime qu'on poursuit en Justice.

§. IV.

Des indices fondés sur ce qui s'est passé pendant l'action.

269. Si l'on a entendu l'offensé s'écrier.

Si l'on a entendu le bruit des armes.

Si l'on a vu l'accusé tirer un coup de fusil, ou lancer un javelot contre le blessé, quoiqu'on n'ait pas vû qu'il l'ait frappé ou atteint.

Si l'on a vu ou entendu le tumulte & le mouvement de personnes qui prenoient la fuite.

Si l'accusé à laissé tomber dans le lieu du délit, ou oublié quelque chose à lui appartenant; comme son chapeau, sa canne, son manteau, son épée, ses gants, son bâton, *&c.*

S'il a annoncé par avance la mort de celui qui a été tué.

Si l'on a remarqué dans la neige, la trace de ses pieds, & la forme de son soulier.

Si l'on a remarqué que les blessures de l'offensé se rapportoient à la grosseur & à l'espece de ses armes.

§. V.

Des indices fondés sur ce qui s'est passé après l'action.

270. Si on a vu l'accusé sortir de la maison de l'offensé aussi-tôt après le délit commis.

Si on l'a vu dans le lieu du délit, aussi-tôt après qu'il a été commis, ou tout proche.

Si son habit s'est trouvé couvert de sang, ou son épée ensanglantée.

Si on l'a vu sortir pâle & tremblant, du lieu du délit.

Si on l'a vu emportant avec lui les choses volées, & sortant du lieu où elles ont été prises.

Si on l'a vu s'enfuyant, chargé d'un paquet, vers l'endroit où les choses volées ont été trouvées.

S'il a été trouvé saisi des effets volés.

Si on l'a vu devenir riche tout-à-coup, quoiqu'il fût pauvre auparavant.

Si on l'a vu dépenser liberalement, contre son usage & ses facultés.

Si on l'a vu changer des especes d'or ou d'argent, que vraisemblablement il n'avoit pas auparavant.

Si on l'a vu vendre, donner, ou mettre sur lui, des hardes ou autres effets appartenants à la personne volée.

S'il a retiré ou caché en sa maison les auteurs du crime.

S'il a pris la fuite aussi-tôt après le délit commis, ou peu de temps après; ou s'il a brisé les prisons.

Si on l'a vu, pendant la nuit, enterrer la personne homicidée.

§. VI.

Des indices fondés sur la facilité de commettre le crime.

271. Si l'accusé demeuroit dans la maison où le crime a été commis.

S'il avoit les clefs de l'endroit où le vol a été fait.

S'il connoissoit parfaitement toutes les chambres & cénacles de la maison volée, *&c.*

§. VII.

Des indices fondés sur ce qui a été omis ou négligé de faire.

272. Si un domestique a vu tuer ou frapper son maître, sans le défendre, quoiqu'il le pût faire.

Si un mari est trouvé mort, & que sa femme ait gardé le silence.

Si un mari, ou un pere, voyant sa femme ou son fils, en devoir de commettre un crime, ne l'en ont point empêché.

Si l'accusé, ayant connoissance d'un meurtre, n'en a point averti, ni empêché l'auteur de le commettre, quoique cet accusé pût le faire aisément.

ARTICLE PREMIER

Des indices généraux & communs à tous les délits.

273. Les indices communs à tous les crimes ou délits (*a*) sont :

1°. La mauvaise réputation de l'accusé. (*Infrà*, n. 335.)

2°. Son habitude à commettre de pareils crimes. (*Infrà*, n. 334.)

3°. S'il a été vu dans des lieux suspects, & propres à commettre le mal. (*Infrà*, n. 326.)

4°. S'il a été vu dans le lieu du délit, au temps qu'il a été commis. (*Infrà*, n. 325,) ou auparavant. (*Ibid.* n. 326.)

5°. Si on l'a vu sortir de ce lieu dans le même temps. (*Infrà*, n. 325 & 330.)

6°. S'il est lié particuliérement avec ceux qui commettent de pareils crimes. (*Infrà*, n. 333.)

7°. S'il y a eu précédemment des menaces entre lui & l'offensé. (*Infrà*, n. 305.)

8°. S'il y a eu entre eux deux une inimitié capitale. (*Infrà*, n. 302.)

9°. Si l'accusé a pris la fuite. (*Infrà*, n. 310.)

10°. S'il avoit un intérêt considérable à commettre le crime. (*Infrà* n. 322.)

(*a*) Voyez la Constitution Caroline, *chap.* 25.

11°. S'il a laissé, dans le lieu du délit, quelque chose à lui appartenante. (*Infrà*, n. 329.)

12°. Le bruit public, & la commune rénommée. (*Infrà*, n. 317.)

13°. Si l'accusé ment dans ses défenses. (*Infrà*, n. 337.)

274. 14°. La variation & inconstance de ses réponses. (*Infrà*, n. 338.)

15°. Son émotion & tremblement. (*Infrà*, n. 340.)

16°. Son silence & refus de répondre. (*Ibid.* n. 341.)

17°. S'il est accusé par l'offensé, & que cet offensé persévere dans son accusation jusqu'à l'article de la mort. (*Infrà*, n. 300.)

18°. S'il est accusé par quelqu'un de ses complices. (*Infrà*, n. 286, 298 & 299.)

19°. S'il a transigé avec l'offensé, pour raison du crime qu'on lui impute. (*Infrà*, ibid. n. 320.)

20°. Si, ayant connoissance du crime qui devoit être commis, il a gardé le silence à cet égard. (*Infrà*, n. 309.)

21°. S'il a retiré sciemment chez lui les coupables & auteurs du crime, ou s'il les a aidé ou favorisé. (*Infrà*, n. 348.)

22°. Si l'accusé a sollicité fortement d'informer contre les auteurs du délit, quoiqu'il fût pour cela sans caractere. (*Infrà*, ibid. n. 348.)

23°. S'il a préparé tout ce qui étoit nécessaire pour commettre le crime dont il est prévenu. (*Infrà*, n. 327 & 328.)

24°. Si, pouvant empêcher le crime, il ne l'a point fait. (*Infrà*, n. 307.)

25°. S'il est trouvé saisi d'effets provenants du crime. (*Infrà*, n. 331.)

26°. La facilité à commettre le crime, par le voisinage, la cohabitation. (*Infrà*, n. 342--346.)

ARTICLE II.

Des indices particuliers à certains genres de crime.

275. Dans le cas d'homicide. (Voyez au titre *De l'Homicide.*)
Dans le cas d'homicide clandestin. (Voyez *ibid.*)
D'homicide dans une rixe. (Voyez *ibid.*)
D'infanticide. (Voyez *Parricide*)
De parricide. (Voyez *hoc verbo.*)
D'uxomicide. (Voyez *Homicide.*)

De poison. (Voyez *Poison.*)
De blessures. (Voyez *Injures.*)
De suicide. (Voyez *hoc verbo.*)
De vol simple. (Voyez *Vol.*)
De vol avec violence, & rapine (Voyez *ibid.*)
D'incendie. (Voyez *Incendie.*)
De malefice & sortilege. (Voyez *Magie.*)
D'adultere & stupre. (Voyez *Adultere & Luxure.*)
De rapt de violence. (Voyez *Luxure.*)
De maquerellage de la part d'un mari. (Voyez *Maquerellage.*)
De faux. (Voyez *Faux.*)
De fausse monnoie. (Voyez *hoc verbo.*)
De trahison. (Voyez *Trahison*, ou *Félonie.*)
De réceleurs de voleurs & brigands. (Voyez *hoc verbo.*)

ARTICLE III.

Des indices pour constater le corps de délit dans plusieurs crimes en particulier. (a)

276. Dans les crimes dont la preuve est difficile, la preuve du corps de délit se fait par des indices & des conjectures; comme dans le faux, *&c.*

Les cris de la personne offensée, le mouvement des personnes qui prennent la fuite, le bruit des armes, sont un indice commun à plusieurs crimes pour constater le corps de délit.

Dans le cas d'Homicide.

Les indices les plus ordinaires, sont:

1°. Le bruit public.

2°. Si celui qu'on prétend avoir été tué, vient tout-à-coup à disparoître, contre sa coutume, sans pouvoir alléguer aucune cause de cette absence, & sans avoir dit où il alloit.

3°. S'il a disparu sans avoir pris son épée, ni son cheval; & sans être attaqué d'aucune maladie d'esprit.

4°. Si le corps de l'homicidé ne se trouvant point, on trouve sur le lieu, des traces de sang, des os, ou quelque membre, ou son habit, son épée, *&c.*

(*a*) Voyez *omnino*, ce qui est dit ci-après au titre *Du corps de délit*, n. 2.

277. 5°. Si l'on a entendu tirer quelque coup de fusil, ou vu de la flamme dans l'endroit où l'on prétend que le corps a été brûlé, *&c.*

6°. Si le corps est trouvé meurtri, ou ayant des blessures, ou des marques de violence à la gorge; ou qu'on le trouve suspendu par le col à une corde; c'est une marque que c'est une autre personne qui l'a mis dans cet état.

7°. Il en est de même, s'il est trouvé dans une situation, telle qu'il paroisse avoir été tué à son corps défendant; *v. g.* s'il est trouvé, ayant, entre les mains, des armes purement défensives.

8°. S'il est trouvé, au contraire, avec un poignard à la main enfoncé dans son corps, ou panché sur son épée, ou suspendu à une corde les mains libres, & qu'il soit d'ailleurs hypocondriaque, ou frénétique, c'est une marque qu'il s'est lui-même donné la mort; sur-tout s'il lui est survenu quelque grand malheur qui lui ait fait desirer de cesser de vivre.

Pour la cause de la mort, Voyez ce qui est dit du blessé qui meurt dans les quarante jours, au titre *De l'Homicide*, n. 36.)

278. *Dans le cas de poison.*

Si l'on trouve sur le corps du défunt, des taches livides, des convulsions, *&c.* sur-tout s'il est mort subitement après avoir pris une potion.

Dans le cas de viol, défloration, &c.

Si l'on trouve un dérangement considérable, & déchirements dans les parties naturelles de la personne, que l'on prétend avoir été violée. (*a*)

(*a*) C'est par le rapport des Matrones & Sages-Femmes, ou, à leur défaut, par des Chirurgiens, que cette espece de corps de délit se constate.

Les preuves qu'une fille a été déflorée, sont: lorsqu'on trouve du sang dans le lit où l'on prétend qu'elle a été violée ou corrompue, ou sur son linge; lorsque les parties naturelles de la fille paroissent avoir souffert quelque violence, soit par leur meurtrissure, fracture, *&c.*; lorsque les mammelles sont déprimées, & autres circonstances semblables. Mais tous ces signes sont équivoques, & peuvent avoir été occasionnés par d'autres causes qu'une violence extérieure, & se trouver même quelquefois dans des vierges. C'est pourquoi il y faut suppléer par d'autres présomptions; *v. g.* par les entretiens secrets & familiers que cette fille a eu avec l'accusé; par ses ris, ses regards, sa bonne, ou mauvaise renommée; & autres indices semblables, qui, étant joints avec les indices précédents, emploiés ordinairement pour constater si une fille a été déflorée ou non, sont regardés comme suffisants pour établir le corps de délit, & pour informer en conséquence contre l'accusé.

Si l'on a entendu les cris de cette fille ou femme qui appelloit à son secours, *&c.*

Dans le cas de vol.

1°. S'il est prouvé que tels effets, qui avoient coutume d'être toujours dans le même endroit, ne se sont plus trouvés dans la maison.

2°. La dénonciation faite en Justice par la personne volée; surtout si c'est une personne d'une réputation integre.

279. 3°. Les plaintes faites publiquement par cette personne dans le voisinage, ou à des amis, aussi-tôt après s'être apperçu du vol qui lui avoit été fait.

4°. Le bruit public du quartier.

5°. La fuite de quelqu'un des domestiques de la personne volée; sur-tout si ce domestique étoit d'une réputation suspecte.

6°. Si l'on trouve une échelle appuyée sur la fenêtre de l'endroit où le vol a été fait.

7°. Si les voisins ont entendu du bruit dans l'endroit où l'on prétend que les choses ont été dérobées.

En crime de faux.

La ressemblance des écritures ou signatures.

Les indices de *complicité du crime*, sont:

Lorsqu'on reçoit de mauvaise foi, & sciemment, des effets qui ont été volés. (Constitut. Carol. *chap.* 40.)

Lorsqu'on donne retraite, aussi sciemment, à des voleurs, qu'on les cache, ou qu'on les nourrit, ou lorsqu'on recele les effets volés. (*Ibid.*)

Lorsqu'on donne du secours à ces sortes de personnes, ou qu'on leur a donné conseil de commettre le crime. (*Ibid.*)

(Voyez *omnino*, ce qui a été dit à ce sujet au titre *Des différentes manieres dont on peut participer aux crimes*, ci-dessus, *part.* 1, *tit.* 2.

SECTION III.

Exemples d'indices considérés du côté de leur force.

§. I.

Indices très graves.

280. Si un jeune homme est trouvé couché seul dans un lit, & dans

un endroit retiré, avec une fille ou femme, avec laquelle il a passé la nuit; c'est un indice très violent qu'il y a eu entre eux une union charnelle.

Si quelqu'un est trouvé l'épée à la main, & couvert de sang, sortant avec précipitation d'une maison qui n'a qu'une seule porte, & où l'on trouve un homme mort, & nouvellement tué, avec lequel il avoit une inimitié mortelle; c'est un indice très violent que celui qui est ainsi trouvé l'épée à la main, est l'auteur du meurtre.

Si l'accusé a été surpris emportant la chose dérobée, & sortant du lieu où elle a été prise, ou prenant la fuite vers un autre endroit où il l'a mise, & où elle a été trouvée, c'est un indice très violent qu'il a commis le vol.

§. II.

Indices graves.

281. Si l'accusé est trouvé saisi d'effets volés, dont il rend un mauvais compte.

S'il a été apperçu sortir de nuit de la maison où il a été fait un vol, ou dans laquelle il a été commis un homicide pendant cette nuit.

S'il a été trouvé sur le lieu du délit dans le temps que le délit a été commis.

Si on l'a apperçu avec des armes, peu de temps avant, ou après le délit.

Si l'on a trouvé sur le lieu du délit, des effets appartenants à l'accusé; *v. g.* son manteau, sa canne, son chapeau, son épée, *&c.*

S'il y a eu entre lui & le blessé une inimitié capitale, suivie de menaces.

Si c'est une femme accusée d'avoir fait mourir son mari, en la maison de laquelle on a trouvé le mari mort, sans qu'elle s'en soit plainte.

La déclaration de l'offensé, par laquelle il a chargé l'accusé, en persévérant jusqu'à la mort.

Si un accusé, prévenu d'avoir commis un adultere avec une telle personne, a été surpris seul avec elle pendant la nuit dans un endroit écarté, ou dans une chambre retirée.

Si l'accuſé a retiré chez lui les auteurs du crime, ou recelé les effets volés.

S'il eſt prouvé par experts, que l'acte contenant le délit, eſt écrit ou ſigné de la main de l'accuſé.

§. III.

Autres indices.

282. Si l'accuſé eſt chargé, comme complice, par l'auteur du crime.

S'il a été vu préparant des armes, ou achetant du poiſon, des piſtolets, ou prenant d'autres meſures ſemblables pour commettre le crime; ſur-tout s'il s'eſt caché en prenant ces meſures.

S'il a été ſurpris, armé contre ſa coutume, dans le temps de l'homicide.

Si, dans le même temps on l'a trouvé avec une épée enſanglantée, & des taches de ſang ſur ſes habits, ou ſur ſon linge.

Si, avant que le meurtre ait été commis, il a déclaré que la perſonne ne ſeroit pas en vie dans un tel temps, ainſi que cela s'eſt vérifié.

S'il a été trouvé pluſieurs fois ſe promenant, ou rodant dans le lieu où le crime a été commis.

S'il a pris la fuite auſſi-tôt après le délit commis, & avant qu'il y ait eu contre lui aucun décret.

S'il avoit un intérêt conſidérable à commettre le crime.

283. S'il a tranſigé avec l'offenſé.

Si, pouvant empêcher le crime commis par ſon fils, ou par ſon domeſtique, il ne l'a point empêché.

Si, ayant connoiſſance que le crime devoit être commis, & pouvant facilement en prévenir l'offenſé, il ne l'a point fait.

S'il demeuroit ſeul avec l'offenſé dans la maiſon où le meurtre a été commis; & ſur-tout ſi cela s'eſt fait de nuit, les portes de la maiſon étant fermées.

S'il avoit les clefs de l'endroit où le vol a été fait; ou s'il avoit d'ailleurs une parfaite connoiſſance des lieux.

S'il y a eu un commerce de lettres familieres entre l'accuſé & la perſonne avec laquelle on prétend qu'il a commis un adultere, ou ſtupre, *&c.*

Tous ces indices ſont plus ou moins graves, ſuivant les circonſtances.

§. IV.

Indices légers.

284. La mauvaiſe réputation de l'accuſé. Cet indice ſert à fortifier les autres.

S'il a déja commis un pareil crime.

S'il fréquente des perſonnes de mauvaiſe réputation, & accoutumées au crime.

S'il a été trouvé dans des lieux ſuſpects, & propres à commettre des crimes.

Si l'accuſé paroît ému, tremblant, & dans ces diſpoſitions que font naître ordinairement le trouble d'une conſcience agitée, & les remords du crime.

S'il ment & varie dans ſes réponſes; ou s'il ſe contredit d'une maniere groſſiere.

Si, au lieu de répondre, il garde le ſilence, comme une perſonne qui ſe ſent coupable.

Le bruit public, ou la commune renommée, que l'accuſé a commis le crime.

La reſſemblance de viſage, de voix, de figure, *&c.* de l'accuſé, avec celui qu'on a vu commettre le crime, ſans pouvoir bien le diſtinguer.

A l'égard du ſang qui pourroit couler des plaies de la perſonne homicidée, en préſence de l'accuſé, il forme un indice très foible & très équivoque; quoique quelques-uns aient regardé cet indice comme très conſidérable.

§. V.

Des indices qui vont à la décharge de l'accuſé.

285. S'il eſt de bonne réputation & ſans reproches, & qu'il ſoit notoirement connu pour tel.

S'il n'a fait juſqu'ici aucune choſe qui ait pû donner atteinte à cette bonne réputation.

S'il n'a eu aucun motif, ſoit de vengeance, de cupidité ou d'intérêt, *&c.* pour commettre le crime dont on l'accuſe.

S'il s'est rangé de lui-même en prison, & sans y être contraint.

L'air serain & la tranquillité de l'accusé; sa constance & uniformité dans ses réponses.

Si l'offensé a déclaré, sur-tout en mourant, que l'accusé étoit innocent du crime.

Si l'accusé est déchargé par l'auteur du crime, sur-tout à l'article de la mort.

Si les témoins, qui l'ont accusé, se sont retractés en mourant.

SECTION IV.

Examen des principaux indices qui peuvent faire charge contre les accusés; & observations sur ces indices.

§ I.

De la déposition d'un accusé qui en charge un autre, comme étant son complice.

I.

286. La regle générale, est que dans tous les cas où un accusé peut être interrogé touchant ses complices, sa déposition forme un indice considérable contre ces mêmes complices, mais non dans les autres cas; (*Ita* Farinac. *qu.* 43, *n.* 2; Voyez Boerius, *decis.* 108, *n.* 9; & Duluc en ses Arrêts, titre des témoins, *art.* 3; Voyez aussi ce qui est dit au titre *Des Interrogatoires*, *n.* 66; des cas où un accusé peut être interrogé sur ses complices.)

Néanmoins si cette déclaration d'un accusé qui en accuse un autre, est faite à la question, elle doit être admise avec beaucoup de précaution, suivant la Loi 19 au Code Théodosien *de accusation. & inscription.*

Cette regle, que la déclaration de l'accusé ne doit point faire preuve dans les cas où il ne doit point être interrogé touchant ses complices, est telle, que quand même un accusé chargeroit de lui-même, & sans être interrogé, un tiers comme complice, sa déposition ne formeroit qu'un indice léger contre ce prétendu complice. (Farinac. *qu.* 43, *n.* 4.)

Ce qui a pareillement lieu dans le cas où celui qui en accuse ainsi un autre, persévéreroit jusqu'à la mort dans sa déclaration. (Farin. *ibid. n.* 28.)

Et même quand celui qui est accusé comme complice, seroit d'ailleurs d'une réputation suspecte. (*Ibid. n.* 25.)

I I.

287. Dans les grands crimes, & dans tous ceux où il seroit difficile sans cela de découvrir la vérité, la déposition d'un accusé fait foi contre son complice. Cette regle est une suite de celle qui vient d'être établie. (Farin. *qu.* 43, *n.* 56 & *suiv.*)

Cette regle a lieu, à plus forte raison, lorsque la déposition ou déclaration de l'accusé contre son complice, se fait à l'article de la mort, & avant l'exécution; parce qu'on ne peut présumer que cet accusé veuille mentir dans le temps où il se voit prêt à paroître devant le Tribunal de celui qui lui fait subir dès ce monde la peine due à ses crimes.

I I I.

288. Quoique la déposition, par laquelle celui qui est convaincu d'un crime accuse quelqu'un de ses complices, forme une violente présomption contre ce complice, (suivant la Constitution Caroline, *ch.* 31;) il faut néanmoins, pour que cela ait lieu, que la déposition de l'accusé soit accompagnée des circonstances suivantes; ainsi qu'il est marqué par cette même constitution.

1°. Il faut que le nom de la personne qu'il charge, ne lui ait point été proposé, & qu'il n'ait point été interrogé ni questionné sur cette personne nommément; mais qu'on lui ait seulement demandé en général quelles sont les personnes qui lui ont aidé à commettre son crime, & qu'il les ait nommées de lui-même. (*Ibid.* ch. 31, §. 1.)

2°. Il faut interroger en détail, & avec soin, celui qui en accuse ainsi un autre, touchant le lieu, le temps, & la maniere dont celui-ci lui a aidé à faire l'action, & quelle liaison il a eu avec lui; & sur toutes les circonstances nécessaires qui peuvent servir à connoître la vérité. (*Ibid.* §. 2.)

289. 3°. Le Juge doit examiner si le criminel n'a point de haine ou d'inimitié particuliere contre celui qu'il accuse; autrement on ne doit point ajouter foi à sa déclaration, à moins qu'elle ne soit ap-

puyée sur des raisons & indications justes & raisonnables. (*Ibid.* §. 3.)

4°. Il faut que la personne accusée par le criminel, soit d'une conduite assez suspecte, pour qu'on la puisse croire capable d'avoir commis le crime. (*Ibid.* §. 5.)

5°. Enfin, il faut que ce criminel persiste en sa déclaration. (*Ibid.* §. 5.)

I V.

290. On peut douter si la déclaration de celui qui en accuse un autre comme son complice, est suffisante pour faire appliquer le complice à la question ?

Farinacius, *ibid.* qu. 43, après avoir agité amplement cette question, tient pour la négative ; même dans les cas où il s'agit de crimes atroces, & pour lesquels on ne peut pas avoir facilement de preuves ; & il ajoute que cette déclaration n'est pas suffisante par elle même, à moins qu'elle ne soit fortifiée par d'autres indices. (Voyez Farin. *ibid. n.* 147 & 156 ; *Ita etiam* Jul. Clarus, *qu.* 21, *n.* 8.)

En effet, il est souvent arrivé que des accusés, par des motifs de désespoir, de haine, d'espérance d'échapper, ou par crainte, ont chargé des personnes inconnues, avec lesquelles ils n'avoient aucune liaison.

291. D'ailleurs, si la déposition d'un seul témoin qui est d'une réputation suspecte, ne peut être suffisante pour condamner à la question celui qui est accusé par ce témoin ; à plus forte raison cette regle doit avoir lieu lorsque le témoin est convaincu d'un crime grave. (Voyez ce qui est dit ci-après, *n.* 393.)

La déposition de ce témoin, quand même il persévéreroit dans cette déclaration jusqu'à l'article de la mort, ne seroit pas non plus suffisante pour faire appliquer à la question celui qu'il auroit accusé ; à moins que cette déposition ne fût d'ailleurs fortifiée par d'autres indices. (*a*)

(*a*) Voyez à ce sujet Seneque, *controv.* 29 ; Lebret, *liv.* 6, *decis.* 1 ; & les Arrêts d'Auzanet, *pag.* 126, *liv.* 23, *à fine.*

En 1563, ceux de la Maison de Guise faisoient d'instantes poursuites pour le meurtre commis en la personne de François Duc de Guise, tué par Poltrot, parce qu'il y avoit plusieurs Seigneurs Protestants soupçonnés de ce meurtre, &

292. A l'égard de la qualité des indices qui doivent être joints à la déposition du criminel, pour former une preuve suffisante pour la question contre le complice qu'il accuse, Farinacius apporte pour exemples, les suivans; sçavoir, un témoin *de auditu*; une inimitié prouvée entre l'offensé & le complice accusé; le bruit public que ce co-accusé est complice du crime; la fuite de ce co-accusé; sa liaison particuliere avec le criminel qui le charge; la mauvaise réputation de ce complice; & ainsi des autres. (Voyez Farin. *qu.* 43, *n.* 156-176.)

V.

293. Dans les crimes non atroces, & qui ne sont point de ceux dont il est difficile d'avoir la preuve, la déclaration d'un accusé contre un tiers qu'il prétend être son complice, ne peut former une preuve suffisante pour faire condamner ce complice à la question; quand même cette déposition seroit fortifiée par d'autres indices; à moins que ces autres indices ne formassent par eux-mêmes une preuve considérable. (Farin. *qu.* 43, *n.* 152, 153.)

Mais cette déclaration de l'accusé, est suffisante pour informer contre celui qui est chargé comme complice, indépendamment de tout autre indice. (Farin. *ibid.* qu. 43, n. 75, 125 & suiv.; Jul. Clarus, *qu.* 21, *n.* 7.)

VI.

294. Dans les crimes, même atroces, & du nombre de ceux qu'on appelle *crimes exceptés*, à cause de leur énormité, la déclaration d'un accusé, par laquelle il charge un complice, quoique fortifiée d'autres indices, ne peut former une preuve suffisante pour la question contre ce complice dans deux cas: 1°. si celui qui accuse, est d'ailleurs un homme de mauvaise réputation, ou infame: 2°. si celui qui est accusé, est une personne connue pour être de bonnes vie & mœurs, & sans reproche. (Farinac. *ibid.* qu. 43, *n.* 178 & 187.)

---

même Théodore de Beze; mais parce qu'il n'y avoit autre preuve que la déposition de Poltrot exécuté, il fut dit que le tout seroit différé jusqu'au temps de la majorité du Roi, qui en vouloit connoître lui-même; & cependant il fut fait défenses aux parties, qui étoient les Maisons de Guise & de Chatillon, de rien attenter l'une contre l'autre. (Hist. de Piguerres, *liv.* 6, *ch.* 19.)

VII.

VII.

295. Si deux accusés d'un même crime chargent en même temps un tiers comme complice, cela forme un indice suffisant pour la question. (Jul. Clarus, *qu.* 21, *n.* 9; Papon, *liv.* 24, *tit.* 8, *n.* 5.) Cependant Farin. *qu.* 43, *n.* 40 & 41, prétend que cela ne doit avoir lieu que dans les crimes atroces, & dans ceux pour lesquels on peut interroger l'accusé touchant ses complices. Mais cette question dépend beaucoup des circonstances & de la qualité des personnes. (Voyez ce qui est dit ci-dessus, *n.* 288.)

VIII.

296. Si les accusés qui en chargent un autre, sont en plus grand nombre que deux, ils peuvent former une preuve suffisante pour la condamnation définitive de celui qu'ils accusent; dans le cas du moins où ceux qui sont accusés, sont des personnes suspectes, ou de mauvaise réputation. (Voyez Papon, *liv.* 24, *tit.* 8, *n.* 5)

IX.

297. Si le criminel venoit à révoquer la déclaration qu'il a faite auparavant, quoiqu'accompagnée de toutes les circonstances nécessaires pour y ajouter foi, dans le dessein de rendre par-là service à ses complices, on doit examiner avec attention les circonstances qu'il a déclarées, & les comparer avec celles dont on a d'ailleurs la preuve; & l'on en conclura si la déclaration faite par le criminel, est légitime, ou non; en quoi l'on doit particuliérement faire attention à la bonne ou mauvaise réputation, & conduite de celui qui est accusé, & aux liaisons qu'il peut avoir eu avec le criminel. (Ordonnance Caroline, *ch.* 31, *n.* 7.)

X.

Touchant la validité de la déposition d'un accusé pour la décharge d'un autre accusé, Voyez ce qui est dit ci-après, *n.* 352.

§. II.

De la déposition du mandataire contre le mandant.

298. La déposition du mandataire contre le mandant, ne forme point une preuve suffisante pour pouvoir faire condamner le mandant à la question; à moins que cette déposition ne se trouve ratifiée par d'autres indices. (Jul. Clarus, *qu.* 21, *n.* 12; Farin. *qu.* 44, *n.* 1, 2 & 3.)

Et cette regle a lieu, même dans les plus grands crimes, tel que celui de leze-majesté; (Farin. *ibid.* qu. 44, n. 5 & 19;) avec cette distinction néanmoins, que dans ces sortes de crimes il faut des indices moins forts que dans les autres. (Jul. Clarus, *ibid.* qu. 21, n. 12.)

La déposition même de deux mandataires contre un tiers qu'ils accusent, comme leur ayant donné mandement de commettre le crime, ne forme point une preuve suffisante; si ce n'est dans les crimes atroces, & pour lesquels l'accusé a pu être interrogé sur ses complices. (Farin. *ibid.* qu. 44, n. 6-10.)

§. III.

De la déclaration de l'accusé qui dépose avoir témoigné faux, de l'ordre d'un autre.

299. On doit, à cet égard, suivre la même regle que celle qui vient d'être établie à l'égard du mandataire qui accuse son mandant. Ainsi:

Cette déclaration ne fait point une preuve pour pouvoir condamner à la question celui qui est ainsi accusé; (Farin. *qu.* 45, *n.* 1 & 8;) à moins qu'il n'y ait d'ailleurs dautres indices contre celui qui est ainsi accusé d'avoir donné ordre de commettre le faux. (*Ibid.* n. 34.)

Mais si deux témoins déclarent la même chose; alors cela forme une preuve suffisante pour la question; (*Ibid. n.* 28;) à moins que ces témoins ne fussent reprochables, *v. g.* s'ils étoient infames, parjures, ou s'ils avoient déposé d'une maniere incertaine. (*Ibid. n.* 41-47.)

§ IV.

De la déclaration de l'offensé contre l'accusé.

300. La déclaration d'un offensé contre celui qu'il prétend être l'auteur du délit, forme un indice contre celui qui est accusé ; & cet indice est suffisant pour informer & décréter contre cet accusé ; (Farin. *qu.* 46, *n.* 18 ;) dans le cas, du moins, où l'offensé n'est point partie civile ; quand même il auroit d'abord été plaignant, pourvu qu'il se fût ensuite désisté de sa plainte.

Une déclaration de cette sorte, équivaut même à celle d'un témoin, dans le cas où l'offensé est partie civile ; mais seulement pour la peine & la vengeance publique, & non pour les dommages & intérêts qui peuvent être dûs à l'offensé. (Voyez ce qui est dit ci-dessus, *n.* 116.)

Cette déclaration est encore plus forte, lorsqu'elle se fait par l'offensé étant au lit de la mort ; parce qu'alors on est présumé dire la vérité dans un temps où il n'y a plus de raison de la déguiser, & qu'il ne peut gueres tomber dans l'imagination, qu'un homme qui est prêt à paroître devant Dieu, veuille accuser injustement un innocent. (Voyez Menoch. *de arbitrar. quæstion.* casu 99, n. 16 ; & Covarruvias *var. resolut.* lib. 2, cap. 18, n. 8.)

301. Mais elle ne peut suffire seule pour faire condamner l'accusé à la question, si elle n'est soutenue d'ailleurs de quelques indices. (Jul. Clarus, *qu.* 21, *n.* 17 ; Farin *qu.* 46, *n.* 35 & 92 ; *Ita etiam* Carondas, *liv.* 12, *qu.* 66, vers la fin ;) comme, par exemple, s'il étoit prouvé qu'il y a eu inimitié entre l'offensé, & celui qui l'a blessé, s'il s'agit de blessures, &c.

Quant à la preuve qui résulte de la déclaration d'une fille qui prétend être grosse des œuvres de celui qu'elle a accusé, Voyez ce qui est dit ci-après, *part.* 4, au titre *Du crime de Luxure*, n. 50.

§. V.

De l'indice provenant de l'inimitié.

302. L'inimitié capitale contre celui qui a été offensé, forme une présomption violente que l'offense a été commise de la part de cet

ennemi. (Farin. *qu.* 49, *n.* 88. Voyez *omninò* ce qui a été dit au titre *De la Preuve testimoniale*, ci-dessus *n.* 132.)

Mais cet indice ne peut suffire pour faire condamner à la question celui qui est ainsi soupçonné, s'il n'y a d'ailleurs contre lui d'autres indices : (Farin. *ibid.* *n.* 102;) *v. g.* s'il s'agit d'un homicide, & que celui qui est ennemi capital du défunt, soit un homme dont la conduite fût telle, qu'on pût le soupçonner de cette action; à moins qu'il n'offrît de s'en justifier. (Constitution Caroline, *ch.* 26.)

On entend par inimitié capitale, celle qui est née en conséquence d'un procès dans lequel il s'agit de la plus grande partie des biens de la fortune. (L. 21, D. *de excusat. tutor.*; Farin. *qu.* 49, *n.* 2 & *suiv.*; Constitut. Caroline, *ch.* 26.)

303. Ou quand il s'agit d'un procès criminel, ou autre, occasionné par quelque cause importante; *v. g.* pour cause de mariage, *&c.* (Farin. *ibid.* qu. 49, *n.* 21, 24.) La Novelle 90, *ch.* 7, porte que celui qui a un procès criminel contre quelqu'un, ne peut être témoin contre lui; mais qu'il le peut, si le procès n'est que civil. C'est aussi le sentiment de Godefroi en ses notes sur cette Novelle.

Ou lorsqu'il s'agit de quelque injure personnelle grave, faite à l'accusé, ou à quelqu'un de ses proches parents. (Farinac. *Ibid.* n. 29, 31, 38.)

Ou de menaces considérables; comme de tuer, *&c.* (*Ibid.* *n.* 47,) & autres cas semblables; ce qui dépend des circonstances & de l'arbitrage du Juge. (*Ibid.* *n.* 86.)

Dans les cas où cette inimitié n'est pas suffisante pour condamner à la question celui qu'on soupçonne, elle peut toujours suffire pour informer contre lui. (Farinac. *ibid.* qu. 49, *n.* 105; Jul. Clarus, *qu.* 21, *n.* 30.)

304. Il faut aussi observer que la présomption qui résulte de l'inimitié, cesse lorsque les parties se sont reconciliées depuis. (Farin. *ibid.* qu. 49, *n.* 109.)

Au surplus, la présomption qui naît de cet indice, n'a lieu que dans les crimes qui se commettent pour faire injure à quelqu'un; comme sont les blessures, les mauvais traitements, les homicides, & autres semblables : mais cet indice cesse d'être regardé comme tel dans les autres crimes qui se commettent pour l'utilité du délinquant; comme dans les crimes de vol, de faux, d'adultere, & autres de cette espece. (Farin. *ibid.* qu. 49, *n.* 120.)

Enfin, on doit observer que l'inimitié ne se présume que lorsqu'on prouve d'une maniere évidente, les causes qui y ont donné lieu. (Farin. *ibid. n.* 129-131.)

§. VI.

De l'indice qui naît des menaces précédentes.

305. Des menaces précédentes, faites à une personne offensée, forment une présomption considérable contre l'auteur de ces menaces; mais cette présomption n'est pas suffisante pour le faire condamner à la question. (Constit. Caroline, *ch.* 25, *n.* 5 & 27.)

Néanmoins lorsque ces menaces sont accompagnées d'autres indices, elles font une preuve suffisante pour faire condamner à la question celui qui en est l'auteur. (Farin. *qu.* 50, *n.* 29.)

La présomption qui naît des menaces précédentes, est encore plus forte, lorsque celui qui a fait ces menaces, est dans l'habitude de les exécuter; (Farin. *ibid. n.* 30, 31; Constit. Caroline, *ch.* 23;) & qu'il est d'ailleurs d'une mauvaise réputation. (Farin. *ibid. n.* 9.)

Cette présomption a lieu principalement dans le crime d'homicide. (Farin. *ibid. n.* 9.)

Mais il faut, dans tous ces cas, qu'il n'y ait pas un long intervalle de temps entre les menaces & le délit qui les a suivi. (Farin. *ibid. n.* 14, 27.) Ce temps est arbitraire, & dépend de la prudence du Juge. (Constit. Caroline, *ch.* 32.) L'Ordonnance de 1667, au titre 24 des recusations, *art.* 8, veut que les menaces, pour pouvoir donner lieu à recuser un Juge, aient été faites au plus tard six mois auparavant.

306. Il faut aussi que les menaces, pour pouvoir former une présomption contre quelqu'un, soient certaines, & renferment une vengeance illicite; car si elles étoient incertaines & équivoques, elles ne feroient aucune preuve. (Farin. *qu.* 50, *n.* 18.)

Et de même, il faut que le crime qui a suivi les menaces, soit relatif à ces menaces, & de même genre qu'elles; autrement elles cesseroient de former une présomption. (*Ibid. n.* 23.)

Les menaces doivent être prouvées par deux ou plusieurs témoins; mais il suffit qu'elles le soient par des témoins de faits singuliers, pourvu qu'ils soient d'accord dans la qualité de ces menaces; quand même elles auroient été faites en différents temps & en divers lieux. (Farin. *ibid.* qu. 50, n. 40-42.)

§. VII.

De celui qui, pouvant empêcher le crime, ne l'empêche point.

307. 1°. On n'est point obligé en général, par les Loix Civiles, d'empêcher un délit, ni de défendre celui qui est attaqué ou insulté; quand même on pourroit le faire aisément & sans courir aucun danger. (Farin. *qu.* 51, *n.* 4 & 6.)

Mais il n'en est pas de même dans le for intérieur; car on est obligé en conscience d'empêcher un crime, lorsqu'on peut le faire sans courir aucun danger, soit en le revelant, ou autrement. Néanmoins lorsque le délit a été commis, l'obligation de le reveler, cesse; parce qu'alors on ne peut empêcher le mal par la revelation qu'on en feroit. (Farin. *ibid. n.* 23 & 25. Voyez aussi Ciceron, *lib.* 1, *de officiis*, *n.* 23.)

Cette regle, qu'on n'est point obligé par les Loix Civiles d'empêcher un délit quand on le peut, cesse à l'égard des enfants, des serviteurs, des sujets & des vassaux; car toutes ces personnes sont obligées d'empêcher, quand elles le peuvent, les délits qu'on veut commettre à l'égard de leurs peres, maîtres ou Seigneurs. (Farin. *ibid.* qu. 51, n. 26. Voyez ce qui a été dit au titre *Des différentes manieres dont on peut participer aux crimes*, ci-dessus, *part.* 1, *tit.* 11, n. 37 & suiv.)

308. Ce qui a lieu, même à l'égard des enfants naturels, envers ceux qui leur ont donné la naissance. (Farin. *qu.* 51, *n.* 28.)

Il en est de même, à plus forte raison, de la femme à l'égard de son mari, ou du mari à l'égard de sa femme. (*Ibid.* n. 36.)

Les peres & les maîtres qui sçavent que leurs serviteurs, ou leurs enfants, doivent commettre quelque crime, sont aussi obligés de l'empêcher, soit en le revelant, soit en défendant de le commettre, soit par tout autre moyen qu'ils peuvent employer à cet effet. (Farin. *ibid.* qu. 51, *n.* 40.)

Il en est de même des Officiers; ils sont aussi tenus à raison de leurs offices, de prévenir & d'empêcher les délits qu'ils voient commettre, ou qu'ils sçavent devoir être commis; comme dans le cas où un Juge verroit deux personnes se battre dans une rue, sans donner les ordres nécessaires pour l'empêcher, lorsqu'il le peut faire. (*Ibid.* n. 48, 50.)

Dans les crimes de leze-majesté & de parricide, on est aussi tenu d'empêcher le délit, lorsqu'on sçait qu'il doit être commis. (*Ibid.* n. 54 & 55.)

309. Dans tous les cas où l'on est tenu d'empêcher le délit quand on le peut, & qu'on ne le fait pas, cela forme un indice considérable contre celui qui manque à son devoir à cet égard ; mais cet indice ne peut être suffisant pour la question, à moins qu'il ne soit fortifié par d'autres indices. (Farin *qu.* 51, *n.* 2 & 3.)

2°. Quand il s'agit du crime de leze-majesté, on est tenu de le reveler ; & si on ne le fait pas, on est réputé complice de ce crime. (Farin. *qu.* 51, *n.* 69 *& suiv.* Voyez ce qui est dit à ce sujet *part.* 4, au titre *Du crime de Leze-Majesté*, n. 58.)

Quant à la question de sçavoir s'il y a des cas où le Prêtre peut & doit reveler ce qu'il sçait sous le secret de la confession, Voyez ce qui est dit au titre *Des Informations de témoins*, ci-après, *part.* 3, *liv.* 2, *tit.* 7, n. 53.)

§. VIII.

De la fuite.

310. Il faut distinguer deux sortes de fuites : 1°. celle qui se fait après le délit commis, & avant qu'il y ait aucune plainte ou décret contre celui qui s'enfuit : 2°. Celle qui se fait après le décret.

En général, quand quelqu'un prend la fuite après un délit commis, cela forme un indice contre lui. (Bartol. *in* L. *fin.* D. *de question.* conf. 70, n. 23 ; Menoch, Consil. 230, n. 76 ; Julius Clarus, *qu.* 21, *n.* 18 ; L. 25, D. *ad Sillan* ; Farin. *qu.* 48, *n.* 13 ;) sur-tout quand il s'agit d'informer. (Farin. *ibid. n.* 8.)

Mais pour avoir des principes certains sur cette espece d'indice, il faut distinguer avec Jul. Clarus, (*Ibid.* qu. 21, n. 18,) trois sortes de fuites.

1°. Celle qui par elle-même forme un crime ; comme quand un soldat quitte l'armée, ou qu'un Officier abandonne ses fonctions : alors la preuve de la fuite fait la preuve du crime, & il n'est pas besoin d'autre preuve pour condamner celui qui en est coupable, (Jul. Clarus, *ibid. n.* 18 ;) ce qui a pareillement lieu dans les crimes de concussion, de péculat, *&c.*, où l'Officier qui s'enfuit, est, par cette fuite, présumé coupable.

311. 2°. La fuite qui se fait après un crime commis, & avant qu'il y ait aucun décret contre celui qui en est soupçonné, forme contre celui-ci un indice considérable. (Jul. Clarus, *qu.* 21, *n.* 22.(a))

Quelques auteurs prétendent même, que la fuite forme un indice suffisant pour condamner à la question celui qui s'enfuit aussitôt après un crime commis. (*Ita* Jul. Clarus, *qu.* 21, *n.* 22; & Farin. *qu.* 48, *n.* 7, qui incline aussi du côté de ce sentiment.) Néanmoins il pense qu'il faut que cette fuite soit jointe à quelqu'autre indice pour faire une preuve suffisante qui puisse donner lieu à prononcer cette condamnation. (Farin. *ibid. n.* 55, 58, 59.)

Il y a cependant un cas où cette fuite forme un indice suffisant pour la question; c'est celui d'un valet, qui, après un vol commis chez son maître, le quitte & s'enfuit de chez lui sans le prévenir. Car alors, suivant cet Auteur, ce valet pourra être appliqué à la question, & sera présumé avoir commis le vol, pourvu que cette fuite se trouve accompagnée des circonstances suivantes: 1°. que le corps de délit soit constant: 2°. que le maître soit une personne de probité: 3°. que ce valet soit d'ailleurs une personne suspecte: 4°. qu'il soit vraisemblable que ce serviteur ait pu, en s'enfuyant, emporter avec lui les effets volés. (Farin. *ibid.* qu. 48, n. 74.)

312. Au reste, il n'est pas nécessaire que la fuite soit consommée pour former un indice contre quelqu'un; il suffit que cette fuite soit préparée, & que celui qui est soupçonné, prenne des mesures à cet effet. (Farin. *ibid.* n. 9.)

Et il en est de même de celui qui, au-lieu de prendre la fuite, se cache pour n'être pas découvert. (*Ibid. n.* 8.)

L'indice qui résulte de la fuite, devient encore plus considéra-

---

(a) *Fuga reum facit*, dit Ciceron, *pro Cluentio*, n. 5; & c'est ainsi que Martial s'en explique, en ses Epigrammes;

Non minor furem qui fugitivus erat.

La fuite, dit Lebrun, *en son procès criminel*, *liv.* 2, *pag.* 130, quand elle est duement vérifiée, est un indice très certain du crime commis, lorsque le fugitif, après le bruit du crime commis, sans être accusé & pressé du témoignage de sa propre conscience, prend la fuite.

ble,

ble, lorsque le fugitif est d'ailleurs une personne suspecte & de mauvaise réputation. Par une raison opposée, la fuite cesse de former un indice, lorsque celui qui la prend, est une personne de bonne réputation & d'une probité connue; car alors on ne présume pas que cette fuite ait été occasionnée par le crime. (Decian. *consil.* 8, *n.* 198; Farin. *qu.* 48, *n.* 56.)

313. 3°. La fuite qui arrive après le décret rendu contre un accusé, ne forme point par elle-même un indice contre le fugitif, & devient excusable; parce qu'il est permis à tout le monde d'éviter tout ce qui peut nous être préjudiciable. C'est ce que les Loix appellent *sanguinem suum redimere.* (Voyez la Loi 1, D. *de bonis eor. qui sibi.*)

Il n'est pas même toujours nécessaire d'être décrété, pour qu'on soit excusable de prendre la fuite; il suffit, pour cela, que le fugitif ait une crainte juste & raisonnable qu'on doit procéder criminellement contre lui; ou qu'il sçache qu'on informe contre lui, & qu'on doit l'arrêter; soit parce qu'il craint la cruauté d'un Juge qui seroit son ennemi, ou qui l'auroit menacé; soit parce que cet accusé auroit peur d'être convaincu par de fausses dépositions; ou à cause de quelque crainte semblable qui ait un juste fondement. (Farin. *qu.* 48, *n.* 47.)

314. En effet, s'il se trouve quelquefois des innocents assez fermes pour résister aux frayeurs d'une accusation grave, il s'en trouve encore plus qui ne peuvent résister à ce que la prudence dicte à tous les hommes, c'est-à-dire, à l'incertitude des jugements; à l'exemple de plusieurs malheureux qui ont péri pour avoir trop de confiance en la Justice, & qui ont été punis quoiqu'innocents. Ainsi c'est une timidité pardonnable en pareil cas, de chercher son salut dans la fuite, & de regarder la retraite comme le port le plus assuré contre une accusation injuste.

315. La fuite devient aussi excusable, lorsqu'on s'absente, non par la crainte du crime, mais pour quelqu'autre cause légitime: *v. g.* pour la raison de quelque ennemi qui auroit menacé de nous tuer; ou bien pour raison de commerce; ou pour quelque autre cause semblable, (Farin. *qu.* 48, *n.* 36;) ce qui dépend des circonstances & des personnes, suivant l'arbitrage du Juge. (*Ibid. n.* 46.)

Lorsqu'un prisonnier s'enfuit après avoir brisé les prisons, cette fuite forme aussi contre lui un indice considérable qu'il est coupable du crime pour lequel il a été constitué prisonnier. (L. 13, D. *de custod. & exhibit. reorum.* Voyez ce qui est dit à ce sujet au titre *De la Rébellion à Justice*, ci-après *part.* 4, *tit.* 45, *art.* 5.) Mais s'il s'enfuit parce qu'il a trouvé les portes ouvertes, ou parce qu'on a favorisé son évasion, alors cet indice cesse. En effet, il est naturel d'éviter les horreurs de la prison par un moyen aussi facile, surtout lorsqu'on est emprisonné injustement. (Boerius, *decis.* 215, *n.* 18; Jul. Clarus, *qu.* 21, *n.* 25.)

316. Au reste, dans tous les cas où la fuite forme un indice contre quelqu'un, cet indice cesse d'avoir lieu, lorsque le fugitif vient à se représenter. (Farinac. *qu.* 48, *n.* 48; Boerius, *decis.* 215, *n.* 219.)

C'est au Juge à estimer quelle est la nature de l'indice qui résulte de la fuite, suivant les circonstances, ainsi qu'il est dit en la Constit. Caroline, *ch.* 25, *n.* 7; *judex perpendet num delatus fugâ quæ consciam fere arguit mentem, sibi consulere voluerit, aut eam arripere paraverit.*

§. IX.

De la renommée, ou voix publique.

317. Le bruit public qu'une telle personne est l'auteur du crime qui vient d'être commis, forme un indice suffisant pour informer contre cette personne. (Jul. Clarus, *qu.* 21, *n.* 1; Farin. *qu.* 47, *n.* 37.) Mais il ne peut être suffisant pour prononcer un décret contre elle. (Farin. *ibid. n.* 37;) & encore moins pour faire condamner l'accusé à la question. (Jul. Clarus, *qu.* 21, *n.* 1.)

En effet, la voix publique ou commune renommée, ne forme point, à proprement parler, un indice par elle-même; elle sert seulement d'adminicule pour former les indices. (Farin. *qu.* 47, *n.* 50.)

Mais quand cet adminicule se trouve joint à d'autres indices, il peut former une preuve considérable, & suffisante pour la question. (Farin. *qu.* 47, *n.* 17; Jul. Clarus, *qu.* 21, *n.* 1.)

On prétend même que dans les crimes dont il est difficile d'avoir la preuve, la voix publique jointe à d'autres indices, suffit pour former une preuve complette. (Farin. *ibid.* n. 91.)

Suivant Menochius, la voix publique forme par elle-même un indice considérable, principalement dans les crimes qui se commettent de nuit. (Menoch. *de arbitr. jud. caf.* 261, & tit. *de présomption.*, lib. 1, qu. 70, n. 28.)

318. Au reste, pour que la commune renommée, ou voix publique, puisse former un indice contre quelqu'un, il faut qu'elle ait son origine dans la déposition de personnes non suspectes, & dignes de foi; ce qui peut avoir lieu dans le cas où les témoins du fait principal, sont morts, & où des personnes dignes de foi ont ouï raconter ce fait à ces témoins décédés. Mais la renommée, ou bruit public, qui ne seroit établie que sur le témoignage de personnes suspectes, ou ennemies de l'accusé, ne seroit aucune preuve. (Farin. *qu.* 47, *n.* 156.)

De plus, cette commune renommée doit être uniforme & la même de la part des témoins. (Farin. *ibid. n.* 163.)

Pour la validité de cette preuve, il faut:

1°. Qu'elle soit au moins fondée sur la déposition de deux témoins integres & dignes de foi. (Farin. *qu.* 47, *n.* 208-210.)

2°. Il faut que ces témoins rendent raison de leur déposition, & des causes qui ont donné lieu à ce bruit public. (Farin. *ibid. n.* 216.)

3°. Il faut aussi que ces témoins nomment ceux qui sont les auteurs du bruit public. (Farin. *ibid. n.* 229.)

4°. Ils doivent déclarer que ce qu'ils déposent, ils l'ont entendu dire à la plus grande partie du peuple. (*Ibid. n.* 237.)

La voix publique peut aussi se prouver par des témoins, quand même ils ne rendroient pas raison de leurs dépositions, ni des causes qui ont donné lieu à ce bruit; pourvu que ces témoins soient d'ailleurs en grand nombre, comme de dix; car alors ce nombre supplée à ce qui manque à la qualité de leurs dépositions. (Farin. *qu.* 47, *n.* 267.)

Elle se prouve aussi sans témoins, par le rapport des lettres missives de gens dignes de foi. (Farin. *ibid. n.* 272 & 273.)

§. X.

De la Transaction avec l'offensé.

319. En général, la transaction qui se fait sur un crime, ne forme point un aveu de ce crime de la part de celui qui transige; & ne prouve point qu'il en soit coupable. (Farin. *qu.* 5, *n.* 18.) Ainsi

nous ne suivons point à cet égard la disposition de la Coutume de Hainaut, *ch.* 43, qui porte que, « quiconque appointe ou transige » d'aucun débat, ou délit, il sera tenu pour convaincu & con» fessé ».

Mais quoique cette composition ou transaction ne forme point une preuve suffisante pour opérer une condamnation contre celui qui transige, elle peut néanmoins former contre lui une preuve suffisante pour le faire condamner à la question, de même qu'une confession extrajudiciaire; pourvu qu'elle soit faite avec les conditions suivantes, c'est-à-dire;

320. 1°. Qu'elle soit faite par écrit, & que cet écrit soit reconnu, ou authentique. (Farin. *qu.* 5, *n.* 19.)

2°. Quelle soit faite moyennant une somme d'argent, & non à titre gratuit. (Farin. *ibid.* qu. 5, n. 20; Imbert, L. 3, *ch.* 10, *n.* 11.)

3°. Que le corps de délit soit constant. (Farinac. *ibid.* qu. 5, n. 22.)

Mais si dans la transaction, celui qui transige nie expressément le délit, & ajoute que s'il fait cette composition, ce n'est point pour éviter la peine du crime, mais pour éviter les suites d'un procès long & coûteux; alors cette transaction ne fait aucune preuve. (Farin. *ibid. n.* 21.)

De même, lorsque la transaction se fait par un tiers pour le compte de l'accusé; comme dans le cas d'un pere qui transige pour son fils, elle ne forme pas non plus une preuve contre celui au nom duquel on transige. (Farin. *qu.* 5, *n.* 24.)

321. C'est pourquoi dans tous ces cas, les plus habiles, & ceux qui veulent éviter que la transaction ne puisse former aucune preuve contre eux, prennent le parti d'interposer un tiers qui transige pour eux; auquel cas la transaction ne fait ni preuve, ni indice contre l'accusé; pourvu néanmoins qu'il n'y ait ni procuration, ni mandement, ni ratification de cet accusé; & pourvu pareillement que celui pour qui elle a été faite, ne la produise pas; car en la produisant, il la ratifieroit tacitement; ce qui formeroit alors contre lui un indice considérable. (Jul. Clarus, *qu.* 21, *n.* 38.)

Au reste, une transaction qui ne seroit que projettée, ou même commencée, sans avoir sa perfection, ne peut former aucun indice contre l'accusé, de quelque maniere qu'elle soit conçue; sinon pour informer. (Farin. *ibid.* qu. 5, n. 23.)

Celui qui demande pardon à l'offensé, n'est pas censé par-là avouer qu'il est l'auteur du crime, lorsqu'il demande ce pardon hors Justice. Mais il en seroit autrement, si ce pardon étoit demandé publiquement & en Justice; car alors l'accusé seroit censé avouer le crime. (Farin. *ibid.* qu. 5, n. 25.)

§. XI.

De l'intérêt que l'accusé avoit à commettre le crime.

322. L'intérêt qu'un accusé a eu à commettre le crime, & à en recueillir le fruit, forme souvent contre lui une forte présomption. (Farin. *qu.* 52, *n.* 144; Constit. Caroline, *ch.* 25, *n.* 5.) Suivant cette maxime

Cui scelus prodest, is fecisse præsumitur.

Or ces motifs d'intérêt, sont ceux qui conduisent ordinairement les hommes, & qui les déterminent dans leurs actions; comme l'amour, la haine, la colere, la vengeance, la gloire, l'honneur, l'ambition, l'intérêt pécuniaire, l'amour du sexe, *&c.* (Farin. *qu.* 52, *n.* 145.)

Cette espece d'indice devient encore plus considérable contre l'accusé, lorsque par son caractere naturel, il est sujet au genre de crime pour lequel on informe contre lui; *v. g.* si dans un délit occasionné par l'amour des femmes, il est prouvé que l'accusé est fort sujet à cette passion. De même, dans un délit occasionné par l'ambition, s'il est prouvé que l'accusé est un homme ambitieux; dans un délit occasionné par la haine, s'il est prouvé que l'accusé est un homme vindicatif; dans un délit occasionné par un intérêt pécuniaire, s'il est prouvé que l'accusé est un homme avare; & ainsi des autres. (Farin. *ibid.* qu. 152, n. 147.) La force de cet indice augmente encore, lorsqu'il paroît que l'accusé étoit le seul qui avoit intérêt à commettre le crime. (Farin. *ibid.* n. 148.)

323. Mais il faut, pour que cet indice forme une présomption, que les causes du délit soient prouvées spécialement, & non en général. (*Ibid.* *n.* 151.)

Il faut aussi que ces causes soient graves & vraisemblables. (*Ibid.* *n.* 152.)

Au surplus, cet indice ne peut par lui-même former une preuve suffisante pour la question; mais seulement lorsqu'il se trouve joint à quelqu'autre indice; *v. g.* si l'accusé est un homme de mauvaise réputation, *&c.* (Farin. *ibid.* qu. 52, n. 153.)

§. XII.

De celui qui est surpris s'enfuyant, l'épée à la main, d'une maison où il vient d'être commis un meurtre.

324. Si un homme est surpris sortant l'épée à la main, & toute ensanglantée, d'une maison ou autre lieu où il vient d'être commis un meurtre; & que cet homme ait d'ailleurs l'air pâle & tremblant, & cherche à prendre la fuite; cela forme contre lui un indice suffisant pour le faire condamner à la question. (Farin. *qu.* 53, *n.* 50; Jul. Clarus, *qu.* 21, *n.* 40.) Cet indice devient encore plus considérable, lorsqu'il n'y a aucun soupçon ni aucune apparence qu'un autre que l'accusé ait pu commettre le crime; qu'il est constant que ce crime a été commis dans le temps qu'on a vu sortir l'accusé, ou peu auparavant; & que d'ailleurs le mort a été trouvé étendu sans armes ni bâton.

Un indice de cette sorte, suivant le même Auteur, est même suffisant pour la condamnation à une peine, mais moindre que la peine ordinaire. (Farin. *qu.* 52, *n.* 66.)

Et à plus forte raison, cela a-t-il lieu, lorsque cette présomption se trouve jointe à d'autres indices. (Farin. *ibid.* n. 49.)

Quelque violent que soit cet indice, il perd néanmoins sa force, dans le cas où l'accusé prouveroit que ce qui est arrivé, est parce que voyant son ami attaqué par une autre personne, il est allé à son secours, & que pendant ce temps là l'agresseur a tué son ami, & s'est enfui en laissant son épée sur le lieu; qu'alors lui accusé s'est saisi de l'épée, & est couru après lui pour venger la mort de son ami, & qu'il a été surpris dans cette circonstance.

§. XIII.

De l'accusé qui est surpris sur le lieu du délit, dans le temps, ou aussitôt après qu'il a été commis.

325. Lorsqu'un accusé est trouvé sur le lieu du délit, ou tout proche, dans le temps qu'il a été commis, ou aussitôt après, cela forme un

indice contre lui. (Farin. *qu.* 52, *n.* 133 & 134; Constit. Caroline, *ch.* 25, *n.* 3.)

Mais cet indice ne forme point une preuve suffisante pour la question, à moins qu'il ne soit joint à d'autres indices; comme si l'accusé est trouvé armé contre sa coutume; ou si c'est un homme de mauvaise réputation, ou accoutumé au crime; & autres indices semblables. (Farin. *ibid. n.* 137.)

Cet indice seul peut néanmoins suffire pour informer, & même pour décréter. (*Ibid. n.* 137.)

Si l'accusé étoit surpris emportant des effets volés d'une maison où il a été fait un vol avec effraction ou violence publique, cela formeroit contre lui un indice considérable & suffisant pour la question.

§. XIV.

326. Si l'accusé a été trouvé se promenant & rodant proche du lieu où un délit, *v. g.* un assassinat a été commis, & qu'il y ait été vu quelque temps auparavant, cela forme une présomption que cet accusé est l'auteur du délit; sur-tout s'il a été surpris rodant de nuit, & à des heures indues. (Farin. *qu.* 52, *n.* 138; Constit. Caroline, *ch.* 25, *n.* 3.)

Mais cet indice ne peut être par lui-même suffisant pour la question, à moins qu'il ne soit joint à d'autres indices, tels que la mauvaise réputation de l'accusé, ou son habitude à commettre de pareils crimes. (Farin. *ibid. n.* 142.)

Cet indice perd toute sa force, lorsqu'il est prouvé que l'accusé avoit coutume de fréquenter ou de se promener dans le lieu où il a été trouvé. (*Ibid. n.* 143.)

§. XV.

327. S'il est prouvé qu'un accusé a acheté de ses propres deniers des armes, du poison, & autres choses propres à commettre un crime de la nature de celui dont on [illegible] la poursuite en Justice; ou qu'il a préparé pour ce sujet les armes nécessaires en les faisant nettoyer, *&c*; & que le délit ait été commis aussitôt après; cela forme un indice contre cet accusé; mais cet indice ne peut jamais être suffisant pour la question, à moins qu'il ne soit joint à d'autres. (Farin. *qu.* 52, *n.* 163 & 164.)

§. XVI.

328. Le port d'armes insolite, forme aussi une présomption contre l'accusé; sur-tout lorsque ces armes sont disposées de maniere à commettre sur le champ un délit; comme si l'accusé a été trouvé l'épée nue à la main, ou tenant un pistolet bandé, *&c.* (Farin. *qu.* 52, *n.* 70-73.)

Mais cet indice perd sa force, lorsqu'il est excusé par une cause légitime; *v. g.* si l'accusé étoit soldat, ou s'il portoit ces armes pour sa défense contre quelque ennemi qu'il auroit à craindre; ou s'il étoit dans l'usage de porter ces sortes d'armes. (Farinac. *ibid.* qu. 52, n. 79-83.)

Au surplus, cet indice ne forme point une preuve suffisante pour la question; à moins qu'il ne soit joint à d'autres présomptions. (Farin. *ibid. n.* 84.)

§. XVII.

329. Si dans le lieu où un délit a été commis, il se trouve quelque chose qu'on puisse prouver avoir été laissé, oublié, ou perdu par une personne que l'on soupçonne avoir commis le crime, & lui avoir appartenu; *v. g.* une épée, une canne, un chapeau, *&c.*; cela forme un indice contre cette personne, qui pourra être suffisant pour la faire appliquer à la question. (Farin. *qu.* 52, *n.* 74; Constit. Caroline, *ch.* 29.) Ainsi par Arrêt du 17 Novembre 1535, rapporté par Corbin en ses Décisions, jugées par Arrêt, *decis.* 166, il a été jugé que les souliers d'un accusé soupçonné d'assassinat, trouvés en la maison de celui qui avoit été tué, étoient un indice suffisant pour faire mettre cet accusé à la question. Mais cette regle n'a pas lieu lorsque l'accusé peut prouver son innocence par des indices contraires; auquel cas il doit être entendu en ses défenses, avant de le condamner à la question. (Constit. Caroline, *ibid.* ch. 29.)

§. XVIII.

330. Si l'on entend les cris ou exclamations d'une femme, ou de quelque autre personne qui s'écrie *à la violence, au feu, au meurtre*, &c.; & que dans le même temps on voit une personne s'enfuir de cet endroit; ces cris & cette fuite forment un indice considérable

rable contre celui qui est apperçu s'enfuyant de cet endroit. (Farin. *qu.* 52, *n.* 157-159.)

§. XIX.

331. C'est aussi un indice contre quelqu'un, lorsque sciemment & de mauvaise foi, il reçoit & s'approprie une partie des effets qui proviennent du vol.

Et il en est de même de celui qui fournit des vivres à ses dépens à des voleurs qu'il connoît pour tels; qui les retire & loge chez lui; ou qui recele en tout ou en partie les choses qu'ils ont dérobées; qui les vend ou les échange; ou qui les aide & favorise dans leurs rapines; ou qui s'associe avec eux au sujet de ces vols.

Ces sortes d'indices sont non-seulement suffisants pour la question; (Constit. Caroline, *ch.* 40;) du moins dans les crimes qui méritent peine de mort; mais ils suffisent aussi le plus souvent pour condamner définitivement. (Voyez ce qui est dit à ce sujet au titre *Des différentes manieres dont on peut participer aux crimes*, ci-dessus, *part.* 1, *tit.* 2, *n.* 8 *& suiv.*; & ci-après *part.* 4, au titre *Du vol*, *n.* 170 & 186.)

332. C'est encore un indice suffisant pour la question, lorsque quelqu'un recele des accusés qui se sauvent de prison, sçachant d'eux le lieu & la cause de leur emprisonnement. Et il en est de même de ceux qui favorisent les criminels, & qui prennent des mesures, & font des conventions à prix d'argent, ou autrement, pour les délivrer des mains de la Justice, à l'insçu des Magistrats. Ces deux circonstances, soit qu'elles se trouvent réunies ensemble, ou séparément, forment un indice suffisant pour la question. (Constit. Caroline, *ch.* 5, *n.* 1. Voyez aussi ce qui est dit au titre *Du Vol*, *n.* 186.)

§. XX.

333. Un autre indice contre un accusé, est lorsqu'il fréquente, & qu'il est familier avec des criminels, ou des gens de mauvaise réputation. Ainsi s'il s'agit d'un homicide, & qu'il soit prouvé que cet accusé est lié avec des meurtriers, cela forme un indice contre lui. (Constit. Caroline, *ch.* 25, *n.* 4; Farin. *qu.* 52, *n.* 86.) Car on présume que celui qui est lié avec les méchants, devient aussi méchant, suivant cette maxime *cum perverso perverteris.* (a)

(a) Ps. 17, *v.* 27; Reg. *lib.* 2, *v.* 27.

Mais cet indice ne peut être suffisant pour la question, s'il n'est joint à d'autres indices. (Farin. *ibid. n.* 88 & 89.)

§. XXI.

334. Un autre indice contre un accusé, est lorsqu'il a déja commis auparavant un pareil crime, ou qu'il a tenté de le commettre. (Constit Caroline, v. *ch.* 25, *n.* 1,) suivant cette maxime que *malus semper præsumitur malus in eodem genere mali.*

§. XXII.

335. La mauvaise réputation d'un accusé, forme aussi contre lui un indice. (Constit. Caroline, *ch.* 25, *n.* 1; Farin *qu.* 47, *n.* 199.)

Mais cet indice sert seulement à fortifier la preuve, & ne peut être par lui-même suffisant pour faire condamner l'accusé à la question; à moins qu'il ne soit joint à d'autres indices. (Farin. *ibid.* qu. 47, n. 205.)

Il faut aussi, pour que cet indice soit regardé comme tel, que la preuve en soit faite par le rapport de quelque jugement de condamnation à une peine infamante ou afflictive rendue auparavant contre cet accusé; ou par la déposition de témoins qui soient dignes de foi, & non suspects ou ennemis de l'accusé. (Constit. Caroline, *ch.* 25, *n.* 1; Farin. *qu.* 47, *n.* 208 & 210.)

De plus, il faut que ces témoins rendent raison de leur déposition, & qu'ils expliquent le sujet qui y donne lieu. (Farin. *ibid.* qu. 47, *n.* 216;) *v. g.* s'il s'agit de prouver qu'une telle fille, ou femme, passe pour une personne débauchée, il faut qu'ils déclarent en quel endroit l'accusée passe pour une personne de mauvaise réputation. (Farin. *ibid. n.* 320.)

336. Dans le doute, on suppose toujours qu'une personne est de bonne réputation, tant que le contraire n'est point prouvé; sur-tout à l'égard de personnes de condition honnête. (Farin. *qu.* 47, *n.* 277 & *suiv.*)

La preuve qu'un accusé est de mauvaise réputation, se détruit par la preuve contraire; & dans ce cas, c'est la preuve de la réputation la plus récente, qui doit l'emporter. Il en seroit autrement, si la premiere réputation étoit fondée sur une preuve plus forte, & appuyée sur des raisons plus solides. (Farin. *qu.* 47, *n.* 165, 166.)

§. XXIII.

337. Le mensonge forme aussi un indice contre l'accusé ; (Farin. *qu.* 52, *n.* 2,) même dans les choses éloignées ; comme si l'accusé nie qu'il eut été un tel jour en la maison de l'offensé, & que le contraire fut prouvé au procès. Mais cet indice ne peut être suffisant pour condamner un accusé à la question ; à moins qu'il ne soit fortifié par d'autres indices. (Farin. *ibid. n.* 8, 10 ; Jul. Clarus, *qu.* 21, *n* 29.) Il faut aussi, pour que le mensonge forme un indice, qu'il soit prouvé par la confession de l'accusé, ou par la déposition de deux témoins. (*Ibid. n.* 13.)

Cet indice cesse, lorsqu'il y a d'ailleurs quelque commencement de preuve de l'innocence de l'accusé, résultant de la déposition d'un témoin, ou de quelqu'autre circonstance ; *v. g.* s'il est prouvé d'ailleurs que l'accusé est un homme de bonne réputation. (Farin. *ibid. n.* 16, 17.)

§. XXIV.

338. La variation de l'accusé dans ses réponses, forme aussi contre lui un indice, mais qui ne peut être suffisant pour le faire condamner à la question ; à moins que cet indice ne soit joint à d'autres. (Farinac. *qu.* 52, *n.* 19, 23 & 29 ; Jul. Clarus, *qu.* 21, *n.* 39.)

Il faut aussi, pour que la variation dans les réponses, puisse former un indice, qu'elle tombe sur le fait principal, ou sur les qualités & circonstances substantielles au délit. (Farin. *ibid.* qu. 52, n. 31 ;) ce qui dépend beaucoup de l'arbitrage du Juge, qui doit en cela considérer les personnes, le lieu, le temps, & les autres circonstances. (*Ita* Jul. Clarus, *qu.* 21, *n.* 39.)

Lorsque l'accusé rend une raison probable de sa variation, elle cesse de former un indice contre lui. (Farinac. *ibid.* qu. 52, n. 34.)

339. Et il en est de même, si la variation de cet accusé tombe sur des choses qui regardent immédiatement sa défense ; comme si l'accusé, après avoir nié d'abord qu'il eût tué un tel, ajoutoit ensuite qu'il est vrai que c'est lui qui l'a tué, mais qu'il l'a tué à son corps défendant. Cette variation est moins regardée comme un mensonge,

que comme une qualification & justification de ce qu'il avoit dit précédemment. Il en seroit autrement, si la variation de l'accusé tomboit sur des choses qui ne regardent pas immédiatement sa défense ; *v. g.* si après avoir dit, dans un premier interrogatoire, qu'il étoit un tel jour à Paris ; & dans un interrogatoire suivant, qu'il étoit ce jour-là à Lyon ; alors, comme deux déclarations sont contraires & incompatibles, il en résulte une conviction de mensonge contre l'accusé, qui formeroit contre lui un indice. (Farin. *ibid.* n. 36.)

§. XXV.

340. L'étonnement, le trouble, l'émotion, la pâleur, le tremblement, les marques de remords qui échappent involontairement, & autres signes de cette espece, forment aussi des indices contre un accusé ; car ce sont les suites ordinaires & naturelles du crime. (*a*) Ce qui a lieu principalement lorsque l'accusé ne peut rendre des raisons vraisemblables de l'émotion & du trouble qui paroissent en lui : ainsi on est porté alors naturellement à juger que ce trouble & cette émotion naissent du crime commis. (Farin. *qu.* 52, *n.* 40.

Mais les Juges ne peuvent pas toujours discerner si ce trouble & cette émotion de l'accusé est occasionnée par le remords de son crime ; car il arrive quelquefois que la présence du Juge est capable d'intimider l'accusé, & de l'émouvoir. Ainsi la force de cet indice dépend des circonstances, & des personnes. (Farin. *qu.* 52, *n.* 46.)

Au surplus, il ne peut jamais faire une preuve suffisante pour la question ; à moins qu'il ne soit joint à d'autres indices. (Farin. *ibid.* qu. 52, n. 48.)

§. XXVI.

341. Un autre indice contre un accusé est, lorsqu'étant interrogé si ce n'est pas lui qui a commis tel crime, il ne répond rien, & garde le silence.

Quoique ce silence ne puisse être regardé comme un aveu tacite du crime, (suivant la Loi 48, § 12 & 13, D. *de furtis*, &

(*a*) Suivant cette maxime d'Ovide.

O quam difficile est crimen non prodere vultu.

par un argument tiré de la Loi 1, §. *sed in eo*, D. *ad Senat. Sillan*;) néanmoins il peut, suivant les circonstances, former un indice contre l'accusé, & le faire présumer coupable du crime dont il est prévenu.

Quelques Auteurs ont même prétendu, qu'un silence de cette espece étoit suffisant pour faire donner la question à l'accusé. C'est le sentiment de Zangerus en son Traité *De Torturis reorum*, ch. 2, n. 11, pag. 44; mais il ne paroît pas que cette opinion doive être suivie.

§. XXVII.

342. Si une personne qui a couché avec une autre, est trouvée morte le matin dans son lit, le corps couvert de blessures, c'est un indice considérable, que celui qui étoit couché avec lui, est l'auteur de ce meurtre; sur-tout s'il y a quelqu'autre indice joint à ce premier; *v. g.* la fuite de l'accusé.

Ainsi, si une femme qui se portoit bien la veille, est trouvée morte le matin dans le lit de son mari avec lequel elle a passé la nuit, & qu'on lui trouve sur le corps des contusions ou blessures, & autres marques de mauvais traitements, cet indice peut être suffisant pour faire appliquer le mari à la question; sur-tout s'il n'y avoit d'autres personnes que la femme & le mari dans la maison, ou dans la chambre en laquelle ils ont couché, & que le mari fût d'ailleurs connu pour un homme qui maltraitoit sa femme.

343. Il y a néanmoins des cas où cet indice perd sa force; comme dans l'exemple rapporté par Ciceron en sa Harangue pour Roscius Amerinus, *n.* 23; où il raconte qu'un nommé Cloelius, s'étant couché en un lit avec deux de ses enfants déja grands, dans une chambre de sa maison, fut, le lendemain matin, trouvé mort, ayant la gorge coupée, la porte de sa chambre ouverte, ses enfants endormis à côté de lui: que sur la nouvelle de ce meurtre, les enfants furent arrêtés & accusés de parricide; & quoiqu'il ne fût pas présumable qu'aucune personne étrangere eût osé attenter à la vie de Cloelius, dont la maison étoit suffisamment gardée par des domestiques & des serviteurs, ni qu'aucun de ces serviteurs eût osé attenter à la vie de son maître, étant ainsi en la compagnie de ses enfants, néanmoins ces enfants furent renvoyés absous; parce qu'il n'étoit pas vraisemblable que s'ils eussent été les auteurs de ce meurtre, ils eussent pu dormir tranquillement auprès de leur pere.

§. XXVIII.

344. Lorsque quelqu'un est trouvé mort & assassiné dans une maison, & qu'on ne connoît pas les auteurs de ce meurtre, on présume que le maître de cette maison, ou les locataires qui y demeurent, en sont les auteurs ; (Farin. *qu.* 52, *n.* 98 ;) ce qui a lieu sur-tout lorsque ces personnes gardent le silence sur ce crime, & ne le dénoncent point à la Justice.

Mais cet indice ne peut être suffisant pour appliquer ce maître, ou ces locataires à la question ; à moins qu'il ne parût, par les circonstances, que le meurtre n'a pu être commis par autres que par ceux de la maison. (Farin. *ibid. n.* 108.)

Hors ce cas, s'il n'y a d'ailleurs d'autres indices contre ceux de la maison, ils ne doivent point être appliqués à la question. (Farin. *qu.* 52, *n.* 114. Voyez néanmoins la Loi 1, §. *quid ergo*, D. *ad Sillan.*)

Les autres indices qu'il peut y avoir contre ceux de la maison, sont : 1°. leur mauvaise réputation : 2°. s'ils avoient déja été convaincus de pareils crimes ; & autres indices semblables dont il est parlé ci-dessus, *n.* 25 *& suiv.* ; (Farin. *qu.* 52, *n.* 104.) Si au contraire, il est prouvé que ceux que l'on soupçonne, sont d'une bonne réputation, l'indice tiré de la domesticité, s'affoiblit, & perd quelquefois toute sa force. (Farin. *ibid. n.* 104.)

345. La présomption est encore plus forte contre les domestiques & serviteurs d'une maison, dont le maître se trouve tué, sans qu'on connoisse les auteurs du meurtre. Car dans ce cas, on peut appliquer ces domestiques & serviteurs à la question. (*Ita* Farin. *ibid. n.* 101, 102. Voyez ce qui est dit ci-après *part.* 4, au titre *De l'Homicide*, *n.* 159.)

Les Romains punissoient même autrefois de mort, sans distinction d'âge ni de sexe, tous les esclaves d'un homme que l'on trouvoit assassiné dans sa maison ; sur la simple présomption que ces esclaves n'ayant point empêché le meurtre, ils y avoient tous participé. (Voyez la Loi 1, §. 26 ; & la Loi 19, D. *de senatusc. Sillan.*)

§. XXIX.

346. Si quelqu'un est trouvé assassiné à la porte d'une personne, ou tout proche de la maison de cette personne, cela forme aussi un indice contre le propriétaire de cette maison, ou contre celui qui l'occupe. (Farin. *qu.* 52, *n.* 120 & 127.)

Mais cet indice ne peut être suffisant pour condamner à la question, s'il n'est joint à d'autres indices; *v. g.* si ce voisin, qu'on soupçonne, est une homme mal famé, *&c.* (Farin. *ibid.* n. 121, 123 & 131.)

Cet indice perd sa force, lorsque le voisin qu'on soupçonne, est un homme de bonne réputation, & qui n'avoit aucun sujet de haine ni d'inimitié contre celui qui a été assassiné. (Farin. *ibid. n.* 126 & 132.)

§. XXX.

347. On regardoit autrefois comme un indice considérable contre un accusé, lorsqu'étant présenté au cadavre de celui qu'on soupçonnoit avoir été tué par lui, ce cadavre venoit à répandre du sang. (Farin. *qu.* 52, *n.* 154 *& suiv.*) Mais outre que ce phénomene est une chose très douteuse & incertaine; quand même cela arriveroit, il ne paroît pas qu'on pût en tirer aucune preuve; cette effusion de sang n'ayant aucune liaison avec le crime dont on cherche à découvrir l'auteur. Ainsi, il faut mettre cet indice au nombre de ceux qui sont très équivoques & ne prouvent rien.

§. XXXI.

348. Un autre indice contre une personne, c'est lorsqu'après un délit commis, elle va le dénoncer à la Justice, sans avoir aucun caractere pour faire cette délation; car cette précaution forme un soupçon contre celui qui dénonce. (Farin. *qu.* 52, *n.* 93 *& suiv.*)

§. XXXII.

Enfin, un indice qui peut servir à prouver qu'un accusé est complice d'un crime, c'est lorsqu'il a prêté de l'argent, ou un cheval, au principal accusé pour se sauver. C'est en conséquence de cette regle, qu'il a été jugé qu'une femme étoit complice du meurtre de son mari, pour avoir prêté le cheval de son mari au meurtrier, qui étoit d'ailleurs connu pour son amant, afin de faciliter son évasion. (Voyez Décisions de Corbin, *decis.* 166.)

SECTION V.

Des principaux indices qui vont à la décharge des accusés.

§. I.

Du témoin qui déclare à l'article de la mort avoir fait une fausse déposition.

349. Si un témoin, qui a chargé un accusé par sa déposition, déclare à l'article de la mort, que ce qu'il a dit contre cet accusé, est faux, cette déclaration anéantit entiérement la déposition de ce témoin. (Farin. *qu.* 46, *n.* 64.)

Mais il n'en est pas de même, s'il y avoit d'autres indices contre l'accusé. (Farin. *ibid. n.* 72.) Tout l'effet de cette déclaration du témoin, seroit alors de diminuer la force de ces indices. (*Ibid. n.* 73.)

§. II.

De l'offensé qui déclare qu'un tel n'est pas l'auteur de l'injure commise à son égard.

350. Lorsqu'une personne blessée, ou qui a reçu quelqu'autre offense, décharge, sur-tout à l'article de la mort, celui qu'on soupçonnoit être l'auteur du crime, en disant qu'il n'a point été offensé par lui en aucune maniere; cette déclaration sert tellement à l'accusé, qu'elle détruit tous les indices qui étoient contre lui, & qui suffisoient pour le faire appliquer à la question. (Farinac. *qu.* 46, *n.* 104.)

Et cela a lieu, même dans le cas où cet offensé auroit chargé auparavant l'accusé, ainsi qu'il vient d'être observé. (Farin. *ibid. n.* 108.)

Néanmoins s'il y avoit d'ailleurs une preuve complette contre l'accusé, cette preuve ne seroit point détruite par la déclaration que

que feroit l'offensé que cet accusé est innocent du délit. (Farin. *ibid. n.* 110.)

Et il en est de même dans le cas où il y auroit d'ailleurs contre l'accusé, des indices plus que suffisants pour la torture, & tels que nonobstant cette décharge, ils seroient suffisants pour le faire condamner à cette peine. (*Ibid. n.* 116.)

351. Mais si les indices n'étoient pas de cette espece, la déclaration de l'offensé, en ôteroit la force. (Farin. *ibid.* qu. 46, n. 116.)

A plus forte raison, cela auroit-il lieu, si avec cette déclaration il y avoit encore d'autres preuves d'innocence; car dans ce cas, cela suffiroit pour anéantir tous les indices contraires, quelque violents qu'ils fussent d'ailleurs. (*Ibid. n.* 117.)

Quant à la regle, pour juger si la déclaration de l'offensé est vraisemblable, ou non, cela dépend entiérement de l'arbitrage du Juge, qui doit, dans tous ces cas, considérer la qualité du fait, & les circonstances; parce qu'il arrive assez souvent que des offensés, croyant faire une bonne action, & y étant sollicités par d'autres personnes, déchargent des accusés qui sont réellement coupables. (Farin. *qu.* 46, *n.* 118.)

§. III.

Du Complice qui décharge un autre accusé.

352. La déclaration par laquelle un accusé en décharge un autre, que l'on regardoit comme complice du crime, fait aussi un indice considérable en faveur de l'innocence de ce second accusé. (Farin. *qu.* 43, *n.* 17.)

Il en est de même de la déclaration du mandataire, par laquelle il décharge son mandant. (Farin. *qu.* 44, *n.* 23.)

Cette déclaration a encore plus de force, lorsque celui qui en décharge un autre, s'accuse lui-même du crime imputé à cet autre accusé; sur-tout s'il fait cette déclaration avant de mourir. (Voyez ce qui est dit au titre *Des Lettres de Revision*, ci-après, *part.* 3, *liv.* 2, *tit.* 39, n. 18.)

Mais cet indice devient sans effet, lorsqu'il y a d'ailleurs une preuve complette contre ce second accusé. (Farinac. *qu.* 43, *n.* 17.)

Si au contraire, il n'y avoit contre ce second accusé, qu'une preuve suffisante pour la question, cette preuve seroit détruite par la déclaration du premier accusé. (Farin. *ibid. n.* 18.)

Mais il en seroit autrement, s'il y avoit des preuves que l'accusé qui décharge son co-accusé, a été suborné & engagé à faire cette déclaration. (Farin. *ibid. n.* 23.)

A l'égard de l'accusé qui charge d'abord son co-accusé à la question, & qui ensuite le décharge, Voyez Menochius *de præsumption.* qu. 90, n. 4.

353. Quant à la regle qu'on doit suivre pour juger juger si la déclaration de l'accusé en faveur de son co-accusé, est vraisemblable, ou non, il faut suivre ce qui vient d'être dit dans le paragraphe qui précede.

Lorsque la déclaration par laquelle un accusé en décharge un autre, est faite à l'article de la mort, elle devient encore d'une plus grande autorité.

En effet, quand un accusé, qui est sur le point d'aller rendre compte de ses crimes devant Dieu, & qui se voit obligé, pour la décharge de sa conscience, de rendre témoignage à la vérité, déclare qu'une personne prévenue d'être complice d'un crime, & quelquefois même déja condamnée pour ce même crime, n'y a participé en aucune maniere, & en est entiérement innocente, on ne peut gueres présumer que cet accusé veuille mentir à Dieu & aux hommes, dans le temps même qu'il ressent les effets de la Justice divine & humaine. (*a*)

354. C'est alors, au contraire, que la crainte de trahir la vérité, augmente à proportion que l'espérance de vivre, diminue; & que l'ame se dépouille des passions & du mensonge, à mesure qu'elle est prête à se détacher du corps & à approcher du tribunal de celui qui est la vérité & la Justice même. Ainsi, on doit présumer qu'une déclaration faite dans ces circonstances, est sincere & véritable.

Ces sortes de déclarations, sont même le plus souvent suffisantes pour obtenir des lettres de revision du procès. (Voyez ce qui est dit à ce sujet au titre *Des Lettres de Revision*, à l'endroit ci-dessus cité, *part.* 3, *liv.* 2, *tit.* 39, n. 18.)

(a) *Quo tempore numina nobis*
Mors instans majora facit.

§. IV.

De l'indice qui naît de la bonne réputation de l'accusé.

355. La preuve de la bonne réputation d'un accusé faite en général, détruit la preuve qui auroit été faite par d'autres témoins de la mauvaise réputation de ce même accusé; parce que dans le cas de contrariété des témoins, on suit toujours le parti le plus favorable à l'accusé. (Farin. *qu.* 47, *n.* 182.)

Et à plus forte raison, la preuve spéciale de la bonne réputation de l'accusé, détruit la preuve faite d'une maniere générale, de sa mauvaise réputation. (Farin. *ibid. n.* 148.)

Mais elle ne détruit pas cette mauvaise réputation, si la preuve de celle-ci est faite d'une maniere spéciale; elle sert seulement à diminuer & à affoiblir la présomption qui résulte de cette mauvaise réputation; à moins que cette derniere ne soit fortifiée d'ailleurs par d'autres indices. (Farin. *ibid. n.* 197, 198.)

356. La bonne réputation de l'accusé, sert aussi à détruire la présomption qui résulte de la déclaration faite par un autre accusé, par laquelle il chargeroit ce premier. (Voyez ce qui a été dit ci-dessus, *n.* 286.)

Il faut aussi observer que la bonne réputation d'un accusé, sert à faire prononcer contre lui une condamnation moins sévere, si d'ailleurs, il n'a jamais commis aucun autre délit. (Farin. *qu.* 47, *n.* 185.)

Enfin, la bonne réputation d'un accusé, contre lequel il y a d'ailleurs des preuves considérables & suffisantes pour le faire condamner à la question, sert à le faire condamner à une question moins sévere; (Farin. *ibid.*, *n.* 191,) *v. g.* à une question sans réserve de preuves.

§. V.

357. L'indice qui naît de ce que l'accusé n'a jamais commis aucun crime, prouve aussi en sa faveur, & sert à détruire les soupçons qu'il pourroit y avoir d'ailleurs contre lui, qu'il est l'auteur du crime

dont il est accusé, suivant cette maxime que *nemo repente fit scelestus.* (a)

§ VI.

358. L'indice qui naît du défaut de motif ou d'intérêt, fait une preuve considérable en faveur de l'accusé ; car on n'est point méchant gratuitement ; & un crime, sur-tout quand il est capital, ne peut être commis que par celui qui a un intérêt considérable à le commettre ; comme est le motif d'avarice, de vengeance, de cupidité, d'amour, *&c.*

§. VII.

359. L'assurance, & l'air tranquille & serein d'un accusé, sa constance & sa fermeté dans toutes ses réponses, forment aussi, en sa faveur, un indice d'innocence. (Farin. *qu.* 52, *n.* 44.) Et il en est de même lorsqu'il regne dans toutes ses réponses un caractere de vérité suivi, & qui ne se dément point.

SECTION VI.

De la maniere d'estimer la preuve qui se fait par des indices.

360. Il y a trois choses à considérer dans les indices : 1°. leur force ou valeur : 2°. leur nombre : 3°. leur accord. C'est de ces trois choses que dépend toute la force ou la certitude de la preuve conjecturale.

§ I.

De la force, ou valeur des indices, & des présomptions.

361. La force ou valeur des indices, dépend de la liaison ou du rapport qu'ils ont avec le crime ou fait principal ; & suivant que ce rapport est plus ou moins prochain, les indices ont plus ou moins

---

(a) Un seul jour ne fait point d'un mortel vertueux
Un perfide assassin, un lâche incestueux.
Racine, en sa Tragédie de Phedre.

de force ; ce qui dépend des circonstances, du lieu, du temps, de l'âge, de la qualité, ou condition des personnes, du motif, *&c.*

Il n'est pas aisé d'établir des regles fixes & certaines, pour connoître le genre de liaison que les indices ont avec le crime dont on cherche la preuve. Voici néanmoins quelques observations sur cette matiere.

1°. Pour déterminer les degrés de liaison que les indices ont avec le crime, il faut considérer qu'il y a dans l'ordre moral, de même que dans l'ordre physique, des Loix en conséquence desquelles certaines choses doivent arriver, & d'autres n'arrivent jamais, quelques-unes presque jamais, & quelques autres rarement ; ce qui est fondé sur ce qu'il y a dans le cœur des hommes un fond si ressemblant, qu'ils se gouvernent presque toujours par les mêmes vues, & par les mêmes motifs ; & que l'expérience apprend que les causes même libres, posées en des circonstances pareilles, produisent les mêmes effets.

362. 2°. La liaison des faits entre eux, est fondée sur des principes certains ; & cette liaison se connoît, lorsqu'on sçait qu'un fait est la cause ou l'effet d'un autre ; *v. g.* si je sçais qu'un homme s'est déterminé à une entreprise, j'en pourrai conclure qu'il a pris les moyens nécessaires pour y réussir. De même, si je connois avec certitude qu'un homme a pris de certains moyens pour faire une chose, j'en conclurai, (si cette chose arrive,) que c'est lui qui l'a faite. Par exemple, si un homme qui est ennemi d'un autre, & qui a menacé plusieurs fois de le tuer, achete un poignard ; & que quelques jours après, celui dont il étoit ennemi, vienne à être tué ; on en conclut que c'est cet homme qui a tué son ennemi.

363. 3°. Il n'y a, à proprement parler, de faits certains, que ceux qui sont nécessairement liés avec d'autres. Tels sont les effets qui ne peuvent être moralement produits que par une seule cause ; car dès qu'un effet ne peut être imputé qu'à une seule cause, il est facile de deviner la cause par son effet par une conséquence indubitable qui forme une science certaine ; la science étant une connoissance des causes par leurs effets, de même que les effets se connoissent par les causes. Ce sont ces faits qui forment les présomptions qu'on appelle certaines & indubitables. (Voyez ci-dessus *n.* 280., des exemples de ces sortes de présomptions.)

364. Mais à l'égard des effets qui peuvent être attribués à deux causes

différentes, ils ne doivent point être mis au nombre des indices indubitables, & ils ne forment jamais une ſcience certaine; parce qu'il eſt impoſſible de ſçavoir de laquelle des deux cauſes ils ſont les indices; ainſi il n'en réſulte alors qu'un doute qui ne peut jamais former un raiſonnement concluant; comme dans l'exemple dont il eſt fait mention dans Loi 22 au Code *de probat.*, où un homme ſoutenoit qu'un autre étoit eſclave; & pour le prouver, faiſoit voir que le pere & la mere de cet eſclave prétendu, avoient vécu dans l'eſclavage. Cette preuve, dit la Loi, eſt ridicule; parce que la liberté n'eſt pas toujours l'effet de la naiſſance, & qu'elle peut avoir une autre cauſe.

Lorſque l'effet peut être attribué à un plus grand nombre de cauſes, le doute devient encore plus grand; tellement qu'on peut dire, de toutes ſortes de conjectures, qu'elles s'éloignent des indices indubitables, par autant de degrés qu'il y a des cauſes différentes dont elles peuvent être les effets.

365. 4°. Dans les preuves qu'on acquiert dans les matieres criminelles, la plupart des faits ne peuvent être pouſſés juſqu'à un degré de certitude morale; & il arrive preſque toujours que la liaiſon de ces faits avec le fait principal, eſt ſeulement vraiſemblable. Ainſi une haine déclarée, & des menaces fortes & violentes, ne prouvent pas que l'auteur de ces menaces ait tué ſon ennemi qui ſe trouve avoir été tué; parce que cette haine & ces menaces ne renferment pas une détermination abſolue & néceſſaire de ſe défaire de ſon ennemi; mais ſeulement une diſpoſition ou un penchant à le faire. C'eſt pourquoi on ſe contente ordinairement, dans ce cas-là, de dire qu'il y a apparence qu'un tel a tué celui dont il s'agit. C'eſt cette diſpoſition, ou penchant, des menaces qui ont précédé, au meurtre ou délit qui eſt enſuivi, qu'on appelle liaiſon vraiſemblable. (Voyez ci-deſſus, *n.* 281 & 282, des exemples de ces ſortes de préſomptions ou indices.)

366. Ainſi, dans les actions des hommes, il y a des faits qui ſont néceſſairement liés avec d'autres faits; d'autres qui y ſont liés ordinairement; & d'autres qui n'y ſont liés que rarement; ce qui fait, qu'outre les choſes morales, il y en a pluſieurs que nous concevons qui doivent arriver ſouvent, d'autres rarement, & d'autres jamais.

Les faits qui doivent arriver ſouvent, ſont ceux qui ſe trouvent conformes à l'inclination naturelle des hommes, à leur penchant, à leur raison, aux motifs qui les portent à agir, & à la maniere dont l'expérience & le sentiment nous apprennent qu'ils agissent ordinairement.

Ceux qui doivent arriver rarement, sont ceux qui sont contraires à la maniere ordinaire d'agir, & de penser des hommes.

Enfin, ceux qui ne doivent jamais arriver, sont ceux qui se trouveroient contraires aux Loix générales, dont les hommes ne s'écartent point, & qu'ils suivent infailliblement.

367. 5°. On voit, par ce qui vient d'être dit, que les présomptions peuvent être *sures* & *indubitables*, ou *douteuses* & *incertaines*. Elles sont *sures* & *indubitables*, lorsqu'elles sont telles, qu'elles forment une preuve entiere & parfaite, de maniere qu'on peut s'assurer que le fait principal, dont on cherche la preuve, est véritable; & lorsqu'on voit que ses causes, ses effets, ses suites, & les autres indices y sont tellement liés, qu'on ne peut pas raisonnablement supposer que ce fait ne soit pas véritable, en voyant le rapport de ce fait principal avec les autres faits.

Au contraire, les présomptions sont *douteuses* & *incertaines*, lorsqu'elles sont fondées sur des indices incertains & faux.

Ainsi, toute la force de cette preuve qui se tire des présomptions, consiste dans la liaison nécessaire ou prochaine des faits connus au fait inconnu; & cette preuve est forte ou foible, suivant que cette liaison est prochaine ou éloignée.

368. Lorsque la liaison des indices au fait principal, est nécessaire, les indices sont regardés comme *violents* & *indubitables*. Ils sont regardés comme *graves*, si cette liaison n'est pas absolument nécessaire & certaine, mais que cependant elle soit telle que ces indices ne peuvent être joints avec l'innocence de l'accusé, que dans des cas rares, & qui ne peuvent arriver que très difficilement, & contre les Loix ordinaires de la nature. Enfin, on regarde comme *légers*, les indices qui, quoique liés avec le crime, ne laissent pas cependant de se trouver quelquefois, & même souvent, joints avec l'innocence de l'accusé : ces indices deviennent alors douteux & équivoques, & perdent leur force.

369. Les indices légers, forment les *soupçons*; ceux qui sont un peu plus légers, forment l'*opinion*; ceux qui sont graves, forment *les demi-preuves*; & ceux qui sont violents, forment *la preuve*.

La valeur des indices & des présomptions, dépend presque entiérement de l'arbitrage des Juges; & c'est à eux à estimer si un indice peut être regardé comme violent, ou grave, ou léger; ce qui se regle sur la qualité de la personne, sur la nature du délit, & sur les circonstances du temps, du fait & du lieu.

370. Or, comme la liaison des indices au fait principal, dépend du jugement, & du discernement des causes dont on peut conclure ou ne pas conclure cette liaison, il faut beaucoup de lumieres, de prudence & d'expérience dans ces occasions, pour distinguer entre les indices qui sont douteux, & ceux qui sont certains; & c'est cette prudence qui a fait admirer avec raison la sagesse de Salomon, dans le jugement qu'il rendit pour découvrir quelle étoit la véritable mere de l'enfant qui étoit en même temps réclamé par deux meres. (*a*)

Ce qui fait encore ici une autre difficulté, c'est que les divers esprits ne sont pas également affectés, ni touchés des mêmes lumieres. Souvent plus on est vivement frappé de certains principes, & moins on l'est de ceux par lesquels on devroit juger des autres matieres.

§. II.

Du nombre des indices, ou présomptions.

371. Le nombre des indices contribue aussi à fortifier & augmenter la preuve. Ainsi :

1°. Plusieurs indices légers, joints ensemble, forment un indice grave.

2°. Deux indices graves, forment un indice violent, & équivalent à une présomption de droit.

3°. Plusieurs indices graves, forment un indice violent, & qui est regardé comme indubitable.

4°. Des indices douteux, ne font point une preuve par eux-mêmes; (L. *fin.*, C. *de probat.*; L. *qui sententiam* 16, C. *de pœnis*;) mais ils servent seulement à la fortifier.

5°. A l'égard du nombre des indices suffisants pour faire une preuve, cela dépend de l'arbitrage du Juge, & des circonstances. Quelques Auteurs ont prétendu qu'il falloit trois indices graves; mais on ne peut donner là-dessus aucune regle certaine; cela dépendant principalement de la force des indices, & de la liaison immédiate qu'ils ont avec le fait principal.

(*a*) Voyez *Reg. lib.* 3, *cap.* 3, *n.* 23, & *seqq.*

6°.

372. 6°. Deux indices, quelque indubitables qu'ils soient, ne forment point une preuve complette, quoique chacun des indices en particulier puisse être regardé comme une demi-preuve : la raison en est, que ce sont toujours des indices, & que par conséquent ils ne forment qu'une preuve de présomption. Ainsi ils ne peuvent suffire pour condamner un accusé, du moins en la peine ordinaire, pour laquelle il est nécessaire d'avoir une preuve complette.

7°. Enfin, il faut observer que le grand nombre des indices supplée à leur violence, lors même que ces indices ne sont prouvés que par des témoins singuliers ; suivant cette maxime *quæ singula non prosunt, simul collecta juvant.* (Voyez Bartole, *in L. primam* §, *Idem Cornelio*, versic. *sed contra*, D. *de quæstion.*)

373. 8°. Quelquefois même plusieurs indices légers, quoique prouvés par des témoins singuliers, forment un indice grave ; *v. g.* si Caius ayant été tué d'un coup de pistolet, 1°. un témoin dépose, que Seius a eu auparavant une querelle avec lui : 2°. qu'un autre témoin dépose que Seius a menacé Caius : 3°. qu'un autre déclare avoir vu Seius acheter de la poudre & du plomb : 4°. qu'un quatrieme témoin dépose que Seius est sorti de chez lui, ou s'est caché dans un endroit retiré avec un pistolet, un peu auparavant que Caius ait été tué ; ces quatre indices joints ensemble, tendants tous à une même fin, quoique prouvée par des témoins singuliers, sont suffisants pour former un indice grave contre Seius.

9°. S'il y a six témoins d'indices de cette espece, quoique légers, mais tendants tous à une même fin, & quoique prouvés par des témoins singuliers, on prétend que cela forme une preuve présomptive complette.

§. III.

De l'accord ou concours des indices ; & de l'examen, comparaison & préférence des indices, ou présomptions contraires.

374. La liaison, l'accord, & la conformité des indices entre eux, contribue aussi beaucoup à fortifier ou à augmenter la preuve. Car, si ces indices naissent, en quelque façon, les uns des autres, ils deviennent alors d'un grand poids.

Quelquefois les indices s'affoiblissent, ou se détruisent mutuellement. Un indice plus fort en détruit un plus foible qui lui est contraire; & de même, un indice, quoique léger, affoiblit un indice aussi contraire; comme il arrive lorsque plusieurs indices se rencontrent ensemble contre un accusé, & que ces indices sont combattus par d'autres indices aussi forts, qui font présumer son innocence. (Voyez la L. *divus*, D. *de restitut. in integrum.*; & ce qui est dit ci-après, *n.* 427 *& suiv.*)

Ainsi, la bonne réputation d'un accusé, détruit, ou du moins diminue les indices qu'il y a contre lui. (Jul. Clarus, *qu.* 60, *n.* 23.)

375. De même, s'il y a contre un accusé, des indices suffisants pour le condamner à la question, & qu'il y ait, d'un autre côté, des indices en sa faveur, on ne doit plus alors le condamner à cette peine; parce que dans les choses incertaines, on doit toujours pencher du côté le plus favorable, & que d'ailleurs un indice en détruit un autre

Les indices, quoique violents contre un accusé, n'ont pareillement aucune force, lorsque l'accusé, dans ses interrogatoires ou confrontations, les explique d'une maniere vraisemblable, & qu'il en donne des causes naturelles; car de-là il résulte que ces indices peuvent bien n'avoir aucune liaison avec le crime dont il s'agit; ainsi on ne peut en conclure, que l'accusé ait commis le crime, puisque la chose a pu se faire d'une autre maniere; & par conséquent il seroit injuste en ce cas de le condamner.

376. Lorsque des présomptions sont combattues par des présomptions contraires, le Juge doit comparer ensemble ces différentes especes de présomptions, les peser, & considérer le rapport plus ou moins immédiat qu'elles ont avec le fait principal; afin que par cet examen il puisse se déterminer par celles qui ont le plus de force & de certitude, suivant qu'il est dit en la Loi *ob carmen famosum*, D. *de testibus.* Voyez la Constit. Caroline, *art.* 28; & ce qui est dit ci-après, n. 427 & suiv.)

377. Ainsi, une présomption plus forte, doit être préférée à celle qui l'est moins; & de même, une présomption spéciale, doit être préférée à une présomption générale; & une présomption naturelle, à une présomption accidentelle.

De même, la présomption de droit, est plus forte que la présomption de l'homme : la présomption la plus favorable, doit être préférée à celle qui l'est moins : on doit préférer l'affirmative à la négative : celle qui détruit la conviction, est préférable à celle qui l'établit. (Voyez *omnino*, Farin. *qu.* 86, *n.* 102-109.)

SECTION VII.

De la preuve qui résulte des indices ; & comment elle s'estime.

378. L'usage des indices en matiere criminelle, est moins de servir à former par eux-mêmes une preuve, qu'à fortifier celles que l'on peut avoir déja.

Il est difficile de déterminer quel doit être le nombre & la qualité des indices qui peuvent servir à former une preuve, soit complette, soit considérable, soit une semi-preuve, *&c.* Cette estimation dépend entiérement de la prudence du Juge, qui doit, dans tous ces cas, examiner la force de ces indices, & leur liaison plus ou moins prochaine avec le fait principal.

Il arrive assez souvent que dans cet examen, les Juges confondent les indices légers avec les indices graves ; parce qu'ils attribuent un effet à une certaine cause, quoique cet effet eût pu être produit par une autre cause ; ce qui provient aussi le plus souvent de la maniere dont ils sont affectés. D'où il suit que leur jugement sur la nature & qualité des indices & présomptions, est souvent trompeur. (*a*)

379. Voici quelques maximes qui peuvent servir de regles à cet égard.

1°. Les indices douteux, incertains, équivoques, non concluants, & qui n'ont point un rapport nécessaire au crime, ne

(*a*) » Le pays des conjectures, dit élegamment un Avocat célebre, qui a » fait long-temps l'honneur du Barreau, (M. Cochin, dans ses Œuvres, » *tom.* 3,) est entrecoupé de mille routes obscures, dans lesquelles on » se perd & on s'égare sans cesse. L'un est touché d'une circonstance à la- » quelle l'autre se trouve insensible. Souvent ces circonstances se combattent » les unes les autres : l'une paroît favoriser un parti ; l'autre semble lui être » contraire. On s'épuise en raisonnements pour les faire valoir, & tout le » fruit de ces recherches hasardées, est d'avoir enveloppé la vérité de tant » de nuages, qu'elle devient inaccessible à la Justice. »

vent former aucune preuve : *quia per media impertinentia non fit probatio.* (Bald. *in rubr.* n. 22, Cod. *de probat.*) En effet, des possibilités ne peuvent jamais former des preuves ; & si cela avoit lieu, il n'y a personne à qui on ne pût faire le procès.

2°. Un indice grave, vaut un peu moins qu'une semi-preuve ; & un indice violent, vaut plus qu'une demi-preuve.

3°. On ne peut condamner un accusé, sur de simples présomptions, indices, ou conjectures ; (L. *absentem*, D. *de pœnis* ; L. *fin.*, D. *de quæstion.* ;) ce qui arrive lorsque la liaison des indices au fait principal, n'est que vraisemblable ; comme dans le cas de menaces dont un accusé est prévenu, qui ont précédé un homicide ; parce que cet indice n'est pas capable de former par lui-même une preuve complette, & ne peut par conséquent suffire pour prononcer une condamnation contre cet accusé.

380. 4°. Mais si ces indices sont violents & indubitables ; c'est-à-dire, si la liaison de ces indices au crime, est absolument nécessaire, alors ils forment une preuve complette & suffisante pour la condamnation. (Farin. *qu.* 36, *n.* 59. Voyez ci-après, *n.* 427.)

5°. Pour condamner à la question, il n'est pas nécessaire que ces indices forment une preuve complette ; & il suffit pour cela que la preuve soit considérable ; ce qui arrive lorsqu'on a des indices graves & violents. (Farin. *ibid. n.* 59, 60. Voyez quelle doit être cette preuve, ci-après, *n.* 405.)

381. 6°. Si la liaison des indices aux crimes, est moins forte, & qu'elle ne forme qu'une présomption légere, il faudra seulement ordonner un plus amplement informé contre l'accusé. (Voyez ci-après, *n.* 434.) Ces indices légers servent aussi quelquefois à décréter. (Voyez *Ibid. n.* 390.)

7°. Enfin, s'il n'y a aucune liaison, on renverra de la plainte, ou l'on en donnera congé, ou du moins on mettra hors de Cour.

382. 8°. Lorsqu'un témoin dépose d'un indice, & qu'un autre témoin dépose d'un autre, quelques Auteurs pensent qu'il ne faut pas joindre ensemble ces témoins singuliers ; parce que chacun de ces indices n'est pas prouvé. (*Ita* Farin. *qu.* 37, *n.* 38.)

Néanmoins ces Auteurs ne parlent que du cas où il s'agit de prouver un crime en particulier ; mais s'il s'agissoit de prouver un crime en général, qui comprend sous lui plusieurs especes, & différents faits particuliers & successifs, tels que sont l'hérésie, le sortilege, l'adultere, *&c.*, alors on doit joindre ensemble les dépositions de plusieurs témoins, quoique singuliers, pourvu qu'ils se rapportent au même genre de crime; non, à la vérité, à l'effet de punir l'accusé de la peine due au crime, mais à l'effet de le condamner à la question. (*Ita* Farin. *qu.* 67, *n.* 201, 223.) Et c'est par cette même raison, que les menaces se prouvent par des témoins singuliers. (Farin. *qu.* 50, *n.* 41; & *qu.* 64, *n.* 275 *& seq.* Voyez ce qui a été dit ci-dessus, *n.* 142 *& suiv.*)

383. 9°. Tous les indices, quels qu'ils soient, doivent être prouvés de la même maniere que le fait principal, c'est-à-dire,

Ou par la confession de l'accusé,

Ou par titres,

Ou par la déposition de témoins integres & non suspects; & il en faut au moins deux, sur-tout s'il s'agit d'un indice qui n'ait pas une liaison prochaine avec le fait principal. (*Ita* Jul. Clarus, *qu.* 22, *n.* 1; Farin, *qu.* 37, *n.* 13; & Menoch. *de præsumption.* qu. 89, *n.* 1 & 2.) Néanmoins, s'il ne se trouvoit qu'un seul témoin de quelque indice, on pourroit y suppléer par la preuve d'autres indices qui ont un rapport nécessaire ou très prochain avec le premier, pour suppléer au second témoin; de la même maniere qu'on supplée par des indices prouvés, à la preuve du fait principal, lorsque cette preuve n'est établie que sur la déposition d'un seul témoin.

Cependant les Auteurs prétendent qu'un indice, en général, prochain ou éloigné, quoique prouvé par un seul témoin, ne laisse pas de former quelque présomption; ainsi qu'il a déja été observé.

384. On prétend même que les indices n'ont besoin d'être prouvés par deux témoins, que quand il s'agit de condamner définitivement l'accusé; mais que cela n'est pas absolument nécessaire, lorsqu'il s'agit de le condamner à la question. Ce qui doit néanmoins s'entendre seulement du cas où il y auroit plusieurs indices contre l'accusé; autrement s'il n'y en avoit qu'un, quelque violent qu'il fût d'ailleurs, il faudroit qu'il fût prouvé par deux témoins.

Farinacius, *qu.* 37, *n.* 18 *& seq.*, établit aussi que pour condamner à la question, il faut non-seulement que les indices soient prouvés par deux témoins, mais encore que ces témoins soient integres & dignes de foi.

CHAPITRE VII.

Des Preuves nécessaires pour les Décrets, Jugements, & autres Actes de Justice.

SECTION PREMIERE.

De la Preuve nécessaire pour informer.

385. Il y a deux manieres différentes d'informer. La premiere, qui se fait contre l'auteur du crime en général, qu'on appelle *information générale*. La seconde, qui se fait contre une telle personne nommément, qu'on soupçonne être l'auteur du crime : on appelle cette information, *information spéciale*.

1°. Les indices légers sont suffisants pour informer en général d'un crime, à l'effet de le constater & d'en connoître l'auteur. (Jul. Clarus, *qu.* 20, *n.* 2; Farin. *qu.* 1, *n.* 48.) Mais pour informer spécialement contre une personne en particulier, il faut des indices plus graves. (Farin. *qu.* 1, *n.* 48; & *qu.* 43, *n.* 135.)

2°. Les indices qui sont suffisants pour décréter, suffisent, à plus forte raison, pour informer, même spécialement. (Voyez ce qui est dit au titre *Des Décrets*, ci-après, *part.* 3, *liv.* 2, *tit.* 10, *n.* 94.)

386. 3°. Un seul témoin, quoique suspect, suffit aussi pour informer, même spécialement. (Jul. Clarus, *qu.* 21, *n.* 6.)

4°. La plainte seule est même suffisante pour informer spécialement contre une telle personne. (Voyez au titre *Des Informations d'office*, ci-après, *part.* 3, *liv.* 2, *tit.* 2, *n.* 9.)

5°. Il en est de même dans le cas de flagrant-délit. (Voyez *Ibid.*)

6. La simple dénonciation suffit pour informer en général contre l'auteur du crime : mais non pour informer spécialement contre une telle personne. (*Ibid. n.* 8.)

7°. Au surplus, il dépend de la prudence du Juge, d'estimer quels sont les indices nécessaires & suffisants pour informer spécialement contre une personne en particulier, comme prévenue d'être l'auteur du crime. (*Ita* Farin. *qu.* 1, *n.* 45. Voyez aussi Menochius *de præsumption.* lib. 1, *qu.* 44, *n.* 9.)

387. 8°. Le Juge, pour informer spécialement, doit considérer les personnes & la qualité du délit; car contre des personnes notées & de mauvaise réputation, il faut des indices moins forts pour informer : & il en est de même quand il s'agit de délits atroces. (Voyez ce qui est dit à ce sujet au titre *Des Décrets*, part. 3, liv. 2, tit. 10, n. 10.)

9°. Le bruit public est un indice suffisant pour informer en général; mais pour pouvoir informer spécialement, il faut que ce bruit public soit fondé sur le témoignage de personnes dignes de foi. (Farin. *qu.* 47, *n.* 37 & *seq.*, & *n.* 49.)

10°. Les procès-verbaux des Commissaires-Huissiers, *&c.*, font aussi une preuve suffisante pour informer spécialement. (Voyez ce qui est dit au titre des *Décrets*, *n.* 106.)

SECTION II.

Des Preuves nécessaires pour obtenir des Lettres-Monitoires.

388. Ce sont les mêmes que pour pouvoir informer en général, à l'effet de connoître l'auteur du crime. Il faut seulement un commencement de preuves, & que le crime soit assez grave pour avoir recours à cette voie. (Voyez ce qui est dit au titre *Des Monitoires*, ci-après, *part.* 3, *liv.* 2, *tit.* 8, *n.* 11.)

SECTION III.

Des Preuves nécessaires pour constater le corps de délit.

389 Le corps de délit se constate de plusieurs manieres.

1°. Par l'inspection du Juge : 2°. par le rapport des Experts : 3°. par la déposition des témoins : 4°. par les indices : 5°. & quelquefois par la confession de l'accusé. (Voyez ce qui est dit à ce sujet au titre *Du Corps de délit*, ci-après, *part.* 3, *liv.* 2, *tit.* 3, *n.* 16 & 38; & au titre *Des Procès-verbaux de transport des Juges*, ibid. *n.* 2.)

Pour pouvoir constater ce corps de délit, il suffit que le Juge soit prévenu par une dénonciation ou plainte, ou par le public, comme dans le cas de flagrant-délit, ou de notoriété.

SECTION IV.

Des Preuves nécessaires pour décréter.

390. (Voyez ce qui est dit à ce sujet au titre *Des Décrets*, ci-après, *part.* 3, *liv.* 2, *tit.* 10, n. 94.)

SECTION V.

Des Preuves nécessaires pour adjuger une provision.

391. Il semble qu'il faut ici les mêmes preuves que pour décréter ; & que quand l'accusé est décrété, il suffit d'examiner si les circonstances où se trouve l'offensé, sont dans le cas de mériter une provision ; comme quand il s'agit de blessure, grossesse, accouchement, &c. (Voyez ce qui est dit à ce sujet au titre *Des Sentences de provision d'aliments*, ci-après, *part.* 3, *liv.* 2, *tit.* 16, n. 5.)

Quelques-uns prétendent que sur la simple déclaration de la fille, qui prétend avoir été séduite, & qui est grosse, on peut décerner une prosivion contre celui qu'elle accuse. (Voyez ce qui est dit à cet égard, *part.* 4, au titre *Des Crimes de Luxure*, n. 46.)

SECTION VI.

Des Preuves nécessaires pour passer au Réglement à l'extraordinaire.

392. Il n'est pas nécessaire d'avoir pour cela d'autres preuves, que celles qui sont nécessaires pour suivre l'information ; mais il faut qu'il s'agisse d'un délit grave, & qui mérite peine afflictive ou infamante. (Voyez ce qui est dit là-dessus au titre *Du Réglement à l'extraordinaire*, ci-après, *part.* 3, *liv.* 2, *tit.* 17, n. 2.)

SECTION VII.

Des Preuves nécessaires pour condamner à la Question.

393. 1°. L'article 1 du titre 19 de l'Ordonnance de 1670, porte que s'il y a preuve considérable contre l'accusé, d'un crime qui soit constant, & qui mérite peine de mort, les Juges pourront ordonner

ner qu'il sera appliqué à la question. (Voyez Menoch. *de arbitr. jud. casu* 270 & 273 ; & *de præsumption.* lib. 1, qu. 44, n. 9 *& seq.*)

Ainsi, pour pouvoir condamner un accusé à la question, il faut qu'il y ait contre lui une preuve considérable. Mais il est difficile de déterminer quelle doit être la nature de cette preuve ; elle dépend entiérement de la prudence du Juge. (Menoch. *de arbitrar. jud. casu* 270, *n.* 4.) Tout ce qu'on peut dire en général, c'est qu'elle doit être très forte.

2°. Les preuves nécessaires pour pouvoir condamner un accusé à la question, peuvent résulter, 1°. de la confession de l'accusé : 2°. de la déposition des témoins : 3°. de la preuve littérale : 4°. de la preuve mixte : 5°. de la preuve conjecturale ou par indices, dans les cas où la preuve n'est pas suffisante pour prononcer contre l'accusé une condamnation définitive.

3°. Quoiqu'il soit difficile en général de déterminer quelle est la
394. preuve nécessaire pour condamner à la question, cependant la plupart des Auteurs s'accordent à dire :

Que la confession extrajudiciaire de l'accusé, prouvée par deux témoins idoines, ou faite pardevant un Juge incompétent, quoique révoquée ensuite devant le Juge qui instruit le procès, est une preuve suffisante pour condamner cet accusé à la question. (*Ita* Farin. *qu.* 81, *n.* 206 ; & *qu.* 82, *n.* 23 *& seq.* ; & *n.* 28 & 46. Voyez aussi la Constit. Caroline, *ch.* 32 ; *Ita etiam* Jul. Clarus, *qu.* 21, *n.* 31 *& seq.* ; Bossius, tit. *de Confess.*, *n.* 55, versic. *veritas est in oppositum*, & n. 56 ; & Boerius, *decis.* 90, *n.* 9. Voyez encore ce qui a été dit ci-dessus, *n.* 85.)

Mais il faut que cette confession ait été faite sérieusement,
395. & non par forme de plaisanterie ou de badinage. (Farin. *ibid.* qu. 82, n 37 ; Constitut. Caroline, *ch.* 32.)

Il faut aussi qu'elle ait été faite librement, & qu'elle n'ait point été extorquée par crainte, ni par menaces, ou subornation. (Farin. *ibid.* qu. 82, n. 38.)

De plus, il faut que cette confession du crime, énonce en même temps la cause qui y a donné lieu ; car autrement elle ne feroit point une preuve suffisante ; à moins que cette cause ne se présumât aisément d'elle-même ; comme dans le cas du vol, *&c.* (Voyez Farin. *ibid.* qu. 82, n 32.)

Enfin, il faut que cette confession extrajudiciaire n'ait point été faite d'une maniere incertaine, ou peu vraisemblable; autrement elle ne pourroit suffire pour faire condamner l'accusé à la torture; (Farinac. *ibid*. qu. 82, *n*. 29 & 33;) *v. g.* si l'accusé n'exprimoit ni la qualité du délit, ni la personne contre laquelle il a été commis.

Si cette confession étoit prouvée par deux témoins qui déposassent de deux temps, ou de deux lieux différents, elle cesseroit aussi de faire une preuve. (Farin. *qu*. 64, *n*. 145.)

396. 4°. La confession de l'accusé, faite avec une qualité qui semble la rendre excusable, (ce qu'on appelle *confession qualifiée*,) suffit aussi pour condamner un accusé à la question, lorsqu'il s'agit d'un crime capital. (Voyez ce qui a été dit ci-dessus, *n*. 84.)

5°. La déposition de deux témoins, quoique non idoines, & au-dessus de toute exception; *v. g.* de deux accusés qui chargent un troisieme comme complice; de deux impuberes, *&c.*, fait une preuve suffisante pour la question, quand il s'agit de crimes pour lesquels on ne peut avoir autrement la vérité. (Farin. *qu*. 26, *n*. 74 & 75;) ou quand il s'agit de crimes atroces. (Farin. *qu*. 43, *n*. 40 & 41; & *qu*. 44, *n*. 6-10.)

397. 6°. Quelques-uns prétendent que la déposition d'un seul témoin, n'est pas suffisante pour condamner un accusé à la question, s'il n'y a d'ailleurs quelqu'autre indice joint à cette déposition; (L. *maritus*, D. *de quæst.*) mais la plupart des Auteurs sont d'un sentiment opposé lorsque le témoin dépose de *visu*, & qu'il est d'ailleurs d'une réputation non suspecte. C'est le sentiment de Charles de Grassalio en son Traité *Regalium Franciæ*, lib. 1, Jur. 7; & de Lizet en sa Pratique Criminelle, *tit*. 7, au commencement, *pag*. 58 de l'édition de 1609, *in*-8°. Voyez aussi Carrerius, *in Practica Criminali*, *n*. 111, *v*. 1; & Mazuer, en sa Pratique, *ch*. 36, *de quæstion*. n. 10, dont voici les termes: *Item dictum & depositio unius testis integræ famæ facit indicium sufficiens ad torturam.*

Imbert avance la même maxime en ses Institutions Forenses, *liv*. 3, *ch*. 14, *n*. 2, où il dit: « que l'on doit sçavoir que selon » l'opinion d'aucuns Docteurs en Droit Civil, il suffit pour la ques» tion, de la déposition d'un témoin déposant du fait principal » par le sens de la vue. Voyez aussi Lebrun en son Procès-Criminel, *liv*. 2, au mot *Question*.

398. C'est aussi le sentiment de Julius Clarus, *qu*. 21, *n*. 2; & *qu*. 22, *n*. 2 & 3: & de Farin. *in Tractatu de indiciis & torturâ*, qu. 36,

n. 225 ; & qu. 37, *n.* 58, où il dit : *Unus testis de visu indicium facit ad torturam, si sit omni exceptione major.*

Telle est aussi la disposition de l'Ordonnance de Charles V, appellée *la Caroline*, de l'année 1532, *ch.* 23 & 30, qui s'exprime en ces termes : « *Si id quod in causâ delicti præcipuum & caput est,* » *uno exceptione omni majore teste probetur, ea semiplena à doctori-* » *bus practicis appellata probatio sufficiens indicium præbet* (*ad tor-* » *turam.*)

Cette regle a pareillement lieu parmi nous, lorsque l'accusé est une personne de mauvaise réputation ; comme il résulte de la disposition de l'Ordonnance de Saint-Louis, du mois de Décembre 1254, dont voici les termes : « *Personas honestas, vel bonæ famæ,* » *etiamsi sint pauperes, ad dictum testis unici subjici tormentis vel* » *quæstionibus inhibemus ne ob metum falsum confiteri, vel suam* » *vexationem redimere compellantur.* (*Ita etiam* d'Argentré sur l'article 41 de l'ancienne Coutume de Bretagne, *note* 2, *n.* 2.)

399. Il faut aussi observer que cette preuve, d'un seul témoin contre un accusé vagabond ou de mauvaise réputation, peut bien être suffisante pour la question sans réserve de preuves ; mais il ne paroît pas qu'elle doive suffire pour la question dont les preuves sont réservées.

Si l'accusé est une personne de bonne réputation, un seul témoin ne suffit pas pour le condamner à la question ; à moins que la déposition de ce témoin ne soit accompagnée de quelques autres indices. C'est une suite de la disposition de l'Ordonnance de Saint-Louis qu'on vient de citer.

A l'égard de la déclaration par laquelle un accusé, même condamné à mort, chargeroit son complice ; elle ne peut être suffisante pour faire condamner ce complice à la question, si cette déclaration n'est d'ailleurs fortifiée par d'autres indices. (Voyez ce qui a été dit ci-dessus, *n.* 299.)

400. Il en est de même de la déclaration faite par un offensé, par laquelle il chargeroit quelqu'un ; quand même cette déclaration seroit faite à l'article de la mort. (Voyez *ibid*, n. 300.)

Ce qui a lieu à plus forte raison dans le cas où le témoin ne seroit pas *omni exceptione major* ; comme si c'étoit un pupille, un esclave, un furieux, un infame, *&c.* (Voyez ce qui est dit ci-dessus, n. 101.)

7°. La preuve fondée uniquement sur des indices, est aussi suffisante pour condamner un accusé à la question. (Voyez Julius Clarus, *qu.* 20, *n.* 4; Novarius, *decis.* 25; la Constitution Caroline, *ch.* 22; & Farin. *qu.* 37.) Mais les indices pour la question, doivent être du nombre de ceux qu'on appelle violents, & qui ont une liaison prochaine & immédiate avec le fait principal; ensorte que l'un emporte presque nécessairement la conclusion de l'autre. (*Ita* Farin. *qu.* 37, *n.* 3 & *seq.* (*a*)

401. Il n'est pas nécessaire cependant que ces indices fassent par eux-mêmes une preuve complette, & telle qu'elle est nécessaire pour condamner définitivement un accusé; autrement il n'y auroit point de différence entre les preuves requises pour la question, & celles requises pour la condamnation. (Farin. *ibid.* qu. 37, n. 5.) Mais il suffit que les indices qui sont au procès, ne puissent être joints avec l'innocence de l'accusé, que dans des cas très rares, & qui ne peuvent arriver que très difficilement, & contre le cours ordinaire des choses.

Un seul indice ne suffit pas pour donner lieu à une condamnation à la question; mais il en faut deux ou plusieurs qui se soutiennent mutuellement, & qui soient comme enchaînés les uns aux autres, & ne soient point détruits par des indices contraires. (Farin. *qu.* 36, *n.* 234; & *qu.* 37, *n.* 44 & 45.)

402. Il y a néanmoins des indices qui sont tellement nécessaires, qu'un seul suffit pour appliquer l'accusé à la question; comme dans le cas où un accusé a été trouvé l'épée à la main, & toute ensanglantée, dans un endroit où un homme vient d'être tué; ou lorsqu'il est trouvé saisi d'effets volés avec effraction ou violence publique, dont il rend un mauvais compte; ou lorsqu'il est trouvé emportant les effets volés, *&c.* (Voyez Jul. Clarus, *qu.* 21, *n.* 41; & ce qui est dit ci-dessus, n. 280; & ci-après, *part.* 4, au titre *Du Vol*, n. 233.)

Dans les crimes cachés, & dont il est très difficile d'avoir la preuve; comme sont les trahisons, & autres traités qui se font sécrétement; les crimes qui se commettent de nuit; l'adultere; la simonie; le poison; la fausse-monnoie; l'assassinat; la supposition de part; & autres délits semblables; il ne faut pas des indices si

---

(*a*) Voyez Menochius, *De Arbit. jud. casu* 270; & *De Præsumption.* lib. 9, qu. 43, *ubi accumulat.* 43 *indicia sufficientia ad torturam.*

considérables, que dans les autres crimes, pour condamner un accusé à la question. (Farin *qu.* 37, *n.* 150 & *seq.*)

403. Il faut aussi des indices plus forts, pour condamner à la question une personne constituée en dignité, ou de condition honnête, & d'une réputation entiere, que pour y condamner des vagabonds & des gens mal famés. (Papon, *liv.* 24, *tit.* 9, *n.* 11 & 12; Jul. Clarus, *qu.* 21, *n.* 41. Voyez au titre *De la Question*, ou *Torture*, ci-après, *part.* 3, *liv.* 2, *tit.* 22; ce qui est aussi une suite de la disposition de l'Ordonnance de Saint-Louis de l'année 1254, ci-dessus citée, *sect.* 7, *n.* 4.

404. On doit aussi observer qu'il faut, (toutes choses d'ailleurs égales,) des indices plus considérables pour condamner à la question *avec réserve de preuves*, que *sans réserve de preuves*. (Jul. Clarus, *qu.* 64, *n.* 33; & Farin. *qu.* 38, *n.* 33.) Dans le cas où les indices ne sont pas du nombre de ceux qu'on appelle *très violents*, les Juges ne doivent pas condamner l'accusé à la question *preuves tenantes*; mais seulement à la question *sans réserves de preuves.* (Voyez Faber en son Code, *definit.* 9 & 25;) au-lieu que si les indices sont du nombre de ceux qu'on appelle *urgents & indubitables*, les Juges, non-seulement peuvent, mais même doivent condamner à la question *avec réserve de preuves.* C'est ainsi que l'établit Theveneau en son Commentaire sur les Ordonnances, *liv.* 5, *tit.* 18, *art.* 4 & 5.

Il faut des indices encore moins forts pour ordonner qu'un accusé sera seulement présenté à la question sans y être appliqué. (*Ita* Battandier, *in Prax. Crimin. reg.* 44. Voyez aussi ce qui est dit *infrà* au titre *De la Question ou Torture*, *n.* 31.)

ARTICLE PREMIER

Exemples d'indices qui peuvent servir pour la question, étant joints avec d'autres indices.

405. 1°. Lorsqu'on trouve, sur le lieu où le délit a été commis, quelque chose appartenant à l'accusé, qu'il y a oublié ou laissé; (Voyez ci-dessus, *n.* 329;) Cet indice est même regardé quelquefois comme suffisant seul pour faire condamner à la question. (Voyez *ibid.*)

2°. La mauvaise réputation & conduite de l'accusé, & s'il a déja commis un crime semblable à celui pour lequel il est poursuivi.

(Voyez Constitut. Caroline, *chap.* 25, *n.* 1; & ce qui a été dit ci-dessus, *n.* 325.)

3°. Si l'accusé a été trouvé dans des lieux suspects au sujet du délit. (Constit. Caroline, *chap.* 25, *n.* 2. Voyez aussi ci-dessus, *n.* 326.)

4°. S'il a été vu sur le lieu du délit; ou qu'on l'ait apperçu sur le chemin, soit en y allant, soit en revenant; ou si, ne l'ayant pas distingué, on a observé qu'il avoit la même figure, le même habit, les mêmes armes, & le même cheval, *&c.*, que celui qui a commis l'action. (Constit. Caroline, *ibid.* ch. 25, n. 3. Voyez aussi ci-dessus, *n.* 325.)

406. 5°. Si l'accusé demeure, ou est lié particuliérement avec des personnes qui commettent de semblables crimes. (Constit. Caroline, *ibid.* n. 4. Voyez aussi ci-dessus, *n.* 333.)

6°. Si l'accusé avoit quelque inimitié particuliere contre la personne qu'il a tuée, blessée, ou offensée; s'il l'a menacée auparavant; (Constit. Caroline, *ch.* 25, *n.* 5 & 27. Voyez aussi ci-dessus, *n.* 302;) à plus forte raison, si cette inimitié de l'accusé contre l'offensé, étoit capitale. (Voyez Constit. Caroline, *ch.* 26; & ci-dessus, *n.* 302.)

7°. La fuite de l'accusé. (Constit. Caroline, *ibid.* n. 7. Voyez aussi ci-dessus, *n.* 310.)

De tous les indices qu'on vient de rapporter, il n'y en a pas un qui puisse seul, & par lui-même, former un indice suffisant pour condamner à la question; mais lorsque plusieurs de ces indices se trouvent joints ensemble contre l'accusé, ils peuvent former contre lui une preuve suffisante. (Constit. Caroline, *ch.* 27; Farin. *qu.* 36, *n.* 234, 235.)

407. Outre ces indices, en voici encore quelques autres à peu près de la même espece.

Si celui qui pouvoit empêcher le crime, ne l'a point empêché. (Voyez ci-dessus, *n.* 307.)

Si l'accusé avoit intérêt de commettre le crime qui a été commis. (Voyez *ibid.* *n.* 322.)

La voix publique, ou la commune renommée, que c'est l'accusé qui a commis le crime dont il s'agit. (Voyez *ibid.* *n.* 317.)

Si l'accusé a transigé avec l'offensé pour raison de ce crime. (Voyez *ibid.* *n.* 320.)

S'il est prouvé que l'accusé a acheté ou préparé des armes, du poison, & autres choses semblables propres à commettre le délit dont il s'agit. (Voyez aussi ci-dessus, *n.* 327.)

Si l'accusé a reçu sciemment, ou s'est approprié des effets provenants du vol pour lequel il est poursuivi. (Voyez *ibid. n.* 331.)

408. Le port-d'armes insolites, ou que l'accusé n'avoit pas coutume de porter. (*Ibid. n.* 328.)

Si une femme a prêté à son amant, le cheval de son mari assassiné, pour s'enfuir. (Voyez Corbin, *decis.* 166.)

Le mensonge de l'accusé. (Voyez ci-dessus, *n.* 337.)

Sa variation dans ses réponses. (*Ibid.*)

Son silence, lorsqu'étant interrogé, il réfuse de répondre. (*Ibid. n.* 341.)

Si l'accusé a couché avec la personne qui a été trouvée assassinée dans son lit. (*Ibid. n.* 342.)

Si le cadavre, dont on poursuit l'homicide, a été trouvé devant la porte de l'accusé. (*Ibid. n.* 326.)

Le maître, ou le locataire, qui habitent la maison où l'on a trouvé un homme assassiné. (*Ibid. n.* 348.)

Si l'accusé a prêté au principal auteur du crime, de l'argent, ou des chevaux pour s'enfuir. (*Ibid. n.* 348.)

409. On peut encore mettre au nombre des indices qui peuvent servir pour la question, celui qui naît de la preuve littérale faite par comparaison d'écritures. (Voyez ci-dessus, *n.* 219 *& suiv.*)

C'est au Juge à estimer la valeur & la force des indices, & s'ils sont suffisants, ou non, pour la question; ce qui dépend de la nature & du nombre de ces indices, & de la qualité des personnes & du délit. (Jo. Faber, quæst. *de torturâ*, n. 4. Farin. *qu.* 37, *n.* 192; & *quæst.* 38, *n.* 33.) Mais il n'en faut pas conclure pour cela, qu'il dépend du Juge de donner plus ou moins de force à ces indices; car ils doivent toujours être de nature à former une preuve suffisante pour la question. (*Ita* Farin. *qu.* 36, *n.* 232; & *qu.* 37, *n.* 193-201.)

410. Les indices, quelque violents qu'ils soient, cessent de faire une preuve suffisante pour la question, lorsqu'ils sont combattus ou détruits par des indices contraires, *una enim præsumptio tollit alteram.* (Farin. *qu.* 36, *n.* 110-112. Voyez aussi ce qui a été dit ci-dessus, *n.* 374 *& suiv.* & ci-après, *n.* 415.)

C'est pourquoi, lorsque plusieurs des indices dont on vient de parler, sont prouvés contre un accusé, on doit toujours examiner d'un côté, avec attention, la force de ces indices; & examiner, d'un autre côté, les présomptions qui sont en faveur de cet accusé pour établir son innocence. Alors, si l'on trouve que la force des indices, qui sont contre lui, l'emporte sur ceux qui sont en sa faveur, le Juge pourra ordonner la question, suivant les circonstances & la nature des indices; mais si, au contraire, les indices qui sont favorables à l'accusé, se trouvent plus forts que ceux qui le chargent, on ne pourra le condamner à la question.

411. Les Juges qui condamnent mal à propos un accusé à la question, doivent être punis de peines très séveres. (Voyez ce qui est dit à ce sujet, ci-après, *part.* 4, au titre *De la Malversation des Juges dans leurs fonctions*, *n.* 25 *& suiv.*)

Quant à la maniére de prouver les indices suffisants pour la question, on doit suivre ce qui a été dit ci-dessus, *n.* 383.)

Ainsi, il faut que ces indices soient prouvés,

Ou par la confessionde l'accusé,

Ou par la déposition de deux témoins. (Constit. Caroline, *ch.* 23; Farin. *qu.* 37, *n.* 13,) & il faut même que ces témoins soient dignes de foi. (Farin. *ibid.* qu. 37, *n.* 18 *& seq.*)

412. Il faut aussi observer avec Farinacius, (*qu.* 37, *n.* 33-39,) que quand il s'agit de prouver des indices éloignés, & non prochains, il suffit que la preuve s'en fasse par des témoins singuliers; mais il faut pour cela le concours des conditions suivantes.

1°. Que ces témoins singuliers soient *omni exceptione majores.*

2°. Qu'ils déposent de faits qui se rapportent immédiatement au délit.

3°. Que ces indices soient en nombre suffisant pour former une preuve considérable dans l'esprit du Juge.

4°. Que ces indices tendent tous à la même fin.

C'est pourquoi, suivant le même Auteur, s'il n'y avoit que deux témoins singuliers d'un même indice éloigné; ou qu'il y eût deux indices différents & éloignés, prouvés chacun par un témoin; cela ne pourroit former une preuve suffisante pour faire condamner l'accusé à la question.

Mais s'il y a plus de deux indices, & qu'ils soient tels qu'ils renferment une preuve considérable, étant ainsi réunis; alors il n'est pas nécessaire que ces indices soient prouvés par deux témoins,

moins, & il suffira que chacun d'eux soit prouvé par des témoins singuliers. (*Ita* Farin. *ibid.* qu. 37, *n.* 38, *in fine*; & Jul. Clarus, *qu.* 22, *in addition.* n. 6 & 7.)

SECTION VIII.

De la Preuve nécessaire pour condamner définitivement.

413. La regle générale qu'il faut observer à cet égard, est qu'un accusé ne doit point être condamné sans avoir contre lui des preuves claires & évidentes, qui soient fondées, ou sur son aveu; ou sur des titres non contredits; ou sur des témoins sans reproches; ou sur des indices indubitables & plus clairs que le jour. C'est la disposition de la Loi derniere au Code *de probation.* Voyez aussi Jul. Clarus, *qu.* 66, *n.* 4.

On peut distinguer cinq sortes de preuves complettes, en conséquence desquelles un accusé peut être condamné. 1°. La confession de l'accusé : 2°. la preuve testimoniale du délit, constatée par deux témoins *de visu* : 3°. la preuve littérale d'un écrit reconnu faux par l'accusé lui-même : 4°. la preuve mixte, qui est fondée en partie sur la confession de l'accusé, ou sur des témoins *de visu*, & en partie sur des indices : 5°. la preuve conjecturale qui se fait par indices.

414. 1°. La confession de l'accusé est regardée comme la preuve la plus certaine qu'on puisse avoir pour le condamner. (Voyez ce qui est dit ci-dessus, *n.* 45.)

2°. La preuve testimoniale est aussi regardée comme une preuve complette & parfaite, lorsqu'elle est fondée sur la déposition de deux témoins *de visu*, integres & dignes de foi. (Voyez ci-dessus *n.* 140.)

3°. La preuve littérale est pareillement regardée, en quelques cas, comme une preuve complette, & suffisante pour condamner définitivement un accusé. (Voyez ce qui est dit ci-dessus, *n.* 219 & *suiv.*)

415. 4°. Il y a plusieurs cas où la preuve mixte est regardée comme complette; & il en est de même de celle qui n'est fondée que sur des indices. Je vais examiner, dans un moment, quels sont ces différents cas : mais auparavant il faut observer deux choses.

La premiere, c'est que quand il s'agit de condamner un accusé qui est en contumace, il ne faut pas une preuve aussi complette que quand il s'agit de condamner un accusé présent ; tant à cause que l'absence ou la fuite forme par elle-même un indice contre l'accusé, que parce que la condamnation par contumace, n'est pas, à proprement parler, une vraie condamnation, puisqu'elle est anéantie par la représentation volontaire de l'accusé, ou même lorsqu'il est arrêté ; (Voyez ce qui est dit à ce sujet au titre *Des Défauts & Contumaces*, ci-après, *partie* 3, *liv.* 2, *tit.* 21, *n.* 59 ;) & sur-tout à l'égard du prisonnier qui s'enfuit des prisons après les avoir rompues ; ainsi qu'il est dit ci-dessus ; *n.* 310.)

416. La seconde regle, c'est que dans un même procès, il peut arriver qu'il y ait une preuve suffisante pour condamner un accusé à la peine due à son crime, & que néanmoins cette preuve ne soit pas suffisante pour le condamner en des dommages & intérêts envers l'offensé : ce qui arrive dans le cas où l'offensé, qui est partie civile au procès, a été entendu comme témoin, & où la preuve, qui a donné lieu à la condamnation à une peine publique, a été fondée en partie sur cette déposition ; car alors, quoique la preuve ait été trouvée suffisante pour faire droit sur l'accusation de la partie publique, néanmoins cette preuve ne suffit pas pour pouvoir prononcer sur les dommages & intérêts demandés par la partie publique ; parce qu'à cet égard la partie civile a déposé en sa propre cause. (Voyez ce qui est dit ci-dessus, *n.* 116.)

ARTICLE PREMIER.

De la Preuve mixte, nécessaire pour pouvoir condamner définitivement un accusé.

417. 1°. La déposition d'un témoin integre *de visu*, soutenue par des présomptions, forme une preuve entiere & complette, pour pouvoir condamner un accusé, même à la peine ordinaire. (Bartol. *in* L. 1, §. *idem Cornelio*, D. *de quæstion.* ; Jul. Clarus, qu. 20, *in supplem.* n. 14.)

Il n'est pas même nécessaire qu'il y ait dans ce cas plusieurs indices, ni que ces indices soient violents ; c'est une maxime constante & adoptée par tous les Criminalistes.

2°. Le bruit public, joint à la déposition d'un témoin, & à quelques autres adminicules, forme aussi une preuve suffisante pour la condamnation de l'accusé. (Lud. de Mayno, *tractatu de homicidio*, pag. 55, v. 59 ; Jul. Clarus, *qu.* 63, *n.* 10.)

3°. La déposition de deux témoins, quoique *non omni exceptione majores*; *v. g.* de deux accusés contre un de leurs complices, est aussi suffisante lorsqu'elle est jointe à quelque indice. (Voyez ce qui est dit ci-dessus, *n.* 195.)

Quelquefois même la déposition d'un témoin non suspect, jointe à celle d'un complice, est suffisante pour la condamnation de l'accusé, sur-tout dans les grands crimes. (Voyez Jul. Clarus, *qu.* 21, *in addition.* n. 34.)

418. 4°. La confession extrajudiciaire de l'accusé, ou celle faite devant un Juge incompétent, forment aussi une preuve suffisante contre l'accusé, pour le condamner définitivement; du moins à une peine autre que la peine ordinaire, lorsque cette confession se trouve fortifiée de quelque indice. (Farin. *qu.* 82, *n.* 2 & 4; Voyez aussi ce qui est dit ci-dessus, *n.* 85.)

Quant à la nature des indices nécessaires pour former une preuve complette, lorsqu'ils se trouvent joints à la confession extrajudiciaire de l'accusé, Voyez Tiraqueau, *in* L. *si unquam*, Cod. *n.* 119 *de donat. in præfat.* n. 60 & seq.

419. 5°. La déposition d'un témoin *de visu*, jointe à la déposition d'un autre témoin de la confession extrajudiciaire de l'accusé, est aussi suffisante pour faire prononcer contre lui une peine pécuniaire; mais elle ne peut suffire pour le faire condamner à une peine corporelle, s'il n'y a d'ailleurs d'autres indices. (Farinac. *qu.* 64, *n.* 119.)

La confession extrajudiciaire de l'accusé, jointe à sa confession par lui faite à la question, forme aussi une preuve complette.

Quelquefois même un seul indice, joint à la déposition d'un seul témoin du fait principal, suffit pour faire condamner l'accusé, du moins à une peine autre que la peine ordinaire, si c'est un indice très grave, & qui fasse par lui-même une semi-preuve. Si cet indice n'est pas tel, il ne peut servir à former une preuve complette; mais seulement à fortifier la déposition du témoin, & à faire une preuve considérable.

ARTICLE II.

De la Preuve par indices, nécessaire pour pouvoir condamner définitivement un accusé.

420. 1°. Les indices suffisent quelquefois pour pouvoir prononcer une condamnation définitive contre l'accusé, quoiqu'il n'y ait d'ailleurs contre lui aucun témoin du fait principal; & ces indices seuls & indépendamment de tout autre secours, peuvent former une preuve aussi forte que celle qui résulte de la déposition de deux ou plusieurs témoins de ce fait principal, ou de l'examen des actes. (L. 19, Cod. *de rei vindic.* Voyez aussi la Loi *dolum* 6, Cod. *de dolo malo*, & *ibid.* Mornac; Papon, L. 24, *tit.* 8, *n.* 1; *Ita etiam* Bartol. *in* L. *sicut*, D. *de accusat.*; & Farin. *qu.* 86, *n.* 5.)

C'est ce qui a lieu toutes les fois que les indices sont tels, que sur des faits certains & connus, on peut fonder des conséquences nécessaires de la vérité de ceux qu'on veut prouver.

Lorsque les indices ou présomptions, sont du nombre de ceux qui sont adoptés par la Loi, ils suffisent pour prononcer une condamnation, suivant la Loi *si qui adulterii*, Cod. *ad L. jul. de adulteriis.* Voyez aussi Jul. Clarus, *qu.* 20, *n.* 8; & Farin. *qu.* 86, *n.* 52, 64 & 66.

421. 2°. La preuve par indices ou présomptions, est admise principalement dans les grands crimes, & dans ceux dont il est très difficile d'avoir la preuve; comme sont tous les délits cachés, & qui se commettent en secret, ou pendant la nuit; (Farin. *qu.* 86, *n.* 29, 36 & 39;) & c'est par cette raison, que pour les séparations de corps & de biens entre mari & femme, on admet le témoignage des domestiques: *non enim facile probantur quæ domi geruntur*, disent les Loix. (Voyez la L. 8, Cod. *de repud.*)

C'est aussi le sentiment de Menochius en son Traité *de præsumption.* lib. 1, præsumpt 58. Voici comme cet Auteur s'explique: *Etsi delictum in genere debeat probari manifestis probationibus, attamen cum ob difficultatem directarum probationum probari non potest, receptum est præsumptionibus & conjecturis probari posse*; & il applique cette décision aux crimes même qui méritent une peine capitale ou afflictive; tels que la supposition de part, & l'homicide quand il est commis *in domo occultè & secretò.* Cet Auteur veut seulement que ces présomptions soient graves, urgentes & concluantes. C'est aussi l'opinion de Farin. *qu.* 86, *n.* 42, 43 & 48.

422. Il en est de même de l'assassinat. (Jul. Clarus, *qu.* 20, *n.* 7; Farin. *qu.* 86, *n.* 41.)

De l'adultere. (Papon, L. 24, *tit.* 8, *n.* 1; & Peleus, *quest. ill.* qu. 135.)

Du crime de rapt. (Arrêt du 4 Septembre 1561, rapporté par Ludov. de Mayno en son Traité *de homicidio*, pag. 21. Voyez aussi ce qui est dit, *part.* 4, au titre *Des Crimes de luxure*, *n.* 46.)

Idem, du dol. (L. 6, Cod. *de dolo malo.*)

Le faux, suivant Menochius, en l'endroit qui vient d'être cité, est aussi du nombre des crimes qui se prouvent le plus souvent par des présomptions, comme étant ordinairement commis dans le secret. Il y a même une Loi qui le décide clairement; c'est la Loi 22, Cod. *ad L. Corneliam de falsis.* En effet, il est extrémement rare qu'il se rencontre des témoins *de visu* & des preuves directes dans cette espece de crime, & s'il falloit des preuves directes pour prononcer cette punition, il arriveroit le plus souvent qu'il demeureroit impuni.

423. 3°. Les indices nécessaires pour la condamnation, doivent être du nombre de ceux qu'on appelle très violents, ou manifestes, & indubitables; c'est-à-dire, de ceux qui concluent par une conséquence si nécessaire, qu'il est impossible que la chose soit autrement qu'ils la font voir. (Jul. Clarus, *qu.* 20, *n.* 1 & 5; Papon, *liv.* 24, *tit.* 8, *n.* 1; Farin, *qu.* 86, *n.* 6 & 33.)

Mais il n'est pas permis de condamner sur de simples soupçons. (L. 5, *absentem*, D. *de pœnis.* Voyez le Journal du Palais, troisieme partie, *pag.* 276; Carondas, *liv.* 9, *rep.* 1, *pag.* 328; & Mornac, *in* L. *ult.* Cod. *de probation.*)

4°. Il est difficile de déterminer quel doit être le nombre & la qualité des indices nécessaires pour former une preuve complette: cela dépend uniquement de la prudence & des lumieres du Juge, qui doit, dans tous ces cas, examiner la force de chaque indice en particulier, & la conséquence qui résulte de la comparaison de ces indices, & de leur liaison avec le fait principal. (Farin. *qu.* 86, *n.* 91.)

424. La plupart des jugements téméraires, qui se font dans cet examen, viennent de ce que les Juges confondent assez souvent les indices légers & probables, avec les indices graves & violents;

& qu'ils attribuent un effet à une certaine cause, quoique cet effet puisse aussi avoir été produit par d'autres causes; & qu'il ne soit qu'un indice ou signe probable de cette cause. Farinacius prétend qu'un seul indice peut être suffisant pour opérer une condamnation, si cet indice est du nombre de ceux qu'on appelle indubitables. (Farin. *qu.* 86, *n.* 63.)

Ce même Auteur établit, *ibid.* n. 85, que deux semi-preuves jointes ensemble, ni pareillement deux présomptions, ne peuvent suffire pour condamner, (*ibid.* n. 93;) mais qu'on en peut réunir ensemble plusieurs, pour former une preuve complette; pourvu qu'elles tendent à une même fin. (Farin. *ibid.* n. 95-100.)

425. 5°. Il y a plus à difficulté de sçavoir si sur une preuve de cette espece, qui n'est fondée que sur des présomptions, on peut condamner un accusé à la mort. Cette question est une des plus importantes qu'on puisse agiter en matiere criminelle.

Plusieurs Auteurs ont prétendu qu'en général on ne pouvoit condamner un accusé à la peine ordinaire due au crime, quand il n'y avoit contre lui qu'une preuve fondée sur des indices & des présomptions, & qu'alors on devoit prononcer contre cet accusé une peine moindre. (*Ita* Jul. Clarus, *qu.* 20, n. 6; Papon, *liv.* 24, *tit.* 8, *n.* 1, *in med.*, & Farin. *qu.* 86, *n.* 34, 78, 83, 87, 89 & 90.)

426. Mais d'autres Auteurs soutiennent le contraire. C'est ainsi que le pensent Balde sur la Loi finale au Code *de probationibus*, n. 2; & sur la Loi *si quis adulter* 34 au Code *ad leg. Jul. de adult.*; & Menoch *in tractatu de præsumption.*, lib. 1, qu. 92 & 97. Voyez aussi Papon, *liv.* 24, *tit.* 8, *n.* 1, où il cite deux Arrêts, l'un du 3 Février 1419, & l'autre du mois de Décembre 1529, qui ont condamné à mort des accusés, sur de simples indices.

En général, pour pouvoir condamner à une peine corporelle sur de simples indices ou présomptions, il faut que ces présomptions soient très violentes. (Farin. *ibid.* qu. 86, *n.* 113-117.)

Quant à la question de sçavoir si l'on peut condamner un accusé à une peine proportionnée aux preuves qu'il y a contre lui; c'est-à-dire, si on peut le punir *pro modo probationum*, (Voyez ce qui est dit au titre *Des Sentences & Jugements*, ci-après, *part.* 3, *liv.* 2, *tit.* 25, *n.* 193.)

ARTICLE III.

Exemples d'indices suffisants pour la condamnation définitive.

427. Le premier cas est, si un jeune homme est trouvé couché seul dans un lit avec une femme mariée, jeune & belle, avec laquelle il ait passé la nuit dans une chambre retirée à l'écart, seul à seul, & la porte fermée sur eux; dans ce cas c'est une présomption très violente, & presque indubitable, qu'ils sont l'un & l'autre coupables d'adultere, ainsi qu'on l'a déja observé; & cet indice, quoique seul, est suffisant pour les condamner à la peine que mérite ce crime. (C. *Præterea*, extrà *De Testibus*; & C. *Litteris*, extrà *De Præsumption.*) Il est même très difficile que cette présomption puisse être détruite par une preuve contraire.

Un second cas dont il a été parlé ci-dessus, n. 280, est celui où un homme est apperçu, ayant à la main une épée ensanglantée, sortir avec précipitation d'une maison où il n'y a qu'une seule porte, & dans laquelle on trouve un autre homme qui vient d'être tué; cet indice forme une preuve des plus considérables contre celui qu'on a vu ainsi sortir l'épée à la main, & telle qu'elle est suffisante pour le faire condamner. (*Ita* Jul. Clarus, *qu.* 20, *n.* 40, qui prétend cependant qu'on ne peut condamner, dans ce cas, à la peine ordinaire; mais à une peine moindre.) Cette présomption deviendroit encore plus forte, s'il étoit prouvé qu'il y avoit auparavant une inimitié considérable, & des menaces, entre cet accusé & celui qui a été homicidé; comme on l'a déja observé.

428. Ainsi, cet accusé n'a alors d'autres défenses à opposer, que de prouver qu'il n'est point auteur de ce meurtre; comme il pourroit arriver dans le cas d'une personne, qui, voyant son ami poursuivi par un autre, l'épée à la main, accourt pour le secourir; pendant ce temps-là l'agresseur tue cette personne, & prend la fuite, laissant son épée sur le lieu, encore toute teinte de sang; celui dont l'ami vient d'être tué, se saisit de l'épée, & court après l'agresseur, pour venger la mort de son ami; & dans cette circonstance, il est arrêté & poursuivi comme l'auteur de ce meurtre, quoiqu'innocent. Cet exemple fait voir que, quoique cet indice soit très vio-

lent, néanmoins il n'est pas tellement nécessaire, qu'il ne puisse être détruit par une preuve contraire.

Un autre indice très violent, est lorsqu'après un vol fait, l'accusé est surpris sur le lieu, emportant la chose dérobée, & prenant la fuite pour n'être point arrêté. Si l'accusé est d'ailleurs un homme de mauvaise réputation, cela formera une preuve suffisante pour le faire condamner comme l'auteur du vol; à moins qu'il ne prouve son innocence.

429. Voici encore un exemple d'autres indices, qui étant réunis ensemble, forment une preuve complette. Une femme est trouvée morte le matin dans le lit de son mari, qui a passé la nuit avec elle; si le mari, dans cette circonstance, prend la fuite, qu'il y ait eu auparavant de sa part des menaces de la tuer; qu'avec cela il soit dans l'usage de maltraiter sa femme, & que la voix publique l'accuse de ce meurtre; ou qu'il y ait contre lui d'autres indices semblables; tous ces indices réunis pourront suffire pour regarder le mari comme auteur du meurtre de sa femme.

Il y a même des indices & des présomptions, qui, quoiqu'ils n'aient pas une liaison nécessaire & infaillible avec le fait principal, doivent néanmoins être regardés comme faisant une preuve complette; & cela en vertu de la Loi qui l'a ainsi établie par un motif d'intérêt public. Ainsi, *v. g.* l'Edit de Henri II du mois de Février 1556, a réglé que, si une fille ayant caché sa grossesse, & la naissance de son enfant, il se trouve que l'enfant ait été privé du Baptême & de la sépulture publique, elle soit réputée avoir fait mourir son enfant; & comme telle, punie de mort.

Je ne connois gueres que cet exemple de présomption légale en matiere criminelle, pour établir une preuve complette.

430. On peut encore mettre au nombre des indices violents, celui dont Salomon fit usage dans le jugement qu'il rendit entre les deux meres qui réclamoient le même enfant. (*a*)

Les indices se fortifient quelquefois les uns les autres; & quelquefois ils se détruisent ou s'affoiblissent. En effet, un indice fortifie un autre indice de même nature; & de même un indice, quoique léger, affoiblit un indice plus considérable qui lui est contraire; & si ces indices contraires sont égaux, ils se détruisent

(*a*) Reg. *lib.* 3, *v.* 23 *& suiv.*

mutuellement,

mutuellement ; comme il arrive lorsque plusieurs indices se rencontrent ensemble contre un accusé, & qu'ils sont combattus par d'autres indices qui font présumer son innocence.

431. C'est de l'examen & de la combinaison de ces différents indices, que dépend l'estimation de la preuve ; & c'est à la prudence du Juge à balancer & à examiner attentivement s'il y a lieu à la condamnation de l'accusé, ou non. Il ne doit porter dans aucun cas son jugement sur de simples vraisemblances ; mais il doit observer attentivement jusqu'aux moindres indices ; examiner leur plus ou moins de force, & le rapport qu'ils ont avec le fait principal, suivant que sa prudence & sa religion le lui dicteront, eu égard au lieu, à la personne, à l'âge, à la condition, au motif & aux autres circonstances morales ; & lorsqu'il arrive que des présomptions sont combattues par des présomptions contraires, il doit les comparer ensemble, les balancer & considérer leurs différents rapports, afin que par cet examen & cette comparaison, il puisse se déterminer par celles qui ont le plus de force & de certitude. *Et in his casibus confirmabit judex motum animi sui ex argumentis & testimoniis quæ rei aptiora & proximiora esse comperiet.* (L. *Ob famosum carmen*, D. *De testibus*. Voyez ce qui est dit au titre *Des Sentences & Jugements*, n. 162.)

432. Mais une maxime que les Juges doivent toujours avoir devant les yeux, c'est que dans l'incertitude, ils doivent prononcer en faveur de l'accusé. *Satius enim est impunitum relinqui facinus nocentis, quam innocentem damnare.* (L. 5. D. *De pœnis.*)

C'est pourquoi, les Juges qui sont éclairés, ne peuvent être trop réservés à se déterminer quand il s'agit de punir ; & principalement lorsqu'il s'agit d'imposer une peine capitale. *Nulla enim de morte hominis cunctatio longa est*, (Cassiodor, *ep.* 1, L. 7 ;) & comme dit Ammion Marcellin, *lib.* 29 : » *De vitâ & » spiritu hominis laturum sententiam diu multumque cunctari » oportet, nec præcipiti studio, ubi irrevocabile fatum est, agitari.* »

433. Il est donc vrai de dire, & l'on doit regarder cette maxime comme incontestable, que les Juges ne doivent jamais se déterminer sur de simples doutes, ni sur des présomptions incertaines, quand il s'agit de condamner, sur-tout à la mort, ou à quelqu'autre peine capitale ; & qu'il faut alors des preuves certaines & indubitables. Ils doivent avoir continuellement cette

vérité devant les yeux, qu'il ne faut condamner personne, si ce n'est sans une cause légitime, & jamais sur de simples soupçons : & qu'il faut bien examiner, quand il s'agit de prononcer un jugement ; parce que ce n'est pas l'accusation, mais la conviction qui fait le criminel ; & que si la preuve du crime n'est pas convainquante, ils doivent en réserver la punition à Dieu.

» *Nullus quemquam aute justum judicium damnet, nullum suspi-* » *cionis arbitrio judicet, priusquam probet, & sic judicet. Non* » *enim qui accusatur, sed qui convincitur, reus est : pessimum nam-* » *que & periculosum est quemquam de suspicione judicare. In* » *ambiguis Dei judicio reservetur sententia. Quod certè agnoscunt,* » *suo, quod nesciunt, Divino reservent judicio ; quoniam non po-* » *test humano condemnari examine quem Deus suo judicio reser-* » *vavit.* (Capitul. Carol. Mag. *lib.* 7, *cap.* 259, *pag.* 1079, *tom.* 1, ex editione Baluzii.)

SECTION IX.

De la Preuve nécessaire pour pouvoir prononcer un plus amplement informé : 1°. à temps : 2°. indefini. (a)

434. 1°. La premiere observation qu'on doit faire au sujet de cette preuve, c'est que le plus amplement informé ne doit jamais avoir lieu que dans les grands crimes, ou du moins dans ceux qui sont poursuivis à la requête de la partie civile ; soit qu'elle soit seule partie, soit qu'elle soit partie jointe.

2°. Le plus amplement informé à temps, peut se prononcer de deux manieres : ou en élargissant l'accusé, à la charge néanmoins de se représenter à toutes assignations : ou en ordonnant qu'il tiendra prison pendant le temps du plus amplement informé.

Le plus amplement informé à temps, sous la condition que l'accusé tiendra prison pendant ledit temps, ne se prononce gueres que dans les grands crimes, où il s'agit d'une peine capitale, & lorsqu'il n'y a pas une preuve assez considérable pour condamner l'accusé à la question.

(*a*) Voyez ce qui est dit à ce sujet au titre *Des Sentences & des Jugements*, n. 114 & suiv. ; & n. 130 & suiv.

435. A l'égard du plus amplement informé à temps avec élargissement des prisons, à la charge seulement par l'accusé, de se représenter à toutes assignations, il se prononce toutes les fois qu'il y a des indices, ou un commencement de preuves contre cet accusé.

3°. Le plus amplement informé indefini, ou *usquequò*, ne se prononce presque jamais que quand il y a déja eu contre l'accusé un plus amplement informé avec prison, & lorsqu'après ce temps fini, il demande son élargissement. Ce plus amplement informé *usquequò*, n'a lieu que dans les grands crimes, & se prononce toujours avec élargissement de la personne de l'accusé. Quelquefois néanmoins, avant de l'élargir, on ordonne encore un second plus amplement informé à temps avec prison; & je l'ai vu ainsi observer; ce qui arrive, sur-tout dans les crimes atroces, où il y a contre l'accusé une preuve assez considérable, mais non suffisante pour le condamner à la question préparatoire.

SECTION X.

De la Preuve nécessaire pour établir la défense de l'accusé, ainsi que ses faits justificatifs.

436. Les cas les plus ordinaires où l'accusé emploie des preuves en sa faveur, sont 1°. quand il s'agit de recuser des Juges, ou des Experts: 2°. quand il s'agit de reprocher des témoins: 3°. quand l'accusé allegue des faits justificatifs.

Les preuves qui s'emploient en faveur de l'accusé, se font, ou par titres, ou par témoins. On emploie même quelquefois dans ce cas la preuve par indices; mais la confession, ou déclaration de l'accusé, ne peut jamais avoir ici lieu.

1°. Il n'est pas nécessaire que les témoins qu'on emploie pour la défense ou justification de l'accusé, soient *omni exceptione majores*; & l'on se sert pour cela, même dans les grands crimes, de témoins d'ailleurs reprochables; comme sont les parents, alliés, serviteurs, domestiques, & autres témoins inhabiles. (Menoch. *De presumption.* lib. 5, *præsumpt.* 84, *n.* 7; Julius Clarus, *qu.* 24, *n.* 12; Farin. *De testibus*, qu. 54, n. 33; L. 1, §. *Ad quæst.* D. *De testibus.* C. *tam litteris*, & C. *veniens* extrà *de testibus.*) Néanmoins par Arrêt du Parlement de Toulouse, rapporté par Mainard, L. 4 de ses Questions, *chap*. 77, il a été jugé que dans ce cas un témoin ne pouvoit être témoin en faveur de son frere, pour prouver un fait justificatif. Cet Auteur dit aussi, *ibid.*, *chap*. 92, que les dépositions des témoins parents, sont rejettées.

437. Il faut aussi observer avec Farinacius, que les témoins parents ne sont point admis pour prouver des reproches allegués contre des témoins. (Farin. *qu*. 54, *n*. 36;) ni même en général pour prouver des reproches; il faut des témoins dignes de foi, & non suspects. (Farin. *qu*. 62, *n*. 23-91.)

Mais les témoins parents & alliés peuvent être admis quand il s'agit de prouver qu'une confession faite par l'accusé, a été faite par erreur. (*Ibid*. qu. 54, n. 33.)

Ou pour prouver sa bonne réputation. (Farin. *qu*. 58, n. 54.)

L'accusé peut même employer, pour la preuve de son innocence, & de ses faits justificatifs, les témoins que lui-même a reprochés, & qui lui ont été confrontés. (Ainsi jugé par Arrêt du 24 Août 1545; Voyez aussi Papon, *liv*. 9, *tit*. 1, *n*. 34; & *liv*. 24, *tit*. 5, *n*. 11.)

438. 2°. Les témoins nommés par l'accusé, & ouis par le Juge sur les faits justificatifs, ne peuvent être reprochés par le plaignant. Car quoique ces témoins soient nommés par l'accusé, ce n'est pas lui néanmoins qui les produit, mais la partie publique; c'est pourquoi ils peuvent être reprochés par le Procureur du Roi, ou Fiscal, après qu'ils ont été nommés par l'accusé. (*Ita* Despeisses, au titre des Reproches de Témoins, *tit*. 10, *art*. 4; Papon, *liv*. 24, *tit*. 5, *n*. 8, *pag*. 521; & Airault, en son Instruction Judiciaire, *part*. 3, *n*. 52, *pag*. 521.)

3°. On prétend qu'un seul témoin qui dépose de l'innocence de l'accusé, est suffisant pour prouver cette innocence; pourvu qu'il ne dépose pas d'un fait qui soit directement contraire à celui qui est prouvé par la partie civile, ou par la partie publique. Ainsi dans le cas d'un homicide, si la déposition de ce témoin n'avoit pas pour objet de prouver que l'accusé est innocent de cet homicide, (le contraire étant pleinement prouvé au procès,) mais seulement qu'il l'a commis à son corps défendant, la déposition de ce témoin seroit suffisante pour établir l'innocence de l'accusé.

439. 4°. La déclaration de l'offensé, par laquelle il décharge l'ac-

cusé, comme étant innocent du crime, est aussi suffisante pour prouver son innocence. (Voyez ce qui est dit ci-dessus, *n.* 350.)

Voyez aussi ce qui est dit au même endroit, *n.* 352, touchant la preuve qui résulte de la déclaration d'un accusé, par laquelle il décharge un complice, comme étant innocent du crime.

5°. L'innocence & la justification de l'accusé, se prouvent aussi par des indices & des présomptions. (Farin. *qu.* 86, *n.* 76;) comme, par exemple, si l'accusé, qui étoit libre de se sauver, ou de prendre la fuite, se range volontairement en prison. (Menoch. *De præsumption.* lib. 5, *præs.* 48, *n.* 10 *& seq.*)

440. 6°. Enfin, il faut observer que, quoique les témoins inhabiles, comme les parents & autres, puissent être admis pour prouver la défense de l'accusé, (ainsi qu'il a été dit ci-dessus,) ces témoins ne font pas cependant une preuve parfaite par eux-mêmes; mais ils servent seulement à laisser à la religion du Juge, la liberté de juger quelle foi il doit y ajouter, suivant les circonstances tirées de la nature du délit, & de la qualité des personnes. (*Ita* Julius Clarus, *qu.* 24, *n.* 20; & Farin. *qu.* 54, *n.* 38.)

SECTION XI.

De la preuve nécessaire pour prouver la justification, ou l'innocence de l'accusé dans certains crimes.

441. 1°. Dans le crime de faux.
2°. D'adultere.
3°. D'usure.
4°. De rapt.
5°. D'homicide.
6°. De Vol.
Et ainsi des autres.

Voyez ce qui est dit ci-après, *part.* 4, à l'article de chacun de ces crimes en particulier.

Fin du Tome premier.

www.ingramcontent.com/pod-product-compliance
Lightning Source LLC
LaVergne TN
LVHW020955300926
849160LV00007B/159